国家古籍整理出版专项经费资助项目

清代律例汇编通考

1

柏桦 编纂

人民出版社

作者简介

柏桦，北京市人，1953 年 4 月出生，自 1979 年始，在中国人民大学、中央民族大学、日本大阪大学学习和工作，先后获得法学硕士（中国人民大学，指导教师：韦庆远教授）、历史学博士（中央民族大学，指导教师：王锺翰教授）、文学博士（日本大阪大学，指导教师：滨岛敦俊教授），历任中国人民大学档案学院助教、讲师、副教授，日本和歌山大学经济学部非常勤讲师，日本大阪大学文学部客员研究员，南开大学法学院、周恩来政府管理学院双聘教授、博士生导师，青海省昆仑学者，天津市优秀法学家，现任安徽理工大学马克思主义学院、人文社会科学学院双聘教授。主要专业：中国政治制度史、中国法律制度史。主要论著：《明代州县政治体制研究》《明清州县官群体》《中国政治制度史》（第 3 版）、《中国古代刑罚政治观》《柏桦说明清律例》等 28 部专著及各类刊物发表论文 150 余篇。

前 言

　　清代法律规范体系庞杂，但在总体上仍形成了以《大清律例》为中心，由律、条例、事例、则例、成案、章程、禁约、告示等不同法律样式组成的一套体系。其中，律及各种例文是最主要的法律规范，章程、禁约、告示等是补充性的法律规范。《清代律例汇编通考》在系统整理清代律例的基础上，对有清一代的律例进行考证。在律方面，依照乾隆五年（1740）定本436条律，依次编号，在注释及附录中，将该律的修订及增删情况予以说明，然后将历年增删修订的则例、事例等，依次编号，分别附在该律之后，对于一些适用于加减罪的成案，择其主要者也附在该律之后，在向读者展现比较完整律例体系的同时，厘清清代律例发展的脉络，不但可以使读者了解清代法律的一般情况，也给清代法律史研究者提供了便利。

　　〔1〕律：顺治律458条（明律460条）、雍正律436条（雍正三年），此后为清代律的定本。顺治律在继承明律460条的基础上，删除了漏用印钞、钞法、伪造宝钞等3条，这是因为当时已经不再行用宝钞，律条也没有存在的必要；将"蒙古色目人婚姻"改为"外番色目人婚姻"，乃是回避"蒙古"字样；增加"隐匿满洲逃亡新旧家人"（此条是律还是例，目前学界尚有争议），是满族旧有的法律。顺治律共计458条，基本上承袭明律的内容，只是文字上略有修订。顺治律的律目位次调整者，将"选用军职"移于"官员袭荫"之后；"信牌"移至《吏律·职制》；"泄露军情大事"移至《兵律·军政》；"私受公侯财物"移于"官吏听许财物"之后。雍正元年（1723）开馆修律，三年（1725）颁行《大清律集解附例》，勒定清律436条的规模。乾隆元年（1736）再度开馆修律，五年（1740）颁行《大清律例》，此后律文基本不改，一直延续到清末修律。乾隆五年（1740）律例馆"将雍正三年刊行律例详加核议"，但"律文律注仍旧"①。该律例删除"吏卒犯死罪"、"杀害军人"、"在京犯罪军民"、"隐匿满洲逃亡新旧家人"、"外番色目人婚姻"、"官吏给由"、"悬带关防牌面"等7条；将"边远充军"归并入"充军地方"；"弃毁制书印信"、"盐法"、"冲突仪仗"、"递送公文"

---

① 田涛、郑秦点校：《大清律例》，法律出版社1999年版，第13页。

等不再注明几条，便成为单独的律条，等于减少 16 条；从"工乐户及妇人犯罪"条内分出"天文生有犯"；将"徒流人在道会赦"改为"流犯在道会赦"，"收藏禁书及私习天文"改为"收藏禁书"，"军官军人犯罪免徒流"改为"犯罪免发遣"，"军官有犯"改为"军籍有犯"，共计 436 条。

〔2〕例：附于律后的例，系指刑例，亦称律例。黄彰健：《明代律例汇编》收录明例 893 条。清代雍正三年 824 条例，到同治年间则增至 1892 条例。有关例的起源，郑秦与苏亦工有所考证①，例作为法律的重要补充和辅助，是在明代才得以认可。苏亦工更考证条例、事例、则例的区别所在，《大清律例》仅称为"例"，学者为了便于区分，使用"条例"以区别其他的例。清代律后附例，其目的是"推广律意而尽其类"，也是为了"变通律文而适于宜者也"②。因此"例以佐律，读律者不可不明例"③。有清一代，"律文垂一定之制"很少变动；而"例则因一时权宜量加增损"④。随着时代变迁与形势发展，法律所对应的原有时宜及条件在不断改变，"朝廷功令，凡条例之应增应减者，五年小修一次，十年及数十年大修一次，历经遵办在案"⑤。以求通过对例的增删、合分、改订，以确保律例法典在当时的适应性。清代对例的篡修一般有五种常见的形式，一是对原来例的条文略加修正，二是将原来两条以上的例整合为一条，三是将原来的条例移动整改其类属的位置，四是在原来的条例中续篡增加新的内容，五是将原来条例中的某些内容删除去掉。

〔3〕则例：上迄宫廷，下迄百司庶事，莫不赅备的则例，现在可以查到有 612种。例之专条，系以办过与律相符之案，篡为则例，以为后世之则，足为天下法。是则例之设，原以辅律，非以破律，即所谓"例因案入，例实由律出"。各部门办案，莫不以本部则例为先，有例不用律，律遂多成为虚文，吏、例、利，"我朝与吏共天下"、"照例政治"即是指此。律例与这些则例虽然是有着不同的侧重点，但实际上彼此之间是关联融通的，也可以由此而体会到清代法规的多民族色彩，以及政治与法律制度所表现出的张弛有度、刚柔相济特点。则例侧重于行政处分，在一般情况下，文武官弁犯罪，按照《大清律例》规定的笞、杖、徒、流、死刑罚，只要是违犯律例，

① 郑秦：《清代法律制度研究》讲："例的出现早于明清，发端于唐代"。中国政法大学出版社 2000 年版，第 22 页。苏亦工：《明清律典与条例》讲："例字何时开始用作名词已不可考。《汉书》卷 86《何武传》：'欲除吏，先为科例'，这里的例是名词用法，有仿效的准则、规则之意"。中国政法大学出版社 2000 年版，第 42 页。郑秦以为例与法律有关是在唐代出现的，苏亦工则以为在汉代就是规则，但都承认在明代才成为法律的重要补充，具有真正的法规性质。

② （清）吴坛撰，马建石、杨育棠校注：《大清律例通考校注》，中国政法大学出版社 1992 年版，第 21 页。

③ （清）龚炜：《巢林笔谈》卷 5《执法毋为例拘》，中华书局 1981 年版。

④ （清）刘锦藻：《清续文献通考》卷 247《刑考六·刑制》。

⑤ （清）薛允升：《读例存疑》卷首《自序》。

就应该受到刑事处罚，而一般笞、杖轻罪可以折赎。从相关的律例来看，对于文武官弁，多规定"议处"、"交部议处"、"交部严加议处"、"分别议处"、"照某某例议处"、"照例议处"等，大多数是依据则例实施行政处分，即：罚俸、降级、革职。

〔4〕事例：乃因事成例，是实施过程中根据具体事件处理的结果，并因此形成具有一般性意义的权宜之例，是由君主颁发谕旨或批准遵行的具有时效性的定例。从形成过程上看，这是一个由特殊到一般的过程；从形成程序上看，经历题奏获得批准或直接颁行等环节；从实施效力上看，具有针对性、时效性的特点。由此可见，事例由律例而生，而事例又为律例之源流之一。事例的形成源起于律例所涉及的事和案，"国家之章程有定，而人事之变迁无穷，其有事出非常时，或为律所未及详者，则必议之群司，综诸宸断神明于律，而不谬于律，著为定例，以诏来兹"①。律法有限，"律有定而情无穷"②，不能因一事而定一律例，"社会事物，复杂冗烦，法典及成文法之浩瀚，不能尽网罗之耳。抑又清国土地广矣，人民众矣，法政治理不能画一。以是清国成文法乃既饶多，不文法之势力亦且极其大矣"③。通过颁行事例，以画归一，以儆官邪。事例的形成有一定的程序，最终由君主颁行谕旨或批准遵行。充分体现着皇权至高无上的权威，体现着君主专制的高度集权。事例根据具体情况的来源不同，主要分为以下两种：一是因事而成之事例，具有扩延律意的时效。二是因案而成之事例，有的案件经过相关官员或部门题奏，君主通过谕旨的形式对案件发布指示，并对与此相关的案件具有典型性指导意义，形成以所奉谕旨为主旨的事例。事例虽为定例，但非为永著定例，如果没有被勒定为条例，一般是有时效的，虽然不能用某个具体年月来明确规定其时效，但在类似事件发生的情况下，依然可以比附，有司法效力；要是没有类似的事件发生，时过境迁，在实际上也不会有司法效力，几乎没有乾隆朝引康熙朝，嘉庆朝引雍正朝的事例现象。即便如此，事例依然是当时法律实施过程中重要的形式，无论其司法效力的强度、时效如何，都对清代的法律有直接及深远的影响。

〔5〕省例：因地制宜，所以佐部例之所不及，省例仅通行一省，而部例则通行全国，如本省在特殊情况下不能遵行者，可以变通，但必须详明两院，或咨部核准，方许颁行全省。目前仅有广东、湖南、福建、江苏有比较完整之省例，尚有《布政司一切条例》，可以视为省例。清人钟庆熙云："举凡通行部章，因时损益，所以辅律例之简严；通饬省章，因地制宜，所以阐部章之意指"④。比如《东省通饬》乃是山东饬行的例，有缉捕、军流遣徒复犯罪、起解、犯人房产入官、服制命案、官员治丧、官员缺补、遣犯改发、捕亡奖励、回避、记过、杂件、盗窃、抢夺、锁带礅干、审讯、京

---

① （清）孙纶辑：《定例成案合镌》卷首《序》。

② （清）尹会一：《健余奏议》卷 3《河南上疏》。

③ 〔日〕织田万，李秀清、王沛点校：《清国行政法》，中国政法大学出版社 2003 年版，第 48 页。

④ 〔清〕钟庆熙等辑：《四川通饬章程序》，清光绪二十七年四川谳局刊本。

控省控、刺字、查禁洋枪、采访节孝、编查保甲、提审、冬防、孤贫口粮、原被干证、驿递公文、考试及勘灾巡哨往返日期等目，通行于本省。

〔6〕章程：补律例之所未尽，其特点是详于案而略于例。仅以清代刑部通行章程而言，就有行催汇题章程、窃毁电线章程、严禁非刑章程、酌议会匪章程、变通叩阍章程、监禁章程、扒窃章程、阵亡章程、军流脱逃章程、禁止滥用非刑章程、禁止吕宋赌票章程、京控章程、蠹役正法章程、军流徒犯脱逃解役章程、禁止待质公所章程、停解军遣章程、咨题案件咨覆限期章程、私铸银钱章程、严定武官扣饷缺额章程、缉捕盗贼章程、严禁非刑章程、盗墓未得财章程、整顿刑名章程、捉人勒赎之犯拟入情实章程、就地正法章程等数十种之多。清代的章程有各部院及各级官府之别，乃是基本纲领和行动准则，而作为部院"通行"的章程则在全国行用，具有法规性质。

〔7〕成案：乃已成之案，"俱系例无专条、援引比附加减定拟之案"①。在形式上，"成案是一种不成文的法律形式，是由各部或各省对某些典型案件判决的先例汇集而成的"②。在本质上，成案非正案，是根据律例而加减比附形成的案件判决。成案的成因是源于案情判决在律例之上无法寻找到合适的专条而加以征引之时，"其最善者莫如比照加减成案，事略而尽，文简而核，可以辅律例之未备。"③因为"例固密矣，究之世情万变，非例所可赅。往往因一事而定一例，不能概之事事。因一人而定一例，不能概之人人。"④于是，在"律例之法有尽，而法外之意无穷"的信条下，"由成案而观，则知以法断事，而事有不符，以事拟事"，从而达到"法无不尽"⑤的效果。所以，"成案是在律例没有规定之情况下适用的，目的是为了弥补成文法律的盲点"⑥。成案的作用主要在于权衡案件情节及量刑轻重，同时也有着补充律例之不足的用意，故"律之所不能尽而有例，例之所不能尽而有成案"⑦。成案同时具有加减刑罚的功效，及补充律例不足之作用，必须指出的是所有的成案的最终定罪，完全是依据律例的规定。因为"清代所谓'成案'，并非仅指司法案例，各个行政领域过去形成的办事方案，都可称为'成案'。从这个角度讲，'成案'即先例"⑧。另外"成案是一种不成文的法律形式，是由各部或各省对某些典型案件判决的先例汇集而成的"⑨，因此是根据律例而加减比附形成的案件判决。成案在司法中的应用，主要有：一是因律例没

---

① （清）祝庆祺：《刑案汇览》卷首《凡例》。

② 苏亦工：《明清律典与条例》，中国政法大学出版社 2000 年版，第 55 页。

③ （清）许梿：《刑部比照加减成案》，《熊莪叙》。

④ （清）沈家本：《寄簃文存》卷 6《读例存疑序》。

⑤ （清）孙纶：《定例成案合镌》卷首《序》。

⑥ 何勤华：《清代法律渊源考》，载自《中国社会科学》2001 年第 2 期。

⑦ （清）许梿：《刑部比照加减成案续编·自序》，上海古籍出版社 1995 年影印本。

⑧ 柏桦、于雁：《清代律例成案的适用——以"强盗"律例为中心》载《政治与法律》2009 年第 8 期。

⑨ 苏亦工：《明清律典与条例》，中国政法大学出版社 2000 年版，第 55 页。

有明文规定而判决的成案，主要是律例没有明文规定，比照其他律例量刑定罪，其中有例无明文、律无明文、律例无明文之分。二是比照律例来量刑定罪，主要是根据犯罪的情节，比照律或条例来量刑定罪的。三是法重情轻或情有可原而从轻量刑定罪，这类成案有依律量刑者，也有依条例量刑者。四是情重法轻而从重量刑定罪，这类成案多是情节恶劣，比照其他律例量刑定罪则轻，如例内规定的刑罚过重，可以量减，但总的原则是从重。五是不便按照定例拟罪而比照相关定例拟罪，这类成案一般是改照或比照律例量刑定罪。六是因为情节恶劣而从重拟罪，除了比依、比照本律例从重量刑之外，还可以比依、比照有关律例量刑。七是有可以减轻情节而量减定罪，原情定罪是当时司法的原则，因此有可以减轻的情节，一般都会在原有罪名上减等治罪，称之为"量减"。量减的情节多种多样，其中有自首或悔罪情节，"有心"与"无心"，事出有因，罪名比较轻，所犯罪行与实际罪名稍有区别等原因。成案征引比附律例是多种多样的，从内涵要件上看也是各不相同，但无论形式上的差异表现有多大，"恃用律者，权衡轻重，克协于中"①。其追求案件在"情理法"上衡平的目的都是一致的。这里有在犯罪人身份，犯罪缘由，罪情程度，犯罪性质等方面的比附。

〔8〕禁约告示：是地方官或钦差大臣等针对某种情况发布的禁令，在一定时期与地域起到规范的作用，由于地方官与钦差大臣的授权不同，因此所颁布的禁约、告示常常有超过朝廷法律规定的处置方法。如曾国藩在直隶总督任上有《直隶清讼事宜十条》，其第二条整顿保定发审局，就是针对京控案件而制定的，要求"凡京控巨案，初到时正副二员将卷宗细看，过堂一二次，寻出端倪，开一节略，其末即稍判曲直。五日之内，臬司带回首府及正副承审官上院，本部堂与之商论一番，名曰议狱。其应由藩司主稿者，则两司带同首府局员上院议狱"。依照这个程序追究各级官吏的责任，"分记功过"。由此可以看出，曾国藩在不违反朝廷制定的审理程序的情况下，有所变通，因为按照审理程序是 20 天，此事宜定为 5 天，是力图清理"捏禀搪塞"之弊。第九条则是严办诬告讼棍，因为"奏交之案，十审九虚。刁讼之民，十虚九赦"，所以"讼棍皆立身于不败之地"，而这些"讼棍"恰恰是京控与上控案件频发的原因之一，所以"当格外从严"，因此"除照律科断外，再加严刑以痛苦之"。按照《大清律例·刑律·诉讼·教唆词讼》条的律例规定，讼棍从重处罚也就是发遣充军，并没有规定在判罚以后再用严刑折磨，显然比律例处置要重，但为了"以救一时之弊"②。在不违反《大清律例》总体精神的情况下，这种措施也为朝廷认可。这种禁约既有按照律例规定的处罚内容，也有超过律例的处罚，比如说游街示众，实际上是在枷号刑上

---

① （清）秦瀛：《小岘山人诗文集》卷 3《律例全序》。
② 以上引文见（清）饶玉成辑《皇朝经世文编续集》卷 15《吏政一吏论上》引曾国藩《直隶清讼事宜十条》，江右饶氏双峰书屋光绪八年（188）补刻刊本。

的变通，也体现王朝"明刑弼教"的精神，当然会得到朝廷的认可。

相比督抚与道府大员的禁约、告示，州县官的禁约、告示则以劝谕居多，如嘉庆年间任知府的张五纬，在保定、大名、广平、天津府颁发各属的劝谕，特别讲解了"诬告"律，在痛陈诬告的弊病的同时，要求身为讼师者"洗心改业"，不要再从事挑拨词讼的职业，更不能"忿不顾身，穷不要脸"①。不过，要移风易俗，不得不下猛药，在禁约、告示里不断出现恫吓的语言，比如说"立毙杖下"、"杖毙堂下"、"立拿杖毙"等。例如嘉庆十一年（1806）任四川什邡知县的纪大奎，颁布《谕什邡县民各条告示》，于诉讼方面有："骨肉争讼恶习必加倍重惩"、"捏词兴讼必严惩"、"刁健好讼之徒必严惩"、"唆讼讼棍必严惩"、"生监恃衿滋事必重惩"等条，声称："必用严刑处治，死不足惜"；"重法处治，实由自取"②。当时"什邡俗强梗"③，所以纪大奎采取先威后德，因此县邑大治，升为合州（今四川合川）知州。如果说这些语言仅仅是恫吓，则未免轻觑禁约、告示的作用。如乾隆时期在甘肃任知县的鄂山，在召见当地耆黎，告之曰："如某等，皆王法所必诛者，然某初任，应施宽法，暂弛其死。今与众约，如有再干例禁者，予官虽微，必杀之无赦，莫谓予教之不预也"。这些地方势力根本就没有把他放在眼里，认为："藐书生能若是强耶！"，公开违反他的禁令。于是，鄂山"立毙杖下者五人，遂皆畏惧"。这样嗜杀成性的人，后来被嘉庆帝发现，称其为"奇才也"，不到四年便从知州升到陕西巡抚④。

八者的关系是：律为不易之大法，例乃因时损益之定制。律不可过严，过严则不能垂之久远；例不可过宽，过宽则无以绳百司民人。则例、事例、省例、章程、成案、禁约均为律例的补充，在具体实施过程中，并不是如教科书所讲"有律依律，无律依例"的因果关系，何者为先，有许多人为因素，虽然"人治"特点明显，但也不是无章可循，也显示出清代法律的多样化。

《清代律例汇编通考》的资料部分是选择影响较大的善本为蓝本，按照清律的结构形式，将名例、吏、户、礼、兵、刑、工等律，依照清律定本的436条顺序编号，相同的内容附编于律条之后，然后逐条考证条文的异同，探讨增删原因；在每个律条后面，收录历年出现的例、则例、事例、省例、章程、成案，并按出现时间顺序编号（例有总编号，每条律后的例、则例、事例、省例、章程、成案有分编号），每个例条后注明增删例的时间，并用按语考证出现的原因，另附相关奏议和谕旨；编写清律条

① 杨一凡、王旭编：《古代榜文告示汇存》第八册载张五纬《保定府、大名府、广平府、天津府任内颁发各属》，社科文献出版社 2006 年版，第 279 页。

② 杨一凡、王旭编：《古代榜文告示汇存》第八册载纪大奎《谕什邡县民各条告示》，社科文献出版社 2006 年版，第 3—9 页。

③ 赵尔巽等：《清史稿》卷 477《循吏刘大绅传附纪大奎传》，中华书局 1977 年版，第 13034 页。

④ （清）昭梿著，何英芳点校：《啸亭续录》卷 5《鄂中丞》，中华书局 1980 年版，第 534 页。

对照表，并将不同的版本内容显示出来；书后附录有使用各种版本目录和参考书目，在可能的情况下编辑索引，以便于查找阅读。其特点是将清代的律例、则例、事例、成案进行系统整理，将相关的内容汇纂在各条律下。

《清代律例汇编通考》的重要意义在于：将清一代的律例、则例、事例、成案等，分别附入该条律下，这样可以看出该条法律的发展变化，也使学者在研究相关问题时，不用再翻阅不同的版本资料，便可以一目了然。更重要的是将该律的主要资料基本汇集，具有眉目清楚，资料充实的特点。本项目除档案以外，清代官印的律例版本基本齐全，还有一些稀见的手抄本，既是比较完整的资料汇编整理，又有详细的考证，并且进行标点校注，因此，就清代律例而言，乃是迄今为止最全面的汇编，而在汇编的情况下进行考证，既有原始资料的特征，又有研究的特点。相信本书的出版，不但可以给研究者提供资料的方便，也会促进清代法律史的研究。

《清代律例汇编通考》最早是教育部人文社会科学研究 2005 年度规划基金项目，《明清律例合编通考》，历时 5 年才得以结项，也仅仅完成律例部分。2010 年，得到国家社科基金后期资助项目（10FFX001），然后按照专家所提的意见进行修订，又历时 3 年，终于完成。此后经人民出版社总编室申请国家出版资金，使这部花费 15 年多时间编纂的书得以出版，实属不易。

凡　例

一、本书的律以乾隆五年（1740）《大清律例》编排顺序为编号，而此前的顺治律变化较大及删除者，则以附录的形式附在该条律后，并且注明原律的编号。顺治律与雍正律略有修订者，则在（　）内予以注明。

二、本书所汇集例，无论是原例、增例、钦定例，抑或是删除例、修并例，一概收录，在按语中注明该律例的编纂的基本情况。对于乾隆律删除的律例，收入在附录的"删除律"中，并予以注明。

三、本书所收录之事例是著为例的部分，对于一些曾经颁布却属于不与为例的事例，则没有收录，有些难以判断的则权衡收录，判断错误则由编者负责。

四、清代的成案甚多，本书无法全部收录，选择一些能够进行比附而具有法规性质的列于该律之后，只是为了表明成案的法规性质，便于学者进行研究。

五、清代的律、条例、则例、事例、省例、章程、成案、禁约等所构成的法规体系，涉及面很广，资料甚多，不能够全部收录，因此仅收录了则例中的禁令，是与量刑定罪有关的部分内容，并不能够含括所有的法规，请读者使用时注意。

六、由于本书引用书目甚多，之所以没有在每条资料下注明资料来源，这一是为了减少篇幅，二是希望引用者尊重编者的劳动。研究者引用本书所收录的资料，只要注明来源于本书，其错误概由编者负责，若不注明来源于本书，编者则不承担责任，并保留追究侵权的权利。

明清律对照表

大明律（460条）		顺治律（458条）		乾隆律（436条）	
编号	内容	编号	内容	编号	内容
名例律共47条		名例律共48条		名例律共46条	
1	五刑	1	五刑	1	五刑

续表

编号	内容	编号	内容	编号	内容
	大明律（460条）		**顺治律（458条）**		**乾隆律（436条）**
2	十恶	2	十恶	2	十恶
3	八议	3	八议	3	八议
4	应议者犯罪	4	应议者犯罪	4	应议者犯罪
				5	应议者之父祖有犯
5	职官有犯	5	职官有犯	6	职官有犯
6	军官有犯	6	军官有犯		
7	文武官犯公罪	7	文武官犯公罪	7	文武官犯公罪
8	文武官犯私罪	8	文武官犯私罪	8	文武官犯私罪
9	应议者之父祖有犯	9	应议者之父祖有犯		
				9	犯罪免发遣
				10	军籍有犯
10	军官军人犯罪免徒流	10	军官军人犯罪免徒流	11	犯罪得累减
11	犯罪得累减	11	犯罪得累减	11	犯罪得累减
12	以理去官	12	以理去官	12	以理去官
13	无官犯罪	13	无官犯罪	13	无官犯罪
14	除名当差	14	除名当差	14	除名当差
15	流囚家属	15	流囚家属	15	流囚家属
16	常赦所不原	16	常赦所不原	16	常赦所不原
17	徒流人在道会赦	17	徒流人在道会赦	17	流犯在道会赦
18	犯罪存留养亲	18	犯罪存留养亲	18	犯罪存留养亲
				19	天文生有犯
19	工乐户及妇人犯罪	19	工乐户及妇人犯罪	20	工乐户及妇人犯罪
20	徒流人又犯罪	20	徒流人又犯罪	21	徒流人又犯罪
21	老小废疾收赎	21	老小废疾收赎	22	老小废疾收赎
22	犯罪时未老疾	22	犯罪时未老疾	23	犯罪时未老疾
23	给没赃物	23	给没赃物	24	给没赃物
24	犯罪自首	24	犯罪自首	25	犯罪自首
25	二罪具发以重论	25	二罪具发以重论	26	二罪具发以重论
26	犯罪共逃	26	犯罪共逃	27	犯罪共逃
27	同僚犯公罪	27	同僚犯公罪	28	同僚犯公罪

大明律（460条）		顺治律（458条）		乾隆律（436条）	
编号	内容	编号	内容	编号	内容
28	公事失错	28	公事失错	29	公事失错
29	共犯罪分首从	29	共犯罪分首从	30	共犯罪分首从
30	犯罪事发在逃	30	犯罪事发在逃	31	犯罪事发在逃
31	亲属相为容隐	31	亲属相为容隐	32	亲属相为容隐
32	吏卒犯死罪	32	吏卒犯死罪		
33	处决叛军	33	处决叛军	33	处决叛军
34	杀害军人	34	杀害军人		
35	在京犯罪军民	35	在京犯罪军民		
36	化外人有犯	36	化外人有犯	34	化外人有犯
37	本条别有罪名	37	本条别有罪名	35	本条别有罪名
38	加减罪例	38	加减罪例	36	加减罪例
39	称乘舆车驾	39	称乘舆车驾	37	称乘舆车驾
40	称期亲祖父母	40	称期亲祖父母	38	称期亲祖父母
41	称与同罪	41	称与同罪	39	称与同罪
42	称监临主守	42	称监临主守	40	称监临主守
43	称日者以百刻	43	称日者以百刻	41	称日者以百刻
44	称道士女冠	44	称道士女冠	42	称道士女冠
45	断罪依新颁律	45	断罪依新颁律	43	断罪依新颁律
46	断罪无正条	46	断罪无正条	44	断罪无正条
47	徒流迁徙地方	47	徒流迁徙地方	45	徒流迁徙地方
		48	边远充军	46	充军地方
吏律共33条		**吏律共30条**		**吏律共28条**	
职制律（15条）		**职制律（16条）**		**职制律（14条）**	
48	选用军职				
		49	官员袭荫	47	官员袭荫
49	大臣专擅选官	50	大臣专擅选官	48	大臣专擅选官
50	文官不许封公侯	51	文官不许封公侯	49	文官不许封公侯
51	官员袭荫				
52	滥设官吏	52	滥设官吏	50	滥设官吏
		53	选用军职		

续表

大明律（460条）		顺治律（458条）		乾隆律（436条）	
编号	内容	编号	内容	编号	内容
		54	信牌	51	信牌
53	贡举非其人	55	贡举非其人	52	贡举非其人
54	举用有过官吏	56	举用有过官吏	53	举用有过官吏
55	擅离职役	57	擅离职役	54	擅离职役
56	官员赴任限	58	官员赴任过限	55	官员赴任过限
57	无故不朝参公座	59	无故不朝参公座	56	无故不朝参公座
58	擅勾属官	60	擅勾属官	57	擅勾属官
59	官吏给由	61	官吏给由		
60	奸党	62	奸党	58	奸党
61	交结近侍官员	63	交结近侍官员	59	交结近侍官员
62	上言大臣德政	64	上言大臣德政	60	上言大臣德政
公式（18条）		**公式（14条）**		**公式（14条）**	
63	讲读律令	65	讲读律令	61	讲读律令
64	制书有违	66	制书有违	62	制书有违
65—66	弃毁制书印信二条	67	弃毁制书印信	63	弃毁制书印信
67	上书奏事犯讳	68	上书奏事犯讳	64	上书奏事犯讳
68	事应奏不奏	69	事应奏不奏	65	事应奏不奏
69	出使不复命	70	出使不复命	66	出使不复命
70	泄露军情大事		（移至兵律·军政）		
71	官文书稽程	71	官文书稽程	67	官文书稽程
72	照刷文卷	72	照刷文卷	68	照刷文卷
73	磨勘卷宗	73	磨勘卷宗	69	磨勘卷宗
74	同僚代判署文案	74	同僚代判署文案	70	同僚代判署文案
75	增减官文书	75	增减官文书	71	增减官文书
76	封掌印信	76	封掌印信	72	封掌印信
77	漏使印信	77	漏使印信	73	漏使印信
78	漏用印钞				
79	擅用调兵印信	78	擅用调兵印信	74	擅用调兵印信
80	信牌		（移至吏律·职制中）		

续表

大明律（460条）		顺治律（458条）		乾隆律（436条）	
编号	内容	编号	内容	编号	内容
户律共95条		户律共95条		户律共82条	
户役（15条）		户役（16条）		户役（15条）	
81	脱漏户口	79	脱漏户口	75	脱漏户口
82	人户以籍为定	80	人户以籍为定	76	人户以籍为定
83	私创庵院及私度僧道	81	私创庵院及私度僧道	77	私创庵院及私度僧道
84	立嫡子违法	82	立嫡子违法	78	立嫡子违法
85	收留迷失子女	83	收留迷失子女	79	收留迷失子女
		84	隐匿满洲逃亡新旧家人		
86	赋役不均	85	赋役不均	80	赋役不均
87	丁夫差遣不平	86	丁夫差遣不平	81	丁夫差遣不平
88	隐蔽差役	87	隐蔽差役	82	隐蔽差役
89	禁革主保里长	88	禁革主保里长	83	禁革主保里长
90	逃避差役	89	逃避差役	84	逃避差役
91	点差狱卒	90	点差狱卒	85	点差狱卒
92	私役部民夫匠	91	私役部民夫匠	86	私役部民夫匠
93	别籍异财	92	别籍异财	87	别籍异财
94	卑幼私擅用财	93	卑幼私擅用财	88	卑幼私擅用财
95	收养孤老	94	收养孤老	89	收养孤老
田宅（11条）		田宅（11条）		田宅（11条）	
96	欺隐田粮	95	欺隐田粮	90	欺隐田粮
97	检踏灾伤田粮	96	检踏灾伤田粮	91	检踏灾伤田粮
98	功臣田土	97	功臣田土	92	功臣田土
99	盗卖田宅	98	盗卖田宅	93	盗卖田宅
100	任所置买田宅	99	任所置买田宅	94	任所置买田宅
101	典买田宅	100	典买田宅	95	典买田宅
102	盗耕种官民田	101	盗耕种官民田	96	盗耕种官民田
103	荒芜田地	102	荒芜田地	97	荒芜田地
104	弃毁器物稼穑等	103	弃毁器物稼穑等	98	弃毁器物稼穑等
105	擅食田园瓜果	104	擅食田园瓜果	99	擅食田园瓜果

续表

大明律（460条）		顺治律（458条）		乾隆律（436条）	
编号	内容	编号	内容	编号	内容
106	私借官车船	105	私借官车船	100	私借官车船
婚姻（18条）		婚姻（18条）		婚姻（17条）	
107	男女婚姻	106	男女婚姻	101	男女婚姻
108	典雇妻女	107	典雇妻女	102	典雇妻女
109	妻妾失序	108	妻妾失序	103	妻妾失序
110	逐婿嫁女	109	逐婿嫁女	104	逐婿嫁女
111	居丧嫁娶	110	居丧嫁娶	105	居丧嫁娶
112	父母囚禁嫁娶	111	父母囚禁嫁娶	106	父母囚禁嫁娶
113	同姓为婚	112	同姓为婚	107	同姓为婚
114	尊卑为婚	113	尊卑为婚	108	尊卑为婚
115	娶亲属妻妾	114	娶亲属妻妾	109	娶亲属妻妾
116	娶部民妇女为妻妾	115	娶部民妇女为妻妾	110	娶部民妇女为妻妾
117	娶逃走妇女	116	娶逃走妇女	111	娶逃走妇女
118	强占良家妻女	117	强占良家妻女	112	强占良家妻女
119	娶乐人为妻妾	118	娶乐人为妻妾	113	娶乐人为妻妾
120	僧道娶妻	119	僧道娶妻	114	僧道娶妻
121	良贱为婚姻	120	良贱为婚姻	115	良贱为婚姻
122	蒙古色目人婚姻	121	外番色目人婚姻		
123	出妻	122	出妻	116	出妻
124	嫁娶违律主婚媒人罪	123	嫁娶违律主婚媒人罪	117	嫁娶违律主婚媒人罪
仓库（24条）		仓库（23条）		仓库（23条）	
125	钞法				
126	钱法	124	钱法	118	钱法
127	收粮违限	125	收粮违限	119	收粮违限
128	多收税粮斛面	126	多收税粮斛面	120	多收税粮斛面
129	隐匿费用税粮课物	127	隐匿费用税粮课物	121	隐匿费用税粮课物
130	揽纳税粮	128	揽纳税粮	122	揽纳税粮
131	虚出通关朱钞	129	虚出通关朱钞	123	虚出通关朱钞
132	附余钱粮私下补数	130	附余钱粮私下补数	124	附余钱粮私下补数
133	私借钱粮	131	私借钱粮	125	私借钱粮

续表

大明律（460 条）		顺治律（458 条）		乾隆律（436 条）	
编号	内容	编号	内容	编号	内容
134	私借官物	132	私借官物	126	私借官物
135	挪移出纳	133	挪移出纳	127	挪移出纳
136	库秤雇役侵欺	134	库秤雇役侵欺	128	库秤雇役侵欺
137	冒支官粮	135	冒支官粮	129	冒支官粮
138	钱粮互相觉察	136	钱粮互相觉察	130	钱粮互相觉察
139	仓库不觉被盗	137	仓库不觉被盗	131	仓库不觉被盗
140	守支钱粮及擅开官封	138	守支钱粮及擅开官封	132	守支钱粮及擅开官封
141	出纳官物有违	139	出纳官物有违	133	出纳官物有违
142	收支留难	140	收支留难	134	收支留难
143	起解金银足色	141	起解金银足色	135	起解金银足色
144	损坏仓库财物	142	损坏仓库财物	136	损坏仓库财物
145	转解官物	143	转解官物	137	转解官物
146	拟断赃罚不当	144	拟断赃罚不当	138	拟断赃罚不当
147	守掌在官财物	145	守掌在官财物	139	守掌在官财物
148	隐瞒入官家产	146	隐瞒入官家产	140	隐瞒入官家产
课程（19 条）		**课程（19 条）**		**课程（8 条）**	
149—160	盐法一十二条	147—158	盐法一十二条	141	盐法
161	监临势要中盐	159	监临势要中盐	142	监临势要中盐
162	阻坏盐法	160	阻坏盐法	143	阻坏盐法
163	私茶	161	私茶	144	私茶
164	私矾	162	私矾	145	私矾
165	匿税	163	匿税	146	匿税
166	舶商匿货	164	舶商匿货	147	舶商匿货
167	人户亏税课程	165	人户亏税课程	148	人户亏税课程
钱债（3 条）		**钱债（3 条）**		**钱债（3 条）**	
168	违禁取利	166	违禁取利	149	违禁取利
169	费用受寄财产	167	费用受寄财产	150	费用受寄财产
170	得遗失物	168	得遗失物	151	得遗失物
市廛（5 条）		**市廛（5 条）**		**市廛（5 条）**	
171	私充牙行埠头	169	私充牙行埠头	152	私充牙行埠头

续表

大明律（460条）		顺治律（458条）		乾隆律（436条）	
编号	内容	编号	内容	编号	内容
172	市司评物价	170	市司评物价	153	市司评物价
173	把持行市	171	把持行市	154	把持行市
174	私造斛斗秤尺	172	私造斛斗秤尺	155	私造斛斗秤尺
175	器用布绢不如法	173	器用布绢不如法	156	器用布绢不如法
礼律共26条		礼律共26条		礼律共26条	
祭祀（6条）		祭祀（6条）		祭祀（6条）	
176	祭享	174	祭享	157	祭享
177	毁大祀丘坛	175	毁大祀丘坛	158	毁大祀丘坛
178	致祭祀典神祇	176	致祭祀典神祇	159	致祭祀典神祇
179	历代帝王陵寝	177	历代帝王陵寝	160	历代帝王陵寝
180	亵渎神明	178	亵渎神明	161	亵渎神明
181	禁止师巫邪术	179	禁止师巫邪术	162	禁止师巫邪术
仪制（20条）		仪制（20条）		仪制（20条）	
182	合和御药	180	合和御药	163	合和御药
183	乘舆服御物	181	乘舆服御物	164	乘舆服御物
184	收藏禁书及私习天文	182	收藏禁书及私习天文	165	收藏禁书
185	御赐衣物	183	御赐衣物	166	御赐衣物
186	失误朝贺	184	失误朝贺	167	失误朝贺
187	失仪	185	失仪	168	失仪
188	奏封失序	186	奏封失序	169	奏封失序
189	朝见留难	187	朝见留难	170	朝见留难
190	上书陈言	188	上书陈言	171	上书陈言
191	现任官辄自立碑	189	见任官辄自立碑	172	现任官辄自立碑
192	禁止迎送	190	禁止迎送	173	禁止迎送
193	公差人员欺凌长官	191	公差人员欺凌长官	174	公差人员欺凌长官
194	服舍违式	192	服舍违式	175	服舍违式
195	僧道拜父母	193	僧道拜父母	176	僧道拜父母
196	失占天象	194	失占天象	177	失占天象
197	术士妄言祸福	195	术士妄言祸福	178	术士妄言祸福
198	匿父母夫丧	196	匿父母夫丧	179	匿父母夫丧

续表

大明律（460条）		顺治律（458条）		乾隆律（436条）	
编号	内容	编号	内容	编号	内容
199	弃亲之任	197	弃亲之任	180	弃亲之任
200	丧葬	198	丧葬	181	丧葬
201	乡饮酒礼	199	乡饮酒礼	182	乡饮酒礼
兵律共75条		**兵律共76条**		**兵律共71条**	
宫卫（19条）		**宫卫（19条）**		**宫卫（16条）**	
202	太庙门擅入	200	太庙门擅入	183	太庙门擅入
203	宫殿门擅入	201	宫殿门擅入	184	宫殿门擅入
204	宿卫守卫人私自代替	202	宿卫守卫人私自代替	185	宿卫守卫人私自代替
205	从驾稽违	203	从驾稽违	186	从驾稽违
206	直行御道	204	直行御道	187	直行御道
207	内府工作人匠替役	205	内府工作人匠替役	188	内府工作人匠替役
208	宫殿造作罢不出	206	宫殿造作罢不出	189	宫殿造作罢不出
209	辄出入宫殿门	207	辄出入宫殿门	190	辄出入宫殿门
210	关防内使出入	208	关防内使出入	191	关防内使出入
211	向宫殿射箭	209	向宫殿射箭	192	向宫殿射箭
212	宿卫人兵仗	210	宿卫人兵仗	193	宿卫人兵仗
213	禁经断人充宿卫	211	禁经断人充宿卫	194	禁经断人充宿卫
214—216	冲突仪仗三条	212—214	冲突仪仗三条	195	冲突仪仗
217	行宫营门	215	行宫营门	196	行宫营门
218	越城	216	越城	197	越城
219	门禁锁钥	217	门禁锁钥	198	门禁锁钥
220	悬带关防牌面	218	悬带关防牌面		
军政（20条）		**军政（21条）**		**军政（21条）**	
221	擅调官军	219	擅调官军	199	擅调官军
222	申报军务	220	申报军务	200	申报军务
223	飞报军情	221	飞报军情	201	飞报军情
	（原在吏律·公式）	222	泄露军情大事	202	泄露军情大事
224	边境申索军需	223	边境申索军需	203	边境申索军需
225	失误军事	224	失误军事	204	失误军事
226	从征违期	225	从征违期	205	从征违期

大明律（460 条）		顺治律（458 条）		乾隆律（436 条）	
编号	内容	编号	内容	编号	内容
227	军人替役	226	军人替役	206	军人替役
228	主将不固守	227	主将不固守	207	主将不固守
229	纵军掳掠	228	纵军掳掠	208	纵军掳掠
230	不操练军士	229	不操练军士	209	不操练军士
231	激变良民	230	激变良民	210	激变良民
232	私卖战马	231	私卖战马	211	私卖战马
233	私卖军器	232	私卖军器	212	私卖军器
234	毁弃军器	233	毁弃军器	213	毁弃军器
235	私藏应禁军器	234	私藏应禁军器	214	私藏应禁军器
236	纵放军人歇役	235	纵放军人歇役	215	纵放军人歇役
237	公侯私役官军	236	公侯私役官军	216	公侯私役官军
238	从征守御官军逃	237	从征守御官军逃	217	从征守御官军逃
239	优恤军属	238	优恤军属	218	优恤军属
240	夜禁	239	夜禁	219	夜禁
关津（7 条）		**关津（7 条）**		**关津（7 条）**	
241	私越冒渡关津	240	私越冒渡关津	220	私越冒渡关津
242	诈冒给路引	241	诈冒给路引	221	诈冒给路引
243	关津留难	242	关津留难	222	关津留难
244	递送逃军妻女出城	243	递送逃军妻女出城	223	递送逃军妻女出城
245	盘诘奸细	244	盘诘奸细	224	盘诘奸细
246	私出外境及违禁下海	245	私出外境及违禁下海	225	私出外境及违禁下海
247	私役弓兵	246	私役弓兵	226	私役弓兵
厩牧（11 条）		**厩牧（11 条）**		**厩牧（11 条）**	
248	牧养畜产不如法	247	牧养畜产不如法	227	牧养畜产不如法
249	孳生马匹	248	孳生马匹	228	孳生马匹
250	验畜产不以实	249	验畜产不以实	229	验畜产不以实
251	养疗瘦病畜产不如法	250	养疗瘦病畜产不如法	230	养疗瘦病畜产不如法
252	乘官畜脊破领穿	251	乘官畜脊破领穿	231	乘官畜脊破领穿
253	官马不调习	252	官马不调习	232	官马不调习
254	宰杀马牛	253	宰杀马牛	233	宰杀马牛

右上角：续表

大明律（460条）		顺治律（458条）		乾隆律（436条）	
编号	内容	编号	内容	编号	内容
255	畜产咬踢人	254	畜产咬踢人	234	畜产咬踢人
256	隐匿孳生官畜产	255	隐匿孳生官畜产	235	隐匿孳生官畜产
257	私借官畜产	256	私借官畜产	236	私借官畜产
258	公使人等索借马匹	257	公使人等索借马匹	237	公使人等索借马匹
邮驿（18条）		**邮驿（18条）**		**邮驿（16条）**	
259—261	递送公文三条	258—260	递送公文三条	238	递送公文
262	邀取实封公文	261	邀取实封公文	239	邀取实封公文
263	铺舍损坏	262	铺舍损坏	240	铺舍损坏
264	私役铺兵	263	私役铺兵	241	私役铺兵
265	驿使稽程	264	驿使稽程	242	驿使稽程
266	多乘驿马	265	多乘驿马	243	多乘驿马
267	多支廪给	266	多支廪给	244	多支廪给
268	文书应给驿而不给	267	文书应给驿而不给	245	文书应给驿而不给
269	公事应行稽程	268	公事应行稽程	246	公事应行稽程
270	占宿驿舍上房	269	占宿驿舍上房	247	占宿驿舍上房
271	乘驿马赍私物	270	乘驿马赍私物	248	乘驿马赍私物
272	私役民夫抬轿	271	私役民夫抬轿	249	私役民夫抬轿
273	病故官家属还乡	272	病故官家属还乡	250	病故官家属还乡
274	承差转雇寄人	273	承差转雇寄人	251	承差转雇寄人
275	乘官畜产车船附私物	274	乘官畜产车船附私物	252	乘官畜产车船附私物
276	私借驿马	275	私借驿马	253	私借驿马
刑律共171条		**刑律共170条**		**刑律共170条**	
贼盗（28条）		**贼盗（28条）**		**贼盗（28条）**	
277	谋反大逆	276	谋反大逆	254	谋反大逆
278	谋叛	277	谋叛	255	谋叛
279	造妖书妖言	278	造妖书妖言	256	造妖书妖言
280	盗大祀神御物	279	盗大祀神御物	257	盗大祀神御物
281	盗制书	280	盗制书	258	盗制书
282	盗印信	281	盗印信	259	盗印信
283	盗内府财物	282	盗内府财物	260	盗内府财物

大明律（460条）		顺治律（458条）		乾隆律（436条）	
编号	内容	编号	内容	编号	内容
284	盗城门钥	283	盗城门钥	261	盗城门钥
285	盗军器	284	盗军器	262	盗军器
286	盗园陵树木	285	盗园陵树木	263	盗园陵树木
287	监守自盗仓库钱粮	286	监守自盗仓库钱粮	264	监守自盗仓库钱粮
288	常人盗仓库钱粮	287	常人盗仓库钱粮	265	常人盗仓库钱粮
289	强盗	288	强盗	266	强盗
290	劫囚	289	劫囚	267	劫囚
291	白昼抢夺	290	白昼抢夺	268	白昼抢夺
292	窃盗	291	窃盗	269	窃盗
293	盗马牛畜产	292	盗马牛畜产	270	盗马牛畜产
294	盗田野谷麦	293	盗田野谷麦	271	盗田野谷麦
295	亲属相盗	294	亲属相盗	272	亲属相盗
296	恐吓取财	295	恐吓取财	273	恐吓取财
297	诈欺官私取财	296	诈欺官私取财	274	诈欺官私取财
298	略人略卖人	297	略人略卖人	275	略人略卖人
299	发塚	298	发塚	276	发塚
300	夜无故入人家	299	夜无故入人家	277	夜无故入人家
301	盗贼窝主	300	盗贼窝主	278	盗贼窝主
302	共谋为盗	301	共谋为盗	279	共谋为盗
303	公取窃取皆为盗	302	公取窃取皆为盗	280	公取窃取皆为盗
304	起除刺字	303	起除刺字	281	起除刺字
人命（20条）		**人命（20条）**		**人命（20条）**	
305	谋杀人	304	谋杀人	282	谋杀人
306	谋杀制使及本管长官	305	谋杀制使及本管长官	283	谋杀制使及本管长官
307	谋杀祖父母父母	306	谋杀祖父母父母	284	谋杀祖父母父母
308	杀死奸夫	307	杀死奸夫	285	杀死奸夫
309	谋杀故夫父母	308	谋杀故夫父母	286	谋杀故夫父母
310	杀一家三人	309	杀一家三人	287	杀一家三人
311	采生拆割人	310	采生拆割人	288	采生拆割人
312	造畜蛊毒杀人	311	造畜蛊毒杀人	289	造畜蛊毒杀人

续表

大明律（460条）		顺治律（458条）		乾隆律（436条）	
编号	内容	编号	内容	编号	内容
313	斗殴及故杀人	312	斗殴及故杀人	290	斗殴及故杀人
314	擒去人服食	313	擒去人服食	291	擒去人服食
315	戏杀误杀过失杀伤人	314	戏杀误杀过失杀伤人	292	戏杀误杀过失杀伤人
316	夫殴死有罪妻妾	315	夫殴死有罪妻妾	293	夫殴死有罪妻妾
317	杀子孙及奴婢图赖人	316	杀子孙及奴婢图赖人	294	杀子孙及奴婢图赖人
318	弓箭伤人	317	弓箭伤人	295	弓箭伤人
319	车马杀伤人	318	车马杀伤人	296	车马杀伤人
320	庸医杀伤人	319	庸医杀伤人	297	庸医杀伤人
321	窝弓杀伤人	320	窝弓杀伤人	298	窝弓杀伤人
322	威逼人致死	321	威逼人致死	299	威逼人致死
323	尊长为人杀私和	322	尊长为人杀私和	300	尊长为人杀私和
324	同行知有谋害	323	同行知有谋害	301	同行知有谋害
斗殴（22条）		**斗殴（22条）**		**斗殴（22条）**	
325	斗殴	324	斗殴	302	斗殴
326	保辜期限	325	保辜期限	303	保辜期限
327	宫内忿争	326	宫内忿争	304	宫内忿争
328	皇家袒免以上亲被殴	327	皇家袒免以上亲被殴	305	皇家袒免以上亲被殴
329	殴制使及本管长官	328	殴制使及本管长官	306	殴制使及本管长官
330	佐职统属殴长官	329	佐职统属殴长官	307	佐职统属殴长官
331	上司官与统属官相殴	330	上司官与统属官相殴	308	上司官与统属官相殴
332	九品以上官殴长官	331	九品以上官殴长官	309	九品以上官殴长官
333	拒殴追摄人	332	拒殴追摄人	310	拒殴追摄人
334	殴受业师	333	殴受业师	311	殴受业师
335	威力制缚人	334	威力制缚人	312	威力制缚人
336	良贱相殴	335	良贱相殴	313	良贱相殴
337	奴婢殴家长	336	奴婢殴家长	314	奴婢殴家长
338	妻妾殴夫	337	妻妾殴夫	315	妻妾殴夫
339	同姓亲属相殴	338	同姓亲属相殴	316	同姓亲属相殴
340	殴大功以下尊长	339	殴大功以下尊长	317	殴大功以下尊长
341	殴期亲尊长	340	殴期亲尊长	318	殴期亲尊长

大明律（460条）		顺治律（458条）		乾隆律（436条）	
编号	内容	编号	内容	编号	内容
342	殴祖父母父母	341	殴祖父母父母	319	殴祖父母父母
343	妻妾与夫亲属相殴	342	妻妾与夫亲属相殴	320	妻妾与夫亲属相殴
344	殴妻前夫之子	343	殴妻前夫之子	321	殴妻前夫之子
345	妻妾殴故夫父母	344	妻妾殴故夫父母	322	妻妾殴故夫父母
346	父祖被殴	345	父祖被殴	323	父祖被殴
骂詈（8条）		骂詈（8条）		骂詈（8条）	
347	骂人	346	骂人	324	骂人
348	骂制使及本管长官	347	骂制使及本管长官	325	骂制使及本管长官
349	佐职统属骂长官	348	佐职统属骂长官	326	佐职统属骂长官
350	奴婢骂家长	349	奴婢骂家长	327	奴婢骂家长
351	骂尊长	350	骂尊长	328	骂尊长
352	骂祖父母父母	351	骂祖父母父母	329	骂祖父母父母
353	妻妾骂夫期亲尊长	352	妻妾骂夫期亲尊	330	妻妾骂夫期亲尊长
354	妻妾骂故夫父母	353	妻妾骂故夫父母	331	妻妾骂故夫父母
诉讼（12条）		诉讼（12条）		诉讼（12条）	
355	越诉	354	越诉	332	越诉
356	投匿名文书告人罪	355	投匿名文书告人罪	333	投匿名文书告人罪
357	告状不受理	356	告状不受理	334	告状不受理
358	听讼回避	357	听讼回避	335	听讼回避
359	诬告	358	诬告	336	诬告
360	干名犯义	359	干名犯义	337	干名犯义
361	子孙违犯教令	360	子孙违犯教令	338	子孙违犯教令
362	现禁囚不得告举他事	361	见禁囚不得告举他事	339	现禁囚不得告举他事
363	教唆词讼	362	教唆词讼	340	教唆词讼
364	军民约会词讼	363	军民约会词讼	341	军民约会词讼
365	官吏词讼家人诉	364	官吏词讼家人诉	342	官吏词讼家人诉
366	诬告充军及迁徙	365	诬告充军及迁徙	343	诬告充军及迁徙
受赃（11条）		受赃（11条）		受赃（11条）	
367	官吏受财	366	官吏受财	344	官吏受财
368	坐赃致罪	367	坐赃致罪	345	坐赃致罪

续表

大明律（460条）		顺治律（458条）		乾隆律（436条）	
编号	内容	编号	内容	编号	内容
369	事后受财	368	事后受财	346	事后受财
		369	官吏听许财物	347	官吏听许财物
370	有事以财请求	370	有事以财请求	348	有事以财请求
371	在官求索借贷人财物	371	在官求索借贷人财物	349	在官求索借贷人财物
372	家人求索	372	家人求索	350	家人求索
373	风宪官吏犯赃	373	风宪官吏犯赃	351	风宪官吏犯赃
374	因公擅科敛	374	因公科敛	352	因公科敛
375	私受公侯财物				
376	扣留盗脏	375	扣留盗脏	353	扣留盗脏
		376	私受公侯财物	354	私受公侯财物
377	官吏听许财物				
诈伪（12条）		诈伪（11条）		诈伪（11条）	
378	诈为制书	377	诈为制书	355	诈为制书
379	诈传诏旨	378	诈传诏旨	356	诈传诏旨
380	对制上书诈不以实	379	对制上书诈不以实	357	对制上书诈不以实
381	伪造印信历日等	380	伪造印信历日等	358	伪造印信时宪书等
382	伪造宝钞				
383	私铸铜钱	381	私铸铜钱	359	私铸铜钱
384	诈假官	382	诈假官	360	诈假官
385	诈称内使等官	383	诈称内使等官	361	诈称内使等官
386	近侍诈称私行	384	近侍诈称私行	362	近侍诈称私行
387	诈为瑞应	385	诈为瑞应	363	诈为瑞应
388	诈病死伤避事	386	诈病死伤避事	364	诈病死伤避事
389	诈教诱人犯法	387	诈教诱人犯法	365	诈教诱人犯法
犯奸（10条）		犯奸（10条）		犯奸（10条）	
390	犯奸	388	犯奸	366	犯奸
391	纵容妻妾犯奸	389	纵容妻妾犯奸	367	纵容妻妾犯奸
392	亲属相奸	390	亲属相奸	368	亲属相奸
393	诬执翁奸	391	诬执翁奸	369	诬执翁奸
394	奴及雇工人奸家长妻	392	奴及雇工人奸家长妻	370	奴及雇工人奸家长妻

大明律（460条）		顺治律（458条）		乾隆律（436条）	
编号	内容	编号	内容	编号	内容
395	奸部民妻女	393	奸部民妻女	371	奸部民妻女
396	居丧及僧道犯奸	394	居丧及僧道犯奸	372	居丧及僧道犯奸
397	良贱相奸	395	良贱相奸	373	良贱相奸
398	官吏宿娼	396	官吏宿娼	374	官吏宿娼
399	买良为娼	397	买良为娼	375	买良为娼
杂犯（11条）		**杂犯（11条）**		**杂犯（11条）**	
400	拆毁申明亭	398	拆毁申明亭	376	拆毁申明亭
401	夫匠军士病给医药	399	夫匠军士病给医药	377	夫匠军士病给医药
402	赌博	400	赌博	378	赌博
403	阉割火者	401	阉割火者	379	阉割火者
404	嘱托公事	402	嘱托公事	380	嘱托公事
405	私和公事	403	私和公事	381	私和公事
406	失火	404	失火	382	失火
407	放火故烧人房屋	405	放火故烧人房屋	383	放火故烧人房屋
408	搬做杂剧	406	搬做杂剧	384	搬做杂剧
409	违令	407	违令	385	违令
410	不应为	408	不应为	386	不应为
捕亡（8条）		**捕亡（8条）**		**捕亡（8条）**	
411	应捕人追捕罪人	409	应捕人追捕罪人	387	应捕人追捕罪人
412	罪人拒捕	410	罪人拒捕	388	罪人拒捕
413	狱囚脱监及反狱在逃	411	狱囚脱监及反狱在逃	389	狱囚脱监及反狱在逃
414	徒流人逃	412	徒流人逃	390	徒流人逃
415	稽留囚徒	413	稽留囚徒	391	稽留囚徒
416	主守不觉失囚	414	主守不觉失囚	392	主守不觉失囚
417	知情藏匿罪人	415	知情藏匿罪人	393	知情藏匿罪人
418	盗贼捕限	416	盗贼捕限	394	盗贼捕限
断狱（29条）		**断狱（29条）**		**断狱（29条）**	
419	因应禁而不禁	417	因应禁而不禁	395	因应禁而不禁
420	故禁故勘平人	418	故禁故勘平人	396	故禁故勘平人
421	淹禁	419	淹禁	397	淹禁

续表

大明律（460条）		顺治律（458条）		乾隆律（436条）	
编号	内容	编号	内容	编号	内容
422	陵虐罪囚	420	陵虐罪囚	398	陵虐罪囚
423	与囚金刃解脱	421	与囚金刃解脱	399	与囚金刃解脱
424	主守教囚反异	422	主守教囚反异	400	主守教囚反异
425	狱囚衣粮	423	狱囚衣粮	401	狱囚衣粮
426	功臣应禁亲人入视	424	功臣应禁亲人入视	402	功臣应禁亲人入视
427	死囚令人自杀	425	死囚令人自杀	403	死囚令人自杀
428	老幼不拷讯	426	老幼不拷讯	404	老幼不拷讯
429	鞫狱停囚待对	427	鞫狱停囚待对	405	鞫狱停囚待对
430	依告状鞫狱	428	依告状鞫狱	406	依告状鞫狱
431	原告人事毕不放回	429	原告人事毕不放回	407	原告人事毕不放回
432	狱囚诬指平人	430	狱囚诬指平人	408	狱囚诬指平人
433	官司出入人罪	431	官司出入人罪	409	官司出入人罪
434	辩明冤枉	432	辩明冤枉	410	辩明冤枉
435	有司决囚等第	433	有司决囚等第	411	有司决囚等第
436	检验尸伤不以实	434	检验尸伤不以实	412	检验尸伤不以实
437	决罚不如法	435	决罚不如法	413	决罚不如法
438	长官使人有犯	436	长官使人有犯	414	长官使人有犯
439	断罪引律令	437	断罪引律令	415	断罪引律令
440	狱囚取服辩	438	狱囚取服辩	416	狱囚取服辩
441	赦前断罪不当	439	赦前断罪不当	417	赦前断罪不当
442	闻有恩赦而故犯	440	闻有恩赦而故犯	418	闻有恩赦而故犯
443	徒囚不应役	441	徒囚不应役	419	徒囚不应役
444	妇人犯罪	442	妇人犯罪	420	妇人犯罪
445	死囚覆奏待报	443	死囚覆奏待报	421	死囚覆奏待报
446	断罪不当	444	断罪不当	422	断罪不当
447	吏典代写招草	445	吏典代写招草	423	吏典代写招草
工律共 13 条		**工律共 13 条**		**工律共 13 条**	
营造（9 条）		**营造（9 条）**		**营造（9 条）**	
448	擅造作	446	擅造作	424	擅造作
449	虚费工力采取不堪用	447	虚费工力采取不堪用	425	虚费工力采取不堪用

大明律（460条）		顺治律（458条）		乾隆律（436条）	
编号	内容	编号	内容	编号	内容
450	造作不如法	448	造作不如法	426	造作不如法
451	冒破物料	449	冒破物料	427	冒破物料
452	带造缎匹	450	带造缎匹	428	带造缎匹
453	织造违禁龙凤纹缎匹	451	织造违禁龙凤纹缎匹	429	织造违禁龙凤纹缎匹
454	造作过限	452	造作过限	430	造作过限
455	修理仓库	453	修理仓库	431	修理仓库
456	有司官吏不住公廨	454	有司官吏不住公廨	432	有司官吏不住公廨
河防（4条）		河防（4条）		河防（4条）	
457	盗决河防	455	盗决河防	433	盗决河防
458	失时不修堤防	456	失时不修堤防	434	失时不修堤防
459	侵占街道	457	侵占街道	435	侵占街道
460	修理桥梁道路	458	修理桥梁道路	436	修理桥梁道路

目　录

名 例 律

（共 46 条）

〔名者，五刑之罪名。例者，五刑之体例也。〕

律 001-1：五刑〔例 13 条，事例 20 条，成案 4 案〕

〔笞刑五：笞者，击也，又训为耻。用小竹板。〕

一十〔折四板〕

二十〔除零折五板〕

三十〔除零折一十板〕

四十〔除零折一十五板〕

五十〔折二十板〕

杖刑五：〔杖重于笞，用大竹板。〕

六十〔除零折二十板〕

七十〔除零折二十五板〕

八十〔除零折三十板〕

九十〔除零折三十五板〕

一百〔折四十板〕

（国初律，笞杖数目下，原注以五折十。康熙年间，始以四折十，并除不及五之零数。故杖一百，止折责四十板。）

徒刑五：〔徒者，奴也，盖奴辱之。〕

一年，杖六十；一年半，杖七十；二年，杖八十；二年半，杖九十；三年，杖一百。

流刑三：〔不忍刑杀，流之远方。〕

二千里，杖一百；二千五百里，杖一百；三千里，杖一百。

死刑二：〔凡律中不注监候立决字样者，皆为立决。凡例中不注监候立决字样者，皆为监候。〕

绞，斩。〔内外死罪人犯，除应决不待时外，余俱监固候秋审、朝审，分别情实、缓决、矜疑，奏请定夺。〕

〔附录〕顺治律 001：五刑

〔凡折赎银数，前图开载甚明。〕

笞刑五〔笞者，击也，又谓为耻。每二笞，折一板。〕一十，二十，三十，四十，五十。

杖刑五〔每二杖，折一板。〕六十，七十，八十，九十，一百。

徒刑五〔徒者，奴也，盖奴辱之。〕一年杖六十，一年半杖七十，二年杖八十，二年半杖九十，三年杖一百。

流刑三〔不忍刑杀，流之远方。〕二千里杖一百，二千五百里杖一百，三千里杖一百。

死刑二：绞，斩。

除罪应决不待时外，其余死罪人犯，抚按审明成招，具题部覆，奉旨依允监固，务于下次巡按御史再审，分别情真、矜疑两项，奏请定夺。

薛允升按：自名例至此，皆仍明律。其小注系清初及雍正三年、乾隆五年增删修改。绞斩下，清初律小注，系除罪应决不待时外，其余死罪人犯，抚按审明成招，具题部覆，奉旨依允监固，务于下次巡按御史再审，分别情真、矜疑两项，奏请定夺。雍正三年，以今无巡按御史〔各省巡按御史，顺治十七年裁〕，因将抚按审明等句删改。从前矜疑并重，是以此注犹有分别矜疑之语。有司决囚等第门止有矜而删疑，未免参差。说见彼门。从前死罪人犯，俱系巡按核审，分别奏请。康熙十六年以后，始仿照朝审之例，九卿会议定拟。此刑典中一大关键也。秋审之名，不著于律。此小注内始添入"秋审、朝审"字样，似应纂为条例。凡断狱门关系秋审各条，均分列于此例之后，或照赎刑名目，标明"秋审、朝审"字样，列于赎刑各条之前，以为一代之典章，似甚合宜。《唐律疏议》曰：汉文帝改肉刑为笞三百。景帝以笞者已死而笞未毕，改三百曰二百，二百曰一百。历代沿流，曾微增损。今律于云：累决笞杖者，不得过二百，盖循汉制也。明律杖罪不得过一百，今则杖一百者止折四十，较前更轻矣。

条例 001.01：笞杖罪名折责

凡笞、杖罪名折责，概用竹板，长五尺五寸。小竹板，大头阔一寸五分，小头阔一寸，重不过一斤半。大竹板，大头阔二寸，小头阔一寸五分，重不过二斤。其强盗、人命事件酌用夹棍。

（康熙八年议准，雍正三年定例。）

薛允升按：《唐律》："杖粗细长短，不依法者，笞三十。"疏议曰："杖皆削去节目，长三尺五寸。讯囚杖，大头径三分二厘，小头二分二厘。常行杖，大头二分七厘，小头一分七厘。笞杖，大头二分，小头一分五厘。"《汉书·刑法志》："景帝中六年诏曰：'加笞者，或至死而笞未毕，朕甚怜之。笞者，所以教之也，其定棰令。'"云云。当笞者笞臀，毋得更人，毕一罪乃更人。自是笞者得全，杖数较今律为多，而分寸则较今律为小。此其不同处。此言笞杖轻重、长短之式，非言用笞杖之法也。末句酌用夹棍一层，似应删，并入于下条。笞杖有二义，有断决时之笞杖，有讯问时之笞杖。至夹棍，则专指讯问而言。近来审讯案件，或用掌嘴、笞杖，或用跪链压膝，虽命盗等案，从无用夹棍者，亦祥刑之一端也。

条例 001.02：夹棍拶指

夹棍，中梃木长三尺四寸，两旁木各长三尺，上圆下方，圆头各阔一寸八分，方头各阔二寸，从下量至六寸处，凿成圆窝四个，面方各一寸六分，深各七分。拶指，以五根圆木为之，各长七寸，径圆各四分五厘〔按：此段言夹棍、拶指之式也。下段方言用夹棍之法〕。其应夹人犯不得实供，方夹一次，再不实供，许再夹一次。用刑官有任意多用者，该管上司不时察参。倘有徇隐事发，并交部议处。

（此条系康熙四十三年，刑部议覆川抚能泰题准定例。原载"故勘平人"律内，雍正三年删改，乾隆五年移此。顺治四年，原定夹棍上圆径二寸，下方阔二寸二分，所凿圆窝深六分。拶指圆径五分。康熙四十三年，刑部议定：将夹棍方圆各减二分，圆窝改深七分；拶指径圆减去五厘。）

薛允升按：此例专言夹棍拶指之式，至何案何官应用夹棍等刑，则载于断狱门内。此条末段及上条末句，似应修并为一，改为强盗人命案件，许酌用夹棍。其应夹人犯云云，另立一条，移于故勘平人门内，亦与上下笞杖枷号二条，均归画一。至锁链桎梏及脚镣手杻等刑，此处未载，俱见于断狱门，应与故勘平人门条例参看，均系不准多用之意。

条例 001.03：凡监禁人犯

凡监禁人犯，止用细链，不用长枷。其应枷号人犯，除律例开载应用重枷枷号者，仍照遵行外，其余枷号，俱重二十五斤。

（系康熙年间现行例，原载"故禁故勘平人"律内。雍正三年删改，乾隆五年移附此律。嘉庆十六年、嘉庆十七年改定为条例 001.04。）

条例 001.04：寻常枷号

凡寻常枷号，重二十五斤。重枷，重三十五斤。枷面各长二尺五寸，阔二尺四寸。至监禁人犯，止用细链，不用长枷。

（此条嘉庆十六年、嘉庆十七年将条例 001.03 改定。）

薛允升按：此条言枷号长短轻重之式也。既以笞、杖、徒、流、死为五刑，而又立枷号若干日之法，是五刑之外又有刑矣。前明枷号有重至百余斤者，此例改为不得过三十五斤，以示限制。仁人之言，其利博矣。惟前明枷号日期，至多不过半年（见威逼门）。本朝乾隆初年，以枷号至三个月为止，将旧例半年改为三月，与此酌定斤数，同一善政。乃后来条例愈烦，而枷号有至六月一年及二三年，且有永远枷号者。已非前定例之意，幸未再加斤数耳。

条例 001.05：各省问刑衙门夹棍

各省问刑衙门夹棍，州县呈明知府验烙，知府呈明按察司验烙，按察司呈明督抚验烙。其尺寸长短宽窄，俱刻于中梃之上，如有擅用未曾验烙夹棍者，以酷刑题参。

（此条系乾隆五年，刑部议覆山东按察使李珣条奏定例）

薛允升按：此条系防夹棍之违式也，以此刑最重，故特慎之。

条例 001.06：每年正月六月俱停刑

每年正月、六月俱停刑，内外立决重犯俱监固，俟二月初及七月立秋之后正法。其五月内交六月节及立秋在六月内者，亦停正法。

（此例原系三条，俱系康熙年间现行例，原载有司决囚等第门。雍正三年删并，乾隆五年移附此律。）

薛允升按：汉章帝元和二年正月诏三公曰："方春生养，万物荢甲，宜助萌阳，以育时物。其令有司，罪非殊死，且勿案验，立秋如故。"七月诏曰："《春秋》于春每月书王者，重三正，慎三微也。律十二月立春，不以报囚。〔报，犹论也。立春阳气至，可以施生，故不论囚。〕《月令》冬至之后，有顺阳助生之文，而无鞫狱断刑之政。朕咨访儒雅，稽之典籍，以为王者生杀，宜顺时气。其定律，无以十一月十二月报囚。"又《陈宠传》："汉旧事断狱报重，常尽三冬之月，帝始改用冬初十月。言者以为，断狱不尽三冬，故招致灾旱。宠奏曰，夫冬至之节，阳气始萌，天以为正，周以为春。十二月，阳气上通，地以为正，殷以为春。十三月，阳气已至，人以为正，夏以为春。三微成著以通三统。周以天元，殷以地元，夏以人元。若以此时行刑，则殷周岁首，皆当流血，不合人心，不稽天意。《月令》曰，孟冬之月，趣狱刑，无留罪。明大刑毕在立冬也。又仲冬之月，身欲宁、事欲静。若以降威怒，不可谓宁。若以行大刑，不可谓静。议者咸曰，旱之所由，咎在改律。臣以为，殷周断狱，不以三微，而化致康平，无有灾害。自元和以前皆用三冬，而水旱之异，往往为患。由此言之，灾害自为他应，不以改律。秦为虐政，四时行刑，圣汉初兴，改从简易。萧何草律，季秋论囚，但避立春之月，而不计天地之正，二王之春，实颇有违。圣功美业，不宜中疑。帝纳之"。又《鲁恭传》："初，和帝下令麦秋得按验薄刑，而州郡好以苛察为政，因此遂盛夏断狱。恭上疏谏曰：旧制，至立秋乃行薄刑，自永元十五年以来，改用孟夏。《月令》，孟夏断薄刑，出轻系。夫断薄刑者，谓其轻罪已正，不欲令久系，故时断之也。臣愚以为，孟夏之制，可从其令，其决狱案考，皆以立秋为断。初，肃宗时，断狱皆以冬至之前。自后论者互多驳异。恭议奏曰：《易》曰"潜龙勿用"，言十一月、十二月阳气潜藏，未得用事。孝章皇帝深惟古人之道，助三正之微，定律著令，冀承天心，顺物性命，以致时雍。《易》曰：君子以议狱缓死。可令疑罪使详其法，大辟之科，尽冬月乃断。其立春在十二月中者，勿以报囚如故事。"《樊儵传》："永平元年，议刑辟宜须秋月，以顺时气。从之。"两汉断狱，多援引经义，此类是也。此例止言正月、六月，而未及十一二月，盖俱不停刑矣。而重囚于霜降后论决，犹得古意。与有司决囚门及死囚覆奏各条例参看。

条例 001.07：民人犯军流徒罪

凡民人犯军、流、徒罪者，俱至配所照应杖之数折责，惟缘坐流罪不加杖。

（军、流、徒犯俱俟到配决杖，系康熙十二年题准，至乾隆五年定例。原载"徒流迁徙地方"律后，乾隆五十三年移附此律。）

薛允升按：律内凡犯流罪者均有"杖一百"字样，缘坐人犯并无此语。此条所云与律相符。与有司决囚门内一条参看。

条例 001.08：每年于小满后十日

每年于小满后十日起，至立秋前一日止。如立秋在六月内，以七月初一日为止。将枷责等轻罪人犯，照例减等发落，笞罪宽免。监禁重犯，令管狱官量加宽恤。刑部现审案件，审明减等，十日一次汇题。其人犯俱交该旗、该地方暂行保释，立秋后送部发落。

（此条雍正元年定。乾隆六年奏准：现审军流以下，改为按季汇题。其热审之案，即于汇题本内声名，将例内十日汇题之处，照新例改正。乾隆五十三年修并入条例1.12。）

条例 001.09：热审期内

热审期内，一应杖责之犯，无论题达重案，以及其余事件，统于减等之中，递行八折发落。

（此条乾隆二年定。乾隆五十三年修并入条例1.12。）

条例 001.10：直省热审之先

直省热审之先，审拟具题，到部遇热审者，均减等发落。督抚于热审时审拟减等发落，具题虽遇热审之期到部，亦行减等发落。其原具题时遇热审，有情罪不符，驳回后具题，逾热审者，亦准减等完结。

（此条雍正三年定。乾隆三十六年改定为条例1.11。）

条例 001.11：直隶各省热审之先

直隶各省热审之先，审拟具题到部，而发落在热审期内者，照例减等。若审拟具题，虽在热审期内，而发落时已逾热审者，概不减免。

（乾隆三十六年议准减审减等，总以发落时为准，因改定此条。乾隆五十三年修并入条例 001.12。）

条例 001.12：每年于小满后

每年于小满后十日起，至立秋前一日止，如立秋在六月内，以七月初一日为止，内外问刑衙门，将罪应杖责人犯各减一等，递行八折发落，笞罪宽免。如犯案审题在热审之先，而发落在热审期内者，亦照前减免。傥审题虽在热审期内，而发落已逾热审者，概不准其减免。至热审期内监禁重犯，令管狱官量加宽恤。其枷号人犯，俱暂行保释，俟立秋后再行照例减等补枷，满日发落。

（此条系乾隆五十三年，将条例 001.08、001.09、001.10、001.11 各条合并。嘉庆六年，于"内外问刑衙门"句下，增入"除窃盗及斗殴伤人罪应杖笞人犯不准减免外"十九字，下句删"将"字，改"其余"二字。"概不减免"句，改为"概不准其减免"。）

薛允升按：凡遇热审，杖罪人犯均准减等。独窃盗及斗殴伤人二项不减，未免偏枯。且笞罪究较杖罪情节为轻，别项杖罪俱准减等发落，此二项笞罪亦不准减，尤属偏枯。如以损伤于人而论，彼奸通人妻女者尚准减等，而窃盗未得财者不准减等，果为轻重得平否耶？犯杖笞者不止一端，而独严于此二项，似非例意。岂此二项外，别无情节最重者乎？十恶内亦有拟杖人犯，何以不闻立有不准减等明文耶？从前如遇热审，军流徒罪，均准减等，后经停止。雍正元年，钦奉谕旨，复热审旧例。二年八月，九卿等奏明军流徒罪不准减，枷杖轻罪准减，盗犯不准减等，系是年五月上谕，在停止军流徒不准减等定例以前，系指强窃盗罪应军流徒而言，非专为窃盗罪应笞杖言之也。乾隆五年，改为应拟枷号杖笞之盗犯不准减免，则不得财应笞之窃盗亦不准免矣。五十三年，改盗犯为窃盗，则专指窃盗言之矣。如遇亲属相盗之案或尊长偷窃卑幼财物，亦俱在不准减免之列矣，岂例意固应如是乎？《礼月令》："仲夏之月，百官静，事无刑。"此后世暑月省刑之令所由昉也。雍正二年八月，定为枷杖轻罪准减，军流徒罪不准减，纂入条例。然尔时均以审题之时为断，事结在热审以前，虽发落时已逾热审，仍应减等。是以秋凉补枷之犯，均得减等发落也。乾隆三十六年，江西按察使欧阳永祎条奏，定有审题虽在热审而发落已逾热审者，概不准减免之例。杖笞皆同，枷号之犯，不应独异。五十三年修例时，将杖罪人犯酌加修改，枷号人犯仍照旧例，并添入减等二字。嘉庆六年修例，按语又声明枷号并无不准减免之文，因仍未改，遂致稍有参差。再，查应拟枷号杖笞之窃盗，热审不准减免之例，谓笞杖既不减免，则枷号亦不应减等也。嘉庆六年修例，按语以从前例文并无"枷号不准减免"之语，将"枷号"二字删去，则凡窃盗再犯，枷杖并加之犯，杖罪不减，枷号应准减矣，岂例意乎？热审减等，本系朝廷钦恤之仁，枷杖罪名较徒流为轻，故特加宽宥也。从前枷杖人犯，均系先杖而后枷号。遇热审时，自可照例减责，秋凉后再行补枷，于例文亦无抵牾之处，后改为枷满再行决杖，则办法又不相同矣。再，枷号人犯，由杖罪酌加者居多，如犯奸、犯赌之类皆是。既以满日发落，则枷号减而杖亦应减，枷号不减而杖亦不减。可知，若如此例所云，枷号减等而杖数不减，未免两歧。如并杖数亦减，又与上文"发落已逾热审概不准减"之语不符。例既以审题无论是否在热审期内，总以发落之时是否已逾热审为断，明立界限办理，自无歧误。至秋凉补枷之例，与军流停遣之例，事异而情同，盖不忍使荷校累累者，群聚于烈日盛暑之时故也。缓至秋凉，照数补枷，已属幸邀宽典，若再行减等，则宽之又宽，不特与"发落已逾热审不准减免"一语互相抵牾，且由杖罪加枷者可以减等，由军流徒罪加枷者亦可减等耶。平情而论，似应以不减等为是，可知例内添入此二字之非是。枷号人犯秋凉补枷，原指轻罪人犯而言，若例内载明枷号一二三年之犯及永远枷号，似不在内。例无明文，存以俟参。

条例 001.13：应拟枷号杖笞之窃盗

应拟枷号杖笞之窃盗，及斗殴伤人拟笞之犯，时遇热审，俱不准减免。

（此条原为明例，窃盗、斗殴分为两条，载在"加减罪例"律后。乾隆五十三年，并为一条，移附此律。嘉庆六年，查历来办理，并无枷号不准减等之例，删去"枷号"二字，并入条例 001.12。）

〔附录顺治例 6 条〕

顺例 001.01：凡军民诸色入役，及舍余、总小旗审有力者，与文武官吏、举人、监生、生员、冠带官、知印、承差、阴阳生、医生、老人、舍人，不分笞、杖、徒、流、杂犯死罪，俱令运炭、运灰、运砖、纳米、纳料等项赎罪。若官吏人等例该革去职役，与舍余、总小旗、军民人役，审无力者，笞、杖罪的决；徒、流、杂犯死罪，各做工摆站、哨瞭、发充仪从，情重者，煎盐、炒铁，死罪五年，流罪四年，徒罪照徒年限。其在京军丁人等，无差占者，与例难的决之人，笞、杖亦令做工。

顺例 001.02：赎罪囚犯，除在京已有旧例外，其外审有力、稍有力二项，俱照原行则例拟断，不许妄引别例，致有轻重。若妇人审有力与命妇、军职正妻，及例难的决久人赎罪者，笞、杖每一十，折收银一钱。其老幼、废疾及妇人、天文生余罪收赎者，每笞十杖，各赎银七厘五毫。〔遞加科算，详见律首纳赎例图。〕

顺例 001.03：凡在京、在外运炭、纳米赎罪等项因犯，监追两月之上，如果贫难，改拟做工、摆站、的决等项发落。若军职监追三个月之上，及守卫上直旗军人等纳银赎罪，监追一月之上，各不完者，俱先发还职著役，扣俸粮、月粮，准抵完官。其一应纳纸囚犯，追至三月不能完者，放免。

顺例 001.04：凡因犯遇蒙恩例，通减二等者，罪虽遇例减等，若律应仍尽本法及例该通军、为民、立功、调卫等项者，仍依律例，一体拟断发遣。〔如窃盗、抢夺等项，仍须刺字；枉法、不枉法等赃，仍须入官，故云：仍尽本法。〕

顺例 001.05：问刑衙门以赃入罪，若奏行时估则例该载未尽，及虽系开载而货物不等，难照原估者，仍各照时值估，拟断。

顺例 001.06：在外军卫有司，但有差遣及供送人来京犯罪，审无力者，笞、杖的决；徒罪以上，递回原籍，官司各照彼中事例发落。

事例 001.01：顺治元年谕

各衙门应责人犯，悉遵用鞭责，不许用杖。

事例 001.02：顺治元年奏准

五刑中死者居二：曰斩，曰绞。《明律》分别等差，绞、斩互用。我朝法制，罪应死者，止用斩刑。嗣后丽重典者仍分斩、绞，按律引拟。至以板易鞭，尤当酌得其中，定以三鞭准一板。

事例 001.03：顺治三年诏

除革脚筋法。

事例 001.04：顺治三年奉旨

旧例犯重辟减等者，鞭一百，贯耳鼻。奉旨：耳鼻在人身最为显，著此刑永革除之。

事例 001.05：顺治四年定

五刑之制。一曰笞刑，自一十至五十，每十笞为一等，凡五等，用小竹板折责。旗人、旗下家奴犯应笞者，以鞭代之，不折责。二曰杖刑，自六十至一百，每十杖为一等，凡五等，用大竹板折责。凡行杖，不得过百，罪重于杖者枷示。应枷者，先枷后责。三曰徒刑，发本省驿递，自一年至三年，每半年为一等，凡五等，各依年限应役，役满回籍。五徒各予以杖，徒一年者杖六十，徒一年半者杖七十，徒二年者杖八十，徒二年半者杖九十，徒三年者杖一百，到配折责。四曰流刑，安置远方，终身不返，分二千里、二千五百里、三千里，为三等。三流并杖一百，到配折责，惟缘坐问流者不杖。五曰死刑，曰斩、曰绞，皆有立决、监候之别。五刑之外，有迁徙，离乡土一千里之外安置。有充军，较流为重，凡五等，曰附近，发二千里；曰边卫〔初曰沿海，继改边卫，继又改近边〕，发二千五百里；曰边远，发三千里；曰烟瘴；曰极边烟瘴〔初曰永远，今改极边〕，发四千里，五军并杖一百，到戍所折责。曰边外为民，发遣边外安置〔嗣除边外为民之制〕；曰杂犯流罪，总徒四千里；曰杂犯斩绞，准徒五年。死刑之最重者为凌迟，为枭示。

事例 001.06：顺治四年又定

狱具之图。一曰板，以竹篦为之，大头径二寸，小头径一寸五分，长五尺五寸，重不得过二斤。一曰枷，以干木为之，长三尺，径二尺九寸，重二十五斤。一曰杻，以干木为之，长一尺六寸，厚一寸。一曰铁索〔即钳也。一名链〕，以铁为之，长七尺，重五斤。一曰镣，以铁为之，连环重一斤，徒罪以上用之。命盗重案，供辞不实，男子用夹棍，以梃木三根，中梃木长三尺四寸，旁木各长三尺，上圆径二寸，下方阔二寸二分，自下而上至六寸，于三木四面相合处，各凿圆窝，径一寸六分，深六分。妇人供辞不实，用桜指，以圆木五根为之，各长七寸，径圆各五分。

事例 001.07：顺治十八年定

审问官有擅用匣床，捕获强盗有妄用脑匝、毛竹连根大板，及竹篾、烙铁等刑，肆行酷虐，致毙人命者，从重治罪。

事例 001.08：康熙三十七年奉旨

各监口有刑具，曰大镣，与匣床无异，又短夹棍止长尺许，大枷重百三十斤，瓦样重板，此皆酷虐之刑，著严行禁止。

事例 001.09：乾隆元年议准

各旗枷号人犯，例俱发与各门示众，因而设立房屋，以为住宿之地，遂有门监之名，实非囹圄可比。无如不肖兵丁，每借防范为名，需索陵虐，弊害丛生，甚至男女混杂，尤为未便。嗣后枷号人犯，仍照例枷号各门，不必拆毁门监，惟女犯必须另设墙垣房屋，应令提督会同刑部各委官一员，于各门详加阅看，或于门监之旁添造房屋一二间，或即于现在门监之内，量拨一二间，另开门户，专为女犯居住歇宿之所，不许仍同男犯俱禁一处，以致混杂无别。至此等枷号人犯，原非重囚，且系已结之案，应许其跟随亲属一人，在内照管。其看守兵丁，责令该管官弁严加管束，不得任其勒索陵虐。仍令步军提督不时访察，并交都察院照稽察刑部监之例，每月派满、汉御史各一员，往来稽察，傥有不肖兵弁陵虐营私者，即行参究，从重治罪。

事例 001.10：乾隆元年又议准

内外各衙门，所有刑具，因向无稽察之例，各随意制造，故虽定有成式，终难画一。刑部各司刑具，亦系陆续制造，并未较对画一，是以不无轻重长短之殊。雍正十三年十月内，刑部派委专员，将各司刑具较对改造，始得合式。外省州县，近者相去数十里，远者百余里，各处一方，随意制造，而该管各上司例无考成，亦不特加察核，以致刑具多轻重之异，小民受加等之刑。嗣后刑具，务遵定式，不得滥用短夹棍及大板重枷，仍令该管道府，遇州县盘查之日，即将所用刑具，详加查验。傥有从前情弊，即照例详揭题参，照擅用非刑例革职。至征比钱粮，本应用小板轻枷，薄以示惩，下限完粮，即行释放。嗣后有司官员，用大板重枷，将粮户辄行酷责者，该督抚不时查参。

事例 001.11：乾隆三年议准

割脚筋法，业经除去，其盛京等处刨参人犯，罪应割断两只脚筋者，亦议准改为杖一百、流三千里，遵行在案。惟川贩案内窝隐，以及护送之人，尚有问拟割脚筋之例，自应一律奏明停止。嗣后川贩案内窝隐护送为首之人，罪应割断两只脚筋者，援照刨参案内改准定例，杖一百、流三千里。为从罪应割断一只脚筋者，照减一等例，杖一百、徒三年，仍刺字。

事例 001.12：乾隆五年议准

向例直隶各省问刑衙门，将某案某人因何事用夹刑，及用刑次数，逐细填注簿内，于年终缴送督抚衙门查阅。若有滥用夹棍，及用多报少情弊，查出指参，照例议处。嗣后每案招解之时，务令将夹讯叙明，照例年终造册，申送督抚查核。

事例 001.13：乾隆三十六年谕

刑部律例内有边外为民条款，与现在断狱事宜不甚允协，著该部另行定例具奏。钦此。遵旨议定：原例所开情罪相同，而分别军民定拟者，将"为民"字样删除，一体改发充军。

事例 001.14：嘉庆四年谕

外省地方私设班馆，及自新所，曾降严旨饬禁。至刑具等项，皆系按刑部制度，官为印烙颁发，有一定尺寸式样。若私创刑具，任用非法，例干严禁。苏州有新造小夹棍等名目，湖北又有数十余斤之大锁，非私造而何？况官设刑具，原视犯者情罪之轻重，分别责罚。即施之邪教，亦应概用官刑，何况审办寻常案件，自设非刑，任情妄逞，借严峻之法，济贪酷之私，此而不严行查禁，何以肃吏治而服民心？著通谕各直省督抚严饬所属，嗣后一切刑具，皆用官定尺寸颁发印烙，如有私自创设刑具，非法滥用者，即行严参治罪，决不宽贷。

事例 001.15：嘉庆十二年谕

汪镛奏：请禁止非刑一折。据称，各省问刑衙门于例定刑具外，往往私造刑具，如木棒棰一物，敲内外脚踝，动至数十击，或百余击不等，以致骨节损折，殊属违例等语。所奏甚是。地方官审办案件，所用刑具，轻重大小，俱有一定程序，理应出以慎重，何得制造非刑，恣为残酷。今汪镛所见地方官制造木棒棰一物，敲击内外脚踝，往往动余百十，甚至骨折，是三木之外，竟有可以便其锻炼者，倘审非正犯，而两足已成废弃，小民并未犯法，业经贻累终身，于心何忍？汪镛折内称始于捕役拷讯贼犯，而现在伊于往德州审案时，即亲见地方官豫备此项刑具，看来不止捕役私用，即官员等亦未必不视为常刑，恣其酷暴。试思所讯即确系贼犯，亦有官设刑具，何得恣意妄为，毫无恻隐。地方官于捕役私拷贼犯，不能严查惩办，转复尤效之，是诚何心？且恐外省私设刑具，尚不止于此，不可不严加饬禁。通谕各省大小问刑衙门，如有似此滥置非刑，速行除毁，违者以违制论。其捕役违例擅拷，尤当认真访查，有犯必惩，不可稍涉宽纵。倘再任捕役私设刑具，地方官查禁不严，著该上司据实参处，以儆残虐，用副朕矜恤庶狱至意。

事例001.16：嘉庆十五年谕

本日吏部具题，议处顺天府南路同知窦景燕于详审案犯，辄用非刑，照例议以革职等因。详阅本内，该部所引例文称，官员将人犯除夹棍、桠指之外，另用非刑者革职，跪链、压膝等刑者，降一级调用等语。因思内外问刑衙门，承审案犯，原应虚衷研鞫，不得专事刑求。然遇有狡猾之犯，不肯供吐实情，承问官不应遽用刑夹，亦不能不量加惩究，或拧耳跪链，或继以压膝，藉以得情定谳，尚不致伤其肢体，究非同木架撑执，或悬吊敲踝，及针刺手指等非刑可比也。若承审官审讯各犯，于案情未定之时，既不能遽得确情，而一经拧耳压膝，即例有应得处分，则凡属问刑各员，竟无不干吏议者，似此名实不符，殊不足以昭平允。所有承审案犯各员非刑一条应如何酌中之处，著该部详议具奏。钦此。遵旨议准：嗣后问刑各衙门，应用刑具除例载夹棍、桠指、枷号、竹板，遵照定式外，其拧耳、跪链、压膝，及掌责等刑，系审理案件时不得不酌量施用，应与例载各刑具照常行用。其有将无辜干连之人滥行拷讯，及将应行审讯之犯，恣意陵虐，致毙人命者，仍行参处。至非刑名目，现在钦奉谕旨指出之木架撑执，悬吊敲踝，针刺手指，并例载申禁之小夹棍、木棒槌、连根带须竹板、联枷等项，及例禁所不及赅载一切任意私设者，均属非刑，仍应严行禁止。

事例001.17：嘉庆十六年谕

给事中陆言奏：请敕禁非刑一折。所奏甚是。问刑衙门，遇有应加刑鞫之处，本有一定制度，若私造非刑，任意残酷，必至损折肢体，戕害性命，殊失国家钦恤之意。折内所称鹦哥架、天平架等名目，皆非刑典所应有，必系外省州县任意创为，因而相习成风，该给事中谅非凭虚臆说。著各省督抚严行饬禁，如有此等刑具，概令毁除，傥嗣后再有私行造用者，立即参办，以儆残酷。

事例001.18：嘉庆十六年又谕

勒保奏：查明刑部枷号重轻尺寸俱符定例，惟遵照定例尺寸，枷面较大，板片较薄，不能坚固等语。刑部枷号，因旧例尺寸较大，以符二十五斤之数，则板片厚不及一寸，木插厚仅三四分，难以经久，枷号封条亦易破裂，且犯人两手不能及口，难于饮食，自应量为变通。著照勒保等所议，将枷号即定为长二尺五寸，阔二尺四寸，总以例载二十五斤为准，刑部即纂入则例，并将现有枷号悉照新定尺寸更正，以归画一。

事例001.19：嘉庆十七年谕

国家谳狱用刑，自有常法，即使狱囚狡不吐实，不得不加以刑讯，如轻则施以棰楚，重则威以三木，皆系古有其制，至今颁为令典。若擅用非刑，则具供成招，实难保无畏刑诬服之事。前经屡次降旨饬谕，而外省酷暴之习，仍未尽除。如现在直隶又有汪应铃擅用木架熬审毙命之案，不可不加以申禁。嗣后各督抚严查所属，如有私造非刑问狱者，即指名参处，虽用以成招定谳，案非诬罔，除本案拟结外，其承审滥刑之罪，仍一并附参示惩。

事例 001.20：嘉庆十七年覆准

嗣后凡例内应用重枷枷号者，应于寻常枷号斤数上，酌加十斤，计重三十五斤，其枷面止于加厚，而宽大悉照寻常枷号尺寸，长二尺五寸，阔二尺四寸为度。

历年热审事例〔事例 33 条〕

事例 001-1.01：顺治八年谕

天时向热，宜行热审之例。令刑部通察刑狱，五城司坊、顺天府、京县，察监犯有无干牵连者，即日释放。笞杖徒流，次第减免。死罪情可矜疑者，奏请定夺。

事例 001-1.02：顺治十年定

每年小满后，三法司会审现监人犯，笞罪释放，徒流以下减等发落，重囚可矜疑者请旨定夺。直隶及各省，岁一举行。

事例 001-1.03：顺治十四年覆准

热审之例，定于小满后十日举行，在京者照常题明审理。其直隶各省远近不一，停其具题，行咨该督抚，即查照定例举行。

事例 001-1.04：顺治十八年定

停热审减等之例。

事例 001-1.05：康熙七年定

内外问刑衙门，复照旧行热审之例。

事例 001-1.06：康熙八年覆准

直隶各省具题事件，除实犯死罪外，所有减等各犯，遇热审俱行减等。

事例 001-1.07：康熙八年题准

流徙宁古塔、尚阳堡人犯，遇热审俱照例减等。

事例 001-1.08：康熙九年题准

军罪人犯，遇热审亦照例减等。军流徒杖等犯，于热审之前已经具题，未曾奉旨发落者，遇热审仍照例减等发落。

事例 001-1.09：康熙九年又题准

承问官将应减等人犯，遗漏未经减等者，罚俸一年。转详之司道罚俸六月，督抚罚俸三月。

事例 001-1.10：康熙十年覆准

直省督抚在热审之先具题到部之案，遇热审仍行减等发落。其在热审时具题之案，虽遇热审之期到部者，亦仍减等发落。

事例001-1.11：康熙十一年题准

运军犯徒罪责四十板发遣者，遇热审减等责三十五板，并金妻发二千里内卫充军。

事例001-1.12：康熙十三年题准

各案于原具题时遇热审，因情罪不符，驳查后逾热审之期题覆者，仍减等完结。

事例001-1.13：康熙十五年题准

叛案牵连流犯，遇热审不准减等。

事例001-1.14：康熙十八年议定

凡拟定安插乌拉、奉天人犯，遇热审免责，仍行发遣。

事例001-1.15：康熙二十年题准

侵盗钱粮拟流之犯，遇热审不减等。

事例001-1.16：康熙二十二年议准

承问官将贪婪官员故意迟延，以待热审者，题参议处，本犯亦不准减等。

事例001-1.17：康熙二十五年谕

狱讼重情，关系民命，今天气炎热，恐有情可末减者，淹毙囹圄，朕心不忍，特遣部院大臣会同三法司，将已结重案，详加审鞫，有罪可矜疑者，即察明具奏，毋令淹毙。

事例001-1.18：康熙二十五年又谕

天气炎热，罪犯减等发落，内外原属一体。著各省督抚，将已结案内现在监禁者，逐一详审，果可矜疑，开明具奏，三法司覆核，照例减等。

事例001-1.19：康熙三十年议准

每年热审减等事件，如遇七月立秋，即以立秋前一日为限。其六月立秋之年，仍遵旧例以六月底为限。

事例001-1.20：康熙三十一年题准

本年四月初五日小满，六月二十五日立秋，照例于小满后十日为始，至立秋前一日止，一应现审在监人犯，俱当遵旨详审。充军流徙徒杖等罪，减等发落；笞罪豁免；重囚内有可矜疑者，请旨定夺。仍将结过数目，缮写具奏。嗣后每年俱照此例通行。

事例001-1.21：康熙三十二年谕

照依往年热审，特遣大臣将在狱重犯，除十恶外，并现审拿禁人犯审理减等，其杖罪等犯，应释放即行释放。

事例001-1.22：康熙四十三年谕

热审谓之慎刑。夫刑在平时，亦宜加慎，何必因热而始慎也。如谓热审减等，于犯人有益，则于原审时即以减等议之，岂不更有益乎？且犯人苦热犹可，而苦寒更甚。热既宜审，寒亦宜审，既多此一事，而不肖官员，遂欲延至热审，故意迟玩。热审应否停止，九卿议奏。钦此。遵旨议准：热审之例，永行停止。

事例 001-1.23：康熙五十三年谕

朕避暑口外，驻跸山庄，素称清凉之地，还觉烦蒸，想京师必然更甚。朕时以民生为念，今天下承平，农商乐业，惟有罪之人拘系图圄，身被枷锁，当兹盛暑，恐致疾疫，轸念及此，不胜恻然。应将监禁罪囚，少加宽恤，狱中多置冰水以解郁暑。著九门锁禁人犯，毋论奉旨，亦著减其锁条。至一应枷号人犯，限期未满者，暂行释放，俟出暑时，仍照限补枷。

事例 001-1.24：康熙五十四年谕

今年之热，不减去年，将罪人照去年例行。

事例 001-1.25：康熙五十五年谕

热河地方凉爽，未觉甚热，但今日阅内报，六月初二日甚属溽暑，从此必至大热，宜照先年将犯人宽放。

事例 001-1.26：雍正元年谕

热审减等，国朝旧有成例，盖念时当盛暑，图圄之地倍加炎蒸，答杖所加，更为酷烈，故特与减等，以昭法外之仁。迨后日久弊生，罪人妄希巧脱，胥吏因缘为奸，故延日期，致逃法网，是以停止热审减等之例，以杜弊端。我圣祖仁皇帝如天好生，凡阅谳章，哀矜详慎，秋审决囚，屡行停止。至每岁夏月，必特沛恩纶，监候者宽其刑具，枷责者缓至秋凉，虽停热审之例，仍寓减等之心，恩至渥也。朕仰体圣慈时深轸恤。嗣后每遇热审之期，仍复减等旧例。其监禁重犯，亦量加宽恤。至情罪可疑，及牵连待质人等，暂予保释，俟秋后再行拘禁。凡内外谳狱衙门，一体详慎遵行，庶几刑期无刑之意。其有故意迟延，仍蹈前弊，希图漏网者，除本犯不准减等外，官吏严加议罪。

事例 001-1.27：雍正元年议准

凡军流徒罪，并旗人犯军流徒罪折枷号者，俱不准减等。其犯枷杖等轻罪人犯，会同三法司，仍照例减等发落，答罪宽免，监禁重犯严令提牢官员，量加宽恤。至部内现审案件，审明减等，十日一次汇题。其人犯俱交该旗地方官暂行保释，俟六月底送部发落。如斩绞重犯内，或有情罪可矜可疑者，刑部会同都察院、大理寺，另行请旨。倘内外谳狱衙门，有故意迟延，恣行奸弊，或人犯妄希巧脱者，除本犯不准减等外，其因缘作弊之官吏，严加治罪。

事例 001-1.28：雍正二年谕

嗣后凡盗犯热审，不必减等。

事例 001-1.29：乾隆二年谕

向来每年热审之时，凡应杖责者，有八折之例，内外通行。本年福建巡抚卢焯条陈热审事宜，经刑部议称，律文无八折之条，地方有司或将笞杖之罪概行八折，则轻重混淆，未为允当。嗣后每遇热审之期，将一切案件，应行减等宽免之处，务令画一，遵照定例，不必复行八折等语。朕思小民之犯杖责者，其罪本轻，而盛暑之中，量减其敲扑之数，乃国家宽恤之仁。八折之例，由来已久，不当以有司之偶然奉行不善，而轻为改易者，著刑部另行妥议具奏。

事例 001-1.30：乾隆十七年谕

热审减等，向例以立秋日为止，立秋在六月内者，以七月朔日为止。今岁天气炎蒸，其热审减等，著展至处暑日为止。

事例 001-1.31：乾隆十七年又谕

热审减等之期，已经展至处暑日为止，但目今雨泽尚未沾足，著刑部仍行减等，俟雨足后再照旧办理。

事例 001-1.32：乾隆二十一年谕

步军统领衙门奏：刑部现行则例内开枷号人犯，例应冬令暂行保出，俟春令补行枷号，但步军统领衙门枷号人犯，好事者甚众，时值岁暮，易于滋事，请仍照例枷号示众等语。从前枷号人犯，惟于热审时暂行保出，并未有冬令亦行保出之例。此等滋事不法之徒，乘时责惩，则人始知儆惧，若市恩姑容，实为养奸纵恶，大非国家明罚敕法之道。刑部即欲援例定拟，亦当专折奏请，不意遽行编入律例，实属不合，刑部堂官，著照瞻徇例严加察议具奏。枷号人犯，仍照旧例办理。

事例 001-1.33：光绪十一年奏准

嗣后凡系由流三千里加一等者，均改发极边足四千里充军。

成案 001.01 旗人徒流折枷号

凡旗下人犯罪俱依律杖责外，其犯徒罪一年者枷号二十日，一年半者二十五日，二年者一个月，二年半者三十五日，三年者四十日。若犯流罪二千里者枷号一个月二十日，二千五百里者一个月而十五日，三千里者两个月。军罪枷号三个月，杂犯死罪准徒五年者枷号三个月零十五日。

成案 001.02 旗人犯枷号两个月者与流罪同〔康熙十九年〕

刑部议河抚题：查吕璟与邓小庵等，同在谢大、谢二店内赌博，因谢大索讨饭银，捏称被盗，先将谢大、谢二送官究审，又诈邓小庵银二两二钱，韩近廷一十七两入己，复诬谢大等为窃盗。邓小庵合依赌博例，各枷号两个月，责四十板。查定例，旗下人犯罪三千里者，枷号两个月等语，吕璟所犯赌博，枷号两个月，系应流三千里之罪。该抚所引之二罪俱发以重论律，将吕璟止拟诬告律，杖六十、徒一年，不符。吕璟亦照赌博例，应枷号两个月，责四十板。韩近廷病故，毋容议。谢大、谢二俱依在家存留赌博例，应各枷号三个月，责四十板。地方张有才，不行查拿，合比依总甲例，应责二十板，但邓小庵等事在赦前，均免罪。吕璟系武举，不准援赦，仍应枷号两个月，责四十板，赃银入官。

成案 001.03：擅责生员〔康熙四十年〕

刑部覆台臣魏寿期疏词后，问刑官员违背律例，滥用酷刑，故勘平人，诬指良民为盗，擅责生员者，令该督抚指名题参，交与该部严加议处。该督抚容隐不行题参，或被害之人首告，或经科道纠参，将该督抚一并交与该部议处。

成案 001.04：擅责生员〔康熙四十年二月〕

吏部为绅衿结党殴官吁请参拿以杜乱萌以存国体事。该臣等议得，福督郭世隆疏称：闽城华林寺僧一白，与游僧志弘角口小隙，绅衿郑灝新、张岩等，受一白之托，随率众将志弘绑缚，列款呈送闽县。该县知县和氏玺差拘两造对质，讵郑灝新拒捕殴差蔡其经，复转指一白潜逃。该县因蔡以任亦属知情，押令跟缉，传同教官责治，又迁怒于生员郑英，紊乱堂规，并遭杖责。知县和氏玺将未经褫革之生员，虽传同教官在前，而连行杖责，亦属违例，合并指参，听部议处等因前来。查定例内，官员擅行夹责旗下人者，降一级调用等语。知县和氏玺将生员蔡以任等传同教官责治二十六板，复令县役重责二十板，殊属不合，应将闽县知县和氏玺照此例降一级调用可也。

律 001-2：赎刑〔例 22 条，事例 40 条，成案 1 案〕

赎刑〔五刑中俱有应赎之款，附列于此，以便引用。〕

纳赎〔无力依律决配，有力照律纳赎。〕

收赎〔老幼废疾、天文生及妇人折杖，照律收赎。〕

赎罪〔官员正妻，及例难的决，并妇人有力者，照律赎罪。〕

（系雍正三年纂定，乾隆五年添入小注。）

纳赎：笞一十〔银二钱五分〕，笞五十〔银一两二钱五分〕，杖六十〔银三两〕，杖一百〔银五两〕，徒一年〔银七两五钱〕，流〔二十两〕。

收赎：笞一十〔银七厘五毫〕，笞五十〔银三分七厘五毫〕，杖六十〔银四分五厘〕，杖一百〔银七分五毫〕，徒一年〔银一钱五分〕，徒三年〔银三钱〕，流二千里〔银三钱七分五厘〕，三千里〔银四钱五分〕，绞、斩〔银五钱二分五厘〕。

赎罪：笞一十〔银一钱〕，笞五十〔银五钱〕，笞六十〔银六钱〕，杖一百〔银一两〕，徒一年〔银一两七分五厘〕，徒三年〔银一两二钱二分五厘〕，流一千里〔银一两三钱〕，三千里〔一两三钱七分五厘〕，绞、斩〔银一两四钱五分〕。

薛允升按：《管见》曰："赎罪钞有律有例，律钞稍轻，例钞稍重，复有钱钞兼收，各折算不同，不得混收。近时为京师钱钞便，乃兼收。在外钱钞不便，故奏定折银。至如过失杀人者，又有定例，兼收钱钞，不可执一论也。"明时赎罪，其银数原于纳钞。明初每笞一十，赎钞六百文，当银六钱，谓之律钞。嗣钞法日轻，更定例钞，每笞一十，增至三百二十五贯，折收银一钱。嘉靖七年，定收赎之法，仍照律钞，笞一十，赎钞六百文，折收银七厘五毫，令仍其旧。至纳赎之制，亦始于嘉靖年间。在京分做工运囚粮五项，在外分有力，稍有力二项，有力视在京运囚粮例，每笞一十，纳米五斗，折银二钱五分。稍有力视在京做工例，每笞一十，做工一月，折银三钱。由笞杖入徒流以至杂犯、斩绞，按等递加，有力递重，稍有力递轻。神宗时通行内外，即《管见》所云之律钞、例钞也。现在止分有力、无力，并无所谓稍有力矣。《集解》："赎罪是照例赎其罪，其赎重。收赎，是依律赎其情可矜疑者，其赎轻。"《辑注》："金作赎刑，始于上古，惟以待夫情可矜，法可疑者。自汉以后，其例不同。明律准唐律而稍有增损，清朝因之。自笞杖徒流死五刑，皆有赎法。查，折赎虽分有力、无力、稍有力，而应赎不应赎，律皆不载。惟条例有之，亦不赅括。今惟官员犯笞杖徒流杂犯，俱照有力折赎。其贪赃官役流徒杖罪，概不准折赎。并除实犯死罪、干涉十恶、常赦不原、干名犯义、贪赃枉法、受财故纵、一应犯奸犯盗、杀伤人者外，其余出于不幸、为人干连、事可矜悯、情可原谅者，皆可折赎。当随事酌定，或据情以请也。至于收赎，银数甚微，惟老幼、废疾、天文生、妇人等，得以原照，所以悯老恤幼、矜不成人、宽艺士而怜妇人也。若夫赎罪，则为律应决杖一百，收赎余罪者而设。图内银数，前多后少。条例云，妇人犯笞杖并徒流充军杂犯死罪，该决杖一百者，审有力与命妇官员正妻，俱准纳赎。盖笞杖并徒流等项之杖一百，原应的决者，念其为妇人而有力及命妇正妻，故从宽许其赎罪，其数多。笞一十，则赎银一钱，每加罪一等，即加银一钱，至杖一百，则赎银一两，所谓例赎也。其徒流并杂犯绞斩准徒，非妇人所能胜任，原应收赎者。故除杖一百或决或赎外，所余徒流折杖赎银，其数少。自徒一年折银七分五厘起，每加罪一等，改加银三分七厘五毫，至流二千里，倍加银七分五厘，流三千里，折银三钱七分五厘，至斩绞又倍加银七分五厘，折银四钱五分，所谓律赎也。至现行赎罪，在内由部臣奏请，在外由督抚奏请，皆斟酌情罪，有可原者方准纳赎。其银数详载五刑条。"此说颇为明晰，然究与《唐律》不符，现在亦不照此办理。其所引条例系前明旧例，嘉庆六年改为无论有力、无力，俱准纳赎。此律赎罪一层及小注云云，俱属赘文矣。

《唐律》："诸应议请减，及九品以上之官，若官品得减者之祖父母、父母、妻、子、孙，犯流罪以下，听赎。其加役流、反逆缘坐流，子孙犯过失流、不孝流、会赦犹流者，各不得减、赎。其于期以上尊长，及外祖父母、夫、夫之祖父母，犯过失杀伤应徒，若故殴人至废疾应流，男夫犯盗及妇人犯奸者，亦不得减赎。诸五品以上妾，犯非十恶者，流罪以下，听以赎论。"《疏议》曰："其赎条内，不合赎者，亦不在赎限。"〔凡人妇女，不在此例。〕"诸无官犯罪，有官事发，流罪以下，以赎论。官尽未叙，更犯流以下罪者，听其赎论"。《疏议》曰："谓用官当免俱尽，未到叙日，更犯罪者"。"诸以官当徒者，罪轻不尽其官，留官收赎。官少不尽其罪，余罪收赎。其犯除免者，罪虽轻从例除免。罪若重仍依当赎法。其除爵者，虽有余罪不赎。"以上皆有官荫者听赎之法也。

"诸年七十以上，十五以下，及废疾、犯流罪以下，收赎。八十以上，十岁以下，及笃疾、犯反逆杀人应死者，上请。盗及伤人者，亦收赎。因罪人以致罪，若罪人应赎者，依赎例。诸官户、部曲、官私奴婢有犯，应赎无财者，准铜二斤，各加杖十。若老小及废疾，不合加杖，无财者放免"。以上皆因其不堪加刑役身而宽之也。〔妇女非老疾，并无准赎之文。〕

"诸过失杀伤人者，各依其状，以赎论"〔谓耳目所不及、思虑所不到。共举重物，力所不制。若乘高履危足跌，及因击禽兽，以致杀伤之属，皆是。〕此因杀伤出于无心而宽之也。

《唐律疏议》曰："《书》云：'金作赎刑'。注云：'误而入罪，出金以赎之。'甫侯训夏赎刑云：'墨辟疑赦，其罚百锾。劓辟疑赦，其罚惟倍。剕辟疑赦，其罚倍差。宫辟疑赦，其罚六百锾。大辟疑赦，其罚千锾。'注曰：'六两曰锾。锾，黄铁也。《晋律》应八议以上，皆留官收赎，勿髡、钳、笞也。今古赎刑，轻重异制，品目区别，备有章程，不假胜条，无烦缕说。《周礼》：'职金掌受士之金罚、货罚，入于司兵。'注曰：'货，泉贝也。罚，罚赎也。'《书》曰：'金作赎刑。'疏曰：'古者出金赎罪，皆据铜为金。士之罚金者，谓断狱讼者有疑，即使出赎。既言金罚，又曰货罚者，出罚之家，时或无金，即出货以当金直，故两言之'"。孔检讨广森《经学卮言》内论其罚百锾："锾，《史记》从今文作率。《五经异义》曰：'今夏侯，欧阳说墨辟疑赦，其罚百率。古以六两为率。'《古文尚书》说：'百锾为三斤。'广森按：率，即《考工记》之锊，实六两大半两也。言六两者，举成数〔治氏重三锊。注云，三锊为一斤四两〕。其字或为馔〔伏生《大传》如此〕，或为选。〔《萧望之传》："《甫刑》之罚，小过赦，薄罪赎，有金选之品。"应劭曰："选，音刷。按：郑司农读刷亦为率"。〕锾者，十一铢二十五分铢之十三，与率字不同，轻重亦异。郑君以锾亦为六两大半两，偏信今文也。许叔重以锊亦为十一铢二十五分之十三，偏信古文也。今《孔传》云：'六两曰锾'，则传古文之书，而用今文之训，其伪明矣。如真古文说大辟罚千锾，才三十斤铜耳。汉时惟今文立于学官，故汉律以金代铜，西汉二斤八两〔见《淮南王传》〕，东汉三斤，皆准千率之数。〔郑驳异义云："赎死罪千锾。锾，六两大半两，为四百一十六斤十两大半两铜。与今赎死罪金三斤，为价相依附。"按《公羊传解诂》曰："黄金一斤若今万钱。"汉钱重五铢，万钱共重百三十斤，是金三斤直铜三百九十斤，故言相依附。〕唐律复赎铜，死罪百二十斤，于古称为三百六十斤。〔据《舜典》疏，周隋斗秤，于古三而为一。〕轻于今文之千率，而重于古文之千锾多矣。然铜贱则罚宜多，铜贵则罚宜少，固不得百王一致也。《续通典》云：'自古帝王不得已而用刑，其明慎钦恤者，莫如虞舜。《舜典》曰金作赎刑，列于鞭朴之次，肆赦之前。金非加人之物，赎而仍言刑者。出金之与受朴，俱世人所患，故得指其所出以为刑名。周穆王作《吕刑》，五刑之属三千，墨辟而上至于大辟。刑疑则赦，从罚。定以锾锊轻重之差，使与罚各相当。继言罚惩非死，人极于病。盖财者，人之所甚欲，夺其欲以病之，俾不为恶，即《虞书》命刑之意。马端临谓，唐虞之时，刑清律简，是以止及鞭朴，而五刑无赎法。比及于周，条律纷烦，若尽从而刑之，何莫非投机触罟者，穆王哀之，而五刑各以赎论。大约其情可矜，其法可议，盖哀恤之意居多，非利其货也。'详绎二篇文艺，《舜典》主于误，《吕刑》主于疑。后世论赎，率不外此。而死罪非实犯，多亦有许赎者，至于输纳之品，孔安国传于《舜典》谓为黄金，于《吕刑》谓为黄铁。虞不言成数，而周制有等差。古者金银铜铁总号为金，孔颖达《正义》谓其实皆铜也。汉及后魏，皆用黄金。汉纳金特少，其斤两与铜相埒。旧说大半两为钧，十钧为锾，锾重六两大半两。死罪千锾，当出四百一十六斤六两大半两铜，与赎死罪金三斤为价相依仿。其后纳粟纳缣亦不一。后魏，以金难得，合金一两收绢十匹。唐时复古，死罪赎铜一百二十斤，于古称为三百六十斤。然较汉已为轻减，元宗诏许准折纳钱，而犯者益便。逮至金元，或以牛马杂物。明初专用钞。弘治中，钞法既坏，乃许折银钱准算。《周官》八议之法，后世定律率遵用之。至明洪武六年，工部尚书王肃坐法当笞，太祖谓六卿贵重，不宜以细故辱，命以俸赎。后群臣望误，准以俸赎始此。此历代输赎之大略也。汉萧望之传张敞曰，甫刑之罚，小过赦，薄罪赎，有金选之品，所从来久矣。敞言，愿令诸有罪，非盗、受财、杀人及犯不法得赦者，皆得以差入谷赎罪。望之等议以为不可。敞曰，诸盗及杀人、犯不道者，百姓所疾苦也，皆不得赎。首匿、见知纵所，不得为之属。议者或颇言其法可蠲除，今因此令赎，其便明甚，何化之所乱。注应劭曰，选，音刷，金铢两之名也。师古曰，字本作锊，即锾也，〔《说文》："锊，锾也。"〕其重一十铢二十五分铢之十三。一曰重六两。《吕刑》之其罚百锾、其罚千锾是其品也"。此律之纳赎，大抵指官员者居多。收赎则律内所云老小废疾等类是也，赎罪则专言妇女、有力及官员正妻。惟是妇人犯笞杖，俱应的决，律有明文。此处所云，盖谓能纳银则可免其决，否则不免，贫富显有区别，似嫌未尽允协。至官员正妻，《唐律》内明言杖徒以下听赎矣，又何纳赎之有。《唐律》止分别若者应赎，若者不应赎，而赎铜之多寡，则惟以罪之轻重为准，并无有力无力之分。《明律》收赎之外，又有纳赎、赎罪名目，而银数亦相去悬殊。此则有明一代之典章也。《明律》老小废疾赎法及过失杀伤人，均与《唐律》同，而银数则各不相同。职官等准纳赎杖罪，徒以上则不准赎。惟妇人及天文生等，则准收赎徒流罪名。此外，如诬告及官司出入人罪收赎之法，均为《唐律》所无。再，此例之外，又有捐赎之例，与赎罪相同。始于康熙年间之营田例及雍正元年之西安驼例。雍正十二年，户部会同刑部奏准预筹粮运事例。〔不论旗民罪应斩绞，非常赦所不原者，三品以上官，照西安驼例，捐运粮银一万二千两。四品官，照营田例捐运粮银五千两。五六品官照营田例捐运粮银四千两，七品以下进士，举人照营田例捐运粮银二千五百两。贡监生照营田例捐运粮银二千两。平人照营田例捐运粮银一千二百两，俱准其免罪。其军流罪犯，各减十分之四。三品以上官捐运粮银七千二百两。四品官，捐运粮银三千两。五六品官捐运粮银一千四百两。七品以下进士、举人捐运粮银一千五百两。贡监生捐运粮银一千二百两。平人捐运粮银七百二十两，俱准其免罪。徒罪以下各减十分之六，三品以上官捐运粮银四千八百两。四品官捐运粮银二千两。五六品官捐运粮银一千六百两。七品以下进士、举人捐运粮银一千两。贡监生捐运粮银八百两。平人捐运粮银四百八十两。俱准其免罪。仍照例请旨。再，军流人犯已经发遣者，照西安驼例，捐运粮银六百两。徒罪人犯捐运粮银四百八十两，准其免罪回籍。仍照例请旨。〕乾隆八年，经刑部通行各省在案。二十三年，钦奉谕旨，将斩绞各犯纳赎之例永行停止，而军流以下罪名仍准捐赎。其银数若干，似应叙于此门赎罪之下，并于纳赎下注明。官员命妇、例难的决之人、及举贡生监之类赎罪下，删去小注各语，存参。

条例 001-2.01：凡军民诸色人役（1）

凡军民诸色人役，及舍余总小旗，审有力者，与文武官吏、举人、监生、生员、冠带官、知印吏、承差、阴阳生、医生、老人、舍人，不分笞、杖、徒、流、杂犯死罪，俱令运炭、运灰、运砖、纳米、纳料等项赎罪。若官吏人等，例该除名革役，与舍余总小旗，军民人役，审无力者，笞、杖罪的决，徒、流、杂犯死罪各做工、摆站、哨瞭、发充仪从。情重者，煎盐炒铁。死罪五年，流罪四年，徒罪照徒年限。其在京军丁人等，无差占者，与例难的决之人，笞、杖亦令做工。

（此条原为明代问刑条例。雍正三年改定为条例 1.15。）

薛允升按：《集解》："此条旧例分两项。前项系不碍行止，拟还职役者，三流准赎本此，故谓六赃无死法，徒流不尽的决也。后项系革去职役者，故各的决做工。"此系明例，今无舍余总小旗名色，无运炭、运灰等项矣。在京者送工部做工，在外民发摆站、军舍，余丁发墩堡，哨瞭，今止有发摆站者，做工哨瞭不行矣。发充仪从惟王府人役则然，今亦无之。至煎盐、炒铁，今亦不行矣。例难的决之人，原注谓皇陵户及内府匠作，今似专指曾为职官之人矣。又有一条云，京外运炭，纳米赎罪等项，监追两月之上，如果贫难，改拟做工、摆站的决等项发落。前明《选举志》，进士为一途，举贡等为一途，又有吏员、承差、知印诸杂流为一途，所谓三途并进也。

条例 001-2.02：凡军民诸色人役（2）

凡军民诸色人役，审有力者，与举人、监生、生员、冠带官、知印吏、承差、阴阳生、医生、老人、舍人，不分笞、杖、徒、流、杂犯死罪，应准纳赎者，俱照有力、稍有力图内数目，折银纳赎。若举监生员人等，例该除名革役，罪不应赎者，与军民人等罪应赎而审无力者，笞、杖、徒、流、杂犯死罪，俱照律的决发落。

（雍正三年奏准：因为舍余总小旗今无此职名，其文武官犯罪，俱以罚俸降级等项处分，并无纳赎及运炭、运灰、做工等项，今已不行，俱照有力、稍有力纳赎。因此将条例1.14改定。乾隆五年改定为条例1.16。）

条例001-2.03：凡军民诸色人役（3）

凡军民诸色人役，审有力者，与举人、监生、生员、冠带官，不分笞、杖、徒、流、杂犯死罪，应准纳赎。若举监生员人等，例该除名革役，罪不应赎者，与军民人等罪应赎而审无力者，笞、杖、徒、流、杂犯死罪，俱照律的决发落。

（乾隆五年奏准：因为当时已经没有老人、舍人名色，其知印吏、承差、阴阳生，俱系衙役，律例内无纳赎之条。至官医生，虽非衙役，而未有职衔，亦包在军民诸色人役之内，因将条例1.15改定。嘉庆六年改定为条例1.17。）

条例001-2.04：凡进士举人贡监生

凡进士、举人、贡监生及一切有顶戴官，有犯笞、杖轻罪，照例纳赎，罪止杖一百者，分别咨参除名。徒、流以上，照例发配。

（嘉庆六年奏准：军民诸色人役，有犯笞、杖、徒、流、杂犯死罪，现行律例俱的决发落，并无应准纳赎之例。至举人、监生、冠带官，犯该杖一百以下者，照律纳赎。杖一百者斥革，徒、流以上，照律发配，并无徒、流、杂犯死罪准其纳赎之例。若生员犯该笞、杖者，例内另有罪止戒饬，移会该教官，照例发落之条，不在纳赎之例，"生员"二字应删，并添入进士、贡生二项。冠带官改为一切有顶戴官，复将条例1.16改定。道光元年增定为条例1.18。）

条例001-2.05：凡进士举人贡监生员

凡进士、举人、贡监、生员，及一切有顶戴官，有犯笞、杖轻罪，照例纳赎。罪止杖一百者，分别咨参除名，所得杖罪免其发落。徒流以上，照例发配。至生监犯罪，除应杖一百，及徒、流以上，并速议速题案内，无论笞、杖，均于办结后，知照礼部外，其寻常律应纳赎之生监，应否褫革开复，会同礼部办理。

（道光元年将条例1.17增定。道光十四年，以既经参革除名，所得杖罪，自不在重科之列，奏明于咨参除名下，添"所得杖罪免其发落"八字）

薛允升按：运炭，纳米等项为一层，做工、摆站为一层，虽较《唐律》为严，而尚得古意。此前明一代之典章也。与今现行之例参看。再，此条原例，凡文武官吏及一切有职役人均在其内，今例止言进士、举人等项，现任官有犯，应当别论矣。与职官有犯门及文武生员一条参看。此例应将生员犯轻罪会同教官发落之处添入，作为除律以下再叙知照礼部及会同礼部二层，方与职官有犯门内例文相符。

条例001-2.06：太常寺厨役

太常寺厨役，但系讦告词讼，过误犯罪，及因人连累，问该笞杖罪名者，纳赎，仍送本寺著役。徒罪以上，及奸盗诈伪，并有误供祀等项，不分轻重，俱的决改拨光禄寺应役。

（此条明代问刑条例，原载礼律祭享门，雍正三年修改。乾隆五年，于"讦告词讼"句下增"过误犯罪"四字，并移附此律。）

薛允升按：分别笞杖徒罪，上条与此条同。上条将笞杖徒字样删去，与此条不同。可知上条删改之非是。改拨光禄寺应役，系前代之例，与别条不符。此与上条例意大略相同，应修并为一。然俱系前代例文，与现在办法不同。

条例 001-2.07：在京在外运炭纳米赎罪

凡在京在外运炭、纳米赎罪等项因犯，监追两月之上，如果贫难，改拟做工、摆站的决等项发落。若军职监追三月之上，及守卫上直旗军人等纳银赎罪，监追一月之上，各不完者，俱先发还职著役，扣俸粮月粮，准抵完官。其一应纳纸因犯，追至三月不能完者，放免。

（此条原为明代问刑条例。雍正三年奏准：后因罪犯应赎而情愿赎者，方准折赎，并无监追不完，改拟做工，及扣除俸粮之处，因删去此例。）

条例 001-2.08：在外军卫有司

凡在外军卫有司，但有差遣，及供送人来京，犯罪，无力者，笞杖的决。徒罪以上，递回原籍，官司各照彼中事例发落〔照本犯原籍地方给配事例〕。

（此条原为明代问刑条例。乾隆五年奏准：例内所称供送来京之人，乃指舍人、舍余等而言，今无此等名色，而衙役犯法，又无纳赎之例。因此删去此例。）

条例 001-2.09：赎罪囚犯

赎罪囚犯，除在京已有旧例外，其在外审有力、稍有力二项，俱照原行则例拟断，不许妄引别例，致有轻重。若妇人审有力与命妇、军职正妻，及例难的决之人，赎罪者，笞、杖每一十，折赎银一钱。其老幼废疾，及妇人、天文生，余罪收赎者，每笞、杖一十，各赎银七厘五毫。

（此条原为明代问刑条例。雍正三年奏准：今赎罪不分在京在外，文武官员妻，俱属一体。乾隆五年，将例文内"除在京已有旧例外，其在外"十一字删去。"军职正妻"改"官职正妻"。）

条例 001-2.10：妇人审有力

妇人审有力与命妇、官职正妻，及例难的决之人，赎罪者，笞、杖每一十，折赎银一钱。其老幼废疾，及妇人、天文生，余罪收赎者，每笞、杖一十，各赎银七厘五毫。

（乾隆五年，查现无原行之例，将条例 001.2.9 删节。乾隆三十二年，因妇人决杖收赎，及老疾等余罪收赎银数俱载纳赎图内，将此条删除。）

条例 001-2.11：凡文武官革职有余罪

凡文武官革职有余罪，及革职后另有笞、杖、徒、流、杂犯死罪，俱照有力图内数目纳赎，不能纳赎者，照无力的决发落。其贪赃官役，概不准纳赎。

（此条清初现行例，雍正三年定例。嘉庆六年修改为条例001.2.12。）

条例 001-2.12：凡文武官犯罪（1）

凡文武官犯罪，本案革职，其笞杖轻罪，毋庸纳赎。若革职后另犯笞、杖罪者，照律纳赎，徒、流、军遣，依例发配。有呈请赎罪者，刑部核其情节，奏明请旨定夺。其贪赃官役，概不准纳赎。

（嘉庆六年，查文武官犯私罪，杖一百革职。若本案犯该革职，其笞杖轻罪不议，毋应纳赎。如革职后另犯笞、杖，自应照例纳赎。其罪至徒、流以上者，俱照律发配，不准纳赎。若呈请赎罪者，请旨定夺，其应纳之银，亦不照有力图内数目，因将条例002.1.11改定。道光四年在改定为条例001.2.13。）

条例 001-2.13：凡文武官犯罪（2）

凡文武官犯罪，本案革职，其笞杖轻罪，毋庸纳赎。若革职后，另犯笞、杖罪者，照律纳赎，徒、流、军遣，依例发配。有呈请赎罪者，刑部核其情节，分别准赎、不准赎二项，奏明请旨核定，不得以可否字样双请入奏。其贪赃官役，概不准纳赎。

（道光四年遵旨将条例1.25改定。遇核其情节下，增"分别准赎、不准赎二项拟定"十一字，于请旨下删去"定夺"二字，并增"不得以可否字样双请入奏"十一字。）

薛允升按：不至革职者，罚俸降留、降调，革职则除名，免其发落，又何纳赎之有。是以此例止言革后另犯之罪。另犯笞杖，准其纳赎，以其曾为职官，未便实行责打故也。徒流亦应决杖，止云照例发配，其杖罪仍准纳赎之处，未经叙明。惟官员犯徒流等罪，均系声明效力赎罪，或系充当苦差，从无到配决杖之文，则革后另犯徒流罪名，似亦不应决杖，可知。下举人、进士等一条，与此相同，应参看。

条例 001-2.14：生员不守学规

生员不守学规，好讼多事者，俱斥革，按律发落，不准纳赎。

（此条嘉庆二十年遵旨定。）

薛允升按：生员杖罪，例准纳赎，免其发落。此处不准纳赎，系好讼多事专条，别条自应仍准其纳赎矣。代人扛帮诬证，较好讼多事情节尤重，所得杖罪似亦应不准纳赎。应与彼条参看。

条例 001-2.15：凡官员有先参婪赃

凡官员有先参婪赃，及借名耗废等项，加派入己，革职提问者，如审无婪赃，止拟挪用钱粮因公科敛坐赃致罪，除革职外，其徒、杖等罪，纳赎俱免。如别案革职者，仍照例纳赎。

（此条系康熙年间现行例，雍正三年定例。乾隆五年修改。嘉庆六年改定为条例001.2.16。）

条例001-2.16：凡官员有先参婪赃革职提问者

凡官员有先参婪赃革职提问者，如审无婪赃入己，止拟因公挪用，因公科敛及坐赃致罪，犯该杖一百者，革职。徒、流、军罪，依例决配。如罪在杖一百以下者，依文武官犯私罪律，交部议处，分别降罚。其先经革职之处，准予开复。

（此条嘉庆六年，将条例001.2.15改定。）

薛允升按：此三项均有治罪减免专条，应照各本律例办理。此专指以赃入罪而言，故有分别是否入己准予纳赎之文。既将纳赎一层删去，则凡犯各项赃款均有治罪明文。此例无关引用，似应一并删除。与职官有犯门条例参看。

条例001-2.17：凡律例开明准纳赎

凡律例开明准纳赎、不准纳赎者，仍照旧遵行外，其律例内未经开载者，问刑官临时详审情罪，应准纳赎者，听其纳赎。不应准纳赎者，照律的决发落。如承问官滥准纳赎，并多取肥己者，交该部议处。

（此条康熙年间现行例，雍正三年定例。乾隆三十二年，将"如承问官滥准纳赎，并多取肥己者，交该部议处"改为"如承问官滥准纳赎者，交该部议处。多取肥己者，计赃科罪"。）

薛允升按：此分别准纳赎、不准纳赎之通例也。言纳赎而不及收赎者，以前明纳赎律例无论罪名轻重，但分有力、无力，与老小废疾之律应收赎者不同。此条所云，恐将不应纳赎之犯，因其有力亦滥准纳赎，故严之也。纳赎各条俱见本门。律例未经开载，即系不应纳赎者也，又何临时详审之有。此例亦系虚设。

条例001-2.18：妇女犯奸

妇女犯奸，杖罪的决，枷罪收赎。

（此条乾隆二年，刑部议覆御史薛酽条奏，乾隆五年定例）

薛允升按：此专为妇女收赎枷罪而设，其赎银若干，另见赎刑图，与下条参看。

条例001-2.19：各坛祠祭署

凡皇陵祠祭署奉祀、祀丞，太常寺典簿，神乐观提点、协律郎、赞礼郎、司乐等官，并乐舞生，及养牲官军，有犯奸、盗、诈伪、失误供祀，并一应赃私罪名，官及乐舞生各罢黜，仍照律发落，军发原伍。若讦告词讼，及因人连累，并一应公错，犯该笞、杖者，纳赎。徒罪以上不碍行止者，运炭等项，各还职役。

（此条原为明代问刑条例。雍正三年奏准：陵寝今无祠祭署，惟各坛有之，"皇陵"二字，改为"各坛"。太常寺典簿，非道官，例与京官同，故删去。养牲所军，并无原伍，"仍照例发落，军发原伍"九字，改为"军革役，仍照律发落"。徒罪以上，亦无运炭等项例，其"犯该笞、杖者，纳赎。徒罪以上不碍行止者，运炭等项，各还职役"二十五字，改为"照律纳赎"。此条原载"职官有犯"律下，乾隆五年移附此律。）

薛允升按：《辑注》云："笞杖纳赎，徒以上运炭等项，是两项赎法，纳赎重于收赎，运炭赎又重于纳赎。徒罪以上其情重，故赎以加重。然今笞杖徒流之赎，但照在外有力之例，不复分别也。"又云："律例首重私罪，最严行止，所以扶植人心也。观此，公罪徒罪以上不碍行止，犹得还职著役，意良切矣。"旧例，非犯一应赃私等罪，止系公错者，笞杖纳赎，徒罪以上运炭等项，还职著役。改定之例，以今无运炭还职著役之法，遂将此层删除，并将笞杖徒罪一并删去。则此条所云，似系专指杖罪以下而言矣。若公错过误，犯该徒罪是否一体纳赎之处，转不分明。

条例 001−2.20：僧道官有犯

僧道官有犯，系京官具奏提问，在外依律径自提问。受财枉法满数亦问充军，及僧道有犯奸、盗、诈伪，逞私争讼，怙终故犯，并一应赃私罪名，有玷清规，妨碍行止者，俱发还俗。若犯公事失错，因人连累及过误致罪，于行止戒规无碍者，悉令运炭、纳米等项，各还职为僧为道。

（此条原为明代问刑条例。雍正三年奏准：今僧道官有犯，不论在京在外，一体提问，将"系京官具奏提问在外"九字删。又枉法赃，满数充军，今不用此例，将"满数亦问充军"六字，改为"亦计赃问罪"。"俱发还俗"四字，改为"究出俗家姓名，责令还俗，仍依律例科断"。"运炭、纳米等项"六字，改为"纳赎"。原载职官有犯律下，乾隆五年移附此律，并改定为条例001.2.21。）

条例 001−2.21：僧道官有犯径自提问

僧道官有犯，径自提问，及僧道有犯奸、盗、诈伪，并一应赃私罪名，责令还俗，仍依律例科断。其公事失误，因人连累及过误致罪者，悉准纳赎，各还职为僧为道。

（此条乾隆五年将条例001.2.20改定。原载"职官有犯"律下，因移附此律。）

薛允升按：《辑注》云："凡僧道犯罪问拟者，须详看此例。如该徒流者，则令还俗而后配遣。"此僧道官及僧道犯罪分别纳赎之专例。除名当差律云："僧道犯罪曾经决罚者，并令还俗。"雍正五年四月十四日奉上谕："凡僧人犯斩绞至枷号等罪者，俱勒令永远还俗"云云，均应参看。

条例 001−2.22：妇人有犯奸盗不孝

妇人有犯奸盗不孝，并审无力与乐妇，各依律决罚，其余有犯笞、杖，并徒、流、杂犯死罪，该决杖一百者，审有力与命妇、军职正妻，俱准纳赎。

（此条原为明代问刑条例。雍正三年奏准：今无乐妇，"与乐妇"三字删。充军一体纳赎，徒、流下增"充军"二字。军职久经裁革，改为"官员正妻"。原载"工乐户及妇人犯罪"律下，嘉庆六年移附此律，复删"审无力，审有力"二句。）

薛允升按：《辑注》云："妇人有犯奸盗，不审有力、无力。不孝，系在十恶者，虽有力亦不准赎。"《琐言》云："纳赎者，赎其杖一百之罪也。盖妇人非犯奸盗不孝，犹为惜其廉耻，命妇、军职正妻例难的决，故并准纳钞赎罪，免其决打。余罪仍依律收赎。收赎、赎罪，轻重不同，须作二项科之。"《示掌》云："按妇人犯徒流充军，律该决杖一百，审系有力，例准纳赎者，均应照律图内每一十纳赎银一钱，杖一百，共纳银一两。其余罪仍照老幼废疾包杖收赎徒流例，除去杖一百，赎银七分五厘，按数收赎，作两项科之。盖律之收赎者，赎其应赎之余罪也，故赎轻。例之纳赎者，赎其应决之杖一百也，故赎重。"观妇人有力赎罪及妇人余罪收赎图，自见与老幼废疾包有杖数收赎者不同，不可牵混。若审系无力，自应仍依律决杖，止将余罪收赎矣，存参。此条《示掌》所云甚属明晰，谓杖罪纳赎。军流徒罪收赎也。若无力则仍应的决矣。例言纳赎而未及收赎，以妇人犯罪律内，原有犯徒流者，决杖一百，余罪收赎之语故也。原例，以妇人犯徒罪以上，律准收赎而杖罪则仍应的决，故定有有力者仍一体纳赎，是免其的决矣。改定之例，则无论有力、无力，均准纳赎。设无银交纳，将如之何。明律之分别有力、无力，盖为此也。

事例 001-2.01：天命六年谕

凡有武功授职者，必行间获罪，乃革其官，或他事获罪，勿议革，俾自赎。

事例 001-2.02：天命六年定

有罪之人，修盖城楼，准其赎罪。

事例 001-2.03：顺治十二年覆准

犯人赎罪，春秋二季，照律例纳银，秋冬二季，令有司收银，照时价籴谷存仓，年底将收纳罪银，并籴谷数目，汇造清册，报户部、刑部查核。

事例 001-2.04：顺治十二年又覆准

道府州县折赎银两，设立循环簿，逐件等报布政司，汇报督抚，积银备赈，岁底汇报户部稽察。

事例 001-2.05：顺治十二年题准

文武官员有犯，除实犯死罪外，余罪俱准折赎。衙蠹犯罪者，不准折赎。

事例 001-2.06：顺治十五年覆准

直省大小衙门赃赎银两，逐项造册，送按察司按季清查，有隐漏不报者，计赃论罪。倘该司通同容隐者，该抚按指名题参，一并治罪。

事例 001-2.07：顺治十六年覆准

在京军民人等，犯流罪以上，及奸盗、强盗知情故纵罪囚，以卑犯尊，衙蠹犯赃等罪，仍不准收赎外，其犯徒罪以下，有力者，俱照律例分别收赎。旗下妇女，除犯奸盗逃走等情的决外，余罪亦准照例收赎。

事例 001-2.08：顺治十六年题准

赎锾定数，杖一百者，折银三十五两；杖九十者，折银三十一两二钱五分；杖八十者，折银二十七两五钱；杖七十者，折银二十三两七钱五分；杖六十者，折银二十两。

事例 001-2.09：顺治十八年题准

官员人等，有犯流徒籍没等罪，情愿修造城楼营建赎罪者，呈明该原问衙门，豫为启奏，下工部查议，奏闻请定夺。

事例 001-2.10：顺治十八年定

官员仍听折赎，其无力小民，犯杖罪者，即著的决，不必折赎。

事例 001-2.11：顺治十八年议定

官民人等，犯杖六十、徒一年者，折银二十三两七钱五分；犯杖七十、徒一年半者，折银二十九两三钱七分五厘；犯杖八十、徒二年者，折银三十五两；犯杖九十、徒二年半者，折银四十两六钱二分五厘；犯杖一百、徒三年者，折银四十六两二钱五分；杖一百流罪准徒四年者，折银五十两；杂犯死罪准徒五年者，折银五十三两七钱五分。

事例 001-2.12：顺治十八年议准

凡赎锾由督、抚、按批行者，承问官通详，互相稽核解部，司、道、府、州、县官自理赎锾，亦全数报部备赈。

事例 001-2.13：康熙二年题准

犯人有愿认工赎罪者，呈明刑部，移咨工部，会同将犯人情罪，修建工程，查核情罪与工程相符，奏闻请建造。

事例 001-2.14：康熙二年定

内外官员革职后犯杖罪者，仍准折赎。

事例 001-2.15：康熙六年覆准

旗下人犯罪，有力情愿折赎者，照民人例一体折赎，无力者仍的决。

事例 001-2.16：康熙七年覆准

州县自理赎锾，岁底造册申报按察司查核。按察司自理赎锾，岁底申报督抚查核，该督抚于岁底汇造清册报部查核。傥有折多报少，隐漏等弊，该督抚查明具题治罪。凡罚赎之人姓名及罚数，承审各官明晰出示晓谕，如有隐漏，以贪赃治罪。

事例 001-2.17：康熙十一年覆准

律例内开载未尽折赎之条，问刑官临时详审情罪，应准折赎而自愿者，准其折赎。有不应准者，仍的决。如滥准折赎，并多取肥己者，该督抚指名纠参。

事例 001-2.18：康熙十六年议准

有出征之处杀人，奉旨免死者，鞭一百，照律追埋葬银二十两，给付死者之家，将枷号两月存案，令军前效力赎罪。如效力有据，及身受重伤者，免其枷号。若不行效力者，出兵回日，仍行枷号，将妻子家产人口，一并发与辛者库。其口外蒙古等有犯，亦鞭一百，以追银二十两，折牲口一九，给付死者之家，令军前效力。如效力有据，及身受重伤者，免其折枷号牲口三九。若不行效力者，仍追牲口三九，给付死者之家，妻子家产人口，一并给予该管之主为奴。至赎罪人犯之效力与否，该将军并该管官登记明白，俟出兵回日，送部查议。

事例 001-2.19：康熙十九年议准

革职处分等官，及各项人犯，有愿认修葺京都城楼公署，及仓库牌楼赎罪者，除十恶等实犯死者、奸细、光棍、诬告、叛逆、放火等罪，不准认赎外，其余斩绞重罪，并充军流徙人犯，具呈工部，查核情罪轻重与例相符，具题定限修理，完日免罪。

事例 001-2.20：康熙十九年题准

认工复职赎罪人员，将原估银两定限赴工部交纳，差各部贤能司官修理。其赎罪人犯，有保官者，即令出监，依限上纳，过限不完，将保官一并参究；无保官者，仍令寄监，定限上纳，过限不完，题参照原拟治罪。其认工交银者，随到即收，不得藉端留难掯勒。

事例 001-2.21：雍正十二年议准

凡犯罪例不准纳赎而情有可原者，其捐赎之数：斩绞三品以上官，壹万贰仟两；四品官，五千两；五、六品官，四千两；七品以下官及进士、举人，二千五百两；贡监生员，二千两；平人，一千二百两。军流罪各减十分之四。徒罪以下，各减十分之六。枷号杖责，照徒罪捐赎。

事例 001-2.22：乾隆元年谕

赎罪一条，原系古人金作赎刑之义，况在内由部臣奏请，在外由督抚奏请，皆属斟酌情罪有可原者，方准纳赎，其事尚属可行。嗣后将赎罪一条，仍照旧例办理。

事例 001-2.23：乾隆二年覆准

例载妇女犯奸，杖罪的决，枷罪准其收赎。查纳赎图内，并未定有枷号，如何收赎之文，惟名例犯罪免发遣条内，徒一年者枷号二十日，每等递加五日等语。则枷号三十日者，应折徒二年。查徒五年俱包杖在内，今于徒二年者，止应赎银一钱六分五厘。妇人犯奸，既决杖一百，其枷号一月，应照徒二年除包杖八十折银六分外，止应收赎银一钱六分五厘。至于亲属犯奸，应枷号四十日者，除决杖一百折银七分五厘外，应照徒三年收赎银二钱二分五厘。其和同诱拐犯奸应枷号两月者，除决杖外，应照流三千里收赎银三钱七分五厘。

事例 001-2.24：乾隆九年议准

嗣后文武职官，有实犯奸赃十恶不孝等罪，律应的决者，照旧的决。其准枷法不枉法论等赃，律应纳赎者，仍照原律纳赎，免其的决。

事例 001-2.25：乾隆九年定

凡赎罪之案，每银一两，改折稻谷二石，核算收纳。

事例 001-2.26：乾隆九年又议准

嗣后命案死罪人犯，有呈请捐赎，情罪尚有可原，奏准赎罪者，照免死减流人犯，追埋葬银二十两例，倍追银四十两，给付尸亲收领。

事例 001-2.27：乾隆十七年议准

嗣后除律应纳赎收赎之罪，仍各照例办理，及犯该枷号杖责者，照徒罪捐赎外，其例应笞杖的决人犯，情有可赎者，酌议分杖为一等，笞一等。如贡监生犯杖罪者，捐谷四百石，纳银二百两；笞罪捐谷二百石，纳银一百两。平人犯杖罪者，捐谷二百石，纳银一百两；笞罪捐谷一百石，纳银五十两。再，赎罪条内，凡有职官员，俱得一律援赎，其赎锾之多寡，俱视品级之高下，分别等差。若贡监生以上，不按次递增，仍属无所区别，应请三品以上官犯革职后，有余罪例不纳赎者，如犯该杖罪者，捐谷二千四百石，纳银一千二百两；犯该笞罪者，捐谷一千二百石，纳银六百两。四品官犯该杖罪者，捐谷二千石，纳银一千两；犯该笞罪者，捐谷一千石，纳银五百两。五、六品官犯该杖罪者，捐谷一千六百石，纳银八百两；犯该笞罪者，捐谷八百石，纳银四百两。七品以下及进士、举人犯该杖罪者，捐谷一千二百石，纳银六百两；犯该笞罪者，捐谷六百石，纳银三百两。笞杖人犯，原系轻罪，在京令具呈刑部查办，按季汇题，银两咨付户部查收。其外省笞杖罪人犯，令各地方官将犯罪情节，并可原应赎缘由，详报督抚核办，限一月之内，银谷缴储仓库，准其免罪。如系题结之案，附疏声明。若事由外结，咨报户、刑二部，由部造册，按季汇题。

事例 001-2.28：乾隆二十三年谕

刑部驳议御史叶启丰所奏斩绞捐赎之例，应请删除，以《虞书》金作赎刑，《吕刑》大辟疑赦为训，不知《虞书》原引而未发，而《吕刑》则穆王耄荒时所为也。欲准赎罪，止系可缓之类，然能赎与否，终视乎有力无力。该御史所言，未尝不是，朕不能附该部之强词夺理也。著将斩绞缓决各犯纳赎之例，永行停止，俟遇有恩赦减等，其惮于远行者，再准收赎，而赎锾则仍照原拟罪名，不得照减等之罪，如此则犯死罪者，贫富一律，不能幸逃法纪，而减等以后，有力者得免远徙，无力者莫可尤人，然亦庆幸再生。其著为令。

事例 001-2.29：乾隆二十七年议准

开例捐纳，户部设有饭食银两，捐文职属吏部，捐武职属兵部，该二部亦得饭食银两。又，兵部武职请札付，工部水利工程，国子监贡监请领监照，俱经奏准缴纳公费银两在案。刑部有犯罪捐赎一条，在外督抚具奏，在内具呈到部，酌量情节，奏请上裁，奉旨准赎之后，勒限一月交银，如限内不完，本犯不准赎罪外，将具呈家属，照本犯罪减三等治罪。嗣后具呈之日，除例不准赎者毋庸议外，余俱先行派委司员验明银两，始行具奏，迨奉旨准赎，即给予执照，令赴户部交纳。请领执照时，照吏、户、兵、工等部，扣缴公费之例，令其每两出公费银五分，交与刑部收库，以备每年一切公项帮贴之用。其由外省督抚奏请，刑部核覆奏准之案，令于本省交银时，亦按每两五分之数，一并交纳，俟解送饭银之便，搭解到部。

事例001-2.30：乾隆三十年议准

枷杖罪犯，例应外结，其于结案后，有情愿捐赎者，直省督抚，或将原案钞录付咨送部核覆，或止将事由咨部，并不将原案钞咨，办理殊未画一。嗣后外结枷杖以下人犯，有情愿捐赎者，即将该犯原案全行钞录，附咨送部核覆，以免延滞。

事例001-2.31：乾隆三十一年议准

平常军流人犯捐赎之例，未到配者，捐银七百二十两；已到配者，捐银六百两。其中虽有分别，而到配之军流官犯，则于乾隆二十一年，奏明仍照原官品级银数捐赎，并不以到配议减。至斩绞各犯捐赎之例，久经停止，前奉恩旨，遇有恩赦减等者再准收赎，系属格外皇仁，是以此等人犯，如有情愿捐赎者，无论已未到配，亦照原拟罪名银数捐赎。

事例001-2.32：乾隆四十九年奏准

刑部办理赎罪各案，俱专折奏请核定。至情罪较重，未能准赎，向例即由刑部驳议，未经与准赎各犯，一体奏明。嗣后除笞杖人犯，照旧办理，并由各省具奏交部复议之案，仍逐案奏覆外，其外遣军流以下罪犯，在部呈请赎罪者，俱开明案情，分别似应准赎、似不应准赎两项，按月汇奏。如一月仅止一件，归入下月汇奏。

事例001-2.33：嘉庆六年议准

前代官员犯罪，无论笞杖徒流杂犯死罪，但有力者俱准纳赎，无力的决发配。至国朝康熙年间始分别情罪，或准纳赎，或不准纳赎，定例遵行。查例载挪移库银五千两以下者，照律杂犯流罪总徒四年；五千两以上至一万两者，实杖一百、流三千里，不准折赎；二万两者，发近边充军；二万两以上者，斩监候。又律载有司官吏人等，非奉上司明文，因公擅自科敛所属财物，虽不入己，杖六十，赃重者坐赃论；入己者，并计赃以枉法论各等语。是因公挪用，因公科敛之案，俱有治罪明文，未便仍照旧例准其纳赎，因奏明于例内改定。

事例001-2.34：嘉庆十四年奉旨

殴毙婢女，革职拟徒前任编修汪庚呈请赎罪。奉旨：汪庚鞭殴十岁婢女致毙，情殊残忍，特以主仆名分，罪止杖徒，兹呈请赎罪，若准令纳赎，则官员恣行酷暴者无所惩戒。汪庚著不准其赎罪。

事例001-2.35：嘉庆十四年谕

禄康等奏：山东济南府国子监学正衔姚万清等联名呈请捐输银两，代原任济南府知府张鹏升赎罪一折。张鹏升前于济南府任内，请动公项，供应广兴，旋即归款。前经审明定谳，革职遣戍，实属罪所应得。该府绅士，以张鹏升在任时惠政甚多，且母老无子，情愿捐银代赎，呈明该省巡抚，未经批准。所办甚是。兹复来京赴步军统领衙门呈恳代奏，此事不可行。前次安徽怀远等县士民，曾有代参令沙琛吁恳缴银赎罪之案。沙琛获罪之由，止系因属霍邱县任内，承审重案不实，尚属公罪，且知县职分较小，尚可免其纳赎，予以恩施。张鹏升以方面大员，于济南府任内，请动公项，供应广兴，其罪属私，非沙琛可比。现在遣戍吉林，将来效力数年，或可释回，亦当恩出自上。若据该绅士等恳请代为赎罪，是地方大员获戾者，皆得因士民吁请，纳锾免罪，此风断不可开。所有姚万清等呈恳之处，著不准，即饬令回籍。

事例001-2.36：嘉庆十七年谕

邹炳泰等奏：武清县民人姚翰清等一百余人公递呈词，为已革发遣知县孙晟衰捐赀赎罪一折。本日朕召见邹炳泰等，并据面奏伊等于接收呈词后，传集该乡民等详细询问，金称孙晟衰居官清正，爱民有素，兹闻其获罪远戍，不忍坐视，是以捐赀代为赎罪，其情词出于至诚等语。孙晟衰任武清县任内，克孚舆论，阅呈内胪举各事迹，该乡民等同声爱戴，似无虚捏情事。但该革令犯事缘由，系因县民高六毒毙韩贵兴一案，初验本无错误，继因审无确供，详请覆检，致为仵作张宽及伊门丁书吏串通受贿蒙蔽，该革令被欺枉听，部议褫革发遣，实系罪有应得。著邹炳泰等传到该乡民等，明白晓谕，以伊等同心好义，感戴去任之官，其意亦属可嘉，惟孙晟衰平素官声虽好，而断狱错误，则朝廷执法惩辜，不能宽宥。若竟徇所请，此后官员获罪者，或诡托效尤，其弊亦不可不防。令该乡民等将代孙晟衰赎罪银二千两，即行领回，勿许渎恳。至孙晟衰获罪遣戍，并无贪酷情弊，其详请覆检，亦尚有慎重民命之心，将来到戍三年期满，该管大臣奏请，朕核其案情，亦必降旨释回。兹念其平日居官尚好，著加恩于到戍一年半即予释放回籍，国法民情，并行不悖，该乡民等亦当共知感激，若再行妄诉，即当治以应得之罪。

事例001-2.37：嘉庆二十年谕

陈预奏：审拟民人李其言控案一折。此案李其言之父李应昌，原控县书李振甲等偷盗仓米等情，系因生员傅焯先声言李振甲等如非偷米，何必连夜搬运，次日又向生员朱芹昌告述。李应昌、朱芹昌先后具呈赴控，而李应昌旋即在押病故，其子李其言复控诉不休，是傅焯多言肇衅，朱芹昌轻听妄控，均属不安本分，有玷学校。该抚将傅焯、朱芹昌拟以杖责，仍请照例纳赎，未免轻纵。傅焯、朱芹昌俱著斥革，按律发落。嗣后生员不守学规，好讼多事者，均照此案办理。

事例001-2.38：道光四年谕

侯际清以拟流官犯在刑部衙门呈请赎罪，尚书韩鈘在部最久，于刑名尤为谙练，乃办理奏稿时，既核其情节较重，仍以可否准赎双请，殊属取巧含混。据托津等讯明，韩崶实无听属受贿情事，惟失察官吏舞弊得赃，及嗣子知情，亲戚撞骗，且案内获咎司员恩德等皆系保列一等之人，盛思道又系韩崶于上年滥行保留。种种昏愦，即照托津等所拟，从重发往军台，本属咎有应得。姑念韩崶年近七十，著从宽免其发遣，加恩在万年吉地工程处效力赎罪。已革刑部郎中恩德与董椿等商办赎罪，收受不枉法赃一百二十两以上，若仅照例问拟绞候，勒限完赃，减等发落，尚属轻纵，著于完赃后，从重发往伊犁效力赎罪。已革郎中盛思道，为候际清商办赎罪，先后撞骗多赃，到案后复任意狡展诬赖，情殊险诈可恶，著从重发往伊犁效力赎罪。已革通判董椿，指官撞骗银两，数至盈千，到案后复不据实供吐，狡赖诬扳，情尤谲诈，著枷号两个月，满日发近边充军。已革道员惠丰，讯未嘱托重喜，惟谎言回复惠林，究有不合，著开复原官，交吏部照例议处。其漏查红供，并失察官吏得赃之刑部堂官，前任科布多、参赞大臣那彦宝，及两次画稿之盛京刑部侍郎海龄、江苏巡抚韩文绮、候补主事张映汉，俱交部严加议处。致仕大学士戴均元、陕甘总督那彦成，于八月内双请奏稿未能查出弊端，亦属疏漏，俱著交部议处。原任道员德恩、左江道重伦、河北道邹锡淳，于吴光斗等藏匿红供，未经查出，并失察书吏舞弊，及同官得赃，俱著交部严加议处。嗣后刑部办理赎罪案件，著仍照乾隆四十八年原议章程，分别准赎、不准赎二项，奏明请旨核定，不得以"可否"字样双请入奏，以免歧误。

事例 001-2.39：道光二十三年谕

布彦泰等奏：废员文冲呈请赎罪一折。文冲前在河督任内疏防漫口，糜帑殃民，厥咎甚重，所有该废员呈请赎罪之处，著不准行。

事例 001-2.40：咸丰元年谕

前据骆秉璋奏：湖北汉阳府属士民程瑞凯等，呈请捐赀助饷，代已革发遣新疆之前任湖南长宝道杨炳堃赎罪，当降旨交程矞采访察具奏。兹据查明，该士民等同心爱戴，系属实情，惟该革员前次获咎情节较重，且此端一开，将来发遣人员，恐不免有授意饰词，希图邀恩情事。所有该士民等呈请代杨炳堃赎罪之处，著不准行。

成案 001.01：陕西司〔嘉庆二十二年〕

陕督咨：武生滕殿邦于总督轿前冲突行走，经随从武弁推阻，该生复向扭殴，并未成伤。查滕殿邦身立胶庠，当知宪舆之前，理应谨肃，乃不回避，辄敢冲突行走，迨经随从武弁推阻，复敢扭结向殴。滕殿邦照生员不守学规、问发为民例，革去衣顶，依不应重律，杖八十，不准收赎。

律 002：十恶

一曰谋反；〔谓谋危社稷。〕
二曰谋大逆；〔谓谋毁宗庙、山陵及宫阙。〕

三曰谋叛；〔谓谋背本国，潜从他国。〕

四曰恶逆；〔谓殴及谋杀祖父母、父母，夫之祖父母、父母。杀伯叔父母、姑、兄姊、外祖父母及夫者。〕

五曰不道；〔谓杀一家非死罪三人，及支解人，若采生折割，造畜蛊毒、魇魅。〕

六曰大不敬；〔谓盗大祀神御之物，乘舆服御物，盗及伪造御宝，合和御药误不依本方，及封题错误，若造御膳误犯食禁，御幸舟船误不坚固。〕

七曰不孝；〔谓告言咒骂祖父母、父母，夫之祖父母、父母。及祖父母、父母在，别籍异财。若奉养有缺，居父母丧身自嫁娶，若作乐释服从吉。闻祖父母、父母丧，匿不举哀，称祖父母、父母死。〕

八曰不睦；〔谓谋杀及卖缌麻以上亲，殴告夫及大功以上尊长、小功尊属。〕

九曰不义；〔谓部民杀本属知府、知州、知县，军士杀本管官吏，卒杀本部五品以上长官，若杀见受业师，及闻夫丧匿不举哀，若作乐释服从吉，及改嫁。〕

十曰内乱。〔谓奸小功以上亲、父祖妾，及与和者。〕

总注：此十恶皆罪大恶极，王法所不容。其罪至死者，固恩赦所不原。即罪不至死者，亦俱有乖伦理，故特揭其名目于律首，使人知所警也。《集解》："《王制》曰：'凡听五刑之讼，必原父子之亲，君臣之义'。又曰：'凡置五刑，必即天伦'。"此条所载无君亲、反伦纪，天地所不容，故特申其禁。

一曰谋反；〔谓谋危社稷。〕

二曰谋大逆；〔谓谋毁宗庙、山陵及宫阙。〕

《唐律疏议》曰："干纪犯顺，违背道德，故曰大逆。"

三曰谋叛；〔谓谋背本国，潜从他国。〕

四曰恶逆；〔谓殴及谋杀祖父母、父母，夫之祖父母、父母。杀伯叔父母、姑、兄姊、外祖父母及夫者。〕

《唐律疏议》曰："五服相亲，自相屠戮，穷恶极逆，绝弃人理，故曰恶逆。"

五曰不道；〔谓杀一家非死罪三人，及支解人，若采生折割，造畜蛊毒、魇魅。〕

《唐律》注无采生折割句，以尔时并无此律文也。《汉书·翟方进传》："丞相宣以一不道贼。"如淳曰："律，杀不辜一家三人为不道。"

六曰大不敬；〔谓盗大祀神御之物，乘舆服御物，盗及伪造御宝，合和御药误不依本方，及封题错误，若造御膳误犯食禁，御幸舟船误不坚固。〕

《唐律》注有指斥乘舆，情理切害，及对捍制使，无人臣之礼。《辑注》："按：律无盗及伪造御宝罪名，而盗乘舆服御物，律亦无文，见于条例。若盗及伪造御宝，则律例皆无也。"《唐律》有此等罪名，故名例亦有，《明律》无此等罪名，盖遗漏也。盗御宝及乘舆服御物，后来添纂有例，而伪造御宝并未纂入例内，均与此注不符。

七曰不孝；〔谓告言咒骂祖父母、父母，夫之祖父母、父母，及祖父母、父母在，

别籍异财。若奉养有缺，居父母丧身自嫁娶，若作乐释服从吉。闻祖父母、父母丧，匿不举哀，诈称祖父母、父母死。〕

《示掌》云："律重伦常，首严十恶，但不孝条内居丧嫁娶、从吉，亦有不得已者。"《笺释》、《集解》云："法重情轻，似应酌拟。"唐律注无夫之祖父母、父母句。《疏议》曰："本条直云告祖父母、父母，此注兼云告言者，文虽不同，其义一也。诅，犹咒也。詈，犹骂也。依本条诅欲令死及疾苦者，皆以谋杀论，自当恶逆。惟诅求爱媚，始入此条。"问曰："依贼盗律，子孙于祖父母，父母求爱媚而魇咒者，流二千里。然魇魅咒诅，罪无轻重。今诅为不孝，未知魇入何条。"答曰："魇咒虽复同文，理乃诅轻厌重。但魇魅凡人，则入不道，若咒诅者，不入十恶。"名例云，其应入罪者，则举轻以明重。然咒诅是轻，尚入不孝，明知魇魅是重，理入此条。谨按：造畜蛊毒，律止载有魇魅符书咒诅欲以杀人者，各以谋杀论，欲令人疾苦者减二等，其子孙于祖父母、父母各不减等语，而无直求爱媚而魇咒流二千里之文。此处所云咒祖父母、父母，未知本于何条。若谓即指欲以杀人，欲令疾苦而言，则应入恶逆矣，岂仅不孝云乎哉。祖父母、父母在别籍异财，《唐律》满徒，是以入于十恶。《明律》改为满杖，殊嫌未协。奉养有缺，居丧嫁娶及诈称祖父母、父母死并同。匿不举哀，《明律》止徒一年，释服从吉，忘哀作乐，仅杖八十，亦嫌未协。《唐律》："诈称祖父母、父母死，以求假及有所避者徒三年。"《明律》止云无丧诈称有丧，注添父母现在字，与此处亦不相符合。

八曰不睦；〔谓谋杀及卖缌麻以上亲，殴告夫及大功以上尊长、小功尊属。〕

《唐律疏议》曰："依礼，男子无大功尊，唯妇人于夫之祖父母及夫之伯叔父母是大功尊。大功长者，谓从父兄姊是也。以上者，伯叔父母、姑、兄姊之类。小功尊属者，谓从祖父母、姑、从祖伯叔父母、姑、外祖父母、舅姨之类。"《疏议》又曰："谋杀及卖缌麻以上亲，无问尊卑长幼。若谋杀期亲尊长等，杀讫即入恶逆。今直言谋杀，不言故斗。若故斗杀讫，亦入不睦。举谋杀未伤是轻，明故斗已杀是重。轻重相明，理同十恶。"此注止言谋杀缌麻以上亲，而无尊卑故斗字样。《疏议》特为分晰叙明，是谋杀及殴故杀死有服卑幼，亦应在十恶之列矣。至夫殴故杀妻并无明文。斗讼门殴伤妻妾条有杀妻仍为不睦语。《疏议》谓妻即是缌麻以上亲，准例自当不睦也。应彼此参看。《明律》专指尊长言，各不相同。

九曰不义；〔谓部民杀本属知府、知州、知县。军士杀本管官吏，卒杀本部五品以上长官。若杀见受业师，及闻夫丧匿不举哀，若作乐释服从吉，及改嫁。〕

《唐律》注，系杀本属府主、刺史、县令。

十曰内乱。〔谓奸小功以上亲、父祖妾，及与和者。〕

《示掌》云："内乱注奸小功以上亲句，此专指服属小功以上者言。如兄妻小功，再从姊妹、侄孙女小功，母之姊妹小功之类是也。若小功亲之妻则无服，应不在此限。惟父祖妾虽无服，以分亲义重，故特著其文。"查奸小功亲之妻，拟罪本与奸缌麻亲之妻同。此注现无之妻字样，则小功亲之妻之不在此限也明甚。梁溪秦司寇批本主之，而《集注》谓内乱，未言小功以上亲之妻，然可以赅载，不必拘泥等语非是，存参。《唐律疏议》曰："奸小功以上亲者，谓据礼，男子为妇人著小功服而奸者，若妇人为男夫虽有小功之服，男子为报服缌麻者，非谓外孙女于外祖父及外甥于舅之类。"祖父妾者，有子无子并同，媵亦是。及与和，谓妇人共男子和奸者。并应与亲属相奸律参看。内乱一条，《示掌》以小功以上亲句下并无之妻二字，有犯，不应以内乱论最是，宜详玩。

（此条律目、律文及注俱唐律之文。明仍用之，小有异同。顺治三年及雍正三年、乾隆五年修改。）

《律例通考》："查汉制九章，虽并湮没，惟不道、不敬之目尚存。原夫厥初，盖起诸汉。陈梁已往，略有其条。周齐虽具十恶之名，而无十恶之目。隋开皇创制，始备此科，酌于旧章，数存其十。唐遵其制，无所损益，至今因之。"此俱系《唐律疏议》中语，特稍为节删耳。

〔附录〕顺治律 002：十恶

一曰谋反。〔谓谋危社稷。〕

二曰谋大逆。〔谓谋毁宗庙、山陵及官阙。〕

三曰谋叛。〔谓谋背本国，潜从他国。〕

四曰恶逆。〔谓殴及谋杀祖父母、父母，夫之祖父母、父母，杀伯叔父母、姑、兄、姊、外祖父母及夫者。祖父母、父母，但谋、但殴即坐。伯叔以下，须据杀讫方入恶逆；若谋而未杀，自当不睦之条。盖恶逆者，常赦不原；不睦，则会赦原宥。〕

五曰不道。〔谓杀一家非死罪三人及支解人，若采生、造畜蛊毒、魇魅。〕

六曰大不敬。〔谓盗大祀神御之物、乘舆服御物，盗及伪造御宝，合和御药误不依本方，及封题错误；若造御膳误犯食禁，御幸舟船误不坚固。〕

七曰不孝。〔谓告言、咒骂祖父母、父母，夫之祖父母、父母，及祖父母、父母在，别籍异财；若奉养有缺。居父母丧，身自嫁娶，若作乐、释服从吉，闻祖父母、父母丧，匿不举哀；诈称祖父母、父母死。〕

八曰不睦。〔谓谋杀及卖缌麻以上亲，殴告夫及大功以上尊长、小功尊属。〕

九曰不义。〔谓部民杀本属知府、知州、知县，军士杀本管指挥、千户、百户，吏卒杀本部五品以上长官，若杀见受业师，及闻夫丧不举哀，若作乐、释服从吉及改嫁。〕

十曰内乱。〔谓奸小功以上亲、父祖妾及与和者。〕

律003：八议

　　总注："八议者，乃国家优待亲、贤、勋、旧之典，应于法外优容，故凡有所犯，另加拟议。所以使应议之人，咸知自重，而不轻于犯法也。"《唐律疏议》曰："《周礼》云：'八辟丽邦法'。今之八议，周之八辟也。《礼》云：'刑不上大夫，犯法则在八议，轻重不在刑书也'。"

　　一曰议亲；〔谓皇家袒免以上亲，及太皇太后、皇太后缌麻以上亲，皇后小功以上亲，皇太子妃大功以上亲。〕

　　郑司农云："若今时宗室有罪先请是也。"《唐律》无末句，而见于请章。《疏议》云："袒免者，据礼有五，高祖兄弟、曾祖从父兄弟、祖再从兄弟、父三从兄弟、身之四从兄弟是也。"

　　二曰议故；〔谓皇家故旧之人，素得侍见，特蒙恩待日久者。〕

　　三曰议功；〔谓能斩将夺旗，摧锋万里，或率众来归，安济一时，或开拓疆宇有大勋劳，铭功太常者。〕

　　《唐律》第五，谓有大功勋。

　　四曰议贤；〔谓有大德行之贤人君子，其言行可以为法则者。〕

　　《唐律》第三。《周礼》亦第三。郑司农云："若今时廉吏，有罪先请是也。"

　　五曰议能；〔谓有大才业，能整军旅、治政事，为帝王之良辅佐者。〕

　　《唐律》第四。《周礼》亦第四。

　　六曰议勤；〔谓有大将吏谨守官职，早夜奉公，或出使远方，经涉艰难，有大勤劳者。〕

　　《唐律》第七。

　　七曰议贵；〔谓爵一品，及文武职事官三品以上，散官二品以上者。〕

　　《唐律》第六。《周礼》亦第六。郑司农云："若今时吏墨绶有罪先请是也。"

　　八曰议宾；〔谓承先代之后为国宾者。〕

　　（此条律文及注，悉仍唐律，明并纂《疏议》语入注。雍正三年，乾隆二十九年及道光年间修改。）

　　薛允升按：雍正六年三月丙子上谕："朕览律例旧文，于名例内载有八议之条，曰：议亲、议故、议功、议贤、议勤、议能、议贵、议宾，此历代相沿之文，其来已久。我朝律例，于此条虽具载其文而实未尝照此例行者，盖有深意存焉。夫刑法之设，所以奉天罚罪，乃天下之至公至平，无容意为轻重者也。若于亲故功贤人等之有罪者，故为屈法以示优容，则是可意为低昂，而律非一定者矣，尚可谓之公平乎。且亲故功贤等人，或效力宣劳，为朝廷所倚眷，或以勋门戚畹，为国家所优崇，其人既异于常人，则尤当制节谨度，秉礼守义，以为士民之倡率。乃不知自爱而致罹于法，是其违理道而蹈愆尤，非蚩蚩之氓，无知误犯者可比也。傥执法者又曲为之宥，何以惩恶而劝善乎。如所犯之罪，果出于无心而情有可原，则为之临时酌量，特予加恩，亦未为不可。若预著为律，是于亲故功贤等人未有过之先，即以不肖之人待之，名为从厚，其实乃出于至薄也。且使恃有八议之条，或任意为匪，漫无顾忌，必有自干大法而不止者。是又以宽容之虚文，而转陷之于罪戾，姑息之爱，尤不可以为优恤矣。令修辑律例各条，务俱详加斟酌，以期至当。惟此八议之条，若概为删去，恐人不知其非理而害法，故仍令载入。特为颁示谕旨，俾天下晓。然于此律之不可为训，而亲故人等，亦各知儆惕而重犯法，是则朕钦恤之至意也。"《示掌》云："按《会典》载，八议之条不可为训，虽仍其文而实未尝行者，盖即谕旨之意也。"

〔附录〕顺治律003：八议

一曰议亲。〔谓皇家袒免以上亲，及太皇太后、皇太后缌麻以上亲，皇后小功以上亲，皇太子妃大功以上亲。〕

二曰议故。〔谓皇家故旧之人，素得侍见，特蒙恩待日久者。〕

三曰议功。〔谓能斩将夺旗，摧锋万里，或率众来归，宁济一时；或开拓疆宇，有大勋劳，铭功太常者。〕

四曰议贤。〔谓有大德行之贤人君子，其言行可以法则者。〕

五曰议能。〔谓有大才业，能整军旅，治政事，为帝王之辅佐，人伦之师范者。〕

六曰议勤。〔谓有大将吏，谨守官职，早夜奉公；或出使远方，经涉艰难，有大勤劳者。〕

七曰议贵。〔谓爵一品，及文武职事官三品以上，散官二品以上者。〕

八曰议宾。〔谓承先代之后，为国宾者。〕

事例003.01：雍正六年谕

朕览律例旧文，于名例内载有八议之条。其辞曰：议亲、议故、议功、议贤、议勤、议能、议贵、议宾，此历代相沿之文，其来已久。我朝律例，于此条虽仍具载其文，而实未尝照此例行者，盖有深意存焉，不可不察，载而未用之故，亦不可不明也。夫刑罚之设，所以奉天罚罪，乃天下之至公至平，无容意为轻重者也。若于亲故功贤人等之有罪者，故为屈法以示优容，则是可意为低昂，而律非一定者矣，尚可谓之公平乎。且亲故功贤等人，或劾力宣劳，为朝廷所倚眷，或以勋门戚畹，为国家所优崇，其人既异于常人，则尤当制节谨度，秉礼守义，以为士民之倡率。乃不知自爱而致罹于法，是其违理道而蹈愆尤，非蚩蚩之氓，无知误犯者可比也。傥执法者又曲为之宥，何以惩恶而劝善乎。如所犯之罪，果出于无心，而情有可原，则为之临时酌量，特予加恩，亦未为不可。若欲著为律，是于亲故功贤等人未有过之先，即以不肖之人待之，名为从厚，其实乃出于至薄也。且使恃有八议之条，或任意为非，漫无顾忌，必有自干大法而不止者。是又以宽容之虚文，而转陷之于罪戾，姑息之爱，尤不可以为优恤矣。令修辑律例各条，务俱详加斟酌，以期至当。惟此八议之条，若概为删去，恐人不知其非理而害法，故仍令载入。特为颁示谕旨，俾天下晓然于此律之不可为训，而亲故人等，亦各知儆惕而重犯法，是则朕钦恤之至意也。

律 004：应议者犯罪〔例 14 条，事例 13 条〕

凡八议者犯罪，〔开具所犯事情〕实封奏闻取旨，不许擅自勾问。若奉旨推问者，开具所犯〔罪名〕及应议之状，先奏请议。议定，〔将议过缘由〕奏闻，取自上裁。

其犯十恶者，〔实封奏闻，依律议拟，〕不用此律。〔十恶，或专主谋反、叛逆言，非也。盖十恶之人，悖伦逆天，蔑理贼义，乃王法所必诛，故特表之，以严其禁。〕

（此仍明律，其小注系康熙年间及雍正三年、乾隆五年修改。）

〔附录〕顺律 004：应议者犯罪

凡八议者犯罪，〔不可加刑，但开具所犯事情。〕实封奏闻取〔应否勾问之〕旨，不许擅自勾问。〔有旨免究即已。〕若奉旨推问者，〔不得遽拟其罪。〕开具所犯〔罪名〕及应议之状，先奏请〔多官〕议，议定〔将议过缘由〕奏闻，取自上裁。〔议者，谓原其本情，议其犯罪。于奏本之内开写，或亲、或故、或功、或贤、或能、或勤、或贵、或宾，应议之人，所犯之事，实封奏闻取旨。若奉旨推问者，才方推问。取责明白招状，开具应得之罪，先奏请，令八固山额真与机密大臣、内院、三法司集议，议定奏闻。至死者唯云：准犯依律合死，不敢正言绞、斩，取自上裁。〕其犯十恶者，〔先行拘系，实封奏闻，依律议拟。〕不用此律。〔十恶，或专主谋反、逆、叛言，非也。盖十恶之人，悖伦逆天，篾礼贼义，乃王法所必诛，故特表之，以严其禁。凡应八议之人，问鞫不加考讯，皆据各证定罪。〕

条例 004.01：凡有在京勋戚（删例）

凡有在京勋戚，用强兜揽钱粮，侵欺及骗害纳户者，事发参究，将应得禄粮、价银扣除，完官给主事毕，方许照旧关支。

（此条原为明代问刑条例。雍正三年奏准：今勋戚有犯前罪，俱按情罪轻重，照律定拟，并无扣除禄粮、价银完官给主之处。此条删。）

条例 004.02：三品以上大员

三品以上大员，革职拿问，不得遽用刑夹，有不得不刑讯之事，请旨遵行。

（雍正十三年定。）

条例 004.03：已革宗室之红带（1）

凡已革宗室之红带，已革觉罗之紫带，犯事治罪，与旗人无异，交刑部照旗人例，枷号锁禁完结。

（雍正十三年，根据康熙五十二年上谕定。）

薛允升按：康熙五十二年上谕："宗室革退者，向皆不入玉牒。其子孙若不及今表著，日后年远必至湮没，所关甚大，应查明载入玉牒，酌量给带为记。觉罗等原系同祖所生，其犯罪革退者，若不查明，亦将湮没。所生子女，皆应查明记载，选秀女时勿令混入。著详议具奏。钦此。遵旨议准：革退宗室，给以红带，附入黄册。革退觉罗，给以紫带，附入红册。于恭修玉牒时附名册后"云云。此例所云红带、紫带是也。

条例 004.04：凡应八议之人（删例）

凡应八议之人，问鞫不加拷讯，皆据各证定罪。

（此条乾隆五年定，嘉庆六年奏准，刑律·断狱·老幼不拷讯律内，已有此语，此条删。）

条例 004.05：凡宗室觉罗犯罪时

凡宗室觉罗犯罪时，系黄红带者，依宗室觉罗例办理。若系蓝带及不系带者，即照常人例治罪。

（此条乾隆三十八年定。乾隆四十一年纂为定例。）

薛允升按：与殴宗室各条例参看。

条例 004.06：宗室有犯圈禁之罪

凡宗室有犯圈禁之罪者，即行革去顶戴。

（此条乾隆四十八年，刑部等衙门审办宗室明定，听信伊伯父家奴杨天保之言，将应行入官绝产冒充业主，希图得利，问拟满徒。于宗人府空房圈禁。奉旨纂定为例。）

条例 004.07：凡宗室犯案到官

凡宗室犯案到官，该衙门先讯取大概情形，罪在军流以上者，随时具奏。如在徒、杖以下，咨送宗人府，会同刑部审明，照例定拟。罪应拟徒者，归入刑部，按季汇题。罪应笞杖者，即照例完结，均毋庸具奏。若到官时未经具奏之案，审明后罪在军流以上者，仍奏明请旨。

（此条嘉庆十三年，奉上谕纂辑为例。）

条例 004.08：宗室缘事发遣

宗室缘事发遣，遇赦减释，如系由盛京释回者，即令回京。若由吉林、黑龙江释回者，即令其在盛京移居宗室公所，酌给房屋居住。

（嘉庆十九年，刑部具奏查办发遣黑龙江等处宗室应否减等一折，奉旨纂为例。）

条例 004.09：宗室犯事到官

宗室犯事到官，无论承审者何官，俱先将该宗室摘去顶戴，与平民一体长跪听审，俟结案时，如实系无干，仍分别奏咨给还顶戴。

（此条嘉庆二十四年遵旨定。）

条例 004.10：宗室觉罗妇女

凡宗室觉罗妇女，出名具控案件，除系呈送忤逆，照例讯办外，其余概不准理。如有擅受，照例参处。倘实有冤抑，许令成丁弟兄子侄，或母家至戚抱告。无亲丁者，令其家人抱告，官为审理。如审系虚诬，罪坐抱告之人。若妇人自行出名刁控，或令人抱告后，复自行赴案逞刁，及拟结后渎控者，无论所控曲直，均照违制律治罪。有夫男者，罪坐夫男；无夫男者，罪坐本身，折罚钱粮。

（此条道光六年，宗人府具奏饬禁宗室觉罗妇女呈控并酌定惩处专条一折，纂辑为例。）

条例 004.11：凡宗室觉罗

凡宗室觉罗，除犯笞、杖、枷，及初犯军、流、徒，或再犯徒罪，或先经犯徒，后犯流罪，仍由宗人府照例分别折罚、责打、圈禁外，如有二次犯流，或一次犯徒，一次犯军，或三次犯徒者，均拟实发盛京。如二次犯徒，一次犯流，或一次犯流，一次犯军者，均拟实发吉林。如二次犯军，或三次犯流，或犯至遣戍之罪者，均拟实发黑龙江。若宗室酿成命案，按律应拟斩、绞监候者，宗人府会同刑部，先行革去宗室顶戴，照平人一律问拟斩、绞，分别实缓，仍由宗人府进呈黄册。

（此条道光五年定例，道光九年修改，道光十九年改定。）

条例 004.12：宗室觉罗人等告讦之案

凡宗室觉罗人等告讦之案，察其事不干己，显系诈骗不遂者，所控事件，立案不行，仍将该原告咨送宗人府，照违制律杖一百，实行重责四十板。如妄捏干己情由笞准，追提集人证质审，仍系讹诈不遂，串结捏控者，将该原告先行摘去顶戴，严行审讯，并究追主使教诱之犯。倘狡辩不承，先行板责讯问，审系控款虚诬，罪应斩绞者，照例请旨办理。其余无论诈赃多寡，已未入手，但经商谋捏控，不分首从，俱实发吉林安置，到配重责四十板。主使教诱及助势之犯，无论军民，不分首从，先行枷号三个月，满日俱发近边充军。旗人有犯，销除旗档，照民人一律办理。其或所控得实，但审因串诈不遂，捏情图准者，亦照此例定拟，不得以事出有因，量为援减。

（此条道光九年遵旨定。）

条例 004.13：已革宗室之红带（2）

已革宗室之红带，已革觉罗之紫带，除有犯习教等重情，另行奏明办理外，其有犯寻常杖、枷、徒、流、军，及斩、绞等罪，交刑部照旗人例一体科断，应销档者，免其销档，仍准系本身带子。

（此条系乾隆四年，已革宗室赵清亮，行使假银，经宗人府议准，定例原载八议之末。乾隆四十二年，以八议为律例总论纲目，未便续入例条，因移附此律。道光十九年改定。）

条例 004.14：宗室觉罗及王公有吸食鸦片烟

宗室觉罗及王公有吸食鸦片烟者，拟绞监候，由宗人府会同刑部进呈黄册。

（此条道光十九年，大学士、军机大臣会同各衙门及刑部议覆鸿胪寺卿黄爵滋条奏定例。）

薛允升按：《周礼·甸师》："王之同姓有罪，则死刑焉。"注郑司农云："《文王世子》曰，公族为死罪，则磬于甸人。又曰，公族无宫刑。狱成，致刑于甸人。又曰，公族无宫刑，不践其类也。刑于隐者，不与国人虑兄弟。"《掌囚》："王之同族，拲有爵者，桎及刑杀，凡有爵者与王之同族，拲而适甸师氏。"《掌戮》："王之同族与有爵者，杀之于甸师氏。"李氏光坡谓："杀之于甸师氏者，谓不蹯蹯者，陈尸使人见之。既刑于隐处，故不蹯也。"此门内所载宗室觉罗有犯，与民人科罪不同，亦此意也。再，此律目系统言八议者有犯，而例则俱言宗室、觉罗犯罪之事，以八议徒有其名故也。三品以上大员一条，与此不类，似应移于职官有犯门内。

事例 004.01：雍正十年议准

发遣黑龙江之觉罗等，子孙生育甚蕃，有在彼披甲者，连年久远，觉罗之子孙，或致难于查考。嗣后觉罗等有应行佥妻发遣者，俱免其发遣，永远拘禁于该旗高墙之内。

事例 004.02：雍正十二年谕

向来定例，宗室犯枷责罪者，俱准折赎。觉罗犯枷责罪，照平人例完结。朕思觉罗亦系宗室，悉照平人例处分，则宗室、觉罗迥然各异，而与平人绝无辨别。又宗室犯枷责罪者，如概令折赎，伊等亦不知儆惧。嗣后宗室、觉罗若犯枷责之罪，应酌其罪犯轻重，即在宗人府，惑拘禁，或锁禁，分别年限，期满释放，以抵其罪，庶觉罗处分，与平人有别，而宗室亦知儆戒。其如何酌量罪犯轻重，分定年限之处，著宗人府会同该部定议具奏。钦此。遵旨议定：有职宗室、觉罗，嗣后犯笞杖罪者，仍照定例会同各该部降罚治罪。其闲散宗室、觉罗，嗣后有犯鞭笞罪者，分别鞭笞之数，革去每月应领钱粮以抵其罪。笞二十者，革钱粮一月；三十者，两月；四十者，三月；五十者，四月；至鞭六十者，六月；七十者，七月；八十者，八月；九十者，十月；一百者，一年。若犯徒罪者，均照八旗人等折枷号日期，分别拘禁。枷号二十日者，在宗人府拘禁四十日；二十五日者，拘禁七十日；四十日者，拘禁八十日。其犯军流等罪者，悉照旗人军流应枷号日期，在宗人府锁禁，统按满日释放，以抵其罪。

事例 004.03：雍正十三年谕

古者刑不上大夫，盖以维国体而励臣节。国体不维，则无尊卑上下之分；臣节不励，则大臣拥高爵大官，而有徒隶无耻之心。此贾谊所以谆切辩论也。朕欲风励天下，使人各自爱，共敦节行，尤宜自大臣始。大臣有不自爱者，朕仍设廉耻以养之，庶几动其天良，激励鼓舞。嗣后三品以上大员，身罹罪遣，即奉旨革职拿问者，法司亦不得遽加刑讯。如有不得不用者，亦必请旨。将此永著为例。

事例 004.04：乾隆元年议准

嗣后觉罗有犯斩绞之罪者，仍入会审档册，以便复审。除此内如有可疑、可矜、减等，不致于死者，仍照原奏办理外，如果系情实，仍禁高墙，听候刑部具奏。各犯情罪时，缮入情实罪犯觉罗之名次具奏，奉旨予勾时，亦照宗室例，交本族人等即行办理。

事例 004.05：乾隆二十一年谕

将军清保将询问宗室长智戳伤民人宋天祥身死缘由具奏。宗室分极贵重，迥非常人可比，理宜整饬行止，顾惜体面。似此卑污有玷宗室之人，应较常人加倍治罪，方属允协。著交清保将长智带子褫去，拿送来京，交宗人府请旨，仍晓谕彼处宗室等，今因长智不顾体面，玷辱宗室，戳伤人命，将伊拿送京城治罪，嗣后有此者，俱如此办理。汝等系宗室，果能爱重行止，守分安常，朕必矜悯施恩。其行止卑贱，不思上进之人，既有玷宗室，复有何爱惜之处？朕必从重治罪，断不姑息。汝等惟以长智为戒，各思己身尊重，守分而行，切不可入于恶习。将此旨详悉晓谕，令其遵行。

事例 004.06：乾隆三十八年谕

嗣后宗室、觉罗，若原束黄红带被人殴伤，仍旧照例办理。若不束带被人殴伤，即照平人例办理。

事例 004.07：乾隆四十八年奉旨

刑部审奏：宗室明定听信伯父家奴杨天保之言，将应行入官绝产买充业主，希图得利，问拟满徒，于宗人府空房圈禁一年等因。奉旨：明定贪利妄控，实属不知自爱，若仅照例圈禁一年，无以示儆，明定著革去顶戴。嗣后宗室有似此犯圈禁之罪者，即著革去顶戴。著为令。

事例 004.08：嘉庆十三年谕

嗣后关涉宗室事件，著管理宗人府王、贝勒等，会同步军统领衙门，将案犯何条，应即具奏。何条应按月汇奏，其有情节较重，即可移咨宗人府照例惩处，毋庸奏闻。妥议章程具奏，当经宗人府等衙门酌议奏准，知照刑部，纂为定例。

事例 004.09：嘉庆十九年谕

宗室普庭准其减等，令回至盛京，在该处移居宗室公所，酌给房屋居住。嗣后缘事发遣宗室，其由盛京释回者，即令回京。由吉林、黑龙江释回者，即令在盛京居住。著为令。

事例 004.10：嘉庆二十四年谕

近来宗室中，屡有不顾行检干犯法纪之人，迭经训诫，总未悛改。推原其故，皆因宗室犯事到官，向不跪讯，遂有恃而不知畏惮。伊等既如此不知自重，朕挽除颓习，亦不能再援议亲之典。嗣后宗室犯事到案，无论承审者何官，俱先将该宗室摘去顶戴，与平民一体长跪听审，俟结案时，如实系无干，仍奏明给还顶戴。似此稍示裁抑，庶共知戒惧，可冀犯法者日少也。

事例 004.11：道光五年议准

嗣后宗室、觉罗犯笞杖罪者，除无心讹误，仍照例折罚养赡外，其审系不安本分者，按其应得笞杖罪名，在宗人府实行责打，不准折罚钱粮。其犯枷罪者，一日折圈禁二日，仍责二十板，不准减圈禁日期。至初次犯徒流军罪者，仍按所得罪名，照旧按数折责，不得因加责而减圈。其二次犯徒罪者，即加等照流三千里之例，加责三十板外，仍折圈禁二年。其有一次犯徒，一次犯流罪者，即加等照极边烟瘴充军之例，加责四十板，仍折圈禁三年。其有二次犯流，及一次犯徒，一次犯军，或三次犯徒者，均拟实发盛京。其有二次犯徒，一次犯流，一次犯军者，均拟实发吉林。其有二次犯军，三次犯流者，均拟实发黑龙江。其犯至遣戍罪者，亦拟实发黑龙江。如有酿成命案者，宗人府会同刑部，先行革去宗室，照平人一律问拟斩绞，分别实缓，由刑部进呈黄册。至兵民商贾，被宗室扰害讹诈，有显迹见证可凭，并不据实呈控，如审系凭空讹诈，畏事隐忍，被诈之人，并无应得罪名者，应毋庸议。如系作奸犯科，致被宗室讹诈，又不据实呈控，审实，各视其应得罪名加一等。至主使宗室讹诈者，仍照教诱宗室为非及计赃各本律，从重科断，一并纂入则例。奉谕：向例宗室犯罪，止分别折罚圈禁，惟法轻则日久生玩，必应严定律令，庶辟以止辟，多所保全。嗣后犯笞杖军流徒等罪，审系不安本分者，即照此次议定科条，分别加责定发。如有酿成命案，先行革去宗室，照平人一律问拟斩绞，分别实缓。其进呈黄册，仍著由宗人府办理，以示区别。至被诈之人，不据实呈诉者，按其有无应得罪名，分别办理。即著纂入则例，永远遵行。

事例 004.12：道光九年谕

朕因宗室近来积习，往往以不干己事具控，藉端讹诈，降旨令军机大臣会同宗人府、刑部酌议条例具奏。兹据查明定例，分别从严酌议。嗣后宗室、觉罗人等告讦之案，察其事不干己，显系诈骗不遂者，该管衙门立案不行，仍将原告咨送宗人府，照违制律杖一百，实行重责四十板。如敢妄捏干己情由耸准，及至提集人证质审，仍系讹诈不遂，串结捏控者，即将该原告先行摘去顶戴，严行审讯，并追究主使教诱之犯。倘狡辩不承，照例先行板责讯问，审系控款虚诬，除左诬罪应斩绞者，仍照向例请旨办理外，其余诬控之案，无论诈赃多寡，已未入手，但经商谋捏控，不分首从，俱实发吉林安置，到配仍重责四十板，以示惩儆。其主使教诱以及添威助势之犯，无分军民人等，不分首从，均照例发近边充军，仍先加枷号三个月，满日再行发遣。系旗人照例销除旗档，一律办理。即使所控得实，但因串诈不遂，捏情图准者，亦即照此例定拟，不准以事出有因，量为援减。著宗人府、刑部即各纂入例册，永远遵行。

　　事例 004.13：道光十九年谕

宗人府奏：销旗档之红带子，犯系寻常罪名，请毋庸革去带子一折。又另片奏：道光五年会议宗室事宜，有酿成命案革去宗室之条，与从前例意不符，请改为革去宗室顶戴等语。著宗人府会同刑部，悉心妥议，明定章程具奏。至此次因案销档之红带子讷尔和，著仍准其系束红带，照例办理。

律 005：应议者之父祖有犯〔例 10 条，事例 12 条〕

　　凡应八议者之祖父母、父母、妻及子孙犯罪，实封奏闻取旨，不许擅自勾问。若奉旨推问者，开具所犯及应议之状，先奏请议，议定奏闻，取自上裁。

　　若皇亲国戚及功臣〔八议之中，亲与功为最重〕之外祖父母、伯叔父母、姑、兄弟、姊妹、女婿、兄弟之子，若四品、五品〔文武〕官之父母、妻〔未受封者〕及应合袭荫子孙犯罪，从有司依律追问，议拟奏闻，取自上裁。〔其始虽不必参提，其终亦不许擅决，犹有体恤之意焉。〕

　　其犯十恶、反逆缘坐、及奸盗杀人、受财枉法者，〔许径断决，〕不用此〔取旨及奏裁之〕律。

　　其余亲属、奴仆、管庄、佃甲，倚势虐害良民，陵犯官府者〔事发，听所在官司径追提问，〕加常人罪一等。〔非倚势而犯，不得概行加等。〕止坐犯人，〔不必追究其本主，〕不在上请之律。

　　若各衙门追问之际，占恡不发者，并听当该官司实封奏闻区处。〔谓有人于本管衙门告发，差人勾问，其皇亲国戚及功臣占恡不发出官者，并听当该官司实封奏闻区处。〕

　　（此仍明律，原在文武官犯私罪一条之后。其小注系顺治三年及康熙九年增修，乾隆五年修改，并移置于此。）

〔附录〕顺治律 009：应议者之父祖有犯

　　凡应八议者之祖父母、父母、妻及子孙犯罪，实封奏闻取旨，不许擅自勾问。若奉旨推问者，开具所犯及应议之状，先奏请议。议定奏闻，取自上裁。

　　若皇亲国戚及功臣〔八议之中，亲与功为最重。〕之外祖父母、伯叔父母、姑、兄弟、姊妹、女婿、兄弟之子，若四品、五品〔文武〕官之父母、妻〔未受封者〕及应合袭〔武〕荫〔文〕子孙犯罪，从有司依律追问，议拟奏闻，取自上裁。〔其始虽不必参提，其终亦不许擅决，犹有体恤之意焉。〕

其犯十恶、反逆缘坐，及奸、盗、杀人、受财枉法者，〔许径断决。〕不用此〔取旨及奏裁之〕律。

其余亲属、奴仆、管庄、佃甲，倚势虐害良民，陵犯官府者，〔事发，听所在官司径追提问。〕加常人罪一等，止坐犯人，〔不必追究其本主。〕不在上请之律。〔其余亲属，谓皇亲国戚及功臣之房兄弟、伯叔母、舅母、姑夫、妻兄弟、两姨夫、外甥、妻侄之类，及家人、伴当、管庄、佃甲，倚杖威势，虐害良民，凌犯官府者，事发不须奏闻，比常人加罪一等科断，止坐犯人本身。〕

若各衙门追问之际，占恡不发者，并听当该官司实封奏闻区处。〔谓有人于本管衙门告发，差人勾问，其皇亲国戚及功臣占恡不发出官者，并听当该官司，实封奏闻区处。〕

条例 005.01：凡满洲蒙古汉军

凡满洲、蒙古、汉军官员军民人等，除谋为叛逆，杀祖父母、父母、亲伯叔兄，及杀一家非死罪三人外，凡犯死罪者，察其父祖，并亲伯叔兄弟及其子孙阵亡者，准免死一次。本身出征负有重伤，军前效力有据者，亦准免死一次。

（此条顺治十二年定例，原载"他罪免发遣"律内，乾隆五年移附此律。乾隆三十二年删改。）

条例 005.02：响马强盗

响马、强盗虽曾出征负有重伤，及军前效力有据，并父祖、伯叔兄弟、子孙阵亡，不得议免。

（此条乾隆五年纂为定例。乾隆三十二年删改。）

条例 005.03：打死人命

打死人命虽已身出征负有重伤，及军前效力有据，仍照律拟罪。

（此条乾隆五年纂为定例。乾隆三十二年删改。）

条例 005.04：杀人重犯

杀人重犯应拟死罪者，如伊祖父、伯叔兄弟、子孙阵亡，仍于本内叙明阵亡情由具题。

（此条乾隆五年纂为定例。乾隆三十二年删改。）

条例 005.05：强盗案内

强盗案内有护军、披甲、闲散人等应正法者，如伊祖父、伯叔兄弟、子孙阵亡，并自身负有重伤，及军前效力有据，仍于本内叙明阵亡效力情由具题。

（此条乾隆五年纂为定例。乾隆三十二年删改。）

条例 005.06：凡满洲蒙古汉军绿营

凡满洲、蒙古、汉军、绿营官员军民人等，有犯死罪，除十恶、侵盗钱粮、枉法不枉法赃、强盗、放火、发冢、诈伪、故出入人罪、谋故杀各项重罪外，其寻常斗殴，及非常赦所不原各项死罪，察有祖父、子孙阵亡者，准将阵亡确实事迹，随本声叙。

（此条系乾隆三十二年将条例 5.01 改定而成。）

条例 005.07：凡该犯死罪

凡该犯死罪，如有祖父、子孙阵亡者，于本内声明，优免一人一次后，俱不准再行声叙。

（此条系乾隆三十二年将条例 5.02、5.03、5.04、5.05 改定而成。）

条例 005.08：各犯祖父人等阵亡

各犯祖父人等阵亡，在内由刑部，在外由该督抚，于取供定罪后，即移咨八旗、兵部，查取确实简明事迹，声叙入本，恭候钦定。

（此条系乾隆三十二年将条例 5.02、5.03、5.04、5.05 改定而成。）

条例 005.09：凡满洲蒙古汉军绿营官员军民人等

凡满洲、蒙古、汉军、绿营官员、军民人等，有犯死罪，除十恶、侵盗钱粮、枉法不枉法赃、强盗、放火、发冢、诈伪、故出入人罪、谋故杀各项重罪外，其寻常斗殴，及非常赦所不原各项死罪，察有祖父、子孙阵亡者，在内由刑部，在外由该督抚，于取供定罪后，即移咨八旗、兵部，查取确实简明事迹，声叙入本，于秋审时恭候钦定。傥蒙圣恩优免一人一次后，俱不准再行声请。

（此条乾隆五十三年将条例 5.06、5.07、5.08 合并为例。此例原系五条。俱系顺治、康熙年间钦奉上谕，纂辑为例。原载犯罪免发遣门，乾隆五年，移附此律。乾隆二十九年，刑部钦奉谕旨，议准阵亡之祖父子孙有犯寻常斗杀等死罪，准将阵亡实迹随本声叙，另立新例三条，将前五条俱行删除。乾隆四十三年，以向办祖父等阵亡，准将确实事迹随本声叙，于秋审时恭候钦定，拟于首条，例内添入此句。乾隆五十三年修并。）

薛允升按：原定例文，情节重者不准声叙，情节轻者随本声叙，原可随案减等，不必候至秋审时也。是声叙一层，专为情节较轻人犯而设，情重者并不在内。可知后改为秋审时恭候钦定，与例意不无参差。查成案情实人犯，有于黄册内声叙免勾者，缓决人犯并不声叙。是此例专为情实而设矣，殊嫌未协。情重者不准声叙，谓罪应立决者仍行立决，应情实者仍情实候勾。情轻则缓决者居多，虽不声叙，亦应免死。既于秋审本内声叙将归入何项也，是又在实缓矜留之外矣。历年来，缓决人犯内并未见有声叙成案，而朝廷矜恤之意，竟化为乌有矣。修例时，一不审慎，遂致错讹如此。再，旧例祖父之外，尚有伯叔兄弟改定之例，以推恩逮下，皆应就一人嫡派而论，从无展转旁推之理，故专言父祖而删去伯叔弟兄。此条原例定于顺治年间，尔时并无秋审名目，即后来修改之例，亦系随本声叙，与秋审有何干涉。乾隆四十三年添入"秋审时"三字，遂致诸多窒碍。《日知录》："死国事者之父，如《史记·平原君传》'李同战死，封其父为李侯'，《后汉书·独行传》'小吏所辅捍贼，代县令死，除父奉为郎中'，《蜀志·庞统传》'统为流矢所中，卒，拜其父议郎，迁建议大夫'是也。"

条例005.10：凡先系应议

凡先系应议，以后革职者之子孙犯罪，径自提问发落。

（此条顺治三年例，雍正三年定）

事例005.01：天命六年谕

凡遇应死应罚之罪，必追论其功。如系勤劳有功之人，则当死者赎，当罚者免，当笞者戒饬而释之，功罪令其相准。

事例005.02：顺治十二年覆准

旗下满洲、蒙古、汉军官员，除谋为反叛，杀亲祖父母、父母、伯、叔、兄，杀一家非死罪三人外，其余有犯死罪者，查伊祖父、父、伯、叔、兄弟及其子孙有阵亡之功者，准免死一次。伊出征负有重伤，军前效力有据者，亦免死一次。

事例005.03：顺治十四年谕

凡强盗犯罪重大，虽有祖父、父、伯、叔、兄弟阵亡之功者，难以免死。嗣后强盗重罪，不得援此议免。

事例005.04：顺治十八年谕

向来死罪重犯，因有论功免死之例，以致恶人希图幸免，临阵退缩，杀人劫财，恣肆愈多。以后死罪犯人，不得论功议免，著照其应得之罪议拟具题，请旨定夺。

事例005.05：康熙七年定

凡死罪重犯，论功议免，著照原定例行。

事例005.06：康熙十年题准

论功之例，不分旗下官员、军民人等，一体照定例行。

事例005.07：康熙十七年议准

凡打死人命罪犯，虽于出征时负有重伤，军前效力有据，仍照律拟定死罪。若有在出征之处犯此等罪者，令取供拘禁，俟同师旋之日，送部审结。

事例005.08：康熙二十一年谕

嗣后杀人重犯，如有亲祖父、父、伯、叔、兄弟阵亡者，止叙明情由，仍议死罪，不得论功议免。

事例005.09：康熙二十六年谕

嗣后强盗案内有护军、披甲、闲散人应正法者，著查其祖父、父辈阵亡，并自身效力之处，缮写奏折，附入本内具题。

事例005.10：康熙四十五年覆准

凡经恩赐祭葬之子孙，难荫出身之人，不可使宗祀断绝。如审拟大辟，家无次丁，应缓决，令其妻妾入禁相聚，生有子息，再行正法。

事例005.11：乾隆二十一年谕

本年秋审册内应拟情实之官犯纪朴，刑部以伊兄阵亡，例准免死一次，据情声请。免死之例，乃国家忧恤死绥之典，正寓激励戎行之意，若事关军旅，亦可援此滥邀，则阵亡之家，因有此例，将临阵脱逃者，竟置之宽典，不顾军务之贻误，有是理耶！且恃此而敢于犯法，将谋故杀人，皆可不问，揆之定例之意，果如是乎？今纪朴有心迟误军需，法无可贷，岂得与寻常监候之案，一例办理？该部援例声请之处非是。嗣后酌量情罪请旨，不得一概援例请宽。将此通行传谕知之。

事例005.12：乾隆二十九年谕

刑部所进情实官犯本内，将齐凌布出兵得功，及雯基曾祖阵亡之处，照例入于情实册内声叙，甚属非是。齐凌扎布之祖父，从前若有阵亡者，朕不得而知，今伊本身之事，则西陲用兵始末，朕日夜筹划，何事朕不熟悉，又岂待郎中按例问之该旗？该旗按例咨达部中，部中又代为按例声叙乎？况声叙止应阵亡之子孙，非指本身，即例亦不合也。且舒赫德独非在军前办事，归而又在军机处行走之人乎？其知齐凌扎布之事，应比该旗大臣为尤详，何特咨问？甚可笑也。若夫齐凌扎布之在和阗时，曾与噶布舒各守一城，乃遇逆回抢劫，不能力行拒守，遽弃城而出，视噶布舒之坚持不去者，岂可同日而语？使律以守土死绥之义，不特无功，且当有罪。特原其兵力本单，是以不复深加责备，均从在事优叙。此事在他人或未稔知，若舒赫德亦岂能以不知自解乎？即以犯人祖父阵亡例当声叙而言，其中情罪亦各自不同。如存德以斗杀之案，本无谋故别情，故历年秋审，谅其祖父阵亡之劳，未予勾决。至雯基以知府侵税数至万余，若竟以先世阵亡幸免，又何以处同案无可声叙之书敏乎？国家纵有原功免死之条，亦惟先论其犯案本非重大，特贷其子孙之一死则可。脱以其祖父一经阵亡，而凡属后裔均可世世屈法从事，是以褒忠之过，适为诱人犯法之阶矣。且该犯即与声叙之例允符，亦当由部臣咨查事迹，列入本后，候朕定夺。设因该犯子孙具呈恳求，即为具奏。其无别亲属申诉之犯，又将任其挂漏乎？于政体亦深为未协。再绿营将弁中，有曾经效命疆场，如豆斌、高天喜等，为国家宣劳，其功既有足嘉，朝廷初无歧视，子孙遇有罪犯，非常赦不原，亦当蒙矜恤。今此例但行于八旗，亦非一视同仁之意也。嗣后遇有此等罪犯，在八旗则由刑部先咨本旗及兵部确查事迹，在外绿营则由督抚于审拟定案之始，查明该犯祖父阵亡事实，列入秋审册内，以凭核定。著该部分析规条，一一定议具奏，并将此宣谕各旗及内外问刑衙门知之。

律 006：职官有犯〔例 16 条，事例 8 条〕

凡在京在外大小官员，有犯公私罪名，所司开具事由，实封奏闻请旨，不许擅自勾问。〔指所犯事重者言，若事轻传问，不在此限。〕若许准推问，依律议拟，奏闻区处，仍候覆准，方许判决。

若所属官被本管上司非礼陵虐，亦听开具〔陵虐〕实迹，实封径自奏陈。〔其被参后，将原参上司列款首告者，不准行，仍治罪。〕

（此仍明律，顺治三年及雍正三年删改，乾隆五年改定。）

〔附录〕顺律 005：职官有犯

〔若京官三品以上，则为应议之人，不在此例。〕

凡京官〔不拘大、小、已、未入流。〕及在外五品以上官有犯，〔公、私罪名，所司开具所犯，实封。〕奏闻请旨，不许擅〔自勾〕问；六品以下，听分巡御史、按察司〔正官。〕并分司，〔就便拘提。〕取问明白。议〔其原犯情由。〕拟〔定罪名〕闻奏区处。

若府、州、县官犯罪，〔虽系六品以上者。〕所辖上司〔提调官、风宪官，不在此例。〕不得擅自勾问，止许开具所犯事由，实封奏闻。若许准推问，依律议拟回奏，〔仍〕候委官审〔果是〕实，方许判决。其犯应该笞决，〔私罪。〕罚俸、收赎、纪录〔三项。〕者，不在奏请之限。

若所属〔府、州、县。〕官被本管上司非理凌虐，亦听开具〔凌虐〕实迹，〔不用经由合干上司。〕实封径直奏陈。

条例 006.01：文武职官有犯

文武职官有犯，众证明白，奏请提问者，文职行令住俸，武职候参提，明文到日住俸，俱不许管事。问结之日，犯该公罪准补支，其有因事罚俸。任内未满升迁者，仍于新任内住支扣补。

（此条原为明代问刑条例。雍正三年删。顺例 005.01：文武职官有犯，众证明白，奏请提问者，文职行令住俸，武职候参提，明文到日住俸，俱不许管事。问结之日，犯该公罪，准补支，私罪，不准补支。其有因事罚俸，任内未满升迁者，仍于新任内住支扣补。）

条例 006.02：文武职官有犯该充军

文武职官有犯该充军、为民、枷号、与军民罪同者，照例拟断，应奏请者，具奏发落。

（此条原为明代问刑条例，顺治例005.02。雍正三年奏准：官员犯该提问者，并无准补支俸之处，革职交刑部者，一应罪名，俱具题结案。因此与条例6.01一起删。）

条例006.03：云贵军职

云、贵军职及文职五品以上官，并各处大小土官，犯该笞、杖罪名，不必奏提，有俸者照罪罚俸，无俸者罚米，其徒、流以上情重者，仍旧奏提。

（此条原为明代问刑条例，顺治例005.04。雍正三年奏准：云贵文武官有犯，与各省官员一体参处，其土官照流官定例一体处分。因此将例文改定为条例6.04。）

条例006.04：各处大小土官有犯

各处大小土官有犯，俱照流官例一体处分，但土官例不食俸，如有应罚俸、降俸、降职等事，俱按品级照流官俸罚米，每俸银一两，罚米一石。其徒、流以上情重者，仍依律科断。

（雍正三年改定，乾隆五年奏准。例内一体处分等语，文类处分则例，"情重"二字，本无指实，易致高下其手，因将例文改定为条例6.05。）

条例006.05：各处大小土官

各处大小土官，有犯徒流以上，依律科断。其杖罪以下，交部议处。

（乾隆五年改定。）

薛允升按：《集解》："此因道远情轻，恐停囚待对，故不拘奏闻请旨不许擅问之律。然亦先行散提问实，方转详奏提军职，仍论功定议。"此专为土官分别奏提及罚米而设，改为交部议处，转不分明。

条例006.06：荫生及恩拔岁副贡监生

荫生及恩、拔、岁、副贡监生，有应题参处分者，听各衙门题参外，其例监生有事故应黜革，不必题参，咨报国子监，国子监察明黜革，知照礼部。

（此条康熙年间现行例，雍正三年定例。乾隆二十四年改定为条例6.07。）

条例006.07：文武生员犯该徒流

文武生员犯该徒、流以上等罪，地方官一面详请斥革，一面即以到官之日扣限审讯，不必俟学政批回，始行究拟，其情节本轻，罪止戒饬者，审明移会该学教官照例发落，详报学政查核，贡监生有犯同。

（此条乾隆二十四年，刑部议覆广西按察使申梦玺条奏定例。乾隆三十二年增改为条例6.08。）

条例006.08：荫生有犯应题参处分者

荫生有犯，应题参处分者，听各衙门题参。文武生员犯该徒、流以上等罪，地方官一面详请斥革，一面即以到官之日扣限审讯，不必俟学政批回，始行究拟。其情节本轻，罪止戒饬者，审明移会该学教官照例发落，详报学政查核。贡监生有犯同。

（此条乾隆三十二年奏准：贡监生有犯，因不必题参，惟荫生有犯，仍应题参。

因于此条例首，加"荫生有犯，应题参处分者，听各衙门题参"三句。）

薛允升按：旧例本系二条，荫生贡监为一条，文武生员为一条。删并为一，转有未尽明晰之处。查乾隆二十四年原奏，先叙轻罪，会同教官戒饬，作为除律后叙徒流以上云云。下接贡监生有犯，同谓均以斥革之日起限也，语意正自一线。改定之例，前后倒置，遂致贡监生有犯句不大明晰，似应将此句移于始行究拟之下。生员、监生应戒饬者，移会教官发落，贡生已不由教官管束，末句会同教官之处似应修改。康熙三十七年，又有各项监生有犯，分别曾否考职到监，咨请吏礼二部黜革之语。与赎刑门贡监生员有犯一条参看。文至生监以上，随结随题。见有司决囚等弟，亦应参看。赎刑内生员犯笞杖轻罪，与进士、举贡，均照例纳赎，并不责打。此条云情节本轻，罪止戒笞者，审明移会该学教官，照例发落。并无纳赎之说。究竟何项应准纳赎，何项会同戒笞之处，例未分晰指明办理，恐难画一。是否由外结者即会同戒笞，由内结者即照例纳赎。存以俟考。

条例 006.09：除入伍给札官员

除入伍给札官员有犯，照定例处分外，给札归农有职衔之人，若恣肆虐民，占人庐舍，夺人土田，扰害地方者，令该督抚掣回官札，照民例治罪。

（此条雍正三年定。乾隆五年改定为条例6.10。）

条例 006.10：给札归农之人

给札归农之人，若恣肆虐民，占人庐舍，夺人土田，扰害地方者，该督抚掣回官札，照民例治罪。其入伍给札者，有犯交部议处。

（此条乾隆五年改定。乾隆三十二年奏准：今无给札归农、给札入伍之例，因此删去此条）

条例 006.11：文职道府以上

文职道府以上，武职副将以上，有犯公私罪名，应审讯者，仍照例题参，奉到谕旨，再行提讯。其余文武各员，于题参之日，即将应质人犯，拘齐审究，如督抚同驻省分，一面具题，一面行知应承审衙门即行提讯。

（此条乾隆十八年定。）

薛允升按：此较律稍为变通者，总系速行审结之意，与彼处条例参看。

条例 006.12：凡参革发审之案

凡参革发审之案，查明被参之人，如系同知、游击以下等官，遴委知府审理。系道、府、副将等官，遴委道员审理。统令就近提齐款证，秉公确讯。其案内牵连被害之人无关轻重者，该道、府审明录供之后，即分别保释，止将重罪要犯带至省内，由司覆勘解院审拟完结。

（此条乾隆二十六年，刑部议覆江苏巡抚陈宏谋条奏定例。）

薛允升按：此条上段所云防稽延也，下段所云省拖累也。参审之案，督抚于具题后，即行提人犯要证赴省。其无关紧要之证佐及被害人等，止令州县录供、保候，有应行委员查办之处，亦即就近酌委。见鞫狱停囚待对，应参看。

条例 006.13：凡被参革职讯问之员

凡被参革职讯问之员，审系无辜，即以开复定拟，不得称已经革职无庸议题覆。覆其原参重罪审虚，尚有轻罪应以降级、罚俸归结者，开复原职，再按所犯分别降罚。

（此条为雍正八年谕旨，乾隆五年改纂为例。原载断狱门辨明冤枉律后，嘉庆八年改移此律。）

薛允升按：此例极为平允。前赎刑门官员有参赃赃革职一条，与此意相同，应参看。

条例 006.14：盛京居住满洲蒙古汉军文武官员

盛京居住满洲、蒙古、汉军文武官员，除因公诖误获罪者，仍准本地方居住外，若犯系侵盗亏欠钱粮及奸贪诓诈等事降革者，均连其家属拨发各省满洲驻防，交该管官严加管束。

（此条系雍正五年定例，原载犯罪免发遣门。乾隆五年删除。道光二十五年，奉上谕改定，附入此律。）

薛允升按：此例所云，自系不分罪名轻重，玩习例内"降革"二字，则已经降调革职即应拨发矣，似嫌太重。若侵亏后，例应完赃免罪，是否一并拨发之处，记核。现在如系徒犯，则发往军台效力。赎罪均不照此办理，杖罪以下更无论矣。

条例 006.15：凡皇陵祠祭署

凡皇陵祠祭署奉祀、祀丞、太常寺典簿、神乐观提点、协律郎、赞礼郎、司乐等官，并乐、舞生，及养牲官军有犯奸、盗、诈伪、失误供祀，并一应赃私罪名，官及乐、舞生各罢黜，仍照例发落，军发原伍。若讦告、词讼，及因人连累，并一应公错犯该笞、杖者，纳赎；徒罪以上不碍行止者，运炭等项，各还职著役。

（此条原为明代问刑条例，顺治例 005.03，雍正三年删除。）

条例 006.16：僧道官系京官

僧、道官系京官，具奏提问，在外依律径自提问。受财枉法满数，亦问充军。及僧、道有犯奸、盗、诈伪、逞私争讼，怙终故犯，并一应赃私罪名，有玷清规，妨碍行止者，俱发还俗。若犯公事失错，因人连累及过误致罪，于行止戒规无碍者，悉令运炭、纳米等项，各还职为僧、为道。

（此条原为明代问刑条例，顺治例 005.05，雍正三年删除。）

事例 006.01：顺治十年定

凡官员有犯贪恶重大事情，应发刑部审问者，在部守候，不必锁拿送问，审有实据，奏请处分。

事例 006.02：康熙九年题准

凡官员为事听理，不候问结，即回原籍者，罚俸六月，承审官将听审官员人犯，不候结案，听其回籍者，亦照此例议处。

事例 006.03：康熙十年定

文武官员犯罪，锁禁锁拿，永行禁止。

事例 006.04：雍正四年覆准

凡参劾人员，蒙恩宽宥，仍加录用者，若不实心报效，又被参劾，加倍治罪。

事例 006.05：雍正八年谕

凡官员等始初被参革职发审，及审系全虚，例应准其开复，该部往往但免其罪，而以已经革职毋庸议覆奏，此乃含糊归结，非情理之正。朕于江西高安县知县郑勋之案，曾降谕旨，再于湖广粮道张廷枢等案内律降谕旨矣。又有原参重罪审虚，而该员尚有轻罪，应以降级罚俸归结者，则应开复其官，按其所犯，与以降级罚俸之处分，方情法允协。

事例 006.06：乾隆四年议准

生员除遇有国忌，止应戒饬者，地方官应照例不得擅行杖责，必会同教官戒饬外，其有肆行不法等事，应令地方官一面查拿，一面申详该督抚、学政革推衣顶，候该督抚批示审理。如或地方官挟私妄报，经该督抚查出，将地方官照例分别参处。如果系生员等恃衿横行，即应严审，按律定拟，毋得将地方官一概参揭。

事例 006.07：乾隆十八年谕

各省承审参案，前已饬部严立限期，但督抚题参属员，即款迹昭著，不过摘印看守，必俟奉到部文，始行提讯。若云贵等远省，往返已逾数月，是于未起限之先，已稽延半载。且从来督抚参员，断无悬拟被屈，不令究审之理，是参则必革，昭雪须俟审明，自以速审速结为是，然大员或虑体制攸存。嗣后文职道府以上，武职副将以上，仍照旧例于题参得旨部文到日，再行提讯，部文亦著速行。其余文武官员，于具题日即将案内应质人犯，拘齐审究。如督抚同驻省分，一面具题，一面行知承审衙门照例提审，庶是非早辨，案牍易清。著为令。

事例 006.08：嘉庆十九年谕

御史孙世昌奏：问刑衙门议拟官员罪名，不得遽请枷示一折。国家制官刑以儆有位，官吏犯法，削除爵秩，其伏辜与齐民等。然刑律中亦有稍示区别，荷校之罚，本非一概而施。其有情罪较重者，皆由特旨加以示惩。至问刑衙门科断官员罪名，则当遵照定律问拟，不得于法外滥议加刑，奏上时权衡出自上裁。若高杞问拟吴邦墉一案，其罪名不在定律之内者，原非臣下所当援引也。

律 007：文武官犯公罪〔例 1 条〕

〔凡一应不系私己而因公事得罪者，曰公罪。〕

凡内外大小文武官犯公罪，该笞者，一十，罚俸一个月；二十、三十，各递加一月；〔二十罚二月，三十罚四月。〕四十、五十，各递加三月。〔四十罚六月，五十罚九月。〕该杖者，六十，罚俸一年；七十，降一级；八十，降二级；九十，降三级，俱留任；一百，降四级调用。〔如吏、兵二部《处分则例》应降级革职，戴罪留任者，仍照例留任。〕吏典犯者，笞杖决讫，仍留役。

（此条系顺治三年就明律改定，雍正三年修改。）

〔附录〕顺治律 007：文武官犯公罪

〔凡一应不系私己，而因公事得罪者，曰公罪。〕

凡内外大小军民衙门官吏，犯公罪该笞者，官〔纳银〕收赎，吏每季类决，不必附过。杖罪以上，〔官吏各照例随事论决，不在收赎类决之限。〕明立文案，每年一考，纪录〔所犯〕罪名，九年一次，通考所次数、重轻，〔申达吏部、兵部。〕以凭黜陟。

条例 007.01：休职病故旗员未完罚俸银两

休职病故旗员，未完罚俸银两，无俸可扣者，照外省官员之例，概予免追。如本身系世袭官职及休职有俸者，仍照数扣抵。

（此条雍正十二年定。原例"如本身"下系尚有"世袭官职"。乾隆五年，以本身休致而尚有世职之员，既经病故，不应再向袭职子孙追取。因于照数扣抵下添若本身病故，虽有世职，亦予免追。逞进黄册时，遵旨仍照旧例改正。）

薛允升按：此专指旗员而言，汉官并不在内，未知何故。《户部则例·禀禄门·免追官员罚俸》一条应参看。

律 008：文武官犯私罪〔例 4 条〕

〔凡不因公事，己所自犯，皆为私罪。〕

凡内外大小文官犯私罪，该笞者，一十，罚俸两个月；二十，罚俸三个月；三十、四十、五十，各递加三月。〔三十，罚六月；四十，罚九月；五十，罚一年。〕该杖者，六十，降一级；七十，降二级；八十，降三级；九十，降四级，俱调用；一百；革职离任。〔犯赃不在此限。〕吏典犯者，杖六十以上，罢役。

（此条系雍正三年就明律改定。）

〔附录〕顺治律008：文武官犯私罪

〔凡不因公事，己所自犯，皆为私罪。〕

凡文官犯私罪，笞四十以下，〔赎完〕附过还职；五十，〔赎完〕解见任，〔送吏部于原官流品〕别〔处〕叙〔用〕。杖六十，降一等；七十，降二等；八十，降三等；九十，降四等；俱解见任，〔送吏部。〕流官于〔闲散〕杂职内〔照降等〕叙用，杂职于边远叙用。杖一百者，罢职不叙。

若军官有犯私罪该笞者，附过收赎。〔还职管事。〕杖罪，〔九十以下。〕解见任，〔送兵部，依文职。〕降等叙用。该〔杖一百。〕罢职不叙者，降充总旗。该徒、流者，〔徒五等，皆发二千里；流三等，〕照依地里远近，〔或二千里，或二千五百里，或三千里。〕发各卫充军。若〔徒流之人于配所。〕建立事功，不次擢用。

若未入流品官及吏典有犯私罪，笞四十者，〔决讫〕附过各还职役；五十，〔官犹附过还职。吏〕罢见役别叙。杖〔六十以下。〕罪，〔官吏〕并罢职役不叙。〔流官，谓正务亲民之官，内而部院，外而两司、府、州、县之类。杂职，乃闲散不亲民之官，如大而太仆寺、盐运司、提举司，小而仓场、库务之类。本条杖一百罢职充军，及发边远充军者，如私卖官马、擅开调军马之类，则不得降充总旗，而直拟充军也。〕

条例 008.01：凡外任各官

凡外任各官，遇有钱粮、刑名事件，应行革职者，该督抚题参时，即行摘印，委员署理，俟奉旨之日，再行开缺。若有奉旨宽宥者，仍准复还原任。

（此条系康熙年间现行例。乾隆五年改定为条例 8.02。）

条例 008.02：凡外任各官遇有钱粮刑名事件

凡外任各官，遇有钱粮、刑名事件，应行革职者，该督抚题参时，即行摘印，委员署理，俟奉旨之日，再行开缺。若有奉旨宽宥者，仍准复还原任。

（乾隆五年奏：督抚题参各案，如律例应降调之员，俱不先摘印。其例应革职者，奉旨之日即行开缺。因此改定此条，在"题参"后去一"时"字。）

薛允升按：现在不但降调之员，先行委员署理，即不被参者亦调至省城，另委别员署理，又何论应行革职否也。官员犯杖罪以罚俸抵，与唐律听赎之法尚属相同。而公罪至杖一百，私罪杖六十以上，即分降调革职，已嫌太重。至犯徒则应实发，并无官当之文，犯流亦不减等。后又定有军台、新疆之例，而官员之罪反较重于平民矣。前明尚有运炭、运米等法，今则并此无之。古今之不同，此其一也。常赦所不原门官员遇赦一条，应参看。

条例 008.03：文职官吏

文职官吏、举人、监生、生员、冠带官、义官、知印、承差、阴阳生、医生，但有职役者，犯赃、犯奸并一应行止有亏，俱发为民。

（此条原为明代问刑条例，顺治例 008.01，雍正三年删除。）

条例 008.04：文武官吏人等犯罪

文武官吏人等犯罪，例该革去职役，遇革者，取问明白，罪虽宥免，仍革去职役，各查发当差。

（此条原为明代问刑条例，顺治例 008.02，雍正三年删除。）

律 009：犯罪免发遣〔例 15 条，事例 60 条，成案 2 案〕

凡旗人犯罪，笞、杖各照数鞭责。军、流、徒，免发遣，分别枷号。徒一年者，枷号二十日，每等递加五日。总徒、准徒，亦递加五日。流二千里者，枷号五十日，每等亦递加五日。充军附近者，枷号七十日；近边者，七十五日；边远、沿海、边外者，八十日；极边、烟瘴者，九十日。

〔原律目系军官军人犯罪免徒流。雍正三年，以现行例，旗下人犯徒流等罪准折枷号，与军官犯罪免徒流之意相符，因另立犯罪免发遣律。名列于军籍有犯之前，以旗下犯罪折枷号之例载入，作为正律。〕

薛允升按：现在充军地方，并无沿海、边外名目。徒罪以五日为一等，由徒入流，则以十日为一等，由流入军亦同。乃由近流入远流及附近近边，仍以五日为一等。边远烟瘴又以十日为一等，未免参差。尔时并无外遣名目，是以律无明文，然近来有犯则俱实发矣。此仿照明律军官军人定拟者，但军官军人，均分别地方远近，发别卫充军。盖以系军人仍发别处当军也。旗人则代以枷号，均系别于民人之意。再，《唐律》凡免徒流者，俱以杖代之，故有加杖之法。今徒流俱兼杖，改为折枷，是徒流免而杖罪亦免矣，与天文生及工乐户犯罪人又不相同，应参看。

条例 009.01：凡移来盛京新满洲等

凡移来盛京、新满洲等，若有犯法，著该将军照新满洲例办理。如过五年，仍照旧人治罪。

（此条系康熙年间现行例，雍正三年定例。乾隆五年改定。）

薛允升按：新满洲例，刑律并无明文，且现在亦无此等人犯，无关引用，此条似不必纂入。旧例尚有盛京所招之民，犯徒流者，照旗下折枷之例，后经删除。此条似亦可删去。《户部则例》："新满洲、索伦乌拉、齐齐达呼尔人等移驻来京者，按伊等原处旗分，编入在京旗分，户口较少之公中佐领下管辖"云云，应参看。入户以籍为定各条，亦应参看。

条例 009.02：八旗若给赏治罪之事

八旗若给赏治罪之事，各该旗送至当月旗传知各旗，各部院衙门遇有旗人给赏治罪事件，亦行文当月旗传谕八旗，俱交与参、佐领将给赏治罪禁止之故，尽行晓谕兵丁。

（此条雍正五年专为晓谕各旗兵丁而设，乾隆五年删去。）

条例 009.03：盛京居住满州蒙古汉军文武官员

盛京居住满州、蒙古、汉军文武官员，除因公讹误获罪，仍准本地居住外，其犯侵盗亏欠钱粮及奸贪讹诈之事革职者，酌其所犯事由，或令归旗来京，或发往各省满洲驻防之处安插。

（雍正五年定，乾隆五年删。）

条例 009.04：盛京旗人官员犯罪

盛京旗人官员犯罪，除发遣外，其革职枷责案件，完结之后，俱勒限送部，或留京当差，或发往满洲兵丁驻防处当差，刑部奏请旨定夺。

（雍正五年定。乾隆五年，查业经革职及枷责之后，已属无罪之人，若仍送部分发当差，则与罪应发遣者无别，因此奏准，与条例 9.03 一起删去。）

条例 009.05：各旗开档家奴犯罪

各旗开档家奴犯罪，如有父母老疾，例应留养者，一体准其留养。

条例 009.06：八旗远年丁册有名

八旗远年丁册有名，即系盛京带来奴仆，直省本无籍贯，其带地投充者，亦历年久远，虽有籍贯，难以稽查，两项应仍遵定例，止准开入旗档，不得放出为民。

条例 009.07：八旗奴仆

八旗奴仆，放出为民，未经入籍，及入籍在乾隆元年以后之户，应令归旗，作为原主名下开户壮丁。至于设法赎身之户，例应作为开户壮丁者，其经议结之案，毋庸置议外，其未结之案，或系自备身价赎身，或亲戚代为赎身者，均归原主佐领下开户。若实在用价契买，随又交价赎出者，均应在买主名下作为开户，如经开户壮丁给价买出者，伊等原非另户正身，其名下不便复有开户之人，应仍归原主佐领下作为开户。

（条例 9.05、9.06、9.07，是乾隆二十一年以前，八旗开户未经放出为民之旧例。乾隆三十二年奏准删除。）

条例 009.08：问拟旗人罪名

问拟旗人罪名，务详核案情，如实系寡廉鲜耻，有玷旗籍者，无论满洲、蒙古、汉军，均削去本身户籍，依律发遣，仍逐案声明请旨。其余寻常犯罪，及因公事获谴者，仍照例折枷鞭责完结。

（此条乾隆二十七年及乾隆三十一年两次奉谕旨，乾隆三十二年纂为例，并增入

"蒙古"二字。乾隆五十三年，修并入条例 9.11。）

条例 009.09：内务府所属庄头鹰户海户人等

内务府所属庄头、鹰户、海户人等，如犯军遣、流、徒等罪，俱照民人一例定拟，不得与在城居住当差之旗人一体折枷完结。

（此条乾隆三十五年，内务府审奏谢天福等与民人高士杰等折卖木植分肥一案，乾隆三十七年奉谕旨纂为定例。乾隆五十三年，修并入条例 9.11。）

条例 009.10：凡在京满洲蒙古汉军

凡在京满洲、蒙古、汉军，及外省驻防食粮当差者，如犯军遣、流、徒等罪，仍照例折枷发落，其余居住庄屯旗人，及各处庄头驻防之无差使者，军遣、流、徒，俱照民人一例办理。

（此条乾隆三十九年奉上谕，乾隆四十二年纂为例。后于乾隆五十二年奏准：盛京、吉林等处旗人，散于四乡，差使限于定额，不能人人挑补，其屯居无差使者，并非游惰偷安，偶尔有犯，即与寡廉鲜耻者一例实发，似无区别，酌请将东三省旗人，除实系寡廉鲜耻，有玷旗籍者始行实发外，其屯居无差使者有犯，仍折枷鞭责。又查各省驻防旗人，差使亦有定额，与东三省屯居无差使者，事理相同，未便因其未经食粮当差，即与民人一例实发。因此在乾隆五十三年时，将条例 9.08、9.09、9.10 等三条合并为条例 9.11。）

条例 009.11：在京满洲蒙古汉军及外省驻防

在京满洲、蒙古、汉军，及外省驻防，并盛京、吉林等处屯居之无差使旗人，〔按：此皆所谓正身旗人也。〕如实系寡廉鲜耻，有玷旗籍者，均削去本身户籍，依律发遣，仍逐案声明请旨。如寻常犯该军、遣、流、徒、笞、杖等罪，仍照例折枷、鞭责发落。至内务府所属庄头、鹰户、海户人等，〔按：此旗人而非正身者也。〕及附京住居庄屯旗人，王公各处庄头，有犯军、遣、流、徒等罪，俱照民人一例定拟。

（此条系乾隆五十三年将条例 9.08、9.09、9.10 等三条合并。）

薛允升按：内务府庄头、海户、鹰户、庄屯、王公庄头，均系下等旗人。故有犯与民一例定拟。至奴仆系旗下契买家奴，军流遇赦，徒罪释回，均仍给伊主领回管束，故有实发、不实发之分，且毋庸销档，以杜取巧赎身之弊，故不同也。正身旗人并不准居住庄屯，其在庄屯居住者，皆非正身旗人也。方天秃，本系内务府汉军旗人，在屯开铺生理。是以与海户、庄头等均照民人一体定拟。若正身旗人，似又当别论。如因在庄屯居住，即与庄头等同科，似非例意。缘庄屯旗人，本与庄头等无别，故犯罪亦与庄头等同科。若居住附京之满洲正身旗人，户律人户以籍为定条明言，有犯仍照旗人犯罪本律例办理，已有区别，参看自明。

条例 009.12：凡旗人殴死有服卑幼罪应杖流折枷者

凡旗人殴死有服卑幼罪应杖流折枷者，〔按：殴死大功弟妹，小功堂侄，缌麻侄孙，律应拟流者也。殴杀胞弟，律应拟徒，例改流罪者也。〕除依律定拟外，仍酌量情罪请旨定夺，不得概入汇题。其有情节惨忍者，发往拉林、阿尔楚喀，不准枷责完结。旗员中如有诬告、讹诈，行同无赖，不顾行止者，〔按：此专指事而言。〕亦如之。

（此条系乾隆十九年并乾隆二十一年，奉谕旨二道纂为例。乾隆三十二年，将发往"发往拉林、阿尔楚喀"句，改为"发往黑龙江三姓等处"。）

薛允升按：专言罪应杖流。则殴死罪应拟徒者，似不在内。此于例应折枷之中摘出数条，实发者并不销除旗籍。下条有犯诬告、讹诈等类，即销除旗档，与此不符。应将例末数语删去，以免牵混。盖殴死有服卑幼，虽实发仍不销档也。且彼条系统言旗人，此则专言旗员，亦有不同。

条例 009.13：凡八旗满州蒙古汉军奴仆犯军流等罪（1）

凡八旗满州、蒙古、汉军奴仆犯军流等罪，除已经入籍为民者，照民人办理外，其盛京带来并带地投充远年擒获，及白契、印契所买，若经赎身归入佐领下开户者，均照旗人正身例，一体折枷鞭责。其设法赎身，并未报明旗部之人，无论伊主曾否收得身价，仍作为原主户下家奴，有犯军、流等罪，仍照例问发。

（此条乾隆十三年定。嘉庆六年改定入条例9.14。）

条例 009.14：凡八旗满州蒙古汉军奴仆犯军流等罪（2）

凡八旗满州、蒙古、汉军奴仆犯军流等罪，除已经入籍为民者，照民人办理外，其现在旗下家奴犯军流等罪，俱依例酌发驻防为奴，不准折枷。犯该徒罪者，汉军奴仆，照民人例问拟实徒，徒满之后，仍押解回旗，交与伊主服役管束。其满洲、蒙古奴仆，照旗下正身例，折枷鞭责发落。至设法赎身，并未报明旗部之人，无论伊主曾否收得身价，仍作为原主户下家奴，有犯军、流等罪，仍照例问发。

（嘉庆六年，查旧例，旗下家奴犯徒罪者，照正身例枷责发落。乾隆二十八年定，满州、蒙古家奴，仍照旧例。汉军家奴，犯徒罪者，问拟实徒。前例均未及。又，八旗开户，已于乾隆二十一年奉旨放出为民，因此奏准改定此条。此旗下家奴犯罪，分别折枷之例。原例本系三条。一系乾隆十三年，刑部议覆直隶总督那苏图条奏定例。一系乾隆十六年补纂之例，乾隆三十一年，将二条修并为一条。一系乾隆二十八年，刑部奏准定例。嘉庆六年改定。）

薛允升按：原例，已入籍为民者，照民人办理赎身。为旗人者，照旗下正身例，折枷鞭责，其设法赎身并未报明旗部之人，仍照旗下家奴定拟。谓，犯军流罪酌发驻防为奴，犯该徒罪仍折枷鞭责发落也。乾隆二十一年奉旨将开户之人一体放入民籍，改定之例因将已经赎身一层一并删去，遂致下文设法赎身一层并无照应。至汉军奴仆犯军流罪与满洲奴仆俱发驻防为奴，而犯徒罪则有折枷实徒之分，尤属参差。似应于例首除律内入籍上，添入"赎身及放出"等字样。查汉军家奴犯该徒罪不准折枷，系乾隆二十八年定例。原因二十七年上谕汉军正身旗人，有犯军流徒不准折枷之语，是以奏明奴仆有犯，亦不准折枷。迨后遵奉三十一年上谕纂定条例。满洲与汉军正身，仍系分别情节定拟实发折枷，并无汉军不准折枷之文。奴仆有犯，似亦未便强为区别。旗下家奴犯徒罪，并非不论情节轻重，一概折枷。道光五年续纂之例，在旗人应销档实发者，旗下家奴亦应问拟实徒，在旗人应准折枷者，家奴自应一体折枷。两例互相发明，并无歧误，何独于汉军家奴而歧视之耶。奉天等处满洲有犯发遣者，发驻防当差，奴仆发驻防兵丁为奴，见徒流迁徙地方。此云依例，即彼条例文也。惟彼条专言奉天等三省，而未及京旗及各省地方，且彼门又有各旗将家奴吃酒行凶，送部发遣各条，及八旗另户正身等发遣黑龙江、吉林及乌鲁木齐者，俱当差，系家奴、发遣为奴，均不发往驻防。应参看。

条例 009.15：凡旗人窝窃窝娼窝赌

凡旗人窝窃、窝娼、窝赌，及诬告、讹诈，行同无赖，不顾行止，并棍徒扰害，教诱宗室为非，造卖赌具，代贼销赃，行使假银，捏造假契，描画钱票，一切诓骗诈欺取财以窃盗论，准窃盗论，及犯诱拐强奸，亲属相奸者，均销除本身旗档，各照民人一例办理。犯该徒、流、军、遣者，分别发配，不准折枷。至八旗满洲、蒙古奴仆有犯，罪应军流者，依例发驻防为奴。徒罪以下，照民人问拟，徒满释回，仍交与伊主服役管束，毋庸销除册档。

（此条道光五年，管理镶黄旗满洲都统英和等条奏定例。）

薛允升按：寻常徒罪，满洲、蒙古奴仆俱准折枷，此照民人问拟，自指犯窝窃以下各项言之也。与上条家奴有犯参看自明。依例句，与上第二条同。谓旗下家奴，均应照徒流迁徙地方律问发驻防为奴之例也。惟东三省人有犯，自应发往各省驻防，而各省驻防及京旗有犯，亦应发往吉林等处。此例无论何处犯案，均发驻防矣。旗人犯徒流等罪，本系折枷发落，并不实发。乾隆十九年，始有殴死卑幼情节残忍者发拉林之例。二十七年又有寡廉鲜耻实发之例。三十五、三十九等年，又有分别庄头、屯居发遣之例。然犹与民人有异也。此例行而直以民人待之矣。此门系旗人犯罪。正律："凡旗人有犯，若者应折枷，若者应实发"，均应载入此门方合。乃旗人犯罪，分见各门者，仍不一而足。似应查明，统移入此门。

事例 009.01：国初定

旗下人有犯，俱用鞭责。

事例 009.02：顺治元年定

悉遵旧例，不许用杖。

事例 009.03：顺治八年谕

自佐领以下至亲王、郡王、贝勒、贝子、公、侯、伯、诸臣等，若有投充之人生事害民者，本主及该佐领果系知情，问连坐之罪，除本犯正法外，妻孥家产尽行入官。若本主不知情，投充之人罪不至死者，本犯及妻孥不必断出。至各该地方官，遇投充之人犯罪，与属民一体究治。

事例009.04：顺治十二年覆准

凡畿辅缉获强盗，系旗下人，解部审理。

事例009.05：顺治十三年题准

凡旗下人犯军罪者，枷号三月；流罪，枷号两月；徒罪，枷号一月；仍责以应得鞭数。

事例009.06：顺治十五年题准

凡旗下投充人等，有犯强盗者，令抚按亲审具题解部，即缮绿头牌请旨正法。其余犯罪，仍令解部审理。

事例009.07：顺治十五年定

镶黄等三旗有籍没家产者，交与内该管衙门。

事例009.08：顺治十八年覆准

除五旗重犯籍没家产，俱交各该都统、副都统拨给本旗外，其三旗重犯籍没家产，免交内该管衙门，交与该都统、副都统等请旨拨给。

事例009.09：顺治十八年议定

旗下人犯徒一年者，枷号二十日；徒一年半者，枷号二十五日；徒二年者，枷号一月；徒二年半者，枷号三十五日；徒三年者，枷号四十日。若犯流二千里者，枷号五十日；二千五百里者，枷号五十五日；三千里者，枷号两月。军罪仍枷号三月。杂犯死罪准徒五年者，枷号三月十五日。

事例009.10：康熙七年覆准

凡犯军机籍没家产者，除婢妾外，仍给予人口三双，牛马各三匹并器械等件。

事例009.11：康熙八年题准

凡有投充及卖身之人，代亲属控告者，概不准理。其卖身旗下之后，将以前为民之事控告者，亦不准理。

事例009.12：康熙十二年题准

凡德州、昌平等城，盛京、宁古塔、山海关等处驻防官兵、闲散人，及内府各王、贝勒、贝子、公等下人，并八旗屯领催所管之人，有生事扰害者，将该管各员役，俱照旗下人为盗处分之例治罪。

事例009.13：康熙十六年议准

凡旗下人犯入官之罪者，俱入各旗辛者库。其辛者库人犯入官之罪者，枷责完结。

事例009.14：康熙十六年题准

凡旗下人在出征之处杀人，奉旨免死者，鞭一百，照例追埋葬银二十两，给付死者之家，其枷号两月存案，令军前效力赎罪。〔详见五刑赎罪图。〕

事例009.15：康熙十七年议准

在外汉军文武官员，有降调、革职、缘事解任、裁缺、候补者，任内事务交明，即带家口回旗。如有恋旧任，或在别处居住者，查系革职之员，从重治罪。有官者，革职治罪。本旗佐领、骁骑校不行查报者，降一级；二人者，降二级；俱留任。三人以上者，革职。领催从重治罪。参领不行查报者。一、二人者，罚俸一年；三、四人者，降一级；五、六人者，降二级；十人以上者，降三级；俱留任。都统、副都统不行查报，一、二人者，罚俸三月；三、四人者，罚俸六月；五、六人者，罚俸九月；七、八人以上者，罚俸一年；十五人以上者，降一级留任。

事例009.16：康熙十八年议准

内府人及诸王、贝勒、贝子、大臣家人，在外指称网利，干预词讼，肆行非法，有司不敢犯其锋，反行财贿，此等事犯，将行贿之官革职。其主知情使去者，系官亦革职。王以下，宗室以上，知情使去者，交宗人府从重议处。使去之人，枷号三月，鞭一百。若伊主不知，私自去者，照光棍例处决。

事例009.17：康熙十九年议准

旗下人私住平民地方藉端挟诈，嘱托行私，犯扰民等弊者，系平人，枷号三月，鞭一百；系官，革职，鞭一百，不准折赎。失察之佐领，罚俸三月；骁骑校，罚俸六月；领催，鞭八十。若将家仆明知差去者，系平人，鞭一百；系官，革职；失察之佐领，罚俸一月；骁骑校，罚俸三月；领催，鞭五十。若将家仆明知差去者，系平人，鞭八十；系官，罚俸一年；差去之家仆亦鞭八十。至庄屯居住之人，有私自出境犯此等事者，佐领、骁骑校、领催，及本主俱免罪，将屯领催照例催例治罪。

事例009.18：康熙二十年定

凡三旗之内佐领及八旗内，有刁恶棍徒，非法横行，诈害良民者，该旗都统、副都统、参领、佐领等严查送部，即行奏闻，发往宁古塔、乌拉地方。

事例009.19：康熙二十一年议准

凡直省驻防旗人，有犯串结土棍，放债盘利，开赌囮骗，准折子女，强买市肆，擅砍树木，闹事辱官等罪，照情罪轻重，依律定罪。其犯至枷号三月、鞭一百之罪者，将该管骁骑校、防御、佐领，各降二级调用；驻防协领、管旗参领，各降一级留任；将军、副都统，各罚俸一年。驻防协领、管期参领以下，骁骑校以上官员，本身自犯此等罪者，俱革职；该管将军、副都统，各降一级留任。此等事情，令该督抚查参，督抚不行查参者，各降一级留任。

事例009.20：康熙二十二年议准

旗下家人、庄头等倚势害民，霸占子女，无故将良民捆打致死，把持衙门，事发者，系内府人，将该管官降一级留任；系王及贝勒、贝子、公等家下人，将管理家务官各降一级留任；系民公、侯、伯、大臣、官员等家下人，将本主各降一级留任；

系平人，鞭一百。

事例 009.21：康熙二十二年又议准

卖身旗下之人，原有房田，守分度日，于地方人民无扰者，许令居住原处。其原无房田者，俱令伊主收回。若凶恶之徒，虽有房田，倚仗卖身旗下，恣意横行，或把持衙门，奸淫赌博，捏盗勾逃，讦讼作证，诈害百姓者，地方官申解该督抚，即拿送到部，照律例拟罪，不许仍在原处居住。若容留犯罪之人仍居原处者，其主系官，降一级留任；系平人，鞭一百；家仆，枷号一月、鞭一百。两邻地方知情不首者，各责三十板。州县卫所官不行查逐，罚俸一年；该道并兼辖武官，罚俸六月；巡抚提镇，罚俸三月；同城知府，照州县例；不同城知府，照道员例处分。

事例 009.22：康熙二十二年定

凡卖身之人，曾经犯罪处分，或现有犯法事情，卖身旗下，希图幸免者，从重治罪。买主知情，一并从重治罪。

事例 009.23：康熙二十二年题准

旗下应正法人犯，已解到部者，停其绿头牌请旨，即行正法。

事例 009.24：康熙二十四年题准

旗下人犯强盗之罪，停其解部，即在彼处正法。

事例 009.25：康熙二十六年题准

旗人于某省犯罪定拟重辟者，不必解部，俱著于彼处正法。

事例 009.26：康熙二十九年议准

枷号旗下人犯，停其置放本旗门上，将各旗互相转放，令城门尉、城门校、千总、领催、披甲人等，详加封收受。或枷具宽松。封皮折皱，可脱出者，实时禀明，换枷封固。发门之后，该部仍派满汉官员调旗巡查。如将犯人枷号松脱散放者，将该城门尉、城门校、千总、领催、披甲人等，并犯人，听该部照所犯之事，从重治罪。若巡查官员明知不行禀首者，亦并交与该部议处。

事例 009.27：康熙二十九年谕

外藩蒙古，因盗抢牛马牲畜杀死人命，照强盗例枭示。

事例 009.28：康熙四十年谕

护军兵卒人等，以小刀刺人者甚多。嗣后傥有此事，革去护军兵卒，永不许食钱粮。

事例 009.29：康熙四十一年谕

口外地方，有杀人偷马事发，由各该处奏闻，在外审理，即于彼处正法。

事例 009.30：康熙四十六年谕

嗣后旗人在伊犯事之省应行正法人内，有满洲及另户之人，仍令解部。

事例 009.31：康熙四十七年谕

嗣后护军骁骑，有酒醉持刀自刺逃亡者，系护军，则交该管统领；系小校骁骑，则交该都统、副都统，会同刑部。若饮酒则与何人饮酒，逃窜则因何故逃窜，花费则向何处花费，严行夹讯，根究原由，惩创其罪。

事例 009.32：康熙四十七年覆准

嗣后行凶发遣之人，从发遣处逃回，未犯罪者，仍照原定例完结；犯罪者，不论罪之轻重，将伊原罪查出，递发该将军，在众人前即行正法。

事例 009.33：康熙四十七年又覆准

凡旗下另户满洲，该旗具题，照例立决。

事例 009.34：康熙五十一年谕

嗣后旗下有杀人之案，将管属官员一并议处。

事例 009.35：康熙五十一年议准

满洲与另户人互相殴死，将护军统领罚俸三月，参领罚俸六月，佐领、护军校、骁骑校各罚俸一年，小领催、族长各鞭八十。

事例 009.36：康熙五十五年题准

旗人送家人吃酒行凶发遣者，具呈该都统，查明实系主仆，送部发遣。

事例 009.37：雍正元年议准

凡旗人送家奴吃酒行凶发遣者，令该都统确查，用印文送部。如将应行发遣之人，该旗故为留难，不行送部者，许伊主赴部具呈，审明发遣，将留难官员，交与该部查议。

事例 009.38：雍正元年又议准

各旗送部发遣家奴，须审明果有吃酒行凶实据，方照例发遣。若伊主行止不端，欲行占夺家奴妻女，捏词送部者，不准发遣，交与该佐领，将伊妻室子女转卖身价给主。傥被放之后，捏告原主，希图报复者，仍照诬告家长律治罪。

事例 009.39：雍正二年议准

各处治罪抄家入辛者库人口内，有满、汉、蒙古、高丽官员匠役人等，留分管佐领下，不应留在分管佐领下之汉人家奴，拨给官庄。

事例 009.40：雍正二年谕

嗣后满洲有罪至割懒筋者，仍另行具奏。

事例 009.41：雍正三年议准

嗣后旗人殴雇工人因而致死者，枷号六十日，鞭一百。

事例 009.42：雍正四年议准

嗣后满洲杀死满洲，按其所犯谋故斗殴情罪，分别定拟。应拟斩监候者，定为立斩；拟绞监候者，定为立绞，仍交与本旗正法。

事例 009.43：雍正四年又议准

嗣后旗人所犯徒罪，仍照旧例准折，枷号鞭责完结。有犯军罪者，若系满洲、蒙古，暂停议遣，仍照例治罪。若系汉军暨辛者库内府佐领，旗鼓佐领官员，及闲散人等，按所犯流罪远近，照律定发各省州县地方安置，应发边远及烟瘴充军者，俱酌发云南、贵州、广西地方。各该地方官将所发人犯记明档案，仍于发遣到日，报明该督抚，咨部存查。凡发遣之犯，其妻室幼子无可依存，欲随往者，照例听其随往。若犯人身故，伊妻子愿携骸骨回旗者，具呈该管官，查明家口数目报部，押令归旗。如军流发遣人犯内，有祖父母、父母年老残疾，家无以次成丁者，照例具题，准其存留养亲，仍照例枷号鞭责。若旗人家奴犯军流罪者，发于遣所，令该督抚酌发有驻汛弁兵之处，给予兵丁为奴，俱止将其本身发遣。若发遣处将犯人疏脱者，该管官照军流人犯脱逃例议处。有受贿纵放者，照主守故纵受财律治罪。此军流人犯内，有汉仗弓马好，或伊祖父阵亡有战功，伊本身有战功，该旗大臣查明咨部，陈奏请旨，准免发遣，则按其应流二千里折枷号五十日者，增枷六十五日；应流二千五百里折枷号五十五日者，增枷七十日；应流三千里折枷号六十日者，增枷七十五日；军罪应折枷号三月者，增枷一百一十日。

事例 009.44：雍正五年谕

家主打死奴仆，有出于故杀者，有因奴仆获罪而殴打致死者，其父母妻子，自应分别安顿，岂得一例变价？嗣后故杀奴仆者，其被杀奴仆之亲属，愿投何人，应听其自便，著定例具奏。钦此。遵旨议准：嗣后八旗、官员、平人，将奴仆非故杀责打身死者，家主仍照例治罪，被杀奴仆之父母妻子，情愿仍在伊主家者，听其存留。若不情愿者，仍交与该官处变价给主。如有故意殴杀奴仆者，家主仍照例治罪，其被杀奴仆之亲属，悉行开放。系旗人，听其在旗投主；系民人，放出为民，各听其便，不得仍令伊主追取身价。

事例 009.45：雍正五年又谕

家人被家主打死，其家人之父母妻子，理应放出，听其投身他姓，不当交旗变价，给还原主。将此永著为例，一体遵行。

事例 009.46：雍正五年议准

满洲兵丁，因不服教训杀死该管官者，将动手之人，拟斩立决，将伊妻子发黑龙江。其平素不行管束之佐领、骁骑校等，罚俸二年；管参领，罚俸一年；该管大臣，罚俸半年；领催、族长等，鞭一百。若族长内系职官者，亦罚俸二年。

事例 009.47：雍正五年再谕

向来另户之人犯罪发遣，俱不为奴，但另户亦有不同，其中有行同奴仆，卑污下贱者，亦有原系家下奴仆，开户而为另户者，若发遣远方，不令人管束，又致生事，如实在满洲另户，断无犯此等罪之人。嗣后除满洲正身之另户外，如此等有犯罪发遣者，该部酌量，应给披甲人为奴为当。著定议具奏。钦此。遵旨议准：嗣后有犯发遣之罪者，刑部即行文该旗，查明该犯，若系实在满洲正身另户之人，仍照旧例遵行外，其平日有卑污下贱，行同奴仆者，或原系奴仆开户为另户者，该旗据实分析，出具印文，保送到部，刑部分别定拟，给予披甲之人为奴。至稽查另户之人，行文该旗，如有越三日不查明送部，即将该管官照例参处。

事例 009.48：乾隆元年谕

八旗大臣，有教育旗人之责，本应将该管官兵不时教训，令各循分守法，不得滋事。近闻八旗人等，每遇年节，有在街市纵酒妄为者，此皆由八旗大臣等，平时并不留心教管，遇此不肖之徒，又不拿获惩治，肆意妄为，成何体统。著交八旗大臣，将如何严查管束之处，详议具奏。钦此。遵旨议准：嗣后旗人有纵酒骚扰街市者，令堆拨官弁就近拿送。官则查参，交部治罪；兵丁则就其情由轻重，分别惩治。

事例 009.49：乾隆元年又谕

刑部将宁古塔、黑龙江等处发遣当差人犯，可否援奉恩诏，分别情罪轻重，令其回京之处请旨。朕思此等人犯，皆系从前获罪发遣日久，在京未必仍有产业，若令回京，恐伊等别无生计，反滋事端。尔部详查各犯情罪，如所犯尚轻，可以回京者，仍行各将军询明该犯有情愿回京者，令其回京；其不愿者，该将军另行报部。

事例 009.50：乾隆二年谕

满洲杀死满洲，即行正法，当日设法稍严，使人不敢轻犯，原属保全之意。今满洲生齿日繁，且知遵守法度，相残之事甚少，旧定旗民条例，未免轻重悬殊，所当随时更定，酌议画一。著九卿会同八旗都统详确定议具奏。钦此。遵旨议准：嗣后旗人遇有命案，仍依律分别斗殴谋杀，定拟绞斩监候。其有服制者，照服制科断，永著为例。

事例 009.51：乾隆三年奏准

旗人犯死罪，非常赦所不原，而家无以次成丁者，亦照民人之例，准其留养。

事例 009.52：乾隆十四年谕

八旗满洲互相杀伤案件，向例俱从斩决，至雍正年间，仍按律以谋杀斗殴分别绞斩，亦即行正法。自朕御极之后，以旗民条例轻重悬殊，特谕九卿、八旗会同定议，一切命案俱著监候，至秋审时，苟非谋故重情，概为缓决。但思立法之道，与其狎而易犯，不若使知所畏而不敢蹈。向来立法从严，具有深意，惟是旗民事例既经画一，今又改从斩决旧制，朕心有所不忍。嗣后满洲与满洲殴杀案件，著秋审时俱入情实，庶旗人咸知儆惕，不犯有司。著八旗都统通传知悉，务使各该旗人等，惜身畏法，不罹罪谴，以副朕好生之意。

事例 009.53：乾隆十九年谕

旗人犯杖流等罪，例应枷责发落，在公署及过误，自可照例完结，至关人命，即当核其轻重。七克登布以酒醉细故，遂凶殴服孙九格致死，殊属惨忍，著发往拉林阿尔楚喀。嗣后似此案件，该部照律定拟外，仍酌量情罪，请旨定夺，不必概入汇题

事例009.54：乾隆二十七年谕

从前定例，旗人犯军流徒罪均准枷责发落者，原因国初满洲习俗淳朴，自宜格外培养。近来八旗生齿日繁，殊失国初浑厚之风，伊等每以铨补外任希图便安，几与汉人无别，独至获罪应遣，则过于区别，亦非大公之道。至于汉军原系汉人，凡得缺升转，均属一体并用，更毋庸另立科条。嗣后凡满洲有军流遣罪，如系寻常事故，仍照旧例枷责完结，倘有寡廉鲜耻之徒，自应削去户籍，依律发遣。其汉军人犯，无论军流徒罪，俱斥令为民，照所犯定例发遣，不必准折枷责。著为例。

事例009.55：乾隆二十八年议准

汉军正身犯徒流罪者，已改不准折枷，家奴折枷号之例，亦应改不准折枷，实徒满日，仍归旗管束。

事例009.56：乾隆三十一年谕

向来八旗遇有徒流罪名，均以枷责发落，嗣因旗人渐染恶习，竟有甘为败类者，曾降旨令旗人流徒案件，满洲则按其情罪公私轻重，分别问遣折帘，汉军则均令斥为民，照所犯定例发遣，原以示之惩儆，用挽颓风。此专指情罪重大者而言，非谓寻常事件，亦不加区别也。至包衣、汉军，则皆系内府世仆，向无出旗为民之例，与八旗汉军又自有别，尤不应混行援例。嗣后问拟旗人罪名，务详犯案情节，如实系寡廉鲜耻，有玷旗籍者，不但汉军当斥令为民，依律发遣，即满洲亦当削其名籍，投畀远方。其余寻常罪犯，及因公获谴者，无论满洲、汉军，仍照定例折枷鞭责完结。如此则旗人益当知所劝惩，而敕罚亦昭平允。

事例009.57：乾隆三十五年谕

鹰户人等，虽隶内府旗籍，而散处近京各州县，实与民人无异，若犯事到官，不当与在城居住当差之旗人一例问拟。嗣后内务府所属庄头、鹰户、海户人等，如犯军遣流徒等罪，俱照民人一例定拟。

事例009.58：乾隆三十九年谕

嗣后除京城之满洲、蒙古、汉军现食钱粮当差服役之人，及外省驻防之食钱粮当差者，如犯流徒等罪，仍照旧鞭责发落外，其余居住庄屯旗人，及各处庄头，并驻防之无差使者，其流徒罪名，俱照民人一例发遣。著为例。

事例009.59：乾隆四十八年奏准

向例旗人犯逃在一月外者，发遣黑龙江等处当差，如怙恶不悛，销去旗档，改发云、贵、两广边远地方。其犯抢窃应刺字者，新例销去旗档，以民人例办理，惟此等匪徒，往往因窃而逃，或逃后行窃，同时并发者，若以民人例计赃治罪，有止徒杖者，转得因销去旗籍，而免犯逃发遣之罪，似不足以示惩创。嗣后满洲、蒙古正身，

有二罪并发者，核其抢窃赃数在流徒以下，律应刺字者，无论逃在一月内外，俱照旗人逃走发遣当差在配怙恶不悛例，改发云、贵、两广边远地方，令地方官与民人一体严加约束。至汉军正身，但有发应刺字者，亦照新例销除旗档，其逃窃治罪之处，另有专条，仍照本律定拟。

事例 009.60：乾隆五十八年谕

蒋兆奎奏：查明秋审人犯拟议错误一折。初阅奏折，以为必系罪名出入，定拟错误，及阅其所奏，乃系布兰殴毙济成一案，因布兰与济成同系正蓝旗，误以被殴之蒙古济成亦属满洲，照例拟入情实，今查系错误，应改为缓决，请与按察使祖之望一并交部议处等语。所奏不特拘泥，竟成笑柄矣！向来定例，满洲杀死满洲，例文本未妥协，自应以旗人杀死旗人，载入条例，则蒙古、汉军，皆可包括，况此例不过严禁旗人相杀之意，虽入情实，数年以来，朕酌其情不至勾，改为监候者甚多。今该抚误会例意，以被殴之济成系属蒙古，误拟情实，请改为缓决。试思八旗俱有蒙古、汉军，岂蒙古、汉军独非旗人？而满洲杀死蒙古、汉军，竟可毋庸抵偿。如是异视，岂公道乎！

成案 009.01：陕西司〔嘉庆二十年〕

本部奏：平四负欠不还，致令伊姊与人争殴涉讼，该犯不行阻止，反为捏词诬告，挟制官长，教唆觉罗，刁抗狡赖。及奉旨缉获，犹敢潜匿不出，实属藐法。将平四比照旗员诬告讹诈、行同无赖、不顾行止者，发黑龙江三姓等处当差。

成案 009.02：山西司〔嘉庆二十一年〕

察哈尔奏：已革蒙古捕盗官忠禄，身为职官，犯奸宿娼，妄拿良民，挟嫌诬控，冀图讹诈。该都统将忠禄照棍徒扰害例拟遣，经本部以职官而引民人棍徒之条，殊未允当，将忠禄改依旗员如有诬告讹诈、行同无赖者，发黑龙江三姓等处当差。

律 010：军籍有犯〔例 15 条，事例 1 条〕

〔原律目系军官军人犯罪免徒流。〕

凡军籍人犯罪该徒流者，各依所犯杖数决讫。徒五等，依律发配，徒限满日，仍发回原卫所〔并所隶州县〕。流三等，照依地里远近，发直省卫所〔并所隶州县〕附籍。犯该充军者，依律发遣。

（此就明律改定。）

薛允升按：《辑注》："军官有世勋，军人有定额，若犯罪者，皆充徒流，则军伍渐空，且改军籍为民矣。故止定里数，调发充军。"此前明一代之定制，盖指世隶军籍之人而言，以示别于民人之意。今隶军籍之人与民无异，有犯亦一体同科，不过籍贯稍殊耳。此律无关引用，似可删除。

〔附录〕顺治律010：军官军人犯罪免徒流

凡军官、军人〔正军〕犯罪，律该徒、流者，各决杖一百。徒五等，皆发二千里内卫分充军；流三等，照依地里远近，发各卫充军。该发边远充军者，依律发遣，〔不在三千里之限〕并免刺字。〔犯盗不拘提，流、徒。〕

若军丁、军吏及校尉犯罪，俱准军人拟断，亦免徒、流、刺字。〔军丁，谓军官、军人余丁；军吏，谓入伍请粮军人，能识字选充军吏者，犯罪与军人同。若系各处吏员发充请俸司吏者，与府、州、县司吏一体科断。〕

条例010.01：军职有犯监守常人盗

军职有犯监守常人盗，受财枉法满数，律该斩、绞罪者，俱发边方立功，五年满日还职，仍于原卫所带俸差操。若监守常人盗受财枉法不满数，与吓诈、求索、科敛、诓骗等项计赃满数，问该流罪，减至杖一百徒三年者，俱运炭、纳米等项，完日还职，带俸差操。其减至杖九十徒二年半以下，与别项罪犯，俱照常发落，原系管事者照旧管事，原系带俸者照旧带俸。若犯前项流罪，遇例通减二等，至杖九十徒二年半者，仍带俸差操。

条例010.02：军职犯该窃盗掏摸

军职犯该窃盗掏摸，盗官畜产，白昼抢夺，并纵容妻妾子孙之妇妾与人通奸，或典与人，及奸内外有服亲属，同僚部军妻女，一应行止有亏，败伦伤化者，俱问革，随本卫所舍余食粮差操。

条例010.03：军职宿娼及和娶乐人为妻妾

军职宿娼及和娶乐人为妻妾，与盗娶有夫之妻者，俱问调别卫，带俸差操。

条例010.04：在京兵部选差官舍

在京兵部选差官舍，押解充军犯人，若受财卖放，犯该枉法绞罪者，官发立功，满日还职，调外卫带俸差操。徒罪以下，照徒年限立功，满日还职，带俸差操。舍人抵充军役，候拿获替放，中间又犯奸淫囚犯妇女者，官发守哨，满日革职，随本卫所舍余食粮差操，舍人枷号三月发遣。若酷害军犯，搜检财物，纵不脱放，各问罪，官调外卫，舍人发外卫充军，其该府原选差掌印首领官，参究治罪。

条例010.05：武职有犯容止僧尼在家与人奸宿者

武职有犯容止僧尼在家与人奸宿者，公、侯、伯问拟住俸闲住，都指挥、指挥、千百户、镇抚住俸闲住。若有犯挟妓饮酒者，公、侯、伯罚俸一年，不许侍卫，管军、管事以下，革去现任管事，带俸差操。原系带俸者，常参带俸。

条例010.06：凡由将军历升千百户

凡由将军历升千百户，犯该徒罪以上，行止有亏者，革去现任，冠带闲住。

条例 010.07：凡各卫所舍人舍余总小旗

凡各卫所舍人、舍余、总小旗，犯该笞、杖罪名，有力，运炭、纳米等项外，无力，的决。其操备舍余、勇士人等犯前罪者，有力，俱令纳赎，若无力，的决发落。

条例 010.08：銮仪卫总小旗并将军校尉

銮仪卫、总小旗并将军、校尉，犯该一应奸盗、抢夺、诓骗、恐吓、求索、枉法、不枉法等项罪名，但系行止有亏者，俱各调卫，总小旗仍充原役，将军、校尉各充军。其户内人丁有犯，不在此例。

条例 010.09：凡銮仪卫旗校军士

凡銮仪卫、旗校、军士，在逃一年之内者，听其首告，初犯复役，再犯调卫充军。其有侵欺拐骗，及为事避难等弊，各从重科断。若一年之内曾经造册清勾者，不准首补，另勾户丁补役。

条例 010.10：沿边沿海旗军舍余

沿边、沿海旗军、舍余，犯该监守常人盗、窃盗、掏摸、抢夺至徒罪以上者，俱送总兵官处，查拨缺人墩台守哨，年限满日疏放。若总兵官截杀等项不在，就行本处巡抚、巡按，或分巡官，一体查拨，仍行总兵官处知会。其别项徒罪以上者，有力，纳米等项；无力，巡哨。

条例 010.11：凡军职犯该立功

凡军职犯该立功，如有力者，许纳米，每年一十石，边方准折杂粮一十五石，完日，免立功，发回原卫所闲住，待年限满日，方许带俸。

条例 010.12：凡应解军丁

凡应解军丁，除实犯死罪外，若监守常人盗、窃盗、掏摸、抢夺至徒罪以上者，牢固钉解，该卫收伍，转发守哨，年限满日著役。其别项徒罪以上，俱止杖一百，解发著役。

条例 010.13：上班京操

上班京操，及运粮官员、旗、军人等，犯该人命、强盗等项重罪者，官拘系奏提，旗、军人等，就便提问外，其余一切小事，候下班回还，交粮毕日，官参奏，与旗、军人等，各提问。

条例 010.14：养象军奴

养象军奴犯该杂犯死罪，无力做工；徒、流罪决杖一百，俱住支月粮，各照年限，常川养象，满日仍旧食粮养象；笞、杖的决。

（以上十四条均为明代原例。雍正三年奏准，军卫世职久裁，旗员武职处分定例，与此绝不相符。因此将条例 010.01 至 010.14 条删去。）

条例 010.15：凡卫所屯丁居住州县地方者

凡卫所屯丁居住州县地方者，遇有命、盗等案，该州县一面移会卫所，一面严行查拿，限满无获，该督抚题参疏防承缉，将州县官与卫所官一并列参，照例议处。如卫所官弁，因州县既有责成，以致徇庇屯丁，故意推诿者，许承审官揭报该督抚题参，照例议处。

（此条为清初旧例。因为事系官员处分，应归吏部，所以在乾隆五年删去。）

事例 010.01：顺治十二年覆准

校尉犯事，不得径行拘提，应咨銮仪卫关取。

律 011：犯罪得累减

凡一人犯罪应减者，若为从减、〔谓共犯罪，以造意者为首，随从者减一等。〕自首减、〔谓犯法，知人欲告而自首者，听减二等。〕故失减、〔谓吏典故出人罪，放而还获，止减一等。首领官不知情，以失论，失出减五等，比吏典又减一等，还获又减一等，通减七等。〕公罪递减之类，〔谓同僚犯公罪，失于入者，吏典减三等，若未决放，又减一等，通减四等。首领官减五等，佐贰官减六等，长官减七等之类。〕并得累〔减而复〕减。〔如此之类，俱得累减科罪。〕

（此仍明律，其小注系顺治三年及雍正三年修改。）

〔附录〕顺治律 011：犯罪得累减

凡一人〔之身〕犯罪〔其于律得〕应减者，若为从减、〔谓其犯罪，以造意者为首，随从者减一等。〕自首减、〔谓犯法，知人欲告而自首者，听减二等。〕故失减、〔谓吏典故出人罪，放而还获，止减一等。首领官不知情，以失论，失出减五等，比吏典又减一等，通减七等。〕公罪递减之类，〔谓同僚犯公罪，失于入者，吏典减三等，若未决放，又减一等，通减四等。首领官减五等，佐贰官减六等，长官减七等之类。〕并得累〔减而复〕减。〔如此之类，俱得累减科罪。〕

律 012：以理去官〔例 1 条〕

〔以理，谓以正道理而去，非有别项事故者。〕

凡任满、得代、改除、致仕等官，与见任同。〔谓不因犯罪而解任者，若淘汰冗员、裁革衙门之类，虽为事解任、降等，不追诰命者，并与见任同。〕封赠官与〔其子孙〕正官同。其妇人犯夫及义绝〔不改嫁〕者，〔亲子有官，一体封赠，〕得与其子之官品同。〔谓妇人虽与夫家义绝，及夫在被出，其子有官者，得与子之官品同。为母子无绝道故也。此等之人〕犯罪者，并依职官犯罪律拟断。〔应请旨者请旨，应径问者径问，一如职官之法。〕

（此仍明律。雍正三年修改，乾隆五年删定。）

〔附录〕顺治律 012：以理去官

〔以理，谓以正道理而去，非有别项事故者。〕

凡任满、得代、改除、致仕等官，〔其品制服饰并〕与见任同。〔谓不因犯罪而解任者，若沙汰冗员、裁革衙门之类，虽为事解任、降等，不追诰命者，并与见任同。〕封赠官与〔其子孙〕正官同。其妇人犯夫〔不改嫁〕及义绝者，〔亲子有官，一体封赠。〕得与其子之官品同。〔谓妇人虽与夫家义绝，及夫在被出，其子有官者，得与子之官品同，为母子无绝道故也。此等之人〕犯罪者，并依职官犯罪律拟断。〔应请旨者请旨，应径问者径问，一如职官之法。惟致仕、封赠犯赃，并与无禄人同科。〕

条例 12.01：子孙缘事革职

子孙缘事革职，其父祖诰敕不追夺者，仍与正官同。若致仕及封赠官犯赃，与无禄人同科。

（此条系小注及律后总注，乾隆五年另纂为例。）

薛允升按：《辑注》云："致仕封赠皆不食禄，故同无禄人。若任满得代改除未补，虽未食禄，亦应照有禄人科罪。"上层专指封赠官言，下层兼及致仕者。律俱言与正官同者，例则兼及不同者。

律 013：无官犯罪〔例 2 条〕

凡无官犯罪，有官事发，〔所犯〕公罪笞、杖以上，俱依律纳赎。

卑官犯罪，迁官事发；在任犯罪，去任〔考满、丁忧、致仕之类〕事发，公罪笞、杖以下，依律降罚。杖一百以上，依律科断。本案黜革，笞、杖以上，折赎俱免。若事干埋没钱粮，遗失官物，虽系公罪，事须追究明白。〔应赔偿者赔偿，应还官者还官。〕但犯一应私罪，并论如律。其吏典有犯公私罪名，各依本律科断。

（此仍明律，雍正三年修改，乾隆五年删定。）

〔附录〕顺治律 013：无官犯罪

凡无官犯罪，有官事发，〔所犯〕公罪亦得〔笞〕收赎、〔杖以上〕纪录。

卑官犯罪，迁官事发；在任犯罪，去任事发，犯公罪笞以下勿论。杖以上〔将所犯应得罪名申吏部。〕纪录〔候九年〕通考。为事黜革，笞、杖以上皆勿论。若事干埋没钱粮，遗失官物，罪虽纪录，勿论，事须追究明白。〔不得以收赎、纪录勿论而并不追究也。但犯一应私罪，并论如律。〕〔迁官者，谓改除及差委权设邻近官司得代，去任者，谓考满、丁忧、致仕之类。〕其吏典有犯公私罪名，各依上科断。

条例 013.01：舍人舍余无官犯罪

舍人、舍余无官犯罪，有官事发，若该杂犯死罪、运炭、纳米等项，完日还职，仍发原卫所带俸差操。若犯该流罪减至杖一百徒三年者，俱令运炭、纳米等项，还职，原管事者照旧管事，原带俸者照旧带俸。其犯该窃盗、掏摸、盗官畜产、白昼抢夺，及一应奸罪，行止有亏，败伦伤化者，俱问革，随本卫所舍余食粮差操。

（此条系明代旧例。雍正三年奏准，今无舍人、舍余，亦无运炭、纳米、带俸、差操等例，因此将此条删去。）

条例 013.02：无官犯赃

无官犯赃，有官事发，照有官参提，以无禄人科断。有官时犯赃，黜革后事发，不必参提，以有禄人科断。

（此条系律后总注，乾隆五年另纂为例。）

薛允升按：此专指犯赃而言，与上条参看。

律 014：除名当差〔例 3 条，成案 2 案〕

凡职〔兼文武〕官犯〔私〕罪，罢职不叙，〔应〕追夺〔诰敕〕除名〔削去仕籍〕者，官〔阶、勋〕爵皆除。〔不该追夺诰敕者，不在此限。〕僧道犯罪，曾经决罚者，〔追收度牒，〕并令还俗，〔职官僧道之原籍。〕军民灶户，各从本色，发还原籍当差。

（此仍明律，雍正三年修改，乾隆五年改定。原律，灶户系匠灶。乾隆五年，以匠灶各从本色，乃前代律文。今无匠籍，将"匠"字删去，添入"户"字。）

薛允升按：此律末段，应与户役门各条参看。匠户即工匠也，名隶工部，故谓之匠户。今非特无匠户也。驿灶等户，亦虽有若无矣。即如乐户已经革除，而律内何以犹有工乐户名目。下条工匠乐户犯徒罪云云，及人户以籍为定，律注所云改军为民，改民为匠，究何指耶。独删去匠字，殊觉无谓。

〔附录〕顺治律 014：除名当差

凡职〔兼文武〕官犯〔私〕罪，罢职不叙，追夺〔诰敕，削去仕籍。〕除名者，官〔阶、勋〕爵皆除。僧道犯罪，曾经决罚者，〔追收度牒，〕并令还俗，〔职官、僧道之原籍。〕军、民、灶，各从本色，发还原籍当差。

条例 014.01：凡失陷城池

凡失陷城池，行间获罪，及贪赃革职各官，封赠俱行追夺。其别项革职者，免追。

（此条系康熙四十二年，吏、兵二部议准例，雍正三年定例。原文末句"其因公诖误革职者免追"，乾隆五年以"因公诖误"四字，义未该括，改为"别项"二字。）

薛允升按：康熙十八年，有分别追夺本身及祖父诰敕之例。《兵部定例》："凡文武官员贪赃，又军机获罪，失陷城池，诖误革职、逃走革职官员，祖父、父本身诰敕俱行追夺，销毁其祖父、父已得诰敕。诖误革职官员，止将本身诰敕追夺销毁。其祖父、父已得诰敕，仍停其追夺，未得停其给发。"

条例 014.02：僧人犯该斩绞发遣军流充徒枷号等罪

僧人犯该斩、绞、发遣、军、流、充、徒、枷号等罪，勒令永远还俗。其释放回籍者，不许复为僧人。

（此条雍正五年定。乾隆五年奏准，僧道勒令还俗，律文已备，因此删去。）

条例 014.03：凡知县以上

凡知县以上，及佐贰杂职等官，因贪赃枉法革职者，任内有降罚案件，照例仍追编俸外。如佐杂等官实系因公诖误，毋论任内降罚案件多寡，所有食过编俸，一概免其追赔。

（此条系乾隆三年，户部议覆广西布政使杨锡绂条奏，乾隆五年定例。）

薛允升按：知县以上，虽因公诖误，仍应追食过编俸矣。应与文武官犯公罪一条及《户部则例·廪禄门·免追官员罚俸》一条参看。户部既有专条，此例无关引用，似应删除。

成案 014.01：旗人无金妻〔康熙四十六年〕

刑部议：高天培出首伊主得赃，改供并非吴三桂属下人，将高天培枷责发往黑龙江给穷披甲人为奴。今李氏叩阍，愿随伊夫充发，求赦赃银，但高天培出首伊主色克图等，系吴三桂属下之人，后又得赃改供，此所得赃银不便免追，其妻李氏虽欲随伊夫充发，但旗人并无金妻之例，若将伊妻充发，赃银无从追取，应将李氏愿随伊夫充发之处，毋庸议。

成案 014.02：免死减等子孙并解〔康熙四十一年〕

刑部据浙抚赵申乔咨称：赵国斑系行劫余姚县陈绮家案内，康熙四十一年奉旨，从宽免死减等，发往黑龙江当差之犯，奉文发遣起解，但赵国斑系另户旗人，伊子官寿七四应否并解，请部示夺因前来。查律内凡犯流者，妻妾从之，父母子孙愿随者听等语，相应知照该抚。

律 015：流囚家属〔例 32 条，事例 26 条〕

　　凡犯流者，妻妾从之，父、祖、子、孙欲随者，听。迁徙安置人〔随行〕家口，〔妻、妾、父、祖、子、孙〕亦准此。若流徙人〔正犯〕身死，家口虽经附〔入配所之〕籍，愿还乡者放还。〔军犯亦准此。〕其谋反、叛、逆，及造畜蛊毒，若采生折割人，杀一家三人，会赦犹流者，家口不在听还之律。

　　（此仍明律，其小注系顺治三年添入，雍正三年，乾隆五年修改。）

〔附录〕顺治律 015：流囚家属

　　凡犯流者，妻妾从之；父、祖、子、孙欲随者，听。迁徙安置人〔随行〕家口，〔妻、妾、父、祖、子、孙〕亦准此。若流徙人〔正犯〕身死，家口虽经附〔入配所之〕籍，愿还乡者，放还。其谋反、叛、逆，及造畜蛊毒，若采生折割人，杀一家三人，〔此等人恶极祸延，〕会赦犹流者，〔指家口，即使正犯身死，不得如前无罪之家属，可还原籍也。〕家口不在听还之律。

条例 015.01：叛逆案内奉特旨免死

　　叛逆案内奉特旨免死，佥妻发遣给与盛京、宁古塔等处新满洲为奴者，永不许赎身。律应籍没家产者，仍行籍没。

　　（此条系乾隆五年遵照康熙二十三年谕旨定。嘉庆十七年，调剂黑龙江等处遣犯，降“大逆缘坐”一条，已改“发新疆给官兵为奴”。至“缘坐妇女给功臣家为奴”，并“遣犯不准赎身”，及“籍没家产”，均各有专条，因将此条删除。）

条例 015.02：凡军流徒犯俱开明籍贯年岁

　　凡军、流、徒犯，俱开明籍贯、年岁，行文发遣。其直隶各省解部人犯，照例造册送部。如系旗人，并开明旗色佐领。

　　（此条系康熙年间现行例。雍正三年定例。乾隆五年改定为条例 15.03。）

条例 015.03：凡军流徒犯

　　凡军、流、徒犯，俱开明籍贯、年岁，行文配所。其军、流犯之妻，及有子愿随者，亦开明年岁。若解部发遣人犯，造册送部。如系旗人，并开明旗色佐领。

　　（此条乾隆五年查：发遣者乃专指外遣而言，与军、流、徒犯不同。再，直省惟发遣人犯，始应解部，因此将条例 15.02 改定。）

　　薛允升按：此条原例，专指发遣流徙人犯而言，与寻常流犯由此省发往彼省者，本不相侔。后添入军徒二层，又将发遣人犯专归入解部之内，与律及例意俱不相符。缘尔时外遣，非吉林即黑龙江等处，即流徙亦系辽阳、尚阳堡。是以此等人犯，俱解部发遣。乾隆二十四年以后，发遣新疆者不一而足，解部发遣之例，亦旋经停止。本门后条例内，又有军流遣犯有情愿随带妻室子女者，听其自便一条。此例无关引用，似应删除。专言军流犯之妻子而不及徒犯者，以徒犯即在本处应役，其家属并非应金之人也。后将流犯金妻之例删除。徒犯亦离家数百里，则流徒大概相同矣。例首统言军流徒，下则专言军流犯之妻子，岂徒犯妻子并无愿随配所者乎。益知改发遣流徒人犯为军流徒犯之错误。

条例 015.04：军流人犯身故

军、流人犯身故，除妻、子不愿回籍，并会赦不准放还外，其余令该地方官给咨回籍。若妇人无子及子幼者，咨明本省督抚，令本犯亲戚领回原籍，仍令原配地方官，将回籍妻、子，每名每日给米一升，计其程途远近，先行按数折给，年终于司库公项银两内请领，仍将给过人口米石，造册送刑部，转咨户部核销。

（此条系康熙四十一年，刑部议覆顺天府尹钱晋锡题准例。雍正三年定例。其给予口粮之处，系乾隆元年定例。乾隆五年，将此并为一例。乾隆三十二年改定为条例 15.05。）

条例 015.05：内地军流人犯身故

内地军、流人犯身故，除妻、子不愿回籍，并会赦不准放还外，其余令该地方官给咨回籍。若妇人无子及子幼者，咨明本省督抚，令本犯亲戚领回原籍，不准官为资送。

（乾隆三十二年查：新例金妻人犯，情愿携带子女，官为咨送者，惟发乌鲁木齐一项，其余内地人犯妻、子，概不咨送，因此将条例 15.04 删改。）

薛允升按：此寻常军流犯身故，妻子听其回籍之例，盖专为律应金发而设。惟流犯金妻之例，乾隆初年已经停止。后发往乌鲁木齐等处遣犯，仍金妻同发，其子女愿随往者，亦一体官为资送。盖指发往种地而言。故此条专言内地，以示区别之意。嘉庆六年奏明乌鲁木齐等处遣犯亦不金妻，即与寻常军流人犯无异，"内地"二字似应删去。再查，不准官为资送，系指停止金发，自愿携带妻子，以别于罪应缘坐者而言。观后条例文云，其余一应军流遣犯家属均无庸金配，如有情愿随带妻室子女者，听其自便，不得官为资送，其意自明。若军流犯家属回籍，与随往赴配不同。律内载明流徒人身死，家口虽经附籍，愿还乡者放还。又何不可官为资送之有。《笺释》、《琐言》等书皆云，愿还者，所在官司准与削籍，给引照，回原籍当差云云，与不准官为资送之义未符。原例系在停止金发之前，修改之例系定于停止金发之后。以后来之情形改昔年之成例，故不免诸多参差。如此者尚多，不独此一条然也。

条例 015.06：凡律应定拟金遣之犯

凡律应定拟金遣之犯，承审官于审讯时，即取本犯确供，将伊妻姓氏年貌，即于招详内声明。如无妻室，即取具邻族甘结，加具印结，随招申送。若系隔属隔省，一面于招内申报，一面移查原籍取结，俟结到之日，即行加结申送，不得俟结案后再行查金。如有因妻患病留养，将本犯先行发遣者，俟伊妻病痊补解时，令伊亲属随同差役解赴遣所，交与本犯收领。若伊妻年过六十以上，并原系有疾不能随行，及患病留养后成笃废不能补解者，该地方官取具邻族甘结，加具印结，申详各上司，行文本犯遣所，俾令知之。其有应行报部者，报部查核，傥有捏结情弊，将具结之邻族，照军、流人犯捏报留养例杖一百，犯妻立即补解。其不行详察之地方官，并转详之该上司，交部分别议处。

（此条乾隆元年，刑部议覆福建按察使伦达礼及御史周绍儒条奏定例。乾隆四十二年，以军、流人犯捏结留养之邻族，业已改拟罪名，未便比照。又，乾隆三十一年奏准："一切案件，不必从文外复取印结"。因将例内"照军、流人犯捏报留养例"十字，以及两处"加具印结"字样删去。）

薛允升按：此专指律应金发者而言，即犯流者妻妾从之之谓也。然亦有情节可悯，如原奏所云者，故定有此例。后改为毋庸金发，则律应金妻之犯即属无几。此例定于停止金妻之前，则所云律应定拟金遣之犯，盖犹是旧日办法也。祖父母、父母将子孙及子孙之妇一并呈送者，将被呈之妇与其夫一并金发安置。妇女有犯殴差哄堂之案，若与夫男同犯徒罪，一体随同实发。例内金妻同发者，止此二条。然均非所谓律应金妻者也。

条例 015.07：军流发遣人犯

军流发遣人犯，到配后生长子孙，本犯在日，其子孙如欲往他处耕种贸易，呈明该管衙门，听其自便。至配所生长之女，本犯或许嫁他处，或寄养与人，亦听其自便。

（此条乾隆七年，刑部议覆侍郎张照条奏定例。）

薛允升按：上条力不能来云云，系指随往之妻子而言，此则专言到配生长子女也。律有家口虽经附籍之语，是在配所生子孙，原籍本无其名，即应附入配所之籍矣。近来非特无附籍之法，即原籍之人丁户口亦多含混不清，此例更不必论矣。子已听其自便，则孙更不待言矣。与后遣犯在配所生之女一条及人户以籍为定，十年后入籍考试一条参看。

条例 015.08：赏旗为奴人犯之在籍子孙

赏旗为奴人犯之在籍子孙，有前往遣所省视及随往之子孙，原不在金遣之内，郄行回归，即赴该管衙门报名，给与印票，准其回归，仍将随往子孙回归之处，照例报部，本犯之主，不得挟势羁留。傥有刁留计陷不得回归者，将本主照存养良家男女为奴婢律治罪，该管官一并交部议处。

（此条乾隆七年，刑部议覆侍郎张照条奏定例。）

薛允升按：此专指在籍及随往子孙而言，在配所生之子是否一体办理，并未议及。

条例 015.09：八旗发遣人犯内

八旗发遣人犯内，如抢夺、杀人下手为从者；窃盗临时拒捕杀人为从者；窃盗三犯，计赃五十两以下至三十两者；旗人三犯窃盗，折枷后又犯窃，计赃五十两以下者；拦路截袋、挖越仓墙偷米，不至死罪者；偷采人参，人至百名以上，参至五百两以上，为从者；凶徒生事行凶者；诱拐妇人子女，被诱之人不知情，及迷拐幼小子女，为从者；伙众开窑，诱取妇人子女，藏匿勒卖，为从者；图财害命，不行而分赃，及伤人未死，不加功而已得财者；伙众抢去良人子弟，强行鸡奸之余犯，问拟发遣者；凶徒图财放火，因而焚压致毙人命，情有可原者；强奸十二岁以下幼女，未成者；指称鸡奸，诬告人致死罪未决者；此等情重各犯，在遣所病故，所有妻、子，概不准携骸回旗。其余本犯身故，妻、子情愿携骸回籍者，该管将军详叙原案情罪，咨部核议办理。

（此条乾隆二年定。乾隆三十六年，将例内"人至百名以上，参至五百两以上"二语，改为"人至四十以上，参至五十两以上"。嘉庆六年奏准：遣犯妻、子不准携骸回旗，因为惩创匪类起见，但本犯既经身死，国法已伸，若不准携骸回旗，究非罪人不孝之义，且一应斩、绞人犯，正法后，俱准在本籍埋葬，而罪止发遣之骸骨，转不得一体还乡，亦未允协。再，例内抢窃等项，系寡廉鲜耻，则应销除旗档，俱照民人一体办理，已无金妻发遣之例。因此将此条删去。）

条例 015.11：蒙古人犯

蒙古人犯，例应金遣之妻、子，其随从本夫者，照例交与河南、山东驿地当差。如本犯已经正法，其妻、子单行发遣者，将该犯等酌发云南省驻防兵丁为奴。至金解递送之处，悉照应缘坐犯属之例办理。

（此条乾隆二十九年，刑部奏准定例。）

薛允升按：此专指蒙古有犯抢劫，例应抄没金妻者而言。照缘坐犯属例办理，较内地盗案办法为尤重。

条例 015.12：发往乌鲁木齐等处人犯

发往乌鲁木齐等处人犯，如果悔过悛改，视原犯情罪轻重定限，或三年，或五年，编入该处民户册内，给予地亩，令其耕种纳粮。其未经到配，本犯中途病故，跟随妻、子或因到配已近，不愿回籍，或子已年长堪胜力作，情愿到配为民者，令地方官讯明，仍行发往，即入于各该处民籍安插耕种，不必令其为奴。如有寡妻弱子，不任力作，或自愿回籍者，该地方官照例递回原籍。至已经到配，入厂年限未满以前，本犯身故者，其妻、子即照年限已满例，准入民籍，一体安插，不必复令为奴。

（此条乾隆三十一年，军机大臣议覆乌鲁木齐办事大臣阿桂条奏；乾隆三十二年，乌鲁木齐办事大臣温福咨部；并纂为例。乾隆五十三年，查遣犯限年为民之处，应入徒流迁徙地方门，此条"如果悔过悛改，视原犯情罪轻重定限，或三年，或五年，编入该处民户册内，给予地亩，令其耕种纳粮"一段删去。）

薛允升按：此专指在途病故之正犯妻子而言，第止言乌鲁木齐而未及别处，以尔时止该处佥发故也。后来佥发之例，均经停止，此例即属赘文。但本犯在途病故亦所或有，似应将此层修并于上条遣犯之内。此例指明入于该处民籍，安插耕种，即系古法，别处何以并无明文。佥妻发往乌鲁木齐，系尔时奏定章程，嘉庆六年奏明毋庸佥发。现在例内并无此等人犯，上条一应军流遣犯而外，又有应发乌鲁木齐等处人犯一语，即指此也。再，原例首句人犯下有"如果悔过悛改，视原犯情罪轻重定限，或三年，或五年，编入该处民户册内，给予地亩，令其耕种纳粮"数语，与末段互相照应。删去首段，末段便不分明。

条例 015.13：凡发遣哈密所属

凡发遣哈密所属塔尔纳沁、蔡巴什湖，两处种地人犯。照乌鲁木齐、伊犁之例，按其原犯轻重，分别定限，三年五年无过者，办事大臣查明，奏请为民，就近发拨安西、宜禾等州县地方管束，仍造册报部。其改拨为民之后，如有脱逃为匪情事，仍照新疆在配遣犯，一例问拟。

（此条乾隆四十二年定。乾隆五十三年奏准：安西州已改归内地，未便将外遣人犯拨入为民。宜禾虽近哈密，亦系乌鲁木齐所属。乌鲁木齐等处遣犯，已于徒流迁徙地方门内，定有分别十年五年后种地为民之例，此条业已不用。因此删去。）

条例 015.14：凡实犯大逆之子孙

凡实犯大逆之子孙缘坐发遣为奴者，虽系职官及举贡生监，应与强盗免死减等发遣为奴人犯，俱不准出户。傥逢恩赦，亦不得与寻常为奴遣犯一体办理。

（此条系乾隆四十年，盛京将军宗室宏晫奏逆犯吕留良之孙吕懿兼等违例捐监一案，乾隆四十二年奉上谕纂为例。）

薛允升按：缘坐之犯有二。一为正犯之子孙，无论已未成丁，均应阉割发遣为奴。一为其余缘坐人犯，并不阉割，止系发遣为奴。此条既云实犯大逆之子孙，则应照例阉割，虽举贡生监亦不能免，岂止禁其出户已哉。盖阉割之例，定于乾隆五十六年。此例系四十年遵旨纂定，尔时尚无阉割明文，是以禁其出户，原不使逆恶余孽仍得窜籍为良民故也，与阉割之例意亦属相符。第此专指实犯大逆之子孙而言，其余缘坐人犯，自应在出户之列矣。免死为奴，盗犯不准出户，则其子孙亦不准出户矣。其严如此。近来盗犯虽不免死，而其子孙则在无庸置议之列。可见免死为奴，并非一概从宽也。出户下应添赎身二字，缘永不许赎身例文，既经删除，不得不修并于此也。

条例 015.15：满洲蒙古汉军发往新疆人犯

满洲、蒙古、汉军发往新疆人犯，除罪犯寡廉鲜耻，削去旗籍者，应照民人一体办理外，其余发往种地当差之犯，系满洲、蒙古旗人，如原犯军、流者，定限三年，免死减等者；定限五年，果能改过安分，即交伊犁驻防处所，归入各旗挑补驻防兵丁当差；系汉军人犯，照民人分定年限，入于彼处绿营当差食粮。此等人犯，如情愿迎取妻、子家口者，该管大臣移咨该旗，咨送兵部，官为资送。

（此条乾隆三十二年，乌鲁木齐办事大臣温福条奏定例。乾隆三十七年奏准：例内之"归入各旗挑补驻防兵丁当差"，改为"准入本地丁册挑选钱粮当差"。嘉庆六年改定为条例 15.15。）

条例 015.16：满洲蒙古汉军发往新疆当差人犯

满洲、蒙古、汉军发往新疆当差人犯，如有情愿随带妻室家口者，官为资送，到配后不得同罪犯一例羁管。

（嘉庆六年查：食粮当差应入徒流迁徙地方门内，其迎取妻室一节，仍列本门，惟到配迎取，虽官为资送，亦多未便，莫若今于起程时自行随带，因将条例 15.14 改定。）

薛允升按：此专为发遣之旗人迎娶妻室家口而设，是以止言新疆而不及吉林等处，以尔时专为乌鲁木齐，新疆垦种需人故也。后旗人均发吉林等处，并不发往新疆，又与此例不符。且改迎娶妻室家口为随带，亦失原定此例之意。

条例 015.17：旗人发遣家奴

旗人发遣家奴，如有同妻、子一并送部发遣者，其妻、子一体赏给兵丁为奴。

（此条乾隆二十九年定。乾隆五十三年修并为条例 15.18。）

条例 015.18：凡旗下家奴酗酒行凶

凡旗下家奴酗酒行凶，经本主报明该旗，送部发遣之犯，所有妻室，俱一体发遣，不必官为资送。其有年老残废，及力不能随带者，或令于亲属依栖，或听本妇另嫁，不准仍留原主处服役。

（此条乾隆三十七年定。乾隆五十三年修并为条例 15.18。）

条例 015.19：旗下家奴酗酒行凶

旗下家奴酗酒行凶，经本主报明该旗，送部发遣之犯，所有妻室子女，俱一体发遣，赏给兵丁为奴。其有年老残废，及子女幼小不能随带者，或令于亲属依栖，或听本妇另嫁，不准仍留原主处服役。

（此条乾隆五十三年将条例 15.16、15.17 修并。嘉庆六年复查：本犯官为资送，妻、子若不官为资送，势必不能带往，便删去"不必官为资送"句，改定为此条例。）

薛允升按：此系指契买及世为家奴者而言，其妻室子女亦在家奴之例，故一体发遣。若发遣为奴之犯，其随带之妻子又当别论矣。应与上在配所生子女条参看。《户部则例》同。此旗下家奴佥妻之例。

条例 015.20：凡发遣当差人犯之妻子原系随往遣所者

凡发遣当差人犯之妻、子，原系随往遣所者，如本犯身故，妻、子情愿携骸回籍，该管官查明确实，令其回籍。其力不能来者，俱入于本处档内，令其披甲。若系奉旨发遣，或部议佥遣，及发遣打牲乌喇人犯身故，其妻、子有愿携骸回籍者，令该将军、督抚按情罪之轻重，分别具奏，请旨遵行。

（此条雍正十三年、乾隆元年定。乾隆五年定例。嘉庆六年并入条例 15.21。）

条例 015.21：旗民发遣人犯

旗民发遣人犯，系奉特旨著佥妻、子，及例应佥妻者，听遣所该管官司同本犯一例管束，本犯身故后，有情愿携骸回归者，该将军等照例查奏，准其回旗回籍。若非特旨佥遣，及例应佥遣之家属，则本非罪犯，各该衙门于起解文内，务将"随往"字样注明，遣所该管官记档安插，毋得概同本犯一例羁管，有愿回旗籍，及本犯身故后有情愿携骸回归者，即准回归报部，不在奏请之例，倘该各管官，故为留难刁蹬，不行奏报，及失于查察者，交部分别议处。

（此条乾隆七年，刑部议覆侍郎张照奏准定例。嘉庆六年并入条例 15.21。）

条例 015.22：旗民发遣人犯（2）

旗民发遣人犯，系奉特旨著佥妻、子，及例应佥妻者，听遣所该管官同本犯一例管束。本犯身故后，有情愿携骸回归者，该将军等照例咨部，准其回旗、回籍。若非特旨佥遣，及例应佥遣之家属，原系随往遣所，本非罪犯，各该衙门于起解文内，务将"随往"字样注明，遣所该管官记档安插，毋得概同本犯一例羁管。有愿回旗、回籍，及本犯身故后，有情愿携骸回归者，即准回归，咨部存案。其力不能来者，系旗人，入于本处档内，令其披甲；系民人，安插为民，日后力能回归，仍各听其便。倘该各管官故为留难刁蹬，不行咨报，及失于查察者，交部分别议处。

（嘉庆六年，查乾隆六十年议准，寻常事件，改奏为咨，前条"照例具奏"句，应改为"照例咨部"。又，旗人因令其披甲，民人应安插为民，因此将条例 15.19、15.20 修并，改定为此条。）

薛允升按：此发遣本犯身故，妻子携骸回籍之例，与上条似应修并为一。上条专言军流而未及外遣，此条专言发遣人犯而未及军流，均未赅括。即如妇人无子及子幼者，遣犯内岂无此等情节。情愿携骸回归，军流何独不然。从前军流遣犯无有不佥妻者，故定案时必声明佥妻发往云云。即奉特旨发遣之犯，亦有佥妻字样，尔时公牍皆然，非因为佥妻而奉此特旨也。且有连其妻子一同发遣者，今则绝无此事矣。遣犯之子入于配所，档内披甲，与人户以籍为定各条参看。康熙二十年恩诏："流徙人犯在配所身死，其妻子有愿携骸骨回籍者，该地方官报部，准其各回原籍。"尔时每遇恩诏，即有此款，乾隆元年上谕即指此也。

条例 015.23：凡罪应缘坐（1）

凡罪应缘坐，及造畜蛊毒，采生折割人，杀一家非死罪三人等项犯属，仍照例佥发外，其余一应军流遣犯家属，俱毋庸佥配。如有情愿随带者，听其自便，不得官为资送。

（此条乾隆二十四年，陕甘总督吴达善奏请暂停改发巴里坤人犯折内，刑部附请定例。嘉庆六年删并入条例 015.24 内。）

条例 015.24：例应发往乌鲁木齐等处人犯内

例应发往乌鲁木齐等处人犯内，除伊妻实系残废笃疾，或年逾六十，及该犯父母老病应留侍养者，取具地方官切实印结，准其免佥外，其余一概佥妻发配。如有情愿携带子女者，一体官为资送。其军流内改发乌鲁木齐等处人犯，有情愿携带妻、子者，亦一并官为资送。

（此条乾隆三十一年，刑部议覆乌鲁木齐办事大臣阿桂奏准定例。嘉庆六年删并入条例 015.24 内。）

条例 015.25：凡罪应缘坐（2）

凡罪应缘坐，及造畜蛊毒，采生折割人，杀一家非死罪三人等项犯属，仍照例佥发外，其余一应军流遣犯，及应发乌鲁木齐等处人犯家属，均毋庸佥配。如有情愿随带妻室子女者，听其自便，不得官为资送。

（嘉庆四年奏准：应发新疆人犯佥妻发配，本为充实新疆起见，并非罪及妻孥。迄今三十余年，新疆等处生齿日增，边陲之土地，既不虑屯种乏人，则无罪之妻孥，自不必牵连发配，况逐案佥妻，在原配既多取节之繁，而沿途亦滋资送之扰。嗣后不论该犯有无父母，伊妻是否笃疾，均不得佥妻发配。其有情愿随带者，仍各听其随带，毋庸官为资送。嘉庆六年，因此将条例 15.22、15.23 删并，改定为此条，并将佥发旧例五条俱行删除。）

薛允升按：此条系遣军流犯，无庸佥妻之通例，各条内有与此相类者，似均应并入此条之内。流犯较徒罪为重，且终身不返，应于配所从户口例，而其妻妾仍在原籍，殊非情理，是以有妻妾从之之律。既有室家，兼应课役，故逃亡者绝少。乾隆二十四年以后，佥妻之法废，而逃亡者纷纷皆是矣。虽属简便，究失律意，此亦刑典中一大关键也。

条例 015.26：缘坐案内例应佥遣

缘坐案内例应佥遣伊犁等处为奴人犯，在配所生之女，及妇女本身犯罪发遣为奴，单身到配者，俱准其各就该处择配，永远不准回籍之遣犯，仍令各将所配自行报明，该管官存案。其余寻常遣犯，在籍随往及在配所生之女，除力能回籍，各听其便外，或遇无力不能回籍，查明原依本主者，听本主择配；依本犯者，听本犯择配；亦令报明存案，不得官为经理。

（此条系乾隆五十八年，刑部核覆伊犁将军保宁咨请新疆遣妇并遣犯之女官为择配案内，议准定例。）

薛允升按：此遣犯子女分别择配之例，与前配所生长之女条参看。反逆例文：

"律应缘坐男犯并非逆犯，子孙发往新疆，给官兵为奴"。此言正犯之伯叔及兄弟等亲，然律并不及其妻，则不应佥发矣。缘坐妇女发驻防为奴律文："母女、妻妾、姊妹，若子之妻妾，给功臣之家为奴"。谋叛律文："妻妾、子女给功臣为奴，父母、祖孙、兄弟流二千里〔其妻亦不并佥〕"。例文："律应缘坐流犯发往新疆当差，并无所谓例应佥遣伊犁等处为奴之犯。至造畜蛊毒等项，律止拟流，并不发遣"。此例所云与各条俱不相符。从前军流人犯，均系佥妻发配。此例在配所生之女，或在停止佥发之前，亦未可知。然缘坐发佥人犯之妻，均非正犯，子孙既不在例应佥发之列，即属无罪之人，何独于所生之女而加严耶。再，康熙年间定例："叛逆案内奉特旨免死，佥妻发遣给与盛京、宁古塔等处为奴者，永不许赎身"。嘉庆十七年，以遣犯不准赎身另有专条，毋庸覆载，因将此条删除。遣犯不准赎身，人户以籍为定门本有明文。嘉庆十九年改定之例将此句删去，是为奴遣犯并无不准赎身之例文矣。似应将此层并入第一条不准出户之内。此门内有佥发之家口，有随往之家口，例内均有安置之法。至缘坐家口，反逆案内例有为奴之文，杀一家三人，妻子亦有附近充军，地方安置之语。惟应流二千里之妻子家口，如妻子同流，则母子尚在一处。若无子而止有妻，如何安插，例内并无明文。因系会赦犹流，而此等人犯尚属不多，是以无人议及也。犯流者妻妾从之，是以有流囚家属之律，后来犯流者俱不佥妻，此律已成虚设。即有妻子家口，非自愿随往，即到配后娶妻所生，地方各官于军流等犯尚置之不理，何况其家属耶。古法益荡然无存矣。

条例 015.27：遣返除有妻室者例应佥发外

遣返除有妻室者例应佥发外，至遣返之子，如愿随者听，其不愿随者，不得同妻佥发。若妻已故有子女，无论子女愿随与否，止将该犯改发内地，不得因既有子女，同有妻之犯佥发外地。

（此条系旧例，乾隆三十二年奏明删去。）

条例 015.28：除强盗减等及情罪重大佥妻发遣外

除强盗减等及情罪重大佥妻发遣外，其它军、流人犯，如父母年已衰迈，家无次丁，愿留其妻侍养父母者，取具地方官印结，咨部免佥。

（此条系旧例，乾隆三十二年奏明删去。）

条例 015.29：军流人犯

军、流人犯，除律应缘坐，并免死减等盗犯，及强、窃盗之罪应军、律者，仍照例佥妻外，其余军、流各犯，俱免佥妻。若本人情愿携带，及妻愿随者听，不必差押。其讯无妻室者，即据供为定，于定案时申报上司，察核报部。

（此条系旧例，乾隆三十二年奏明删去。）

条例 015.30：凡略诱略卖

凡略诱、略卖、采生折割、药术迷人、放火发冢，与贩硝磺、伪造印信、盐枭矿徒、私销私铸案犯，及凶恶棍徒扰害良民，罪拟军、流各犯，悉金妻充配。若伊妻实系老疾难行，及该犯父母老病应留妻侍养者，取结准其免金。其余军、流各犯，仍照旧例行。

（此条系旧例，乾隆三十二年奏明删去。）

条例 015.31：免死减等强盗

免死减等强盗，不论有无妻室，俱照例解部发遣宁古塔等处为奴，其别项发遣人犯，未经到部，及到部之时，妻室病故，将该犯递回原籍，改发烟瘴。其已由刑部咨送兵部转发者，以山海关为界，如解至关外，妻室病故，地方官一面竟行发遣，一面申报刑部。如关内妻室病故，一面申报刑部，一面递回原籍，照例改发。

（此条系旧例，乾隆三十二年奏明删去。）

条例 015.32：凡永远军犯身死无子

凡永远军犯，身死无子，仅存妻室，欲回原籍者，察明报部，准其回籍。

（此条雍正三年定。乾隆五年，以现无勾丁补伍之例，军犯身死有子者，亦在听还之例，因此奏准删除。）

事例 015.01：顺治十五年题准

凡旗下流徒人犯在配所身死者，将家属解京，交伊等亲族收管。

事例 015.02：顺治十八年谕

凡续解流犯妻子，有亲戚人等随送助给者听，仍严禁押解官兵，不得横肆扰害。

事例 015.03：康熙二年定

凡流徒衙役，将其妻及未分家之子，一并流徒。

事例 015.04：康熙二年又定

流徒人犯，将妻室一并流徒，无妻室者，取该管官印结缴部。如有隐漏等情，事发议处。

事例 015.05：康熙三年议准

凡流徒人犯身死，其妻有子有仆，或无子有仆者，仍流徒。如无子无仆，或有乳子无仆者，俱免流徒。若发遣之时，其妻冀免并流，致死伊婿者，以谋杀人律罪之。恶棍觊觎其妻，设谋行害者，照光棍例立斩。地方官将流罪犯人，称系死逃隐匿者，题参重处。

事例 015.06：康熙四年谕

流徒人犯，原令夫妻完聚，一并发遣，其妻子原系无罪。以后除反叛重案连坐及干连人犯，仍照前旨遵行外，其余流犯身死，妻子俱免流徒。

事例 015.07：康熙四年又谕

凡流犯除反叛案内干连者，妻子一并发遣，其余应流徒之人，止金妻发遣。

事例 015.08：康熙十二年议准

叛案牵连流犯身故，其妻子亦免流徙。

事例 015.09：康熙十八年议定

凡军罪及免死拟流人犯，皆佥妻及未分家之子，交户部安插。如分家之子有情愿随去者听。

事例 015.10：康熙二十年覆准

反案牵连流犯身故，其妻有子者仍流徙，无子者亦免流徙。

事例 015.11：康熙二十年钦奉恩诏

流徙人犯在配所身死，其妻子有愿携骸骨回籍者，该地方官报部，准其各回原籍。

事例 015.12：康熙二十三年谕

凡犯重罪免死给予盛京、宁古塔等处新满洲为奴者，止并妻发去，仍籍没家产。此等犯重罪给予为奴者，永不许赎身。

事例 015.13：康熙二十六年覆准

一应查提拟流犯之妻，将犯人先发顺天府羁候，行文该地方官查取妻室，俟解到之日，发顺天府，夫妻一同发遣

事例 015.14：康熙二十七年题准

凡流徙罪犯，本身已死，妻子免其佥解。

事例 015.15：康熙三十九年议准

一应问拟充军人犯，照例咨送兵部，转发顺天府羁候，比依流犯，俟查提妻室到日，一同发遣。

事例 015.16：康熙三十九年又议准

一应军流人犯，于原籍查提妻室，若延捱时日，至热审之期解送者，不准减等。

事例 015.17：康熙四十一年议准

各省民人在京犯罪拟流，并免死减等之流犯，有应追银两佥妻者，顺天府即转发原籍该地方官，追完埋葬银两佥妻，俱照各省例发遣之地方发遣，仍将发遣原由报顺天府存案，所追银两解部，分别给付尸亲各原主。如有故违定限，及解役中途疏纵、需索、陵虐情弊，该抚即行题参。各该犯内，如无妻室，无银可追者，仍照例顺天府定地发遣。

事例 015.18：康熙四十五年议准

凡各省民人在别省犯罪拟流，并免死减等之流犯，或犯罪处不能完埋葬银者，均照例解回原籍追银，佥妻发遣

事例 015.19：乾隆元年奏准

查雍正十三年十一月二十一日赦诏内开，军流人犯，有本人身故而妻子愿回本

籍者，著该管官查明，一面报部，一面即令回籍，不得留难，永著为例。又定例凡流犯身故，除妻子不愿回籍，并会赦不准放还外，其余令该地方官咨明各本省巡抚，令本犯亲戚领回原籍，是军流人犯身故，如愿回籍，地方官一面查明申报上司咨部，一面即令亲属领回原籍，并无逐程拨解之例。近见各省办理已故军流人犯妻子回籍，悉拨役逐程递解，如有丁男亲属，尚可作伴同行。傥系单身妇女，年老者跋涉长途，需人扶掖；年少者孤身露处，风化攸关。且短解到县，有散寄女监，有官媒看管。寄监难免拘收之累，看押必开指索之端，且孤身少妇，每日与差役为伍，同行共住，颇多未便。嗣后军流人犯身故，除会赦不准放还，并伊妻子不愿回籍者毋庸置议外，其情愿回籍之军流人犯妻子，饬令各该地方官，一面查明如有丁壮亲戚，酌拨口粮，给文领赍自行回籍，一面报明上司咨部存案。如系孤身犯妇，或止有幼子并无亲戚者，即行详报督抚移咨本省，饬令原籍亲族人等，前赴配所，领文带回，毋庸逐程拨差押解。所有沿途口粮，按其道里远近发给，统照支给囚粮之例，造册详销。

事例 015.20：乾隆八年议准

例内一应军流人犯，妻妾随从金遣者，立法之意，原为全其夫妇，免致拆离，亦使该犯到配，得有家室可恋，不致逃亡，非因妻妾亦有罪谴也。本年四月内刑部议准：嗣后除缘坐犯属，原系有罪之人，及强窃案内免死减等，并罪应军流者，俱仍严查金发外，其它军流等犯，如本夫情愿携带妻妾，或其夫不愿而妻妾愿从者，或本夫愿带妻妾而妻妾背义不从者，俱行金发，不准推故规避。如无以上情节，概令免金，亦不得妄提并解，是平常军流妻妾不愿携带者，既已免其同遣，则情愿随从，自无顶替之事。惟是先免死减等缘坐应流等犯，例应金妻发遣者，其中或有不缘随从之人，亦断非验看两手箕斗，即可永除顶替之弊，况手上箕斗，原属微茫，虽本夫亦不能尽悉，若止令胥役人等，执持细看，不惟近于玩亵，保无从中需索随口捏报之弊，且查现行颁发律内，并无验看箕斗明文。嗣后凡属军流妻室，有愿从者，不必拘唤到官验看，止令本夫开具年貌，同往遣所。至例应妻室同遣者，饬令该州县取具本夫开报妻室年貌，有无疤痣，并该犯之亲族邻佑人等甘结，验明造册发遣，仍加其印结送部备查。

事例 015.21：乾隆九年议准

乾隆八年议定，除律载缘坐犯属，原系有罪之人，及强窃案内免死减等，并罪应军流者，俱仍严查金发外，其它军流等犯，如果本夫情愿携带妻室，或其夫不愿而妻妾愿从者，或本夫愿带妻妾而妻妾背义不从夫者，俱行金发，不准托故规避。如无以上情节，概令免金，亦不得妄提并解。今查外省承办此等案件，虽该犯称系无妻，犹必将无辜妇女提讯亲供声叙，傥事隶隔属，更须往返移查，文案空繁，累延滋甚。嗣后除缘坐犯属，及强窃盗家属，例应金遣者，仍严查金发外，其它军流等犯，止讯本夫，如情愿带往者，令其开具年貌，一同金发。其妻妾果有背义不从，必须该犯亲告，方准提解。如本夫已供不愿携带，悉听自便。其本夫不愿而妻妾愿随者，报明地方官，造册一体随行，毋庸豫先特提妻妾讯问。其讯系无妻者，即据供为定，毋庸另行取结。

事例 015.22：乾隆三十二年议准

军流人犯身故者，除妻子不愿回籍，并情罪重大，会赦不准放还外，其余应令回籍，原有定例。但发遣乌鲁木齐、新疆等处给予兵丁为奴之犯，原与内地军流人犯不同，新例俱令金带妻子，定以年限，查无过犯，准其入籍为民，本属国家矜恤罪囚，以资边疆户役之至意。此等遣犯，如年限已满，业经准入民籍之后，本犯身故，其妻子既入籍为民，自应照例办理，毋庸另为置议。至未满例限以前，如有本犯身故者，若照旧例将其妻子递解回籍，则官有往返迎接之烦，其妻子亦有跋涉道路之苦，且殊非新疆地方孳生户口之意。请将此等妻子，即照年限已满例，准入民籍，一体安插，不必复令为奴。至本犯未抵遣所，中途病故，与已经抵配安置者不同，其妻子自应酌加区别。嗣后未到配所，本犯身故之妻子，其有到配已近，妻子因离家鸾远不愿回籍，或子已年长，堪任力作，自愿到配为民者，令地方官讯明，仍令发往，即入于各该处民籍安插耕种，不必令其为奴。如有寡妻弱子，不任力作，或自愿回籍者，应令地方官照例递回原籍。

事例 015.23：乾隆三十七年谕

向来旗下家奴，有酗酒行凶者，一经本主报明该旗，即送部发遣，其妻室有年老残疾，及不愿随带者，俱不同发，定例未为周密。家奴犯法，其妻亦属有罪之人，自当一体发遣。其中果有实不能随带者，或令于亲属依栖，或听本妇另嫁，自不便仍留服役，以杜嫌疑。嗣后该部旗遇有发遣家奴之案，俱照此办理。著为例。

事例 015.24：乾隆四十年奉旨

盛京将军奏：逆犯吕留良之孙吕懿兼等违例捐监一案。奉旨：前谕令将发遣之曾为职官，及举、贡、生、监出身者免其为奴，于戍所另编入旗户当差，系指寻常为奴遣犯而言，其真正叛逆，及强盗免死减等人犯，原旨即在开除不办之列。若吕留良子孙，系大逆重犯缘坐，即属反叛，岂可援轻罪有职人员，概为奴出户，致令逆恶余孽，仍得审籍良民，实不足以示惩创而申法纪。交刑部存记，嗣后办理此等大逆缘坐之案，不特举、贡、生、监不应减免，即官职甚大者，既为逆犯子孙，罪在不赦，亦不当复为区别。

事例 015.25：乾隆四十年议准

遣犯随带之妻，与发往为奴者不同，被主殴毙，虽例内向无专条，但若跟随伊夫，在主家倚食多年者，即与雇工人无异，应比照殴雇工人致死例，拟徒三年，折枷号四十日，鞭一百。若随带之妻，有自行谋生，不在主家倚食者，系属平人，应以凡论，不得概与雇工人同科。

事例 015.26：乾隆四十一年议准

发配妇女，在配准其改适，律例并未著有明文，其有孤寡无依，难以全生者，不便准其择配土著乡农，止应于在配军流人犯内，任其嫁娶。如有子女，亦听其随带抚育。

律 016：常赦所不原〔例 22 条，事例 168 条，成案 9 案〕

凡犯十恶，杀人，盗系官财物，及强盗，窃盗，放火，发冢，受枉法、不枉法赃，诈伪，犯奸，略人、略卖、和诱人口，若奸党，及谗言左使杀人，故出入人罪，若知情故纵、听行、藏匿、引送、说事过钱之类，一应实犯〔皆有心故犯，〕虽会赦并不原宥。其过误犯罪〔谓过失杀伤人，失火及误毁、遗失官物之类，〕及因人连累致罪〔谓因别人犯罪，连累以得罪者，如人犯罪失觉察，关防、钤束，及干连、听使之类，〕若官吏有犯公罪〔谓官吏人等因公事得罪，及失出入人罪，若文书迟错之罪，皆无心误犯，〕并从赦宥。〔谓会赦皆得免罪。〕其赦书临时〔钦〕定〔实犯等〕罪名，特〔赐宥〕免，〔谓赦书不言常赦所不原，临时定立罪名宽宥者，特从赦原，〕及〔虽不全免〕减降从轻者，〔谓降死从流，流从徒，徒从杖之类，〕不在此限。〔谓皆不在常赦所不原之限。〕

（此仍明律，雍正三年修改，乾隆五年删定。）

薛允升按：查康熙六十一年十二月十二日奉上谕：刑部恩诏内赦罪一款，非朕本心，徒开恶人侥幸之门，于事有何裨益。但朕即位之初，诸臣援例陈请，不得不允奏施行。凡此罪人皆因其自取之罪，并非治以不应得之罪也。此番援赦豁免人等，俱宜详记档案，如既赦之后仍不悛改，干犯法纪，务将伊等前罪加等罪之。著详悉晓谕。钦此。嗣后每逢恩赦，均声明遇赦援免之犯后再犯罪，加一等治罪。惟例内究无明文，想系因乾隆元年钦奉上谕，故不敢再行奏请也。乾隆元年三月，福建按察使伦达理奏请议定再犯加重章程一折。奉朱批：遇赦免罪人犯如再犯法纪加倍治罪之旨，乃系恐其再犯，所以使之知警，勉为良民耳。若必交刑部，另定一遇赦免罪人犯加倍治罪之例，是必其再犯也。朕何忍如此薄待吾民乎。据汝所定，亦不能尽情尽法，毋枉毋纵也。且头绪纷繁，亦难画一。此事惟在地方大吏，善为开导，必使遇赦之人，群闻朕旨，知有所感而不忍为非，知有所惧而不敢犯法，则善矣。即一二再犯之人，亦应量其情罪，哀矜毋喜，岂可概定一律，以待人之再犯乎。伦达理奏著发回该部，即行文各省督抚，将朕此谕遍行晓谕，咸使闻知。钦此。十一年，给事中程盛修奏称：本月初三日奉上谕，各省获罪之犯，于上年勾到之后，现在羁禁囹圄者，虽伊等孽由自作，法无可宽，而其中情事不同，轻重各有差别。国家赦宥之典，或因行庆施惠，或因水旱为忧，间一举行。今朕哀矜庶狱，不忍令其淹滞囹圄，所有刑部及各省已经结案监禁人犯，除情罪重大及常赦不原者无庸查办外，其余著大学士会同刑部酌量案情轻重，分别请旨减等发落。其军流徒杖以下人犯，一并分晰减等完结。俾伊等同沾肆赦之恩，勉图自新之路，以副朕协中钦恤本怀。特谕。钦此。仰见我皇上如天好生，于孽由自作之徒，尚不忍其淹滞圜扉，而臣有一得之愚，不敢不渎陈者。皇上临御以来，屡停勾决，偶有偏灾，省刑释罪，率以为常。人孰无心，固足感发其天良。而民乃至愚，未免渐生其徼幸。即如雍正十三年大赦之后，乾隆元年二月间，沿途剽掠者，多系赦出之人。臣巡视东城，其枷杖以下，有赦而复犯，犯而又赦，积案叠叠，难以枚举。推原其故，伊等甘蹈刑戮，或为饥寒所迫，一经赦宥，无以谋生，游手好闲，又不能自食其力，复以身试法者有之。或为戾气所钟，甫经漏网，喜出望外，鹰眼未化，免而无耻，遂故智复萌者有之。夫与其犯后加刑，再无可生之路，何如赦时防范，不嫌诰诫之烦。伏乞皇上敕下直省督抚，通行所属州县，凡有此等恩赦人犯，减等发落之日，各取具改过自新甘结，即于该管地方严立档案。傥有再犯，加等治罪。并于通衢僻壤，大张告示，将伊等罪名详细贴揭，等因。奉朱批：著照所请，行该部知道。钦此。即此一事，而前后已互异如是，其余俱可知矣。现在俱系照此办理。

〔附录〕顺治律 016：常赦所不原

凡犯十恶，杀人，盗系官财物，及强盗、窃盗、放火、发冢、受枉法、不枉法赃，诈伪，犯奸，略人、略卖、和诱人口，若奸党，及谗言左使杀人，故出入人罪，若知情故纵、听行、藏匿、引送、说事过钱之类，一应真犯，〔皆有心故犯，〕虽会赦并不原宥。〔谓故意犯事得罪者，虽会赦皆不免罪。〕其过误犯罪，〔谓过失杀伤人，失火及误毁、遗失官物之类，〕及因人连累致罪，〔谓因别人犯罪，连累以得罪者，知人犯罪失觉察，关防、钤束，及干连、听使之类。〕若官吏有犯公罪，〔谓官吏人等因公事得罪，及失出入人罪，若文书迟错之罪，皆无心误犯。〕并从赦宥。〔谓会赦皆得免罪。〕其赦书临时〔钦〕定〔真犯等〕罪名，特〔赐宥〕免，〔谓赦书不言常赦所不原，临时定立罪名宽宥者，特从赦原，〕及〔虽不全免〕减降从轻者，〔谓降死从流，流从徒，徒从杖之类。〕不在此限。〔谓皆不在常赦所不原之限。〕

条例 016.01：以赦前事告言人罪者

以赦前事告言人罪者，以其罪罪之。若干系钱粮、婚姻、田土等项，罪虽遇赦宽免，事须究问明白。〔应追取者仍行追取，应改正者仍行改正。〕

（此条系明代问刑条例，载在"赦前断罪不当"条下，乾隆五年移入此门。并于"究问明白"下增注。）

薛允升按：汉平帝即位诏曰："夫赦令者，将与天下更始，诚欲令百姓改行洁己，全其性命也。往者，有司多举奏赦前事，累增罪过，诛陷无辜。殆非重信审刑，洒心自新之意也。自今以后，有司毋得陈赦前事置奏上，有不如诏书为亏恩，以不道论。定著律令，布告天下，使明知之。"宋仁宗嘉祐元年，翰林学士张方平言："中外官多发人积年罪状及奏劾事，辄请不以赦原，咸快一时之小忿，失天下之大信。自今有类此者，请以故违制书坐之。"其后御史吕海复以为言。诏曰："赦令者，所以与天下更始，而有司多举按赦前事，殆非信命令，重刑罚，使人洒心自新之意也。自今有上章告人罪及言赦前事者，讯之。"神宗即位，大赦。诏曰："夫赦令，国之大恩，所以荡涤瑕秽，纳于自新之地，是以圣王重焉。中外臣僚，多以赦前事捃摭吏民兴起讼狱，苟有讹误，咸不自安，甚非持心近厚之谊，使吾号令不行于天下。其申诏内外言事按察官司，毋得依前举劾，具按取旨，否则科违制之罪。"以其罪罪之，与诬告加等之法不同。如所告得实，是否仍行科罪之处，记核大赦以前犯事。诏书俱有已发觉、未发觉俱从赦免之语。谓已结者，即行释放。未结者，亦不究问也。今则已结者，必候部覆，未结者，亦必审明定案，声明事在赦前，方可援免也。其不同如此。《唐律》："诸以赦前事相告言者，以其罪罪之。官司受而为理者，以故入人罪论。至死者，各加役流。"《疏议》曰："事应会赦，始是赦前之事。若常赦所不免，仍得依旧言告。若告赦前死罪，前人虽复未决，告者免死，处加役流，官司受而为理，至死者，亦得此罪，故称各加役流。若事须追究者，不用此律。"追究，谓婚姻、良贱、赦限外蔽匿、应改正、征收，及追见赃之类。《疏议》曰："婚姻、良贱，谓违律为婚，养奴为子之类，虽会赦，须离之、正之。赦限外蔽匿，谓会赦应首及改正、征收，过限不首。若经责簿帐不首、不改正征收。及应征见赃，谓盗诈之赃，虽赦前未发，赦后捉获正赃者，是为见赃之类，合为追征。诸会赦应改正、征收，经责簿帐而不改正、征收者，各论如本犯律。"谓以嫡为庶，以庶为嫡，违法养子，私入道，诈复除避本业，增减年纪，侵隐田园，脱漏户口之类，须改正。监临主守之官私自借贷及借贷人财物、畜产之类，须征收。《明律》不载，殊不可解。条例特为补入，与《唐律》正自符合。可见古律之不可妄删也。

条例 016.02：文武官员举人监生生员（1）

文武官吏、举人、监生、生员、冠带官、义官、知印及承差、阴阳生、医生，但有职役者，犯赃、犯奸，并一应行止有亏，俱发为民。〔行止有亏事例，散见诸条。〕

薛允升按：《集解》："私罪干碍行止者多，而犯赃犯奸为尤甚耳。一应二字所包甚广，但干碍即引此例。"《辑注》："凡除因人连累及一应过误之外，私罪干碍行止者甚多，而犯奸受赃为尤甚，本律杖一百者，方罢职不叙。如枉法赃不满十五两，不枉法赃不满四十两，皆不至杖一百。宿娼止杖六十。皆当罢职为民。比律加严，所以重行止有亏也。"

条例 016.03：文武官吏人等犯罪

文武官吏人等犯罪，例该革去职役者，遇赦取问明白，罪虽宥免，仍革去职役，各察发当差。〔例该革去职役，指犯赃、犯奸，并行止有亏者言。〕

（条例 16.02、16.03，均系明代问刑条例。乾隆五年，删去"义官、知印"以下名色。又"行止有亏"，"察发当差"等句，并为一条，载在"文武官犯私罪"律后。嘉庆六年，改定为条例 16.04。）

薛允升按：《集解》："遇革或是遇赦，屡考未明。"《辑注》："此条乃论有职役之通例，凡别条称例该革去职役者，即此例也。革去职役，随所犯轻重问拟，各尽本法，非止于为民也。"又："遇革之革，即赦也。别条凡言革前革后者，其义同也。"

条例 016.04：文武官员举人监生生员（2）

文武官员、举人、监生、生员，及吏典兵役，但有职役之人，犯奸盗诈伪，并一应赃私罪名，遇赦取问明白，罪虽宥免，仍革去职役。

（嘉庆六年从"文武官犯私罪"律移附此律。又删去"冠带官"及"俱发为民"字样，改定为此条。）

薛允升按：原例前一条谓，此等有职役之人犯，一应行止有亏，虽杖不满百，亦应俱发为民。系属照本律加重之意，原不在遇赦与否也。后一条谓，此等人遇革，罪虽宽宥，仍革去职役也。《辑注》谓："遇革即系遇赦，似亦可行，但指一切有职役之人而言，并不专言文武官员也。"本极分明，后修并为一，似专为遇赦而设者，然殊与原定例意不符。设有犯奸、犯赃，如《辑注》所云，杖不满百者，若不遇赦，转无例文可引，已嫌未尽允协，幸逢恩赦，其应该革去职役者，仍不准援免，尤嫌太重，然犹可云所犯系行止有亏也。若非行止有亏及犯别项私罪，应降调革职者，如遇恩赦，是否不准援免之处，何以并不叙明耶。官员犯罪遇赦，律无专条，盖统括于常赦所不原之内矣。例始有该革去职役者，罪虽宥免，仍革去职役一条，然亦指杖罪而言，此外俱无明文。后来办法，凡军流发往黑龙江、新疆等处者，俱由该将军奏请减免徒罪发往军台者，则由该都统奏请核减年限。惟已经降革之员，俱在无庸置议之列。即犯在赦前，后经发觉等案，亦俱声明业已革职，免其发落，或云无庸再议，从无免其降革之事。是常人犯死罪者尚得宽免，而官员犯杖罪者反未能邀恩，揆之情法，似未允协。非朝廷之有意从严，亦立法者之未能详慎耳。《唐律》有六年、三年听叙之法，似可仿照办理。或另立降革后遇赦听叙专条，以示不忍终身废弃之意，亦可。教诱蛮童犯法，遇赦不宥，见徒流迁徙地方及诈教诱人犯法。监候待质人犯遇赦，见犯罪事发在逃。大逆缘坐为奴人犯与强盗遇赦，见流囚家属。嫡母故杀庶生，继母故杀前妻之子，遇赦不准减等，见殴祖父母。解役故纵斩绞重犯，监禁十年，限内遇有恩旨，见捕亡。预为匿丧恋职不准援赦，见匿父母丧。

条例 016.05：在京在外问拟一应徒罪

在京、在外问拟一应徒罪，俱免杖。其已杖而又犯徒，该决讫所犯杖数，总徒四年者，在京遇热审，在外遇五年审录，俱减一年。若诬告平人凡死罪未决，杖一百、流三千里，加役三年律，比照已徒而又犯徒总徒四年者，遇例不减。

（此条系明代问刑条例，载在"徒流人又犯罪"律后。雍正三年，改定为条例16.06。）

条例 016.06：凡在京在外已徒而又犯徒（1）

凡在京、在外已徒而又犯徒，总徒四年者，遇例〔如恩赦、热审之类〕减等，俱减一年。若诬告平人死罪未决，应杖一百、流三千里、加徒役三年者，遇例减等，减为总徒四年。若再遇例，仍准再减一年。

（此条雍正三年改定。乾隆五年，增改为条例16.07。）

条例 016.07：凡在京在外已徒而又犯徒（2）

凡在京、在外已徒而又犯徒，律应总徒四年，及原犯总徒四年、准徒五年者，若遇赦减等，俱减一年。其诬告平人死罪未决，应杖一百、流三千里、加徒役三年者，若遇赦减等，减为总徒四年；若再遇赦，仍准再减一年。

（此条乾隆五年增改。乾隆三十二年，又将遇例"例"字，改为"赦"字。嘉庆六年，移附此律。嘉庆十六年，增改为条例16.08。）

条例 016.08：凡在京在外已徒而又犯徒（3）

凡在京、在外已徒而又犯徒，律应总徒四年，及原犯总徒四年、准徒五年者，若遇赦减等，俱减一年。其诬告平人死罪未决，应杖一百、流三千里、加徒役三年者，遇赦减等，减为总徒四年。若再遇赦，仍准再减一年。如已到流配，所加徒役已满者，即照寻常流犯，减为徒三年。

（此条嘉庆十六年，将条例16.07增改。）

薛允升按：加减罪例门，有原例一条云。在京法司每年热审，以命下之日为始，至六月终止。在外五年审录，以恤刑官入境日为始，出境日止。杂犯准徒五年者，减去一等，徒杖以下俱减等，枷号并答罪俱释放云云，即所谓遇例减等也，与此条互相发明。后愈改而愈失其真矣。"遇例"二字，原例指在内热审，在外审录而言，非遇赦也。《示掌》亦详言之，故载在徒流人又犯罪门。谓例应减等，最为赅括。乾隆三十二年改遇例为遇赦，未知本于何条。嘉庆六年又移入此门，则专指遇赦言之矣。即以遇赦而论，三流均减，满徒总徒亦减，满徒准徒则仍减总徒，其情罪本较流犯为轻，而遇赦减等，反较流犯为重，似非例意。即如监守盗四十两，律应准徒五年，一百两以上，例应流二千里。常人盗八十两之从犯，律应准徒五年，八十五两，例亦应流二千里。如遇赦减等，流罪减为满徒，徒五年者减为四年，有是理乎。缘向来徒犯无论已未到配，均准查办，流犯已经到配，即不在查办之列，是以此条专论总徒减等之法，未及流罪以上也〔准徒系后来添入者〕。此条原例所谓比照已徒而又犯徒，总徒四年者，或系未到配以前，例应减等，或热审或审录之类，或系衡情量减定拟，均指未经到配而言。《辑注》云："已徒又犯徒者，遇例减一等。此不减者，以诬告死罪，本是应流加徒之罪。总徒四年，已算减等，故不再减也。"语意最为明显。现在五军三流人犯，遇赦均准减等，一减即为满徒。总徒、准徒，皆徒罪也。军流虽有差等，而减法则同。准徒、总徒，似亦不应独异。若谓一例减杖，似嫌无所区别。徒三年之与徒一年，又将何所区别耶。再，总徒非罪名也，谓总不得过四年耳。定为科罪名目，已觉非是，更有准徒五年，则益不可为训矣。徒流人逃门又云："徒犯中途脱逃，徒三年者，加为总徒四年。总徒加为准徒五年。准徒改为杖一百，流二千里。"如遇赦减等，将如何办理耶。若如此例，则轻重失平，不如此又与例文不符，两处必有一误。存以俟参。原例专为已徒而又犯徒者设，故有减一年及遇例不减之文。乾隆五年，添入原犯总徒、准徒，便觉谬辊不清，后又改为赦款，则更舛错矣。与犯罪得累减及加减罪例各律参看自明。

条例 016.09：凡关系军机兵饷

凡关系重大军机兵饷事务，俱不准援赦宽免。〔关系行间兵饷者乃坐。〕

〔此条雍正三年定。雍正五年又以钱粮拨充兵饷者甚多，亏欠在一万两以下，俱不在赦之内，此条盖专指行间兵饷，因于例后复注"关系行间兵饷者乃坐"九字。乾隆五年，删"重大"二字，并删去注。〕

薛允升按：此补律所未备者。侵盗钱粮一万两以上不准援免，见下条，应参看。

条例 016.10：凡杀死本宗缌麻以上尊长

凡杀死本宗缌麻以上尊长，及外姻小功尊属者，俱不准援赦。

（此条系康熙年间现行例，雍正三年定例。）

薛允升按：此例因何纂定，并无原奏可考。第律兼常赦、恩赦，此例似专指恩赦而言。缘犯十恶不赦，律内已有明文，此亦有关十恶者，故不准援赦。《律例通考》云："查雍正十三年九月初三等日，钦奉恩诏，部覆内开，十恶律注，殴杀伯叔父母并兄者方入恶逆，并未载有缌麻服叔并缌麻兄字样等因。乾隆元年四月十七日，有卑幼殴本宗缌麻尊属及缌麻兄死者斩犯陈讨气等九名覆准援赦，嗣后如遇殴死缌麻尊长之犯，逢赦时似可声明请免"云云。此等人犯，现在如遇恩赦，仍准查办，与此例不符。乾隆元年六月，刑部奏："据护理江西巡抚布政使刁承祖疏称，查斩犯胡调因李旦玉殴打伊兄胡金，举棍向击，以致误伤胡金身死，实与争殴致毙者不同。查，雍正十三年十一月内，安徽巡抚题徐明时误伤亲叔徐昆弼身死一案，经部议，徐明时依斗殴而误杀旁人律，拟绞监候，并请援赦免罪，奉旨依议，钦遵在案。今胡调误伤胞兄胡金身死，与徐明时误伤亲叔徐昆弼致死之案，情事相同，惟彼案系照凡殴科罪，得以援赦免罪。此案原拟依弟殴胞兄死者斩决，部议改为监候。虽以服制定罪，似与赦款不符。但因殴他人而误伤期亲尊长致死则一。且缘救兄迫切而误伤其兄，于情更觉可原。可否一视同仁，邀恩援宥，听候部议。查胡调所犯情罪，虽与赦款不符，但缘救兄而误伤其兄，于情更觉可原，似应邀恩援免，恭候谕旨遵行。并请嗣后凡有此等案件，如逢恩赦，似应准其援免等因。奉旨：依议。钦此。"均应参看。

条例 016.11：诬告叛逆

诬告叛逆，被诬之人已决者，诬告之人逆斩立决；被诬之人未决者，拟斩监候，不准援赦，俱不及妻、子家产。

（此条系康熙年间现行例，雍正三年定例。嘉庆六年修并入条例 016.13。）

条例 016.12：捕役诬拿良民

捕役诬拿良民，及曾经犯窃之人，威逼承认，除被诬罪名遇赦尚准援免者，其反坐之番役亦得援赦免罪外，若将平民及犯窃之轻罪人犯，逼认为谋杀、故杀、强盗者，将捕役照例充军，遇赦不准援免。

（此条系乾隆三年，议覆兵部侍郎凌如焕条奏，乾隆五年定例。嘉庆六年，因为条例 016.11 有"分别已决、未决"等语，应载诬告门，将条例 016.11"已决"一层删去，与条例 016.12 并为条例 016.13。）

条例 016.13：诬告叛逆未决

诬告叛逆未决，应拟斩候者，不准援赦。又，捕役诬拿良民，及曾经犯窃之人威逼承认，除被诬罪名遇赦尚准援免者，其反坐捕役亦得援赦免罪外，若将平民及犯窃之轻罪人犯，逼认为谋杀、故杀、强盗者，将捕役照例充军，遇赦不准援免。

（此条嘉庆六年，将条例 16.11、16.12 并改。）

薛允升按：番役诬陷无辜，妄用脑箍等刑，致毙人命者，以故杀论，不准援赦。原例亦载此门，与此条例意相符。乾隆五年，将彼条移于诬告门内，删去不准原赦一语，未免参差。律无诬告不准援赦之文，例特严于诬告叛逆一层，拟斩已属加重，不准援赦，直与叛逆同科矣，尤嫌太重。捕役不准援赦，非捕役则仍应援赦矣。诬良为盗，诬告人死罪未决，均应在准免之列矣，而诬告叛逆未决，独严其法，亦觉参差。如谓此等情节较诬告别事为重，乃诬告人谋杀祖父母及杀一家三四人，并采生折割之类，例内何以均无加重治罪明文耶。

条例 016.14：凡侵盗仓库钱粮入己

凡侵盗仓库钱粮入己，数在一千两以上，拟斩监候之犯，遇赦准予援免。如数逾一万两以上者，不准援免。

（此条系康熙年间现行例，雍正五年定例。原载"监守自盗仓库钱粮"律后，例末尚有"文武官员犯侵盗者，俱免刺"二句。嘉庆六年，移载此律，惟删去末二句，仍归侵盗本条。）

薛允升按：既以千两及万两以上分别准免与否，则一千两以至八、九千以上，均准援免矣。惟准援免者，谓免其斩罪也，侵盗之赃似不在俱免之列。上条有干系钱粮等项应追取者，仍行追取之文，则此条侵盗罪名虽准援免，入己之赃，仍应著追明矣。此等免罪之犯，究竟如何著追之处，例未叙明。现在此等案件罪名归刑部核定，钱粮应免与否，则归户部核办，往往有不能画一之处。且有户部已经豁免，而刑部尚未免罪者。总由例文不大明显，故不免诸多参差也。

条例016.15：凡遇恩诏内开有军流俱免之条

凡遇恩诏内开有军流俱免之条，其和同诱拐案内，系民人，改发烟瘴少轻地方者，即准宽免。系旗下家人，于诱拐案内发遣为奴人犯，亦许一体援免。

（此条系乾隆二年刑部议准，乾隆五年定例。）

薛允升按：此专指诱拐一项，且专指旗下家人而言。此条和同诱拐案犯，历年办理，恩诏俱在准予援免之列，似无庸特立专条，以免挂漏。再，烟瘴少轻地方，亦系从前旧例，与现行例文不符〔现行例系极边足四千里〕，似应删除。

条例016.16：直省地方

直省地方，偶值雨泽愆期，应请治理刑狱者，除徒流等罪外，其各案内牵连待质，及笞杖内情有可原者，该督抚一面酌量分别减免省释，一面奏闻。

（此条乾隆八年，大学士等议覆山东布政使包括条奏定例。）

薛允升按：此谓由外奏请者也。各省遇有灾眚，该督抚将清理刑狱奏闻请旨，见户律检踏灾伤田粮，应参看。京师及畿辅地方，如值雨泽愆期，每有查办清刑恩旨，别省未经举行，以具奏奉旨后，始行查办，且必由部核覆，为时已阅多日，势难举行故也。惟同系灾眚，俱应清理庶狱，何以办理两歧。此例止言牵连待质及杖笞人犯，徒流并不在内，亦知徒流之碍难办理也。然牵连及杖笞人犯，并不咨部，尽可自行省释，何必定立专条耶。各省如遇灾眚，即应奏请清理刑狱，徒罪以下量行宽减，汇册咨部，方不致彼此互异。《周礼·朝士》："若邦凶荒、札丧、寇戎之故，则令邦国、都家、县鄙虑刑贬。"注："虑，谋也。贬，减也。凶荒之际，法不宽则民不安，而盗贼之变起，故令谋缓刑也。"后世清理庶狱，盖本于此。

条例016.17：凡察哈尔蒙古及扎萨克地方

凡察哈尔、蒙古及扎萨克地方，偷窃四项牲畜，罪应发遣贼犯，遇赦俱不准减等。

（此条系乾隆五十年，刑部奏准定例。）

薛允升按：即此例而论，可见偷窃牲畜之案，蒙古例文俱较刑例为重。乃贼盗门，偷窃蒙古四项牲畜，刑例拟绞，蒙古例改为发遣，未知何故。偷窃蒙古四项牲畜，较内地为重，是以不准援赦，后来此项罪名愈改愈轻，已与此例不甚符合矣。蒙古不准援赦，止此一条。

条例016.18：凡触犯祖父母父母发遣之犯（1）

凡触犯祖父母、父母发遣之犯，遇赦查询伊祖父母、父母，愿令回籍者，始准减免。

（此条系乾隆六十年，军机大臣会同刑部议准纂辑为例。嘉庆六年，增定为条例16.19。）

条例016.19：凡触犯祖父母父母发遣之犯（2）

凡触犯祖父母、父母发遣之犯，遇赦查询伊祖父母、父母，愿令回籍者，始准减免。俟释回后再有触犯，复经祖父母、父母呈送，民人发往黑龙江给披甲人为奴；旗人枷号两个月，仍发黑龙江当差。

（此条嘉庆六年，将条例16.18增定。嘉庆十三年，再增定为条例16.20。）

条例016.20：凡触犯祖父母父母发遣之犯（3）

凡触犯祖父母、父母发遣之犯，遇赦查询伊祖父母、父母，愿令回家，如恩赦准其免罪者，即准释放。若祇准减等者，仍行减徒。其所减徒罪，照亲老留养之例，枷号一个月，满日释放，毋庸充配。俟释放后再有触犯，复经祖父母、父母呈送，民人发往黑龙江给披甲人为奴；旗人枷号两个月，仍发黑龙江当差。

（此条嘉庆十三年，将条例16.19增定。嘉庆十七年奏准：释回再犯民人，改发新疆给官兵为奴。道光六年，调剂新疆遣返，改为枷号两月，发云贵两广极边烟瘴充军。道光二十四年，调剂内地军犯，改归原例。同治九年，又改为发驻防给官兵为奴。）

薛允升按：呈送发遣本例，系发烟瘴充军，释回后再有触犯，即发新疆为奴，亦系再犯加等之意。第初次呈送发遣，民人发烟瘴充军，旗人发黑龙江当差。罪名尚属相等，乃释回复犯竟有分别为奴，当差之殊，似嫌参差。

条例016.21：凡宗室觉罗及旗人民人

凡宗室觉罗，及旗人、民人，触犯祖父母、父母，呈送发遣圈禁之犯，除恭逢恩赦，仍遵定例查询办理外，若遇有犯亲病故，许令亲属呈报各该旗籍，咨明宗人府，并行知配所督抚、将军查核原案。止系一时偶有触犯，尚无怙终屡犯重情，并查看本犯果有闻丧哀痛迫切情状，如系宗室觉罗，由宗人府奏请释放。如系旗人、民人，由各督抚、将军咨报刑部核明，奏请释放。若本系桀骜性成，屡次触忤干犯，致被呈送发遣，情节较重之犯，俱不准释回。

（此条嘉庆十七年定。道光二十三年，于"若本系桀骜"句上增"如在逃被获，讯明实因思亲起见，又有闻丧哀痛情状者，即免其逃罪，仍发原配安置，不准释回。其逃回后自行投首，及亲属代首者，遇有犯亲病故，准其察看情形，如实系闻丧哀痛，免其发回原配，仍照不应重律杖八十。"共计十三句。）

条例 016.22：传习白阳白莲八卦红阳等项邪教

传习白阳、白莲、八卦、红阳等项邪教，为首之犯，无论罪名轻重，恭逢恩赦，不准查办，并逐案声明"遇赦不赦"字样。其为从之犯，亦俱不准援减。

（此条道光十二年，刑部会奏孟六等习教一案，奉旨纂辑为例。）

薛允升按：此专指习教一项而言，以尔时此项最重也。与禁止师巫邪术门条例参看。

事例 016.01：天命十年颁诏大赦

自死罪以下，咸赦除之。

事例 016.02：崇德元年颁诏大赦

除十恶外咸赦除之。有以赦前首告者，反坐。

事例 016.03：崇德二年颁赦

除十恶外一切违误小窃盗隐匿，咸宥释之。

事例 016.04：崇德五年特旨

赦死罪以下。

事例 016.05：崇德七年谕

尔等众犯，有应罪至死者，有应责罚者，朕因行祈祷，皆释尔罪，其各改过自新。

事例 016.06：崇德八年特旨

自大辟以下，咸赦除之。

事例 016.07：顺治元年奉恩诏

赦死罪以下。

事例 016.08：顺治八年谕

大贪罪至死者，遇赦不宥。

事例 016.09：顺治九年覆准

督抚承问叩阍事件，有情罪重大，不在涉例者，依限审结。其除轻罪与赦例相符者，即行释放，汇题销案。

事例 016.10：顺治十三年奉恩诏

除十恶及受赃官吏盗欠钱粮员役不赦外，其余重犯，及直省秋决重犯，皆与减等发落。

事例 016.11：顺治十四年谕

今岁自春入夏，连月不雨，三农失望，朕夙夜儆惕，默思其故，必由刑戮未清，无辜冤抑，以致上干天和，膏泽不降，特遣内阁大臣会同刑部，将现在狱犯，无论已结未结，逐加详审，其有无知而罹法网，小过而陷重辟者，即与察核走闻，务使允协，有枉必申，以昭朕祈天恤民之至意。

事例 016.12：事例顺治十五年奉恩诏

除十恶死罪不赦外，其余死罪以下，咸赦宥之。

事例 016.13：康熙元年奉恩诏

凡罪不论已未结及现在告发者，但系元年以前事，悉赦之。

事例 016.14：康熙元年定

凡谋杀故杀案内干连人犯，自军流以下，徒杖以上，俱照律例拟罪，不得援赦

事例 016.15：康熙十七年覆准

隐匿籍没入官人口财物，在赦后发觉者，不准援赦。

事例 016.16：康熙二十一年谕

山海关以外及宁古塔等处，官吏军民人等，除十恶死罪不赦外，其余已结未结一切死罪，皆减等发落。军流以下，悉予赦免

事例 016.17：康熙二十五年谕

明赦敕法，国宪不可以已。虽当屡行矜恤，绝去烦苛，终思尚德缓刑，乃为至治之极轨。自康熙元年，中外臣民，习染浇风，奸贪诈伪，顽钝者恬弗知耻，狡黠者瞽不畏法，以致是非乖缪，纲纪陵夷。朕亲政后，洞悉奸弊，加意厘剔，务使觚律干纪之众，人无遁情，法无旁贷，庶几禁遏顽豪，杜塞傲幸。近见罹罪咎者渐少，但革面未能革心，止因法令严密，辄思苟免。苟免之心切，则弥缝之弊深，巧伪滋多，亦未可定。今欲崇尚德化，务存惇大，一切令之自新。除前经审拟完结各案，及关系工程钱粮不议外，一应枉法得赃行贿与受人员，仍革职免拟重辟，照例追赃。其未经发觉者，悉予宽免。有以谕前事参讦者，概不准。自谕以后，中外臣民，须洗心易虑，省改前非，守法奉公，敦励廉耻，以副朕使人寡过之至意。

事例 016.18：康熙三十五年覆准

秋审减等安插尚阳堡等处人犯，既免死减等，与减降从轻之律相符，应援赦宽免。

事例 016.19：康熙三十八年谕

朕爱养生民，慎重刑狱，凡有奏谳，时示矜全。兹銮舆南巡，见沿途老稚男妇，环跪欢迎，心甚嘉悦。念此编氓，皆吾赤子，原期生聚教训，共底善良。其或陷于刑章，致困囹圄，改过无路，恻然伤之。所经过山东、江南两省，现在监禁人犯，除十恶死罪，并官吏犯赃不宥外，其余自康熙三十八年三月二十六日以前，死罪及军流徒罪以下，已结未结，悉著宽释。此朝廷巡幸所至，欲使并生之至意，可通行晓谕，咸悉朕怀。

事例 016.20：康熙三十八年又谕

朕巡视东南，行次浙省，留跸数日，以慰喁喁奏请之情。独念获罪人犯，身淹刑狱，一干法网，无由自新。兹乘舆经临，恻然矜悯，用沛好生之泽，聿示格外之

仁。该省所属地方，有罪犯现在监禁者，令照山东、江南例，一体赦免。

事例 016.21：康熙四十二年覆准

赦书一到，火速奉行。如不肖官将军流徒犯，故意迟延，诈取银两者，上司官查出，题参重处。若上司徇情不参，一并交与该部严行议处。

事例 016.22：康熙四十五年谕

刑部缓决人犯，至三、四次者，免死减等。

事例 016.23：康熙五十四年覆准

劈鞘盗课分用银两之犯，不准援赦。

事例 016.24：康熙五十五年奉旨

刑部缓决人犯，长系囹圄，殊属可悯。令九卿会同按其年分久远，情属可悯者，分别奏请减等。

事例 016.25：康熙五十七年谕

各省缓决人犯，分别减等。

事例 016.26：康熙六十一年诏

诏赦天下。

事例 016.27：康熙六十一年谕

恩诏内赦罪一款，非朕本心，徒为恶人侥幸，于事有何裨益？但朕即位之初，诸臣援例陈请，不得不允奏施行。凡此罪人，皆因其自取之罪，并非强治其罪也。此番援赦豁免人等，俱宜详记档案。如既赦之徒，仍不改恶，干犯法纪，务将伊等前加倍罪之。著详晓谕，并行各省，一体遵行。

事例 016.28：雍正元年诏

诏赦天下。

事例 016.29：雍正十三年奉恩诏

大赦天下

事例 016.30：雍正十三年奉旨

现今所犯罪重并拖欠银两数多之人，因遇恩诏，尚邀豁免，其从前拖欠银两之人，因遇恩诏，若以既入辛者库，已经结案，遂不得入于赦免之例，实属可悯。著交与内务府、刑部，将一应不能完交钱粮，已入辛者库，及犯罪入辛者库人等原案情由，并伊等祖父原系何人之处，皆著查明具奏。再，从前汉人犯罪，入旗入辛者库者，安插庄屯者，亦令查明，一并具奏。

事例 016.31：雍正十三年又奉恩诏

从前发往各处安置人员，查有情罪尚轻，在外已过三年，安静悔过者，具奏请旨。又，军流人犯，有本人身故，其妻子愿回本籍者，著该管官核明报部，即令回籍，不得留难，永著为令。

事例 016.32：雍正十三年再奉恩诏

除十恶不赦外，犯法妇人，尽行赦免。

事例 016.33：乾隆元年谕

明罚执法，国之大典，而肆赦所加，原以昭法外之仁也。恩诏之颁，期以息事宁人，使远迩咸知，迁善改过，共为良民，以成太平之治。乃闻各直省于一切案件，仍行提审驳审，严刑酷夹，恣意株连，使无辜之人，困于图圄，细微之事，刻为锻炼，含冤称屈，所在多有。夫罪名未定，案情未协，或有仍须详审者，但既非犯在不赦，则断谳亦易成招。若使合于赦款之人，不得即邀赦免之泽，而以酷刑毙命，或因拖累破家，则后即审明援赦，亦已无及，是朝廷已生全之，有司故戕害之，藐视功令，残虐民生，莫此为甚。且颁诏之后，已逾半年，而题结咨结之案，尚属寥寥，迟玩已极。著刑部即行令各该督抚，速行严饬各属，立即详慎查明，逐一详报，归结省释，如有仍前滥刑扰累，及耽延滋弊，以阻国家德意者，一经查出，罪有攸归，断不轻贷。即刑部所有案件，亦应速为剖析，勿致沉搁，以副朕哀矜庶狱之意。

事例 016.34：乾隆元年又谕

伦达理奏：请定遇赦人犯再犯罪名条例一折。从前遇赦免罪人犯，如再犯法纪，加倍治罪之旨，系恐其再犯，所以使之知儆，勉为良民耳。如必交刑部另定一遇赦免罪人再犯加倍治罪之例，是必其再犯也。朕何忍如此薄待吾民乎？即据所定，亦不能尽情尽法，毋妄毋纵也，且头绪纷繁，亦难画一。此事惟在地方大吏善为开导，必使遇赦之人，群闻朕旨，知有所感，而不忍为非，知有所惧，而不敢犯法，则善矣！即有一、二再犯之人，亦应量其情罪，哀矜弗喜，岂可概定一律，以待人之再犯乎？伦达礼此奏著发回，该部即行文各省督抚，将朕此谕遍行晓谕，咸使知闻。

事例 016.35：乾隆二年恩诏

现在定议，军流徒罪人犯未至配所者，概予宽免。

事例 016.36：乾隆二年奉旨

议奏：将从前不能完纳钱粮入辛者库并安插屯庄，及犯罪入辛者库之本身及妻子等各案情，查明具奏。奉旨：将伊等本身及伊等妻室子孙，皆从宽准其释归旗籍。

事例 016.37：乾隆二年覆准

从前八旗满洲及内务府五旗王公府属满洲，凡因罪给予公主、郡主之人，查其案情轻重，并将伊等祖父及本身有无效力之处，查明具奏，请旨赦令回旗。

事例 016.38：乾隆二年又奉恩诏

汉军犯军流罪者，已照旧例以枷责完结，其从前发遣在配者，该部按其情罪，具奏请旨。又，军流人犯已到配所者，向例遇赦不准放回，今特加恩，此等人犯内，除情罪重大，及免死减等，实系凶恶棍徒外，其余因事议遣，在配已过三年，安静悔过，情愿回籍者，该督抚具奏请旨，准其回籍。

事例 016.39：乾隆二年谕

从前发遣各处之人，其情罪尚轻者，先于恩诏内，令该管官具奏请旨。其情罪较重者，原无赦回之例。今朕思未经赦回之犯，其中有年逾七十，虽原案较重，而年已衰老，且在外年久，国法已伸，仍留遣所，情亦可悯。著该管官核明，除强窃行凶等重罪外，其余各犯，有年老在七十以上者，将所犯情罪，具奏请旨。再，军流人犯，本身已故，其妻子准其回籍，已于恩诏内著为定例，今朕思从前发遣在外安置及当差之犯，虽情罪较重，然本身已故，其妻子原系连坐之人，著各该管官核明，报部奏闻，准其回籍。

事例 016.40：乾隆二年又谕

两泽愆期，恐有滞狱，前已降旨刑部，将牵连待质人犯，及枷责轻罪，悉行核明省释。至于雍正十三年，两次恩诏后，仍行监禁者，原系不应赦免之人，上年秋审时，已令九卿科道等，将康熙五十二年，至雍正三年以前不赦之案，复加分别减等。其雍正四年以后，十三年以前所有不赦各案，其中有介于疑似，及屡经秋审缓决之犯，或尚有可矜，亦未可定。著总理事务大臣，合同刑部，将秋审、朝审招册，详加覆勘。如果有一线可原，应行减等，即酌定请旨。

事例 016.41：乾隆五年谕

现今两泽愆期，朕宵旰忧劳，无时或释，因思清理刑狱，亦感召天和之一端。尔部现在监禁人犯，内有一线可原者，著大学士、军机大臣等，合同尔部，分别具奏，候朕降旨，其轻罪人犯，有应减等者，亦著具奏减等，速行发落。

事例 016.42：乾隆七年谕

数月以来，雨泽稀少，朕宵旰靡宁，虔诚祈祷，虽得微雨，未为沾足。从前因天时亢旱，曾降旨清理刑狱，今著刑部将在部各案，内有牵连待质者，有轻罪情有矜原者，或应省释，或应末减，合同都察院、大理寺，悉心详核，妥议具奏。至于直隶、山东、河南三省，目下雨旸不均，亦著照此例行。嗣后各省，凡遇灾眚之年，著该抚将清理刑狱之处，奏闻请旨。

事例 016.43：乾隆七年又谕

今年上下两江被水情形，非常年可比，朕宵旰焦劳，凡极抚绥之道，亦屡经筹划矣。今又思《周礼·荒政》，载有缓刑之条，是举行矜恤之典，亦感召和气之一端。现在江苏、安徽两省，秋审人犯中，有情有可原，当在矜疑之列者，或多年缓决，不至正法，久系囹圄者，皆应减等完结，以示因灾恤刑之意。著大学士会同刑部，详阅招册，分别妥拟具奏。

事例 016.44：乾隆十年谕

京师三月以来，两泽愆期，今麦秋已届，未沛甘霖，仰望心切，朕已降旨虔诚祈祷。因思清理刑狱，亦祈求雨泽之一端。著刑部堂官，将徒杖以下等犯，核明情罪，或应释放，或应减等，即行具奏。其寻常案件，亦速为完结，毋得稽延，并行令直督，一例办理。

事例 016.45：乾隆十年又谕

古帝王治天下之道，以省刑薄赋为先。朕临御以来，爱育黎庶，惟日孜孜，于兹十年矣！仰荷祖眷佑，海宇乂安，万民乐业，朕心庆慰，特沛旷典，与民休息。上年夏月颁发谕旨，将天下正赋，普免一周，是闾阎已均被惠泽矣。惟念各省获罪之犯，于上年勾到之后，现在羁禁囹圄者，虽伊等孽由自作，法无可宽，而其中情事不同，轻重亦有差别。国家赦宥之典，或因行庆施惠，或因水旱为忧，间一举行。今朕哀矜庶狱，不忍令其淹滞圜扉，所有刑部及各省已经结案监禁人犯，除情罪重大，及常赦不原者，毋庸办理外，其余著大学士会同刑部，酌量分别，请旨减等发落。其军流徒杖以下，一并分析减等完结，俾伊等同沾肆赦之恩，勉图自新之路，以副协中钦恤本怀。

事例 016.46：乾隆十年再谕

朕特行赦宥之典，将刑部及各省已经结案人犯，令大学士会同该部，酌量案情，请旨分别减等发落，军流徒杖以下，一并分析减等完结。后经大学士等，将已经定案者，分别办理。其各省审题案件经法司衙门驳诘，尚未题覆者，凡自乾隆十一年正月初三以前，羁禁人犯，仍准于该督抚定案之日，分别减等。惟是外省人犯，该督抚审题，法司指驳者，既得邀恩，而在外督抚指驳未结者，其犯罪羁禁年月，同在恩旨以前，已经督抚定案，尚未题达者，自乾隆十一年正月初三日以前，并令刑部核明，仍著大学士会同该部，分别减免请旨。其各省所有尚未具题之案，著该督抚于题本内，将事在恩旨以前之处声明，法司随本分别请旨。

事例 016.47：乾隆十年另谕

朕此次西巡，舆跸所经，兵民欢庆。惟念圜扉之中，不得一体沾恩，朕心深为恻然。著将直隶、山西二省本年正月初三日恩旨以后，所有军流以下人犯，令该督抚分别情罪，请旨减等发落。

事例 016.48：乾隆十五年恩诏

秋审缓决五次以上人犯，量予减等，犯法妇女，除十恶不赦外，其余概予赦免。现在监质审人等，准予保释。

事例 016.49：乾隆十五年谕

朕今岁初次巡幸豫省，銮舆所过，既已迭沛恩施。惟是薄赋省刑，事宜并举。所有河南省军流以下罪犯，著查明减等发落，用昭庆典，俾予自新。

事例 016.50：乾隆十九年谕

仰惟列祖创业东土，光启万年景运。山陵永峙，福佑灵长。我皇祖圣祖仁皇帝三诣陪京，躬亲展谒，礼成行庆，典册昭垂。朕寅绍丕基，时深景慕，缅自乾隆八年秋，瞻仰桥山，迄今已逾十载，追远之诚，常如一日。本年七月，恭奉皇太后安舆，由热河起銮，取道吉林，巡历辽沈。车驾所至，兵民各安本业，风俗淳朴，辇路欢迎，扶携恐后，具著忠爱恫瘝。仰见先泽留贻，久而益恋，朕心深用欣慰。兹于九月初五等日，谒祭三陵，大礼告成，宜敷恺泽。其将奉天所属府州县，乾隆十九年地丁正项钱粮，通行蠲免。经过地方，前旨所免十分之三，及被水地亩，应蠲免钱粮，仍于明年应征额内补行豁除。自山海关以外，及宁古塔等处，官吏军民人等，除十恶死罪外，其余已结未结一应死罪，皆著减等发落；军流以下，悉予宽免。凡我留都士庶，尚其敬念根本重地，益务敦庞，毋忘先民矩矱，共享升平之福，永承乐利之麻，用称朕嘉惠优恤至意。

事例 016.51：乾隆二十年恩诏

除谋杀故杀外，如原无仇隙，偶因一时忿激相殴，伤重致死者，将凶犯免死，决杖一百，照例追银四十两，给死者家属。军流以下人犯，概予减等。除十恶不赦外，犯法妇人，尽行赦免。现在内外监候质审及干连人等，概予释放。

事例 016.52：乾隆二十一年谕

朕今岁前诣山东省地方观民，恩膏迭沛，而有罪者不获自新，朕甚悯焉。其将山东一省现在军流以下人犯，悉予减等发落。

事例 016.53：乾隆二十二年谕

江浙二省谳狱滋繁，朕巡省所至，覃布恩膏，黎庶均沾，闾阎恺乐，而有罪之人，囹圄桎梏，实由自取，亦何恤焉。但念狱一成而不变，其中奸民之犯法者固多，而无知误蹈之人，亦所时有，况未抵于重辟，尚可望其自新，用播德音，以符宽大。所有江苏、安徽、浙江等属军流以下人犯，俱著加恩，各予减等发落。

事例 016.54：乾隆二十三年谕

京师三月以前，连得雨泽，麦秋可望丰稔。入夏以来，虽得有微雨，未能沾透，麦秋分数颇减，而大田此时业已播种，待泽甚殷，朕心深切轸念，已降旨令该部虔申祈祷，因思清理刑狱，亦祈求雨泽之一端。著刑部堂官，照乾隆十年、十五年之例，将徒杖以下等罪，查明情节，或应释放，或应减等者，即行具奏。其寻常案件，亦著速为完结，毋得稽延滋累，并行令直督一体办理。

事例 016.55：乾隆二十四年谕

京师三月以来，雨泽稀少，直属地方，亦未得透雨。朕心深切轸念，因思清理刑狱，亦祈求雨泽之一端。著刑部堂官将徒杖以下等罪，查明情节，或应释放、减等者，即行具奏发落。其寻常案件，亦著速为完结，毋得稽延滋累，并行令直督一体办理。

事例 016.56：乾隆二十四年恩诏

徒流人犯，在流徙处所身故，其妻子愿回籍者，该地方官查明报部，准其回籍。

现在军流以下人犯，概予减等发落。

事例 016.57：乾隆二十六年谕

今岁恭逢皇太后七旬万寿，所有庆典，次第举行。现在刑部办理秋审案件内缓决人犯，其罪不至情实，而亦难遽从矜减者，阅时既久，淹系遂多，应酌量查办，以清谳牍。该部将朝审、秋审各犯缓决至三次以上者，核其情罪，分别请旨减等发落，用昭推广慈恩，矜恤祥刑至意。

事例 016.58：乾隆二十七年谕

朕稽古省方，乘春布令，而清理庶狱，矜恤尤深，用沛德音，式昭庆典。所有江苏、安徽、浙江三省军流以下人犯，俱著加恩减等发落。凡亲民之吏，其谆切诘诫，俾知改过自新，共享太平之福。

事例 016.59：乾隆三十年谕

朕时巡江浙，清跸所经，恩膏迭沛，军民士庶，无不抃舞胪欢，而清理庶狱，亦矜恤所宜逮。著将江苏、安徽、浙江三省军流以下人犯，俱加恩减等发落，俾得知改过自新，勉为良善，共享太平之福。

事例 016.60：乾隆三十二年谕

此次巡幸天津，闿泽覃敷，俾群黎各得其所，而清理庶狱，予以自新，亦恩施所宜逮，所有直隶省军流以下人犯，著该督饬属查核案情，分别减等发落。

事例 016.61：乾隆三十五年谕

朕恭奉慈舆，巡莅天津，闿泽覃敷，俾群黎各得其所，而清理庶狱，予以自新，亦恩施所宜逮，所有直隶省军流以下人犯，著该督饬属查核案情，分别减等发落。

事例 016.62：乾隆三十五年又谕

京师自入夏以来，得雨尚未深透，业经降旨设坛祈祷，因思清理庶狱，亦祈求雨泽之一端。著刑部堂官查明军流以下等罪情节，分别减等发落。其因事牵涉拘系质讯者，亦著速予省释。至寻常案件，并著即为完结，毋得稽延滋累。

事例 016.63：乾隆三十六年谕

京师及近畿，春膏未渥，入夏以来，得雨亦未深透。现在将届芒种，高下田亩，待泽维殷，业经降旨设坛祈祷，因思清理庶狱，亦足感致甘霖。著刑部堂官查明军流以下等罪情节，分别减等发落。其因事牵涉拘系质讯者，亦速行讯明省释。至寻常案件，并著即为完结，毋得稽延留滞。

事例 016.64：乾隆三十六年又谕

昨以京师及近畿甘霖未沛，农田待泽甚殷，因命刑部将军流以下等罪分别减等发落。今思秋审人犯，尚有曾经三次缓决者，其情罪俱尚可原。今岁恭逢万寿庆典，此等人犯，亦当在恩诏宽减之列，又何必令其久系囹圄。著刑部堂官将秋审缓决三次人犯，逐一查明，酌量所犯情节，分别减等具奏。

事例 016.65：乾隆三十六年再谕

山东省军流以下人犯，悉予减等发落。

事例 016.66：乾隆三十八年谕

朕恭奉皇太后慈舆，巡莅天津，阅视河工水利，因思清理庶狱，予以自新，亦施恩所宜逮。所有直隶军流以下等罪情节，著该督饬属查核案情，分别减等发落。

事例 016.67：乾隆三十九年谕

京师及近畿地方，春霖未获，入夏以来，尚未得有透雨。现在虔申祈祷，因思清理庶狱，亦足感致甘膏。著刑部堂官查明军流以下等罪情节，分别减等发落。其因事牵涉拘系候质者，亦速行讯明省释。至寻常案件，即为完结，毋得稽延留滞。其直隶省一体遵照查办。

事例 016.68：乾隆四十一年谕

兹当金川全境荡平，告功孔庙，踌途所经之地，业已迭沛恩施。第念武功耆定，兵气永锁，并宜式措祥刑，益敷恺泽。所有直隶省现在军流人犯，著加恩悉予减等发落，用昭行庆肆眚之至意。

事例 016.69：乾隆四十一年又谕

朕因金川扫穴擒渠，告功阙里，恭奉圣母慈辇，瞻礼岱庙，迓福祝厘，宜溥浩荡之恩，以广慈庆。著将山东省军流以下人犯，照例减等发落，用昭钦恤推恩至意。

事例 016.70：乾隆四十一年恩诏

直隶、山东军流以下人犯，业经踌路经由，降旨减等发落。其在京刑部，及各省军流以下人犯，并著加恩，概予减等发落。徒流人犯，在流徙处所身故，其妻子情愿回籍者，该地方官报明该部，准其各回原籍。满兵跟役脱逃，如无偷窃军械马匹等项情事，著照前降宽免余丁谕旨，交部一体核拟发遣。

事例 016.71：乾隆四十二年恩诏

在京及各省军流以下人犯，分别减等发落。

事例 016.72：乾隆四十三年谕

前经降旨，直省军流人犯内已过十年者，查明省释回籍。今自乾隆十一年查办之后，历时已久，各省配人犯，所积渐多，自应再沛恩施，用昭矜恤，况近年以来，屡命将秋、朝谳缓决至三次各犯概予减等，而此项军流人犯，其从前情罪本属稍轻，转未得仰邀旷典，亦属可悯。著交各省督抚查明各该地方，从前军流人犯内已过十年，安分守法，别无过犯者，分别咨部，照十一年之例核拟，奏请省释。其有在配年久，自能谋生，不愿回籍者，仍听其自便。

事例 016.73：乾隆四十三年又谕

京师及畿辅，春膏未渥，昨虽有微雨，不成分寸。现在已交夏令，高下田亩，待泽维殷。因思清理庶狱，亦足感致天和。著刑部堂官查明军流以下等罪，分别减等发落。其因事牵涉拘系质讯者，亦速行讯明省释。至寻常案件，并著即为完结，毋得稽延留滞。直隶省并一体遵照办理。

事例016.74：乾隆四十三年再谕

河南省开封、彰德、卫辉、怀庆、河南五府属，今春雨泽愆期，设坛祈祷，尚未据报得有透雨，朕心深为廑念。因思清理庶狱，亦感召天和之一端。著该抚将开封等五府属所有军流以下人犯，查明分别减等发落。其因事牵涉拘系者，亦审明省释。至寻常案件，并著速为完结，毋得稍有稽延，以期甘膏早沛。

事例016.75：乾隆四十三年四谕

前因河南省开封等五府属，雨泽愆期，麦田被旱，曾经降旨将该五府军流以下人犯，分别减等发落，以冀仰邀天泽。但思归德、陈州等府，虽先后据报得雨，其余各府州属，尚未普沾，且同在一省之中，恩宜遍逮。著该抚查明通省军流以下等罪，一体分别减等发落。其因事牵涉拘系质讯者，亦速讯明省释。至寻常案件，并著即为完结，俾庶狱衰息，速召和甘。

事例016.76：乾隆四十三年五谕

盛京等处俗厚风淳，狱讼衰息，惟因五方杂处，良莠不齐，其无知而蹈法网者，亦复不免。朕恭谒祖陵，礼成行庆，业经迭沛恩膏，并宜式措祥刑，益敷恺泽。所有奉天、吉林、黑龙江等处军民人等，除十恶死罪及秋审情实各犯外，其余已结未结一应死罪，俱著减等发落。军流以下，悉予宽免。

事例016.77：乾隆四十五年恩诏

各直省军流以下人犯，俱著减等发落。

事例016.78：乾隆四十五年谕

朕銮辂时巡，乘春行庆，而清理庶狱，矜恤尤深，用沛德音，式敷恺泽。所有江苏、安徽、浙江三省，恩诏后军流人犯，俱著加恩各予减等发落。

事例016.79：乾隆四十八年谕

三月二十八日，京师及近畿得雨后，近已弥月，虽屡降微雨，总未优沾。现在时交芒种，朕心望泽孔殷，因思清理庶狱，或可感召甘膏。著刑部堂官查明军流以下罪名情节，分别减等发落。其因事牵涉拘系质讯者，亦速行讯明省释。至寻常案件，并著即行完结，毋得稽延留滞。直隶省并交该督抚一体遵照办理。

事例016.80：乾隆四十八年又谕

朕恭谒祖陵，礼成行庆，并宜式措祥刑，益敷恺泽。所有奉天、吉林、黑龙江等处军民人等，除十恶死罪及秋审情实各犯外，其余已结未结一应死罪，俱著减等发落。军流以下，悉予宽免。

事例016.81：乾隆四十八年再谕

朕清跸巡方，顺时行庆，而矜恤庶狱，廑念尤深，宜沛德音，用敷恺泽。江苏、安徽、浙江三省军流以下人犯，俱著加恩各予减等发落。

事例016.82：乾隆四十八年还谕

朕巡幸江浙，庆典覃敷，于庶狱尤深矜恤，业已降旨照历次南巡之例，将江浙二省军流人犯减等发落。但念山东、直隶二省，现在缺雨，农田望泽维殷，清理庶狱，亦可感召。所有该省军流以下人犯，亦一体加恩，各予减等发落，用普恩施，以期甘霖速沛。

事例016.83：乾隆五十年恩诏

直省军流以下人犯，俱著减等发落。

事例016.84：乾隆五十年谕

本年举行千叟盛典，官民耆老，咸得普被恩施，用彰锡福。其直省军流以下人犯，亦于恩诏内概予减等发落。惟罪犯斩绞，情节不致予勾，或本拟缓决者，俱应牢固监禁。该犯等因身罹重辟，虽年已老迈，仍不免羁禁囹圄，未得一体邀恩，朕心深用恻然。著刑部堂官于朝审、秋审情实未勾，并原拟缓决斩绞人犯内，详加查核，除近年新事，及年未七十者，仍牢固监禁外，其余年七十以上未经予勾，及本拟缓决之犯，著加恩分别减免释放。

事例016.85：乾隆五十三年谕

京师于三月二十日得雨后，至今半月有余，未经续得透雨。现在大田播种之际，朕心望泽甚殷。因思清理庶狱，或可感召甘膏。著刑部堂官查明徒罪以下各案犯情节较轻者，分别减等发落。其因事牵涉拘系候质者，亦速行讯明省释。至寻常案件，并著即行完结，毋得稽延留滞。

事例016.86：乾隆五十五年恩诏

各省监禁人犯，著将上年秋、朝审内缓决至三次各犯，仍照节次查办之例，查明所犯情节，分别减等发落。其缓决一、二次人犯内，案情本轻，可予矜原者，亦著该部查明，请旨定夺。现军流以下人犯，俱著减等发落。再配军流人犯，已过十年，安分守法，别无过犯者，著各督抚分别咨部，查照向例核拟，奏请省释。

事例016.87：乾隆五十六年谕

京师自三月得有膏雨以后，近畿一带，业据奏报普沾渥泽。京城一月以来，虽有微雨，未得深透。现届大田播种之际，望泽甚殷。因思清理庶狱，或可感召甘霖。著刑部堂官查明徒罪以下各案犯情节较轻者，分别减等发落。其因事牵涉拘系候质者，亦速行讯明省释。至寻常案件，并著即行完结，毋得稽迟。

事例016.88：乾隆五十七年谕

京师自本年二月以来，虽经迭次得雨，总未沾足。现届麦苗长发之际，望泽甚殷。因思清理庶狱，或可感召甘霖。著刑部堂官查明徒罪以下各案犯情节较轻者，分别减等发落。其因事牵涉拘系候质者，速行讯释。寻常案件，亦著即行完结。

事例 016.89：乾隆五十七年又谕

京师自春徂夏，未得透雨，朕斋心虔祷，望云瞻礼，宵旰靡宁，节经降旨，屡沛恩施，以期感召甘和，渥沾澍泽。旬日以来，尚在盼雨未得，朕心实增焦切。因思近年台湾海洋盗氛甚炽，曾谕该省督抚从重示惩，原期禁戢凶暴，以安良善。乃积年附近海洋省分，督抚等奏报拿获洋盗，多系一面奏闻，一面即行正法，虽属辟以止辟之意，第恐所获之犯，未必尽系正盗，甚至愚民重利轻生，顶凶认盗，而正盗转至远扬。又或奸民因仇诬指，其中或有冤抑，亦未可知，殊非朕靖盗安民之本意。各省用刑失当，虽距辇毂甚远，然皆朕率土之民。京师缺雨，或由慈乎？朕子惠元元，远近岂有歧视。此后台湾地方拿获盗犯，该督抚审明后，如果系首盗，自应即行正法，以儆凶顽。若止系随从伙党，及把风接赃等犯，仍按照常例，分别办理。其附近海洋及各直省，凡遇命盗等案，俱应细心研讯，务期情真罪当，按例办理，不得有意从严，株连拖累。此系朕吁天祈泽，夙夜焦劳之极思，各督抚等尚其敬体朕意，详慎庶狱，以期共迓祥和，庶冀甘霖速沛。

事例 016.90：乾隆五十八年谕

热河自七月初八日得雨以后，旬余未经续沛醲膏、连日暑气郁蒸，京城想必更甚。虽现在庄稼将次刈获，直隶、山东各省，已据奏报丰收，即雨泽稍缺，于农田固无妨碍。但目下业已过处暑出伏，而烦歊未退，恐民间不免有蕴蒸致疾之处。朕心望泽孔殷，因思清理庶狱，可期感召甘霖。著刑部堂官查明徒罪以下各案犯情节较轻者，分别减等发落。其缘事牵涉拘系候质者，亦速行讯明省释。至寻常案件，并著即行完结，毋庸稽滞，以迓甘和。

事例 016.91：乾隆五十八年又谕

京师入冬以来，尚未得有雪泽，允宜清理庶狱，感召天和。所有朝审、秋审情实未勾已过三次人犯，著加恩改入缓决。其由实改缓已过三次人犯，及原拟缓决已过一、二次者，俱著该部查明各案所犯情节，分别减等发落。

事例 016.92：乾隆五十九年谕

热河自六月下旬雨后晴霁，暑气郁蒸，京城自必更甚，恐民间不免有蕴蒸致疾之处。其缘事拘系囹圄者，尤可矜悯，自宜清理庶狱，以期纳爽延庥。著刑部查明徒罪以下，分别减等发落。其缘事牵涉拘系待质者，速行讯明省释。至寻常案件，即行完结，毋庸稽延。其承德府所属监禁各犯，并著一体查明，就近具报军机大臣，分别核办。

事例 016.93：乾隆五十九年又谕

热河旬余以来，晴霁积久，暑气熏蒸，已命军机大臣将承德府所属监禁各犯减等发落矣。因思京城虽已得雨，而当此暑伏之际，其缘事拘系羁禁囹圄者，殊堪矜悯，且清理庶狱，亦足以感召甘霖。著刑部堂官查明徒罪以下者，分别减等发落，以示体恤。

事例 016.94：嘉庆元年恩诏

官吏兵民人等有犯，除谋反叛逆，子孙谋杀祖父母、父母，内乱，妻妾杀夫，奴婢杀家长，杀一家非死罪三人，采生折割人，谋杀故杀真正人命，蛊毒魇魅毒药杀人，强盗、妖言、十恶等，真正死罪不赦外，军机获罪，隐匿逃人，亦不赦外，其余自嘉庆元年正月初一日以前，已发觉、未发觉，已结、未结者，咸赦除之。有以赦前事告讦者，以其罪罪之。各省军流人犯，查明到配三年，实在安静守法，及年逾七十者，释放回籍。

事例 016.95：嘉庆二年谕

本年春雨频沾，麦苗正长发茂盛，立夏后又得雨一次，虽尚可接润，但又逾旬日，未经续获透雨，农田不无望泽，朕心深为廑切。著该部照例设坛，虔诚祈祷，以期渥沛甘霖。再，清理庶狱，亦足感召和甘，并著刑部查明各省军流以下各案，分别减等发落。其因事牵涉拘系待质者，亦速行讯明省释。至寻常案件，并著即行完结，毋得稽延，以迓麻和而昭敷锡。钦此。遵旨奏准：各省已未起解，及在配军遣流徒各犯，均分别减等发落。该督抚照例于一月内，将军流遣犯汇疏具题，徒犯咨部核覆。

事例 016.96：嘉庆三年谕

本年二月以来，虽得雨泽，究欠沾足。现交立夏，麦苗长发，大田播种，尤须膏泽，已设坛虔祷，甘膏未沛。因思清理庶狱，足以感召和甘。著刑部查明各省军流各案，分别减等发落。其因事牵涉拘系候质者，亦速行讯明省释，以迓麻和而祈渥泽。钦此。遵旨奏准：新疆、黑龙江军台官常各犯，一并核办，分别减等。

事例 016.97：嘉庆四年恩诏

现在内外监候质审及干连人等，俱著准其保释。军流人犯，有本人身故，其妻子情愿回籍者，该管官报明该部，准令各回原籍。

事例 016.98：嘉庆四年又恩诏

直省军流以下人犯，分别减等发落。

事例 016.99：嘉庆五年谕

本年入春以来，雨泽较少，今已立夏，麦苗正资长发，而时雨尚稽，农田望泽维殷，朕心深为廑切。著该部照例设坛祈祷，以期渥沛醲膏。再，朕思清理庶狱，亦足感召和甘，著刑部查明各省军流以下各案，及在配者，分别减等发落。其因事牵涉拘系候质各犯，亦速行讯明省释。至寻常案件，并著即行完结，毋得稽迟。

事例 016.100：嘉庆五年又谕

前因立夏以后，时雨尚稽，农田望泽甚殷，业经降旨清理庶狱，令刑部将各省军流以下各案，及在配者，分别减等。今又思刑部及各省监狱内，尚有永远监禁，并永远枷号各犯，亦宜推广仁施，一体查明。著刑部查明各原案，摘叙事由，开单进呈，候朕酌量加恩，以期甘霖渥沛。

事例 016.101：嘉庆五年再谕

本年春夏以来，雨泽愆期，节经降旨加恩，本日仰邀昊贶，甘雨应时，尤当渥沛恩膏，用昭禽应。除将昨降恩旨仍查核加恩外，并将宗人府永远圈禁人员，及发往军台效力之人，一并查明，请旨办理，以示敬迓天和恩施无已至意。

事例 016.102：嘉庆六年谕

御史郑敏行奏：请定触犯父母发遣人犯不准援赦之例一折。此等遣犯，向例皆不准援赦，嗣于乾隆六十年查办发遣人犯，钦奉皇考高宗纯皇帝时旨，如查询伊祖父母、父母愿令回籍者，即准释回。敬绎圣意，子孙违犯教令，其祖父母、父母送官发遣，或系出于一时气忿，及至子孙远戍，后来未必不心存系念，是以皇考特谕有仍愿子孙回家者，准其援赦，系曲体天下为祖父母、父母者之心，并非于曾犯忤逆之人稍有宽贷，自当永远遵行。乃该御史折内，称彼时皇考因次年即值归政之期，法外施仁，尤属措词失体。我皇考矜慎庶狱，六十年如一日，此事特溥如天之仁，推而及于庶民爱子之至情，于归政何涉！该御史辄敢冒昧撼陈乎！至该御史既知以孝治天下，岂有皇考钦定例条轻言更易之理。所有触犯父母发遣人犯，如遇恩赦，传询各犯祖父母、父母，有愿伊子回家者，仍钦遵皇考谕旨，准其释回，以符孝治天下之义。傥赦回后再有忤逆情事，一经呈告，即当加倍治罪。至前定父母已故准令释回条例，系彼时军机大臣所议，原未允协。忤逆发遣之人，若谓伊父母已故，不致再有忤逆情事，即准释回，殊非情理，况该犯于亲在时，既敢忤逆违犯，失其欢心，又安望其依恋墟墓之诚耶！此一条著即删去，仍遵例不赦。

事例 016.103：嘉庆六年恩诏

除十恶及谋故杀不赦外，犯法妇人，尽予赦免。

事例 016.104：嘉庆六年又谕

京师自本月初旬连日大雨，永定河决口四处，中顶、南顶及南苑一带，俱经淹浸，犹幸决口处，尚距卢沟桥南五、六里，若在向北冲决，则京师及圆明园皆被水患，是上天于降灾示儆之中，仍寓仁爱垂慈之意，叩感之余，朕心益深兢惕。向来偶遇雨泽愆期，清理庶狱，以冀感召和甘，因思旱涝同一灾祲，此次雨水连绵，居民屋宇，多有淹浸，而囹圄之中，蒸湿尤甚，殊堪悯恻。著刑部查明各省军流以下各案，无论已结未结，在配在途，概行分别减等发落。其因事牵涉拘系候质各犯，亦速行讯明省释。至寻常案件，并著即行完结，毋得稍迟。

事例 016.105：嘉庆十年恩诏

奉天、吉林、黑龙江等处，除十恶死罪不赦外，凡已结正未结死罪，俱著减等。其军流徒杖等罪，俱著宽释。

事例 016.106：嘉庆十一年谕

钦恤庶狱，仁政所先。溯查乾隆十一年，皇考高宗纯皇帝曾大沛恩慈，特颁省刑谕旨。朕仰承皇考付讬之重，自嘉庆元年授玺大廷，敬聆训政，迨四年亲政，恪遵成宪，夙夜孜孜，以爱育黎元为念。适值剿办三省邪匪，廓除净尽，嘉与薄海，苍生共享升平，休养生息，此实仰赖昊苍眷佑，列圣贻庥，俾臻康乂。兹当纪年开泰，著加恩遵照乾隆十一年之例，所有刑部及各省已经结案监禁人犯，除情罪重大，及常赦所不原者，毋庸查办外，其余著大学士会同刑部酌量案情轻重，分别请旨减等发落。其军流徒杖以下人犯，一并分析减等完结，俾沾贳宥之恩，勉图自新之路，以副朕锡福兆民至意。

事例 016.107：嘉庆十二年谕

京师入春以来，雨泽稀少，近日设坛祈祷，仍未普沛甘膏，宵旰焦思，时深殷盼，朕惟清理庶狱，亦感召和甘之一端。向来军流以下人犯，间予减等发落，但积贼窝匪，若概行赦贳释回，该匪等未必革面洗心，仍为地方之害，且上年恩旨。各省办理减等，现在查办尚未全竣。今因京畿望泽，除积贼人犯不必查办，并各省军流以下人犯，此次毋庸一律办理外，著刑部将直隶一省及部中审拟军流等罪，已未到官常各犯，详查案情，择其情稍有可原者，无论远年近年，迅即开单具奏，候朕量加宽宥。其因事牵涉拘系候质各犯，亦速行讯明省释。至寻常案件，亦著即行完结，毋得稍滞，庶几祥和翕应，速沛甘霖。

事例 016.108：嘉庆十三年谕

朕此次巡莅天津，庆泽覃敷，俾群黎咸沾惠恺，因思清理庶狱，予以自新，亦施恩所宜逮。所有直隶省军流以下人犯，著该督饬属查核案情，分别减等发落。

事例 016.109：嘉庆十四年恩诏

各省军流以下人犯，俱著减等发落。

事例 016.110：嘉庆十四年议准

凡因触犯问拟军罪，在配脱逃被获，例应加等改发之犯，即查询犯亲，愿令回籍，按照军犯脱逃遇赦得免逃罪之例，止准免其逃罪，仍应发原配充军，不得与在未脱逃人犯一律减徒。但此等人犯，本系伊祖父母、父母呈请发遣，既经遇赦查询，愿令回籍，若仍令羁留军配，不得遂其鸟私，殊非曲体为人父母者望子之心。查军流徒事同一例，自应与触犯发遣应准减徒之犯，均照亲老留养例，免其刺字，枷号四十日，满日交与犯亲领回管束。如犯亲不愿领回，或业已物故，即应刺字改发，不准免其逃罪。

事例 016.111：嘉庆十六年谕

朕此次西巡，驻跸五台，闾泽覃敷，同沾渥惠，因思清理庶狱，予以自新，亦施恩所宜逮。著加恩将山西省军流以下人犯，分别情节，减等发落。

事例 016.112：嘉庆十六年又谕

直隶军流以下人犯，亦著加恩交该督分别情罪，减等发落。

事例 016.113：嘉庆十六年再谕

近以京畿望泽孔殷，设坛祈祷，尚未渥沛甘膏。豫东二省疆吏亦均奏报缺雨，朕心深为焦急，因思清理庶狱，亦感召和甘之一端。著刑部即将部中审拟军流以下官常各犯，分别奏明，减等办理。其因事牵涉拘系候质各犯，速即审明省释。寻常案件，亦著速行完结，毋得稍滞。其豫东二省，并著一体遵照办理。

事例 016.114：嘉庆十六年还谕

刑部具奏：京城普被甘霖，遵例停止军流减等一折。前因京畿一带雨泽稀少，豫东二省亦俱奏报缺雨，降旨交刑部清理庶狱，将军流以下各犯分别减等，并著豫东二省一体遵照办理，以冀感召祥和，甘膏速沛。本月十三日以后，连次得雨，四野均沾，朕于二十二日躬诣三坛报祀，仍复默吁神庥，旋即乌云密布。朕礼成回园，途间大雨滂沱，已极优渥。自昨夜至今，连宵达旦，复廉纤夫已。仰见昊慈眷注，诚切感孚，实深钦慰。所有此次减等发落之军流以下人犯，如照向例即于二十二日停止，尚非朕仰荷推和布泽之意。著加恩再行展限三日，并著豫东二省，亦一体遵照，于得雨三日之后停止。嗣后遇有祈祷雨泽，酌减军流以上案犯，俱著于大沛甘霖三日之后再行截止。

事例 016.115：嘉庆十七年谕

富存于上年见另案被母呈送圈禁之人有呈恳释放者，伊心怀忧闷，自称父母俱故，不能放出，劝慰莫解，因而自戕。阅其情节，亦觉可悯。子于父母，如有干犯重情，早经依律治罪，其偶违教令，经父母一时之怒送官监禁者，情节本属稍差，伊父母呈恳释放，亦尚有不忍遽绝其子之心，设伊父母猝患危疾，及衰老身故，该犯羁身圜土，闻信后漠不关心，是其天良渐灭，无可矜怜。若尚知惓念天亲，哀思悔恨，痛不欲生，竟以无人恳释，因而自戕，或被瘐毙囹圄，亦无以广法外之仁。著刑部会同宗人府核议，并此外旗人民人经父母呈送忤逆之犯，其父母因病身故，有情节类此者，应如何讯问本犯，酌理准情，分别应禁应释，详议条款，奏定后载入则例遵行。钦此。遵旨议准：嗣后呈送发遣圈禁之犯，除恭逢恩赦，仍遵定例查讯办理外，若遇有犯亲病故，许令亲属呈报各该旗籍，并行知配所，查核原案，止系一时偶有触犯，尚无怙终屡犯重情，并查看本犯果有闻丧哀痛情状，系宗室觉罗，由宗人府奏请释放；系民人，由配所咨部核明奏请释放。若情节较重之犯，俱不准释回。

事例 016.116：嘉庆二十二年谕

现在京畿雨泽愆期，著刑部即将部中及直隶省军流以上人犯，分别奏明，减等发落。

事例 016.117：嘉庆二十四年恩诏

各直省军流以下人犯，俱著减等发落。

事例 016.118：嘉庆二十五年恩诏

官吏兵民人等有犯，除谋反叛逆，子孙谋杀祖父母、父母，内乱，妻妾杀夫，奴婢杀家长，杀一家非死罪三人，采生折割人，谋杀故杀真正人命，蛊毒魇魅毒药杀人，强盗、妖言、十恶等，真正死罪不赦外，军机获罪，隐匿逃人，亦不赦外，其余自嘉庆二十五年八月二十七日昧爽以前，已发觉、未发觉，已结、未结者，咸赦除之。有以赦前事告讦者，以其罪罪之。

事例 016.119：嘉庆二十五年又恩诏

各省军流人犯，查明到配三年，实在安静守法，及年逾七十者，释放回籍。

事例 016.120：嘉庆二十五年再恩诏

现在内外监候质审及干连人等，俱著准其保释。军流人犯，有本人身故，其妻子情愿回籍者，该管官报明该部，准令各回原籍。

事例 016.121：嘉庆二十五年还恩诏

除十恶不赦外，犯法妇人，尽行赦免。

事例 016.122：道光元年恩诏

直省军流以下人犯，分别减等发落。

事例 016.123：道光二年恩诏

犯法妇人，除十恶、谋杀、故杀不赦外，余俱宽免。

事例 016.124：道光八年恩诏

在京刑部及各直省军流以下人犯，并著加恩，概予减等发落。流徒人犯在流徒处所身故，其妻子情愿回籍者，该地方官报明该部，准其各回原籍。

事例 016.125：道光八年又恩诏

满洲兵跟役脱逃，如无偷窃军机马匹等项情事，照乾隆年间宽免余丁成案，交部一体核拟发遣。

事例 016.126：道光九年恩诏

奉天、吉林、黑龙江等处，除十恶死罪不赦外，其余死罪俱减等，军流以下宽释。

事例 016.127：道光十一年谕

朕临御以来，兢兢业业以爱育黎庶为怀，兹当纪年开泰，寰宇义安，允宜循照旧章，用宏矜恤。所有刑部及各省已经结案监禁人犯，除情罪重大，及常赦所不原者，毋庸查办外，其余著大学士会同刑部，酌量案情轻重，分别请旨减等发落。其军流徒杖以下，一并分析减等完结。

事例 016.128：道光十二年奉旨

刑部会奏：孟六等习教一案。奉旨：此案孟六先经拜谷老位师，入红阳会，烧香念经，治病传徒。迨谷老病故后，复敢在家供奉飘高老祖图像，聚众拜会，实属目无法纪，著发往乌鲁木齐为奴，遇赦不赦。嗣后各项习教为首人犯，有应行遇赦不赦者，著刑部酌定章程具奏。钦此。遵旨议奏：查传习邪教，引诱良善，最为风俗人心之害，若犯案到官，予以遣戍，一经遇赦，即准释回，必致故智复萌，潜行煽惑，故历届赦款，俱不准查办，以期净绝根株。惟是向来习教为首不准援减，俱系临时奏定，例内并无明文，自应明定章程，以昭惩儆。嗣后传习白阳、白莲、八卦、红阳等项邪教为首之犯，无论罪名轻重，恭逢恩赦，不准查办，并逐案声明遇赦不赦字样。其为从之犯，亦俱不准援减。

事例 016.129：道光十二年谕

京师入夏以来，雨泽稀少，近日设坛祈祷，并亲祀天神坛虔申扣祷，尚未速沛甘膏，宵旰焦思，时深殷盼，朕惟清厘庶狱，亦感召和甘之一端。向来军流以下人犯，间予减等发落，上年恩旨，各省办理减等，因京畿望泽，再沛恩施，除积贼人犯不必查办，并各省军流以下人犯，此次毋庸一律办理外，著刑部将直隶一省及部中审拟军流等罪，已未到配官常各犯，详查案情，择其情稍有可原者，无论远年近年，迅即开单具奏，候朕量加宽宥。

事例 016.130：道光十四年恩诏

除十恶及谋杀故杀不赦外，犯法妇人，尽予赦免。

事例 016.131：道光十六年谕

京师上年冬雪稀少，本年春夏得雨，均未沾足，朕宵旰焦思，虔诚默祷，迭经降旨设坛祈雨，复亲诣黑龙潭拈香，午后浓云密布，雨泽应时，朕心实深寅感。惟入土尚未深透，尤冀续沛甘霖，朕惟清厘庶狱，亦感召和甘。从前雨泽愆期，曾降旨将军流以下人犯减等发落，兹宜再颁宽典，用广法外之仁。除积贼及各省军流人犯此次毋庸一律查办外，著刑部将直隶一省，及部中审拟军流等罪，已未到配官常各犯，详查原案，无论远年近年，择其情有可原者，开单具奏，候朕量加宽宥。至刑部现在收禁人犯，若因未经定案，久系囹圄，疾病颠连，情殊堪悯，著该部审度案情，立予清理省释。此外寻常案件，亦著速行完结，不得迁延羁禁。

事例 016.132：道光十八年谕

京师入夏以来，雨泽稀少，迭经降旨设坛祈祷，复亲诣黑龙潭拈香，得雨数次，未能沾足，宵旰焦思，时深殷盼。朕惟清厘庶狱，亦感召和甘。从前京畿雨泽愆期，曾降旨将军流以下人犯减等发落，兹宜再颁宽典，用广法外之仁。除积贼及各省军流人犯此次毋庸一律查办外，著刑部将直隶一省，及部中审拟军流等罪，已未到配官常各犯，详查原案，无论远年近年，择其情有可原者，开单具奏，候朕量加宽宥。其上年失足脱肩致落亭顶之銮仪卫校尉张士英一犯，故念事出无心，加恩贷其一死，并减等发落。

事例 016.133：道光十九年谕

京师入夏以来，雨泽稀少，迭经降旨设坛祈祷，朕亲诣黑龙潭拈香，复于宫内斋心默吁，旋于本月初一日，甘澍优沾，入土三寸有余。现在节过夏至，未得续沛甘霖，朕惟清理庶狱，亦足感召和甘。著刑部将直隶一省，及部中审拟军流等罪，已未到配官常各犯，详查原案，择其情有可原者，开单具奏，候朕量加宽宥。

事例 016.134：道光二十五年

京师入夏以来，雨泽稀少，迭经降旨设坛祈祷，朕亲诣黑龙潭拈香，连旬得雨数次，未能沾足。现在节近夏至，农田待泽孔殷，朕心倍深焦切，因思清理庶狱，亦足感召和甘。著刑部将直隶一省，及部中审拟军流等罪，已未到配官常各犯，详查原案，择其情有可原者，开单具奏，候朕量加宽宥。

事例 016.135：道光二十五年奉旨

刑部遵旨速议清理庶狱，由京师推广各省等语。所有各省军流以下人犯，著准其照刑部现定章程，一律查办。

事例 016.136：道光二十六年谕

御史德奎奏：请清厘庶狱一折。京师入冬以来，雪泽稀少，迭经降旨祈祷，迄今未得优沾，现届立春，农田望泽孔殷，朕心尤深焦切。兹据该御史奏请清查直隶一省庶狱，冀得感召和甘，因思直隶各州县得雪未能深透，山东、山西、河南、陕甘各省，均属苦于干旱之区，自应一律推广。著刑部堂官督饬承审各司员，将现在交部各案，认真细心推鞫，如有冤抑等情，迅即核办，并将直隶、山东、山西、河南、陕西、甘肃各省，及部中现拟军流等罪，已未到配官常各犯，详查原案，择其情有可原者，开单具奏，候朕量加宽宥。

事例 016.137：道光三十年恩诏

官吏兵民人等有犯，除谋反叛逆，子孙谋杀祖父母、父母，内乱，妻妾杀夫，奴婢杀家长，杀一家非死罪三人，采生折割人，谋杀故杀真正人命，蛊毒魇魅毒药杀人，强盗、妖言、十恶等，真正死罪不赦外，军务获罪，隐匿逃人，亦不赦外，其余自道光三十年正月二十六日以前，已发觉、未发觉，已结、未结者，咸赦除之。有以赦前事告讦者，以其罪罪之。

事例 016.138：道光三十年又恩诏

各省军流人犯，查明到配三年，实在安静守法，及年逾七十者，释放回籍。

事例 016.139：道光三十年再恩诏

在京各直省军流以下人犯，分别减等发落。

事例 016.140：道光三十年还恩诏

现在内外监候质讯及干连人等，俱著准其保释。军流人犯，有本人身故，其妻子情愿回籍者，该管官报明该部，准令各回原籍。

事例 016.141：咸丰二年恩诏

直省军流以下人犯，分别减等发落。

事例 016.142：咸丰二年又恩诏

除十恶及谋杀故杀不赦外，犯法妇人，尽予赦免。

事例 016.143：咸丰五年恩诏

在京各省军流以下人犯，分别减等发落。

事例 016.144：咸丰九年谕

御史朱梦元奏：冬令旱干，请修人事以迓祥和一折。本年秋冬以来，雨泽稀少，节逾冬至，未沛祥霙，连日户部衙署及储济仓并遭火患，深宫抚省，敬畏时深，大小臣工，亦宜共加惕厉。至刑部监禁人犯，多有因案牵连久系囹圄，以致疾病待毙，情殊可悯。著该部速将现拟军流等罪官常各犯，查照旧章，奏请减等。徒罪以下，赶紧清理，情轻者取保候讯，无辜者立予省释。著顺天府、五城、直隶总督一体查办，毋得视为具文。

事例 016.145：咸丰十年恩诏

各省监禁人犯，著将上年朝审、秋审缓决至三次各犯，仍照节次查办之例，查明所犯情节，分别减等发落。其缓决一、二次人犯，内有案情本轻，可予矜原者，亦著该部查明，请旨定夺。

事例 016.146：咸丰十年又恩诏

各省军流以下人犯，俱著减等发落。

事例 016.147：咸丰十一年谕

国家发政施仁，尤在钦恤庶狱。朕自临御以来，兢兢业业，惟愿与吾民同臻上理，而兵戈未息，民困未苏，仰荷天祖付讬之重，未尝不刻责自深，恫瘝在抱。上年朕三十庆辰，业经颁诏各省，军流以下人犯，俱减等发落，并将秋审缓决三次及一、二次人犯，分别查办，矜恤之心，内外臣民谅已共喻。粤稽乾隆十一年、嘉庆十一年，均特颁省刑谕旨，大沛慈恩。亦越道光十一年，皇考宣宗成皇帝绍述前徽，复颁行旷典。朕以凉德寅绍丕基，兹当纪年开泰，允宜遵成宪，以冀消沴戾而迓祥和。所有刑部及各省已经结案监禁人犯，除情罪重大，及常赦所不原者，毋庸查办外，其余著大学士会同刑部，酌量案情轻重，分别减等请旨发落。其军流徒杖以下，一并分析减等完结。

事例 016.148：咸丰十一年恩诏

官吏兵民人等有犯，除谋反叛逆，子孙谋杀祖父母、父母，内乱，妻妾杀夫，奴婢杀家长，杀一家非死罪三人，采生折割人，谋杀故杀真正人命，蛊毒魇魅毒药杀人，强盗、妖言、十恶等，真正死罪不赦外，军务获罪，隐匿逃人，亦不赦外，其余自咸丰十一年十月初九日以前，已发觉、未发觉，已结、未结者，咸赦除之。有以赦前事告讦者，以其罪罪之。

事例016.149：咸丰十一年又恩诏

各省军流人犯，查明到配三年，实在安静守法，及年逾七十者，释放回籍。

事例016.150：咸丰十一年再恩诏

现在内外监候质审及干连人等，俱著准其保释。军流人犯，有本人身故，其妻子情愿回籍者，该管官报明该部，准令各回原籍。

事例016.151：同治元年恩诏

除十恶不赦外，犯法妇人，尽予赦免。

事例016.152：同治元年谕

前因京师时疫未除，谕令在京各问刑衙门，赶紧清厘庶狱，迅速次第结案，现在星变频仍，上苍垂儆，弭灾之法，尤重恤刑，允宜格外推恩，以承天戒。除上年十月初九日以前恩诏以前军流以下各犯，业经分别饬部减等外，其自咸丰十一年十月初九日恩诏以后，至本年奉旨之日止，著刑部现审各案所拟军流以下等罪官常各犯，无论已结、未结，曾否发配，均著查照旧章，一并分奏请减等。其步军统领衙门、顺天府、五城，及各直省将军、督抚等，均著遵照刑部奏定章程，一体查办。

事例016.153：同治元年又恩诏

在京各省军流以下人犯，分别减等发落。

事例016.154：同治四年谕

钦天监监正音德讷奏：清理庶狱，将情罪较轻之军流人犯，并徒杖各犯，分别减等宽免一折。著刑部查照向章酌核办理。

事例016.155：同治十一年谕

钦恤庶狱，仁政所先，溯查乾隆十一年、嘉庆十一年、道光十一年，均特颁省刑谕旨，大沛恩施。亦越皇考文宗显皇帝绍述前徽，复颁行旷典。朕临御以来，仰承两宫皇太后懿训，夙夜兢兢，以爱育黎元为念。兹当纪年开泰，允宜止遵成宪，以示矜恤而迓祥和。所有刑部及各省已经结案监禁人犯，除情罪重大，及常赦所不原者，毋庸查办外，其余著大学士会同刑部，酌量案情轻重，分别请旨减等发落。其军流徒杖以下人犯，一律分析减等完结。

事例016.156：同治十一年恩诏

除十恶及谋杀故杀不赦外，犯法妇人，尽予赦免。

事例016.157：同治十一年又恩诏

各处效力赎罪人员，向无定限，多致苦累，殊堪矜悯。著该管官查系已满三年者，声明犯罪缘由，奏请酌量宽免。

事例 016.158：同治十三年谕

所有刑部及各省已经结案监禁人犯，除情罪重大，及常赦所不原者，毋庸查办外，其余著军机大臣会同刑部酌量案情轻重，分别请旨减等发落。其军流徒杖以下人犯，一并分析减等完结。

事例 016.159：光绪元年恩诏

官吏兵民人等有犯，除谋反叛逆，子孙谋杀祖父母、父母，内乱，妻妾杀夫，奴婢杀家长，杀一家非死罪三人，采生折割人，谋杀故杀真正人命，蛊毒魇魅毒药杀人，强盗、妖言、十恶等，真正死罪不赦外，军务获罪，隐匿逃人，亦不赦外，其余自光绪元年正月二十日以前，已发觉、未发觉，已结、未结者，咸赦除之。有以赦前事告讦者，以其罪罪之。

事例 016.160：光绪元年又恩诏

除十恶不赦外，犯法妇人，尽予赦免。

事例 016.161：光绪元年再恩诏

各处效力赎罪人员，向无定限，多致苦累，殊堪矜悯。著该管官查系已满三年者，声明犯罪缘由，奏请酌量宽免。

事例 016.162：光绪七年谕

刑部奏：秋审、朝审缓决三次以上人犯，可否援照历届减等成案，准予查办一折。各省缓决人犯，自同治十一年暨光绪元年，遇赦援免后，至今又蹘数年，较之咸丰六年暨同治七年查办人数及缓决次数，大略相同，自应照例查办，以示矜恤。即著刑部查照历届减等发配章程，缮具条款，请旨办理。

事例 016.163：光绪七年又谕

本年刑部及各省缓决人犯，除三次以上者，业经查办减等外，其未届三次者，应如何酌量减等之处，著交刑部详核案情轻重，分别奏明办理。

事例 016.164：光绪七年奏准

现奉恩旨查办缓决三次人犯，经刑部议定章程，分别准减不准减，于三月初五日奏准：此等缓决三次准减军流各犯人数较多，故按省分远近分单进呈，其实罪名之应减与否，早定于三月初五日奏准章程之时，该犯等复逢五月十四日恩诏，即与羁禁到官在先之军流犯无异，应照军流人犯一体查办。

事例 016.165：光绪七年恩诏

在京及各省军流以下人犯，分别减等发落。

事例 016.166：光绪十一年谕

钦恤庶狱，仁政所先，粤稽乾隆十一年高宗纯皇帝特颁省刑谕旨，大沛恩施，溯查嘉庆十一年、咸丰十一年、同治十一年，均钦奉纶音，绍述前徽，颁行旷典。朕钦奉慈禧端佑康颐昭豫庄诚皇太后垂帘训政，仰见圣慈惠爱黎元，廑怀宵旰，止承懿训，勤求治理，惟愿天下乂安，万物得所。兹当纪年开泰，允宜谨循成宪，以示矜恤而迓祥和。所有刑部及各省已经结案监禁人犯，除情罪重大，及常赦所不原者，毋庸查办外，其余著大学士会同刑部，酌量案情轻重，分别请旨减等发落。其军流徒杖以下人犯，一并分析减等完结。

事例 016.167：光绪十一年奏准

向来恩旨查办减等斩绞各犯，以招解定案在先为断；遣军流徒各犯，以获犯到案羁禁在先为断。现逢光绪十一年正月初四日恩旨查办减等，凡斩绞各犯招解定案在恩旨以前，无论已未具题，以及法司驳查未覆，并该督抚驳查未结各案，均予查办。若事犯羁禁在先，而招解结案在后，一概不予查办。其遣军流徒各犯，仍照旧章办理。至刑部现审案内尚未今天斩绞之犯，如业经法司会审在恩旨以前者，准其一体查办。若尚未会审，即属未经定案，不准查办，以示限制。

事例 016.168：光绪十一年又奏准

蒙古遣犯，如有在配年限已满，及年老废疾，恭逢此次恩旨之犯，务须切实详查，迅速咨报刑部暨理藩院，以凭核办。其有逃亡病故者，亦应一并查明，俾有稽核。

成案 016.01：职官不准援赦〔康熙十九年〕

安抚题参：势豪霸占等事一案，查康熙十七年十二月恩赦内，不免职官之罪。候选州同王璋问拟徒罪，不准赦免，将错拟援赦之官，议交吏部处。

成案 016.02：殴死胞兄不赦〔康熙三十五年〕

刑部覆甘抚舒书题：禹氏被父抑勒卖奸，不知谋杀伊夫之情，马代学系殴死胞兄拟斩立决，奉旨改拟绞监候，二犯应否援赦等语。查禹氏既被父抑勒卖奸，不知谋杀伊夫之情，拟绞监候，今遇赦亦应免罪释放。其马代学虽改比照斗殴杀律，但殴死胞兄与寻常斗殴不同，不便援赦，仍行监候。

成案 016.03：强行鸡奸为从不赦〔康熙三十五年〕

刑部覆江抚马如龙题：林徐原拟伙众将良人子弟抢去强行鸡奸，照为从例拟绞，应否援赦等因。查林徐系不肖恶徒，将良人子弟抢去强行鸡奸，照为从例拟绞监候，不准援赦。

成案 016.04：奴婢殴家长期亲援赦〔康熙四十二年〕

刑部覆江抚宋荦：查恩赦诏内奴婢殴家长不赦，进禄系奴殴伤家长期亲之犯，应否减等等因。查该抚既称进禄系奴殴家长期亲，准其援赦免死减等，金妻流三千里，责四十板。

成案 016.05：谋杀加功等犯减流赦免〔康熙三十五年〕

刑部覆广抚高承爵：秋审免死减等之流犯莫细满系谋杀人从而加功之犯，方遂金系殴死缌麻服叔之犯，均未遣发；其私铸小钱免死减等发与新满洲为奴之丘明等，家产房屋变价，今遇赦应否援免，听候部议等因。查莫细满虽谋杀人从而加功，方遂金殴死缌麻服叔等罪，已经免死，似属流犯，非真正死罪，此二犯与赦款相符，免其发遣。丘明等家产房屋俱系入官之物，不便援免，应变价报部。

成案 016.06：免死减等遇赦免罪〔康熙三十五年〕

刑部覆甘抚舒书咨：革职同知郑绣系贪赃拟绞，秋审减等安插尚阳堡之犯，但已免死减等，似与减降从轻之律相符，可否援免前来。查郑绣系秋审可矜免死减等从轻之犯，且先因侵欺钱粮入己，拟斩，亦经秋审免死减等安插尚阳堡之犯，原任守备白璧、陈道朱等援赦具题宽免，俱免在案，今郑绣之罪亦与白璧等罪同，应援赦宽免。

成案 016.07：因公科敛援赦〔康熙四十二年〕

刑部覆江抚宋荦：查恩诏内贪官衙役犯赃不赦，程濬系因公科敛财物入己，非贪官衙役，应否减等。查该抚既称程濬公非贪官衙役，准其援赦，免死减等流三千里，责四十板。

成案 016.08：浙江司〔嘉庆二十一年〕

浙抚咨：陈永发因触犯伊母金氏，呈送发遣，在配闻知伊母病故，私自逃回治丧，在家哭泣，有地保可证。虽哀痛非在配所，而悔迫切之情，易地皆然。例无明文，可否依闻丧哀痛之例释放，咨请部示。经本部以该犯逃回治丧，与在配闻丧哀痛之例不符，其在配私逃，究由赶回治丧之故，自应酌予减免，陈永发免其逃罪，仍发原配。

成案 016.09：湖广司〔道光五年〕

北抚咨：樊元因触犯伊母，呈送发遣，脱逃回家，再行触犯，复被呈送，较之遇赦释回，再行触犯者尤重。比照触犯父母发遣之犯、释回后、再行触犯、复被呈送例，改发新疆给官兵为奴，照例刺字，仍尽脱逃本法、面刺逃军二字。

律 017：流犯在道会赦〔例 3 条，事例 1 条，成案 1 案〕

〔原律目系徒流人在道会赦。〕

凡流犯在道会赦，〔赦以奉旨之日为期，必于程限内未至配所会赦者，方准赦回，若虽未至配所，〕计行程过限者，不得以赦放。〔恐奸徒有意迁延。谓如流三千里，日行五十里，合该六十日程，未满六十日会赦，不问已行远近，并从赦放。若从起程日至奉旨日，总计有违限者，不在赦限，若在道〕有故者，不用此律。〔有故，谓如沿途患病，或阻风、被盗，有所在官司保勘文凭者，皆听除去事故日数，不入程限，故云不用此律。〕若〔于途中〕曾在逃，虽在程限内，〔遇赦〕亦不放免。其逃者身死，所随家口愿还者，听。迁徙安置人，准此。〔军罪亦同。〕

其流犯及迁徙安置人已至配所，及犯谋反、叛逆缘坐应流，若造畜蛊毒，采生折割人，杀一家三人会赦犹流者，并不在赦放之限。

其徒犯在道会赦，及已至配所遇赦者，俱行放免。〔流犯加徒者，亦免加徒。〕

（此条律目律文仍明律，顺治三年增修，雍正三年删改，乾隆五年改定。）

〔附录〕顺治律017：徒流人在道会赦

凡流犯在道会赦，〔必于程限内未至配所者，方准赦回，若虽未至配所，〕计行程过限者，不得以赦放。〔恐奸徒有意迁延。谓如流三千里，日行五十里，合该六十日，程未满六十日会赦，不问已行远近，并从赦放。若从起程日总计，行过路程有违限者，不在赦限，若在道〕有故者，不用此律。〔有故，谓如沿途患病，或阻风、被盗，有所在官司保勘文凭者，皆听除去事故日数，不入程限，故云不用此律。〕若〔于途中〕曾在逃，虽在程限内，〔遇赦〕亦不放免。其逃者身死，所随家口愿还者，听。迁徙安置人，准此。

其徒、流、迁徙安置人已至配所，及犯谋反、叛、逆缘坐应流，〔指外人。〕若造畜蛊毒，采生折割人，杀一家三人，会赦犹流者，〔指家口，〕并不在赦放之限。

条例017.01：凡官员问拟徒罪

凡官员问拟徒罪，不论已未到配，遇赦减免，令各督抚造册咨部，汇题存案。其有关人命拟徒常犯，遇赦减等，另册报部核办，不得与寻常徒犯按季册报。

（此条乾隆四十一年，广西巡抚吴虎炳咨报拟徒官犯李宏勋等遇赦释放一案，并山西巡抚巴延三以有关人命徒犯遇赦减杖可否随时在外完结咨部，因并纂为例。）

薛允升按：第一层重官犯也，第二层重人命也。第一层系指罪名已定而言，故云不论已未到配也。第二层系指罪名未定而言，故云不得按季册报也。与有司决囚等第例文亦属相符，而与在道会赦有何干涉。入于此门，义无所取。

条例017.02：凡在京八旗兵丁闲散人等（1）

凡在京八旗兵丁闲散人等，因犯逃罪及别项罪名，发遣黑龙江、新疆等处当差者，如在途在配遇赦回京，仍归入本旗档内严加管束，按期点验，不得听其游荡滋事。如五年后安静改悔，毫无事端，该旗酌其年力，止许以步甲、铁匠等差挑取。如该犯于此五年中怙恶不悛，又生事故，即发往伊犁，充当苦差，不许挑取官差，永远不准放回。

（此条乾隆四十二年，刑部办理镶黄旗蒙古原当披甲之德永等，因犯逃走等罪，发黑龙江等处当差，在途遇赦回京一案，奏准定例。嘉庆四年，改定为条例017.03。）

条例017.03：凡在京八旗兵丁闲散人等（2）

凡在京八旗兵丁闲散人等，因犯逃罪及别项罪名，发遣黑龙江、新疆等处当差者，如在途、在配遇赦回京，仍归入本旗档内严加管束，即准以步甲等差挑取。傥挑差后怙恶不悛，仍复滋事，及脱逃被获者，即销除旗档，发遣烟瘴地方，照民人一例管束，不准释回。若未经挑差以前，复犯逃罪被获者，仍发黑龙江等处当差。若自行投回，毋论已未挑差，仍俱照旗人逃走自首例办理。其有犯别项罪名，各照本例科断。

（此条嘉庆四年，将条例 017.02 修改。）

薛允升按：此条原例专指在逃而言，改定之例添入别项罪名，与原例并不相符。原例系在途遇赦，是以附入此门。后添入在配一层，与此律亦属不类。且止言京旗而未及各省，亦未赅括。旗人犯罪，现俱发黑龙江、吉林，并不发新疆。赦后复逃，仍发黑龙江，现在亦不照此办理，均与此例不符。八旗逃人、匪类发遣黑龙江、吉林，令该将军严行约束，如不知改悔，即销除旗档，改发云、贵、两广等处，见徒流迁徙地方。旗下逃人、匪类发遣黑龙江等处，三年后悔过者，挑选匠役，复犯罪者，销除旗档，发云贵两广管束，见徒流人又犯罪。旗人因犯逃人、匪类及别项罪名，发遣黑龙江等处者，三年后果能悔罪改过，即入本地丁册，挑选匠役、披甲，复行犯罪者，改发云南等省，见《督捕则例》。均不免互相参差，且有重复之处。似应修改一律，列入犯罪免发遣门。

事例 017.01：康熙九年覆准

旗下人犯徒罪，枷号日期未满，遇赦即行释放。其民人犯徒罪已到配所遇赦者，亦照旗下人例免徒释放。

成案 017.01：直隶司〔嘉庆二十三年〕

东陵咨：福隆窃赃一两，销除本身旗档，其妻子无庸销档。如福隆愿与伊妻过度，听其自便，嗣福隆添生一女，年至五岁，福隆之妻呈恳添食口米，经该衙门以应否载入册档添食口米，咨请部示。本部查福隆现生之女，系在销除旗档以后所生，已与民人无异，未便载入册档，亦无庸添食口米。

律 018：犯罪存留养亲〔例 51 条，事例 26 条，成案 23 案〕

凡犯死罪，非常赦不原者，而祖父母〔高曾同〕、父母老〔七十以上〕疾〔笃废〕应侍，〔或老或疾〕家无以次成丁〔十六以上〕者，〔即与独子无异，有司推问明白，〕开具所犯罪名，〔并应侍缘由〕奏闻，取自上裁。若犯徒、流〔而祖父母、父母老疾无人侍养〕者，止杖一百，余罪收赎，存留养亲。〔军犯准此。〕

（此仍明律，其小注顺治三年添入，雍正三年删改，乾隆五年改定。）

薛允升按：十恶杀人，均为常赦所不原。《琐言》云："死罪如律称税粮违限、从征在逃、诬告致死随行亲属等类，皆非常赦所不原"云云，其杀人并不在内。《唐律》

止言十恶而不言杀人，则谋、故、斗杀均应上请矣。《明律》改为常赦所不原，非特谋故杀不准上请，即斗杀亦不在上请之列，其上请者皆无关人命者也。虽与《唐律》不同，而尚非失之于苛。再查《笺释》云："死罪非常赦所不原，如诬告人因而致死，随行亲属一人绞罪，聚至十人打夺斩罪之类"云云。《辑注》云："《笺释》但引此二项为例，谓非亲身杀人者也。按，常赦不原本律内开列甚明，惟杀人则统言之，似除杀人之外，皆得奏请。如私铸铜钱、伪造印信之类亦是"云云。是《明律》犯死罪者，虽无不准留养之文，而一经杀人则不在奏请之列。今虽仍照《明律》，而例内杀人之犯准予留养者，不一而足，其徒、流、军、遣，反有不准留养者，似不无稍有参差。

〔附录〕顺治律018：犯罪存留养亲

凡犯死罪，非常赦不原者，而祖父母、父母老疾应侍，家无以次成丁者，〔有司推问明白。〕开具所犯罪名，〔并应侍缘由，〕奏闻，取自上裁。若犯徒、流〔非常赦不原，而祖父母老疾无人侍养〕者，止杖一百，余罪收赎，存留养亲。

条例018.01：凡犯罪有兄弟俱拟正法者

凡犯罪有兄弟俱拟正法者，存孝留一人养亲，仍照律奏闻，请旨定夺。

（此条雍正三年，遵康熙五十年谕旨定。乾隆五年纂定）

薛允升按：《元律》云："诸兄弟同盗，罪皆至死，父母老而乏养者，内以一人情罪可逭者，免死养亲"。律云，非常赦所不原者，奏请上裁，则遇赦不原之犯即不准留养。可知此例所云俱拟正法，似常赦不原者，亦准留养矣。下有分别准留、不准留及被杀者亦系独子之条，此例是否不论罪犯轻重之处，记核。即如强盗及谋杀俱系情罪较重者，非兄弟二人有犯，首从俱不准留养，兄弟二人共犯，则酌留一人养亲，未免稍有参差。

条例018.02：斗殴人命

斗殴、人命，以伤至数处，及金刃致死者为重伤。若伤非金刃而伤止一二处，并戏杀、误杀为轻伤。内有因祖父母、父母老疾应侍，奏闻，准其留养亲者，令该地方官酌量该犯情由轻重。如系有力之家，情重者，追银五十两；情轻者，追银三十两。如果贫难无力之人，情重者，追银二十两；情轻者，追银十两，给予死者家属养赡。倘不给银两，将该犯仍照原拟治罪。再，该犯情重情轻，有力无力，该抚于应侍疏内先行声明。

（此条雍正三年定。乾隆五年，增改为条例018.03。）

条例018.03：凡斗殴杀人之犯

凡斗殴杀人之犯，以伤至数处，及金刃致死者为重伤。以伤非金刃，又止一二处，并戏杀、误杀为轻伤。如有祖父母、父母老疾应侍，照例开具所犯情由请旨。如蒙恩准其存留养亲，将该犯照免死流犯例，枷号两个月，责四十板，仍令该地方官酌量该犯情由轻重。如系有力之家，情重者，追银五十两；情轻者，追银三十两。如果贫难无力之人，情重者，追银二十两；情轻者，追银十两，给予死者家属养赡。该督抚先将该犯情重、情轻、有力、无力之处，于应侍疏内一并声明，仍照军流留养例，取具邻佑、族长等甘结，并地方官印结报部。傥有知情捏结等弊，照捏报军流留养例，分别议处治罪。

（此条乾隆五年，将条例 018.02 增改。乾隆三十二年，删去"照例开具所犯情由"句，改为"如有祖父母、父母应侍，奉旨准其存留养亲者"。乾隆四十二年，复将"仍照军流留养例"以下，改为"傥有假捏之弊，除本犯仍照原拟外，查报之地方官，及捏结之邻佑、族长人等，俱照捏报军流留养例，分别议处治罪"。）

条例 018.04：凡斗殴案内

凡斗殴案内，有理直伤轻，及戏杀、误杀等案，照例准其留养。如该犯实系理曲，或金刃重伤，及虽非金刃而连殴多伤致死者，此等情重各犯，于定案日俱议不准留养，该督抚仍将不合之处，附疏声明，至秋审时查明该犯父母尚在，次丁尚未成立者，于本内声请，九卿核准，另册进呈，恭候命下，将仍照留养例发落。朝审案件，一体遵行。

（此条乾隆十四年定。乾隆二十七年，改定为条例 018.05。）

条例 018.05：亲老丁单

亲老丁单，及孀妇独子留养之犯，实系戏杀、误杀者，仍照例于题本内声请留养，法司随案核覆外，其斗杀之案，无论理直伤轻，或实系理曲，或金刃伤重，或虽非金刃而连殴多伤致死者，该督抚于定案时，止将应侍缘由，于题本内声叙，不必分别应准、不应准字样，俟秋审时查明该犯父母尚在，次丁尚未成立者，取结报部，刑部会同九卿核拟，入于另册进呈，恭候钦定。朝审案件，一体遵行。

（此条乾隆二十七年，将条例 018.04 改定。）

条例 018.06：孀妇独子有犯戏杀误杀等案

孀妇独子有犯戏杀、误杀等案，如伊母守节已逾二十年者，该督抚查明被杀之人，并非孤子，取结声明具题，法司核覆，奏请留养。其斗殴杀人者，审无谋、故别情，该犯之母，守节已逾二十年，而又年逾五十者，准其照例题请，法司核覆，夹签入本，恭候钦定。如蒙恩准留养，俱照例枷责，追给埋葬银两。至该犯军、流者，除奸、盗、诱拐、行凶，及有关伦理，扰害地方者，照例科断外，其无知误犯者，该督抚查明，将果系独子，及伊母守节已逾二十年之处，声明报部详核，照例分别枷责，仍令按季汇题。

（此条乾隆十一年定。）

条例 018.07：孀妇独子

孀妇独子，有犯戏杀、误杀等案，如伊母守节已逾二十年者，该督抚查明被杀之人并非孤子，取结声明具题，法司核覆，奏请留养。其斗殴杀人者，审无谋、故别情，该犯之母守节已逾二十年，而又年逾五十者，定案时亦准将应侍缘由，于本内声叙。至该犯军、流、徒罪，除奸、盗、诱拐、行凶，及有关伦理，扰害地方者，照例科断外，其无知误犯者，该督抚查明，将果系独子，及伊母守节已逾二十年之处，声明报部详核，照例分别枷责，仍令按季汇题。

（此条乾隆三十二年在条例 018.06 基础上改定。）

条例 018.08：戏杀误杀之案

戏杀、误杀之案，有亲老丁单，及孀妇独子如伊母守节已逾二十年者，该督抚查明，取结申明具题，法司随案核覆，声请留养。其斗殴杀之案，审无谋、故别情，如有祖父母、父母老疾应侍，及其母守节已逾二十年，而又年逾五十者，无论理直伤轻，或实系理曲，或金刃伤重，或虽非金刃而连殴多伤致死者，该督抚于定案时，止将应侍缘由声明，不必分别应准、不应准字样，统俟秋审时，查明该犯父母尚在，次丁尚未成立者，取结报部，刑部会同九卿核覆，于另册进呈，恭候钦定。朝审案件，一体遵行。

（乾隆五十三年将条例 018.02 至 018.08 各条修并。）

条例 018.09：凡斗殴及戏杀误杀人之犯

凡斗殴及戏杀、误杀人之犯，奉旨准其存留养亲者，将该犯枷号两个月，责四十板，仍令该地方官酌量该犯情由轻重。以伤至数处，及金刃致死者为重伤；以伤非金刃，又止一二处，并戏杀、误杀为轻伤。如系有力之家，情重者，追银五十两；情轻者，追银三十两。如果贫难无力之人，情重者，追银二十两；情轻者，追银十两，给予死者家属养赡。该督抚先将该犯情重、情轻、有力、无力之处，于应侍疏内一并声明。傥有假捏情弊，除本犯仍照原拟外，查报之地方官，及捏结之邻、保、族长人等，俱照捏报军流留养例，分别议处治罪。

（乾隆五十三年将条例 018.02 至 018.08 各条修并。）

条例 018.10：夫殴妻致死

夫殴妻致死，并无故杀别情者，果系父母已故，家无承祀之人，承审官据实查明，取具邻、保、族长甘结，并地方官印结，将应行承祀缘由，于疏内声明请旨，如蒙圣恩俞允，将该犯枷号两个月，责四十板，准其存留承祀。傥有捏称家无承祀之人，希图脱罪者，将本犯照律治罪，承审出结各官，及邻、保人等，照例分别议处治罪。

（此条雍正十一年定。乾隆三十三年，改定为条例 018.11。）

条例018.11：夫殴妻致死并无故杀别情者

夫殴妻致死，并无故杀别情者，果系父母已故，家无承祀之人，承审官据实查明，取具邻、保、族长甘结，该督抚于定案时，止将应行承祀之处，于疏内声明，统俟秋审时取结报部，刑部会同九卿核拟，另册进呈，恭候钦定。如准其承祀，将该犯枷号两个月，责四十板，存留承祀。至原题亲老丁单声请留养之犯，遇有父母先存后故，与承祀之例相符者，亦俟秋审时确查取结，另行报部，九卿一体核拟具题。傥有捏称家无承祀之人，希图脱罪者，将本犯照律治罪，承审取结各官，及邻、保人等，照例分别议处治罪。

（此条乾隆三十三年，将条例018.10改定。）

条例018.12：戏杀误杀擅杀斗杀情轻（1）

戏杀、误杀、擅杀、斗杀情轻，及无关人命，应拟死罪人犯，核其情节，秋审应入缓决可矜者，及仅止语言调戏，并无手足勾引，致本妇羞忿自尽之案，如有祖父母、父母老疾应侍，及孀妇独子伊母守节已逾二十年者，该督抚查取各结，声明具题，法死随案核覆，声请留养。其斗杀案内情节介在实缓之间者，该督抚于定案时，将应侍缘由声明，俟秋审时，该督抚再行查明，取结报部，刑部会同九卿核覆定，入于另册进呈，恭候钦定。至夫殴妻致死，并无故杀别情，应行承祀之案，亦照斗杀例，分别情罪轻重办理。朝审案件，一体遵行。

（此条嘉庆四年改定。）

条例018.13：戏杀误杀擅杀斗杀情轻（2）

戏杀、误杀、擅杀、斗杀情轻，及救亲情切，伤止一二处各犯，核其情节，秋审应入可矜之案，如有祖父母、父母老疾应侍，及孀妇独子伊母守节已逾二十年者，该督抚查取各结，声明具题，法死随案核覆，声请留养。其余各案，俟秋审时分别实缓，该督抚于定案时，止将应侍缘由声明，不必分别应准、不应准字样，统俟秋审时取结报部，刑部会同九卿核定，入于另册进呈，恭候钦定。至夫殴妻致死，并无故杀别情，应行留养承祀之案，亦照斗杀例，分别情罪轻重办理。朝审案件，一体遵行。

（此条嘉庆六年改定。）

条例018.14：凡戏杀误杀擅杀斗杀情轻

凡戏杀、误杀、擅杀、斗杀情轻，及救亲情切，伤止一二处各犯，如定案时犯亲年岁不符，原题内未经声明应侍，秋审后，核其祖父母、父母现已老疾，孀妇守节年分均已符合，或成招时家有次丁，嗣经身故，及被杀之家，先有父母，嗣已亡故，与留养之例相符，由各督抚查明，已入秋审缓决可矜者，随时随案具题，刑部核明题覆，准其留养。其未入秋审各案，应拟可矜者，亦准其随时查办。应拟缓决者，照例俟秋审时取结报部办理。

（此条嘉庆六年改定。）

条例 018.15：误杀秋审缓决一次例准减等之案

误杀秋审缓决一次例准减等之案，并戏杀、擅杀、斗杀情轻，及救亲情切，伤止一二处各犯，核其情节，秋审时应入可矜者，如祖父母、父母应侍，孀妇独子伊母守节已逾二十年，该督抚查取各结，声明具题，法死随案核覆，声请留养。其余各案，秋审并非应入可矜，并误杀例准缓决一次减等者，该督抚于定案时，止将应侍缘由声明，不必分别应准、不应准字样，统俟秋审时取结报部，刑部会同九卿核定，入于另册进呈，恭候钦定。至夫殴妻致死，并无故杀别情，应行留养承祀之案，亦照斗杀例，分别情罪轻重办理。朝审案件，一体遵行。

条例 018.16：凡戏杀误杀擅杀斗杀情轻

凡戏杀、误杀、擅杀、斗杀情轻，及救亲情切，伤止一二处各犯，如定案时犯亲年岁不符，原题内未经声明应侍，秋审后，核其祖父母、父母现已老疾，孀妇守节年分均已符合，或成招时家有次丁，嗣经身故，及被杀之家，先有父母，嗣已亡故，与留养之例相符，由各督抚查明，已入秋审缓决可矜者，随时随案具题，刑部核明题覆，准其留养。其未入秋审各案，如戏杀、擅杀、斗杀应拟可矜，及误杀不准一次减之案，及戏杀、擅杀、斗杀应拟缓决者，照例俟秋审时取结报部办理。〔如系擅杀，仍照例，毋庸查被杀之家有无父母。〕

（此条嘉庆十一年议准：例载误杀应入缓决之案，秋审一次之后，奏明减为杖一百、流三千里，如所杀系其人之祖父母、父母、伯叔父母、妻兄弟、子孙、在室女者，俱俟查办缓决时，再行照例办理，是误杀一项，缓决一次之后，既有准减、不准减之分，则亲老丁单应否随案留养，亦应分别办理，因此改定条例 018.14 与 018.15 为此条。）

条例 018.17：凡斗杀命案

凡斗杀命案，于相验时，即将凶犯有无祖父母、父母老疾，及该犯是否独子，讯证明确，一并详报，定案时，非例应留养之人，及成招时其祖父母、父母已成老疾，或兄弟子侄死亡，仍一体援例留养。

（此条乾隆十年定。）

条例 018.18：亲老丁单声请留养之案

亲老丁单声请留养之案，除戏杀、误杀及斗杀情轻，或斗杀情节稍重，审无谋、故别情，应俟秋审时核办者，仍照定例分别办理外，其谋杀、故杀及连毙二命，秋审时应入情实无疑之案，定案时虽系亲老丁单，毋庸声明应侍缘由。

（此条嘉庆五年定。）

条例 018.19：凡人命案件

凡人命案件，于相验时，即将凶犯之亲有无老疾，该犯是否独子，讯证明确，一并详报。定案时，系戏杀，及误杀秋审缓决一次例准减等之案，并擅杀、斗杀情轻，及救亲情切，伤止一、二处各犯，核其情节，秋审时应入可矜者，如有祖父母、父母老疾应侍，及孀妇独子，伊母守节二十年者，或到案时非例应留养之人，追成招时，其祖父母、父母已成老疾，兄弟子侄死亡者，该督抚查取各结，声明具题，法司随案核覆，声请留养。〔按：此随案声请留养者。〕其余各案，秋审并非应入可矜，并误杀缓决一次例不准减等者，该督抚于定案时，止将应侍缘由声明，不必分别应准、不应准字样，统俟秋审时取结报部，刑部会同九卿核定，入于另册进呈，恭候钦定。〔按：此秋审时核办留养者。〕其谋、故杀及连毙二命，秋审应入情实无疑之案，虽亲老丁单，毋庸声请留养。〔按：此无庸声请留养者。〕至夫致死妻，应行留养承祀之案，无论殴杀、故杀，统俟秋审时取结，分别情罪轻重办理。〔按：此殴死妻分别办理者。〕朝审案件，一体遵行。

（此条系乾隆八年，议覆浙江按察使万国宣条奏定例。）

条例 018.20：凡戏杀误杀擅杀斗杀情轻

凡戏杀、误杀、擅杀、斗杀情轻，及救亲情切，伤止一、二处各犯，如定案时犯亲年岁不符，原题内未经声明应侍，秋审后，核其祖父母、父母现已老疾，孀妇守节年分均已符合，或成招时家有次丁，嗣经身故，及被杀之家，先有父母，嗣已物故，与留养之例相符，由各督抚查明，已入秋审缓决可矜者，随时随案具题，刑部核明题覆，准其留养。其未入秋审各案，如擅杀、斗杀应拟可矜，戏杀及误杀例准缓决一次减等者，亦准其随时查办。如误杀不准一次减等之案，及擅杀、斗杀应拟缓决者，照例俟秋审时取结报理。〔如系擅杀，仍照例，毋庸查被杀之家有无父母。〕

（条例 018.19 及 018.20 系嘉庆十六年改并。嘉庆十九年查：擅杀、斗杀应入可矜者，俱准随案声请留养，其夫殴故杀妻之案，有死系骂詈翁姑，不孝有据者，例内未经申明，秋审应入可矜，准其随案声请留养承祀，系属挂漏，是以增定。又，原文守节之母下有"已逾"二字，道光十二年，以守节之母，甫届二十年，即准留养，因删去；并于"无论殴杀、故杀"下，增入"如核其情节，秋审应入可矜者，亦准随案声请，其余"二十字。）

薛允升谨按：此二条俱指死罪人犯而言，而语意不免有重复之处，似应修并一条，以省繁冗。擅杀，向系分别情节，拟入可矜。道光二十二年奏明，一次减等，并不入矜。此处似应修改。死罪人犯留养，分别距省八百里内外，见有司决囚等第，应参看。留养门内，凡犯死罪及徒、流、军遣，律例均有分别存留养亲明文。至承祀一层，则专指殴、故杀妻而言。其殴死妻，例不应抵之案，应否准予承祀，例未议及。若因例无明文，凡犯非死罪概不准其承祀，未免轻重不得其平。犯罪留养，自昔已然。律系开具所犯罪名及应侍缘由奏闻，取自上裁，并不再为区分。至秋审，起于康熙年间，本为实缓矜疑而设，与留养并无干涉。乾隆十六年定例，凡斗殴理直、伤轻及戏杀、误杀等案，俱准其随本声请留养。情重各犯，俟秋审时再行核办。二十六年，大学士九卿会议，御史周于礼条奏，又经申明前例，添纂在案。嗣后屡经修改，以秋审应入可矜及例应一次减等者，俱准其随案声请留养。余俱于秋审时取结，分别办理。历久遵行，并无差错。乃近数十年来，戏误等案，均于秋审时取结留养，随本声请者十无一、二，而此例亦几成虚设矣。再，第一条，到案时非例应留养之人云云，系指尚未具题而言。第二条到案时犯亲年岁不符云云，系指已经具题而言，相似而实不同。惟既准随时随案具题声请查办，乃又添入已未入于秋审各层，似可不必。

条例018.21：凡部内题结军流徒犯（1）

凡部内题结军、流、徒犯，及免死流犯，发遣以前，告称祖父母、父母老疾，家无以次成丁者，如属大、宛二县民人，该县出结，府尹确察报部。如属五城民人，掌印兵马司指挥出结，巡城御史确察报部。如属外省民人，州县官出结，司、道、府官转详督抚确察报部。军、流、徒犯，照数决杖，余罪收赎。免死流犯，枷号两个月、杖一百，俱准存留养亲。人犯在外省者，不必解部，该督抚照此例发落。若有捏出印结，及受贿事发者，交该部议处。其乡约、地保、总甲、十家长、两邻内，有徇庇假捏出结者，杖一百；受财出结者，杖一百、徒三年。若地方官出结后，上司复令察出，及乡约人等首送者，除本犯仍行发遣外，官员及乡约人等俱免议。其在外人犯咨解到部之后告留养者，不准。

（此条系康熙十年、康熙十二年、康熙二十六年、康熙二十九年题准定例，雍正三年定例。乾隆五年改定为条例018.22。）

条例018.22：凡部内题结军流徒犯（2）

凡部内题结军、流、徒犯，及免死流犯，发遣以前，告称祖父母、父母老疾，家无以次成丁者，如属大、宛二县民人，该县出结，府尹确察报部。如属五城民人，掌印兵马司指挥出结，巡城御史确察报部。如属外省民人，州县官出结，督抚确察报部。军、流、徒犯，照数决杖。徒犯枷号一个月，军、流枷号四十日，免死流犯枷号两个月，俱准存留养亲。其各省题结人犯，不必解部，该督抚照此例发落。若知情捏出印结，以故出论。如有受贿情弊，以枉法论。失察者，交该部议处。其邻、保、族长等内有假捏出结者，杖一百；受财出结者，以枉法从重论。若地方官出结后，上司复令察出，或原官察出，及乡约人等首送者，除本犯仍行发配外，官员及邻保人等俱免议。其在外人犯咨解到部之后告留养者，不准。

（此条乾隆五年，将条例018.21改定。乾隆三十八年，将"假捏出结者"下"杖一百"句，改为"照证佐不言实情，减本罪二等律治罪"。）

条例018.23：凡军流徒犯

凡军、流、徒犯，审系奸、盗、诱拐、行凶，及有关伦理，扰害地方者，虽遇亲老丁单，概不准留养。

（此条乾隆二十一年定。）

条例 018.24：凡审办军流徒罪之案

凡审办军、流、徒罪之案，无论应否留养，俱照命案之例，于到案日，讯明有无祖父母、父母、兄弟、子孙，及年岁若干，于供内叙明存案，如定案之初，不遵例取具有无祖父母、父母各供者，承审之员，照军、流等犯未经审出实情例议处。

（此条乾隆四十五年定。）

条例 018.25：凡部内题结军流徒犯（3）

凡部内题结军、流、徒犯，及免死流犯，未经发配以前，告称祖父母、父母老疾应侍，及其母系属孀妇守节已逾二十年，家无以次成丁者，如属大、宛二县民人，该县查明，府尹确察报部。如属五城民人，兵马司掌印指挥查明，巡城御史确察报部。如属外省民人，州县官查明，督抚确察报部。军、流、徒犯，照数决杖，徒犯枷号一个月，军流枷号四十日，免死流犯枷号两个月，俱准存留养亲。其各省人犯，该督抚照此确查办理。若军、流、徒犯内有犯奸、强盗、积匪、猾贼、诱拐及有关伦理，并凶徒扰害地方者，不准留养。

条例 018.26：军流徒犯

军、流、徒犯，若非独子，地方官知情捏报，以故出论。如有受贿情弊，以枉法论。失察者，交该部议处。其邻、保、族长人等，有假捏出结者，照证佐不言实情减本犯二等律治罪。受财者，以枉法从重论。若地方官查报后，复将假捏情弊自行查明，或上司复饬察出，及邻、保人等自行首送者，除本犯仍行发配外，官员及邻保人等俱免罪。其在外人犯咨解到部之后告留养者，不准。查办至定案之初，不遵例取具有无祖父母、父母、兄弟、子孙，及年岁若干确供者，承审之员，照军、流等犯未经审出实情例议处。

（条例 018.25、018.26 系乾隆五十三年将条例 018.22、018.23、018.24 修并。嘉庆六年，删去条例 018.26 中"人犯到部，不准告养"数句；于条例 018.25"督抚确查办理"句下，增"若在外人犯咨解到部之后始告留养者，取具该犯确供，一面解配，一面行查原籍督抚，及人犯甫经到配告称留养者，该配所一面收管，一面行查。如果例应留养，取结报部，将该犯解籍留养。原审官，照军、流等犯未经审出实情例议处"等九十一字。其"若军、流、徒犯内"以下删去三十四字。）

薛允升按：首条系专指军流、徒犯而言，与老小废疾门一条系属一事，应参看。旧例系部题完结，部内审结及各省督抚具题完结，照常审结。所拟军流人犯有以父母老疾控告者云云。此处专言部内题结便不赅括，似应改为部内及各省督抚审拟题结军流、徒犯云云，删去其各省人犯，该督抚照此确查办理二句。免死流犯究与实犯死罪不同，而均拟枷号两个月，似嫌无所区别，且止言免死流犯，未及免死军犯，似应一并纂入。此例查明二字原系出结。乾隆三十一年，吏部议覆河南巡抚阿思哈条奏停止文外复取印结，改为查明。近则此项无不用印结者。留养本系宽典，而例则防弊之意居多。古有版籍，开载甚明，是以无假捏之弊。名例所谓称人年者，以籍为定是也。古制，人户有籍，注定年岁。如人年七十以上，十五以下，犯罪应收赎者，恐供状不实，致有虚诈，必以户籍所注之年为定，留养亦然。今则版籍全不可靠，遂不能不取族邻人等甘结，一切防弊之例安得不多耶。人犯咨解到部，自系指解部发遣者而言。惟解部发遣之例，嘉庆六年已经停止，即无此等人犯矣。次条专指军流、徒犯捏报留养而言。与下斗杀等案一条参看。未经审出实情系处分则例之语，刑例并无未经审出实情专条。查处分则例捏报留养条云，人犯到案，承问官务将该犯有无祖父母、父母、兄弟、子侄及年岁若干，是否孀妇之子，详悉取供。若漏未取供，系斩绞人犯，承问官罚俸一年，系军流、徒犯，承问官罚俸六个月云云。均不照未能审出实情例议处。似应详加删改。再，首条题结军流、徒犯，解部后告称留养者，行查属实，原审官照军流等犯未能审出实情照例议处。次条军流、徒犯定案之初，不遵例，取有犯亲及年岁若干确供者，亦照前例议处。而下条人命案件，止云于相验时，即将犯亲有无老疾等情讯明详报，并无作何议处之文。处分则例云，漏未取供，系斩绞人犯，罚俸一年。应参看。

条例 018.27：杀人之犯（1）

杀人之犯，有奏请存留养亲者，查明被杀之人，有无父母，是否独子，于本内声明。如被杀之人，亦系独子，亲老无人奉侍，则杀人之犯不准留养。

（此条雍正三年遵雍正二年谕旨，纂辑为例。嘉庆六年修并入条例018.29。）

条例 018.28：擅杀罪人之案

擅杀罪人之案，与殴毙平人者有间，如有亲老丁单，应行留养者，该督抚照例取结送部核办，毋庸查被杀之家，有无父母，是否独子。

（此条乾隆五十四年，直隶总督刘峩题陈相卜中殴烧贼人韩晚成身死一案，刑部议准定例。嘉庆六年修并入条例018.29。）

条例 018.29：杀人之犯（2）

杀人之犯，有奏请存留养亲者，查明被杀之人，有无父母，是否独子，于本内声明。如被杀之人，亦系独子，亲老无人奉侍，则杀人之犯不准留养。若被杀之人无姓名、籍贯可以关查者，仍准其声请留养。至擅杀罪人之案，与殴毙平人者不同，如有亲老应侍，照例声请，毋庸查被杀之家，有无父母，是否独子。

（此条系嘉庆六年将条例018.27及018.28修并。嘉庆二十四年，增修为条例018.30。）

条例 018.30：杀人之犯（3）

杀人之犯，有秋审应入缓决，应准存留养亲者，查明被杀之人，有无父母，是否独子，于本内声明。如被杀之人亦系独子，但其亲尚在，无人奉侍，不论老疾与否，杀人之犯，皆不准留养。若被杀之人，平日游荡离乡，弃亲不顾，或因不供养赡，不听教训，为父母所摈逐，及无姓名籍贯可以关查者，仍准其声请留养。至擅杀罪人之案，与殴毙平民不同，如有亲老应侍，照例声请，毋庸查被杀之家，有无父母，是否独子。

（此条嘉庆二十四年，将条例 018.29 增修。道光四年，因被杀者之父母虽未老疾，但现在别无次丁，即属无人奉侍，原例内被杀之人，亦系独子，亲老无人奉侍等语，尚未明晰，因此再行改定。）

薛允升按：留养本法外之仁，律应开具所犯罪名奏闻，取自上裁。此专言犯亲老疾应侍也，被杀者之父母，并无明文。雍正二年钦奉谕旨，特定有被杀之人亦系独子，亲老无人奉侍，杀人之犯不准留养之例，自系对举以见义。然谕旨内明言亲老无人养赡，则被杀者之亲尚未老疾，即不在不准留养之列，自无疑义。道光四年，直隶总督以办理留养，如被杀之人，亦系独子，而其亲并未老疾，是否即准凶犯留养。咨准部覆，以被杀者果系独子，其父母虽未老疾，而现在别无次丁，即属无人奉侍。岂得以年齿尚壮，悬揣他日或可生子，遂准凶犯留养，改为其亲尚在，无论老疾与否，杀人之犯皆不准留养，殊与原奉谕旨不符〔按，如此议论是被杀者之父母年止四、五十岁，杀人之犯亦不准留养矣。死者之父母尚在壮年，凶犯之父母实已衰老，年壮者尚可营生，衰老者令谁侍养耶。例文之难尽平允，此类是也〕。且原奉谕旨，止云被杀之人有无父母、以次成丁之处，一并查明，于本内声明具奏，即系取自上裁之意。例直云不准留养，殊嫌未协。似不如将被杀者之父母是否老疾，有无以次成丁之人一并叙明，奏请上裁，庶为得体。再，殴死妇女之犯并不查被杀之家，如实有姑媳相依为命者，媳被人杀，以此例推之，似亦应不准声请。又，或妇女尚有幼子，正需哺乳，被人杀死，情节亦属可悯，例无明文，何也。至戏误杀虽较斗杀为轻，惟死者亦属平人，或亲老无人侍奉，何以并不查被杀之家，且例末又专言擅杀，何以不言戏误耶。一概不准，未免过刻，有准有不准，则又觉偏枯。必如何而后可得其平。议法者恐不免纷纷聚讼矣。

条例 018.31：凡旗人犯斩绞外遣等罪

凡旗人犯斩绞外遣等罪，例合留养承祀者，照民人一体留养承祀。

（此条乾隆三年，刑部议准定例。嘉庆六年增"承祀"二字。）

薛允升按：谋故斗殴杀人之案，不闻旗人另立专条。此处特立旗人留养承祀专例，似可不必。不言流徒者，以旗人犯流徒及军罪，例应折枷并不实发故也。乃斩绞之外，又及外遣，未解何故。死罪及免死流犯如准留养，例应枷号两个月，外遣人犯似不应较死罪人犯更重。惟旗人犯军流，折枷，自五十日至九十日，反较留养枷号之日为多。外遣留养应枷号若干日，殊难臆断，既添入此层，似应详晰叙明。

条例 018.32：殴胞兄及大功小功尊长致死

殴胞兄及大功、小功尊长致死，应拟斩决人犯，有奏请留养承祀者，改为拟斩监候，遇秋审、朝审时，该督抚并承审衙门，先期查明该犯父母是否尚存，其子已未成丁，取具印结，逐一声明，拟以缓决，九卿会审，另册进呈，恭候钦定。

（此条乾隆八年定。）

条例018.33：弟殴胞兄致死

弟殴胞兄致死，援例承祀，改拟斩监候，于秋审、朝审时，另册进呈，蒙恩减等者，杖一百、流三千里，不准折枷责完结。

（此条乾隆十一年定。）

条例018.34：凡弟杀胞兄

凡弟杀胞兄，及殴杀大功以下尊长者，皆按律定拟，概不准声请留养承祀。若按其所犯情节实可矜悯者，该督抚于疏内叙明，恭候钦定。至夫殴妻致死应留养承祀之案，仍照定例遵行。

（此条乾隆十三年定。乾隆三十七年，因殴妻致死，另有专条，此处删去。）

条例018.35：凡卑幼殴死本宗期功尊长者

凡卑幼殴死本宗期功尊长者，皆按律问拟，概不准声请留养承祀。若按其所犯情节实可矜悯者，该督抚于疏内声明，恭候钦定。至殴死本宗缌麻、外姻、功、缌尊长，如有亲老丁单，应行留养，均俟秋审时取结分别办理。

（此条嘉庆十六年修改。）

条例018.36：凡卑幼殴死本宗期功尊长

凡卑幼殴死本宗期功尊长，定案时皆按律问拟，概不准声请留养。其有所犯情节，实可矜悯，奉旨改为斩监候者，统俟秋审情实，二次蒙恩免勾，奏明改入缓决之后，由该督抚查明该犯应侍缘由，于秋审时取结报部核办。至殴死本宗缌麻、外姻、功、缌尊长，如有亲老丁单，应行留养，均俟秋审时取结分别办理。

（道光十五年，因卑幼殴死本宗期、功尊长，虽情节实可怜悯，惟服制攸关，未便于定案时遽准声请留养，致较寻常斩、绞人犯，办理转轻，是以改定。此例原系四条，一系雍正四年，刑部议覆吕高戳死胞兄吕美一案，奉旨纂辑为例。乾隆五年修改。一系乾隆四年钦奉谕旨及乾隆五年，九卿议准御史刘芳霭条奏，并乾隆六年，议覆甘肃巡抚元展成及江西按察使凌燽条奏，乾隆八年并作一条，纂为定例，一系乾隆九年，刑部议覆侍郎钱陈群奏准定例。一系乾隆十三年，刑部议覆西安巡抚陈宏谋条奏定例。并将雍正四年及乾隆八年定例二条均行删除。嘉庆十四年修改，道光十四年改定。）

薛允升按：杀死有服尊长，律内并无准于留养明文。雍正四年钦奉上谕，始定有弟杀胞兄，其父母存，则留养，没，则承祀之例。乾隆初年嫌于太宽，改为斩监候，秋审时另册进呈。并添入大功以下尊长一层。十三年，陕西巡抚陈宏谋条奏，改为不准留养，将从前旧例一并删除。道光年间改定今例。此服制案分别留养之源委也。就犯亲而论，二子一死一抵，其情固属可悯。就本犯而论，逞凶残杀尊长，于法本无可原。况案关十恶，律内明言不准留养，又何必曲为之原耶。尔时所定之例，与律不符者甚多，即如因奸致夫被杀，有不忍致死其夫之心，即准声请减流。假印诓骗，财物无多，亦准减流，皆此类也。

条例 018.37：凡因诬告拟流加徒之犯

凡因诬告拟流加徒之犯，除被诬罪名应准留养者，仍照定例遵行外，如诬告人谋杀，及为强盗等罪，以致被诬良民久淹狱底，身受刑讯，荡产破家，追审明反坐者，依律问发，不准留养。

（此条乾隆十四年，刑部议覆甘肃按察使顾济美条奏定例。）

薛允升按：此军流犯之不准留养者，似应修并于末条之内。死罪尚准留养，诬告拟流人犯岂有不准留养之理。例特为被诬之人久淹狱底，受刑破家各情而设，如无此等情节，是否准予留养。记核。

条例 018.38：凡留养之犯在他省获罪

凡留养之犯在他省获罪，审系游荡他乡，远离父母，俱属忘亲不孝之人，虽与例相符，不准留养。若系官役奉差，客商贸易，确实有据，及两省地界毗连，相距在数十里以内者，该督抚于定案时，察核明确，附疏声明，仍按情罪轻重，照旧画一定拟。

（此条乾隆十七年，刑部议覆船厂将军傅森题杜学良案内，奉谕旨纂为例。乾隆五十三年修并入条例 018.40。）

条例 018.39：凡曾经忤逆犯案

凡曾经忤逆犯案，及素习匪类，为父母所摈逐者，虽遇亲老丁单，概不准留养。

（此条乾隆二十一年，刑部议覆湖广巡抚张若震条奏定例。乾隆五十三年修并入条例 018.40。）

条例 018.40：凡曾经触犯父母犯案

凡曾经触犯父母犯案，并素习匪类，为父母所摈逐，及在他省获罪，审系游荡他乡，远离父母者，俱属忘亲不孝之人，概不准留养。若系官役奉差，客商贸易，在外寄资养亲，确有实据者，及两省地界毗连，相距在数十里以内者，该督抚于定案时，察核明确，按其情罪轻重，照例将应侍缘由，于题咨内声叙。

（此条系乾隆五十三年将条例 018.38、018.39 修并。嘉庆元年，"忤逆"二字，改为"触犯"。）

薛允升按：此正孟子所云，世俗所谓不孝者也，何留养之有。然情节各有不同，故于不准之中，分出准予留养者。

条例 018.41：凡问拟死罪人犯

凡问拟死罪人犯，因亲老丁单，照例留养，发落之后，有干犯，无论轻重罪名，即照现犯之罪，按律定拟，不准复请留养。

（此条乾隆二十一年定。乾隆五十三年，将"干犯"二字，改为"并不安分守法，别生事端"十字。）

条例 018.42：凡斗杀等案

凡斗杀等案，及殴妻致死之犯，奉旨准其留养承祀者，将该犯枷号两个月，责四十板。斗杀等案，追银二十两，给死者家属养赡。至殴妻致死，原题时亲老丁单，声请留养，遇有父母先存后故，与承祀之例相符者，各督抚于秋审时查明取结，另行报部，九卿一体核拟具题。傥有假捏等弊，除本犯仍照原拟，不准留养承祀外，查报之地方官，及捏造之邻、保、族长等，俱照捏报军、流留养例，分别议处治罪。若留养承祀之后，如有不安分守法，别生事端者，无论罪名轻重，即照现犯之罪按律定议，不准复行声请。

（此条系嘉庆六年，将乾隆五十三年所定例内"枷责"、"追银"等语，及乾隆三十三年所定夫殴妻死条内"父母先存后故与承祀之例相符"等语，并入此条纂定。此例原系六条，一系雍正四年遵旨议准定例。一系乾隆十五年钦奉上谕，并乾隆十四年刑部议覆甘肃按察使顾济美条奏，并纂为例。一系乾隆二十七年。大学士九卿会议奏准定例。一系乾隆八年，刑部议覆浙江按察使万国宣条奏及乾隆八年议覆御史范咸条奏并纂为例，乾隆五十三年删并。一系雍正十一年议准定例，专为殴死妻承祀而设，乾隆三十三年修改。一系乾隆二十一年，直隶按察使永宁条奏定例，言留养后再犯，乾隆五十三年修改，嘉庆六年改定。）

薛允升按：律止言犯罪留养，而不言承祀，例亦无犯死罪准其承祀明文，而独见于殴死妻一项，未知其故。查雍正四年，有弟杀胞兄之案，奉旨："一家兄弟二人，弟殴兄致死，而父母尚存，则有家无次丁，存留养亲之请。傥父母已故，而弟杀其兄，已无请留养亲之人，一死一抵，必致绝其祖宗裡祀，此处甚宜留意等因。经九卿议准，定有父母尚在，则准予留养。父母已殁，则准予承祀专条"。盖为兄弟二人，一死一抵，恐绝祖宗祭祀而设，此外并未议及。雍正十一年，又定有夫殴妻至死，并无故杀别情者，果系父母已故，取结存留承祀之例。案语内并未声明因何纂定。以意揆之，似系由弟杀胞兄例文推广而及。迨乾隆十三年。陕西巡抚陈宏谋条奏，将弟杀胞兄准其承祀之例删除。原奏有除夫殴妻至死，并无故杀及可恶别情者，仍照例准其存留承祀一语，而承祀一层，遂专为殴死妻专例矣。平情而论，留养已属宽典，若推及于承祀，则未免太宽矣。且止言殴死妻而未及别项，设有兄杀胞弟及杀妻罪不应抵者，又应如何办理耶。似应一并删除，以归画一。

条例 018.43：凡独子留养之案

凡独子留养之案，如该犯本有兄弟并侄出继，可以归宗者，及本犯身为人后，所后之家可以另继者，概不得以留养声请。若该犯之兄弟与侄出继，所后之家无可另继之人，不可归宗，及本犯所后之家无可另继者，仍准其声请留养。

（此条前半部分是不准留养，系乾隆三十二年定。后半部分，系嘉庆六年增辑。嘉庆十六年，修并入条例018.45。）

条例018.44：军流人犯有兄弟并侄出继

军流人犯，有兄弟并侄出继，可以归宗者，仍照定例，不准声请留养外，其徒罪人犯，兄弟并侄出继，毋庸令其归宗，概准声请留养。

（此条嘉庆四年，刑部议覆福建巡抚汪志伊，审拟黄超宾砍伤窃贼陈年朋身死，将黄超宾照例减斗杀罪二等，拟徒，声明黄超宾有胞兄陈廷媚出继，可以归宗，与独子留养之例不符，毋庸声请等因，嘉庆六年纂辑为例。嘉庆十六年，修并入条例018.45。）

条例018.45：凡死罪及军流遣犯独子留养之案

凡死罪及军流遣犯独子留养之案，如该犯本有兄弟，并侄出继可以归宗者，及本犯身为人后，所后之家可以另继者，概不得以留养声请。若该犯之兄弟与侄出继，所后之家无可另继之人，不可归宗，及本犯所后之家无可另继者，仍准其声请留养。其徒罪人犯兄弟并侄出继，毋庸令其归宗，及本犯身为人后，毋庸另继，概准声请留养。

（此条系嘉庆十六年，将条例018.43、018.44修并。）

薛允升按：留养本系宽典，此处有宽有严，殊不画一。亲老丁单，律准留养。兄弟等既经出继，则所继者，即为父母，因本犯犯罪，而令其别继，已多窒碍，本犯父母尚存，乃不另继，而必令该犯留养，何耶？此等例文颇极烦琐。假有兄弟二人，弟早出继，兄犯死罪及军流等罪，有子尚未成丁，伊弟出继之家，或生有子嗣，即系可以归宗。如所生之子年岁尚幼，或小于本犯未成丁之子，将如之何。出继之家，不分嗣子是否成丁，本犯之子则以是否成丁为断。出继之父母或老或疾，将令未成丁之子养赡乎。本犯身为人后者，如已有子成丁，即无庸议。如子未成丁或并无子，所后之父母可以另继，而亦年未成丁，且应继者或更小于本犯之子，又如之何。以本律论，子未成丁者，即准该犯留养，以可继论。无论是否成丁，均为合例。且本犯之子，虽未成丁，所后之家已有嗣孙矣，必强令更继一子，亦非情理。设可继之人，并非所后父母所喜悦者，能概令其承继乎。《唐律》家无期亲成丁者上请一语，最为直截了当。后来条例愈多愈觉混淆不清矣。

条例018.46：遣犯内强盗窝主造意不行（1）

遣犯内强盗窝主造意不行，又不分赃者〔按：现改新疆为奴〕；旗下正身犯积匪者；拿获逃人，不将实在窝留之人供出，再行妄扳者〔按：乌鲁木齐种地当差。此条道光十四年已改为，逃人续供之窝家，提来审明，又属诬扳。此处亦应修改〕；发遣云、贵、两广烟瘴，偷刨人参人犯，在配脱逃者〔按：伊犁为奴〕；盛京旗下家奴，为匪逃走至二次者〔按：驻防为奴〕；派往各省驻防满洲兵丁，临行及中途脱逃者〔按：伊犁当差〕；用药迷人，甫经学习，即行败露者〔按：伊犁为奴〕；用药迷人，已经得财为从者〔按：新疆为奴〕；用药迷人，被迷之人当时知觉未经受累者〔按：伊犁为奴〕；闽省不法棍徒，引诱偷渡之人，包揽过台，中途谋害人未死，同谋者〔按：烟瘴充军〕；应发极边烟瘴罪人，事发在逃，被获时有拒捕者〔按：新疆为奴〕；开窑诱取妇人子女勒卖，为从者〔按：烟瘴充军〕；永远枷号人犯，已逾十年，原拟死罪应发并应新疆、黑龙江者〔按：发往伊犁〕；大伙枭徒，拒捕伤差案内之灶丁、窝家〔按：伊犁为奴〕，及军营脱逃兵丁，在军务未竣以前投首者〔按：驻防为奴〕；军营脱逃余丁被获者〔按：极边足四千里〕；聚众夺犯杀差案内，随同拒捕，未经殴人成伤者〔按：极边四千里〕；川省匪徒在野拦抢四人至九人，未经伤人者〔按：伊犁为奴〕；台湾无籍游民，凶恶不法，犯该徒罪以上情重者〔按：新疆为奴〕；贼犯犯罪事发，抗拒杀差案内，为从在场助势者〔按：极边足四千里〕；罪囚越狱脱逃，三人以上，原犯徒罪为从，及杖、笞为首，并一、二人原犯军、流为从，及徒罪为首者〔按：伊犁为奴〕；幕友、长随、书役等，倚官妄为，累及本官，罪应军、流以上，与同罪者；新疆兵丁跟役，如有酗酒滋事，互相调发者〔按：为奴〕；行窃军犯，在配复行窃者〔按：一、二次烟瘴军，三次新疆当差〕；抢夺金刃伤人，及折伤下手为从者〔按：边远充军〕；积匪猾贼，及窝留者〔按：烟瘴军〕；回民犯窃，结伙三人以上，执持绳鞭器械者〔按：烟瘴军〕；开棺见尸二次，为从者〔按：此条已改绞罪。盗未殡未埋尸柩，开棺见尸为从，二次发边远充军，三次发烟瘴充军，似应修改〕；引诱包揽，偷渡过台，招集男妇至三十人以上者〔按：新疆为奴〕；蠹役诈赃十两以上者〔按：近边〕；积惯讼棍罪应拟军者；军、流、徒犯内强盗，并有关伦理，及凶徒扰害地方，罪应发遣者；俱不准声请留养。

（此条嘉庆六年定。）

条例 018.47：抢窃满贯拟绞

抢窃满贯拟绞，秋审缓决一次者〔按：烟瘴军〕；窃盗三犯，赃至五十两以上拟绞，秋审缓决一次者〔按：烟瘴军〕；三次犯窃，计赃五十两以下至三十两者〔按：烟瘴军〕；三十两以下至十两者〔按：边远军〕；窃赃数多，罪应满流者〔按：附近军〕；抢夺伤人，伤非金刃，伤轻平复者〔按：边远军〕；发掘他人坟冢见棺椁为首〔按：边远军〕，及开棺见尸为从者〔按：此条已改绞罪〕；内地民人，在新疆犯至军、流，互相调发者〔按：此条本例已改为解回内地。互相调发之例已改，此条即应删除〕；调奸未成，和息后，因人耻笑，复追悔抱忿自尽致死二命者〔按：边远军〕；行营金刃伤人者〔按：伊犁为奴〕；川省匪徒，在野拦抢，十人以上，被胁随行者〔按：乌鲁木齐为奴〕；凶徒因事忿争，执持军器，殴人至笃疾者〔按：边远军〕；伙众抢去良人子弟，强行鸡奸之余犯，问拟发遣者〔按：烟瘴〕；并军、流、徒犯内，造卖、贩卖赌具，诱拐及各项情轻人犯。果于未经发配，及甫经到配以前，告称有祖父母、父母老疾应侍，与例相符，准其留养一次，照例枷责，分别刺字，详记档案。若留养之后，复犯军、遣、流、徒等罪，概不准再行留养。

（此条嘉庆六年定。查嘉庆三年奏准：将强盗、窝主等二十五项情节较重者，不准留养；抢窃满贯等项二十二条情节较轻者，准其留养。至嘉庆六年定例时，于不准留养款内，将"知情诱拐者；旗人犯罪发遣赦回，已挑差事，又生事故者；洋盗案内被胁贼从者"三条删去；增入"行窃军犯在配复行窃者；抢夺金刃伤人，及折伤下手为从者；积匪猾贼及窝留者；回民犯窃结伙三人以上，执持绳鞭器械者；开棺见尸二次，为从者；引诱、包揽，偷渡过台，招集男妇至三十人以上者"六条；于准留养条内，增入"知情诱拐"一条；将"旗人逃走，在一月以内自行投回，及拿获"一条删去；又改入不准留养六条。嘉庆十六年，又于不准留养条款内，删去"旗下正身犯积匪者"一条；增入"蠹役诈赃十两以上者，积惯讼棍罪应拟军者"二条。嘉庆十四年、道光十年，道光十九年修改。同治九年改定。）

薛允升按：此二条专指发遣人犯而言。尔时条款无多，近则不止此数十条矣。似应查照例文，将情重各条摘出，添入此条之内，庶免挂漏。此例原为发遣人犯而言。近则军流多而遣犯少，首句似应改为军流遣犯。袁氏滨有《律例条辨》云〔见随园集〕："犯罪存留养亲始于北魏太和五年。金世宗引丑夷不争之礼以除之，极为允当。然律称奏请上裁，是犹未定其必赦也。今刑部或不上请，但依例允行。愚以为杀人者死，虽尧舜复生，不能通融，孔子曰：一朝之忿，忘其身，以及其亲，非惑欤。可见三代无留养之文。若此者，非圣人之所矜也。夫杀人者之父母，何与于被杀者之冤魂。忘其亲杀人，其不孝宜诛。恃其亲杀人，其心术宜诛。按律内知有恩赦而故犯者，加本罪三等，恶其有所恃也。彼恃有留养之例而故犯者，何以反得宽其本罪乎。父母不能教子，致陷于恶，虽老而冻馁，亦所自取。或圣王仁政，务出万全，则按其情罪，临期请旨亦可"。律载："犯死罪非常赦不原，而祖父母、父母老疾应侍，家无以次成丁者，开具所犯罪名奏闻，取自上裁。"杀人之犯，即为常赦所不原，自不在奏请留养之列。是以前明及国初以来，均无斗殴杀人，准与声请留养例文。其分别留养者，均系军流徒罪及免死减流人犯。惟查康熙二十九年，刑部会看得孙培国殴死王襄臣一案，拟绞题覆奉旨在案。今据江督傅疏称：孙培国寡母年老，家无次丁，侍养需人，已死王襄成之父王月亭不愿抵偿，呈恳给与埋葬等因。查定例止将军流人犯准其存留养亲等语，真犯死罪从无养亲之处，且系已经题结之案，仍应咨回该督，照原拟监候造入秋审可也。奉旨：孙培国之母年老无人侍养，且王月亭呈禀不愿抵偿，恳给埋葬，著再议具奏，钦此。经刑部议准，将孙培国准其存留养亲具题，奉旨：依议。嗣后斗殴杀人准予留养之案不一而足，然尚未纂为定例也。雍正二年，始有分别情伤，追给银两之例，又有查明被杀之人有无父母，是否独子之例，是例与律不免稍有参差矣。近来杀人留养之案，每年总不下数十百起，准驳亦迄无一定，而例文更纷烦歧出，似不如仍照律文之为愈也。雍正六年六月奉旨："向来定例斩绞等犯非常赦所不原者，其父母年至七十，家无次丁，始将应否留养之处，开明犯罪情由，请旨定夺，此乃法外之仁也。然必本犯之罪有可原，其父母之情有可悯，然后准其留养。从前鹤六斤之案，其父母年未七十，而李绂违例两请。法司议覆之时，亦即照李绂两请具奏。朕以被殴之人系抽风身死，情罪稍轻，姑从宽典，准其留养，并未著为定例也。今宜兆熊等将柳文保殴死柳满福之案，援引鹤六斤之案，两请具题，该部理应严行驳诘，按律定拟，方为平允。今德明、黄国材等仍照宜兆熊等两请议覆。伊等之意，不过欲自沽宽大之虚名，而不顾国家令典。殊不知实在有罪之人，枉法纵释，并不受囹圄之拘禁，使死者含冤，生者抱痛，积孽亦已深矣。而欲以此邀福于冥冥之中，有此天理乎。且定例，父母七十方行两请，是合例之人尚须酌其情之轻重而后从宽。今若又开年未七十留养之例，将来各省效尤，凡父母现存之人，皆可援以为请，而斗殴杀伤拟抵者无几矣。凶暴之徒必致肆行无忌，何以示惩，甚为人心风俗之害，司刑宪者亦曾思此乎。若罪果轻，该督抚即当具实陈奏，朕自揆情度理，开恩宽宥，何得强行留养，以开枉法之端。此案刑部既照宜兆熊等两请具题，朕亦不能定。著刑部自行定议具奏。钦此"。是年又有申饬贵州巡抚祖秉珪谕旨。乾隆十五年正月初二日奉上谕："国家钦恤民命，德洽好生，至于鳏寡茕独，尤所矜悯，是以定有独子留养之例。凡属情轻均已沾恩减等，惟是愚民无知，往往轻身斗狠，不知留养为格外施仁，或恃此为幸免之路，以致罹于法网。因于案情稍重，或理曲肇衅，金刃伤重，虽经督抚声请，仍以原罪定拟，不准留养，固属该犯罪所应得。但声请之案，不过寻常斗殴等类，断不至入于情实，徒使淹禁囹圄，不得侍养，而穷老孤孀，无所倚赖，深可轸恻。朕思此等罪犯，本非有谋故重情，为常赦所不原，既经定拟本罪，拘系逾时，已足驯其桀骜之气，应量为末减，俾得自新。上年秋审，此等案件经九卿定拟矜减者止有二起，余仍监候。著该部查明各犯祖父母、父母现存，果无次丁侍养，俱以可矜减等，请旨发落。嗣后独子犯罪未邀宽减者，该督抚于秋审、朝审册内声明，九卿复核，照此办理，以昭轸恤无告之意，著为例，钦此"。又，二十三年十月初九日奉旨："刑部议覆福建巡抚杨应琚审题，郭端殴伤黄睿身死，将郭端拟绞监候，声请留养一本。郭端与黄睿因争买食物构衅，将黄睿推伤心坎以致殒命，自应按律定拟。乃该抚徒以该犯因黄睿病后阻其买食一语，遂称事本理直，遂欲为之原情留养，而该部亦即照拟核核。揆之情理，殊未允协。盖留养之例，乃法外之仁，必该犯实系理直，或误伤致毙，既有一线可原，因得邀恩末减。若以寻常斗殴案件，意存迁就之见，曲为开脱，则杀人者死，于定律之意何居。即如所云，郭端既知黄睿病后为之劝阻，独不知病后之人不可力殴乎。且其劝阻亦因己欲买食耳。此宜照例定罪，秋审时自在可矜之列，是其监禁不过一、二年之间。而定案之初，犯者尚知情法相准，俾好勇之风，因而稍戢，闾阎宁而致殴毙者鲜，所全实多，又何必于理宜禁，教一二斗狠之人而曲为开脱乎。若以该犯身系独子，不宜羁于囹圄，即出之囹圄，此等败类亦难责其尽心孝养也。且一、二年后，原属矜免，何必亟亟耶。迩年以来，斗殴之案渐多，未必非水懦之弊。姑息以致纵恶养奸，是谁之咎。朕欲博宽厚，则一切谳章可以不览，较诸臣更省力而得名。然朕必不为也。郭端依拟应绞，著监候秋后处决，再将此通行晓谕，俾司宪者知临事悉心检核，一归平允，以副朕明刑弼教之至意，钦此"。恭译各上谕，有宽有严，未尽画一，后来或准或驳，迄无一定。近数十年以来，凡情伤稍重者即不在准留之列，而定案时凡与例相合者，即令取结送部，迨结已到矣，而又有不准留者，不又涉于纷烦乎。

条例018.48：遣犯内强盗窝主造意不行（2）

遣犯内，强盗窝主造意不行，又不分赃者；〔按：现改新疆为奴。〕拿获逃人，不将实在窝留之人指出，再行妄报者；〔按：乌鲁木齐种地当差。此条道光十四年，已改为逃人续供之窝家提来审明，又属诬扳，此处亦应修改。〕发遣云、贵、两广烟瘴，偷刨人参人犯，在配脱逃者；〔按：伊犁为奴。〕盛京旗下家奴，为匪逃走至二次者；〔按：驻防为奴。〕派往各省驻防满洲兵丁，临行及中途脱逃者；〔按：伊犁当差。〕用药迷人，甫经学习，即行败露者；〔按：伊犁为奴。〕用药迷人，已经得财为从者；〔按：新疆为奴。〕用药迷人，被迷之人当时知觉未经受累者；〔按：伊犁为奴。〕闽省不法棍徒，引诱偷渡之人，包揽过台，中途谋害人未死，同谋者；〔按：烟瘴充军。〕应发极边烟瘴罪人，事发在逃，被获时有拒捕者；〔按：新疆为奴。〕开窑诱取妇人子女勒卖，为从者；〔按：烟瘴充军。〕永远枷号人犯，已逾十年，原拟死罪应发遣充军者；〔按：发往伊犁。〕大伙枭徒，拒捕伤差案内之灶丁、窝家，〔按：伊犁为奴。〕及军营脱逃兵丁，在军务未竣以前投首者；〔按：驻防为奴〕军营脱逃余丁被获者；〔按：极边足四千里。〕聚众夺犯杀差案内，随同拒捕，未经殴人成伤者；〔按：极边四千里。〕川省匪徒在野拦抢，四人至九人，未经伤人者；〔按：伊犁为奴。〕台湾无籍游民，凶恶不法，犯该徒罪以上情重者；〔按：新疆为奴。〕贼犯犯罪事发，抗拒杀差案内为从，在场助势者；〔按：极边足四千里。〕罪囚越狱脱逃，三人以上，原犯徒罪为从，及杖、笞为首，并一二人原犯军、流为从，及徒罪为首者；〔按：伊犁为奴。〕幕友、长随、书役等，倚官妄为，累及本官，罪应军、流以上，与同罪者；新疆兵丁跟役，如有酗酒滋事，互相调发者；〔按：为奴。〕行窃军犯，在配复行窃者；〔按：一二次烟瘴军，三次新疆当差。〕抢夺金刃伤人，及折伤下手为从者；〔按：边远充军。〕积匪猾贼，及窝留者；〔按：烟瘴军。〕回民犯窃结伙，三人以上，执持绳鞭器械者；〔按：烟瘴军。〕开棺见尸二次，为从者；〔按：此条已改绞罪。盗未殡、未埋尸柩、开棺见尸为从，二次发边远充军，三次发烟瘴充军，似应修改。〕引诱包揽，偷渡过台，招集男妇至三十人以上者；〔按：新疆为奴。〕蠹役诈赃十两以上者；〔按：近边。〕积惯讼棍，罪应拟军者；鸦片烟案犯，问拟流罪以上者；军、流、徒犯内强盗，并有关伦理，及凶徒扰害地方，罪应发遣者；俱不准声请留养。

（此条道光十年、十九年两次增改。"不分赃者"句下，删原有"期下正身犯积匪者"八字，"应发黑龙江充军"六字。"三十人以上者"句下，增入"蠹役诈赃至流罪以上者"三十字。同治九年，将"鸦片烟案犯，问拟流罪以上者"句节删。）

条例 018.49：凡军务未竣以前自首逃兵内

凡军务未竣以前自首逃兵内，如实系因病落后，并非无故脱逃，而其父兄曾经殁于王事，又亲老家无次丁者，准其留养。其无故脱逃，续经拿获者，虽有父母殁于王事，仍不准其留养。

（此条系嘉庆五年，刑部议奏陕甘总督觉罗长麟咨，逃兵孙有因病落后逃回，畏罪自首，该犯胞兄孙斌既已阵亡，其母曹氏年老，家无次丁，可否准其留养折内，嘉庆六年奉上谕纂为例。）

薛允升按：后遣犯一条，有军营脱逃兵丁，在军务未竣以前投首者，不准留养之语。此条重在因病落后，伊兄既已阵亡，故准留养。查从前逃兵例内，并无因病落后明文。嗣于嘉庆七年始定有患病落后，军务未竣以前投首，照自首律免罪，拿获者徒三年之例，与此条均属不符。投首照律免罪之例在后，此例在先，纂定后例时，未将前例修改，是以不免参差。既免罪矣，又何留养之有，似应修改明晰。

条例 018.50：尊长故杀卑幼之案

尊长故杀卑幼之案，如有亲老丁单，定案时于疏内声明，俟秋审时取结报部，分别情罪轻重办理。

（此条嘉庆十一年，刑部议准例。嘉庆十四年定例。）

薛允升按：殴杀卑幼，亦有拟绞及罪止徒流之犯，似应添叙。杀死卑幼，较凡斗为轻。凡人斗杀之案，俱准留养，则杀死卑幼之应准留养，即不待言。惟卑幼之父母，或即系杀人者之尊长，如系老疾，无人侍奉，杀人之人，是否准其留养，纂例时何以并不叙及耶。

条例 018.51：各衙门差役犯案

各衙门差役犯案，除因公致罪，及因人连累，或寻常过犯，并无倚势滋扰情事，遇有亲老丁单，仍准查办留养外，其余概不准声请留养。

（此条道光十七年，刑部议覆山东道监察御史胡长庚条奏定例。）

薛允升按：差役犯罪，例止加平人一等。况抢窃等犯均准留养，何独于差役而严之耶。留养本为犯亲而设，乃孝治天下之意。差役固可恶，岂差役之父母亦可恶耶。

事例 018.01：康熙四年谕

凡犯死罪非常赦不原者，有祖父母、父母老疾应侍，家无以次成丁者，开具所犯罪名奏闻，取自上裁。律文所有者，著照律行。其犯赃等罪流徒人犯，有祖父母、父母老疾无人侍养者，取具地方官印结，或照律存留养亲，或仍应流徙，请旨定夺。

事例 018.02：康熙十年议准

凡拟军罪之犯，果有祖父母、父母老疾，家无以次成丁者，责四十板，将军罪照依流罪收赎，准其存留养亲。

事例 018.03：康熙十二年题准

凡免死拟罪人犯，有告称祖父母、父母老疾无依，家无以次成丁者，移文该地方官查取印结，照旗下人例枷号两月，责四十板，准其存留养亲。若地方官不行详查，结报不实者议处。

事例 018.04：康熙十四年题准

凡已经具题案内，干连军流徒罪犯人，若有准其存留养亲者，不必具题，照例发落。

事例 018.05：康熙十八年题准

凡内外问拟军流及免死减等犯人，有乡约、地方、十家长、两邻，假捏出结，存留养亲者，乡约、地方，各责四十板；十家长并两邻，徒三年，到配所责四十板。

事例 018.06：康熙十八年覆准

地方官将存留养亲人犯假捏出结者，降二级调用；转详上司，罚俸一年；具题督抚，罚俸六月。如系受贿出结者，革职提问；转详上司，降三级调用；督抚降一级留任。

事例 018.07：康熙二十一年覆准

凡总甲衙役，受流犯财物，通同说事，假捏出结者，俱照两邻出结之例，徒三年，到配所责四十板。其不受财出结者，仍者四十板。

事例 018.08：康熙二十六年题准

军流人犯发遣时，有控告存留养亲者，该督抚严行确查，并取具该管官印结，或应具题，或应咨部，俱照例准其存留。若有假捏情弊，该督抚并地方官，俱交部照例议处。其人犯咨解到部之后，如有控告年老残疾，及无以次成丁者，仍不准行。

事例 018.09：康熙二十九年议准

军流人犯，有祖父母、父母告称老疾无依，家无以次成丁者，系大、宛二县所属，停其副指挥、吏目具结送部，令大、宛二县具结申送府尹、治中出结，府尹确查转送。如五城所属，亦停其副指挥、吏目具结送部，令掌印兵马司出结，该城御史确查转送。外省令知府、知州出结，司道官确查，申详督抚严察转送。若有以次成丁而谎出印结，有受贿发觉者，从重议处。若有失查之处发觉者，将不行确查各官，俱照例处分，本犯仍行发遣。

事例 018.10：康熙四十二年谕

凡罪犯存留养亲，必其亲系无罪可悯之人，方可奏请。若其亲系有罪之人，不可引留养例。

事例 018.11：康熙四十三年覆准

凡罪犯之父年五十岁以上，应不准留养，但委系废疾，家无次丁，应照例将罪犯枷号两月，仍准留养。

事例 018.12：康熙五十年奉旨

礼部会奏朝鲜国人杀害上国人等因具题。奉旨：这事情依议。前审旗员奏朝鲜国罪犯内有亲兄弟三、四人等语。本朝例兄弟俱拟正法者，存留一人养亲。这案罪犯若有亲兄弟三、四人，亦著照此例存留一人养亲。将此交部，咨行朝鲜国王。

事例 018.13：康熙五十五年覆准

安插奉天人犯，祖父母、父母老疾家无次丁者，不准留养。

事例 018.14：雍正二年谕

例内虽有父母年老家无次丁应存留养之条，但凶徒恃此有意伤人，殊未可定，已死之人亦属可矜悯。嗣后如此类存留养亲之人，视其所犯罪之轻重，作何多派出银两给予死者之家，若不给予，仍照原拟治罪之处，著刑部定例议奏。

事例 018.15：雍正二年又谕

杀人之犯，因伊亲老又家无次丁，即奏请免死留养，然亦须查明被杀之人有无父母，是否独子。若系亲老又系独子，一旦被杀身死，以致亲老无人养赡，而杀人之人，反得免死留养，殊与情理未协。著行文直省各督抚，嗣后如奏请杀人之犯存留养亲者，将被杀之人有无父母及以次成丁之处，一并查明，于本内声明具奏。

事例 018.16：雍正三年谕

斗殴杀人，本应抵偿，其奏准存留养亲，追给埋葬银两，乃法外之仁，但既俱免其抵偿，自应照数追给，以恤死者之家，若止存给付之名，而无收受之实，是不但于情理未协，而于法律亦未为允当。嗣后一应追给埋葬银两之案，务必交与该管地方官，实在照数追出，给付死者之家，然后将该犯释放，报部存案。若不行照数给付者，必将该犯仍行监追。倘并未追给而捏称给付，即将该犯释放者，告发之日，将该管地方官一并从重议处。著详察定例议奏。钦此。遵旨议准：嗣后遇有此等案件，著该地方官照数追出，给付死者之家，取具的属收领，然后将该犯释放。徒杖细事，俱报部存案。若不行给付，将该犯系管押者仍行管押，监禁者仍行监禁，勒限追给。如未给付而捏称给付，并无的属收领而捏称收领，即将本犯妄行释放者，告发之日，犯人本罪不准援免，地方官一并从重议处。

事例 018.17：雍正四年奉旨

刑部议覆吕高戳死胞兄一案。奉旨：一家兄弟二人，弟殴兄至死而父母尚存，则有家无次丁存留养亲之请，倘父母已故而弟杀其兄，已无请留养亲之人，一死一抵，必致绝其祖宗禋祀，此处甚宜留意。若因争夺财产，或另有情由，又当别论。吕高殴死其兄，其家中有无承祀之人，交与该部察明具奏。钦此。遵旨议准：除有父母之人，弟杀胞兄，家无次丁，照律存留养亲外，其无父兄，或因争夺财产，或另有情由致死，并家有承祀之人者，仍照律定拟。如非争夺财产，并无别情，或系一时争角互殴，将胞兄致死，而父母已故，别无兄弟，又家无承祀之人，应令该地方官据实查明，取具邻佑、阖族、保长，并地方官引甘各结，将该犯情罪，于疏内声明请旨。如蒙恩准其承祀，将该犯免死减等，枷号三月，责四十板，存留承祀。若死者与凶手已经分家，各有产业，令地方官查明死者应嗣亲支，令其立嗣，日后凶手生子，不得与立嗣之人争产。如无应嗣之人，死者遗有妻女，即给予妻女养赡，俟死者之妻死女嫁，将产业给予族中公祠主祭之人，留作祭祀公用。若死者与凶手尚未分居，将产业酌量以十分之二给予凶手。如恃有存留之例，捏称家无承祀，并隐讳别情以图开脱该犯者，或经查出，或被旁人首告，将该犯仍照律治罪。其承审各官，俱照故出入人罪律，交与吏部议处。将出结之乡约人等，俱照例责四十板。十家长并邻族之人，徒三年，到配所责四十板。

事例 018.18：雍正六年谕

据李卫奏：诸暨县民章王相，致死无服族叔章简恒，章王相之母年五十七岁，与年老应侍之例未符，但系青年早寡，全赖章王相侍养，可否准予留养，出自圣恩等语。章简恒之侄章佳生，担水经过章王相之门，王相索饮，佳生不与，王相之母王氏出言呵骂，佳生亦即回骂，王氏遂往诉伊叔简恒之家，两相争角，简恒将王氏揪发击打，王相奔往，拾取铁锄，殴伤简恒后脑殒命。夫索水不与，其事甚小，而王相母子遂寻闹忿争，是起衅者实王相母子也。王相殴打族叔，以卑凌尊，而又用铁锄凶恶之器，非手足木械可比，其情实无可原。况伊母未及应侍之年，但以守寡之故，遂另开留养之条，而宽其杀叔之罪，恐天下凶暴之徒，仗母氏之居孀，而逞好勇斗狠之习者不少矣。所奏不合，著严饬行。章王相照例拟绞，著监候秋后处决。

事例 018.19：雍正六年又谕

向来定例，斩绞等犯，非常赦所不原者，其父母年至七十，家无次丁，始将应否留养之处，开明罪犯情由，请旨定夺，此乃法外之仁也，然亦必本犯之罪有可原，其父母之情有可悯，然后准其留养。从前鹤六斤之案，其父母年未七十，而李绂违例两请，法司议覆时，即照李绂两请具奏。朕以被殴之人，系抽风身死，情罪尚轻，姑从宽典，准其留养，并非著为定例也。今宜兆熊等将柳文保殴死柳满福之案，援引鹤六斤之案，两请具题，该部理应严行驳诘，按律定拟，方为平允。今德明、黄国材等，仍照宜兆熊等两请议覆，伊等之意，不过欲自沽宽大之虚名，而不顾国家之宪典，殊不知将实在有罪之人，枉法纵释，并不受囹圄之拘禁，使死者抱痛，积孽亦已深矣！而欲以此邀福于冥冥之中，有此天理乎？且定例父母七十方行两请，是合例之人，尚须酌其情罪之轻重而从宽。今若又开未及七十留养之例，将来各省效尤，凡父母现存之人，皆可援以为请，而斗殴杀伤拟抵者无几矣。凶暴之徒必致肆行无忌，何以示惩？甚为人心风俗之患。司刑宪者亦曾思及此乎？若情罪可轻，该督抚即当据实陈奏，朕自揆情度理，开恩宽宥，何得强引留养，以开枉法之端。

事例 018.20：雍正十一年谕

独子留养之条，乃国家法外之仁，而凶恶之徒，往往恃有恩例，肆意妄行，或众人共殴而推诿于一人，或一人独承以脱众人之罪，在无识之有司，又以姑息为宽大，迁就具狱，种种弊端，难以悉数，是以每年奏请独子养亲之案甚多。凡杀人者抵偿，乃天理人情之正，或其中情有可原，而屈从宽典，从又体古帝王罪疑惟轻之意，随时酌量者。若不论情罪轻重，而但以独子概令从宽，已非情理之当，况其间未必尽系独子乎？有罪之人，儌幸漏网，恐成长奸之渐，但定例已久，朕不便遽行改易，且不教而杀，有所不忍。著通行晓谕内外军民人等，己身既为独子，更当思念父母无依，谨身奉法，以远刑辟。若好勇斗狠怙恶不悛，数年之后，独子伤人之案，仍复不减，朕惟有执法抵罪，以惩凶顽，不能曲为宽假也。此旨著通行宣布，务令远乡僻壤之人，咸使知之。

事例 018.21：乾隆十三年议准

嗣后除夫殴妻致死，并无故杀及可恶别情者，仍照例准其存留承祀外，至弟杀胞兄与殴杀大功以下尊长者，一经有犯，皆按律定拟，不准声明独子，援请承祀，并关系服制一切留养之例，亦悉行删除。若其中实有万不得已情由，应行临时酌量者，各该督抚于疏末据实声明，恭候钦定。

事例 018.22：乾隆十七年谕

嗣后凡应留养之犯，必查明现在本籍者，方准援请。若在他省获罪，即属忘亲不孝之人，虽与例相符，该部亦应不准其留养。

事例 018.23：乾隆十九年谕

从前各省寻常斗殴情罪稍重之案，经部定议不准留养，后因此等人犯秋审时原不至入情实，徒使淹禁囹圄，而穷老孤孀，无所倚赖，于乾隆十五年特颁谕旨，令该督抚秋审时另册办理，但十五年以前，此等亲老丁单之犯，间有原题内未经声叙者，遂不得一例邀恩，情亦可悯。著该部传谕各该督抚，将从前虽未附疏声明，确有成招原案可凭者，据实查明，准其一体入于另册，量予末减，以示矜恤。

事例 018.24：乾隆三十三年议准

殴妻致死之案，其例应留养者，俟秋审时查办例应承祀者，即于疏内声明。查承祀较之父母现存赖以侍养者，势可从缓，乃得随疏题请开释，未免迟速不同。嗣后例应承祀之犯，照留养例于本内声叙，统俟秋审时核拟。

事例 018.25：嘉庆五年谕

刑部奏：逃兵孙有，可否准其留养一折。军营逃兵，在军务未竣以前投首，拟发遣罪者，原不应准其留养，惟念孙有因染患疥疮，行走落后，逃回畏罪自首，且该犯之母曹氏，现年七十一岁，伊胞兄孙斌，先经阵亡，该犯兄弟二人，均未娶妻生子，家无次丁，茕嫠孤苦，殊堪悯恻，著加恩准其留养。嗣后军务未竣以前自首逃兵内，如实系因病落后，并非无故脱逃，而其父兄殁于王事，又亲老家无次丁者，均著照此案孙有之例，准其留养。其无故脱逃，续经拿获者，虽有父兄殁于王事，仍不准其留养。著为令。

事例 018.26：嘉庆六年谕

朕思律内有承祀留养两条，原系法外施仁，必须核其情罪甚轻，始可量加末减，于施惠之中，仍不失惩恶之意，方足以昭平允。若不论罪案轻重，止因家无次丁，概准承祀留养，则凶恶之徒，谂知律有明条，自恃身系丁单，有犯不死，竟至逞凶肆恶，是承祀留养，非以施仁，适以长奸，转以诱人犯法，岂国家矜恤，死者尤不可令其含冤。傥情真罪当，必为宽宥，如世俗鄙论所云救生不救死之说，以为积阴功，试思死者含冤莫伸，损伤阴德，孰大乎是？嗣后问刑衙门，总当详慎折衷，勿存从宽从严之见，遇有关承祀留养者，尤当核其所犯情罪果有可原，再行查明实在别无次丁，或有子息而尚未成丁，与定例相符，量为定拟，庶几无枉无纵，刑协于中，共勷明允之治。钦此。遵旨议准：死罪人犯存留养亲，原系法外之仁，乾隆十六年定例，斗杀案内理直伤轻，及戏杀误杀等项，如系亲老丁单，俱准其随案声请留养。三十一年议定，仅准将戏杀误杀之案，于本内声请留养，其斗杀之案，无论情节轻重，概俟秋审时取结报部会核进呈。嘉庆四年，刑部议请酌复旧章，将戏杀误杀斗杀情轻应入缓决可矜者，以及擅杀罪人，并无关人命应拟死罪人犯，与仅止语言调戏致本妇羞忿自尽之案，如系亲老丁单，孀妇独子，一体随本声请，准其留养。迄年以来，俱系遵照办理，惟是条例一成不变，案情百出不穷，即斗杀之案，情节亦属轻重不一。凡有一线可原者，均可入于缓决，若定案时俱准其随本声请留养，既恐因一事宽严之互异，致各有轻重之不齐，且此等斗杀人犯，好勇斗狠，本与戏杀误杀情近过失者不同，而无关人命，如抢窃丢包，用药迷拐，略卖子女，及语言调戏致本妇羞忿自尽等类，秋审时尚有应入情实者，诚恐外省误会例意，办理参差。若逐案分别准驳，殊觉事涉纷繁。如概准其随案留养，在无知愚民，不知留养为格外仁施，或转恃有身系单丁，以身试法。洵如圣谕，非以施仁，适以长奸，实非明刑弼教之道。查死罪人犯，得以随本声请留养者，原以所犯情节较轻，本在可矜悯之列，入必俟秋审时核准，在本犯监禁逾时，罪所应得，而其老病之亲，桑榆暮景，诚恐伊子未出囹圄，而其亲已不及待，是以随本声请，俾令早为侍养，实为推广皇仁起见。至于斗殴杀人之犯，既已好斗忘亲，自当令其居幽悔罪，即谓拘系逾时，应侍父母恐不及待，查定案以至秋谳，远者不过经年，近者止于数月，并非长羁久系，况死者之父母，既已永断奉养，而生者之父母，不过暂缺岁时，揆之情理，亦所当然。至罪犯应死，无关人命，及语言调戏致本妇羞忿自尽各案，有应实应缓之分，易启畸轻畸重之弊，尤不应准其随本声请留养。嗣后亲老丁单留养之案，除实系戏杀误杀擅杀，以及斗殴之案，或死由自跌自溺，毫无斗狠情形，并救亲情切，伤止一、二处，均系秋审时应入可矜者，俱准其随本声请留养外，其余概不准随案声请，俱令该督抚于定案时，止将应侍缘由，于本内声叙，不必分别应准不应准字样，统俟秋审时取结报部，刑部会同九卿核议，另册进呈。如此明立章程，庶愚民不致有所恃以玩法，而办理可归画一，立法亦为协中矣。

成案018.01：安插奉天不准留养〔康熙四十四年〕

刑部据福督金世荣咨称：金相之母，年逾八旬，止生一子，应请留养等因。查金相系长兴革职知县曹衍琦贪酷案内，照衙门蠹役索诈十两以上例，安插奉天之犯，定例并无安插奉天之犯准其存留养亲之条，应将所请无容议，仍令速行解部发遣。

成案018.02：安插黑龙江暂留养母〔康熙三十三年〕

刑部题：查西达等同吴勇、散三行劫失主王仲连砍死。奉旨：吴勇依拟应斩，余依议。查西达、马尔希俱著发往黑龙江当差。钦此。将查西达等发往黑龙江在案，但此等发往黑龙江之人，臣部并无议覆准其挈回养亲之例，毋容议。奉旨：查西达之母年老，无人侍养，查西达著暂取回，俟母殁后，仍发往黑龙江当差。

成案018.03：殴死胞兄父乞留养〔康熙三十三年〕

刑部为呈报事：据安抚高承爵题，江演杀死胞兄江光，伊父年逾八十，家无次丁。又该犯口哑耳聋，已成废疾等因。部覆仍照律拟斩立决。奉旨：九卿詹事科道会议具奏。该九卿议得：律例虽无宽宥之条，但江演之父年逾八十，家无次丁，哀吁具呈留养，情属可悯，应将江演免死减等，枷号两个月，责四十板，准其存留养亲可也。

成案018.04：殴死胞兄嫂乞留养

刑部覆河抚顾汧题。奉旨：这案著九卿詹事科道会议具奏。钦此。查王子重与胞兄王九并无嫌怨，因子重言及王九与马三住儿口角之非，王九先用石打子重，子重拾石还砍，适中王九额角殒命。今伊寡嫂王氏禀称，兄弟俱无子嗣，翁姑骸骨暴露等语，情有可原，应将王子重照存留养亲之例，枷号两个月，责四十板，康熙三十三年十月奉旨：依议。

成案018.05：殴死大功兄留养伯父〔康熙三十一年〕

刑部覆江抚郑端题。查于三见亲兄于大儒与大展争田，被大展打破头颅，往救，一时忿激，将大展殴打殒命，原无仇隙，且尸父于遇春屡次拦词乞留伊侄养生，情有可悯，应将于三免死减等，枷号两个月，责四十板，追埋葬银二十两给付死者之家，仍令赡养伊伯于遇春终身。

成案018.06：免死减等子幼留养〔康熙三十七年〕

刑部据江抚宋荦咨称：免死减等流犯朱凤，伊父朱贵年六十三岁，废疾无倚，朱凤虽有二子，一系六龄，一系二龄，俱属幼稚，实非成丁之人，与存留养亲之例相符等因。查朱凤系殴死李甫拟绞，援赦免死减等之犯，今该抚既称与存留养亲之例相符，应将朱凤照枷号两个月，责四十板，准其留养。

成案018.07：刑部〔康熙三十年〕

刑部为举首事。据东抚佛伦题：孙氏击死伊夫张二一案，先经刑部将孙氏拟斩立决具题。奉旨：这案著九卿詹事科道会议具奏。钦此。会议得张二之父张重新少钱四十一文，查问孙氏，说只怕是你儿子拿去了。因而夫妇相嚷，张二羞愧出门。至康熙二十九年七月十四日晚回家，孙氏言及无衣无米并盗钱之事，张二羞愤，乘孙氏起身进房，辄持石抛打，孙氏亦拾石向后一掷，击中张二之耳根毙命。应将孙氏照律拟斩立决，但孙氏持石回击，误中伊夫身死，原无欲杀之心，且伊父张重新又哀求泣诉。据称伊已年老残疾，张大系乞食义子，张二已死，若将孙氏正法，则新生一孙乳哺无人，势必绝嗣，恳求留媳养孙，情属可原。孙氏应免死，折责四十板，抚养张重新之孙可也。

成案018.08：二子犯罪存留一人养亲〔康熙二年〕

刑部覆直督苗澄疏。卢氏等叩阍各款审虚，应拟边戍，但查妇人无充军之例，将军罪改流折赎。又管从周、管从福，应留一人养亲。查律祖父母、父母老疾，无人侍养，若犯徒流者，杖一百，存留养亲。王氏年老，无人侍养，应将长子管从福杖一百，留养其母，次子管从周仍拟军罪。

成案018.09：发遣时控告捏结养亲〔康熙二十八年〕

吏部覆刑部疏。海州千总李永培因贪赃问拟安插辽阳之犯，如果应存留养亲，定案之日即应控告，岂有发遣之时方行控告之理？将无母有弟之人出结存留养亲，不将知州陈一化即行题参，乃该抚驳回，查出之处，又捏称该州检举，咨请邀免，明系故行延挨，巡抚、知州俱交部议等因。应将不行查明出结之知州陈一化照例降二级调用，该抚洪之杰不将知州陈一化题参，乃将该抚驳回查出之处，捏称该州检举咨请邀免不合。查定例内，督抚将奉旨驳察案件含糊具题者，降一级留任等语。应将巡抚洪之杰照此例降一级留任，存留养亲转详之上司，行令该抚查明再议。

成案018.10：四川司〔嘉庆十九年〕

西城移送：李张氏一案，因与僧悟量通奸，致奸情败露，羞忿自尽。悟量依因奸酿命例，满徒，加二等，拟杖一百、流二千五百里，仍枷号两个月，勒令还俗，因该犯之母年逾七十，准其留养。

成案018.11：贵州司〔嘉庆二十年〕

贵抚咨：刘阿常因争闹殴死张添富。刘阿常、张添富均是独子，李益良率以张添富父母俱故，混行具结，将刘阿常留养。李益良应比照军流等犯、本非独子、邻族人等假捏出结、减本犯二等例，于刘阿常绞罪上，减二等拟以满徒。

成案 018.12：四川司〔嘉庆二十年〕

川督奏：余长安原因屡次滋事，照棍徒拟军。该犯本有弟兄，并非独子，辄捏亲老丁单，在配遣，女余酉州赴京具控，仰蒙圣恩，以该犯父母年逾八旬，无人侍奉，并因幼女远赴京师具呈，情甚可悯，加恩将该犯释放，乃于回籍后，复更名捐监，刁唆词讼，图诈钱文，实属怙恶不悛，其词内擅称伊女系奉旨旌表孝女，本属诈传，惟原奉恩旨内曾有伊女年甫十一岁，不远千里，来京申诉，其情甚属可悯等语，尚非平空捏造，固未便遽拟斩候，若照本律量减一等，及诬告人徒罪，于满徒上加三等，罪止满流。将余长安比照军流徒犯捏报留养，本犯仍发原配之例，量加一等问拟，情罪本属相符，惟原是烟瘴少轻，改发极边足四千里之犯，今量加一等，应发极边烟瘴充军。查例内烟瘴少轻与极边烟瘴，同以足四千里为限，惟在配脱逃者，烟瘴少轻之犯改发新疆为奴。今该督将该犯拟发烟瘴少轻地方充军，设将来有在配脱逃等事，加等问拟，则轻重同迥属悬殊。余长安应改极边烟瘴充军，仍以足四千里为限。

成案 018.13：安徽司〔嘉庆二十二年〕

安抚咨：沈太和因大功堂弟沈太祥，纵妻王氏与陈太华通奸，该犯曾向理斥，嗣沈太祥在陈太华房内身死，该犯疑系因奸谋毒，用箸探试，带有黑色，怀疑不释具控，致尸身两遭蒸检。该抚将该犯依尊长诬告人命，并非挟仇，只以误执伤痕，告官蒸检律，拟流加徒，亲老丁单，不准留养等因咨本部。本部查沈太和之怀疑妄控，事出有因，所得拟流加徒之罪，系诬执伤痕告官蒸检，与诬告反坐者有间，该犯如果亲老丁单，准其留养。

成案 018.14：安徽司〔嘉庆二十二年〕

安抚咨：邢太平殴伤大功堂弟邢太盛身死，罪应拟流。已死邢太盛系属独子，虽该犯母老丁单，应不准其留养。本部以杀人例不应抵之犯，例无查明被杀之人是否独子明文，今邢太平殴死大功堂弟，罪止满流，自不得应拟死罪人犯并论，邢太平如果母老丁单，仍应准其留养。

成案 018.15：浙江司〔道光元年〕

本部奏：樊魁先因与伊弟樊沅争闹，用刀吓砍，经其母王氏趋夺，自行划伤，当将该犯依例拟以斩决，奉旨改为斩监候，入于情实，二次未勾，改入缓决。嗣王氏赴部呈称，伊守节二十余年，第三子樊实病故，次子樊沅，业已呈送发遣，未卜存亡，且系不孝之徒，即释回亦属枉然，呈请将樊魁留养等因，查明属实，惟子伤父母，情轻改缓人犯，应否留养，例无明文，援引浙江省龚奴才成案，请旨定夺。奉旨准其留养。

成案 018.16：广东司〔道光四年〕

广抚咨：嘉应州贼犯温阿春，纠同伊子温阿岱，抢夺李彦老官铅被获。审依抢夺人财物律，赃至八十两，加等拟徒。据该抚查明温阿春之母梁氏，年已七十，守节已逾二十年，惟在逃温阿岱，年已十八岁，将来获日尚可留养，请将温阿春发配。本部查温阿春之母梁氏，年已七十，守节已逾二十年，该犯温阿春因抢拟流，其罪不在不准留养之例，自应照例准其留养。今该抚以该犯有长子温阿岱，年已成立，现因同案犯抢在逃，将来弋获，尚可留养，将该犯照例究拟，不行取结查办，是以衰暮待老之人，俟潜匿难获之犯，使老年婺妇侍养无人，殊失法外施仁之意，且母子之恩较之祖母与孙儿尤为迫切，揆情执法，亦应将温阿春存留侍奉，以遂反哺之私。所有该抚将温阿春现行发配，俟温阿岱获日再行留养之处，应即更正。将现获之温阿春照例枷责，准其存留养亲。

成案 018.17：陕西司〔道光五年〕

陕抚咨：安康县棍徒陈生和等，诓骗革监毛中鹏代子营干入学一案内，拟军之陈泳顺父老丁单，例得准其留养。该抚声称其父现在外出贸易，并无去向，无可留养，仍应将该犯发配。查向来办理留养之案，系本犯在外游荡不顾养赡者，不准留养，并无因犯父出外未回不准留养之案，若因犯亲在外，将例应留养者即行发配，伊亲异日旋里，无人侍奉，何以广皇仁而昭矜悯。陈泳顺一犯，应令该抚暂行监禁，确查伊父贸易去向，现在是否存亡，照例分别办理。

成案 018.18：广东司〔道光六年〕

广抚咨：南海县贼匪黄远启、黄远雄，同胞兄弟，各犯迭窃八次，罪应拟军。该犯等据供亲老丁单，虽系积匪猾贼，例应不准留养，惟是兄弟犯罪俱拟正法者，例内尚准留养一人养亲。今该犯等同时犯罪，罪止拟军，较例应正法之犯，罪名轻重悬殊，若不准其留养，殊不足以昭平允。所有黄远启、黄远雄供称亲老丁单之处，应令该抚速饬查明。如果属实，即将该犯等分别发配枷责，准其存留一人养亲，仍取结送部。

成案 018.19：江西司〔道光七年〕

江西抚咨：周幅海等抢夺拘捕案内徒犯杨幅希，前经混供为李幅财，并称系寡妇独子。兹饬查明，该犯真名杨幅希，并非独子。将杨幅希仍照原拟满徒。该犯捏供之处，实属刁狡，应予到配后再枷号两个月。

成案 018.20：陕西司〔道光七年〕

陕抚题：长安县回民麋添锡等共殴贾得身死案内之麋虫受儿，依回民结伙三人以上，执凶器共殴人之例，发云贵两广极边烟瘴充军，在配杖一百，折责四十板，仍照例刺字。麋虫受儿虽据供亲老丁单，惟系回民结伙，持械共殴，情节较重，应不准其留养等语。查回民结伙共殴例，应拟军已属从严治罪，如系亲老丁单，并不在不准留养之例，自应仍准留养。应令该抚查明麋虫受儿，如果系亲老丁单，即取结送部，照例枷责，准其存留养亲。

成案 018.21：陕西司〔道光九年〕

陕抚咨：石泉县审详：逃军喻才私回原籍，经犯母喻方氏禀首。查军犯喻才，在配脱逃，既据该抚咨称该犯甫经到家，即据伊母带回禀首，自应免其逃罪。应如所咨，将该犯仍发原配安置，事犯到官，在道光八年十一月初九日恩诏以前，原犯系差役贿纵罪因拟军，应不准其援减，至原咨内称该犯之母喻方氏年老双瞽，应否准其留养，听候部议等音。查例载题结军流，未经发配以前，告成父母老疾应侍，准留养亲等语，系专指军流人犯尚未发配者而言，如已经到配，向不查办留养。若因其私逃回籍犯亲老疾，遽行准其留养，是安分在配者反不如脱逃之得以养亲，揆之情理，殊失平允，且恐各省军流人犯皆得藉口亲老，纷纷脱逃，更属不成事体。逃军喻才应令该抚即发原配安置，所有咨请留养之处，应毋庸议。

成案 018.22：陕西司〔道光十一年〕

陕抚咨：子婿殴毙妻之父母，服虽缌麻，伦纪攸关，遇有亲老丁单，似当不准留养，咨请部示。查殴毙妻之父母，服属外姻缌麻，秋审时例得分别情伤定拟实缓，所有缓决案内殴死本宗缌麻尊长之案，尚准声请留养，而殴死外姻缌麻尊长之案，转不准其查办，殊不足以示持平。且外姻中尚有母之兄弟姊妹分系母党，服属小功，尚不较妻父母为重，即外姻缌麻亦尚有姑及母舅并两姨之子，均与妻父母服制相同，何独于妻父母有犯加之万禁。总之，此等留养之犯，该抚惟有认真提讯，俾无冒滥，不在多设科条。所称殴毙妻父母不准留养之处，应毋庸议，仍俟核定实缓后分别办理。

成案 018.23：四川司〔道光十二年〕

川督咨：安仁县安置军犯刘冕之父刘芳远、母罗氏，均年逾七十，犯弟刘许实已病故，并无以次成丁，核与留养之例相符，照例递回原籍，准其存留养亲。查军犯流各犯留养之例，系指未经到配者而言，若业经到配，如有犯亲应侍，或本有次丁嗣经病故，向不查办留养。此案刘冕因包揽说合雇倩枪手拟军，发安仁县安置，到配已历数年。今该抚查明犯亲均年逾七十，犯弟业已病故，并无一次成丁，准其递回原籍留养，系属错误。刘冕应不准其留养，仍发原配安置。

律 019：天文生有犯〔例 3 条〕

凡钦天监天文生，习业已成，〔明于测验推步之法，〕能专其事者，犯军、流及徒，各决杖一百，余罪收赎。〔仍令在监习业。犯谋反、叛逆缘坐应流，及造畜蛊毒，采生折割人，杀一家三人，家口会赦犹流，及犯斗殴伤人，监守、常人盗，窃盗，掏摸，抢夺，编配刺字，与常人一体科断，不在留监习业之限。〕

（此条原载工乐户及妇人犯罪条内。雍正三年分出，另立此目，其小注系顺治三年增修，雍正三年删定。）

条例 019.01：凡钦天监官为事请旨提问

凡钦天监官为事请旨提问，与职官一例问断。该为民者，送监仍充天文生身役。该徒、流、充军者，备由奏请定夺。其有不由天文生出身者，悉照例革职发遣。

（此条系明代问刑条例。原例"与职官一例问断"句，系与文职运炭等项一例问断。"该徒流充军"句，系该充军者。雍正三年增删。顺例 019.09：凡钦天监官为事请旨提问。与文职运炭等项，一例问断。该为民者，送监，仍充天文生身役；该充军者，备由奏请定夺。其有不由天文生出身者，悉照例革职发遣。）

薛允升按：《辑注》："该为民而仍充天文生，该充军而必奏请定夺，亦以专精其业而优之也。若由别衙门改用，不由天文生出身，是不能专其事者矣。故悉照例革职发落。"《集解》："此例为钦天监官有由天文生出身，有不由天文生出身，须分别治罪也。"原例系该充军者，盖军罪较徒流为重，徒流律有明文，且已包在上文运炭等项之内矣，故专言军罪也。律专言天文生例，则兼及钦天监官，即律内习业已成，能专其事者也。为民应改革职，与赎刑门祠祭生一条参看。

条例 019.02：养象军奴

养象军奴，犯该杂犯死罪及徒、流罪，决杖一百，俱住支月粮，〔如徒三年，就住支三年月粮也。〕各照年限，常川养象，满日仍旧食粮养象，笞、杖的决。

（此条系明代问刑条例，载在"军籍有犯"律后。雍正二年，以赎罪做二等例已裁，删去"无力做工"四字。乾隆五年，移附此律。）

薛允升按：此例无军罪字样，应与上条参看。前明无折枷之例，是以仅住支月粮，惟流罪住支若干年份，碍难悬断。

条例 019.03：凡天文生有犯

凡天文生有犯，查系习业已成能专其事者，笞、杖，有力纳钞，无力的决；徒、流依律决杖一百，余罪收赎；杂犯死罪，拘役五年，满日照旧食粮充役。其例该充军者，将所犯徒、杖，依律决杖，收赎，量给月粮三分之一，拘役终身。如军罪遇宥，亦照旧食粮充役。其窃盗、掏摸、抢夺，应刺字充警，并例该永远充军，及习业成，未能专事者，不分轻重罪名，悉照本等律例科断。

（此条系明代问刑条例，顺治例 019.08，雍正三年删改为律。）

律 020：工乐户及妇人犯罪〔例 12 条，成案 5 案〕

凡工匠、乐户犯罪者，五徒并依杖数决讫，留住〔衙门〕照徒年限拘役。〔住支月粮。其斗殴伤人，及监守、常人盗，窃盗，掏摸，抢夺，发配，刺字与常人一体科断，不在留住拘役之限。〕其妇人犯罪应决杖者，奸罪去衣〔留裤〕受刑，余罪单衣决罚，皆免刺字。若犯徒、流者，决杖一百，余罪收赎。

（此仍明律。原有天文生一节，雍正三年分出，另为一条，并将此文删改。乾隆五年增修。）

薛允升按：工匠乐户是否贱役，抑系名籍在官，如唐乐属太常、工属少府之类，律无明文。而人户以籍为定门则除军民外，尚有驿、灶、医、卜、工、乐诸色人户，并无匠户。逃避差役门则云："丁夫杂匠在役及工乐杂户〔谓驿、灶、医、卜等户〕逃者，笞五十，除名当差。"律本系军、民、匠、灶，各从本色，后又删去匠字，色目亦参差不齐。原律系决杖一百，上条亦然。此律改为依杖数决讫，殊嫌参差。《明律》："工匠乐户犯流罪者，三流并决杖一百，留住拘役四年。"《辑注》云："不言徒罪者，以流且准徒，则五徒决杖，拘役不待言矣。"雍正三年改为工匠乐户犯徒罪，并依杖数决讫，留住拘役，流犯并不在内，则有犯仍应实流矣。惟养象军奴犯徒流罪，决杖一百，俱住支月粮，各照年分，常川养象，满日，仍旧食粮。是流罪亦不实发，与此律意不符。且留住不知系何衙门，拘役亦不知应充何差，均未明晰。《唐律》："老小废疾犯流罪以下，收赎"，妇人并不在内。《明律》亦同。乃此条妇人犯徒流亦准收赎，不知本于何条。《唐律·断狱门》："年八十以上，十岁以下及笃疾，皆不得令其为证。"《疏议》谓："以其不堪加刑。"《明律》亦同。惟见禁囚不得告举他事律内，忽添入若妇人三字，未免参差。《唐律》无妇人犯罪一概收赎之文，惟犯流则不应远配耳。今妇女犯罪例文增多，与老小废疾同科，则皆此条律文误之也。今律，妇人犯罪应决杖者，奸罪去衣受刑，余罪单衣决罚。杖罪与男子无异，应役则与男子迥殊，则以徒配必去家数百里故也。此非必不可变通者，何必概令收赎耶。此与上天文生有犯律，均系犯罪免发遣之事，似应附入彼门，无庸另立名目。妇女一层，亦可并入妇人犯罪门。《唐律》无犯罪免发遣之条，故特立此门。明既有此律，又有免发遣之律，自系重复。再，天文生有犯，原律系统于工乐户之内。雍正三年分列两门，又将工乐户犯流罪者改为徒罪，而其实并无工匠乐户名目，律亦系虚设耳。

〔附录〕顺治律 019：工乐户及妇人犯罪

凡工匠、乐户犯流罪者，三流并决杖一百，留住，〔衙门〕拘役四年，若钦天监天文生，习业已成，能〔明于测验、推步之法。自〕专其事，犯流及徒者，各决杖一百，余罪收赎。〔仍令在监习业，犯谋反、逆、叛缘坐应流，及造畜蛊毒，采生折割人，杀一家三人，家口会赦犹流，及犯窃盗，编配刺字，与常人一体科断，不在留住之限，余罪照例收赎。〕其妇人犯罪应决杖者，奸罪去衣受刑，余罪单衣决罚，皆免刺字。若犯徒、流者，决杖一百，余罪收赎。

条例 020.01：和声署官俳

和声署官俳，精选乐工，演习听用。若乐工投托势要，挟制官俳，及抗拒不服拘换者，听申礼部送问，就于本司门首枷号一个月发落。若官俳徇私听嘱，放富差贫，纵容四处逃躲者，参究治罪，革去职役。

（此条系明代问刑条例。原例和声署系教坊司，礼部奏准，将教坊司名色改为和声署。雍正七年、乾隆五年亦将比例改定。顺治例 019.06：教坊司官俳，精选乐工，演习听用。若乐工投托势要，挟制官俳，及抗拒不服拘唤者，听申礼部送问。就于本司首枷号一个月，发落。若官俳徇私听嘱，放富差贫，纵容四处逃躲者，参究治罪，革去职役。）

薛允升按：《辑注》："官俳，即教坊司官名也。"与赎刑门太常寺厨役二条同。此前代例文与现在情事不同，似应删除。

条例 020.02：妇人有犯奸盗

妇人有犯奸、盗、不孝，并审无力，与乐妇各依律决罚。其余有犯笞、杖并徒、流、杂犯死罪该决杖一百者，审有力与命妇、军职正妻，俱令纳赎。

条例 020.03：妇女有犯殴差哄堂之案

妇女有犯殴差、哄堂之案，罪至军、流以上者，实发驻防为奴；犯徒罪者，若与夫男同犯，一体随同实发，亦不准收赎。若妇女专犯徒罪者，仍照律收赎。

（此条系嘉庆二十三年，奉上谕纂辑为例。）

薛允升按：此专为殴差、哄堂而设。祖父母、父母将子孙及子孙之妇一并呈送者，将被呈之妇与其夫一并佥发安置。见子孙违犯教令门，应参看。妇女与夫同拟实徒，止此一条。杀一家非死罪三四命以上凶犯之妻女，改发附近充军地方安置。见杀一家三人门。妇女充军亦止此一条〔俱系随事纂定，并非通例〕。《后汉书》光武建武四年诏："女徒雇山归家。"注："女子犯徒遣归家，每日出钱雇人于山伐木，名曰雇山。"此妇女犯徒之办法也。

条例 020.04：各直省审理妇女翻控之案

各直省审理妇女翻控之案，实系挟嫌、挟忿、图诈、图赖，或恃系妇女自行翻控，审明实虚诬，罪应军、流以上，及妇女犯盗后经发觉，致纵容祖护之祖父母、父母，并夫之祖父母、父母畏罪自尽，例应问拟云、贵、两广极边烟瘴充军者，均免其实发驻防为奴，各监禁三年，限满由有狱、管狱官察看情形，实知改悔，据实结报，即予释放。傥在监复行滋事，犯该笞、杖者，仍准收赎。犯该徒罪以上，加监禁半年；军流以上，加监禁一年，再行释放。若官吏、狱卒故意陵虐者，照陵虐罪囚例，加等治罪。其妇女翻控，讯明实因伊夫及尊长被害，并痛子情切，怀疑具控，及听从主使出名诬控到官后，供出主使之人，俱准其收赎一次。如不将主使之人供明，仍照例监禁，俟三年限满，再分别禁释。

（此条系嘉庆二十三年，刑部核议贵州道监察御史吴杰条奏，各省妇女及年老残废之人翻控审虚罪至军流不准收赎等因，奉上谕纂辑为例。道光二年改定。）

薛允升按：妇人犯徒流等罪，例得与老疾等一体收赎，故律有老小、笃疾、妇人，除谋反、叛逆、子孙不孝或己身及同居之内为人盗诈、侵夺、杀伤之类听告，余并不得告之文。例又有诬告者，罪坐代告之人，及隐下壮丁，故令老幼残疾妇女家人奏诉，立案不行，仍提壮丁问罪，并妇女有犯小事牵连，提子侄兄弟代审之语，皆所以示矜全、防诬陷也。现在罪坐代告之例竟成具文，而又特立京控不准驳斥专条，殊与律意不符。查京控不准驳斥，后又奉有谕旨，分别准驳，非尽不准驳斥也。刑例不载，自系疏漏。说见诉讼门。妇女翻控，初定之例，本系实发驻防为奴。此例略为变更，是以有免其实发驻防为奴之语。妇女犯盗，致纵容祖护之父母等自尽，系由为奴改发烟瘴充军，是以亦有免其实发驻防为奴之语。第图诈挟嫌翻控，系属出于有心。因盗致父母自尽，实系出于意外。图诈等项尚可改悔，致父母自尽，何改悔之可言，措辞未见允协。子孙犯奸盗，致纵容祖护之祖父母、父母畏罪自尽，发黑龙江给披甲人为奴，系嘉庆六年定例。十七年改发新疆给官兵为奴，并添子孙之妇有犯与子孙同科等语。二十二年又改为烟瘴充军，载入诉讼门内。其例文云："子孙有犯奸盗，如祖父母、父母纵容祖护，后经发觉，畏罪自尽者，将犯奸盗之子孙改发云贵两广极边烟瘴充军。子孙之妇有犯，悉与子孙同科"云云。是无论因奸因盗均应发烟瘴充军，免其为奴矣。而因奸致纵容之父母自尽，妇女实发驻防为奴，又载在威逼致死门内，不免参差。且妇女犯军罪，无有不收赎者，此处复奏请监禁三年何也，岂忘却此项之并不为奴乎，殊不可解。原奏请免其为奴，酌加监禁者四条，本为惩妇翻控起见，而类及于殴差哄堂。姑谋杀子妇及因盗致父母自尽三项，上谕止准此二项，而因盗致父母自尽一项，本不在为奴之列，反多监禁三年，不几多此一举乎。再，诉讼门内系统指男女而言，威逼门内专言妇女因奸，不特与诉讼门稍有参差，且因盗者监禁，因奸者实发，男子不论因奸因盗均拟充军，妇女则如系因奸，即应实发为奴，尤嫌参差。

条例 020.05：京城奸媒有犯诱奸诱拐

京城奸媒，有犯诱奸、诱拐，罪坐本妇之案，如犯该军、流，俱实发各省驻防为奴。其罪止徒、杖者，准其收赎。徒罪所得杖罪，即照妇女犯奸之例，一体的决，不准收赎

（此条系道光十三年，御史鲍文淳奏请严惩拐卖以维风俗一折，纂辑为例。道光十五年续纂。）

薛允升按：此例较别条为严，必实有可恶情节，方可照此实发，若寻常诱拐之案，似应仍准收赎。此外或系屡犯，怙恶不悛，或设计诱拐多次，亦应加严。与犯奸门藉充人牙一条参看。

条例 020.06：妇女犯军流等罪

妇女犯军流等罪，除例载实发驻防为奴〔按：此应实发者。〕，及酌量监禁，免其实发各条外〔按：此应监禁者。见上条。〕，若系积匪并窝留盗犯多名，及屡次行

凶、讹诈，罪应外遣者，实发驻防给官兵为奴；罪应军流者，准其收赎一次，仍详记档案。如不知悛改，复犯前罪，即行实发驻防，不准收赎。犯该徒罪以下者，仍准收赎，不得加重实发。

（此条系同治三年，刑部议覆御史富稼奏请妇女犯罪不准收赎，并同治七年御史范熙溥奏准定例。同治十二年续纂。）

薛允升按：积匪、讹诈并无外遣罪名，惟窝留盗犯二人，方拟遣耳。而此等情节，妇女犯者最少。妇女犯军流，从无单身发配之例。嗣因有情节可恶，发往驻防为奴者，复以为奴过重，酌加监禁。此二条则又发驻防为奴，畸重畸轻，刑章果有一定耶。

条例 020.07：内府匠作

内府匠作，犯该监守常人盗、盗窃、掏摸、抢夺者，俱问罪送工部做工、炒铁等项。其余有犯徒、流者，拘役住支月粮。笞、杖，准令纳赎。

条例 020.08：在京军民各色匠役

在京军民各色匠役，犯该杂犯死罪，无力做工，徒、流罪拘役，俱住支月粮；笞、杖纳赎，或的决。若犯窃盗、掏摸、抢夺一应情重者，亦拟炒铁等项发落，不在拘役之限。民匠仍刺字充徼。

条例 020.09：在京工部各色作头

在京工部各色作头，犯该杂犯死罪，无力做工，与侵盗、诓骗、受财枉法徒罪以上者，依律拘役，满日俱革去作头，止当本等匠役。若累犯不悛，情犯重者，监候奏清发落。杖罪以下，与别项罪犯，拘役满日，仍当作头。

（顺治例首句为"两京"。）

条例 020.10：太常寺光禄寺厨役

太常寺、光禄寺厨役，私自逃回原籍潜住，许里甲人等首告，到部不许津贴盘缠。若在原籍途中，及到部挟诈诓骗害人者，问罪立案不行。逃回至三、四次以上者，问发边外为民。

条例 020.11：乐户杂犯死罪

乐户杂犯死罪，无力做工，流罪依律决杖一百，拘役四年；徒、杖、笞罪，俱不得决，止依律拘役满日著役；若犯盗窃、掏摸、抢夺等项，亦刺字充徼。

（条例 020.07 至 020.11，均系明代旧例。雍正三年奏准：匠作等役犯罪，俱与常人一体照律科断，无拘役做工等例，因此将此五条全部删去。）

条例 020.12：各处乐工

各处乐工，纵容女子擅入王府，及容留贝勒、贝子、公在家行奸，并军民旗校人等，与贝勒、贝子、公赌博，诓哄财物，及擅入府内教诱为非者，俱问发边卫充军，该管色长革役。

（此条系明代旧例。雍正三年奏准：今各省俱无在官乐工，顺治十六年裁革女乐后，京城教坊司并无女子，将"纵容女子擅入王府"一段删去。其赌博一节，删改移附杂犯赌博律后。）

成案 020.01：河南司〔嘉庆二十三年〕

河抚咨：朱氏于前夫张见才故后，卖与韩孝东为妾，字据确凿。韩孝东因其悍泼，复转卖与张骡子为妻，乃嫌张骡子家贫，图返韩孝东家，不遂所欲，辄捏称继室，诬控韩孝东前妻之子韩驴子夫妇，殴伤诓卖。如果所告属实，韩驴子罪干重辟，今审属虚，诬自应反坐，朱氏依诬告人死罪未决律，杖流加徒。该犯妇悍泼异常，久为母族、夫家所共弃，现复以逆伦重情赴京捏控，实属女流中之败类，且照例收赎，亦无人承领，应将朱氏实发驻防为奴。

成案 020.02：江苏司〔道光五年〕

苏抚奏：李马氏之子李长标在娼妇陈金氏家睡宿，夜间被人唤出，即无下落。该氏因夫李天一怀疑甘玉科等控告，经县讯无杀害李长标情事。该氏不服，复屡次赴司院翻控，至其夫亦不能管束，实为女中悍泼之尤。核其情事与拦舆撒泼较轻，于哄堂藐法逞刁实重。惟所指凶首究系李天一在本省告出之人，并非凭空诬告，未便比照死罪未决科断。李马氏应比依妇女挟嫌图诈翻控、原犯罪应军流监禁三年之例，量减为监禁一年，候年限满日，如知悔改，照例释放。

成案 020.03：云南司〔道光十年〕

云抚咨：张陈氏犯案赎释后，复行逼勒王周氏等卖奸。查例内并无妇人两次犯罪赎释复行再犯作何治罪明文。将张陈氏比照妇人挟嫌图诈翻控之例，酌量监禁三年，再行释放。

成案 020.04：奉天司〔道光十一年〕

东城察院移送：杨沈氏受雇于王樆家服役二年有余，因挟撵逐之嫌，辄捏造奸情，将王樆之生母王邱氏诬控，情殊刁诈。例应照奸赃污人名节拟军，惟系妇女，若照例收赎，未免轻纵。杨沈氏应比照妇女翻控之案、实系挟嫌挟忿、审系虚诬罪、应军流以上监禁三年例，酌量监禁二年，限满释放。

成案 020.05：陕西司〔道光十一年〕

陕抚咨：孀妇张王氏京控伊夫张来喜，即张元魁，身死不明，并刘杨生之子孙霸地平坟一案。查张王氏以夫祖出卖四十余年之业，图赎未遂，迭次控争，历经府县讯断，又复赴京喊控。所称伊夫张元魁被人谋害，系出自心疑，并未指实何人，无凭坐诬，惟称刘杨生之子孙将伊家地亩霸去，如果得实，刘杨生之子孙刘存喜，应照强占官民山场律，拟以满流。讯系虚捏，该氏应反坐所诬罪，止杖一百、流三千里。其控刘杨生之子孙平毁伊家祖坟数座，并未指明若干冢，并无平毁形迹，按每三冢加等及诬告加等，罪仅拟徒，自应从重科断。查妇人有犯流罪例得收赎，惟该氏控司控县，旋断旋翻，以致拖累多人。核其屡控呈内，俱言梁学善伪契占地，并未控及刘杨生之子孙，今赴京喊控则又供指刘杨生之子孙霸地平坟，明系倚恃妇女得以赎罪，任意牵连翻控。似此逞刁，伊于胡底，未便准其收赎，致长刁风。应请照例问拟。张王氏合依妇女翻控之案、审系恃妇自行翻控、实系虚诬、罪应军流以上者、免其实发驻防为奴监禁三年例，监禁三年，俟限满由有狱官查看情形，再行照例办理。

律 021：徒流人又犯罪〔例 27 条，事例 8 条，成案 25 案〕

犯罪已发〔未论决〕又犯罪者，从重科断。已徒已流而又犯罪者，依律再科后犯之罪。〔不在从重科断之限。〕其重犯流者，三流并决杖一百，于配所拘役四年。若〔徒而又〕犯徒者，依后所犯杖数，该徒年限〔议拟明白，照数〕决讫，〔仍令〕应役，〔通前〕亦总不得过四年。〔谓先犯徒三年，已役一年，又犯徒三年者，止加杖一百、徒一年之类，则总徒不得过四年。三流虽并杖一百，俱役四年，若先犯徒，年未满者，亦止总役四年。〕其〔徒流人又犯〕杖罪以下〔者〕，亦各依〔后犯笞杖〕数决之，〔充军又犯罪，亦准此。〕其应加杖者，亦如之。〔谓天文生及妇人犯者，亦依律科之。〕

（此仍明律。其小注系顺治、康熙年间及雍正三年修改，乾隆五年改定。）

〔附录〕顺治律 020：徒流人又犯罪

犯罪已发〔未论决〕又犯罪者，从重科断。已徒、已流而又犯罪者，依律再科后犯之罪。〔不在从重科断之限。〕其重犯流者，依〔工、乐户〕留住法，三流并决杖一百，于配所拘役四年。若〔徒而又〕犯徒者，依〔后〕所犯杖数，〔决讫，并〕该徒年限〔议拟明白，照数〕决讫，〔仍令〕应役，〔通前〕亦总不得过四年。〔谓先犯徒三年，已役一年，又犯徒三年者，止加杖一百、徒一年之类，则总徒不得过四年。三流虽并杖一百，俱役四年，若先犯徒年未满者，亦止总役四年。〕其〔徒流人又犯〕杖罪以下〔者〕，亦各依〔后犯笞、杖〕数决之，〔仍留应役。〕其应加杖者，亦如之。〔谓工、乐户，及妇人犯者，亦依律科之。重犯徒流，或拘役，或收赎，亦总不得过四年；重犯笞杖，亦照数决之。〕

条例 021.01：先犯杂犯死罪

先犯杂犯死罪，运炭、纳米等项未完，及做工等项未满，又犯杂犯死罪者，决杖一百，除杖过数目，准银七分五厘，再收赎银四钱五分。又犯徒、流、笞、杖罪者，决其应得杖数。五徒、三流，各依律收赎银数，仍照先拟发落。若三次俱犯杂犯死罪者，奏请定夺。

（此条系明代问刑条例。雍正三年，将"运炭、纳米等项未完，及做工等项未满"二句，改为"纳赎未完，及准徒年限未满"。）

薛允升按：《辑注》："此例言先犯杂犯死罪，纳赎未完，徒限未满又犯罪者，决杖并收赎之法，所以补律之未备也。"《笺释云》："一、议得某人所犯，合依某律绞，系杂犯，准徒五年，系军余。查得本犯先在某司问拟绞罪，做工未满，今又犯该前罪，照例决杖一百，除杖过数目准银七分五厘，再收赎银四钱五分，仍照先拟送工部做工五年，满日随住。一、议得某人所犯，合依某律减等拟徒。查得本犯先问拟绞罪，递发守哨，未曾著役，今又犯该前罪，照例决讫应得杖数，余罪依律收赎银数，仍照先拟绞罪，递发缺人墩台守哨五年，满日随住。一、议得某人所犯合依某律减等杖六十，徒一年。查得本犯先问拟绞罪，做工在逃，今又犯该前罪，缘已问拟杖九十的决讫。除六十准作今犯杖数，余三十合准徒四十八日，今止贴徒三百一十二日，照例收赎，仍照先犯绞罪送发役所五年，满日随住。〔三次俱犯杂犯死罪。〕一、议得某人依某律绞，系杂犯，准徒五年。查得本犯先在某处问拟杂犯斩罪，准徒五年，发某驿摆站未满，续在某处亦问杂犯绞罪，照例决杖，余罪收赎，今又犯该前罪。缘本犯三次俱犯杂犯死罪，擅难发落，应合监候，奏请定夺。"《集解》："此条仍明例，第以钞数改为准银。盖明时做工等项未满，又犯杂犯死罪者，决杖一百，余杖过数目准钞六贯，再收赎钞三十六贯。今改为准银七分五厘，再收赎银四钱五分者，以明时钞六贯止算银七分五厘，钞三十六贯止算四钱五分也。三次俱犯死罪，如一人先于某处问拟杂犯斩罪，准徒五年，发某驿摆站未满，又在某处亦问杂犯绞罪。照例决杖，余罪收赎。今又犯该前罪，因本犯三次俱犯杂罪，难以发落，应监候，奏请定夺也。"此系前代例文，系专指运炭纳米及做工等项而言，故决杖外余罪皆准收赎，现在并无此等案矣。此原例本系三条，首条言先犯杂犯死罪，复犯杂犯死罪及徒流笞杖之罪。二条、三条言先犯徒流笞杖，后犯杂犯斩绞之罪，皆所以补律之未备也。后将下二条删去，因此条有三犯奏请定夺之文，是以仍存例内。惟究与现行定例诸多不符，似应一并删除。徒流重犯律系在配拘役，例则加拟枷号。乌鲁木齐遣犯又系锁带铁杆，此则准予收赎，与律例均属不符。若谓系杂犯死罪专条，彼五徒外，尚有迁徙一条，又将如何办理耶。一事一例，殊嫌纷烦。原例运炭、纳米等项未完及做工等项未满，自系指例难决配及未至徒配而言，改为纳赎未完已觉牵强，准徒年限未满复犯，是否五年之内复犯，抑系配所复犯之处，均难臆断。徒流人重犯徒流，律有拘役四年之文。准徒与徒犯不同，与军流亦异，是以又立有此条。惟以准徒五年之罪，仅赎银四钱五分，殊嫌太轻，亦与军流在配复犯徒流等罪科断迥殊。且此等案件百无一、二，有犯无难比照定断，似可无庸定立专条。此条系指有犯例应运炭、纳米及做工等项而言，与在徒配又犯不同，仍照先拟发落，谓仍运炭、纳米做工也。与赎刑门，军民诸色人役分别有力、无力一条例文参看自明。今不然矣，此条笺释讲解明晰，详细参玩，自系尔时办法，与今例不符。杂犯死罪，惟监守及常人盗犯者颇多，余俱绝不概见。监守盗尚可完赃减免，寻常窃盗尚加等治罪，常人如再犯盗窃仓库，岂得仅照此收赎耶。杂犯斩绞律共九条，附录于左：

杂犯斩：

户律，内府承运库交割余剩之物，朦胧擅将出外者。

礼律，称诉冤枉借用印信封皮入递，借者及借与者。

刑律，盗内府财物者〔例改实犯死罪〕，监守自盗仓库钱粮等物四十两〔余条以监守自盗论者依此〕。

杂犯绞：

吏律，军官犯罪，不请旨上议当该官吏〔后改应议之人有犯〕。

兵律，车驾行处，军民冲入仪仗内者；冲入仪仗内奏事不实者〔例改充军〕；在京守御官军，递送逃军妻女出京城者；逃军买求者。

刑律，常人盗仓库钱粮八十两〔例专指为从，亦无杂犯名目〕；冢先穿陷及未殡埋开棺椁见尸者〔例改军罪〕。

条例 021.02：先犯徒罪流罪

先犯徒罪、流罪，运炭、做工等项未曾完满，又犯杂犯死罪者，除去先犯罪名，止拟后犯死罪，运炭、做工等项。若又犯徒、流罪者，依已徒而又犯徒，将所犯杖数，或的决，或纳银，仍总徒不得过四年。又犯笞、杖者，将后犯笞、杖，或的决，或纳银，仍照先拟发落。

（此条系明代问刑条例。雍正三年，将"运炭、做工等项未曾完满"十字，改为"纳赎未完"四字。其下"运炭、做工等项"六字，改为"纳赎充徒"四字。乾隆五年删除。）

条例 021.03：先犯笞杖

先犯笞、杖，运炭、做工等项未曾完满，又犯杂犯死罪者，除去先犯罪名，止拟后犯死罪，运炭、做工等项。又犯徒、流罪者，将先犯罪名，或纳银，或的决，止拟后犯徒、流。又犯笞、杖等者，从先发落，轻重不等者，从重发落。余罪俱照前纳米的决。

（此条系明代问刑条例。雍正三年，将"运炭、做工等项未曾完满"十字，改为"纳赎未完"四字。其下"运炭、做工等项"六字，改为"纳赎充徒"四字。乾隆五年删除。）

条例 021.04：旗下另户人等

旗下另户人等，因犯逃人、匪类及别项罪名，发遣黑龙江等处，并奉天、宁古塔、黑龙江等处，旗人发遣各处驻防当差者，三年后果能悔罪改过，即入本地丁册，择其善者挑选匠役、披甲，给与钱粮。三年内不行改过，及已过三年造入丁册后复行犯罪，即改发云南等省。奉天、宁古塔、黑龙江等处人犯，解送刑部转发。其各省驻防人犯，就近移交该省督抚，解往应发省分充配。该将军于汇题一年内收到人犯数目本内，一并汇题。至奉旨发遣旗下另户内，如有行凶为匪者，该将军另行请旨办理。

（此条系乾隆三十年，黑龙江将军傅僧阿条奏定例。原载《督捕则例》，乾隆三十七年移附此律，添入"奉天、宁古塔、黑龙江等处旗人，发遣各省驻防当差者"二语。乾隆五十三年修改，嘉庆九年改定。嘉庆十一年，又于"复行犯罪"句下，增"销除旗档"句。"改发云南等省"改为"改发云贵、两广。令地方官与民人一体严加管束"。）

薛允升按：从前另户旗人逃走一月以外者，不论投回拿获，俱发黑龙江当差。在逃匪类一月以内投回者，仍送部发遣拉林，即此条所云逃人、匪类是也。后改为投回者免罪，被获者鞭一百，则犯逃罪者并不发黑龙江矣。若匪类则销除旗籍，与民人一体定拟，犯罪免发遣门例文极明。此例首逃人、匪类等语，即属赘文。至年终汇题，犯罪事发在逃及徒流迁徙地方门均有此语。此例即系照彼条办理，后将彼条改为年终咨报军机处、刑部，此条仍从其旧，似应一并删改。满洲、蒙古发往新疆种地当差之犯，三年改过安分，编入本地丁册，挑入驻防兵丁，见徒流迁徙地方门。惟彼有免死减等定限五年一层，为此所无。流犯在道会赦一条，与此例相类，而无匪类二字，均应参看。奉天省应发黑龙江等处人犯，即由盛京刑部、奉天府发遣。外省应发黑龙江等处人犯，该督抚饬属径行解往，均毋庸解赴在京刑部转发，亦见徒流迁徙地方门，应与此条此层修并为一。

条例 021.05：凡宁古塔黑龙江充发人犯

凡宁古塔、黑龙江充发人犯，在配所杀人者，仍由部具题，行文该将军，于众人前即行正法。

（此条康熙四十八年，宁古塔将军题，发遣人犯骚达子在配打死齐兰保一案，议准定例。雍正五年定例。乾隆五年，修改为条例021.06。）

条例 021.06：免死减等发遣宁古塔（1）

免死减等发遣宁古塔、黑龙江等处盗犯，在配所杀人者，该将军咨报刑部，查明原案，仍照原犯之罪，定拟斩决具题，行文该将军，于众人前即行正法。若平常发遣人犯，在配所杀人者，仍分别谋、故、斗殴，按律定拟。

（此条乾隆五年，将条例021.05改定。）

条例 021.07：免死减等发遣盗犯

免死减等发遣盗犯，除在配所杀人，及为强盗，并逃走复犯行凶为匪者，仍照定例遵行外，其在配所该斩、绞监候者，拟斩立决。犯该徒罪以上者，拟斩监候犯。犯该笞、杖者，枷号三个月、鞭一百。

（此条乾隆五年，刑部议覆宁古塔将军吉党阿咨免死盗犯刘五图等行窃一案，经九卿议准定例。乾隆五十三年，修并入条例 021.08。）

条例 021.08：免死减等发遣宁古塔（2）

免死减等发遣宁古塔、黑龙江等处盗犯，除脱逃被获，仍照定例斩决外，如在配所杀人，及犯别项无关人命，罪应斩绞监候者，该将军等奏咨到刑部，查明原案，定拟斩决题奏，行文该将军，于众人前即行正法。犯该徒罪以上者，拟斩监候犯。该笞、杖者，枷号三个月、鞭一百。至平常发遣人犯，在配杀人，仍分别谋、故、斗殴，按律定拟。

（此条系乾隆五十三年，将条例 021.05 至 021.07 修并。嘉庆十七年，调剂黑龙江遣犯，奏准将免死减等强盗改发新疆给官兵为奴，于此条"宁古塔"上增"新疆"二字。又新疆遇斩、绞案件，向俱专折具奏，例内"该将军咨报刑部"句，改为"该将军等分别奏咨报部"。道光十五年，改定为条例 021.09。）

条例 021.09：免死减等发遣新疆

免死减等发遣新疆、宁古塔、黑龙江等处盗犯，除脱逃被获，仍照定例斩决外，如在配所杀人，及犯别项无关人命，罪应斩、绞监候者，该将军等奏咨到部，刑部查明原案，定拟斩决，分别题奏，行文该将军，于众人前即行正法。犯该徒罪以上者，拟斩监候犯。该笞、杖者，枷号三个月、鞭一百。至平常发遣人犯，在配杀人，仍分别谋、故、斗殴，按律定拟。如犯该遣罪者，在配所枷号六个月；犯该军流者，枷号三个月；该犯徒罪者，枷号二个月，俱鞭一百。犯该笞、杖者，各照应得之数，鞭责发落。

（此条道光十五年，因原例于"平常遣犯在配复犯军遣以下罪名，未经议及"，增入"如犯该遣罪"至"鞭责发落"五十三字。）

薛允升按：此例止言免死发遣盗犯，而不言免死军流人犯。徒流人逃门，又有秋审缓决遣犯，第免死盗犯，亦有问拟军流者，脱逃即应正法，则犯应死罪名，亦应以免死遣犯论。名目既多，例益纷烦矣。遣犯在配杀人，康熙年间，不论原犯罪名轻重，即行正法。乾隆五年始分别免死盗犯及平常遣犯定拟。其不言军流者，自系举重见轻之意。下又有军犯在配复犯之文，应参看。然俱较原定例文为宽。平常遣犯在配有犯，与在逃罪名不同。犯笞杖者，枷号三个月，与下改发烟瘴之窃盗一条相同，徒罪以上则相去悬绝矣。乾隆五年，威逼人致死门内改枷号半年为三个月，声明枷号无过三月者，后逐渐加增，且有加至三年及永远枷号者。此例加拟枷号日期，究系仿照何条，并与下乌鲁木齐地方一条参看。不用杖而用鞭责，盖指为奴人犯而言。既与满洲披甲人为奴，即照旗下家奴办理。〔旗下家奴犯笞杖者，以鞭代之，不折责。〕至发往当差人犯，则与为奴不同，概拟鞭责，似无区别。缘从前外遣人犯，均系发往宁古塔等处，分别旗下民人当差为奴。后改发新疆，其种地当差之犯不一而足，且有给绿旗兵丁为奴者。如在配有犯，似未便俱拟鞭责。若谓外遣人犯均应鞭责，并无加杖之例，新疆等处民人犯罪，亦可改杖责为鞭责乎。

条例 021.10：凡发遣人犯配定名数

凡发遣人犯，配定名数，分起解送。如案内人犯众多，至五名以上者，每五名作一起，先后解送。至起解时，务必严加锁铐，偾解役人等受贿开放者，计赃照枉法加倍治罪。若转解之该地方官，因前途未曾锁铐，不复行查，听其散行，将该地方官与前途未曾锁铐官，均按罪犯轻重，照不加肘锁脱逃例，分别议处。如解犯于经过处所，辱官诈财生事不法者，无论满汉官员军民人等，该地方官即行羁禁严审，通详该上司核明具题，将不法解犯，即于经过处所，照原犯斩罪正法示众。偾州县官隐匿不报，或已申报而道、府不行揭报，督抚不行题参者，俱交部照例分别议处。

（此条雍正七年定。乾隆五年，增定为条例 021.11。）

条例 021.11：凡发遣人犯酌定名数

凡发遣人犯，酌定名数，分起解送。如案内人犯众多，至五名以上者，每五名作一起，先后解送。至起解时，务必严加锁铐，将年貌锁铐填注批内，接递官亦必按批验明锁铐完全，于批内注明完全字样，钤盖印信，转递前途。偾解役人等有受贿开放者，计赃照枉法加倍治罪。若转解之该地方官，因前途未曾锁铐，不复行查，不补加锁铐，听其散行，将该地方官与前途未曾锁铐官，均按罪犯轻重，交部分别议处。如该犯于经过处所，辱官诈财生事不法者，无论满汉军民，如系原拟斩罪免死减等人犯，该地方官即行羁禁严审，通详该上司核明具题，将不法解犯，即于经过处所，照原犯斩罪正法示众。偾州县官隐匿不报，及该管上司不行转揭题参者，交部照例分别议处。如系平常发遣人犯，俱照徒流人又犯罪律分别治罪。

（此条乾隆五年，将条例 021.10 增定。嘉庆六年，改定为条例 021.12。）

条例 021.12：发遣人犯于经过处所

发遣人犯，于经过处所，辱官、诈财、生事不法者，无论满汉军民，如系原拟斩罪免死减等人犯，该地方即行羁禁严审，通详该上司核明具题，将不法解犯，即于经过处所，照原犯斩罪正法示众。偾州县官隐匿不报，或该管上司不行转揭题参者，俱交部照例分别议处。如系平常发遣人犯，俱照徒流人又犯罪律分别治罪。

（此条嘉庆六年奏明：起解人犯，应归徒流迁徙门，将条例 021.11 删存改定。）

薛允升按：此例系遵照雍正七年上谕纂定，盖专为由京充发烟瘴之包衣旗人及太监等犯而设。上谕内明言，此等八旗包衣发遣重罪钦犯，一到外省，众人不知其来历，认为朝廷得力之人云云，甚属明显。修改之例，则专指免死遣犯言之矣。军流如何科断，并无明文，其生事不法与辱官诈财，是否一串，抑系另犯别事之处，亦难臆断。至遣犯另犯军流徒罪，例系酌加枷号。此云照律治罪，亦属参差。

条例 021.13：充发烟瘴军流人犯

充发烟瘴军流人犯，不论旗民，偾于经过州县及安插地方，或陵虐需索，行凶生事，造作谣言，以及不服管束，肆行不法者，本管兵役，即禀明该地方官，详报督抚具题，将该犯照发遣人犯沿途辱官诈财生事拟斩立决例，于本处即行正法。傥解送之时，安插之所，不服拘管，或因约束过严，以致轻生毙命者，该督抚查明果无陵虐逼勒致死情节，取具印甘各结送部，将该地方官吏人等概行免议。如该地方文武官弁徇情故纵，隐匿不报，及疏防脱逃者，分别议处。押解兵役人等徇情故纵者，照与因同罪律治罪。如疏防脱逃，照疏脱发遣黑龙江人犯例治罪。若受财者，计赃以枉法从重论。此等发遣人犯，若果能在彼处地方安静奉法，无一毫妄行之处，过三年后，著该地方官详报督抚具题请旨。

（此条雍正七年定，系专为特旨发往烟瘴地方人犯而设，若例应发遣烟瘴之犯，即遇赦亦不准放还，毋庸三年奏请。乾隆五年，特将此例删除。）

条例 021.14：发遣吉林黑龙江等处免死盗犯

发遣吉林、黑龙江等处免死盗犯，在配偷窃官粮，计赃八十两以上者，为首拟斩立决；其不及八十两并为从之犯，仍各照本例问拟。

（此条嘉庆十九年定。）

薛允升按：现在免死盗犯并不发遣吉林、黑龙江，似应改为强盗案内免死发遣之犯在配云云。再，查常人盗仓库钱粮八十两，律应拟绞，系杂犯，准徒五年。例则至一百两方拟实绞，今以八十两上下分别立决、监候，则偷窃鞘银之案，自应亦以八十两下下分别定拟矣。与上犯该斩绞监候者，即行正法，及在配犯徒罪并贼盗门穿穴壁封各条参看。此即免死盗犯在配犯该徒罪以上之事也。既有专条似可无庸另纂为例。

条例 021.15：回民因行窃窝窃发遣

回民因行窃窝窃发遣，复在配行窃，初犯枷号二年，再犯枷号三年，三犯即永远枷号。若在逃行窃被获，亦递回配所，照此例办理。傥计赃逾贯，及行窃时另犯应死罪名，仍各从其重者论，秋审概入情实。拟枷人犯，有年限者，满日俱鞭一百，遇赦俱不准援减。

（此条嘉庆二十年，顺天府府尹审奏窝窃回匪大李三等拟遣一折，奉旨纂辑为例。）

薛允升按：此例共系三条，一载在徒流人逃，一载在盗贼窝主，应参看。回民窝窃罪应烟瘴充军者，改发新疆为奴，载在盗贼窝主门内。其窃盗门内，回民行窃如系结伙持械，俱改发烟瘴充军，并不发遣新疆，则是回民窝窃有遣罪，而行窃并无遣罪也。第烟瘴充军之犯从前亦谓之发遣，后专以新疆、黑龙江等处为发遣，而烟瘴军犯与近边等项相等，相沿至今，诸多参差。况犯罪免发遣系属律目，又何尝专指新疆等处耶。似应将新疆、黑龙江、吉林等处及四省烟瘴并各省驻防为奴者，均谓之遣犯，其余仍谓之军犯。明立界限，庶无错误。若谓四省烟瘴究属内地，与新疆不同，彼吉林、黑龙江等处又岂得歧视之耶。再，烟瘴及新疆人犯现在均系改发极边足四千里，并不实发。若在配有犯亦难定拟，似应于徒流迁徙地方门内，特立专条，以免歧误。寻常窃盗亦有问发新疆者，如本门因窃拟以军流，在配在逃复窃三次等类是也。回民内亦有此等人犯。例止言复犯行窃，而不言复犯窝窃，亦不赅括。逃后行凶为匪，犯该军流即应拟绞，不止枷号二三年已也。逃后行窃非为匪乎，而仍照在配定拟，何也。下发遣为奴人犯在配行窃一条，其枷号日期与此亦不相符，均属参差。此条计赃逾贯，自系指一百二十两以上而言。若三犯赃至五十两，是否拟绞，抑仍枷号三年之处，记核。

条例 021.16：发遣黑龙江等处为奴人犯

发遣黑龙江等处为奴人犯，有被伊主图占其妻女，因而致毙者，将伊主照故杀奴婢例治罪。傥为奴人犯，有诬捏挟制伊主者，照诬告家长律治罪。

（此条乾隆元年，刑部遵旨议准定例。）

薛允升按：此条与徒流人又犯罪例文未符，似应移于奴婢殴家长门，与家主将奴仆之妻妄行占夺一条修并为一。故杀无罪奴婢，律止杖六十，徒一年。即官员故杀奴婢例，亦止降级调用。此云照故杀奴婢例治罪，彼云发黑龙江当差，轻重殊不画一。

条例 021.17：窃盗问拟军流徒罪

窃盗问拟军、流、徒罪，到配后除犯一切寻常案件，及所犯罪重者，仍各照律例办理外，其有在配在逃行窃，不论次数、赃数，徒罪复犯者，拟以满流；军、流复犯，改发云、贵、两广极边烟瘴充军；军罪复犯者，亦改发云、贵、两广极边烟瘴充军。如有脱逃被获，照新疆人犯脱逃例，请旨即行正法，不得与徒、流改发人犯一体办理。

（此条系乾隆二十八年，刑部议覆浙江按察使李治运条奏，并乾隆三十二年军机大臣会同刑部奏准，并纂为例。乾隆四十二年奏明：例内"军罪复犯"等语，系指新疆改发内地之情重窃盗而言，今新疆改发内地十六项人犯，案已另立专条，毋庸复载，所以将例文"军罪复犯"以下删去。嘉庆六年修改。道光二十五年改定为条例021.18。）

条例 021.18：寻常窃盗问拟军流徒罪

寻常窃盗，问拟军、流、徒罪，到配后除犯非偷窃及所犯罪重者，仍各照律例办理外，其有在配在逃行窃，审系一、二次，赃未至满贯者，徒罪复犯，拟以满流，军、流复犯，俱改发云、贵、两广极边烟瘴充军。若犯至三次者，徒罪复犯，亦改发云、贵、两广极边烟瘴充军。军、流复犯，发遣新疆，酌拨种地当差。计赃满贯者，仍照律拟绞监候。

（此条道光二十四年，因原例"若犯至三次者，照积匪猾贼例拟遣"二语，系指积猾旧例本应外遣而言，今积猾已改为云、贵、两广极边烟瘴充军，则照积猾者，亦止应发极边烟瘴，与上文"军、流复犯一二次者"，统无轻重之分，且并未分别原犯军、流、徒罪，亦嫌疏漏，因将条例 021.17 改定。）

薛允升按：已徒已流，而又犯徒流等罪，及流徒犯在配脱逃，律内俱有决杖拘役之法。至窃盗罪名，总应以赃数为断。如在配在逃复行犯窃，自应计其赃数之多寡，与逃罪相比，从其重者论，方无歧误。此条例意虽系为严惩窃盗而设，惟不计赃论罪，而但以已至三次以上，即拟以充军外遣，究嫌未尽允协。且既不照徒流人又犯罪律科断，自应移入窃盗门内。即如因抢夺问拟徒流军罪复犯抢夺，载在抢夺门，此条何以又附入此律耶，亦不画一。此例在配在逃行窃，虽不明言再犯，其实皆再犯也。改发之后又复犯窃，则三犯矣，如何科罪，此条及下条俱未叙明。是犯徒流者，较寻常窃盗为严，犯死罪者，又较寻常窃盗为宽，殊非律意。再，此条系别于下改发极边烟瘴充军之窃盗而言，故添入寻常二字。如三犯计赃银不及十两，钱不及十千，即应拟流。此等人犯在配在逃行窃，应否以寻常窃盗论之处，碍难办理，添入此二字，殊觉无谓。

条例 021.19：军犯在配复犯徒罪者（1）

军犯在配复犯徒罪者，分别枷号，徒一年者，于配所枷号一个月，每等递加五日。复犯军、流罪者，均照逃军枷号调发之例，一体办理。

（此条系乾隆三十四年，刑部议覆广东按察使富勒浑条奏定例。道光十五年，增定为条例 021.20。）

条例 021.20：军犯在配复犯徒罪者（2）

军犯在配复犯徒罪者，分别枷号。徒一年者，于配所枷号一个月，每等递加五日。〔按：一年半三十五日，二年四十日，二年半四十五日，三年五十日。〕复犯流罪，及复犯军罪，轻于原犯罪名，或与原犯罪名相等者，即照原犯罪名加等调发。若复犯军罪，重于原犯罪名者，即照复犯罪名加等调发，各加枷号一个月。罪至极边烟瘴者，发遣新疆，酌拨种地当差。〔按：无论原犯、复犯也。〕

（此条道光十五年因条例 021.19 "军犯在配复犯军、流罪者，均照逃军一体办理"，其在配复犯罪名重于原犯者，未经议及，是以增定。彼时正在调剂新疆且犯，将获犯至极边烟瘴应发新疆者，改发云、贵、两广极边烟瘴充军，枷号三月。道光二十四年，新疆遣犯照旧发往，仍复原例。）

薛允升按：此例专言军犯而未及流犯，以军犯本系应役之人，与流犯不同。已流又犯流，仍应照律拘役，故不复叙也。第近来军犯不应役者居多，与流犯不甚悬殊，不过名目不同耳。其实在配拘役亦系空言，似不如一体枷号，较觉画一，特计较轻重调发别处，似可不必也。已流又犯流罪，律止拟杖拘役，并不另流别处。即唐律疏议所谓，前犯处近，后犯处远，即于前配所科决，不复更配远流之意也。此例加拟枷号，自系以枷代其拘役，尚不至大相悬绝，然必改调他处，义无所取。流犯不改发，虽原犯二千里，后犯三千里，亦止在配拘役军犯，既加枷又调发，殊嫌无谓。此军犯，是否专指因案拟军人犯。其免死减军之犯，可否照此办理。记考。徒流人逃门，系分两项。军罪有枷号而新疆无枷号，亦不画一。且言枷号而未及杖，似应添入。以本律原有决杖之文也。上条遣犯枷号之外，俱鞭一百。此等应杖即可类推。与上平常遣犯在配一条参看。

条例021.21：凡改发极边烟瘴充军之窃盗

凡改发极边烟瘴充军之窃盗，在配复犯行窃，计赃满贯者，仍照寻常窃盗问拟。军、流人犯复窃满贯，拟绞监候。若在配复窃，赃未满贯，审系一时掏摸，计赃无几，及偷摘蔬果，罪止杖责者，即于配所枷号三个月〔按：此处枷号三月与上免死盗犯同。〕计赃。复犯徒罪者，枷号一年；复犯流罪者，枷号二年；复犯军罪者，枷号三年〔按：枷号并不以三月为限矣。〕。令地方官按月点卯验封，发市示众。若在逃复窃，赃未满贯，应仍系烟瘴人犯脱逃例，改发新疆酌拨种地当差。傥发遣后复犯行窃，即照军犯在配复窃例，分别办理。

（此条道光二十五年，因原例"发极边烟瘴之窃盗在配复窃计赃满贯拟以绞决"等语，系照军犯逃脱正法例参定，惟此例早经删除，未便相沿，是以改定，并增入"如在逃复窃"至"分别办理"五十字。）

薛允升按：改发极边烟瘴充军之窃盗，有因犯积匪猾贼改发者，有照上条在配在逃复窃改发者，有窃盗三犯计赃三十两以上改发者，有由秋审缓决改发者。三犯计赃改发及秋审缓决改发内，亦有三犯计赃拟绞之案。此次在配复窃，则四犯矣。在逃行窃发往新疆后，复行犯窃，则五犯矣。即积匪猾贼及在配在逃之徒流军犯，亦有三犯在内。如赃至五十两以上，仍拟枷号，不以三犯论。是律应轻者，而反从重，律应重者，而反从轻，殊嫌未协。三犯律应拟绞，例则计赃五十两方拟绞罪，已属从宽。缓决减军后，复犯行窃，计赃在徒流以上，仅拟枷号，是何理也。同一计赃五十两以上之案，初则问绞，后则加枷，情法固应如是耶。再，原例虽无三犯之文，而计赃满贯即拟绞决，尚非一概从宽，改为绞候，未知何故。其未至死罪者，照军犯在配复窃例办理，即本条计赃分别枷号之例也，与下遣犯在配复犯例，亦不无参差，应参看。此例与上问拟军流徒罪之寻常窃盗一条，均指窃盗而言，并不用徒流又犯罪之律，似应归入窃盗门内。

条例021.22：闽省沿海府属

闽省沿海府属，如有金刃伤人问拟杖、徒之犯，或在配所，或徒满回籍，仍执持金刃伤人者，俱发近边充军。

（此条乾隆三十六年，福建按察使张镇奏准定例。）

薛允升按：原奏系漳、泉、台湾三府。此例专指闽省而言，惟各省聚众械斗案内拟徒之犯，似亦应照此例办理。强悍好斗之风，不独闽省为然，斗殴门内有沿江滨海及南阳等处凶徒各条，应参看。此条应与沿江滨海条修并为一。

条例 021.23：发遣黑龙江等处为奴人犯（1）

发遣黑龙江等处为奴人犯，行窃犯案在三次以下者，仍照本例办理外，如在配行窃犯案至四次者，即拟以永远枷号，遇赦不准援免。

（此条系乾隆四十五年，黑龙江将军永玮奏，发遣为奴之张二，在配行窃五次，拟以永远枷号一案，奏准定例。嘉庆六年改定为条例 021.24。）

条例 021.24：发遣黑龙江等处为奴人犯（2）

发遣黑龙江等处为奴人犯，在配行窃，初犯者，在配所枷号一年；再犯者，枷号二年；三犯者，枷号三年；至四犯者，即拟以永远枷号，遇赦不准援免。

（此条嘉庆六年，将条例 021.23 改定。嘉庆十七年，再改定为条例 021.25。）

条例 021.25：凡发遣新疆人犯

凡发遣新疆人犯，并黑龙江等处为奴婢人犯，在配行窃，初犯者，在配所枷号一年；再犯者，枷号二年；三犯者，枷号三年；至四犯者，即拟以永远枷号，遇赦不准援免。

（此条嘉庆十七年，将条例 021.24 改定。）

薛允升按：此条是否专指因窃发遣，抑无论因别事发遣，均照此定拟，并未叙明。军犯在配行窃，例有明文，遣犯例无治罪之条，是以定有此例。嘉庆六年修例时，将三次、四次字改为初犯、再犯、三犯、四犯，无论窃盗，无四犯之文，且不论赃数多寡，亦与军犯在配复窃，分别赃数科断之处不符。况前条明言改发新疆后，复犯行窃，照军犯在配复窃例办理。与此条亦觉参差。且与回民复窃一条亦彼此互异，似应修改一律。寻常窃盗三犯，如赃至五十两，即应拟绞。此条及上回民在配行窃一条，三犯不问死罪，意在从严，而例文又复从宽何也。

条例 021.26：乌鲁木齐地方遣犯

乌鲁木齐地方遣犯，如有在配滋事犯法，及乘间脱逃，并逃后另犯不法情事，除罪应斩、绞者，仍照例办理外，其因罪无可加，例止枷责之犯，核其所犯事由。如系军、流、徒罪，系带铁杆二年；如系笞、杖等罪，系带铁杆一年。果能安分，限满开释，仍令分别当差为奴。傥释放后仍不悛改，再系一年。如有怙恶不悛，即令永远系带。地方官每办一案，报明将军、都统，按季汇册咨部，开释时亦报部查核。如有挟嫌诬陷，及徇隐不报者，照例办理。

（此条咸丰元年，乌鲁木齐都统毓书条奏定例。）

薛允升按：平常遣犯在配犯遣罪者，枷号六个月，犯军流者枷号三个月，徒罪枷号两个月，犯笞杖者，照应得之数鞭责。此亦遣犯也，与平常遣犯分别枷号之例不符。改发极边烟瘴充军之窃盗，在配复窃，罪止杖责者，枷号三月，计赃。复犯徒罪，枷一年，流罪枷二年，军罪枷三年。脱逃，改发新疆。复犯行窃，照此例分别办理。新疆遣犯并黑龙江等处为奴人犯，在配行窃，初犯枷一年，再犯二年，三犯三年，四犯永远枷号。均应参看。因枷号太轻，故改为系带铁杆，然日久亦成具文。现在锁带铁杆、石墩之犯脱逃者，比比皆是，果何益耶。似应改为外遣人犯通例。此门例文太觉烦琐，且有为窃盗而设者，不知三犯徒者流，三犯流者绞。《唐律》何等直捷，乃废而不用，律则改而从严，例又改而从轻，复定有在配在逃复窃之条，遂不免诸多参差矣。徒流人又犯罪，律有治罪明文。本门各例特为杂犯死罪及遣军犯在配复犯而设，至窃盗在配在逃复窃，既不照徒流人又犯罪律科罪，自应仍归窃盗门内，以免淆混，其闽省沿海府属旗下另户人等经过处辱官诈财，黑龙江为奴人犯各条，更与此门无涉，且不免有重复之处，似均应移并各门，以免淆混。其闽省沿海府属下另户人等经过处辱官诈财，黑龙江为奴人犯各条，更与此门无涉。不免有重复之处。似均应移并各门，以免淆混。

条例021.27：在京在外问拟一应徒罪

在京在外问拟一应徒罪，俱免杖。其已徒而又犯徒，该决讫所犯杖数，总徒四年者，在京遇热审，在外遇五年录，俱减一年。若诬告平人死罪未决，杖一百、流三千里，加役三年律，比照已徒而又犯徒，总徒四年者，虽遇例不减。

（此条系明代问刑条例，顺治例020.04，乾隆五年修订为："在京在外已徒而又犯徒，该决讫所犯杖数，总徒四年，及原犯总徒四年、准徒五年者，若例应减等，俱减一年。其若诬告平人死罪未决，应杖一百、流三千里，加徒役三年者，若例应减等，减为总徒四年，若再遇例，仍准减一年。"）

事例021.01：雍正五年议准

嗣后凡问拟徒罪人犯，除顺天府所属州县民人，仍送该府尹衙门发配外，其余各省民人，俱递回各该督抚衙门，照伊原籍应发地方发配充徒，俟年限满日，交与原籍地方官安插管束，不许再来京城。如有私自再来者，拿获之日，将该犯枷号一月，责四十板，仍行递回。其该管地方官照定例议处，仍行令大、宛二县并巡捕营不时严行查拿。傥奉行不力，以致各该地方官仍有容留潜住者，发觉，将该管地方官交与该部议处。总甲人役并容留之房主，俱照不应重律杖八十，折责三十板。如有旗人容留居住者，将容留之房主，若系另户并伊族长，若系家人并伊家主，各鞭八十。该佐领、骁骑校交与该部议处，领催鞭八十。

事例021.02：雍正五年谕

嗣后徒犯限满回籍，交与地方官严行管束，不许出境。傥有私自出境，及在本地生事者，地方官查明，即将该犯拟流远省。如该地方官管束不严，听其出境生事，严加处分。

事例021.03：雍正五年又议准

嗣后解犯生事，地方官有隐匿不报者，降二级调用，该管上司失察者，罚俸一年。若地方官已经申报，而该管司道府不行揭报，督抚不行题参者，将司道府降二级调用，督抚降一级调用，其申报之州县免议。

事例 021.04：雍正六年谕

免死发遣为奴之犯，皆系秉性凶恶之徒，发遣之后，怙恶不悛者多，往往在外恣意妄行，不服管束，伊主亦无如之何。此等皆系已犯应死之罪，格外恩免之人，嗣后若仍有凶暴者，不论有应死不应死之罪，伊主使置之于死，将伊主不必治罪，但将实在情节，报明该管官员咨部存案。其发遣当差之犯，若不守法度，被该管官打死者，亦将该管官免其议处，但将情由报部存案。再，徒犯与平人斗殴被打身死者，将平人治罪之处，从宽减等。如此则凶恶之徒有所畏惧，自然改过迁善，不敢为非矣。著将此通行各处晓谕，咸使知之。

事例 021.05：雍正七年谕

八旗包衣发遣重罪钦犯，一到外省，众人不知其来历，认为朝廷得力之人。又见伊等妄自尊大，遂相畏惧，避其凶焰。又恐加以管束而悍恶之徒，或致轻生拼命，则不免受其拖累，于是隐忍应付，任其需索使令，容其狂悖乖张，以致凶犯益得肆行无忌。嗣后除徒罪轻犯外，其充发烟瘴军流人犯，傥经过州县，及安插地方，或陵虐解役，需索驿站，或行凶生事，造作妖言，不安本分，不守规条，著本管解役，即禀明地方有司，详报督抚，据实具题，于本处即行正法。傥解送之时，安插之所，犯人不服拘管，或因约束过严，以致轻生毙命者，亦改犯自速其辜，将地方官吏人等，概免究问。傥有徇情故纵，或疏防脱逃者，亦当从重处分。著该部定议具奏。若此等发遣人犯，果能在彼地方安静奉法，无一毫妄行之处，三年之后，著该地方官详报督抚奏闻，候朕视其情罪之轻重，酌予以赦宥之恩。著将此旨通行各省督抚，转饬所属文武大小官弁，咸使知悉，并出示晓谕各犯知之。

事例 021.06：乾隆二十八年议准

贼犯怙终，宜从重治罪，而徒犯与军流，当有区别。嗣后在配行窃者，不论到官次数，赃之多寡，徒犯拟以满流；流犯照积匪猾贼例，改发云、贵、两广烟瘴充军；军犯发伊犁等处与种地兵丁为奴。

事例 021.07：嘉庆十九年谕

刑部议覆吉林偷窃官豆遣犯萧亚升，照原拟斩罪请旨即行正法，所议未为允当。萧亚升以免死发遣盗犯起意行窃官仓豆石，固属藐法，但所窃豆石，仅止十两以上，为数无几，若拟斩决即行正法，设遇赃物倍多逾贯者，又将加以何罪？萧亚升一犯，仍照免死减等发遣盗犯在配犯该徒罪以上拟斩监候本例，与刘老二、陈山等二犯，均著斩监候，秋后处决。嗣后免死发遣盗犯，在配为首窃盗官粮，计赃在八十两以上者，拟以斩决，其不及八十两者，俱不得加重问拟。

事例 021.08：嘉庆二十年谕

豢贼肆窃之回民，发遣到配后，若复潜逃回籍，必故态复萌，仍为地方之害。

著交配所该管官严加管束，如在配脱逃，应如何加重定罪，其失察之该管官，应如何从重议处之处，著该部酌议条例具奏。

成案 021.01：山东司〔嘉庆十八年〕

东抚咨：流犯王士麟在配复犯徒罪，比照军犯复犯徒罪，分别枷号。本部改照已流而又犯徒，科以后犯之罪，在配拘役三年。

成案 021.02：浙江司〔嘉庆二十年〕

浙抚咨：徒犯沈阿小逃后伙窃三次，若照逃徒复窃三次，应发烟瘴充军，但其前次行窃族兄沈宗潮家，拟徒在逃，复窃杨立诚家，因原犯亲属相盗，与刺字窃盗不同，仍发原配安置。奉准部覆，此次行窃，若仍照逃徒问拟，则该犯前次罪虽拟徒，例得免刺，应照再犯计赃，杖责、枷号、刺面，仍发原配，将来复犯，照此犯科断。

成案 021.03：奉天司〔嘉庆二十年〕

黑龙江咨：遣奴郝忠青行窃，拒伤事主马刀儿，案内之回民马德，系因结伙持械抢窃，发遣为奴之犯，兹复在配结伙行窃，拒伤事主，伤轻平复，若照窃盗拒捕本例，仅止边远充军，其结伙持械肆窃，亦止改发烟瘴，俱与原犯本罪较轻，若依遣奴在配叠次行窃之条，拟以枷号一年，则与未经拒捕者无所区别，应酌量再加枷号一年。

成案 021.04：奉天司〔嘉庆二十二年〕

吉林咨：塔添僧因酗酒滋事发遣，脱逃多次，复又逃回窃人马牛，委是不安本分，例内并无旗人在配脱逃后，窃人牛马，作何治罪明文。塔添僧应比照八旗逃人匪类、发配安置、不知改悔者，发云贵两广安置，仍依窃盗本律，刺臂，销除旗档。

成案 021.05：奉天司〔嘉庆二十二年〕

吉林咨：回民马四系纠伙三人抢夺拟遣，在配盗牛宰杀，例内并无寻常为奴之犯，复犯军罪，应拟何罪专条。马四应比照改发极边烟瘴充军之犯、在配复窃、犯该军罪者，枷号三年。民人赵良虽未同行，惟知情帮宰，分钱使用，即属为从，应于盗宰耕牛枷号一个月、附近军罪上，减一等，枷号二十五日，满徒。

成案 021.06：浙江司〔嘉庆二十二年〕

浙抚咨：莫阿多前因伙窃胡振芳家，首赃未尽，照自首不实不尽，计赃科罪，拟杖八十、徒二年，免刺，与犯窃刺字拟徒者不同，应仍照逃徒本律问拟。莫阿多除行窃计赃拟杖九十轻罪不议外，应依逃徒杖一百，从新拘役刺臂。

成案 021.07：奉天司〔嘉庆二十三年〕

黑龙江咨：王金锁发遣黑龙江为奴，在配复窃，枷号一年，改发呼伦贝尔为奴，复窃牛宰杀，若仅照寻常遣犯在配行窃二次例，枷号二年，不足示惩，可否将王金锁照例枷号，满日改发新疆。经本部查例内遣犯，在配行窃，分别次数，递加枷号，并无改发字样，王金锁枷满之日，应交伊主严加管束。

成案 021.08：山东司〔嘉庆二十三年〕

东抚咨：王五于因窃拟军，在逃复窃，发极边烟瘴充军之后，复逃行窃一次，例无治罪名文。惟查有寻常极边烟瘴充军人犯脱逃，改发新疆当差，自应比例，加等问拟。王五应改发新疆，酌拨种地当差，再加枷号三个月，照例刺字。

成案 021.09：山东司〔嘉庆二十四年〕

东抚咨：王元先因拟绞减流，遇赦减徒，脱逃加等问拟总徒，在配复逃，迭窃六次。查该犯系免死减流累减拟徒之犯，与因窃拟徒在配复窃者不同，未便照积猾拟遣，例内并无总徒人犯，在配脱逃复犯徒罪治罪明文，将王元于原犯总徒四年上酌加一等，准徒五年。

成案 021.10：浙江司〔嘉庆二十四年〕

浙抚咨：流犯宋大本偷窃衙署服物，赃未满贯，与寻常窃盗问拟流罪在配行窃一二次，赃未满贯之罪相等，应从一科断。将宋大木依窃盗问拟流罪在配行窃一二次赃未满贯例，改发云贵两广极边烟瘴充军，以极边足四千里为限。

成案 021.11：江苏司〔嘉庆二十五年〕

苏抚咨：孟文才前犯系偷窃蒙古四项牲畜拟遣，今在配听从伙窃二次，应比照寻常窃盗问拟军流、在配行窃一二次、赃未满贯、军罪复犯，改发云贵两广极边烟瘴充军。

成案 021.12：广西司〔嘉庆二十五年〕

提督咨：送李三因积匪拟军，停遣在监，辄敢起意令伊妻陈氏，向董八等吓称平日存下贼赃，讹诈得银五十两，计赃罪应拟徒，应比照军犯在配复犯徒一年者，枷号一个月，咨送兵部，转发到配，枷号一个月。陈氏罪坐夫男，应免置议。

成案 021.13：广东司〔道光元年〕

广抚咨：陈太前经结拜拟流，在配逃回，复被纠入伙结拜。该犯结拜聚众，未及四十人，罪止拟流，其脱逃被获，例应加等，发附近充军，未便将该犯仅照逃流调发，应于附近军罪上，酌加一等，发近边充军。

成案 021.14：福建司〔道光四年〕

闽督奏：杨成听从在洋行劫，在本船接赃一次，照例发新疆给官兵为奴。查该犯前在盗船服役拟徒，在配脱逃，遇赦援免，复敢出洋伙劫接赃，实属怙恶不悛，应加等治罪，惟罪已拟遣，无可复加，应照新疆人犯在配脱逃加等之例，于配所用重枷枷号三个月。

成案 021.15：湖广司〔道光四年〕

北抚咨：李阿辉犯窃拟徒，限满释放，复叠窃勒赎得赃，审拟满流，又在配听从行窃，未经得财。该抚依寻常窃盗问拟流罪，在配复窃一二次，赃未满贯，于改发云贵两广极边烟瘴充军罪上，量减为边远充军。部照徒流人犯杖罪以下改依窃盗未得财律，笞五十，酌加枷号一个月。

成案021.16：陕西司〔道光四年〕

乌鲁木齐都统咨：陈区三本系东省盗犯，免死发遣新疆为奴，恭逢大赦，不准援免，该犯复在配行窃逾贯拟绞，秋审缓决减军。该犯系为奴遣犯，在配复行窃犯罪，较内地商民仅在新疆地方犯罪为重，其在配虽逾十年，系前后接还，亦与在配并无犯罪者不同。应令该都统将该犯陈区三照例调发伊犁等处，核其情节较重，应发往该处给驻防官兵为奴。

成案021.17：陕西司〔道光五年〕

乌鲁木齐都统咨：黄区古亦系粤省免死遣犯，因向该犯图奸擅杀，较之谋故斗杀，情稍可原，若仍拟以斩决，是与怙恶逞凶者无所区别。即据该都统据情声请，自应量减问拟，应如该都统所奏，钟区木合依免死减等发遣盗犯、在配杀人、罪应绞候者、定拟斩决例上，量减为斩监候。

成案021.18：河南司〔道光九年〕

河抚咨：准宁县殷德，前因听从捕役张洪诬窃搜抢拟军，其情重于窃盗。该犯在配脱逃，复听从耿九子行窃得赃，应比例问拟。除逃军调发罪止极边充军，殷德应比照寻常窃盗问拟军流徒罪、在逃行窃赃未满贯者、军流复犯、俱改发云贵两广极边烟瘴充军例，改发云贵两广极边烟瘴充军。该犯系初次脱逃，仍尽本法，加枷号一个月。

成案021.19：浙江司〔道光十一年〕

浙抚咨：陈小毛前因听从钟三瑞结对强索，照棍徒为从例拟徒，发配在逃，复听从金十二行窃凌耀成，计赃六十二两零，按律罪应杖六十、徒一年。查该犯前犯满徒，在配脱逃，行窃计赃，又犯徒罪，自应按已徒又犯徒本律问拟。该抚以陈小毛前犯满徒，其在逃行窃计赃，系属轻罪，将该犯依逃徒律拟杖一百，系属错误，应即更正。将陈小毛合依已徒而又犯徒、依后所犯杖数该徒年限、照数决讫律，于原犯满徒上，改为总徒四年。

成案021.20：四川司〔道光十二年〕

川督咨：长寿县吕顾，因盗开唐郭氏未埋尸棺为从拟徒，其情较寻常窃盗问拟徒罪者为重，虽恭逢道光十一年正月十二日恩旨，不准援减。今在配迭窃四次，内有一次虽在恩旨以前，破案在后，仍应并计，自应比例问拟。吕顾除窃盗再犯，计赃一两以上轻罪不议外，应请比依寻常窃盗问拟徒罪。其有在配所行窃犯至三次者，照积匪猾贼例拟遣。积匪猾贼为害地方、改发云贵两广极边烟瘴充军例，改发云贵两广极边烟瘴充军。

成案021.21：河南司〔道光十三年〕

河抚咨：嵩县在配军流人犯杨继富等，行窃郜新盛等家案内揭洋仔，系抢夺拟流，在配行窃三次，例无抢夺拟流，在配行窃治罪明文，自应比例问拟。揭洋仔应即以寻常因窃拟流，在配复窃至三次，照积匪猾贼拟遣例，改发云贵两广极边烟瘴充军。

成案 021.22：河南司〔道光十三年〕

河抚咨：石屏州军犯张宝，在配纠窃后发有家尚未得财案内陈大荣，原犯窃盗拟军，今在配听纠行窃，尚未得赃，遍查律例内，并无配军听从行窃，尚未得赃作何治罪明文，自应比例定拟。陈大荣应比照极边烟瘴充军之窃盗在配复窃，审系一时掏摸，计赃无几，即于遣所枷号三个月例，仍在原配枷号三个月。乡保李万章，讯无贿纵情毙，惟失查军犯在配行窃，殊属不合，李万章除主守不觉失囚一名轻罪不议外，应照不应重律，杖八十。

成案 021.23：贵州司〔道光十三年〕

贵抚咨：镇宁州军犯顾小华子，起意纠窃，尚未得赃，因见伙贼被获，用刀割衣图脱，以致刀尖误戳事主贺添恩右肋，讯非有心拒捕，例应于绞罪上减等拟军。该犯系已军而又犯军，虽与因窃拟军在配行窃计赃复犯军罪者不同，然先后罪名，同一拟军，自应比例从重问拟。应比照改发极边烟瘴充军之窃盗、在配行窃、计赃复犯军罪、枷号三年例，予枷号三年。董长儿、吕二、陈三，听从行窃，并未得赃，亦未拒捕，罪止拟笞，均比照改发极边烟瘴充军之窃盗、在配行窃、计赃无几、罪止杖责者例，于配所枷号三个月。

成案 021.24：四川司〔道光十三年〕

川督咨：长寿县逃军何应禄，原犯叠窃扰害，照积匪猾贼例拟军，系改发云贵两广极边烟瘴充军，在途脱逃，例应仍发内地之犯，今在逃行窃，与在配行窃无异，讯系一时掏摸，计赃在十两以下，罪止杖责，自应比例问拟。何应禄比依改发极边烟瘴充军之窃盗、在配复犯行窃、如审系一时掏摸、计赃无几、罪止杖责、即于遣所加枷号三个月例，加枷号三个月，仍发云贵两广极边烟瘴充军，到配再加枷号三个月，满日折责安置。

成案 021.25：四川司〔道光十四年〕

川督咨：梁山县军犯赖伸，原犯因抢夺拟发极边烟瘴充军，起解在途，商同燕庭岱等行窃钱文，并将兵牌烧毁，遍查律例，并无作何治罪明文，自应比例问拟。赖伸即周贵，比依改发极边烟瘴充军之窃盗、在配复犯行窃、如审系一时掏摸、计赃无几、罪止杖责者、即于遣所枷号三个月例，仍发云贵两广极边烟瘴充军，枷号三个月。

律 022：老小废疾收赎〔例 13 条，事例 8 条，成案 14 案〕

凡年七十以上，十五以下，及废疾，〔瞎一目、折一肢之类，〕犯流罪以下，收赎。〔其犯死罪，及犯谋反、叛逆缘坐应流，若造畜蛊毒、采生折割人、杀一家三人、家人会赦犹流者，不用此律。其余侵损于人一应罪名，并听收赎。犯该充军者，亦照流罪收赎。〕八十以上，十岁以下，及笃疾，〔瞎两目、折两肢之类，〕犯杀人〔谋、故、斗殴〕应死〔一应斩、绞〕者，议拟奏闻，〔犯反逆者不用此律。〕取自上裁；盗及伤人〔罪不至死〕者，亦收赎；〔谓既侵损于人，故不许全免，亦令其收赎。〕余皆勿论。〔谓除杀人应死者，上请；盗及伤人者，收赎之外，其余有犯皆不坐罪。〕九十以上，七岁以下，虽有死罪，不加刑，〔九十以上犯反逆者，不用此律。〕其有人教令，坐其教令者。若有赃应偿，受赃者偿之。〔谓九十以上，七岁以下之人，皆少智力，若有教令之者，罪坐教令之人。或盗财物，旁人受而将用，受用者偿之。若老小自用，还著老小之人追征。〕

（此仍明律。其小注系顺治三年及乾隆五年增入。顺治律为 021 条。）

条例 022.01：凡老幼及废疾犯罪

凡老幼及废疾犯罪，律该收赎者，若例该枷号，一体放免，照常发落。

（此条系明代问刑条例。乾隆五年奏准："照常发落"者，盖前代有运炭、纳米之例，今已裁革，改为"应得杖罪，仍令收赎"。）

薛允升按：《集解》："此例言既收赎免罪，并枷号亦免也。"笞杖已准收赎，岂有枷号不准收赎之理。惟例云枷号一体放免，杖罪仍令收赎，是此等人有犯应枷号者，均免其枷号，无庸收赎矣。枷号本系加刑，不在五刑之内，平人犯轻罪者，尚不可轻施，况老幼残疾等类乎。故免其枷号，止收赎杖罪也。

条例 022.02：军职犯该杂犯死罪

军职犯该杂犯死罪，若年七十以上，十五以下，及废疾，并例该革职者，俱运炭、纳米等各项发落，免发立功。

（此条系明代问刑条例。雍正三年奏准：今老幼废疾例应收赎者，文武一体，无运炭、纳米等项，其应革职者，即行参革，亦不准收赎。因此删去此条。）

条例 022.03：年七十以上十五以下

年七十以上，十五以下，及废疾，犯该充军者，准照流罪收赎，免其发遣。若有壮丁教令者，止依律坐罪，其实犯死罪，例该永远充军者，不准收赎。

（此条系明代问刑条例。雍正三年，增"照流罪"三字。乾隆五年奏明：军流收赎，已见律注，壮丁坐罪，与律不符，且今无永远充军之例。因此删去此条。）

条例 022.04：凡盗案知情分赃之犯

凡盗案知情分赃之犯，虽年过七十以外，亦不准援赦折赎。

（此条系雍正三年定。乾隆五年奏明：赦款俱临时钦定，知情分赃之犯，究非真盗可比，亦应准赎。因此删去此条。）

条例 022.05：内外现审人犯不应具题者

内外现审人犯不应具题者，若有老小废疾，俱照律完结。其直隶各省审拟具题案内人犯，果有老小废疾者，该督抚察明，取具地方官印结具题，照律收赎。如实非老小废疾，徇情题免，事发者，将出结转详官并督抚，交部议处。其到部人犯，有告称年老，及在中途成废疾者，察明实系老疾，亦得收赎。

（此条康熙十二年刑部题准例。雍正三年定例。乾隆五年，于"现审人犯"下增"不应具题者"句，删去"人犯不必解部，及察非违限"二句。）

薛允升按：此与部内题结军流徒犯发配以前告称留养一条相等，系同时题准。〔原题内有近见各省题结案内，军流人犯解送到部，有呈告年老残疾者，亦有告称无以次成丁者。臣部因律内有收赎留养之条，必咨令该督抚查明，有需时日。今酌议，嗣后，除臣部现审人犯，俱照律完结云云。〕尔时情重军流人犯，均解送刑部，发遣黑龙江等处。此条定例之意，以此等人犯解送到部后，始纷纷告称老疾，未便率准。是以定为应收赎者，即不必解部，已经到部者，即不准收赎也，后则愈改愈不分明矣。现审人犯，系指刑部审结者言，各省具题，系指送部发遣者言。收赎人犯固无解部之例，惟此例系专指解部发遣人犯而言，是以有人犯不必解部及免其发遣等语，谓可由该省验明咨请收赎，不必解部发遣也。原例本极明显，修改此例时，声明收赎人犯向无解部之例，已属误会。且既已删去人犯不必解部，而下文又云其到部人犯告称年老等语，果何所指耶。再查各省军流人犯专咨报部、按季汇题，徒犯汇册咨部，并不具题，此近来办法也。其应犯死罪者，无庸随案声请，另有条例。此例所云具题案内人犯，亦未知何指，且此例专为送部发遣人犯而设，现在送部发遣之例，已经停止，此例即可删除。

条例 022.06：教令七岁小儿殴打父母者

教令七岁小儿殴打父母者，坐教令者以殴凡人之罪。教令九十老人故杀子孙者，亦坐教令者以杀凡人之罪。

（此条系律后总注，乾隆五年另纂为例。）

薛允升按：《唐律疏议》问曰："悼耄者被人教令，惟坐教令之者。未知所教令罪，亦有色目以否。"答曰："但是教令作罪，皆以所犯之罪，坐所教令。"或教七岁小儿殴打父母，或教九十耄者斫杀子孙，所教令者，各同自殴打及杀凡人之罪，不得以犯亲之罪加于凡人，即总注内所云也。总注本于《笺释》而其实皆《唐律疏议》问答中语也。上段不以殴父母论，下段不以杀死子孙论，皆坐以杀伤凡人之罪，以教令之人本系凡人故也。如有服制，则又当别论矣。

条例022.07：每年秋审人犯

每年秋审人犯，其犯罪时年十五以下，及现在年逾七十，经九卿拟以可矜，蒙恩宥免减流者，俱准其收赎。朝审亦照此例行。

（此条乾隆五年，刑部议覆湖南按察使彭家屏条奏定例。）

薛允升按：此等人犯案，应以老小论，律内已有明文，此特为秋审可矜而言，亦宽则俱宽之意也。既减流罪，即系律应收赎之犯。与下笃疾人犯一条参看。笃疾如果可矜，亦应收赎。此二项人情无可矜，亦应俟减等时再行查办也。例文各就一事而言耳。从前死罪人犯，凡情节较轻者，均入秋审可矜，后又添纂一次减等之例。如戏误擅杀之类与可矜人犯，事同一例。此例可矜下似应添及缓决一次，准其减等者。

条例022.08：凡瞎一目之人

凡瞎一目之人，有犯军流徒杖等罪，俱不得以废疾论赎。若殴人瞎一目者，仍照律科罪。

（此条乾隆十年，刑部奏准定例。）

薛允升按：《辑注》："废疾者，或折一手，或折一足，或折腰脊，或瞎一目，及侏儒、聋哑、痴呆、疯患、脚瘸之类皆是。笃疾者，或瞎两目，或折两肢，或折一肢瞎一目，及颠狂、瘫癞之类皆是。"此专指瞎一目之人而言，以此等人原与平人无异也，非此而与此相类者，似应一并添入，凡侏儒痴呆等皆是也。

条例022.09：凡年七十以上

凡年七十以上，十五以下，及废疾犯流罪以下者，准其收赎一次，详记档案。若收赎之后，复行犯罪，除因人连累过误入罪者，仍准其照例收赎外，如系有心再犯，即各照应得罪名，按律充配，不准再行收赎。

（此条乾隆二十四年，刑部议覆山西按察使永泰条奏定例。原载"老幼不拷讯"律后，乾隆五十三年移入此门。）

薛允升按：流罪以下，自系统枷杖，罪名均在其内。此云按律充配，则应徒流者，即实徒实流矣，所犯枷杖，自亦应不准收赎。不言八十以上等，自系无论再犯与否，均仍准收赎矣。

条例022.10：凡笃疾杀人

凡笃疾杀人，罪犯应死者，实系斗杀及戏杀、误杀，方准依律奏闻，取自上裁。其蓄意谋害，及有心故杀者，俱依律拟罪，不准声请。

（此条乾隆三十九年，刑部核覆四川总督文绶，题双瞽何腾相跪伤董联珩身死一案，奏准定例。嘉庆八年改定为条例022.11。）

条例022.11：凡笃疾犯一应死罪

凡笃疾犯一应死罪，俱各照本律、本例问拟，毋庸随案声请，俱入于秋审，分别实缓办理。其缓决之犯，俟查办减等时，核其情节应减军、流者，再行依律收赎。

（此条嘉庆八年，遵旨将条例 022.10 改定。）

薛允升按：此条专言笃疾，而不及老幼人犯。笃疾即不准随案声请，十岁以下亦有不得概行双请之文，则八十以上之人，似亦应不准概行声请矣。此律本系宽典，上条瞎一目之人犯流罪以下不得以废疾论，此条笃疾犯死罪不准随案声请，皆较律文为重。

条例 022.12：十岁以下斗殴毙命之案

十岁以下斗殴毙命之案，如死者长于凶犯四岁以上，准其依律声请。若所长止三岁以下，一例拟绞监候，不得概行双请。至十五岁以下被长欺侮，殴毙人命之案，确查死者年岁，亦系长于凶犯四岁以上，而又理曲逞凶，或无心戏杀者，方准援照丁乞三仔之例声请，恭候钦定。

（此条乾隆四十四年，四川总督文绶题盐亭县民刘縻子殴伤李子相身死一案，遵旨议定例。嘉庆十一年，于例文起处，增"七岁以下致毙人命之案，准其依律声请免罪"二句。）

薛允升按：七岁以下，不论死者年岁若干为一层，十岁以下分别死者年岁声请为一层，十五岁以下确查死者年岁援案声请为一层，例凡三层，其实则二层也。理曲逞凶，专指十五岁以下一层而言，谓死者虽长凶犯四岁以上，如非理曲逞凶，亦不准援案声请也。十岁以下并无此语，自不论死者是否理曲逞凶，但年长四岁以上即应声请。倘实系死者理曲逞凶，而年长三岁以下，即不得概行双请，似嫌未协。十岁以下毙命之案，究系律应奏请者，死者长于凶犯不及四岁，不得双请，系属较律加重。然案情各有轻重，似未便仅以年岁论，拟请于例内添入，虽长于凶犯不及四岁，而实系理曲逞凶者，亦准双请。丁乞三仔之案系雍正十年奉特旨减等发落，乾隆十年九卿奏准："十五以下杀人之犯，令该督抚查明，实与丁乞三仔情罪相等者，援照声请，听候上裁"，并未著为成例。原因十五岁以下犯杀人死罪，律无奏闻之语，与十岁以下本有区别，是以止准援案声请也。刘縻子论年未及十岁，因死者亦系同岁幼孩，故又定有年长四岁以上，及三岁以下分别声请之例，并将十五岁以下援照丁乞三仔之案，亦纂入例内，是律本轻者而反形加重，律本重者而又反从轻矣，似不无稍有参差。

条例 022.13：各直省审理年老废疾翻控之案

各直省审理年老废疾翻控之案，实系挟嫌挟忿，图诈图赖，或恃系老疾，自行翻控，审明实系虚诬，罪应军、流以上者，即行实发，一概不准收赎。倘讯明实因尊长被害，并痛子情切，怀疑具控，及听从主使出名诬控，到官后供出主使之人，俱准其收赎一次。若不将主使之人供明，不准收赎。

（此条嘉庆二十三年，刑部议驳御史吴杰条奏，各省妇女及年老废疾之人翻控审虚问拟军流不准收赎一折，奉旨纂为定例。）

薛允升按：见禁囚不得告举他事门。条例云年老及笃疾之人，许令同居亲属代告，诬告者罪坐代告之人应与此条参看。老疾诬告反坐之案，例无不准收赎明文，乃翻控审虚者，即不准其收赎，似嫌参差，亦与罪坐代告之例不符。老疾之人，刑法所不能加，故律不准告。例许代告，而诬则坐代告之人，情法系属两全。此例舍代告之人不问，而仍罪坐老疾之人，非特与律不符，亦与例意互相歧异。罪应军流以上，不准收赎，徒罪以下，自应仍准收赎矣。惟翻控之案，大约人命居多。诬告人死罪未决，律应加徒役三年。此等老疾之人碍难拘役，应否免加徒役，设或在配脱逃，复犯别项罪名，是否一体酌加枷号之处，一并存参。

事例 022.01：康熙十二年题准

直省人犯，已经咨解到部，告称年老残疾，概不准行。

事例 022.02：雍正三年谕

嗣后年逾七十之人，有罪犯发遣者，著另行具奏。

事例 022.03：雍正十年奉旨

刑部议覆丁乞三仔殴死丁狗子一案。奉旨：丁乞三仔年仅十四，为已死丁狗子欺陵，拾石回掷，适伤殒命，情有可原，著从宽发落。

事例 022.04：乾隆十年议准

废疾之中，折一手一足之类，举动行走均不便利，犯法尚少，独有瞎一目之徒，虽五官不全，而瞻视行动皆与常人无殊，好勇斗狠，穿窬不法，亦与常人无异，一遇犯案到官，得以照废疾律定拟收赎，若辈遂以鞭扑不加，远戍可免，益为得计，径肆行无忌矣。近日案件，有一人于数月之内，而犯旗逃四次，又行窃四次，皆于律文逐案分别准予免罪收赎，以此而推，虽再犯数百次，亦终底收赎而已，若不奏请改正，则矜恤适以长奸，殊非刑期于无刑之意。嗣后老幼暨折一肢之废疾，仍照律收赎，毋庸置议外，其瞎一目者，不得以废疾论，有犯军流徒杖等罪，皆照所犯罪名充配的决，仍于名例老幼废疾条内，删去"瞎一目"三字。再，斗殴律内载折跌肢体及瞎一目者，小注云"皆成废疾，杖一百、徒三年"等语，盖以坏人面目，与折人手足，厥罪惟均，皆满拟城旦，应照律办理，但小注"皆成废疾"四字，并即移于"折跌人肢体"一句之下，庶犯罪者不致傲幸漏网，而律法亦为平允矣。

事例 022.05：乾隆十九年奉旨

刑部题：湖北安陆县民吴太安起意将伊故甥尹辉宸妻吴氏改嫁，吴氏不从，又令尹辉先强抢送至陈长纶家。吴氏坚不成婚，投缳殒命，吴太安应发边卫充军，年适七旬，照例收赎一案。奉旨：吴氏矢志守节，吴太安起意改嫁，又令尹辉先强抢背送，以致投缳，则吴氏之死，实吴太安威逼所致，岂得以年逾七旬，照例收赎？夫收赎固属定例，亦眚灾之谓耳。若不问所犯轻重，一胥吏察例奉行足矣。拘牵墨守，何以慰幽魂而发潜德。此本著发还另议。嗣后有似此者，当按其情罪核实请旨。

事例 022.06：乾隆四十四年奉旨

四川总督题：刘縻子殴伤李子相身死一案，刑部照拟核覆具题。奉旨：刑部进呈殴伤李子相身死之刘縻子拟绞监候，声明年仅九岁，可否减等请旨一本，固属照例办理，但所指十岁以下犯杀人应死者，或系被杀之人，较伊年长，强弱不同。如丁乞三仔之案，自可量从末减。今刘縻子所殴李子相，同系九岁，且刘縻子因索讨胡豆不给，致将李子相殴跌，其理亦曲，若第因其年幼，辄行免死，岂为情法之平允？九岁幼童，即能殴毙人命，其赋性兇悍可知，尤不宜遽为矜宥。向因戏杀之案，曾谕令刑部，将该犯监禁数年，再议减等，以消其桀骜不驯之气。此等幼童，自当仿照办理，且拟以应绞监候，原不入于情实，数年后仍可减等，何必亟于宽贷乎！嗣后遇有十岁以下殴毙之案，如死者长于该犯四岁以上者，仍照例声明双请。若所长止三岁以下，则年齿相若，不得谓死者恃长欺陵，或齿小者转较性暴力强，亦情事所有，纵不令其实抵，而监禁数年，亦不为过。著刑部将此例另行定议具奏，刘縻子即照新例行。

事例 022.07：嘉庆八年谕

刑部具题：彭启良等行窃黄文盛家银物赃逾满贯一案。因彭启良系属瘫痪，定拟绞候，请旨减等拟流，仍行收赎，所办太觉轻纵。此案彭启良系首先造意行窃，复窝留分赃，数逾满贯，即因伊素患瘫病，亦止可稍为轻减，若竟由死罪减流，又复准其收赎，未免失之太宽，恐嗣后身有笃疾之人，恃有宽典，均得肆意妄行，冒干法纪，并恐将来贼犯中起意行窃者，捏称系笃疾之人为首，既可照例减等收赎，而本犯转得幸逃法网，适足启推卸之渐。著大学士、九卿，将笃疾之人犯如何量减罪名，予以限制，推广律文，悉心妥议具奏。

事例 022.08：嘉庆十一年奉旨

山东巡抚题：杜七推跌闷狗垫伤身死一案。刑部查，律载十岁以下犯杀人应免死者，拟议奏闻，取自上裁，七岁以下犯死罪不加刑等语。是七岁以下犯死罪，与十岁以下杀人，律内原有等差，条例统言十岁以下，而于七岁以下杀人作何办理之处，未经分别指出。遍查刑部向无办过七岁幼童杀人之案，杜七一犯，应否准其依律免罪，抑或照乾隆四十四年刘縻子九岁杀人之案，监禁数年之处，奏请定夺，并请增纂入例，永远遵行等因。奉旨：此案杜七年甫七岁，因七岁之闷狗讨乞蛄虫不允，被殴回推垫伤殒命，是杜七委系无心戏伤，与该部所引乾隆年间刘縻子九岁杀人之案，因索胡豆不给，逞凶殴毙人命应行监禁者，情节不同，即伊二人年已及岁，亦仅科以缓决，况杜七与闷狗俱在韶龄，自应量加矜宥。杜七一犯，著加恩准其一律免罪。

成案 022.01：免死减等流犯废疾收赎〔康熙四十四年〕

刑部为打死弟命事。先据江抚宋荦咨称：刘玫系殴死刘兆佑拟绞援赦免死减流之犯，因刘玫患病瘫痪，实难起解，照例收赎等因。臣部以刘玫仅左腿枯瘦，不系二事残废，且无地方官印结，不便准其收赎，仍令发遣去后，今该抚咨称：刘玫前报废疾，右腿尚能摇动，今四肢拘挛，已成残废，取具印甘各结，仍前援例收赎，咨达前来。查律内凡笃疾，瞎两目、折两肢等语。今该抚既称刘玫已成残疾，取具印甘各结，与例相符，应将刘玫照例准其收赎可也。

成案 022：02：老幼犯死罪会赦犹流〔康熙三十七年〕

刑部据广抚萧永藻题：林伯周往程亚吉园内盗蔗，被亚吉持棍击其腰眼，伯周逾墙，亚吉复拳殴腮颊耳窍，以致殒命。查律内罪人不拒捕而擅杀者，以斗殴论等语，程亚吉依凡斗殴杀人者，不问手足他物金刃并绞律，应拟绞监候，事在赦前，应免死减等。程亚吉犯罪时年十五岁，照例收赎，但律内凡年七十以上，十五以下犯流罪以下收赎，其犯罪会赦犹流者，不用此律，程亚吉不准收赎，金妻流三千里，追埋葬银四十两，给死者之家。

成案 022.03：盗犯年幼减流收赎〔康熙三十九年〕

三法司议：浙抚张勆疏：卜弟系郁逢源案内逸贼，今审与原案相符，应照强盗年久无获，赃亦花费，伙贼已决，无证者，俱引监候处决律，拟斩监候，但卜弟上盗之时，年止一十五岁，因被陆三诱骗同行，可否援例免死减流等语。查与浙抚张鹏翮将盗犯张卿案内之沈二、罗阿金之例相符，应将卜弟免死减等，流三千里，未及岁，照例收赎。

成案 022.04：河南司〔嘉庆二十二年〕

河抚咨：叶世晓因诱拉王毛，拟绞缓决，减等发黑龙江为奴，两目双瞽成笃，自应照例收赎，惟例无遣犯收赎银数明文，将叶世晓比照满流收赎例，免其发遣。

成案 022.05：福建司〔道光二年〕

福抚题：林总起意纠人，将无服族侄林由谋死，主令林起诬告李暖致死，图泄私忿，该犯旋即脱逃被获。将该犯依谋杀律斩候，脱逃三年就获，照例改为立决，恭逢恩诏，免其逃罪，原犯系谋杀造意，不准援免，仍拟斩候，惟该犯年已八十，于疏内声明请旨，准其免死，将该犯减为满流，仍照律收赎。

成案 022.06：奉天司〔道光四年〕

北城察院移送：陈二因胞侄陈十素不务正，屡次酒醉，在街混骂，该犯向其训诫，致被磕伤，该犯气忿，用木棍将陈十殴伤身死。将陈二依叔殴杀侄律，拟杖一百、徒三年。该犯两眼昏朦，十有余年，些微见亮，并非两眼俱瞽，未便与笃疾并论，而较之仅瞎一目，尚能看视之人尚有迥别，自应仍以废疾论，免其充徒，照律收赎。

成案 022.07：广西司〔道光五年〕

广西抚题：陈观佑因与叶广生在岭牧牛，叶广生戏将该犯牛只鞭打，该犯不依争闹，叶广生拳殴该犯顶心，并掌批其腮颊跑走，该犯追赶，因其拾石，恐被掷打，用刀戳伤叶广生，越八日殒命。查年甫十一之陈观佑，虽被叶广生殴打，惟叶广生年只十四，仅长该犯三岁，核与十五岁以下殴毙人命，死者长于凶手四岁以上之例不符，自应仍照斗杀，问拟绞候。

成案 022.08：安徽司〔道光六年〕

安抚咨：临时行强案内待质人犯青黄妹，在监染患笃疾，应否收赎。查例载监候待质人犯，强盗不准宽释，又笃疾犯一应死罪，俱各照本律本例问拟，毋庸随案声请各等语。又道光元年，本部核覆直隶省请示案内，以情有可原盗犯，恭逢嘉庆二十五年八月二十七日恩诏，重责二十板释放，原指罪状已明者而言。至监候待质盗犯，若将来拿获逸犯，供系该犯为首，或入室搜赃，罪在不赦，未便遽准责释，议令酌量监禁二十年，期满责释。其犯事在大赦以后监候待质者，仍不准宽释等因，通行在案。此案青黄妹，听从胡六临时行强，据供并未入室搜赃，拒伤事主，因胡六等在逃，无可指证，照例监候待质，于嘉庆十九年题结在案。今据该抚咨称，该犯在监染笃疾，事犯在大赦以前，应否收赎，咨部核覆。查该犯系例应免死减等发遣，因罪状未明，监候待质之犯，倘将来拿获胡六等到案，供系该犯入室搜赃，拒伤事主，则该犯罪干绞决，虽事犯在大赦以前，且已成笃疾，亦系法无可贷，自应照本部前议章程，候监禁二十年，限满应行责释之时，准予收赎，此时未便遽议宽释。

成案 022.09：安徽司〔道光七年〕

安抚咨：秋审缓决减等绞犯刘尚纹，两腿成笃。查犯罪时未有笃疾，成招后致成笃疾，秋审缓决，查办减等，虽无准其收赎明文，然亦并无不准收赎之例。今刘尚纹犯罪拟绞，于成招后染患风痰，两腿成笃，秋审缓决减流，若因例无收赎明文，仍行解配，不但长途跋涉，苦累堪怜，即到配所，动履维艰，谋生乏术，殊堪悯恻，业既奉旨准其减等，自可推广皇仁，准其依律收赎。

成案 022.10：浙江司〔道光八年〕

浙抚咨：杜花毛戳瞎周守道两目。查周守道前因犯窃拟流发配，该犯在配脱逃，应调发附近充军，惟脱逃回籍后，被殴致成笃疾，自应准其收赎，后犯调发，其原犯流罪，概行收赎，殊未允协。周守道应准其收赎后犯调发之罪，将该犯仍发原配安置。

成案 022.11：广西司〔道光八年〕

广西抚题：阎十三仔，年仅十四，因年已七十六岁之阎正健向斥，该犯分辩，阎正健举掌向殴，该犯跑走，阎正健追赶，该犯拾石殴伤殒命。查阎十三仔岁年仅十四，惟阎正健年已七十六岁，系老幼相殴，应仍照斗杀问拟。阎十三仔应依斗杀律，拟绞监候。

成案 022.12：浙江司〔道光十二年〕

浙抚咨：潘陈穷因窃拟流，在配脱逃，应调发附近充军，今于脱逃回籍后，被殴成笃，只应准其收赎后犯调发之罪。该抚将该犯原犯流罪，概行收赎，系属错误。潘陈穷应准其收赎后犯调发之罪，其原犯流罪不准收赎，将该犯仍发原配。

成案 022.13：陕西司〔道光十二年〕

陕督咨：杜三娃因窃拟流减军，在配脱逃被获，例应枷号三个月，仍发原配。惟该犯逃后，被伊兄划伤成废，自应准其收赎逃罪，其原犯军罪应不准其收赎。该督以该犯业已成废，请将该犯军罪上一并收赎，系属错误。杜三娃应准其收赎逃罪，免其枷号，仍发原配安置。

成案 022.14：陕西司〔道光十三年〕

陕督咨：洋县拿获逃军赵正科，已成笃疾。查军流人犯老疾收赎之例，系指未经到配者而言，若一经到配，虽成笃疾即不在查办之例。此案赵正科前因索诈赵克昌钱文，审照蠹役诈赃十两以上例，发近边充军，金发山东恩县安置。该犯在配脱逃，例应调发边远充军，惟该犯脱逃回籍后，因染患目疾，致成笃疾，自应准其收赎，后犯调发之罪，其原犯军罪应不准其收赎。赵正科一犯，应仍发原配安置，其后犯调发之罪，准其收赎。

律 023：犯罪时未老疾

凡犯罪时虽未老疾，而事发时老疾者，依老疾论。〔谓如六十九以下犯罪，年七十事发；或无疾时犯罪，有废疾后事发，得依老疾收赎。或七十九以下犯死罪，八十事发；或废疾时犯罪，笃疾时事发，得入上请。八十九犯死罪，九十事发，得入勿论之类。〕若在徒年限内老疾，亦如之。〔谓如六十九以下，徒役三年，役限未满，年入七十；或入徒时无病，徒役年限内成废疾，并听准老疾收赎。以徒一年，三百六十日为率，验该杖徒若干，应赎银若干，俱照例折役收赎。〕犯罪时幼小，事发时长大，依幼小论。〔谓如七岁犯死罪，八岁事发，勿论。十岁杀人，十一岁事发，仍得上请。十五岁时作贼，十六岁事发，仍以赎论。〕

（此仍明律。其小注系顺治三年添入。顺治律为 022 条。）

律 024：给没赃物〔例 34 条，事例 49 条，成案 3 案〕

凡彼此俱罪之赃，〔谓犯受财枉法、不枉法，计赃，与受同罪者〕及犯禁之物，〔谓如应禁兵器及禁书之类〕则入官。若取与不和，用强生事，逼取求索之赃，并还主〔谓恐吓，诈欺，强买卖有余利，科敛及求索之类〕。

其犯罪应合籍没财产，赦书到后，罪〔人〕虽〔在赦前〕决讫，〔而家产〕未曾抄札入官者，并从赦免。其已抄札入官守掌，及犯谋反、叛逆者，〔财产与缘坐家口，不分已未入官，〕并不放免。若〔除谋反、谋叛外〕罪未处决，〔籍没之〕物虽〔已〕

送官，〔但〕未经分配〔与人守掌〕者，犹为未入。其缘坐〔应流〕人〔及本犯〕家口，虽已入官，〔若〕罪人〔遇赦〕得免〔罪〕者，亦从免放。

若以赃入罪，正赃见在者，还官、主。〔谓官物还官，私物还主。又，若本赃是驴，转易得马，及马生驹，羊生羔，畜产蕃息，皆为见在。其赃〕已费用者，若犯人身死，勿征，〔别犯身死者，亦同；若不因赃罪，而犯别罪，亦有应追财物，如埋葬银两之类，〕余皆征之。若计雇工赁钱〔私役弓兵，私借官车船之类〕为赃者，〔死〕亦勿征。

其估赃者，皆据犯处〔地方〕当时〔犯时〕中等物价估计定罪。若计雇工钱者，一人一日为银八分五厘五毫，其牛、马、驼、骡、车、船、碾、磨、店舍之类，照依犯时雇工赁值〔计算。定罪，追还。〕赁钱虽多，各不得过其本价。〔谓船价值银钱一十两，却不得追赁值一十一两之类。〕

其赃罚金银，并照犯人原供成色，从实追征入官给主。若已费用不存者，追征足色。〔谓人原盗或取受正赃金银，使用不存者，并追足色。〕

（此仍明律，其小注系顺治三年及雍正三年添入。顺治律为023条。）

条例024.01：在京在外问过囚犯（1）

在京在外问过囚犯，但有还官赃物值银十两以上，监追年久，及入官赃二十两以上，给主赃三十两以上，著监追一年之上，不能完纳者，果全无家产，或变卖移尽，及产虽未尽，止系不堪无人承买者，各勘实，具本犯情罪轻重，监追年月久近，赃数多寡，奏请定夺。若不及前数，及埋葬银监追一年之上，勘实全无家产者，俱免追，各依原拟发落。

（此条系明代问刑条例。乾隆五年删改为条例024.02。）

条例024.02：在京在外问过囚犯（2）

在京在外问过囚犯，但有还官赃物值银十两以上，及入官赃二十两以上，给主赃三十两以上，著监追一年之上，勘实力不能完者，开具本犯情罪轻重，监追年月久近，赃数多寡，每于岁底汇题，请旨定夺。若不及前数，监追一年之上，勘实力不能完者，俱免追，各依原拟发落。

（此条乾隆五年将条例024.01删改。乾隆五十三年，再删"及埋葬银"四字。道光十二年，改定为条例024.03。）

条例024.03：在京在外应行追赃人犯

在京在外应行追赃人犯，除监守盗及抢夺、窃盗之赃，并过失杀人应追埋葬银两，仍照各本例分别办理外，但有还官赃物值银十两以上，著监追半年，勘实力不能完者，开具本犯情罪轻重，监追年月久近，赃数多寡，按季汇题，请旨定夺。其入官赃二十两以上，给主赃三十两以上，亦著监追半年。不及前数，著监追三个月，勘实力不能完，俱免著追，一面取结请豁，一面定地解配发落，毋庸听候部覆。其应监追半年者，除人犯先行发落外，在内由刑部，在外由该督抚，仍各于岁底汇题一次。

（此条道光十二年，将条例 024.02 改定。）

薛允升按：此前代之例。以律止言没官给主，而无还官一层，故定立此条，亦可见尔时追赃之法甚严。但至十两以上，无论还官、入官、给主，俱认真监追。若年久产尽，则具本犯情罪轻重，监追年月久近，赃数多寡，奏请定夺，并无半年、一年之限。八、九两以下则所犯甚轻，犹必监追一年之上，方照原拟发落。埋葬银，即律所载，威逼人致死，及车马杀人等项是也。以十两为准，故不言八、九两以下，亦必以一年之上为限。例内极为分明，后屡次修改，遂全非本来面目矣。追赃名目虽多，总不外还官、入官、给主三项，凡监守挪移、抢窃、诈欺等项，均在其内。此例还官赃物，止云监追年久，并未叙明限期，是以又立有欺侵、枉法，充军追赃人犯，严追至一年以上，先将正犯发遣，仍拘的亲家属监追，无的亲家属，仍将正犯监追一条。雍正三年将彼条删除，此条还官赃物亦改为一年以上，系属追赃通例。后监守挪移及独赔、分赔各款，并追赔拖欠工程核减银两例内，均有限期。即准枉法，不枉法等赃，亦有按限著追明文。惟抢窃等项，亦系给主之赃，其限期自应照此条，以半年三月为断，而除律又云"抢窃等赃，照本例办理"等语。查下条抢夺、窃盗之赃，著地方官于定案时严行比追，如果力不能完，即将本犯治罪，亦未叙明限期若干月日，究属不大明显。至埋葬银两，本系一年之限，是以戏杀门内止言照数追给、勒限追给等语，其不言若干日者，此处已有明文故也。乾隆五十三年，以命案内埋葬银两另有专例，将此例内埋葬银三字删去，是又将各项埋葬银两与命案减等应追埋葬银两混而为一矣。参看自明。还官一层，似指侵盗挪移等项而言。入官一层，似指彼此俱罪等项而言。给主一层，似指用强逼取等项而言。监守盗即在还官之内。抢窃盗即在给主之内。例意本无不包，后愈改而愈觉牵混。缘此例在先，各条例文在后，定彼例时未能关照此例，以致诸多参差。还官之赃，既关系国帑，应否请豁，自应题请。惟亏短官项，无论侵挪，即坐赃致罪之款，亦各有定限，从无半年汇题请豁之文，与此例俱不相符。此例所云惟常人盗及损坏官物等类方合。然常人盗系分别赃数多寡问拟绞候，军流又从何汇题请旨耶。必如盗官物问拟杖徒罪名，方可援引此例，而现在俱不按季汇题，亦无半年限期，此例不几成虚设乎。再道光十二年，顺天府尹奏请减追赃限期折内声称，刑部发交顺天府追赃之军流徒犯，罪案已定而无力完赃，自定案以至解配，展转羁候，几及二年。是以有一面取结请豁，一面定地解配之语，俱指业经定有罪名而言，删定之例殊未明晰。现在办理抢窃及盗劫并常人盗官物案件，俱云所得赃物已卖钱花用，赤贫免追。千篇一律，并未声明监追日期，若不知有此条例文者。平情而论，原定之例未免过于严厉，嗣酌改为一年，后又分改为半年、三月，近来并半年、三月亦俱不行，又何论按季汇题及年终汇题耶。既不照此办理，此例似可删除。

条例 024.04：凡犯侵欺枉法充军追赃人犯

凡犯侵欺枉法充军追赃人犯，所在官司，务严限监追，若至一年以上，先将正犯发遣，仍拘嫡亲家属监追。如无嫡亲家属，仍将正犯监追，敢有纵令倩人代监，及挨至年远，辄称家产尽绝，希图赦免者，各治以罪。

（此条系清初原例。雍正三年奏准：侵欺枉法等赃，俱勒限变产完纳，或著落妻、子，或将妻、子入官，不用监追一年以上，方行发遣，仍监追嫡亲家属之例。因此删去此条。）

条例 024.05：军官旗军但有监追入官

军官旗军但有监追入官、还官、给主赃物值银十两以下，半年之上不能完纳者，将犯人先发，立功纳赎等项各完满日，还职著役，仍将各人俸粮、月粮照赃数扣除入官、还官、给主。

（此条系清初原例。雍正三年奏准：凡有应追银两者，军民一体，不用立功还赎，及扣除俸粮之例。因此删去此条。）

条例 024.06：问刑衙门以赃入罪

问刑衙门以赃入罪，若奏行时估则例开载未尽，及虽系开载二货物不等，虽照原估者，仍照赎值拟断。

（此条系清初原例，载在"五刑"律后。雍正三年移附此律。乾隆五年奏明："时估则例"，并未载入律中，且律称估赃者，皆据犯处当时中等物价估计定罪，原属允协。因此删去此条。）

条例 024.07：凡州县自理赎锾

凡州县自理赎锾，岁底造册申报按察司；布、按自理赎锾，岁底册报督抚，督抚岁底汇造清册，题报刑部察核。其承问各官，应开明罚赎人姓名，及所罚数目，晓示各该地方。如有以多报少，及隐漏者，督抚参奏，以贪赃治罪。

（此条系康熙七年现行例，雍正三年定例。）

薛允升按：此赎锾自系指收赎、纳赎各项而言，罚项似不在内。下又云开明罚赎人姓名及的所罚数目晓示，则有过犯者罚令出钱充公，亦属例所不禁。与因公科敛条例参看。《户部则例·矜恤门》矜恤罪犯事例内一条，与《处分则例》同。漏税，田房货物一半入官，律有明文，似不在罚款之内。赎款亦有一定数目，不能弊混。至罚款系酌量示惩，容有以多报少及隐漏情弊，是以定有此条，并无将罚款概行禁止之文。至因公科敛，原例系为分外罚取，及不分有无罪犯用强科罚而设，亦无罚及有罪，一概议处之文。此条既云赎锾，又云罚赎及所罚数目，例意昭然若揭，盖谓罚款原所不禁，特不准少报隐漏耳。

条例 024.08：凡八旗应入官之人

凡八旗应入官之人，令入各旗辛者库。其内务府佐领人送入官者，亦照例入辛者库。辛者库人犯入官之罪者，照流罪折枷责结案。

（此条康熙年间现行例，雍正三年定例。）

薛允升按：康熙四十一年六月，刑部覆正白旗汉军都统石文英咨称："原任山西荣河县知县病故之迟维垣名下应追挪移银八千二百两，浥烂漕米五千一百石，将迟维垣之房地、人口、服饰等物变价，共得银八百五十两，因家产尽绝，保题奉旨交部，仍令该都统严追，委系家产尽绝。据此将迟维垣之妻朱氏、子迟秉钧、女大姐二姐等，交与内务府入辛者库。奉旨依议。钦此。"雍正元年十月奉旨："现今犯罪重并拖欠银两数多之人，因遇恩诏尚邀豁免，其从前拖欠银两之人，若以既入辛者库已经结案，遂不得入于赦免之列，实属可悯。著交与内务府，刑部将一应不能完交钱粮已入辛者库，及犯罪入辛者库人等原案情由，并伊等祖父原系何人之处，皆著查明具奏。再，从前汉人犯罪入旗、入辛者库安插屯庄者，亦令查明，一并具奏。钦此。"又，乾隆元年，遵恩旨察议，将从前不能完纳钱粮，入辛者库，并安插屯庄及犯罪入辛者库之本身及妻子等各案情，查明具奏。奉旨："将伊等本身及伊等妻室子孙皆从宽，准其释归旗籍。"八旗应入官之人，大抵指不能完交钱粮者居多，观迟维垣之案，概可知已。既经钦奉谕旨释归旗籍，此后有犯，亦俱不入辛者库，至今并无此等人犯矣。辛者库名目，惟应捕人追捕罪人门有王公等之辛者库家人一条，余不多见。恩诏赦款内，间有上三旗辛者库当差妇人，著酌议赏赐之语，自系从前办法，近则绝无此项人矣。与谋叛门内旗下人口一条参看。

条例 024.09：凡官役犯赃案内

凡官役犯赃案内，有亏短价值等项，追给原主。其诈骗逼勒者，被害人自行首告，亦追给原主。督、抚、科、道参发者，概追入官。

（此条康熙年间刑部议覆科臣阿等题准，雍正三年定例。）

薛允升按：以自告与不告分别入官、给主，似与律意不符。被官役诈骗逼勒，不敢控告者居多，大抵皆良懦之人，畏其威势故也。与彼此俱罪之赃不同，概追入官，似嫌未协。

条例 024.10：追比贪赃侵挪银两

追比贪赃侵挪银两，限一年追完，若违限不完者，将承追督催官员照例议处，犯人枷号两月、鞭一百。若限内该旗保送家产尽绝，该部察核应豁免、应入官者，察取本犯及妻并未分家之子人口家产入官，承追督催各官免议。至保送之后，如有隐匿家产事发者，该都统、副都统、参领、佐领、骁骑校，俱交该部照例议处，领催鞭一百。本犯如系重罪现在监禁者，免枷责；余俱枷号三月、鞭一百。如佐领、骁骑校、领催察出者，承追督催各官，俱免议，本犯仍照前治罪。如本犯自首，则本犯及督催各官，俱免议。以上所隐及所首财产俱入官。若承追督催各官，有扶同受贿隐匿者，事发照律从重治罪。至归旗人员内有应追赃者，限五个月内，该督抚察明家产人口，造册并人解部，转交该旗追赃。其任所有无私置房产，再限地方官六个月察明，结报后有隐匿发觉者，交部议处。

（此条系康熙二十九年，九卿会议定例。雍正三年修改为定例。乾隆五年改定为条例 024.11。）

条例 024.11：归旗人员内有应追赃者

归旗人员内有应追赃者，限五个月内，该督抚查明家产人口造册，并人解部，转交该旗追赃。其任所有无私置房产，再限地方官六个月察明，结报后有隐匿发觉者，交部议处。

（此条乾隆五年，将条例 024.10 改定。）

薛允升按：《示掌》云："归旗回籍人员，原限五月，今已改限三月。"此例五个月，似应修改。此从前办法也，与下参革汉军官员一条参看。题参亏空，一面行查家产，见挪移出纳。行查历过任所，有无隐匿，见隐瞒入官家产，亦应参看。旗员应追入官银两，均系交旗收禁着追，以他处不应收禁旗人也。第交旗追赃之例，现已不行，且侵那各有追赃治罪专条，此例无关引用，似应删除。监守自盗门承追督催条例，与此条大略相同，后于修例时奏明，俱行删除，自应照《处分例》办理矣。追比旗员一应赃项，原归此门，因监守盗门定有专条，此例追比一层即行删去。后彼门亦俱删除，遂无此项处分矣。

条例 024.12：凡应籍没家产者

凡应籍没家产者，照律遵行，惟军机犯罪，于籍没家产内，除姜婢外，照依兵丁例，仍给器械及人口三对，马三匹，牛三头。

（此条雍正三年定。乾隆五年奏明：军机犯罪，律内并无籍没家产之条，所称除姜婢外，给予人口马牛者，自指本犯已经免罪者而言。夫本犯既已免罪，则入官之家口，及未入官之财产，按律俱在赦免之列，但给人口三对，马三匹，牛三头，与律不符，且所籍没家产内，如无人口马牛，岂又另给予乎？因此删去此条。）

条例 024.13：凡仓库银谷

凡仓库银谷，督、抚、司、道、知府，于年底以实在无欠申报，保题后有亏空，知府即行报参者，免其分赔。如不行报参，别经发觉者，先着落亏空官追取；若亏空官家产尽绝者，着落保题之上司官均行赔补。至起解银两，及漕粮等项，如有亏空者，将解官、运官审明追取；如家产尽绝，亦着落该管上司官均行赔补。若有藉端需索等弊，亦许下属官通报参究治罪。

（此条雍正三年定。乾隆五年，查雍正六年奏定挪移之案，其知府随同徇隐，及明知亏空，又不行报参，反为设方弥补之巡抚、司、道，方令分赔，如系侵欺，免其分赔。因此删去此条。）

条例 024.14：凡各省赃罚赎锾私盐完价等项银两起解者

凡各省赃罚、赎锾、私盐完价等项银两起解者，免其具批刑科，仍照例具批刑部，限文到三日内即行查收。傥书役人等指称估验挂号等项名色勒索，及棍徒包揽代交，俱从重治罪，系官交与吏部严行议处。再各省解官，不亲身到部投批，寻觅包揽之人，迟延生事，刑部指名题参，交与该部严查议处。

（此条雍正三年定。乾隆五年，查雍正十二年奏准，将直隶赃罚等项，径解户部，与刑部无关，因此删去此条。）

条例 024.15：凡直隶各省八旗满洲蒙古汉军

凡直隶各省八旗、满洲、蒙古、汉军行追赃罚侵挪等项银两谷石，该督抚将追完库存银两，于半年内解部。如不起解，刑部将承追、督催各官，并出结之布政司等官题参，从重治罪。其各省督抚、各旗都统，务于年底将已未完数目，备造清册二本，奏闻送部查核，如逾限不完，及不造册具题，将怠玩各官送参，该部将该督抚、都统指名题参。

（此条雍正三年定。乾隆五年，查例无将承追等官治罪之条，应载吏、兵二部处分则例，因此删去此条。）

条例 024.016：亏空贪赃官吏

亏空贪赃官吏，一应追赔银两，该督抚委清查官产之员会同地方官，令本犯家属将田房什物呈明时价，当堂公同确估，详登册记，申报上司，仍令本犯家属眼同售卖完项。如有侵渔需索等弊，许该犯家属并买主首告，将侵渔需索之官吏，照侵盗钱粮及受枉法赃律治罪。

（此条雍正七年定。）

条例 024.17：田房产业已经入官

田房产业已经入官，即令本犯家属将契券呈堂出业，该管官眼同原主，秉公估定，开明价值，出示速售。有愿买者，即给与印照，不许原主勒索找价，仍令买主出具并无假冒影射甘结存卷。如该管官纵容原主据占影射，将据占之家属，影射之父兄，俱照隐瞒入官财物律坐赃治罪，该管官并该上司俱照例分别议处。如并无影射等弊，首告之人捏词陷害，按律反坐。至所典房地，及质当对象，勒限令原主取赎，归还原本。如逾限不赎，即开明原本价值，出示招卖。

（此条雍正七年定。条例 024.016、024.17、024.20 三条俱系雍正七年刑部议覆本部尚书励廷仪条奏定例。乾隆五年，以此例三条，事同一例，因删并一条，进呈后遵旨仍照旧例改正，分列三条。）

薛允升按：此例三条，乾隆五年删并为一，甚属简当。既经钦奉谕旨，仍列三条，以后稍经修改，大半仍系旧例。此外呈进黄册时声明删除，奉旨仍行纂入者，不一而足，皆此类也。入官地亩，本犯子孙不准认买，见隐瞒入官家产。州县亏空，题参时，一面于任所严追，一面行文原籍，将伊家产严查存案。见挪移出纳。此例所云，即原籍家产也。《户部则例》："一、官吏承变入官田房什物，或将田房私租，或将什物易换，许本犯家属及旁人首告，查照追赔，仍照侵盗钱粮例治罪。一、地方承变入官房屋什物，于估定价值后，限半年内将田房什物照估变完，逾限照例处分。其逾限未变之什物，除器皿衣服仍责成招变外，至金银珠玉等物，承变官眼同犯属封固，开造清册，出具并无易换印甘各结，解交崇文门变价。一、承变入官田房产业价值一千两以内者，于半年限内变完。至于僻小州县，有一千两以上之产，或无有力之家及虽系大邑通都，而田房价值至数千两以上，一时不能即售者，令该督抚酌量定限一年，或分作二年完解，逾限不完，分别查参议处。一、承变入官田房出示招售，愿买者官给印照。照内开明，不准原主勒索找价字样，取具买主并无假冒影射甘结。傥犯属影射踞占，照隐瞒入官财产律坐赃论罪。承变官知情纵容，照徇隐例治罪。该管上司照徇庇例议处。一、入官田房内如有活典及当存物件，该承变官责成原主具限取赎，逾限不赎，照价出示招变。"《处分则例》亦同，均应参看。

条例 024.18：八旗催追侵贪银两

八旗催追侵贪银两，如逾限不完，将伊家产变价交官。若承变限满，尚无售主，照亏欠之数将家产估价入官抵项。其家产不能抵完者，该参、佐领等据实呈报管旗都统等具奏，将本犯交部，照原拟发落，现在家产尽行入官。

（此条雍正七年定例。）

薛允升按：与上归旗人员一条参看。

条例 024.19：亏空贪赃官吏应追银两

亏空贪赃官吏应追银两，先行勒限严追，如逾限无完，应查报家产者，该管地方官，令本犯家属将田房产业呈缴，典买原契，确估价值，申报上司变卖完项。地方官吏如有将入官田房私租于人，将租息入己者，依守掌在官财物律治罪，照数追赔。至田房产业入官之后，出示招卖，有愿买者，给予印照，不许原主勒索找价。如系典当房地，按其价值数目，照变产之例，分别勒限，令原主取赎。如逾限不赎，即开明典当价值，出示招卖。

（此条系乾隆五年将条例 024.016 至 024.18 等三条续修。因为亏空之项，先应勒限严追，如逾限无完，始行查产还项，愿例未将限满查产之后声明，此条已为分析。进呈后，遵旨照旧分列三条，将此条删除。）

条例 024.20：地方官吏有将入官田房私租于人者

地方官吏有将入官田房私租于人者，除照数追赔外，仍照侵盗钱粮例治罪。其未经定例以前，官吏有私租之处，免其治罪，按年照数赔补。其一应变卖什物，俱勒限一年〔按：与户部例文不符。〕，眼同本犯家属照数变卖，如逾限未变，器皿衣服，仍于本地方勒变。一应金银珠玉等物，兑明分两数目，造具清册，眼同本犯家属封固，出具并无更换印甘各结，解交藩库，遇有便员，附搭解部，转交崇文门变价。若有窃换等弊，许家人及旁人首告，加倍追赔，仍照侵盗钱粮例治罪。

（此条雍正七年定。乾隆四十二年，将"未经定例以前，官吏有私租之处，免其治罪，按年照数赔补"四句删节，"印甘各结"下增"具文"二字。）

条例 024.21：应变田房产业

应变田房产业，估价一千两以上，限一年变完。其僻小州县有一千两以上之产，及通都大邑价值数千两以上者，令该督抚酌量分作二年，或三年完解。其分作二年者，先交价银一半；分作三年者，先交价银三分之一，即令售主管业，其余银两，于该年限内交清，给予印照。该管官先将分年完解之处，详明上司咨部，所收银两，逐年解交藩库，出具库收，送部查核。如完解不及该年分数，及二年、三年以后不完者，将地方官查参，交部按年分别议处；若于一年限内追完，及完数千两以上者，交部分别议叙。

（此条雍正七年定。因为已入《吏部处分则例》，所以在乾隆五年删去。）

条例 024.22：刑部凡有应交司坊官承追赃银

刑部凡有应交司坊官承追赃银，及变产等案，俱行文都察院札行该城御史转交司坊官办理，如逾限追变不完，该城御史即将司坊官职名，呈报都察院题参，交部议处。（此条雍正十二年定，专为参处司坊官承追不力而设，无关刑例，所以乾隆五年删去。）

条例 024.23：断付死者之财产

断付死者之财产，遇赦不得免追。

（此条系律后总注，乾隆五年纂为定例。）

薛允升按：《总注》云："凡律称财产断付死者之家，与应合籍没入官者不同，盖断给财产，所以优恤生者，虽遇赦不得在免追之限。"断付死者之财产，即杀一家三人及采生折割人律内所云财产断付死者之家。斗殴门，殴人至笃疾，将财产一半断付笃疾之人养赡是也。然止言遇赦不免，而不言限期，应与埋葬银两一条参看。

条例 024.24：刑部现审案内

刑部现审案内，凡行追赃、罚赃、变赃赎银两，承追各官俱各定限一年追完。如逾限不行追交，该部即行查参，将承追各官照例议处。

（此条乾隆十年，刑部奏准定例。）

薛允升按：此条行追之上，似应添发交该犯旗籍地方，原奏本有此句。承追各官即指旗籍而言，非刑部原审司官也。《全纂》云："承追例限兵部军需、工部工程，各核减，各部则例自有专条。"其余一切亏空赃罪等项，《处分则例》及《户部则例》并载："一千两以下，限一年，一千两以上限四年，五千两以上限五年。"《户例》更有"三百两以下限半年"之文。此条不计银数，概以一年为限，殆专指刑部现审事件而言。其承追不力处分，似应照承追一千两以下赃罚之例办理云云，最为明晰。为第一条既改一年为半年，此处定限一年之语，似应修改一律。承追不力各官本有议处之例，后节次修改，将例文删除。此处照例议处，自系照吏部例议处矣。

条例 024.25：刑部现审案内违例入官住房铺面各项房屋

刑部现审案内违例入官住房铺面各项房屋，于定案后，径咨户部办理，刑部毋庸估变。

（此条系道光三年户部咨准，道光五年定例。）

薛允升按：前条刑部现审案内行追赃、罚赃、变赃赎银两定限一年，系统言各项赃银，此则专指入官房屋而言，故云刑部毋庸估变。其实赃变等赃，均系交该犯旗籍行追，并非由刑部估变也，均系现审，均系交户部之件，似应并入下窃盗案内，无主赃物一条之内。

条例 024.26：凡追赃人犯

凡追赃人犯，除侵贪官吏仍照例限监追外，其抢夺、窃盗之赃，著地方官于定案之日严行比追，如果力不能完，即将本犯治罪，随时取结详报，分别题咨豁免。

（此条乾隆二十年，奉旨酌归简易案内，据江苏巡抚庄有恭条奏定例。）

薛允升按：此无庸汇题者，所以别于各项给主之赃也。惟并无限期，则严行比追一句，亦成具文矣。此亦给主之赃，并无汇题，其余给主各项似亦应无庸汇题。入官赃物亦然，应与前条参看。此例行而抢窃等项除现获之赃外，其余遂无给主具领之事，亦无追赃之事矣。此等贼犯，均系藐法之徒，照前例分别赃数多寡，监追一年、半年，有何不可。乃急欲放出，势必仍复偷窃，否则在配脱逃耳，何益之有。

条例 024.27：州县有盗劫库项

州县有盗劫库项，除失事之员照数补还者，毋庸另议外，或本人身故、产绝，力难完缴者，即照州县亏空之例，令该管各上司分赔。

（此条乾隆二十五年，刑部议覆浙江巡抚庄有恭题豁句容县已故知县周应宿未完盗劫库银案内，声请定例。）

薛允升按：被盗究与侵亏不同，令上司分赔，似嫌太过。代赔亏空之例，知府分赔五成，道员二成，藩司二成，巡抚一成。若不能赔交，应否豁免之处，未经叙明。立法总期必行，此法果能行否耶。代赔亏空，有藩司而无臬司。疏防处分，有臬司而无藩司。照亏空之例，则有藩司，而臬司反无事矣。与仓库不觉被盗条例参看。饷鞘失事一条，分赔之法与此不同，而亦无限期。其实上司又何尝分赔耶，不过仍摊诸各属，甚且有摊至数年者。立一法即有一法以破之，果何益乎。

条例 024.28：参革汉军官员

参革汉军官员，有应完款项，具照定限著追。如为数多者，酌量展限完纳，如逾限不完，即将该员解旗治罪。

（此条系乾隆二十七年，江苏巡抚陈宏谋奏，参革海州知州邬承显之子邬图灵等因伊父任内有私折漕粮及借贷所属等项应追未完银两，逗遛外省久未归旗一案，奉谕旨纂为例。）

薛允升按：与上归旗人员一条参看。上条系限五个月。此云照定限著追，又云逾限不完，是否以五个月为限，抑系照侵挪扣限一年之处记参。现在亏空人员无论满汉，均系一体办理，并无解旗治罪之例。此例亦系虚设。

条例 024.29：凡命案内减等发落人犯

凡命案内减等发落人犯，应追埋葬银两，勒限三个月追完。有物产可抵者，亦著于限内变交。如审系十分贫难者，量追一半给付尸亲收领。若限满勘实力不能完，将该犯即行发配，一面取具地邻亲族甘结，该地方官详请督抚核实，咨请豁免。如有隐匿发觉者，地邻人等均照不应重律治罪，地方官照例议处。

（此条乾隆二十八年，江苏按察使胡文伯条奏定例。道光十二年，因疏通滞狱，改"勒限三个月追完"，为"勒限一个月追完"。）

薛允升按：此指例应减等者而言，如遇赦减等，亦应一体扣限矣。人命门，应该偿命罪囚遇赦，追银二十两，贫难者量追一半，与此例情事相同。惟此条有一月限期，而彼条无文，应参看。彼门所载过失杀人则收赎银十二两四钱二分，与此条银数既异，亦无限期若干日，其力不能交者，又照不应重发落。此条及偿命罪囚止云量追一半，并无力不能交罪名，此外免罪留养人犯亦同，均属参差。

条例 024.30：缘事获罪应行查抄赀产

缘事获罪，应行查抄赀产，而兄弟未经分产者，将所有产业查明，按其兄弟人数，分股计算。如家产值银十万，兄弟五人，每股应得二万，止将本犯名下应得一股入官，其余兄弟名下应得者，概行给予。

（此条系乾隆四十九年，广西巡抚孙士毅奏永安州知州叶道和与岑照科场舞弊蔑法营私，请将叶道和家产查抄入官一案，乾隆五十三年奉谕旨纂为例。）

薛允升按：此条与隐瞒入官家产坟地祀田一条均系宽典，不以本犯累及兄弟先人也。《户部则例》："一、有缘事应查抄家产，及呈出田房抵交官项。而兄弟未经分产者，将产业按兄弟人数分股计算。如家产值银十万，兄弟五人，每股应得二万，止将本犯名下应得一股入官，其余兄弟名下应得者，概令照业。该管官不得勒令一概呈出。其兄弟亦不得托词家产未分，任意隐匿。"此例止云缘事获罪，其侵挪之案是否一体照办之处，记考。如侵挪官帑而兄弟等俱知情分用，似应不在此例。

条例 024.31：凡内外官员名下应追因公核减借欠等项

凡内外官员名下，应追因公、核减、借欠等项，及该员本系分赔、代赔，经地方官查明结报，家产尽绝，无力完缴者，俱照例题豁，毋庸再于同案各员名下摊追。

（此条乾隆五十年遵旨定。）

薛允升按：此并非侵蚀入己者，与工律内工程核减，并户律内虚出通关挪移出纳各条参看。即上条盗劫库项分赔之款，亦均在豁免之列矣。《户部则例·完欠门》二条，与此相同，应参看。律言给没赃物，盖言给主入官也，而亦兼言还官之项。例则分列三层，款项虽多，此三者尽之矣。此门内所载各条，不过大略言之，其余均分载各门，且有彼此参差者，参看自明。盗犯家产变赔及无主赃物赔补，见强盗门。侵盗赃著落犯人妻子追赔，及一年。二年、三年限期，见监守自盗门。审无入己各赃及不枉法、准枉法等赃，分别一年、二年、三年限期，见官吏受财门。埋葬及过失杀并免罪应追银两，见戏杀、误杀门。工程核减银两，本身无力完交，见工律擅造作门。此外则均载在户律仓库各门，俱应参看。

条例 024.32：窃劫各案

窃劫各案，查出盗贼名下资财什物，俱给事主收领。其盗劫之案，有已经获犯，而原赃未能起获，数在一百两以内者，著落地方官罚赔。如数百两至千两以上者，令地方官罚赔十分之一、二。

（此条乾隆五十七年，刑部议覆直隶总督梁肯堂奏拿获盗犯曹先等审拟治罪案内；乾隆五十八年，山西巡抚蒋兆奎奏盗案原赃未能起获，地方官赔给分数一折；乾隆六十年，奉谕旨并辑为例。嘉庆六年改定为条例 024.34。）

条例 024.33：窃盗案内无主赃物

窃盗案内无主赃物，及一切不应给主之赃，如系金珠人参等物，交内务府；银钱及铜、铁、铅、锡等项，有关鼓铸者，交户部；硫磺、焰硝及砖石、木植等项，有关营造者，交工部；洋药及盐、酒等项，有关税务者，交崇文门；其余器皿、衣饰及马赢、牲畜一应杂货，均行文都察院，札行该城御史，督同司坊官当堂估值变价，交户部汇题，并将变价数目，报都察院及刑部查核。傥有弊混及变价不完，由该御史查参。

（此条系咸丰十年，步军统领衙门奏刑部办理估变赃物未能画一，经刑部奏准定例。）

薛允升按：与上入官房屋一条参看。二例均系指刑部现审案件而言，既分交各衙门，刑部无庸估变。上条刑部现审案内，凡行追赃变等银两，其非指刑部承审司官言，更可知矣。《户部则例·库藏门》随时解款数条，应参看。"一、在京衙门交纳现审赃罚银钱，数在十两以上者，随时交户部查收，数在十两以下，随案先交刑部收储，岁底由刑部汇交户部。一、外省随时带解赃罚银两，除原文投送刑部外，其银随批，径投户部，俟收足后知会刑部查案完结。一、现审有关赃罚银钱什物变价等项，定案时钞录全案，并赃罚银钱，立即咨送户部。如勒追未交者，随案声明，户部查催交纳后，知照刑部完结。一、一切赃罚银钱，年终汇册，开列案由分晰数目，已交者注明银库兑收日期，未交者声明何年月日追出，造册送部综核。"此数条刑例不载，刑例所载者，户例亦漏，未列入，且不免有参差之处。似应查照修改一律。又，蠲恤门矜恤罪犯事例："一、各省赎锾银两，无论内结、外结，所纳银两停其解部，留充各本省狱囚棉衣、药饵、棺木等项之用。"现在各省均经照办，有具题者，有专咨者，刑例转无明文，未免疏漏。律止分别赃物之入官给主，其入官给主，则又分别赃物现在与否，及犯人身死勿征之法，本属允当，例则不分赃物是否现在及犯人是否身死，已与律意不符。户律又有分赔、独赔各名目，然有定以限期者。亦有并无限期者，大约官款十居七、八。乾隆以前俱极严厉，嘉庆以后渐从宽典，近则俱成具文矣。还官之赃既已宽之又宽，给主之赃又谁则认真追比耶。

条例 024.34：盗劫之案查出盗犯名下资财什物

盗劫之案，查出盗犯名下资财什物，俱给事主收领。其有已经获犯，而原赃未能起获，数在一百两以内者，著落地方官罚赔。如数百两至千两以上者，令地方官罚赔十分之一、二。寻常窃案，不在此例。

（此条嘉庆六年，将条例 024.32 改定。）

薛允升按：强窃盗赃均载贼盗门内，此条及上抢窃追赃一条，又列入此门，似不画一。盗犯到案，将各犯家产封记，候题结之日变赔，与此相类，应修并一条。地方官罚赔盗赃，系归年终汇题之件，乃盗案各省俱有地方官赔赃之案，百无一、二，平情而论，未免太严，然已成虚设矣。被窃与被劫，均属失财，均系受害，乃强盗之资财悉给事主，而窃盗则否，殊属参差。至云恐启事主觊觎捏陷之弊，岂盗案内即无此弊乎。此等议论，未免因噎废食，殊不可通。再，查律称以赃入罪，已费用者，犯人身死勿征，虽不专言盗贼，而盗贼已包举在内。已死勿征，则盗犯业经正法，应亦在勿征之列矣。例将其家产封记变卖，资财什物给主，自系从严之意。乃办案者一味含糊，不肯认真，在已经正法之犯，尚非失之宽纵，流徒以下，则与律意全不相符矣。舍律言例，无怪乎诸多抵牾也。

事例 024.01：顺治九年议准

凡赃罚银，刑部按季造册咨送户部，专官管理，稽察完欠。直隶责成道员及推官，各省责成按察司及推官，统计历年未完赃罚变价等银，立限严催，逾限不完，照分数议处，每年察参一次。

事例 024.02：顺治十二年议准

赃罚变价承追，推官、州县官估勘不实者，各降一级凡赔。

事例 024.03：康熙元年谕

凡应追赃罪等项银两，年久不完者，该管官察明果系家产尽绝，即行具题，将本犯入官，不必复行追银。

事例 024.04：康熙元年题准

欠赃正犯身故，家产尽绝者，赃银免追，妻亦免入官。

事例024.05：康熙四年覆准

凡赃罪流徒笞杖等犯，若因家产尽绝，即令入官，较之原罪反重，仍照原罪的决，免其入官。

事例024.06：康熙四年又覆准

凡贪官蠹役赃罚银，果家产尽绝，不能完纳，在赦前者，免其入官；在赦后者，仍将本犯入官。

事例024.07：康熙五年覆准

凡侵盗钱粮赃重罪至死者，照例正法，所侵钱粮，勒限一年追完，如不完，将妻及未分家之子，并家口财产入官。其流罪以下所侵钱粮，限六个月追完，如不完，将本犯并妻及未分家之子流上阳堡，家口财产变价入官。若此等人犯遇赦免罪追赃者，亦限一年追完。如限内不能完者，将本犯及妻并未分家之子，仍分别入官流徒。

事例024.08：康熙六年题准

推官已经奉裁，赃罚银责成知府管理。

事例024.09：康熙十二年覆准

凡追比侵盗钱粮犯人赃私，如果家产尽绝，不能完纳，该督抚取结具题，免其追赃，并免其入官流徒，若家产未尽，徇庇捏结者，从重议处。其追赃限期，俱改限一年。

事例024.10：康熙十四年覆准

凡应追赃银，在直省者，该督抚责令府州县官严追；在旗下者，该都统、副都统责令骁骑校等严追。如承追官迟延以致逾限不完者，督抚、都统、副都统题参，送部议处。不行题参送部者，一并议处。

事例024.11：康熙十四年议准

经征经催赃赎钱粮，初参州县官欠不及一分者，停升督催；欠一分者，罚俸六月；欠二分者，罚俸一年；欠三分者，降俸一级；欠四分者，降俸二级；欠五分者，降职一级；欠六分者，降职二级；欠七分者，降职三级；欠八分者，降职四级；俱带罪督催，完日开复；欠九分、十分者革职。司道府直隶州官欠不及一分者，停升督催；欠一分者，罚俸三月；欠二分者，罚俸六月；欠三分者，罚俸一年；欠四分者，降俸一级；欠五分者，降俸二级；欠六分者，降职一级；欠七分者，降职二级；欠八分者，降职三级；欠九分者，降职四级；俱带罪督催，完日开复；欠十分者革职。巡抚欠不及一分者，停升督催；欠一、二分者，罚俸三月；欠三分者，罚俸六月；欠四分者，罚俸一年；欠五分者，降俸一级；欠六分者，降俸二级；欠七分者，降职一级；欠八分以上者，降职二级；俱带罪督催，完日开复；署印官欠不及一分者，免议；欠一、二分者，罚俸三月；欠三、四分者，罚俸六月；欠五、六分者，罚俸九月；欠七、八分者，罚俸一年；欠九分、十分者，降俸一级调用；署印不及一月者，免议。参后州县官限一年内全完，司道府直隶州官限一年半，如不完，原欠不及一分者，罚俸一年，欠一、二分者，降三级调用；欠三、四分者，降四级调用；欠五、六分者，降五级调用；欠七、八分者，革职。巡抚限二年全完，如不完，原欠不及一分者，罚俸一年，欠一、二分者，降二级调用；欠三、四分者，降三级调用；欠五、六分者，降四级调用；欠七、八分者，降五级调用；欠九分、十分者，革职。接征接催官，以到任日为始，州县官限一年催完，司道府直隶州官限一年半，巡抚限二年，如不能完，各照初参例处分。

事例 024.12：康熙十四年又议准

侵盗钱粮官役，仍以命下之日为始，限一年追完，如不完，将本犯及妻未分家之子并家口财产，入官流徙。其旗下人亦照此例，流罪准折枷号鞭责。至官役贪赃银两应追入官者，亦照侵欺钱粮例遵行。承追官将犯人可变之家产，不行折变，或值多变少，或有需索掯勒等情，在外督抚，旗下该都统、副都统，指名题参，从重议处。

事例 024.13：康熙十五年议准

凡侵盗钱粮人犯，家产未尽，地方官徇庇捏结者，降四级调用，转详官降二级调用，督抚降一级留任。

事例 024.14：康熙二十五年议准

凡官役赃罚侵欺挪移等项钱粮，系刑部题覆审拟应追者，俱令刑部行追，将追完银两，岁底汇送户部入库收储。

事例 024.15：康熙三十九年议准

嗣后一应钱粮米石，如有亏空，著落亏空官员追取。再，有实系家产尽绝不能完纳者，保题之日，著落岁底以实系现在申报之上司追完。

事例 024.16：康熙四十年覆准

各省承审之案，俱扣除封印日期。承追之案，不扣除封印日期。

事例 024.17：康熙四十三年议准

嗣后凡一应钱粮米石，亏空在三十九年定例以前者，止著落亏空官员追完，免其上司分赔。若亏空钱粮米石虽在三十九年定例以前，而事发在三十九年以后者，如亏空官员家产尽绝，保题之日，仍应著落彼时岁底盘查捏报保题银米，实系现在之上司各官名下分赔。

事例 024.18：康熙四十六年议准

凡有管民地方官员，借用官银不能依限还完者，该督抚题参，令其离任，限一年还完开复。若逾限不能还完，革职。旗员交与该旗催令还完，汉官交与该督抚催令还完。

事例 024.19：康熙四十七年题准

凡代赔正项钱粮，俱不准十年续完。

事例 024.20：康熙四十七年覆准

行追官员借欠官库银两，文职不完者离任，武职留任还完。

事例 024.21：康熙五十一年议准

外省知州、知县，如有亏欠钱粮，该督抚审明，即著落该犯家产变赔。如系旗员，该督抚勒限查明家口，备造清册，取具该地方官不致容隐遗漏印结解部，刑部按册交与该旗查追。倘有不肖问官，以侵欺审作挪移，或将伊任所家产吓索殆尽，并听该犯任意将奴仆放出为民，及私自藏匿者，将承问吓索出结造册各官，并失察各上司，一并题参，从重治罪。至该犯有无房地家口，该旗自应严查追变，如有在屯庄偷卖房地，谎称借贷亲戚者，一经发觉，将该管官亦照例题参，从重治罪。

事例 024.22：康熙五十三年议准

嗣后追赔赃银及分赔等项，文到之日，定限一年。斩绞等犯，将侵盗赃银通完，比免死减等例，再减一等。军流等犯俱免罪。追完三百两以上，承追官每案纪录一次；督催知府、直隶州，每三案纪录一次；道员，每五案纪录一次；督、抚、布、按，每十案纪录一次。不完，承追官，罚俸一年，督催、知府、直隶州，罚俸六月；司、道、督、抚，罚俸三月；再限一年追完。死罪军流等犯减等，若不完，军流充配，死罪监追，承追官，降一级留任，督催、知府、直隶州，罚俸一年；司、道、督、抚，罚俸六月；再限一年，著落妻子追赔。限内能追完，承追官开复；若不完，承追官调用；督催、知府、直隶州，降一级留任；司、道、督、抚，罚俸一年。如果家产尽绝，保题豁免。倘题后另有财产人口入官，出结官革职；督催、知府、直隶州，降二级调用；司、道，降一级留任；督、抚，罚俸一年；所欠银米，出结官赔补；武职官，照文官例议处。其交旗死罪人犯仍监候，军流等犯暂停枷责，限一年通完，免其枷责。佐领、骁骑校，每案纪录一次；参领，三案纪录一次；都统、副都统，十案纪录一次。若不完，将犯人枷责；佐领、骁骑校，罚俸一年；参领，罚俸六月；都统、副都统，罚俸三月。再限一年不完，佐领、骁骑校，降一级留任；参领，罚俸一年；都统、副都统，罚俸六月。再限一年追完，佐领、骁骑校，开复；不完，佐领、骁骑校，降二级调用；参领，降一级留任；都统、副都统，罚俸一年。犯人内实系家产尽绝，保题豁免，题后有财产人口入官，佐领、骁骑校，革职；参领，降二级调用；都统、副都统，罚俸一年；财产入官，银米著落佐领、骁骑校，赔补。又，承追官不著落犯人妻子，将亲族滥行追赔者，革职。其历年行追银两米谷，文到之日，照现议例扣限追赔。

事例 024.23：康熙五十三年谕

该管上司官员，如有逼勒出结之事，属官不行出首者，从重治罪。

事例 024.24：康熙五十五年题准

亏空赃赎等项银两，云南等七省，照旧例留充兵饷，俟岁底造册报部查核。直隶、江南、湖广、江西、河南、山东、山西各省，停其陆续汇解。各省于岁底将追得银两，汇齐解送刑部确查，交送户部。倘一年内追得银两，或藉端推诿不解者，查明题参治罪。

事例024.25：康熙五十七年议准

大、宛二县，五方杂处，各省寄籍者多，且二县事务繁冗，将承追督催各案，俱仍照旧例处分。拖欠银米谷石之人，仍照部内所定，限内全完者，或减等、或免罪；不完者，照原拟即行治罪之例遵行。如该县不著力行追，徇情推诿，一并从重治罪，将犯人不行赔还之项，俱著该县赔还。

事例024.26：康熙五十七年又议准

入官财产，该督抚照例勒限追取，若希图本身轻脱，将无干之人肆行诬赖者，从重治罪，仍著落伊身追取。承追官徇庇正犯，拖累无干者，亦交该部严加议处。

事例024.27：康熙五十九年议准

嗣后承追不及一千两者，仍照部定三年之例参处外，一千两至五千两者，以五年为期，每年每案追完二分，五年之内十分全完，免其处分，仍予纪录二次。完不及二分者，初参，降俸一级；二参，罚俸一年；三参，降一级；四参，又降一级；俱留任，带罪承追；五年限满，全完开复，如不完，照所降之级调用。五千两以上者，亦以一分为率，勒限五年，初参不完，降俸二级；二次不完，罚俸一年；三次不完，降一级；四次不完，又降一级；五年限满，如能完至七分者，准其开复，另行按年起限承追；如完不及一分，照所降之二级调用；接任官以接任之日起限承追，如能一年限内全完一千两以上者，准加一级；追完五千两以上者，准加二级；追完一万两以上者，准加三级；此等加级，如遇别案承追应降调者，准其抵销。如能限内一年追完一万五千两以上者，交与吏部，以应升之缺即用。督催各官，如不及一千两者，亦仍照部定三年之例参处外，一千两至五千两以上者，每案勒限五年，分起督催，递年完至二分以上者，免其处分，完不及二分者，知府、直隶州，每案初参，罚俸六月；二参，罚俸九月；三参，罚俸一年；四参，降一级留任。俱令督催，五年限内，全完，开复；如不完，降二级留任。督、抚、司、道，初参，罚俸三月；二参，罚俸六月；三参，罚俸九月；四参，罚俸一年；五年限满无完，降一级留任；仍令年起限，全完，开复。至在外催追，武职官员，及在京交与八旗之案，俱照此例议处，余俱照吏、户、兵、刑四部从前所定之例遵行。

事例024.28：康熙五十九年又议准

亏空粮米，责成粮道督催。亏空盐课，责成盐道督催。其守、巡道员，免其并参。

事例024.29：康熙六十一年题准

嗣后历年追完赃库银两，于本年内，务须汇行解部，如仍不起解，将承追、督催各官，并出结之布政司，查明题参，俱交该部从重治罪。

事例 024.30：康熙六十一年年又题准

直隶各省、八旗，行追赃罚侵挪等项银米谷石，一年追完若干，未完若干，备造清册二本，该抚、八旗都统、副都统等，于岁底查明具题。

事例 024.31：雍正元年议准

赦前侵挪亏空官员，援宥免罪，仍行监禁严追，果能三年内全完者，免罪释放。如三年不完，仍行监追。此内果有家产尽绝，不能全完，令该管官保题，交与该部详查，援引恩诏具题豁免。如该犯别有隐匿家产，查出入官，该报题各官，一并从重治罪。

事例 024.32：雍正元年又议准

直省承追督催官员，如系离署出口办理军需者，应委员署理以专责成。若在署兼理军需者，不得藉军需名色，推卸承追不力处分。

事例 024.33：雍正二年议准

凡亏空贪黩之员，在伊亲友伙计家寄顿财物生理者，事发后，若三个月内首告，免其治罪，将寄顿之赃，补还亏空等项。若不行出首，将寄顿财物之人，照隐匿入官财产律，计赃从重治罪，将寄顿之赃补还亏空外，仍将家产一并搜查入官。若挟仇妄告者，审实，照诬诈例治罪。

事例 024.34：雍正二年奏准

各省解交刑部赃罚银两到时，即换咨交送户部明，知会刑部。其刑部案内入官物件应变价者，十两以上，交崇文门监督变价交户部；不及十两之物，该司官与库官公估变价，其银储刑部库内，积至万两，造册具题解户部。

事例 024.35：雍正三年议准

自雍正四年为始，凡有州县亏空，该督抚审结具题时，将该管上司应否分赔之处，俱行查明，一并具题。若不声明具题，即将该督抚交与吏部照徇庇例议处。

事例 024.36：雍正五年谕

嗣后有变产还项，较原参之数浮多者，俱应议还本人，永为定例。

事例 024.37：雍正五年又谕

嗣后交完银两应减等发落之人，其银两全完时，即行具奏请旨。

事例 024.38：雍正五年议准

除侵盗亏空仍照定例外，其分年追赔拖欠各项银两，以一年为一限，计应追之数，均分三限，务令按限交完。现任职员，初限不完者，解任，令同二限银两带罪完纳，如照数全完，准以原官补用；若二限内仅完初限银两者，仍带罪追比，或初限、二限均不能完，革去职衔，同三限银两一并严追；此三限内，止完一限者，仍革职严追；或完两限者，复其职衔，带罪完纳，能照数全完者，准其开复补用。倘三限均不能完，则交刑部治罪，所欠银两，于家属名下严追。至无禄人等，初限不完监禁，令同二限银两一并追比，如照数全完，暂予释放。若仅完初限银两，二限未能全完者，仍监禁追比。或初限、二限均不能完，令该旗、该地方官将财产查封，同三限银两一并严追。此三限内，止完一限者，暂免其变产；或完两限者，将本身释放，财产仍行封守；能照数全完者，本身释放免罪，财产给还，傥三限俱不能完，即将财产入官变卖，本身交刑部治罪。至追比之项，有分二年者，一年不完，照初限例处分；二年俱不完，即照三限例治罪；傥二年内完一年之数者，再限一年，仍不能完，不足数者，即行治罪。

事例 024.39：雍正六年谕

据镶蓝旗汉军都统等，将许燝供出一应借伊银两人等开录具奏。大凡此等追比之事，亦当量其情事，若果借券中有凭据者，尚可令其赔还。再，如上司官员挟制勒索者，此系干犯国家，贪婪之项，亦属理应追比。至若并无文券中保，止据一面之词，遽令著落赔还，深为悖谬。许燝先经供出沈挺正收伊银两，及行询问，而许燝之挟仇畏刑诬赖情节，一一显露，不但此一端也，其曾因亲友情谊馈送数十百金者，若照伊所供著落赔偿，其中或遇外任人员，虽实未收受，一不承认，势必至于来京对质，彼稍有余力之人，谁肯为此数十百金来京质审？无可奈何，止得承认赔偿，则是科敛众人之银钱，代此等贪婪犯官赔垫，是属何心？此乃断不可行之事。八旗内如有类此事件，既无借券中保，捏称欠伊银两开录具呈者，断不可准。彼既拖欠银两不能完纳，自有彼应得之罪也。著通行晓谕八旗大臣。

事例 024.40：乾隆元年奏准

查仓库钱粮关系国帑，如有侵挪亏空等项，定议之后，勒限追补，仍于各旗籍任所严行查变，果至家产全无，该管官查明出结，该督抚等核实具题，准其豁免。傥有隐匿，察出，著落分赔，定例最为周密。间有准其开欠抵补者，必实系本人无可著追，所开确凿有据，其人又力能偿还者，方可追抵补苴，原非著为成例也。有等不肖之员，平日任意侵吞帑项，及至问罪著追，将所有赀财藏匿寄顿，乃混开欠项，竟至盈千累万，或指称向时借贷，或捏报馈送抽丰，阅其开抵之数，几浮应追之项，实皆纸上空言，毫无影响。地方有司，因畏惧考成，利其开抵以缓处分，每有指引该犯导令开报者；又有任听胥吏夤缘为奸，串通开报，蒙混准追者；甚至有承追之官，受贿徇情，将本犯捏称家产尽绝，特于案外牵累无干，妄以欠项图饱欲壑者；舞弊丛奸，不可胜数，而无端受开之身家遭其牵累者，不知凡几矣？况如借贷之说，犹或事属有因，至若馈送一项，必实系上司勒索馈献，有干功令者，方宜照数追抵，如止因亲友馈送，以及过客抽丰，皆出应酬私谊，岂容开欠官追？且所问既非一人，行查辄连数省，往返文移，徒滋案牍，而于国帑究无裨益。嗣后亏空人员，务须按照定例严行查追，如实系家产尽绝查明确实者，准其照例豁免，不许混开借欠等项，希图搪抵，反得藉端隐匿，脱身事外。其果有借欠可抵者，必实系近年债负，确有原借券约，中保可凭，被问之人又力能交纳者，当堂取具切供，方准追抵。其将年远无凭书札记簿指为欠项，混请开抵者，概不准行。地方有司，如有因嘱托徇情，听从开欠，妄拿无辜追比，照故勘平人律治罪；受贿得赃者，计赃以枉法从重论；该管上司，照不据实查报例，知府、直隶州降二级调用，司道降一级调用。其因避处分指引开欠者，承追官照藉端将亲族滥行著落追赔例，革职；该管上司照失于查察例，知府、直隶州降一级留任，司道罚俸一年。如任其朦胧开报，混行追抵者，承追官照不行确查例，降一级调用；该管上司，照据详转报例，知府、直隶州罚俸降一年，司道罚俸六月。至于亲友馈送抽丰之类，既无契券可凭，又无中保作据，概停开报。如此则不特混行开抵之弊可除，株连拖累之患得息，而亏空人员，不敢狡思脱卸，于著追帑项，亦不为无裨。

事例 024.41：乾隆二十七年谕

参革海州知州邬承显之子邬图麟等，久未归旗一案。经该旗参奏，降旨令陈宏谋明白回奏。今据覆奏，邬承显任内有应追赃项未完，著落伊子等缴还，是以未即回旗。再，邬德麟已入含山县籍，家口仍留福建旧任；邬图麟等并请改入河南孟县民籍等语。似此逗留规避，实乃汉军敝习，不可不亟为整顿。伊等既任外官罢职，如有未完之项，自应勒限速完，实系无力追缴，即当归旗按律治罪，何得任其迁延在外，藉设措告贷为名，任意游荡抽丰，驯致滋生事端，何所不有！况该旗已经咨催，饰词延玩，此在民人，犹不可为训，何况身为旗人者乎？即以情愿改归民籍而言，现在著有定例，并未稍为禁阻，第伊等或呈请于并无追项之前，或声明于完欠回旗之后，皆属可行。若藉此巧为趋避，悬帑项而废官方，此风端不可长。嗣后外省参革汉军人员，有应完款项者，著于定限内催追，为数过多，酌量展限完纳，逾限不完，即将该员等解旗治罪。此案陈宏谋既未准其改籍，并将邬德麟等押解回旗，该旗可即遵旨办理。将来有似此者，均照此例行。

事例 024.42：乾隆二十七年议准

嗣后一切命案内，有减等发落应追埋葬银两之犯，俱勒限三月，将埋葬银两照数追完。如审系十分贫难，照例量追一半，给付尸亲收领，或本犯尚有物产可抵，即令于三月限内，速行变交，毋许藉端逗留。若限满勘实力不能完者，一面取具地邻亲族供结，州县官加具印结，详请督抚核实，咨请豁免。俟豁免之后，如有赀财隐匿，或经查出，或被尸亲告发，将出结之地邻人等，均照不应重律治罪。加结之州县官，照不行查明给结例，罚俸一年。

事例 024.43：乾隆三十九年谕

前因内外各官员名下有摊赔、代赔银两，及八旗、绿营兵丁内有祖父应赔银两，于子孙所得饷银内坐扣者，此项银两，究属因公，特令军机大臣查明未完数目，酌量加恩。兹据分别开单具奏，内已经离任各员应赔银两，据报家产尽绝及无可著追者，七十一案，共未完银十七万四千九百余两；八旗、绿营兵丁应行坐扣饷银者，七十八案，计应扣银十九万三百余两；又原任都统索诺木、策凌等大员六员，共未完十九万七千七十余两，因已经治罪查抄，无力完缴，一并开单请旨。朕详加披阅，此等应赔银两，有关帑项，本应著落照数完缴，第念各员等缘事降革离任后，业据各该旗籍结报家产尽绝，并查明无力完缴，而兵丁等所得饷银，为数有限，若再行坐扣，未免生计拮据，其另单所开原任大员六员，俱治罪查抄，无可著追。著将查出各该员名下未完应赔银两，及兵丁应扣饷项，共银五十五万九千八百余两，一并加恩概行豁免，以示朕格外施仁，曲加优至意。嗣后因公核减借欠等项，及该员本系分赔、代赔，地方官查明，结报家产尽绝无力完缴者，并照例题豁，毋庸再于同案各员名下摊追，用溥恩施而昭体恤。

事例 024.44：乾隆四十九年奉旨

广西巡抚奏：永安州知州叶道和与岑照科场舞弊，藐法营私，请将叶道和家产查抄入官一案。钦奉谕旨：嗣后如有缘事获罪，应行查抄，而兄弟未经分产者，著将所有产业，按其兄弟人数，分股计算。如家产值银十万，兄弟五人，每股应得二万，止将本犯名下应得一股入官，其余兄弟名下应得者，概行给予，以昭平允。所有叶道和一案，即昭此办理，并著为令。

事例 024.45：乾隆五十五年奉旨

直隶总督奏：盗犯马一等行劫路泰隆钱铺，该省办理迟延一案。钦奉谕旨：嗣后各省盗案，如原赃未能起获，即著该管地方官罚赔。

事例 024.46：乾隆五十六年奉旨

两广总督奏：盗犯未获，先令州县罚赔赃银，恐狡狯事主，任意浮报赃数，图得便宜，而不肖州县规避罚配，必有抑勒事主讳盗及删减，及删减赃数情弊。钦奉谕旨：止将已经获盗而原赃未能起复者，令该管官罚赔，其正犯尚未缉获，赃数无从审明者，毋庸罚赔。

事例 024.47：乾隆五十七年谕

刑部奏：直隶省拿获盗犯曹先等分别斩枭一案。杨际春、陈详生主仆二人，均被车夫吴洛全等谋害，殊勘怜悯，所失银两于获犯候经官追起，亦属有名无实。所有吴洛全车辆马匹，即应给予事主之家属领回，该部何必按例称变价入官？该督原请将车辆马匹入官之处，办理亦觉鄙吝。嗣后凡有窃盗各案，其查出盗贼名下赀财什物，俱给予事主收领，不必入官。著为令。

事例 024.48：乾隆五十七年又谕

前经降旨，各省盗案，如原赃未能起获，即著该管地方官罚赔，嗣恐正盗未获，先令州县赔出赃银。地方官规避罚赔，必有讳盗减赃情弊，复降旨嗣后遇有盗案，即应严缉正盗，审明赃数，查追给主。如已经获盗而原赃不能起获，仍著该管官罚赔示惩，原因地方官平时既不能实力巡查，及遇有盗案，又不肯认真缉捕，以致小民被盗，赃项久悬，终归无著。若事主系殷商大贾，即盗赃无获，生计尚可不致竭蹶。如系中人小户，惟仗经纪营生，一经被劫，即为数无多，已足罄其家产，是以罚令地方官赔缴，以示惩儆。但近据吉庆拿获盗犯常二等一案，未起赃银四百余两，著令该县赔缴，尚属力所能办。至如本月书麟、奇丰额所奏尹二等一案，赃数至一千九百余两。又，查前据郭世勋奏：梁亚容赃多至万余，若亦责成该处州县按数赔给，其势必至日久悬宕，而闾阎小民，以盗赃未获，岂敢向地方官索赔？甚至不肖州县，或以罚赔盗赃为名。采卖科派，及需索盐当陋规，在被劫小民，仍不能得获原赃，地方良善，徒滋扰累，而不肖州县，转得为肥橐之计，岂不有名无实？嗣后遇有盗案，该督抚总当严督所属，实力缉捕，务得原赃，实时起获，速给事主。其盗犯行劫之后众人俵分，如遇赃数较多者，每犯俱可分银数百金，一时岂能费用荡尽？若将盗犯立时缉获，原无难起之赃给主。即有业经花费者，亦必为数有限，责令地方官赔给，自属易办。如盗犯实已远扬，不能立时缉获，而赃数又复较多，该督抚等即当核其缉盗勤惰，分别赃数责令著赔。总之有治人，无治法，惟在该督抚随时整饬，核实办理，庶州县等知所劝惩，而被盗小民，不致拖延受累，方为妥善。

事例 024.49：乾隆五十八年谕

盗赃多至盈千累万，若概令地方官赔给，不特州县力有不能，必至有名无实，且恐启刁民捏报赃数之渐。况遇盗之家，如系中人小户，惟仗经纪营生，一经被劫，虽为数无多，已足罄其家产。至赃数较多者，事主必系殷实大贾，即盗赃无获，生计尚不至拮据。嗣后，除赃数一百两以内者，仍著该管官罚赔外，如数百两至千两以上者，应令该管官罚赔十分之一、二。

成案 024.01：归旗未完承追官不准开复〔康熙四十一年〕

户部覆东抚王国昌题。禹城县病故知县许某挪移银两未完，家口已经归旗，所有济南府知府孟光宗降俸二级，带罪督催之案，题请注销前来。查定例内，该旗将拖欠钱粮，追完之日，方准查销，其承追督催官员之案，今许某挪移银两，尚未追完，济南府知府孟光宗不便开复，前项钱粮俟该旗追完之日开复。

成案 024.02：承追银两出结迟延〔康熙三十六年〕

吏部议福抚卞永誉疏：江南山阳县知县薛某应追供应核减银两，移行闽省追结，转行晋江县查追，该县出具印结详复，推诿迟延一载等因。除泉州府知府别案革职，无容议，应将迟延一年以上晋江县知县李某照例降二级留任，因其推诿，将李某照例再罚俸一年。

成案 024.03：四川司〔道光四年〕

川督题：绵竹县吴荣会，因疯砍死王幺娃，复审供吐明晰。查吴荣会系拟绞抵之犯，毋庸著追埋葬银两。所有该督声明仍追埋葬银两，给领营葬之处，应毋庸议。

律 025：犯罪自首〔例 23 条，事例 15 条，成案 15 案〕

凡犯罪未发而自首者，免其罪，〔若有赃者，其罪虽免，〕犹征正赃。〔谓如枉法、不枉法，赃征入官。用强生事，逼取、诈欺、科敛、求索之类及强、窃盗，赃征给主。〕其轻罪虽发，因首重罪者，免其重罪。〔谓如窃盗事发，自首，又曾私铸铜钱，得免铸钱之罪，止科窃盗罪。〕若因问被告之事，而别言余罪者，亦如〔上科〕之。〔止科见问罪名，免其余罪。谓因犯私盐事发被问，不加拷讯，又自别言曾窃盗牛，又曾诈欺人财物，止科私盐之罪，余罪俱得免之类。〕

其〔犯人虽不自首，〕遣人代首，若于法得相容隐者〔之亲属〕为〔之〕首，及〔彼此诘发互〕相告言，各听如罪人身自首法。〔皆得免罪。其遣人代首者，谓如甲犯罪，遣乙代首，不限亲疏，亦同自首，免罪。若于法得兼容隐者为首，谓同居及大功以上亲，若奴婢雇工人为家长首及相告言者，皆与罪人自首，同得免罪。卑幼告言尊长，尊长依自首律免罪，卑幼依干犯名义律科断。〕若自首不实及不尽者，〔重情首作轻情，多赃首作少赃。〕以不实不尽之罪罪之；〔自首赃数不尽者，止计不尽之数科之。〕至死者，听减一等。其知人欲告及逃〔如逃避山泽之类〕、叛〔是叛去本国之类〕而自首者，减罪二等坐之。其逃叛者虽不自首，能还归本所者，减罪二等。

其损伤于人，〔因犯杀伤于人而自首者，得免所因之罪，仍从本杀伤法。本过失者，听从本法。损伤〕于物不可赔偿，〔谓如弃毁印信、官文书、应禁兵器及禁书之类。私家既不合有，是不可偿之物，不准首。若本物见在，首者，听同首法免罪。〕事发在逃，〔已被囚禁越狱在逃者，虽不得首所犯之罪，但既出首，得减逃走之罪二等，正罪不减。若逃在未经到官之先者，本无加罪，仍得减本罪二等。〕若私越度关及奸者，并不在自首之律。

若强、窃盗，诈欺取人财物，而于事主处首服，及受人枉法、不枉法赃，悔过回付还主者，与经官司自首同，皆得免罪。若知人欲告，而于财主处首还者，亦得减罪二等。其强、窃盗若能捕获同伴解官者，亦得免罪，又依常人一体给赏。〔强、窃盗自首免罪后再犯者，不准首。〕

（此仍明律，其小注系顺治三年添入，乾隆五年又增注“事在未经到官之先脱逃者，律无加等之例”等语。顺治律为 024 条。）

条例 025.01：在监重囚

在监重囚，有因变逸出，旋即投归者，除不准自首之犯，仍照原拟治罪外，余俱免死，杖一百发落。其自行越狱，及看守通同贿纵者，虽投归不在此例。

（乾隆五年遵照顺治十七年谕旨纂定则例。原奏云："查徐元善诈骗多金，情罪俱真，但于寇退之后，懔遵国法，自赴投监，较之远遁无踪，行拿始获者，情有可矜，应请减死一等。系衙役，流徙上阳堡"。嘉庆六年改定为条例 025.02。）

条例 025.02：在监斩绞重囚及遣军流徒人犯

在监斩、绞重囚，及遣军流徒人犯，如有因变逸出，自行投归者，除谋反、叛逆之犯仍照原拟治罪，不准自首外，余俱照原犯罪名各减一等发落。若被拿获者，仍照原犯罪名定拟。其自行越狱，及看守通同贿纵者，虽自行投首，仍照各本律例问拟。

（此条嘉庆六年奏明：剿办教匪以来，外省监犯，往往因变逸出自行投回，均奉旨减等发落，并不依原例办理，且越狱之犯，投归者自应分别减等，拿获者仍当治以原罪，因将条例 025.01 改定。）

薛允升按：此条专言谋反、叛逆之犯不准自首，其余俱未议及，以俱在准减之列矣。惟强盗及蔑伦重犯并一应凌迟立决之犯，均属情罪重大，若一概减等，似嫌轻纵，应仍分别原犯情节轻重，如应立决者，改为监候，应情实者，酌入缓决。应缓决者方准减等。其谋逆及凌迟人犯，仍不准自首。记参。末段与下越狱分别投首一条参看。

条例 025.03：被掳从贼

被掳从贼，不忘故土，乘间来归者，俱著免罪。

（此条系乾隆五年遵照顺治十八年谕旨纂定。）

薛允升按：俱著免罪，上谕内语也，似应改为俱免其罪。与谋叛门内一条参看。律云："叛而自首者，减罪二等坐之。"此直免其罪，特因被掳而原之耳。

条例 025.04：凡遇强盗系亲属首告到官

凡遇强盗，系亲属首告到官，审其聚众不及十人，及止劫一次者，依律免罪减等，拟断发落。若聚众至十人，及行劫累次者，系大功以上亲属首告，发附近；小功以下亲属首告，发边卫；各充军。其亲属本身被劫，因而告诉到官者，依亲属相盗律科罪，不在此例。

（此条系明嘉靖二十七年定例，顺治例 024.01。乾隆三十二年改定为条例025.05。）

薛允升按：刑部题，员外郎孙续题称，审得斩罪犯人田昂、王福縻、彭大策、刘承二，行强劫财，情固可恶，但招由原未犯有杀人放火奸污妇女重情，查卷俱系亲属告言，方才事发。揆之于律，田昂、王福縻，俱大功以上亲首告，应同自首免罪。彭大策、刘承二，俱小功以下亲告发，应得通减从徒。其徒罪又遇赦，皆得释放。但思各犯首发出于亲属悔悟，非由自心，合无随其首告亲属服制，量发边卫或附近充军，终身遇赦不得原宥等因。本部会同都察院、大理寺议照强盗所犯，其情本轻，又经亲属首告，而犹从本律，则法得容隐之条，几至虚废。若情深罪重，悔悟又非本心，而准同自首发遣，则稔恶恣肆之徒，无以示惩。及查田昂等四名虽俱累次行劫，得赃甚多，但田昂、王福廪，系大功以上亲，彭大策、刘承二，系缌麻以下亲各首发，而概拟附近充军，于律亦属未当。合将田、王发附近，彭、刘发边远，各充军，遇赦不得原宥。仍行内外问刑衙门，今后凡遇强盗事情，除亲属首发者，审其聚众不及十人，得赃仅至满贯及止行劫一次者，径依本等服制免罪减等，拟断发落。其余十人及行劫累次，情稍重者，依强盗本律科断。仍将亲属首发缘由，比照田昂等，分别等第，奏请发遣。如有杀人、放火、奸污妇女等情及亲属本身被劫，因而告词到官，照常拟罪。监候详决，不必奏请。

条例 025.05：凡遇强盗系律得容隐之亲属

凡遇强盗，系律得容隐之亲属，首告到官，同自首法照例拟断。其亲属本身被劫，因而告诉到官者，依亲属相盗律科罪，不在此例。

（乾隆三十二年查：强盗自首，并无分别聚众多寡之例，至行劫次数，及伤人、未伤人，情节轻重，各有专例，因将条例 025.04 改定。）

薛允升按：此条系因强盗情罪重大，故分别情节轻重以为等差，并不全免其罪也。专为亲属首告而设原例，依律免罪、减等拟断，谓大功以上亲首告，则免罪。小功以下亲首告，则减三等拟断也。后改为照例拟断，似系照乾隆三十二年纂定，强盗及伙盗自首，分别行劫次数及是否伤人例文办理〔一伙盗除行劫一次者，于事未发之先，自行出首，仍照律免罪外，如行劫二次以上，事未发而自首，照未伤人之盗首，事未发自首例，发边卫充军〕，不特与原定此条例意迥不相符，亦并无大功以上及小功以下之分矣。例末数语，即亲属相盗律后之注语也〔被盗之家亲属告发，并论如律，不在名例得相容隐之列〕。盖谓仍照亲属相盗科罪也。与彼条并干名犯义律参看。强盗自首均载在此门，后俱移入强盗门内，而此条仍在此门，亦不画一。

条例 025.06：窃盗自首不实不尽

窃盗自首不实不尽，及知人欲告而于财主处首还，律该减等拟罪者，俱免刺。

（此条系明代问刑条例，顺治例 014.02。）

薛允升按：《辑注》云："窃盗之罪虽不得全免，而窃盗之情已经首出，故俱免刺，此补律之未备也。"监守常人盗及抢夺畏罪自首，俱免刺，见起除刺字。彼条系免刺通例，此则专指此二事言之也。

条例 025.07：偷采人参

偷采人参，率领头目及财主，闻拿投部者，不准首，仍拟绞监候。若事未发而自首者，照犯罪自首律发落。自首不实不尽者，亦照律治罪。

（此条雍正三年定。乾隆五年奏明：伤人强盗罪应斩决，尚无事发不准首之例，今偷采人参等犯，罪止拟绞，不应闻拿不准偷首，因此删去此条。）

条例 025.08：凡强盗自行投首

凡强盗自行投首，伊主仍照例治罪。

（此条雍正三年定。乾隆五年奏明：盗犯尚准自首，而伊主反不得免罪，似未允协。因此删去此条。）

条例 025.09：凡强盗行劫数家（1）

凡强盗行劫数家，而止首一家者，发黑龙江给新满洲披甲之人为奴。

（此条雍正三年定。）

条例 025.10：凡强盗行劫数家（2）

凡强盗行劫数家，而止首一家者，除所劫数家内，有系盗首及杀死人命，奸人妻女，烧人房屋等项，例不准自首者，仍分别定拟外，如俱系例准自首之罪，将本犯免死。发黑龙江给新满洲披甲之人为奴者，照徒流迁徙地方之例问发。

（此条乾隆五年在条例 025.09 基础上改定。乾隆五十三年删去。）

条例 025.11：强盗殴伤事主

强盗殴伤事主，伤非金刃，而所伤又轻，旋经平复者，系伙盗仍准自首，发边卫充军。若事主伤重，虽幸未死，其伤人之伙盗，仍拟正法。

（此条雍正三年定。乾隆五年并入"自首强盗"条内，移附强盗律后，因此将此条删除。）

条例 025.12：强盗为首并窝线

强盗为首并窝线，于未经官之先，自行陈首，请旨酌其情节，量从宽减。若跟随为盗，并未伤人之犯，自行出首，将伊应得之罪，悉行宽免。

（此条雍正六年定。乾隆三十二年，删去"盗首窝线"，将"跟随为盗"以下辑为专条，移归强盗例内。）

条例 025.13：不论强窃盗犯

不论强窃盗犯，有捕役带同投首者，除本犯不准宽减外，仍将捕役严行审究。傥有教令及贿求，故捏情弊，将捕役照受财故纵律治罪。

（此条雍正七年，刑部议覆湖南巡抚马会伯条奏定例。原例"照知人犯罪事发藏匿在家律治罪"，乾隆五年，改为照受财故纵律治罪。）

薛允升按：不准宽减，是仍治以应得之罪矣。原奏云"盗犯自首，律得减罪者，因该犯悔过，予以自新之路也。若准捕役带同投首，其中不无教令供词等弊"云云，是以定有此例，所以防贿纵也。现在强盗自首条例较律加严，虽捕役教令投首，情节重者，仍应拟以死罪，无虞纵宽。此条似可删除。本犯无自首之心，因听旁人教令，始行投首，未闻将旁人治以重罪，因系捕投教令，特定此例，究嫌过重，亦与律意不符。

条例 025.14：强盗同居之父兄伯叔与弟

强盗同居之父、兄、伯、叔与弟，明知为匪，或分受赃物者，许其据实出首，均准免罪，本犯亦得照律减免发落。

（此条雍正七年定。）

薛允升按：照律减免发落，似系照前依律免罪减等，第前条例文已经删改，此例即属无据，罪名亦迥不相同。减，谓减三等。免，谓免罪也。除前条外，再无减免之例。得兼容隐之亲属代首，及彼此互相告言，律与自首同。虽强盗亦可免罪。现在强盗自首之例，较律加严，并不全免其罪，此云许其据实出首，均准免罪，与律不符，与别条亦不无参差。且例止言弟而不及别项，卑幼有犯殊难援引。与强盗门内知情分赃及窝主门内各条参看。

条例 025.15：积惯屡次行劫盗犯之妻子

积惯屡次行劫盗犯之妻、子，并同居之父、兄、伯、叔与弟，如果据实出首，准其免罪，将盗犯减等发落。如不行出首，一经发觉，俱照窝藏强盗坐家分赃律，发边卫充军。如盗犯有妻无子者，将伊妻照入监探视例枷号，不准收赎。

（此条雍正七年定。乾隆五年删。）

条例 025.16：一人越狱半年内自行投首者

一人越狱，半年内自行投首者，仍照原拟罪名完结。〔按：此层免其越狱之罪也。〕如同伙越狱多人，有一人于限内投首，供出同伙，于半年内尽行拿获者，将自行投首之犯，照原罪减一等发落。〔按：此免其越狱之罪，又于原犯罪上减一等也。〕倘供出之同伙内，尚有一二人未获者，亦仍照原拟罪名完结。如系有服亲属拿首者，亦照本犯自首之例，分别完结。

（此条雍正七年定，原载"狱囚脱监反狱在逃"律内，乾隆五十三年移入此门。）

薛允升按：自首系属通例，而越狱乃系专门，若自首均归此门，强盗自首何以又改入彼门耶。投回之犯，免其逃罪可矣，若因供出同伙，即予减等，似嫌太宽。听从越狱之犯限内投首，供出首伙各犯，尽行拿获，减等发落，与强盗供出首盗逃匿所在一条相合。若起意纠伙越狱之犯投回，供出同伙，亦准减等。系死罪人犯，不但免其立决，且得减流，军流以下人犯，不但免死，兼可减等，被纠者仍行加等，情法未见平允，且与犯罪共逃之律不相符合。或云私度越关律不准首，而越狱犯准首，殊觉参差。不知越狱本有原犯罪名，若脱逃未获，并原犯罪名亦幸免矣。故度越不准首，而越狱仍准首也。然以半年为限，未知本于何例。若限外投首，自系仍照越狱办理矣。犯别项罪名，并无投首限期，又何说耶。越狱罪名，向系照律办理〔流徒加二等，死罪依常律〕。乾隆五十三年始行加重〔斩绞改立决，军流徒改绞候〕。此例系雍正七年纂定，仍系尔时办法，罪名尚无大出入。后越狱之例已改，限内外投回，不特死罪人犯，有立决、监候之分，即军流徒犯，亦有生死之别矣。纂此例时，不知后改彼例，而修彼例时，亦未兼顾此例，遂不免有参差之处。凡例皆是，不独此一条也。监犯越狱，管狱官于四个月限内拿获者，革职，免其拿问。此处以半年为限，似嫌参差。且各犯均未明立限期，而越狱之犯，以半年为限，亦嫌参差。与上因变逸出一条参看。

条例 025.17：八旗各省犯罪人内

八旗各省犯罪人内，除拟斩、绞人犯外，如果有家产，情愿往种地处所，自备资斧效力者，各该处保送刑部，刑部将犯罪缘由分析明白，具奏请旨，俟派出时，量伊等所犯之罪，如何交粮赎罪之处，另行议奏。

（此条系雍正十年因出兵而设，乾隆五年删。）

条例 025.18：小功缌麻亲首告

小功、缌麻亲首告，得减罪三等；无服之亲减一等。其谋反、叛逆未行，如亲属首告，或捕送到官者，正犯俱同自首律免罪。若已行者，正犯不免，其余缘坐人，亦同自首律免罪。

（此条系律内小注，乾隆五年另纂为例。）

薛允升按：反逆一段见贼盗谋反律，与彼重复。亲属律得容隐，而小功以下有犯，减凡人三等，无服之亲减一等。此例即照彼律纂定，但小功、缌麻亦有不同。如小功堂侄及缌麻侄孙二项，服虽疏而情最亲，有犯殴杀，律与大功弟妹同拟流罪，首告不得全免，似嫌参差。无服之亲亦准代首，尤与古法不合。《唐律》："代首及亲属为首下有其闻首告被追不赴者，不得原罪"，〔谓止坐不赴者身云云〕最为详明。《明律》删去此层，不知何意。假如犯法之人，其亲属代为首告，而己身脱逃、能免罪否耶。或应减二等、三等者，又将如何科断。其正赃又将向何人追征耶。

条例 025.19：由死罪减为发遣盗犯

由死罪减为发遣盗犯，在配及中途脱逃被获，例应即行正法者，如有畏罪投回，并该犯之父兄赴官禀首拿获，俱准其从宽免死，仍发原配地方。若准免一次之后，复敢脱逃，虽自行投回，及父兄再为首告，亦不准宽免。

（此条乾隆三十七年，山东巡抚徐绩审奏积匪猾贼军犯李作良在配逃回原籍，径伊父李海赴县首禀一案，奉上谕纂为定例。原例首句但言"发遣军犯"，查寻常军犯脱逃，例系加等调发，妻新疆遣犯，亦于嘉庆四年奏明，不在正法之例，惟盗犯由死罪减发黑龙江等处者，脱逃被获，始应正法。嘉庆六年，因此将首句改正。嘉庆十六年，于"发遣盗犯"下，增"并用药迷窃案内发遣人犯"句。）

薛允升按：自首及亲属代首律内俱有明文，有犯均可援引。此特为脱逃即应正法人犯而设。用药迷窃一层，亦因强盗门内载明脱逃正法故也。其实此等人犯并不在正法之列。说见彼门，应参看。

条例 025.20：闻拿投首之犯

闻拿投首之犯，除律不准首，及强盗自首例有正条外，其余一切罪犯，俱于本罪上减一等科断。

（此条乾隆三十八年，刑部议覆江苏按察使胡季堂奏准定例。）

薛允升按：事未发而自首，律得免罪。知人欲告而自首，律得减罪二等，本有分别，此又立有减一等之条，较知人欲告又加严矣。《唐律》："知人欲告而自首者，减罪二等坐之。"《疏议》谓："犯罪之徒，知人欲告，及案问欲举，而自首陈，各得减二等。"是闻拿自首，亦得减二等也，又何减一等之有。

条例 025.21：凡诱拐不知情妇人子女首从各犯

凡诱拐不知情妇人子女首从各犯，除自为妻妾，或典卖与人，已被奸污者，不准自首外，其甫经诱拐，尚未奸污，亦未典卖与人，即经悔过自首，被诱之人，实时给亲完聚者，将自首之犯，照例减二等发落。若将被诱之人，典卖与人，现无下落，诱拐之犯自首者，仍各按例拟罪监禁，自投首到官之日起，三年限满，被诱之人仍无下落，或限内虽经查获，已被奸污者，即将原拟绞候之犯，入于秋审办理；原拟流罪之犯，即行定地发配。倘能限内查获，未被奸污，给亲完聚者，各于原犯罪名上减一等发落。

（此条嘉庆二十五年，刑部奏准定例。）

薛允升按：此系专指一事而言，不准首一层，减二等一层，减一等一层。道光十九年又有奏准章程，与此参看。诱拐之案，律以卖为妻妾子孙者情罪为轻，卖为奴婢者情罪较重，例则不论良人，奴婢俱拟绞候，已与律文不符，此例又分别已未奸污，尤觉未尽允协。盖拐卖人口，意止在于得财，其致被奸污，究与身自犯奸不同，似不必因此加重。若谓损人名节，彼诱拐良人卖为奴婢，何尝非损人名节之事，并不闻加重办理，而独严于此层，其义安在。

条例 025.22：鸦片烟案内人犯

鸦片烟案内人犯，如有事未发而自首，及闻拿投首者，各照律例分别免罪减等。首后复犯，加一等治罪，不准再首。

（此条道光十九年，大学士、军机大臣会同各衙门及刑部议准定例。）

薛允升按：此系亦系专指一事而言，似可删除。

条例 025.023：凡自首强盗

凡自首强盗，除杀死人命，奸人妻女，烧人房屋，罪犯深重，不准自首外，其余虽曾伤人，随即平复不死者，亦姑准自首，照凶徒执持凶器伤人事例，问拟边卫充军。其放火烧人空房及田场积聚之物者，依律充徒。若计所烧之物重罪者，亦止照于火延烧事例，俱发边卫充军。

（此条为明代问刑条例，顺治例 024.03，康熙《见行则例》改动，雍正三年定例废除。）

事例 025.01：顺治四年定

凡曾经为盗之人，无论犯罪轻重，有能赴所在官司，或径赴兵部，将正贼姓名，及居住地方，详细陈首者，除本身免罪外，仍将贼赃酌议给赏。如胁从多人，同心归正，首告贼渠者，罪止贼渠，来首人悉免究治，仍以贼渠赃物分赏。

事例 025.02：顺治十七年谕

据奏：徐元善寇乱纵出，贼去遵法投监，情有可矜，著免流徒，杖一百发落。以后重囚，有这等因变逸出投归者，俱免死照此发落，永著为例。其自行越狱，及看守通同贿纵者，不在此例。

事例 025.03：顺治十八年谕刑部

近览尔部章奏，徐胜等一案，因其被掳下海，旋经投归，仍按律治罪。但念此辈先虽从贼，乃能不忘故土，乘间来归，徐胜等已有旨免罪。以后凡有这等投诚者，俱著免罪。

事例 025.04：顺治十八年题准

凡山林有名大盗，率众投首来归者，本犯免罪，其余贼犯免死。系旗下人，鞭一百；系民，责四十板。

事例 025.05：康熙十年覆准

凡强盗首后再犯又首者，照律不准自首，治以强盗之罪。

事例 025.06：康熙二十三年议准

强盗杀人，除下手主谋者不准自首外，若未曾下手杀人自首者，将本犯监候，俟拿获同伙之人，审明果无下手主谋情由，准免死，发遣边卫充军。

事例 025.07：康熙二十八年题准

凡事发后查拿时自首之强盗内，如有伤人不死者，照律拟戍。如不曾杀人者，照知人欲告而自首减二等律拟徒。

事例 025.08：康熙三十年覆准

强盗未经放火，及奸污妇女，则与不曾伤人之盗无异，如未发投首，照事未发自首免罪；事已发投首，照知人欲告自首减二等杖徒。

事例 025.09：康熙四十四年覆准

凡自首强盗行劫数家而止首出一案者，俱免死，发黑龙江给予满洲披甲人为奴。

事例 025.10：雍正三年议准

嗣后如窃盗已经改过，被伙盗仍行挟制，令其入伙行窃，不愿同行，将挟制情由即行自首者，免其前罪。若伙贼自行偷窃，事发之日，诬扳挟制不从之人为同伙者，将诬扳之人，照诬告律，加一等治罪。如被逼已经入伙行窃，从之恐罹法网，不从又虑扳害，将强逼之人杀死，而未经出首者，事发之日，该地方官查明，果系同伙犯窃，有案可据，并有挟制实情者，将杀人之人，照例免死减等，杖一百、流三千里。如将强逼之人杀死之后，即能自首者，照知人欲告而自首者减二等，杖一百、徒三年。各追埋葬银两。以上减流减徒之犯，发配之后，盗心复萌，又行偷窃者，查明原案所犯之罪治之。若有别故杀人，牵引窃案投首者，仍照杀人律定拟。其强盗案内，若本系良民，被积盗挟制入伙，虽同行并未得赃，将挟制之人杀死，随行自首者，应比照罪人本犯应死之罪而擅杀律，杖一百。若被挟入伙，虽同行并未得赃，将挟制之人杀死，未经出首者，止照强盗已行而不得财律，杖一百、流三千里，不得更拟杀人之罪。至强窃盗案内，将同伙之人谋死灭口，或夺分赃物因而致死者，仍照律定拟，不得滥行减等。傥承审官不行审出实情，滥行开脱，以致凶犯漏网者，将承审官照故出入人罪例议处。

事例 025.11：雍正四年议准

嗣后凡属员有以财行求上司保送题升，并大计、军政、卓异、荐举者，如受财之上司，果于事后据实尽首者，免其治罪，并免追赃，止治以财行求并说事过钱人之罪。如以财行求之属员，有于事后据实首出者，免其治罪，于受财之上司照原赃加倍追给，止治受财及说事过钱人之罪。若说事过钱人据实首明者，免其追赃治罪，仍将与受之赃追出，赏给一半，止治与受人之罪。至有赃多首少者，仍照律以不实不尽科之。其有赃少首多者，以讹诈律治罪。傥有怙恶不悛，仍复匿不首明者，一经发觉，计赃照律加倍治罪。

事例 025.12：乾隆三十七年谕

据徐绩奏，军犯李作良自配逃回利津原籍，经该犯之父李海赴县首禀，例应如罪人自首免罪，但该犯屡犯窃案，在配又不能安分，殊属玩法，仍拟斩决等语。此等军犯逃回原籍，自属怙恶不悛之徒，本无足惜，但经伊父首禀，于律既有如罪人自首之条，自可量从末减。李作良著从宽免死，仍发原配地方。嗣后有似此者，俱照此例行。但因首告而贷死，已属法外之仁，止可一次。若到配后仍不知惩艾，复敢脱逃，虽有父兄等再为首告，亦不准其宽减，于情法更为允协。著为令。

事例 025.13：嘉庆二年奉旨

四川总督奏：贼匪攻犯东乡县时，斩犯符曰学等三名，及绞犯杨思进，逃出监禁，自行投回，可否量与末减。奉旨：符曰学等既无从逆情事，又不藉此远扬，尚属畏法，自应加恩减等发落。

事例 025.14：嘉庆三年奉旨

湖北巡抚题：绞犯胡荣富因教匪窜扰郧西，将监犯逼协裹逃，该犯乘空逃出大营投首。奉旨：胡荣富尚知畏法，自应量予减等。

事例 025.15：嘉庆三年谕

息县逆匪劫出监犯孙仁、周秉义二名，除孙仁业经砍毙外，周秉义一犯，即著一面正法。其余监犯胡仁荣等十二名，不肯从贼，尚知守法，著分别减等发落。

成案 025.01：家仆勾盗劫主不准自首〔康熙十七年〕

刑部等议江抚慕天颜疏：行劫史岱家已正法盗犯王文英等一案。查王文英之首与李谦吉、蔡恂等父兄之首，虽事已觉露，尚未经官司追捕之前，今法司以王文英为史岱之仆，领众盗进家，将主母用火烧灸，并李谦吉、蔡恂，俱不准自首。惟从前许北修等案投首，俱邀宽典，不得不剖析陈明等因。查王文英虽曾向伊主首出为盗情由，然原招内王文英乃史岱家仆，从内开门领盗进家，将主母用火烧灸，及后知拿获一家人蒋三，无奈始行出首，其李谦吉、蔡恂，虽云伊父兄李坤、蔡加桢十五日曾向失主说过，十六日往县代首，然原招内十七日，县官闭城门围拿，逃避塔山，十八日被捕快拿来之语甚明，其许壮修等因将伊亲属拿禁，遂尔自首。叶伏闻子发因地邻报官，惧罪抱赃自首等语，是王文英以家仆勾盗行劫主家，烧伤主母之情罪与许壮修等平常为盗之情罪不侔，而李谦吉、蔡恂之被捕快拿来者，显然伊父兄之代首者难凭，故臣等议将王文英等不准自首具题完结，所有承问各官，并该抚交与部议。查该抚曾有应否减等听候部议之请，应免交部。

成案 025.02：湖广司〔嘉庆二十二年〕

北抚奏：吴士齐等聚众谋杀刘廷扬等十三命，内卢添华等三人系属一家。查案内同谋取加功之罗扬才，闻拿投首，该抚以该犯有畏罪之心，应于杀一家三人、为从加功、斩决律上量减，拟以斩候具奏。经本部查罗扬才听从同谋加功，惨杀多命，未便因其闻拿投首，遽予量减，应仍依杀一家非死罪三人、为从加功律，斩决。姚坤等各持木棍，在场助势，未便仅照不加功律拟流，应从重发新疆为奴。

成案 025.03：云南司〔嘉庆二十二年〕

云抚题：李发枝听纠共殴李正身死，尸妻李李氏贪贿私和，例应杖流。嗣李发枝等烧毁尸棺，该氏始行呈首，第该氏呈首系在牌甲访查禀报之后，未便照自首免罪，将李李氏比照知人欲告而自首、减罪二等律，于满流上减二等，杖九十徒二年半，系妇人收赎。

成案 025.04：广东司〔嘉庆二十三年〕

广抚题：陈亚受听从行劫，入室搜赃，罪应斩决，与盗首厥罪惟均，陈亚受闻拿投首，应比照未伤人之首盗、闻拿投首例，发云贵两广极边烟瘴充军。

成案 025.05：陕西司〔嘉庆二十三年〕

陕督题：军犯张恂在配行窃，因被事主陈九柱子瞥见，扭住所窃衣衫喊骂，该犯情急图脱，拾石拒殴，致伤事主陈九柱子身死，携赃而逸，实属临时拒捕，依例应拟斩决，惟该犯于尸亲未经告发以前，自行投首，免其所因行窃之罪，科以杀人本法，仍照斗杀律，拟绞监候。

成案 025.06：浙江司〔嘉庆二十四年〕

浙抚咨：蔡汝增诬控蔡性善等抢夺洋钱五百四十圆，旋即悔惧，具结呈明，将蔡汝增比照犯罪知人欲告而自首者、减罪二等例，于诬告人死罪未决、杖流加徒罪上，减二等，杖一百、徒三年。

成案 025.07：山东司〔嘉庆二十四年〕

东抚咨：田四大刀等听从秦三孟抢夺周氏，尚未嫁卖，旋即首还，除秦三孟，前经本部改照未伤人首盗、闻拿投首例，发极边烟瘴充军外，田四大刀合依聚众伙谋、取抢夺路行妇女已成、为从绞监罪上，比照强盗人财物、知人欲告、财主处首还、减罪二等律，杖一百、徒三年。

成案 025.08：浙江司〔嘉庆二十五年〕

浙抚咨：外结赌博内张方氏，因夫张允然赌博输钱争吵，被夫嗔斥，气忿自尽。张允然于伊妻自缢后始行呈明，与自首不同，应照知人欲告而自首者、减罪二等律，于赌博本罪上减二等，枷号五十日，杖八十。

成案 025.09：广东司〔道光七年〕

广抚题：朱敬善等共殴致伤黄松柏身死案内之朱姜志，用刀划伤黄松柏，经地保叶允安拉究，复用刀将其拒伤，嗣据闻拿投首，将该犯依刃伤人，加拘捕罪二等，拟杖一百、徒三年，声明损伤于人，律不准首。本部依拒伤人加二等之处，不在不准首之例，将朱姜志改依闻拿投首、于本罪上减一等例，于刃伤人加拘捕罪二等、杖一百、徒三年罪上，减一等，杖九十、徒两年半。

成案 025.10：陕西司〔道光九年〕

乌鲁木齐都统奏：济木萨县丞衙役戴作保等，奉票访查失马，向户民盛大训诈赃，致令自戕身死。查吴尚文于事发逃逸，系在未经到官之先，按例不加逃罪，迨后闻拿投首，例应于徒二年半本罪上，减一等问拟。今该都统仍将该犯吴尚文于唐伏满徒罪上减一等，拟杖九十、徒二年半，系属错误，自应依例更正。吴尚文闻拿投首，应于杖九十、徒二年半本罪上，减一等，拟杖八十、徒二年。

成案 025.11：河南司〔道光十年〕

河抚咨：外结案内汤阴县徒犯蔡允辉，听从赵和纠抢杨唐氏，尚未奸污。查赵和与杨唐氏本有戚谊，因媒妁未允，起意抢夺，并未奸污，即行其父赵殿沅于未经事发之前，将唐氏送回，律同自首法，惟查律例并无作何治罪明文。核与诱拐不知情妇女悔过自首者，情节相同，赵和应比照诱拐不知情妇人子女，甫经合诱，尚未奸污，即行悔过自首，被诱之人给亲完聚者，将自首之犯照例减二等，于聚众伙谋素有瓜葛之家，先经媒说未允，因而纠众强抢者，仍按抢夺强奸未成本例科断。强抢良家妻女、中途夺回、及尚未奸污者，照已被奸占律减一等，杖一百、流三千里本罪上，减二等，杖九十、徒二年半。蔡允辉、高玉琢，听纠帮抢，虽未一同自首，惟该犯等听纠抢夺唐氏与赵和为妻，无所贪图。惟系该犯各自允从，非人连累，究于强抢嫁卖希图分赃有间，况首犯赵和既已减等，则为从应酌减科断。蔡允辉、高玉琢，亦应于赵和徒二年半上，再减一等，杖八十、徒二年。

成案 025.12：广东司〔道光十二年〕

广抚题：陈亚祥因缌麻服叔陈亚邻，失去什物，心疑该犯所窃，向其查问，致向争闹。该犯陈亚祥殴伤陈亚邻身死，解审中途脱逃，于半年限内，经伊父陈四英探知踪迹，首告拿获。查律例内并无拟斩监候人犯解审中途脱逃，经有服亲属于半年限内，拿获投首，作何治罪明文。惟中途脱逃与在监越狱，其情相似，自应比照一人越狱、半年内如系有服亲属拿首者、照本犯自首、仍照原拟罪名完结例，将陈亚祥仍依殴本宗缌麻尊属死者斩律，拟斩监候，秋后处决。

成案 025.13：广西司〔道光十二年〕

广西抚奏：监犯许济川，系起意行劫，审拟斩决之犯，先经陈亚平邀令同逃不允，并向阻止，嗣陈亚平等扭断镣铐逸出笼外，该犯知觉，即行声喊，俾得登时全数擒获，核与自行投首之犯，供出越狱同伙，于半年内尽行拿获者，尤知守法，自应比例减拟，以示矜全。许济川应比照同伙越狱、一人投首、供出同伙、于半年内尽行拿获、将自行投首之犯照原罪减一等例，减发云贵两广极边烟瘴充军。

成案 025.14：河南司〔道光十三年〕

河抚咨：登封县流犯郝丙寅等，因瑶匪滋事，虑及受害，逃回投首。查流犯郝丙寅、王圪娃、王奉五，因配所瑶匪滋事，乘乱逃回投首，律例并无作何治罪明文。惟该犯等乘乱脱逃，旋回投首，与在监人犯因变逸出投归者，事无二致，自应比例问拟。郝丙寅、王圪娃、王奉五，应比照在监遣军流徒人犯如有因变逸出自行投归者、俱照原犯罪名各减一等例，各照原犯流罪上，减一等，杖一百、徒三年。

成案 025.15：河南司〔道光十三年〕

湖南抚咨：新田县在配军流人犯王白等，因变逸出，自行投首。查在配流犯王白、李三女、杜牛妮、军犯侯与长，实系因变随同地方官堵御，被贼冲散逸出，今已各自投归，自应比例问拟。王白、李三女、杜牛妮、侯与长，均应比照在监遣军流徒人犯、如有因变逸出、自行投归者、照原犯罪名各减一等发落例，杜牛妮应于原犯流罪上减一等。侯长与于原犯军罪上减一等，减为杖一百、徒三年。王白、李三女原犯流罪，业经减徒，应于满徒罪上，再减一等，各杖九十、徒两年半。

律 026：二罪俱发以重论〔例 6 条，事例 4 条，成案 3 案〕

凡二罪以上俱发，以重者论。罪各等者，从一科断。若一罪先发，已经论决，余罪后发，其轻若等，勿论。重者，更论之，通计前〔所论决之〕罪，以充后〔发之〕数。〔谓如二次犯窃盗，一次先发，计赃一十两，已杖七十，一次后发，计赃四十两，该杖一百，合贴杖三十。如有禄人，节次受人枉法赃四十两，内二十两先发，已杖六十、徒一年，二十两后发，合并取前赃通计四十两，更科全罪，徒三年。不枉法赃及坐赃，不通计全科。〕其应〔赃〕入官，〔物〕赔偿，〔盗〕刺字，〔官〕罢职，罪止者，〔罪虽勿论，或重科，或从一，仍〕各尽本法。〔谓一人犯数罪，如枉法、不枉法赃，合入官；毁伤器物，合赔偿；窃盗，合刺字；职官私罪杖一百以上，合罢职；无禄人不枉法赃一百二十两以上，罪止杖一百、流三千里之类，各尽本法拟断。〕

（此仍明律，其小注系顺治三年添入。又，原律小注"二十两后发"下，系"难同止累见发之赃"，而无"不枉法赃"数语。乾隆五年以"难同止累见发之赃"等字，语意未明，因将此注增删。顺治律为025条，条名为"二罪俱发以重轻"。）

薛允升按：此《唐律疏议》中语也，不解《唐律》，故以为语意未明。

条例 026.01：凡囚犯恩例通减二等者

凡囚犯恩例通减二等者，罪虽遇例减等，若律应仍尽本法，及例该充军为民立功调卫等项者，仍依律例一体拟断发遣。〔如盗窃、抢夺等项，仍须刺字；枉法、不枉法等，仍须入官，故云仍尽本法。〕

（此条系明代旧例，载在"五刑"律后。雍正三年删改为条例 026.02。）

条例 026.02：凡囚犯遇蒙恩例通减二等者

凡囚犯遇蒙恩例通减二等者，罪虽遇例减等，若律应仍尽本法者，仍依律例一体拟断。〔如枉法、不枉法等赃，仍须入官，故云仍尽本法。〕

（此条系雍正三年将条例 026.01 删改，并移附次律。乾隆五年，以通减二等之例已载，所称"仍尽本法"，已见律文，因此将此条删除。）

条例 026.03：凡人命案件

凡人命案件，按律不应拟抵，罪止军、流、徒人犯，〔如家长有服亲属，强奸奴仆、雇工人妻女未成，致令羞忿自尽，罪应拟军；向有人居止宅舍放弹射箭，因而致死，罪应拟流；和奸之案，奸妇因奸情败露，羞愧自尽，及窝弓不立望竿，因而致死，并擅杀奸盗罪人，罪应拟徒之类。〕除致死二命照律从一科断外，如至三命者，于应得军流徒本罪上各加一等；三命以上者，按照致死人数递加一等，罪止发遣黑龙江，不得加入于死。若致死三命以上，例有专条者，各照定例办理。〔如威逼人致死非一家至三命以上者，发近边充军之类。〕至过失杀人之案，仍照律收赎，杀至数命者，按死者名数，各追银十二两四钱二分，给各亲属收领，毋庸加等治罪。〔至此等案件，必须详细研鞫，若核其案情近于过失，而情节较重，或耳目所可及，思虑所可到，并非初无害人之意者，应仍照例分别定拟，不得滥引过失杀律收赎。〕

（此条嘉庆六年，刑部议准定例。嘉庆十七年，因调剂黑龙江遣犯，将"发遣黑龙江"，改为"发遣新疆酌发种地当差"。道光六年，新疆遣犯拥挤，改为"实发云、贵、两广极边烟瘴充军"。道光二十四年，仍改归新疆。）

薛允升按：此专指命案内律不应抵者而言。各条内惟家长有服亲属，强奸奴雇妻女未成，致令自尽一条，情节为重，且内有死系一命，按律亦应拟抵者，原例概拟充军已属含混，此例二命仍拟充军，三命以上以次加等，尤觉未协。而奴雇亦大有区别，设家长之功缌亲属，强奸雇工人妻女未成，致死三四命以上，并无死罪，殊与例意不符。谋殴致毙非一家三四命以上，原谋按照人数，以次加等，见斗殴及故杀人。调奸未成，和息后，本妇及其亲属自尽二命，发边远充军。秽语致本妇轻生，又致其夫自尽，拟绞入缓。均见威逼人致死，亦应参看。

条例 026.04：身犯二罪俱应斩决者

身犯二罪俱应斩决者，加拟枭示。

（此条嘉庆九年，刑部核覆江西巡抚秦承恩题，龙南县民缪细妹致伤小功堂兄缪三康身死，并缪细妹之母黄氏自缢身死一案。嘉庆十一年奉旨纂为例。嘉庆十六年增定为条例 026.05。）

条例 026.05：身犯两项罪名

身犯两项罪名，援引各律、各例俱应斩决者，加拟枭示。〔如一犯轮奸已成为首，一犯强盗入室搜赃，同时并发之类。〕若身犯二罪应拟斩决，系同一律例，并非两项罪名者，毋庸枭示。〔如强盗入室搜赃，又行劫已至数次，同时并发，仍拟斩决之类。〕

（此条嘉庆十六年，将条例 026.04 增定。）

薛允升按：不同律例者加枭，同一律例者毋庸枭示，虽义无所取，惟一概加重，究与律意不符，故于从严惩办之中，仍寓从一科断之意。

条例 026.06：凡两犯凌迟重罪者

凡两犯凌迟重罪者，于处决时加割刀数。

（此条系嘉庆十六年，刑部遵旨议准定例。）

薛允升按：此条似可无庸纂入。法至凌迟至矣尽矣，即或情罪重大，连坐其妻子，籍没其财产，已足蔽辜。此例于凌迟之外，又行加重，且明纂为例文，似可不必。

事例 026.01：雍正二年谕

嗣后具题案内官员人等，有一人于两案犯罪，而前案罪轻，先行题结，俟后案审明从重归者，至后案从重题结之日，仍将前案所拟轻罪叙入，然后就本案所犯重罪定拟。如前案已拟重罪，后案之罪轻于前案者，至后案题结之日，亦必将前案重罪声明，仍归前案定拟。如有数案犯罪者，亦必将各案所拟应得之罪，俱简明叙入最后题结本章内。

事例 026.02：雍正三年谕

嗣后枷责之犯，奉旨改为发遣者，律不重科，俱免其枷责之罪。若有情罪可恶，虽令发遣，仍应枷责者，临时请旨。

事例 026.03：嘉庆九年谕

此案缪细妹因殴小功服兄缪三康致死，律应斩决，又致母黄氏畏累自缢，例应照本犯罪名拟以立决。该犯身兼二罪，问拟斩决，已无可复加，但该犯止科殴死服兄之罪，已应斩决，又因逞忿累及所生，不可不量加严办以昭区别。缪细妹著即行处斩，仍于犯事地方枭示，俾乡愚触目咸知儆戒。嗣后有身犯二罪俱应斩决者，均加拟枭示。著刑部纂入律例，用示明刑弼教至意。

事例 026.04：嘉庆十一年谕

本日陕西巡抚董教增奏因奸谋死本夫及伊姑二命，奸夫、奸妇分别凌迟斩决一折，已批交该部知道矣。此案黄宋氏商同奸夫勒毙本夫，后因伊姑查问伊子下落，复商同将伊姑勒毙。似此凶淫之案，实属目不忍睹，可谓人心灭绝，全无伦理。该抚以黄宋氏蔑伦淫恶，二罪相等，从一科断，依因奸杀死亲夫者凌迟处死，自系照例办理。但该犯妇两犯凌迟处死之罪，因法无可加，仍照因奸杀死本夫之条定拟，尚觉情浮于法，著刑部悉心详拟。嗣后有似此两犯凌迟重罪者，于凌迟内酌定如何寸磔以示区别之处，具奏载入例册。其奸夫如有商同谋死本夫，复杀奸妇期亲以上尊长者，著立斩枭示。

成案 026.01：安徽司〔嘉庆二十三年〕

安抚题：张寿先与胞侄之妻赵氏通奸，迨赵氏悔过拒绝，该犯因续奸不遂，将赵氏故杀。该犯与侄媳通奸，已罪犯绞决，未便仅照故杀律拟以斩候，应请旨即行斩决。

成案 026.02：安徽司〔嘉庆二十三年〕

安抚题：牛志发与李杜氏通奸，经伊妻李氏撞破争闹，将李氏搕死，又恐杜氏夫李金万知觉奸情，与之不依，起意将其致死，乘间推跌李金万落水毙命，以致李杜氏悔恨自缢身死。将牛志发依奸夫起意、杀死亲夫例，拟斩立决，该犯因奸谋毙二命，复致自尽一命，情罪较重，应枭首示众。

成案 026.03：江苏司〔嘉庆二十三年〕

苏抚题：张瑞方与蒋春大之妻蒋庄氏通奸，本夫奸所获奸，非登时杀死奸妇，并幼女二命，复又自刎身死，将张瑞方比依本夫闻奸数日、杀死奸妇例，拟杖一百、徒三年。惟因奸致死三命，应依命案不应拟抵徒犯、致死三命以上、加一等例，于满徒罪上，加一等，杖一百、流三千里。

律 027：犯罪共逃〔成案 1 案〕

凡犯罪共逃亡，其轻罪囚能捕获重罪囚而首告，及轻重罪相等，但获一半以上，首告者，皆免其罪。〔以上指自犯者言，谓同犯罪事发，或各犯罪事发，而共逃者，若流罪囚能捕死罪囚，徒罪囚能捕流罪囚首告。又如五人共犯罪在逃，内一人能捕二人而首告之类，皆得免罪。若损伤人及奸者不免，仍依常法。〕其因〔他〕人〔罪犯〕连累致罪，而〔正犯〕罪人自死者，〔连累人〕听减本罪二等。〔以下指因人连累而言，谓因别人犯罪，连累以得罪者，如藏匿、引送、资给罪人，及保勘供证不实，或失觉察关防钤束，听使之类，其罪人非被刑杀而自死者，又听减罪二等。〕若罪人自首告〔得免〕及遇赦原免，或蒙特恩减罪、收赎者，〔连累人〕亦准罪人原免减等赎罪法。〔谓因罪人连累以得罪，若罪人在后自首告，或遇恩赦全免，或蒙特恩减一等、二等，或罚赎之类，被累人本罪亦各依法全免，减等收赎。〕

（此仍明律，顺治律为 026 条，其后小注"皆依罪人法全免、减等、收赎之法"，乾隆五年修改为"被累人本罪亦各依法全免，减等收赎"。）

成案 027.01：因人连累亦准罪人原免法〔康熙四十四年〕

刑部议偏沅耒阳县知县蔡毓柱亏空一案。据该抚疏称：蔡毓柱亏空仓谷丁忧，衡州知府江国祯盘查在二月，出结在四月，事在赦后，应听部议等语。查律凡因人连累致罪而正犯遇赦援免者，亦准罪人原免等语。今耒阳县知县蔡毓柱既经遇赦免罪，其知府江国祯亦照此律免议。

律 028：同僚犯公罪

凡同僚犯公罪者，〔谓同僚官吏联署文案，判断公事差错，而无私曲者，〕并以吏典为首，首领官减吏典一等，佐贰官减首领官一等，长官减佐贰官一等。〔官内如有缺员，亦依四等递减科罪。本衙门所设官吏无四等者，止准见设员数递减。〕若同僚官一人有私，自依故出入人罪〔私罪〕论，其余不知情者，止依失出入人罪〔公罪〕论。〔谓如同僚联署文案，官吏五人，若一人有私，自依故出入人罪论，其余四人虽联署文案，不知有私者，止依失出入人罪论，仍依四等递减科罪。〕

若〔下司〕申上司，〔事有差误，上司〕不觉失错准行者，各递减下司官吏罪二等。〔谓如县申州，州申府，府申布政司之类。〕若上司行下，〔事有差误，而〕所属依错施行者，各递减上司官吏罪三等。〔谓如布政司行府，府行州，州行县之类。〕亦各以吏典为首。〔首领、佐贰、长官，依上减之。〕

（此仍明律，其小注系顺治三年修改，顺治律为 027 条。）

律 029：公事失错

凡〔官吏〕公事失错，自觉举者，免罪；其同僚官吏〔同署文案，法〕应连坐者，一人自觉举，余人皆免罪。〔谓缘公事致罪而无私曲者，事若未发露，但同僚判

署文案官吏一人能检举改正者，彼此俱无罪责。〕

其断罪失错〔于人〕已行论决者，〔仍从失入人罪论，〕不用此律。〔谓死罪及笞杖已决讫，流罪已至配所，徒罪已应役，此等并为已行论决。官司虽自检举，皆不免罪，各依失入人罪律减三等，及官吏等级递减科之，故云不用此律。其失出人罪，虽已决放，若未发露，能自检举贴断者，皆得免其失错之罪。〕其官文书稽程，〔官〕应连坐者，一人自觉举，余人亦免罪。〔承行〕主典〔之吏〕不免。〔谓文案，小事，五日程；中事，十日程；大事，二十日程；此外不了，是名稽程。官人自检举者，并得全免。惟当该吏典不免。〕若主典自举者，并减二等。〔谓当该吏典自检举者，皆得减罪二等，官全免。〕

（此仍明律，其小注系顺治三年及乾隆五年修改增"官全免"3字。顺治律为028条。）

律030：共犯罪分首从〔例1条，事例2条〕

凡共犯罪者，以〔先〕造意〔一人〕为首，〔依律断拟。〕随从者，减一等。

若一家人共犯，止坐尊长。若尊长年八十以上及笃疾，归罪于共犯罪以次尊长。〔如无以次尊长，方坐卑幼。谓如尊长与卑幼共犯罪，不论造意，独坐尊长，卑幼无罪，以尊长有专制之义也。如尊长年八十以上及笃疾，于例不坐罪，即以共犯罪次长者当罪。又如妇人尊长与男夫卑幼同犯，虽妇人为首，仍独坐男夫。〕侵损于人者，以凡人首、从论。〔造意为首，随从为从。侵谓窃盗财物，损谓斗殴杀伤之类。如父子合家同犯，并依凡人首从之法，为其侵损于人，是以不独坐尊长。〕若共犯罪而首从本罪各别者，各依本律首从论。〔仍以一人坐以首罪，余人坐以从罪。谓如甲引他人共殴亲兄，甲依弟殴兄，杖九十、徒二年半，他人依凡人斗殴论，笞二十。又如卑幼引外人盗己家财物一十两，卑幼以私擅用财加二等，笞四十；外人依凡盗从论，杖六十之类。〕

若本条言皆者，罪无首从。不言皆者，依首从法。

其〔同〕犯擅入皇城宫殿等门，及〔同〕私越度关，若〔同〕避役在逃，及〔同〕犯奸者，〔律虽不言皆，〕亦无首从。〔谓各自身犯，是以亦无首从，皆以正犯科罪。〕

（此仍明律，其小注系顺治三年及乾隆五年修改。顺治律为029条。）

条例030.01：凡父兄子弟共犯奸盗杀伤等案

凡父兄子弟共犯奸盗杀伤等案，如子弟起意，父兄同行助势，除律应不分首从，及其父兄犯该斩、绞死罪者，仍按其所犯本罪定拟外，余俱视其本犯科条加一等治罪，概不得引用"为从"字样。

（此条乾隆四十年，刑部议覆江苏巡抚萨载审题，宿迁县民刘俊强抢良家之女奸占为妻案内，将刘俊之父刘殿臣照为从律定拟杖流。乾隆四十二年，遵旨定例。）

薛允升按：此正侵损于人之事，止言奸盗杀伤而未及别事，与盗贼门同居父兄伯叔一条参看。

事例 030.01：乾隆七年大学士等议奏

律设大法，轻重期协于至公，罪有殊科，彼此不容以私贷，是以梁吉跗乞代父命，武帝虽行宽贷，而未闻著于令甲。汉陈光于尹次当死，兄初请代，议欲活次。应劾驳之，谓杀无罪之初，活当死之次，此谓求生，非谓代死，议以按律拟狱，各从所犯断绝，不得开代罪之端，因私情而挠国宪也。若夫一家共犯罪坐尊长，盖尊长督率之责，父兄之教不先，则子弟之率不谨，是以定为罪首而卑幼免坐者，法统于所尊，罪不容以并论也。今据刑部奏称：徐天爵与伊子七十儿同造赌具，应照造意独坐尊长律，坐以发遣为奴。复据七十儿之呈，情愿代父受罪，请将七十儿发遣，徐天爵免罪等语。查此案情节，徐天爵之母年逾七十，仅有一子，闻其遣戍，昼夜悲啼。七十儿既不忍伤祖母之心，复不忍伊父独罹罪遣，吁请身代，伊父既得免于遣戍，而祖母复得资其奉养，情殊可原，且徐天爵所犯，并无侵损于人，似可准行。但查康熙五十一年镶蓝旗人乌尔衮，因伊父固尔哈缘事革职，照例枷责充发，有祖母年九十岁，别无侍养之人，叩阍请代充发，俟祖母身故，再议发遣。奉旨：固尔哈免其枷责，留养伊母，俟母故后，照例发遣，钦遵在案。是既准其留养以遂私情，仍又发遣以昭国宪。仰见圣祖仁皇帝仁至义尽，情法兼伸。今徐天爵此案，与乌尔衮情事相同，或将七十儿发遣，将徐天爵免罪，或将徐天爵暂停发遣，交与该旗，俟伊母故后送部发遣，应俟谕旨遵行。至该部所请，嗣后如有父子犯罪，按律应坐其父而子愿代者，酌其情罪轻重，果无侵损于人，将代罪情由奏明请旨等语。伏思一家同犯罪名，父兄按律科罪，子弟独脱然法外，稍有人心，必当怵然难安，况既无侵损于人，愿以身代父兄，犹知孝弟之义，应如所请办理。如子弟身本无罪，及有罪而侵损于人者，并不得援引为例，妄行渎请，则孝弟之情义伸，而国家之宪章亦肃。奉旨：依议。徐天爵著照固尔哈之例，暂停发遣。

事例 030.02：乾隆四十年奉旨

江苏巡抚审题宿迁县民刘俊强抢良家之女奸占为妻，将刘俊之父刘殿臣照为从律拟以杖流。奉旨：明刑所以弼教，岂有坐父兄为子弟从犯之理？此风化所系，谳狱者不可掉以轻心。夫父兄之教不先，已难辞不能约束之咎，今明知其子强暴横行，反亲往增势以成其恶，此即败类之尤，不可不示惩儆，而律以为从，则断不可。著刑部按本犯科条，分别定罪。

律031：犯罪事发在逃〔例12条，事例4条，成案7案〕

凡二人共犯罪，而有一人在逃，现获者称逃者为首，更无〔人〕证佐，则〔但据其所称〕决其从罪。后获逃者，称前获〔之人〕为首，鞫问是实，还〔将前人〕依首论，通计前〔决之〕罪，以充后〔问之〕数。

若犯罪事发而在逃者，众证明白，〔或系为首，或系为从，〕即同狱成，〔将来照提到官，止以原招决之，〕不须对问。〔仍加逃罪二等。逃在未经到官之先者，不坐。按，此加逃罪，本于《笺释》、《琐言》。〕

（此仍明律，其小注系顺治三年修改。乾隆五年，按事发在逃应否加罪之处，已于犯罪自首律下注明，则逃在未经到官之先，不应坐以逃罪之处，亦应叙明，因于律末增注。）

〔附录〕顺治律030：犯罪事发在逃

凡二人共犯罪，而有一人在逃，见获者称逃者为首，更无〔人〕证佐，则〔但据其所称〕决其从罪。后获逃者，称前获〔之人〕为首，鞫问是实，还〔将前人〕依首论，通计前〔决之〕罪，以充后〔问之〕数。

若犯罪事发而在逃者，众证明白，〔或系为首，或系为从，〕即同狱成，〔将来照提到官，止以原招决之，〕不须对问。〔仍加逃罪二等。〕

条例031.01：凡免死发遣奉天

凡免死发遣奉天、黑龙江、宁古塔、西安、荆州、杭州、成都等处人犯，照例于发遣处即行正法。其平常发遣人犯，逃走后有行凶为匪者，亦照例于发遣处即行正法。如无行凶为匪之事，于发遣处枷号两月、鞭一百，仍交与该管处，严行管束。若该处旗下家人私自逃走者，俱照例每月造册咨部，年底汇奏，刑部会同兵部核覆，将已获几名，未获几名，或并无脱逃，或脱逃后尽数全获，逐一分析具题，恭候钦定，赏罚施行。

（此条雍正五年定。乾隆五年改定为条例031.02。）

条例031.02：各处将军每年派官二员

各处将军，每年派官二员，骁骑校二员，带领领催兵丁专缉逃人。除明知故纵受贿卖放者，交部治罪外，其不实力缉拿者，另委能员追缉，仍将发遣人犯，并八旗家人私自逃走者，每月造册报部，每于岁底，数将已获几名，未获几名，或并无脱逃，或脱逃后尽数全获，及应行议处、议叙之处，逐一分析，汇行具奏，刑部会同兵部核覆具题，恭候钦定。

（此条乾隆五年将条例 031.01 改定。嘉庆六年，于"逐一分析"下，改"咨报军机处、兵、刑二部，均限于十二月初旬咨齐，以凭核覆具题，恭候钦定"。）

薛允升按：此条原例，上一段系指在配脱逃分别正法而言，下一段系指旗下家人逃走而言，与民人事发逃走之律无涉。后将上一段移改于徒流人逃门内，下一段则专指八旗言之矣。似应移于捕亡门内。徒流迁徙地方门载，发遣人犯，该将军等于每年十月截数，将该处一年内发到遣犯名数同节年间发到配遣犯现在共计若干名，并安插遣犯有无脱逃及已未拿获各数目，详细声叙咨报。军机处、刑部均限十二月初旬咨齐，照例汇奏，与此系属一事，不应分列两门。但彼条云照例汇奏，此条云以凭核覆具题。此条云兵、刑二部，彼条止云刑部，均属参差。每年派员带领领催，专缉逃人及八旗家人逃走，造册报部，均与督捕例文相类。然彼门所载属空言，此则更成具文矣。

条例 031.03：凡负罪潜逃之犯被获者

凡负罪潜逃之犯被获者，除笞、杖等罪仍照例遵行外，犯该徒一年者，加倍徒二年；徒一年半者，徒三年；徒二年者，流二千里；徒二年半者，流二千五百里；徒三年者，流三千里；流二千里、流二千五百里者，加等发边卫充军；流三千里及发边卫充军者，拟绞监候；该绞监候者，立绞；该斩监候者，立斩；其藏匿罪人者，照本犯原罪治罪，虽官员不准折赎。如窝藏之家出首，免其坐罪；本犯自行出首者，免其加罪，止照原犯之罪科断。倘系窝家与本犯朋比不行出首，除本犯及窝家照定例治罪外，将该管保长、甲长、地方，及知情紧邻，俱杖八十；该地方官稽查不力者，交部议处。如有属员藏匿罪人，该管上司不行纠参，亦交部议处。

（此条雍正五年定。乾隆五年，修改为条例 031.04。）

条例 031.04：凡该斩绞各犯

凡该斩绞各犯，事发到官，负罪潜逃被获，如原犯情罪重大，至秋审时无可宽缓者，改为立决。若原犯情罪尚有可原，仍照本罪拟为监候。其知情藏匿罪人者，照律治罪。知情之邻、保、甲长，俱杖八十；该地方官稽查不力者，交部议处。若有属员藏匿罪人，该管上司不行纠参者，亦交部议处。

（乾隆五年议准：加不至死，古今通例。今自徒罪以上俱行加倍，且加至立决者，乃一时特为加严之条，其斩、绞改为立决之处，已于雍正七年定例，秋审无可宽缓者，方改立决，至加倍字样，奉旨不许擅用。因将条例 031.03 改定。乾隆五十三年，修并入条例 031.06。）

条例 031.05：凡有关人命应拟斩绞各犯（1）

凡有关人命应拟斩、绞各犯，脱逃二、三年后就获，如谋杀、故杀及拒捕杀人等类情重之犯，幸稽显戮者，各依原犯科条，应监候者，俱改为立决；寻常命案，仍照本律本例拟以监候；其无关人命应拟死罪各犯，俱随案酌核情节，分别定拟。

（此条乾隆四十年，刑部议覆山东巡抚杨景素审题，刨坟人犯王学孔、敖子明逃后二三年被获，将王学孔等改拟立决一案，奉谕旨纂为例，并将应改立决条款进呈。乾隆五十三年，修并入条例031.06。）

条例031.06：凡有关人命应拟斩绞各犯（2）

凡有关人命应拟斩、绞各犯，脱逃二、三年后就获，如谋杀、故杀及拒捕杀人等类情重之犯，幸稽显戮者，各依原犯科条，应监候者，俱改为立决；寻常命案，仍照本律、本例拟以监候；其无关人命，应拟死罪各犯，俱随案酌核情节，分别定拟。其知情藏匿罪人者，照例治罪；知情之邻、保、甲长，俱杖八十。该地方官稽查不力者，交部议处。若有属员藏匿罪人，该管上司不行纠参者，亦交部议处。

斩监候改立决候款：

谋杀人造意者；

故杀人者；

犯罪拒捕杀人者；

兴贩私盐拒捕杀人者；军士殴本管官死者；

吏卒殴本部五、六品长官及佐贰官、首领官死者；所统属官殴长官死者；

军民人等殴死京在现任官者；

殴宗室觉罗死者〔按：此非例实之案。〕；

殴死内外缌麻尊长者〔按：此非例实之案。〕；

殴外姻小功尊长死者；

听从下手殴本宗大功、小功、兄姊、尊长，仅令殴打，辄迭殴多伤至死者〔按：此虽例实，向俱免勾。〕；

妻妾殴夫之期亲尊长死者；

妻妾殴夫之大功、小功尊长死者〔按：此二条非例实之案。〕；

奴婢殴家长缌麻、小功、大功亲死者；

雇工人殴家长期亲若外祖父、母及缌麻、小功大亲死者；

文武生员武断乡曲、欺压平民、其人不敢与争，旁人不敢劝阻，将人殴打死者；

与人斗殴后，迁怒于其父母，毒殴致毙者；

杀内外功服缌麻，及族中奴仆一家三人者；

尊长率领家人，打夺罪人，致家人杀人者；

官司差人追征钱粮，勾摄公事而殴死差人者〔按：此非例实之案。〕；

死囚令人自杀，子孙于祖父母、父母及奴婢、雇工人于家长，听从下手者；

图财害命，未得财杀人，为首者；

图财害命，不加功而得财者；

庸医因事故用药杀人者；

诬良为强、窃盗，拷打致死者；

诬窃为盗，拷打致毙者；

番役诬陷无辜，妄用脑箍及竹签、烙铁等刑，致毙人命者；

捕役受贿，将罪人致死，为首者；

狱卒受贿，谋死本犯，为首者；

私放囚人逃走，因而死人者；

诬告平民，拖累致死三人以上者；

诬告人斩罪，所诬之人已决者；

因奸、盗而威逼人致死者；

豪强凶恶之徒，因事威逼平民自尽一家三命以上者；

用威力强行绑去，及设方略诱往四川贩卖，将被拐之人伤害致死，为从者；

略卖良人，因而杀人者；

强夺良家妻女，已被奸污，妻女自尽者；

强奸既成，本妇羞忿自尽者；

强奸未遂，将本妇殴伤，越数日后，因伤身死者；

强奸既成，其夫与父母亲属羞忿自尽者；

强奸内外缌麻以上亲，及缌麻以上亲之妻、妻前夫之女、同母异父姊妹未成，本妇羞忿自尽者；

纵容妻妾与人通奸，因别情将奸夫、奸妇一齐杀死者；

坐粮厅及各仓书役人等，向关米之人勒索，因而打死人命者；

出哨兵弁，见船覆溺，阻挠不救，致淹毙人命，为首阻救之人〔照故杀斩候。按：此从前例文也，嘉庆年间改为见船覆溺，并未抢取货物，但阻挠不救，以致商民淹毙者为首。〕；

出哨兵弁，遇商船遭风覆溺，人尚未死，不速救护，止顾捞抢财物，以致商民淹毙，为从之兵丁，及在船将备，虽不同谋而分赃者；

黔、楚红苗仇忿抢夺杀人，聚众不及五十人为首，及聚众至百人杀人，为从下手者；

贵州地方有外来流棍勾通本地棍徒，将荒村居住民苗人户杀害人命，掳其妇人子女，计图贩卖，不论已卖、未卖，曾否出境案内，有迫胁同行，在场未经下手者；

发遣当差为奴之犯，杀死伊管主一家三人，并三人以上，其不知情之子孙；

嗣母、继母因奸将子女致死灭口，致令伊夫绝嗣者。

绞监候改立决条款：

诬告人绞罪，所诬之人已决者；

诬窃为盗，吓诈逼认，因而致死二命者；

捏造奸赃款迹，写揭字帖，及编造歌谣，挟仇污蔑，致被诬之人忿激自尽者；

狱卒以金刃及他物与囚，致囚杀人者；狱卒陵虐罪囚，克减衣粮因而致死者；

狱卒受贿，谋死本犯，为从加功者；

衙役恐吓索诈，致毙人命者；

捕役受人贿嘱，将罪人致死，从而加功者；

挟仇放火，因而杀人，及有焚压致死之为从，商谋下手燃火者；

斗殴连毙二命者；

好斗凶徒见人斗殴，辄约伙寻衅，将人父母殴毙，为从者；

因事逼迫期亲尊长致死者〔按：近夹亦有免勾之案。〕；

军民人等，因事逼迫本管官致死，为首者；

因事威逼平民自尽一家二命，及三命而非一家者；

嫡母因奸将子女致死灭口，致令伊夫绝嗣者；

喇嘛、和尚等，强奸致死人命，为从者；

兵民聚众十人以下兴贩私盐，拒捕杀人，为从下手者；

黔、楚红苗仇忿抢夺，聚众至五十人，杀人为从下手者。

以上各项人犯情罪较重。如事发在逃，二三年后被获，即改为立决。

（此条系乾隆五十三年，将条例031.04、031.05修并。嘉庆六年改定。）

薛允升按：此条例文，原非专为情重之犯久稽显戮者设，因屡次修改，遂为此等人犯专条矣。徒罪以上人犯，负罪潜逃，不加等，而死罪从严，似嫌未协，且与逃在未到官之先不坐一语，亦属互异。负罪潜逃之犯，原例斩绞徒流，均应加等治罪。改定之例，专言死罪，而未及徒流，亦属参差。犯罪事发在逃，律应加逃罪二等，至死者罪无可加，自应仍照本律问拟，以加罪原无死法也。此条原定例文，满流以上，即加入于绞，监候人犯又加拟立决，原属太重。乾隆五年修例时声明，加罪不至于死，将由军流加入绞候一层删去，而监候人犯仍加拟立决，已嫌参差。且流徒以下，非拘获到官脱逃，均不加等，与改定律例逃在未经到官之先者不坐一语相符。而死罪人犯并非在官脱逃，何以又行加等耶。律本重者而改从轻，律应轻者而又改从重，尤属未协。同一逃在到官以前之犯，情重命案则加以立决，其余仍科本罪，是情重者不准脱逃，而情轻及流徒以下均准其脱逃矣，何以为情法之平耶。可知律意原不如是也。事发在逃，按律虽应加等，而罪已至死，即属无可复加，此刑典中之定式也。朝廷明慎用刑，于罪囚之应死者犹曲为宽宥，屡蒙赦免，即应勾决者亦必详审再三，然后施刑。今以罪应监候之犯，无故改为立决，且至六十余款之多，殊非慎重刑章之意。如谓此辈身犯重罪，尚敢脱逃。久稽显戮，别项人犯亦久经脱逃，何独置之不论耶。知情藏匿，及甲长地邻等分别治罪之处，系统指徒流及死罪而言，后专言斩绞之犯，将军流以下删去。甲长等拟杖之处，则专指窝藏死罪人犯而言矣。其藏匿军流以下之甲长人等，如系知情，即无治罪之文，属员藏匿此等人犯，上司亦无纠参之责矣。例款所拟各项，均系尔时应入情实之犯，近来亦有核其情节，酌入缓决者，即与寻常命案无异。一经脱逃即改立决，似未允协。此外尚有情节较重者，因条款未载，仍照常办理，亦未平允。

条例 031.07：内外文武职官

内外文武职官，负罪逃窜，一经拿获，罪应斩决绞决者，毋庸另议外，其犯该监候者，俱改为立决；犯该军、流以下者，无论本罪轻重，一经脱逃被获，俱改为拟绞监候，秋审时，将原犯情罪声明具奏。

（此条乾隆二十八年，刑部核拟参革卫千总朱振清脱逃案内；乾隆三十年，台湾水师营委署把总李丹桂案内；遵旨议定为例。乾隆六十年，于"文武职官"上增"现任"二字。嘉庆六年修改。嘉庆十三年改定为条例 031.08。）

条例 031.08：内外现任文武职官

内外现任文武职官，除擅离职役，查明尚非实在脱逃者，仍照本律办理外，如负罪潜逃，一经拿获，罪应斩决、绞决者，毋庸另议。其犯该监候者，俱改为立决；犯该军、流以下者，无论本罪轻重，一经脱逃被获，俱改为拟绞监候，秋审时，将原犯情罪声明具奏。如无故私自逃走被获者，发往黑龙江当差一年。限内自行投回，减一等，杖一百、徒三年，加枷号两个月。逾限投回，不准减等。

（此条嘉庆十三年，将条例 031.07 改定。）

薛允升按：此例既增入现任二字，则非现任人员有犯如何科断，例内转无明文。李容之案，既仍照本律拟绞，如犯军流以下罪名，即不能概拟绞候。若照民人加逃罪二等，则犯杖罪以下之犯，反较无故逃走者科罪转轻。且官员万无无故逃走之理，此例亦系虚设。假如有或避难解之钱粮、难捕之盗贼及难办之差役而在逃者，是否以负罪论，抑系以无故论之处，生死出入攸关，存以俟参。首段系并非脱逃者，次段系负罪潜逃者，末段系无故逃走者。末段有投回减等之文，次段并无投回字样，设有潜逃之后悔罪投回者，是否免其逃罪，碍难定拟。逃犯均准自首，均准免逃罪，此不言者，岂因系职官而严之乎。惟从前旧例，职官犯罪，均较民人从宽，此条又较民人从严，且与擅离职役罪名相去太远。军流以下是否包杖徒罪名在内，且无论本罪轻重，一经脱逃，即改绞候，似嫌太重。在京旗下官员逃走一次者，革职，销除旗档，见《督捕则例》，与此例亦大相悬殊。

条例 031.09：凡人命抢窃等案正犯在逃未获

凡人命抢窃等案，正犯在逃未获，为从应斩、绞监候人犯，按例拟罪，入于秋审，分别情实缓决办理，毋庸监候待质。应缓决者，俟查办减等时，如系应行减等人犯，即照所减之遣、军、流罪，按定例限监禁待质，十年限满，正犯无获，照例分别发配。或限内遇赦累减，再照所递减罪名按限查办。情实未勾者，亦俟改入缓决准减之后，一例办理。

（此条嘉庆十九年修并。道光十三年改定。）

薛允升按：自杖徒以至发遣，均系恐其避重就轻，故分别年限监禁待质，牵连余犯则系无干者也，故即行省释。惟未定罪名人犯情形不一，有初认重罪而随后翻供者，有因拿甲而误及乙者，或拟死罪，或无庸议，出入攸关甚巨，即所谓疑案也。二年保释，似嫌未协。道光十三年修改按语所云，则未定罪名人犯，并非无罪可科，特不能定为何罪，据供断结耳。二年之限，亦未可拘定。咸丰元年，山东安三案内通行，应与此条参看。杖罪人犯是否决讫再行保释，并未叙明。惟杖罪系本犯应得，不问正犯之逃与不逃。因正犯在逃而反宽其应得之杖罪，岂例意乎。即如数人共殴一人致死，现获之犯供系案内余人，则应拟满杖矣。因下手伤重之犯在逃未获，恐系避重就轻，是以监禁待质。业已三年限满，未便再行监禁，故定有保释在外之例，犹军流徒期满即行发配之意也。所避之重罪不可遽加，供认之轻罪岂可幸免。如谓保释在外以待正犯之获案，设正犯永远不获，又将如何办理耶。律内明言，据所称决其从罪，则保释时之应决杖明矣。监候待质，从古并无此法，是以律无明文。《示掌》云："此律称逃者为首，先决从罪，系指为从之罪不至死者而言。"若将为从死罪先决，将来弋获逃犯或称前人为首，既难贴断于九原，或称并不知情，将何以悬拟其一死。似不便先决从罪，应以现在供情酌拟应得罪名，请予监候待质，所议甚为允当。监候待质之例，似本于此。然特为死罪而设，流徒以下，自有通计前罪以充后数之法，本无虞其避就。乾隆十七年，将监候待质之例删除，遇有疑难大案即无办法。嘉庆年间，又定有军流以下，酌定年限，准予待质，死罪不准之例，而此律竟成虚设矣。不惟轻重失平，办法亦多窒碍。伏查嘉庆年间，钦奉谕旨，本为狡避死罪人犯而设，例内并未叙明有关斩、绞字样，遂致首从罪名稍有出入者，无不监候待质，是直为办案者开一方便之门，而于法制毫无裨益也。若谓先决从罪，凡犯笞杖及徒流者，无难通计前罪以充后数，如系死罪人犯狡供为从，或笞杖，或徒流已经决讫，后获逃犯，讯明前人为首，律内并无科断之法，不知此律所云与二罪俱发以重论律意相符。彼律止云一罪先发，已经论决，余罪后发，其轻若等勿论，重者更论之，通计前罪，以充后数，亦无先发轻罪已决，后发应死罪名作何拟断之文，可知罪应论死者，无论先发已决未决，仍应拟以死罪矣。若谓先决从罪，又拟死刑，近于重科，不知别项罪名可以通论，死罪并无通论之法。即以此例而论，本应拟以杖徒及流之罪，因其恐有狡避，加以监禁三年、五年及十年之久，不特逃犯未获，仍须决配，即逃犯已获，讯明亦须决配，此监禁之年分即属多加，独不虑其重科乎。且此数年中，难保不有因待质而在监瘐毙之事。在狡供避就者，尚可云咎有自取，而据实供明者，反致负屈莫伸，情法固应如是耶。旧例三年之限，并未分别罪名轻重，后此分别年限监候之处，未知本于何条，殊无情理。盖逃犯之能否就获，非现犯所能操其权，即逃犯就获之迟速，亦非现犯意料所能及，岂得谓现犯问拟杖罪者，获犯必速，现犯问拟徒流者，获犯必迟乎。以现犯定拟之罪名，定监禁之年限，殊嫌未协。首从罪名，律例各不相同，有首从均应杖徒者，有首问军，从问流者，有首问军流，从问徒者，且有首问死罪，从问杖罪者，以从犯定拟之罪为断，似不如以所避之罪为断。如均系杖徒，均系军流，或一流一徒及一军一徒之类，俱可先决从罪，毋庸监候待质。若首应死而从应流徒及杖罪者，酌量监候。亦无不可。原定三年限期，本无窒碍，后以为无所区别，分定年限，设所避罪名，不甚悬绝，如一军一流之类，遂致多禁五年及十年之久，似未平允。本系从犯而科以为首，问心自觉不安。所供本系实情，恐有虚捏，既拟罪而又加监禁，于心安乎。且为首而供称为从，先决从罪，律原不以失出论。为从而恐系为首，多加监禁，独不虑其失入乎。平人及轻罪人犯，固不应监禁，即监禁罪因，亦不应过期不放。是以不应禁而禁，及故禁平人，明载律内，即稽留囚徒及淹禁各律亦著有明文，总不欲罪因长羁囹圄之意。此例行而监禁之犯较前更多，殊与各律不符。首从均拟死罪，亦有斩绞及立决、监候之分。毋庸监候待质，即不免有应斩而绞，应立决而监候者矣。而不虞其避就者，盖罪已至死即属法无可加。若仍监候待质，非特理不可通，亦且势所不能。若问拟死罪缓决及蒙恩免勾减等之后，仍行监候待质，是已邀旷典于先，复经禁锢于后，殊嫌未协。查道光三十年正月二十六日恭逢恩诏："本部遵照旧章，止将监禁待质人犯分别查办保释，并无咨部展限人犯作何办理明文。诚以待质之犯，系因逸犯无获，先将现犯拟罪，酌定年限报部。此等人犯原有按年查办之例，一经遇赦，自可酌量办理。至问拟斩绞之犯，按例应入秋审，毋庸监候待质。强盗案件，按例亦不准保释，惟恭遇恩赦，则斩绞之准免者，酌照遣军流罪年限待质，强盗之免死拟遣者，酌量监禁二十年，准其发配。至咨部展限人犯，则情罪均属未定，既不能指为何项人犯，即不能定以何项限期，虽恭遇恩诏，应否准其援免，难以悬定。本部于道光二十六年通行各省，遇有此等案件，应将现犯分别有无罪名可科，照例监候待质，不得以逸犯未获，率请展限，亦不得于咨部展限之后，率请保释等因在案。惟是近来各省所报咨部展限未拟罪名之犯，不一而足，往往监禁已阅十余年或二十余年之久，现逢大赦，凡拟定罪名待质之犯，均得查办。该犯等止因从前未经声明待质，业已缧绁半生，殊堪悯恻，若不酌量办理，未免向隅。本部悉心酌议。应令各该督抚，迅即饬提现犯，研讯确供，按例定拟罪名。即从三十年正月二十六日恭奉恩诏之日起限，查明该犯监禁已在十年以上者，如例应待质十年，现逢大赦，应酌减为待质五年。例应待质五年，应酌减为三年。例应待质三年，应酌减为二年。例应待质二年，即行取保释放。其有按本部通行章程应监禁二十年之案，亦照此酌减为待质十年，分别核办。至监禁未及十年之犯，仍照应待质年限办理，不准酌减。再查此等人犯内，如所避系应死罪名，秋审应入缓决者，将该犯照遣军流罪之例，待质十年，即行保释。若所避死罪，系谋故等项，应拟立决，或秋审应入情实者，将该犯照免死盗犯之例，待质二十年，再行保释。所有山东省安三一案所避罪名，系谋杀一家二命，若系为首，罪干斩枭。若系为从，罪应拟绞，入于秋审情实，按此次酌定章程，均应待质二十年。该犯监禁已在十年以上，现遇恩赦，即酌减为待质十年，俟限满时分别核办。再查此案，前据该抚以该犯安三等可否先行保释，咨部核示，经本部驳令再行饬提现犯，确切根究，据实惩办等因在案。若现已讯有确供，即行按例拟办。如该犯等仍狡执前供，逸犯亦未获案，即应按照此次酌定章程办理。相应通行各直省，查照办理可也。"强盗不准保释，与贼盗门内监候处决之意自属相符。乾隆十七年奉有谕旨，遂无监候待质之犯矣。迨嘉庆元年，复奉首犯在逃，即将从犯按例监候待质谕旨。嗣后照此办理者，不一而足。初则专为狡避死罪人犯而设，后遂为流徒以下专条，此亦刑典中一大关键也。

条例 031.10：办理抢夺及拒捕并共殴窃盗等

办理抢夺及拒捕并共殴、窃、盗等案，现获之犯称逃者为首，如现获多于逸犯，供证确凿，以及逸犯虽多，而现获二、三人，系先后拿获，或虽同时并获，经隔别研讯，实系逃者为首，或事主尸亲旁人指证有据者，即依律先决从罪，毋庸监候待质。若案内人数众多，仅获一、二名，无事主尸亲证佐指认者，将现获之犯，按例拟罪监禁，俟逸犯就获后质讯明确，定地起解。

（此条系嘉庆元年遵旨定。）

条例 031.11：内外问刑衙门审办案件

内外问刑衙门审办案件，除本犯事发在逃，众证明白，照律即同狱成外，如犯未逃走，鞫狱官详别讯问，务得输服供词，毋得节引众证明白，即同狱成之律，遽请定案。其有实在刁健，坚不承招者，如犯该徒罪以上，仍具众证情状，奏请定夺，不得率行咨结。杖、笞以下，系本应具奏之案，照例奏请。其寻常咨行事件，如果讯无屈抑，经该督抚亲提审究，实系遁刁狡，执意存拖累者，即具众证情状，咨部完结。

（此嘉庆十五年，刑部议覆山东巡抚吉纶审奏，巨野县民人姚文珂捏控伊堂伯、知府姚鸣庭等私拆姚学瑛入官房墙，侵占地基一案，嘉庆十九年奏准定例。道光十年增"如犯该徒罪以上"句，并"杖、笞以下"至"咨部完结"等五十七字。）

薛允升按：律云犯罪事发而在逃者，众证明白即同狱成，不须对问等语，此即据证定罪之意。犯在逃者尚可定拟完结，犯未逃者即可类推。若必取具输服供词，方成信谳，则众证明白之语，几成虚设。设如犯人在逃，据众证定断之后，逃犯就获，不肯输服，将如之何。案情以众证为凭，固已十得八、九，舍众证而信犯供，供遂可尽信乎。《唐律·断狱门》云："若赃状露验，理不可疑，虽不承引，即据状断之。"《疏议》谓"计赃者见获真赃，杀人者检得实状也"等语。《明律》不载，而添纂"犯罪事发在逃者，众证明白，即同狱成，不须对问"之语。《明律》指犯逃走而言，《唐律》指犯不承引而言，虽不无稍有参差，而众证明白即同狱成，与理不可疑，即据状断之之义，彼此相符。且律明言不须对问，此处云务得输服供词，亦属与律不合。此等议论殊无可取。即以现在例文而论，犯逃者准引众证明白，即同狱成之律，犯未逃者不得遽请定案，是何情理。谓恐本犯或有屈抑，逃犯独不虑其有屈抑乎。以众证为不可凭，犯在逃者，众证反可凭乎。且既严立科条，犯未逃者，不得节引律文定案。而实在刁健不承者，又许具众证情状奏请定夺，后又添入杖罪以下者，咨部完结，仍系照众证定案而徒多生枝节，果何益乎。讼狱虽极纷烦，立法总期简易。法令烦矣，讼狱安得不多耶。犯逃者，有监候待质之例，犯未逃者，又有具众证情状奏咨之例，总使案情速为了结之意。八议之人及年七十以上十五以下，若废疾者，并不合拷讯，皆据众证定罪。见老幼不拷讯，应参看。

条例 031.12：人命抢窃及拒捕共殴等案

人命抢窃及拒捕共殴等案，正犯在逃未获，案内牵连余犯，审系无干，即行省释，不准滥行监候待质。若现获之犯，称逃者为首，如现获多于逸犯，供证确凿，以及逸犯虽多，而现获之犯系先后拿获，或虽同时并获，经隔别研讯，实系逃者为首，或事主、尸亲、旁人指证有据者，即依律先决从罪，毋庸监候待质。若案内人数众多，仅获一、二名，无事主、尸亲、证佐指认者，将现获之犯，按例拟罪监禁，俟逸犯就获后，质讯明确，定地起解。倘正犯日久无获，为从监候待质人犯，除强盗案件不应宽释外，其余人命等案，如原拟遣、军、流罪已过十年，徒罪已过五年，杖罪已过三年，并未拟定罪名之人已过二年者，该督抚陆续查明，咨部核覆。应遣、军、流徒者，照原拟罪名，即行发配；应杖罪及并未拟定罪名之人，取具的保，释放在外，俟缉获正犯之日，再行质审。倘释放后私自逃匿，保人各照不应轻律，笞四十。本犯获日，杖罪人犯照原拟杖罪，加枷号一个月；并未拟定罪名之人，照不应重律，杖八十。若监候年限内恭遇恩赦，如在逃本犯拿获时，例得减免者，待质之犯，准其即行查办省释。

（此条嘉庆六年定例，原在淹禁门。嘉庆十九年，因本门与淹禁门重出，是以修并，将淹禁门内条例删除。道光十九年，增入"未定罪名人犯"一层。）

事例 031.01：雍正七年谕

凡拟罪潜逃之犯，应绞者改为立绞，应斩者改为立斩，必看该犯本案情罪可恶，至秋审时无可宽缓，而又有脱逃之罪，方改为即行正法以惩凶顽。若本来所犯情罪尚有可原，或因愚昧无知，或因不知新定之例，一时起意惧罪潜逃，此等之人，当仍照本罪拟为监候。著三法司通行各直省督抚一体遵行。此本定拟立绞之苏英，乃因斗殴起衅，非谋故可比，且伊被苏仍将殴打情急，还殴毙命，情罪尚轻。苏英著改为应绞监候，秋后处决。

事例 031.02：乾隆二十八年刑部议覆

参革卫千总朱振清侵用旗丁银米畏罪脱逃一案，将朱振清依平人犯罪脱逃例，于本罪上加二等具奏。奉旨：职官与常人地分迥殊，常人因逃加等示惩，于法已足，若既身叨一命，即不得借口不知功令。其愧惧当万倍常人，即有大戾，亦惟束身归罪而已。乃竟悍然窜迹，藐视刑章，若不分别差等，俾共知儆惕，则君子怀刑之义何在？嗣后职官犯罪脱逃，应准情定律，比照平人加重治罪。

事例031.03：乾隆四十年刑部议覆

山东巡抚审题：刨坟人犯王学孔、敖子明逃后二、三年被获，将王学孔等改拟立决一案。奉旨：凡有重罪应入情实人犯，二、三年后就获，应改立决，原指谋故杀等犯情罪重大者而言。此等刨坟人犯，无人命可偿，入于本年情实足矣！有何不可待而改为立决乎？嗣后脱逃二、三年就获人犯，何项应改立决，何项仍应监候，著刑部酌定条例具奏。钦此。遵旨议定斩监候改立决条款：

谋杀人造意者；

故杀人者；

犯罪拒捕杀人者；

兴贩私盐拒捕杀人者；

军士殴本管官死者；

吏卒殴本部五、六品长官及佐贰官、首领官死者；

所统属官殴长官死者；

军民人等殴死京在现任官者；

殴宗室觉罗死者；

殴死内外缌麻尊长者；

殴外姻小功尊长死者；

听从下手殴本宗大功、小功、兄姊、尊长，仅令殴打，辄迭殴多伤至死者；

妻妾殴夫之期亲尊长死者；

妻妾殴夫之大功、小功尊长死者；

奴婢殴家长缌麻、小功、大功亲死者；

雇工人殴家长期亲若外祖父、母及缌麻、小功大亲死者；

文武生员武断乡曲、欺压平民、其人不敢与争，旁人不敢劝阻，将人殴打死者；

与人斗殴后，迁怒于其父母，毒殴致毙者；

杀内外功服缌麻，及族中奴仆一家三人者；

尊长率领家人，打夺罪人，致家人杀人者；

官司差人追征钱粮，勾摄公事而殴死差人者；

死囚令人自杀，子孙于祖父母、父母及奴婢、雇工人于家长，听从下手者；

图财害命，未得财杀人，为首者；

图财害命，不加功而得财者；

　　庸医因事故用药杀人者；

　　诬良为强、窃盗，拷打致死者；

　　诬窃为盗，拷打致毙者；

　　番役诬陷无辜，妄用脑箍及竹签、烙铁等刑，致毙人命者；

　　捕役受贿，将罪人致死，为首者；

　　狱卒受贿，谋死本犯，为首者；

　　私放囚人逃走，因而杀人者；

　　诬告平民，拖累致死三人以上者；

　　诬告人斩罪，所诬之人已决者；

　　因奸、盗而威逼人致死者；

　　豪强凶恶之徒，因事威逼平民自尽一家三命以上者；

　　用威力强行绑去，及设方略诱往四方贩卖，将被拐之人伤害致死，为从者；

　　略卖良人，因而杀人者；

　　强夺良家妻女，已被奸污，妻女自尽者；

　　强奸既成，本妇羞忿自尽者；

　　强奸未遂，将本妇殴伤，越数日后，因伤身死者；

　　强奸既成，其夫与父母亲属羞忿自尽者；

　　强奸内外缌麻以上亲，及缌麻以上亲之妻、妻前夫之女、同母异父姊妹未成，本妇羞忿自尽者；

　　纵容妻妾与人通奸，因别情将奸夫、奸妇一齐杀死者；

　　坐粮厅及各仓书役人等，向关米之人勒索，因而打死人命者；

　　出哨兵弁，见船覆溺，阻挠不救，致淹毙人命，为首阻救之人；

　　出哨兵弁，遇商船遭风覆溺，人尚未死，不速救护，止顾捞抢财物，以致商民淹毙，为从之兵丁，及在船将备，虽不同谋而分赃者；

　　黔、楚红苗仇忿抢夺杀人，聚众不及五十人为首，及聚众至百人杀人，为从下手者；

　　贵州地方有外来流棍勾通本地棍徒，将荒村居住民苗人户杀害人命，掳其妇人子女，计图贩卖，不论已卖、未卖，曾否出境案内，有追胁同行，在场未经下手者；

　　发遣当差为奴之犯，杀死伊管主一家三人，并三人以上，其不知情之子孙。

　　绞监候改立决条款：

　　诬告人绞罪，所诬之人已决者；

　　诬窃为盗，吓诈逼认，因而致死二命者；

　　捏造奸赃款迹，写揭字帖，及编造歌谣，挟仇污蔑，致被诬之人忿激自尽者；

　　狱卒以金刃及他物与囚，致囚杀人者；

狱卒陵虐罪囚，克减衣粮因而致死者；

狱卒受贿，谋死本犯，为从加功者；

衙役恐吓索诈，致毙人命者；

捕役受人贿嘱，将罪人致死，从而加功者；

挟仇放火，因而杀人，及有焚压致死之为从，商谋下手燃火者；

斗殴连毙二命者；

好斗凶徒见人斗殴，辄约伙寻衅，将人父母殴毙，为从者；

因事逼迫期亲尊长致死者；

军民人等，因事逼迫本管官致死，为首者；

因事威逼平民自尽一家二命，及三命而非一家者；

嫡母因奸将子女致死灭口，致令伊夫绝嗣者；

喇嘛、和尚等，强奸致死人命，为从者；

兵民聚众十人以下兴贩私盐，拒捕杀人，为从下手者；

黔、楚红苗仇忿抢夺，聚众至五十人，杀人为从下手者。

以上各项人犯，情罪较重，如事发在逃，二、三年后被获，即改为立决。

（嘉庆六年，查绞监候改立决条款内，继母因奸将前妻子女致死灭口一条，于嘉庆四年奏准，亲母因奸谋死子女灭口者拟绞监候，不论其夫是否绝嗣，入于缓决，永远监禁。嫡母、嗣母、继母因奸谋杀子女灭口者，嫡母拟绞监候，嗣母、继母拟斩监候，若夫绝嗣，俱入秋审情实，若未致绝嗣者，入于缓决，永远监禁等因在案，今将因奸致死子女致夫绝嗣之嗣母、继母，添入斩监候改立决条内，于绞监候改立决条内，继母改为嫡母。）

事例 031.04：嘉庆元年谕

广东巡抚朱珪奏审拟李达洪等纠众抢夺拒伤事主一案。向来各省遇有首犯在逃者，俱系先将为从各犯按例拟结发落，其为首之犯于获日另结。但伙众之案，人数众多，各犯到案后，明知起意为首及动手伤人，罪所不赦，恃有在逃之人，往往推诿卸罪，避重就轻，及至逸犯就获，而已结之犯，业经流徙，又无从到案质讯，殊非核实定拟之道。嗣后各省办理此等案件，于获犯审讯时，遇有首犯在逃，即将从犯按例拟罪监禁，俟逸犯就获后质讯明确，再行定地起解。如此办理，庶凶徒无从狡展，而案情不致枉纵。

成案 031.01：河南司〔嘉庆二十五年〕

河抚咨：查现任职官，以职守所系为重，故一经脱逃被获，即应拟以重遣，至候补试用人员，无印信典守之职，原与现任有间，第既试用候补，即应听差委，如欲他往，亦须禀达上司，不能来去自由，若私自不告而去，即属擅离，已有应得之罪，而获咎潜逃，更不能稍纵宽贷。兹把总冀大荣，以求缺未遂，辄敢向上司咆哮，本有应得之罪，迨该镇欲行咨送究办，该犯尤敢远遁他省，希图幸免，实属无知忌惮，应比照现任职官负罪潜逃绞候上，量减一等，满流。

成案 031.02：湖广司〔嘉庆二十五年〕

北抚题：把总曾绍绩，因汛兵董万与诬良为窃案，供伊主使诬拿，被县详情解任，心怀不服，私自赴省，欲行禀诉，旋被拿获。该抚将曾绍绩照现任职官，无故私自逃走被获例，发黑龙江当差。本部以该弁私自赴省，欲行禀诉，其罪止于不先禀明上司，擅离职守，若遽遽科以无故逃走，则其被控欲诉，不得谓之无故，即私自赴省，亦不得谓之脱逃，与拟遣之例不符，驳令另拟。遵驳改正，将曾绍绩比照现任职官无故私逃走被获发遣例，量减一等，满徒。

成案 031.03：河南司〔嘉庆二十五年〕

河抚咨：李泳盛是将教匪刘之协首获，赏给把总，曾经补缺，告病痊愈，拨营候补。该犯因求考未准，辄向上司咆哮，迨南镇欲行咨送究办，复敢私自潜逃，第该犯究是候补人员，非现任可比，应比照现任文武职官负罪潜逃犯该军流以下、改为绞候例上，量减一等，满流。

成案 031.04：广西司〔道光五年〕

广抚咨：李老六监禁已逾十年，逸犯无获，无凭质证。此等犯涉强盗，未经拟定罪名，待质并无年限人犯，律例内亦无作何辨理明文，请咨部示。查李老六于到案后，或供入室搜赃，或供在外把风，均系游移无据之词。迨后讯明，并未上盗，只因供证未确，将其监候待质。案经迭次复审，据最后所讯供词，该犯竟系无罪之人，自未便照拟遣盗犯监禁二十年始行发配，应照军流监禁十年之例，将李老六取具确保，暂予省释。

成案 031.05：四川司〔道光七年〕

川督咨：王学俸、万长寿、李小九、杨盛四犯，在湖北东湖县被获，均供曾听从徐大五等结伙抢劫，及解四川巴县审辨，又称仅与徐大五等假差讹诈。徐大五旋即在监病故，其时同伙之郑小五等在逃未获，将该犯等监候待质。嗣经纠获郑小五，金差胡升解往巴县质审，郑小五中途脱逃，亦将胡升监禁，将来纠获郑小五到案质审，如过王学俸等有结盟抢劫情事，胡升倘系受贿故纵，应与囚同罪，均应不准援免。惟检查原册，所有结盟强奸，及假差讹诈等情，均无事主报案，核与事主承保到官，现犯避重就轻，狡供不承者不同，且该犯等从前均为拟定罪名，例无监禁年限，现在逸犯弋获无期，未便令其永远羁禁，应酌量比照军流人犯监禁十年之例，俟该犯等监禁届满，逃犯无获，即予结释，解役胡升亦与王学俸等一体办理等因。兹据详称，胡升疏脱押解人犯郑小五，监候待质，十年限满，犯无弋获，自应将该犯胡升遵照部咨，比照军流人犯监禁十年之久例，届满逃犯无获，即予保释。

成案031.06：安徽司〔道光十年〕

安徽抚咨：监禁待质人犯曹四十可否责释，咨请部示。查曹四十听从行窃，拒捕杀人为从，刃伤所得绞罪，业经恭逢大赦，应准援免，加责二十板释放。惟供系在逃之马三下手伤重，虽保无避就情事，将该犯照例监候待质，如马三到案，供认属实，该犯即应责释，倘系该犯为首，拒捕杀人，是罪应拟斩之犯，虽在赦前，不准援免，固未便因马三日久无获，将该犯终身羁禁，亦未便将该犯据照杖罪监禁三年之例，即行保释。查拒捕杀人为从刃伤拟绞之犯，如秋审入于缓决，即未遇大赦，于减等时亦应减军，自衹可将该犯按照所减罪名查办。应将该犯曹四十比照军犯待质之例，酌限十年，逸犯有无弋获，再行照例办理。

成案031.07：四川司〔道光十二年〕

川督咨：监候待质人犯毛老十，因正法之朱九九，与在逃之川匪铁大五等，夺犯伤差，罪在不赦，不准保释，将该犯监候待质在案。兹该犯监禁已届二十年，提讯该犯，并未随同抢场拒捕，可否将该犯毛老十保释之处，咨部示覆。查该犯毛老十，系川匪抢场拒捕案内监候待质人犯，虽前经恭逢大赦，不准保释，惟现在监禁已届二十年，而逸犯尚未就获，未便仍行监禁，致令久滞囹圄，自应比照直隶省监候待质盗犯曹七，一体保释，以昭平允。应令该督将毛老十即行取具的保释放，俟缉获逸犯铁大五等质讯明确，再行办理。

律032：亲属相为容隐〔例1条，事例1条，成案1案〕

凡同居，〔同，谓同财共居亲属，不限籍之同异，虽无服者亦是。〕若大功以上亲，〔谓另居大功以上亲属，系服重。〕及外祖父母、外孙、妻之父母、女婿，若孙之妇、夫之兄弟，及兄弟妻，〔系恩重。〕有罪，〔彼此得〕相为容隐。奴婢、雇工人，〔义重。〕为家长隐者，皆勿论。〔家长不得为奴婢、雇工人隐者，义当治其罪也。〕

若漏泄其事，及通报消息，致令罪人隐匿逃避者，〔以其于法得相容隐，〕亦不坐。〔谓有得兼容隐之亲属犯罪，官司追捕，因而漏泄其事，及暗地通报消息与罪人，使令隐避逃走，故亦不坐。〕

其小功以下相容隐，及漏泄其事者，减凡人三等，无服之亲减一等。〔谓另居小功以下亲属。〕

若犯谋叛以上者，不用此律。〔谓虽有服亲属，犯谋反、谋大逆、谋叛，但容隐不首者，依律科罪，故云不用此律。〕

（此仍明律，其小注系顺治三年增修，乾隆五年增注："家长不得为奴婢、雇工人隐者，义当治其罪也。"顺治律为031条。）

条例 032.01：父为母所杀

父为母所杀，其子隐忍，于破案后始行供明者，照不应重律，杖八十。如经官审讯，犹复隐忍不言者，照违制律，杖一百。若母为父所杀，其子仍听依律容隐，免科。

（此条乾隆五十三年，刑部题覆四川省民妇冯龚氏殴伤伊夫冯青身死，依律斩决案内，其子冯克应因赴前途点火，不知父母争殴情事，请免置议等因。奉旨纂辑为例。）

薛允升按：《唐律疏议》云："有五服内亲自相杀者，疏杀亲合告，亲杀疏不合告。亲疏等者，卑幼杀尊长得告，尊长杀卑幼不得告。其应相隐者，疏杀亲、义服杀正服、卑幼杀尊长，亦得论告。其不告者，亦无罪。"与此条参看。祖父母为父母所杀，及父母为祖父母所杀，并长兄与次兄互相杀伤，如何科断，均无明文。此伦常之变，虽圣贤亦无两全之法，而顾责之区区愚氓耶。此等情罪，律不言者，不忍言也。似可无庸纂为条例。东魏孝静帝天平间颁麟趾新制，内有母杀其父，子不得告，告者死一条。行晋州事窦瑗上议，大略谓，如或有此，可临时议罪，何庸预制斯条云云，最为得体。

事例 032.01：乾隆五十三年谕

刑部题覆四川省冯龚氏殴伤伊夫冯青身死，将冯龚氏问拟斩决一本。冯龚氏著即处斩。至此案冯青之子冯克应，于伊母冯龚氏在途殴伤伊夫殒命时，因取火转回瞥见，当即哭喊，龚氏吓勿声张，令其一同潜逃。该部以冯克应业经该督审明，不知父母争殴，是以未及往救，请免置议。人子之于父母，原有容隐之例，但父之于母，尊亲虽属相等，然父为子纲，夫为妻纲，礼经有母出与庙绝之文，是人子之于父母，恩同而分则有间。设为人子者，遇有父殴母致死之事，自当隐忍不言，原可免其科罪。若父被母殴死，即迫于母命，当时未敢声张，至经官审讯时，自应据实诉出，方为处人伦之变而不失其正。此等纲常大义，虽乡僻蚩氓，未能通晓，但准情断狱，不可不示以等差，折衷至当。此案冯克应于伊父被伊母殴死，到案时如即行供出实情，自可免议。倘并未供明前项案情，皆系审讯冯龚氏而得，冯克应即不得为无罪，亦应酌加薄罚，以示人道大伦。该督原题及部议，皆于此处未经声叙明晰。著刑部遵旨行文驳饬，令该督将冯克应到案曾否即行供出之处讯明，覆到再行核办。

成案 032.01：盗犯系无服之亲出首〔康熙三十八年〕

刑部议：强盗单玺、冯三等，行劫庄振仓家，冯三等出首，将单玺等拿获，单秀等依强盗得财皆斩，冯三等依知人欲告自首减二等律杖徒，单玺系首贼冯三表兄。查律内得相容隐者之亲属为之首听，如罪人身自首法，无服之亲亦得减一等语，行令该抚确拟去后，今据东抚王国昌疏称：冯三原供单玺不系伊亲表兄，是以前详未敢轻议，今既奉部议，应遵照改正等语。单玺病故，无庸议。

律 033：处决叛军

凡边境〔重地〕城池，若有军人谋叛，守御官捕获到官，显迹证佐明白，鞫问招承，申报督、抚、提、镇，审问无冤，随即依律处治，具由奏闻。如在军前〔有谋、叛能〕临阵擒杀者，〔事既显明，机系呼吸，〕不在此〔委审、公审之〕限。〔事后亦须奏闻。〕

（此仍明律，顺治三年及雍正三年修改。）

〔附录〕顺治律 033：处决叛军

凡边境〔重地〕城池，若有军人谋叛，守御官捕获到官，显迹证佐明白，鞫问招承，行移都指挥使，委官审问无冤，随即依律处治，具由申达兵部衙门，奏闻知会。若有布政司、按察司去处，公同审问处治；如在军前〔有谋、叛，能〕临阵擒杀者，〔事既显明，机系呼吸，〕不在此〔委审、公审之〕限。〔事后亦须奏闻。〕

律 034：化外人有犯〔例5条，事例8条〕

凡化外〔来降〕人犯罪者，并依律拟断。隶理藩院者，仍照原定蒙古例。

（此仍明律，顺治律为 036 条，雍正三年增修"隶理藩院者，仍照原定蒙古例"。）

条例 034.01：蒙古案件有送部审理者

蒙古案件有送部审理者，即移会理藩院衙门，将通晓蒙古言语司官派出一员，带领通事赴刑部公同审理。除内地八旗蒙古应依律定拟者，会审官不必列衔外，其隶在理藩院，应照蒙古例科断者，会审官一体列衔。朝审案内，如遇有蒙古人犯，知会理藩院堂官到班会审。遇有照蒙古例治罪者，亦一体列衔。

（此条雍正十一年定。原例未及应否列衔之处，乾隆五年增。）

薛允升按：此专指在京刑部而言，会审一层，用刑例一层，用蒙古例一层。理藩院主稿题奏之案，亦有会同刑部列衔者。此例专言刑部而未及外省办理之案，是以又有青海、蒙古之例。

条例 034.02：青海蒙古人有犯死罪应正法者

青海蒙古人有犯死罪应正法者，照旧例在西宁监禁。其偷窃牲畜，例应拟绞解京监候之犯，俟部覆后，解赴甘肃按察使衙门监禁，于秋审时将该犯情罪入于该省招册，咨送三法司查核。

（此条乾隆五年，军机大臣议覆总理青海夷情副都统巴陵阿条奏定例。）

薛允升按：此专言青海而未及别处，上层似系指罪应立决而言，与下层罪止绞候不同，是以分别监禁。惟止言偷窃牲畜，而未及人命案件及别罪应拟绞候人犯，岂蒙古犯人命应死之案，俱不入秋审办理乎。殊嫌参差。

条例 034.03：蒙古与民人交涉之案

蒙古与民人交涉之案，凡遇斗殴、拒捕等事，该地方官与旗员会讯明确，如蒙古在内地犯事者，照刑律办理。如民人在蒙古地方犯事者，即照蒙古例办理。

（此条乾隆二十六年，刑部议覆山西按察使索琳条奏定例。）

薛允升按：此以犯事地方为区别者，与下一条参看。原奏系专指贼犯拒捕及斗殴保辜二项而言。本因蒙古例文较刑律过重起见，部驳各层亦不为苛，而必以犯事地方分别科罪，是原奏本欲将蒙古一律从轻，而定例反致将民人无故加重，殊嫌未协。且遇应抄没财产及其子发邻封为奴之处，亦难办理。

条例 034.04：蒙古地方抢劫案件

蒙古地方抢劫案件，如俱系蒙古人，专用蒙古例；俱系民人，专用刑律。如蒙古与民人伙同抢劫，核其罪名，蒙古例重于刑律者，蒙古与民人俱照蒙古例问拟；刑律重于蒙古例者，蒙古与民人俱照刑律问拟。

（此条嘉庆二十三年遵旨定。）

薛允升按：此以蒙古、民人为区别者，专指抢劫案件而言。上条贼犯拒捕等项，以犯事地方为区别，此条在蒙古地方抢劫，又以犯人系蒙古、民人为区别，已与上条互有参差。下条则又以事主系蒙古、民人为区别，上条专言拒捕、斗殴，此条专言抢劫，下条又专言抢夺，均不画一。

条例 034.05：热河承德府所属地方遇有抢夺之案

热河、承德府所属地方，遇有抢夺之案，如事主系蒙古人，不论贼犯是民人、是蒙古，专用蒙古例。如事主系民人，不论贼犯是蒙古、是民人，专用刑律。倘有同时并发之案，如事主一系蒙古，一系民人，即计所失之赃。如蒙古所失赃重，照蒙古例问拟；民人所失赃重，照刑律科断。

（此条道光二十年，刑部会同理藩院议覆热河都统惠丰奏，热河地方蒙古抢夺案件变通办理折内奏准定例。）

薛允升按：此以事主为区别者，专指承德府属而言，亦专指抢夺而言。《处分则例·提解门》："承德府所属平泉等四州县与蒙古接壤，居民错处，地方辽阔，所有命盗案件，分别承缉提质及会同协拿"等事颇极详明。应与此数条参看。盗马牛畜产门，又有偷窃蒙古番子牲畜一条，亦应参看。此门所载各条均指蒙古有犯而言，其苗瑶等夷人有犯均散见各门，似不画一。应将例内苗蛮等项及土司有犯各条，均移入此门。〔一、土蛮、瑶、僮有仇杀劫虏，凶惨已甚。一、云南、贵州苗人犯流徒军遣。一、苗疆地方民人捏称土苗希图折枷免徙者。一、土司有犯徒罪以下者。一、各省迁徙土司，本犯身故。均见徒流迁徙地方。一、苗倮蛮户俱不许带刀出入，见私藏应禁军器。一、土官土人如有差遣公务事越外省，见私越冒渡关津。一、苗人伏草捉人横加枷肘，勒银取赎，见恐赫取财。一、苗人自相争讼之事，照苗例归结，见断罪不当。一、苗人图财害命，照强盗杀人例斩枭，见谋杀人。一、蒙古遣犯脱逃改调，见徒流人逃。〕

事例 034.01：康熙四十年覆准

熟苗、生苗若有伤害人者，熟苗照民例治罪，生苗照苗人例治罪。

事例 034.02：康熙四十四年覆准

苗民犯轻罪者，听土官自行发落外，若杀死人命，强盗掳掠，及捉拿人口索银勒索等情，被害之苗，赴道、厅衙门控告，责令土官将犯苗拿解，照律例从重治罪。藏匿不送者，将土官照例严加议处。

事例 034.03：康熙四十四年又覆准

嗣后如有仍前伏草捉人，枷肘在巢勒限取赎者，土官将犯罪之苗解送道、厅审理。初次有犯，为首者拟斩监候，为从俱枷号三月，责四十板，臂膊刺字。如再犯者，不分首从皆斩立决。内有初犯者，仍分别首从议罪。其有土哨奸民勾通取利者，审系造意为首，不分初次、再犯，拟斩立决。若通同附和希图取利，加枷号两月，责四十板，全妻发边外为民。其该管土官虽不知情，平日不严行约束所致，有一起，土知府罚俸三月，百户、寨长各罚俸六月；二起，土知府罚俸半年，百户、寨长各罚俸一年。三起，土知府罚俸一年，百户、寨长俱革职。若该管土官知情不行禁止者，俱革职，不准折赎，责四十板。若系教令，或通同取利者，革职，不准折赎，枷号三月。

事例 034.04：康熙四十四年再覆准

两省相接之苗，有冤抑之事，令其赴两厅控告，两厅会同土官审明发落。如有仍前杀抢者，令土官将犯罪之苗，拿赴两厅审明，俱照白昼抢夺律治罪，免其刺字，照旗下人枷号杖责。若聚众不及五十人，亦无杀死人命，止伤人不死者，将为首枷号两月，责四十板；为从各枷号一月，责三十板。如有杀死人命者，将为首之人拟斩监候；下手之人各枷号三月，责四十板；为从各枷号四十日，责四十板。若聚众至五十人者，虽无杀死人命，将为首之人拟斩监候，为从各枷号五十日，责四十板。如有杀死人命者，将为首之人拟斩立决，下手之人俱拟绞监候，其余为从各枷号两月，责四十板。若聚众至百人者，虽无杀死人命，将为首之人拟斩立决，为从者各枷号两月，责四十板。如有杀死人命者，将为首拟斩立决枭示，下手之人俱拟斩监候，其余为从各枷号三月，责四十板。其所抢人畜等物，俱勒令给还原主。其该管各官虽不知情，平日不严行约束，以致众苗互相构衅，若不及五十人者，将土知府、知州罚俸半年，百户、寨长各罚俸一年。若聚众至百人者，将土知府、知州罚俸一年，百户、寨长均革职。若聚众至百人以上者,将土知府、知州革职,百户、寨长俱革职,不准折赎,责四十板。若该管官知情不行禁止,革职不准折赎,枷号一月,责四十板。若系教令,或通同希图分财者,俱照为首之犯一体治罪。

事例 034.05：乾隆二十五年谕

舒赫德奏：拿获阿克苏盗马回人拜密尔咱,因系积匪,照回人旧例斩决枭示等语。回地新经平定,拿获匪犯,自应从重办理,但内地或间有无耻兵丁仆役等偷盗回人马匹,若仍照内地之律完结,非所以昭平允。著传谕办理回部事务大臣等,嗣后回人盗本处及内地人马匹,及内地人盗回人马匹,俱照回疆例办理。

事例 034.06：嘉庆十九年谕

本日署乌鲁木齐都统刘芬奏：审办客民萧生云妒奸杀死二命一案。折内将奸妇卜罗叙称远妇,殊属粗率。远妇二字,从未载入爰书,刘芬不学无术,著交部察议,并通谕内外问刑衙门,永不准用此等字。

事例 034.07：嘉庆十九年又谕

果勒丰阿奏：审拟纠众抢劫伤毙事主贼犯分别办理一折,已交刑部速议矣。折内因系蒙古人,擅写"蒙贼"二字,太不成话。直省办理窃盗案件,但声明某省某府州县人,并未与贼犯姓名之上,冠以某省字样。蒙古地方亦有部落,遇有贼犯,声叙系某部落之人,案情自明。果勒阿丰不晓文义,冒昧擅写,实属谬误。著交宗人府议处,并著饬知刑部、理藩院,嗣后蒙古案件,如有用此等字样者,即将原奏咨之人查明参处。

事例 034.08：嘉庆二十三年谕

刑部奏：蒙古抢劫之案,有民人在内者,请先令承审官分别是劫是抢,照刑律强盗各条及抢夺拦抢各条分别治罪,似此引例纷繁,转至混淆,正所谓科条既备,民多伪态,无所措手足矣。嗣后蒙古地方抢劫案件,如俱系蒙古人,专用蒙古例；俱系民人,专用刑律。如蒙古与民人伙同抢劫,核其罪名,蒙古例重于刑律者,蒙古与民人,俱照蒙古例问拟；刑律重于蒙古例者,蒙古与民人,俱照刑律问拟。著为令。

律 035：本条别有罪名〔成案 2 案〕

凡本条自有罪名,与名例罪不同者,依本条科断。

若本条虽有罪名,其〔心〕有所规避罪重者,〔又不泥于本条,〕自从〔所规避之〕重〔罪〕论。

其本应罪重,而犯时不知者,依凡人论。〔谓如叔侄别处生长,素不相识,侄打叔伤,官司推问,始知是叔,止依凡人斗法。又如别处窃盗,偷得大祀神御之物,如此之类,并是犯时不知,止依凡论,同常盗之律。〕本应轻者,听从本法。〔谓如父不

识子，殴打之后方始得知，止依打子之法，不可以凡殴论。〕

（此仍明律，其小注系顺治三年增修，顺治律为 037 条。）

成案 035.01：陕西司〔嘉庆十八年〕

陕抚题：张帼一黑夜捕贼，误伤胞兄张帼成身死，照过失杀胞兄律，拟流。本部驳改，本应罪重，而犯时不知者，依凡人斗杀律，拟绞监候。

成案 035.02：安徽司〔道光十一年〕

安抚咨：汪探沅因小功服侄汪代九，黑夜行窃，登时追捕，将其殴伤身死。如汪代九与该犯系属凡人，既非倒地迭殴，亦非拘执擅杀，按例罪止拟徒。今汪代九系该犯小功服侄，按亲属向盗，致有杀伤，仍依服制问拟，不得比照凡人擅杀科断，则罪应拟流。惟该犯捕殴之时，本在黑夜，系属犯时不知，若据照服制拟流，不特与明知擅杀者无所区别，且与平人捕殴致毙之案更觉情重法轻，自应仍照本应罪重而犯时不知者，依凡人论，将汪探沅依事主因贼犯黑夜偷窃、登时追捕殴打至死者例，杖一百、徒三年。

律 036：加减罪例〔例 8 条，事例 2 条〕

凡称加者，就本罪上加重。〔谓如人犯笞四十，加一等，即坐笞五十。或犯杖一百，加一等，则加徒减杖，即坐杖六十、徒一年。或犯杖六十、徒一年，加一等，即坐杖七十、徒一年半。或犯杖一百、徒三年，加一等，即坐杖一百、流二千里。或犯杖一百、流二千里，加一等，即坐杖一百、流二千五百里之类。〕

称减者，就本罪上减轻。〔谓如人犯笞五十，减一等，即坐笞四十。或犯杖六十、徒一年，减一等，即坐杖一百。或犯杖一百、徒三年，减一等，即坐杖九十、徒二年半之类。〕惟二死、三流，各同为一减。〔二死谓绞、斩，三流谓流二千里、二千五百里、三千里。各同为一减，如犯死罪减一等，即坐流三千里；减二等，即坐徒三年；犯流三千里者，减一等，亦坐徒三年。〕加者，数满乃坐。〔谓如赃加至四十两，纵至三十九两九钱九分，虽少一分，亦不得科四十两罪之类。〕又加罪止于杖一百、流三千里，不得加至于死。本条加入死者，依本条。〔加入绞者，不加至斩。〕

（此仍明律，其小注顺治三年修改，顺治律为 038 条。）

条例 036.01：在京法司每年热审

在京法司每年热审，以命下之日为始，至六月杪止。其在外五年审录，以恤刑官入境日为始，出境日止。杂犯准徒五年者，减去一等；徒、杖以下俱减等，枷号并笞罪俱释放，悉遵照敕旨行。

（此条系明代旧例。顺治例为"两京法司"，雍正三年奏准：今五年审录例停止，将此条删除。）

薛允升按：此条有可与别条互相发明者，应与常赦所不原，已徒又犯徒一条，并赦前断罪不当，特差恤刑一条参看。

条例 036.02：承问官将赃银挪移

承问官将赃银挪移，赦前、赦后之处，照吏部所定赃银私自改删之例革职。如承审迟延，及延挨热审等弊，该部查出，将该管各官，照违限月日，按月处分。犯人不准减等。

（此条雍正三年定，乾隆五年删。）

条例 036.03：凡安插奉天等处

凡安插奉天等处，并发遣军、流等犯，俱以部文到日为始，定限两个月，自该省起解，每日限五十里。如起解违限，虽遇热审，俱不准减等，将起解之地方官，照违限例议处。解役在途故意迟延逾限者，严加治罪。犯人在途患病，许具呈该地方官，取具印结到部，查明果非托故延挨，仍照例减等。

（此条雍正三年定，乾隆五年删。）

条例 036.04：侵盗钱粮拟徒后

侵盗钱粮拟徒后，因限内未完照例拟徒之犯，遇热审不准减等。

（此条雍正三年定，乾隆五年删。）

条例 036.05：凡例应枷责之犯

凡例应枷责之犯，奉旨改为发遣者，俱免其枷责之罪。

（此条系乾隆五年遵照雍正三年谕旨纂定。）

薛允升按：此例似系指职官及旗人而言。旗人有犯军流等罪，俱行折枷，然亦有酌量实发吉林等处者，是以定有此例。近则实发者俱有专条，此例即属赘文。且由枷责加重发遣，则枷责即属轻罪不议，何不可免之有。此条无关引用，似应删除。近来例文，有先行枷号，再行发遣者，亦有发配后再行枷号者，均与此例不符。

条例 036.06：议处议罪

议处、议罪，俱照本条律例定拟，其有情罪重大，应从重定拟者，必折衷于法之至平至允，援引比照，不得擅用"加倍"字样。

（此条系雍正八年遵旨定例。嘉庆四年修改为条例 036.07。）

条例 036.07：审拟罪名（1）

审拟罪名，俱照本条律例问拟，不得用不足蔽辜，无以示惩，从重加等，及加数等，并"虽"、"但"字样抑扬文法。其案情错出律无正条，罪应徒、流以上者，应折衷至当，援引他律、他例比附酌核，以归平允。其应具题者，均于疏内声明，恭候圣裁。至律例内如拒捕、脱逃等项，载明照本罪加等者，仍各遵照办理。

（此条嘉庆四年，遵旨将条例 036.06 修改。嘉庆十七年改定为条例 036.08。）

条例 036.08：审拟罪名（2）

审拟罪名，除奉特旨发遣黑龙江、新疆等处外，其余罪应军、流、徒、杖人犯，悉照本条律例问拟，不得用不足蔽辜，无以示惩，从重加等，及加数等字样，擅拟改发新强等处，并不准用"虽"、"但"字样抑扬文法。其案情错出，律无正条，应折衷至当，援引他律、他例比附酌核。或实在案情重大，罪浮于法，仍按本律例拟罪。均于疏内声明，恭候圣裁。至律例内如拒捕、脱逃等项，载明照本罪加等者，仍各遵照办理。

（此条嘉庆十七年，因黑龙江等处遣犯拥挤，将条例030.07改定。）

薛允升按：律为一定之法，擅拟加等，则有定而无定矣。既经钦奉谕旨，定为不准加等，擅拟改发新疆等处成例，自系慎重之意，即应永远遵行，历久不变。乃近来加等定拟改发新疆者，仍不一而足，若不知有此例者，不几成虚设乎。从前情罪较重之犯，均发往黑龙江、吉林等处。乾隆年间，始有将军流人犯改发新疆者，然尚未定有专条，是以此例有不得擅拟改发新疆等语。后来发往新疆例文，日益增多，显与此例互相抵牾。例内前后不符之处颇多，此则尤大彰明较著者也。应与徒流迁徙地方门条例参看。再，此条系仁宗亲政后第一善政，与监守自盗门侵亏之案，按限著追一条，系先后纂定，乃彼条迄今遵行，而此条竟成具文，何也。

事例 036.01：雍正八年谕

向因各省员缺需人，朕于部选之外，特旨命往甚多，恐其中贤愚不等，或有倚恃特用，而生纵逸恣肆之心者。又或该管上司不知朕心，以其为特用之员，而存瞻徇姑容之见。是以曾有特用人员深负朕恩则加倍治罪之旨，盖欲其知所儆惕以图上进也。然必其所犯之罪，果系贪婪不法，不可宽宥，方行加倍惩治，非谓因公诖误一切参罚案件，皆以其为特用之员，而概行加倍也。从前屡降谕旨甚明，而近来该部及各省督抚，尚有不问事之轻重，而概以加倍议罪者，甚非朕立法之本意。至于盗案、越狱，亦曾有加倍治罪之旨，盖因朕整饬吏治，于地方事务不许隐匿，是以有司不敢讳盗、讳命，每有案件，即行详报，以至监禁之犯，未免较多，而奸究凶恶之徒，往往乘间越狱，冀脱重罪。又有罪不至于死，亦乘机越逃者，尤为逞奸玩法，藐视宪典，是以有加倍治罪之条，以惩玩匿。又恐罪犯等不知此例，误蹈重辟，特令各地方官刊刻木榜，置于狱中，使身系囹圄之人，莫不知悉，免致一时误犯。以上加倍治罪二条，系朕曾经降旨者，乃内而法司，外而督抚，往往比照此例以加倍定拟具题。又有于本犯罪名，舍其重罪，而就其所犯之轻罪议以加倍，而抵之于死者，尤非平允之道，且国家法令科条，原有一定而不可易，其有应行从重者，亦必待朕酌其情罪，特颁谕旨，此"加倍"二字，非臣工所可擅定者也。嗣后凡有议处、议罪之条，俱应照本律定拟。其有负恩犯法，情罪重大，应从重定拟者，必须折衷于法之至平至允，不得擅用"加倍"字样，开蒙混苛刻之端，负朕立法牖民儆省防闲之至意。

事例 036.02：嘉庆四年谕

本日召见刑部侍郎熊枚，谕以刑名事务。向来刑部引律例断狱，于本律之外，多有不足蔽辜，无以示惩，及从重定拟等字样，所办实未允协。罪名大小，律有明条，自当勘核案情，援引确当，务使法足蔽辜，不致畸重畸轻，方为用法之平。今既引本律，又称不足蔽辜，从重定拟，并有加至数等者，是仍不按律办理，又安用律例为耶！如案情内情节较重者，朕自可随案酌定。总之不足蔽辜之语，非执法之官所宜出。嗣后问刑衙门，俱应确遵宪典，专引本律，不得于律外又称不足蔽辜及从重字样，即"虽"字、"但"字抑扬文法，亦不准用。上谳后，经朕阅看案情，或可酌加增减者，亦不治以失出失入之咎，用副朕矜慎庶狱至意。其应如何按律科断以归画一之处，著军机大臣会同刑部悉心定拟具奏。

律 037：称乘舆车驾

凡〔律中所〕称"乘舆"、"车驾"及"御"者，〔如御物，御膳所，御在所之类，自天子言之，而〕太皇太后、皇太后、皇后并同。称"制"者，〔自圣旨言之，而〕太皇太后、皇太后、皇太子"令"并同。〔有犯毁失制书，盗及诈为制书，擅入宫殿门之类，皆当一体科罪。〕

（此仍明律，其小注系顺治三年增入，雍正三年修改。）

〔附录〕顺治律 039：称乘舆车驾

凡〔律中所〕称"乘舆"、"车驾"及"御"者，〔如御物，御膳所，御在所之类，自天子言之，而〕太皇太后、皇太后、皇后并同。称"制"者，〔自圣旨言之，而〕太皇太后、皇太后、皇太子"令"并同。〔有犯毁、失、盗、诈，及擅入者，皆当一体科罪。〕

律 038：称期亲祖父母

凡〔律〕称"期亲"及称"祖父母"者，曾、高同。称"孙"者，曾、元同。嫡孙承祖，与父母同。〔缘坐者，各从祖孙本法。〕其嫡母、继母、慈母、养母〔皆服三年丧，有犯〕与亲母〔律〕同。〔改嫁义绝，及殴杀子孙，不与亲母同。〕称"子"者，男女同。〔缘坐者，女不同。〕

（此仍明律，其小注系顺治三年及乾隆五年增修。）

薛允升按：养母一项，道光四年经大学士九卿奏明，改为齐衰期服。此注内三年丧亦应修改。

〔附录〕顺治律040：称期亲祖父母

凡〔律〕称"期亲"及称"祖父母"者，曾、高同。称"孙"者，曾、玄同。嫡孙承祖，与父母同。〔缘坐者，各从祖孙本法。〕其嫡母、继母、慈母、养母〔皆服三年丧，有犯〕与亲母〔律〕同。〔改嫁、义绝不与亲母同。〕称"子"者，男女同。〔缘坐者，女不同。〕

律039：称与同罪〔例3条，事例2条〕

凡〔律〕称与同罪者，〔谓被累人与正犯同罪，其情轻，〕止坐其罪。〔正犯〕至死者，〔同罪者〕减一等，罪止杖一百、流三千里。〔正犯应刺，同罪者免刺，故曰〕不在刺字、绞、斩之律。若受财故纵与同罪者，〔其情重，〕全科。〔至死者绞。〕其故纵谋反、叛逆者，皆依本律〔斩、绞。凡称同罪者，至死减一等；称罪同者，至死不减等。〕

称准枉法论、准盗论之类，〔事相类而情轻，〕但准其罪，亦罪止杖一百、流三千里，并免刺字。

称以枉法论及以盗论之类，〔事相等，而情并重，〕皆与正犯同，刺字、绞、斩，皆依本律科断。〔然所得同者律耳，若律外引例充军为民等项，则又不得而同焉。〕

（此仍明律，其小注系顺治三年及雍正三年增修。）

〔附录〕顺治律041：称与同罪

〔称"准"、称"以"，前例分八字之义，晰之已明。〕

凡〔律〕称与同罪者，〔谓被累人与正犯同罪，其情轻，〕止坐其罪。〔正犯〕至死者，〔同罪者〕减一等，罪止杖一百、流三千里。〔正犯应刺，同罪者免刺，故曰〕不在刺字、绞、斩之律。若受财故纵与同罪者，〔其情重，〕全科。〔至死者绞。〕其故纵谋反、叛逆者，皆依本律〔斩、绞。凡称同罪者，至死减一等；称罪同者，至死不减等。〕

称准枉法论、准盗论之类，〔事相类而情轻，〕但准其罪，亦罪止杖一百、流三千里，并免刺字。

称以枉法论及以盗论之类，〔事相等，而情并重，〕皆与正犯同，刺字、绞、斩，皆依本律科断。〔然所得同者律耳，若律外引例，充军、为民等项，则又不得而

同焉。〕

条例 039.01：凡受财故纵与囚同罪

凡受财故纵与囚同罪，人犯该凌迟、斩、绞，依律罪止拟绞者，俱要固监缓决，候逃囚得获审豁。其卖放充军人犯者，即抵充军役。若系永远，同罪者止终本身，仍勾原犯应替子孙补伍。

（此条系明代旧例。乾隆五年删去"卖放充军"以下，于"审豁"下增注"仍依本律科其减等，受财枉法从重之罪"。嘉庆六年，查重犯在监，及解审脱逃，审系禁卒、解役贿纵者，即全科所纵囚罪，并无审豁之例。因此删去。）

条例 039.02：奸徒得受正凶贿赂（1）

奸徒得受正凶贿赂，挺身到官顶认，致脱本犯罪名者，不计赃数多寡，俱照本犯徒、流、斩、绞之罪，一例全科。其行贿之本犯，除罪应立决者，毋庸另议外，其原犯应入情实者，拟为立决；应入缓决者，秋审时拟入情实。如原犯军、流等罪，照军、流脱逃改调例，从重治罪。徒、杖以下，按律各加一等。代为说合过钱者，减一等，不计赃科罪。如有子犯罪而父代认，其子除罪应立决者，毋庸另议外，如犯斩候、绞候者，俱拟以立决；军、流、徒、杖，各照例递加。

（此条乾隆二十九年定。）

条例 039.03：奸徒得受正凶贿赂（2）

奸徒得受正凶贿赂，挺身到官顶认，致脱本犯罪名者，不计赃数多寡，俱照本犯徒、流、斩、绞之罪，一例全科。若正凶放而还获，及逃囚自死者，顶凶之犯，照本罪减一等问拟。其行贿之本犯，除罪应立决者，毋庸另议外，其原犯应入情实者，拟为立决；应入缓决者，秋审时拟入情实。如原犯军、流等罪，照军、流脱逃改调例，加等调发。徒、杖以下，按律各加一等。代为说合过钱者，减一等，不计赃科罪。教诱顶凶者，照教诱人犯法律，与犯人同罪。如有子犯罪而父代认，其子除罪应立决者，毋庸另议外，如犯斩候、绞候者，俱拟以立决；军、流、徒、杖，各照例递加。

（此条嘉庆六年改定。嘉庆十九年，移附"有事以财请求"门内修并。）

事例 039.01：乾隆二十九年议准

凡有受贿顶凶之案，悉照本犯斩、绞之罪，一律全科。应拟军流以下者，即照军流等罪一律科断，此系专指平人贿买顶凶而言。至父子之间，伦常所系，乃有子杀人而父代子认凶者，虽多由父爱子情切，而为子者居然从命，竟得脱身事外，使父无辜入死罪，蔑伦残忍，实为天理所难容，人心所共愤，自当从重严定科条，以彰国宪。但律例向无明文，而罪名之差等有别，若概照谋杀父母已行律斩决，未免漫无区别。嗣后如有子犯罪而父认凶者，即照本犯所犯罪名科断，除原犯斩决、绞决者，毋庸置议外，其本犯斩候者，其子即拟以斩决；本犯绞候者，其子即拟以绞决；军流徒杖，各照例递加。

事例 039.02：乾隆四十八年谕

刑部核拟徐刚殴伤张文耀身死一案，率照云南巡抚刘秉恬拟将顶凶之唐二照本犯绞罪全科。其正凶之弟徐三，系踏伤田内豆苗起衅之犯，恐到官连累，许给银两，央求唐二顶凶，该部亦照依说合人减等拟以杖流，所办殊欠平允。盖从中说合，系指案内无关涉，徒与犯人通信说合之人而言，若徐三一犯，本系正凶胞弟，且事因伊起，又系伊觌面贿嘱舞弊，其中并无另有辗转为之说合之人，何得比照说合之人减等之例，仅拟杖流，刑部率行照覆，误矣！著将徐三一犯，暂行拟绞监候，俟拿获徐刚到案，审明正凶及起意央求顶凶情节，另行定拟具奏。至唐二贪贿顶凶，罪由自取，刑部于顶凶之犯，向皆入情实，无所分别，亦属疏漏。因顶凶者，其本案亦自有轻重，如谋逆、强盗、谋、故、斗殴，本属不同，其应如何分别条款，著另行详议具奏。钦此。遵旨议准：嗣后本犯有服亲属，肇衅起意，贿嘱顶凶，希图免累，本犯并不知情者，暂拟绞监候，俟拿获正凶，另行定拟。至受贿顶凶之犯，从前止计赃科罪，嗣因此等瞥不畏死之徒，贪利冒认，反使正凶脱累，死者含冤，是以乾隆二十七年议定，凡得受贿赂，顶认正凶，无论成招与否，均不计赃数多寡，即照禁卒解役贿纵罪囚例，按本犯斩、绞之罪，一律全科。夫贪冒之徒，受贿顶替，较正凶之殴死人命，复又贿人顶替，贾祸他人者，自属有间。其谋逆强盗，罪干凌迟斩枭决不待时者，顶凶之犯，应照本犯一律全科。即谋故等案，本例应拟监候者，其情罪重大，亦属显然，正凶若复行贿顶凶，按例即应改为立决。若贪贿之徒，胆敢惟利是趋，挺身代罪舍命而不顾，将何事不可为！秋审时，亦当仍照旧例入于情实。至斗殴等顶案内，贪财顶认，虽同一欺公枉法，而正凶原犯之轻重不同，顶替之情事各殊，若一概入于情实，诚如圣谕无所分别。嗣后斗殴等项案内，如行贿之正凶，原犯理曲情凶，应入情实，照例改为立决，以及受贿顶凶之人，或系在场帮殴，以刃伤人，并助殴伤多伤重，又或受贿，赃至满贯，种种以身试法，无可宽宥者，仍列入情实，以示惩儆。其行贿之正凶，原犯情节本应缓决，照例改为情实者，受贿顶替之犯，或仅止事后贪贿顶认，并无别项情事，赃数亦属无多，正凶又未漏网，此等案犯，实属冥顽无知，情节稍轻，俱酌议缓决，以示一线可原之意。

律 040：称监临主守

凡〔律〕称监临者，内外诸司统摄所属，有文案相关涉，及〔别处驻扎衙门带管兵粮水利之类，〕虽非所管百姓，但有事在手者，即为监临。称主守者，〔内外各衙门〕该管文案典吏，专主掌其事，及守掌仓库、狱囚、杂物之类官吏、库子、斗级、攒拦、禁子并为主守。

其职虽非统属，但临时差遣管领、提调者，亦是监临主守。

（此仍明律，其小注系顺治三年增入，顺治律为 042 条。）

律 041：称日者以百刻

〔今《时宪书》每日计九十六刻。〕

凡〔律〕称一日者，以百刻，〔犯罪违律，计数满乃坐。〕计工者，从朝至暮〔不以百刻为限〕。称一年者，以三百六十日。〔如秋粮违限，虽三百五十九日，亦不得为一年。〕称人年者，以籍为定。〔谓称人年纪，以附籍年甲为准。〕称众者，三人以上。称谋者，二人以上。〔谋状显迹明白者，虽一人，同二人之法。〕

（此仍明律，其小注系顺治三年增修，顺治律为 043 条。）

律 042：称道士女冠

凡〔律〕称道士、女冠者，僧、尼同。〔如道士、女冠犯奸，加凡人罪二等，僧、尼亦然。〕若于其受业师，与伯叔父母同。〔如俗人骂伯叔父母，杖六十、徒一年；道、冠、僧、尼骂师，罪同。受业师谓于寺观之内亲承经教，合为师主者。〕其于弟子，与兄弟之子同。〔如俗人殴杀兄弟之子，杖一百、徒三年；道、冠、僧、尼殴杀弟子，同罪。〕

（此仍明律，其小注系顺治三年增修，顺治律为 044。）

律 043：断罪依新颁律〔例 2 条，事例 48 条〕

凡律自颁降日为始，若犯在已前者，并依新律拟断。〔如事犯在未经定例之先，仍依律及已行之例定拟。其定例内有限以年月者，俱以限定年月为断。若例应轻者，照新例遵行。〕

（此仍明律，原无小注数语。乾隆五年，以律为百代不易之经，故犯在颁降以前者，亦应依律拟断。至于条例，有议自某年为始者，有于文到之后，限以月日然后施行者。若犯在未经定例之先，自应仍依律及已行之例定拟，不得遽引新例。至于例应轻者，则应照新例遵行，以昭钦恤之义。但律内向未注明，恐致误用，因增辑此注。顺治律为 045 条。）

条例 043.01：律例申明颁布之后

律例申明颁布之后，凡问刑衙门，敢有恣任喜怒，引拟失当，或移情就例，故入人罪，苛刻显著者，各依故失出入律坐罪。其因而致死人命者，除律应抵死外，其余俱问革职。

（此条系明代旧例，原载条例之末，雍正三年移附此律。乾隆五年改定为条例043.02。）

条例 043.02：律例颁布之后

律例颁布之后，凡问刑衙门敢有恣任喜怒，引拟失当或移情就例，故入人罪，苛刻显著者，各依故失出入律坐罪。

（此条乾隆五年，将条例 043.01 改定。）

薛允升按：此亦不引本律，援引他例之意，与断罪引律令各条参看。

事例 043.01：顺治元年定

问刑衙门准依明律治罪。

（先是国初律令，重罪有斩刑，轻罪用鞭责，至是始有用明律之制。）

事例 043.02：顺治元年奏准

故明律令，当斟酌损益，刊定成书，俾中外知所遵守。

事例 043.03：顺治元年奉旨

法司会同廷臣，详绎明律，参酌时宜，详议允当，以便裁定成书，颁布天下。

事例 043.04：顺治二年奉旨

令修律官参酌满汉条例，分别轻重差等，汇集进呈。

事例 043.05：顺治四年律书名曰：《大清律集解附例》

御制序文，颁行天下，计书十卷，共四百五十八条，律编为六：曰吏律、户律、礼律、兵律、刑律、工律。总律之大凡，别为一编，曰名例律。其目首列律母八字之义：一曰以，以者与实犯同，谓如监守贸易官物，无异正盗，故以枉法论，以盗论，并除名刺字，罪至斩绞，并全科。二曰准，准者与实犯有间，谓如准枉法、准盗论，但准其罪，不在除名刺字之例，罪止杖一百、流三千里。三曰皆，皆者不分首从，一等科罪，谓如监临主守职役同情盗所监守官物，并赃满数皆斩之类。四曰各，各者彼此同科此罪，谓如各色人匠拨赴内府工作，若不亲自应役，雇人冒名代替，及代替之人，各杖一百之类。五曰其，其者变于先意，谓如论八议罪犯，先奏请议，其十恶不用此律之类。六曰及，及者因类而推，谓如彼此俱罪之赃，及应禁之物则入官之类。七曰即，即者意尽而复明，谓如犯罪事发在逃者，众证明白，即同狱成之类。八曰若，若者文虽殊而会上意，谓如犯罪未老疾，事发时老疾，以老疾论，若在徒年限内老疾者，亦如之之类。

事例 043.06：顺治十一年奏准

刑法禁于已然之后，而教谕弭于未然之前。请敕法司仿古大诰之制，将国家用刑款件，择其重大者，编辑成书，布告天下。

事例 043.07：顺治十二年谕

帝王以德化民，以刑辅治，故律例最宜详慎，苟轻重失宜，则官胥得以任意出入，欲政平讼理，其道无由。朕览谳奏本章，引用律例，每有未协。尔部速将满汉文律缮写进呈，朕将详览更定，颁示遵行。

事例 043.08：顺治十七年校订律例

以盛京定例，及屡奉上谕并刑部衙门定例，分析入律各款，缮满汉文册进呈。

事例 043.09：康熙六年奉旨

刑部酌定现行则例，详细分款，陆续进览。

事例 043.10：康熙九年谕

刑部将律例翻绎清书进呈。谕：国家设立法制，原以禁暴止奸，安全良善，故律例繁简，因时制宜，总期合于古帝王钦恤民命之意。向因人心滋伪，轻视法网，强暴之徒，凌虐小民，故于定律之外，复严设条例，俾其畏而知儆，免罹刑辟。乃近来犯法者多，奸宄未见少止，人命关系重大，朕心恻然。其定律之外，所有条例，如罪不至死而新例议死，或情罪原轻而新例过严者，应去应存，著九卿、詹事、科道会同详加酌定议奏。钦此。遵旨将更改条例缮册，奏准刊刻通行，名曰《现行则例》。

事例 043.11：康熙二十八年奏准

律例一书，有仍袭前代旧文，而于本朝法制绝不相蒙者，如郡王、将军、中尉亲自赴京者罪；如京操官轮操军失于赴京者罪；如近京民户孳生牧养；如校尉缉事察访；皆属前代弊政，久革不行。如安乐、自在等州，非现在流犯之地；如炒铁、运砖等事，非现在徒犯之役；如吏典犯辟，长官处决，然后报部；如在京军民犯杖军发别卫，民发别郡；如诡寄田地，全家抄没；如误伤致死，责赔一人之类，现今明载律文，实非通行令甲，所当删定改正，以成善本。应请敕下三法司诸臣会同详核，将律例之分别者合之，新旧不符者通之，轻重之可疑者酌之，务期尽善，然后刊刻全书，勒成定本，颁示中外，永远遵守。

事例 043.12：康熙三十四年定

刑部现行则例，分别加载律内。有清汉文义互相参差者，通加改正。或罪有本律，而例系重复者，即行删除。或名目字款，旧有今无，及旧典今有者，酌量增删。或一款应分两条，或数条同属一款者，悉与分并。其今虽不行，而宜备参考者，仍照例附载，以备比引考证。别部事例，间有与律义相合者，亦照刑部现行则例采入。如律例内有应具题请旨者，俟别题请旨。至于律文仿自唐律辞简义赅，诚恐讲晰未明，易至讹舛，特为汇集众说，于每篇正文后增出总注，疏解律义，期于明白晓畅，使人易知。今酌定名例四十六条，谨录清汉文各六本进呈。

事例 043.13：康熙三十六年奉旨

新纂律书名例，朕已览阅，奏闻后又有更改处，发回刑部，将更改之处增入，著九卿详阅具奏。

事例043.14：康熙四十六年辑成《大清律例》

辑成《大清律例》四十二本，缮清汉文进呈。

事例043.15：雍正元年奏准

自康熙四十七年起，至六十一年止，现在遵行定例一百十有五条，内应删应改者，令律例馆总裁速行审定，并前纂成四十二本，一并交与九卿互相参酌，考订画一，誊缮进呈。

事例043.16：雍正三年谕

朕自临御以来，钦恤刑狱，每遇法司奏谳，必再三覆核，惟恐稍有未协。又念律例一书，为用刑之本，其中条例繁多，若不校订画一，有司援引断狱，得以意为轻重，贻误匪小，特命纂修官克期告竣。今据将所纂全稿进呈，朕逐一详览，其有应行驳正者，已一一批示，但明刑所以弼教，关系甚大，著九卿会同细看，务期斟酌尽善，以副朕慎重刑名之意。

是年颁行《大清律集解附例》，凡三十卷，通计律文四百三十六条。律有总注，或标举大意，或逐节分疏，或释正文而兼及小注，或诠本条而旁通别义，异同条贯，眉目井然。律后附例，共八百二十四条，分为三项。曰原例，系历代相沿旧例，凡三百二十一条。曰增例，系康熙年间现行例，凡二百九十九条。曰钦定例，系钦奉上谕及内外臣工条奏，凡二百四条。

事例043.17：雍正十三年谕

国家刑罚禁令之设，所以诘奸除暴，惩贪黜邪，以端风俗，以肃官方也。然宽严之用，又必因乎其时。从前朕见人情浅薄，官吏营私，相习成风，罔知省改，势不得不惩治整理，以诫将来，今人心共知儆惕矣。凡各衙门条例，有从前本严，而朕改易从宽者，此乃从前部臣定议未协，朕与廷臣悉心斟酌，而后更定以垂永久者，应照更定之例行。若从前之例本宽，而朕改易从严者，此乃整饬人心风俗之计，原欲暂行于一时，俟诸弊革除之后，仍可酌复旧章，此朕之本意也。向后遇此等事件，则再加斟酌，若有应照旧例者，仍照旧例行。

事例043.18：乾隆元年奏准

世宗宪皇帝遗诏，惓惓于条例之宽严，有宜再加斟酌之训谕。原例、增例、钦定例三项，自刊刻后至今，前例又多酌改，恐内外问刑官援引舛错，吏胥因得高下其手，应请特简大臣为总裁官，将所刊刻律例，并自刊刻后至今通行各例，统加检核，有宜因时变通，如先经定例而后已改易者，或前例未协而未经改定者，应作何斟酌损益，宽严得中，逐一缕析条分，务期平允。其应删除者即行删除，应增入者即行增入，应更正者即行更正，应仍照旧例行者亦即酌复旧章。除律文律注仍旧外，其刊入之例，必将某条附载某律之处，确切不移，务使宏纲细目，折衷尽善，纂辑成书，恭请钦定，刊刻颁行。

事例043.19：乾隆元年覆准

纂修律例，必详慎无遗，而后可垂永久。督抚臬司等各有刑名之责，其轻重详略之间，傥有所见，据实敷陈，敕交该馆以资采择。

事例043.20：乾隆五年颁行《大清律例》

凡四十七卷。律文四百三十六条，悉仍旧本，删律总注，其注内有于律义有所发明，实可补律之所不逮者，则竟别立一条，著为成例。附例千有四十二条，以次附列。删原例、增例各名目。

事例043.21：乾隆五年奏准

乾隆四年十二月以前之例，已经逐条奏准通行。其乾隆五年以后例，依乾隆元年奏准，嗣后有陆续增修之处，仍定限三年一次编辑，附律例之后，颁行直省，永著为例。

事例043.22：乾隆六年谕

律例一书，原系提纲挈领，立为章程，俾刑名衙门有所遵守。至于情伪无穷，而律条有限，原有不能纤悉必到全然赅括之势，惟在司刑者体察案情，随时详酌，期于无枉无纵则可，不可以一人一事，而顿改成法也。本朝《大清律》周详明备，近年以来，又命大臣等斟酌重修，朕详加厘定，现在刊刻颁行，而新到任之臬司科道等，条陈律款者，尚属纷纷，至于奉天府丞，竟奏请酌改三条。夫已定宪章，欲以一人之臆见，妄思变易，究竟不能尽民间之情弊，而朝更夕改，徒有乖于政体。嗣后毋得轻议纷更，如果所言实属有当，该部亦止可议载册籍，不得擅改成书。

事例043.23：乾隆八年奏准

流分三等，原以道里之远近，制情罪之重轻，而名例所载，独定于陕西、山东、浙江、四川、广东、广西、福建七省。今军犯俱系各省通发，流犯亦应一体办理。谨案舆图及军卫道里表，所载道里远近，分别三等，不拘从前所定七省，详加酌定，将某省某府属流犯，应流二千里、二千五百里、三千里者，发何省何府何属安置，逐省逐府，详细开载，纂定三流道来表，并将五年以后续纂例三十条，分门编辑，均缮册恭呈御览，颁发遵行。

事例043.24：乾隆十一年奏准

刑部律例，虽奏明三年一次纂修，而三年内或酌改无多，不必拘定三年之限，以五年为期，纂修一次。

事例043.25：乾隆十二年奏准

向例续增条例，定限三年一次编辑，应将乾隆八年以后钦奉谕旨，及内外臣工陈奏准行各条，按律目分门附入。共续增四十九条，其律例全书内，间有辞意不甚明晰，今酌改者十二条，已经奏准删改者四条，刊刻讹错应改正者五条。至条奏内有止系申明禁令，及虽经议准，今细加察核，有难以遵循，毋庸编辑者，共十四条，均缮册进呈。再乾隆十一年奏准，律例馆续增条例，定以五年一次编辑，此次开馆，在未经议奏之先，下届编辑，应照定例遵行。

事例 043.26：乾隆十六年奏准

刑部律例，奏明五年纂修一次。今计十一年至十六年，已届五年，请将应纂为定例者，参考编辑，凡续增例六十五条，修并一条。

事例 043.27：乾隆二十一年奏准

律例自乾隆十六年纂辑后，所有应纂条例，俱按律目分编，共续纂例五十三条。其全书内已有现行新例，而陈例应删除者，及文义未甚明晰，校勘更定者，共十六条。至条奏止系申明禁令，及虽经议覆准行，而与律例无涉，毋庸纂辑者，共十二条。

事例 043.28：乾隆二十六年奏准

律例自乾隆二十一年至二十六年，已届五年，所奉谕旨及议准条奏，应纂为例者，参考编辑，凡续纂一百三条，修改四条，删除一条。

事例 043.29：乾隆二十七年谕

国家设定律例，历经斟酌损益，条分缕析，已属周详。近来各省臬司新任，辄于律令内摭拾一、二，奏请增改，其中固有旧例于情事未尽该括，应随时酌量变通者，即未能通彻律意，或就一时之见，率请更易者，亦复不少。在该部不过因陈奏之间，尚近情理，难于概行议驳，而其实多设科条，徒陈案牍，既无当于政简刑清，转滋窒碍难行之道。不知刑名案件，情伪微暧，变幻百出，若事事曲为逆亿，虽日定一例，岂能偏给乎？惟在司刑宪者，临时详察案情，参酌令典，期于平允协中。设徒鳃鳃然各逞己见，议改议增，适以变旧章而滋纷扰，于谳狱之道，有何裨益？著将此传谕中外问刑衙门知之。

事例 043.30：乾隆三十二年奏准

律例全书，自乾隆五年至今二十余载，虽经五次修辑，止就现定新例依类编入，其从前旧例与新例不合之处，俱未增删改并，所有历年钦奉上谕，及议准条奏，并吏、户、礼、兵、工等部议准，有与刑名交涉者，应详加核纂，以归画一。除照例纂辑、修改、节删，即于各条下谨案语内声明外，如于罪名适轻、适重，遇有增改之处，粘签进呈，恭候钦定。凡纂一百四十五条，修改八十九条，删除五十六条，并请将前次续纂，及此次编辑各条及总类，均按照律目，归入全书，以便引用。

事例 043.31：乾隆三十七年奏准

开馆纂修律例，将新旧例文逐一比较，详加参考，酌量修改。其旧例内有业已奏准不行，与新例全不符合者，酌拟删除，以归画一。除续纂新例，及修改旧例内，增删字句无多者，即于本条谨案语内声明，毋庸装叙原例外，其有罪名轻重，新旧不符，增删过多者，谨先叙原例，次列修改本条，仍于各条之首，分别粘签进呈，恭候钦定。凡纂七十三条，修改四十四条，删除九条。

事例 043.32：乾隆四十三年奏准

乾隆三十三年纂修律例，至今已届十载，其间修辑一次，止就现定新例依类编辑，从前旧例，俱未厘定删改，或有新旧不符，及辞意重复，并文义未甚明晰者，详加参考酌量，分别续纂改修，与纂修督捕则例，并毋庸纂辑及删除条例，缮册敬呈。凡续纂九十一条，修改五十三条，删除六条。

事例 043.33：乾隆四十八年奏准

纂修条例，将四十三年以后钦奉上谕及条奏，应纂为例者，依类编辑，恭呈御览，颁发遵行。凡续纂六十一条，修改五条，修并九条，删除二条。

事例 043.34：乾隆四十九年奏准

《三流道里表》一书，自乾隆八年纂辑告成，至二十年复经修定，迄今二十余年，未加重辑。我朝幅员广阔，为从古所未有。数十年间，增辟新置之府州县，既为旧表所未备。各省府厅州县裁并、增设、改名、改属，与旧表多有未符。且核原书内所分里数，与现在所行程途，亦未尽吻合。里数远近稍有参差，罪名即关出入。今将原表内各府州县三等流犯应发道里，按照各督抚等造报里数，详确查核，其与原表符合者仍依旧编，未符者核实更正，并将此次奏修原委，及历年奏准停发省分，并均匀酌发事件，酌定凡例十四条，列于卷首，以备各省问刑衙门查核。

事例 043.35：乾隆五十三年奏准

律例全书，自乾隆六年后，四十余年，未经重刻，应将现在删并各条，同旧存全例，重加编辑，另为刊刻。其旧板存储刑部库内，以备稽考。随详加覆核，除奏准为例各条按类编辑外，其前后未能该括罪名轻重失平者，亦有此条例文援引别条治罪，而别条业已停止，以致此条无从援引者，又有数条同属一类，或一事分隶各门，及从前定例尚未允协者，分别续纂、修改、删除名目，于各条之下，逐加案语。凡续纂五十二条，修改五十七条，修并一百一条，删除三十二条。粘签进呈御览后，刊刻颁发。

事例 043.36：乾隆六十年奏准

将五十三年以后全部条例，逐一比较，其中有罪名轻重新旧不符者，俱详加参考，酌量修改。如增删字数无多者，即于本条案语内分析陈明。统缮成帙，敬呈御览，颁发通行。凡续纂四十四条，修改十四条，修并五条。

事例 043.37：嘉庆六年奏准

刑部先经奏明开馆纂修律例，及督捕则例。凡钦奉谕旨，及议准条奏，除申明例禁，无关罪名出入者，毋庸编辑外，其有关罪名轻重，应行添改，及旧例与新例未符，此条与彼条未协，应修、应删者，均照奏定章程，分别修改、修并、续纂、删除各项名目，粘签开列本例之首，并逐条加具案语。有原例者，先叙原例于前，次叙新例于后，以期眉目分明。谨将修辑例文，及毋庸编辑各条，缮册恭呈钦定。凡续纂六十一条，修改一百七十一条，修并一百四十九条，删除二十一条。通共律文四百三十六条，附例一千六百三条。督捕则例一百十条。通行内外问刑衙门遵照。

事例043.38：嘉庆十一年奏准

嘉庆六年以后钦奉上谕，及议准内外臣工条奏，有关罪名轻重，应行添改，及旧例与新例未符，应修、应删者，悉行参考，均照历次章程，分为修改、修并、续纂、删除各名目，及毋庸编辑各条，缮册敬呈御览。凡续纂二十五条，修改五十五条，修并四条，删除一条，刊刻通行。

事例043.39：嘉庆十五年奏准

自嘉庆十一年以后钦奉谕旨，及议准内外臣工条奏，除止系申明例禁，无关议拟罪名者，毋庸编辑外，其有关罪名轻重，应行添改，及旧例与新例未符，应修、应删者，悉心参考，均照历次奏定章程，分为修改、修并、续纂、删除各名目，开列本例之首，粘贴黄签，并逐条加具案语，分析陈明。有原例者，先叙原例于前，次列新例于后，以期眉目清楚。谨将修辑例文，缮写成帙，敬呈御览。凡续纂三十九条，修改五十一条，修并七条，删除一条，移改二条，恭候命下，刊刻颁行。

事例043.40：嘉庆十九年奏准

自十五年以后钦奉谕旨，及议准内外臣工条奏，除止系申明例禁，无关议拟罪名者，毋庸编辑外，其有关罪名轻重，应纂辑为例，并旧例内有应行添改者，悉心参考，均照历次奏定章程，分为修改、修并、移并、续纂、删除各名目，开列本例之首，粘贴黄签，并逐条加具案语，分析陈明。有原例者，先叙原例于前，次列新例于后，以期眉目分明。谨将修辑例文，缮写成帙，敬呈御览。凡续纂四十五条，修改一百零五条，修并二条，删除二条，移并二条，恭候命下，刊刻颁行。

事例043.41：道光元年奏准

自嘉庆二十年以后钦奉上谕，及议准内外臣工条奏，有关罪名轻重，应行纂辑为例，及旧例与新例未符，应修、应删者，悉心参考，俱照历次奏定章程，分为修改、修并、移改、续纂、删除各名目，除由吉林、黑龙江改发新疆、内地，及由新疆、回疆改发内地各项，现于应修例内逐条修改，因止系调发地方，并未更改罪名，毋庸列入黄册外，谨将修辑例文，及毋庸编辑各条，一并缮册，敬呈御览。凡续纂五十三条，修改六十三条，修并二条，移改一条，删除一条，刊刻通行。

事例043.42：道光五年奏准

纂修条例，将二年以后钦奉上谕及条奏，应纂为例者，依类编辑，恭呈御览，颁发遵行。凡续纂三十条，修改五十六条，移改一条，删除二条。

事例 043.43：道光十年奏准

纂修条例，将六年以后钦奉上谕及条奏，应纂为例者，依类编辑，恭呈御览，颁发遵行。凡续纂十九条，修改七十二条，修并三条，移并一条，删除一条。

事例 043.44：道光十五年奏准

纂修条例，将十一年以后钦奉上谕及条奏，应纂为例者，依类编辑，恭呈御览，颁发遵行。凡续纂二十八条，修改四十五条，修并一条，移改一条，删除四条。

事例 043.45：道光二十年奏准

纂修条例，将十六年以后钦奉上谕及条奏，应纂为例者，依类编辑，恭呈御览，颁发遵行。凡续纂三十条，修改二十一条，删除一条。

事例 043.46：道光二十五年奏准

纂修条例，将二十一年以后钦奉上谕及条奏，应纂为例者，依类编辑，恭呈御览，颁发遵行。凡续纂二十二条，修改二十五条，移并一条，移改一条，删除四十条。

事例 043.47：咸丰二年奏准

纂修条例，将道光二十六年以后钦奉上谕及条奏，应纂为例者，依类编辑，恭呈御览，颁发遵行。凡续纂十九条，修改五十三条，修并二条，移改二条，删除二条。

事例 043.48：同治九年奏准

纂修条例，将咸丰三年以后钦奉上谕及条奏，应纂为例者，依类编辑，恭呈御览，颁发遵行。凡续纂五十六条，修改四十五条，修并一条，移改一条，删除二十三条。

律 044：断罪无正条〔例 1 条〕

凡律令该载不尽事理，若断罪无正条者，〔援〕引〔他〕律比附应加应减，定拟罪名〔申该上司〕，议定奏闻。若辄断决，致罪有出入，以故失论。

（此仍明律，雍正三年删定。其小注系顺治三年增入。）

〔附录〕顺治律 046：断罪无正条

凡律令该载不尽事理，若断罪而无正条者，〔援〕引他律比附，应加、应减，定拟罪名，〔申该上司。〕转达刑部，议定奏闻。若辄断决，致罪有出入者，以故失论。

条例 044.01：引用律例

引用律例，如律内数事共一条，全引恐有不合者，许其止引所犯本罪。若一条止断一事，不得任意删减，以致罪有出入。其律例无可引用，援引别条比附者，刑部会同三法司，公同议定罪名，于疏内声明"律无正条，今比照某律、某例科断，或比照某律、某例加一等、减一等科断"，详细奏明，恭候谕旨遵行。若律例本有正条，承审官任意删减，以致情罪不符，及故意出入人罪，不行引用正条比照别条，以致可轻、可重者，该堂官查出，即将承审之司员指名题参，书吏严拿究审，各按本律治罪。其应会三法司定拟者，若刑部引例不确，许院、寺自行查明律例改正。傥院、寺驳改犹未允协，三法司堂官会同妥议。如院、寺扶同朦混，或草率疏忽，别经发觉，将院、寺官员，一并交部议处。

（此条雍正十一年，九卿议覆大学士张廷玉条奏定例。）

薛允升按：断罪引律令云，若律有数事共一条，官司止引所犯本罪。听此例前数句即系申明此律。其一条止断一事句，则补彼律之所未备也。专指刑部司官而言，似不赅括，可改为通例。

律045：徒流迁徙地方〔例136条，事例118条，成案7案〕

凡徒役，各照应徒年限，并以到配所之日为始，限满释放。流犯，照依本省地方，计所犯应流道里，定发各处荒芜及濒海州县安置。应迁徙者，迁离乡土一千里外。

徒五等：

发本省驿递。

流三等：

直隶布政司府分，流陕西。

江南布政司府分，流陕西。

安徽布政司府分，流山东。

山东布政司府分，流浙江。

山西布政司府分，流陕西。

河南布政司府分，流浙江。

陕西布政司府分，流山东。

甘肃布政司府分，流四川。

浙江布政司府分，流山东。

江西布政司府分，流广西。

湖北布政司府分，流山东。

湖南布政司府分，流四川。

福建布政司府分，流广东。

广东布政司府分，流福建。

广西布政司府分，流广东。

四川布政司府分，流广西。

贵州布政司府分，流四川。

云南布政司府分，流四川。

（此仍明律，雍正三年改定。）

〔附录〕顺治律 047：徒流迁徙方

徒役各照所徒年限，并以到配所之日为始，发盐场者，每日煎盐三斤；铁冶者，每日炒铁三斤。另项结课。

江南布政司分：

江南发山东盐场，江北发河间盐场

福建布政司府分发两淮盐场。

浙江布政司府分发山东盐场。

江西布政司府分发泰安、莱芜等处铁冶。

湖广布政司府分发广东、海北盐场。

河南布政司府分发浙东盐场。

山东布政司府分发浙东盐场。

山西布政司府分发巩昌铁冶。

直隶府分发平阳铁冶。

陕西布政司府分发大宁、绵州盐并。

广西布政司府分发两淮盐场。

广东布政司府分发浙西盐场。

海北、海南府分发进贤、新喻铁冶。

四川布政司府分发黄梅、兴国铁冶。

流三等，照依地里远近，定发各处荒芜及濒海州、县安置。

江南布政司分流陕西。

福建布政司府分流山东、直隶。

浙江布政司府分流山东、直隶。

江西布政司府分流广西。

湖广布政司府分流山东。

河南布政司府分流福建。

山东布政司府分流福建。

山西布政司府分流福建。

直隶府分流福建。

陕西布政司府分流福建。

广西布政司府分发流广东。

广东布政司府分流福建。

四川布政司府分流广西。

条例045.01：凡军流及外遣人犯

凡军、流及外遣人犯，十月至正月终及六月，俱停其发遣，余月照常发遣。

（此条乾隆五年，遵康熙九年谕旨纂定。乾隆五十三年修并入条例045.10。）

条例045.02：凡军流人犯

凡军、流人犯，隆冬停其发遣，惟广东、福建，冬月常暖，其彼此应流之犯，照常发遣。

（此条雍正三年定。乾隆五十三年修并入条例045.10。）

条例045.03：各省军民人犯

各省军民人犯，除广东起解福建，冬日照常发遣外，其它省人犯，在本地未经起解者，仍照例停遣。若已至中途，初冬十月，经过州县，照常接递，至十一月初一日，方准停遣，俟次年春融转解；如抵配所不远，本犯情愿前进者，将不停遣缘由，移咨前途州县，一体接递，仍报刑部。其从配所逃回被获者，照逃人之例，分别刺字，押解原发配所，照例治罪，不准停遣。

（此条雍正七年定。乾隆五年、乾隆十六年修并为条例045.05。乾隆五十三年修并入条例045.10。）

条例045.04：广东福建军流人犯

广东、福建军、流人犯，亦准照各省之例，隆冬停遣。

（此条乾隆三年定。乾隆五十三年修并入条例045.10。）

条例045.05：军流人犯

军、流人犯，在本地未起解者，遇隆冬及六月，仍照例停遣。若已至中途，初冬十月，经过州县，照常接递，至十一月初一日，方准停遣，俟次年春融时转解；如遇六月，亦准停遣。傥抵配不远，本犯情愿前进者，将不行停遣缘由，移咨前途州县，一体接递，仍报刑部。其从配所逃回被获者，分别刺字押解，应发原配者，仍发原配，应改调者改调，虽遇隆冬盛暑，不准停遣。

（此条系乾隆十六年，将条例045.03、045.04修并。乾隆五十三年修并入条例045.10。）

条例045.06：各省民人

各省民人，在外犯该徒罪，例应递回原籍发配者，如遇隆冬盛暑，除抵籍不远仍递解外，其离籍在一千里外者，亦照军、流例停解。

（此条系乾隆十年，议覆江西按察使翁藻条奏定例。乾隆五十三年修并入条例045.10。）

条例045.07：发遣乌鲁木齐等处人犯

发遣乌鲁木齐等处人犯，解至陕省，虽遇隆冬盛暑，不准停遣。

（此条乾隆二十年定。乾隆五十三年修并入条例045.10。）

条例045.08：直省军流遣犯（1）

直省军、流遣犯，除盛暑停遣及遇隆冬发往西北各省地方亦照例停遣外，旗发往东南省分，有情愿前进赴配者，取具本犯确供，一体起解，其不愿者听。惟云南省并无盛暑严寒，各省解往军、流遣犯，虽遇隆冬六月，不必停遣。

（此条乾隆二十七年云南巡抚吴达善，及乾隆二十八年刑部侍郎兼管顺天府府尹钱汝诚条奏，乾隆二十八年并纂为例。乾隆五十三年修并入条例045.10。）

条例045.09：新疆改发内地人犯

新疆改发内地人犯，仍照发遣新疆人犯例，虽遇隆冬六月，不必停遣。

（此条乾隆三十二年定。乾隆五十三年修并入条例045.10。）

条例045.10：直省军流遣犯（2）

直省军、流遣犯，未起解者，十月至正月终及六月，俱停其发遣。若已至中途，初冬十月，经过州县，照常接递，至十一月初一日，方准停遣，俟次年春融转解；如遇六月，照前停遣。傥抵配不远，并发往东南省分各项人犯，有情愿前进赴配者，取具本犯确供，一体起解，并将不行停遣缘由，移咨前途接递，仍报刑部。惟云南省并无盛暑严寒，各省解往军、流遣犯，不必停遣。至军、流、遣犯在配脱逃，例应解回原配，及改调他省，并应发伊犁、乌鲁木齐等处，或由新疆改发内地人犯，虽遇隆冬盛暑，均一例不准停遣。其民人在外省犯徒，例应递回原籍发配之犯，若离籍在一千里外者，时遇隆冬，亦准停解。其起解及接递州县，如有将应行停解之犯而不停解，及将不应停解之犯擅行停解者，均交吏部照例议处。

（此条乾隆五十三年将条例045.01至条例045.09各条修并，并增入接递州县处分，最终纂定此例。嘉庆六年修定为条例045.11。）

条例045.11：直省军流遣犯（3）

直省军、流遣犯，及实发新疆，并由新疆条款改发内地人犯，未起解者，十月至正月终及六月，俱停其发遣。若已至中途，初冬十月，经过州县，照常接递，至十一月初一日，方准停遣，俟次年二月转解；如遇六月，照前停遣。傥抵配不远，并发往东南省分各项人犯，有情愿前进赴配者，取具本犯确供，一体起解，并将不行停遣缘由，移咨前途接递，仍报刑部。惟云南省并无盛暑严寒，各省解往军、流遣犯，已入该省边境者，不必停遣。其起解之时，有情愿前进者，亦照解往东南省分之例办理。其军、流、遣犯在配脱逃，例应解回原配，及改调他省者，虽遇隆冬盛暑，不准停遣。其民人在外省犯徒，例应递回原籍发配之犯，若离籍在一千里外者，入时遇隆冬盛暑，亦准停解。其起解及接递州县，如有将应行停解之犯而不停解，及将不应停解之犯擅行停解者，均交吏部照例议处。〔按：例内其字太多，似应修改。〕

（此条嘉庆六年议准。指发云南人犯，必已入该省边境者，方不得停遣，其实发新疆及由新疆改发内地者，一体准其停遣。将条例 045.10 修定。）

薛允升按：宋神宗熙宁时，吴充建请，流人冬寒被创上道多冻死，请自今，非情理巨蠹，冬月请留役本处，至春遣之。奏可。隆冬停遣，古时已有行之者矣。从前流配人犯，俱杖而后解，故此云，冬寒被创上道，多冻死者。本朝定制，不准先责后解，又何被创上道之有。而隆冬犹复停遣，体恤可谓至矣。解犯如值隆冬，例应停遣，所以昭轸恤也。惟停遣即应监禁，亦多不便。设有随行之妻子，必致羁留，转不如早到配所之为愈也。善政亦有不便于人者，此类是矣。新疆及改发内地二项，已包于遣犯之内矣，言新疆而不及黑龙江等处，未免挂漏。且例内亦有由黑龙江改发内地者，未便两歧，似应删去。盖军流尚停遣，则外遣之必应停遣明矣。隆冬停遣，本系指发边外而言，若内地似不应停发。况死罪解勘人犯，并不因隆冬盛暑稍缓时日，军流遣犯独有停解之例，似觉无谓。且十月停遣，亦系专指边外而言。中途照常接递，内地则可，边外似觉不宜。今不分边外内地，但以已未起解为断，设如发往黑龙江等处人犯已至山海关以外，时当十月，仍应起解，不准停遣，岂例意固应如是耶。康熙九年上谕，专指流徙宁古塔等处而言，以该处寒冷逾于内地故也。是以十正等月亦准停遣。现行之例改为已至中途，经过州县照常接递，与此上谕不符。且内地未起解者，十月即停其发遣，已解至边外者，十月仍不准停发，彼此相较，终觉未尽允协。本犯情愿赴配，即行起解，不愿者听，系属体贴人情之意。盖久羁囹圄，亦有愁苦之处故也。弟专言东南省分，则发往西北省分之犯，虽情愿赴配，亦在不准之列矣。至东南西北省分，亦有难强为区分者，似不如不分何省，总以本犯是否情愿赴配为断。顺治十二年题准："一应流犯，俱照律例所定地方发遣，其解部流徙者，改流尚阳堡"。十八年定："凡反叛案内应流人犯，俱流徙宁古塔"。尔时之流徙，即后来之外遣也。宁古塔即吉林也。外遣者止此二处，嗣后则有三姓、索伦达呼尔，即黑龙江等处也。乾隆二十四年以后，遂有发遣新疆者矣。

条例 045.12：凡下五旗包衣人

凡下五旗包衣人，经该王门上送部发遣者，由部核准，即咨送该王门上转发打牲乌喇。其因公事犯罪应发遣者，仍酌发黑龙江等处。

（此条雍正二年定。嘉庆十一年，将"咨送该王门上"，改为"咨送兵部"。）

薛允升按：上谕内有下五旗字样，是以专言下五旗也。且止云送部发遣，并未声明犯罪事由，应与下条参看。乌喇地方，康熙年间已经停止发遣。包衣人一经送部，并不分别情节轻重，即发打牲乌喇，似嫌过重。然系尔时办法尔。再查创参旧例，为从系包衣佐领下另户，发乌喇交该管官，令其打牲，系家人，给与打牲人为奴。后于乾隆五年修例时，声明发遣打牲乌喇之例，久经停止，因将此层删去。而此处仍发打牲乌喇，未免参差。

条例 045.13：凡各省民人在京

凡各省民人，在京犯该流并免死减等流犯，如无妻室，及应追银两者，顺天府定地发遣。如有妻室，及应追银两，顺天府转发原籍地方，令其追银金妻，各照本省所定应流地方发遣，追完银两解部，分别给主。别省有犯，亦照此例科断。

（此条康熙四十一年及康熙四十五年例，雍正三年定例。乾隆五年，将"发遣"改为"发配"；"别省有犯"四字，改为"不在本籍者"。乾隆二十四年，因为停止金妻之例，将例内分别"有无妻室"四字删去。乾隆五十三年修并入条例 045.17。）

条例 045.14：凡各省流寓之人

凡各省流寓之人，犯徒罪者，即在所犯地方充徒；犯流者，仍依本省应发地方问拟。

（此条乾隆五年定。乾隆五十三年修并入条例 045.17。）

条例 045.15：直隶各省

直隶各省，凡遇流寓之人于该省犯流者，若计本犯原籍应流之地，即系该犯流寓之所，令该督抚按所犯应流道里远近，分别改发。

（此条乾隆七年，刑部议覆福建按察使王丕烈条奏定例。乾隆五十三年修并入条例 045.17。）

条例 045.16：凡各省民人在别省

凡各省民人，在别省犯该军、流，并免死减等之犯，除供有妻室，例应金妻，并情愿还乡转递，及本犯有应追银两者，仍照例解回原籍金遣外，其供无妻室，或虽有妻室而不愿携往，及赃项已经追完者，承审官即按本犯原籍应流、应充军地方，起解发遣。

（此条乾隆九年，刑部议覆江西按察使翁藻条奏定例。乾隆二十七年增入"原籍无产，不必解回"一层，删去"金妻"一层。乾隆五十三年修并入条例 045.17。）

条例 045.17：各省民人流寓在京在外

各省民人流寓在京、在外，犯该军流徒罪并免死减等之犯，其有应追银两，讯明本犯，原籍有产可赔者，移查明确，将该犯解回原籍，追银完交后，照应配地方发配，将所完银两移交犯事地方，分别给主。如无应追银两，或赃项已经追完，及移查籍无并无产业者，徒犯，即在犯事地方完地充徒；军、流人犯，于犯事地方按本犯原籍应配地方起解发配。若计原籍应配之地，即系该犯流寓之所，令各该督抚按所犯应流、应充军道里远近，分别改发，仍回避原籍相近之地。

（此条系乾隆五十三年将条例045.13以下各条修并。）

薛允升按：此流寓在外犯徒流以上之例，与在京问拟徒罪人犯，不许出境一条参看。彼条专言徒犯，此则兼及军流，亦有不同。至还官、入官、给主各赃及埋葬银两，均有监追限期，见给没赃物门。此处专为往返移查、解回追交有需时日而设，是免其往返跋涉，反致多加监禁，亦属未便。追银、金妻二者并重，是以转发原籍。后金妻之例停止，则解回原籍专为追银一层矣。流犯，按原籍应配地方起解发配，徒犯，即在犯事地方充徒，是徒犯几与流犯相等矣。

条例045.18：奉天宁古塔黑龙江等处（1）

奉天、宁古塔、黑龙江等处，有犯枷责发遣者，令该将军等查明，或系实在满洲另户正身，或虽系另户而行同奴仆卑污下贱者，或系奴仆而为另户者，逐一声明，送部照例枷责，满日咨送兵部，将实在满洲另户正身，发直西安、荆州、杭州、成都等处满洲驻防之省城当差。若另户而行同奴仆，并奴仆开户者，俱发西安等处满洲驻防之兵丁为奴。其同案之犯，不得共发一处。

（此条系雍正三年定。乾隆元年议准：另户免其为奴，将例内"虽系另户而行同奴仆卑污下贱者"句，"另户而行同奴仆"句，均删去。乾隆二十七年，因兵部奏准，各省驻防轮流编发，复将此例改定为条例045.19。）

条例045.19：奉天宁古塔黑龙江等处（2）

奉天、宁古塔、黑龙江等处，有犯枷责发遣者，令该将军等查明，或系另户满洲，或系奴仆，逐一声明送部，照例枷责，满日，咨送兵部，将另户满洲发直隶、江宁、山西、山东、河南、甘肃、西安、宁夏、凉州、荆州、杭州、成都、福建、广东等处满洲驻防之省城当差。若奴仆，亦发直隶等省给满洲驻防之兵丁为奴。其同案之犯，不得共发一处。

（此条乾隆二十七年，将条例045.18改定。）

薛允升按：原例分别另户之处，颇觉详晰。改定之例删去开户一层，则此等开户之人亦系另户旗人矣。东三省旗人有犯，发各省驻防，各省驻防及在京旗人俱发东三省，而无发别省驻防之文。另户正身旗人发驻防当差。奴仆发驻防为奴，此专指东三省而言，亦系指未销档者而言。应与犯罪免发遣门各条参看。同案之犯不得同发一处，此语专见此条，别项人犯并无明文，似可改为通例。

条例045.20：凡土司有犯徒罪以下者

凡土司有犯徒罪以下者，仍照例遵行外，其改土为流之土司，本犯系斩绞者，仍于各本省分别正法、监候。其家口应迁于远省者，系云南，迁往江宁；系贵州，迁往山东；系广西，迁往山西；系湖南，迁往陕西；系四川，迁往浙江；在于各该省城安插。如犯军、流罪者，其土司并家口应迁于近省安插，系云南、四川，迁往江西；系贵州、广西，迁往安庆；系湖南，迁往河南；在于省城及驻扎提督地方分发安插。该地方文武各官不时稽查，毋许生事、扰民、出境。如疏纵土司本犯，及疏脱家口者，交部分别议处。其犯应迁之土司，及伊家口，该督抚确查人数多寡，每亲丁十口，带奴婢四口，造具清册，一并移送安插之省，仍具册并取该地方官并无隐漏印结，咨报刑部。其安插地方，每十口拨给官房五间，官地五十亩，俾得存养。获所官地，照例输课。于每年封印前，将安插人口，及所给房产数目，造册送户部查核。

（此条雍正三年遵旨议定。乾隆五年，节删重复，重新确定此例。）

薛允升按：此专指改土为流之土司而言。死罪及军流人犯家口，均遣于别省，盖恐其仇杀相寻也。拨给田房，俾得存养，又所以示体恤也。土司改流，雍正及乾隆年间颇多，近则绝无仅有。且从前改土为流之土司，已经数世，均与民人无异，有犯亦不照此科断。

条例045.21：各旗将家奴吃酒行凶送部发遣者

各旗将家奴吃酒行凶送部发遣者，令该旗都统确查，用印文送部发遣。如将应行发遣之奴，该旗故为留难，不行送部者，许伊主赴部递呈。该部审明，应行发遣者发遣，将留难官员交部查议。至于行止不端之人，欲行占夺家人妻女，捏以吃酒行凶送部者，不准发遣，交与该佐领，将伊妻室子女转卖，身价给主。傥被卖之后，捏告原主，希图报复者，仍照诬告家长律，从重治罪。其各省将军处，有送家奴吃酒行凶发遣者，该将军审明，照此遵行。

（此条系雍正元年，刑部议覆御史殷达礼条奏。雍正三年定例。乾隆五年删去"从重"二字。）

薛允升按：此条止言发遣，并未声明发往何处。咸丰二年，因八旗正身吃酒行凶条内止言送部发遣，并未指明地方，是以添入"吉林、黑龙江"字样。此条事属一例，亦应添叙明晰。惟查犯罪免发遣门，载旗下家奴犯军流等罪，俱酌发驻防为奴。此处既未载明发遣地方，又似应发各省驻防矣。许伊主赴部递呈，与刑部不准收呈之例，微有不符，应参看。以上三条，一系正身旗人吃酒行凶发遣之例，一系下五旗呈送包衣人发遣之例，一系各旗呈送家奴发遣之例，自系以类相从，而不言汉人呈送家奴。奴婢殴家长门，有奴仆不遵约束、傲慢顽梗、酗酒生事者，照满洲家人吃酒行凶例，面上刺字，流二千里，似系即照此例问拟。惟此例止云发遣，并未明言发往何处，应与彼例参看。

条例045.22：凡免死强盗

凡免死强盗，三次窃盗，诱卖人口，私铸制钱，偷挖人参，并行凶等犯，应发黑龙江等处者，除另户外，其民人及奴仆，即将所犯罪由，于右面上刺满汉字样发遣，仍照例分别枷责。若从发处逃回者，亦照此例刺发。

（此条雍正三年定。乾隆五年，查刺字之例，俱分见于各条，并起除刺字律后。因此删去此条。）

条例 045.23：云南徒罪人犯

云南徒罪人犯，发本省多罗、松林等十二驿摆站；罪重者迤东各府人犯，发诺邓等井煎盐；迤西各府人犯，发固旧等厂熬铅。

（此条雍正三年定。原文本有"发遣人犯，年底造册报部"二语，乾隆五年删去。乾隆五十二奏准：云南徒犯，于通省州县内，不拘有无驿站，均匀酌配，业经纂有新例，因此删除此条。）

条例 045.24：内务府庄头犯法

内务府庄头犯法，应行发遣者，俱给披甲人为奴。

（此条雍正六年定。查内务府庄头，亦系正身，应免为奴。因此于乾隆五年删去此条。）

条例 045.25：凡发遣人犯酌定名数

凡发遣人犯，酌定名数，分起解送。如案内人犯众多至五名以上者，每五名作一起，先后解送。至起解时，务必如法锁铐，将年貌锁铐填注批内，接递官必按批验明锁铐完全，于批内注明"完全"字样，钤盖印信，转递前途。倘解役人等有受贿开放者，计赃照枉法律治罪。若转解之该地方官，因前途未曾锁铐，不复行查不补加锁铐，听其散行，将该地方官与前途未曾锁铐官，均按罪犯轻重，交部分别议处。

（此条系乾隆五年将雍正三年、雍正九年所定之例并为一条。后半尚有"解犯于经过处所生事不法，即于所在地方正法示众"一节，原载"徒流人又犯罪"律后。嘉庆六年，以前半条系《发遣起解章程》，移附此律，其后半自为一条，仍载此律。）

薛允升按：此例应与主守不觉失囚条、中途开放锁镣一条参看。此专言发遣，未及军流徒者，以从前发遣人犯，均系解送刑部转发，是以有酌定名数之例。现在系由各省发往，即与此例不符。地方官交部议处，系指未脱逃而言。《处分则例》云："解役受贿开放锁铐，原解官与添解官，系遣犯降一级留任，军流徒以下罚俸一年"。此例有遣犯而无军流徒，似嫌未尽赅括，亦与《处分例》不合。此解送发遣人犯之例，与此律意不相符合，似应移入稽留囚徒门或修并于主守不觉失囚例内亦可。

条例 045.26：凡应发往查克拜达里克人犯

凡应发往查克拜、达里克人犯内，强盗减等发遣，及盐案内奸妻充军，并八旗拨给披甲为奴者，俱发往齐齐哈尔等处垦种地亩。

（此条雍正十一年定。后经屡次修改，乾隆五年奏明删去。）

条例 045.27：发往广西当差人犯

发往广西当差人犯，分发平乐、梧州、南宁、柳州等府，郁林、宾州二州各协营入伍充军。

（此条雍正十一年定，专为刨参人犯应发烟瘴者而设，系该省分发各属之例，毋庸通行直省。乾隆五年奏明删除。）

条例 045.28：发往查克拜达里克人犯

发往查克拜、达里克人犯，俱发往鄂尔坤种地。

（此条雍正十一定，乾隆五年删去。）

条例 045.29：满洲汉军应发遣之人

满洲、汉军应发遣之人，俱不必发往查克拜、达里克等处种地，仍照旧例发往黑龙江。

（此条雍正十一定，乾隆五年删去。）

条例 045.30：分发流犯

分发流犯，如计算该犯原籍府属，至分流省分，有未及应流里数者，将该犯分拨远处之府属安插。如已逾应流里数者，即于本省府属内，计道里足数地方安插。

（此条雍正十二年定。乾隆四十九年，业将三流道里表内各府州三等流犯，按照远近里数，编定应发省分，校订成书，奏明遵照。因此将此条删去。）

条例 045.31：广东福建浙江沿海

广东、福建、浙江沿海温、台、宁波等处之人，在本籍地方曾任守备、千、把等官，有犯军、流、徒、杖，应发别省入伍者，如祖父母、父母老疾应侍，准其照例留养，如再不法生事，照原拟之罪加等惩治。其非亲老丁单者，军、流等罪，仍行发往。若因奸盗不孝，诬良为盗，窝赌聚赌，生事扰民，受贿纵盗，嗜酒骄悍，犯该徒、杖、笞罪者，俱于本罪完结之日，查明家口，押发原定省分入伍食粮。傥仍因前生事不法，照该犯原犯之罪加等惩治。其余犯别样徒、杖、笞罪者，移行该犯之原任上司，查明驯良顽悍，将顽悍者，仍照原定省分押发入伍；驯良者，照文职废员例，交与地方官约束；再有过犯，亦以原拟之罪加等惩治。如有年逾六十、衰老病废者，免其押发，该地方官取具保结，不时约束；如再生事不法，加等治罪。其缘事革追，赃不入己，事由人致，平日谨慎小心，一时误犯，情有可原者，即于本地方安插。若此内有年力精壮，弓马可观者，准其于本省三百里外营分，入伍食粮。傥再生事不法，加等治罪，其该营官及原任上司，如有徇情挟私，或以顽悍为驯良，以驯良为顽悍，并捏称衰老病废、弓马可观者，除该弁仍分别良悍照例发落外，将出结之该管官交部议处。如受财索诈，计赃以枉法治罪。

（此条雍正十二年定，乃专为广东等处府弁而设，并非直省通行之例。乾隆五年删。）

条例 045.32：发遣人犯

发遣人犯，暂停发齐齐哈尔、黑龙江等处，俱著发三姓地方，赏给一干兵丁为奴。

（此条雍正十三年定。已于乾隆元年分别旗人、民人，另行改定。乾隆五年奏明删除。）

条例 045.33：汉人犯该发遣者

汉人犯该发遣者，如系举贡生监，及曾为职官之人，俱酌发云、贵、两广烟瘴少轻地方，交与地方官管束。

（此条乾隆元年遵旨定例。乾隆二十四年奏定：川省地虽近边，并非烟瘴，且有啯噜子一项，素不安分，未便将匪徒发往，嗣后四川一省停止发遣。所有例内"云、贵、川、广"字样，一体改为"云、贵、两广"。嘉庆六年，修并入条例 045.37。）

条例 045.34：曾为职官及举贡生监人等

曾为职官及举贡生监人等。有犯发遣者，引例时不得加"以为奴"字样。

（此条乾隆元年遵旨定例。原载"断罪不当"律后，嘉庆六年移并此律，并入条例 045.37。）

条例 045.35：改发乌鲁木齐等处种地人犯

改发乌鲁木齐等处种地人犯，如旗人另户正身曾任职官，及民人举、贡、监、生员以上，并职官子弟，俱发往当差。余俱给予种地兵丁为奴。

（此条系乾隆二十三年，刑部奏准条例。嘉庆六年，修并入条例 045.37。）

条例 045.36：进士举贡生员监生犯事

进士、举、贡、生员、监生犯事，如止系寻常过犯，不致行止败类者，仍照旧例办理外，若系党恶窝匪，卑污下贱者，罪应发遣黑龙江等处者，俱照平人一例问拟，改发为奴。

（此条系乾隆五十六年，刑部议覆江苏省拿获盐犯谢鸿仪等分别治罪一折，乾隆五十七年遵旨定例。嘉庆六年，修并入条例 045.37。）

条例 045.37：曾为职官及进士举贡生员监生（1）

曾为职官及进士、举、贡、生员、监生，并职官子弟，犯该发遣者，俱酌发烟瘴少轻地方。其实发乌鲁木齐、黑龙江等处者，如止系寻常过犯，不致行止败类者，发往当差。若系党恶窝匪，卑污下贱者，罪应发遣者，无论进士、举、贡、生、监并职官子弟，俱照平人一例发遣为奴。

（此条系嘉庆六年将条例 045.33 至 045.36 各条删并的定例。嘉庆十七年改定为条例 045.38。）

条例 045.38：曾为职官及进士举贡生员监生（2）

曾为职官及进士、举、贡、生员、监生，并职官子弟，犯该发遣乌鲁木齐、黑龙江等处，如止系寻常过犯，不致行止败类者，发往当差。其应发驻防者，亦改发乌鲁木齐当差。若系党恶窝匪，卑污下贱者，俱照平人一例发遣为奴。

（此条嘉庆十七年奏准，将条例 045.37 改定。）

薛允升按：此专指汉人而言。乾隆五十六年所奉上谕，止言监生等类，并无职官在内，修并之例，连职官一并加以为奴，似嫌未协。平情而论，外遣罪已极矣，又加重为奴，似可不必。况犯杖罪者，未闻与平人一体的决，犯遣罪者，俱与平人一体为奴，亦嫌参差。盗贼窝主门，职官窝藏强窃盗，则明明党恶窝匪矣，例内止云概行发遣黑龙江当差，并不问拟为奴。应与此条参看。应发驻防，谓本例载明应发驻防之罪也。如收买私钱、搀和行使之类，盖指所犯照民人例应发遣，及例应发驻防者而言，非谓凡犯一应军流，均应改发新疆也。后来职官有犯军流，无有不发新疆者矣。《周礼·司厉》："凡有爵者，与七十者，与未龀者皆不为奴。"乾隆元年谕旨："职官、举贡生监等，有犯发遣者，不得加以为奴。"即此意也。五十六年改定之例，未免过严。

条例 045.39：犯军流罪之土司

犯军、流罪之土司，例给近省安插者，本犯身故，或无子及虽有子而幼小者，其妻子许回籍。

（此条乾隆五年，广西巡抚杨超曾条奏定例，原载"流囚家属"门。嘉庆六年移附此律，修并入条例 045.41。）

条例 045.40：各省迁徙土司（1）

各省迁徙土司，若本犯身故，该管地方，即行文原籍督抚，将该犯家口应否回籍之处，酌量奏闻，请旨定夺。

（此条乾隆十年遵旨定例。嘉庆六年，修并入条例 045.41。）

条例 045.41：各省迁徙土司（2）

各省迁徙土司，若本犯身故，该管地方，即行文原籍督抚，将该犯家口应否回籍之处，酌量奏闻，请旨定夺。其本犯身故无子，及虽有子而幼小者，其妻子并许回籍，不在此例。

（此条嘉庆六年将条例 045.39、045.40 二条修并。）

薛允升按：此专指遣徙土司家属而言，似仍应并入流囚家属门内，然近来亦无此等案件矣。

条例 045.42：凡土蛮瑶僮苗人仇杀劫掳

凡土蛮、瑶、僮、苗人仇杀劫掳，及聚众捉人勒禁者，所犯系死罪，将本犯正法，一应家口、父母、兄弟、子侄，俱令迁徙。如系军、流等罪，将本犯照例枷责，仍同家口、父母、兄弟、子侄，一并迁徙。系流官所辖者，发六百里外之土司安插；系土司所辖者，发六百里外之营县安插。其凶恶未甚者，初犯照例枷责，姑免迁徙。若仍不改恶，将本人仍照原拟枷责，亲属家口，亦迁徙别地安插。仍严饬文武官稽查约束，出具印结，并年貌清册，于年底报部。如安插十年后，果能改恶迁善，有情愿回籍者，查明咨部，准予回籍。若本犯并各家口，仍在安插地方行凶生事，照已徒、已流而又犯罪律，再科后犯之罪。傥地方官不尽心约束，以致疏脱者，即将该管文武各官，照例参处。其本犯审无别情，照例治以逃罪。如有生事不法情由，照平常遣犯逃后为匪例，分别治罪。至蛮、僮头目犯法，必根究勾引之人，审明确实，照诱人犯法律加等治罪，遇赦不宥。失察勾引之地方官，交部议处。

（此条雍正五年例。原例"掳"下有"凶惨已甚"四字。乾隆五年改定。）

薛允升按：土蛮、瑶、僮及苗人，有犯军流徒罪，均应折枷，而例无专条，附见于此。似应于化外人有犯门，特立专例，将本门各条，均分别修并，纂入彼门。恐吓取财门，苗人伏草捉人勒索，首犯斩候，从犯枷号三个月，刺字，并无迁徙明文，与此不同，应参看。此条所云自系专指仇杀劫虏矣。枷责后仍同家口迁徙，与下文免其迁徙不同。盖以凶惨已甚与凶恶未甚为折枷、迁徙之分也。若以凶惨已甚为无所指实，其凶恶未甚者又何指耶。改定之例删去凶惨已甚一句，似嫌未协。原例止云加倍治罪，虽未指明治以何罪，自系多枷一月二月之意。以此等人犯，原不必定照刑律科断也。家口、父母、兄弟、子侄一并迁徙，民人能照此办理否乎。改定之例殊觉无谓。脱逃生事，照平常遣犯分别治罪。而在安插地方，行凶生事，又照已徒已流又犯律科断，似嫌参差。且家口与本犯亦有区别，一体治罪，尤觉未协。即如平常遣犯，脱逃为匪，如犯该军流，即应拟绞矣。迁徙之家口有犯似应斟酌。教诱苗、瑶、狑、僮犯法，见诈教诱人犯法，较此条治罪为严，应参看。

条例 045.43：旗人犯该发遣者（1）

旗人犯该发遣者，分发黑龙江、宁古塔、吉林、乌喇等处当差；旗人家奴，暂发三姓地方，给子八姓一千兵丁为奴，俟数满一千之后，仍发遣黑龙江等处为奴。若民人犯该发遣案内，强盗免死减等者，行劫数家止首一家者，伙盗供出首盗实时拿获者，窃盗临时拒捕杀人为从者，偷盗坟墓二次者，民人谎称卖身在旗者，民人谎称八旗逃人者，民人假称逃人具告行诈者，民人卖逃买逃者，如查有妻室，俱金发宁古塔、黑龙江等处，分给披甲人为奴。其查无妻室者，如系强盗免死及窝留强盗三人以上之犯，分发云、贵、川、广极边烟瘴地方。其余查无妻室，并别项遣犯之有妻室者，俱分发云、贵、川、广烟瘴少轻地方，均交与地方官严行管束，仍照例分别刺字。如有逃走为匪，及生事不法者，俱照发遣黑龙江等处之例，分别治罪。

（此条乾隆五年定。）

条例 045.44：旗人犯该发遣者（2）

旗人犯该发遣者，分发黑龙江、宁古塔、吉林、乌喇等处当差；旗人家奴，发遣黑龙江等处为奴。若民人犯该发遣案内，民人谎称卖身在旗者，民人谎称八旗逃人者，民人假称逃人具告行诈者，民人卖逃买逃者，俱发宁古塔、黑龙江等处，分给披甲人为奴。窝留强盗三人以上者，发云、贵、两广极边烟瘴地方。其行劫数家止首一家者，窃盗临时拒捕杀人为从者，并别项遣犯，俱改发云、贵、两广极边烟瘴少轻地方，交与地方官严行管束，仍照例分别刺字。如有逃走为匪，及生事不法者，俱照发遣黑龙江等处之例，分别治罪。

（此条乾隆三十二年改定。）

条例 045.45：八旗逃人匪类犯该发遣者

八旗、逃人、匪类犯该发遣者，令黑龙江、吉林、宁古塔将军，酌量各该处所属地方大小，分发安插，严行约束。如有不知改悔，即照例报部，改发云、贵、两广等处，仍将每年有无改发之处，于年终汇奏。至民人有犯外遣内，如强盗免死减等者，强盗已行而不得财者，开窑诱取妇人子女勒卖为从者，造谶纬妖书传惑人不及众者，师巫假降邪神并一应左道异端之术煽惑人民为从者，聚众十人以上，带有军器、兴贩私盐、拒捕伤一人为从下手者，叛案缘坐应给兵丁为奴者，均照例解部，发黑龙江等处，给予披甲人为奴，余俱改发云南等省烟瘴地方管束。

（此条乾隆二十四年定。乾隆三十二年，于"发遣黑龙江等处"下增"给予披甲人为奴"句；将原例内"照名例改发云南"等句删去，"照名例"三字，又与"兴贩私盐"款内，原例"伤人为从"四字，改为"伤一人为从下手"。）

条例 045.46：改发乌鲁木齐等处人犯

改发乌鲁木齐等处人犯，如旗人曾任职官及另户正身，俱发当差。

（此条乾隆二十三年定。嘉庆六年，将条例 045.43 至 045.46 各条，删并为条例 045.47、045.48 两条。）

条例 045.47：八旗另户正身

八旗另户正身，及曾为职官，发遣黑龙江、吉林及乌鲁木齐等处者，俱当差。系家奴，发遣为奴。至八旗逃人匪类，发遣黑龙江、吉林、宁古塔者，令该将军酌量各该处所属地方大小，分发安插，严行约束。如有不知改悔，即销除旗档，照例报部，改发云、贵、两广等处，令地方官与民人一体严加管束，仍将每年有无改发之处，于年终咨报军机处、刑部，会核汇奏。

（此即嘉庆六年分辑"旗人发遣之例"，原文未及"销除旗档"一节。嘉庆十一年，查照《督捕则例》，于"照例报部"上增"销除旗档"句，又于"改发云、贵、两广等处"下增"令地方官与民人一体严加管束"句。）

薛允升按：此专指旗人而言。分别当差、为奴与犯罪免发遣门条例相符，惟彼条旗下家奴犯军流等罪俱发驻防为奴，与此条不同。旗下逃人匪类，发黑龙江等处当差，三年后悔过者，挑选匠役。复犯罪者，销除旗档，发云贵、两广管束。见徒流人又犯罪门，均应参看。再，此条例文有与各条重复者，似应修并于各条之内。从前旗人颇知自爱，犯法者少，即有犯者，并不实发，亦不销档。嗣虽定有实发之例，而仍不销档，是以逃人匪类亦无销档之文。道光五年定例以后，不特军流以上应营销档，即徒杖以下凡系逃人匪类，无不销除旗档矣。今昔情形不同，此刑典中一大关键也。

条例 045.48：民人犯该发遣案内

民人犯该发遣案内，盗免死减等者，强盗已行而不得财，伤人为从、及未伤人为首者，造谶纬妖书传用惑人不及众者，师巫假降邪神并一应左道异端之术煽惑人民为从者，聚众十人以上带有军器、兴贩私盐、拒捕伤一人为从下手者，谎称卖身在旗者，谎称八旗逃人者，假称旗人具告行诈者，卖逃买逃者，俱发黑龙江、吉林等处，给披甲人为奴。叛案缘坐者，发黑龙江、吉林等处当差，俱照例分别刺字。

（此条系嘉庆六年分辑"民人发遣"之例。原文无"伤人为从、及未伤人为首"二句，又将"叛案缘坐"列入为奴之内，均于嘉庆十一年，查照各本门定例增改。嘉庆十七年，调剂黑龙江、吉林等处遣犯，此条各项，已议准改发新疆及各省驻防、四省烟瘴等处。）

条例 045.49：直隶江南等处人犯

直隶、江南、浙江、江西、湖广、福建、山东、山西、河南、陕西人犯，应发黑龙江等处者，俱发四川、广东、广西、云南、贵州烟瘴地方。其云、贵、川、广五省人犯，应发黑龙江等处者，照《军卫道里表》内所编极边地方，足四千里金发。

（此条乾隆五年定。乾隆三十七年删。）

条例 045.50：除强盗减等

除强盗减等及情罪重大之犯金妻发遣外，其它军、流人犯，如父母现已衰迈，家无次丁，愿留妻侍养父母者，取具地方官印结，咨部免金。

（此条乾隆五年定，移入"流囚家属"门内。乾隆三十二年删。）

条例 045.51：免死减等强盗

免死减等强盗，不论有无妻室，俱照例解部，发遣宁古塔等处为奴。其别项发遣人犯，未经到部，及到部之日妻室病故，将该犯递回原籍，改发烟瘴。其已由刑部咨送兵部转发者，已山海关为界。如解至关外，妻室病故，地方官一面竟行发遣，一面申报刑部；如在关内，妻室病故，一面申报刑部，一面递回原籍，照例发落。

（此条乾隆七年定。）

条例 045.52：文武员弁犯徒

文武员弁犯徒，及总徒四年、准徒五年者，即在犯事地方定驿发配，俟年限满日释放回籍。其有应折枷号、鞭责者，仍照例办理。

（此条乾隆十年，刑部议甘肃按察使顾济美条奏定例。）

薛允升按：徒犯不拘有无驿站，官犯仍定驿发配，未免参差。缘此例在先，未能一律改正故也。其实在驿亦无应当之差，亦空言耳。官员犯徒罪，《唐律》系以官当，明系以运炭、运米、运砖等项赎罪，此则直发徒配矣。而党恶窝匪者，又与平人一体发遣为奴，古今之不同如此。现在官员犯徒罪，俱系发往军台效力，赎罪较此例为更严矣。

条例 045.53：凡直省内有苗民杂处之地

凡直省内有苗民杂处之地，发到军、流等犯，令解巡抚衙门，就地方情形通融派拨，不得与苗民聚长，致生事端。

（此条乾隆十二年，刑部议覆贵州按察使孙绍武条奏定例。）

条例 045.54：起解军流人犯

起解军、流人犯，除应遣府州，仍照《军流道里表》指定发解外，其府州所属之州县，听督抚查明各该地方在配军、流多寡，均匀发配。至广东琼、连二属，俱照四川、湖南有苗省分之例，令巡抚酌量派拨。其改发广东烟瘴少轻人犯，不必拘定东莞、香山等二十县，亦俱解赴巡抚衙门，酌量地方分拨。各省有烟瘴者，均照此例。

（此条乾隆二十六年，九卿议覆山西按察使拖木齐图条奏，并刑部议覆广东巡抚周人骥条奏定例。）

条例 045.55：凡各省发遣广西军流等犯

凡各省发遣广西军、流等犯，统于民官所属州县内，照该犯应配道里酌量安置，不得拨发土司所属地方。

（此条乾隆十二年，刑部议覆广西巡抚鄂昌条奏定例。原例尚有"至太平府之宁明州，庆远府之东兰州，镇安府之天保县，归顺州，奉议州，五处烟瘴极重，免其分拨安置"等语。嗣后在乾隆二十九年，据广西按察使奏称：宁明、东兰等处，烟瘴比前载轻，所有军、流等犯，请一体分发。因此将此数语删去。）

条例 045.56：各省佥发军流人犯（1）

各省佥发军、流人犯，俱按照《军流道里表》内应发省分，照改发遣犯之例，毋庸指定府州，悉解巡抚衙门，听该抚按其所犯罪名，仿照《军流道里表》，酌量州县大小远近，均匀拨发。起解省分，将解发军、流人犯，于起解之先，预行咨明该督抚，先期定地，饬知入境首站州县，随到随发。其解犯兵牌内，填明"解赴某省入境首站某州县，遵照定地，转解配所，投收申缴"字样。

（此条乾隆三十六年，刑部议覆广西按察使朱椿并山西巡抚鄂宝条奏，乾隆四十二年并纂为例。）

条例 045.57：各省佥发军流人犯（2）

各省佥发军、流人犯，除广西土司所属地方，不得拨发安置，并广东琼、连二属，及四川、湖南有苗民州县，令解巡抚衙门，就地方情形通融派拨，不得与苗民聚处外，余俱按照《军流道里表》内应发省分，毋庸指定府州，悉听该省督抚按其所犯罪名，查照《军流道里表》，酌量州县大小远近，在配军、流多寡，均匀拨发。起解省分，预行咨明应发省分督抚，先期定地，饬知入境首站州县，随到随发。其解犯兵牌内，填明"解赴某省，入境首站某州县，遵照定地，转解配所，投收申缴"字样。

（此条系乾隆五十三年将条例 045.54 至 045.57 等四条删并。又以烟瘴少轻人犯，业于乾隆三十七年奏准，改发四千里；且新疆条款，另有改发烟瘴人犯，解交各省巡抚酌拨安置之例，因将首条"烟瘴少轻"一层删去。）

薛允升按：广东、广西、四川、湖南应发人犯，因不便与苗瑶等聚处，俱解巡抚衙门，与别省不同。惟别省军流人犯，均系咨明该督抚先期定地，无庸指定府州，则此数省之督抚，独不能通融派拨乎。将四条例文修并为一，本为删繁就简，转致多所挂漏。似应分作两条，将苗疆地方列为一条，其余军流列为一条。一系解赴巡抚衙门，一系无庸解赴巡抚衙门也。从前军流均系金妻发配，后将金妻之例停止，此处金发二字亦应酌改。

条例 045.58：奉天所属民人

奉天所属民人，有犯军、流、徒罪者，俱照各省民人犯罪例，一体问发，均不准折枷完结。

（此条系乾隆十二年，刑部议覆盛京刑部侍郎介福条奏，并乾隆十三年，议覆奉天府尹苏昌条奏，乾隆十六年定例。"军、流、徒罪"下本有"及边外为民"五字。乾隆三十六年奏准，将例内"及边外为民"字样，均行删去。）

薛允升按：奉天虽有民人亦准折枷之例，后经奏准改正。此例即可删除，似无庸另立专条。国初例一条："一、盛京所招之民有犯罪者，照民人例分别责治，其徒流照旗下分别枷号。"乾隆五年改为"盛京所招之民，有犯徒流军罪者，照旗人例分别枷号，应得笞杖，仍照民例分别折责"。载在犯罪免发遣门。似即刑部议覆奉天府尹佟奏准之例〔国初时，奉天府尹佟奏："盛京地方皆系新设，人民尽属关西招徕。今犯赌博，请照旗下例枷责发落。"刑部查盛京州县皆系新设，原未立有驿站，难与内地同论，应依旗下人徒流折枷例遵行，奉旨依议〕。乾隆十六年删除。

条例 045.59：四川省所属之宁远府

四川省所属之宁远府、茂州、雅州、龙安府、酉阳州、叙永厅，湖南省所属之永顺县、靖州、城步县、江华县、永明县、道州、辰州府、沅州府等处，均系苗民杂处之地，各省有应发军、流等犯，令其解至督抚衙门，就地方情形通融派拨，不得与苗民聚长，致生事端。其非附近苗疆之府州，仍照《军流道里表》指定地方，径解该府州转发。

（乾隆十二年议准：各省军、流人犯，俱交该督抚酌拨安置，不得与苗民杂处，致生事端，业于本门著有定例。此条系乾隆十八、十九年，偶因二省条奏所及，定为此例。后因刊发《三流五军道里表》，于各省有苗民处所，详悉声明，遇有应发人犯，自可查照办理，毋庸设为条例，将此条删除。）

条例 045.60：部发外遣人犯

部发外遣人犯，该将军于黑龙江、吉林、宁古塔、三姓等处，均匀发遣，分别安插人犯名数汇奏。

（此条乾隆二十二年，奉上谕纂为例。乾隆五十四年，遵旨议令新疆并黑龙江、吉林等处将军、都统，于年终将本年发到之犯，同积年到配之犯，共计现存若干，详晰声叙，汇奏一次等因，并入此条。乾隆五十九年改定为条例 045.61。）

条例 045.61：发遣伊犁乌鲁木齐

发遣伊犁、乌鲁木齐，并吉林、黑龙江等处人犯，该将军、都统等，务酌量所属各地方大小，均匀派拨，分别安插，于每年十月截数，将该处一年内发到遣犯名数，同积年间发到配遣犯，现存共计若干名，并该处安插遣犯有无逃脱，及已未拿获各数目，详细声叙，咨报军机处、刑部，均限十二月初旬咨齐，照例汇奏。

（乾隆五十九年奉旨：各省汇查遣犯，每年于十月截数，咨报军机处、刑部等因。嘉庆六年，再改定此条。）

薛允升按：此条与犯罪事发在逃第一条，并下逃人匪类一条例文，均有重复之处，似应删并。

条例 045.62：捕役豢贼三名至五名者

捕役豢贼三名至五名者，偷窃拟绞缓决三次以上者，私铸铅钱不及十千者，积匪猾贼为害地方者，俱发云、贵、两广极边烟瘴充军，交地方官严行管束。

（此条乾隆二十四年定。乾隆三十二年，查捕役豢贼，已归刑律本条；抢窃积猾，前条已载；私铸一项，改发黑龙江。因此删去此条。）

条例 045.63：凡苗疆地方（1）

凡苗疆地方，如军、流、徒、遣等犯内，民人有捏称土苗，希图折枷免徒者，事发之日，除按其本律治罪外，仍先于本地方枷号一月，再行充发。其捏结之邻、保人等，审明有无贿纵徇隐，分别治罪。失察官员，即视本犯之罪分别察议。

（此条乾隆二十五年，刑部议覆广西按察使申梦玺条奏定例。后于乾隆二十八年奏准：将犯该斩、绞者，亦令承审官于定案时，查取保、邻甘结存案，因增叙例中。嘉庆六年改定为条例 045.64。）

条例 045.64：凡苗疆地方（2）

凡苗疆地方，如军、流、徒、遣等犯内，民人有捏称土苗，希图折枷免徒者，事发之日，除按其本律治罪外，仍先于本地方枷号一月，再行充发。其捏结之邻、保人等，照证佐不言实情律，减囚罪二等科断；受贿重者，计赃以枉法论。如犯该斩、绞者，亦令承审官于定案时，查取邻、保切实甘结存案，如有捏结，亦照例分别治罪。其失察官员，俱视本犯之罪分别察议。

（嘉庆六年，将"捏结邻保"治罪之处，增入例内，因将条例 045.63 改定。）

薛允升按：原奏既有土苗，瑶、僮字样，似应添入。与上条参看。折枷虽免发遣，究未全出罪名，捏结之邻保，似应于减二等律上再减一等。

条例 045.65：发往伊犁乌鲁木齐等处为奴人犯

发往伊犁、乌鲁木齐等处为奴人犯，令该管大臣均匀酌拨与察哈尔兵丁及种地兵丁为奴。如察哈尔兵丁系永远屯驻者，发给人犯，即永远为奴。其种地兵丁给与为奴人犯，如在乌鲁木齐以内者，听陕甘总督酌量分发。在乌鲁木齐以外者，听伊犁、乌鲁木齐大臣酌量分发，俱于派拨之时，令该遣官将某犯给与某营兵丁之处，详记档案，至换班时，交代与接班兵丁为奴。或该兵丁等撤回内地，及调往他所，并无接班之人，亦令该管官将该犯等另行拨给附近种地兵丁，随同力作。

（乾隆二十七年奉旨：发遣伊犁及乌鲁木齐等处人犯，定例止有"发给种地兵丁为奴"字样，至已到配所，给予何项兵丁，及作何分别办理之处，从前未经议及。著军机大臣会同该部另行定议具奏。军机大臣会同刑部议准定例。）

薛允升按：驻防新疆、察哈尔官兵，于乾隆二十八九年，自口外察哈尔游牧处携眷移驻，共一千八百户，编为两昂吉，以领队大臣统之。设十二佐领，分左右两翼。每翼各六佐领，设笔帖式二人，即于各兵内委署，永远驻守，见《皇朝文献通考》。此例所云即此项移驻之兵丁，亦即所谓眷兵也。原奏云："现有察哈尔兵丁移驻伊犁、乌鲁木齐二处"，是以有察哈尔字样，系指移驻之旗兵而言。其种地兵丁，则指绿营言之矣。是以又有永远屯驻，及换班之分。与下条民人发往伊犁、乌鲁木齐等处为奴，在配安分，已逾十年，止令永远种地、不准为民云云，均系尔时办法，现在非特无察哈尔移驻兵丁，亦无发往为奴人犯矣。

条例 045.66：云南贵州苗人

云南、贵州苗人，犯该徒、流、军、遣，仍照旧例枷责完结。其情节较重，或再犯不悛，将本犯照例折枷后，仍同家口各就土流所辖一并迁徙安插。至苗人中有薙发衣冠与民人无别者，犯罪到官，悉照民例治罪。

（此条乾隆二十七年，云贵总督吴达善条奏；乾隆二十九年，云南按察使良卿条奏；乾隆二十九年并纂为例。）

薛允升按：原例指贵州一省，故专言苗人。添入云南，则土蛮夷倮等类似应一并添入，况原奏本有夷倮等字样耶。

条例 045.67：乌鲁木齐等处安插兵民（1）

乌鲁木齐等处安插兵民，犯该徒罪者，照犯罪免发遣例枷例加一等折枷，免其充徒。系民，仍令种地；系兵，交地方官指给地亩，耕种纳粮。犯该军、流罪者，除照例折枷外，仍留乌鲁木齐，照发来种地人犯，分给屯乡，与种地兵丁一体种地纳粮。倘犯该军、流者，复有滋事脱逃等情，枷号两月，改给乌鲁木齐兵丁为奴。如换班绿旗兵丁犯该徒罪者，不必发往内地，仍留乌鲁木齐，不给口粮，在种地处效力，照应徒年限扣算，满日发回。犯该军、流罪者，仍照例案其应配军、流地方，配发内地。至贸易商民，犯该军、流罪，俱解往内地，照例办理。

（此条乾隆二十八年，驻扎乌鲁木齐大臣旌额理条奏定例。乾隆五十三年修并入条例 045.69。）

条例 045.68：凡内地民人于新疆地方

凡内地民人，于新疆地方犯至军、流之罪，如在乌鲁木齐一带者，即发往伊犁等处；其在伊犁一带者，即发往乌什、叶尔羌等处；而在乌什各城者，亦发往伊犁等处，并视其情罪，量为酌定。轻者发各处编管，给额鲁特及回人为奴。

（此条乾隆三十六年，哈尔沙尔办事大臣宝麟，奏民人岳生梅在哈尔沙尔地方因刘士彦索债争闹札伤刘士彦耳轮等处伤痕平复一案，奉上谕纂为例。乾隆五十三年修并入条例 045.69。）

条例 045.69：乌鲁木齐等处安插兵民（2）

乌鲁木齐等处，安插兵民犯军、流者，除照例折责外，仍留乌鲁木齐，照发往种地人犯，分给屯乡与种地兵丁一体种地纳粮。傥复有滋事脱逃等情，枷号两个月，改给乌鲁木齐兵丁为奴。犯该徒罪者，照犯罪免发遣折枷例，加一等折枷，免其充徒。系民，仍令种地；系兵，交地方官指给地亩，耕种纳粮。其换班绿旗兵丁，及内地贸易商民，于新疆地方犯至军、流之罪，如在乌鲁木齐一带者，即发往伊犁等处；其在伊犁一带者，即发往乌什、叶尔羌等处；而在乌什各城者，亦发往伊犁等处，并视其情罪，量为酌定。轻者发各处编管，重者交与该将军等，在驻防官兵内拣选力能管束之人，赏给为奴。若犯该徒罪者，系换班绿旗兵丁，仍留该处，不给口粮，在种地处效力，照应徒年限扣算，满日再行发回。系内地民人，仍解回内地，照例办理。

（乾隆五十三年将条例 045.67、045.68 二条修并改定为此条。道光六年，调剂新疆遣犯，删"如在乌鲁木齐一带者"至"赏给为奴"等八十九字。）

薛允升按：派往乌鲁木齐等处种地屯兵，系五年一次更换。此安插之兵，是否按期换班，前条例内，又有察哈尔兵丁永远屯驻之语，似不画一。第此例与永远屯驻一条，系乾隆二十七、八年纂定。五年一次换班，系四十年纂定。一时有一时之名目，例亦系随时纂定，故不免彼此参差也。乾隆三十二年，伊犁将军温福奏请新疆设学疏内云："窃照乌鲁木齐一带地方，仰赖圣主德威远播，西域荡平。自乾隆二十三年驻兵屯田，二十六年招来内地户民前来屯垦，二十九年迁移安西眷兵永远驻防，迄今已有种地民人四千二百余户，携眷兵丁三千六百余户，生齿日渐繁盛。而兵丁子弟内，资性聪慧，堪以造就者甚多。查从前未安民户而眷兵亦未迁徙来屯，是以未经议及。现今兵民增至七八千户，当此人文渐盛之际，似应照安西、敦煌等县之例，画一办理"云云。例内所称安插兵民，似系即奏折内所称招来内地户民及移徙之安西眷兵也。指给地亩耕种纳粮，即所谓徒役之法也，而又云免其充徒何也。犯军流者并不加枷，一体种地纳粮，犯徒者种地纳粮之外，又系加等枷号，殊嫌未尽允协。安插兵民本系无罪之人，与因事获咎发往者不同，盖为边境需人而设。故此等人犯流徒等罪，仍在该处种地，不准发回。换班兵丁及贸易商民有犯，似亦应照此办理。乃徒罪效力种地，流罪发回原籍，而贸易商民，无论徒流军遣，均解回内地定发，俱属参差。兵丁不给口粮，令其种地效力，与犯徒拘役之律正自相符。商民发回内地其义安在。原定之例，系在新疆各处调发，不准解回内地。后因调剂遣犯，将此项改发内地，即与流寓之人在他省犯罪相同。而犯该徒罪者，仍解回内地，不特与彼条参差，亦与换班兵丁办法互相歧异。且犯军流者，既无分别，犯徒者何以独有分别耶。不给口粮，在种地处効力，限满发回，即系古徒役之法也。而必分别兵民，抑又何也。《户部则例》："一、发往新疆人犯，限内无过，准入该处民籍，就近安插。系由死罪减等发往者，限以五年。系由军流改发及原发种地者，限以三年。"似较简当，而刑例转无明文，殊嫌疏漏。纪氏〔昀〕乌鲁木齐杂诗注，有与此例相发明者，附记于此：

安西提督所属四营之兵，皆携家而来，其未及携家者，得请费于官，为之津送。岁岁有之。携家之兵，谓之眷兵。眷兵需粮较多。又三营耕而四营食，恐粮不足，更于内地调兵屯种以济之，谓之差兵。每五年践更，盐菜糇粮皆加给，而内地之粮，家属支请如故，故多乐往。乌鲁木齐之民凡五种，由内地募往耕种及自往塞外认垦者，谓之民户。因行贾而认垦者，谓之商户。由军士子弟认垦者，谓之兵户。原拟边外为民者，谓之安插户。发往种地为奴当差，年满为民者，谓之遣户。各以户头乡约统之。官衙有事，亦各问之户头乡约。故充是役者，事权颇重。又有所谓园户者，租官地以种瓜菜，每亩纳银一钱，时来时云不在户籍之数也。应与此例参看。

乾隆三十七年五月，大学士刘统勋覆覆陕甘总督文绶奏内地商贾呈垦新疆地亩酌定章程一折，据奏："嗣后凡有商贾人等，自来呈垦者，每户给地三十亩，照例给与农具、籽种、马匹，请俟届六年，按额升科。如有力能多垦者，取具同耕保结，具认广垦，均给与执照，永远管业。至虽系有本商人，并不具呈请垦者，即不得稍有抑勒等语。伏查商贾挟资贸迁，志在图利，今新疆沃野绵亘数千里，该商贾认垦之后，不特获利增多，并可成家立业，较之挟本经营，不啻事半功倍，自无不踊跃乐从。前议或恐商贾往来无定，地方官拘泥从事，经理未善，致有抑勒之弊。事关经久宏规，不得不详筹熟计，是以请令该督等会同妥议，酌定章程。今既据查明。各处现在商民呈垦土亩，具报成熟，已有十万余亩。是商贾乐于认垦，业有成效。并据分晰条例，将嗣后商贾自来呈垦者，始行照例给地，未经具呈者，概不勉强抑勒。则承种之商皆系乐耕之户，而且连环具结，朋侣相资，更不敢旋耕旋弃，洵于屯政、民生，均有裨益，应如所奏办理。"三十八年，户部覆伊犁将军舒赫德奏伊犁户民呈请垦地升科一折，将现在呈垦户民庄世福等四十八户，每户各给地三十亩，官借牛力、籽种、口粮、俾资耕作。至于升科年分，乌鲁木齐自六年以后，今请当年升科，系由户民勇跃乐输，自应如所请办理。其请自开垦三年以后，每亩连带完借项，共纳银一钱，自三年以后，每亩纳银五分，声明系照从前耕种之例。查与三十二年将军阿桂具奏案内所请科则相符，亦应如所奏办理。仍令该将军广谕户民，如有情愿多垦者，悉听其便，照例升科。

条例 045.70：新疆各城驻扎官员兵丁之跟役（1）

新疆各城驻扎官员兵丁之跟役内，如有酗酒滋事，即由彼处发往伊犁等处，给予兵丁、额鲁特为奴。如在回人各城内，即彼此易地调发，与回人为奴。若发遣之后，仍不悛改，即行正法。

（此条乾隆二十八年定。乾隆五十三年改定为条例 045.71。）

条例 045.71：新疆各城驻扎官员兵丁之跟役（2）

新疆各城驻扎官员兵丁之跟役内，如有酗酒滋事，在乌鲁木齐一带者，即发往伊犁等处；其在伊犁一带者，即发乌什、叶尔羌等处；在乌什各城者，亦发往伊犁等处，交与该将军等，在驻防官兵内拣选力能管束之人，赏给为奴。若发遣之后，仍不悛改，即行正法。

（此条乾隆五十三年，将条例 045.70 改定。嘉庆四年，将"即行正法"句，改为"在配所用重枷枷号三个月、杖一百发落"。道光五年改定为条例 045.72。）

条例 045.72：新疆各城驻扎官员兵丁之跟役（3）

新疆各城驻扎官员兵丁之跟役，如有酗酒滋事，在乌鲁木齐一带者，发往伊犁等处；在伊犁一带者，发乌什、叶尔羌等处；在乌什各城者，发往伊犁等处，交与该将军等，在驻防官兵内拣选力能管束之人，赏给为奴。若发遣之后，仍不悛改，复行酗酒者，在配所用重枷枷号三个月、杖一百发落。至新疆等处绿营兵丁，有犯吃酒行凶，如平日安分，偶尔醉闹，尚无凶恶情状者，该将军、都统等自行责革。若屡次酗酒行凶，怙恶不悛者，审明属实，即照跟役酗酒滋事例拟发，视其情罪轻重，量为酌定，轻者当差，重者给官兵为奴。

（此条道光五年，因酗酒滋事调发为奴，专指跟役而言，原例"官员、兵丁、跟役内"字样，系连贯而下，易致误会，是以改定，将"内"字节删，于"兵丁"下添"之"字，并增入"绿营兵丁照发"一层。）

薛允升按：此条因系在新疆犯事，故不准解回内地，即在该处互相调发。与上换班缘旗兵丁及内地贸易商民之例意相符。后将彼例删改，此条仍从其旧，似不画一。再，上条系以所犯徒流分别种地、发配。此条专言屡次酗酒行凶，责革后如何办法，是否听其自便，抑系押令回籍之处，并无明文。

条例 045.73：各处永远枷号人犯（1）

各处永远枷号人犯，于枷示已逾十年后，即咨明刑部汇题，分别发遣。若该犯原拟本系死罪，并应发新疆者，发往伊犁。如原拟系应发黑龙江等处者，发往乌鲁木齐。其原拟军、流以下者，旗人发往黑龙江等处，分别旗民，当差为奴。如系新疆地方犯事者，即照新疆等处之例办理，俱令配所各官严加管束。傥在配在途乘间脱逃，俱用重枷枷号三月、杖一百发落。若犯行凶扰害情事，仍按其所犯之罪，照例问拟。

（此条乾隆五十一年，大学士兼管步军统领和珅奏，京城各门监禁永远枷号人犯请交部核其原犯罪名轻重，发往伊犁、乌鲁木齐、黑龙江等处一折，又大理寺汇奏永远枷号人犯数目一折，奉旨交军机大臣会同刑部核办，纂辑为例。原文"脱逃及行凶扰害，俱即行正法"。嘉庆四年奏准：照黑龙江之例，除免死减发逃犯仍正法外，其余脱逃被获，枷责示惩，因改定此例。）

条例 045.74：各处永远枷号人犯（2）

各处永远枷号人犯，于枷示已逾十年后，即咨明刑部汇题，分别发遣。若该犯原拟本系死罪，并应发新疆者，发往伊犁。如原拟系应发黑龙江等处者，发往乌鲁木齐。其原拟军、流以下者，旗人发往黑龙江等处当差，民人实发云、贵、两广极边烟瘴充军。如系新疆地方犯事者，即照新疆等处互相调发之例办理，俱令配所各官严加管束。傥在配在途乘间脱逃，除发烟瘴人犯照例加等改发外，余俱用重枷枷号三个月，杖一百发落。若犯行凶扰害情事，仍按其所犯之罪，照例问拟。

（嘉庆二十五年，停发黑龙江遣犯，将黑龙江为奴之永远枷号已逾十年，原拟军、流以下，改为"实发云、贵、两广极边烟瘴充军"。道光六年，调剂新疆遣犯，将"永远枷号人犯，枷示已逾十年，原拟死罪并应发新疆者，发往伊犁。原拟系应发黑龙江等处者，发往乌鲁木齐"一条，改为"发云、贵、两广极边烟瘴充军"。"其原拟军、流以下民人实发云、贵、两广极边烟瘴充军"一条，改为"发极边足四千里充军"。并"将烟瘴人犯在逃加等改发"，改为"仍发原配"。道光二十四年，新疆遣犯及云、贵、两广充军之犯，照旧发往，仍复原例。）

薛允升按：内地贸易商民，于新疆地方犯军流罪，如在乌鲁木齐一带者，发往伊犁等处。其在伊犁一带者，发往乌什、叶尔羌等处。此例所云照新疆等处互相调发，即系指此数语而言，后改为解回内地，此语即属无根。此等永远枷号人犯，均系情罪较重，十年后酌量发遣，仍敢乘间脱逃，请旨即行正法，原不为过，改为枷杖发落，似嫌太轻。枷号人犯不过数月而止，从无永远枷示者。乾隆年间，因积匪棍徒等类怙恶不悛，是以常川枷示九门，以昭警戒。后于五十一年，因此等人犯过多，特定有枷示已逾十年，分别发遣之例。其原犯则俱系军罪耳。现在例内永远枷号各条〔禁止师巫邪术门："一、各项邪教案内，应行发遣回城人犯，有情节较重者，发往配所永远枷号。"徒流人又犯罪门："一、回民因行窃、窝窃发遣，复在配行窃，初犯枷号二年，再犯枷号三年，三犯即永远枷号。若在逃行窃被获，亦递回配所，照此例办理。一、发遣新疆并黑龙江等处为奴人犯，在配行窃至四犯者，拟以永远枷号。"本门："一、发遣回疆改发巴里坤之犯，复行滋事，三犯永远枷号。"〕均在此例之后，与原例所谓永远枷号人犯枷示已逾十年者迥不相同。改定之例，以后来添纂之永远枷号人犯，准为当年之永远枷号人犯，面目犹是，而其实则非也。参看自明。再查，此例定于乾隆五十一年，而永远枷号人犯起于何时，例内并无明文。恭查，雍正六年十二月十二日奉上谕："朕前曾降旨，在京在外有奉旨永远枷号之人，令各衙门该管官，于岁底奏明。今著该衙门将奏折交与大理寺汇齐，将此等永远枷号之人，开列名单，写录所犯略节，缮折进呈。并将各案情由，另行详细缮折，随名单一并进呈。俱写汉字具奏。钦此。"又十年十二月二十八日奉上谕："嗣后大理寺于岁底汇奏时，即将各该犯曾否改悔之处，由该旗该管处保送，开注该犯名下，一并进呈。若释放之后，仍不知悛改，生事妄行，定将保送人员，照徇庇欺罔之例治罪。钦此。"又，乾隆十八年三月奉旨："大理寺所奏传抄伪稿案内，永远枷号之陈俊臣、江起保二犯，未便据咨释放一折，各省传抄之犯，因首犯既得特降谕旨，无论已未发觉，概行从宽免究。原指未经定拟而言，乃格外之恩也。其已经定拟发落者，原无庸另办。至永远枷号人犯，情罪轻重，又非仅传抄传看者比，应入于大理寺年终汇奏案内，候旨定夺。乃该抚恒文既未奏明，亦不咨该衙门，遽将陈俊臣等释放，办理殊属错谬。该寺所奏甚是。恒文著交部严察议奏。其各省传抄案内，凡有永远枷号人犯，俱著照此办理。钦此。"又，是年大理寺行文各省督抚、将军、副都统等衙门："如有永远枷号人犯，未经咨报本寺者，即将各犯案情详细造具清册，作速咨送本寺备案，仍照各犯有无改悔之处，逐细确查。改则具结保送，未改即据实声明，逐款分晰造具细册，务于十一月以前咨送到寺，以便于岁底汇奏请旨。"又，二十五年十二月奉旨："永远枷号人犯，俱系身获重罪，怙终不悛，然后加以严惩。大理寺每于岁底分别能否改悔汇奏一次。虽系循照旧例，但此等人犯，既经枷号拘管，即欲覆蹈前辙，亦所不能，又何从知其改悔与不改悔。不过该管各官奉行故事，究无裨于实政。嗣后该衙门汇奏时，止将各犯原案罪由摘叙折内，其分别能否改悔之例，著停止。钦此。"是永远枷号人犯，起于雍正年间积匪棍徒等项，常川枷示九门，自系仿照办理。五十一年，虽定有枷示已逾十年分别发遣之例，而何项应拟永远枷号，仍无专条。后来例内载明永远枷号之犯，从未见有此等案件，此例亦属虚设。而大理寺每年仍具奏一次，亦具文耳。

条例 045.75：发往伊犁乌鲁木齐等处为奴遣犯（1）

民人发往伊犁、乌鲁木齐等处为奴遣犯，如在配安分已逾十年者，止令永远种地，不得令其为民。若发往当差遣犯，果能悔过悛改，定限五年，编入该处民户册内，给予地亩，令其耕种纳粮，俱不准回籍。其有到配后呈请愿入铅、铁等厂效力捐资者，先将缘事案由，咨部覆核，方准入厂。设日后怠惰滋事，随时惩治逐出。若果能始终实心悔过，系当差人犯，入厂五年期满，俱准其为民，再效力十年，准其回籍。如系为奴人犯，入厂五年期满，止准为民，改入该处民户册内，不准回籍。

（此条一系乾隆三十一年，军机大臣议覆乌鲁木齐办事大臣阿桂条奏；乾隆三十二年，乌鲁木齐办事大臣温福咨请部示，并纂为例，原载流因家属门。乾隆五十三遵旨定例入此门。嘉庆六年修并入条例 045.77。）

条例 045.76：发往伊犁乌鲁木齐等处为奴遣犯（2）

民人发往伊犁乌鲁木齐等处为奴遣犯，呈请愿入铅、铁等厂效力者，除奉特旨发遣，及有关大逆缘坐发遣人犯，不许做工帮捐外，其余不论罪由轻重，咨部记档，五年期满为民后。有仍愿效力者，再行细核原犯罪由，罪重者不准留厂，罪轻者报部核覆，再加十二年。如果始终效力奋勉，准其回籍。

（此条系乾隆五十五年，军机大臣会同刑部议覆伊犁将军保宁等奏准，乾隆六十年定例。嘉庆六年修并入条例 045.77。）

条例 045.77：民人发往伊犁乌鲁木齐等处为奴遣犯

民人发往伊犁、乌鲁木齐等处为奴遣犯，如在配安分已逾十年者，止令永远种地，不准为民。若发往当差遣犯，果能悔过悛改，定限五年，编入该处民户册内，给地耕种纳粮，俱不准回籍。其有到配后，呈请愿入铅、铁等厂效力捐资者，除奉特旨发遣为奴，及有关大逆缘坐发遣为奴，并叛案干连邪教会匪，及台湾聚众抢夺、杀人、放火为从各项人犯，俱不准做工帮捐外，其余无论当差为奴，罪由轻重，咨部记档，准其入厂。设日久怠惰滋事，随时惩治逐出。若果能始终实心悔过，入厂五年期满，俱准其为民，改入该处民户册内，查系当差人犯，再效力十年，准其回籍；为奴人犯，详核原犯罪由，罪重者不准留厂，罪轻者报部核覆，再加十二年。如果始终效力奋勉，准其回籍。

（此条嘉庆六年将前数条修并。嘉庆十一年，又于"大逆缘坐发遣为奴"下，添入"并叛案干连邪教会匪，及台湾聚众抢夺、杀人、放火为从"各项。）

薛允升按：此条原定之例，盖欲使乌鲁木齐等处速为丰富，与内地一样早成省分之意。是以有编入该处民户册内之语，又有情愿携带妻子者，一体官为资送之文，与入厂效力分别准否回籍不类。似仍应分列二条。一专言为民种地之犯。一专言入厂效力之犯，似尚分明。原定之例，分别此等人犯情节轻重，定以三年，五年限期，编入该处民户册内，给与地亩耕种纳粮，盖即编入民册，即为该处之平民矣。办法甚为妥善，与《唐律》流犯附籍之法亦属相符。屡次修改，遂全失定例之意而又与入厂效力人犯修并为一，益觉混淆不清矣。不准入厂，自系不准为民之意，既不论罪由轻重准其入厂矣，而又以原犯罪重者不准留厂，义无所取。上层不准入厂各项，例有明文。下层何项为罪轻，何项为罪重，并未叙明。且既以入厂效力捐资并列，而下文又系专言效力，其如何捐资并无明文。《户部则例·杂支门·新疆遣犯》事例各条，兼言捐资，可与此例互相发明。从前每定一例必有取意，例文亦俱分明。后经添改修并，则蒙混不清者颇多，不独此条为然也。再，此等一入民户册内种地纳粮之人，如有脱逃，是否仍以遣犯论，与永远种地之犯有无区别，均未叙明。《户部则例》："一、乌鲁木齐遣犯，如有在铁厂捐银三十两者，定限十五年，捐银二十两者，酌加一年，捐银十余两者，酌加二年，统计在厂年限，满日，始终奋勉者，准其回籍。其为奴人犯，止准为民，不准回籍。一、伊犁铅厂酌定帮捐衣物人犯四十名，每名每年捐毡帽五顶、皮袄五件、皮裤五条、皮靴五双、靰鞋十双，蓝布小衫十件、兰布单裤十条、棉韈五双、腰带五条、布手巾十块，五年满时，准其为民，不准回籍。"

条例045.78：凡由新疆条款改发云贵两广烟瘴地方人犯

凡由新疆条款改发云、贵、两广烟瘴地方人犯，无论在四千里内外，均编发有烟瘴省分安置。其籍隶烟瘴之云南、贵州、广东、广西四省，应发烟瘴人犯，应于隔远烟瘴省分调发。广东省与云南省互调，广西省与贵州省互调。至不足四千里邻近烟瘴之湖南、福建、四川三省应发烟瘴人犯，湖南省发往云南，福建省发往贵州，四川省发往广东，其余各省有距烟瘴省分较远者，如奉天府属应发烟瘴人犯，编发广西、贵州二省。甘肃之甘州、凉州、西宁、安西、宁夏等府，及肃州各属应发烟瘴人犯，编发云南、贵州二省，均解交各该巡抚衙门酌拨安置。

（此条乾隆三十二年，兵部奏准定例。原文首句系"凡各省应发烟瘴地方人犯"，嗣于乾隆三十七年奏准：惟新疆改发内地人犯，仍发云、贵、两广烟瘴地方，其余本例应发烟瘴人犯，均以极边足四千里为限。因将首句改。）

薛允升按：此专为应发烟瘴及烟瘴等省人犯互相调发而设。原奏谓："五等军犯，以烟瘴为最重"云云，自系循名责实之意。至例首所改数语，即下条新疆条款改发云、贵、两广烟瘴人犯之例文也，与现在之例均不相符。其解交巡抚衙门之处，与咨明该省预先定地之例亦稍有参差。由新疆改发烟瘴人犯，即三十二年以前例内载明者，共计六条：

一、三次犯窃，计赃五十两以下至三十两者。

一、抢夺满贯，拟绞缓决一次者。

一、窃盗三犯，拟绞缓决一次者。

一、积匪猾贼。

一、回民结伙三人持械行窃者。

一、行窃军犯在配复窃者。

兵部原定之例，本非为此六项人犯而设，三十七年改定例文，则似专指此六项矣。后经屡次修改，不但此六项不在其内，即道光年间改定各条亦不在内。〔道光十七年，御史蔡琼奏定南省军犯拥挤，议准实发者十八条。余俱改发极边足四千里。〕而实发四省烟瘴者，又另立有十八条，例文之纠扰纷歧，莫甚于此。

条例045.79：发遣巴里坤及乌鲁木齐得处逃犯

发遣巴里坤及乌鲁木齐等处逃犯，经原籍及路过省分盘获者，移讯明确，即由各省督抚自行奏闻，于拿获处所正法示众。

（此条乾隆二十六年遵旨定例。）

条例045.80：发遣乌鲁木齐等处逃犯

发遣乌鲁木齐等处逃犯，如有越狱脱逃，照遣所及中途脱逃例，拿获之日，请旨即行正法。

（此条乾隆三十一年遵旨定例。）

条例 045.81：三次犯窃

三次犯窃，计赃五十两以下至三十两者；抢、窃满贯拟绞，秋审缓决一次者；窃盗三犯，赃至五十两拟绞，秋审缓决一次者；积匪猾贼，并回民犯窃，结伙三人以上，及执持绳鞭器械者；发遣云、贵、两广烟瘴之刨参人犯，在配脱逃者；仍照原例所定督抚发遣。强盗窝主造意不行，又不分赃者；窃盗临时拒捕，伤非金刃，伤轻平复者；抢夺伤人为从者；发掘他人坟冢见棺椁为首，及开棺见尸为从者；窃赃数多，罪应满流者；三次犯窃，计赃三十两以下至十两者；前项人犯从前照原例所定地方各加一等改发。行窃军犯，在配复行窃者，改发极边烟瘴充军。奸妇抑媳同陷邪淫，致媳情急自尽者；盛京旗下家奴为匪，逃走至二次者；俱酌发驻防兵丁为奴。此等人犯，如有脱逃被获，将该犯请旨即行正法。

（此条乾隆三十二年定。各项人犯系由新疆改发内地，是以脱逃为匪治罪独重。乾隆三十七年，于例首添"原例应发内地改发新疆人犯内"十三字；又将"加一等改发"句，改为"俱照本例加等改定地方充发"。乾隆四十二年，将"抢夺伤人为从者"，改为"抢夺金刃伤人及折伤下手为从者"。）

条例 045.82：窃盗满贯拟绞

窃盗满贯拟绞，秋审缓决一次者；窃盗三犯，赃至五十两拟绞，秋审缓决一次者；积匪猾贼，并回民犯窃，结伙三人以上，及执持绳鞭器械者；行窃军犯，在配复行窃者；奸妇抑媳同陷邪淫，致媳情急自尽者；盛京旗下家奴为匪，逃走至二次者；发遣云、贵、两广烟瘴之刨参人犯，在配脱逃者；三次犯窃，计赃五十两以下至三十两者；俱发伊犁、乌鲁木齐等处，给予兵丁为奴。其窃赃数多，罪应满流者；三次犯窃，计赃三十两以下至十两者；抢夺金刃伤人，及折伤下手为从者；杀一家非死罪三人之妻、子，并未同谋加功者；发掘他人坟冢见棺椁为首，及开棺见尸为从者；强盗窝主造意不行，又不分赃者；抢夺伤人，伤非金刃，伤轻平复为首者；窃盗临时拒捕，伤非金刃，伤轻平复者；前项人犯从前已照原例应配地方充发。在配为匪脱逃者，俱发伊犁、乌鲁木齐等处酌拨种地当差。以上各项人犯，如有老疾残废，及年逾五十不能耕作之人，仍照原例办理，余俱照例金妻遣发。如起解在途，并到配之后，有脱逃及不服拘管者，获日请旨即行正法。其寻常过犯，酌量严行惩治。

（乾隆四十四年，巴里坤屯田缺额，议准将前列十六项人犯仍发新疆，视其情节轻重，分别种地为奴，嗣经奏准，抢夺满贯缓决一次之犯，不准减等。又"抢夺伤人，伤非金刃，伤轻平复为首者"，亦发新疆种地。因此纂定此条。）

条例 045.83：凶徒因事忿争（1）

凶徒因事忿争，执持军器殴人至笃疾者；偷盗围场木植、牲畜，犯至三次者；旗下正身犯积匪者；拿获逃人，不将实在窝留之人指出，再行妄扳者；移居拉林闲散满洲，有犯二次逃走，尚未出境者；派往各省驻防满洲兵丁，临行及中途脱逃者；除老疾残废，及年逾五十不能耕种之人，仍照原例办理外，余均金妻改发乌鲁木齐等处，照本例分别当差为奴。如起解在途，并到配之后，有脱逃及不服拘管者，获日请旨即行正法。其寻常过犯，酌量严行惩治。

（应金新疆人犯，原定系二十三项。乾隆三十三年奏准：将十六项改发内地，此六项仍发乌鲁木齐等处为奴。乾隆四十二年，移居拉林及各省驻防二项，《督捕则例》均系发往当差，不应列为奴之内，因此改定此条。）

条例 045.84：凶徒因事忿争（2）

凶徒因事忿争，执持军器殴人至笃疾者；偷盗围场木植、牲畜，犯至三次者；旗下正身犯积匪者；拿获逃人，不将实在窝留之人指出，再行妄扳者；发遣云、贵、两广烟瘴之刨参人犯，在配脱逃者；奸妇抑媳同陷邪淫，致媳情急自尽者；盛京旗下家奴为匪，逃走至二次者；发往伊犁、乌鲁木齐等处为奴，其移居拉林闲散满洲，有犯二次逃走，尚未出境者；派往各省驻防满洲兵丁，临行及中途脱逃者；强盗窝主造意不行，又不分赃者；杀一家非死罪三人之妻、子，并未同谋加功者；发伊犁、乌鲁木齐等处酌派种地当差。以上各项人犯，除老疾残废，及年逾五十不能耕种之人，仍各照原例办理，毋庸拟发新疆，余俱照例面刺"外遣"字样，金妻遣发。如有在配在途越狱脱逃，并不服拘管者，获日移讯明确，将该犯即于拿获处所，请旨即行正法。其寻常过犯，酌量严行惩治。

（此条乾隆四十八年改定。）

条例 045.85：停发新疆改发内地人犯（1）

停发新疆改发内地人犯，如窃盗满贯拟绞，秋审缓决一次者；窃盗三犯赃至五十两以上，秋审缓决一次者；积匪猾贼，并回民犯窃，结伙三人以上，及执持绳鞭器械者；行窃军犯，在配复行窃者；三次犯窃，计赃五十两以下至三十两，并三十两以下至十两者；窃赃数多，罪应满流者；抢夺金刃伤人，及折伤下手为从者；发掘他人坟冢见棺椁为首，及开棺见尸为从者；抢夺伤人，伤非金刃，伤轻平复为首者；前项人犯，从前已照原例应配地方充发。在配为匪脱逃者，以上各项人犯，除老疾残废，及年逾五十者，各照原例所定地方充发，不在改遣之例外。余俱照本例加等改定地方充发，面刺"改遣"字样。如有在配在途，及越狱脱逃，仍照新疆遣犯例，一体正法。

（以上两条是乾隆四十八年，因为新疆遣犯过多，奏请停发，部议除从前原发新疆并未改遣之六项人犯，仍行发往外，其从前改发内地之十六项，及乾隆四十七年增入一项，共十七项内，情节尚非积匪凶徒，约束较易者五项，仍发新疆，其余十二项改发内地。乾隆五十三年，因将发新疆十一项纂为一条，改发内地十二项纂为一条。）

条例 045.86：凶徒因事忿争（3）

凶徒因事忿争，执持军器殴人至笃疾者；拿获逃人，不将实在窝留之人指出，再行妄扳者；发遣云、贵、两广烟瘴之刨参人犯，在配脱逃者；奸妇抑媳同陷邪淫，致媳情急自尽者；盛京旗下家奴为匪，逃走至二次者；发往伊犁、乌鲁木齐等处为奴，其移居拉林闲散满洲，有犯二次逃走，尚未出境者；派往各省驻防满洲兵丁，临行及中途脱逃者；强盗窝主造意不行，又不分赃者；积匪猾贼，窃盗临时拒捕，伤非金刃，伤轻平复者；抢夺伤人，伤非金刃，伤轻平复者；发掘他人坟冢见棺椁为首，及开棺见尸为从者；回民行窃，结伙三人以上，执持绳鞭器械者；抢夺金刃伤人，及折伤下手为从者；偷盗围场木植、牲畜，犯至三次者；俱发伊犁、乌鲁木齐等处酌拨种地当差。杀一家非死罪三人之妻、子，并未同谋加功者；发伊犁、乌鲁木齐等处安插。以上各犯，除年逾五十不能耕种之人，仍各照原例办理，毋庸拟发新疆外，余俱照例面刺"外遣"字样，毋庸金妻遣发，如有情愿携带者，不准官为资送。倘在配在途脱逃，并不服拘管者，获日在配所用重枷枷号三月、杖一百折责发落，毋庸即行正法。若越狱脱逃，仍照军流越狱本例办理。

（此条嘉庆六年改定。）

条例 045.87：停发新疆改发内地人犯（2）

停发新疆改发内地人犯，如窃盗满贯拟绞，秋审缓决一次者；窃盗三犯赃至五十两以上，秋审缓决一次者；行窃军犯，在配复行窃者；三次犯窃，计赃五十两以下至三十两，并三十两以下至十两者；窃赃数多，罪应满流者；前项人犯从前已照原例应配地方充发。在配为匪脱逃者，以上各项人犯，俱各照本例加等改定地方充发，面刺"改发"字样。如有在配在途，照本例加二等调发。

（以上二条系嘉庆四年，伊犁各厂做工人少，奏请将停发十二项人犯仍行发往，该部酌定六项发往，其余六项仍发内地，并声明此等人犯，嗣后脱逃被获，均枷责发落，毋庸正法。嘉庆六年，因将为奴、种地、安插各项，依近年奏准之例移改，仍照前分别外遣内发，列为两条。）

条例 045.88：凶徒因事忿争（4）

凶徒因事忿争，执持军器殴人至笃疾者；拿获逃人，不将实在窝留之人指出，再行妄扳者；发遣云、贵、两广烟瘴之刨参人犯，在配脱逃者；奸妇抑媳同陷邪淫，致媳情急自尽者；盛京旗下家奴为匪，逃走至二次者；偷盗围场木植、牲畜，三犯及三犯以上者；发往伊犁、乌鲁木齐等处为奴，其移居拉林闲散满洲，有犯二次逃走，尚未出境者；派往各省驻防满洲兵丁，临行及中途脱逃者；强盗窝主造意不行，又不分赃者；偷盗围场木植、牲畜，再犯者；俱发伊犁、乌鲁木齐等处，酌拨种地当差。杀一家非死罪三人之妻、子，并未同谋加功者，发伊犁、乌鲁木齐等处安插。以上各项人犯，除年逾五十不能耕种之人，仍各照原例办理，毋庸拟发新疆外，余俱照例面刺"外遣"字样，毋庸金妻遣发，如有情愿携带者，不准官为资送。倘在配在途脱逃，并不服拘管者，获日在配所用重枷枷号三月、杖一百折责发落，毋庸即行正法。若越狱脱逃，仍照军流越狱本例办理。

（此条嘉庆十五年改定。）

条例 045.89：停发新疆改发内地人犯（3）

停发新疆改发内地人犯，如窃盗满贯拟绞，秋审缓决一次者；窃盗三犯赃至五十两以上，秋审缓决一次者；行窃军犯在配复行窃者；三次犯窃，计赃五十两以下至三十两，〔按：四条俱烟瘴军。〕并三十两以下至十两者；〔按：边远军。〕窃赃数多，罪应满流者；〔按：附近军。〕积匪猾贼，〔按：烟瘴军。〕窃盗临时拒捕，伤非金刃，伤轻平复者；〔按：边远军。〕抢夺伤人，伤非金刃，伤轻平复者；〔按：烟瘴军。〕发掘他人坟冢见棺椁为首，〔按：近边军。〕及开棺见尸为从者；〔按：近边军；同治九年，改绞候。〕回民行窃，结伙三人以上，执持绳鞭器械者；〔按：烟瘴军。〕抢夺金刃伤人，及折伤下手为从者；〔按：边远军。〕子孙犯奸盗致纵容之父母自尽者；察哈尔等处牧丁偷卖牲畜，及宰食并作为私产者；偷参为从人犯诬扳良民，为财主及头目；〔按：三条俱烟瘴军。〕发功臣家为奴人犯，伊主不能养赡者；〔按：驻防为奴。〕杀一家三四命以上案内，凶犯之子年十六岁以上，实无同谋加功者；夺犯杀差案内，随同拒捕，未经殴人成伤者；贼犯〔按：例文并非贼犯。〕杀死捕役案内，未经帮殴成伤者；〔按：三条俱四千里。〕调奸未成，和息后因人耻笑，其夫与父母亲属及本妇复追悔，自尽致死二命者；〔按：边远军。〕凶徒因事忿争，执持军器殴人至笃疾者；〔按：近边军。〕强盗窝主造意不行又不分赃者；〔按：四千里；同治九年，改新疆为奴。〕杀一家三、四命以上案内，凶犯之妻女实无同谋加功，并被杀之家未至绝嗣，凶犯之子年在十五岁以下者；〔按：附近军。〕奸妇抑媳同陷邪淫，致媳情急自尽者；盛京旗下家奴为匪，逃走至二次者；〔按：二条俱驻防为奴。〕前项人犯从，前已照原例应配地方充发。在配为匪脱逃者以上二十六项人犯，俱各照本例改定地方充发，面刺"改发"字样，应刺事由者，仍刺事由。如有在配在途脱逃，照本例加二等调发。

（嘉庆十五年议准：将积匪猾贼等六项，仍发内地。嘉庆十一年，因移改项款，照前列为两条。又偷盗围场木植、牲畜，嘉庆九年奏准，再犯发往种地，三犯以上发往为奴，亦于例内遵改。嘉庆十五年议准，将偷窃围场人犯，计赃分等，因于前条为奴项内，改为偷盗围场木植一千斤以上，牲畜三十只以上者。当差项内，改为偷盗围场木植八百斤，牲畜二十只以上者。）

条例 045.90：伊犁乌鲁木齐等处地方（1）

伊犁、乌鲁木齐等处地方，除奉特旨发往，及例应发遣为奴、种地人犯，仍照旧发往外，其例应发往当差人犯，均停其发往，各按所犯情罪。如情节稍轻者，改发云、贵、两广极边烟瘴充军；情节较重者，发往黑龙江等处充当苦差。至问刑衙门，临时酌其情罪，有应加等问拟人犯，除职官有犯军、流、徒罪，核其情节较重，仍随时酌量请旨发往新疆效力赎罪外，其余寻常军、流等犯，如果情罪较重，本例不足蔽辜，应行加等问拟者，亦令加至黑龙江等处为止，毋庸议发新疆。

（此条乾隆三十六年定。）

条例045.91：伊犁乌鲁木齐等处地方（2）

伊犁、乌鲁木齐等处地方，奉特旨发往并职官有犯军、流、徒罪，其情节较重，随时酌量请旨发往当差、效力，并本例载明应行发遣为奴、种地人犯，仍照旧发往外，其余寻常军、流等犯，核其情节，有较浮于本罪者，各按三流五军之例，以次加等递发。如情重军、流，照例加等不足蔽辜，实应从重发遣者，俱毋庸改发新疆，即发往吉林、黑龙江将军所属各地方，均匀派拨，分别当差、为奴。傥有脱逃及行凶为匪情事，各照本例分别惩治。

（此条乾隆四十五年遵旨定例。）

条例045.92：凡兵丁闲散人等

凡兵丁闲散人等，犯该军、流，因情重改发新疆，不准回籍者，即于拟罪折内声明。

（此条乾隆四十年定。）

条例045.93：凡罪应发遣者

凡罪应发遣者，除本例应发新疆及免死减等，仍照例问发外，如所犯情节较重，仅按本律问拟杖、徒、军、流，不足示惩者，应照本罪定律加一等问拟，不得有意从重，越等增加。

（此条乾隆五十九年遵旨定例。条例045.90至045.93等四条，因为嘉庆四年奉有不得律外加重之旨，奏明予以删除。）

条例045.94：凡新疆条款内改发云贵两广烟瘴地方人犯

凡新疆条款内改发云、贵、两广烟瘴地方人犯，仍照旧例实发烟瘴外，其本例应发四省烟瘴地方充军人犯，均以边极四千里为限，按照《五军道里表》内应发省分，解交巡抚衙门均匀酌发，充当苦差，〔按：此句似应删除。〕照例分别刺字。如有脱逃，亦各照本例分别治罪。

（此条乾隆三十七年，湖北巡抚陈辉祖条奏定例。原文有"及名例内由黑龙江改发四省烟瘴"句，嘉庆六年，以黑龙江改发烟瘴，已有专条，此句删去。道光十七年修改，道光二十五年改定。）

薛允升按：此条应与前由新疆条款改发烟瘴一条参看。军流遣犯预行咨明应发省分，督抚先期定地，饬知入境首站州县，随到随发之例，系乾隆三十九年议准。此处及上条解交巡抚衙门一句，定例在先，漏未修改耳。如此者甚多，不独此一处为然也。分别刺字，系新疆改发之犯，则刺改遣。系烟瘴改四千里人犯，则刺烟瘴改发也。烟瘴改发之例，屡次修改，此条所云，亦与现行例文不符。似应改为"凡由新疆及黑龙江等处，改发云贵、两广烟瘴充军人犯，除名例载明闽省不法棍徒等项，仍照例实行发往外，其余本例应发四省"云云。烟瘴地面充军，本系前明旧例，国朝因之，有特立专条者，有由流加重者，有由新疆等处改发者，畸重畸轻，迄无一定。乾隆三十七年，新疆条款内，改发烟瘴者共六条〔三次犯窃，计赃五十两以下至三十两等是也〕，与道光十七年由新疆条款改烟瘴之十八条〔结拜弟兄，投首减免后，复犯结拜之类是也〕迥不相同。道光二十五年，将后十八条仍发新疆，前六条自系仍发烟瘴。同治九年，又定有闽省不法棍徒，实发烟瘴者十八条，从前各条均不在内，且闽省不法棍徒各条，均系由黑龙江等处改发，由新疆实发烟瘴者颇少，此例所云新疆条款改发烟瘴一语，即属无著。

条例 045.95：满洲蒙古汉军发往新疆人犯

满洲、蒙古、汉军发往新疆人犯，除罪犯寡廉鲜耻、削去旗籍者，应照民人一体办理外，其余发往种地当差之犯，系满洲、蒙古旗人，如原犯军、流者，定限三年；免死减等者，定限五年；果能改过安分，即交伊犁驻防处所，编入本地丁册，挑补驻防兵丁，食粮当差。系汉军人犯，照民人分定年限，入于彼处绿营食粮。

（此条系乾隆三十二年，乌鲁木齐办事大臣温福条奏定例，原载"流囚家属"律后。原例末段有"此等人犯如情愿迎娶妻室家口者，该管大臣移咨该旗，咨送兵部，官为资送"等语。嘉庆六年，将原例内限年食粮之处，分纂此条，移附本律。）

薛允升按：此因种地而始发新疆，非例应发新疆者也。与流囚家属门一条系属一事，应参看。旗人俱发吉林及驻防等处，即不应有发往新疆当差之犯。尔时原因种地需人起见，是以改发新疆，且为迎娶家口而设，分别年限食粮当差，即所谓眷兵也。现在并无此等人犯，似应删除。免死减等，未详所指。若谓系指缓决减等而言，近则无不折枷发落矣。逃人匪类发遣黑龙江等处者，三年后悔罪改过入于本地兵册，挑选匠役披甲，见徒流人又犯罪门，总系优待旗人之意，此例或并入彼条亦可。

条例 045.96：发乌鲁木齐等处效力赎罪人员（1）

发乌鲁木齐等处效力赎罪人员，如所犯仅止革职，及由杖、徒等罪，到戍后已满三年，仍听该将军及各该处办事大臣具奏。若原犯军、流加等改发者，定限十年具奏一次，其应否准令回籍之处，恭候钦定。

（此条乾隆三十八年遵旨定例。乾隆五十三年，修并入条例 045.98。）

条例 045.97：发乌鲁木齐等处效力赎罪人员（2）

发乌鲁木齐等处效力赎罪人员，若原犯军、流，因情节较重，从重改发新疆者，十年期满，该将军等遵例奏闻，将该犯解交陕甘总督，查明该犯原籍，按《五军三流道里》，指定应配地方，即转解该省，交该督抚酌量安插，遇有恩赦，该督抚再行遵旨奏请释回。至旗人犯该军、流从重改发新疆之犯，十年期满，该将军遵例奏闻，将该犯解交刑部，按照该犯应得军、律罪名，照例分别枷责，满日鞭责释放。

（此条乾隆四十七年，刑部议覆伊犁将军伊勒图奏请，乾隆四十八年遵旨定例。乾隆五十三年，修并入条例 045.98。）

条例 045.98：发遣新疆效力官犯

发遣新疆效力官犯，如从前所犯仅止革职，及由徒、杖等罪加重发往新疆者，到戍后已满三年，听该将军、都统及各该处办事大臣具奏，奉旨准其释回者，即令回旗、回籍。若原犯军、流，从前加重改发新疆者，定限十年期满，该将军等遵例奏闻，如蒙允准，亦即令各回旗籍，毋庸仍照原犯军、流再行发配。若三年、十年期满具奏，奉旨再留几年者，俟所留年限满日，即行照例释回，不必复奏。至官员军民人等有犯军、流等罪，即照本律定拟，不得以情节较重字样，擅拟改发新疆。

（此条乾隆五十三年，将条例 045.96 及 045.97 修并。嘉庆四年奏准：官民犯军、流罪，照律定拟请旨，不得以情重字样，擅议改分，其从前改发新疆各犯，十年期满，即遵例奏请释回，毋庸仍照原犯军、流发配。嘉庆六年，因将前数条修并为此条。嘉庆十一年奏准：将黑龙江、吉林等处官犯，亦照新疆办理，增入例内。嘉庆十九年改定为条例 045.99。）

条例 045.99：发遣新疆及黑龙江吉林等处效力官犯

发遣新疆，及黑龙江、吉林等处效力官犯，如从前所犯仅止革职，及由徒、杖等罪加重发遣者，到戍后已满三年，听该将军、都统及各该处办事大臣具奏，奉旨准其释回者，即令回旗、回籍。若原犯军、流，从前加重改发者，定限十年期满，该将军等遵例奏闻，如蒙允准，亦即令各回旗籍，毋庸仍照原犯军、流再行发配。若三年、十年期满具奏，奉旨再留几年者，俟所留年限满日，即行照例释回，不必复奏。

（此条嘉庆十九年，因原例末节"官员军民人等有犯军、流等罪，即照本例定拟，不得以情节较重字样，擅拟改发"等语，已详于加减罪例内，是以节删。）

薛允升按：此专指官犯而言，与上曾为职官及下八旗正身职官二条参看。发遣新疆等处效力官犯，分别年限奏请释回之例，原指奋免当差，著有劳绩者而言，是以从前三年限满、即准具奏释回。具奏云者，即奏其效力之劳绩也。乾隆三十八年，分别原犯情罪轻重，定有三年、十年之例。四十七年又定有十年限满，仍解回内地，问拟军流之例。嘉庆六年，以新疆究与内地不同，十年后仍拟军流，未免太重，请嗣后官民人等有犯军流等罪，不得以情重字样，擅议改发新疆。其从前改发各犯，十年期满，即遵例奏请释回。并将官员军民人等，有犯军流等罪，即照本律定拟，不得以情节较重，擅议改发新疆等语，纂入例册。是此后官员有犯军流等罪，即无庸加重，改发新疆。其从前发往之犯，因业已从重问拟，是以仍准分别年限奏请释回，无庸照原犯军流再行发配。例内从前二字本极分明，十一年修例时，将例末不得擅议改发新疆数语删除，文意便不明显。而嗣后官员犯军流罪改发新疆者，仍不一而足，相沿至今，几成官员犯罪专条，已与此条例意不符。且不问在配有无劳绩，俱按年限办理，是不特常犯与官犯相去悬绝，即发遣官犯与军台效力官犯亦彼此歧异。职官犯军流者，改发新疆，本系从重之意，三年、十年即准释回，又似从轻。军流若不遇赦，万无释回之理，一发新疆，即有释回之时矣。

条例 045.100：派往乌鲁木齐伊犁等处换班种地满汉屯兵

派往乌鲁木齐、伊犁等处换班种地满汉屯兵，遇有脱逃，除依现行之例，按照初次、二次投回拿获分别办理外，从新留屯五年，折磨差使。如果别无过犯，该处办事大臣查明，准其回籍。

（此条乾隆四十年，乌鲁木齐办事大臣索诺木策凌咨准纂辑为例。）

薛允升按：此条应与兵律从征守御官军逃一条参看。此例所云均系彼条之事，特多从新留屯五年一语耳。但彼条逃走二次被获，即应正法，此云仍准回籍，则办理又觉较宽，与彼条亦不相符，说见彼条。此门所载，均系犯罪发遣之事，与兵丁脱逃之例无涉，似应修并于彼条之内。

条例 045.101：凡生事之额鲁特

凡生事之额鲁特，犯该发遣者，俱停发伊犁，解京转发往烟瘴地方充军。

（此条乾隆四十二年遵旨定。乾隆五十三年，修并入条例 045.103。）

条例 045.102：凡新疆及内地

凡新疆及内地，遇有为奴之额鲁特酗酒滋事，俱发往烟瘴地方，交与该营、镇、协，在兵丁内拣选力能管束之人，赏给为奴，严加管束

（此条乾隆四十三年，陕甘总督勒尔谨咨，赏给庆阳协副将武灵阿为奴之厄鲁特巴哈酗酒滋横一案，经刑部奏准，纂辑为例。乾隆五十三年，修并入条例 045.103。）

条例 045.103：新疆及内地遇有为奴之额鲁特

新疆及内地遇有为奴之额鲁特、土尔扈特、布鲁特、回子等酗酒生事，犯该发遣者，俱发往烟瘴地方。如系新疆犯事，解交陕甘总督定地转发。若在内地有犯，即由该督抚定地解往，俱交与该营、镇、协，在兵丁内拣选力能管束之人，赏给为奴，严加管束。

（此条系乾隆五十三年，将条例 045.101、045.102 两条修并。）

薛允升按：此指为奴之额鲁特等人犯而言，故不发伊犁而转发烟瘴。惟发给烟瘴兵丁为奴，止此一条。现在并无此等人犯，此例亦系虚设。与下回民犯军流等罪，俱发烟瘴之例意相同，应参看。蒙古偷窃牲畜人犯，俱发往南省，亦此意也。

条例 045.104：犯罪发往伊犁等处种地人犯

犯罪发往伊犁等处种地人犯，如年老力衰，不能耕种纳粮者，令该将军等酌量该犯年力，应当差使，责令承充，官给予半分口粮，以资养赡，仍令该管处管束。

（此条乾隆四十二年，伊犁将军伊勒图等以种地人犯格图肯江樽年老力衰，不能耕种交粮，可否仿照年满当差人等年老残废不能派往之例，官给口粮等因，咨部奏准定例。）

薛允升按：此专指发往种地人犯而言，为奴人犯不能耕种力作，如何办法，记

核。发往种地之犯不知凡几，若俱因年老力衰官给口粮，安得如许闲款耶。《户部则例·田赋门·杂赋考成》："一、伊犁屯田遣犯，每名收获细粮，以九石为额。乌鲁木齐收获，以六石六斗为额。及额者，每名日给白面半斤。如伊犁收至十二石，乌鲁木齐收至十石，每名日给白面一斤。该管官均照该处兵丁收获及额之例，分别议叙。若收不及额，官员亦均照屯田兵丁收获不及额之例，分别察议，兵丁责处。"又，《杂支门·新疆遣犯》事例："一、新疆责革效力兵丁，暨发往充当各差及屯种遣犯，不能自行谋食者，均按日官给口粮，米八合三勺或面一斤。其仅拟发遣及安插各犯，不种屯田，不充官差者，官不为经理。一、巴里坤种地遣犯，每名每月支给口粮，面四十斤。每年给与衫袴鞋脚银一两九钱二分。"均应参看。

条例 045.105：凡发遣乌鲁木齐伊犁为奴人犯

凡发遣乌鲁木齐、伊犁为奴人犯，在铅、铁厂打矿挖采，果能实心出力，例应五年为民者，准其减去二年；三年为民者，减去一年；永远当苦差者，五年后即准为民，均免其挖采。若为奴人犯，业已为民，及当差、种地之人，有情愿在厂效力帮贴，实心出力者，定限八年，该处大臣，查其所犯原案尚属较轻，叙明情由奏闻，应否发回原籍之处，恭候钦定。

（此条乾隆四十二年定。乾隆五十三年删。）

条例 045.106：各省邪教为从之犯

各省邪教为从之犯，罪应拟军，及照名例发遣者，俱改发云、贵、两广烟瘴地方充军。其云、贵、两广四省邪教从犯，发往四川、福建两省安插。此等人犯内，如有情节较重者，各于到配后再加枷号六月。所有奉天、吉林、伊犁、乌鲁木齐各处，均停止编发。

（此条乾隆四十六年奉旨议定。嘉庆六年，因邪教为从，已于乾隆五十六年改发黑龙江，所以删去此条。）

条例 045.107：奉天省应发黑龙江等处人犯（1）

奉天省应发黑龙江等处人犯，即由盛京刑部、奉天府，按照人数多寡，定地刺字，径交盛京兵部发遣，毋庸解赴在京刑部转发。

（此条乾隆四十七年，刑部因盛京刑部将王自菜等行劫案内，拟发黑龙江之徐刚、张元、杨方恒三犯，派委官弁解赴来京，实多不便，奏请纂辑为例。嘉庆二年增定为条例045.108。）

条例 045.108：奉天省应发黑龙江等处人犯（2）

奉天省应发黑龙江等处人犯，即由盛京刑部、奉天府，按照人数多寡，定地刺字，径交盛京兵部发遣。至外省应发黑龙江等处人犯，该督抚饬属径行解往，均毋庸解赴在京刑部转发。

（此条嘉庆二年，将条例045.107增定。）

薛允升按：从前发遣黑龙江等处人犯，均系解赴刑部刺字转发，是以奉天省亦解赴在京刑部，自属不便。惟别省人犯解部发遣之例，后亦俱行停止，则奉天省亦俱在其内，此例自可删除。徒流人又犯罪门，旗下另户人等，发遣后复行犯罪，即改发云、贵、两广。奉天、宁古塔、黑龙江等处人犯，解送刑部转发。各省驻防人犯，就近交该省督抚解往应发省分充配。与此参看，似应修并此条之内。雍正五年十一月初五日奉上谕："奉天习俗不堪，凡犯罪发遣之人。若发往相近边地，必至逃回又生事端。嗣后犯法之人应枷责发遣者，著解送来京，照例枷责，满日，发与西安、荆州等处满州驻防之兵丁为奴"云云，应参看。

条例 045.109：赏给为奴人犯（1）

赏给为奴人犯内，除例应赏给功臣之人外，其发往驻防各省者，俱赏给彼处官兵为奴。其赏给将军、副都统之处，永行停止。

（此条乾隆四十八年，因发往宁夏将军为奴人犯格图肯，该将军傅良随带进京，以致格图肯携妻逃走，经兵部参奏一案，奉谕旨纂为例，嘉庆十九年改定为条例045.110。）

条例 045.110：赏给为奴人犯（2）

赏给为奴人犯，除例应赏给功臣之人外，其发往黑龙江、吉林及各省驻防为奴者，先尽未有遣奴之官员分给，每员不得过二名；再尽未有遣奴之兵丁分给，每兵只给一名。其赏给将军、副都统之处，永行停止。

（此条嘉庆十九年，将条例 045.109 改定。）

薛允升按：此条应与上回城为奴人犯一条参看。为奴人犯，永禁伊主携带役使来京，见徒流人逃。此例止言黑龙江等处，而不及新疆，以新疆均系给种地兵丁为奴故也。第兵丁每名是否准给一名之处，记核。赏给功臣为奴之犯，除叛逆外，律文并不多见，而发往黑龙江及驻防为奴之例，不一而足。缘国初情重各犯军流徙关外，如流徙尚阳堡发遣打牲乌喇及黑龙江、宁古塔为奴之类是也。尔时约束甚严，脱逃罪名亦重，又有各处将军派员专辑逃人，法尚能行，故遣奴虽多，而逃走者颇少。因而发遣为奴之例，较前愈增愈多。嗣后黑龙江等处拥挤，则调发新疆。新疆拥挤，又改发黑龙江等处。两处俱不能发，则又改发四省烟瘴。四省烟瘴又虞拥挤，则仍改发内地。现在此等人犯均改为极边足四千里充军，惟留驻防为奴十余条，载在例内，而亦轻重参差，不甚画一。且此等人犯强横不法者颇多，名虽为奴，实不能谨受约束，而兵丁穷苦情形较甚于前，又谁能以有限之钱粮令此辈安坐而食耶。古人制律，减死一等，即为满流，前明以流罪为轻，而加拟充军。本朝于充军之外，又加拟为奴。迨至为奴之法穷，而仍改充军。而所谓充军者，仍与流犯无异，又何必多立此项名目耶。朝廷矜恤罪因，于应死之犯屡蒙宥免，全活者不下数十万万，而于罪不至死者，反过于严厉，亦属轻重不伦，似不如全行删去之为愈也。

条例 045.111：应发各省驻防给官员兵丁为奴之犯

应发各省驻防给官员兵丁为奴之犯，仍由兵部核计该犯原籍，及犯事地方道里，俱在四千里以外，均匀酌发。

（此条咸丰元年，查照嘉庆年间旧例纂定。）

薛允升按：兵部有轮发章程，应参看。

条例 045.112：回民除犯该寻常军流

回民除犯该寻常军、流，尚无凶恶情状者，仍按《表》酌发外，如有结伙三人以上，执持凶器伤人，并抢夺数在三人以下，审有纠谋持械逞强情状者，〔按：此句可删。〕俱实发云、贵、两广极边烟瘴充军。至籍隶烟瘴之云、贵、两广四省回民，如犯前项凶殴殴纠抢等情，仍照定例于隔远烟瘴省分互相调发，俱不得编发甘肃等省回民聚集之地。

（此条乾隆五十二年，刑部议覆署陕甘总督永保奏准定例。）

薛允升按：此条陕甘总督意在停发甘肃，部议则不令安处腹地。现在实发烟瘴十八条，虽无此项，然二省新定章程则仍系发两广，与此例亦属相符，似应与下回民犯罪应发回疆一条修并为一。西北回民应发往东南烟瘴省分，即籍隶烟瘴省分之回民亦在隔远烟瘴省分调发，恶之至也。

条例 045.113：徒罪人犯

徒罪人犯，该督抚于通省州县内，不拘有无驿站，核计道里远近，照例人数多寡，均匀酌派，交各州县严行管束，俟徒限满日，释放回籍安插。

（乾隆五十二年，刑部核覆云南巡抚谭尚忠奏：云南徒犯，不必拘定多罗、松林等十二驿安置，改于通省州县均匀酌配，并通行各省，一体遵照，因定此例。乾隆五十六年，增在京犯徒之例。嘉庆六年，增定为条例 045.114。）

条例 045.114：民人在京犯该徒罪者

民人在京犯该徒罪者，顺天府尹务于离京五百里州县定地充配。至外省徒罪人犯，该督抚于通省州县内，核计道里远近，酌量人数多寡，均匀酌派，俱不拘有无驿站，交各州县严行管束，俟徒限满日，释放回籍安插。

（此条嘉庆六年，将条例 045.113 增定。）

薛允升按：此徒罪之通例。在京徒犯以离京五百里地为准，外省并无此语，是不拘五百里内外矣。徒犯系在配所拘役，即古城旦、鬼薪之类。前明改为煎盐、炒铁，雍正年间改为发本省驿递，均系拘役之意，是以有徒囚不应役分别治罪之律。此例改为严加管束，并无“拘役”字样，殊与律意不符。盖徒流原系古法，近俱有名而无实，而各州县俱以此辈为苦累之事，不加管束，在配脱逃者遂比比皆是，而凶顽者益无所忌惮矣。流犯既无安插之法，徒犯亦无应役之事，仅有徒流之名而已。吏治之不如古，此其一也。以下条军台之例两相比较，待官员者何其过严，治徒囚者何其过宽耶。

条例 045.115：发往伊犁乌鲁木齐等处遣犯

发往伊犁、乌鲁木齐等处遣犯，如在配安分，复能将该处脱逃遣犯拿获者，除逃遣照例办理外，其获犯之遣犯，无论当差为奴，不拘年限，准为彼处之民，不准回籍。若为民后，又能拿获逃人，即准其回籍。其在厂在配年满为民遣犯，有能拿获逃遣者，亦准回籍。倘逃犯力壮，一人不能缉拿者，止许添一人帮拿，概不得过二人。

（此条系乾隆五十一年，伊犁将军奎林等奏遣犯石二等拿获逃遣徐四；乾隆五十二年，该将军等奏遣犯于观彩等拿获逃遣张添喜，正法遣犯石凤等听从畏罪自缢之张凤智拿获逃遣王巴儿等因。乾隆五十三年，奉谕旨纂为定例。）

薛允升按：新疆遣犯脱逃，一经拿获，例应即行正法，是以拿获此等人犯，即准为民。现在遣犯脱逃，除免死盗犯外，其余均不正法，不过递回鞭责，似应添入正法一层。再，军流人犯能拿获逃军逃流多名，是否亦准回籍，例无明文。可知此例专为正法之逃遣而设。至名例所云，轻罪囚能捕获重罪囚而首告，及轻重罪相等，但获一半首告者，皆免其罪。则又共犯罪之通例也，应参看。

条例 045.116：新疆乌鲁木齐等处在配遣犯

新疆、乌鲁木齐等处在配遣犯，令该管官将每遣犯十名，酌设散遣头一名，每散遣头十名，酌设总遣头一名，即于在配各遣犯内选择充当，责令管束，并令各总遣头出具连环保结互保。遇有遣犯脱逃，除主守之兵丁，及专管之员弁，仍照例办理外，即将应管之散遣头，亦照主守之例一体问拟，总遣头酌减一等治罪。如散遣头有脱逃情事，即将应管之总遣头，亦照主守例治罪。倘总遣头有脱逃情事，即将互保之总遣头，亦各照主守例治罪。如其所管遣犯，三年内并无一名脱逃滋事者，散遣头准在该处为民。如散遣头三年内并无一名脱逃滋事者，总遣头准在该处为民。总遣头或有事故，即在散遣头内挑充。该遣头等如有故意陵虐情事，即严行惩治，并将总散遣头及所管遣犯，俱造具花名清册，报明将军、都统，并送部备核。

（此条系咸丰元年，据乌鲁木齐都统毓书奏准定例。）

薛允升按：此约束遣犯之法也。此等事言之最易，行之颇难。此等遣犯有当差为奴之不同，此例是否不分当差为奴之处，记考。

条例 045.117：应发黑龙江等处条例内（1）

应发黑龙江等处条例内，如用药迷人已经得财为从者；闽省不法棍徒，引诱偷渡之人包揽过台，中途谋害人未死为从同谋者；应发极边烟瘴罪人，事发在逃被获时有拒捕者；伙众抢去良人子弟，强行鸡奸之余犯，问拟发遣者；开窑诱取妇人子女勒卖为从者；俱改发回城喀什噶尔、乌什、叶尔羌、阿克苏、和阗等处，先尽大小伯克酌给为奴，再分给力能管束之回子，俱面刺"外遣"字样。如有不服管教，及脱逃被获者，除用药迷人得财为从一项，系照强盗免死减等仍行正法外，其余各条人犯，俱在配用重枷枷号三月、杖一百，给主严加管束，仍将一年内发到人犯若干，现存若干，于年终咨报军机处、刑部，汇开清单具奏。

（此条乾隆五十六年定。原文"年终汇奏"，乾隆六十年改为"咨报"；原文"不服管教打死无论"，及"脱逃被获，即行正法"之处，于嘉庆四年奏准改定。）

条例045.118：应发黑龙江等处条例内（2）

应发黑龙江等处条例内，如邪教为从者；听从入西洋教，不知悛改者；造妖书妖言传用，惑人不及众者；俱改发新疆给额鲁特为奴。强盗免死减等者；强盗已行而不得财伤人为从，及未伤人为首者；响马、强盗伤人未得财为从，及未得财又未伤人为首者；洋盗案内，被胁接赃一次者；洋盗案内，接赃二次投首者；老瓜贼内，跟随学习技艺未同行者；大逆缘坐男犯十六岁以上者；叛逆案内，被胁入伙，悔罪投首者；台湾游民，犷悍凶恶，肆行不法，犯该徒、流以上情重者；豫省南阳、汝宁、陈州、光州，及安徽颍州府所属各地方，凶徒结伙十人以上，执持凶器，无论曾否伤人者；子孙犯奸盗，致纵容之父母自尽者；触犯父母，充军释回后，复行触犯者；察哈尔等处牧丁偷卖牲畜，及宰食并作为私产者；偷参为从人犯，诬扳良民，为财主及头目者；发功臣家为奴人犯，伊主不能养赡者；俱改发新疆给官兵为奴。

因抢问拟军、流、徒罪，在配在逃，复犯抢夺者；因抢问拟军、流、徒罪，在配在逃，复抢至三次者；因抢问拟军、流、徒罪释回，复抢至五次者；抢夺初犯至八次者；免死减军人犯，三次逃走者；极边烟瘴充军人犯脱逃者；人命案内，按律不应拟抵，如致死三命以上，按照致死人数，由极边烟瘴递加者；俱改发新疆，酌拨种地当差。

杀一家三、四命案内，凶犯之子年十六岁以上者；改发新疆安插。民人谎称卖身在旗者；谎称八旗逃人者；假称逃人，具告行诈者；卖逃买逃者；无主认领逃人入官给兵丁为奴，再逃至三次者；旗下家人三次逃走者；旗下家奴偷窃进仓米石者；旗下家奴用铜、铁、锡、铅药煮伪造假银者；随围奴仆逃走投回，伊主不愿领回者；遣犯杀死伊主案内之该犯妻妾及子孙，年未及岁者；民人杀死奴仆非死罪三人者；经纪铺户人等，揽和私钱行使，及收买剪边钱揽和货卖，数至十千以上者；俱改发各省驻防，给官员兵丁为奴，仍由兵部核计该犯原籍，及犯事地方道里，俱在四千里以外驻防省分，均匀配发。

聚众十人以上，带有军器兴贩私盐，拒捕伤一人为从下手，及拒捕不曾伤人为首者；回空粮船夹带私盐闯闸闯关拒捕案内，下手伤人为从，及拒捕不伤人为首者；盗期亲尊长未殡未埋尸枢开棺见尸者；发掘期亲尊长坟冢见棺椁为首，及发掘期功亲缌麻尊长坟冢开棺见尸为从者；未伤人之盗首，闻拿投首者；窝家盗线，闻拿投首者；曾经伤人，及行劫二次以上之伙盗，闻拿投首者；伙盗能将盗首逃匿地方供出，一年限内拿获者；图财害命不行分赃，及伤人未死已得财，从而加功，伤非金刃，又非折伤者；附京地方有窝藏偷窃马匹，开设马窑子宰剥者；俱改为实发云、贵、两广极边烟瘴地方充军。

粮船丁舵将白土搀入漕粮，百石以上者；粮船舵工侵米五石以上，累丁代完者；在滇省沿边关隘私贩碧霞玒等物，共伙数在一、二十人为从，及数在四人以上，不及十人为首者；结伙盘踞重利收当军器者；白役诈赃逼命案内，正役知情同行在场帮索，及虽不同行而主使诈赃者，俱改发极边足四千里充军。

以上改发新疆人犯，均面刺"外遣"二字。改发内地驻防及内地充军者，除未伤人盗首闻拿投首，窝家盗线闻拿投首，曾经伤人及行劫二次以上之伙盗闻拿投首，伙盗供出盗首逃匿地方一年限内拿获四项，脱逃被获系例应正法者，俱面刺"改遣"二字外，余俱面刺"改发"二字。有应刺事由者，仍刺事由。

（此条嘉庆十七年改定。）

条例045.119：应发黑龙江等处条例内（3）

应发黑龙江等处条例内，如用药迷人已经得财为从者；闽省不法棍徒，引诱偷渡之人包揽过台，中途谋害人未死为从同谋者；应发极边烟瘴罪人，事发在逃，被获时有拒捕者；伙众抢去良人子弟，强行鸡奸之余犯，问拟发遣者；开窑诱取妇人子女勒卖为从者；伙众强抢犯奸妇女已成为首者；轮奸妇女未成为首者；轮奸妇女已成为首者，轮奸案内同谋未经同奸之余犯，强奸犯奸妇女已成，致本妇羞忿自尽者；强奸十二岁以下幼女、幼童未成者；奴及雇工人调奸家长之母未成者；俱改发回城酌给大小伯克〔今裁。〕及力能管束之回子为奴，面刺"外遣"字样。如有不服管教，及脱逃被获者，除用药迷人得财为从一项，系照强盗免死减等仍应正法外，其余各条人犯，俱在配用重枷枷号三月、杖一百，给主严加管束，仍将一年内发到人犯若干，现存若干名，于年终咨报军机处、刑部，汇开清单具奏。

（嘉庆十七年，调剂黑龙江、吉林等处遣犯，先后奏准，将例应发遣黑龙江、吉林等处，共七十三条，内除回民犯罪应发回疆，及新疆地方回子犯罪应调发回疆等项，共十条，仍发黑龙江等处外，其余均改发新疆等处。因此改定条例045.118及045.119两条。）

条例045.120：应发黑龙江等处条例内（4）

应发黑龙江等处条例内，如用药迷人已经得财为从者；应发极边烟瘴罪人，事发在逃，被获时有拒捕者；俱改发新疆给官兵为奴，面刺"外遣"字样。如有不服管教，及脱逃被获者，除用药迷人得财为从一项，系照强盗免死减等仍应正法外，应发极边烟瘴被获拒捕一项，在配用重枷枷号三月、杖一百，给主严加管束，仍将一年内发到人犯若干，现存若干名，于年终咨报军机处、刑部，汇开清单具奏。其闽省不法棍徒，引诱偷渡之人包揽过台，中途谋害人未死为从同谋者；伙众抢去良人子弟，强行鸡奸之余犯，问拟发遣者；开窑诱取妇人子女勒卖为从者；伙众强抢犯奸妇女已成为首者；轮奸良人妇女未成为首者；轮奸妇女已成为首者；轮奸良人妇女已成案内余犯，同谋未经同奸者；强奸犯奸妇女已成，致本妇羞忿自尽者；强奸十二岁以下幼女、幼童未成者；奴及雇工人调奸家长之母未成者；共十条，俱仍旧例，发往黑龙江给披甲人为奴，照例刺字。

（此条嘉庆二十二年，因停发回疆改发内地，将"用药迷人得财为从，及应发极边烟瘴罪人在逃被获时有拒捕"二条，俱仍发回城为奴；其"闽省不法棍徒"以下十条，俱改发云、贵、两广极边烟瘴地方充军。道光六年，调剂新疆遣犯，将"应发极边烟瘴罪人在逃被获拒捕"，并"轮奸妇女未成为首"，及"轮奸案内余犯"共三条，改发云、贵、两广极边烟瘴地方充军。道光十四年，将"轮奸妇女未成为首"，及"轮奸案内余犯"二项，俱改发极边足四千里充军。道光二十四年，新疆及四省人犯，照旧发往，仍将二项改发云、贵、两广。咸丰元年，因回城为奴人犯，易于脱逃，将"用药迷人得财为从，及应发极边烟瘴罪人在逃被获时有拒捕"二条，改发新疆给官兵为奴；其"闽省不法棍徒"以下十条，仍复旧例，发往黑龙江给披甲人为奴。同治九年，调剂黑龙江等处遣犯，酌议分别改发，将此例删除。）

条例045.121：停发新疆改发内地人犯（4）

停发新疆改发内地人犯，如窃盗满贯拟绞，秋审缓决一次者；窃盗三犯赃至五十两以上，秋审缓决一次者；行窃军犯，在配复行窃者；三次犯窃，计赃五十两以下至三十两，并三十两以下至十两者；窃赃数多，罪应满流者；积匪猾贼，窃盗临时拒捕，伤非金刃，伤轻平复者；抢夺伤人，伤非金刃，伤轻平复为首者；发掘他人坟冢见棺椁为首，及开棺见尸为从者；回民行窃，结伙三人以上，执持绳鞭器械者；抢夺金刃伤人，及折伤下手为从者；子孙犯奸盗，致纵容之父母自尽者；察哈尔等处牧丁偷卖牲畜，及宰食并作为私产者；偷参为从人犯，诬扳良民为财主及头目者；发功臣家为奴人犯，伊主不能养赡者；杀一家三四命以上案内，凶犯之子年十六岁以上，实无同谋加功者；夺犯杀差案内，随同拒捕，未经殴人成伤者；贼犯杀死捕役案内，未经帮殴成伤者；调奸未成，和息后因人耻笑，其夫与父母亲属及本妇复追悔自尽，致死二命者；凶徒因事忿争，执持军器殴人至笃疾者；强盗窝主造意不行又不分赃者；杀一家三、四命以上案内，凶犯之妻女实无同谋加功，并被杀之家未至绝嗣，凶犯之子年在十五岁以下者；奸妇抑媳同陷邪淫，致媳情急自尽者；盛京旗下家奴为匪，逃走至二次者；前项人犯，从前已照原例应配地方充发。在配为匪脱逃者以上二十六项人犯，俱各照本例改定地方充发，面刺"改发"字样，应刺事由者，仍刺事由。如有在配在途脱逃，照本例加二等调发。

（此条嘉庆二十四年，将应发黑龙江等处改发新疆例内，摘出"子孙犯奸盗致纵容之父母自尽"等五条；又于原发新疆各例内，摘出"凶徒因事忿争执持军器殴人致笃疾"等五条，俱改发内地，增入此例。道光九年，于"杀一家三、四命以上案内，凶犯之妻女实无同谋加功"下，增入"被杀之家未至绝嗣，凶徒之子"十二字。）

薛允升按：凡由新疆、乌鲁木齐等处改发内地，及由内地改发新疆等处者，因各本条内未能分晰叙明，是以汇总纂入名例，以便引用，兼免歧误。此处改发各条，后于修例时，本门内均经陆续载明，自可查照援引，此例即属赘文。且由外遣改发内地者，尚不止此数条，此处似无庸重复另叙，拟合删除，下条亦同。同治九年，又定有改发新例数条，与此意同。彼则各条均未改正，故总列入名例，此则各条俱有明文，自无庸又入于名例也，参看自明。国初情重军流人犯，均发黑龙江、宁古塔等处。乾隆二十三年，刑部等部议覆御史刘宗魏奏军流遣犯均发巴里坤折内，议请将造谶纬妖书，传用惑人不及众者二十二条发往。嗣因甘肃巡抚吴达善，以军务未竣，兼逢岁歉，奏请暂行停止。经军机大臣于二十四年议定，强盗窝主造意不行，又不分赃者十二项，发往巴里坤，其余俱发往烟瘴及黑龙江等处。三十二年，军机大臣会同刑部奏准酌量变通发遣章程一折，将凶徒因事忿争，执持军器殴人，至笃疾者六条，改发乌鲁木齐等处。余十六条，仍照本例发往。嗣后忽而改发，忽而停止，条款亦忽多忽少，至道光十年始纂定此例。二十五年虽定有应发新疆者，仍行发往之例，咸丰年间又复停止。同治九年分别改发内地，迄今遵行，遣犯遂无发往新疆者矣。此亦刑典中一大关键也。

条例 045.122：应发黑龙江等处

应发黑龙江等处，及停发新疆改发内地条例内，如白阳各项邪教，从犯年未逾六十，及虽逾六十而有传徒情事者；听从入西洋教，不知悛改者；造妖书妖言传用，惑人不及众者；共三条，俱改发回城给大小伯克〔今裁〕，及力能管束之回子为奴。

强盗免死减等者；强盗已行而不得财伤人为从，及未伤人为首者；响马、强盗伤人未得财为从，及未得财又未伤人为首者；洋盗案内，被胁接赃一次者；洋盗案内，接赃二次投首者；老瓜贼内，跟随学习技艺未同行者；共六条，俱改发新疆给官兵为奴。

民人谎称卖身在旗者；谎称八旗逃人者；假称逃人，具告行诈者；卖逃买逃者；无主认领逃人入官给兵丁为奴，再逃至三次者；旗下家人谎称民人，卖身逃走已至三次者；旗下家人三次逃走者；旗下家奴吃酒行凶者；旗下家奴犯凶恶棍徒者；旗下家奴偷窃进仓米石者；旗下家奴用铜、铁、锡、铅药煮伪造假银者；随围奴仆逃走投回，伊主不愿领回者；遣犯杀死伊主案内之该犯妻妾及子孙，年未及岁者；民人杀死奴仆非死罪三人者；经纪铺户人等，揽和私钱行使，及收买剪边钱揽和货卖，数至十千以上者；内廷太监买食鸦片烟者；共十六条，俱改发各省驻防，给官员兵丁为奴，仍由兵部核计该犯原籍，及犯事地方道里，俱在四千里以外驻防省分，均匀配发。

聚众十人以上，带有军器兴贩私盐，拒捕伤一人为从下手，及拒捕不曾伤人为首者；回空粮船夹带私盐闯闸闯关拒捕案内，为从下手伤人，及拒捕不伤人为首者；

盗期亲尊长未殡未埋尸柩开棺见尸者；发掘期亲尊长坟冢见棺椁为首，及发掘期功亲
缌麻尊长坟冢开棺见尸为从者；未伤人之盗首，闻拿投首者；窝家盗线，闻拿投首者；
曾经伤人，及行劫二次以上之伙盗，闻拿投首者；伙盗能将盗首逃匿地方供出，一年
限内拿获者；图财害命不行分赃，及伤人未死已得财，从而加功，伤非金刃，又非折
伤者；附京地方有窝藏偷窃马匹，开设马窑子宰剥者；白阳各项邪教从犯尚未传徒，
而又年逾六十者；回民抢夺，结伙三人以上者；回民犯罪应发回城，及新疆地方回民
犯罪应调发回疆者；军犯在配，遣人呈递封章告言人罪者；军犯将呈词封固投递，挟
制接收官员原封入奏者；新疆地方偷窃金砂为首者；决堤遇水浸损漂没人田产财物为
首者；永远枷号已逾十年，原拟军流以下者；花户已经斥革，复在现充花户身后影射，
向关米人勒索得财，计赃在十两以上者；子孙平治祖坟，并奴仆、雇工人平治家长坟
一冢者，杖一百、徒三年，每一冢加一等，应加至遣罪者；台湾游民，犷悍凶恶，肆
行不法，犯该徒、流以上情重者；豫省南阳、汝宁、陈州、光州，及安徽颍州府所属
各地方，凶徒结伙十人以上，执持凶器，无论曾否伤人者；触犯祖父母、父母，充军
释回后，复行触犯者；极边烟瘴充军人犯，在配遣人呈递封章条陈事务者；控诉事件，
口称必须面见皇上始行申诉，虽未呈递封章，即照呈递封章本例加一等，罪应极边烟
瘴充军者；回民窝窃罪应极边烟瘴者；由黑龙江、吉林，减回内地充军拟流之盗犯，
在配脱逃，于五日内拿获者；因抢问拟极边烟瘴充军人犯，在配在逃复犯抢夺者；因
抢问拟军、流、徒罪，在配在逃，复抢至三次者；因抢问拟军、流、徒罪释回，复抢
至五次者；抢夺初犯至八次者；免死减军人犯，三次逃走者；极边烟瘴充军人犯脱逃
者；人命案内，按律不应拟抵，如致死三命以上，按照致死人数，由极边烟瘴递加
者；发遣云、贵、两广烟瘴刨参人犯，在配脱逃者；共三十五条，俱改为实发云、贵、
两广极边烟瘴地方充军。

粮船丁舵将白土搀入漕粮，百石以上者；粮船舵工侵米五石以上，累丁代完者；
在滇省沿边关隘私贩碧霞玒等物，共伙数在一、二十人为从，及数在四人以上，不及
十人为首者；结伙盘踞重利收当军器者；白役诈赃逼命案内，正役知情同行在场帮索，
及虽不同行而主使诈赃者；大逆缘坐男犯十六岁以上者；叛逆案内，被胁入伙，悔罪
投首者；私铸铜铅钱，不及十千之匠人及为首者；私铸铜钱十千以上，或不及十千而
私铸不止一次为从，及知情买使者；叛案缘坐者；偷盗围场牲畜，再犯三犯，及虽初
犯而木植至五百斤以上，牲畜至十只者；共十一条，俱改发极边足四千里充军。

以上改发新疆人犯，均面刺"外遣"二字。改发内地驻防及内地充军者，除未
伤人盗首闻拿投首，窝家盗线闻拿投首，曾经伤人及行劫二次以上之伙盗闻拿投首，
伙盗供出盗首逃匿地方一年限内拿获四项，脱逃被获系例应正法者，俱面刺"改遣"
二字外，余俱面刺"改发"二字。有应刺事由者，仍刺事由。

（此条嘉庆二十四年改定。道光十四年，因改发地方，各本例内，已经分析载

明，名例内毋庸复载，是以删除。）

条例 045.123：逃人续供之窝家

逃人续供之窝家，提来审明，又属诬扳，如年力强壮者，改发乌鲁木齐等处分别种地为奴。移住拉林闲散满洲，有犯二次逃走者，发往伊犁等处，充当折磨差使。派往各省驻防满洲兵丁，临行及中途脱逃被获者，发往伊犁，充当步甲苦差。俱照例面刺"外遣"字样，毋庸金妻遣发。如有情愿携带者，不准官为资送。傥在配在途脱逃，并不服拘管者，获日在配所用重枷枷号三个月、杖一百，折责发落，毋庸即行正法。若越狱脱逃，仍照军流越狱本例办理。

（此条嘉庆二十四年，由原例内摘出凶徒、逃人、参犯、奸妇、盛京旗奴五条，改发内地。道光六年，调剂新疆遣犯，又将原例内自"凶徒"至"偷打围场牲畜二十只以上"各条均摘出，另载停发新疆改发内地条内。道光十四年，又查照《督捕例》，将逃人诬扳窝家一项，仍改归本条。）

薛允升按：此三项均见《督捕则例》，已于各条内修改明晰。无庸金妻，亦例有明文。至脱逃用重枷枷号三个月，原例本不止此数条，且与平常遣犯脱逃之例互相参差，似应删除。

条例 045.124：例内应发云贵两广极边烟瘴各条

例内应发云、贵、两广极边烟瘴各条，如异姓结拜弟兄案内，闻拿投首，及事未发而自首各犯，减免后复犯结拜，罪应极边烟瘴充军者；未伤人之首盗及伙盗，曾经伤人，并行劫二次以上，闻拿投首者；首犯脱逃，伙盗供出逃匿所在，限内拿获者，将供出之伙盗照例免死者；因抢问拟军罪在配在逃复犯抢夺，如本系极边烟瘴人犯有犯者；回民结伙抢夺问拟极边烟瘴充军人犯，脱逃被获者；窝留积匪造意同行分赃代卖，问拟军罪人犯，脱逃被获者；回民窝窃，罪应极边烟瘴者；军民人等呈递封章，挟制入奏，所控虚诬，核其诬告本罪应拟烟瘴充军者；负罪人犯呈递封章奏告人罪，原犯军罪者；问拟笞、杖、枷责、递籍及无罪递籍管束之犯，复又脱逃，呈递封章，原犯烟瘴充军，及原犯遣罪改发烟瘴者；控诉事件，口称必须面见皇上始行申诉，于呈递封章本例上加等，罪应烟瘴充军者；军、流人犯在配遣人呈递封章条陈事务，原犯极边烟瘴，及原犯遣罪改发极边烟瘴者；罪人事发在逃被获拒捕，本罪犯该烟瘴者；窃盗抢夺被事主扭获图脱用刀自割发辫襟带，以致误伤事主，例应斩监候者；极边烟瘴军犯脱逃者；发遣极边烟瘴刨参人犯脱逃者；改发云、贵、两广充军四项盗犯，如系在附近暂避，或偶有事故未向看役告知，实非逃走者；免死减军人犯在配脱逃至三次者；共十八条，仍照例实发四省外，其余各项应发云、贵、两广极边烟瘴人犯，无论例内载明改发、实发，均以极边足四千里为限，面刺"烟瘴改发"四字，遇有脱逃，即照烟瘴人犯脱逃例治罪。

（道光十七年，因滇省军犯拥挤，将情重十八条，仍实发四省烟瘴，其余无论改发、实发，俱以极边足四千里为限。道光二十四年，调剂贵州军犯，将由新疆改发内地各条，照旧发往新疆，其四省烟瘴人犯亦一体实发，因将此条删除。）

条例 045.125：应行发遣黑龙江吉林等处人犯

应行发遣黑龙江、吉林等处人犯，除宗室、觉罗、太监，并八旗另户正身，〔按：此京旗也。〕各省驻防正身旗人，〔按：此外省也。〕及民人曾为职官，〔按：此应发新疆者。〕暨举、贡、生员、监生，〔按：彼条有"进士"二字，此处似系遗漏。〕或职官子弟等项，仍照原例发往，〔按：此谓按例应发吉林等处者。〕其前项内应发新疆、乌鲁木齐等处者，〔按：此例发新疆者。〕亦改发黑龙江、吉林等处，分别当差为奴，交该将军均匀酌拨安插。其余应发黑龙江为奴条例内，如闽省不法棍徒，私充客头包揽过台，引诱偷渡之人中途谋害未死，为从同谋者；伙众将良人子弟抢去，强行鸡奸余犯拟遣者；开窑诱取妇人子女勒卖为从者；伙众强抢犯奸妇女已成为首者；强奸犯奸妇女已成，致本妇羞愧自尽者；轮奸良人妇女已成案内余犯，同谋未经同奸者；因而杀死本妇，同谋并未下手，又未同奸者；致本妇自尽，同谋未经同奸者；轮奸良人妇女未成为首者；因而杀死本妇为从未经下手者；致本妇自尽为从者；轮奸犯奸妇女已成为首者；因而杀死本妇，同奸并未下手者；致本妇自尽，为从同奸者；轮奸犯奸妇女未成，因而杀死本妇，系殴杀帮同下手者；致本妇自尽为首者；强奸十二岁以下幼女、幼童未成者；奴及雇工人调奸家长之母与妻女未成者。共十八条，俱改为实发云、贵、两广极边烟瘴充军，毋庸以足四千里为限，面刺"改发"二字。如在配脱逃被获，用重枷枷号三个月。倘在配滋事，及逃后行凶为匪，并拿获时有拒捕者，俱照平常遣犯治罪。

（同治九年，因调剂黑龙江、吉林遣犯，改定此例。）

条例 045.126：应发驻防为奴人犯

应发驻防为奴人犯，除例内载明各条外，其随征兵丁在军营私自潜逃，分别军务已未告竣、投首，及患病、受伤、迷失路径，查非有心脱逃，在军务告成后拿获者；随征跟随余丁，偷盗马匹军器及衣服银两潜逃投首，照兵丁投首按军务已未告竣分别问拟者；〔按：此上二条已纂例。〕触犯祖父母、父母发遣，免罪释回后再有触犯，复经呈送者；反逆案内，其子孙无论已未成丁，实系不知谋情者；其余律应缘坐男犯，并非逆犯子孙，年在十六岁以上者；私铸铜钱十千以上，或不及十千而私铸不止一次为从，及知情买使者；私铸铜钱不及十千，匠人及为首者；镕化些须铅斤，铸钱不及十千，匠人及为首者。共八条，俱改发驻防给官兵为奴，面刺"改发"二字。如有不服伊主管束，及脱逃滋事，仍按遣犯本例问拟。

（此条同治九年定例。）

条例 045.127：应发新疆及回城乌鲁木齐等处条例内

应发新疆及回城、乌鲁木齐等处条例内，如一切左道异端，煽惑人民为从者；传习白阳、白莲、八卦等邪教案内为从，年未逾六十，及年逾六十而有传徒情事者；造谶纬妖书妖言，传用惑人不及众者；用药迷人，甫经学习，虽已合药，即行败露，或被迷人知觉，未受累者；各项教会名目，并无传习咒语，但供有飘高老祖，及拜师授徒者；用药迷人已经得财，其余为从者；老瓜贼内传授技艺，跟随学习之人未同行者；用药及一切邪术，迷拐幼小子女为从者；共八条，均暂行监禁，俟新疆道路疏通，再行照例发往。

其强盗及响马、强盗伤人未得财，为从者；未得财又未伤人，为首者；强盗伤人，伤轻平复，事未发自首，及行劫数家止首一家者；洋盗案内投回自首照强盗自首问拟发遣者；拿获盗犯之眼线，曾为伙盗悔罪，五日内指获同伴者；船户店家，图财害命，同谋不行，事后分赃者；聚众不及十人，数在三人以上，持械抢夺为从者；纠众发冢起棺索财取赎，跟随同行在场瞭望，及未得财为从者；共谋为盗，因患病及别故不行，事后分赃者；强盗窝主，造意不行又不分赃，及存留二人者；窝线不上盗又未得财，但为贼探听事主消息，通线引路者；共十一条，俱改发极边烟瘴充军，仍以足四千里为限，到配后锁带铁杆、石礅二年。

四川等省匪徒，在场市人烟辏集之所横行抢劫，纠伙不及五人者；在野拦抢，四人以上至九人者；粮船水手抢夺案内，杀人未经帮殴成伤，及聚众互殴藏有火枪、台枪者；山东省匪犯聚众持械，结捻、结幅，抢夺得赃，数至四十人以上被胁同行，及四十人以下十人以上为从，并聚众抢夺未得财者；捉人勒索，将被捉之人拒杀、殴杀，为从帮殴，伤非金刃，又非折伤者；将被捉之人帮同陵虐，及虽无陵虐而助势逼勒，致令自尽者；聚众拒杀兵役为从，伤非金刃，又非折伤者；伤人未死为从，刃伤及折伤以上者；审无陵虐重情，止图利关禁勒索为首者；洋盗案内，知情接买盗赃三次以上者；豫省并安徽等处凶徒结伙聚众十人以上，执持器械，无论曾否伤人者；聚众十人以上抢夺，被胁同行者；广东省匪徒，捏造图记纸单名色，伙众三人以上，带有乌枪刀械，未得财为首，并未带乌枪刀械，亦未恃强掳掠，但系吓诈得财为首，及为从二次，并二次以上者；广东、广西二省奸徒，窝藏匪类，关禁勒索者；共十四条，亦照前改发，到配后锁带铁杆、石礅一年，如有在配滋事犯法，及乘间脱逃，在逃后另犯不法情事，除强盗等项例应正法，及另犯事应斩、绞者，照例办理外，其因罪无可加，例止枷责之犯，即照乌鲁木齐地方遣犯例，核其所犯事由。如系军、流、徒罪，锁带铁杆、石礅二年；如系笞、杖等罪，锁带铁杆、石礅一年；果能安分，限满开释，交地方官严加管束；释放后仍不悛改，再锁带一年；觉仍怙恶不悛，即令永远锁带。

此外例内载明应发新疆、乌鲁木齐等处者，俱改发极边足四千里充军。系酌拨种地当差人犯，到配后加枷号三个月；系为奴人犯，到配后加枷号六个月；其原例应加枷号者，仍递加枷号。如在配脱逃被获，为奴人犯，用重枷枷号三个月；当差人犯，亦加枷号三个月。倘在配滋事，及逃后行凶为匪，并拿获时有拒捕者，俱照平常遣犯治罪。以上各犯，应刺字者，如系强盗等项脱逃例应正法者，面刺"改遣"二字，余俱刺"改发"二字，俟新疆道路疏通，再行查明分别核办。

（此条同治九年定。原因是当时应发驻防遣犯过多，而新疆道路梗阻，只好分别改发，于是定条例045.125及045.126、045.127三条。并将旧例删除。）

薛允升按：第一条系应发黑龙江改发四省烟瘴之例。东三省旗人有犯，俱发各省驻防，而不言驻防旗人发遣之文，应与此条参看。奴婢殴家长门，载有图奸不遂，杀死奴仆及其妻，不分官员、平人，发黑龙江当差一条，此处并未叙入，自系疏漏。实发烟瘴充军者，止此十八条，其余例载烟瘴充军者，仍系改发极边足四千里，与本门由新疆改发烟瘴一条参看。现在职官等有犯仍系发往新疆，与此例又不相同。

第二条系应发新疆为奴人犯改发驻防之例。触犯一条，见常赦所不原，民人发新疆为奴，旗人发黑龙江当差。此改发驻防，自系专指民人而言。惟同一被呈发遣，而一为奴，一当差，似嫌参差。又说见彼条。反逆案内妇女发驻防，男犯俱发新疆，此均改发驻防，应否不准在一省之处，记核。收买私钱及鬻边钱挢和行使，十千以上，亦发驻防为奴。此条不言者，以例内已有明文，故不复叙也。惟随征兵丁及跟随余丁二条，本门内已详晰载明，此条复行列入，且有共八条字样，殊嫌未能画一。此外发驻防为奴者，尚有数条，应参看。

第三条系应发新疆，改发极边足四千里，分别锁带杆礅及枷号之例。顺治十二年题准："一应流犯俱照律例所定地方发遣，其解部流徙者，改流尚阳堡。"十八年定："凡反叛案内应流人犯，俱流徙宁古塔。"尔时之流徙即后来之外遣也。宁古塔即吉林也。嗣则有三姓、索伦、达呼尔，即黑龙江等处也。间亦有发遣拉林者。雍正年间又改发查克拜达里克鄂尔坤，所谓北路军营也。《督捕则例》，尚有发往拉林数条，余不多见。惟黑龙江、吉林二处最多。乾隆中叶以后发遣新疆者复不一而足，嗣后此处人犯拥挤，则与彼处互相调发，各处俱不能发，则又改极边足四千里。同治九年改定例文以后，而黑龙江等处发遣之犯，亦寥寥无几矣。

条例045.128：八旗及各省驻防正身旗人

八旗及各省驻防正身旗人，有犯吃酒行凶者，如系平日安分，偶尔醉闹，无凶恶情状，该将军、都统按例自行责惩。若屡次酗酒行凶滋事，怙恶不悛者，该管佐领呈报将军、都统，查明滋事实迹，送部审实，再行发遣吉林、黑龙江等处当差。如违例任意擅送，及藉端陷害者，将呈送不实之该管各官，交部议处。

（此条嘉庆四年，刑部奏准定例。咸丰二年，于原例发遣下，增入"吉林、黑龙江等处"七字。）

薛允升按：此系发往吉林、黑龙江之专条，与上条参看。东三省旗人有犯，自应发各省驻防矣。此条与上条均言旗人发遣之事。上条指发往新疆种地，此条专言发往吉林，黑龙江当差，是以各不相同。惟屡次吃酒行凶，即实发黑龙江等处，似属过重。究竟例内所云行凶滋事，怙恶不悛等语，亦未指明实据，应否销档，碍难悬拟。应与犯罪免发遣门末一条参看。旗人犯案，有罪重而折枷，免其销档实发者。旗人犯寻常流徒等罪，也有罪轻而销除旗档为民者。如旗人行窃及逃走等类，也有实发不准折枷，而亦不销除旗档者。如此二条所云，及殴死有服卑幼等之类，未可尽以犯罪免发遣之例例之也。从前旗人犯罪虽军流实发，亦不销档。道光五年以后，则销档者，比比皆是也。

条例 045.129：发遣新疆废员

发遣新疆废员，派令管理铅铁等厂，该将军、都统等详核案情轻重，摘叙原犯罪由，报部核覆。情罪较重者，不准管理；其情节较轻之员，准其管理；俟两年期满，如果妥协，除原犯徒、杖，例止三年奏请者，毋庸置议外，其原犯军、流，例应十年奏请者，准其于十年之内酌减三年，奏闻请旨。如蒙允准，即令各回旗籍。

（此条嘉庆八年，乌鲁木齐都统明亮等咨准定例。）

薛允升按：发往新疆之犯，杖徒者三年奏请，军流者十年奏请，此定例也，并无再有分别原犯罪由明文。乃于管厂之废员，又分别情罪轻重，义无所取。且管厂即系效力，不令管厂，是不准其效力矣。而十年后又复奏请释回，又何理耶。并应与上军台废员一条参看。乾隆五十四年议准铁厂之设，原以济屯田农具之用。旧例于遣犯内，择年力精壮者二百名，以一百五十人挖铁，五十名种地供挖铁人犯口粮，至一切杂费于遣犯内酌募。有力者每年捐资三十两，以供厂费，定以年限，与挖铁种地各犯一体咨部，分别为民回籍。惟是开厂之初，捐资人犯约有百余人或七、八十人，每年除用外，尚有赢余。至四十八年后，其能捐银者，仅十余人或七、八人不等，不敷所用。嗣后请不必拘定三十两之数，或二十两，或十余两，俱准其呈报。并拣派废员一人明白勤慎者，令专管厂务二年，所有遣犯捐资不敷，责令该员捐垫。如办理妥协，年满时将其出力之处，具奏请旨。至向例遣犯捐资三十两者，满十五年咨部，分别为民回籍。今请仍照向定年限外，其二十两者，酌加一年，十余两者酌加二年，统计年满，能始终奋勉者，方准回籍。其为奴人犯，止准为民，不准回籍。与上遣犯入铅铁厂效力一条参看。

条例 045.130：凡内地回民犯罪应发回疆

凡内地回民犯罪应发回疆，及回民在新疆地方犯至军、流，例应调发回疆者，俱实发黑龙江等处为奴。

（此条嘉庆十一年，陕甘总督倭什布咨固原州遣犯马仲喜等因听从马得闻强行鸡奸黎有未成案，纂辑为例。嘉庆二十五年，因调剂黑龙江遣犯，则改为"俱实发云、贵、两广极边烟瘴充军"。）

薛允升按：强行鸡奸之余犯，本系发回疆为奴，嘉庆二十二年改发烟瘴充军。咸丰二年，改发黑龙江，见犯奸门。同治九年又改发烟瘴充军，见名例，应参看。再，旧例内地民人于新疆地方犯军流罪，即在新疆等处互相发往，轻者编管，重者给厄鲁特及回人为奴。道光六年俱解回内地。此例所云均系已改之例，无关引用。上条例内，明言回民犯罪不得编发甘肃等省回民聚集之地，此条似可删并于彼例之内。本应发遣为奴之犯，因回避新疆，反得免其为奴。且名为烟瘴充军，仍系改发内地。而民人由新疆改军者，尚分别酌加枷号，较回民反形加重，似嫌参差。

条例 045.131：发遣回疆各犯

发遣回疆各犯，除仅止在配不服拘管者，即令该管大臣酌量惩治外，若实系在配酗酒滋事，怙恶不悛，难于约束者，改发巴里坤充当折磨差使。如改发之后复行滋事，初犯枷号三个月，再犯枷号一年，三犯永远枷号。

（此条嘉庆十一年，伊犁将军松筠咨回疆遣犯德隆阿在配酗酒滋事拟请调发巴里坤当差案内，经刑部奏准，纂辑为例。）

薛允升按：此亦系在新疆等处犯事互相调发之意，故改发后复行滋事，止加枷号并不调发别处。与遣犯在配复犯一条参看。至发遣回疆，均系为奴之犯，非学习邪教，即造妖书妖言及轮奸案内余犯。此外并不发遣，现在亦无此等人犯。

条例 045.132：发往军台效力废员

发往军台效力废员，三年期满，台费全数缴完者，由军台都统抄录获罪原案，具奏请旨。如不能完缴台费者，文职州县以上，武职都司以上，均由兵部行文各旗籍任所查明，委系赤贫，具结到部，兵部知照军台都统，该都统即抄录获罪原案，并声明无力完缴台费缘由，具奏请旨。如有隐匿寄顿情弊，发往乌鲁木齐永远充当苦差。其文职佐杂，武职守备以下各员弁，不能完缴台费者，于期满之日，例应杖一百、徒三年，仍令该都统抄录获罪原案，声明不能完缴台费，例应改拟杖、徒缘由，具奏请旨。此内有仰邀特旨释回者，兵部行文该都统，将其释回。其照例改为杖、徒者，行文该都统，将旗员解交刑部，照例办理。汉员解交各该原籍督抚，定驿充徒。

（此条嘉庆十二年，兵部议奏发往军台效力废员三年期满时无力完缴台费分别办理一折，纂辑为例。道光八年，于"并声明无力完缴台费"下，增入"将该废员再行留台五年"十字；于"缘由具奏请旨"下，增入"如能于留台五年限内完缴者，准该都统随时具奏，请旨释回"二十四字。）

薛允升按：官犯发往军台效力，始于乾隆六年，尚书讷钦等钦遵谕旨奏准，原系专指侵贪之案，完赃后减为徒流者而言。谕旨内明言，此辈既属贪官，除参款之外，必有未尽之赃私，完赃之后，仍得饱其囊橐，殊不足以示惩儆等语。是发往军台，本为黩货营私者戒。其犯别项罪名，原有应流应徒地方，即不得概行发往军台，自可概见。嗣后办理官犯案件，有奉特旨发往军台者，亦有从重拟发军台者，相沿日久，遂为职官犯徒罪之定例，犹之官员犯军流以上，即行发往新疆也。查发往军台，原以惩戒贪墨，是以定有完缴台费之例。若因别事获罪，则坐台三年期满，即可抵应得徒罪，又令完缴台费，不几加倍示罚乎。而核其所犯本罪，或由杖罪加等，或系一年及二年不等，且有因公获咎，过误致罪者，亦照此例办理，似不平允。再，军台效力废员，由杖徒发往者居多，其中亦有大员，不便充徒，从重拟发军台者。如不能完缴台费，知县以上，三年期满，再行留台五年，共计在台八年。佐杂以下，三年期满，复实徒三年，共计在配六年。而核其原犯情罪，或由杖罪加重，或本系一年、二年不等，概限三年期满，覆追缴台费，已属从重办理。况由杖徒加发新疆，定限三年，奏请释回，今于三年之外，又加以五年、三年，似嫌太重，办理亦不画一。

条例 045.133：发往热河之员

发往热河之员，于解到日，即由该副都统奏明，派在何处当差。至三年期满，亦分别具奏请旨。若有事故者，随时附奏。

（此条嘉庆十五年，奉上谕纂为定例。道光二十四年，删去"副"字。）

薛允升按：现在并无发往热河废员，情重者发往吉林等处当差，情轻者发军台效力矣。此例亦系虚设。

条例 045.134：发遣回城为奴人犯

发遣回城为奴人犯，先行酌给印房各章京、笔帖式等役使。该章京等于卸任时，列入交代，不准携回本旗。俟拨给章京等足敷役使，再分给大小伯克为奴，毋庸分给小回子，以免拖累

（此条系道光八年，奉谕旨纂为例。）

薛允升按：此系尔时办法，现在发遣回城为奴人犯例文无几，而亦从无发往者。为奴人犯永禁伊主携带役使来京。见徒流人逃，应参看。

条例 045.135：在京满洲另户旗人

在京满洲另户旗人，于逃走后，甘心下贱，受雇佣工，不顾颜面者，即销除旗档，发遣黑龙江等处严加管束，毋庸拨派当差，转令得食饷养赡。其逃后，讯无受雇佣工甘心下贱情事者，仍依本例办理。

（此条系乾隆五十三年，刑部审奏正白旗满洲养育兵昆英，自京逃至山东德州营，参将伊伯图他布任所被获拟发黑龙江当差一案，奉谕旨纂为例。）

薛允升按：与犯罪免发遣门末一条参看。旗人因贫糊口，登台卖艺，有玷旗籍者，连子孙一并销档，毋庸治罪。见搬做杂剧，较此条为轻。《督捕则例》载，"旗人初次逃走，一月以外被获者，及二次逃走者，均销除旗档为民，听其自谋生理，并不问其有无甘心下贱之情事"，与此例不符。盖此条在先，而彼条修改在后也。例文均系随事添纂，前后不符者颇多，此类是也。

条例 045.136：军流遣犯

军流遣犯，如强盗窝主，造意不行又不分赃者；窃盗临时拒捕，伤非金刃，伤轻

平复者；抢夺伤人为从者；发掘他人坟冢见棺椁为首，及开棺见尸为从者；窃赃数多，罪应满流者；凶徒因事忿争，执持军器殴人至笃疾者；三次犯窃罪应充军者。此等匪犯，除老疾残废不能耕作之人，仍照原例办理外，余均改发巴里坤等处，给种地绿旗兵丁为奴。其前项人犯，从前已照原例应配地方充发者，如有在配为匪脱逃，拿获之日，亦照前例改发。如起解在途及到配之后，有脱逃及不服拘管者，获日请旨，即行正法。其寻常过犯，酌量严行惩治。

（此条系乾隆二十六年三月内奉上谕，军机大臣会同刑部奏准定例。乾隆三十二年四月，因续纂凶徒因事忿争及三次犯窃二条，将此例删除。）

薛允升按：此拟发新疆者计八条，较之乾隆二十三年原奏已减去十余条矣。二十三年议覆刘宗魏改发新疆者，共二十余条，嗣因甘肃巡抚吴达善奏请暂行停止，经军机大臣于二十四年闰六月，议定十二条，仍发新疆。余条分别改发烟瘴及黑龙江等处。此则第三次也。

事例045.01：顺治十二年题准

一应流犯，俱照律例所定地方发遣。其解部流徙者，改流尚阳堡。

事例045.02：顺治十四年议定

凡卖钱经纪铺户与贩换和私钱者，流徙尚阳堡。

事例045.03：顺治十六年谕

贪官赃至十两者，流徙席北地方。

事例045.04：顺治十七年题准

席北系边外之地，以后流徙席北者，俱改流宁古塔。

事例045.05：顺治十八年定

凡反叛案内，应流人犯，俱流徙宁古塔。

事例045.06：康熙五年覆准

侵欺钱粮婪赃衙役遇赦援免后，仍入衙门应役者，除死罪外，流徙宁古塔。

事例045.07：康熙九年谕

刑部等衙门向来定例，流徙尚阳堡、宁古塔等处人犯，六月、十二月不行发遣，其余月分俱发。今思十月至正月终，俱属寒冷之时，流人多有贫者，衣装单薄，无以御寒。以罪不至死之人，冻毙道途，殊为可悯。以流徙尚阳堡、宁古塔人犯，十月至正月终，及六月，俱停发遣，余月照常发遣。

事例045.08：康熙十七年覆准

凡隐匿入官人口至五名，财物至五百两者，流徙宁古塔。

事例045.09：康熙十八年议定

凡军罪及免死拟流人犯，俱安插于乌拉地方。其照常流犯，安插于奉天地方。

事例 045.10：康熙十九年议准

凡贪赃官役免死减等发落者，照例安插于乌拉地方。罪不至死而拟流者，流徙尚阳堡。

事例 045.11：康熙二十一年谕刑部

顷者逆寇歼灭，海宁荡平，朕躬诣盛京，展谒永陵、福陵、昭陵以告成功，因而巡行边塞，咨询民间疾苦。东至乌拉地方，见其风气严寒，由内地发遣安插人犯，水土不习，难以资生。念此辈虽干宪典，但既经免死，原欲令其生全。若仍投畀穷荒，终归踣毙，殊非法外宽宥之初念，朕心深为不忍。以后免死减等人犯，俱著发往尚阳堡安插，其发往尚阳堡人犯，改发辽阳安插。至于反叛案内应流人犯，仍发乌拉地方，令其当差，不必与新披甲人为奴。以昭朕轸恤民隐，哀矜保全之意。尔部即遵谕行。

事例 045.12：康熙二十三年谕

凡充军流徙犯人，于隆冬严寒时发遣，在途苦累。嗣后隆冬时停其发遣。

事例 045.13：康熙二十三年定

凡犯重罪免死，给予盛京、宁古塔等处新满洲为奴者，并妻发去，不许赎身，仍籍没其家产。

事例 045.14：康熙二十三年题准

凡诬陷平民为盗，吓诈银两者，比照窃盗三犯免死完结例，发与宁古塔穷披甲人为奴。

事例 045.15：康熙二十三年又定

凡系发给新满洲为奴人犯，禁其出赎为民。

事例 045.16：康熙二十六年恩诏

凡解部及递解外省各项犯人，应按程给予口粮，毋致饥毙。

事例 045.17：康熙二十六年议准

递解人犯中途患病者，原解即报地方官，亲身验明，出具印结。如取结后死者，其官役俱免议。若未取患病印结，途中死一、二名者，将金差之官罚俸一年，解役徒三年，至配所责四十板；死三、四名者，金差之官降一级留任，解役流三千里，至配所责四十板。

事例 045.18：康熙二十六年又议准

凡解役将犯人恣意陵虐揢勒拷打致死者，该地方官申报督抚，照律从重治罪。

事例 045.19：康熙二十六年再议准

凡解役伙同逃人，沿途抢夺，扰害良民者，以光棍例治罪。如有解役教唆人犯抢夺者，亦照此例治罪。

事例 045.20：康熙二十八年题准

免死减等发与新满洲为奴、为额丁，并免死发往之另户人，若仍不改恶，为盗或逃走者，该将军于众恶之前，即行正法，仍将情罪缘由，年底汇奏。

事例 045.21：康熙二十八年谕

流徙人犯，遇有势力者，每羁禁不严，及至发遣，又辗转迁延；其贫困之人，无力营求者，即肆行陵虐者，滨于死亡，向来此等情弊甚多。嗣后如遇有势力之人，即行发遣。其有贫困之人，毋许陵虐致毙。著户、刑二部堂官，不时详加稽察。如有前项，立行指参，从重治罪。

事例 045.22：康熙二十九年议准

凡流徙官员，遇寒暑发遣，俟命下三日内，分送户部、兵部、顺天府等衙门，限十五日内，令其束装，即行发遣。若限内不行发遣者，将迟延官员交部议处。

事例 045.23：康熙三十一年覆准

免死减等发往黑龙江为奴之犯，令该将军酌量均分，给予新旧满洲及达古里穷披甲人为奴。

事例 045.24：康熙三十一年谕

此后发黑龙江罪人，及发为奴罪人，或留黑龙江，或安插墨尔根，著该将军酌量料理。

事例 045.25：康熙三十六年议准

犯人中途患病，情有可悯，即令该地方官医治，仍毋误递解。

事例 045.26：康熙四十年题准

甘肃地方起解免死减等及军流人犯，照逃人例递解。

事例 045.27：康熙四十一年议准

黑龙江、宁古塔等处将军、捕牲总管等，将免死发遣人犯，每月收领者若干，逃走者若干，拿获者若干，未获者若干，查明造册咨部。至年底将总数令该将军开明具奏，该部勘对。若将发遣人犯逃走一名者，伊主系官，罚俸三月；系平人，鞭五十。至二、三名者，计人数加罪。一年内逃至五名者，该管佐领、骁骑校各罚俸一月，领催各鞭三十。至十名者，协领罚俸一月，佐领、系骑校各罚俸三月，领催各鞭五十。至二十名者，将该将军、副都统等各罚俸一月，协领罚俸三月，佐领、系骑校各罚俸六月，领催各鞭八十。至三十名者，将该将军、副都统等各罚俸三月，协领罚俸六月，佐领、系骑校各罚俸一年，领催各鞭一百。逃走至四十名以上者，将该将军、副都统等各罚俸六月，协领罚俸一年，佐领、系骑校各降一级、罚俸一年，领催各枷号二十日、鞭一百。捕牲总管照协领治罪。翼长照佐领治罪。其发遣人犯逃走，若拿获时有拒捕者，即行正法。其和同诱卖人口发遣者，逃回并无行凶之处，仍照例完结。若逃回又拐卖人口，或为窃盗等事发觉，部内查明，发与该将军，亦照新例即行正法。

事例045.28：康熙四十一年谕

嗣后免死人犯，仍俱发黑龙江。如逃回获住，严加重处，面上刺字。

事例045.29：康熙四十四年题准

凡发回原籍安插并军流等犯，有中途患病者，照逃人例，地方官留养医治。内有随行亲属，亦准存留。俟病痊起解，仍将患病日期报部。如不行留养医治，以致病故者，地方官交与吏部议处。

事例045.30：康熙四十五年覆准

湖广、福建、江南、陕西、贵州、广东等省，免死减等及军流各犯，俱照逃人例递解。

事例045.31：康熙四十六年覆准

顺天、浙江、江西、河南等省，免死减等及军流各犯，俱照逃人例递解。

事例045.32：康熙四十七年覆准

云南、山西、广西、山东、四川等省，免死减等及军流各犯，俱照逃人例递解。

事例045.33：康熙四十八年覆准

充发人犯，仍不改恶，在配所又打死人，应在众人前即行正法。

事例045.34：康熙五十一年覆准

嗣后免死减等盗犯起解，时值隆冬，应照军流人犯停遣之例，准其停遣。解至中途，时值封印，准其暂为留养，于次年开印后再行转解。

事例045.35：康熙五十二年谕

此后发遣人犯，俱发三姓地方。

事例045.36：雍正二年议准

嗣后除五旗该管门上送部发遣者，仍照旧例咨送该王门上转发捕牲乌拉外，其五旗王府佐领下人因公事犯罪，俱停其送该管门上发捕牲乌拉，均改发三姓地方当差。若情罪稍轻者，酌量发黑龙江等处。

事例045.37：雍正二年又议准

嗣后发遣三姓地方人犯，若新编佐领内披甲人有愿领者，仍行给予。如无人愿领，即令分发各处散住人户为奴，查明某头目下某人领去注册。

事例045.38：雍正二年再议准

直隶、山西、河南、山东、陕西五省连家属发遣之人，除盗贼外，有能种地者，前往布隆吉尔地方，令其种地，地方官动用正项钱粮买籽种牛只等项，给予耕种之人，三年以后，照例交纳粮草。

事例045.39：雍正三年议准：

嗣后免死发遣人犯，如仍不改恶，该将军务将所犯情由审明，照例定拟，先行具题请旨，再将该犯正法。

事例 045.40：雍正三年又议准

嗣后应发遣三姓地方人犯，暂停发三姓地方，即发遣吉林乌拉、宁古塔、伯都讷等三处。人犯发遣到日，该将军、副都统等查明，或给当差之人，或赏给穷披甲之人，即照例安插。该旗参领、佐领、骁骑校等查明，或不肖之徒，混行索取银两，将人犯私放变卖，令其赎身等弊，即从重治罪。各该管官不行严查，被别人首出，该将军等将该管官指名题参，从重治罪。

事例 045.41：雍正四年议准

嗣后偷刨人参应拟发遣之犯，俱行解部。若系满洲、蒙古，发往江宁、荆州、西安、杭州、成都等处，有满洲驻防之省城当苦差。若系汉人，佥妻发往广东、广西、云南、贵州等处烟瘴地方当差。

事例 045.42：雍正五年刑部议奏

云南镇沅府土知府刁瀚，奸占民妻，强夺田地，凶淫贪劣，应拟绞监候。镇沅地方，已经改土为流，应将刁瀚家口迁往省城，无留土属滋事。奉旨：所称刁瀚家口迁往省城之处，朕思伊之家口，若仍留本省，管束太严，则伊等不得其所；若令疏放，恐又复生事犯法。刁瀚之家口，著迁往江宁省城，令该督酌量安顿，务令得所。凡有改土为流之土司，其迁移何处，及如何量给房产，俾得存养之处，著九卿酌量该土司所犯罪案，分别详议具奏。

事例 045.43：雍正九年谕

查克拜、达里克等处发遣人犯，俱著从宽免罪，即令充为绿旗兵丁，给予粮饷，在彼效力。年过六十以上者，情愿当兵在彼处居住者，留作兵丁。其并无妻子，年过六旬，原回内地者，俟城工告竣，夫役回来时，将伊等由驿站从容发回，各归本籍。

事例 045.44：雍正十年谕

向来偷挖人参之犯，若满洲、蒙古，则发往江宁、荆州等有满洲驻防之省城当差。若系汉人、汉军，则发往广东、广西、云、贵烟瘴地方当差。近闻发往广东人犯，例在崖州、陵水等处。此地水土最为恶毒，易染疾病，每多伤损。朕思此等不良之辈，虽孽由自作，然其情罪，较之盗犯尚觉稍轻，即发遣之本意，亦欲全其性命也。今因水土不服，以致伤生，亦可悯恻。若将此等人犯，改发沿海一带卫所，入伍充军，俾得保全躯命，似亦法外之仁。著广东督抚会同按察使，即行确查定议具奏。其广西、云、贵等省，若地方风土有与此相类者，亦著该督抚将如何改发之处，妥议具奏。

事例 045.45：雍正十年又谕

从前应行发遣黑龙江等处罪犯，改发查克拜、达里克等处，令其开垦耕种，后伊等在彼甚不得力，是以停其改发，仍令照前发遣黑龙江三姓地方。上年贼人窥伺查克拜、达里克时，彼地所有罪人，跟随官兵守护城垣，竭力捍御，甚属可悯。朕已加恩除其罪名，令充绿旗兵丁入伍效力。续据顺亲王等奏称，伊等深知感戴朕恩，共思黾勉，可见有罪之人，予以自新之路，可以望其改恶从善。若发往黑龙江三姓诸处，不过终身为人奴仆而已。朕意嗣后将发往黑龙江等处人犯，改发于北路军营附近可耕之地，令其开垦效力，在伊身可以努力自新，而于屯种亦属有益。其如何发遣安置之处，尔等详议具奏。钦此。遵旨议准：嗣后此等人犯，改于军营附近之处，一切衣食，照康熙五十八年酌定条例，自该处给发，由京城派弁兵递送军前。该犯在途有妄行不法，逃逃拒捕者，即于本处立斩。

事例045.46：雍正十一年谕

凡有罪人犯应行发遣黑龙江者，前经办理军机大臣等，议令改发查克拜、达里克等处种地，效力赎罪，已降旨允行在案。朕思满洲、汉军人等，不谙耕种之事，若发往查克拜、达里克，甚属无益。目今伊等尚未起身，著照旧例发往黑龙江等处。向后满洲、汉军应行发遣之人，俱照此办理。

事例045.47：雍正十三年谕

嗣后发遣人犯，有应发宁古塔等处者，皆改发三姓地方，给予八姓一千兵丁为奴，计一千人足数之后，再行请旨。

事例045.48：乾隆元年谕

黑龙江宁古塔、吉林乌拉等处地方，若概将犯人发遣，则该处聚集匪类多人，恐本处之人渐染恶习，有关风俗。朕意嗣后如满洲有犯法应发遣者，仍发黑龙江等处，其汉人犯发遣之罪者，应改发于各省烟瘴地方。著总理事务王大臣会同刑部议奏。

事例045.49：乾隆元年又谕

发给黑龙江宁古塔等处兵丁为奴之犯，闻各处兵丁等，竟有图占该犯妻女，不遂所欲，因而毙其性命者，情甚可恶。现在为奴人犯内，有曾为职官及举、贡、生、监者，一概免其为奴。嗣后职官、举、贡、生、监等有罪应发遣者，不得加以为奴字样。如何分别定例治罪之处，该部详议具奏。

事例045.50：乾隆二年谕

凡外遣人犯，近日改发烟瘴地方者，原因此等恶人不宜在盛京等处，使满洲直朴之习有所渐染也。但伊等原系发与口外驻防兵丁为奴之犯，闻彼地兵丁，有藉以使用颇得其力者，且内地军流人犯太多，地方官亦难管束，应将作何按其情罪分别内地、外地发遣之处，妥议具奏。钦此。遵旨议准：各项发遣为奴之民人，律例载有三十余条，其情罪轻重不甚悬殊，但就其中力勘使用，于口外兵丁有益者，量为酌定。嗣后民人内有犯强盗免死减等者；强盗行劫数家而止首一家者；伙盗供出首盗实时拿获者；窃盗拒捕杀人为从者；偷刨坟墓二次者；谎称卖身旗下者；民人谎称旗下逃人者；民人假称逃人具告行诈者；民人卖逃买逃者；以上九项遣犯，查明有妻室子女，照旧例佥发宁古塔、黑龙江等处给披甲人为奴。如无妻室子女者，伊等无家可恋，只身易逃，难于使用，应将此等无妻子之遣犯，并其余各项遣犯，悉照乾隆元年定例，改发云、贵、川、两广等省分，分别极边烟瘴与烟瘴少轻地方，交地方官严行管束。

事例 045.51：乾隆三年议准

窝盗三人以上之遣犯，应照九项情重遣犯例，有妻室者，改发宁古塔、黑龙江等处给披甲人为奴。无妻室者，酌发云、贵、川、广极边烟瘴地方，严行管束。

事例 045.52：乾隆十年谕

各省土司获罪，减等迁徙内地，本人身故之后，有准其家口回籍之例。朕思此等桀骜性成，干犯法纪，国家念其冥顽无知，迁徙内地，以保全之，本犯虽故，其家口染习旧俗，未必尽能革面革心。倘回籍之后，野性难驯，故态复发，仍复罹于法网，非始终保全之意也。嗣后各省迁徙土司身故之后，家口应否回籍之处，著行文原籍督抚，酌量夷情，奏闻请旨，永著为例。

事例 045.53：乾隆十年议准

地方无能有司，遇有流犯到配，不思设法安顿，又恐兔脱，致罹参罚，遂发给地保，按照里、甲、都、图分派，挨户轮养，即责令看守。在有罪之流犯，公然安坐传食；无罪之贫民，无故为其鱼肉；小民甚为苦累。应行令各省督抚严饬州县，遇有流犯到配，即令分别安置，务遵从前原议，妥协办理。如有仍前分派轮养，苦累小民者，即行参处。

事例 045.54：乾隆十年又议准

向来甘省官员犯徒罪者，俱照各省流寓人犯徒例，即在所犯地方充徒，而各省官员犯徒，则有递回原籍定地发配者，办理既不画一，且递回原籍充徒，止该地方官与行文之上司，知其犯罪事由，其余各官俱不能知，惟于犯事地方充徒，上下同僚，触目儆心，俱知惧惮。嗣后各省俱画一办理。

事例 045.55：乾隆二十二年议准

发往黑龙江、吉林等处民人内，应给兵丁为奴者，仍照例发往外，凡发往安插民犯，停其发往吉林等处，俱照旧例发往云南等省。其旗人匪类，并旗人殴死有服卑幼，情节惨忍，旧例发往拉林、阿尔楚喀者，及旗员中诬告讹诈，行同无赖者，均改发黑龙江三姓等处充当苦差。

事例 045.56：乾隆二十三年奏准

嗣后盗贼、抢夺、挖坟应拟军流人犯，不分有无妻室，概发巴里坤，于新辟夷疆，并安西回目札萨克公额敏和卓部落迁空沙地等处，指一屯垦地亩，另名圈卡，令其耕种。其前已配到各处军流等犯，除年久安静有业者，照常安插外，无业少壮曾有过犯者，一并改发种地，交驻防将军管辖。此外情罪重大军流各犯，一体办理。

事例045.57：乾隆二十三年议准

军流遣犯内，如造谶纬妖书，传用惑人不及众者；师巫假降邪神，并一应左道异端之术，煽惑人民为从者；军民吏卒殴伤本管官者；采生折割人已行而未伤人为从者；谋叛未行为从者；逃避山林不服追呼为从者；凶徒因事忿争，执持军器殴人至笃疾者；放火故烧人空闲房屋，及田场积聚之物者；聚众十人以上，带有军器兴贩私盐，拒捕伤人为从者；开窑诱取妇人子女，勒卖为从者；强盗免死减等，强盗已行而不得财者；强盗窝主，造意不行又不分赃者；窃盗临时拒捕，伤非金刃，伤轻平复者；积匪猾贼抢夺伤人为从者；捕役豢贼一、二名至五名者；发掘他人坟冢见棺椁为首，及开棺见尸为从者；窃赃数多，罪应满流，及三次犯窃罪应充军者；以上各项，除实系老弱残不能耕作之人，毋庸改发外，余均发往巴里坤等处种地管束。此外寻常军犯案内，有情节较重者，随时酌量请旨改发。至于现在各省已经到配之军流遣犯内，如有怙恶不悛，为匪脱逃者，亦照此办理。此等应行发往种地人犯内，有到配之后，不服拘管，潜逃被获者，请旨即行正法。其寻常过犯，酌量严行惩治，以示炯戒。至各犯应金妻室，及有情愿留养父母，并妻室患病难以带往者，各照定例查办。又定例军遣罪犯，向俱解部转发，今发巴里坤各犯，应听各省定案，报部覆核之后，即由本地金差起解甘肃巡抚衙门，毋庸送部，以免往返疏脱之虞。再查巴里坤等处，边疆重地，此等匪徒发往耕种，必须安置得宜，人地适均，方能经久无弊。应请敕交办理耕种事务大臣，会同陕甘总督，详加查勘，因其地势，相其土宜，酌量情形，可以安置若干人犯，以及到配之后，如何区别编管，如何设法稽查，沿途作何动项资给之处，悉心筹划，务使镇抚要地，生殖渐丰，驻扎军兵，役使有赖，则莠民处置得宜，而荒服皆成乐利矣。

事例045.58：乾隆二十三年谕

发遣巴里坤种地人犯，本系情罪重大应死之人，因有一线可原，未即置之于死，其实于黑龙江等处为奴人犯无异，不过因西陲平定，是以发往巴里坤等处，给屯田绿旗兵为奴耳。而办理此事者，不知命意所在，以致辗转筹划，甚欲分屯筑堡，为之计长久，定世业，如良民之抚摩，而惟恐不至，岂不轻重倒置之甚耶！此从前定议时，未经特行指出发与兵丁为奴字样，仅将此例入屯种事宜各条内，原未甚明晰，无怪外省之拘泥，瞻前顾后，觉为万难办理之事也。著再详细传谕黄廷桂，俾得知所从事。但此时屯种一事，现须由近及远，人犯亦未便遽行远发。著酌量将此等遣犯，先赏给安西绿营兵丁为奴，俟安西赏足后，再行赏给哈密绿营兵为奴。过二、三年后，以次再及于巴里坤、乌鲁木齐等处。伊等如安分则已，傥或滋事不法，及私行逃窜，一经拿获，即行正法。若有逃回内地者，肃州乃系要路，断不能潜越。该督抚并当留心盘诘拿获，亦即于该处正法。总之此等原系匪类，免死发遣，已属宽典，毋庸多为顾虑也。

事例 045.59：乾隆二十三年又奏准

粤西天时温暖，每年七月交秋，炎热更甚，十月亦不为寒，本省军流外遣各犯，当温暖可行，照例停遣，尚无妨碍，若七月炎暑起解，不免多病。嗣后粤西军流遣犯，七月内亦暂停遣，俟八月初起解。至隆冬停遣之例，十月尚可前进，不必拘泥定限，可酌减一月，于十一月再为停遣。

事例 045.60：乾隆二十四年议准

军流外遣人犯，向例于发解时，将事由、年貌、疤痣、箕斗开载批牌，沿途点检，以防箕斗解审命盗重犯，及军流徒遣，并发回原籍收管审讯等犯，务于批顶替脱逃。其徒罪人犯，以及递籍、发落、安插、管束之犯，批解文内，止开明事由、年岁及有无锁铐字样，其疤痣、箕斗，向例俱不详载。但查徒罪等犯，其中亦有准徒、加徒情罪较重之案，至解籍、发落、管束者，情罪虽轻，第物情叵测，或有无赖奸民，在籍曾犯重罪，改捏姓名，出外为匪，惧抵籍破案，因而中途贿役，雇倩顶替，到籍贿保，希图蒙混者，若将此等人犯年貌、箕斗详查开载，则沿途地方官按牌查对，雇替之弊，计无所施。设有脱逃，即可查照原文年貌，迅速缉拿，亦属剔弊防范之一法。嗣后徒罪人犯，及自内部外省解回发落、管束之犯，统照现在军流人犯之例，于批解长文内载叙事由，并开明该犯年貌、疤痣、箕斗，以备查核。

事例 045.61：乾隆二十六年谕

前因甘省军务未竣，且岁事尚属歉收，所有免死减等发往巴里坤安插之犯，暂行停止，以免兵役押解及沿途口食之繁。今大功已经告成，该省年谷时熟，新疆屯田，收获亦为充裕，自应仍照前例所发，俾投诸远方者，既得力耕自给，而腹地匪类，亦可日就减少，不致渐染居民，此举实为两得。惟从前所议条例，为数稍多，著军机大臣会同刑部堂官，详核各犯案情，酌量删减，著为定则，奏请通行。

事例 045.62：乾隆二十六年又谕

据明德奏：嗣后巴里坤逃犯，请于拿获本省地方审明正法，不必远解甘省一折。所奏甚是。前于直省方承观折奏拿获巴里坤逃犯王登山一案，曾经降旨，令就本处正法，不必再行解甘，而各省办理尚未画一。此等匪徒，原属去死一间之人，乃悍然脱逃，瞥不畏死，即解至甘省，亦法无可缓，而长途解送，易致疏虞，且徒滋兵役派拨之烦。嗣后凡有发遣巴里坤等处逃犯，原籍及路过省分盘获者，一经移讯明确，即由各省督抚自行奏闻，于拿获处所正法示众。

事例 045.63：乾隆二十六年奏准

各省发遣巴里坤等处人犯，向俱解甘省巡抚衙门定地分发，因从前原议由近及远，是以乾隆二十四年各省解到遣犯，俱分发巴里坤、哈密、安西三处在案。兹将从前发遣人犯通行确查。巴里坤、哈密、安西三处遣犯，及随行妻子，除逃亡死故之外，现在尚有一千四百六十九名口。内巴里坤六百二十二名口，哈密三百四十名口，安西五百七名口。今若将解到遣犯，仍分发巴里坤等三处，不惟拥挤过多，该管员弁难以稽查。且安西、哈密，并无屯田可耕，俱系赏兵为奴。现在安西标兵，不日移扎巴里坤，而哈密防兵，目下已多裁汰。兵数既已减少，遣犯似难再发。其巴里坤虽有屯田，气候寒冷，屯田无多，种获之粮亦少，官兵口粮不敷，尚需他处挽运接济，虽遣犯自食其力，而初到遣所，未经种获以前，尚应资给口粮，动用拨运粮石，殊觉糜费。查辟展、乌鲁木齐屯田，上年收获颇丰，余粮甚多，即现在拨运巴里坤、哈密，一时亦不能用完。如将解到遣犯，停其分发巴里坤、哈密、安西等处，俱酌发辟展、乌鲁木齐屯所。此二处地土肥沃，渠水充畅，各犯到配之后，即令分派各屯，照例给予口粮，随同兵丁协力耕作，既于屯务有裨，而遣犯亦各得其所。伏读乾隆二十三年原奉上谕，即有安西等处赏足后，以次再及乌鲁木齐等处。仰见睿虑精详，至为周洽。今巴里坤等三处，各有遣犯三百余名口，至六百余名口不等，为数已多，所有现在各省解到遣犯，应俱分发辟展、乌鲁木齐，视该二处屯田之多寡，酌量分发。俟此二处遣犯发足之日，随时酌议，另行请旨办理。至沿途解送遣犯，除内地至哈密，由甘肃巡抚衙门给发护牌，派拨兵役，按程递解外，其自哈密至辟展，交与哈密大臣派兵押送。自辟展至乌鲁木齐，交与辟展大臣派兵押送。如此则于新疆屯务既属有益，而哈密、安西不至办理掣肘，巴里坤粮石亦无糜费之虞。

事例 045.64：乾隆二十六年议准

从前递解遣犯，屡有脱逃，缘甘省地广站长。州县之有监狱者，即行收禁。其余各站，皆系住宿坊店，易致脱逃。今于沿途各驿，酌添闲房二、三间，作为监房，遣犯一到，即行收禁，令在驿书役协同看守。其有营汛处所，即令该员弁巡查，如有疏虞，照州县例参处。

事例 045.65：乾隆二十六年又奏准

辟展地方，田土较少，将来各省发遣人犯正多，未便仍与乌鲁木齐一体分发。查乌鲁木齐除本屯外，原有昌吉、罗克伦二屯，且明年于乌鲁木齐以西玛纳斯等处，又设三屯，地宽兵多，易为防范。嗣后遣犯，概停发辟展，俱解乌鲁木齐酌量安插。

事例 045.66：乾隆二十九年奏准

各省遣犯军流人犯，俱照道里表内注定安置地方佥发。查豫省各府州，现在安置数十名至一、二百名不等，惟卫辉、光州二属独无。军卫表内虽载湖北安陆、甘肃平凉、广西庆远，军流应配卫辉，而从未发到，三流表并未载及。至光州则二表俱不载，当系安陆等三府犯案本少，抑因道里不符应配之数。嗣后各省解到军流人犯，由巡抚衙门核明，如应佥之处，犯数过多，而与卫、光相去不远者，即匀拨二属安置，庶不致集聚滋事。

事例 045.67：乾隆二十九年谕

据富僧阿奏称：发到黑龙江给予旗人为奴人犯，所有随带妻子，部文内止称将本犯赏给兵丁为奴，并无一并为奴字样，是以未将伊等妻子办理为奴，俱听另居度日。现在伊等妻子，并无管束养育之人，不但易致为匪，即伊等之夫，牵连家室，于各该主家，亦不能安心服役。请将现在发到，并嗣后有原主将妻子一并送部发遣者，俱给兵丁为奴，严加管束，不致滋生事端等语。所奏是。此项发遣旗人家奴，俱系不肖匪徒，既经发遣赏给兵丁为奴，其妻子若无人管束，听其另居，于理不合。该部不过拘泥佥遣与不佥遣之条耳。著照富僧阿所奏，除将现在发到为奴之妻子，一并给予原赏之人为奴外，嗣后旗人发遣家奴，如有同妻子一并送部发遣者，俱著一体赏给兵丁为奴。著为令。

事例 045.68：乾隆二十九年又谕

嗣后武职一品大臣，文职二品以上大臣，获罪发往伊犁、叶尔羌等处效力自赎者，三年届满，不必具奏。其武职二品以下，文职三品以下人员，三年期满之时，仍照例请旨。

事例 045.69：乾隆三十一年谕

向来发遣新疆各犯，有在遣所及中途脱逃者，拿获之日，即于该处正法。其已经问拟，尚未起解之犯，在途脱逃，向未立有明条。兹据浙江巡抚熊学鹏奏，嘉善县问拟发遣乌鲁木齐人犯陈阿祥，在监乘间逃窜，情节可恶，已传谕该抚即照遣所脱逃之例办理矣。此等人犯，本系身获重罪，发遣以贷其死，一经兔脱，已应速正刑章，而问遣候解之犯，情罪即与彼无异，乃当身系图圄，辄敢藐法潜逃，是较之在遣脱逃者，又多一越狱之罪，岂复可稍稽宪典，且已至新疆及解在中途者，虽欲逃回本籍，而道路辽隔，势尚难于远遁，若羁囚候遣之时，未离乡土，该犯等私图逃窜回家，事尤便易。从前外省遇有此等案件，率援军流脱逃旧例，照常科罪，法轻易犯，转致凶狡之徒，无所畏忌，幸逃法网。此而不严行惩创，何以使若辈知所儆惧乎！嗣后各省如有此等逃犯，俱照新定浙省之例办理。著于各省督抚奏事之便，传谕知之。

事例 045.70：乾隆三十一年议准

发遣乌鲁木齐人犯有家属者，查系原犯死罪减等发遣者，定限五年。原犯军流改发，及种地当差者，定限三年。如果并无过犯，编入民册，将伊等安插于昌邑、河东现有之旧堡，指给地亩耕种。此内除原有马匹农具者，仍交伊等需用外，若从前并未领得，或领过而年久残缺者，亦照奏准数目补行给予。至造房银两，及口粮籽种等项，俱照移居民人减半给予。借给之项，与民人一体分年交回。令于种地次年纳粮，其额数亦与民人一体，每亩八升。若三年、五年限满不悛改，即停入民册。或编册后复行犯法者，不得与良民一体从轻办理。视其所犯，应正法者即行正法，应重惩者即行重惩。至添设卫所，需用官员，彼处现有道员、同知、通判及提标绿营员弁，即令拣选千、把总一员专管，令同知、通判兼辖，道员总辖。俟人数渐增，必须添官管辖之时，再行酌量办理。

事例 045.71：乾隆三十一年又议准

发遣新疆人犯，俱属情罪重大，其中遇有别故，地方官自应即速备文关会，以凭查核。嗣后各省凡有发遣新疆人犯，中途遇有患病留养及病故等项事故，即令沿途该地方官另补印文，随犯申解陕甘总督衙门，以凭查核，并于护牌内写明事故钤印，以杜沿途抽匿、遗失等弊。

事例 045.72：乾隆三十一年再议准

发遣新疆人犯，沿途递解，理宜慎重严密，若每站更换刑具，易启沿途州县互相推诿之弊，且恐刑具不全，致滋疏脱。应令各省首发州县，将链锁铐镣制备完全坚固，严加扭锁，注明长行刑具，沿途并不更换字样。如有长途辗转，稍有缺损之处，即令接替之州县随时抽换，毋得推诿。

事例 045.73：光绪十三年奏准

新疆军务平靖，邪教会匪各犯，强令归农，无裨屯政。所有应发回城为奴遣犯内，一切左道异端煽惑人民为从者；传习白阳、白莲、八卦等邪教案内为从，年未逾六十，及年逾六十而有传徒情事者；造谶纬妖书，传用惑人不及众者；用药迷人，甫经学习虽已合药即行败露，或被迷人知觉未受累者；各项教会名目，并无传习咒语，但供有飘高老祖，及拜师授徒者；用药迷人已经得财其余为从者；老瓜贼内传授技艺，跟随学习之人未同行者；用药及一切邪术，迷拐幼小子女为从者等八条，均仿照免死强盗章程，自定案时起，监禁二十年，限满后改发极边烟瘴充军，以足四千里为限，到配锁带铁杆、石墩二年。其从前此等监禁，并比照定拟各犯，查明已及二十年者，即照现定章程改发。俟新疆地方大定，能以安插此项遣犯，再行规复旧制。

事例 045.74：乾隆三十二年谕

向来发遣新疆人犯，有中途窜逃者，除将该犯缉获正法外，其疏纵之差役，例应问拟绞候，一年不获，请旨正法。此等兵役管解重犯，胆敢怠玩疏纵，以致兔脱远扬，不可不严示儆戒。所有新疆要犯脱逃之案，除审系有心贿纵，仍照与囚同罪定拟，其余应问绞候监禁一年之兵役内，为首情重者，著改发伊犁等处，既足以昭创惩，而若辈又皆年力强壮，堪资力作之人，非若积匪猾贼等类，反教人为匪可比，其于屯田垦辟自属有益。嗣后由新疆改发烟瘴，及黑龙江等处人犯，如有脱逃者，既照新疆例拿获正法，其疏纵兵役，亦著照新定发往伊犁等处之例办理。其余为从情轻之兵役，仍以杖流问拟。至此等改发人犯，情罪重大，本属去死一间，今虽仍发内地，其佥解当与新疆遣犯一体严密。著各督抚严饬所属文武员弁，并当遴选妥干兵役，小心管押，毋令稍有疏虞，致罹法网。

事例 045.75：乾隆三十二年又谕

发往伊犁给额鲁特为奴人犯，著分给该处察哈尔及驻防满洲官兵为奴。

事例 045.76：乾隆三十二年奏准

各省应解湖南省军流人犯，除永顺府属之永顺、龙山、保靖、桑植四县，辰州府属乾州、永绥、凤凰三厅，本无安置军流，仍循其旧外，其现在停发军流之苗疆各属内，永州府属之江华县，宝庆府属之城步县，沅州府属之芷江县，靖州本州岛，暨所属绥宁、通道二县，共六处，均系苗疆紧要之区，应仍停其发往。至辰州府属之沅陵、泸溪、辰溪、溆浦四县，永州府属之道州、永明二州，沅州府属之黔阳、麻阳二县，靖州府属之会同县，共九处，虽俱邻近苗疆，尚非沿途要地，应将各省解到军流，仍行发往安置，饬令地方官严为稽查，实力防范，毋致滋事。再地近苗疆，原与腹地有别，若各省径照道里表定处发往，恐一时遣发过多，或致聚集人众，究与地方未便。所有各省应发辰、沅、靖三府州所属之沅陵等七县军流，仍令解交巡抚衙门，核明各属安插数目，斟酌派拨。其永州府属之道州、永明二处，应遣军流，仍照向例径解永州府，与所属一体酌发。

事例 045.77：乾隆三十二年又奏准

例载极边烟瘴充军者，发四千里；烟瘴充军亦四千里，如无烟瘴地方，以极边为烟瘴。查烟瘴地方，止有广东、广西、云南、贵州四省，因例以四千里为限，是以该四省遇有遣犯，皆声明不足四千里改发极边。嗣经乾隆二十八年议准，应发烟瘴人犯，不必拘泥里数，均于偏远本籍之烟瘴省分互相递发。此专指广东等四省而言，其邻近烟瘴之湖南、福建、四川，亦系不足四千里，应一体更正。烟瘴充军，原属去死一间之犯，与问拟极边者，轻重有别，若拘泥里数，改发极边，是转减轻一等，且所谓极边者，不过扣足四千里而止。湖南、福建、四川编发极边，多系江南、山西等省，是使应发烟瘴之人，转得徙居善地，于律义未合。嗣后凡系烟瘴人犯，无论四千里内外，总于有烟瘴省分安置，将不足四千里改发极边之例停止。

事例 045.78：乾隆三十六年谕

据宝麟奏：民人岳生梅，在哈尔沙尔地方，因刘士彦索债争闹，用所配小刀，扎伤刘士彦耳轮等三处，伤痕限内平复，请将岳生梅从重定拟，枷号三月，满日解交山西巡抚，定地流三千里等语。所办未为允协。新疆安设耕屯，一切均宜整肃，民兵等设有过犯，本不当与内地同科。岳生梅虽系自往营生，但既前至新疆，理宜守法安分，乃因口角细故，辄以金刃伤人，即属斗狠生事之辈。宝麟将该犯问拟流罪，仍请交山西定地，名为加重，而实予从宽，岂足以示惩儆？况内地情罪过重之犯，俱发新疆，今以内地民人在新疆犯法，转得令其复还中土，何以准情法之平？嗣后除发遣新疆人犯，在配所滋事不法者，仍按定例从重分别定拟外，其内地民人，于新疆地方犯至军流之罪，如在乌鲁木齐一带者，即发往伊犁等处。其在伊犁一带者，即发往乌什、叶尔羌等处。而在乌什、叶尔羌各城者，亦发伊犁等处，并视其情罪，量为酌定。轻者发各处安插编管，重者给额鲁特及回人为奴。如此明示区别，庶众人共知炯戒，而立法更为详妥。将此谕令刑部，并通行新疆各处办事大臣等知之。

事例 045.79：乾隆三十七年议准

查发遣军犯旧例，极边烟瘴，俱发四千里，如无烟瘴地方，即以极边为烟瘴。又犯该烟瘴人犯，若离家四千里外并无烟瘴，即发极边充军等语。嗣于乾隆三十二年，经兵部奏明应发烟瘴军犯，向例俱定里数改发极边，与烟瘴罪名本义未协，因将不足四千里改为极边之例，永行停止在案。但问拟发遣军犯，悉属凶恶匪徒，烟瘴地方，近止云、贵、两广，而该四省所属州县，又不尽烟瘴。以十余省匪徒，若拘泥"烟瘴"字样发遣，自不免有群聚之虞。前据各直省因所属安插军流，渐次壅积，请于通省州县按地方大小均匀派拨，陆续奏准遵行。是安插军流之例，既已变通办理，则云、贵、两广，俱系边远省分，更不便拘泥"烟瘴"字样，致令匪徒日积日多，以滋事端。但查应发四省人犯，其中情罪轻重，各有不同，若概行改发极边，又无所区别，酌议将从前新疆条款内改发四省烟瘴地方者，此等人犯，情罪既属较重，为数亦已无多，应仍照旧例发遣，面刺"改遣"二字。如有脱逃被获，即照新疆脱逃例正法。其余本例应发烟瘴及名例改发四省烟瘴人犯，应以极边足四千里为限，按《五军道里表》内应发省分，解交巡抚衙门均匀酌发，充当苦差，面刺"烟瘴改发"字样。如有脱逃，仍照烟瘴人犯脱逃例，分别治罪。

事例 045.80：乾隆三十七年又议准

乾隆三十年奏准：旗下另户人等，因犯逃人匪类，及别项罪名，发遣黑龙江等处者，三年后果能悔罪改过，即入本地丁册，择其善者，挑选匠役披甲，给予钱粮。三年内不行改过，及已过三年造入丁册后复行犯罪者，即解送刑部改发云南等省，仍于年终将复犯改发数目，于汇题一年内收到人犯数目本内，一并汇题。至奉旨发遣旗下另户内，如有行凶为匪者，该将军另行请旨办理等因在案。再，查名例内，凡旗人犯该发遣者，发黑龙江等处当差。奉天等处旗人，犯该发遣者，俱发各省驻防当差。今发遣黑龙江等处之旗人，既已奏准三年改过编入丁册，则奉天等处发往驻防当差之旗人，若果悔罪安分，自与发遣黑龙江当差者事同一例，似应一体办理。嗣后凡发往各处驻防当差另户旗人，果能三年后悔罪改过，即照发遣黑龙江之例，编入本地丁册，择其善者挑选披甲，给予钱粮。如三年内不行改过，及已过三年造入丁册后复行犯罪者，照发遣黑龙江人犯改发之例办理，并令于年终将编入人丁册，暨复犯改发数目，于收到人犯数目本内，一并汇题。至奉旨发遣另户内，如有行凶为匪者，仍令该将军另行请旨办理。再发遣新疆当差旗人，前经乌鲁木齐办事大臣奏准：原犯军流者，定限三年。免死减等者，定限五年。果能改过安分，即交伊犁驻防处所，归入各旗，挑补驻防兵丁当差。惟编入丁册之处，未经议及。嗣后凡犯该军流等罪，发往新疆当差旗人，亦照黑龙江等处之例，一体准入本地丁册，挑选食粮当差。

事例 045.81：乾隆三十八年谕

改遣新疆人犯内情罪较重者，从前概定三年期满之例，原未允协。今刑部请照军流永成，于法固属得平。第念新疆究与内地不同，若永远不准放还，又觉过重，但三年为期太速，且不当与情轻人犯，漫无区别。嗣后有重罪改遣新疆人犯，到戍后如果奋勉自效，已及十年者，著加恩准该将军及各办事大臣等援引此旨，奏闻一次。其应否准令回籍之处，临时候朕酌夺。著为令。

事例 045.82：乾隆三十九年议准

查新疆改发内地十六项人犯，其中情罪轻重不同，故定例远近不一，惟回民结伙三人以上；积匪猾贼；并三次犯窃，计赃五十两以下至三十两；抢窃满贯拟绞缓决一次；窃盗三犯赃至五十两拟绞缓决一次；及行窃军犯在配复犯行窃等六条，情罪尤重，俱发云、贵、两广极边烟瘴地方充军。此等犯内有老疾残废，及年逾五十者，仍与别项改发人犯，一体免刺"改遣"字样。盖缘从前初定改遣新疆条例之时，凡年力衰败不任耕作者，俱免实发，是以积匪等人犯，亦仍照原例办理，并非轻减其罪，竟等于寻常应发四省人犯也。且三十七年因烟瘴地方人犯日众，酌议指明新疆款内改发四省烟瘴者，情罪俱属较重，为数亦自无多，应仍照旧例发遣。其余本例应发烟瘴，及名例改发烟瘴等项，均以极边足四千里为限，业经奏准通行在案。是回民结伙三人以上等六条，即系原议指明新疆改发四省烟瘴人犯，自应仍照旧例发遣，与别项本例、名例应发四省，改发足四千里者不同。此案回民李桂，既系结伙三人行窃之犯，则改发四省烟瘴，系其正条。因其年逾五十，免刺"改遣"字样，较之五十以下人犯，已属轻减。若因从前不任耕作之人，曾准其停发新疆，随为牵引比附，将新疆改发款内应发烟瘴六项人犯，俱与本例、名例应发四省者，一体改发四千里，殊与前议不符。查近来各省办理此等案犯，因新例通行未久，多致不能画一，相应通行各省督抚，嗣后新疆改发款内，遇有回民结伙三人以上等六项，应发四省烟瘴人犯，老疾残废，及年逾五十者，虽免刺"改遣"字样，俱应仍依原罪，实发云、贵、两广，画一办理。

事例 045.83：乾隆四十年议准

例载新疆改发内地人犯，面刺"改遣"二字，如犯事到官，年在五十以上，及成残废者，仍照本例刺字等语。虽无年正五十者，作何办理明文？惟查犯罪时未老疾律注内载：如六十九犯罪，七十事发，得收赎等语。则年正五十人犯，自可援照办理。

事例 045.84：乾隆四十年又议准

由兵丁闲散等项发往人犯，向例按其情罪轻重，分别三年、五年，询明愿接眷属者，即令其在伊犁充当兵丁；不愿接眷属者，即发往塔尔巴哈台，入于换防兵丁数内，给予盐菜口粮，不给钱粮，永远当兵，从无准其回籍之事，但不明立章程，恐日后办理或有歧误。嗣后凡有兵丁闲散等项，原犯军流改发新疆之犯，刑部于拟罪折内，声明永远不准回籍，行文该处大臣，照依向例分别办理。

事例 045.85：乾隆四十一年奉旨

乌什办事大臣奏：噶岱墨特所买家奴额鲁特生事不法，请发伊犁。奉旨：伊犁系额鲁特原籍，若发遣伊犁，与发遣原籍无异。著解京发烟瘴地方，嗣后照此办理。

事例 045.86：乾隆四十七年谕

要俊卿一犯，本拟按律杖流，因情节较重，改发新疆，今年满释回，则较原拟流罪不准限年回籍者转轻。嗣后凡遇此等情节可恶，发往新疆之犯，年满时，仍将该犯发交应配地方安插，遇有恩赦，再令回籍。

事例 045.87：乾隆五十一年议准

永远枷号人犯，其所犯情罪，非系凶恶棍徒，扰害闾阎，即属无耻莠民，有关风化，是以不计罪之轻重，概以永远枷号示惩。数十年来，每月支给口粮，且需官兵昼夜严密看守，稍有不周，难免滋生事端。查此等人犯，既已枷示多年，若久令安食糜费，转无以蔽厥辜，自应投畀边方，使身受折磨，方足以儆凶顽而昭国宪。惟各犯原犯罪名，轻重不同，一概拟遣，未免无所区别。应将枷示已逾十年之犯，其原拟死罪，并发遣新疆，情节较重者，发往伊犁等处。原拟发黑龙江等处者，发往乌鲁木齐。原拟军流以下者，发往黑龙江等处。其拟发新疆各犯，如当日犯事时，系在伊犁、乌鲁木齐等处者，互相调发，分别旗、民当差为奴。旗人原拟销去旗档者，照民人例为奴，令配所官员，加意稽察管束。倘有在中途配所脱逃，及滋事扰害者，无论发遣新疆及黑龙江等处，俱即行正法，以示惩儆，并通行各省，嗣后遇有永远枷号人犯，均照此例办理。

事例 045.88：乾隆五十一年谕

石二等系获罪遣犯，不但在配所知罪安居，尚欲奋勉赎罪，将在逃遣犯徐四拿获，则与衙役拿获犯人者不同。奎林等虽已赏赐，尚不足以示鼓舞。著询问石二、莫绍仁，伊等愿入彼处民籍，即著赦罪，入彼处民籍；愿回本籍，即著全回本籍。如再有似此者，即著为令。

事例 045.89：乾隆五十二年奉旨

伊犁将军奏：遣犯于观彩等，拿获逃遣张添喜正法，于观彩等可否令其回籍。又，遣犯石凤等，听从畏罪自缢之张凤智，拿获逃遣王巴儿，并不实时送官，商串无干多人，贿嘱帮拿，冀图回籍等因。奉旨：奎林等奏，审出拿获逃犯一人，而匿不详报，以致卖与欲回籍无干之人，如此舞弊，无非仰赖朕有恩旨，以图徼幸回籍，实所不免。因一无用逃人，岂可致令重犯多人徼幸乎。将此通行新疆将军、大臣等，嗣后如遇拿获逃人之犯，不拘年限，准为彼处之民，不准回籍。如已为民人后，又拿获逃人，再遵前所降谕旨，准回原籍。即缉获一人，自属当然，倘或逃人力壮，一人不能缉获，再添一人帮拿尚可。若因循渐久，一人拿获，而妄报会同数人拿获，以图傲幸，此风断不可长。嗣后概不准过二人，著为令。

事例045.90：乾隆五十二年谕

据伊桑阿等奏请：发遣哈密屯田为奴罪犯王尽忠等，已逾十年，俟再满五年，准其为民等语，甚属错谬。王尽忠等七犯，俱系进剿逆匪王伦，从军畏惧逃散者，情殊可恨，免其死罪，仅予发遣，已属傲幸之至，若因发遣之地，伊主不能管束，令其种地尚可，如拘定数年之后准其为民，即可与常犯无异，实不足以示儆。嗣后凡遇发遣为奴之犯，种地尚可，不必令其为民。

事例045.91：乾隆五十三年谕

据尚安奏：将发遣乌鲁木齐、巴里坤、古城等处给满洲兵丁为奴之遣犯，额鲁特、土尔扈特、布鲁特回子等，请发烟瘴地方等语。尚安所奏尚是。乌鲁木齐等处，即系蒙古地方，去伊犁回子各城，及土尔扈特游牧处，亦不甚远；额鲁特、土尔扈特回子等犯罪，若发乌鲁木齐、巴里坤、古城等处，与满洲兵丁为奴，则与伊本处相近，不止由山谷易于逃逸，亦不足示儆蒙古、回子人等。今将乌鲁木齐等处所有鄂毕特等十七人，即照尚安所奏，著解送陕甘总督，拟定地方，改发烟瘴。嗣后再有此等应发乌鲁木齐等处之额鲁特、土尔扈特回子，布鲁特等遣犯，俱照此分发内地。

事例045.92：乾隆五十三年议准

嗣后凡寻常军犯，及由流加发军犯，脱逃被获，应由配所计程定地发配之犯，如表内配所应发近边、边远地方，与该犯原籍相近，他无可以改发者，即加一等改发。应分近边者，以边远计发；应边远者，以极边计发，均以距原籍四千里为限，庶足以回避原籍之地，不致欲远转近。其应该枷号、杖责之罪，及将来再有脱逃改发黑龙江给予披甲人为奴之处，仍依定例，从本罪科断。

事例045.93：乾隆五十四年谕

前经刑部以新疆遣犯众多，奏请少发，现在定拟发遣各犯，已俱照此办理矣。但外省审办案件，有减死一等重犯，以及问拟军流人犯，情节较重不足蔽辜，从重办理者，仍多奏请发往新疆伊犁等处。此等凶恶匪徒，同在一处，聚集成群，难保无纠约滋事之患，且年复一年，人数日益众多，于该地方及约束收管，均有未便。嗣后应问拟发遣各要犯，分往吉林打牲乌拉，及黑龙江之索伦、达呼尔、辉春等处，俾凶徒不致日聚日多，方为妥协。著刑部堂官酌定章程具奏，即行文各省，令其一体遵照。

事例045.94：乾隆五十四年又谕

昆英系旗人正身，不知自爱，乃因伊叔萨克进布责打，即行逃走，在京城内外逐日短雇当闲，二年有余，又复逃至山东，实属下贱，不顾颜面。昆英著销去旗档，发往配所。该犯习于下流，到该处后，即可听其自便，亦不值复令当差，反得养赡。嗣后刑部遇有此等案件，即照此办理。

事例 045.95：乾隆五十四年议准

铁厂之设，原以济屯田农具之用，旧例于遣犯内，择年力精壮者二百名，以一百五十人挖铁，五十名种地，供挖铁人犯口粮。至一切杂费，于遣犯内酌募有力者，每年捐资三十两，以供厂费，定以年限，与挖铁、种地各犯，一体咨部，分别为民、回籍。惟是开厂之初，捐资人犯，约有百余人，或七、八十人，每年除用外，尚有赢余。至四十八年后，其能捐银者仅十余人，或七、八人不等，不敷所用。嗣后不必拘定三十两之数，或二十两，或十余两，俱准其呈报，并拣派效力废员一人明白勤慎者，令专管厂务二年，所有遣犯捐资不敷，责令该员捐垫。如办理妥协，年满时，将其出力之处，具奏请旨。至向例遣犯捐资三十两者，满十五年，咨部分别为民、回籍，今仍照向定年限外，其二十两者，酌加一年；十余两者，酌加二年；统计年满能始终奋勉，方准回籍。其为奴人犯，止准为民，不准回籍。

事例 045.96：乾隆五十六年谕

刑部议覆江苏省拿获盗犯谢鸿仪等分别治罪一折。案内孙元梅，以监生窝顿私盐至四千斤以上，恃符庇匪，未便因其系属监生，免其为奴，应将该犯发黑龙江给披甲人为奴等语。所奏甚是，已依议行矣。该部议重，原系朕谕令改者。向来监生犯事，罪应发遣者，例止发往当差，与平人为奴者不同，定例本未允协。监生捐衔者多，即实在监生，既名列成均，理宜畏法自爱，若以定例改宽，辄敢恃符玩法，较之无知愚民，尤为不肖，且此已犯罪斥革，即与平人无异，岂得因其原属监生，即免为奴，致滋轻纵。嗣后监生犯事，有似此情罪较重者，俱照平人一律办理。至在籍候选之进士、举人，及其余举、贡、生员，皆属身列衣冠，名登黉序，若内安分守法，立品读书，为小民倡率，原当加以礼貌，别于齐民，傥恃符纵肆，自蹈刑宪，是即不知君子怀刑之义，为士林所不齿，免其加倍治罪，已属法外施仁，转较平人从轻定拟，何以明刑弼教？嗣后进士、举、贡、生员等，如止系寻常过犯，不致行止败类者，仍照旧例办理，若系党恶窝匪，卑污下贱者，著照平人之例问拟，以示惩儆。

事例 045.97：乾隆五十八年谕

据尚安奏称：发遣乌鲁木齐充当苦差效力候补原任都司陈士份，原任把总杨飞鹏，俱三年期满一折。业经批交再留三年矣。其从前发遣此等人员，年满具奏，再留几年，如复留年限期满，仍具奏一次，徒滋烦琐。嗣后发遣伊犁、乌鲁木齐等处此等人犯，年限期满具奏，再留几年，所留年限期满，不必复奏，即著照例释回。著为令。

事例 045.98：乾隆五十九年谕

前因发遣各处官犯，久留边地，特降旨令军机大臣会同该部查明各犯原案，分别情节轻重，年分久暂，定立条例，妥议具奏。今又思不特官犯为然，即常犯内获罪较重，按律发遣新疆，及免死减等者，固属罪所应得，而其中有所犯本罪止于杖、徒、军、流，经该部及各省督抚，于核办时从重问拟新疆等处者，亦复不少，以致节年发遣之犯，日积日多，新疆难以安插，因而改发黑龙江及各回疆等处。似此有加无减，设黑龙江等处，复有人满之患，又将安插何处耶？殊非矜恤之义。现在春膏未溥，正应省刑慎罚，以期感召和甘。嗣后该部及各省督抚办理此等案件，除罪应发遣新疆，及免死减等，仍照旧例办理外，如所犯情节较重，仅按本律问拟杖、徒、军、流不足以示惩者，亦止应在本罪定律加一等问拟，不得有意从重，越等加增，以昭平允。钦此。遵旨议定：新疆各案人犯，请按原犯军、流、杖、徒罪内，情节尚轻，年久者，依次递减，予杖徒完结。年浅者，俟满三年，按原罪递减。情节略重者，仍留三年，限满后按原罪递减。其并无原拟罪名，径发新疆者，核其年分情节，照军、流、杖、徒重罪发遣人犯例，一体分限减等。其新疆情节较重各犯官，自不应复行录用，惟情节尚不甚重者，请再留成所三年，分别减等，该将军等遇有需员差委，先尽此项官犯内，择才具堪用者挑补。至吉林、黑龙江等处人犯，向无效力释回之例，应并核其情节可原者，入新疆各犯单内，酌减完结。其军台各犯，俟年满交清台费，准报部存案，释回旗籍。未满年限，力能捐赎者，曾任州县以上等官，效力年满，咨查原籍实在无力完缴，亦准释回。佐杂微员，及武职守备以下，不能交清台费者，即于年满酌改徒罪发落。

事例045.99：嘉庆四年议准

发遣新疆人犯脱逃正法之例，原为边地甫经裁定，不得不从严惩治。今新疆久隶版图，沾濡圣化，已与内地无异，发往人犯，与发遣黑龙江等处情罪相同。查发黑龙江等处各条，除强盗免死减等，系由重减轻之犯，如有脱逃，例应正法外，其余例应发往，及由轻加重改发者，如有脱逃，例止枷号，俱不正法。嗣后发遣新疆人犯脱逃，亦照黑龙江之例，由死罪减发者，仍行正法，其余遣犯被获，即在配所用重枷枷号三月，杖责管束。

事例045.100：嘉庆六年议准

伊犁厂局船工，现乏人役使，将应发回疆五项人犯，并乌鲁木齐等处遣犯，洋盗案内在外瞭望接递赃物，例应发往黑龙江打牲索伦、达呼尔为奴盗犯，一并发往伊犁，照例分别当差为奴。

事例045.101：嘉庆八年奏准

应发回城五项人犯，照例发遣回城，给伯克为奴。其例发新疆人犯，行令陕甘总督，照例均匀酌拨，毋庸专发伊犁。至洋盗案内各犯，亦照旧例发遣黑龙江等处为奴。再，伊犁等处遣犯，自嘉庆四年后，所有办理章程，两次奏请更易，此等遣犯，时多时寡，应令该将军酌量各处人数，随时酌拨调剂，以免屡次更易成例。

事例045.102：嘉庆十年谕

近年来闽广等省案犯发吉林安插者，有三百余名，闻黑龙江较此更多。此等人犯，均系犷悍无赖之徒，到配后无人管束，又无口食，三五成群，易于滋事。安插各犯自因其原犯罪案，比之为奴各犯较轻，是以量为末减。但为奴之犯，各有本主约束，给予口食，转可相安。至安插各处之犯，若因其无人管束，概令为奴，则竟与缘坐家属等项，免死减等重犯，一律办理，未免太无区别。若任其散处，则此等匪徒，既无随时禁辖之人，又复穷苦乏食，必致聚而为匪，滋生事端。且每年发遣人犯，愈积愈多，亦属不成事体。著刑部详查旧时例案，悉心筹酌，将此项人犯如何位置？如何管束？俾糊口有资，共知畏法，可期行之永久，妥议章程具奏。钦此。遵旨议定：此项安插人犯，均系闽广添弟会匪案内听从被胁，并未转纠伙党，于首犯死罪上减等拟流，照叛案干连流徙乌拉地方例，发遣吉林之犯，不便与寻常军流人犯散置内地，而究非大逆缘坐免死减等可比，亦不便概令为奴。向来安置外遣人犯，除吉林、黑龙江外，惟新疆各处，幅员最为广阔，当差种地，在在需人，莫若将从前酌拨之积匪猾贼，窃盗临时拒捕，伤非金刃，伤轻平复者；抢夺伤人，伤非金刃，伤轻平复者；发掘他人坟冢见棺椁为首，及开棺见尸为从者；回民行窃，结伙三人以上，执持绳鞭器械者；抢夺金刃伤人及折伤下手为从者六项，仍照旧例，改发内地，将会匪一项，全行发往新疆安插。

事例 045.103：嘉庆十一年谕

向来免死改遣吉林、黑龙江及伊犁、乌鲁木齐等处人犯，为常赦不原者，终身不能援减释回。此等案犯，率皆桀骜不驯之徒，历年遣发，日聚日多。该犯自知永无生还之望，恬不知畏，转于配所三五成群，或犯法滋事，或脱身潜逃，均所不免。因思各该犯内，情罪亦有不同，除特旨发遣不准减免各犯外，其余照例改遣之犯，莫若定以到配年限、本犯年岁为断。伊等到配年久，渐加约束，即素性犷悍，而垂老余生，谅不至如少年好勇斗狠之习，似可量加贳宥，予以自新。著刑部堂官检核例案，参勘情罪，将此等人犯，如何立限分别减等，或改发内地，或释回原籍，俾归平允之处，悉心妥议具奏，以示朕法外施仁至意。

事例 045.104：嘉庆十五年谕

向来发往伊犁、乌鲁木齐等处废员，均由该处将军、都统奏闻，三年届期，并将该员当差勤谨与否，奏明请旨。遇有事故，亦随时具奏。惟发往热河之员，向俱无人管理。嗣后著交热河副都统，遇有发往之员，即行奏明派在何处当差。至三年期满，亦分别具奏请旨。其有事故者，随时附奏。著为令。

事例 045.105：嘉庆十七年谕

东三省为我朝龙兴之地，因吉林、黑龙江二处地气苦寒，从前定例，将获罪人犯发往该处给兵丁等为奴者，彼时人数有限，到配后尚易管束。近缘广东、福建等省，办理洋盗会匪等案，将伙犯情重者，俱照拟发往，人数积至数千名以外。该处兵丁岁支钱粮，本有定额，止敷养赡身家。今发给为奴者日众，责令牧养，其生计必愈形苦累。且该处习尚淳朴，此等为奴人犯，大率皆凶狡性成，百千成群，故习未悛，甚或渐染风俗，于根本重地，尤属非宜，甚有关系。著刑部即速详查该二处现在业经到配为奴之犯，共有若干，此内核其在彼年久者，量减军流，分别改发烟瘴极边等处。其到配未久、未便减等者，即著改发新疆，并著改定条例。嗣后各省案犯，有例应发遣该二处为奴者，量予区别，酌留数条，其余洋盗会匪人数较多之案，均酌拟改发新疆及烟瘴等处，奏明条款，纂入律例遵行。

事例045.106：道光元年谕

方受畴奏：邪教案内留于本境永远枷号人犯，请即行解配等语。邪教案内应行发遣人犯，留于本境枷示，原以化悔愚蒙，俾知儆戒。今本犯不知改悔，匪徒复踵习其教，自不若投之遐荒，免滋煽惑。著即照该督所议，昝明、李老和二犯仍照刑部原议，一并解发回城为奴。嗣后拿获邪教案犯，审明应发遣者，均即行解配。其有情节较重者，发往配所永远枷号，毋庸留于犯事地方监禁枷示，以消萌孽。

事例045.107：道光八年谕

曹振镛等复议兵部奏军台效力废员无力完缴台费，请照旧例办理一折。嗣后坐台废员，三年期满，无力措缴台费，曾任州县、都司以上者，著照乾隆五十四年旧例，由部行令该旗籍详查结报，并无捏饰，将该废员再行留台五年，始准释回。如能在于留台五年限内设措完缴者，亦准该都统随时具奏，请旨释回。其县丞、守备以下坐台废员无力缴费，仍著于三年期满时，照例改拟杖徒完结。至兵部所请免其余罪之处，著毋庸议。

事例045.108：道光八年又谕

那彦成等奏：回疆遣犯，请给章京衙门服役一折。向来发遣回城人犯，例给伯克、回子为奴。近因积习渐多，回子难于管束，且各城印房等处章京、笔帖式役使乏人。著照所请，嗣后发给回城为奴之犯，准其酌量拨给印房各章京、笔帖式等供役。该章京等卸任之时，列入交代，不准携回本籍。俟拨给章京衙门足敷役使，再分给大小伯克为奴，毋庸分给小回子，以免拖累。著该部载入条例，通行各直省，及回疆各城大臣，一律遵照办理。

事例045.109：道光二十四年谕

军机大臣会同刑部议奏贵州军犯拥挤，酌减调剂等语。新疆遣犯改发内地，恐人数众多，不特约束难周，且于民风大有关碍，非若新疆地方辽阔，外遣人犯，易于安插。所有旧时改发内地各条，著仍照旧例发往新疆，交该将军设法妥为安插，并严饬所属认真查核，严加管束，毋令滋生事端，俾期积久舞弊。

事例045.110：光绪二年议准

定例回民结伙抢夺及持械凶殴，俱实发四省烟瘴，不得编发甘省回民聚集之地，原系杜渐防微。按四省烟瘴，云贵二省，甫经平定，云南尤属汉回杂处之区，均未便遽行安插回犯。嗣后各省结伙行窃之回犯，照本例改发两广地方。其非情重回犯，仍按表办理，不得概行发往。

事例 045.111：光绪七年题准

伙盗供获首盗减发为奴章程，系在十一项强盗到配后锁带铁杆、石墩名例之后，未经增入，然同一强盗拟遣为奴改军之犯，未便办理两歧。嗣后此项人犯，改发极边烟瘴充军，仍以足四千里为限，到配锁带铁杆、石墩二年。

事例 045.112：光绪十年奏准

嗣后秋审减等之犯，佥同妻室子女，发配新疆，助兴屯政。其车辆口粮，一并由沿途地方官拨护资送，并将罪至军流以上官犯，照旧发往，按屯拨给地亩，令其督办开垦。如率作勤奋，有耕地多而收获广者，由该管大臣随时奏明，分别减释。

事例 045.113：光绪十一年奏准

前因军流徒犯配逃日众，奏令各省督抚就地方情形妥筹安插。兹据直隶等省所议，统加详核，直隶、热河、奉天等省，向不安插军流，止有徒犯。热河徒犯，均发内地。吉林、黑龙江从前遣犯最多，后经停止，惟旗人及宗室有犯俱照例发往，每年亦不多见，约束亦易。该处及奉天徒犯报逃者少，且向有口粮，谋生亦易。核与江苏、安徽、湖广、山东、山西等省所奏徒犯情形相同，俱可毋庸另筹。直隶徒犯，较他省多至数倍，其报逃者，亦倍于他省，且多系抢窃游惰等犯。据该督奏称：嗣后收入自新所，责令学习织带编筐等项手艺，自可照办。仍饬令各该州县认真稽查，毋得徒托空言，有名无实。河南、甘肃二省，则以命案各犯，给资营生当差；抢劫各犯，收入自新所看管；河南省并称一、二年后察其情形，再一体安顿，甘肃似亦可仿照行之。四川省则拟设徒流所，令各犯学艺谋生，与直隶用意相合。河南、甘肃，既同设有专所，与其徒加看管，似不如亦责令学习手艺，则各犯勤而习劳，迁善更易。山东、山西二省，则按军流各犯原案轻重，分别营生当差。贵州、陕西、云南、安徽、福建、浙江、广东七省，则以老病入养济院，余或给资营生，或随同捕盗屯边，均系按地方情形办理。安徽并称年终造册，归臬司汇查，更属周密，各省皆可仿行。湖南、湖北二省，则拟令应役充夫，及捕盗立功。至甘肃省所称检查犯册，未见配所有家而逃者，如寻常命案情有可原者，拟令携带家口充役营生等语，系属安插军流第一良法，惟佥妻之例，久经停止，一旦遽行议复，不特地方官沿途资送，需费浩繁，即各犯家室，亦未必尽愿到配，似不如于定案之时，询明各犯是否情愿携带家室。如有愿带而无力者，地方官可量为资送，以示体恤。其不愿者听。庶情法两得其便。应由各该督抚按照所奏自行定立详细章程，饬属认真整顿。仍照安徽、四川等省所议，饬令各该州县将逃犯数目，按季造册详报，由该督抚年终咨部查考。

事例 045.114：光绪十一年又奏准

秋审免死准减人犯，发往新疆助兴屯田，各省合计不下数千人，再加佥同妻室子女，数已逾万，沿途地方支应不易，防范难周，且新疆屯政甫经举办，一旦发往多人，亦虑急难安插。查陕、甘、山西、四川，距新疆道里均不甚远，其直隶、山东、河南，虽距彼稍远，而风土情形，尚不甚悬殊。先尽此七省人犯，陆续发往，其余各省，仍照军流成例定地发配。如果数年后该处屯田大兴，耕作需人，再行奏请酌量添发。

事例 045.115：光绪十三年议准

甘肃、新疆巡抚奏：新疆助垦人犯，到配酌量户口，分拨各厅县安插，有室家者，拨给地亩，俾安耕作。老弱不能力耕者，于各衙门分派役使，或给资本贸易。至各犯仝同妻子改发新疆，原期家室相聚，既可尽力农耕，生齿日繁，并可渐臻富庶。若大半令其只身前往，于兴屯实边，仍属毫无裨益。应令直隶等七省起解各犯，凡有室家者，概行仝同起解，不得任其藉词支饰，率免仝发。其实系只身人犯，在途既易滋事端，到配亦难安耕作，仍应按表定发内地，毋庸再发新疆，以省烦扰。至此项改发新疆人犯，原与实在遣犯不同，钱粮全完之年，即准入籍为民。

事例 045.116：光绪十五年奏准

嗣后新疆等处效力官犯，凡事犯在恩诏以前，除已满三年者，仍钦遵恩诏办理外，如到配未满三年，亦准一体查办，令该将军等汇册咨部，由刑部核其情罪较轻者，扣满三年，准令释回。其情罪稍重者，或酌留一、二年再行释回。至事犯在恩诏以后各官犯，应仍照例定年限，俟期满后再行核办，不得以该废员等效力空词，率行奏请减释，以符旧制。

事例 045.117：光绪十六年奏准

恭逢恩诏查办已满三年各官犯，由刑部核明情罪，分别准免、不准免，开单具奏请旨。凡在不准援免之列者，皆系情罪较重，仍照例定十年限满，方准奏请，以符旧制。

事例 045.118：光绪十六年议准

直隶、山东、山西、河南、四川、陕西、甘肃七省免死减等各犯，仝同妻室子女，发往新疆助兴屯政，无论是否已满升科年限，钱粮全征与否，凡到配在十五年三月十六日恩诏以前者，即准一体免罪，入籍为民，遇事照平民办理。

成案 045.01：山西司〔嘉庆十九年〕

提督咨送：五格供出伊侄安幅，同妻私自典身，尚未立契。查安福偕妻，找寻雇主佣工，本属甘心下贱，惟经伊叔五格查知留住，尚未与人服役，与业已受雇佣工，不顾颜面者有间，将安福于旗人逃后、甘心下贱、受雇佣工、发黑龙江管束例，减一等，满徒。

成案 045.02：安徽司〔嘉庆二十一年〕

正蓝满怡亲王门上呈送：太监王进德酗酒不法，将王进德比照下五旗包衣人、经王府门上送部发遣例，发打牲乌拉，充当苦差。

成案 045.03：陕西司〔道光二年〕

喀什噶尔咨：阿克密尔杂等抢夺马匹，案内之回民色依特阿里，听从抢夺，按例止应照抢夺为从，杖九十、徒二年半，惟外夷回子，在新疆地方，犯该徒罪，例无作何办理明文。该参赞大臣将该犯加重发伊犁当差，系属例外加重，应将色依特阿里，比依乌鲁木齐等处兵民犯该徒罪者、照犯罪免发遣例，加一等，折枷号四十日，满日责释。

成案 045.04：陕西司〔道光五年〕

伊犁将军咨称：闲散托灵阿前因酗酒滋事，发遣遇赦释回，理宜安分守法，痛改前非，乃敢仍复酗酒滋事。为该犯系赦后复犯，应加一等问拟，事犯在新疆，照例调发，无可复加，应请将托灵阿先行酌加枷号两个月，满日仍照例调发乌什、叶尔羌等处，充当苦差，以示儆戒。

成案 045.05：河南司〔道光五年〕

提督咨送：马安良系王府太监，辄行饮醉喧嚷，经首领等约束，复敢恃醉詈骂，实属酗酒不法。查王府呈送太监，并无治罪专条，自应比例问拟。马安良应照下五旗包衣人、经该王门上送部发遣者、即咨送兵部转发打牲乌喇例，发打牲乌喇。

成案 045.06：贵州司〔道光八年〕

贵抚咨：兴义县监犯艾陇等越狱脱逃，前将府经历谢宝树，革职协缉五年，限满定地充徒，奏准在案。兹该革员于协缉限内，闻讣丁忧，例应给假回籍，而接奉行知，适值协缉年限已满，将来假满之日，即应照例充徒，可否将谢宝树比照民人流寓京外、犯该军流徒罪、有应追银两、将该犯解回原籍、俟追交后、照应配地方发配之例，咨明原籍，即在该省照拟发配，咨请核示。经本部照拟核覆。

成案 045.07：陕西司〔道光十二年〕

镶白满咨：据镇国公奕奎门上，呈送家奴刘树德父子，霸产抗租，恳求发遣刘树德之子刘廷玺，自幼读书，并未种地当差。其霸地抗租，前经罪坐其父兄，自未便一律拟遣，应即酌量问拟，以示惩儆。刘廷玺应革退文生员，比依下五旗包衣人经该王门上送部发遣者，由部核准，即发打牲乌喇例，量减一等，拟以杖一百、徒三年。

律 046：充军地方〔例 10 条〕

凡问该充军者，附近，发二千里；边卫，发二千五百里；边远，发三千里；极边、烟瘴，俱发四千里。如无烟瘴地方，既以极边为烟瘴，定卫发遣。充军人犯，在京、兵部定卫；在外，巡抚定卫，仍抄招知会兵部。其问该边外为民者，抄招解送户部编发。

　　直隶布政司府分，发山东〔附近〕、山西〔附近、边卫〕、江南〔附近、边卫、边远〕、湖广〔附近、边卫、边远〕、陕西〔附近、边卫、边远、极边〕、浙江〔边卫、边远、极边〕、江西〔极边〕、广东〔烟瘴〕卫所。

　　江南布政司府分，发湖广〔附近〕、山东〔附近、边卫〕、浙江〔附近、边卫〕、陕西〔附近、边卫、边远、极边〕、直隶〔附近、边卫、边远〕、山西〔边卫、极边〕、广东〔边远、极边、烟瘴〕卫所。

　　山东布政司府分，发登州府〔附近〕、直隶〔附近，边卫〕、江南〔附近、边卫、边远〕、山西〔附近、边卫、边远〕、浙江〔附近、边卫、边远、极边〕、陕西〔边卫、边远、极边〕、广东〔烟瘴〕卫所。

　　山西布政司府分，发山东〔附近、边卫〕、江南〔附近、边卫、边远〕、陕西〔附近、边卫、边远、极边〕、湖广〔附近、边卫、边远、极边〕、浙江〔边远、极边〕、江西〔边远〕、广东〔极边、烟瘴〕卫所。

　　河南布政司府分，发山东〔附近〕、山西〔附近、边卫〕、湖广〔附近、边卫〕、直隶〔附近〕、江南〔附近、边卫、边远、极边〕、陕西〔附近、边卫、边远、极边〕、浙江〔附近、边卫、边远、极边〕、广东〔边远、极边、烟瘴〕卫所。

　　陕西布政司府分，发宁夏卫、河州卫〔附近〕、直隶〔附近〕、山西〔附近〕、本都行都司〔附近、边卫、边远〕、山东〔附近、边卫、边远、极边〕、湖广〔附近、边卫、边远、极边〕、江南〔边卫、边远、极边〕、广东〔边远、极边、烟瘴〕卫所。

　　浙江布政司府分，发江南〔附近、边卫、边远〕、山东〔附近、边卫、边远〕、湖广〔附近、边卫、边远〕、直隶〔边卫、边远、极边〕、山西〔极边〕、陕西〔极边〕、广东〔烟瘴〕卫所。

　　江西布政司府分，发山东〔附近〕、浙江〔附近〕、湖广〔附近、边卫〕、广东〔附近、边卫、边远〕、直隶〔边卫、边远、极边〕、山西〔极边〕、陕西〔极边〕、四川〔极边〕卫所。

　　湖广布政司府分，发襄阳府〔附近〕、江西〔附近、边卫〕、浙江〔附近、边卫、边远〕、四川〔附近、边远〕、江南〔附近、边卫、边远、极边〕、山西〔附近、边卫、边远、极边〕、陕西〔附近、边卫、边远、极边〕、直隶〔边卫、边远〕、广东〔附近、边卫、边远、极边、烟瘴〕卫所。

　　福建布政司府分，发浙江〔附近〕、江西〔附近〕、江南〔附近、边卫、边远〕、广东〔附近、边卫、边远〕、湖广〔附近、极边〕、山东〔边卫、边远、极边〕、直隶〔边远、极边〕、四川〔极边〕卫所。

　　广东布政司府分，发潮州府〔附近〕、湖广〔附近、边卫、边远、极边〕、山西〔极边〕、四川〔极边〕、山东〔极边〕卫所。

　　广西布政司府分，发江西〔附近、边卫、边远〕、湖广〔附近、边卫、边远〕、四川〔边卫、边远、极边〕、山西〔极边〕、陕西〔极边〕、浙江〔极边〕、广东〔附近、边卫、边远、极远、烟瘴〕卫所。

四川布政司府分，发越巂卫〔附近〕、陕西〔附近、边卫、边远、极边〕、湖广〔附近、边卫、边远、极边〕、江南〔边卫、边远、极边〕、山西〔极边〕、浙江〔极边〕、广东〔边卫、边远、极边、烟瘴〕卫所。

贵州布政司府分，发四川〔附近〕、江西〔附近、边卫〕、湖广〔附近、边卫〕、陕西〔附近、边卫、边远、极边〕、江南〔边卫、边远、极边〕、浙江〔边卫、边远、极边〕、山西〔极边〕、广东〔附近、边卫、边远、极边、烟瘴〕卫所。

云南布政司府分，发广东〔附近、边卫、边远、极边、烟瘴〕、湖广〔边卫、边远〕、陕西〔边远、极边〕、江西〔极边〕卫所。

（此律雍正三年改定。乾隆三十六年奏准：今卫所专司挽运漕粮，并不收管军犯，将"边卫充军"，改为"近边充军"；律内"定卫"，改为"定地"；其直隶等处发配人犯，原文系发各省卫所，今将"卫所"二字，改为"地方"。又烟瘴不足四千里改发极边之例，乾隆三十二年停止；边外为民之例，乾隆三十六年删除。所以乾隆三十七年，将"如无烟瘴地方"二句，及"问该边外为民"二句删去，其律文则更改如下：）

凡问该充军者，附近，发二千里；近边，发二千五百里；边远，发三千里；极边、烟瘴，俱发四千里。定地发遣充军人犯，在京，兵部定地；在外，巡抚定地，仍抄招知会兵部。

直隶布政司府分，发山东〔附近〕、山西〔附近、近边〕、江南〔附近、近边、边远〕、湖广〔附近、近边、边远〕、陕西〔附近、近边、边远、极边〕、浙江〔近边、边远、极边〕、江西〔极边〕、广东〔烟瘴〕地方。

江南布政司府分，发湖广〔附近〕、山东〔附近、近边〕、浙江〔附近、近边〕、陕西〔附近、近边、边远、极边〕、直隶〔附近、近边、边远〕、山西〔近边、极边〕、广东〔边远、极边、烟瘴〕地方。

山东布政司府分，发登州府〔附近〕、直隶〔附近，近边〕、江南〔附近、近边、边远〕、山西〔附近、近边、边远〕、浙江〔附近、近边、边远、极边〕、陕西〔近边、边远、极边〕、广东〔烟瘴〕地方。

山西布政司府分，发山东〔附近、近边〕、江南〔附近、近边、边远〕、陕西〔附近、近边、边远、极边〕、湖广〔附近、近边、边远、极边〕、浙江〔边远、极边〕、江西〔边远〕、广东〔极边、烟瘴〕地方。

河南布政司府分，发山东〔附近〕、山西〔附近、近边〕、湖广〔附近、近边〕、直隶〔附近〕、江南〔附近、近边、边远、极边〕、陕西〔附近、近边、边远、极边〕、浙江〔附近、近边、边远、极边〕、广东〔边远、极边、烟瘴〕地方。

陕西布政司府分，发宁夏卫、河州卫〔附近〕、直隶〔附近〕、山西〔附近〕、本都行都司〔附近、近边、边远〕、山东〔附近、近边、边远、极边〕、湖广〔附近、近边、边远、极边〕、江南〔近边、边远、极边〕、广东〔边远、极边、烟瘴〕地方。

浙江布政司府分，发江南〔附近、近边、边远〕、山东〔附近、近边、边远〕、湖广〔附近、近边、边远〕、直隶〔近边、边远、极边〕、山西〔极边〕、陕西〔极边〕、广东〔烟瘴〕地方。

江西布政司府分，发山东〔附近〕、浙江〔附近〕、湖广〔附近、近边〕、广东〔附近、近边、边远〕、直隶〔近边、边远、极边〕、山西〔极边〕、陕西〔极边〕、四川〔极边〕地方。

湖广布政司府分，发襄阳府〔附近〕、江西〔附近、近边〕、浙江〔附近、近边、边远〕、四川〔附近、边远〕、江南〔附近、近边、边远、极边〕、山西〔附近、近边、边远、极边〕、陕西〔附近、近边、边远、极边〕、直隶〔近边、边远〕、广东〔附近、近边、边远、极边、烟瘴〕地方。

福建布政司府分，发浙江〔附近〕、江西〔附近〕、江南〔附近、近边、边远〕、广东〔附近、近边、边远〕、湖广〔附近、极边〕、山东〔近边、边远、极边〕、直隶〔边远、极边〕、四川〔极边〕地方。

广东布政司府分，发潮州府〔附近〕、湖广〔附近、近边、边远、极边〕、山西〔极边〕、四川〔极边〕、山东〔极边〕地方。

广西布政司府分，发江西〔附近、近边、边远〕、湖广〔附近、近边、边远〕、四川〔近边、边远、极边〕、山西〔极边〕、陕西〔极边〕、浙江〔极边〕、广东〔附近、近边、边远、极远、烟瘴〕地方。

四川布政司府分，发越巂卫〔附近〕、陕西〔附近、近边、边远、极边〕、湖广〔附近、近边、边远、极边〕、江南〔近边、边远、极边〕、山西〔极边〕、浙江〔极边〕、广东〔近边、边远、极边、烟瘴〕地方。

贵州布政司府分，发四川〔附近〕、江西〔附近、近边〕、湖广〔附近、近边〕、陕西〔附近、近边、边远、极边〕、江南〔近边、边远、极边〕、浙江〔近边、边远、极边〕、山西〔极边〕、广东〔附近、近边、边远、极边、烟瘴〕地方。

云南布政司府分，发广东〔附近、近边、边远、极边、烟瘴〕、湖广〔近边、边远〕、陕西〔边远、极边〕、江西〔极边〕地方。

（此仍明律改定，原律目系边远充军，雍正三年改。）

薛允升按：《中枢政考》："一、刑部问拟充军人犯，开明籍贯，咨送兵部，照五军道里表开载地方，附近充军者，发二千里、近边二千五百里、边远三千里。极边四千里，烟瘴充军者，发烟瘴地方，亦四千里。如烟瘴地方在四千里之外，即不拘四千里之数，惟计至烟瘴省分安置。如四千里内外均有烟瘴地方，仍按计里数核定地方发遣。均发各该府州县管辖，仍注军籍当差。以上充军人犯，给传牌一张，割行顺天府，著落沿途府州县差役递解，取收管送部。仍咨该总督巡抚取该府州县著伍收管，并原发传牌缴部查核。其在外问拟军犯，由该省督抚定地发遣，抄该犯招由送部。若现在定地发遣时遇赦者，咨送刑部援免。其现在定地发遣军犯病故，即委官相验，果系病故，并无别情，移咨刑部知照。其所遗妻子，免其发遣。在配所病故者，该督抚查明病故缘由，取具该州县印结送部，所遗妻氏准回原籍。"

〔附录〕顺治律048：边远充军

凡问该充军者，附近，发二千里；边卫，发二千五百里；边远，发三千里；极边、烟瘴，俱发四千里。如无烟瘴地方，既以极边为烟瘴，定卫发遣。充军人犯，在京、兵部定卫；在外，巡抚定卫，仍抄招知会兵部。其问该边外为民者，抄招解送户部编发。

江南发直隶永平卫，山西都指挥使司，陕西都指挥使司所辖兰州卫、河州卫。

江北发广东都指挥使司辖海南卫，四川都指挥使司所辖贵州卫、雅州千户所。

福建布政司府分发直隶永平卫。

浙江布政司府分发直隶永平卫。

江西布政司府分发山西都指挥使司。

湖广布政司府分发山西都指挥使司。

河南布政司府分发广西都指挥使司所辖南宁卫、太平千户所。

山东布政司府分发广东都指挥使司所辖海南卫。

山西布政司府分发广东都指挥使司所辖海南卫。

北平布政司府分发广西都指挥使司所辖南宁卫、太平千户所。

陕西布政司府分发广西都指挥使司所辖南宁卫、太平千户所。

广西布政司府分发陕西都指挥使司所辖兰州卫、河州卫。

广东布政司府分发山西都指挥使司。

四川布政司府分发广西都指挥使司所辖南宁卫、太平千户所。

条例046.01：凡问该充军者

凡问该充军者，在京，行兵部定卫。在外，系巡抚有行者，巡抚定卫；巡按有行者，巡按定卫。其所属自问者，有巡抚处，申呈巡抚；无巡抚处，巡按定拨，仍钞行兵部知会。其问该边外为民者，亦钞送户部编发。

（此条系明代原例。雍正三年删改，定为律文。）

条例046.02：凡永远充军

凡永远充军，或奉有特旨处发叛逆家属子孙，止于本犯所遗亲枝内勾补，尽绝即与开豁。若未经发遣，在监病故，免其勾补。其实犯死罪免死充军者，以著伍后所生子孙替役，不许行勾原籍子孙。已前勾补者，不得混行告脱。其余杂犯死罪，并徒、流等罪，照例充军及边外为民者，俱止终本身。

（此条系明代原例。雍正三年，因现今无勾补之例，奏明删除。）

条例 046.03：凡问发充军及边外为民者

凡问发充军及边外为民者，免其运炭、纳米等项，并律该决杖，就拘当房家小，起发随往，其余人口，存留原籍，办纳粮差。若发边卫充军者，原系边卫，发极边；原系极边，常川守哨。其无"极边"字样者，远不过三千里，程限不过一、二月。发边外为民者，原系边境民人，发别处极边。前二项人犯，虽有共犯，本例不言不分首从者，仍依首从法科断，为从者照常发落。

（此条系明代原例。乾隆三十六年删除。）

条例 046.04：凡问发边外为民者

凡问发边外为民者，仝妻起发。如原系边境人民，俱发别处边外。

（此条系明代原例。雍正三年删改。乾隆三十六年，停止边外为民之例，将此条删除。）

条例 046.05：充军及边外为民人犯

充军及边外为民人犯，属军卫者，军卫仝解；属有司者，有司仝解。

（此条系明代原例，"属有司者"二句，系雍正三年增。乾隆三十二年，以卫所既不管军犯，均归有司起发，毋庸分别定例，此条删除。）

条例 046.06：各省充军人犯

各省充军人犯，除发现在各卫所外，其有应发之卫所已改设州县者，亦照旧发边，仍注军籍当差，以该州县为专管，该府为统辖。如有脱逃疏纵，将该府、州、县职名查参。

（此条雍正三年定。乾隆三十三年改定为条例046.07。）

条例 046.07：凡各省充军人犯

凡各省充军人犯，该州县仍注军籍当差，以该州县为专管，该府为统辖。如有脱逃疏纵，将该府、州、县职名题参。

（此条乾隆三十三年，将条例046.06改定。）

薛允升按：充军系沿前明旧例。前明军犯俱在卫所当差。本朝俱归州县收管，并无可当之差，与流犯无异。是有军之名，而无军之实，又何必多立此项名目耶？若以为满流之上罪无可加，不得不示以等差，似应专留极边足四千里安置一层，其余附近、近边及边远，极边均行删去，存以俟参。再，前明之充军，犹今之发遣新疆也，本无专条，因情节颇重，是以由徒罪加发。充军例内，犯该徒者问发充军，即此类也。行之日久，遂为成例。今发新疆遣犯，本罪原系军流，初则因垦种而改发，后则不因垦种而酌量改发，初则仍系军流本罪，后直定为外遣专条。其究也，军亦非军，遣亦非遣，仍与流犯无异。而由外遣改发者，均系军犯名目，四千里军犯较前更多矣。

条例 046.08：奉天直隶不便安插军流罪犯

奉天、直隶，不便安插军流罪犯，嗣后各省军、流，均按照《五军道里表》，及《三流道里表》，分别等次，改发别省。其应发奉天直隶府州等处，永行停止。

（此条系乾隆十六年奉天府府尹图尔泰条奏，乾隆十九年议覆安徽巡抚卫哲治条奏，乾隆二十一年并纂为例。）

薛允升按：此尊京师之意也。再，前明军人分隶各卫，统于五军都督府，所谓世隶军籍者也。罪犯充军本非军人，而发往军卫充当逃缉隙哨各差，以听军官之役使，犹今例所云充当苦差也，其永远充军者，又有勾丁补伍之法，最为烦扰。本朝于各卫所裁汰者，十分之八、九，即军犯亦系由州县官管束，不与卫所相干。有军之名，并无其实，而犹存有此律何也。若以为各犯俱由兵部定地发配，自应归兵部主政，乃到配后如何安插，如何管辖，即脱逃被获如何惩处，兵部均无从过问，则又何也。夫古昔所用皆肉刑也，后以为残刻，改为徒流，则满流以上，即属罪无可加，乃复增为充军之法，外遣之条，又与罪止满流之律意不符，必何如而后得其平耶。

条例 046.09：犯该边卫永远充军者

犯该边卫永远充军者，改为边远充军；犯该边远充军者，改为烟瘴充军。若该犯离家四千里外并无烟瘴，即发极边充军；犯该极边烟瘴永远充军者，亦止发极边烟瘴充军。

（此条雍正十一年定。为欲改永远充军之例而设。乾隆五年修改，定为此条。乾隆三十二年，以永远充军之例既裁，此条删除。）

条例 046.10：贪赃官役应发尚阳堡辽阳者

贪赃官役，应发尚阳堡、辽阳者，改发川、陕边省，今该督抚查照原罪，定地远近，安插为民。其衙门蠹役，恐吓索诈十两以上，例发奉天安插者，改为边卫充军。船户私铸钱文，夹带移住他处，例发辽阳安插者，改为杖一百、流三千里。无票出口，例发辽阳安插者，改为杖一百、流三千里。

（乾隆五年，将例内应发尚阳堡、辽阳、奉天等处者，议准并改内地军、流。此系其总例，因既于本条改正，毋庸列入例册，将此条删除。）

吏律·职制

（计 14 条）

律 047：官员袭荫〔例 36 条，成案 5 案〕

薛允升按：此古来世官世禄之遗意也。冠于此门之首，似尚得体。

凡文武官员应合袭荫者，并令嫡长子孙袭荫。如嫡长子孙有故，〔或有亡殁、疾病、奸盗之类。〕嫡次子孙袭荫。若无嫡次子孙，方许庶长子孙袭荫。如无庶出子孙，许令弟侄应合承继者袭荫。若庶出子孙及弟侄不依次序，搀越袭荫者，杖一百、徒三年。〔仍依次袭荫。〕

其子孙应承袭者，〔本宗及本部各官保勘明白，〕移文〔该部〕奏请承袭支俸。如所袭子孙年幼，候年一十八岁，方预朝参公役。如委绝嗣无可承袭者，准令本人妻小，依例关请俸给，养赡终身。若将异姓外人乞养为子，瞒昧官府，诈冒承袭者，乞养子，杖一百，发边远充军。本家所关俸给，〔事发〕截日住罢，他人教令〔搀越诈冒〕者，并与犯人同罪。

若当该官司知〔其搀越诈冒〕而听行，与同罪。不知者，不坐。〔若受财扶同保勘，以枉法从重论。〕

（此仍明律，雍正三年修改。其小注系顺治三年添入，乾隆五年修改。）

〔附录〕顺治律 049：官员袭荫

凡文武官员应合袭〔武〕荫〔文〕职事，并令嫡长子孙袭荫。如嫡长子孙有故，〔或有亡殁、疾病、奸盗之类。〕嫡次子孙袭荫。若无嫡次子孙，方许庶长子孙袭荫。如无庶出子孙，许令弟侄应合承继者袭荫。若庶出子孙及弟侄不依次序，搀越袭荫者，杖一百、徒三年。〔仍依次袭荫。〕

其军官子孙年幼，未能承袭者，〔本管衙门保勘明白，〕申〔部奏〕闻朝廷，纪录姓名，关请俸给，候年一十六岁，方令袭职，管军办事。如委绝嗣无可承袭者，准令本人妻小，依例关请俸给，养赡终身。若将异姓外人乞养为子，瞒昧官府，诈冒承袭者，乞养子，杖一百，发边远充军。本家所关俸给，〔事发之日。〕截日住罢，他人教令者，并与〔乞养子〕犯人同罪。

若当该官司知〔其挨越诈冒之罪〕而听行，与同罪。不知者，不坐。〔若受财扶同保勘，以枉法从重论。〕

条例 047.01：武职有因年远及典刑等项

武职有因年远及典刑等项，例不应袭，而有嫡子孙弟侄者，给予冠带操备，月支米一石。有功，照舍人例升赏。

（此条系明代原例，顺治例 049.02，雍正三年，以军职业已裁汰，此条亦删。）

条例 047.02：武职降调充军

武职降调充军，本身再不准袭。

（此条系明代原例，顺治例 049.03，雍正三年，以军职业已裁汰，此条亦删。）

条例 047.03：降级官现在

降级官现在，而子孙原就现降职事者，准令袭。逃官不知去向三年者，亦准袭。被告脱逃，该徒以上问革为民者，至六十，仍许袭。

（此条系明代原例，顺治例 049.04，雍正三年，以军职业已裁汰，此条亦删。）

条例 047.04：旁支承袭例

旁支承袭例，如高、曾、祖原系功升总小旗，以后从曾、伯、叔祖，或从伯、叔祖，堂伯、叔，又立功升官者，指挥革，袭试百户；千户革，袭署百户，子孙准承袭。百户革，充冠带总旗一辈，子孙止替旗役。其试职署职，如无军功，虽遇例不许实授，若高、曾、祖不系功升旗役者，旁支子孙袭调别卫。为事脱逃革职者，旁支子孙，不许袭职。

（此条系明代原例，顺治例 049.05，雍正三年，以军职业已裁汰，此条亦删。）

条例 047.05：武职为人命典刑充军者

武职为人命典刑充军者，子孙袭调别卫。为事脱逃革职者，子孙仍照旧袭职。

（此条系明代原例，顺治例 049.06，雍正三年，以军职业已裁汰，此条亦删。）

条例 047.06：应袭舍人犯劫盗者

应袭舍人犯劫盗者，弟、侄照祖职降一等承袭。该优给者，依此例。

（此条系明代原例，顺治例 049.07，雍正三年，以军职业已裁汰，此条亦删。）

条例 047.07：军职犯知强盗后分赃满数充军者

军职犯知强盗后分赃满数充军者，子孙袭职或优给，俱于应袭事上降三级。

（此条系明代原例，顺治例 049.08，雍正三年，以军职业已裁汰，此条亦删。）

条例 047.08：军职袭替

军职袭替，有不由军功，例该减革，却行捏奏，兵部阻坏选法者，问调边卫带俸差操。

（此条系明代原例，顺治例 049.11，雍正三年，以军职业已裁汰，此条亦删。）

条例 047.09：军官子孙告要袭替

军官子孙告要袭替，移文保勘，如云南、贵州、四川、广东、广西、福建、江西、浙江、十五年之外，直隶、江南、湖广、陕西、河南、山东、山西、辽东、十二年之外，人文不曾到部者，不准袭替。发原卫随舍余食粮差操，中间果因追征钱粮未完，缘事提问未结，及年幼例不应袭，以完事出幼之日为始，亦照前云南等处十五年，直隶等处十二年之内，但有抚按官给予明文，及限内告有执照者，照旧袭替。若都司本卫所官勒掯财物，故意刁难，不与保送者，问发带俸差操。

（此条系明代原例，顺治例 049.13，雍正三年，以军职业已裁汰，此条亦删。）

条例 047.10：保到军职应袭兄男弟侄

保到军职应袭兄男弟侄，但有姻族并无干人奏告奸生、乞养，伦序不明等情，已经勘明缴报兵部，原告又行捏词奏告者，问罪；属军卫者，调边卫差操；属有司者，发边外为民；应袭替者，即以入选，原词立案不行。

（此条系明代原例，顺治例 049.14，雍正三年，以军职业已裁汰，此条亦删。）

条例 047.11：军官军丁

军官军丁，有将户内弟侄子孙过房与人，或被官豪势要和买改易姓名者，不分年岁远近，许其取赎归宗听继。若占惜不发者，所在官司追究治罪。其诱买各边军丁者，问发极边卫分充军。

（此条系明代原例，顺治例 049.15，雍正三年，以军职业已裁汰，此条亦删。）

条例 047.12：军职犯该侵盗钱粮

军职犯该侵盗钱粮，问拟永远军罪，例应次房子孙承袭者，除正犯现在及有子孙务要追赃，完日，方许保送得袭之人承袭。若正犯故绝，遗有该追钱粮，准令得袭之人，先行承袭，扣俸还官。若赃银至数百两，米数百石以上，扣至十年犹不能完者，余赃应否开豁，抚按官勘明，奏请定夺。

（此条系明代原例，顺治例 049.17，雍正三年，以军职业已裁汰，此条亦删。）

条例 047.13：各处保送卫所袭替军职

各处保送卫所袭替军职，务要严加查核，但系管运，曾经漕司参提应追完入官赃银，或挂欠京通仓库各项钱粮，或犯该充军降级曾经完结，果无违碍，方许保送。如有朦胧保送者，掌印官及首先出结之人问罪，带俸差操。有赃以枉法从重论，承袭之人照旧监追，完日降一级承袭。其有不系充军、降级、勘产尽绝，不能办纳者，许其先行西袭替，扣俸还官。

（此条系明代原例，顺治例 049.18，雍正三年，以军职业已裁汰，此条亦删。）

条例 047.14：武臣在任亡故及征伤失陷者

武臣在任亡故及征伤失陷者，自指挥至所镇抚，妻并给米五石终身，无子孙者亦如之。为事亡故无承袭者不给。

（此条系明洪武二十七年定例。雍正三年改定为条例 047.15。）

条例 047.15：武臣出征受伤

武臣出征受伤，分别等第给赏，阵亡者，按品予恤，并给世职。

（此条雍正三年，将条例 047.14 改定。）

薛允升按：《集解》："此例为优给军官之妻而设。"受伤给赏，与袭职无干，此层似应删除。

条例 047.16：武职守城失机

武职守城失机，贻患边方者，及武职临阵退怯，至所部失陷二十人者，并不准袭。有犯不孝致典刑者，取祖父次子孙承继袭职，本犯子孙不许。

（此条系明正统十四年例，顺治例 049.01。雍正三年，删去"所部失陷二十人"句，改为"武职守城失机，贻患边方及武职临阵退怯者"。乾隆五年，又删去"承继"二字。）

薛允升按：《集解》："前半是不忠，故不准袭，是不复承袭也。后半是不孝，不许本犯承袭，犹许以次子孙承袭也。"《辑注》云："世职皆赏其先世之功也。此例前半，是不忠之罪，而贻患国家，则先世之功不当继矣，故不准袭。后半，是不孝之罪，而止在一身，则先世之功不可没也，故许以次子孙承袭。"承继，谓承继祖父先业，系既应承继，即应袭职之意，非为本犯承继也。下条强盗、人命等项，似应修并于此条之内。

条例 047.17：世职有犯人命

世职有犯人命、失机、强盗实犯死罪，及免死充军者，不分已决、已遣、监故，并脱逃、自尽，子孙俱不准承袭。

（此条系明嘉靖三十三年定例。乾隆五年，删去"强盗"二字；"子孙"上增"本犯"二字。）

薛允升按：《集解》："犯人命、失机、强盗，真犯死罪，子孙不准承袭，此以已袭之军职犯罪言。若应袭而未袭之舍人有犯，则如前条之例，准其弟侄降袭也。""并"字下似应添"负罪"二字。

条例 047.18：故官子女幼者

故官子女幼者，给全俸；女出嫁，住支；父母老者，给全俸终身。

（此条系康熙年间例。雍正三年改定。雍正五年并入条例 047.20。）

条例 047.19：世职官亡故（1）

世职官亡故，户无承袭，其父母年老者，给半俸终身。

（此条系康熙年间例。雍正三年改定。雍正五年并入条例 047.20。）

条例 047.20：凡世职官物故

凡世职官物故，无承袭之人，官册注销者，其妻给半俸终身。无妻，查原立职之官有亲生母，亦给半俸。如原立职之官无母，而袭职之官，或亲母，或继母在者，亦给半俸终身。

（此条雍正五年，将条例 047.18 及 047.19 修并。）

条例 047.21：世职官亡故（2）

世职官亡故，户无承袭，其父母〔继母生母〕在者，给半俸终身。

（此条乾隆五年，将条例 047.20 改定。）

条例 047.22：世职官物故

世职官物故，无承袭之人，官册注销者，如无父母，其妻亦给半俸终身。无妻者，查原立职之官，有亲生母，亦给半俸。

（此条乾隆五年，将条例 047.20 改定。）

薛允升按：《集解》："为恤军官父母子女而设。"世职官之父非原立职之官，即系曾经袭职之官，不应父在而其子孙承袭也。或因老病，或因事降革，亦间有之。次条末段，查原立职之官二句，与上条复，似应删去。

条例 047.23：凡世职年老

凡世职年老，户无承袭者，支全俸优给。袭职之员未及年岁者，支给半俸。

（此例首条系明代旧例，顺治例 049.11，有"未及年岁给半俸"之文。次条系康熙三十四年，户部题准定例。乾隆五年修并为一条。）

薛允升按：老幼均支给俸，皆系优恤世职之意。

条例 047.24：凡世职将乞养异姓

凡世职将乞养异姓，与抱养族属疏远之人，诈冒承袭，或用财买嘱冒袭，及受财卖与冒袭已经到官袭过者，将蒙混继立之世职，与以子与世职为嗣之人，并其知情之义子，俱照乞养子冒袭律，发边远充军。保勘之官罢职。其世职永不得袭。保勘官以首出与保结者为坐，连名保结者俱依律减等断。有赃者，并以枉法论。若朦胧保送违碍子孙弟侄者，俱照律发落。

（此条系明代旧例，顺治例 049.19。原文"揭黄永不得袭"，雍正五年将"揭黄"二字改为"其世职"三字；"连名保结"上，原文有"卫所并都司掌印金书官"十字，雍正五年删。嘉庆十九年改定。）

薛允升按：《集解》："此例凡分三项，一项冒袭之罪，一项保勘之罪，一项买袭之罪。"

条例 047.25：应袭之人

应袭之人，若父见在，诈称死亡冒袭官职者，发近边充军，候父故之日，许令以次儿男承袭。如无以次儿男，令次房子孙承袭。

（此条系明代问刑条例，顺治例049.21。首句本系"应袭舍人"，雍正三年以现无舍人名色，改"舍"字为"之"字；原文"事发问罪调边卫充军"，雍正三年改"调"字为"发"字。乾隆三十二年以后，例内"边卫充军"均改"近边充军"，并删"事发问罪"四字。）

薛允升按：《集解》："此例为蔑父、欺君者设。"以次儿男，即本犯之亲兄弟也。次房子孙，则祖之孙、父之侄也。与上取祖父次子孙之例相符，而与因罪革除条不同，应参看。

条例047.26：凡世袭官员获罪革职者

凡世袭官员获罪革职者，其世职与亲兄弟承袭。如无亲兄弟，将世职注销。虽立职之人，有别派子孙，亦不准袭。

（此条雍正五年定。乾隆五年改定为条例047.27。）

条例047.27：凡世袭官员如有因罪革退

凡世袭官员，如有因罪革退，例不准本犯子孙承袭者，其世职与亲兄弟承袭。若无亲兄弟，即袭与兄弟之子孙。若无亲兄弟及兄弟之子孙，竟至除革者，无论官之大小，俱将原立勋绩之处，与被罪缘由，及原立官之子孙，一并查明请旨定夺。

（此条系乾隆五年遵照雍正二年谕旨，将条例047.26改定为此例。）

薛允升按：与上取祖父次子孙承袭一条参看。本犯无亲兄弟及其子孙，原立勋绩之人另有次房、三房子孙，亦准承袭。即上条取祖父次子孙之意也。此例止言本犯兄弟，及兄弟之子孙，而未及原立勋绩人之子孙，与上条取祖父次子孙袭职之意不符。

条例047.28：各处土官袭替

各处土官袭替，其通事人等及各处逃流军囚客人等，有拨置土官亲族不该承袭之人，争袭劫夺仇杀者，俱发极边烟瘴地面充军。

（此条系明代问刑条例，顺治例049.20。乾隆五年，将第二句改为"其通事及诸凡色目人等"。）

薛允升按：《笺释》云："不该承袭之人，依擅越袭荫律，满徒。拨置人间教诱。"拨置，谓挑唆、教诱也。兵律漏泄军情门，与外国人私通往来，投托、拨置云云，应参看。土司匿犯，择伊子弟承袭。见盗贼捕限。以下五条，均言土司袭职之事。应与《中枢政考》土番门参看。

条例047.29：凡土官袭职

凡土官袭职，由司、府、州、邻具印甘各结，并土司亲供宗图，及原领号纸，详送督抚具题袭替。若应袭之人未满十五岁者，许令本族土舍护理印务，俟岁满日，具题承袭。如有事故迟误，年久方告袭者，宗图、号纸有据，亦准袭替。

（此条系康熙年间，因律内并无土官袭职之例，查兵部现行例内，有土官袭职，雍正五年因作为条例增入。）

条例 047.30：凡土官故绝

凡土官故绝无子，许弟承袭。如无子弟，而其妻或婿为其下信服者，许令一人袭替。

（此条系康熙年间，因律内并无土官袭职之例，查兵部现行例内，有土官袭职，雍正五年因作为条例增入。）

条例 047.31：凡土舍嫡妻护印

凡土舍嫡妻护印，止令地方官查明，出具合例印结咨部，准其护印。

（此条系雍正三年，查照康熙五十四年兵部议覆土舍嫡妻护印事理，雍正五年纂为定例。）

薛允升按：土舍者，土官之子也。似应修并于上条之内。

条例 047.32：凡土官病故

凡土官病故，该督抚于题报之时，即查明应袭之人，取具宗图册结，邻封甘结，并原领号纸，限六个月内具题承袭。其未经具题之先，亦即令应袭之人，照署事官例，用印管事。地方官如有勒掯沉搁留难者，将该管上司均交部议处。其支庶子弟中有驯谨能办事者，俱许本土官详报督抚具题请旨，酌量给与职衔，令其分管地方事务，其所授职衔，视本土官降二等。文职，如本土官系知府，则所分者给与通判衔；系通判，则所分者给与县丞衔。武职，如本土官系指挥使，则所分者给与指挥佥事衔；系指挥佥事，则所分者给与正千户衔；照土官承袭之例，一体颁给敕印、号纸。其所管地方，视本土官多不过三分之一，少则五分之一。此后再有子孙可分者，亦再许其详报督抚具题请旨，照例分管地方，再降一等给与职衔、印信、号纸。

（此条雍正五年定。"未经具题之先"上，原文有"土官病故之后"句。"交部议处"，原文系"照违限例议处"，均于乾隆五年删改。）

薛允升按：此例所云，亦即推恩分封之意也。

条例 047.33：校尉事故

校尉事故，必须册籍有名亲生儿男弟侄替补。若官旗将别姓朦胧诈冒替补者问罪，官旗调外卫带俸食粮差操，冒替者亦调卫充军。

（此条系明代问刑条例，顺治例049.22。雍正三年改定为条例047.34。）

条例 047.34：銮仪卫校尉缺出

銮仪卫校尉缺出，于见役校尉亲生儿男弟侄内，选择堪用者替补。如校尉子弟不足，移文五城，将身家殷实民人保送选补。其养象校尉缺出，即以所生儿男替补。有蒙眬冒替者，俱以违制论。

（此条雍正三年，将条例047.33改定。）

薛允升按：《集解》："校尉系朝廷执役之人，生有儿男，报名入册，册上无名，即冒也。"校尉有犯，移咨銮仪卫提拿。见鞫狱停囚待对，余俱无文。

条例 047.35：文武官员例应请封一代

文武官员例应请封一代，有愿以本身及妻诰封，貤封祖父母者，皆准貤封。

条例 047.36：八九品官止封本身

八、九品官，止封本身。有愿貤封父母者，准其父母并封。教授照知县例封文林郎，并封一代；学正、教谕，照县丞例封修职郎；训导照主簿例封登仕郎；俱封本身，有愿貤封者，亦准父母并封。其八、九品官之母，封为八品孺人、九品孺人。凡有三母者，继母、生母与嫡母，准一并封赠。

（条例 047.35 及 047.36，系雍正二年所定封赠条目，于律例无涉，且不全备，乾隆五年删。）

成案 047.01：土官承袭之子年幼继母协理〔康熙四十五年〕

吏部议广督郭世隆疏称：思恩府古零司土巡检覃懋勋病故，伊嫡长子覃绩成例应承袭，年始七岁，未谙事务，族目民公举继母岑氏协理等因。查该督既称土巡检覃懋勋病故，伊嫡长子覃绩成年始七岁，公举继母岑氏协理，应将覃绩成照例立案，其土司事务暂令岑氏协理，俟绩成成年长十五岁，该督具题到日承袭可也。

成案 047.02：荫选武职不准改文〔康熙三十一年〕

兵部咨：宣化成系贡生候选训导，未谙骑射，以守备用，恐不称职，应将宣化成改授文职，作何品级录用之处请敕部议。吏部议查定例，殉难荫生三品以上以知州用，四品以下以知县用，宣化成系三品殉难荫生，应照例以知州录用挨选。

成案 047.03：承荫迟延年久者不准〔康熙四十五年〕

吏部题为承荫事。该臣等议得镶红旗汉军都统李麟龙等具题咨称：陈汝器佐领下闲散陈斌之曾祖陈有明，原任杭苏织造工部侍郎，于顺治十一年三月内病故。奉旨：有明赠都察院右都御史，荫一子入监读书，仍给与应得诰命，斌祖陈其敬于顺治八年恩诏已得荫生，随中式举人，历任广东惠潮道，于康熙十九年生子陈宏业，二十年捐纳监生，续捐同知，于四十一年选授云南武定府同知，四十四年八月十九日病故，其所赠荫生俱未承袭，今斌系陈有明嫡曾孙，恳乞照例承荫等因前来。查康熙六年闰四月间，正蓝旗诺衣兑为承荫荫生事具题，奉旨：恩诏颁行，天下无不闻知之人，诺依兑不将伊子送国子监，如许年久，今推诿格格自作未闻，请送不合，伊子不准入国子监，以后此等称忘记遗漏请送者，一概不准。钦遵在案。今该都统虽称陈有明于顺治十一年间病故，奉旨赠荫，但陈其敬于康熙十九年生子，陈宏并不报名承袭，而捐纳同知，迟至四十五年始将陈斌奏请承荫，明系忘记遗漏，应将陈斌承荫之处，无容议。

成案 047.04：湖广司〔道光二年〕

南抚咨：外结徒犯内赵子厚，与阵亡外委赵奇，同姓不宗，因问赵奇有补给恩骑尉世职，无人荫袭，辄为侄赵名教诈冒承袭，即与自行冒袭无异，今甫经具禀，尚未到官承袭，应酌减问拟。将赵子厚比照世职用财买嘱，已经到官袭过者照乞养子冒袭例，发边远充军例上，量减一等，满徒。

成案 047.05：四川司〔道光十二年〕

川督题：丹棱县刘泳兴，假冒阵亡外委刘应照之孙，呈请承袭世职，遍查律例，并无作何治罪明文，自应比例问拟。刘泳兴比照世职将抱养族属疏远之人、诈冒承袭、已经到官袭过者、照乞养子冒袭律发边远充军例，拟发边远充军。

律 048：大臣专擅选官〔例 3 条，成案 1 案〕

凡除授官员，〔兼文武应选者，〕须从朝廷选用，若大臣专擅选用者，斩〔监候〕。

若大臣亲戚，〔非科贡应选等项，系不应选者，〕非奉特旨，不许除授官职，违者，罪亦如之。〔受选除者，俱免坐。〕

其见任在朝官员，面谕差遣，及改除〔外职，〕不问远近，托故不行者，并杖一百，罢职不叙。

（此仍明律，其小注系顺治三年添入。顺治律为 050 条。）

条例 048.01：内外管属衙门官吏

内外管属衙门官吏，有系父子兄弟叔侄者，皆须从官卑者回避。

（此条系明代旧例，顺治例 050.01。乾隆五年，以官员回避，应载《铨选则例》，与律例无涉，因此删去。）

条例 048.02：文武职官人等（1）

文武职官人等，不由铨选、推举，径自朦胧奏请，希求进用，夤缘奔竞，阻坏选法者，俱问罪黜革为民。

（此条系明代旧例，原载选用军职门。雍正三年改定移附。嘉庆十五年改定为条例 048.03。）

条例 048.03：文武职官人等（2）

文武职官人等，不由铨选、推举，径自蒙眬奏请，希求进用者，依假以上书希求进用律，杖一百。如夤缘奔竞，阻坏选法者，有财，依以财行求计赃治罪；无财，依违制律杖一百。

（此条嘉庆十五年将条例 048.02 改定。）

薛允升按：此条专言希求进用之罪，其进用者，并未叙及。

成案 048.01：族中回避〔康熙四十四年〕

吏部议东抚赵世显疏。潍县知县王奕骏系登莱道王盛周之堂兄等因。查定例，凡外官有关系钱粮刑名考核之责，系族中，不分远近，俱令官小者回避等语。今王奕骏有钱谷刑名之责，相应准其回避。

律 049：文官不许封公侯

凡文官非有大功勋于国家，而所司朦胧奏请，辄封公侯爵者，当该官吏及受封之人皆斩〔监候〕。其生前出将入相，能除大患，尽忠报国者，同开国功勋一体封侯。谥公，不用此律。〔生受爵禄曰封，死赐褒赠曰谥。〕

（此仍明律，其小注系顺治三年添入。顺治律为 051 条。）

律 050：滥设官吏〔例 9 条，事例 7 条，成案 2 案〕

凡内外各衙门，官有额定员数，而多添设者，当该官吏，〔指典选者，〕一人，杖一百，每三人加一等，罪止杖一百、徒三年。〔若受赃，计赃以枉法从重论。〕

若吏典、知印及承差、祗候、禁子、弓兵人等，额外滥充者，杖一百，迁徙。〔比流减半，准徒二年。〕容留一人，正官笞二十，首领笞三十，吏笞四十，每三人各加一等，并罪止杖一百，罪坐所由。〔容留之人不坐。〕

其罢闲官吏，在外干预官事，结揽写发文案，把持官府，蠹政害民者，并杖八十，于犯人名下追银二十两，付告人充赏。有所规避者，从重论。

若官府税粮由帖，户口籍册，雇募攒写者，勿论。

（此仍明律删定，其小注系顺治三年添入。乾隆五年修改，删罪止杖一百、徒三年后小注"已经题请，但非奉旨添注，故坐徒"。顺治律为 052 条。）

条例 050.01：内外大小衙门（1）

内外大小衙门，拨到吏典，照缺收参。若旧吏索顶头钱者，事发问罪，不分得财未得，俱照行止有亏事例，革役为民。

（此条系明代问刑条例，顺治例 052.03。雍正三年，将"拨到"二字，改为"考取"；"收参"二字，改为"补用"。乾隆五年改定为条例 050.02。）

条例 050.02：内外大小衙门（2）

内外大小衙门，考取吏典，照缺补用。若旧吏索顶头钱者，事发，计赃准不枉法论，革役为民。

（此条乾隆五年将条例 050.01 改定。）

薛允升按：《笺释》云："得财依求索计赃准不枉法论，罪止满流。若上手吏无求索之意，而下手吏自愿出钱者，止问不应。"《示掌》云："旧吏若不求索顶头，而下手之人愿送者，止拟不应。"书役出缺，暗行顶买，见官吏受财门。此条系考取，而彼条或称报充或云应募投充，并无考取之文，似嫌参差，应参看。

条例 050.03：吏典撒泼抗拒

吏典撒泼抗拒，诬告本管官员，及犯该诓骗、诈欺、恐吓取财未得，入己并偷盗自首者，俱〔照律问拟。〕发原籍为民。

（此条系清初原例，顺治例 052.05。）

条例 050.04：京官假托雇役名色

京官假托雇役名色，受财卖放办事吏典者，官以赃论，吏发原籍为民。若吏典恃顽，私自在逃一年以上者，亦问发为民。

（此条系清初原例，顺治例 052.02。雍正三年，以官员受财，各有本律；吏典在逃，即行革役。因此删去此例。）

条例 050.05：在京大小衙门当该吏典

在京大小衙门当该吏典，有患病一个月者，勘实，就将该支俸粮截日住支，名缺行移吏部拨补，待病痊日，仍送原役衙门收候参补。若有奸懒托故以图改拨者，问发原籍为民。

（此条系清初原例，顺治例 052.04。雍正三年，以吏典不支俸粮，亦无因病革退，病痊参补之例，因此删去。）

条例 050.06：府州县额设祗候禁子弓兵

府、州、县额设祗候、禁子、弓兵，于该纳税粮三石之下、二石之上户内差点。除税粮外，与免杂泛差役，毋得将粮多上户差占。

（此条系清初原例，顺治例 052.01。乾隆五年，以今府、州、县无祗候名目，其禁子、弓兵均系照例召募投充，并无按照税粮差点之例，亦无优免杂泛差役之处，因此删去此例。）

条例 050.07：各处司府州县卫所等衙门

各处司、府、州、县、卫、所等衙门，主文、书算、快手、皂隶、总甲、门禁、库子人等，久恋衙门，说事过钱，把持官府，飞诡税粮，起灭词讼，陷害良善，及卖放强盗，诬执平民为从，事发，有显迹情重者，旗军问发边卫，民并军丁发附近，俱充军。情轻者，问罪枷号一个月。纵容官员，作罢软黜退，失觉察者，照常发落。若各乡里书飞诡税粮二百石以上者，亦问边卫充军。

（此条系清初原例，顺治例 052.06。雍正三年，将“旗军问发边卫改正，民并军丁发附近，俱充军”句，改为“军民俱问发附近充军”。乾隆五年，以例内所指各款，已分见各律，毋庸复出，因此删去。）

条例 050.08：坐粮厅所属八行运役

坐粮厅所属八行运役，及仓役名缺，责令通州知州金选诚实良民应役。如保送旗人及民人，以一身而充两、三役者，仓场侍郎、巡仓御史察出题参，知州交部议处。该役及保结之人，杖八十，徒二年。

（此条系康熙年间现行例，雍正三年定例。）

薛允升按：《处分则例》同捕亡门，番役私带白役，照额外滥充律治罪。与下条同。此专指坐粮厅一处而言。原例旗人枷号一个月，鞭一百，与民人责四十板、徒二年，罪名相等。即系律内杖一百、徒二年迁徙之罪。盖迁徙律，应满杖而比流减半，准徒二年，与五徒以次递加不同〔是又在五徒以外者〕。修改之例，以既系徒二年，即应杖八十，是已不用迁徙之律矣。下条亦应改正。三流均系总徒四年，比流减半，故止准徒二年。律内惟官吏受财及此门，有此罪名，余不多见。总律则徒流迁徙地方，并诬告充军及迁徙耳。然亦绝少引用。其附见律内者，流囚家属云，迁徙安置人家口，亦准此。八行运役名目未详。查《漕运全书》载有：石坝军粮经纪〔一百名〕，白粮经纪〔二十五名〕，土坝车户〔二十名〕及五闸军粮水脚〔一百四名〕。雍正五年，将石坝里河二十六名裁革，归并军粮经纪，实在七十八名，四闸白粮水脚〔八名〕。又有土石两坝外河白粮船户〔三十五名〕，康熙三十九年裁革，归并白粮经纪。土坝车户似系指此项人等而言。记考。巡仓御史已改为查仓矣。此处亦应改。

条例 050.09：各直省大小衙门经制书吏

各直省大小衙门经制书吏，即在现充书识内，择勤慎办事之人，核实取结承充。傥有悬挂空名，并不亲身著役，将本人照吏典人等额外滥充律治罪，该本管官照例议处。

（此条乾隆五年，吏部议准江西巡抚岳浚条奏定例。）

薛允升按：迁徙系明律，现在并不照此办理。此处云照律治罪，盖即治以杖一百、徒二年之罪也。然上条已改为杖八十、徒二年矣，此处亦应酌改。

事例 050.01：康熙十二年覆准

凡白役随正身衙役吓诈，未经查出之官，罚俸六月。又官员于定数外留用白役，承票差遣，累民婪赃者，照失察衙役犯赃例议处。若正役犯赃事发，官员饰称白役，自图脱卸失察之罪者，革职。

事例 050.02：康熙十二年题准

凡衙门供役，止许正身，有私用白役者，将正身及白役俱杖一百、革役。其白役犯赃，正身知情同行者，照衙役犯赃例治罪，不知情不同行者不坐。

事例 050.03：康熙十二年又覆准

白役犯赃，正身虽不同行，亦照亲身犯赃例治罪。

事例 050.04：康熙十八年覆准

凡督抚司道衙门，各照定额供役，不许多设，司道互相揭报，督抚亦互相纠举。徇庇者，许科道据实纠参，治以纵蠹殃民之罪。

事例 050.05：康熙十八年议准

犯蠹役害民，司道府州县不行举报，督抚不行访拿，别经发觉者，徇庇之司道府州县官降二级调用，不题参之督抚罚俸一年。至访拿衙蠹并赃数目，年底造册题报。

事例 050.06：雍正五年议准

凡直省书役年满缺出，遵例召募，务查该役本籍本姓，取具邻佑亲族连名保结，及地方官印结，方准著役。有暗行顶买索取税银者，缺主照枉法受财律计赃定拟，至八十两者绞。顶缺之人，照以财行求律，至五百两者，杖一百、徒三年。出结人等，依不应重律杖八十。该管官员及督抚俱交部分别议处，其年满考职时，于移咨内填写"并无假姓冒籍"字样，吏部方准收考。若有冒籍、冒名等弊，事发者，革去职衔，杖一百。不能稽查之该管等官，俱照失察例议处。至衙门一切案件，若书吏定稿，以致高下其手，驳诘不已，有赃者照枉法律科罪，无赃者杖八十、革役，该管官并督抚亦交部分别议处。

事例 050.07：乾隆二十九年议准

捕役之设，原以缉匪安良，而其作奸犯科者，每即为良善之害，故律例所载。如藉端、索诈、诬拿、私拷，以及豢贼、分赃等弊，所以治捕役之罪者最严，而失察徇纵之本管官，处分亦綦重，立法本极周详。惟是捕役之充捕，止凭州县官之召募，该上司衙门，并无册档可稽，遇有捕役生事扰民，不肖有司，往往巧避处分，或指现役为已革，或捏正身为假充，蒙混申报。上司因其更替靡常，无凭稽查，遂致州县易售其欺诈，庇役长奸，为害匪浅。嗣后各省州县额设捕役，令该管道府存查，如有事故、革除、召募、顶捕之处，亦令随时详报备案，不得过十日之限。倘遇捕役有犯，各该上司按册可稽，州县官不能巧为开脱以避处分，而捕役亦渐知敛戢。

成案 050.01：违例立缺〔康熙十一年〕

刑部议覆总漕帅颜保疏：扬州管河同知官役娄赃一案。查书办王藩卖缺王云路，虽将银退还，但违例卖缺，合依制书有违施行而故违者律，杖一百。买缺之王云路应拟罪，先经别案议罪，毋容议。

成案 050.02：浙江司〔嘉庆二十二年〕

浙抚咨：沈玉堂捏名朦充抚辕代书，又因贪得笔资，假捏诡名，兼充府代书，尚无把持索诈增减，及包揽教唆情事，应比照坐粮厅役、以一身而充两三役例，杖八十、徒二年。

律 051：信牌〔例 2 条〕

凡府、州、县置立信牌〔拘提人犯，催督公事〕，量地远近，定立程限，随事销缴。违者，〔指差人违牌限〕一日，笞一十，每一日加一等，罪止笞四十。

若府、州、县官遇有催办事务，不行依律发遣信牌，辄〔亲〕下所属〔坐〕守

〔催〕并者，杖一百。〔所属，指州县乡村言。〕其点视桥梁、圩岸、驿传、递铺，踏勘灾伤，检尸，捕贼，钞札之类，不在此限。

（此仍明律，原在公式门，顺治三年移入，并将小注修改。顺治律为 054 条。）

条例 051.01：道府以上官员

道、府以上官员，凡关系叛逆、军需、驿递公文等紧要重大事情，照例差人外，其余细事止许行牌催提。如违例差遣人役者，督抚指名题参。徇情不参者，事发，一并议处。其督抚于平常细事差役害民者，亦交部议处。

（此条系康熙年间现行例。雍正三年定例。）

薛允升按：督、抚、司、道各上司差役扰害乡民，许州县查拿。见官吏受财门，似应修并于此例之内。《处分则例》无此专条。末段似可删去。

条例 051.02：州县大小案件

州县大小案件，凡有差票，务须随时缴销。如遇封印而案未完结，于封印时将票暂行缴销，俟开印差拘，另行给票。违者，将州县官分别议处。

（此条乾隆二十八年，江苏按察使钱琦条奏定例。）

薛允升按：此防卧票暗地吓诈也。

律 052：贡举非其人〔例 16 条，事例 6 条，成案 16 案〕

凡贡举非其人，及才堪时用，应贡举而不贡举者，〔计其妄举与不举人数〕一人，杖八十，每二人加一等，罪止杖一百。所举之人知情，与同罪；不知者，不坐。

若主司考试艺业技能。而〔故〕不以实者，〔可取者，置之下等。不可取者，反置之上等。〕减二等。

〔若贡举考试〕失者，各减三等。〔受赃，俱以枉法从重论。〕

（此仍明律，其小注系顺治三年添入。顺治律为 055 条。）

条例 052.01：乡会试考试官同考官（1）

乡会试考试官同考官，及应试举子，有交通嘱托贿买关节等弊，问实斩决。

（此条乾隆五年遵照顺治十五年谕旨，纂而为例。）

薛允升按：此例极严，恶其通同作弊也。至学政去取不公，如何加重，例无明文。与末条参看。

条例 052.02：岁贡生员册报到部（1）

岁贡生员册报到部，遇有事故，不许补贡。其在家或中途事故者，勘明，仍补该年之贡。如托故延至三年之外者，亦不准收。有司朦胧补送者，各治罪。

（此条系《明会典》例，顺治例 055.01。雍正三年，将"起运"二字改"册报"；"在家或中途"句，改"未经报部，遇有事故"。嘉庆六年，改定为条例 052.03。）

条例 052.03：岁贡生员册报到部（2）

岁贡生员册报到部，遇有事故，不许补贡。其未经报部，遇有事故者，勘明，准令次考补贡。若丁忧及患病，勘明，仍补该年之贡。如托故延至三年之外者，亦不准收。有司朦胧补送者，各杖一百。受赃者，俱以枉法从其重者论。

（此条嘉庆六年，将条例 052.02 改定。）

薛允升按：岁贡事例载在《学政全书》。此条专为朦胧送补而设，有犯，自当查照律文办理，此例似可删除。例内语句多未明晰，遇有事故，究不知指何项而言，是否丁忧、患病，记考。

条例 052.04：应试举监生儒及官吏人等（1）

应试举监生儒及官吏人等，但有怀挟文字银两，并越舍与人换写文字者，拿送法司问罪，仍枷号一月，满日发为民。其旗军夫匠人等受财代替夹带传递，及纵容不举察捉拿者，旗军调边卫食粮差操，夫匠发边外为民。官纵容者，罚俸一年，受财以枉法论。若买顶正军入场看守，属军卫者发边卫，属有司者发附近，俱充军。其武场有犯怀挟等弊，俱照此例拟断。

（此条系明代问刑条例，顺治例 055.04。雍正三年，将"旗军"二字改"军役至夫匠"等十一字；"若买顶正军"至"俱充军"二十六字，均删。乾隆五年，删去"拿送法司问罪"等六字；于"满日"下增"杖一百"三字；"罚俸一年"改为"交部议处"。乾隆三十七年，改定为条例 052.05。）

条例 052.05：应试举监生儒及官吏人等（2）

应试举监生儒及官吏人等，但有怀挟文字银两，当场搜出者，枷号一个月，满日，杖一百，革去职役。其越舍与人换写文字，或临时换卷，并用财雇倩夹带传递，与夫、匠、军、役人等受财代替夹带传递，及知情不举察捉拿者，俱发近边充军。若计赃重于本罪者，从重科断。官纵容者，交部议处；受财者，以枉法论。其武场有犯怀挟等弊，俱照此例拟断。

（此条乾隆三十七年，将条例 052.04 改定。）

薛允升按：《明史·选举志》："士子未入学者，通谓之童生。当大比之年，间收一二英敏，三场并通者，俾与诸生一体入场，谓之充场儒士。中式即为举人，不中式，仍候提学官岁试合格，乃准入学。"前朝有生儒名目，现在不行"儒"字，似可改为"童"字。此例严夫、匠、军、役，而宽举、监、生、儒，以此等俱系在官人役，本有监察之责，而反通同作弊，故重其罚。举、监、生、儒，止拟枷杖，而军、役必调发边卫，夫、匠必发边外为民也。后将边外为民俱改为充军。此条越舍、换卷之举、贡、生、儒，并用财雇倩、夹带、传递等项，与夫、匠、军、役均拟一体充军，殊嫌无所区别。且自己怀挟者，止问枷杖，而雇倩、夹带者加重充军，亦嫌参差。应与诈欺官司取财门各条参看。

条例 052.06：广西云贵湖广四川等处

广西、云贵、湖广、四川等处，但有冒籍生员食粮起贡，及买到土人倒遇所司起送公文，顶名赴吏部投考者，俱发边外为民。卖与者，行移所在官司追赃问罪。若已受赃，依律问以诈假官死罪，卖者发边卫充军。其提调经该官吏朦胧起送者，各治罪。

（此条系清初原例，顺治例 055.02。雍正三年以已见"诈假官"律，将此删除。）

条例 052.07：生员有犯该发充军者

生员有犯该发充军者，廪膳免追廪米。若犯受赃、奸盗、冒籍、宿娼、居丧娶妻妾、事理重者，直隶、江南，发充国子监膳夫；各布政司充邻近儒学膳夫、斋夫，满日原籍为民，廪膳仍追廪米。

（此条系清初原例，顺治例 055.03。雍正三年，以生员犯罪应褫革问罪者，俱按律例问拟，不发充膳夫，删去此例。）

条例 052.08：监生生员撒泼嗜酒

监生、生员撒泼嗜酒，挟制师长，不守监规者，问发充吏。挟妓赌博，出入官府，起灭词讼，说事过钱，包揽物料等项者，问发为民。

（此条系清初原例，顺治例 055.05。雍正三年删。）

条例 052.09：生员考试不谙文理者

生员考试不谙文理者，廪膳十年以上发附近，六年以上发本处，增、广十年以上发本处，俱充吏；六年以上为民，未及六年者，量加决罚。生员争贡及越诉者，俱充吏。

（此条系清初原例。）

条例 052.10：凡生员考试不谙文理者

凡生员考试不谙文理者，入学六年以上黜退，未及六年者发社。

（此条雍正三年删改。乾隆五年，查与律例无涉，因此删此例。）

条例 052.11：凡学臣考试

凡学臣考试，如提调官通同作弊，及引诱为非者，同学臣一并革职提问。其学臣暗通关节，私鬻名器，提调官虽无通同引诱情弊，而防范不严者，交部议处。学臣应用员役，倘有招摇撞骗及受贿传递等弊，提调官不行访拿究治者，亦交部议处。若学臣操守清廉，杜绝情弊，而提调官不得遂其引诱，反行挟制把持者，该学臣即行指参，审实，将提调官照贪官例治罪。

（此条系雍正五年，九卿遵奉谕旨纂为例。原文"防范不严者，照溺职例革职；不行访拿者，照失察衙役犯赃例议处"，均于乾隆五年改"交部议处"。）

薛允升按：此专为学臣及提调官舞弊而设。暗通关节，私鬻名器，应治何罪，并未叙明。

条例052.12：凡考试官毫无情弊

凡考试官毫无情弊，下第诸生不安义命，逞忿混行搅闹者，照假以建言为由挟制官府污人名节报复私仇例，发附近充军。

（此条系明代原例。雍正元年定例。"假以建言为由"以下，原文系"照光棍例治罪"，乾隆五年改，续经删去，惟存"发附近充军"五字。）

薛允升按：此等逞忿混闹者，决非一人，似应添聚众二字。

条例052.13：官生录科

官生录科，该学政瞻徇情面，滥行录送，如官卷内有文理荒谬，幸邀科第者，发觉之日，将送考官一并严加议处。

（此条雍正五年定例。乾隆五年呈进黄册时声明，此例已于律文第二节考试艺业内包举并载，学政全书无庸纂入。奉旨不必删去，仍行纂入。）

薛允升按：《处分则例》云："将文理荒谬之官卷滥行录送，以致幸邀科第，发觉之日，将学政降一级调用。"此专指一事而言。

条例052.14：考职贡监生（1）

考职贡监生，如有包揽代作等弊，察出提究。若监试御史隐匿瞻徇，照例议处。其假冒顶替者，本犯照诈假官律治罪。互结监生，照知情诈假官律治罪。出结之官，照例议处。若身故未经缴照者，限四个月，准家属自首。如逾限不首，查出严行治罪，该地方官于已革、已故，未经缴照之人，徇隐故纵，不严行追缴，事发之日，照例议处。其先经考职，未经拣选，复行顶名重考，希图引见者，许出结互结人员首告，将本犯照律治罪。如知情不举，将出结互结人员，一并严加治罪。

（此条雍正八年定。乾隆五年，以包揽、代作、顶名、重考等弊，科场考试皆有定例。身故缴照，亦有定限。此条专为其时考职贡监生，令其引见不次擢用，故特严设例款。今考职贡监生引见之例已停，无庸纂入。进呈时奉旨，不必删去，仍行纂入。嘉庆六年改定为条例052.15。）

条例052.15：考职贡监生（2）

考职贡监生，如有包揽代作等弊，察出提究。若监试御史隐匿瞻徇，照例议处。其假冒顶替者，本犯照诈假官律治罪。互结监生，照知情诈假官律治罪。出结之官，照例议处。若身故未经缴照者，限四个月，准家属自首。如逾限不首，查出审有转卖顶替别情，照诈假官律治罪。计赃重者，以枉法论。若审系偶尔遗忘，并无别故，当官销毁，免其治罪，该地方官于已革、已故未经缴照之人，徇隐故纵，不严行追缴，致滋事故者，事发之日，照例议处。

（此条嘉庆六年，将条例052.14改定。）

薛允升按：乡会试外，以考职为重，是以特立专条，而未及别项。顶名代考中式，不问死罪。此一经假冒、顶替，即拟斩罪，似属参差。与《处分则例》参看。诈假官、假与人官者，斩。知情受假官者，满流。贡监与官不同，转卖、顶替，即照假官律治罪，似嫌太重。国初例文，各贡监在国子监，监满咨部，照例考职，贡监以州同、州判、县丞用，例监俱以州同、州判、县丞、主簿、吏目用，此贡监考职之原由也。现虽间一举行，而得官者绝少。又吏员役满，亦准考职，今更不行矣。《吏部则例·升选门》载有贡监考职，吏员考职各条，现在贡监考职，间或举行，而吏员考职，则从无其事矣。知县正印官系进士及举人选授，佐贰等官系贡监补授，佐杂系书吏补授，皆本班也。捐例开，而本班俱形拥滞矣。言事者，止知疏通进士出身之正途，而于佐杂两项，并未议及，岂此等人员可以任其拥滞乎。说见举用有过官吏门。

条例052.16：乡会试考试官同考官（2）

乡会试考试官、同考官，及应试举子，有交通嘱托，贿买关节等弊，问实，无论曾否取中，援引咸丰九年顺天乡试科场案内钦奉旨，俱照本例问拟，仍恭候钦定

（此条咸丰九年，奉旨纂例。）

薛允升按：上条已严，此条则更严矣。乡会试，为士子进身之阶，亦朝廷抡才大典，若交通贿买，则名器坏矣，故从其重。然不论曾否取中，一体斩决，似嫌太重。为治莫急于人才，人才多由于贡举，此自古以来不易之法也。贡举非其人者，罪之，深得古意。而办法则专以文艺为去取，与律意迥不相符。所习非所用，近则大为人所诟病矣。既以文艺取士，则交通贿买之弊，即相因而生，其势然也。然遽拟斩决，未免过严。军兴以来，以保举得官者，不知凡几，其中营求贿买冒滥者，亦不一而足。以此例例之，则有诛不胜诛者矣。而从未见举发其弊者。严于此而宽于彼，何也。

事例052.01：顺治十五年谕

朝廷举人才，科目最重，必主考、同考官皆正直无私，而后真才始得。昨因乡试贿赂公行，情罪重大，已将李振邺、田耜等特置重辟，家产籍没。会试大典，尤当慎重，考试官、同考试官，及天下举人，若不洗涤肺肠，痛绝情弊，不重名器，不惜身命，仍敢交通嘱托、贿买关节等弊，或被发觉，或经科道指参，即将作弊人等，俱照李振邺、田耜等重行治罪，决不姑贷。尔部即刊科榜文，通行严饬，使知朕取士厘奸至意。

事例052.02：顺治十七年题准

凡房官作弊，听主考纠参。若主考通同作弊，内许监试御史，外许抚按纠参。其抚按所取帘官有作弊者，将抚按一并治罪。

事例052.03：康熙二十四年覆准

各项监生，除恩荫、恩、拔、岁、副监生应处分者，仍行题参外，其捐纳监生有事故应黜革者，不必题参，咨行国子监查明黜革。

事例052.04：雍正四年议准

文武生员，除事关切己，及未分家之父兄，许其出名告理外，如代人具控作证

者，该地方官申详学臣，褫革之后，始行审理曲直。至告给衣顶，必限十科之外。或实系年老病发，及进学时年已衰迈者，该教官出具印结，具详学臣核验准给。如给衣顶后，有包揽词讼者，加倍治罪，将出结之教官及学臣交部查议。至捐纳贡、监，妄为生事，应行褫革者，地方官申报督抚学臣，其事属督抚者，移咨学臣；事属学臣者，移咨督抚；一面褫革，一面报部，年底仍将审明缘由，造册送部查核。其考职吏员，倚恃护符，作奸犯科者，该地方官申报上司，转详督抚咨部革去职衔，照所犯罪名更加凡人一等治罪。

事例052.05：乾隆三十二年议准

学校贵得真才，条例特严顶替。父子兄弟顶名代考，虽与凡人行贿雇倩不同，而骫法作奸，实较诸凡人尤难究察，律难曲宥，法在必惩，且身为父兄，不能督率子弟奉公守法，已有约束不严之罪，况相为代考，未便转手从宽。应照凡人枪倩律例，一体治罪。

事例052.06：乾隆五十七年谕

江西兴国县童生刘昌新雇倩枪手入场代考一案。前据护抚托伦定拟具奏时，以伊父刘世亮询不知情，应免置议，显系曲为开脱，而代倩之黄超扬，即系刘昌新之师，仅照寻常枪手科罪，殊为允协，经朕看出，降旨指驳，并发交新任巡抚陈淮严切覆究。今该抚审明刘昌新倩伊师黄超扬入场代作一事，曾向伊父刘世亮告知，刘世亮为子功名念切，辄行允听。黄超扬恐与刘昌新年岁不符，入场查出，将须蓆去各情节，果不出朕之所料。黄超扬身为人师，乃贪利代倩，蓆须入场，实属无耻之尤，此仅照寻常枪手问拟充军，其何以端师范而正人心？黄超扬著照该抚所拟，改发黑龙江给披甲人为奴，以示惩儆。刘世亮不能教子以正，转听允作弊，本当照拟发遣，姑念该犯年已八十，不忍以予之故而治其父罪，著从宽准其加倍捐赎。

成案052.01：顶替代考〔康熙四十三年〕

刑部看得：河间府青县民孙一达与童生凤翔顶替代考。查定例内生儒入场细加搜检，如有怀挟片纸只字者，即于举场前枷号一个月，问罪发落。如有雇人代进考，倩代与受之人俱一体枷号问罪等语。应将孙一达照此例枷号一个月，系民，责三十板。凤翔系旗人，鞭八十。

成案052.02：同考不准再充〔康熙五十四年〕

礼部为科场帘官之制宜加变通以收实效事。议得贵抚刘荫枢疏称：乡试已入内帘者，不许再入乡甲二科，各省之中，原无多人，除已入内帘者，则可用者寥寥数人而已，征取外省教官，道路遥远，盘费艰难，且做教官者，皆远年科举人，不能甄别文字，臣请嗣后不论已未入帘，皆得调取，省便简易，有济实效等因具题前来。查四十一年原任广抚彭鹏题请嗣后乡试一概不许重入内帘等因具题。奉旨：准行在案。今查科场条例内开，各直省房考，本省甲科属官如不足，聘邻省甲科官及乡科教官等语。此例遵行已久，不便纷更，应将该抚所请嗣后各直省乡试不论已未入帘，皆得调取之处，毋庸议。

成案052.03：入帘不到〔康熙二十九年〕

吏部疏称：顺天府乡试入帘不到各官，据直抚郭世隆开报职名前来，应将任县知县贺勍等照例罚俸一年。

成案052.04：替考职衔〔康熙二十二年〕

浙抚王国安疏：监生李元昉继母身故，以州判职衔呈报丁忧，据称张右昭应承替考，亦未赴部，谎称考授州判，以致元昉丁忧呈内开写州判职衔，事发之后，右昭复代元昉援纳州判，是州判虽属微员，有关名器，岂容倩人代考冒认具呈。吏部议：查李元昉倩张右昭代考，议酬银八十两，于丁忧呈内又擅写州判职衔，应革职提问，事在赦前，免其提问，仍革去职衔。

成案052.05：斥革生员改名入学〔康熙三十九年〕

吏部议顺天府丞崔澄疏：生员焦馨，原名焦天馥，因科场对读不清斥革治罪，改名入学，该县不加详查，违例考取生员，应将原任固安县知县任一元照例降一级调用。固安教谕刘鸿业，训导崔璇徇情隐庇，均革职。

成案052.06：陕西司〔嘉庆十八年〕

顺尹奏送：查出士子张象森代倩情弊。案内号军李云祥，当张象森嘱令传递文字，即应立时举首，乃藉此挟制，多索银两，设非被巡员拿获，伊即作成弊端，惟事属未成，赃未入手，将李云祥照夫匠军役人等受财传递、拟军例上，量减一等，满徒。

成案052.07：贵州司〔嘉庆十九年〕

贵抚咨：考试童生王万钟，因礼书向索卷银，压搁不给，科众于考棚门首，争吵殴打，比照下第诸生、不安义命、逞凶滋闹，发附近充军。

成案052.08：河南司〔嘉庆二十一年〕

顺天乡试监临奏：贡生唐金门入场，为伊徒昆德代做诗稿，讯因师徒关切，并非受贿代倩，与积贯枪手不同。唐金门应照应试举监生员、用财雇倩传递军罪例上，量减一等，满徒。

成案052.09：湖广司〔嘉庆二十一年〕

北抚咨：童生黎政坤倩令逸犯刘道生，代作文字，尚未完篇，即被查获，事尚未成。将黎政坤照越舍与人换写文字罪例上，量减一等，满徒。

成案052.10：湖广司〔嘉庆二十一年〕

湖督奏：李定连因县试题目，与家存旧文符合，恳令县役代取入场，与用财预倩枪手作文传递者有间，将李定连于用财雇倩夹带传递军罪例上，量减一等，满徒。许登泮于李定连传递，讯不知情，惟诳夺文稿抄写，应比照生儒怀挟文字，枷号一个月，杖一百。

成案 052.11：浙江司〔嘉庆二十一年〕

浙抚题：郑球因应童试，临场与认识之李德元连号，央为讲解，许给洋钱，倩为更改，与越舍换写文字换卷者有间。将郑球、李德元，均比照越舍与人换写文字，均于军罪上量减一等，满徒。

成案 052.12：安徽司〔嘉庆二十二年〕

安抚奏：吴邦苏因子吴宝琪赴试，未邀录取，即于稠人中喊嚷求补，许进等亦随同喊求，搅扰推拥，致将牌示挤毁。吴邦苏比依下第诸生、不安义命、混行搅闹例，发附近充军。许进等照为从，减一等，满徒。

成案 052.13：江西司〔嘉庆二十四年〕

江西抚咨：曾文绗入场患病，投缴白卷，迨出场之时，因与乐培光甥舅关切，越赴号舍，探问文字优劣，乐培元将已誊完之试卷，恳伊参改，曾文绗应允，尚未动笔，即被拿获，核与越舍与人换写文字者不同。将曾文绗、乐培元，均比照越舍与人换写文字军罪上，量减一等，满徒。

成案 052.14：江西司〔嘉庆二十四年〕

江西抚咨：彭为政于进场后，央李大观换卷，甫在商议，即被查获，事属未成。将彭为政、李大观，均依生儒临时换卷、用财雇倩、发近边充军例上，量减一等，满徒。

成案 052.15：江苏司〔道光二年〕

本部奏：陈玉铭是司经局洗马，赴考试差，因病后荒工，将平日所看之经书诗本，装入匣中，冀图抄袭，惟陈玉铭以开坊翰林，恭应廷试，辄敢怀挟经书诗本，比之科场夹带者，情罪较重。将陈玉铭依应试官吏人等、怀挟文字、当场搜出、枷号一个月、杖一百例上，加一等，杖六十、徒一年。

成案 052.16：陕西司〔道光六年〕

陕抚奏：生员雷寅丙雇请李印全等作文，商同号军贾世英，以在官人役，胆敢听许银两，包揽多卷，设法传递，既用红朱定为号数，又携鸽进场，传出题目，种种诡诈，实属积惯舞弊之人，未便以事尚未成，稍从宽纵。贾世英一犯，应即改照夫匠军役人等受财代替传递本例，拟发近边充军，不准量为宽减。刘继铎、王廷献二犯，受人怂恿，雇请传递，原与被骗不同，且已甘心许财，场内见巡查严禁，始生后悔，该抚率引被骗未成之例，将该二犯拟以满杖，亦属宽纵。刘继铎、王廷献，应改于应试生儒用财雇请传递例上，量减一等，杖一百、徒三年。

律 053：举用有过官吏〔例 19 条，成案 15 案〕

凡官吏曾经断罪罢职役不叙者，诸衙门不许朦胧保举。违者，举官及匿过之人，各杖一百，罢职役不叙。〔受赃，俱以枉法从重论。若将帅异才，不系贪污规避而罢闲者，有司保勘明白，亦得举用。〕

（此仍明律，其小注系顺治三年添入。顺治律为 056 条。）

条例 053.01：文武官员举贡官恩援监生

文武官员，举、贡，官、恩、援例监生，并省祭、知印、承差人等，曾经考察论劾罢黜，及为事问革，年老事故，例不入选者，若买求官吏，增减年岁，改洗文卷，隐匿公私过名，或诈作丁忧起复，以图选用，事发问罪，吏部门首枷号一个月；已除授者发边卫，未除授者发附近，各充军终身。其起送官吏，不分军卫有司，亦发附近充军。若不知情，止是失于觉察者，照常发落。

（此条系明代问刑条例，顺治例 056.01。雍正三年，以现无"省祭"名色，二字删；"知印"改为"吏员"；"亦发附近充军"下添"赃重者从重论"。乾隆五年，又删"官、恩、援例"四字，及"年老事故"四字。嘉庆二十四年修定为条例 053.02。）

条例 053.02：奉旨不准保升

奉旨不准保升，及曾经获咎不准捐复，并奉特旨永不叙用之文武各员，暨举、贡、监生，并吏员、承差人等，曾经考察论劾罢黜，及为事问革，例不入选者，倪敢改名弊混，若买求官吏，改洗文卷，隐匿公私过名，或诈作丁忧起复，以图选用，事发问罪，吏部门首枷号一个月。已除授者发近边，未除授者发附近，各充军。如系止图顶戴荣身，无关铨选，即照违制律，杖一百，系官革职。其起送官吏，不分军卫有司，但知情受贿者，亦发附近充军。赃重者，从重论。若原不知情，止是失于觉察者，照常处分发落。

（此条系嘉庆二十四年，将条例 053.01 修定。）

薛允升按：《明史·选举志》："科举必由学校，而学校起家，可不由科举。学校有二，曰国学，曰府州县学。诸生入国学者，乃可得官，不入者，不能得也。入国学者，通谓之监生。举人曰举监，生员曰贡监，品官子弟曰荫监，捐赀曰例监。同一贡监也，有岁贡，有选贡，有恩贡，有纳贡。同一荫监也，有官生，有恩生"云云。比例所以有监生二字也。邱氏《大学衍义补》曰："以选法言之，文臣入仕之途有三，进士也、监生也、吏员也。监生出自学校之贡选，及举人试进士不第者，其肄业太学也，循资以出，先历事于府部诸事，然后咨具名于选曹，循资而考之，以定其高下，而授以职焉。"又云："选人自进士、举人、贡生外，有官生、恩生、功生、监生、儒士，又有吏员、承差、知印、书算、篆书、译字、通事、诸杂流。进士为一途，吏员为一途，所以三途并用也。"前明选法与今不同，贡监、吏员、承差人等，均在入选之列，是以有贡监等字样。现在监生并不选官，且另立监生被革，易名复捐条例，此处自应删改。例首已改为文武各员，下文吏部门首即难赅括，且止言文武官员及起送官吏等项，然无部中官吏通同作弊，亦属无成。似应于充军下添"官吏知情、通同作弊者，罪同。赃重者，以枉法从重论"。已除授与未除授，究有不同，均拟充军，似嫌无所区别。例内亦发附近充军语，自系指起送官吏而言，其通同作弊之部中官吏，似亦应一体同科。并应与诈假官及诈欺取财各门条例参看。假冒顶戴，自称职官，止图乡里光荣者，徒一年，此间满杖，亦应参看。彼条止系一人诈冒，此则不免有买求官吏之事，一体拟杖似嫌太轻。假如有被参革职之员，买求官吏，改为丁忧、告病等项，过后起复、起病，止图顶戴荣身，并不赴选，均拟满杖，似嫌未协，且与上文未除授充军治罪之处相去悬绝。玩例末数语，似系指改名冒捐而言，与下斥革监生一条相类，似应并入彼条之内。再大计内，亦有因年老被劾者，原例"年老"二字似不可删。

条例 053.03：凡衙役犯侵盗钱粮婪赃等罪（1）

凡衙役犯侵盗钱粮婪赃等罪，遇赦豁免后，复入原衙门及别衙门应役者，除死罪外，本犯并妻流徒宁古塔。该管官知情故纵，及督抚不即纠察者，俱交该部议处。

（此条系康熙五年现行例。雍正三年定例。乾隆五年改定为条例 053.04。）

条例 053.04：凡衙役犯侵盗钱粮婪赃等罪（2）

凡衙役犯侵盗钱粮婪赃等罪，遇赦豁免后，复入原衙门及别衙门应役者，杖一百、徒三年。该管官知情故纵，及督抚不即纠参者，俱交该部议处。

（此条乾隆五年，将条例 053.03 改定。）

条例 053.05：凡部院衙门书办

凡部院衙门书办，或因有疾，或因不谙文移，退役之后，傥有更名重役者，杖一百，革退。

（此条系康熙十二年现行例。雍正三年定例。原文系"问拟杖一百、徒三年"，乾隆五年改。）

薛允升按：此专言部院，而未及大小衙门，似不赅括。然既非有心作弊，即不必禁其复充。此条似可删除。

条例 053.06：府州县书役

府、州、县书役，责成道员。如无道员，责成按察司，专管稽查。凡书役投充，务查该役的名，取具并无重役冒充亲供互结，该地方官加具印结，送该管稽察衙门，方准著役。每于年底，该役出具并无过犯连名互结，本管官加具印结，申送该管衙门稽察，司道仍不时清查。傥有役满不退者，该役杖一百、徒三年，互结人等杖八十，均革役。或招摇撞骗，包揽词讼，侵盗钱粮者，按律治罪。府、州、县及专管司道不行查出，俱交部分别议处。其司道、盐道、关差书役，责成督抚稽察。督抚及总河、总漕、盐院书役，令其自行稽查。如失察者，均照司道例处分。若书办指官撞骗，招摇作弊，本官庇护者，许赴该管稽察衙门控告，事实按律治罪。

（此条雍正三年定例。乾隆五年删改为条例053.07。）

条例 053.07：凡在外各衙门书役投充

凡在外各衙门书役投充，务查该役的名，取具并无重役冒充亲供互结，行查本籍地方，该地方官加具印结申送，方准著役。傥有役满不退者，杖一百，革役。本管官不行查出，交部议处。

（此条乾隆五年，将条例053.06删改。）

薛允升按：此专指外省而言，与下京城一条参看。年满退役，现在俱成具文矣。役若干年方满，亦应叙明。

条例 053.08：大计之年

大计之年，杂职内果有才能杰出，操守卓越，能办地方事务，盗息民安，督抚开具事实，造册送部院考核，准其卓异。

条例 053.09：凡参劾人员

凡参劾人员，引见时宽宥，仍加录用者，若不实心报效，又被参劾，加倍治罪。

（条例053.08及053.09系雍正三年定。乾隆五年，查大计卓异，与律例无涉，又凡属职员，皆当实心报效，不因被参重用，始应儆惕。因此将此两条删去。）

条例 053.10：凡文武各官

凡文武各官，于署任内事犯贪劣怠玩者，加倍治罪。其委署之上司，如自行纠参者，免其处分外。傥有上司徇隐私人，容隐劣员，或自护其短，不行参奏，于他处发觉时，将委署之上司，照例议处。

（此条雍正六年定。乾隆五年，查官员贪劣怠玩者，理当治罪，不应于署任独加，因此删去此条。）

条例 053.11：保举贤良方正出身人员

保举贤良方正出身人员，如犯贪酷不法等事，除犯死罪仍按律定拟外，罪应笞、杖、徒、流者，于本罪上按其等次递加。如罪应满流者，加等发附近充军；罪应附近充军，加等发极边充军；罪应边远充军，加等发极边烟瘴充军；罪应极边烟瘴充军，加等发黑龙江等处当差。其原保之州县等官，亦加等议处。

（此条雍正十二年定。乾隆五年，查职官无论出身，既受国恩，分应报效，如罹参处，当按律定拟，不应于此特为加等，因此删去此条。）

条例 053.12：各衙门书役

各衙门书役，有犯侵盗钱粮婪赃等罪，邀赦豁免后，重行应役者，除原犯赃十两以上仍照例定拟外，其原犯赃十两以下者，照安插奉天例，并妻安插奉天。若挂名旷役者，照吏典擅离职役因而在逃律，杖一百罢役。该管官照例分别议处。

（此条雍正十二年，就前例重新分析厘定。乾隆五年，既改前例，便将此条删除。）

条例053.13：各部院衙门经承书吏所雇贴写

各部院衙门经承书吏所雇贴写，该管司官开明伊等姓名、年貌、籍贯，取具该经承保结，移付司务厅注册。倘遇驱逐辞去，即移付司务厅除名。如有捏报诡名，经承扶同保结，察出照重役例治罪。其有负罪潜逃者，著落保结之经承，立限捕获，亦照律治罪。

（此条雍正十二年定。）

薛允升按：此亦书吏也，特非经承耳。

条例053.14：凡在京各衙门书吏缺出

凡在京各衙门书吏缺出，应募投充者，取具同乡书吏保结，该衙门于十日内照保结所开籍贯、住址、三代姓氏，咨行吏部，转行各省，取具印甘各结。顺天限四十日，直隶、山东、河南、山西、奉天限三个月，江苏、安徽、陕甘、湖南、湖北、浙江、江西限四个月，云、贵、川、广、福建限六个月，咨送到部，准其著役。该地方官吏有勒索迟延等弊，分别处分治罪。其籍隶大、宛二县民人，俱不准投充。如本系大、宛籍贯，捏称他省土著之民，该管官滥准充当，地方官朦胧出结，该吏及滥行保结之书吏，并承行吏典，分别斥革治罪。该管及地方官，一并交部议处。

（此条乾隆元年，吏部议覆侍郎鄂善条奏定例。道光十年改定。）

薛允升按：此专指京城而言。顺天以下等语，似应分注。外省本州县人均可当该州县书吏，而大、宛二县人不准充当书吏，似不画一。应治何罪，并未叙明。

条例053.15：京城文武地方各官

京城文武地方各官，务将所属地方实力稽查，凡系无业游棍，及役满书办，尽行驱逐回籍，并令科道留心察访。如有潜住京城者，即交该城御史押逐回籍，仍取具该地方文武各官及总甲人等印甘各结，报明都察院、顺天府、提督，各该管衙门。如有查报不实，及藉端生事之处，将该地方文武各官送部议处，总甲人等交该地方官治罪。其回籍之日，行文本籍地方官严行管束，如有从本籍来京者，将本籍地方官交部议处，仍于年终取具在京该地方官并无隐漏印甘各结，报明都察院、顺天府、提督各衙门存查。如出结之后，仍有潜藏逗遛之处，一经发觉，将年终出结之官交部议处。

（此条乾隆元年定。）

条例053.16：凡各部院衙门书吏籍隶大宛二县（1）

凡各部院衙门役满书吏，籍隶大、宛二县者，令该县将年貌、住址、坟墓，造册申送都察院，令该城御史按册确查，其非实在大、宛籍贯者，一概逐回，倘留京城，照年满书役冒籍冒名例，杖一百，勒令回籍。如有包揽招摇等弊，按律治罪。其混行造册之该县知县，不行查出之该城御史，交部议处。若因犯有事故，押逐回籍，行文本籍地方官严行管束，如有仍来京者，将本籍地方官交部议处。其无业游民，曾经犯罪，亦令京城文武地方各官实力稽查，押逐回籍，交与该地方官严行管束。

（雍正十二年定例："书办役满，籍隶大、宛二县，有坟墓、房屋可据者，许其居住，其非实在籍贯者，一概逐回。"乾隆五年，因增入前例，改定此条。）

条例 053.17：凡各部院衙门书吏籍隶大宛二县（2）

凡各部院衙门书吏，籍隶大、宛二县，有本籍可归，及籍隶各直省者，役满后，限一个月领照，一个月回籍，仍行知原籍地方官，将该吏到籍日期申详督抚，咨报都察院查核。如有逾限不即起程，及出京后半年不呈报到籍者，该司坊官及原籍地方官，分别具详咨报吏部、都察院，将该吏职衔斥革。傥潜留京师，获日，俱杖一百，递回原籍。如有包揽招摇等弊，按律治罪。若从前未经犯案，役满回籍后，复潜行来京者，获日斥革职衔，枷号一个月，责四十板，递回原籍，交保管束。如从前犯有事故，押逐回籍后，复私自来京者，虽未犯案，照前犯加一等治罪。其有来京犯案，罪止杖笞者，仍从重照例枷责。所犯重于枷责者，照本犯应得之罪加一等治罪，仍递回原籍，交地方官严行管束。司坊官失于觉察，或知情容留，查出，交部议处。疏纵之原籍地方官，一并参处。至无业游民曾经犯罪，亦令京城文武地方各官实力稽查，押逐回籍，交与该地方官严行管束。

（此条道光十年，大学士九卿会议稽查役满书吏回籍章程，将条例 053.13 及 053.16 修并。）

薛允升按：定例非不严密，而日久即成具文，皆此类也。再，此门例文八条，一言文武职员，一言监生革后复捐，其余六条均系书吏之事〔四条专为京城而设〕。此辈最易犯法，亦善于趋避，条例愈多，而舞弊愈甚，竟成无可如何之势矣。书吏万不可无，而立法善，则舞弊渐少，严设科条果何益乎。

条例 053.18：部院各衙门书吏

部院各衙门书吏，从前未经犯案例应回籍者，潜匿京师，拿获之日，即递回原籍。其从前犯事递回原籍，今又私自来京，虽未经犯案，即应查拿，枷号一月，责四十板。其有再来犯案，罪止杖、笞者，仍从重照例枷责。所犯重于枷责者，照本犯应得之罪加一等治罪，仍递回原籍叫地方官严行管束，其疏纵之地方官交部议处。

（此条乾隆五年定。）

条例 053.19：褫革监生有易名复捐者

褫革监生，有易名复捐者，除将复捐监生革退，追缴执照外，仍照违制律治罪。伊等犯事到官，一面追照缴销，一面即行审拟。

（此条乾隆八年，礼部议准山西按察使张无咎条奏定例。）

薛允升按：上条文武各员亦有监生在内，其改名弊混，即系易名复捐，而罪名轻重相去悬绝，以上条系选缺之监生，此则空名监生耳，其实大不相同也。

成案 053.01：题留贤员不准〔康熙四十四年〕

吏部议贵抚于准会同云督巴锡疏：贵州学政兼管广西学道张豫章，莅任以来，旋经报满，合省绅士吁请代题，将张豫章俟广西考试毕，仍行复任黔中等因。查定例，督抚题请贤能官员留任者，概不准从等语，应将该抚等所题之处，无庸议。

成案 053.02：革职官特准题留〔康熙三十五年〕

吏部覆福督郭世隆题：鲁魁荣人命一案，知府江濯到任甫及年余，士民爱戴，吁请题留前来。查鲁荣魁殴死伊妻程氏一案，该府县官不行通报，又不审出真情，将隐匿不报之严州知府江濯照例革职在案，应将该督抚所题之处，无庸议。

成案 053.03：无例调繁简〔康熙四十三年〕

吏部覆直抚郭世隆题：顺义一县为畿辅名区，冲繁要地，必得肆应之才，始能措置得宜，知县马文煜到任未久，经济虽未尽悉，然试其才品，似觉谨厚有余。怀柔知县黄景式，职守精勤，才堪肆应，以之调补，人地相宜前来。查直隶所属，除通州、清苑、三河调补外，并无调繁调简之例，应无庸议。

成案 053.04：直隶通州州同员缺拣选〔康熙四十五年〕

吏部议直抚赵弘燮疏：通州州同员缺，今循照往例，在于现任州判内选得涿州州判马须琢升补等因。查定例内，通州州同员缺，将见任州同内选择补授，如见任州同内难得拣选，将应升州同之所属官员内，不论俸满三年，该抚选拣贤能者一员具题等语。应将马须琢升补通州州同，本官现任直隶，应停其给凭，仍将到任日期报部。

成案 053.05：湖广司〔嘉庆二十年〕

南抚咨：武举罗协海，因调戏妇女，详革后，私自进京，隐匿犯事斥革情由，托同乡官出结，会试拣选。应比照文职举贡、为事问革、例不入选、隐匿公私过名、以图选用、未除授者，发附近充军。

成案 053.06：浙江司〔嘉庆二十年〕

浙抚奏：方景太先充库书，因县民冯显选向林廷子赊卖药料不遂，诬告局赌，系方景太承行，缮票时将冯显选列为赌犯，冯显选生气不依，被方景太之妻殴伤，方景太回家，将冯显选扭送本县，将方景太枷责革役后，复帮办库务，虽非改名复充，迹涉盘踞，应比照衙役犯罪、复入原衙门应役例，满徒。

成案 053.07：河南司〔嘉庆二十年〕

提督咨：正蓝旗包衣笔帖式，缘事革职拟徒，奏准赎罪之伍灵阿，并不呈明前案，辄以俊秀报捐监生，比照易名复捐者，照违制律杖一百，鞭责发落。

成案 053.08：山东司〔嘉庆二十一年〕

东抚咨：马藏珍更名马蕴斋，在京隐匿过名，报捐封典，与易名复捐监生无异。应比依斥革监生易名复捐者，照违制律杖一百。

成案 053.09：江苏司〔嘉庆二十二年〕

江督咨：张韶钧京控孙源湘等包漕各情，讯是怀疑所致，并非凭空妄控，惟其报捐主簿之后，伊父曾充长随，究属有玷名器。张韶钧应比照隐匿公私过名、以图选用军罪上，量减一等，满徒。

成案 053.10：直隶司〔嘉庆二十五年〕

直督奏：李二黑先经犯窃拟徒留养枷责有案，复违例改名，认充捕役，若仅比照违制，及皂役复充之例问拟，俱止满杖，尚属轻纵，应照违制律杖一百，量加一等，杖六十、徒一年。

成案 053.11：江苏司〔嘉庆二十五年〕

苏抚咨：濮尚忠曾充地总，因被周德耀等以钻充把持禀县示革，嗣又复充，现因奉差追缴钱文，辄以找寻不见，纠人搜寻，毁坏器物，并因妇女拒殴，捆缚其手，实属藉端滋事。应比照书办退役之后，倘有更名重役者，杖一百，再加枷号两个月。

成案 053.12：山西司〔道光二年〕

晋抚咨：车国士前捐从九品职衔，业经犯罪，拟杖斥革，乃该犯希图顶带荣身，辄敢讳罪冒藉，复捐职衔，实属滥邀名器，例无治罪明文。将车国士照斥革监生易名复捐者，照违制律杖一百。

成案 053.13：浙江司〔道光十年〕

闽督奏：已革职员王祚恺，控告知县浮收勒折案内之职员潘鸣皋，向充山阴县库书，退卯后捐纳从九品职衔，复令伊侄潘玉辉充当库书，潘鸣皋仍在署隐身办事，干预征收钱粮事务，致招物议，较之役满不退者尤重。潘鸣皋应于役满不退杖一百例上，量加一等，杖六十、徒一年。

成案 053.14：山西司〔道光十三年〕

提督奏送施云台交部审讯：查施云台原籍浙江山阴，由户部贵州司贴写，保送则例馆供事，得有职叙，自应遵照定例，即回原籍。该犯捏称候选，潜匿京城十年有余，虽讯无包揽代交等弊，惟明知定例，胆敢任意逗留，实属玩法，若仅如该御史所奏，驱逐回籍，殊不足以厘积弊而惩儆，自应按例从重定拟。施云台即施国铨，应照部院书吏役满潜留京师例，革去府经历职衔，杖一百，酌加枷号一个月。

成案 053.15：河南司〔道光十四年〕

本部审奏：已革广东举人陈希之，即陈晋三，前因删改呈词，斥革举人，乃不思悛改，复更名陈世基，冒籍直隶入学，已属有心弊混，又代乡人邱骏删削呈词，虽未增减情节，究属不安本分，自应比例加等问拟。陈希之除删改词状，并无增减情节，及冒籍入学各轻罪不议外，应革去生员，比依斥革监生易名复捐杖一百例上，加一等，杖六十、徒一年。

律054：擅离职役〔例4条〕

凡官〔内外文武〕吏〔典吏〕无〔患病、公差之〕故擅离职役者，笞四十。〔各留职役。〕若避难〔如避难解之钱粮，难捕之盗贼，有干系者，〕因而在逃者，杖一百，罢职役不叙。所避事重者，各从重论。〔如文官随军供给粮饷，避难在逃，以致临敌缺乏；武官已承调遣，避难在逃，以致失误军机。若无所避，而弃印在逃，则止罢职。〕

其在官〔如巡风官吏、火夫之类〕应直不直，应宿不宿，各笞二十。若主守〔常川看守〕仓库、务场、狱囚、杂物之类，应直不直，应宿不宿者，各笞四十。〔俱就无失事者言耳。若仓吏不直宿而失火，库子不直宿而失盗，禁子不直宿而失囚之类，自有本律科罪。〕

（此仍明律，其小注系顺治三年添入。顺治律为057条。）

条例 054.01：监生不分在监在历（1）

监生不分在监在历，私逃回籍三个月之上，发回原学肄业；半年以上，问革为民。

（此条系明代问刑条例，顺治例057.01。乾隆五年，查前代监生，有分拨各衙门历事之例，故有在历名目。又监生在监有积分等例，积至十分，即许铨选，故发回肄业，即为惩创之条。又不许无故告假，故私回者问革为民，今无此等事例，此条删去。）

条例 054.02：监生不分在监在历（2）

监生不分在监在历，及各衙门办事官吏、承差，皆不许倩人代替，违者俱问罪，照行止有亏事例，问革为民。其代替者别有职役，一体问革。

（此条系明代问刑条例，顺治例057.02。乾隆五年，将首句改为"监生在监肄业"，又删"照行止有亏事例"句。嘉庆六年改定为条例054.03。）

条例 054.03：监生在监肄业

监生在监肄业，及各衙门办事官吏、承差，皆不许倩人代替，违者，俱杖一百，黜革。代替者，别有职役，一体问革。

（此条嘉庆六年，将条例054.02改定。）

薛允升按：《集解》："律因官吏有职役而擅离，若监生，非官非吏，无职无役，而附于此者，盖监生私逃比官吏擅离律耳。"狱卒令人代替者，笞四十，见点差狱卒。内府工作人匠替役，各杖一百。宿卫人冒名代替，分杖六十、杖一百，见宫卫门。军人不亲出征，雇人冒名代替，替身杖八十，正身杖一百，见军政。均应参看。明洪武中，国子监设六堂以课诸生，行积分法。岁内积八分者，为及格，与出身。不及者，仍坐堂肄业。又令诸生于各司分习吏事，谓之历事，又谓之拨历。其期以入监者年月为先后，送吏部选用。办事官亦系前明名目，大半以监生为之，今无。应直不直笞二十，主守仓库等笞四十，即无故不朝参、公座及同僚代判署文案，均罪止杖八十。此代替则俱黜革为民，未免参差，且较宿卫、守卫人私自代替，科罪亦重。

条例 054.04：外任旗员子弟归旗后

外任旗员子弟归旗后，有因事告假，与例相符者，该旗酌量给假，仍分别省分远近定限，给以执照，令其依限回旗，并咨部行文该省，按限催令归旗。如有藉端逗遛，照违制律治罪。

（此条雍正十三年定。）

薛允升按：八旗兵丁告假领票，见《督捕则例》。八旗比丁之年，严查隐漏，见脱漏户口。旗人告假出外，报明佐领，见人户以籍为定。旗员子弟亲族随任，见《处分则例·赴任门》。均应参看。从前约束旗人过严，后则未免太宽矣。

律 055：官员赴任过限〔例 10 条，成案 2 案〕

凡已除官员，在京者，以除授日为始，在外者，以领〔该部所给〕文凭限票日为始，各依已定程限赴任。若无故过限者，一日，笞一十，每十日加一等，罪止杖八十，并留任。

若代官已到，旧官各照已定限期，交割户口、钱粮、刑名等项，及应有卷宗、籍册完备，无故十日之外不离任所者，依赴任过限论，减二等。〔亦留任。〕

其中途阻风、被盗、患病、丧事，不能前进者，听于所在官司〔告明〕给〔印信结〕状，以备〔后日违限将结状送官〕照勘。若有规避、诈冒不实者，从重论。当该官司扶同保勘者，罪同。

（此仍明律，其小注系顺治三年添入，雍正三年修改第一节"凡已除官员，在京者，以除授日为始；在外者，以领〔吏部所给〕照会日为始，各依已定程限赴任。若无故过限者，一日，笞一十，每十日加一等，罪止杖八十〔赎〕，并附过还职。"为本律；第二段小注"亦附过还职"改为"亦留任"。顺治律为 058 条。）

条例 055.01：升除出外文职

升除出外文职，已经领敕、领凭，若无故迁延至半年之上，不辞朝出城者，参提，依违制律问罪。若已辞出城，复入城潜住者，交部议处。

（此条系明代问刑条例，顺治例 058.02。"参提"以下本无"依违制律"四字；又例末原文系"改降别用"，均在乾隆五年增改。）

薛允升按：官员赴任逾限若干日，吏、兵部均定有处分，此条似可删。本系半月之上，雍正三年误刊为"年"字，相沿至今，未经改正。明律及《辑注》均系半月之上。

条例 055.02：凡官员赴任

凡官员赴任，两司、方面、行太仆苑马寺卿、少卿，及监运司、府州县正官，除原定朱限外，有违至一月以上问罪；三月以上，送部别用；半年以上，降级别用；八个月以上罢职，虽中途患帖，并不准理。其进表、朝觐、给由、公差等项复任官员违限者，各照前例拟断。

（此条系明代问刑条例，顺治例 058.01："官员赴任，两司方面，行太仆、苑马寺卿、少卿及盐运司，府、州、县正官，除原定朱限外，有违至一月以上，问罪；三月以上，送部别用；半年以上，罢职。内外领札凭官员及佐贰、首领、杂职等官，违限一月以上，问罪；半年以上，降级别用；八个月以上，罢职。虽有中途患帖并不准理。其进表、朝觐、给由、公差等项，复任官员违限者，各照前例拟断。"雍正三年，以赴任违限，俱一体处分，无论官分别轻重之事；行太仆寺卿等官，久经裁缺；朝觐之例，亦已停止。因此删去此例。）

条例 055.03：凡官员领凭后

凡官员领凭后，都察院转行五城严查，如有藏住躲匿，不依限赴任者，报部题参。

（此条雍正五年定。逾限题参，前条以备，因此于乾隆五年删。）

条例 055.04：参将以下各官

参将以下各官，概不准给假治丧葬亲，或果系独子，家无次成丁，并所驻防守营汛，非属紧要地方，许督、抚、提、镇，取具印甘各结，酌量假限，近者不过六个月，远者不过十个月以上，该督、抚、提、镇，临时酌定，一并声明，请旨定夺，再于所给定限之外，或有藉端称病，迟延逗留，不即回任者，照例议处。

（此条雍正五年定。乾隆五年删。）

条例 055.05：外任汉军官员（1）

外任汉军官员，有升转来京，及年老、有病、降级、革职归旗者，务于定限之内起程，照依各省远近程途定限。大路有驿站者，每日令行一站；僻路无驿站者，每日行五十里；自伊本任地方，扣定起程到京日期，咨报该部、该旗。如有无故不速起程，或已起程，中途逗遛，或在别处居住，而不进京，或本身进京，而令家口在别处居住者，即令该地方官详报督、抚、提、镇题参革职，交刑部治罪；已革职者，交刑部从重治罪。如该地方官不行详报，督、抚不行题参，经该部、该旗查出，或科道纠参，将该地方官并督抚照定例议处。至该员已经起程，该地方官不行申报，或已申报，而督、抚、提、镇不行咨明该部、该旗，以致逗遛生事者，一经发觉，亦照容留之例议处。

（此条雍正五年定。乾隆五年改定为条例 055.06。）

条例 055.06：外任汉军官员（2）

外任汉军官员，有升转来京，及年老、有病、降级、革职归旗者，务于定限之内起程，令该督、抚、提、镇，照依各省远近，大路有驿站者，日行一站；僻路无驿站者，日行五十里；酌定到京期限，咨报该部、该旗。其中途阻风、被盗、患病、丧事，不能前进，仍照律听其于所在官司给状，以备照勘外，如有无故不速起程，或已起程中途逗遛，或在别处居住，或本身进京而令家口在别处居住者，督、抚、提、镇题参交部，均照违制律治罪。地方官不行详报，督、抚、提、镇不行提参，交部议处。或已经起程，地方官不行申报，督、抚、提、镇不行咨明该部、该旗，以致沿途逗遛生事者，亦交部议处。其革职免罪人员，别无未清事件，亦遵照此例，给咨催令回籍，免其沿途押解。

（此条乾隆五年，将条例 055.05 改定。）

薛允升按：《示掌》云："归旗回籍人员，原限五月，今已改限三月。"《中枢政考》亦载有此例，系限六个月起程，又有违限三个月以上者一句，均应参看。《吏部则例》："一、外任旗员遇有丁忧及各项事故，应归旗者，该督抚计程定限。大路有驿站者，每日行五十里，由水路行走者，即按其应历之水程计算，扣定到京日期。仍先行咨报该部、该旗查核。一、应归旗人员无故不即起程，迟延半年以上，降一级调用。一年以上，革职。其起程之后，或有中途患病及风、水阻滞，由沿途地方官出结，报明该部，该旗者，各准其展限三个月。傥有已报起程，而中途无故逗遛，迟延半年以上者，降一级留任。一年以上者，降二级留任〔俱公罪〕。其或在省在途别有钻营，干预情事，以及本员虽已到京，而家口任在别处居住。有官者革职，无官者治罪。"此专指汉军官员而言，盖恐其在外逗遛，别处居住也。惟《处分则例》系统言旗员，此仅言汉军，似不赅括。至无故不即起程及中途逗遛，吏部均有分别降留、革职明文，并非概照违制律治罪，与此例不符。再《处分例》有或在省在途别有钻营干预情事，及本员虽已到京，而家口仍在别处居住者革职等语，并无本员在别处居住之文，均应修改一律，以免歧误。文武官员赴任，吏、兵二部均有定限，此门各例与《处分例》不无参差之处，且专言文官，而不及武职，亦未赅括，似均应删除。

条例 055.07：凡汉官革职离任者

凡汉官革职离任者，交代完日，即令起程，不得过五个月之限。京官限一月内起程，该督抚、五城司坊官，将起程日期报部，并知会原籍地方官，仍照旗员回旗例，自本任地方起，至伊原籍，照驿数、里数计算，扣定到籍日期。到籍之日，督抚将并无违限之处，报部查核。傥违限不即起程，及逗留中途，并违限一月以上者，都察院并该督抚题参到日，照议处旗员例，将该员交刑部分别治罪。该管官徇情容留，及他省官员，听革职人员邀游境内，或潜住京师，五城司坊、专汛武官不行查出驱逐，俱照容留旗员例议处。其有冤抑欲赴都察院具呈申理者，地方官具呈，详请督抚给咨来京，事竣之日，都察院转行五城司坊官发回原籍，仍知会原籍地方官。如藉端留滞，照例治罪。五城司坊官徇情容留者，亦照例议处。

（此条雍正五年定。）

条例 055.08：汉官革职离任

汉官革职离任，交代完日，即令起程，不得过五个月之限，〔按：《中枢政考》系四个月。〕该督抚将起程日期报部，并知会原籍地方官。倘违限不即起程，一月以上，〔按：《中枢政考》系三月以上。〕照旧官十日之内不离任所律治罪。该管及地方官不行查出，交部议处。革职免罪人员，亦令按限起程，免其请咨押解。其有冤抑欲赴都察院具呈申理者，地方官给咨〔按：京控给咨，此例现已不行。〕来京，事竣之日，发回原籍。如藉端留滞，照例治罪。五城司坊官徇情容留，交部议处。

条例 055.09：京官革职曾经问有罪名者

京官革职，曾经问有罪名者，限一月内起程。五城司坊官，将起程日期报部，并知会原籍地方官。倘违限不即起程，一月以上，照例治罪。〔按：治罪之处应参看"稽留囚徒"门。〕五城司坊官，及地方官不行查出，亦交部议处。

（条例 055.08、055.09 系雍正四年，吏部遵旨议准定例，原本系一条。乾隆五年分作二条。道光二十四年，将条例 055.08 的"十日之内"句，改为"十日之外"。）

薛允升按：《处分则例》云："降调人员，限交代清楚后三个月，给咨赴部。"此例止言一月以上，而无一年以上明文，似照律，罪止杖六十矣。应与《处分则例》离任门，题升、推升、捐升例，应离任人员一条，降调人员亦限交代清楚后三个月，给咨赴部一条，及事故门、革职提问，应于原籍治罪之汉官一条参看。

条例 055.10：旗员枷号者

旗员枷号者，按其逗留年月之多寡，以为枷号之期，若逗留一年，即枷号一年。倘另有生事犯法之处，从重归结。

（此条雍正七年定。乾隆五年删。）

成案 055.01：携回伪员尸枢不报〔康熙三十二年〕

河抚闫兴邦疏：科臣徐达乾疏参庶吉士王翰一案，有投诚伪都司王有纪，安插襄邑，止本身一人，嗣有纪病故，有路过庶吉士王翰，将有纪尸枢带回云南，该县不行询明具报，听其携枢回滇。吏部议：庶吉士王翰将有纪尸枢，该县听其携回云南，不查不报，系徇情，应将襄城县知县照徇庇例，降三级调用。

成案 055.02：旗员请假修理坟墓逾限〔康熙四十六年〕

兵部议：三等阿思哈呢哈番线某告假修理伊祖坟墓，因病逾限，不曾要州县用印保结文书。查定例，旗下官员请假迁葬及修理坟墓，此等官员违限一年以上者降一级，如有所去之地方及道路果有患病阻滞情由者，取将军城守尉及府州县印结，本身带来，如无将军城守尉府州县印结，仍照例议处等语。线某应降一级。

律056：无故不朝参公座〔例5条，事例2条〕

凡大小官员，无故在内不朝参，〔在内不言公座署事，重朝参也。并论〕在外不公座署事，及官吏给假限满，无故不还职役者，一日，笞一十，每三日加一等，各罪止杖八十，并留职役。

（此仍明律，其小注系顺治三年添入，雍正三年删改。）

〔附录〕顺治律059：无故不朝参公坐

凡大小官员，无故在内不朝参，〔在内不言公座署事，重朝参也。并论〕在外不公座署事，及官吏给假限满，无故不还职役者，一日，笞一十，每三日加一等，各罪止杖八十，并附过还职。〔不言还役，亦应照官处之。〕

条例056.01：凡京官养病到家调理痊可

凡京官养病到家调理痊可，即便依期听用，若有托故延住三年之外，起送部者，照例革职。若到部在三年之外，起文尚在三年之内，照例具由，奏请定夺。

（此条系明代原例，顺治例059.02。雍正三年奏准：病痊赴补，并不勘定限期。因删去此条。）

条例056.02：在京现任官员

在京现任官员，并办事进士，乞恩养病者，行原衙门勘实具奏，请旨放回，病痊之日，赴部听用，仍行巡按御史并按察司查勘。其在外方面有司官员，不许养病。

（此条系明代原例，顺治例059.01。雍正三年改定为条例056.03。）

条例056.03：在京现任官员告假养病者

在京现任官员告假养病者，各衙门勘实，咨行该部具奏，请旨解任，病痊之日，赴部补用。其在外司道以下官员，果系实病，督抚查勘奏请。

（此条雍正三年将条例056.03改定。乾隆五年删。）

条例056.04：外官告病

外官告病，督抚查明确实具题，令其回籍，调理痊可，有情愿起用者，于本省起文，赴部引见，仍以原缺补用。

（此条雍正五年定，乾隆五年以无议罪条款，删除。）

条例056.05：道府州县等官

道府州县等官，除实在老病者，督抚于疏内声明，准其休致。如有一时患病，而平日居官尚好，于地方有益者，将该员才勘办事之处声明，准其回籍，俟病愈令原籍咨部引见，仍以原缺补用。

（此条雍正六年定，乾隆五年以无议罪条款，删除。）

事例 056.01：雍正五年谕

定例凡在京各部院官员，因病告假，回籍调理者，病痊之日，仍以原衙门补用。至在外各官，一经告病，即令休致，所以防不肖有司之托病规避也。夫外官有地方之责，果系患病不能办理事务，自应呈请离任，但病痊之日，格于成例，虽有才具优长之员，不得起用，殊为可惜。从前府县官告病者，朕降旨调来引见，见其才尚可用，即命医调治痊可，仍行补用，诚以人才难得，虽片长薄技，不忍弃置也。嗣后外官告病者，著督抚查明确实具题，令其回籍，调治痊可，有情愿起用者，于本籍起文，赴部引见，仍以原缺补用。如此则可以杜规避之端，而人才亦不至沦弃矣。

事例 056.02：雍正六年谕

据李卫奏称候补知县李宏汧先经委署余杭县试用，才具尚属有余，续经改署桐庐县事，办事颇知黾勉，今因患病，相应勒令休致等语。夫平常无能之员，因患病休致，固不足惜，若系可以办事之员，因一时患病，遂令休致，便至放废终身，岂不可惜？况今已有外官病痊起用原缺之例。嗣后道、府、州、县等官内，除实在老病，不能供职外，其有一时患病，而平日居官尚好，于地方有益者，著该督抚酌量奏闻解任，给假调理，俟病愈之后，仍复补用。如此则人才不致弃置，而事务亦不致废弛。著该部定议具奏。

律 057：擅勾属官〔例1条〕

凡上司催会公事，立〔文〕案定〔期〕限，或遣牌，或差人，行移所属衙门督并〔完报〕。如有迟错，依律论〔其稽迟违错之〕罪。若擅勾属官，拘唤吏典听事，及差占司狱、各州县首领官，因而妨废公务者，〔上司官吏〕笞四十。若属官承顺逢迎，及差拨吏典赴上司听事者，罪亦如之。其有必合追对刑名，查勘钱粮，监督造作重事，方许勾问，事毕随即发落。无故稽留三日者，笞二十，每三日加一等，罪止笞五十。〔勾问，谓勾问其事情，非勾拘问罪也。若问罪，则名例明开，上司不许径自勾问矣。〕

（此仍明律，其小注系顺治三年添入，雍正三年删定。顺治律为 060 条。）

条例 057.01：抚按按临之处

抚按按临之处，其都司、布政司、按察司及卫所府州县官，相见之后，各回衙门办事，每日不许伺候作揖，及早晚听事。遇有事务，许唤首领官吏钞案，或佐贰一员前来发落，不许辄唤正官。或有合令正佐官计议事务，或正佐官自来禀白者，不在此例。按察司官分巡同，都司、布政司所至亦同，违者从风宪官举劾。

（此条系清初原例，顺治例 060.01。雍正三年奏准："抚按"为"督抚"，"按察司"

官分巡"以下十二字为"司道"二字。乾隆五年，以此条止有举劾，并无应定罪名，与律例无涉，因此删去。）

律 058：奸党

凡奸邪〔将不该死之人〕进谗言，左使杀人〔不由正理，借引别事，以激怒人主，杀其人以快己意〕者，斩〔监候〕。

若犯罪，律该处死，其大臣小官，巧言谏免，暗邀〔市恩以结〕人心者，亦斩〔监候〕。

若在朝官员，交结朋党，紊乱朝政者，〔凡朋党官员〕皆斩〔监候〕。妻子为奴，财产入官。

若刑部及大小各衙门官吏，不执法律，听从上司〔指奸臣〕主使，出入〔已决放〕人罪者，罪亦如之。若有不避权势，明具实迹，亲赴御前，执法陈诉者，罪坐奸臣。言告之人，〔虽业已听从，致罪有出入，亦得〕与免本罪，仍将犯人财产均给〔若止一人陈奏，全给〕充赏。有官者，升二等。无官者，量与一官，或〔不愿官者〕赏银二千两。

（此仍明律，其小注，系顺治三年添入，乾隆五年改定。）

〔附录〕顺治律 062：奸党

凡奸邪〔将不该死之人〕进谗言，左〔道〕使〔朝廷〕杀人者，斩〔监候〕。

若犯罪，律该处死，其大臣小官，巧言谏免，暗邀〔市恩以结〕人心者，亦斩〔监候〕。

若在朝官员，交结朋党，紊乱朝政者，〔凡朋党官员〕皆斩〔监候〕。妻子为奴，财产入官。

若刑部及大小各衙门官吏，不执法律，听从上司主使，出入〔已决放者〕人罪者，罪亦如之。若有不避权势，明具实迹，亲赴御前，执法陈诉者，罪坐奸臣。言告之人，〔虽业已听从，致罪有出入，亦得〕与免本罪，仍将犯人财产均给〔若止一人陈奏，全给〕充赏。有官者，升二等。无官者，量与一官，或〔不愿官者〕赏银二千两。〔左使杀人，谓不由正理，借引别事，以激怒人主，杀其人以快己意。刑部而上言上司，乃指宰执大臣有权势者言也。〕

律 059：交结近侍官员〔例 4 条，事例 2 条，成案 1 案〕

凡诸衙门官吏，若与内官及近侍人员，互相交结，漏泄〔机密〕事情，贪缘作弊，〔内外交通，泄漏事情〕而扶同奏启〔以图乘机迎合〕者，皆斩〔监候〕。妻、子流二千里安置。〔此亦奸党一节，但漏泄较紊乱少轻，故止流而安置其妻、子，不籍没其家产。若止以亲故往来，无贪缘等弊，不用此律。〕

（此仍明律，其小注，系顺治三年添入，顺治律为 063 条，雍正三年删定。）

条例 059.01：凡罢闲官吏

凡罢闲官吏，在京潜住，有擅出入禁门交结者，各门仔细盘诘，拿送该法司著实究问，发烟瘴地面永远充军。

（此条明弘治元年奉旨定例。顺治例 063.01。乾隆五年改定为条例 059.02。）

条例 059.02：罢闲官吏

罢闲官吏，在京潜住，有擅出入禁门交结者，各门盘诘，拿送法司问实，发烟瘴地面充军。

（此条乾隆五年，将条例 059.01 改定）

薛允升按：《笺释》："此条重在擅入禁门交结，若不入禁门。无事交结之情，止引冒渡关津律下，来京潜住例。"此专为罢闲官吏而设。交结自系指律内内侍及近侍人员而言。罢闲官吏充军，内侍等亦应一体拟军矣。

条例 059.03：各旗王公所属人员（1）

各旗王公所属人员，除服官在京者，如遇年节生辰，仍准其向各府往来外，其现居外任，因事来京者，概不许于本管王公处谒身通问，违者本人从重治罪，该王公亦一体惩治。

（此条乾隆三十四年遵旨定例。嘉庆六年改定为条例 059.04。）

条例 059.04：各旗王公所属人员（2）

各旗王公所属人员，除服官在京者，如遇年节生辰，仍准其向各府往来外，其现居外任，因事来京者，概不许于本管王公处谒见通问，违者，杖一百，发落。如有贪缘馈送等弊，计赃，从其重者论。〔按：此以何赃论，亦应叙明。〕该管王公容令谒见者，交宗人府，照违制律议处。若私通书信，有所求索借贷，及先自馈遗，希图厚报者，交宗人府，计赃治罪。

（此条嘉庆六年，将条例 059.03 改定。）

薛允升按：恐谒见通问，而或有营求也。国初入关时，诸王多著劳绩，故酬庸锡类之典，甚为优厚，下五旗人员皆为王等僚属，任其差遣。承平日久，诸王皆习尚骄慢，往往驭下残暴，任意贪纵。如两广总督杨琳为敦郡王属下，王曾遣阉入赴广，据其署内搜索非理，杨亦无如之何。世宗习知其弊，即位后，禁抑宗藩，不许交通外吏。岁时朝见外，不许私谒邸第。又将所属值宿护军撤归营伍，以杀其势。故诸王皆懔然奉法，罔敢为矩外之行。国初定制，皇帝亲将之旗有三，曰镶黄，曰正黄，曰正白。诸王分将之旗有五，曰正红，曰镶白，曰镶红，曰正蓝，曰镶蓝。其五旗户籍，皆为王公僚属，升擢皆由诸王公掌之。其后升平日久，诸王多有虐其所属，不堪言者。世宗命王府护卫诸官，仍由本王所擢，其余俱隶有司，诸王之权始绌。见《啸亭杂录》）。

事例 059.01：康熙十八年议准

内外官员，除至亲平常往来外，凡补授督抚司道官，于赴任之时，谒见在京大臣各官，及自任所差人问候，或令在京子弟提塘往来行走者，将督抚司道并不行出首之大臣各官俱革职。至督抚司道家人弟子提塘，往大臣各官家人处行走，其主知情者革职，家人免坐；其主不知情者，降二级，将两家之家人俱正法。其在京大臣各官，拜见督抚司道，荐举幕宾，赠送仆从，馈遗礼物，或差人到督抚司道任所者，将大臣各官，及不行举出之督抚司道，俱革职。如督抚司道，向在京大臣各官，因事营求，有所馈送者，将与受之人俱革职拿问。至地方官吏，有滥征苛派，馈送大臣官员者，与受之人，亦革职提问。

事例 059.02：乾隆三十四年谕

各旗王公所属人员，服官在内者，向遇年节生辰，一赴本门叩谒，尚属分所当然。若伊等既在外任，则均有当官公事，其迹易涉嫌疑，各宜自知引避。前以诸王公等于所属外任人员，每多需索，曾降旨严切申禁。比来诸王公颇知奉法自爱，不敢踰闲，而此等因公赴京人员，尚多照常问谒，虽现在不致有结纳逢迎之事，但恐日久因循，王公等或罔知顾忌。谒见之不已，必且托其购办器物；购办不已，必从而关说事端，甚至忘公徇私，习成流弊，其所系于官守朝常者甚大，用是明晰诘诫，为之杜渐防微，亦正所以先事保全之也。昨于行在召见永定河道满保，奏称伊系四阿哥属下人，应往叩谒。朕思今行自近，自当举一以例其余。嗣后各王公属下人等，惟京员向各门往来，仍照旧不禁外，其有现居外任职官，因事来京者，概不许于本管王公处谒见通问，以清弊源。著为令。倘不知省改，或久而复沿故辙，一经发觉，除本人从重治罪外，其本管王公等，亦一体惩治，必不稍为宽贷。

成案 059.01：湖广司〔嘉庆二十年〕

台湾镇奏：内监林表之戚刘碧玉，假藉内监名色，捏造部照，图充噶玛兰业户，并于刘碧玉家起出大内膳单，仪注单，及福字横披单条，象牙图章等物等情一折。此案林表、林显，以逆犯子嗣，阉割充内监，林表于伊戚刘碧玉托伊营办噶玛兰业户一事，虽讯未允为经手，辄敢容留外省奸徒，在福园门外花洞，住宿数日之久，私相馈送，致将大内膳单戏单，被其携回台地，情同泄漏。林显信系盐政织造资助银两，虽讯无夤缘别情，而嘱令伊弟林玛定，出入盐关衙门，告助盐费，往来原籍，以致刘碧玉等艳羡声势，来京请托，且该犯等招伊弟林玛定来京娶妻，希图生子立后，将伊父林达设牌奉持。林玛定系逆犯林达之子，林达犯案后，始将该犯继与堂弟林琴为嗣，漏网未经缘坐，兹复来京娶卢氏，欲为林达立后，并将刘碧玉所与噶玛兰田簿，交林寅登探听，设法打点，并将膳单戏单，令刘碧玉带至台湾，种种狂悖。林表、林显、林玛定，均应比照与内官互相交结、泄漏事情、夤缘作弊者、皆斩监候律，俱拟斩监候。林表应请旨即行正法，以昭炯戒。林显、林玛定，均应赶入本年朝审情实办理。其林玛定应与刘碧玉质讯之处，俟刘碧玉到日，再行质审明确，分别议奏。林寅登以现任二等侍卫，与逆犯子嗣林玛定往还，并于林玛定将噶玛兰田簿，交伊设法办理，并不即时送官究办，转将田簿携回，林寅登应于林玛定斩罪上，减一等，杖一百、流三千里，交顺天府定地发配。至刘碧玉在台，林表所给象牙图章，统俟刘碧玉到案后讯办。已革候补朗中吴春贵，代林玛定稍带家信，尚无不合，其与太监林表往来写信借马，实属违制，应照律杖一百，业经革职，应毋庸议。庆琛在圆明园当差有年，因与林显熟识，曾给纱料一件，未经收受；三等侍卫关敏，前赴扬州时，林显托带伊父信物，并未携交，均无不合，应毋庸议。徐综观、王廷栋，讯无代刘碧玉营谋情事，其带寄书信，尚无不合，应免置议。所有林表、林显、林玛定房屋产业，据查抄入官等因，嘉庆二十年七月十八日具奏。本日奉旨：此案林表、林显、林玛定，均系台湾逆匪林达之子，例应缘坐。林表、林显因年未及岁，解京阉割，充当内监，本属免死之犯，理宜安静守法，乃唤令伊弟林玛定来京，又擅留伊戚刘碧玉在花洞居住，将大内膳单戏单，听其携至台湾，借势招摇。林玛定漏网幸免缘坐，林表等辄为娶妻，冀图生子延后，林玛定复将刘碧玉留给噶玛兰田簿，托人打点，种种不法。林表、林显、林玛定，均著照律斩监候，归人本年朝审情实办理。已革侍卫林寅登，身系职官，与林表等往还，并将林玛定所交噶玛兰田簿，携回寓所，不行送官究办，仅拟杖流，尚觉轻纵，林寅登著改发伊犁，俟刘碧玉等解到质讯，再行发遣。已故织造和明之子内务府员外郎庆琛，曾给林显纱料；候补主事普琳，于林玛定过苏州时，付给银三十两，均属不合。应琛著降为主事，普琳著降为笔帖式，余依议。钦此。

律 060：上言大臣德政〔例 1 条，事例 1 条〕

凡诸衙门官吏及士庶人等，若有上言宰执〔执政〕大臣美政才德者，〔非图引用，便系报私。〕即是奸党，务要鞫问穷究，〔所以阿附大臣〕来历明白，犯人〔连名上言，止坐为首者。〕处斩〔监候〕，妻子为奴，财产入官。若宰执大臣知情，与同罪，不知者不坐。〔大臣知情与同罪，亦依名例至死减一等法，杖一百、流三千里，不追及妻子财产。〕

（此仍明律，其小注系顺治三年添入。顺治律为 064 条，原"不追及妻子财产"下有小注："及应议大臣，请旨定夺"等 9 字，雍正三年删。）

条例 060.01：督抚等官

督抚等官，或升任、更调、降谪、丁忧、离任，而地方百姓赴京保留控告者，不准行，将来告之人交与该部治罪。若下属交结上官，派敛资斧，驱民献媚，或本官留恋地方，授之意指，藉公行私，事发得实，亦交该部从重治罪。

（此条系康熙三十二年，吏部议准例。雍正三年定例。）

薛允升按：见任官辄自立碑，遣人妄称己善，见礼律。降革官贿嘱百姓保留，见嘱托公事，应参看。此处但云治罪、从重治罪，并未指明何罪，似应酌添。

事例 060.01：雍正三年谕

凡官员离任，每有地方士民保留。如果该员在任实有政绩，惠泽在人，爱戴出于至诚，理应赴上司具呈陈请。即或清正廉干之员，冤抑被劾，百姓为之抱屈者，亦可赴阙申理。乃迩来积习，无论官员贤否，及离任之有无冤抑，概借保留为名，竟不呈明上司，辄鸣锣聚众，擅行罢市，显然挟制，其中买嘱招摇，种种弊端，皆于地方生事。如果保留尽系真情，何以升任官员，不闻有人爱戴者耶？此乃刁风恶习，例所严禁，断不可纵容使长。嗣后官员离任，士民有擅行鸣锣聚众罢市者，除将刁恶之人，分别首从，从重治罪外，其被保之员，即系好官，然既买嘱百姓，亦必严加治罪，以儆刁风。

吏律·公式

（计 14 条）

律 061：讲读律令〔例 1 条，事例 4 条，成案 1 案〕

凡国家律令，参酌事情轻重，定立罪名，颁行天下，永为遵守。百司官吏务要熟读，讲明律意，剖决事务。每遇年终，在内在外，各从上司官考校。若有不能讲解，不晓律意者，官，罚俸一月；吏，笞四十。

其百工技艺诸色人等，有能熟读讲解，通晓律意者，若犯过失，及因人连累致罪，不问轻重，并免一次。其事干谋反、叛逆，不用此律。

若官吏人等挟诈欺公，妄生异议，擅为更改，变乱成法〔即律令〕者，斩〔监候〕。

（此仍明律，其小注系顺治三年添入，顺治律为 065 条，其第一段"凡国家律令，参酌事情轻重，定立罪名，颁行天下，永为遵守。百司官吏务要熟读，讲明律意，剖决事务。每遇年终，在内从察院，在外从分巡御史、提刑按察司官，按治去处考校。若有不能讲解，不晓律意者，初犯，罚俸一月；再犯，笞四十，附过；三犯，于本衙门递降叙用。"雍正三年修改。）

条例 061.01：各衙门应行律例

各衙门应行律例，各宜留心讲解，内官即交部院堂官考校。外官则交于各省督抚，饬令各该府、州就近考校，将曾否通晓之处，详明督抚，于属员因公进见之时，留心考试，每于岁底，将内外各官通晓律例者，咨明吏部注册，遇有升迁之时，注明"能晓律例"，以示鼓励。其不能讲解者，交部议处。至于各衙门吏典，即交与该管官岁底考核，如有通晓律例者，役满咨部考职之日，即于咨内声明，卷面印"通晓律例"字样，酌量优取。如有不能讲解者，照律治罪。

（此条雍正十一年定，乾隆五年删。）

事例 061.01：顺治十二年奏准

明罚敕法，使民知而不敢犯。今天下各衙门，止有律书一部，小民不得与闻，故犯法者众。令督抚将刑律有关于民者，摘而刻之，有司于春秋暇日为之讲说，并令学官常为士子讲习。

事例 061.02：雍正二年谕

朕披览奏章，其中人命案件，如故杀、谋杀者尚少，而以斗殴伤人者甚多。或因口角相争，或因微物启衅，挥拳操戈，一时殒命。及至抵罪，虽悔何追？此皆由于愚贱乡民，不知法律，因一朝之忿，贻身命之忧，言之可为悯恻。古人有月吉读法之典，圣祖仁皇帝上谕内，有读法律以儆愚顽之条，盖欲使民知法之不可犯，律之无可宽，畏惧猛醒，迁善而远过也。但法律包举甚广，一时难以遍谕，今将《大清律》内所载斗杀人命等律，逐条摘出，疏解详明。尔各部可通行各省，令地方有司刊刻散布于大小乡村，处处张挂，风雨损坏，仍复再颁，俾知斗殴之律，尚然如此，则故杀谋杀，罪更可知，父兄子弟，互相讲论，时存提撕儆惕之念。

事例 061.03：雍正三年议准

嗣后年底，刑部堂官传集满汉司员，将律例内酌量摘出一条，令将此条律文，背写完全，考试分别上中下三等，开列名次奏闻。

事例 061.04：乾隆十年议准

律法之制死刑，乃因其罪犯重大，故置之重典，诛死者于前，所以戒生者于后。枭獍怙恶之徒，有心故犯，暋不畏死，即置之于法，亦不足惜。倘愚民无知，偶尔一念之差，遂身罹重罪，论其所犯，则法属难宽，迹其所由，则情实可悯。亲民之官，与其当事而得情哀矜，何如先事而宣讲化导。各州县朔望，于在城公所，宣讲圣谕，又设有约正直月。今于各乡公所，宣讲圣谕，以晓庶民，仍令直省督抚，将谋、故、斗杀、刨坟、奸盗等类，及事关伦常风化，并就各地方风俗所易犯，律所必惩者，谆恳明切，刊刷告示，每年分发所属州县，转饬各乡约正直月，于每月朔望宣讲圣谕之后，务必实心宣谕劝诫，使之家喻户晓，戒惧常存。地方有司，不得视为具文。大小乡村，均有约正经管，穷乡僻壤，无知愚民，亦皆得时闻劝诫，于风俗人心，均有裨益。

成案 061.01：山东司〔嘉庆二十二年〕

本部奏：已革巡视西城御史萧镇，听从贿嘱，将崇文门酒税章程，妄思更改，混行渎奏。除萧镇依官吏人等、挟诈欺公、妄生异议、变乱成法律，拟斩监候外，已革捐职未入流余铨与陈维，商令鲍士恭，贿嘱萧镇更改酒税章程，希图渔利。查余铨营求御史条陈，陈世维立票，贿求鲍士恭夤缘嘱托，该三犯同恶相济，厥罪惟均，未便仅照以财行求及说事过钱，与受同科，无禄人减等之例拟徒，均应于萧镇斩罪上，量减一等，满徒。

律 062：制书有违〔例 2 条，成案 16 案〕

〔天子之言曰制，书则载其言者，如诏、赦、谕、敕之类。若奏准施行者，不在此内。〕

凡奉制书有所施行，而〔故〕违〔不行〕者，杖一百。违皇太子令旨者，同罪。失错旨意者，各减三等。

其稽缓制书及皇太子令旨者，一日，笞五十，每一日加一等，罪止杖一百。

（此仍明律，其小注系顺治三年添入，雍正三年删定。）

〔附录〕顺治律 066：制书有违

凡奉制书有所施行，而〔故〕违〔不行〕者，杖一百。违皇太子令旨者，同罪。违亲王令旨者，杖九十。失错旨意者，〔或文意深远难明而错解，则误在一处。若正文明白，传写违错，则误者众，故罪又差等耳。〕各减三等。

其稽缓制书及皇太子令旨者，一日，笞五十，每一日加一等，罪止杖一百。

稽缓亲王令旨者，各减一等。〔有御宝方是制书。若誊黄翻刻，依官文书论。〕

条例 062.01：每年十月三十日

每年十月三十日，恭逢世宗宪皇帝万圣节，前后九日内不理刑名。自十月初十至十一月初十，此三十日不行刑。

（此条雍正五年定。乾隆五年奏准：万寿圣节，通行遵奉，似非律例之所应载，谨删。）

条例 062.02：各省解送物件

各省解送对象，及修筑工程，不许插上用黄旗。各省大小衙门所属官弁，其一应灯笼，止许写本人职衔；书役人等，写某衙门某科字样；并不许冒写本管职衔。如违，以违制论。

（此条雍正十年定，乾隆五年删。）

成案 062.01：直隶司〔嘉庆二十年〕

直督咨：刘洛瑞兴贩妇女为婢，文生段永安咆哮公堂。查段永安当段振刚将姐儿等领至伊家，告知被刘洛瑞等贩卖娼家为婢缘由，该生因姐儿等年俱幼稚，不忍其陷于下贱，遂尔收养，一经访问，即赴县禀首，尚无不合。惟欲将姐儿等作为义女，因不遂其欲，辄向该县当堂顶撞，应照违制律杖一百，衣顶业已斥革，应毋庸议。

成案 062.02：江西司〔嘉庆二十二年〕

江西抚咨：刘振摇因庆祝许真人寿诞演戏，并在东山设台点放烟火，集人往观，嗣因火毕后，忽天降大雨，往看之人，各皆乱奔，因山坡陡窄，一时拥挤，以致挤倒多人，踩毙十七命。查刘振摇庆祝真人寿诞，并非迎神赛会，即踏毙人命，亦在放毕烟火之后，惟该犯贪夜设台放烟火，致集多人观看，应比照违制律杖一百，枷号一个月。余忠谟等听从买放，应照为从减一等，杖九十，枷号二十五日。

成案 062.03：安徽司〔嘉庆二十三年〕

南城移送：马甲穆隆阿与宗室那斯浑，移居城外，均照违制律杖一百。

成案 062.04：浙江司〔嘉庆二十三年〕

南城移送：杜张氏看香医病骗钱，针扎苏氏身死，讯据失手太重，误行致伤，并非有心故害，惟以女流，不思安分，辄起意看香治病，并图骗钱，若仅依庸医杀人科断，律止收赎，不足示惩。杜张氏应照违制律杖一百，不准收赎，折责发落。

成案 062.05：山西司〔嘉庆二十四年〕

晋抚咨：陈旺等私烧硫磺，卖与弓平等，俱在五十斤以下，将陈旺与弓平等，均照违制律杖一百。

成案 062.06：直隶司〔嘉庆二十五年〕

直督奏：长垣县县丞曹自辉违例薙发，例无治罪明文。查乾隆十三年间，奉天锦州府知府金文淳等，因违例薙发，奉旨拟以斩立决，嗣因金文淳等尚非大吏，免死派修城工赎罪完结在案。今曹自辉身为职官，于国服大事，并不确查典礼，辄因误闻遗诏到日，始不薙发之语，冒昧糊涂，违例薙发，核与金文淳之案，情罪相似，未便以佐杂微员，无心误犯，稍为宽纵，将曹自辉问拟斩决，恭候圣裁。其景小二是曹自辉部民，于本官令其薙发，势难理阻，既经责惩，应免重科。奏奉谕旨：已革县丞曹自辉于国服百日内，违例薙发，情罪重大，但该犯本是佐杂微员，不谙禁令，误听遗诏到日，始不薙发之言，冒昧犯法，且于薙发后，仍照常出署，随同大众哭临，以致被人揭告，其为陷于不知，并非虚捏，较之乾隆年间知府金文淳免死之案，情尤可悯。曹自辉著免其斩决，发往新疆效力赎罪，余依议。钦此。

成案 062.07：山西司〔嘉庆二十五年〕

提督咨送：僧人虔诚于国孝百日期内，擅行薙发，魏二辄为代剃，均照违制律杖一百。

成案 062.08：陕西司〔道光四年〕

陕督咨：武殿魁向蒙古台吉索欠殴打。查武殿魁借给蒙古台吉货本银四百两，收利银四百三十二两，按一本一利，计余利银三十二两，罪止坐笞，且实只收银七百五十两，余银尚未入手，亦无违例情事。惟该犯借给蒙古台吉银两，意在重利盘剥，乃因索欠未偿，复恃强凌辱，更属藐法。边疆重地，岂可容此刁恶之徒，但台吉不过一有顶戴之蒙古，非有职守之官，若照军民殴非本官例问拟，殊无区别。应请将武殿魁照违制律杖笞，加枷号一个月。

成案 062.09：安徽司〔道光四年〕

安徽咨：马大贩卖私硝一案。查满三打造铁锉需用火硝，因官硝价贵，辄嘱马大留心私硝，图省价值。马大听从贩卖获利，均属违例。惟该犯等买卖私硝，仅止十斤以上，并无作何治罪明文。将满三、马大均照违制律杖一百。

成案 062.10：山西司〔道光五年〕

晋抚题：宗四小子与田氏通奸，殴伤本夫身死案内之宗崇义，既盘出伊弟宗四小子殴死田泳然情由，律得容隐。第该犯明知田箐然听从伊弟诬告曹继幅等为正凶，向其索借盘费，虑其供出实情，即行借给银两，非寻常容隐可比。宗崇义应照违制律杖一百。

成案 062.11：浙江司〔道光九年〕

浙抚咨：外结徒犯内学识胡元枢听嘱舞弊，将革生谢遴冒顶故生谢租申更名朦考。查买求选用，已未除授者拟军，无关铨选者满杖，则起送之人，知情受贿拟军之条，自系指起送选用而言。若生员则无关铨选，起送之人，似亦应问满杖之罪。惟已革生员更名冒考，实有上进之阶，若仅拟满杖，似觉情重法轻，自应酌量加等问拟。胡元枢除得赃四两八钱，罪止杖七十不议外，应照违制律杖一百，酌量加一等，杖六十、徒一年。系书吏舞文作弊，再加一等，杖七十、徒一年半。

成案 062.12：陕西司〔道光十年〕

工科给事中奏：崇文门税局差役杜瑞，希图盘获漏税，藉可得赏，辄于距关二里外，将并不进城之家眷车辆，妄拿押送，并将跟车家人孙与私行拴锁，事发后复敢逃匿。查崇文门税务，曾经钦奉谕旨，饬禁滥行需索，扰及行李，该犯胆敢妄拿滋扰，实属违制，应即按律加等问拟。杜瑞应依违制律杖一百，加逃罪二等，拟杖七十、徒一年半，加枷号两个月。

成案 062.13：四川司〔道光十一年〕

川督咨：酆都县革监陈乐山，捏控王兴报等私造违禁衣刀案内之武生何玉生、民人秦仕万，止听从陈乐山具呈请减盐价，不知陈乐山诬告私造军器之事，亦非扛帮可比，惟请减盐价，非干己事，乃辄听从上控，实属狡诈多事。何玉生请革去武生，同秦仕万均比依军民人等告请之案、并不干己事、请将该原告照违制律杖一百、再加枷号一个月例，各加枷号一个月。

成案 062.14：广东司〔道光十一年〕

提督奏送：李世惠案内之已革宿州衔千总王勋，用赴任凭札，向高焯押借银两，例无之罪专条。照违制律杖一百，业经革职，应勿庸议。

成案 062.15：云南司〔道光十二年〕

北城移送：官松亭向不识姓名人零星买获小本文章，在城内书坊售卖，例内并无治罪明文。将官松亭照违制律杖一百。

成案 062.16：山西司〔道光十二年〕

晋抚咨：相沅儿因无盐食，偷刮盐土，尚非泡晒成盐，与修畦覆晒售卖者有间，未便即照私盐律问拟满徒。惟该州南北二滩，本系特奉谕旨查禁，乃该犯于特奉谕旨查禁之后，有心违犯，当此立法之时，若仅照违制律杖一百，未免过轻，无以示惩创而杜滋蔓。查律例并无偷刮奉禁盐土，希图自食，尚未泡晒，作何治罪明文，自应酌量加等问拟。相沅儿应于违制律杖一百罪上，加一等，杖六十、徒一年。

律 063：弃毁制书印信〔例 9 条，事例 2 条，成案 10 案〕

凡〔故意〕弃毁制书，及各衙门印信者，斩〔监候〕。若弃毁官文书者，杖一百；有所规避者，从重论；事干军机、钱粮者，绞〔监候。为事干军机，恐致失误，故虽无钱粮，亦绞。若侵欺钱粮，弃毁欲图规避，以致临敌告乏，故罪亦同科〕。当该官吏知而不举，与犯人同罪。〔至死减一等。〕不知者，不坐。误毁者，各减三等。其因水火盗贼毁失，有显迹者，不坐。

若遗失制书、圣旨、印信者，杖九十、徒二年半。若官文书，杖七十。事干军机钱粮者，杖九十、徒二年半。俱停俸责寻，三十日得见者，免罪。〔限外不获，依上科罪。〕

若主守官物，遗失簿书，以致钱粮数目错乱者，杖八十。〔亦住俸责寻。〕限内得见者，亦免罪。

其各衙门吏典，役满替代者，明立案验，将原管文卷交付接管之人。违〔而不立案交付〕者，杖〔旧吏〕八十。首领官吏，不候〔吏典〕交割，扶同给照〔起送离役〕者，罪亦如之。

（此仍明律，其小注系顺治三年添入，顺治律为 067、068 两条，其第一段"凡〔故意〕弃毁制书，及起马御宝、圣旨、〔谓兵部起铺马、脚力，必关领内府御宝、圣旨也。〕起船符验，〔系织成符录篆以为证验，二项皆使臣行于四方者。〕若各衙门印信及夜巡铜牌者，斩〔监候〕。若弃毁官文书者，杖一百；有所规避者，从重论；事干军机、钱粮者，绞〔监候。为事干军机，恐致失误，故虽无钱粮，亦绞。若侵欺钱粮，弃毁欲图规避，以致临敌告乏，故罪亦同科〕。当该官吏知而不举，与犯人同罪。〔至死减一等。〕不知者，不坐。误毁者，各减三等。其因水火盗贼毁失，有显迹者，不坐。"雍正三年删定。）

条例 063.01：缘事降调及病故之员（1）

缘事降调及病故之员，凡有从前未缴朱批奏折，令本身及家属呈明本省督抚、本旗都统代缴。傥有隐匿收存者，一经发觉，从重治罪。赏给西洋锁钥折匣，亦令缴进。至于恩赐御书诗字，除因公註误及休致降调人员外，若干法纪，例应追夺诰命之员，将御书一并追缴。

（此条雍正十一年，大学士等议覆副都统祖条奏定例。乾隆五年，因赏给西洋折匣，系一时特恩，不必纂入条例。至追缴御书，应移入名例"以理去官"条下，将例文后半删去。嘉庆六年改定为条例 063.02。）

条例 063.02：缘事降调及病故之员（2）

缘事降调及病故之员，凡有从前未缴朱批奏折，令本身及家属呈明本省督抚、本旗都统代缴。傥有隐匿收存者，一经发觉，降调之本身，交部议处。故员之家属，照违制律杖一百。系官，亦交部议处，仍令呈缴。

（嘉庆六年，查本身与家属，未便一概议处，因此将条例 063.01 改正。）

薛允升按：朱批奏折，从前多系私事，故此例专言降调及病故之员。近则公事均用奏折，与此例不符。《中枢政考》："一、提督、总兵等官，恭奉朱批谕旨，将折内事宜遵奉后，即于下次奏事之便，随时封缴。如未及恭缴之先，缘事降革、休致、病故者，或本身或伊随任子孙，呈请原任省分就近总督、巡抚、提督、总兵代为恭缴。伊子孙在他省者，即呈送现在省分就近督、抚、提、镇代为恭缴。如隐匿收存，从重治罪。"应参看。

条例 063.03：刑部安徽江西福建等八司

刑部安徽、江西、福建、广东、山西、河南、贵州、云南等八司，每司分管一旗。凡八旗送部事件，及左右司所办奏过各案，俟各司办理完结之后，即将清、汉稿钞录核对清楚，钤盖印信，移付该管旗分之司，具稿呈堂，加谨收存。其八旗各案，以及八旗咨报、咨查案件，俱令专管之司，照旗分办稿存案。如该司官吏，将收存档案册籍，不加封固，致有遗失者，即将该司官题参，书吏严加治罪。

（此条雍正十二年定。系各司职掌，与律例无涉。至遗失档案，律有治罪明文。乾隆五年删。）

条例 063.04：大小衙门将奉行条例

大小衙门，将奉行条例，汇齐造册，于新旧交盘之时，一体交盘。如有遗漏，将典吏照遗失官文书律治罪，〔按：杖七十。〕该管官交部议处。〔按：罚俸两个月。〕

（此条乾隆五年，刑部议覆湖北按察使石去浮条奏定例。）

薛允升按：此良法也。乾隆以后之案，尚可稽查者，此例之力也。雍正以上，则无可稽考者多矣。

条例 063.05：凡将诰命旧轴售卖

凡将诰命旧轴售卖，及转卖者，照违制律治罪。

（此条乾隆十年，刑部奏准定例。）

薛允升按：卖及诰命旧轴，玩亵极矣，故拟满杖。买者应否免议，记核。《处分例》："官员将诰敕质当者，革职〔私罪〕。破坏染污者，罚俸六个月〔公罪〕。其因被水火盗贼毁失，有显迹者，免其处分，仍准题请补给。"

条例 063.06：凡直省州县交待时

凡直省州县交待时，将任内自行审理户婚、田土、钱债等项案件，后粘卷宗，钤盖印信，造入交盘册内，仍摘取事由，照依年月，编号登记，注明经承姓名，随同卷宗交代，并将历任递交之案，一并检齐，加具并无藏匿抽改甘结，交代接任之员，报明上司查核。傥有不肖胥吏，不行查明交代者，照不将文卷交待接管之人律杖八十；其有乘机隐匿添改作弊等情，照盗取卷案改易例治罪；受财者，以枉法从重论。将失察之该管官，照失于查察例，罚俸一年。

（此条乾隆十一年定。乾隆三十二年增改为条例 063.07。）

条例 063.07：凡直省州县

凡直省州县，无论正署，俱于离任时，〔按："于离任时"应删，已结卷宗均应钤印，原不必在交代时也。〕将任内自行审理户婚、田土、钱债等项，〔按：自行审理一层。〕一切已结卷宗，及犯证呈状供词，〔按："供词"下添"结案后粘连成帙"。〕均于接缝处钤印，照依年月，编号登记，注明经承姓名，造册交代，〔按："姓名"下添"于离任时"，"交代"二字可删。〕并将历任递交之案，〔按：历任递交一层。〕一并检齐，加具并无藏匿抽改甘结，交代接任之员，报明上司查核。其未结各案，分别内结、外结，及上司批审，邻省咨查，并自理各项，〔按：未结者，并无用印明文，似应于各项下添"亦于卷内钤印"。〕俱开注事由月日，造册交代，接任官限一个月，按册查核。〔按：此处接任官限一个月，下条臬司交代并无限期。〕如并无隐匿遗漏，即出具印结，照造款册，由知府、直隶州知州核明加结，详赍巡道、臬司存核查催。臬司查明，仍将印结移送藩司，入于交代案内汇详。知府、直隶州知州交代，亦照此办理。傥有不肖胥吏，不行查明交代者，杖八十；其有乘机隐匿添改作弊等情，各按其所作之弊，悉照本条治罪；受财者，以枉法从重论。其州县官失察，及造册迟延、遗漏、隐匿，并希图省事，或卷不粘连，〔按：上文并无"粘连"字样，此处忽然添入。〕或粘连不用印，以致胥吏乘机舞弊者，该管上司查参，照例分别议处。

（此条乾隆二十九年左副都御史罗源汉条奏："将粘连卷宗之处，加入通案，犯证、供词，于接缝处钤印。并将希图省事，不行粘连卷宗之州县，加以议处。"乾隆三十年湖北按察使雷畅条奏："州县无论正署，俱于离任时，将一切已结未结各案，造册交代，接任官查核，照造款册由府核明，申送道司存查。府州县交代，一例办理。"乾隆三十二年纂为定例。咸丰二年，于"照造款册"句下，增入"由知府、直隶州知州"数字；改"府州交待"句，为"由知府、直隶州知州交待，亦照此办理"。）

薛允升按：此条于州县之外、兼及知府、直隶州，下条于臬司之外兼及道府、厅员，未免烦杂，似应并于一条之内。此交代之通例，近则专重钱谷一边矣。府州县交代，自行审理事件，已结者，卷宗钤盖印信。未结者，造册，并不钤印，似不画一。与下臬司交代一条参看。再，原例有粘连卷宗钤盖印信等句，改定之例，上层将粘连字删去，则接缝处便说不去矣。下层忽添入或卷不粘连，看去殊不明晰。《处分则例》："一、凡审理词讼衙门，无论正署官员，于结案后，即令该吏将通案犯证、呈状、口供、勘语粘连成帙，于接缝处钤盖印信。遇离任时，将一应已结卷宗，造具印册交存外，其未结各案，分别内结、外结及上司批审，邻省咨查并自理各案，汇录印簿，逐一开具事由，照依年月编号登记，注明经承姓名，造入交盘册内。并将历任递交之案检齐，加具并无藏匿，抽改甘结，交与接任官。限一个月内，按册查对，出具印文。将各项件数，照造款册，申送该管上司核明，详赍巡道、臬司存核。仍由臬司移送藩司，入于交代案内汇详。若造送迟延，照各项钱粮文册迟延例议处。傥不将卷宗粘连，降一级留任。已粘连而不用印者，罚俸一年。其已经粘连用印，而失察书吏隐匿、添改者，罚俸一年。若未粘连用印致书吏滋事舞弊者，降二级调用。"此例较觉详明。

条例 063.08：各省臬司交代

各省臬司交代，无论正署，离任时，将一应卷宗，及自理词讼，无论已结、未结，俱造册钤印封固，一体移交。其接任臬司，将交代清楚情由，自行陈奏，一面具结详明督抚报部，并将在班书吏加紧防闲，不许藉端出署。如有迟延蒙混，即行严究。如因离任事故不及亲办者，责成首领官关防造册封卷呈办。其道、府、厅员一切卷宗，各照州县钤印造册交代例，报明上司存案。

（此条乾隆二十九年，广西布政使淑宝条奏定例。）

薛允升按：与州县交代一条参看。自行陈奏，系仿照藩司之例办理，现在已不行矣。新旧交代时，最易舞弊，况臬司文卷尤关紧要，故特定此例。大小衙门均有交代，此例止言臬司，而未及藩司、各道府州县。止言审理案件，而未及钱谷，以别项事件与刑名无关故也。限期盘查均载吏、户二部例内，此例自无庸复叙。

条例 063.09：部院各衙门案卷

部院各衙门案卷，专责满汉司员，躬亲检点，记明号件，小心收存。若遇迁转，将一切经管卷案，逐件交代，出具并无遗失甘结存案。傥不肖官吏，通同作弊，盗取改易者，俱照毁弃文书律问罪。有所规避，从重论。

（此条雍正三年定，乾隆五年删。）

事例 063.01：雍正七年谕

嗣后各部院衙门存贮档案之处，应委笔贴式等官，轮班直宿巡查，以防疏失。至于内阁本章，及各衙门档案，皆应于正本之外，立一副本，另行收贮，以备查对之用。如本章正本系红字批发，副本则批墨存案。其它档案之副本，或另有钤记以分别之。如此则虽一时遗失残缺，仍有副本可查，不但于公事有益，且可以杜奸胥猾吏改换之弊。

事例 063.02：乾隆二十九年议准

嗣后州县凡一切自理词讼，审断之后，即令该吏将通案犯证、呈状、口供、勘语，即日粘连成帙，于接缝处所钤印，遇交待时，汇录印簿，摘叙事由，照依年月，编号登记，注明经承姓名，加具并无藏匿抽改甘结，造入交盘册内交待，仍报明上司存案。傥该州县希图省事，或卷不粘连，或粘而不用印，一经上司查出，或他事发觉，即将该州县题参，将不粘连卷宗之员，照遗失官文书例，降一级留任；其已粘连而不钤印者，照漏用印信例，罚俸一年。傥因不粘连卷宗，以致抽匿改抹滋事舞弊者，将不粘连钤印之官，照失察书吏舞文弄法例，降二级调用。

成案 063.01：敕书损坏〔康熙二十八年〕

甘抚伊图疏：凉庄道敕书内前边裂缝寸许，疏忽之咎难宽。吏部议：应将护理凉庄道凉州同知吴颖照例罚俸六个月。

成案 063.02：敕命被火烧毁重给〔康熙七年〕

吏部议：原任湖广道御史彭之凤，恭遇覃恩题封，查实录开载，凡领过诰敕偶被水火盗贼毁失者，覆题准与重给。今彭之凤敕命被火烧毁，偏抚周某题请补给前来，相应揭送内院撰给。

成案 063.03：敕书被焚免议〔康熙四十六年〕

兵部议江抚郎廷枢疏：江西都司傅某敕一道被火焚烧，署都司事系饶州府通判赵继普，应否议处等因。查定例官员诰敕被水火盗贼毁失者，俱属不测之事，若处分似属可悯，嗣后如此等情由果真，俱应免议等语。赵继普免议，敕书移送内阁撰给。

成案 063.04：覆舟失印〔康熙三十三年〕

吏部议：广南府经历李一选，暂理富州土知州印务，委令相地设铺，行至梦村水口滩，水势汹涌，覆舟溺水，随带印信冲淹无获。查定例，官员将印信损坏者罚俸六个月等语，应将李一选罚俸六个月，所失印信另行铸给，其原领印信，俟得获之日缴部销毁。

成案 063.05：直隶司〔嘉庆二十二年〕

本部咨：户部书吏韩怀书经手公文，因值役满，未即办理，亦未嘱令接手书吏赶办，以致日久，漏未咨覆，即与遗失无异。韩怀书应比照遗失官文书律，杖七十，自行投首，减一等，杖六十。

成案 063.06：四川司〔嘉庆二十五年〕

川督咨：外结徒犯内武生戴廷彪，既已连名具禀，应即赴县听审，辄敢传唤不服，扯毁印票，应比照弃毁官文书律杖一百。

成案 063.07：湖广司〔嘉庆二十四年〕

北抚咨：府书李正遄于县详到府时，并不将卷宗归档，混行夹入已结卷内，迨奉行催，因检查未获，惧干究处，并不禀明，辄行隐匿，虽未受贿规避，应比照弃毁官文书律杖一百，该犯延搁不办，应再加一等，杖六十、徒一年。

成案063.08：安徽司〔道光八年〕

安抚奏：刘介系受卷所承办书手，管理墨卷，是其专责，乃因受卷时人多拥挤，不及清查，以致遗失汤镕等二三场墨卷各一本，例无治罪专条。惟墨卷收受在官，即与官文书无异，应比照遗失官文书律杖七十。

成案063.09：湖广司〔道光十一年〕

南抚咨：解役蓝玉因奉派押解徒犯郝玉学，致郝玉学中途脱逃，该犯并不据实禀报，辄敢偷挖刑房旧存护票印花，粘贴回照销差，虽与诈为各衙门印信文书者不同，惟将官文书印信挖毁，与弃毁无异，该抚将该犯照盗官文书律量减问拟，未免轻纵。蓝玉除押解徒犯脱逃杖六十轻罪不议外，应改照弃毁官文书杖一百律，杖一百。

成案063.10：江苏司〔道光十四年〕

苏抚咨：浙江差弁所赍折匣，系关入告机密重件，王小麻子撬窃，固属犯时不知，迨经解看，见有黄绫拜匣夹板，寻常公文，乃不即送还，辄敢撩弃他船，仍将黄绫包袱连带取去，情节较重。惟折匣已获，查无损失，应比照弃毁官文书事干军机绞候律上，量减一等，拟杖一百、流三千里，仍书窃盗本法刺字。

律064：上书奏事犯讳〔成案6案〕

凡上书若奏事，误犯御名及庙讳者，杖八十。余文书误犯者，笞四十。若为名字触犯者，〔误非一时，且为人唤。〕杖一百。其所犯御名及庙讳，声音相似，字样各别，及有二字，止犯一字者，皆不坐罪。

若上书及奏事错误，当言"原免"而言"不免"，〔相反之甚。〕当言"千石"而言"十石"〔相悬之甚。〕之类，有害于事者，杖六十。申六部错误有害于事者，笞四十。其余衙门文书错误者，笞二十。若所申虽有错误，而文案可行，不害于事者，勿论。

（此仍明律，其小注系顺治三年添入。顺治律为069条，其"申六部"下原有小注"兼都察院等衙门"，乾隆五年删定。）

成案064.01：本章字数溢格〔康熙三十年〕

都察院议：刑科郑昱条奏疏内，违例字多溢格。查礼部具题定例内开，凡一应内外官员题奏本章，不得过三百字，虽刑名钱谷等本难拘字数，亦不得重复冗长，如有字数溢格者，仍以违式纠参处治等语。今给事中郑昱条奏疏内，于定数多过四百有余，不合，将郑昱应罚俸一年。

成案 064.02：本章违式〔康熙三十一年〕

吏部议：偏抚王梁庆贺皇太子千秋令旦。奉旨：知道了，该部知道。本内止称恭遇令旦，未写皇太子千秋，有违定式，著察议。钦此。应将偏抚王梁照例罚俸一年。

成案 064.03：本内失写官衔〔康熙四十三年〕

吏部议：奉旨：靳让原以按察司佥事提督学政，这本并未写官衔，止写提督浙江学政，又自行具题，于例不合，吏部察明具奏。钦此。查凡道员例不得自行具题，靳让以佥事道提督学政，自行具题，本内又不开明官衔，不合。查定例，应密不密，不应密而密者，罚俸六个月。又定例，庆贺表文不列职名，罚俸六个月等语。应将靳让照此例罚俸六个月。

成案 064.04：本内错误忌辰〔康熙三十五年〕

吏部覆福督郭世隆题：衢协左营都司徐谦恭遇忌辰，于署内与原任汤溪知县谭某结亲，吉服鼓吹演剧等语。查十二月二十四日，非系忌辰，该督郭世隆等称系忌辰，错误日期，不合。查定例内官员将表文计册舛错者，罚俸一年等语。应将闽浙总督郭世隆照此例，罚俸一年。列名具题之浙江巡抚线一信，提督马三奇，照例各罚俸六个月。至揭报忌辰错误日期之衢州副将仇机，温州总兵张某亦照此例，各罚俸一年。

成案 064.05：本内无贴黄〔康熙二十九年〕

通政司疏称：总督兴永朝一本为请严微弁等事，又一本为榷司仪注参差等事，本内俱无贴黄，除原本封送内阁外，应题参。吏部议：查定例，官员将庆贺表章舛错或遗漏不奏者，或遗失字样者，罚俸一年等语。应将总督兴永朝照此例，罚俸一年。

成案 064.06：御览舆图讹写〔康熙三十二年〕

吏部议直抚郭世隆疏：直隶进呈御览舆图，雷溪水源画在易州五廻岭，册说开写在晋省广昌县，部咨令将讹写各官题参，所有井陉道等应指参，应将原任井陉道李基和真定府同知焦映汉，各降一级留任。

律 065：事应奏而不奏〔例 6 条，事例 12 条，成案 3 案〕

凡应议之人有犯，应请旨而不请旨，及应论功上议而不上议，〔即便拿问发落者。〕当该官吏〔照杂犯律〕处绞。

若文武职官有犯，应奏请而不奏请者，杖一百，有所规避，〔如怀挟故勘，出入人罪之类，〕从重论。

若军务、钱粮、选法、制度、刑名、死罪、灾异，及事应奏而不奏者，杖八十。应申上而不申上者，笞四十。

若〔应议之人，及文武官犯罪，并军务等事〕已奏、已申、不待回报而辄施行者，并同不奏、不申之罪。〔至死减一等。〕

其〔各衙门〕合奏公事，须要依律定拟〔罪名〕，具写奏本，其奏事及当该官吏金书姓名，〔现今奏本吏不金名〕明白奏闻。若〔官吏〕有规避，〔将所奏内〕增减紧关情节，朦胧奏准〔未行者，以奏事不实论〕，施行以后，因事发露，虽经年远，鞫问明白，斩〔监候。非军务、钱粮，酌情减等。〕

若于亲临上司官处禀议公事，必先随事详陈可否，定拟禀说。若准拟者，〔方行〕上司置立印署文簿，附写〔所议之事〕略节缘由，令首领官吏书名画字，以凭稽考。若将不合行事务，〔不曾禀上司〕妄作禀准，及窥伺〔上司〕公务冗并，乘时朦胧禀说，〔致官不及详察，误准〕施行者，依诈传各衙门官员言语律科罪。有所规避者，从重论。〔诈传官员言语本罪，详见诈伪律。〕

（此仍明律，其小注系顺治三年添入。顺治律为070条，"若文武职官有犯"，原为"若若文职有犯"，雍正三年修改。乾隆五年，以今内外章奏无吏典签名之例，因于签书姓名下添注"现今奏本吏不金名"。）

薛允升按：既无吏典签名之例，即应删去，添注则非矣。别律无此注法。通政司为知会事："雍正七年八月初六日，准内阁典籍厅移称，查得外省题奏本章，于雍正三年定议，地方公事皆用题本，本身私事皆用奏本，违者，通政司题参，通行在案。但未将款项分别详明，以致各省提镇督抚等，于疑似之处多有异同。即通政司题参亦有一事而参不参互异者。今详加酌议，将逐件款项分晰明白。嗣后凡各省属员，举劾钱粮兵马命盗刑名一切公事，照例用题本外，其庆贺表章，各官到任接印、离任交印，又奉到上谕颁发各直省衙门书籍，或报日期、或系恭谢，并代通省官民庆贺陈谢，或原题案件未明，奉旨回奏者，皆系公事，应俱用题本。至各官到任、升转、加级、纪录、宽免、降罚，或降革留任，或特荷赏赍等谢恩，代属官一人谢恩者，俱用奏本，概不用印。如此则分晰既明，自无舛错，相应知会通政司行文各省，自雍正八年为始，一体遵奉施行。"此从前题奏之界限也，近则公事无不具奏矣。此刑政中一大关键也。

条例 065.01：凡州县官将小民疾苦之情（1）

凡州县官将小民疾苦之情，不行详报上司，使民无可控诉者，革职，永不叙用。若已经详报，而上司不接准题达者，将上司革职。至于赈济被灾之民，以及蠲免钱粮，州县官有侵蚀肥己等弊，致民不沾实惠者，照贪官例革职拿问。督抚、布政使、道府等官，不行稽察者，俱革职。

（此条康熙年间现行例。雍正五年定例。乾隆五年删改为条例 065.02。）

条例 065.02：凡州县官将小民疾苦之情（2）

凡州县官将小民疾苦之情，不行详报上司，使民无可控诉者，革职，永不叙用。若已经详报，而上司不接准题达者，革职。

（此条乾隆五年将条例 065.01 删改，将赈灾一节，移入户律，删去"至于赈济被灾之民"以下内容。）

薛允升按：与检踏灾伤门第一条例意相类，本系一条，均系勤求民瘼之意也。

条例 065.03：刑部凡有科钞到部

刑部凡有科钞到部，除题参官员，非关审拟案件，听吏、兵二部主稿定议，并奉旨该部知道事件，及命盗等案内，正犯已死，余犯罪止杖、笞者，毋庸题覆外，其有题参官员发审，经该督抚审拟具题，奉旨该部议奏之案，无论事之大小轻重，俱行核拟具题。

（此条雍正十二年定。乾隆五年，因交部议奏之案，俱系核拟具题，遵行已久，不必多立条款。删去此条。）

条例 065.04：各省学臣发审事件

各省学臣发审事件，一面发提调官讯问，一面咨明督抚稽察，提调等官仍具文通报。除例应枷责完结者，听提调官随时发落，报明学臣、督抚、藩、臬销案外，其枷责以上罪名，俱照例拟议，报明学臣，详解藩、臬核转，由督抚分别批结咨题。如提调等官奉到学臣批檄，不行通报，即罪无出入，亦交部议处。

（此条乾隆二十四年，刑部议覆云南按察使吴绍诗条奏定例。）

薛允升按：学臣发审事件，大抵为考试者居多，似应仍移入贡举非其人门内。徒犯向不解司，此枷责以上之犯即详解藩臬核转，似嫌参差。如系距省窎远地方，例应归巡道核转完结者，又将如何办理耶。条例愈多愈觉窒碍。《处分则例》云："学政发审案件，提调官于审结后，不行详报者，照应申不申公罪律，罚俸六个月。"

条例 065.05：都察院步军统领衙门

都察院、步军统领衙门，遇有各省呈控之案，俱不准驳斥。先向原告详讯，其实系冤抑难伸，情词真切，及地方官审断不公，草率办结，并官吏营私徇法，确凿有据，及案情较重者，即行具奏。如讯供与原呈迥异，或系包揽代诉，被人挑唆，情节显有不实，及原告未经在本省赴案成招，挟嫌倾陷，藉端拖累，应咨回本省审判之案，亦于一月或两月，视控案之多寡，汇奏一次，并将各案情节，于折内分晰注明。如距京较近省分，将原告暂交刑部散禁，提取本省全案卷宗，细加查核，再行分别酌办。倘有案情较重，不即具奏，仅咨回本省办理者，各堂官交部严加议处。

（此条嘉庆四年奉上谕及嘉庆十二年左都御史周廷栋条奏请杜讼风一折，奉上谕于嘉庆十五年并纂为例。）

薛允升按：此各省京控，分别情节轻重奏咨之例，与诉讼门赴京控诉各条参看。嘉庆二十五年，又奉有上谕一道，与此例互相发明。例内未经修改详明，未免疏漏。现在京控案件，经都察院驳斥，不准将呈词发还者颇多，即系钦遵后次谕旨办理。载在台规刑例，仍从其旧，殊不画一，似应查明修改。嘉庆二十五年上谕："贾允升奏各省京控案件请降旨不准发还一折，所奏非是。各省民人赴都察院呈控案件，向来有奏闻者，有咨回者，有驳斥者。嘉庆四年，朕降旨不准驳斥，以防壅闭，系指案情重大者而言。若如贾允升所奏，无论案情大小不准驳斥，即不准发还，则一切户婚、田土、钱债细事，一经京控，悉皆奏咨办理，亦于政体非宜。国家设官分职，大小相维，若以部院衙门理及琐屑之务，则直省地方官所司何事。且近来讼风日炽，使奸民臆计赴京控诉必当一概准理，岂不益长刁风，倍增讼狱，拖累株连流弊更大。贾允升所请不准发还之处，著勿庸议。惟都察院向有一两月汇奏咨案之例，嗣后凡发还案件，亦著存记档册，摘取案情，一两月汇奏一次，即可防掩重为轻之弊。其近京旗民控告细事，割交五城司坊审断者，仍照旧例办理，毋庸汇奏。钦此。"

条例 065.06：文自知县以上

文自知县以上，武自守备以上，如有自尽之案，该督抚专折奏闻。

（此条道光二十八年定。）

薛允升按：职官自尽必有所由，断无无故自尽之理，故必令专折奏闻。例意是指别无他故而言，似应添虽讯明并无他故，亦应奏闻。乾隆三十一年二月初五日奉上谕："嗣后著各该部，遇有此等照例汇奏事件，及一切督抚等题奏，经朕批交该部知道者，将应否准驳之处，俱于年终详查核议具奏。钦此。"现在各部有具奏者，有不奏者，俱不画一。乾隆三年议准："各部设立督催所，酌委司官专司稽察，将已未完结之处，三月具奏一次。"此即所谓三月奏闻者也。例无明文，似应添入。

事例 065.01：雍正三年议准

外省人命案件，拟以军流等罪，咨部完结者，俱驳令具题。嗣后不行具题者，将该督抚查议。

事例 065.02：乾隆四年奏准

嗣后除人命强盗情罪重大案内，例应发黑龙江、宁古塔等处者，应仍令各督抚特疏具题外，其余因事拟遣，一切军流等案，如果案犯情节显明，别无疑窦者，俱照诬告反坐等项之例，令各督抚迅速审拟，咨部完结，统于岁底汇题，仍将各案原招，造册送部查核。

事例 065.03：乾隆四十六年谕

嗣后除寻常逃犯，仍照例咨部转行通缉外，如遇有命盗免死减等人犯，在配脱逃，情罪较重者，即一面饬属通缉，咨部存案，一面奏闻。

事例 065.04：乾隆五十三年议准

嗣后除有关人命拟徒，及命案内续获拟徒余犯，均于专案咨部后，入于军流本内，年终一并汇题外，其无关人命，罪止拟徒之犯，虽系专案咨部，亦毋庸入于汇题，以免混淆。

事例 065.05：乾隆五十八年谕

刑部核拟安徽省民人徐惟川戳死徐友举、徐友良二命，改题具奏一案，已照所拟将徐惟川斩决矣。此等杀死一家二命之案，情节綦重，该抚于审明定拟后，自应专折具奏，乃傥照寻常命案具题，使重犯有稽显戮，殊未允协。嗣后各省督抚，除寻常命案仍照例具题外，如有杀死二命以上重案，俱著专折具奏，以昭慎重。

事例 065.06：乾隆五十九年谕

杀死一家二命之案，各省向系具题，近因其情节可恶，未便照寻常命案办理，致凶犯日久稽诛，是以令各该督抚专折具奏。今思此等杀死数命之案，所犯情罪，亦有不同。嗣后各省如遇有杀死一家三命以上，及杀死非一家四命以上之案，仍著专折具奏，其杀死一家二命，及非一家三命者，该督抚等但应速行具题，于题到时，内阁即票核拟速奏签进呈，交法司速议具题，亦不致久稽显戮。

事例 065.07：嘉庆四年谕

各省民人赴都察院、步军统领衙门呈控案件，该衙门有具折奏闻者，有咨回各该省督抚审办者，亦有径行驳斥者，办理之法有三。似此则伊等准驳，竟可为高下。现当广开言路，明目达听，原俾下情无不上达，若将具控之案，擅自驳斥，设控告该省督抚贪黩不职，及关涉权要等事，或瞻徇情面，压搁不办，恐启贿嘱消弥之渐，所关匪小。嗣后都察院、步军统领衙门，遇有各省呈控之案，俱不准驳斥，其案情较重者，自应即行具奏，即有应行咨回本省审办之案，亦应于一月或两月，视控案之多寡汇奏一次，并将各案情节，于折内分析注明，候朕批阅。傥有案情俱重，不即具奏，仅咨回本省办理者，经朕查出，必将各堂官交部严加议处。著为令。

事例 065.08：嘉庆十二年谕

近来讼狱繁多，固缘地方官办理不能持平，又复听断不勤，以致日久延玩，激成上控；而讼师土棍，所在皆有，往往将不干己之事，从中唆使，代作呈词；甚或从中渔利，包揽具控；又或于地方官审案未定之先，情虚畏审，来京呈控；且有结案时本无枉纵，亦俱妄思翻控，希冀幸免者。其情伪甚多，岂能以一面之词，遽行凭信？自应查明虚实，分别核办。嗣后都察院、步军统领衙门于接受呈词时，著先向原告逐款详讯，除实系冤抑难伸，情词真切，及地方官审断不公，草率办结，并官吏营私舞法，确凿有据者，仍当立时奏闻，另候办理，毋庸压搁外，如所讯之供，竟与原呈迥异，或系包揽代诉，被人挑唆，其情节显有不实，及原告未经本省赴案质讯，录供成招，不免有挟嫌倾陷，藉端拖累情事，著照周廷栋所请，咨回本省核办，仍交该衙门按期严催，开单汇奏。其距京较近省分，并著照周廷栋所请，先将原告暂交刑部散禁，提取本省全案卷宗，细加核阅，分别核办。

事例 065.09：嘉庆十三年谕

向来杀死一家数命之案，自三命以上，则专折具奏；其杀死二命，则概行题本。第如四川杜芝洪、江西巫辰俚两案，不过因钱债、奸情，辄戕人父子、母子二命，其凶恶情节，与寻常杀死一家非死罪二命者不同，今一概具题，未免无所区别。且阅题本内犯事日期，杜芝洪系上年十一月之事，巫辰俚系上年九月之事，今经刑部题覆后，再行知各该省，其往返几及一年。设该犯等在监病毙，转得幸逃显戮，殊非情法之平。嗣后有似此杀死一家亲属二命，而情节较重，例应斩枭者，俱应改题为奏，其非亲属二命者，仍可照旧具题。著刑部将杀死一家二命之案，分析亲疏轻重、斗殴、谋故情节，将何须应奏，妥议章程具奏，再降谕旨。

事例 065.10：嘉庆十三年又谕

嗣后有卑幼谋杀尊长重情，例应斩枭者，外省应改题为奏，著刑部将此一条，一并妥议具奏。钦此。遵旨议准：卑幼因图财、强奸、谋杀尊长，及谋故杀一家二命，死系父祖子孙，并服属期亲以上，罪应斩枭各犯，俱改题为奏，并罪应凌迟处死之案，其情较斩枭为尤重，亦应一体专折具奏。

事例 065.11：嘉庆十七年谕

直省命盗案件，各督抚有专折具奏者，经朕详核，其中有批交该部速议之件，原因案犯情罪重大，不容稽诛，是以定限五日内覆奏。乃近日各省专奏案件，阅其情节，有尽可照例具题之案，而该督抚亦改题为奏者，限期既迫，部臣不能详悉覆核，设有疏率，流弊滋甚，殊非慎重民命之道。著交刑部，将命盗各案详悉区分，定为何者应题，何者应奏，酌议条款奏准后，行知各督抚永远遵行。如定例后，督抚仍有任意迟速，题奏混淆者，即著该部查参，以归画一。钦此。遵旨酌议条款，如谋反大逆，但共谋者；谋杀祖父母、父母者；妻妾谋杀夫之祖父母、父母者；妻妾谋杀故夫祖父母、父母者；杀一家非死罪三人，及支解人为首者；谋杀期亲尊长外祖父母者〔情可矜悯，准夹签声明之案，仍专本具题〕；采生折割人为首者；子孙殴死祖父母、父母者；纠众行劫在狱罪囚，持械拒杀官弁为首，及下手杀官者；尊长谋占家产，图袭官职，杀功缌卑幼一家三人者；发黑龙江为奴之犯杀死伊管主一家三人者；罪囚由监内结伙反狱，持械拒伤官弁为首，及下手杀官者；妻妾因与有服亲属通奸，同谋杀死亲夫者〔若与平人通奸谋杀，仍专本具题〕；卑幼图财、强奸、谋杀尊长者；杀一家非死罪二人，如死系父祖子孙，及服属期亲者；强盗、会匪及强盗拒杀官差，罪应斩枭者；凡十六条，俱应专折具奏，其余寻常罪应凌迟、斩枭、斩决之案，仍专本具题等因，奏奉谕旨：本日刑部议奏酌定命盗各案应题应奏条款一折，所议俱是，依议行。直省命盗重案，应题应奏，本有一定章程，嘉庆十三年，复经饬交刑部酌定条款，纂入则例，乃近日各督抚，仍系意为迟速，于寻常命盗案件，亦多改题为奏，以致刑部速议案件，日见增多，限期迫促，若察核未周，流弊滋甚。即如本日衡龄具奏山西保德州民人王恒心图财谋杀幼孩王丑人子一案，系谋杀无服族侄，照谋杀十岁以下幼孩例，问拟斩枭，本系例应具题之案，该督抚业经专奏，仍批交刑部速议，自此刑部议定条款，著通行各省，一体遵照。嗣后各督抚于命盗重案专奏者，于折尾声明此案系援照刑部议定应奏某条，得专折陈奏，朕批交议时，该部察核与原定条款相符，即行议覆。倘有强行比附，率意改题为奏者，该部即行参奏驳回，仍令照例具题，以符定制。

事例 065.12：道光二十八年谕

嗣后文职自知县以上，武职自守备以上，如有自尽之案，该督抚即行专折奏闻，以昭慎重。

成案 065.01：病废微员不揭报〔康熙三十八年〕

吏部覆晋抚噶礼疏称：石楼县典史高维翰，病废不能供职，经前抚倭伦咨部斥逐在案，不行揭报之石楼县知县王歧毓照徇情降二级调用，汾州府知府王隆熙系该管上司，并未将不揭报之知县职名开报。查定例内，督抚既参贪劣官员，不开未经揭报之知府职名指参者，罚俸一年等语。应将汾州府知府王隆熙照此例，罚俸一年。

成案 065.02：未议定题参〔康熙二十八年〕

吏部议得江抚洪之杰会同总督傅腊塔，总河王新命疏参原任江宁府同知迟炳等并不回旗，乡约地邻反受其殴。臣部议：将迟炳等革职，交与刑部在案。今总河查明迟炳等系题留河工之员，并无抗玩情由，殴差之事，应将迟炳革职之处开复。巡抚洪之杰止据山阳知县崔靖等所详题参，并未议定画题，据称合词题参不合。查定例，将所属官员经管事件并日月不行查明错开，以致本官革职者，将申报之上司降一级调用，督抚降一级留任等语。应将知县崔靖、淮安府知府单务孜，均照此例降一级调用。巡抚洪之杰亦照此例降一级留任。

成案 065.03：瘟疫不报〔康熙四十四年〕

吏部议偏抚赵申乔疏：查赵申乔身为封疆大臣，地方宰疫理应不时察访，今有瘟疫，并未确查奏闻。奉旨：行查之后，始行查奏，不合。应将赵申乔降二级调用，有纪录销去抵降一级，仍降一级调用。奉旨：赵申乔纪录俱著削去，降一级，从宽免调用。

律 066：出使不复命

凡奉制敕出使，〔使事已完〕不复命，干预他事者，〔与使事绝无关涉〕杖一百。各衙门出使，〔题奉精微批文及札付者，使事已完〕不复命，干预他事者，〔所干预系〕常事，杖七十；军情重事，杖一百。若〔使事未完〕越理〔理不当为〕犯分，〔分不得为〕侵人职掌行事者，笞五十。

若回还后，三日不缴纳圣旨〔制敕〕者，杖六十，每二日加一等，罪止杖一百。不缴纳符验者，笞四十，每三日加一等，罪止杖八十。

若〔或使事有乖，或圣旨、符验有损失之类〕有所规避〔不复命，不缴纳〕者，各从重论。

（此仍明律，其小注系顺治三年添入。顺治律为 071 条。）

薛允升按：《琐言》曰："奉制敕出使，承领朝廷制敕也。各衙门出使，承领各衙门札付及精微批也。国初律文，始有精微批文等注，近则绝不经见。亦无引用者。总注谓符验，凡精微批文、札付及勘合火牌皆是。乾隆三十八年，户部准本部侍郎蒋赐棨奏，关差赴任，向在户部请领精微批文一道，由户部挂号。请用御宝以杜假冒。实缘明季税差杂出，莫可稽考，相沿至今，无裨实政。宜删去，以符体制。从之。"此小注自亦应删去。

律 067：官文书稽程〔例 16 条，事例 21 条，成案 2 案〕

凡官文书稽程者，一日，吏典，笞一十，三日加一等，罪止笞四十；首领官，各减一等。〔首领官，吏典之头目。凡言首领，正官、佐贰不坐。〕

若各衙门〔上司〕遇有所属申禀公事，随即详议可否，明白定夺〔批示〕回报。若当该〔上司〕官吏，不与果决，含糊行移，〔上下〕互相推调，以致耽误公事者，〔上司官吏〕杖八十。其所属〔下司〕将可行事件，不行区处，〔无疑〕而作疑申禀者，〔下司官吏〕罪亦如之。

（此仍明律，顺治三年删定并添小注。顺治律为 072 条，若各衙门小注"上司"；其所属小注"下司"，系雍正三年添注。）

条例 067.01：内外衙门公事

内外衙门公事，小事五日程，中事十日程，大事二十日程，并要限内完结。若事干外郡官司关追会审，或踏勘田土者，不拘常限。

（此条系《明令》，顺治例 072.01，雍正三年定例。本作"中事七日程，大事十日程"。又，"关追会审"四字，原作"追会"。均雍正五年改。）

薛允升按：与鞫狱停囚待对门条例参看。惟若者为小事，若者为中事、大事，殊难强为分别。《唐律疏议·官文书》谓："在曹常行，非制敕奏抄者，依令，小事五日程，中事十日程，大事二十日程。徒以上狱案，办定须断者，三十日程。若有机速，不在此例。"律所谓程，即指此也。例似本于此，而无徒以上狱案一层。刑部案件，笞杖限十日，徒流以上限二十日，死罪限三十日，与此不同，即外省审限亦未照此办理，此条亦系具文。

条例 067.02：部院衙门一切应行事件

部院衙门一切应行事件，俱于到司五日之内行文。其有讹误舛错之处，将专管值日之满、汉司官，交部议处。〔按：罚俸三个月。〕如遗漏未行，〔按：罚俸一年。〕或迟延日久，将满、汉司官，交部分别议处。〔按：逾限自一日至三十日，罚俸自一月起至一年止。〕

（此条雍正八年，吏部议覆刑部尚书励廷仪条奏定例。）

薛允升按：此专指行文而言，凡分三层。遗漏未行，为一层。迟延日久，为一层。讹误舛错，为一层。律专罪吏典，此条专指部院司官，吏典自仍照律拟笞也。《处分则例》："各部院一切先行及专题事件，限五日行文，汇题事件，限一月内行文。"

条例 067.03：各衙门胥吏

各衙门胥吏，有将新到文书违误一二日，旧存案卷遗漏一二件者，酌其情罪，量加责惩。若迟误五日以上，遗漏五件以上者，查无舞文作弊等情，分别轻重，杖责革役。如有私行删改涂注，及将紧要事件，违误限期，索诈撞骗婪赃等弊，拿送刑部严审，照招摇撞骗例，从重治罪。

（此条雍正十年定。乾隆五年，因例内所列，已见各律，不必另立条款，奏明删除。）

条例 067.04：部院各衙门

部院各衙门，接到清字文移，笔贴式详细译汉，不过三日。其译汉呈堂日期，并译汉之笔贴式，及查核之满司官，俱于堂行簿内注明。如有逾限者，将该管司官、笔贴式记过。若事关紧要，任意耽延者，分别参处。

（此条雍正十二年定。乾隆五年，查迟延违误，定有处分，毋庸于译汉另立一例，因此删去。）

条例 067.05：刑部应会三法司画题事件

刑部应会三法司画题事件，将稿面钤盖司印，注明缘由，付督催所汇齐，转交大值日司分用印文，移送法司衙门画题，限五日内亦用印文送回。如稿内有酌议改易之处，即将应酌议改易之处用印文，声明缘由，亦于五日内送回刑部查核定议，刑部仍用印文，将应否改易之处声明，再行会送法司衙门。

（此条雍正十二年定。原文"限十日内送回"，乾隆十四年奏准：各衙门会稿，定限五日，将此条"十"字，改为"五"字。嘉庆二十四年，因为原例"五日"，定限太促，俱改为"八日"。）

薛允升按：《示掌》云："画题画字，改书字。"此条八日，系指题本应会三法司而言。与下条户、刑二部各定限十日参看。旧系由十日改为五日，此又由五日改为八日，以事关刑名，最宜详慎故也。然仍复旧例改为十日，亦属允妥。且与下户、刑二部十日限期一条，亦属相符。改为八日，殊觉无谓。

条例 067.06：州县官承审案件（1）

州县官承审案件，或正犯，或紧要证佐染患沉疴，即将患病日期详报，俟该犯病愈之日起解。其患病日期，准于原限内扣除。府、州、司、道转审之时，或遇犯证患病，亦准报明扣除。若带病起解，以致中途病毙，照解犯中途患病不行留养例，交部议处。若无故迟延，捏报患病，希图扣限，及上司徇隐，并交部议处。

（此条乾隆元年，刑部议覆山西巡抚石麟条奏定例。乾隆五十三年，修并入条例067.08。）

薛允升按：此言案犯患病无庸按限起解也。恐逾审限，势必有带病起解者，故立此条，亦钦恤之意也。病愈之日起解，与下带病起解语，互相照应。修并之例删去上句，便不明显。

条例067.07：监犯患病

监犯患病，除轻病旬日即痊，毋庸扣展外，如遇病果沉重，州县将病起、病痊月日，及医生、医方，先后具文通报，成招时出具甘结附送，令该管府、州于审转时查察，加结转送，俱准其扣展一月。傥系假病藉延，立即揭参。知府、州扶同加结，院司察出，将府、州一并开参。

（此条乾隆二十一年奏准：案犯患病，一月内不能报痊，方准展限，统计前后，总不得过三月。至乾隆二十三年奏准：监犯病即沉重，亦无必待三月取供之理。嗣后犯病无论司、府、州、县，止许展限一月，所有三月之例删除。因此改定此条。乾隆五十三年，修并入条例067.08。）

条例067.08：州县官承审案件（2）

州县官承审案件，或正犯，或紧要证佐患病，除轻病旬日即痊者，毋庸扣展外，如遇病果沉重，州县将病起、病痊月日，及医生、医方，先后具文通报。成招时出具甘结附送，令该管府、州于审转时查察，加结转送。如府、州、司、道审转之时，或遇犯证患病，亦准报明扣除，但病限毋论。司、府、州、县，俱准其扣展一月。若带病起解，以致中途病毙，照解犯中途患病不行留养例议处。傥系州县捏报，假病藉延，立即揭参。府、州扶同加结，院司察出，将府、州一并开参。如审转之府、州、司、道，无故迟延，捏报患病，希图扣限，及上司徇隐，并交部议处。

（此条系乾隆五十三年，将条例067.06及067.07修并。）

薛允升按：此条例文，专为犯病扣限而设，与官文书无涉，似应移改于断狱门内。承审逾限，捏报犯病者，固所不免，是以定有止准一个月之例。惟原例本为带病起解而设，后则防其捏报假病之意居多。本系宽典，后则涉于严刻矣。从前此等事件，屡次经人条奏，各省亦颇知认真。现在各省扣限之法，无奇不有，且有逾限至一、二年者，定例几成虚设。即此而论，吏治尚堪问乎。

条例067.09：凡州县官承审案件

凡州县官承审案件，案犯偶患轻病，委员验实，责令上紧医痊，随愈随解，不准扣展。其病势果重，验报确实，即将起病日期，连结详报，务于一月内医痊审解。如仍不能报痊，方准验实展限，统计前后，总不得过三月限期。傥承审官有捏报藉延者，该督抚即行严参。同委验官及扶同徇隐之上司，一并照例分别假病藉延，立即揭参。府、州扶同加结，院司察出，将府、州一并开参。如审转之府、州、司、道，无故迟延，捏报患病，希图扣限，及上司徇隐，并交部议处。

（此条乾隆二十一年，刑部议覆山西按察使托木齐图条奏定例。乾隆三十二年删除。）

薛允升按：此言犯病应勒定限期也。此数条例文止言犯病，其犯人原犯罪名，并未叙明，是不论徒、流、绞斩，如应起解者，即应一例办理矣。倘一案有数犯，此犯病甫痊愈，彼犯覆经患病，亦系情理所有之事。下条所以又有犯多之案不能依限痊愈者，奏请定夺之语也。后将此条删去，是无论案犯多寡，均止准一人患病矣。

条例 067.10：案内要犯要证

案内要犯要证，如果患病沉重，势难鞫讯起解者，该管上司委正印官确验，将所患何病，具结申报，方准展限，每案统计病限，总不得过一月。如有犯多之案，不能依限痊愈者，该督抚委官确验情形，酌量限期，奏闻请旨定夺。如有捏报及扶同出结者，严参议处。

（此条乾隆二十三年，刑部议覆河南按察使图桑阿条奏定例。原载刑律"告状不受理"门，乾隆三十二年，移附此律。因犯病期限，业经纂有新例，将条例 067.09 及本条删除。）

薛允升按：此言犯病应委正印官确验也。从前犯病，系以三个月为限，监犯虽多，其病限总不得过三个月。限期本宽，若再延缓则无了期矣，是以不准再展。后统改为一月限期，在一案止系一犯尚可赶办，倘犯多之案，转难禁其不病，此等处似应酌改。

条例 067.11：凡刑部衙门寻常移咨外省案件

凡刑部衙门寻常移咨外省案件，如行查家产，关提人犯，俱以文到之日为始，依限查覆。于覆文内，将何日接到部咨，有无逾限之处，随案声明。倘一时未得清晰，必须辗转咨查，不能依限查覆者，亦即声请展限。如逾限不完，又不声明缘由，经部行催之后，即行查参，将承办之州县，及各该上司，俱交部议处。

（此条乾隆十一年，刑部议覆御史范宏宾条奏定例。）

薛允升按：此专指刑部而言，亦未将限期若干日叙明。《处分则例》则系统指各部言之矣。《处分则例》："各部行查外省事件，以文到之日为始，除扣去属员查覆往返程途外，统限二十日出文咨部。其有必须辗转行查，以及款项过多，应行造册咨覆者，限一个月出咨。"又《中枢政考》："如必须辗转行查仍按道里远近，将行查覆到日期声明扣除。其余行款过多应行造册者，限一个月咨覆。"又《处分则例》："在京各衙门行查事件，应行片文声覆者，统限五日查覆。应办稿呈堂声覆者，吏、礼、兵、工四部，限十日查覆。户、刑二部，限十五日查覆。"均应参看。

条例 067.12：凡州县承审命案

凡州县承审命案，详请检验，上司并未批驳者，仍按限审解外，其有屡次驳查，后经批准，迟延有因之案，该督抚据实声明报部，准其另行扣限。如有捏饰，照例严参。

（此条乾隆十一年，刑部议覆湖南按察使周人骥条奏定例。）

薛允升按：《处分则例》："州县审办命案，有详请开棺检验者，准其以开检之日起，另扣承审限期。"并无分别曾否批驳之处，与此例稍有参差，似应删改画一。承审命盗案件限期，刑律并未列有专门条例，则分见于官文书稽程、及盗贼捕限、并鞠狱停囚待对各门，既均系审限例文，似应均归于断狱门内。

条例 067.13：凡各部事件

凡各部事件，在本部题结者，吏、礼、兵、工等部及各衙门，俱定限二十日；户、刑二部，定限三十日。行查会稿，系吏、礼、兵、工及各衙门主稿者，定限四十日；户、刑二部，定限五十日。内所会各衙门，各定限五日；户、刑二部，各定限十日。逾限，即行参处。

（此条系乾隆十四年，大学士公傅恒等议覆左都御史刘统勋条奏，乾隆十六年遵旨定例。）

薛允升按：近来奏案，均照此条，题案则照下条。与《处分例》参看。此亦专指科抄题覆之件而言。与下刑部议覆斩绞监候一条，限期不符。此统言各部，下则刑部专条，然三十日、五十日究与下条参差。

条例 067.14：凡各省报部难结事件

凡各省报部难结事件，如通缉已届四十年者，即行查销，毋庸列入汇奏。傥后经缉获，仍行质明办理。

（此条乾隆三十七年，刑部议覆御史胡翘元条奏定例。）

薛允升按：报部难结事件，大抵多指要犯在逃而言，似可移于盗贼捕限门。以核计逸犯年岁，未必尚存也。逃犯以年逾七十为准，见徒流人逃门，与此参看。遣犯有无脱逃，从前均系年终汇奏。后于乾隆五十九年，改为每年十月截数，咨报军机处、刑部，均限十二月咨齐，即由军机大臣会同刑部，于年底具奏。仍交部照例具题，纂入例册。是通缉人犯，并不由外省汇奏。似应将通缉已届四十年一层，与捕亡门逃犯以年逾七十一层，修并为一。

条例 067.15：刑部议覆斩绞监候本章

刑部议覆斩、绞监候本章，于科钞到部之日为始，仍照定例限八十日内具题。其立决本，限七十日内具题。有行查会议事故，亦仍照例扣限。每日进呈决本，不得过八件，务须按日均匀搭配。如遇实在科钞到部拥挤之时，临时奏明，酌量加增。其科钞到部月日，并是否依限具题，统于本尾逐一声明。傥有逾限，随本附参。

（此条嘉庆二十年遵旨议定。）

薛允升按：立决本不得过八件，寻常不得过若干件，亦应添入。现在办法，总不得过三十三件。此例监候者八十日，立决者七十日，与上三十日、五十日一条，限期不符。现在刑部办法，题本则按照此条，议奏则按照上条，似应修改详明。且奏案内，亦有奉旨速议者。其限期仍应叙明。《处分则例》："吏、礼、兵三部专题案件，呈堂定议后，限二十日交本，本房限十日内具题。户部题本，于交本后，限二十五日内具题。刑部专题、汇题案件，于交本后，限五十日内具题。工部于交本后，限三十日具题。"

条例 067.16：各处专咨报部

各处专咨报部，由刑部改题之案，如系汉字咨文到部者，以文到之日为始。斩、绞监候案件，限九十日具题；立决案件，限八十日具题。系清文咨部者，监候案件，加译汉限期二十日；立决案件，加译汉限期十日。有行查会议事故，亦照科钞本章之例扣限，仍将咨文到部月日，及是否依限具题，统于本尾逐一声明。倘有逾限，随本附参。

（此条道光十四年，刑部具奏酌定，由咨改题限期一折，纂辑为例。）

薛允升案：此专指各处将军、都统咨部，由部具题而言，故限期稍宽。此门刑部专例四条，各部院通例二条。其余四条，均与此律无涉。又《处分例》二条："一、各部院衙门，每月将已结未结科钞事件，造册分送六科。科钞并现理事件，造册分送各道，勘对限期。其各部院会稿，即于注销册内，将行查会议更改事故，及出本日期，并限内难以完结缘由，逐一详开，移会科道查核。遇有逾限，该科道即行查参。至各部设立督催所，酌派司员专管，令承办各司，将已结未结事件，每月造送该所司员，就近调取号簿查对明确，画押、钤印。至科道注销之期，令该经承赴科道衙门注销。"此通例也，应参看〔又见后照刷文卷〕。"一、刑部现审寻常事件，如遇反复推鞫，难以速结之案，堂画未全，适届限满，该司即将未曾画全缘由，于注销册内预行声明，俟下次注销知照该科道查核。"此刑部专条，例内转无明文，似应添入。

事例 067.01：顺治十二年覆准

凡直省刑狱案件，倘有耽延，督抚即行指参，仍于年底将已决未决钦件数目，并稽迟缘由，开册咨送三法司查核。

事例 067.02：康熙元年题准

凡承审钦件限期，专责督抚，有违限者，将督抚计月处分，不许分坐道府等官。如有等候提拿犯证，或因隔省行查，限内实难完结者，承问官将情由申详督抚，该督抚题请展限。如承问官将易结之事，迟延不结，或将难结情由，不豫行申报者，听督抚题参，将承问官罚俸一年。

事例 067.03：康熙二十二年议准

直省人命时间，改限六个月审结，逾限不结，不及一月者，承问官罚俸三月，一月以上者，罚俸一年。

事例 067.04：康熙三十二年谕

嗣后将刑部议结细事，照热审减等例，十日一次汇写具题。其具题时，著将到部之日，审起完结之日，俱行写出。

事例 067.05：康熙三十六年议准

问刑官员审理盗案，供证既明，可结不结，逾限至一年以上者，照无故迟延之例，严加议处。

事例 067.06：康熙四十年议准

各府州县人命案件，六个月限满照例题参后，又于四个月限内不行完结，复参迟延者，照题定易结不结之例，将承审各官革职，并将督催之臬司，刑名巡道，及承催道员，各降三级调用。如承审官或为势压，或以贿嘱，故为迟延，听讼不平，锻炼失实等项，该督抚严查题参。

事例 067.07：康熙四十四年议准

旗民互告事件，承审官限一月完结，有提人行查之处，以人文到部之日扣限。

事例 067.08：康熙四十六年谕

嗣后各省一应钦件，交与某官审理，及已完未完，该督抚四季奏闻。如部发案件，其已完未完，亦著本部查明，四季奏闻。

事例 067.09：康熙四十八年谕

应结之事，即当议结，不必数驳，致增事端。

事例 067.10：康熙五十三年议准

现禁审理人犯，每月一次奏闻，即于各犯名下，将所犯事由，到监月日，并未完情由，逐一注明。至行提人犯，逾限不送，行查事件，耽延不覆者，照例题参。

事例 067.11：康熙六十一年议准

各省钦件、部件，停其四季造册启奏，俱照部内定限完结。若将易结之案，迟滞不完者，令该衙门查参。

事例 067.12：雍正二年覆准

凡参承审迟延，原审官初次限满，已经参过迟延，其在二限之内，承审官遇有升任降革，或因公他往，委署及新任之员接审者，即于接审日算起，准其展限四个月。如限内仍不审结，该督抚即将易结不结情由，查明题参。

事例 067.13：雍正四年议准

嗣后凡州县承审钦、部命盗等案，审转造报事件，申详道府司州者，俱用副详申报督抚，如有驳回之件，即将驳查缘由，并驳回月日，开明具报。倘有苛驳索诈推卸情弊，应令该督抚查明，将该上司各官题参，照易结不结例议处。傥该督抚徇隐不揭，或被旁人首告，或被科道纠参，将该督抚亦照徇庇例议处。

事例 067.14：雍正五年议准

嗣后刑部行提人犯，行令八旗、内务府、顺天府，务照定例，于文到之日，即行查送过部。如人犯或有他故，即行报明。如有越三日不送到部，并不报明不到情由，即将该管官照例参处。其刑部各司提人，于行文之日，即开明人犯旗分姓名，知会司务，令登记号簿，于三日内按簿查唤。傥人犯已到，而胥役人等勒索不行放入者，该司务察出，即行呈堂，照例严加治罪。如该司务徇隐不究，经受勒之人告发，将该司务一并照例参处。

事例 067.15：雍正五年谕

嗣后凡有缉拿人犯之处，各该衙门即速行文，不得稽延时刻。傥文到之日，彼处奉行不力，以致兔脱，责有攸归。著将此旨内外通行。

事例 067.16：乾隆十四年奉旨

向来所定会议限期，虽视部文繁简，但尚有过多之处，以致诸多迟缓，著军机大臣另行详议具奏。钦此。遵旨议奏：查定例各部科钞咨呈事件，在本部题覆者，正限十日，余限十日。行查会稿各部院衙门者，正限三十日，余限十五日；户、刑二部，各加十日。限二十日者，余限二十日；限四十日者，亦余限二十日，俱现在遵行。嗣后各部院衙门事件，正限十日者，减余限五日，共限十五日；正限二十日者，正限余限，各减五日，共限三十日；正限三十日者，减正限十日，连余限十五日，共三十五日；正限四十日者，减正限十日，再减余限五日，共四十五日。傥再有逾限不结之案，即按例查参议处等因具奏。奉旨：此所议各部院议覆限期，因向来定有正限，又有余限，是以照例酌减。朕思正限余限，名虽不同，其实则在余限内完结者，与未出正限之案，一例免议，而各部院办理案件，又少有肯在正限内赶办完结，则又何必多设名目，列为章程，非所谓政尚简要也。嗣后各部事件，在本部题结者，吏、礼、兵、工等部及各衙门，俱定限二十日；户、刑二部，定限三十日。行查汇稿，系吏、礼、兵、工等部及各衙门主稿者，定限四十日；户、刑二部，定限五十日。内所会各衙门，各定限五日，户、刑二部，各定限十日，逾限即行参处。如此限期既归画一，不致怠玩逾时，亦不致草率了事。各部院大臣，其务靖共率属，体时亮天工之意，以副咸厘庶绩之治。

事例 067.17：嘉庆二十年谕

本日报到，各衙门俱有题本，惟刑部无具题之件，询因本月二十七日系至圣先师诞辰，二十八日系庚辰干支，是以发报时未将刑名本章递进等语。各衙门随报题奏事件，自应以朕批阅之日为准，乃该部援照向例不理刑名日期，即于是日不将具题之本送阅，甚属非是。在京刑部堂官，俱著察议。嗣后凡巡幸之时，在京问刑衙门，如遇不理刑名之日，应题应奏事件，总以递至行在进呈日期为准，毋得拘泥在京发递之日，致有舛误。

事例067.18：嘉庆二十年又谕

嗣后该部送阁进呈本章，立决本每日不得过八件。

事例067.19：嘉庆二十年再谕

向来祈雨祈雪期内，俱不进立决本章，但祈雨祈雪原为京畿附近而设，非概为直省致祈也。嗣后祈雨祈雪期内，若立决人犯，应在京处决者，著毋庸具奏，如系应在外省处决者，则奉旨之后，行文该省，计奉到时以相距日久，俱照常进本。著为令。再刑部议覆立决本章期限，亦觉太宽，著刑部酌议量减具奏，候旨遵行。

事例067.20：嘉庆二十年奉旨

向来刑部届秋审时，因呈递黄册，遂将各项本章，减数呈递，黄册于进呈后留中，朕不时披览，与每日阅看本章，两不相妨。嗣后秋审时，刑部各项本章，著照常呈递，毋庸减数。至每年开印后三日，刑部向不进本，著减去一日，于开印后第三日进纸张本，第四、第五日进轻罪本，以后陆续如数呈进。其斋戒祭祀月朔日忌，并各项应行回避，不进刑本及不进决本日期，亦应酌减。著刑部查明，开单具奏，候旨遵行。

事例067.21：嘉庆二十一年奉旨

刑部查明不进刑名本及不进决本日期，开单呈览。嗣后册封妃嫔日，及朝审勾到日，俱进刑名本。祭先蚕坛日，准进立决本。自小暑节至立秋日止，不进现审立决本。自大暑节至立秋日，再停进直隶、山东、山西、河南、盛京五省立决本。余均照旧例行。

成案067.01：承审重案迟延〔康熙三十一年〕

吏部议江抚宋荦疏：庐陵县犯人萧弘光伪造县篆假刷印串，掣骗乡民，折纳漕米银两，情罪重大，该府从前竟不申报，以致无凭查催，计算已越七月，承审重案，事先不行申报，逾限始行招解，吉安府知府应指参。查定例，大小衙门问刑官员将刑狱供招不行速结，无故迟延者，将承审官革职，应将承审重案不行申报，逾限七月之吉安府知府罗京，照此例革职。

成案067.02：行提人犯不解照徇庇例〔康熙四十一年〕

吏部覆川督华显题：赵显龙等告庆阳府知府蔡某一案，四载有余，迟延不结，原告赵显龙等八人俱报病故，准到部咨之日起复，经六月有余，仍称人犯未齐，显有通同瞻徇情弊，不行解犯之署宁州事合水县知县佟世旬，并督催不力之庆阳府知府李昉应指参等因。应将佟世旬、李昉，均照徇庇例，各降三级调用。

律 068：照刷文卷〔例 8 条，事例 6 条〕

　　凡照刷有司有印信衙门文卷，〔可完不完〕迟一宗、二宗，吏典，笞一十；三宗至五宗，笞二十；每五宗加一等，罪止笞四十。府州县首领官及仓、库、务、场、局、所、河泊等官，〔非吏典之比〕各减一等。

　　失错〔漏使印信，不金姓名之类〕及漏报，〔卷宗本多，而不送照刷〕一宗，吏典笞二十；二宗、三宗，笞三十；每三宗加一等，罪止笞五十。府州县首领官及仓、库、务、场、局、所、河泊等官，各减一等。其府州县正官、巡检，〔非首领官之比〕一宗至五宗，罚俸一月；每五宗加一等，罪止三月。

　　若〔文卷刷出，〕钱粮埋没，刑名违枉等事有所规避者，各从重论。

　　（此仍明律，其小注系顺治三年添入，雍正三年修改，乾隆五年删定。）

〔附录〕顺治律 073：照刷文卷

　　凡照刷有司有印信衙门文卷，〔可完不完〕迟一宗、二宗，吏典，笞一十；三宗至五宗，笞二十；每五宗加一等，罪止笞四十。府州县首领官及仓、库、务、场、局、所、河泊等官，各减一等。

　　失错〔漏使印信，不金姓名之类〕及漏报，〔卷宗本多，而不送照刷〕一宗，吏典笞二十；二宗、三宗，笞三十；每三宗加一等，罪止笞五十。府州县首领官及仓、库、务、场、局、所、河泊等官，〔非吏典之比〕各减一等。其府州县正官、巡检，〔非首领官之比〕一宗至五宗，罚俸一月；每五宗加一等，罪止一月。

　　若〔文卷刷出，〕钱粮〔不见下落〕埋没，刑名〔不依正律曰〕违枉等事有所规避者，各从重论。

条例 068.01：部院各衙门

　　部院各衙门，每月将已结、未结科钞事件，造册分送六科。科钞并见理事件，造册分送各道。勘对限期，有迟延违误者参处。

　　（此条雍正三年，查照康熙年间现行例定。乾隆五年改定为条例 068.02。）

条例 068.02：各部院衙门

　　各部院衙门，每月将已结、未结科钞事件，造册分送六科，科钞并见理事件，造册分送各道，勘对限期。其各部注销会稿事件，即于注销册内，将会稿衙门定议日期，逐一详开，移会科道查核。傥有迟延违误者，察参。

　　（此条乾隆五年，将条例 068.01 改定。）

条例068.03：在京各衙门

在京各衙门，凡关系钱粮刑名案件，每年八月汇造印册送京畿道刷卷，有迟误者察参。

（此条雍正三年，以律内并无在京稽察刷卷之文，查照康熙年间现行例定。）

条例068.04：各省汇题事件

各省汇题事件，统限开印后两月具题。如有迟延，刑部随本查参，交部议处。

（此条乾隆二十三年，刑部奏准定例。）

薛允升按：《清单》："各省一例通行按年题报之案：过失杀人汇题，此例定于雍正十三年。监犯病故汇题，此例定于乾隆二十年，议归秋审本内汇题。决过重犯汇题，此例定于康熙十七年。以上三项，各省画一办理，并无歧误。

各就本省事宜，专设名目，按年题报之案：驻防旗人脱逃汇题，此驻防将军、都统省分所有。外遣人犯脱逃汇题，此奉天船厂、黑龙江等处所有。拿获刨参人犯汇题，此奉天、宁古塔等处所有。私盐变价汇题，此设立盐法衙门省分所有。以上四项并非直省通有之案，现在各照成例办理，并无迟误。

同为一事，或分合不同，题咨互异之案：诬告反坐汇题，尊长殴死有服卑幼等项汇题。以上二项定于雍正五年。又，见质疑盗马牛畜产。（雍正）四年原奏：查各省军流案件，或题或咨，因无一定章程，是以有特疏具题者，有年终汇题者，亦有咨部完结者，办理殊未画一。查军流案内，有诬告反坐，教唆、假命、致死卑幼等项，及积匪诱拐。三次窃盗等案，俱于年终汇题，已经著有成例。原例见有司决囚等第门。此外军流罪名，条目尚多，若一例俱题，则头绪纷烦，徒滋案牍。一例咨结，又恐移重就轻，开迁就之端，出入之弊。积匪猾贼汇题，此例定于雍正七年。和同奸拐汇题，此例定于乾隆二年〔约〕。平常军流汇题，此例定于乾隆四年〔约〕。以上五项，定例之始，月日先后不同，事由又多区别。是以直省办理，有照各本例分案汇题者，亦有因罪名统属军流，并案汇题者，未免纷歧，似宜均令并为一本，以昭画一。

行追赃罚汇题，此通行旧例。自理赎锾汇题，此例定于雍正十三年。以上二项，各省有分案汇题者，亦有并案汇题者，伏思行追赃银，与自理赎锾，同一赃赎均有承追考成，似可无庸区别。应令各督抚，分晰款项造册，统为一本汇题，以便查核。

递解军流口粮，支给狱囚口粮，以上二项，有汇题报销者，有汇咨核销者，应请嗣后分款造册，统令汇成一本具题。臣部按照清册，会同户部核销，以昭画一。"

此汇题之定例也。所开各目，自系尔时办法。近来多有不同之处，似应修改详明。将应行汇题各款，叙明添入例内〔下条同〕。有司决囚等第门，不拘件数，随结随题一条，亦系汇题之意，应参看。刑部为申明定例通行画一办理事，查例载外省徒罪案件，如有关系人命者，均照军流人犯解司审转督抚，专案咨部核覆，仍令年终汇题。其寻常徒罪，各督抚批结后，即详叙供招，按季报部查核等语。又，乾隆四十二年七月内，本部议覆直隶总督周元理咨，有关人命徒犯，并入军流人犯一体汇题。仍分别另造清册送部等因，通行各省遵照在案。是徒罪人犯应照军流一例汇题者，系专指有关人命之案而言，若寻常徒罪，例应督抚批结后按季报部，自不在汇题之列。定例以来，各省办理有关人命拟徒之案，均系遵例单咨，年终汇题，并无歧误。查无关人命拟徒案件，除督抚造入季册报部者，均不汇题外，其余单咨之案，各省有因无关人命，并不声叙汇题者，亦有因咨内声明汇题，即行照覆者，又有咨部时并未行令汇题，而督抚于汇题军流人犯内，仍行列入者，又人命案内续获余犯，有因原案关系人命，仍行汇题者，有因本犯并非致死人命，正犯并不汇题者，办理均未能画一。自应声明定例，以昭详慎而示区别。应通行各督抚，嗣后除有关人命拟徒，及命案内续获拟徒余犯，均于专案咨部后，入于军流本内，年终一并汇题外，其余无关人命，罪止拟徒之犯，虽系专案咨部，亦无庸入于汇题。系乾隆五十三年十二月通行。

条例 068.05：各省汇奏事件（1）

各省汇奏事件，该督抚于发折后，将其奏日期报部存案备查。其应于年内具奏者，近省定于二十日以内奏到，总不得过封印日期。其应于开印后具奏者，不得迟至二月。如有逾限，该督抚交部察议。

（此条系乾隆三十八年，大学士刘统勋等奉谕旨查办汇奏事件；乾隆四十二年，大学士舒赫德等酌定限期，奏准并纂为例。嘉庆六年改定为条例 068.06。）

条例 068.06：各省汇奏事件（2）

各省汇奏事件，该督抚于每年十月截数咨报各部及军机处，均限十二月初间咨齐，即由军机大臣会同该部汇开清单，于年底先行具奏，仍交部分别核议，照例具题。如该督抚等逾限不报，交部察议。

（此条嘉庆六年，将条例 068.05 改定。）

薛允升按：此汇奏之定例也，《处分例》略同。此统指各部而言，与上条似不画一。近来各省亦有年终具奏者，其名目亦不画一。如私设班馆，查禁小钱之类。私入围场打牲，砍木，犯徒流军遣者，令热河都统年终汇奏，见盗田野谷麦，应参看。此条及上条，与照刷文卷之义不符，似应移于事应奏不奏门。

条例 068.07：各省军流人犯（1）

各省军流人犯，定地发配，及到配安置，俱专咨报部，仍于年终逐案摘叙简明事由，并声明何司案呈，分别汇册报部。

（此条嘉庆二十四年，御史蒋云宽奏申明减等章程一折，奉上谕纂为例。道光四年改定为条例 068.08。）

条例 068.08：各省军流人犯（2）

各省军流人犯，定地发配，及到配安置，俱声明何司案呈，专咨报部。

（此条道光四年，将条例 068.07 改定。）

薛允升按：军流年终造册报部，以便稽考人犯数目多少，此册似不可裁。此条似应移于徒流迁徙地方门内。

事例 068.01：雍正元年谕

直省命盗案件，主稿虽则刑部，然必由三法司等衙门公同确勘画题，方行请旨。今刑部议覆被盗疏防，及人命失察等案，有该督抚未将所属地方官弁报参者，刑部于具题完结本尾声明，行令查参到日再议，嗣经该督抚有照例补参，亦有援案请免者，止用咨覆，刑部再不具题，又不照会都察院、大理寺衙门，是以部中奸猾胥吏，得以操纵其事，暗地招摇。有部费者，则为援引轻例，且有竟将咨文沉匿，日久潜消者。如无部费，虽督抚声明在所可宽，不准邀免，欺隐蒙混，事同议异。敕下刑部，嗣后凡三法司会议案件，本尾带及行令补参者，督抚咨覆刑部，其或处分，或宽免，作何完结之后，令刑部知会画题衙门，公同刷卷，如此则胥吏不得萌逞故智，上下其手矣。

事例 068.02：雍正五年议准

嗣后刑部现审事件，今承审官，每于月底将所审案件，逐案开具简明略节，并监犯名数，收监日期，造具清册，其有行提应质人犯等项，不能依限完结者，将缘由一并造入册内，呈堂查核。若有滥行监禁，及无故迟延不结者，即将该司官指名题参，照例议处。若刑部不行题参，或被科道纠参，或别经发觉者，将堂官一并议处。其直省问刑各衙门，亦于每月一体造具清册，呈报督抚查核。如有滥禁等弊，即行题参议处。倘督抚不行题参，别经发觉，将督抚一并议处。

事例 068.03：嘉庆二十四年谕

御史蒋云宽奏明减等章程一折。各省军流人犯，遇有减等恩旨，该督抚等自应迅速办理，乃近日外省办理迟延，且有遗漏，殊乖矜恤之意。此次恩诏内查办减等，著各督抚、将军、都统、府尹等饬属查明，按限造册报部，并声明接奉部文日期。倘逾定限，该部照例查参，仍令各督抚等取具各属并无遗漏印结报部备查，遇有别案牵涉，辗转行查，徒延时日。嗣后俱著专咨报部，年终仍造册汇报，以凭稽核。

事例 068.04：道光二年谕

御史朱为弼奏请饬册各部册籍一折。各直省汇送六部册籍，日积日多，往往名实不符，俱成具文，无关政要，而胥吏等乘机舞弊，转致难于稽查，自应酌加删减，以归简易。著六部堂官，各将外省造送该衙门册籍，逐一查明，分别应存应删，悉心妥议，开单奏明请旨。

事例 068.05：光绪七年谕

刑部奏各省军流徒人犯，请仍复年终汇报旧例一折。各省军流徒人犯，向系年终汇报，嗣经停止，现在查办减等，散漫无稽，各省未经造报者甚多，殊属迟延，且恐有遗漏情事，非所以溥仁施而昭周密；其有因案牵涉之犯，亦以辗转行查，办理需时。嗣后各省督抚、将军、都统、府尹等，仍照旧例，将遣军流犯定地发配，及到配安置，除专咨报部外，均于年终逐案摘叙事由，并声明何司案呈，造册汇报。徒罪人犯，一体办理，该部即纂入例册遵行，并著各该省查照本年六月部定章程，迅即备录各犯案由，分别官常犯，准减不准减，造册声叙名口总数，赶紧题咨报部。其已报各省有应行补报之犯，亦著一体迅速造报，毋再稽延。

事例 068.06：光绪九年议准

各省京控之案，从前系由都察院会同步军统领衙门，每年两次，将咨文交未结各案，汇问清单奏催。近来据步军统领衙门每两月将京控咨交数目具奏，知照刑部转行各该省遵照；其都察院京控之案，并不知照刑部，即无从稽核。近年各省办理京控案件，有将已未完结数目，及未能审结缘由，每年分两次汇奏者，亦有并不具奏者，殊不画一，请饬各省督抚、将军、都统、府尹，查明京控交审案件，无论奏咨，每年将已未完结数目，分两次汇开清单具奏，以归画一，并摘录案由，注明交审月日，及将未结各案因何未能审结缘由，于每年两次汇奏时，详细声明，分咨刑部。至都察院及步军统领衙门，每年接收京控之案，无论奏咨交审，均一律开单咨部，以凭稽核。

律 069：磨勘卷宗

凡〔照磨所官〕磨勘出各衙门未完文卷，曾经布政司、按察司照刷驳问迟错，经隔一季之后，钱粮不行追征足备者，提调〔掌印〕官吏，以未足之数十分为率，一分，笞五十，每一分加一等，罪止杖一百。刑名、造作等事，可完而不完，应改正而不改正者，〔过一季〕笞四十，〔一季后，〕每一月加一等，罪止杖八十。受财者，计赃，以枉法从重论。

若有隐漏〔已照刷过卷宗，〕不报磨勘者，一宗，笞四十，每一宗加一等，罪止杖八十。事干钱粮者，一宗，杖八十，每一宗加一等，罪止杖一百。有所规避者，从重论。

若官吏〔文书内或有稽迟未行，或有差错未改，〕闻知事发〔将吊查〕旋补文案，〔未完，捏作已完；未改正，捏作已改正。〕以避迟错者，钱粮，计所增数，以虚出通关论；刑名等，以增减官文书论。同僚若本管上司，知而不举，及扶同〔旋补〕作弊者，同罪。不知情及不同署文案者，不坐。

（此仍明律，其小注系顺治三年添入，顺治律为 074 条，其第一段"曾经监察御史、提刑按察司照刷驳问迟错"，雍正三年修改。）

律 070：同僚代判署文案〔例 3 条〕

凡应行〔上下〕官文书，而同僚官代判〔判日〕署〔书名画押〕者，杖八十。若因遗失〔同僚经手〕文案，而代为〔判署以补卷宗〕者，加一等。若〔于内事情〕有增减出入，罪重者，从重论。

（此仍明律，其小注系顺治三年添入。顺治律为 075 条。）

条例 070.01：各部司员

各部司员，有偷安偏执，故意推诿，不行画押者，该堂官即指名题参。其实有患病、事故告假者，免其议处。若堂官徇情枉法，逼勒画押，该司员密揭都察院，将该堂官指名题参。如有挟嫌诬告情弊，将该司员照例治罪。

（此条雍正十一年定。）

条例 070.02：刑部遇有三法司会勘案件

刑部遇有三法司会勘案件，即知会都察院、大理寺堂官，带同属员至刑部衙门秉公会审，定案画题。倘饰词推故，竟无堂官到部者，即将该院、寺堂官交部议处。

（此条雍正十一年定。）

薛允升按：此二条均系雍正十一年定例。上条见《处分则例》。下条系会审之定例。与此门律意不符，似应移于有司决囚等第门内。

条例 070.03：各省承审参案

各省承审参案，无论侵贪挪移，以及滥刑枉法等项，俱由臬司主稿，会同藩司审勘，招解督抚衙门覆审。倘藩司以事非己责，并不实心会鞫，或臬司因主稿在己，偏执自是，以致罪有出入者，该督抚即行查参，交部分别议处。

（此条乾隆二十九年，安徽按察使闵鹗元条奏定例。）

薛允升按：应移于职官有犯门。《处分则例》内无此专条。

律 071：增减官文书

凡增减官文书〔内情节、字样〕者，杖六十。若有所规避〔而增减者〕，杖罪以上〔至徒流〕各加〔规避〕本罪二等，罪止杖一百、流三千里。未施行者，〔于加罪上〕各减一等。规避死罪者，依常律。其当该官吏，自有所避〔之罪〕增减〔原定〕文案者，罪〔与规避〕同。若增减以避迟错者，答四十。

若行移文书，误将军马、钱粮、刑名重事紧关字样传写失错，而洗补改正者，吏典，答三十；首领官失于对同，减一等。〔若洗改而有〕干碍调拨军马，及供给边方军需、钱粮数目者，首领官、吏典皆杖八十。若有规避故改补者，以增减官文书论。〔各加本罪二等。〕未施行者，各〔于规避加罪上〕减一等。〔若因改补，而官司涉疑，有碍应付，或至调拨军马不敷，供给钱粮不足，〕因而失误军机者，无问故、失，并斩。〔监候，以该吏为首。若首领及承发吏，杖一百、流三千里。〕若〔非军马、钱粮、刑名等事文书，而〕无规避，及常行字样偶然误写者，皆勿论。

（此仍明律，其小注系顺治三年添入。顺治律为 076 条。）

律 072：封掌印信

凡内外各衙门印信，长官收掌，同僚佐贰官用纸于印面上封记，俱各画字。若同僚佐贰官〔公〕差〔事〕故，许首领官封印。违者，杖一百。

（此仍明律，其小注系顺治三年添入。顺治律为 077 条。）

律 073：漏使印信〔例 3 条，事例 2 条〕

凡各衙门行移出外文书，漏使印信者，当该吏典，对同首领官并承发，各杖六十。

全不用印者，各杖八十。

〔若漏印及全不用印之公文〕干碍调拨军马，供给边方军需、钱粮者，各杖一百。因〔其漏使、不用，所司疑虑，不即调拨供给〕而失误军机者，斩〔监候。亦以当该吏为首，经管首领官并承发，止坐杖一百、流三千里。若倒用印信者，照漏用律，杖六十。〕

（此仍明律，其小注系顺治三年添入。顺治律为 078 条。）

条例 073.01：各部院稿案

各部院稿案，有应行添改之处，俱用印钤盖。如有疏忽，照例参处。

（此条雍正十一年，吏部议覆侍读学士穆和琳奏准定例。）

薛允升按：此专指部院而言，外省申详文件亦应照办。《处分则例》："在外各衙门来往文移、及呈报上司事件，俱于正面用印，其有添注挖补及接扣之处，亦俱用印钤盖。傥有遗漏者，罚俸一年。"

条例 073.02：奏销册内钱粮总数

奏销册内钱粮总数，遗漏印信，及有洗补添注字样，造册之员，交部议处。其缮书册吏，按律治罪。

（此条雍正十一年定。）

薛允升按：此指各省咨部册籍而言。文书漏用印信，及全不用印者，俱罚俸。漏印者，杖六十；全不用印者，杖八十。此门律文也。行移文书，误将军马钱粮紧关字样，传写失错，而洗补改正者，吏典笞三十，增减官文书律文也。此云按律治罪，未审何指。雍正十二年工部议得御史纳奏称："各省咨部工程册籍，俱有关系等语，应令将册内洗补添注字样，盖用印信，并于册尾将印信数目登注。并于册籍内钱粮总数之处，一体钤盖印信。傥造送册内，洗补添注字样，并钱粮总数有遗漏印信之处，将造册之员题参，交部议处。其缮写书吏，按律治罪。"玩此奏内将册内洗补添注字样盖用印信等语，则凡洗补等项，及钱粮总数有遗漏印信之处，自应按律治罪。若非遗漏，即有洗补添注字样，亦不科罪。例分为两层，似如有洗补添注字样，即应治罪矣。

条例 073.03：陵寝重地采办祭品

陵寝重地采办祭品，及一切有关钱粮行文出境等事，俱具稿呈堂，钤盖堂印咨行。

（此条乾隆四十五年，承办泰陵事务散秩大臣宗室公承参奏奉祀礼部郎中阿敦私用司印行查大兴县许祥包办祭鱼舞弊案内，经刑部奏准定例。）

薛允升按：此专指一事而言，似应改为各部院通例。《处分则例》："在京各衙门应用堂印事件，误用司印，应用司印事件，误用堂印，罚俸三个月。印信倒用者，亦罚俸三个月。"

事例 073.01：乾隆六年议准

嗣后各直省文武大小衙门，凡一切差票，俱令钤盖印信。如无印信衙门，即用钤记，所有朱标小票衙单，永行禁止，仍令该管上司不时查察。傥有仍用无印小票衙单，即行揭报题参，将出票之员，照移行文书遗漏钤盖印信例，罚俸一年。

事例 073.02：乾隆六年又议准

各衙门无印之票，允宜禁止，而印票不销，蠹役舞弊，吓骗乡愚，流毒更甚于无印，除胥役差票未销，藉端讹诈，扰害乡民者，照律治罪，毋庸更为定例外，其该管上司不实力稽查，以致衙役持票恐吓乡愚犯赃者，将该管官照失察衙役犯赃定例处分。其衙役虽未犯赃，但将应销差票，迟延不销，该管官照事件迟延例，分别议处。

律 074：擅用调兵印信〔例 2 条〕

凡统兵将军，及各处提督、总兵官印信，除调度军马，办集军务，行移公文用使外，若擅出批帖，假公营私，〔及为凭〕照〔防〕送物货〔图免税〕者，首领官吏，各杖一百，罢职役不叙。〔罪其不能禀阻。〕正官，奏闻区处。

（此仍明律，其小注系顺治三年添入。顺治律为 079 条，原首领之下小注"总兵参谋、赞画，都司之经历"；正官之下小注"即将军都司掌印"，雍正三年修改。）

条例 074.01：凡各省文武大小官员（1）

各省文武大小官员，有以官印用于私书手本者，从重治罪。

（此条雍正五年定。乾隆五年改定为条例 074.02。）

条例 074.02：凡各省文武大小官员（2）

凡各省文武大小官员，有以官印用于私书者，照违制律治罪。有所求为，从重论。

（此条乾隆五年，将条例 074.01 改定。）

户律·户役

（计 15 条）

律 075：脱漏户口〔例 2 条，事例 1 条〕

凡一〔家曰〕户，全不附籍，〔若〕有〔田应出〕赋役者，家长杖一百。〔若系〕无〔田不应出〕赋役者，杖八十。〔准〕附籍〔有赋照赋，无赋照丁〕当差。

若将他〔家〕人隐蔽在户，不〔另〕报〔立籍〕，及相冒合户附籍，〔他户〕有赋役者，〔本户家长〕亦杖一百；无赋役者，亦杖八十。若将〔内外〕另居亲属隐蔽在户不报，及相冒合户附籍者，各减二等。所隐之人，并与同罪，改正立户，别籍当差。其同宗伯叔弟侄及婿，自来不曾分居者，不在此〔断罪改正之〕限。

其见在官役使办事者，虽脱户，〔然有役在身，有名在官，〕止依漏口法。

若〔曾立有户〕隐漏自己成丁〔十六岁以上〕人口，不附籍及增减年状，妄作老幼废疾以免差役者，一口至三口，家长杖六十，每三口加一等，罪止杖一百。不成丁，三口至五口，笞四十，每五口加一等，罪止杖七十。〔所隐人口〕入籍〔成丁者〕当差。

若隐蔽他人丁口不附籍者，罪亦如之。所隐之人与同罪，发还本户，附籍当差。

若里长失于取勘，致有脱户者，一户至五户，笞五十，每五户加一等，罪止杖一百。漏口者，一口至十口，笞三十，每十口加一等，罪止笞五十。本县提调正官、首领官吏〔失于取勘致有〕脱户者，十户，笞四十，每十户加一等，罪止杖八十。漏口者，十口，笞二十，每三十口加一等，罪止笞四十。知情者，并与犯人同罪。受财者，计赃，以枉法从重论。若官吏曾经三次立案取勘，已责里长文状，叮咛省谕者，事发，罪坐里长。〔如里长、官吏，知其漏脱之情，而故纵不问者，则里长、官吏与脱漏户口之人同罪。若有受财者，并计赃，以枉法从重论。〕

（此仍明律，小注系顺治三年添入。顺治律为 080 条。）

条例 075.01：直隶各省编审

直隶各省编审，查出增益人丁实数，缮册奏闻，名为"盛世滋生户口册"。其征收钱粮，但据康熙五十年丁册，定为常额，续生人丁，遵康熙五十二年三月十八日恩诏，永不加赋。如额征丁粮数内有开除者，即将各该省新增人丁补足额数。至新增人丁，倘不据实开报，或有私派钱粮，及造册之时藉端需索，该督抚严查题参。

（此条系康熙五十二年，户部遵旨议准例。雍正三年定例。乾隆五年，"续生人丁"下，删去"遵康熙五十二年三月十八日恩诏"十四字。）

薛允升按：有田则有赋，有丁则有役，此定制也。自有此例，有田者均代有丁者应役矣。若有丁而无田，则并无可当之差矣，此赋役中一大关键也。停止编审，盖为保甲定有成规可循耳，岂知保甲亦成具文乎。直省民数，每岁十月内，同谷数一并造册，咨部汇题，见《户部则例》。然既不行编审之法，则民数亦多不实矣。

条例 075.02：八旗凡遇比丁之年

八旗凡遇比丁之年，各该旗务将所有丁册，逐一严查。如有漏隐，即据实报出，补行造册送部。如该旗不行详查，经部察出，即交部查议。

（此条雍正十二年定。）

薛允升按：与《户部例·户口门·比丁》各条参看。此例，送部及经部察出，均指户部而言。户部定有专条，较为详明。此例无关引用，似应删除。《周礼·小司寇》："孟冬，祀司民，献民数于王，王拜受之，以图国用，而进退之。及大比，登民数，自生齿以上，登于天府。内史、司会、冢宰贰之，以制国用。岁终，则令群士计狱弊讼，登中于天府。"注曰："上其所断狱讼之数。"疏曰："群士，谓卿士以下皆是。必登断狱之书于祖庙天府者，重其断刑，使神鉴之。李氏光坡曰：司寇，刑官也。何以职民数，或者以寓好生之德乎。抑又闻之，古者悼与耄不加刑。而此经亦有赦幼弱、赦老旄之法。或刑罚之下，当知老幼以为刺宥，有取此义而属之乎。"又，"司民掌登万民之数，自生齿以上皆书于版，辨其国中与其都鄙及其郊野，异其男女，岁登下其死生。及三年，大比，以万民之数诏司寇。司寇及孟冬祀司民之日，献其数于王，王拜受之，登于天府。内史、司会、冢宰贰之，以赞王治"。舒氏芬曰："秋成物之时也，故三年大比，司寇献民数，王拜受之也。王及司寇皆知民数之重如此，岂惟不敢滥于刑，凡所以生聚教诲者，自不容已矣。"郑氏刚中曰："言贰之以赞王治者。司寇，刑官也。民至于犯法，以其贫穷而抵冒耳，司民，掌民数之官耳，民之贫而犯刑，非己所得而知也。以民者王所当治，民有登耗，则为公卿大臣者，当据是数佐王以治之，使之繁庶而已，故曰以赞王治。"又《地官·党正》："以岁时莅校比。"郑司农曰："校比，族师职，所谓以时属民，而校登其族之夫家众寡，如今时小案比。"《后汉书·江革传》："每至岁时，县当案比。"注："案验以比之，犹今貌阅也。"盖亦周礼大比之意。民数之重，其来远矣。此例深合古意，然止言八旗，而不言民人，以民人自有编审及脱漏等法也。岂知其俱成具文乎？又安能知其实数耶。

事例 075.01：雍正五年议准

广东省山多田少，无田耕种穷民，赶山搭寮，取香、砍柴、烧炭等项，令各州县每寮给牌，遇有迁徙消长，赴县添除，违者，寮长照脱漏户口律治罪。傥窝藏奸宄，勾通匪类，寮长不报官究治，或被旁人首告者，照总甲容留棍徒例治罪。各寮长将此人等查出，即行报官者，免其治罪。至入山之穷民，如不赴官报明，搭寮居住，种麻、种靛者，照盗耕田亩律治罪。其山主不经官验，私自批佃搭寮者，照违令律治罪。文武各官，漫不经心约束，以致窝藏奸宄，勾通匪类，经督抚题参，照溺职例处分。

律 076：人户以籍为定〔例 36 条，事例 8 条，成案 6 案〕

凡军、民、驿、灶、医、卜、工、乐诸色人户，并以〔原报册〕籍为定。若诈〔军作民〕冒〔民〕脱〔匠〕免，避〔己〕重就〔人〕轻者，杖八十。其官司妄准脱免，及变乱〔改军为民，改民为匠〕版籍者，罪同。〔军民人等，各改正当差。〕

若诈称各卫军人，不当军、民差役者，杖一百，发边远充军。

（此仍明律，小注系顺治三年添入。顺治律为 081 条。）

条例 076.01：各处卫所官军人等（1）

各处卫所官军人等，及灶户置买民田，一体坐派粮差。若不纳粮当差，致累里长包赔者，俱问罪，其田入官。

（此条系明代问刑条例，顺治例 081.02，首句本系"各处卫所及护卫、仪卫司官军、舍余人等"。雍正三年奏准：今无护卫、仪卫司舍余，此七字删。嘉庆六年将此例改定为条例 076.02。）

条例 076.02：各处卫所官军人等（2）

各处卫所官军人等，及灶户置买民田，一体坐派粮差。若不纳粮当差，致累里长包赔者，查系欺隐田亩，及典买不过割者，各按本律定拟，其田入官。若无欺隐等情，止系不纳粮当差，照收粮违限律治罪。

（此条嘉庆六年，将条例 076.01 改定。）

薛允升按：此条专为卫所等处舍余人等而设，今既无此项名色，无论何项人等有犯，均应照律治罪，似无庸另立专条。此条系前代例文，专为卫所官军人等置买民田不纳粮当差而设，与此门不符，似应与兵役有应输之粮一条，修并为一。

条例 076.03：军户子孙

军户子孙，畏惧军役，另开户籍，或于别府、州、县入赘、寄籍等项，及至原卫发册清勾，买嘱原籍官吏、里书人等，捏作丁尽户绝回申者，俱问罪。正犯发烟瘴地面，里书人等发附近卫所，俱充军；官吏参究治罪。

（此条系明代问刑条例，顺治例 081.01。雍正三年，删"畏惧军役"四字，"等项，及至原卫发册清勾"十字。乾隆五年，查今无军户子孙勾丁补户之例，奏明删除。)

条例 076.04：康熙六十一年以前（雍正十二年以前）

康熙六十一年以前，各旗白契所买之人，俱不准赎身。若有逃走者，准递逃牌。雍正元年以后，白契所买单身，及带有妻室子女之人，俱准赎身。若买主配给妻室者，不准赎身。未经卖身之先，或已定亲未娶，问女家情愿，方许配合；不情愿者，听。

（此条系雍正元年，户部议覆正黄旗蒙古副都统花色奏，雍正三年定例，嗣于雍正十二年议准："凡雍正十二年以前白契所买之人，一体不准赎身，逃者准递逃牌。"乾隆五年，因将首句改为"雍正十三年以前"，"雍正元年以后"改为"乾隆元年以后"。）

薛允升按：此条分别雍正十三年以前，及乾隆元年以后，以例文系乾隆五年修改，故以此二年明立界限也。第现在不特无雍正十三年以前白契所买之人，即乾隆元年以后白契所买及配给妻室者，已经数辈，均与此例不符。例内如此者甚多，盖专就修例时年岁核算，每届重修时，即应奏明更正此办法也。乃二百年来，从无改正一条，何也。再，此系白契家奴分别准赎不准赎之例，后乾隆二十五年，又有定例，以本主情愿为断，本主不愿，概不准赎，与此条不无参差。未经卖身之先以下数语，与《户部则例》同，似应摘出另为一条，移于良贱为婚门内。奴婢殴家长门，雍正十三年以前，白契所买与投靠养育年久等项，俱系家奴，与此相同。但此条专言八旗，而彼条又系民人，并无八旗字样，亦嫌参差。

条例 076.05：各省乐籍并浙省堕民丐户

各省乐籍，并浙省堕民、丐户，皆令确查，削籍改业为良。若土豪地棍，仍前逼勒凌辱，及自甘污贱者，依律治罪。其地方官奉行不力者，该督抚查参，照例议处。

（此条系雍正元年，王大臣会同礼部议覆御史年熙并礼部议覆噶尔泰条奏，雍正三年定例。）

薛允升按：乾隆三十六年，礼部议覆陕西学政刘墫条奏："削籍之乐户、丐户，应以报官改业之日为始，下逮四世，本族亲友皆系清白自守，方准报捐应试。该管州县取具亲党里邻甘结，听其自便。不许无赖之徒，藉端攻讦。若系本身脱籍，或仅一、二世及亲伯叔姑姊尚习猥业者，一概不许滥厕士类，傲幸出身。至广东之蛋户，浙江之九姓、渔户及各省凡有似此者，即令该地方官照此办理等因在案。"似应附入此条之内。

条例 076.06：归流苗蛮族类

归流苗、蛮族类，逐一编造户口册籍，分清住址，管辖者不许移居混迹。傥有事犯，即在该地方衙门跟究。如该管官不加详察，仍听苗、蛮居住混杂者，照例议处。

（此条雍正六年定。乾隆五年奏准：苗、蛮宜随时处置，定为成例，恐反有窒碍难行之处。因此删去此条。）

条例 076.07：旗下奴仆（1）

旗下奴仆，或借别旗名色买赎，或自行赎身，旗、民两处，俱无姓氏者，察出即令归旗。其有跟随家主出差外任，私有积蓄，钻营势力，欺压本主赎身者，自康熙五十二年恩诏以后，虽在民籍，查明强压情实，亦令归旗。若果系数辈出力之人，伊主念其劝劳，情愿听其赎身为民，本旗、户部有档案可稽，州县地方有册籍可据，为民者仍归民籍，旧主子孙，不得藉端控告。其有投充之本身，私自为民，别经发觉，将同族之人，诬扳为同祖，或本主因家奴之同族，少有产业，诬告投充之子孙者；审明，将诬扳诬告之人，从重治罪。

（此条雍正十二年，户部议准定例。乾隆三十二年改定为条例 076.08。）

条例 076.08：旗下奴仆（2）

旗下奴仆，若果系数辈出力之人，伊主念其劝劳，情愿听其赎身为民，本旗、户部有档案可稽，州县地方有册籍可据，为民者仍归民籍，旧主子孙，不得藉端控告。其有投充之本身，私自为民，别经发觉，将伊家同族之良民，诬指为同祖，希图陷害者；或本主因家奴之同族，少有产业，诬告投充之子孙者；审明，将诬扳诬告之人，照冒认良民为奴婢律治罪。

（此条乾隆三十二年，将条例 076.07 改定。本系"照诬良为贱律"，乾隆五十三年，因诬良为贱律无明文，改"照冒认良民为奴婢律"。）

薛允升按：此条数辈出力等语，见后二十四、五年所定各例："八旗家奴如系累代出力，经本主呈明，令其出户"，"八旗白契所买家奴，本主念有微劳，情愿令其赎身者，仍准赎身，仍归民籍"等语，见后五十三年改定之例。均不免有重复之处，似应修并。既准赎身为民，自无庸再查档案册籍矣。下有报明本籍地方官咨部存案例文，应参看。仅止私自为民，而无诬指陷害情节，作何科断，亦应叙明。混告分户年久之人，见诬告门。

条例 076.09：乾隆元年以后放出

乾隆元年以后放出，捏称元年以前，私自营求，入于民籍者，察出，将该户交刑部照治罪，仍令归旗，作为本主户下家人。其不行详查之参、佐领，及蒙混收入民籍之地方官，一并交部议处。

（此条乾隆二年，户部议准定例。）

薛允升按：现在并无此等人犯。至潜入民籍，及钻营势力赎身，另有条例，此条似应删除。照何例治罪之处，亦未叙明。乾隆元年至今，百数十年，无论并无以前放出之人，即以后放出者，亦已经数辈矣。

条例 076.10：乾隆元年以后白契所买之人（1）

乾隆元年以后，白契所买之人，未入丁册者，准照例赎身为民。其乾隆元年以前，白契所买之人，既准作为印契，仍照例在本主户下，挑取步、甲等缺，俟三辈后，著有劳绩，本主情愿放出为民者，呈明本旗，咨报户部。册档有伊祖父姓名者，亦准放出为民，仍行文该地方官查明注册，止许耕作营生，不准考试。

（此条乾隆三年定。乾隆五十三年改定为条例 076.11。）

条例 076.11：乾隆元年以后白契所买之人（2）

乾隆元年以后，白契所买之人，未入丁册者，准照例赎身为民。其乾隆元年以前，白契所买之人，既准作为印契，仍照例在本主户下，挑取步、甲等缺，俟三辈后，著有劳绩，本主情愿放出为民者，呈明本旗，咨部存案。若汉人则令本主报明本籍地方官，咨部存案，俟部核覆，准入民籍。此等旗民放出家奴，系曾经服役之本身，及在主家所养之子孙，止许耕作营生，不许考试出仕。其入籍后所生之子孙，准其与平民一例应考出仕，京官不得至京堂，外官不得至三品。

（此条乾隆五十三年，遵旨将条例 076.10 改定。）

条例 076.12：乾隆元年以后白契所买之人（3）

乾隆元年以后，白契所买之人，未入丁册者，准照例赎身为民。其乾隆元年以前，白契所买之人，既准作为印契，仍照例在本主户下挑取步、甲等缺。俟三辈后，著有劳绩，本主情愿放出为民者，旗人则取具本主甘结，加具参、佐领图结，由旗咨部存案。汉人则取具本主甘结，报明本籍地方官，咨部存案，俟部核覆，准入民籍。此等旗民放出家奴，止许耕作营生，不许考试出仕。其放出入籍三代后所生之子孙，准其与平民一例应试出仕，京官不得至京堂，外官不得至三品。其虽经放出，未经呈报者，应自报官存案之日起限。

（此条嘉庆十一年，将条例 076.11 改定。）

薛允升按：此条专为放出家奴之子孙考试而设，自应改为通例。原例本指旗下奴仆而言，乾隆四十八年，奉有谕旨，汉人俱在其内，则不专言旗下矣。例首一段亦与上条重复，似应删改为"满汉官员人等契买奴仆，本主念其著有微劳，情愿"云云。

条例 076.13：远年印契所买奴仆之中

远年印契所买奴仆之中，如内有实系民人印契卖与旗人，契内尚有籍贯可查，照乾隆元年以前白契所买家人之例，三辈后准其为民。仍将伊等祖父姓名、籍贯一体造册，咨送户部查核。

（此条乾隆五年，户部议准定例。）

薛允升按：与上乾隆元年以后白契，及雍正十三年以前二条参看。上二条均言白契，此条指明印契，虽稍有不同，而三辈后准其为民，则事属相类，似应修并。《户部则例》数条，有与此门例文互相发明者，均应参看。"一、八旗户下家人，不论远年旧仆，及乾隆元年以前印白契所买奴仆，系本主念其数辈出力，勤劳年久，情愿放出为民者，呈明本旗查明，并无钻营情弊，造册取结，咨部核对丁册，名姓相符，转地方官收入民籍。一、白契所买家奴，如本主不能养赡，或念有微劳，情愿令其赎身者，准其赎身。其有酗酒犯上、滋事拐逃及恃强设法赎身等事，俱照红契家人一例办理。一、八旗户下家奴，有借他人名色认买，私自出旗，或将子孙改姓，潜入民籍者，查报治罪，仍断归本主。一、八旗户下家奴，如有钻营势力欺压孤幼，赎身为民者，倍追身价给还原主，将人口赏给各省驻防兵丁为奴。如系本主得银私放，即治以违例与受之罪，仍将家人断归本主。"

条例076.14：驻防旗人置买本地家奴

驻防旗人，置买本地家奴，本主因其不堪驱使，情愿准其赎身者，亦准放出为民。

（此条乾隆五年，户部议准定例。）

薛允升按：此条似应并入下八旗白契所买家奴之内，于本主不能赡养下，添或因其不堪驱使。

条例076.15：凡八旗绝户家奴

凡八旗绝户家奴，如无族人可归者，无论家下陈人，契买奴仆，俱准其在于本佐领下开户，责令看守伊主坟墓。其中如果有年力精壮，尚可当差者，在于本佐领下披步甲当差。如内有乾隆元年以后白契所买奴仆，情愿赎身为民者，照例赎身，其身价银两，照绝户财产入官例办理。

（此条乾隆五年，户部议准定例。乾隆三十二年，将"准其在于本佐领下开户"句，改为"令本佐领造入原主户下"。）

薛允升按：绝户财产入官例已修改，此处亦应删改。旗人尚准改入民籍，此等无族可归之人，似亦应听其为民。况二十一年上谕，内有愿入何籍，各听其便之语，似可无庸造入原主户下。《户部则例》："一、八旗绝户家奴，无族主可归者，该旗查出，如系远年旧仆，及乾隆元年以前契买奴仆，造册送部，转行地方官收入民籍。其乾隆元年以后契买奴仆，令其赎身为民。身价银两，照绝户财产例办理。"此例既分别收入民籍，及赎身为民，显与刑例不符，似应照此修改。

条例076.16：凡民人之子

凡民人之子，既经给与旗下家人为嗣，即与家人无异，应造入伊主户下，以备稽查。

（此条乾隆五年，户部议准定例。）

条例076.17：发遣赏给各省驻防兵丁为奴人犯

发遣赏给各省驻防兵丁为奴人犯，除照例不准赎身，及不准典卖与别境旗人外，其实实有应卖事故，欲行典卖者，报明该管官，酌量准其典卖与本处旗人为奴。如遇有逃走为匪等事，即将典买之人，照例治罪，原主不坐。如卖与民人，并别境旗人为奴者，杖一百追价入官。

（此条系乾隆二年，刑部议覆黑龙江将军额奏准例，乾隆五年定例。嘉庆六年，增入"为奴人犯，不准给原主领回"一节。嘉庆十五年，增定为条例076.18。）

条例076.18：发遣赏给黑龙江新疆等处

发遣赏给黑龙江、新疆等处，及各省驻防官员兵丁为奴人犯，并无应卖事故，辄私行典卖，及得财放赎者，系官，革职；兵丁，枷号两个月，鞭一百，追价入官；专管各官，交部议处。其用财赎身之遣犯，枷号一年，鞭一百，仍交原主管束。若实有应卖事故，欲行典卖者，报明该管官，酌量准其典卖与本处旗人为奴。如遇有逃走为匪等事，即将典买之人，照例治罪，原主不坐。如卖与民人，并别境旗人为奴者，原主杖一百，亦追价入官。其人犯，令该将军、都统另行赏给本处兵丁为奴，不准给原主领回。

（此条系嘉庆十五年，将条例076.17增定。嘉庆十八年，于原例"交部议处"下，增入"其用财赎身之遣犯，枷号一年，鞭一百，仍交原主管束"四句，改末句"兵丁"为"官兵"。）

薛允升按：大逆缘坐及强盗免死为奴人犯，俱不准出户。见流因家属门，与此例参看。叛逆案内为奴人犯，永不准赎身，见流因家属门后声明，例有专条曾经删除。所谓专条，盖指此处照例不准赎身等语而言。今此等语亦经删去，是为奴人犯，两处均无不准赎身明文矣。似应为为奴人犯下照原例添永不赎身、典卖，傥无应卖云云。是否不论得财多寡，记核。

条例076.19：凡另户人之妻（1）

凡另户人之妻，因夫亡改嫁与另户，应准其随母改适，俟抚养成丁，仍归本宗。如子母不忍分离，两家情愿倚依者，仍将本人造入生父本宗丁册。如有民间子弟，自幼随母改嫁与另户旗人，应照户口不清例，另行记档。其有家人之子，随母改嫁另户，以及民间之子，随母改适与户下家人者，统于户部造报声明。嗣后遇有随母改嫁人等，该参、佐领实时确查，报明都统存案，仍于编审三年丁册内注明，咨报户部查核。至从前另户旗人之子，自幼给予旗下正身，及户下家人抚养，呈请归宗者，该旗查明情实，取具两姓族长、族人保结，各参、佐领印结，咨送户部存案，准其归宗。

（此条乾隆五年定。乾隆三十二年，改定为条例076.20。）

条例076.20：凡另户人之妻（2）

凡另户人之妻，因夫亡改嫁与另户，并嫁与户下家人，其前夫所生之子，原系另户，应准其随母改适，俟抚养成丁，仍归本宗。如子母不忍分离，两家情愿倚依者，仍将本人造入生父本宗丁册。至从前另户旗人之子，自幼给予旗下正身，及户下家人抚养，呈请归宗者，该旗查明情实，取具两姓族长、族人保结，并各参、佐领印结，咨送户部存案，准其归宗。

（乾隆二十四年，因为八旗开户放出为民，所以在乾隆三十二年改定此条。嘉庆六年，查与《户部现行则例》不符，且无定罪之处，特将此例删除。）

条例 076.21：八旗远年丁册有名者

八旗远年丁册有名者，即系盛京带来奴仆。直省本无籍贯，其带地投充者，亦历年久远，虽有籍贯，难以稽查。两项应仍遵照定例，止准开入旗档，不得放出为民。

（此条乾隆五年定。乾隆二十四年，户部奏准，将开户放出为民例删除，此条随之删除。）

条例 076.22：凡八旗奴仆

凡八旗奴仆，放出为民，未经入籍，及入籍在乾隆元年以后之户，应令归旗，作为原主名下开户壮丁。至于设法赎身之户，例应作为开户壮丁者，其已经议结之案，毋庸置议外，其未结之案，或其自备身价赎身，或亲戚代为赎身者，均应归原主佐领下，作为开户。若有实在用价契买，随又交价赎出者，均应在买主佐领下，作为开户。如经开户壮丁，给价买出者，伊等原非另户正身，其名下不便复有开户之人，仍应归原主佐领下，作为开户。

（此条乾隆五年定。乾隆二十四年，户部奏准，将开户放出为民例删除，此条随之删除。）

条例 076.23：八旗从前投充

八旗从前投充，及乾隆元年以前契买家奴，果原系灶户，祖父姓名籍贯确有证据，令该大使查明，出具印甘各结，详报该管上司核明，行文该处查提，准其放出归灶，仍将卖身之人，枷号三个月；引进保人，枷号两个月；各责四十板，追取原价给主。其并非灶丁，指称灶丁抗违家主者，杖一百，仍行给主。

（此条乾隆六年，户部议覆盛京刑部侍郎觉罗吴拜条奏定例。）

薛允升按：此时如有此项人等，恐亦无从查究矣。且专言灶丁而未及别项，亦不画一，似应删除。

条例 076.24：应试童生

应试童生，如诡捏数名，或顶名入场，希图幸进者，照诈冒律，杖八十。保结之廪生知情者，同罪。

（此条乾隆八年，刑部议覆广东学政梁文山条奏定例。）

条例 076.25：顺天府考试审音之时

顺天府考试审音之时，究出冒籍情弊，将本生及廪保，俱照变乱版籍律，杖八十，廪保仍革去衣顶。知县、教官，如审音不实，滥行申送，俱照徇庇例，交部议处；受财者，计赃，从重论。

（此条乾隆十年，礼部议覆顺天府府丞郑其储、工部侍郎励宗万条奏定例。）

薛允升按：前顺天府一条，系为出仕时取结而设，此为考试时审音而设，应参看。

条例 076.26：凡八旗汉军人等愿在外省居住者

凡八旗汉军人等，愿在外省居住者，报明该旗，并呈明督抚，不拘远近，任其随便散处，即令所隶州县，与民人一体编查保甲。所在督抚，咨明该旗，每年汇奏一次，以便稽查。务令安静营生，不得强横生事。其有作奸犯科，及一切户婚、田土、命、盗案件，俱归所隶州县审办。遇有失察之案，将该州县一例参处。各州县与理事同知、通判，同驻一城者，令其会同审理。如驻非同城，即责令该州县自行审办。罪止杖、枷、笞、责者，详报该管上司批结，照民人一体杖责发落，毋庸仍解理事同知、通判鞭责。犯该徒罪以上者，详解该管上司，分别题咨报部，均移咨该旗都统查照。其住居附京之满洲、蒙古旗人有犯仍，照旗人犯罪各本律例办理。

（此条乾隆十二年遵旨定例。嘉庆十八年，于原例"强横生事"下，增入"其有作奸犯科"一百六十五字；于"随便散处"下，增入"即令所隶州县"十五字。）

薛允升按：此应与旗人改入民籍一条参看。此例应将改入民籍一层添入，或作为除律亦可，先言改入民籍之汉军，一切均照民例办理后再言屯居之汉军。此处分别汉军屯居与满洲蒙古旗人附京居住不同，则犯罪免发遣门，自应修改详明。八旗汉军准其改入民籍，见户部及《处分则例》，亦应参看。"一、八旗汉军除现任职官，并一应候补、候选、告休、革退文武官，不准即入民籍外，其兵丁闲散人等，有情愿改入民籍者，在内呈明该旗，在外呈明所在省分督抚，查明核实报部。统由该旗造具家口清册，由部转行入籍省分州县收入民籍。按其成丁人口，各给钤印手票。其愿入顺天府属籍贯者，该旗咨部之外，仍造册派员带领入籍家口，交顺天府转送入籍州县查收编管。其由京赴各省入籍者，该旗给与执照沿途查验，至入籍地方缴换手票。凡汉军为民人数，于岁底由部汇奏。"《处分例》："系曾任职官者不准。"例末系遇有迁徙贸易等事，亦令报明州县存案。若地方于查收后，不即编入里甲，日后查无其人者，照脱漏户口律，分别议处。

条例 076.27：八旗开户人等

八旗开户人等，如系累代出力家奴，经本主呈明，令其出户，及根底不清，旗民两无可考，应另记档案者，此项人丁，本无过犯，应准放入民籍。其本主得银放出，潜入民籍，或抱养子弟，指称归宗，私入民籍者，仍治以不行呈明之罪，令其各归民籍。至指借他人名色，代为认买，私自出旗，或带地投充之人，将子孙改姓潜入民籍者，照例治罪，仍断还原主。若有钻营势力，欺压孤幼，赎身为民者，倍追身价，给还原主，将人口赏给外省驻防将军、都统等为奴。

（此条乾隆二十四年定。乾隆五十三年，将"八旗开户人等"改为"八旗家奴"。

将"及根底不清，旗民两无可考，应另记档案者，此项人丁，本无过犯"五句删去，改末句"将军、都统等"五字为"赏给外省驻防兵丁为奴"。）

薛允升按：乾隆二十一年二月初二日奉上谕："八旗另记档案之人，原系开户家奴冒入另户，后经自行首明，及旗人抱养民人为子者，至开户家奴则均系旗下世仆，因効力年久，伊主情愿令其出户。现在各旗及外省驻防内，似此者颇多。凡遇差使必先尽另户正身挑选之后，方准将伊等挑补。而伊等欲自行谋生，则又以身隶旗籍，不能自由。现今八旗户口日繁，与其拘于成例，致生计日益艰窘，不若听从其便，俾得各自为谋。著加恩，将现今在京八旗、在外驻防内另记档案及养子开户人等，俱准其出旗为民。其愿入何籍何处者，各听其便等因。钦此。"即原例所云开户人等是也。此例与户部例略同。不行呈明，应治何罪。下文照例治罪亦然，均应修改。设法赎身并未报明旗部之人，无论伊主曾否收得身价，仍作为原主户下家奴，见犯罪免发遣门。投充之本身，私自为民。乾隆元年以后放出，捏称元年以前，私自营求入于民籍。本主得银放出，潜入民籍，或抱养子弟指称归宗，私入民籍。指借他人名色代为认买，私自出旗，或带地投充之人，将子孙改姓，潜入民籍。以上四项，均无治罪专条，例或云仍治以罪，照例治罪，究竟应治何罪，似应叙明。从前八旗奴仆最多，或系世仆，或系契买，呈控奴仆之案，亦复不少，近则绝无仅有，而世族大家，亦无契买奴仆之事。天道数十年而一变，今昔情形各不相同，此门内所载各例，存而勿论可也。

条例 076.28：凡八旗白契所买家奴

凡八旗白契所买家奴，如本主不能养赡，或念有微劳，情愿令其赎身者，仍准赎身外，如本主不愿，概不准赎。其有酗酒、干犯、拐带、逃走等情，俱照红契家人一例治罪。如有钻营势力，倚强赎身者，仍照定例办理。

（此条乾隆二十五年，步兵统领大学士忠勇公傅恒条奏定例。）

薛允升按：此条因乾隆五年修改之例，内云乾隆元年以后所买之人，俱准赎身，而治罪又轻于红契家人，是以又定有此例。盖谓虽系元年以后白契所买之人，亦应以伊主是否情愿为断，不准一概听其赎身。自系补前例之所未及。然两例并存，究不免稍有参差。况此例纂定在后，则以前旧例如有与新例不符之处，似亦应略为修改，以免歧误。《户部则例》二条，较觉详明，应参看。

条例 076.29：凡籍隶顺天府宛大两县人员出仕时

凡籍隶顺天府宛、大两县人员出仕时，取具同乡京官印结者，各宜细心查核。如有混冒出结，除照例议罪外，遇有承追无著之项，即于定例后出结官名下追赔。

（系乾隆三十八年，户部侍郎兼管顺天府尹蒋赐棨奏，乾隆四十二年遵旨定例。）

薛允升按：此例专言顺天府宛、大两县，他处并未议及，有犯自应一体照办，似应改为通例。

条例 076.30：凡织造税务监督等衙门收用长随

凡织造、税务监督等衙门收用长随，倘有心存怨望，有意陷主于过者，该监督即就近交地方官衙门，严加惩治。其才具庸劣，不堪驱使者，止准该管官驱逐。如长随等任意去留，无故潜投他处者，即照旗下逃奴之例办。

（此条乾隆四十七年，淮安关监督征瑞条奏，经内务府核覆具奏，纂为定例。）

薛允升按：此无关紧要之事，纂入例内，殊嫌琐碎。至陷主于过，应如何惩治之处，亦未明晰，似应删除。

条例 076.31：军流人犯之子孙

军流人犯之子孙，系本籍所生，〔按：本籍所生之子。〕随往配所者，该地方官查明年岁，填注文批，递交配所验明立案。倘在籍并无亲子，或有继嗣，〔按：本籍嗣子。〕准将继子随配。若到配后复生有亲子，〔按：到配生之子。〕即将其所继之子，查明原籍确有亲属可倚，勒令归宗。如并无亲属，始准与到配后所生之子，一体入于军籍。至本犯原籍子嗣数人，不愿俱赴配所，分别去留；已留本籍者，不得复于配所入籍应试；已随配所入籍者，不准复回原籍考试。其军流随配入籍之子孙，统俟十年限满后，由配所督抚将入籍缘由，报部查核，如有捏混，及跨考两籍者，本犯及子孙按律治罪，府、州、县交部议处。

（此条乾隆五十二年，大学士九卿议覆顺天府尹吴省钦条奏定例。）

薛允升按：与户部例略同。嘉庆二十年，礼部又有分别案情，于入籍时详明学政核定，方准应试，应参看。军流人犯亦有分别。如积匪猾贼，积惯讼棍等类，其子孙自亦不准考试矣。在籍之子孙是否应准考试，记参。其父作奸犯科，并无禁其子不准考试之例。然准予考试，其子或登仕籍，则其父即可荣膺封典，在寻常过犯原可不必深究，倘犯系积匪猾贼、凶恶棍徒及强盗等类，其流品亦不殊于隶卒等类，若不显为区分，殊未平允。似亦应不准考试。

条例 076.32：娼优隶卒及其子孙

娼优隶卒，及其子孙，概不准入考捐监。如有变易姓名，蒙混应试报捐者，除斥革外，照违制律杖一百。若将良民诬指为娼优隶卒，希图倾陷拖累者，各按诬告律治罪。

（此条乾隆五十三年定。）

薛允升按：查《学政全书》内开："娼优隶卒之家，变易姓名，徼幸出身，访闻严行究问。"又，"皂隶子孙朦混纳捐者，照例斥革"。又例载："斥革监生冒名复捐者，照违制律杖一百。"是娼优隶卒之家，因系下贱，例不准其入考。向来遇有彼此挟嫌，将良民诬指为娼优隶卒子孙之案，因刑律内虽有诬良为贱之语，并无诬良为贱作何治罪明文，援引《学政全书》参会比附，于杖一百加所诬罪三等，拟以杖八十、徒二年。然与其辗转比附，莫若增删入例，因纂定此例。放出家奴及世仆等项，所生之子孙，三辈后准其考试、报捐。此条云概不准考、捐，若有改业为民已逾三代，似应准其考、捐矣。

条例076.33：内务府承领官地庄头

内务府承领官地庄头，及王公户下由内府拨出之庄头，旗档有名者，归入汉军考试；旗档无名者，归入民籍考试。其八旗户下带地投充庄头，无论旗档有名无名，均不准应试出仕。

（此条嘉庆十一年，礼部奏准定例。）

薛允升按：此专为带地投充之庄头与承领官地等项庄头不同，分别准其考试与否而设。

条例076.34：安徽省徽州宁国池州三府民间世仆

安徽省徽州、宁国、池州三府，民间世仆，如现在主家服役者，应俟放出三代后所生子孙，方准报捐、考试。若早经放出，并非现在服役豢养，及现不与奴仆为婚者，虽曾葬田主之山，佃田主之田，均一体开豁为良。已历三代者，即准其报捐、考试。

（系嘉庆十四年，奉谕旨纂为例。嘉庆十五年定例。）

薛允升按：各省乐籍及堕民丐户，是否一体办理，记参。金筑高青书廷瑶《宦游纪略》载此事原委，附记于此。"嘉庆十四年，有宁国县民某等，赴京具控柳姓捐监，系其世仆一案，抚军委余会同安庆府姚鸣岐审讯。先令原告将卖身人文契呈验，答称来年久远，遗失无存。再讯其人服役出户年分，亦茫无可指实。惟以葬山佃田住屋为世仆之据。及提被告查讯，据称伊等远祖，从前是否投靠，抑系卖身，后来如何出户另居，业已数百余年，伊等不知详细。况祖父以来，各安耕凿，某等因见伊家计稍丰，每向讹诈不遂，是以捏词诬陷等语。质之某等坚执柳姓远祖自前明宣德年间葬伊山上。定例：葬主之山，佃主之田，住主之屋，皆为世仆。坚不输服。余与首府细商，世仆名目由来已久，而徽、宁、池等府尤多，如果其人投靠卖身，经本主后裔执有文契，并无放赎等情，或因世代年久，虽无身契，而其子孙现在主处服役，又仍与主家奴仆互联婚姻者，是其名分犹存，自当世世子孙永供役使。若均无可指实，但藉曾经葬山、佃田、住屋，即抑勒其子孙作为世仆，遇有捐考等事，辄以分别良贱为词，迭行讦控，而被控之家，户族蕃衍，未必尽系当日卖身为奴者之嫡，系不肯悉甘污贱，为所欺陵。由此案牍滋烦，互相仇恨，若不核实办理，必致流弊无穷。当经悉心妥议，详请大宪奏明，嗣后世仆名分，总以现有身契是否服役为断。如现有身契在主家服役者，应俟放出三代后，所生子孙方准报捐应试。若未有身契，并非现在服役豢养，及不与奴仆为婚者，虽曾葬主之山，佃主之田，住主之屋，均一体开豁为良等因，奉旨允准定为成例。一时开豁数万人，余与姚君为之一快。"

条例 076.35：先经习教人犯

先经习教人犯，除自行呈首免罪，及坐功运气茹素讽经，尚非实犯邪教外，其实因习教犯案，罪在徒、流以上者，查明其子孙实未入教，即以本犯之子为始，三辈后所生之子孙，始准考试、报捐。其应行入考报捐之人，先行呈明地方官，取具邻族甘结，详报督抚，咨部查核。倘有蒙混应考、报捐者，以违制论。至习教复又从逆各犯子孙，永远不准考试、报捐。

（此条嘉庆二十二年，刑部议覆湖广总督孙玉庭奏准定例。）

薛允升按：犯科之事容有重于习教者，此条专言习教而未及他罪犯，以尔时习教一项最严故也。徒罪即不准考试，恶之甚也。

条例 076.36：凡八旗满洲蒙古闲散旗人告假

凡八旗满洲、蒙古闲散旗人告假，无论前往何处，俱令报明佐领，告知参领注册，由该佐领给与图记，即准出外营生。或因年久愿入民籍者，呈明该地方官，准其改入民籍。若有作奸犯科，悉照民人例问拟。

（此条道光五年，管理镶黄旗满洲都统英和等条奏定例。）

薛允升按：应与《督捕则例》八旗兵丁及拜唐阿告假一条参看。《户部则例》较详，亦应参看。满州等准其改入民籍，则汉军自不待言，应于彼条添纂明晰。此例应移于此门最后一条。

事例 076.01：雍正五年议准

凡汉人家生奴仆，印契所买奴仆，并雍正五年以前白契所买，及投靠养育年久，或婢女招配，生有子息者，俱系家奴，世世子孙，永远服役，婚配俱由家主，仍造册报官存案。嗣后凡婢女招配，并投靠及买奴仆，俱写文契，报明本地方官，钤盖印信，如有事犯，验明官册印契，照例治罪。其奴仆诽谤家长，并雇工人骂家长，与官员平人殴杀奴仆，并教令过失杀，及殴杀雇工人等款，俱有律例，应照满洲主仆论。至不遵约束，傲慢顽梗酗酒生事者，照满洲家人吃酒行凶例，面上刺字，流二千里，交与该地方官，令其永远当苦差。有背主逃匿者，照满洲家人逃走例，折责四十板，面上刺字，交与本主，仍行存案。容留窝藏者，照窝藏逃人例治罪。如典当雇工，限内逃匿者，照满洲白契所买家人逃走例，责三十板，亦交与本主。若典当立有文券，议有年限，不遵约束，傲慢酗酒生事者，听伊主酌量惩治。若与家长抗拒殴骂者，照律治罪。再，隶身门下为长随者，有犯亦照典当雇工人治罪。

事例 076.02：乾隆二年议准

乾隆元年以前放出为民之户，其有未经呈报旗、部者，该旗查明，果系数辈出力，伊主念其勤劳，情愿放出，编入民籍年久，地方官有册可据者，一并准其为民。如系借名设法赎身，私入民籍，伊主既经得过身价银两，应令归旗，作为开户壮丁。倘有不肖奸户，实系乾隆元年以后放出，捏称乾隆元年以前放出，私自营求，入于民籍者，察出，将该户交刑部照例治罪。仍令归旗，作为本主户下家人。其不行详查之参、佐领，及朦混收入民籍之地方官，一并交部议处。至嗣后旗下家奴，果系伊主念其数辈出力，勤劳年久，情愿准其赎身，放出为民，务照定例呈明本旗，报明户部，转行地方官收入民籍。如有私自放出，并不呈旗咨部，行知该地方官，入籍为民者，地方官即查明呈报，将本主照例治罪。

事例 076.03：乾隆十二年谕

朕因八旗、汉军人等，生聚日繁，家计未裕，于乾隆七年，特颁谕旨，自从龙人员子孙外，愿改归民籍，移居外省者，准其呈本管官查奏。旋据汉军都统等分别办理允行在案。朕观汉军人等，或祖父曾经外任，置立房产，或有亲族在外，依倚资生，及以手艺潜住直隶及各省居住者，颇自不少，而按之功令，究属违例，伊等潜居于外，于心亦自不安。朕思与其违例潜居，孰若听从其便，亦可各自谋生。嗣后八旗汉军人等，愿在外省居住者，在京报明该旗，在外呈明督抚，不拘远近，任其随便散处。该督抚咨明该旗，每年汇奏一次，以便稽查，务令安静营生，毋得强横生事。如此则于功令不相妨碍，伊等安居乐业，生计有资矣。

事例 076.04：乾隆三十八年奉旨

据顺天府奏：各省咨追核减应赔未完银两，请分别查办一折。内称无从著追各案，多系寄籍人员，因无踪迹可寻，以致久悬案牍。若令承追各员赔补，不免偏枯。似应著落从前冒昧出结之官，较为平允等语。但事隔多年，且系向来陋习，此奏追赔之处，著宽免。至冒昧出结之员，虽不能追究以往，而无不可防杜于将来。从前顺天府籍贯官员，视出结为无关重轻，往往不加确核，以致寄籍纷纷，习焉不察。即如吏部带领引见中，多有籍隶顺天，而声口显系南音者，虽有印结，大率具文了事。似此积弊相沿，非特承追时之浮踪无定，而籍贯混淆，亦乖戒欺核实之道。嗣后凡顺天籍贯人员出仕时，取具同乡京官印结者，各宜细心查核。苟非真知灼见，不得滥行出结。此次降旨后，若有仍前混冒者，除照例治罪外，遇有承追无著之项，即于此奏，于出结官名下追赔。著顺天府通行严饬遵照。

事例 076.05：乾隆四十八年谕

向来满汉官员人等家奴，在本主家服役三代，实在出力者，原准其放出之例。此项人等，既经明立章程，于录用之中，仍令有所限制。嗣后此等旗民家奴，合例后经该家主放出者，满洲令该家主于本旗报明咨部存案，汉人则令家主于本籍地方官报明咨部存案，准其与平民一例应考出仕。但京官不得至京堂，外官不得至三品，以示限制。著为令。

事例 076.06：嘉庆十年谕

礼部议覆董教增奏：远年世仆，请分别开豁一折。所议尚未允协。安徽省徽州、宁国、池州三府，向有世仆名目，查其典身卖身文契，率称遗失无存。考其服役出户年分，亦俱无从指实。特遇其有捐监应考等事，则以分别良贱为词讦控，而被控之家，户族蕃衍，又不肯悉甘污贱，案牍繁滋，互相仇恨，允宜核实持平，以端风化。前据董教增奏，世仆惟以现在是否服役为断。现在服役者，如主家放出，三代后所生子孙，方准捐考。若事在前代，即曾经葬田主之山，佃田主之田，而出户已百余年，及数百年者，一体开豁为良，立论甚为允当。今礼部议令国初以后，虽现在不与奴仆为婚，并未报官存案者，令地方官随案查明，以立案之日起限，俟三代后所生子孙，方准捐考，恐纷纷查办，胥吏从中措勒，转滋流弊。著仍照董教增所奏，该处世仆，统以现在是否服役为断，以示限制。若年远文契无可考据，并非现在服役豢养者，虽曾葬田主之山，佃田主之田，著一体开豁为良，以清流品。

事例 076.07：嘉庆十八年奉旨

富俊等拿获给黑龙江披甲法依巴尔为奴之逃犯史国润，审系伊家主法依巴尔得财，令其赎身，请将法依巴尔枷号两个月、鞭一百等语。披甲人法依巴尔著照所请办理，该管官员著交部议处。但此项发遣为奴之人，原系免死减等重犯，所以给兵丁为奴者，特令充当折罪差事，向例不准赎身。如任令赎身，听其到处游荡，反得儌幸，竟成无罪之人，尚复成何事体？且该家主业经究办，而此等玩法行贿赎身之犯，亦当治以应得之罪。史国润著枷号一年、杖一百，仍交法依巴尔领回，折磨使用。

事例 076.08：嘉庆十八年又奉旨

八旗、汉军，在屯居住者，散处于直隶各州县，距京较远，该管佐领等，例不准离城远出，势难查察，而该州县又以汉军等身系旗人，向不归其管辖，遂致此项旗人，任其作奸犯科，毫无约束，不可不更定章程，以专责成。著直隶总督通饬该州县，嗣后屯居汉军旗人一切户婚、田土事件，俱归所隶州县，一体管理。若仍前诿卸，遇有失察之案，将该州县一例参处。并著八旗汉军都统，传知所属屯居旗人，嗣后均各安静守法，停所管州县官约束，设有抗违，从重治罪。现在直隶编查保甲，即令屯居汉军，与民人一体编查。

成案 076.01：改土归流〔康熙四十五年〕

兵部议贵抚陈铣疏：土官杨国典经抚臣劾参，土司人民情愿归流等因。查该抚既称土苗人民绅衿众庶情愿改土为流，应如所题，其土司地方粮赋应归清平县管理，造入奏销册内，报明户部。其杨国典印信号纸追缴送部销毁。

成案 076.02：福建司〔嘉庆二十年〕

提督咨：李国泰系瑞龄家生奴仆，辄因瑞龄年幼庸懦，谋买产业，肆行顶撞，并将瑞龄揪拉上车，实属欺压，图占产业。该犯并未开户，应从重比照八旗家奴、钻营势力、欺压孤幼赎身例，发驻防为奴，妻子仍交伊主管束。

成案 076.03：江苏司〔嘉庆二十一年〕

苏抚咨：外结徒犯内俞金门，诬告马三连系伊旧仆之孙，将俞金门比照旗下奴仆、其本主因家奴之同族、少有产业、诬告投充之子孙者、照冒认良人为奴仆律，满徒。

成案 076.04：浙江司〔嘉庆二十三年〕

户部咨：陈溪因向伊主图克唐阿索欠无偿，辄即出言顶撞，已属不合，迨被控到官，谂知图克唐阿现无伊等卖身契据，复敢捏称系朋成公庄头，饰词狡展，实属钻营欺压。将陈溪比照八旗家奴、有钻营势力、欺压孤幼例，发驻防给兵丁为奴。

成案 076.05：安徽司〔道光四年〕

安抚奏：六安州捐职州同余蟠，呈控廪生周合等阻考一摺。查该州绅士，先后讦告余蟠之祖余通海抬轿营生，及余单氏与人帮工之处，均系平民谋食之常，例不禁其捐考。惟所禀余蟠曾祖母余缪氏花鼓卖唱一节，查礼部及科场各例，并无花鼓卖唱之子孙应否准予捐考明文。第以妇女而行歌卖唱，其托业已属卑贱，若仅使其子孙竟得滥厕士林，似无以别流品，第即照娼优隶卒之例，子孙永远不准捐考，究于实在娼优隶卒不同，衡情亦未平允。查核余缪氏之花鼓卖唱，比之乐户丐户，事属相类。余蟠应比照削籍之乐户丐户例，以改业之人为始，下逮四世，清白自守，准予报捐应试。余蟠系余缪氏曾孙，其祖余通海即经改业，现在本族亲支，俱清白自守，逮至余蟠尚止三世，应与其弟余步蟾等，均不准其捐考，所有原捐职员监生，均轻斥革。其余蟠之子，已逮四世，寄籍六安，又在六十年以外，年例相符，应准其即在该州入籍捐考。

成案 076.06：陕西司〔道光七年〕

陕督咨：循化厅革生马文秀私雕学记，伪造假票书信，向新进生员吕凤鸣行诈。查吕凤鸣之父吕孟臣迁居循化年久，于嘉庆六年置产纳粮，至今已逾二十年，例得入籍。吕凤鸣生长循化，年甫二十，讯无回籍跨考情事，其父吕孟臣前未呈明入籍，姑念循化地处边外，不知定例，新生吕凤鸣更属年幼，应请从宽，免其置议。

律 077：私创庵院及私度僧道〔例 12 条，事例 7 条〕

凡寺观庵院，除现在处所〔先年额设〕外，不许私自创建增置，违者，杖一百。僧道还俗，发边远充军。尼僧、女冠，入官为奴。〔地基材料入官。〕

若僧道不给度牒，私自簪薙者，杖八十。若由家长，家长当罪。寺观住持及受业师私度者，与同罪，并还俗。〔入籍当差。〕

（此仍明律，小注系顺治三年添入。顺治律为 082 条。）

条例 077.01：僧道擅收徒弟

僧、道擅收徒弟，不给度牒，及民间子弟，户内不及三丁，或在十六以上而出家者，俱枷号一个月，并罪坐所由。僧道官及住持，知而不举者，各罢职还俗。

（此条系明代问刑条例，顺治例082.01。乾隆五年，以"僧、道擅收徒弟，不给度牒"句与律文意义相同，删去此句。）

薛允升按：原例本系三层，均应枷杖。例不言杖若干者，以律有杖八十之文，故不复叙也。删去上一层，下二条则有枷号，而无杖罪矣。《元律》："诸愿弃俗出家为僧道，若本户丁多，差役不阙，及有兄弟足以侍养父母者，于本籍有司陈请保勘申路，给据簪剃。违者断罪归俗。"应与此例参看。

条例 077.02：僧道犯罪（1）

僧、道犯罪，虽未给度牒，悉照僧、道科断。该还俗者，查发各原籍当差。若仍于原寺、观、庵、院，或他寺、观、庵、院潜住者，并枷号一个月，照旧还俗。其僧道官及住持，知而不举者，各治以罪。

（此条系明代问刑条例，顺治例082.02。乾隆五年，将"未给度牒"改为"漏给度牒"，"知而不举者"下增"照违令律"四字。乾隆四十二年，改定为条例 077.03。）

条例 077.03：僧道犯罪（2）

僧道犯罪，该还俗者，查发各原籍安插。若仍于原寺、观、庵、院，或他寺、观、庵、院潜住者，并枷号一个月，照旧还俗。其僧道官及住持，知而不举者，照违令律治罪。

（乾隆三十九年奏准：僧、道停给度牒。乾隆四十二年，将条例 077.02 改定。）

薛允升按：《集解》："此指已犯罪断决还俗者而言。"僧道犯罪，分别还俗，见名例赎刑门，应参看。

条例 077.04：凡僧道犯法

凡僧、道犯法，问拟斩、绞、免死减等发遣，及军、流、充、徒、枷号等罪者，俱勒令永远还俗。至遣戍之所，令该管官严行稽查。其释回者，亦令地方官严行稽查，不许复为僧、道。

（此条雍正五年定。乾隆五年，以除名当差律内，已有僧、道并令还俗之文，因此将此条删除。）

条例 077.05：民间有愿创造寺观神祠者

民间有愿创造寺观神祠者，呈明该督抚具题，奉旨方许营建。若不俟题请，擅行兴造者，依违制律论。

（此条雍正十三年遵旨定例。）

薛允升按：现在并不照此例题请。

条例 077.06：由礼部颁发度牒

由礼部颁发度牒，给在京及各省僧纲司等。如情愿出家之人，必须给予度牒，方许披剃，仍饬地方官严查。僧官胥吏，毋得藉端需索，扰累僧徒，违者从重治罪。

（此条雍正十三年定。乾隆四十二年，因度牒业已停给，此条删除。）

条例 077.07：僧道凡有事故

僧、道凡有事故，将原领度牒照追出汇缴，毋许改名更替。如有暗行隐匿，及私相授受者，僧、道照违制律治罪，僧、道官斥革还俗，地方官照失察例处分。

（此条乾隆三年定。乾隆四十二年，因度牒业已停给，此条删除。）

条例 077.08：现在应付火居等项僧道（1）

现在应付、火居等项僧、道，止于优给本身牒照，不准招受生徒。其合例应招生徒之僧、道，所有许其招受之人，即于伊师原发牒照上，注明年貌籍贯，簪剃年月，伊师身故之日，即为本人牒照，不必另行给发。该州县岁底汇报，该督抚五年审丁之期，另具清册报部。如前所招之人，身犯奸盗重罪，除将伊师牒照内名字除去外，伊师亦不准再行续招。如所招之人，无罪犯而病故者，准另招一人为徒，亦于牒照内注明身故续照缘由。其牒照有水火、盗贼、遗失等情，准其呈明地方官，咨部另给。

（此条乾隆三年，礼部议准定例。乾隆四十二年修改。乾隆五十三年并入条例 077.10 条内。）

条例 077.09：僧道年逾四十者

僧道年逾四十者，方准招受生徒一人。如有年未四十，即行招受，及招受不止一人者，照违令律笞五十。僧、道官容隐者，罪同。地方官不行查明，交部照例议处。所招生徒，俱勒令还俗。

（此条乾隆三年，庄亲王议准礼部条奏定例。乾隆五十三年并入条例 077.10 内。）

条例 077.10：现在应付火居等项僧道（2）

现在应付、火居等项僧道，不准滥受生徒。其年逾四十者，方准招徒一人。若所招之人，无罪犯而病故者，准其另招一人为徒。如有年未四十，即行招受，及招受不止一人者，照违令律笞五十。若招受之人，身犯奸盗重罪，伊师亦不准再行续招。其有复行续招者，亦照违令律治罪。僧道官容隐者，罪同。地方官不行查明，交部照例议处。所招生徒，俱勒令还俗。

（此条系乾隆五十三年，将条例 077.08、077.09 合并修改。）

薛允升按：雍正十三年上谕，今僧之中有号为应付者，各分房头世守田宅，饮酒食肉并无顾忌，甚者，且畜妻子。道士之火居者，亦然等因，可以知此等僧道之来历矣。应付、火居等项僧道，皆僧道中之最下者也，是以不准招受生徒。其云例应招徒之僧道，皆非应付、火居者也。修并之例删去例应招徒一句，则似系专指应付、火居等项言矣，大非例意。有眷属之僧曰应付，无者曰戒僧。有眷属之道士曰火居，无者曰全真，又曰灵宝。

条例 077.11：僧道如有为匪不法等事

僧道如有为匪不法等事，责令僧纲、道纪等司，随时举报。傥瞻徇故纵，别经发觉，犯系逆案者，将该管僧纲、道纪，照知情故纵逆犯本律，分别已行、未行定罪。若止失于觉察者，照不应重律，杖八十。

（此条乾隆十八年，大学士忠勇公傅恒等议覆广西巡抚李锡泰条奏定例。）

薛允升按：国初沿前明之旧，各府州县均有僧纲、道纪以管束僧道，近则并不知僧纲、道纪为谁何矣。虽有此例，亦具文耳。僧曰剃，尼同。道曰簪，女冠同。僧曰度牒，道曰部照。皆由礼部颁给札付。乾隆三十九年停止，见下条。从前僧道均系僧纲、道纪稽查管束。自停给度牒以后，无人不可为僧为道，与僧纲、道纪并不相闻问矣。有犯，科僧纲、道纪以故纵失察之罪，似嫌未允。此例定于乾隆十八年，至三十九年停发度牒。此例自可删除。

条例 077.12：凡僧道停止给发度牒

凡僧道停止给发度牒，其从前领过牒照各僧道，遇有事故，仍将原领牒照追出，于岁底汇缴。至选充僧纲、道纪，令地方官查明僧道中之实在焚修戒法严明者，具结呈报上司，咨部给照充补。如僧道官犯事，将结送官交部察议。

（此条系乾隆二十九年，山西道监察御史戈源奏请停给僧道度牒一折，奉谕旨准行。乾隆四十一年，据广东巡抚德保咨请部示，经礼部奏准在案。乾隆四十二年并纂为定例。）

薛允升按：礼部颁发各省度牒，已三十余万张，此领度牒之本僧，各准其招受生徒一人，合师徒计之，则六十余万人矣。见乾隆四年六月上谕。例内，户内不及三丁及年未四十收徒两条，皆因僧道众多，欲令日渐减少之意。且慎于颁发度牒，每年令各省造送僧道尼姑四柱清册，与此意正自相符。自定有停给度牒之例，僧道遂无可考察矣。编审之例停，而户口无可稽考，度牒之例停，而僧道亦无可稽考。古法之不可废也，如此。

事例 077.01：天聪五年题准

凡违法擅为喇嘛，及私建寺庙者治罪。若已经呈明礼部者，酌议准行。

事例 077.02：崇德八年谕

除部册纪载寺庙外，有不遵禁约，新行创建修整者，治以重罪。其该管佐领、领催亦罪之。

事例 077.03：康熙六年议准

凡喇嘛将家人及私收人为班第，并隐留部册无名之喇嘛者，喇嘛处绞，家产籍没，总管大喇嘛罚牲三九，札萨克喇嘛罚牲二九，得木齐等罚牲一九入官，俱革所管之职。旗下官员人等，隐留私自行走之喇嘛、班第，及将家人送与喇嘛为班第者，系官，议革；系平人，处死；该管都统、副都统、参领，罚俸一年；佐领、骁骑校，革任；领催，鞭一百；罚本犯银五十两，给出首之人；家人出首者，准其离主；班第入官。蒙古部落人隐留私自行走之喇嘛、班第，及将家人与属下人送与喇嘛为班第者，王、贝勒，各罚马一百匹；贝子、公，各罚马七十匹；台吉、塔布囊，各罚马五十匹；都统罚牲三九，副都统罚牲二九，骁骑校罚牲一九，革任；领催鞭一百，家产籍没，以其半入官，半给出首之人；如家人及所属之人出首者，准其离主；班第入官。民人隐留私自行走之喇嘛、班第，阿木道等处喇嘛、班第，及将子弟送与喇嘛为班第者，本犯枷号三月，责四十板，罚银五十两，给出首之人；十家长及两邻，知而不举者，责四十板；该城御史及顺天府尹，罚俸一年；该管知县，并兵马司指挥，革职。寺庙僧、道、尼姑，有意留隐喇嘛、班第，并阿木道等处喇嘛、班第者，住持之僧、道，枷号三月，责四十板，勒令为民；住持之尼姑，与所住之喇嘛，俱处绞；同住之僧、道、尼姑，知而不举者，责四十板，为民；罚住持之僧、道，与同住之尼姑，银五十两，给出首之人；该管之僧、道录司，罚班第者银一百两入官。如空寺庙中，有喇嘛、班第，及阿木道等处喇嘛、班第居住，被人拿首者，该管僧、道录司，及专管僧、道，罚银一百两，以其半入官，半给出首之人。

事例 077.04：康熙十年议准

凡隐留阿木道等处喇嘛、班第者，都统、副都统、参领，罚俸一年；佐领、骁骑校，革职；领催，鞭一百；隐留之人，系有职任官革任，系平人枷号一月，鞭一百。

事例 077.05：康熙二十二年议准

喇嘛、班第私建寺庙者，照律治罪。

事例 077.06：雍正五年谕

僧人皈依释教，自当确守清规，置身方外，始为清净之徒。若干犯王章，身蹈罪戾，已为佛法所不容，何得复称释教，俾得籍以为非。嗣后凡僧人犯法，问拟斩、绞、免死、减等、发遣、军、流、充、徒、枷号等罪者，俱勒令永远还俗。至遣戍之所，令该管官严行稽查，不许复为僧人。著为定例遵行。

事例 077.07：雍正十三年九月谕

朕观各处地方寺观庙宇甚多，而年久倾圮者，亦复不少，每致栋宇摧颓，佛像露处，雨淋日炙，无人问及。在昔创建寺庙之初心，原以崇佛敬神，广种福田，而乃不能久固，转增亵慢之愆者，皆由寺庙太多太杂，人情喜新厌旧，乐于兴造，而怠于修葺之所致也。著传谕步军统领及顺天府、五城地方官，并外省督抚，出示晓谕，嗣后官民人等，乐善好施，欲建寺庙，及僧、道之发心募化者，惟许将旧寺旧庙，增修加葺，或复整十方之古刹，或缮补功德之专祠，庶令琳宫永焕，庙貌常新，教相增辉，百灵式妥，可以伸虔恪之众志，即以广福庇于生民。至若立愿广大，材力丰盈，特欲兴寺观神祠者，必呈明督抚，具题奉旨，方准营建。若不俟题请，擅为兴造者，必加究治。

律 078：立嫡子违法〔例 10 条，事例 3 条，成案 1 案〕

凡立嫡子违法者，杖八十。其嫡妻年五十以上无子者，得立庶长子。不立长子者，罪亦同。〔俱改正。〕

若养同宗之人为子，所养父母无子，〔所生父母有子〕而舍去者，杖一百，发付所养父母收管。若〔所养父母〕有亲生子，及本生父母无子欲还者，听。

其乞养异姓义子以乱宗族者，杖六十。若以子与异姓人为嗣者，罪同。其子归宗。

其遗弃小儿，年三岁以下，虽异姓，仍听收养，即从其姓。〔但不得以无子，遂立为嗣。〕

若立嗣虽系同宗，而尊卑失序者，罪亦如之。其子亦归宗，改立应继之人。

若庶民之家，存养〔良家男女为〕奴婢者，杖一百，即放从良。

（此仍明律，小注系顺治三年添入。顺治律为 083 条。）

条例 078.01：无子者许令同宗昭穆相当之侄承继

无子者，许令同宗昭穆相当之侄承继。先尽同父周亲，次及大功、小功、缌麻。如俱无，方许择立远房及同姓为嗣。若立嗣之后，却生子，其家产与原立子均分，并不许乞养异姓为嗣，以乱宗族。立同姓者，亦不得尊卑失序以乱昭穆。

（此条系《明令》，顺治例 083.01。乾隆五年，删"并不许乞养异姓为嗣，以乱宗族。立同姓者，亦不得尊卑失序以乱昭穆"句。）

薛允升按：《辑注》云："承继之法由亲而疏，自近而远。若应继之房止有一子，当出继不当出继。须依大宗，小宗法议之。小宗可绝，大宗不可绝也。此乃立嗣一定之法，所以补律之未备也。"律不言家产，而例特为补出，以图产争继者多，故于财产一层反复言之也。立于本为承祀，原不重在家产，是以户律内并不言及，例则屡次言之矣。第一条言立嗣后生子，家产准其均分。第二条言嬬妇守志者，合承夫分，仍凭族长继嗣。三条言义男、女婿亦许分给财产。四条又申明义子等项，仍分给财产。五条则明言希图财产勒令承继之罪。六条又申言争产争继酿命之事。无条不及财产，可知争继涉讼，无不由财产起见，科条安得不烦耶。

条例 078.02：妇人夫亡无子守志者

妇人夫亡无子守志者，合承夫分，须凭族长择昭穆相当之人继嗣。其改嫁者，夫家财产，及原有妆奁，并听前夫之家为主。

（此条系《明令》，顺治例 083.02。）

薛允升按：守志则家业归之，改嫁则否。此条专为合承夫分而设，而亦及财产。

条例 078.03：无子立嗣除依律外

无子立嗣，除依律外，若继子不得于所后之亲，听其告官别立。其或择立贤能及所亲爱者，若于昭穆伦序不失，不许宗族指以次序告争，并官司受理。若义男、女婿为所后之亲喜悦者，听其相为依倚，不许继子并本生父母用计逼逐，仍酌分给财产。若无子之人家贫，听其卖产自赡。

（此条系明代问刑条例，顺治例 083.03。）

薛允升按：《集解》："此别立嗣子之例。或贤或爱皆可，然必嗣子果有忤逆，不得于亲则然。至不许用计逼逐一段，尤得律之精意。盖虑无子之人尚在，而群从瓜分其产，使不得守志也。曲体人情，可谓仁至而义尽矣。"招婿养老分产，见男女婚姻门，应参看。此亦专言财产。

条例 078.04：八旗有无嗣之人

八旗有无嗣之人，请继立异姓亲属为嗣者，务令该旗取具两姓情愿甘结外，并各该管官、参、佐领等，及族长保结，送部存案，以杜占夺财产之端。如无两姓情愿甘结，不准继立。

（此条雍正十二年定。乾隆五年，查旗人义子，见有乾隆三年定例，所以删去此条。）

条例 078.05：凡乞养异姓义子

凡乞养异姓义子，有情愿归宗者，不许将分得财产携回本宗。其收养三岁以下遗弃之小儿，仍依律即从其姓，但不得以无子遂立为嗣，仍酌分给财产，俱不必勒令归宗。如有希图资财，冒认归宗者，照例治罪。

（此条乾隆二年，刑部议覆湖南巡抚高其倬题唐四的殴死本生叔母何氏一案，附请定例。）

薛允升按：此例为奸徒图产冒认，及义子怀私负恩而设。义子有故归宗，不拘留家产，见殴祖父母父母门，应参看。《户部则例》末段，至抱养之子，除初生抛弃者，不准捐考外，如果在周岁以后者，非初生暧昧不明，准其应考报捐，即用养父三代。刑例不载，亦应参看。

条例 078.06：旗人义子

旗人义子，必该佐领具保，实系自襁褓抚养成丁，以继其后者，准其另记档案，不许将民间成丁子弟，改随本姓。

（此条乾隆三年定。嘉庆六年，因乾隆五十三年，业将旗人乞养异姓为嗣，分别拟罪，明著例文，所以删去此条。）

条例 078.07：凡八旗无嗣之人

凡八旗无嗣之人，如无同宗及远近族人，昭穆相当，可继为嗣者，除户下家奴、民间子弟，虽与另户族人，分属至亲，不许承继外，其有另户亲属，情愿过继者，取具两姓族长人等，并参、佐领印甘各结咨部，准其继立。傥实有同宗可继为嗣，捏称并无族人，朦混继立异姓者，仍按律治罪。

（此条乾隆五年，户部议准定例。乾隆五十三年改定为条例078.08。）

条例078.08：旗人除乞养异姓为子

旗人除乞养异姓为子，诈冒荫袭，承受世职者，仍照本例拟发边远充军外，其虽无世职，而诈冒抱养民间子弟、户下家奴子孙为嗣，紊乱旗籍者，将朦混抱养继立之旗人，及以子与旗人为嗣之人，并知情之义子，俱比照乞养义子诈冒袭荫充军例减一等，杖一百、徒三年。若有冒食钱粮情事，无论所继者系属异姓旗人、民间子弟、户下家奴，悉照冒支军粮入己计所冒支之赃准窃盗律，从重科罪，分别旗、民办理。其先后领过银米，照数著追。傥本犯力不能完，该旗查明历任参、佐领，各按在任月日分赔，批解户部归款。失察各官，交部议处。

（此条系乾隆五十三年，将条例078.07改定例。）

薛允升按：既因诈冒科以徒罪，似无庸更科赃罪。若有冒食钱粮至办理等句，似应删。缘乞养异姓为子，律止杖六十，因冒食钱粮加重拟徒，已属从严，再计赃治罪似非律意。《唐律》："养杂户男为子孙者，徒一年半。官户加一等，与者，亦如之。养奴为子孙者，杖一百，各还正之。无主及主自养者，听从良。"此例，旗人抱养民间子弟、户下家奴，即拟满徒，不特较《唐律》为重，即较之民人乞养异姓义子乱宗者，科罪亦严。而人民抱养奴仆为子，律例均无治罪明文，有犯碍难援引。《唐律》："养异姓男者，徒一年。养奴为子孙者，杖一百。"是以奴为子孙较养异姓为轻。《明律》改乞养异姓为子者，杖六十，是养奴为子者，即应笞五十矣，似嫌未协。若照旗人例，民间子弟与户下家奴一体同科，则亦应杖六十矣。而旗、民科罪轻重大相悬绝，亦嫌参差。此条例文虽经修改，惟《户部则例》及《中枢政考》例文，尚仍其旧，殊不画一。《中枢政考》云："旗人无嗣，许立同宗昭穆相当之侄承继，先尽同父周亲，次及大功、小功、缌麻，如无，方许择立远房及同姓为嗣。若实无同父周亲及五服远房同姓，准继异姓亲属为嗣。均取具该参佐领及伊族长、族人、生父列名画押印甘各结送部，准其过继"云云。《户部则例》亦云："旗人无子者，许立同宗昭穆相当之侄承继，先尽同父周亲，次及大功、小功、缌麻，如俱无，方择立远房同姓。如实无昭穆相当人，准继异姓亲属，取具该参佐领及族长、族人、生父列名画押印甘各结，送部，准其过继"云云。与兵部例文相符。刑部改，而别部例文未改，有犯，碍难援引。查立继先尽同父周亲一条，系前明通例。其亲属准其过继一条，系乾隆五年户部奏准旗人专例。两例原自并行不背，乾隆五十三年修例时，声明例内并无准立异姓字样，改定此条遂不免彼此参差，与五年户部奏定例文不符。且止言民间子弟、家奴子孙，其另户亲属并未言及，亦属含混。户、兵二部则例所云，系指异姓亲属而言，盖彼此均系旗人，且有戚谊者也，故准继承。刑例所云，系指民间子弟、户下家奴而言，恐其紊乱旗籍，故不准承继也。参看自明。《户部则例》八旗与民人继嗣分别两门，可知办理自有区别也。即以民人而论，如有孤单零户，本宗及远房无人可以承继者，取外姓亲属之人承继，似亦可行。古来名人以异姓承继者，不知凡几，亦王道本乎人情之意也。异姓为后见于史者，魏陈矫本刘氏子，出嗣舅氏。吴朱然本姓施，以姊子为朱后。见《日知录》。

条例078.09：无子立嗣

无子立嗣，若应继之人，平日先有嫌隙，则于昭穆相当亲族内择贤、择爱，听从其便。如族中希图财产，勒令承继，或怂恿择继，以致涉讼者，地方官立即惩治，仍将所择贤爱之人，断令立继。其有子婚而故，妇能孀守，已聘未娶，媳能以女身守志，及已婚而故，妇虽未能孀守，但已故之人，业已成立，或子虽未娶，而因出兵阵亡者，俱应为其子立后。〔按：此应为未婚之子立后者。〕若支属内实无昭穆相当，可为其子立后之人，而其父又无别子者，应为其父立继，待生孙以嗣应为立后之子。〔按：此应为立继而无可继之人者。〕其寻常夭亡未婚之人，不得概为立后。〔按：此不应为未婚之子立后者。〕其独子夭亡，而族中实无昭穆相当，可为其父立继者，亦准为未婚之子立继。〔按：此于不应之中仍准立后。〕如可继之人，亦系独子，而情属同父周亲，两相情愿者，取具阖族甘结，亦准其承继两房宗祧。

（此条系乾隆三十八年，户部议覆江苏按察使胡季堂条奏。乾隆四十年又奉谕旨，将条奏及谕旨并纂成例。）

薛允升按：上条指已继而言，此条指未继而言。此则明言希图财产矣。《礼经》有长殇、中殇、下殇之文，《明律》不载。寻常夭亡未婚之人，究竟以何年为限之处，记核。盖乡区之间，容有年未及岁而已成婚者，亦有年已壮，而尚未成婚者，似难一概而论。《户部则例》以二十岁上下为限，犹从古人长殇之义也。一人承祧两房，应与礼部、户部则例参看。

条例078.10：因争继酿成人命者

因争继酿成人命者，凡争产谋继，及扶同争继之房分，均不准其继嗣，应听户族另行公议承立。

（此条系乾隆四十四年，刑部议覆湖北巡抚郑大进题曾志广谋夺继产殴死期亲胞叔曾生迥一案，乾隆四十八年遵旨定例。）

薛允升按：此因争产争继而酿命矣。立继本为士大夫以上有爵位者设，并不专为庶民。争继之事大抵皆为家产起见，甚至有因而酿命者，世风不古，由来久矣。

事例078.01：乾隆三十八年议准

凡无子之人，薄有资产，族党即群起纷争，不夺不餍。或称应继，或称爱继。或应继者本非无子之人所喜悦，执定应继次序，必欲勒令承继。或应继者本无不得于所后之亲，而别房以爱继之说，钻谋怂恿，必欲另择为继。或子属夭亡并未成婚，亦为议继。或子已成立身故，不为其子立继，反为其父立继。或既为其子立继，又为其父立继。若大宗无子并无家产，小宗止有一子，即称独子不出继，忍绝大宗。若有家产，即非大宗，又称现在虽止一子，将来尚能生子，不妨先行出继。并有大宗无子之人，偏爱远房之侄，不立周亲，致其祖父本有亲子亲孙，转令远支承其禋祀。讦告纠纷，实为人心风俗之害。例云："无子者，许令同宗昭穆相当之侄承继。先尽同父周亲，次及大功、小功、缌麻。如俱无，方许择立远房及同姓为嗣。"又云："继子不得于所后之亲，听其告官别立。其或择立贤能及所亲爱者，若于昭穆伦序不失，不许宗族指以次序告理，并官司受理"等语。是应继爱继两条，定例已极周详，自应按照昭穆次序，择立应继之人。或应继之人，系例不出继之独子，或平日先有嫌隙，则择贤择爱，听从其便。至于有子未婚而故，则无后在父；已婚而故，则无后在子。未婚而故者，自当先尽故子同辈中，按照服制次序，仍为其父立继。若阖族中实无故子同辈，可为其父立继之人，其妇又能孀守，并已聘未婚其媳能以女身守志者，均应为其子立继。即其妇未能孀守，但其子业已成立，亦应为其子立继。再如其子虽未经聘娶，而因出兵阵亡，揆之《礼经》执干戈以卫社稷，可以弗殇之义，亦应为之立继，以示体恤。若支属内实无昭穆相当可为其子立后之人，仍应为其父立继，又独子不准出继，例有明条，毋庸拘泥小宗可绝，大宗不可绝之语。傥大宗无子，小宗止有独子者，令大宗于同族昭穆相当内，另行议继。设或同族实无相当可继之人，是又不可令大宗绝嗣，俟小宗独子生有二子，过继一子为大宗之孙。傥独子并无所出，或仅生一子，则当于同族孙辈中，过继一孙，以承大宗之祀。如此明立科条，自无控争讦讼之患。应令地方官徧为晓谕，俾民间知所遵循。其仍有图产涉讼，及审结后复驾词上控者，即按律治罪。仍严访讼师衙蠹播弄把持之弊。

事例 078.02：乾隆四十年谕

户部奏：军营病故乏嗣人员，请照阵亡之例，准以独子立嗣一折。已依议行矣。独子不准出继，本非定例，前因太仆寺少卿鲁国华条奏，经部议准行，但立继一事，专为承祧奉养，固当按昭穆之序，亦宜顺孀妇之心，所以例载嗣子不得于所后之亲，准其另立，实准乎情理之宜也。至独子虽宗支所系，但或其人已死，而兄弟各有一子，岂忍视其无后？且现存者尚可生育，而死者应予续延。即或兄弟俱已无存，而以一人承两房宗祀，亦未始从权以合经。又或死者有应袭之职，不幸无嗣，与其拘泥独子之例，求诸远族，何如先尽亲兄弟之子，不问是否独子，令其继袭之为愈乎。嗣后遇有孀妇应行立继之事，除照例按依昭穆伦次相当外，应听孀妇择其属意之人，并问之本房，是否愿继，取具阖族甘结，即独子亦准出继，庶穷嫠得以母子相安，而立嗣亦不致以成例阻隔，该部即照此办理。著为令。

事例 078.03：乾隆四十四年奉旨

此案曾志广因谋夺继产，将期服胞叔曾生迥用石殴毙，情罪极为可恶。该抚依律拟以凌迟处死，并声明曾文玉无嗣，应听户族另行议立。其二房、三房现因争继酿命，均不准其继立。所议甚是。曾志广著即凌迟处死，余依议。嗣后各省如有似此争继酿命者，并应照此办理。著为令。

成案 078.01：福建司〔道光八年〕

提督咨：王二起意捏充民人，将子二成继与陆杨氏为嗣，复悔过领回。讯因生子不能抚养起见，情尚可悯，惟身系旗人，捏称民籍，将子继与民妇，虽称悔过领回，究干禁令，应照不应重律，杖八十。

律 079：收留迷失子女〔例 2 条，成案 9 案〕

凡收留〔良〕人家迷失〔道路、乡贯〕子女，不送官司，而卖为奴婢者，杖一百、徒三年；为妻妾子孙者，杖九十、徒二年半。若得迷失奴婢而卖者，各减良人罪一等。被卖之人不坐，给亲完聚。

若收留在逃子女〔不送官司〕而卖为奴婢者，杖九十、徒二年半。为妻妾子孙者，杖八十、徒二年。若得在逃奴婢而卖者，各减良人罪一等。其被卖在逃之人，又各减一等。若在逃之罪重者，自从重论。

其自收留为奴婢妻妾子孙者，罪亦如之。〔暂时〕隐藏在家者，〔不送官司，〕并杖八十。

若买者及牙保知情，减犯人罪一等，追价入官。不知者，俱不坐，追价还主。

若冒认良人为奴婢者，杖一百、徒三年。为妻妾子孙者，杖九十、徒二年半。冒认他人奴婢者，杖一百。

（此仍明律，小注系顺治三年添入。顺治律为 084 条。）

条例 079.01：凡隐匿满洲逃亡家人者

凡隐匿满洲逃亡家人者，须逃案先在兵部准理。或被旁人首告、或失主察获、或地方官察出将隐匿之主及邻佑九家、百家长尽行捉拿，并隐主家资起解兵部，审明记簿转送刑部，勘问的确，将逃人鞭一百归还原主，隐匿犯人处斩，其家资无多者给失主家；资丰厚者，或全给、半给，请旨定夺处分。将本犯家资三分之内以一份赏给首告人，大约不出百两之外。其邻佑九家、百家长各鞭一百，流徙边远。如不系该地方官察出者，本犯居住某府、州、县，即坐本官以怠忽稽查之罪，府降州、州降县、县降县丞。若本犯出于某县，其该管上司若知州、知府、道官计隐一人罚俸一个月，至十二人应罚俸一年则降一级。该管巡抚失于稽查，亦计逃人多寡递为罚俸。巡按失于稽查，回道严加考核。各地方逃人若经一月不行察送者，本府、本州、本县官如律问罪。知府、司、道如系所属地方，其逃人经四十五日以内不行察送者，如律问罪。抚、按六十日不行察送者，如律问罪。如隐匿之人自行出首，罪止逃人。或一邻举首，亦罪止逃人并隐匿之人，余俱无罪。如邻佑、百家长举首，亦将隐匿家资赏给三分之一。自回投主者，隐匿之家并左右二邻俱流徙边远；余邻七家、十长各责五十鞭；该管官员及百家长俱免罪。抚、按及各该地方官以察解之多寡为功殿最，有犯此律者遇赦不赦。

（此条于顺治年间增入，雍正五年删除。）

条例 079.02：八旗凡有呈报迷失幼童幼女者

八旗凡有呈报迷失幼童、幼女者，该管官取具本人、族长等并无捏饰甘结，照例移咨兵部存案。如有隐匿寄养情弊，将寄养、受寄之人，照隐漏丁口治罪，改正。族长人等，照里长失于取勘律治罪。〔按：见前"脱漏户口"。〕

（此条雍正十三年定。）

薛允升按：此例恐有以隐匿寄养捏报迷失者而设。又见《户部则例》、《处分则例》，亦应参看。

成案 079.01：陕西司〔嘉庆十八年〕

提督咨送：刘大收留迷失幼女双姐，欲行嫁卖为婢，正欲寻媒嫁卖，即被拿获，与业经卖出者有间，将刘大依收留良人迷失子女、不送官司而卖为奴婢者、满徒律上，酌减一等，徒二年半。

成案 079.02：江西司〔嘉庆十九年〕

提督咨送：王忠于使女玉凤逃往伊家，怜其两腿带伤，收留转聘，并非图得财礼，第系在逃使女，辄行收留，依得在逃奴婢而卖、减良人一等、杖七十、徒一年半律上，量减一等，杖六十、徒一年。

成案 079.03：陕西司〔嘉庆二十三年〕

陕抚咨：孔全因马氏迷失路径，走至伊家借宿，该犯即将马氏配与伊子为妻，将孔全比照收留迷失子女为妻妾律，杖九十、徒二年半。

成案 079.04：云南司〔道光二年〕

中城移送：方三因汪徐氏黑夜找人，即起意收留，欲与伊子为妻，实属收留在逃子女，惟尚未成婚，应酌量问拟。将方三依收留在逃子女为妻妾子孙者、杖八十、徒二年律，减一等，杖七十、徒一年半。汪徐氏应于方三罪上，减一等，杖六十、徒一年。

成案 079.05：广西司〔道光七年〕

提督咨：薛大收留马大姐儿，并不即时送官，辄因贫苦，将其卖身为婢，虽卖而未成，查律无减等明文。惟该犯将马大姐儿交与刘三给主瞧看，业经出门，即与卖成无异，自应按例问拟。薛大合依收留迷失子女卖为奴婢律，杖一百、徒三年。

成案 079.06：河南司〔道光七年〕

河抚咨：荥泽县张有亮，听从伊妻张王氏图卖收留逃妇李沈氏未成，张王氏畏罪自尽。查张有亮听从伊妻王氏图卖收留在逃之沈氏未成，仍应罪坐夫男，惟未卖与已卖有间，张有亮合依收留在逃子女卖为妻妾、杖八十、徒二年律上，量减一等，杖七十、徒一年半。李沈氏合依被卖在逃之人减一等律，于张有亮杖七十、徒一年半罪上，减一等，杖六十、徒一年。

成案079.07：四川司〔道光八年〕

提督咨：阎五等因同主使女玉梅逃出，经伊主令该犯等跟追寻见，辄敢起意藏匿，欲行聘嫁。惟玉梅系自行逃走，并非该犯等引诱，其起意聘嫁，尚未觅有娶主，迨伊主控发，该犯等即将玉梅送回，尚知畏法，自应按例减等问拟。阎五合依收留在逃子女卖为妻妾者，杖八十、徒二年。若在逃奴婢减良人罪一等，未卖再减一等，其闻拿投首又得减一等，应于本罪上统减三等律，杖一百。刘和尚、张二系属为从，应于阎五杖一百罪上，减一等，杖九十。该犯等均系玉梅同主雇工，伊主饬令追寻，辄敢商同藏匿，若仅照律拟杖，未免轻纵，阎五、张二、刘和尚，均酌加枷号一个月。

成案079.08：四川司〔道光十二年〕

提督咨：曹三收留冯大在逃之义女黑妞，并不送官，辄即主婚，私聘与朱大为妻，业已成婚，讯无图得彩礼情事，自应照律量减问拟。曹三应于收留在逃子女卖为妻妾者、杖八十徒二年律上，量减一等，杖七十、徒一年半。黑妞合依被卖在逃之人减一等律，于曹三杖七十徒、一年半罪上，减一等，杖六十、徒一年。

成案079.09：河南司〔道光十三年〕

河抚咨：祥符县王沅因俞连成潜逃在外，收卖为优，即与卖为奴婢无异，第尚未立契交价，自应比照酌减问拟。王沅应比照收留在逃之女卖为奴婢、杖九十徒二年半律上，减一等，杖八十、徒二年。

律080：赋役不均〔例6条，成案1案〕

〔赋，取于田产；役，出于人丁。〕

凡有司科征税粮，及杂泛差役，各验籍内户口田粮，定立〔上中下〕等第科差。若放富差贫，挪移〔等则〕作弊者，许被害贫民赴控该上司，自下而上陈告。当该官吏，各杖一百。〔改正。〕若上司不为受理者，杖八十。受财者，〔兼官吏、上司言〕计赃，以枉法从重论。

（此仍明律，小注系顺治三年添入。顺治律为085条。）

薛允升按：节录朱云锦《户口说》："按古用民之力，有年则公旬用三日，中年则公旬用二日，无年则公旬用一日，凶札则无力征。秦用商鞅之法，月为更卒，已覆为正，一岁充役，一岁屯戍。汉初为算钱〔即今丁银〕，年十五以上至五十六，出赋钱百二十，为一算。而传给徭役，则始自二十五，至五十六而除。是民之一身，既税之，复役之矣。其后减算钱为六十三钱。曹魏定冀州制，赋户绢二匹，绵二斤。晋平吴之后，制赋户调之式，丁男之户，岁输绢三匹，绵三斤。女及次丁男为户者，半输。元魏令，每调一夫一妇帛一匹，粟二石。宇文周置司役，掌力役之征。凡人自十八至五十九皆任于役，每年不过三旬，中年二旬，下年一旬，起徒役无过家一人，若凶札则无力征。隋初制役，丁为十二番，匠则六番。开皇十三年，减十二番为三十日。唐制用人之力，每丁岁二十日，闰加二日。不役者，日为绢三尺。二十一为丁，六十为老。宋承诸伪国之后，各路有身丁钱。大正中，每三丁纳绢一匹。其后物价贵，乃令每丁输绢一丈，绵一两。元时仿唐之庸法制丁税，每户科粟有额，令诸路验民户成丁之数，每丁、岁科粟一石至五升不等。后于丁税之外，又增科差之名，曰丝料，曰包银。丝料或二户出丝一斤，或五户出丝一斤。包银始征六两，既征四两、二两。其征数多寡，各视其户高下以为差。明役法定于洪武元年，田一顷出丁夫一人，不及顷者，以他田足之，名曰均工夫。田多丁少者，以佃人充之，田主出米一石资其用。非佃人而计亩出夫者，亩资米二升五合。以上中下户为三等，五岁均役，十岁一更造。自行一条鞭法，通计一省丁粮均派一省徭役。均徭里甲，与两税为一。其时又有银差、力差、马差之分，崇祯时，河南巡抚范景文上疏曰：民所患者，莫若差役，钱粮有收户、解户〔即差银〕，驿递有马户〔即马差〕，供应有行户〔即力差类〕，皆金有力之家充之，名曰大户。究之所金非富民，中人之产辄为之罄，是前明丁役竟未画一。此历代之大略也。"夫用民力之轻者，古公旬三日之法极矣。然其时寓兵于农，军实戌役一办之于民。汉率口出赋算，而宰相之子不免戍边。迨至后世，雇役杂泛，名目烦多，又无可论。大约赋税必本田亩，授人以田，而未尝别有户赋者，三代是也。不授人以田，而轻其户赋者，两汉是也。因授田之名而重其户赋，田之授否不常，而赋之重者，已不可覆轻，自魏至唐是也。丁钱徭役，因时所急，而别立名目以取之者，自宋至明是也。本朝立制以来，丁钱既有定额，而覆均丁于地，无遗漏偏枯之虑。生斯世者，几不知丁徭之名，盖数千年来未有之盛也。唐制有田则有租，有丁则有庸，有家则有调。自建中初，杨炎改定两税法，简而易行，沿于历代。明有天下，编赋役黄册，田有租，租分夏税秋粮。丁有役，役分力役、雇役。夏秋两税，以米麦为重，丝绢钱钞次之。洪武中，会计仓储，听民入金银布绢等物折纳税粮。正统朝定制，折收金花银，自起运兑军外，每粮一石折银一两，赋入准银自此始。役法，自嘉隆以后，通计丁粮，均派徭役。计丁输银，官为金募。天启元年，用给事中甄淑言：丁随田转，编入银额，于是丁赋田赋，合而为一。然粮长里长名去实存，加赋重征，民不堪病。国朝除明苛政，额征视神宗以前赋额为断。康熙五十二年恩旨，盛世滋生人口永不加赋。雍正年间，将丁银摊入地亩，永为定制，而律文则仍从前朝之旧。

条例 080.01：布按二司分巡分守官

布、按二司，分巡、分守官，直隶巡按御史，严督府、州、县掌印正官，审编均徭，从公查照岁额差役。于该年均徭人户丁粮有力之家，止编本等差役，不许分外加增。余剩银两，贫难下户，并逃亡之数，听其空闲，不许征银，及额外滥设听差等项差科。违者，听抚按等官纠察问罪，奏请改调。若各官容情不举，各治以罪。

（此条系明代问刑条例，顺治例 085.01。雍正五年奏准："布、按二司"至"巡按御史"十五字，改为"督、抚、司、道"；"抚按等官"改为"督抚"；"奏请改调"四字删。乾隆五年改定为条例 080.02。）

条例 080.02：督抚司道严督府州县掌印正官

督、抚、司、道严督府、州、县掌印正官，审编均徭，从公查照岁额差役。其丁粮有力之家，止编本等差役，不许分外加增。余剩银两，贫难下户，并逃亡之数，听其空闲，不许征银，及额外滥设听差等项名色扰累。违者，该督抚纠察，将有司官依违制律治罪。上司官容情不举，罪同。

（此条乾隆五年，将条例 080.01 改定。）

薛允升按：《集解》："此例盖不许额外乱差也。问罪治罪无明文，当依违制科。"徭役最为百姓之累，本朝自康熙五十年以后，续生之丁永不加赋，雍正六年又将丁银摊入地亩均征，丁粮合而为一，即无所谓差徭矣。即有支应兵差科派等事，亦系粮多者受累，丁多者绝不相干。各省丁口征银数目，见《户部则例》，既经摊入田赋之内，又安有余剩银两也。《唐律疏议》曰："赋役令，每丁，租二石。调绢二丈。绵三两、布输二丈五尺，麻三斤。丁役二十日。此是每年以法赋敛"云云。后改为两税，此法已不能行，近则更不然矣。法之近古莫若唐之租、庸、调。其法以丁为本。租者，丁男十八以上给田一顷，以二十亩为永业，以八十亩为口分。凡授田者，丁岁输粟二石。二曰调，每丁随乡所出，岁输绢绫绝各二丈，绵二两。如以布则加五之一、麻三斤。三曰庸，用人之力，每丁岁二十日，闰加二日。不役者，日为绢三尺。有事而加役二十五日者，免调。三十日，调租皆免，并不过五十日。正孟子所谓粟米、布帛、力役也。前明又有一条鞭之法，总括一邑之赋役，量地计丁，丁粮毕输于官。一岁之役，官为金募。力差则计其工食之费，量为增减。银差则计其交纳之费，加以增耗。凡额办派办京库岁需与存留供亿诸费，以及土贡方物，悉并为一条，皆计亩征银，折办于官，故谓之一条鞭。嘉靖间屡行屡止，万历间始力行之，已与此例情形不符矣。

条例 080.03：各省藩司并府州县

各省藩司并府、州、县，如遇各部派到物料，从公斟酌所属大小丰歉，坐派采买。若豪猾规利之徒，买嘱吏书，妄禀编派下属承揽害民者，发附近地方充军。印官听从者，参究治罪。若本无部派物料，而捏称坐派，及明知官收官解，藉端生事，扰累地方者，亦照此例治罪。

（此条系明代问刑条例，顺治例085.02首句为"各布政司"，雍正五年增删。例文至"参究治罪"而止，其"若本无部派物料"以下，系续增之文。乾隆五年呈进黄册声明：今无各部派到物料，应删。奉旨：现今虽无各部派到物料，但恐豪猾之徒或有串通官吏，捏称坐派，藉端害民等弊，亦应照此例治罪，不必删去。钦此。遵旨增辑"若本无部派物料"等句。）

薛允升按：此门条例所言，多系丁役之事，然丁之无役已百十年矣，此例亦系虚设。出纳官物门，有采买食粮谷石及驿递草豆，不许强派民力运送，应与此条参看。

条例080.04：绅衿除优免本身丁银外

绅衿除优免本身丁银外，傥借名滥以子孙族户冒入者，该地方官查出，生监申革，职官题参，各杖一百。受财者从重论。如有私立宦儒图户名色，包揽诡寄者，照脱漏版籍律治罪。诡寄与受寄者同论。

（此条系雍正四年定。）

薛允升按：绅衿优免本身丁银，系未将丁银摊入地亩以前之例，现在并无此等办法，似应删除。

条例080.05：凡绅衿之家

凡绅衿之家，与齐民一体编次，听保甲长稽查，违者，照脱户律治罪。地方官徇情不详报者，交部照例议处。至充保长、甲长，并轮值、支更、看守等役，绅衿免派。齐民内老疾寡妇之家，子孙尚未成丁者，亦俱免役。

（此条雍正五年定。原文"照徇庇例议处"，乾隆五年改为"交部照例议处"。）

薛允升按：此专指编查保甲而言，与盘诘奸细门条例参看。保长、甲长，见盘诘奸细。与《处分则例》同。《处分则例》："一、编查保甲，凡绅衿之家与齐民一体编列，听保长甲长稽查。如有不入编次者，本身照脱户律治罪。州县官瞻徇不报，降三级调用〔私罪〕。至点充保长、甲长并轮值、支更、看栅等事，绅衿免派。孤寡老幼免役。"

条例080.06：军民年七十以上者

军民年七十以上者，许一丁侍养，免其杂派差役。

（此条系乾隆五年，遵照雍正十三恩诏定例。）

薛允升按：此昔年恩诏之一端。以上三条均与古法有合。

成案080.01：直隶司〔嘉庆十九年〕

顺尹咨：牛良玉因县役余恺于未经奉文之先，预为科派包办差徭渔利，该乡保等虑及误差，经该犯出而担保，讯无通同渔利，该尹以余恺擅自科敛入己，依棍徒计赃拟绞。牛良玉依豪猾之徒、买嘱书吏、承揽害民例，发附近充军。部议牛良玉因与余恺素好，欲作成包差渔利，即属为从，未便一事两引，改拟满徒。

律 081：丁夫差遣不平

凡应差丁夫杂〔色在官工〕匠，而差遣〔劳佚〕不均平者，一人，笞二十，每五人加一等，罪止杖六十。

若丁夫杂匠承差，而稽留不著役，及在役日满而所司不放回者，一日，笞一十，每三日加一等，罪止笞五十。

（此仍明律，小注系顺治三年添入。顺治律为 086 条。）

律 082：隐蔽差役

凡豪民〔有力之家，不资工食〕令子孙弟侄跟随官员，隐蔽差役者，家长杖一百。官员容隐者，与同罪；受财者，计赃，以枉法从重论；跟随之人免〔杖〕罪，〔附近〕充军。

其功臣容隐者，照律拟罪，奏请定夺。

（此仍明律，其小注系顺治三年添入，顺治律 087 第二段原为"其功臣容隐者，初犯免罪，附过，〔家长仍杖一百，跟随之人充军。〕再犯住支，俸给一半，三犯全不支给，四犯依律论罪。"雍正三年修改。）

律 083：禁革主保里长〔例 1 条，成案 1 案〕

凡各处人民，每一百户内议设里长一名，甲首一十名，轮年应役，催办钱粮，勾摄公事。若有妄称主保、小里长、保长、主首〔主管甲首〕等项名色，生事扰民者，杖一百，迁徙。〔比流减半，准徒二年。若无生事扰民实迹，难议迁徙。〕

其合设耆老，须于本乡年高有德，众所推服人内选充，不许罢闲吏卒，及有过之人充应。违者，杖六十，〔革退。〕当该官吏，笞四十。〔若受财枉法，从重论。〕

（此仍明律，小注顺治三年添入．顺治律 088 条"若有妄称"之下有小注"以故不著官司之罪"，雍正三年删定。）

条例 083.01：直省各府州县编赋役册

直省各府、州、县编赋役册，以一百一十户为里，推丁多者十人为长，余百户为十甲，甲凡十人。岁役里长一人，管摄一里之事。城中曰坊，近城曰厢，乡里曰里。凡十年一周，先后则各以丁数之多寡为次。每里编为一册，册首总为一图。其鳏寡孤独不任役者，则带管于百一十户之外，而列于图后，名曰"畸零"。册成，一本送户部，布政司及府、州、县各存一本。

（此条系《明会典》例，顺治例 088.01，原为"天下各府"，系赋役黄册，雍正三年因康熙七年停造黄册，止有报部册籍，将"黄"字删去。乾隆五年改定。）

薛允升按：此明初洪武年间役民之法也。现在地丁合而为一，容有丁多而粮少者，且里长均系粮多者为之，似应于"丁"字下添一"粮"字。黄册与编审之法相辅而行，所以周知民数，而以均徭役也。康熙年间停造黄册，乾隆年间又停编审，盖均恐扰民起见，而古法已不复行矣。国朝盛氏百二《编审论》："编审者治道之根本也，盖积州县而成天下，积乡里而为州县，积户口而成乡里，故户口清而乡里治，乡里治而州县治，州县治而天下亦治矣。《周礼》乡遂之法始于比邻，详稽其夫家之众寡、贵贱、老幼、废疾、六畜、车辇、田野，以施政教，以行征令，以办施舍，以起徒役，而奇衰奸宄亦无所容，此历代以来不易之法也。明洪武十四年令天下编黄册，在城曰坊，近城曰厢，乡都曰里，共编为册，册首为一图，里有一百十户，以十户为长，余百户为十甲，里长、甲首董一里一甲之事。鳏寡孤独不任役者，附十甲后为畸零。其册凡十年一更定，此即今编审之制也。明初但有夏税小麦，秋税粟米，及丝绵之征。百姓皆听役于官，十六成丁而役，六十而免，无所谓丁银也。自后乃有银、力二差。力差者，差役也。银差者，雇役也。又其后，虽有二差之名，亦皆一例征银而已，于是胥吏上下其手，隐匿脱漏，百弊丛生。又丁银之增损关于考课，故丁银有增无减。所谓沟中之瘠，犹为籍上之丁；黄口小儿，已入追呼之册。此仁人君子所以叹息也。自我朝康熙五十二年，滋生人丁永不加赋，至雍正四年，又行丁归地亩之法，良法美意，三代以来未尝有也。然因此有司遂视编审为具文，惟胥吏是任，以至户口不清，而贫富不辨。贫者，有贫之实，而无贫之名；富者，无富之名，而有富之实。又飞洒诡寄，遂有无田之税，无税之田矣。且雇役惟可行于平日，如非时力役，河防土工之类，其势有不得不由于差者，于是徭役有不均之叹。况编审时，吏胥按户索其饮食简笔之费，百姓又恐差役之及身也。于是并户减口，专为一切徼幸。平时按籍而常见其少，不幸天灾流行，朝廷有大恩恤，计口给发，则其数又骤见其增。于是编审、赈恤二册自相矛盾，虽有才能，亦无所措其手足，始悔平时之失计，亦已晚矣。况欲求赋役均平，奸宄屏息，安可得哉。论者不察，竟以编审为不足凭。而无益于治道，惑矣。"此造黄册之制也。今乃不用里长，而惟行均摊之法，其迹似为便。不知民涣而无统，令弛而法敝，此吏治之所以日坏，而民风之所以日偷也。再，自古最重丁口，未有有丁而无田者，《唐律》所以有永业、口分之田也。明时亦以丁为主，故以丁多者，为里长、户长，即《礼》所谓有人有土者也，今不行矣。

成案 083.01：河南司〔道光七年〕

河抚咨：获嘉县已革武生王廷举，捏写传单，希图设局，包办钱漕杂差息讼，从中渔利。王廷举应比照各处人民妄称主保、小里长、保长主管甲首等项各色生事扰民者、杖一百，迁徙、比流减半准徒二年律，杖一百、徒二年。贺万超代改传单，另誊转递，即属为从，应于王廷举罪上减一等，杖六十、徒一年半。

律 084：逃避差役〔例 3 条，事例 5 条〕

凡民户逃住邻境州县，躲避差役者，杖一百，发还原籍当差。其亲管里长、提调官吏故纵，及邻境人户隐蔽在己者，各与同罪。若〔邻境〕里长知而不逐遣，及原管官司不移文起取，若移文起取，而所在官司占吝不发者，各杖六十。

若丁夫杂匠在役，及工乐杂户〔谓驿、灶、医、卜等户〕逃者，一日，笞一十，每五日加一等，罪止笞五十。提调官吏故纵者，各与同罪；受财者，计赃，以枉法重论。不觉逃者，五人，笞二十，每五人加一等，罪止笞四十。不及五名者，免罪。〔上言躲避邻境，是全不当差役者，故其罪重。此言在役而逃，是犹当差役者，故其罪轻。〕

（此条顺治三年将明律删定，并添入小注。顺治律为 089 条。）

条例 084.01：因兵荒逃避之民

因兵荒逃避之民，有司多方招抚，仍令附籍复业当差。或年久逃远，府、州、县造"逃户周知"文册，备开逃民乡里姓名、男妇口数、军民匠灶等籍，及遗下田地税粮若干，原籍有无人丁应承粮差，送各处督抚，督令复业。其已成家业愿入籍者，给予户田执照，附籍当差。如不自首，虽首而所报人口不尽，或转展逃移，及窝家不举首者，各杖一百。

（此条系明正统元年定例，顺治例 089.01，原指山西、河南、山东、湖广、陕西、南北直隶，保定等府州县而言。"督抚"二字，原文系"抚按"；"各杖一百"，原文系"俱附近边卫所充军"；均为雍正三年修改。）

薛允升按：《明史·食货志》："人户避徭役者，曰逃户。年饥或避兵他徙者，曰流民。有故而出侨于外者，曰附籍。朝廷所移民，曰移徙。凡逃户，明初督令还本籍复业，赐复一年老弱不能归，及不愿归者，令所在著籍，授田输赋。正统时造逃户周知册，核其丁粮。"上言招抚复业之事，下言在外当差附籍之事，总见有丁即有役，不容逃避，致累他人也。

条例 084.02：有司委官挨勘流民名籍

有司委官挨勘流民名籍、男妇、大小、丁口，排门粉壁，十家编为一甲，互相保识，分属当地里长带管。〔如或游荡作非，公举治罪。〕若团住山林湖泺，或投托官豪势要之家藏躲，抗拒官司，不服招抚者，正犯并里老窝家，知而不首，及占吝不发者，各依律科。

（此条系明正统二年定例，顺治例 089.02。小注十字，系雍正三年增。）

薛允升按：与盗卖田宅门棚民一条参看。编排保甲，则已入籍矣，与团住山林等不同。上条言招抚复业，此条言流民入籍，下条言逃入外境也。

条例 084.03：沿边沿海地方军民人等

沿边、沿海地方军民人等，躲避差役，逃入土夷峒寨海岛潜住，究问情实，俱发边远地方充军。〔按："地方"二字，原例系"卫分"二字，未详何年所改。〕本管里长、管军人，知而不首者，各治以罪。有能擒拿送官者，不问汉、土军民，量加给赏。

（此条系明代问刑条例，顺治例 089.03，"管军人"三字，原文系"总小旗"，雍正三年改。乾隆三十三年改定。）

薛允升按：上条团住山林等处，则犹在内地也，此则直逃至外境矣，故重其罪。逃避山泽不服追唤，见谋叛律。

事例 084.01：顺治十六年覆准

凡无籍棍徒，游手好闲之人，不许容留在京，令八旗都统、五城御史，严饬各该管官即拿送部，严审定罪。如或徇情容隐，被人拿首，即将该管都统以下，领催以上，分别议处。

事例 084.02：康熙五年覆准

五城司坊及巡捕三营，各该管地方，有无业游手，来历不明之人，即送该城解回原籍，仍查明犯事离籍情由拟罪。如该管官不行拿送，别经查出者，听该部议处。总甲等并容留居住之房主，俱责三十板。各都统并步兵总尉，严饬各该旗下佐领，并各府佐领，责令骁骑校、内管领催，详查佐领下人，有将房屋招人赁住者，查明来历，并有保人，方许居住。若有恶棍，不务本业，生事行诈者，查出送部，审实，依光棍定例治罪。该地方官役不行拿送，别经发觉者，照例分别议处。

事例 084.03：康熙十年覆准

凡无业之人，在街道打手鼓、踢石球者，拿送到部。系旗下人，鞭五十；系民，责二十板。

事例 084.04：雍正五年议准

各省游荡奸伪之徒，潜来京城，引类呼朋，招摇撞骗，哄诱善良，种种不法，肆行无忌，应严加访逐。饬行五城司坊、大宛两县，凡客店之内，俱令各该坊、该县，不时稽查，取具并无容留来历不明生事妄行之人甘结。其通衢僻巷，赁屋居住者，亦令房主询明保人来历，并着令两邻稽查。倘有此等游棍，该邻佑房主，协同斥逐，毋得徇情。至于庵观寺庙，该僧纲、道纪二司留心访察，亦取具并无容留甘结，以凭各衙门查问，其该管官仍不时查察。若有徇情及受贿容留者，后经发觉，将本犯按律治罪，并将容留之客店、寺庙及房主，一体连坐。若该管官不行查出，将该管官员照失察例议处。至编户居民，注有常业，其候补、候选、读书、贸易诸色人等，确有凭据者，毋许驱逐。倘有藉端勒索，混扰民人，或经告发，或被查出，照吓诈例治罪。再，游手好闲，并无恒业之人，行踪诡秘，往来莫定，应令递回原籍，交与各该管地方官，查明住址安插，不许出境。

事例 084.05：雍正五年又议准

凡系无业游棍，及役满书办，令步军统领、都察院、顺天府，严饬所属地方文武各官，将各会馆庙宇，及幽僻胡衕等处，实力访察，尽行驱逐回籍，毋许一人潜迹京城，并令六科、各道御史，留心访察，得实，即交该城御史押逐回籍，仍取具在京该地方文武各官，及总甲人等印甘各结，报明都察院、顺天府、提督，各该管衙门存查。如有查报不实，及藉端生事之处，一经发觉，将文武各官送部议处。总甲人等交该地方官治罪。其回籍之日，仍行文各地方官严行收管。如仍有从本籍来京者，一经发觉，亦将该地方官交部议处。仍于年底都察院、顺天府、提督，取具各该管官并无隐漏印甘各结，备案存查。如出结之后，仍有潜藏逗留之处，遇有查出以及告发者，将年底出结之官，照失察例议处。

律 085：点差狱卒〔例 1 条〕

凡各处狱卒，于相应惯熟人内点差应役，令人代替者，笞四十。

（此仍明律，顺治律为 090 条。）

条例 085.01：刑部南监招募禁卒六十名

刑部南监，招募禁卒六十名，与北监禁卒，一体给予工食。傥有勒索吓诈等弊，照枉法赃，从重治罪。

（此条系雍正十一年定，特因南监禁卒断给工食而设。乾隆五年删除。）

薛允升按：刑部旧例，有北监无南监也。此条南监云云，因系新立，故设此例。又雍正十三年十月上谕："八旗内务府高墙，原因旗人定罪之后，不便与民人一处监禁，是以暂于各旗设立高墙分禁。今遇恩赦，一切杂犯俱已宽免，其余重犯，仍应归入刑部监内，分别旗、民收禁。其八旗内务府高墙不必安设。"有谓南监系专为收禁八旗人犯而设，而例无明文，见后。从前旗人有犯，均礅锁各城门，并不在刑部监禁。自归部监禁，遂无礅门者矣。然亦可见旗人犯法者少，不似现在之实繁有徒也。先是北监分内外两所，一系重罪人犯，一系轻罪人犯。雍正初年，因督捕归并刑部，将督捕监口改为南所，旧有之北监则称为老监，其已定重罪旗、民人等，及现审民人，俱收老监。其旗人犯罪未经审定者，俱收南监。见雍正四年，刑部尚书励廷仪原奏，此奏在提牢厅。

律 086：私役部民夫匠〔事例 1 条〕

凡有司官私役使部民，及监工官私役使夫匠，出百里之外，及久占在家使唤者，〔有司官使〕一名，笞四十，每五名加一等，罪止杖八十。〔监工官照名各加二等。私役罪小，误工罪大。〕每名计一日，追给雇工银八分五厘五毫。若有吉凶，及在家借使杂役者，勿论。〔监工官仍论。〕其所使人数不得过五十名，每名不得使过三日，违者以私役论。

（此仍明律，顺治三年修改，并添入小注。顺治律为 091 条。）

事例 086.01：天聪九年谕

凡有滥役民夫，致妨农务者，该管佐领、领催等俱治罪。

律 087：别籍异财〔例 1 条〕

〔按，此系十恶内不孝。〕

凡祖父母、父母在，子孙别立户籍分异财产者，杖一百。〔须祖父母、父母亲告，乃坐。〕若居父母丧，而兄弟别立户籍分异财产者，杖八十。〔须期亲以上尊长亲告，乃坐。或奉遗命，不在此律。〕

（此仍明律，顺治三年增修。）

条例 087.01：祖父母父母在者

祖父母、父母在者，子孙不许分财异居。〔此谓分财异居，尚未别立户籍者，有犯，亦坐满杖。〕其父母许令分析者，听。

（此条系《明令》，顺治例 092.01，原例无小注，雍正三年增入。）

薛允升按：律不许分财异居，例又以父母许令分析者听，所以补律之未备也。

律 088：卑幼私擅用财〔例 3 条，成案 1 案〕

凡同居卑幼，不由尊长，私擅用本家财物者，十两，笞二十，每十两加一等，罪止杖一百。若同居尊长，应分家财不均平者，罪亦如之。

（此仍明律，顺治三年修改。顺治律为 093 条。）

条例 088.01：嫡庶子男

嫡、庶子男，除有官荫袭，先尽嫡长子孙，〔按，此层与各律重复，应删。〕其分析家财、田产，不问妻妾婢生，止以子数均分。奸生之子，依子量与半分；如别无子，立应继之人为嗣，与奸生子均分；无应继之人，方许承继全分。

（此条系《明令》，顺治例093.01。）

薛允升按：此例与下条均系补律之未备，并应与立嫡子违法律例参看。招婿养老，与继子均分家产〔见婚姻〕。《唐律·贼盗门》疏议问答云："老疾得免者，各准一子分法。假有一人年八十，有三男，十孙，或一孙反逆，或一男现在，或三男俱死，惟有十孙，老者若为留分。答曰：男但一人现在，依令作三男分法，添老者一人，即为四分。若三男死尽，依令诸子均分，老人共十孙为十一分，留一分与老者。"是为各准一子分法。应与此例参看。

条例 088.02：户绝财产（1）

户绝财产，果无同宗应继之人，所有亲女承受。无女者入官。

（此条系《明令》，顺治例093.02。乾隆五年改定为条例088.03。）

条例 088.03：户绝财产（2）

户绝财产，果无同宗应继之人，所有亲女承受。无女者，听地方官详明上司，酌拨充公。

（乾隆五年，以人亡户绝，非有罪可比，不宜言入官，因将条例088.02改定为此条。）

薛允升按：义男女婿均准承受家产，见立嫡子违法门。酌拨充公，似乎难行。

成案 088.01：湖广司〔道光六年〕

南抚咨：僧倡莲自幼投拜僧文元为师，系属同居共财，窃取伊师银二百七十两，比照卑幼私擅用本家财物者、十两笞二十、每十两加一等、罪止杖一百律，杖一百。

律 089：收养孤老〔例7条，事例4条〕

凡鳏、寡、孤、独及笃废之人，贫穷无亲属依倚，不能自存，所在官司应收养而不收养者，杖六十。若应给衣粮，而官吏克减者，以监守自盗论。〔凡系监守者，不分首从，并赃论。〕

（此仍明律，小注系顺治三年添入。顺治律为094条。）

条例 089.01：鳏寡孤独

鳏寡孤独，每月官给粮米三斗，每岁给绵布一匹，务在存恤。

（此条系明代旧例，顺治例094.01。乾隆五年，以孤贫口粮，按季支给，现有定例，所以将此条删除。）

条例 089.02：直省州县所属养济院

直省州县所属养济院，或应添造，或应修盖者，令地方官酌量修造，据实估计，报明督抚，在于司库公用银内拨给，仍不时查勘，遇有渗漏之处，即行粘补完固。傥有升迁事故，造入交代册内，取具印结送部。其正实孤贫，俱令居住院内，每名各给印烙年貌腰牌一面。该州县按季到院，亲身验明腰牌，逐名散给口粮。如至期印官公务无暇，遴委诚实佐贰官代散，加结申报上司，毋许有冒滥扣克情弊。若州县官不实力奉行者，该督抚即行查参，照例议处。

（此条系雍正十二年，户部议覆山东布政使郑宝禅条奏定例。）

薛允升按：此收养孤贫之善政也。《户部则例·蠲恤门》收养孤贫事例各条较此加详，应参看。又普济堂，育婴堂各事例，亦应参看。"一、直省州县境内、凡遇鳏寡孤独残疾无告之人，照收养定额收入养济院，给与养赡银米。人多于额，以额外收养。其银米遇闰加增，小建扣除。按季由该管正印官亲身散给。印官因公无暇，遴委佐贰官代散。加结申报各上司查核。一、州县收养孤贫，察明的实，取具乡约邻佑保状，收养入院。人给烙印年貌腰牌，〔于散口粮时查验〕照编甲之法，每十名编一甲长，挨次轮充，互相觉察。遇生事孤贫，甲长禀官究治。疏纵通同作弊，革粮，另补孤贫。或患疾病，官为拨医调治。若病故，给棺掩埋。所遗名缺，照额顶补。其院内房间，分别男妇，毋使混杂。〔养济院房间一例造入交代〕。一、州县造报孤贫，按实数分别额内额外挨甲开列花名、年貌、疤痣，注明鳏、寡、孤、独及何项残疾，兼注原住村庄里图，食粮年月。遇有斥革、病故顶补新收，随时申报上司。仍于年底开具旧管新收，开除实在四柱册，声明支过银米各数，分详各上司查考。该管道府于每岁盘查及踏勘公事之便，随带该属县原报印册，赴院点验，出具印结转报。觉结报后，查有房间颓圮，孤贫不尽住院，或住院之人年貌与腰牌不符，冒滥给粮者，将该管官照违例支给例处分。道府遽行结转，照违例支给之转详官例处分。若纵容胥役，丐头侵冒口粮银米，将该管官照纵役犯赃例处分。道府失察，照预先不行查出例处分。凡胥役丐头侵冒孤贫口粮，除于胥役丐头名下著追归款外，仍于该管印官名下照追充公。一、凡通都大邑官设普济堂，收养老疾无告之人，所需经费以入官田产、罚赎、社谷等项充用。有官绅士民好义捐建者，其经费并听自行经理。一、凡通都大邑各应建立育婴堂，收养遗弃婴孩，官雇乳妇善为乳哺，委官役董司其事。绅士乐善捐建，听其自行经理。凡堂内所收婴孩，有姓名年貌日时可稽，皆一一注册。有愿收为子孙者，将住址名姓备注册内，有本家访求认识者，查与原注册籍相符，准其归宗。"

条例089.03：军流等犯

军流等犯，除年逾六十不能食力者，照例拨入养济院，按名给与孤贫口粮外，或年未六十而已成笃疾不能谋生者，亦一体拨给。其少壮军流各犯，实系贫穷又无手艺者，初到配所，按该犯本身及妻室子女，每名每日，照孤贫给与口粮。自到配日起，以一年为止，于各州县存贮仓谷项下动用报销。各州县有驿递之处，一切应用人夫，酌派军流少壮中无资财手艺之犯充当，给与应得工食。无驿递之州县，公用夫役，均令一体充当，逐日给与工价。仍令该督抚照各处现行章程妥协办理。

（此条系雍正十三年定。一作乾隆二年，户部议覆福建巡抚卢焯条奏定例。雍正九年定例有"流犯年逾六十拨入养济院，给与孤贫口粮"之语，是以有"照例"二字。）

薛允升按：此因孤苦而及于军流各犯也。军流现不佥妻愿随者，不准官为资送，则妻室子女似无庸给与口粮。《户部则例·矜恤门》矜恤罪犯事例内，各省收到军流人犯一条，与此大略相同，并无给与妻子口粮之语，应参看。"一、各省收到军流人犯，无论有卫无卫之地，均派各州县安插。如老病残废，拨入养济院，给与孤贫口粮。其少壮军犯，按照地方分派各衙门，匀拨一二名充当水草夫役，日给本身口粮银二分。实系贫穷者，初到配所，该管官照孤贫例给与口粮。一年之后，有驿递地方交驿递夫头管束，令其当差。无驿递地方，查有公用夫役之处令其充当，交夫头管束，均给以应得工食。"伊犁种地人犯年老力衰，给半分口粮，见徒流迁徙地方，应参看。

条例 089.04：京师五城各设栖流所一处

京师五城各设栖流所一处，安顿贫病流民。其修理房屋工料，及衣食药饵之资，每年每城动支户部库银二百两备用，如有不敷，许其赴部具领。如或有余，留于下年备用。该城御史督率司坊等官，实心办理。如有虚冒侵蚀等弊，照例交部治罪。

（此条系雍正十三年定。）

薛允升按：与养济院一条，同为王政所先。《户部则例·矜恤门》栖流所各条，动支银数与此例不符，似应修改一律。〔中城岁支银四百两，东城四百七十两，南城五百三十两，西北城各六百两。〕又，京师五城设厂煮粥赈济一条，与此相类，亦应参看。"一、京师五城每年十一月初一日起至次年三月二十日止，按城设厂煮粥赈济，每城每日给十成梭米二石，柴薪银一两。每年开赈之初，由部先期题明知照都察院，暨仓场衙门，届期该巡城御史备具文领，径赴仓场衙门请领米石，并赴部请领柴薪银。每日散赈由该御史亲身散给。该都察院堂官不时稽察，傥有不肖官吏私易米色、通同侵蚀者，指名题参。每年用过银米，由五城报销。"

条例 089.05：老人九十以上者

老人九十以上者，地方官不时存问，其或孤寡，及子孙贫不能养赡者，州县查明赈恤，详报督抚奏闻，动用钱粮，务令得沾实惠。

（此条系乾隆五年，遵照雍正元年谕旨定例。）

薛允升按：《户部则例·矜恤门》优恤老人一条，又优恤节孝一条，应参看。"一、耆民年至九十以上，地方官不时存问，其或鳏寡无子及子孙贫不能养赡者，督抚以至州县公同设法恤养，或奏闻动用钱粮，令沾实惠。若地方官藉端侵扣，查参严究。一、直省地方孝子节妇，有实系贫苦不能自存者，地方核实，取具邻族甘结，详报该上司，于存公项下按月酌给口粮银两，按年报部核销。冒滥请给者，将具结之邻族及胥吏，严加治罪，地方官处分。"

条例089.06：各省流寓孤贫

各省流寓孤贫，如籍隶邻邑，仍照例移送收养外，其在原籍千里以外者，准其动支公项银两，一体收养，年底造册报销。

（此条乾隆九年，户部议覆吏科给事中钟衡条奏定例。乾隆十八年一度停止，但没有明令废除。）

薛允升按：此因孤贫而及流寓者也。

条例089.07：凡被灾最重地方

凡被灾最重地方，饥民外出求食，各督抚善为安辑，俟本地灾祲平复，然后送回。

（此条乾隆十三年奉特旨纂为例。乾隆十八年一度停止，但没有明令废除。）

薛允升按：此条最为紧要，被灾饥民外出求食，若不善为安辑，必为地方之害也。《户部则例·蠲恤门》稽查灾民事例一条应参看。"一、州县所辖灾民结伴出境，为邻属送回者，记过一次。甫经送回未能安抚，仍成群出境者，每起记大过二次。外来灾民过境，未及查出截留者，每起记过一次。本境匪徒冒灾远出滋事者，每起记大过一次。邻境邻属冒灾匪徒，在境未能拿办者，每起记过一次。护送灾民人少中途失散者，每起记过一次。灾民多，不按定三十日为一起资送，致令逃失者，每起记大过一次，记过至八次以上，记大过至五次以上，均另行严参。傥湖北下游州县灾民出境过境，经江西、安徽上游州县查出资送者，每次记功一次。拿获邻省邻境冒灾滋事匪徒，审拟斩绞遣军流徒者，每起记大功一次。记功至八次以上，记大功至五次以上，俱从优奖励。功过准其相抵，前后接算，若该州县所管民人冒灾聚众为害，能自行拿究者，止准免过，毋庸记功。"此门内所载各条，并无治罪之处，惟鳏寡孤独王政所先，各条所云亦王政之要务也，有斯民之责者，尚其实力行之。

事例089.01：康熙十二年题准

赤子关系人命，抛残有戾天和。凡旗下民人，有贫穷不能抚养其子者，许送育养婴儿之处，听其抚养。如有轻弃道途，致伤生命，及家主逼勒奴仆抛弃婴儿者，责令八旗佐领、五城御史，严行饬禁。

事例089.02：康熙三十六年题准

溺女相习成风，著令禁止，违者照律治罪。

事例089.03：雍正元年谕

户部恩赐老人，原为崇年尚齿，而地方赏老人者，每州县动支数千金，司府牧令，上下通同侵扣，吏役复任意需索，老人十不得一，上负旷典，罪不容逭。今饬令督抚严查，务令有司亲自沿乡访察照看，据实造册给发，不许丝毫侵扣。如仍蹈前弊，立即参处。如督抚奉行不谨，朕若访出，必加以失于觉察之罪。再，老人九十以上者，州县不时存问，其或鳏寡无子，及子孙贫不能养赡者，督抚以至州县，公同设法恤养，或奏闻动用钱粮，务令得沾实惠。

事例 089.04：乾隆二十三年谕

据秦蕙田奏：请将各省流丐递解回籍一折。游食穷民，行止无定，探囊胠箧，无所不有。诚使各遣归乡里，编入甲中，严加管束，不致生事，自是清狱讼、息事端之良法。但此辈辗转流移，城市村落，所在多有。必一一拘查押送，责成原籍保甲等收管，事理颇属繁琐，且恐沿途办理不善，未免转致滋事。此辈既已流移，随地乞食，原可听其自便。惟是地方官向来积习，往往视为流丐，不加约束，是以若辈无所顾虑，甚至呼朋引伴，恣为奸匪。如近日江南颍州民流入楚省，百十为群，行窃拒捕，此皆有司不行弹压所致。夫流丐在境，固不必过为迫逐，亦自当加以管束。与其纷纷移解，责成原籍收管，不若就所在地方，设法查禁，尚属简便易行。嗣后地方官，凡遇流丐在境，务须督率保甲人等，谆切晓谕，仍不时留心察访。如有逞强不法者，即严拿惩治，以儆愚顽。庶于听其营食之中，即寓禁其滋事之意。既不必解送纷繁，亦不致漫无约束矣。直省诸大吏，其董率所属，实力行之，毋得视为具文。

户律·田宅

（计 11 条）

律 090：欺隐田粮〔例 8 条，事例 1 条，成案 1 案〕

凡欺隐田粮，〔全不报户入册〕脱漏版籍者，〔一应钱粮，俱被埋没，故计所隐之田，〕一亩至五亩，笞四十，每五亩加一等，罪止杖一百。其〔脱漏之〕田入官。所隐税粮，依〔亩数、额数、年数，总约其〕数征纳。

若将〔版籍上自己〕田土移坵〔方圆成坵〕、换段〔坵中所分区段〕、挪移〔起科〕等，则以高作下，减瞒粮额，及诡寄田粮，〔诡寄，谓诡寄于役过年分，并应免人户册籍。〕影射〔脱免自己之〕差役，并受寄者，罪亦如之。〔如欺隐田粮之类。〕其〔减额诡寄之〕田改正〔坵段〕，收〔归本户，起〕科当差。

里长知而不举，与犯人同罪。

其还乡复业人民，丁力少而旧田多者，听从尽力耕种，报官入籍，计田纳粮当差。若多余占田而荒芜者，三亩至十亩，笞三十，每十亩加一等，罪止杖八十，其田入官。若丁力多而旧田少者，告官，于附近荒田内，验力拨付耕种。

（此仍明律，其小注系顺治三年添入。顺治律为 095 条。）

薛允升按：应与下荒芜田地一条参看。《处分则例》各条亦应参看。

条例 090.01：凡宗室置买田产（1）

凡宗室置买田产，恃强不纳差粮者，有司查实，将管庄人等问罪，仍计算应纳差粮多寡，抵扣禄米。若有司阿纵不举者，听抚按参奏治罪。

（此条系明代旧例，顺治例 095.01。雍正三年及乾隆五年，将此例增改为条例 090.02。）

条例 090.02：凡宗室置买田产（2）

凡宗室置买田产，管庄人恃强不纳差粮者，该管官查实，将管庄人等比依功臣欺隐田土律问罪。宗室知而纵容者，交该衙门察议，仍追征应纳差粮。若该管官阿纵不举者，听督抚参奏，交部议处。

（此条雍正三年将条例 090.01 改定。惟"比依功臣欺隐田土"句，及"交部议处"四字，系乾隆五年增改。）

薛允升按：此条不入名例门者，以专为不纳差粮故也。与应议者有犯各条参看。

条例 090.03：将自己田地移坵换

将自己田地移坵换段，诡寄他人，及洒派等项，事发到官，全家抄没，若不如此，靠损小民。

（此条系《明大诰》例，顺治例095.02。雍正三年改定为条例090.04。）

条例 090.04：将自己田地应纳钱粮洒派别户者

将自己田地应纳钱粮，洒派别户者，按数计赃，以枉法论，田地入官。其洒派钱粮，照年分、亩数追征。

（雍正三年奏准："移坵换段，诡寄他人"，正律止于满杖；至"洒派"一项，律无明文，"全家抄没"似乎过重，"靠损"二字不明白。准法平情，应计赃以枉法论。因此将条例090.03改定为此条。）

薛允升按：《辑注》云："因移换、诡寄、洒派等项，将自己粮差卸于人而代为之供办也，故曰靠损。"将自己田地应纳钱粮洒派别户，是别户代己上纳钱粮矣。系属利己损人，而于正项钱粮并不亏欠也。以枉法论罪，无论一主数主及年分久暂，均应并计科断。统计洒派之赃，如至八十两及一百二十两以上者，即应分别有禄无禄，拟以实绞，似非例意。应于末句追征之下添"洒派别户给领"。缘既已将田地入官，又追征洒派钱粮，已足示惩，照准不枉法科罪，庶为平允。且此等事件，容有行之多年而始发露者，一家之中父子相继，兄弟相传，已非一人，或其父强横，人不敢与之较论，及其子而始告发者，将科何人以枉法罪名耶。原例因其肥己瘠人，故拟全家抄没以惩其奸。改定之例声明过重，而又以枉法论罪，是免其抄没而转立一死罪名目，似未允协，亦多窒碍难行。

条例 090.05：各处奸顽之徒

各处奸顽之徒，将田地诡寄他人名下者，许受寄之家首告，就赏为业。

（此条系《明会典》例，顺治例095.04。雍正三年奏准：受寄则彼此俱有罪，纵首告止应免罪，未便就赏为业，"许"字改为"如"字，"就赏为业"改为"准免罪"。）

薛允升按：免罪者，免其受寄之笞杖罪也。首告均应免罪，不独此一事为然也。既将就赏为业一层删去，此例似应一并删除。

条例 090.06：各乡里书飞洒诡寄税粮二百石以上者

各乡里书，飞洒诡寄税粮二百石以上者，问近边充军。

（此条系明代问刑条例，原载吏律"滥设官吏"门，各处府、州、县一条的例末数语，乾隆五年，摘为专条，移附此律。）

薛允升按：此条因系里书，故严之也。至二百石以下，例无治罪之文，有犯自应照上二条科断。飞洒者问枉法，诡寄者问满杖，第粮至二百石以上，核计应纳银数，当逾一百二十两以上之数矣。照枉法科罪，即未至二百石亦应论死，二百石以上反拟充军，何也。大抵里书系在官人役，其飞洒诡寄多系代人舞弊，故定有二百石以上拟军之例。惟不及二百石，未经议及。且此辈若非听受贿嘱，亦不至公然作弊，似应将二百石以下分别定拟罪名，并添入受赃一层，较为明晰。受赃门内，县总里书受赃入己者，照衙役犯赃治罪，与此例互相发明，应参看。

条例 090.07：官田起科

官田起科每亩五升三合五勺，民田起科每亩三升三合五勺，重租田每亩八升五合五勺，芦地每亩五合三勺四秒，草塌地每亩三合一勺，没官田每亩一斗二升。

（此条系清初原例，顺治例 095.03。雍正三年奏准：今直省田地高下不同，故田粮轻重不等，其田地科则，具载《赋役全书》，因此删去此条。）

条例 090.08：州县征收粮米之时

州县征收粮米之时，预将各里、各甲花户额数的名，填定联三版串，一给纳户执照，一发经承销册，一存州县查对。按户征收，对册完纳，即行截给归农。其未经截给者，即系欠户，该印官查摘追比。若遇有粮无票，有票无粮等情，即系胥吏侵蚀，严比治罪。

（此条乾隆五年，户部议准定例。）

薛允升按：与《户部例》内征收事例各系参看。"一、州县经征花户钱粮，用三联串票，每联内务填款项数目，仍于骑缝用印处将完数端楷大书，分中截开，一存案备查，一付差役应比，一给花户收执。如官吏朦胧填写，及无票付执者，许花户控告，按侵那钱粮例治罪"云云。与此例大略相同。"一、州县经征正杂钱粮，听纳户自封投柜"云云。刑例所无。典买田宅条有征收田房税契，照征收钱粮例，别设一柜，令业户亲自赍契报税等语，应参看。

事例 090.01：雍正二年谕

直隶各省总督、巡抚，凡百姓完纳钱粮，当令该户亲身投纳，不许里长、甲首，巧立名目，希图侵蚀。不肖生员、监生，本身田产无多，辄恃一衿，包揽同姓钱粮，自称儒户、宦户，每当地丁漕米征收之时，迟延拖欠，有误国课。通都大邑固多，而山僻小县尤甚。该督抚著即严查晓谕，革除儒户、宦户名目。如再有抗顽生监，即行重处，毋得姑贷。倘有瞻顾不即革除此弊者，或科道参劾，或被旁人告发，治以重罪。

成案 090.01：清丈册报迟延〔康熙二十九年〕

吏部议安抚江有良疏：庐州地亩定例五年一丈，二十八年谕该清丈之期，今岁内之限已届，该司尚无册报，怠误之咎，相应指参等因。应将安徽布政使佟国佐照例罚俸六个月。

律 091：检踏灾伤田粮〔例 20 条，事例 12 条，成案 7 案〕

凡部内有水旱霜雹，及蝗蝻为害，一应灾伤〔应减免之〕田粮，有司官吏应准告而不即受理申报〔上司，亲行〕检踏，及本管上司不与委官覆踏者，各杖八十。若初、覆检踏，〔有司承委〕官吏不行亲诣田所，及虽诣田所，不为用心从实检踏，止凭里长、甲首朦胧供报，中间以熟作荒，以荒作熟，增减分数，通同作弊，瞒官害民者，各杖一百，罢职役不叙。若致枉有所征免〔有灾伤当免而征，曰枉征；无灾伤当征而免，曰枉免。〕粮数，计赃重者坐赃论。〔枉有所征免粮数，自奏准后发觉，谓之赃，故罪重于杖一百，并坐赃论。〕里长、甲首各与同罪。受财〔官吏里甲受财，检踏开报不实，以致枉有征免〕者，并计赃，以枉法从重论。

其检踏官吏及里长、甲首，〔原未受财，止〕失于关防，致〔使荒熟分数〕有不实者，计〔不实之〕田，十亩以下免罪，十亩以上至二十亩，答二十，每二十亩加一等，罪止杖八十。〔官吏系公罪，俱留职役。〕

若人户将成熟田地移坵换段，冒告灾伤者，〔计所冒之田〕一亩至五亩，答四十，每五亩加一等，罪止杖一百。〔其冒免之田〕合纳税粮，依〔额〕数追征入官。

（此仍明律，其小注系顺治三年添入．顺治律为 096 条，第一段"蝗蝻"有小注"〔飞者曰〕蝗〔走者曰〕蝻"，雍正三年修改。）

条例 091.01：天下有司凡遇岁饥

天下有司，凡遇岁饥，先发仓廪赈贷，然后具奏，请旨宽恤。

（此条系明洪武二十六年令，顺治例 096.01。）

薛允升按：《集解》："有司救饥例，许先发后奏，今不敢遵例行。"此先赈贷而后具奏也，督抚尚可，州县则断难遵行。汲长儒之矫诏赈恤，后世能有几人耶。

条例 091.02：凡夏灾不出六月底

凡夏灾不出六月底，秋灾不出九月底，先以被灾情形题报。其被灾分数，限一月内察明续报，逾限者，交该部议处。

（此条系明弘治十一年例。顺治十一年奏准定例。原在吏部例内，雍正三年纂入定例。乾隆五年奏准：勘灾限期定以四十日为限，将"限一月内察明"句，改为"按限勘明"。）

薛允升按：此题报灾伤之通例也，《户部则例》较为详明。按限勘明，即下条之四十日之限也。既以四十日为限，自应删去一月内数字，何以又不将四十日添入。《户部则例》："一、地方遇有灾伤，该督抚先将被灾情形日期飞章题报。夏灾限六月中旬，秋灾限九月中旬。〔甘肃省地气较迟，夏灾不出七月半，秋灾不出十月半。〕题后续被灾伤，一例速奏。仍一面题报情形，一面于知府、同知、通判内遴委妥员〔沿河地方兼委河员〕会同该州县，迅诣灾所履亩确勘，将被灾分数按照区图村庄逐加分别，申报司道。该管道员，复行稽查，加结详请督抚具题。倘或删减分数，严加议处。其勘报限期，州县官扣除程限，定限四十日。上司官以州县报到日为始，定限五日，统于四十五日内，勘明题报。如逾限半月以内，递至三月以外者，分别议处。上司属员一例处分。"

条例 091.03：赈济被灾饥民

赈济被灾饥民，以及蠲免钱粮，州县官有侵蚀肥己等弊，致民不沾实惠者，照贪官例革职拿问，督、抚、布政、道、府等官不行稽察者，俱革职。

（此条系康熙十八年议准。乾隆五年定例。嘉庆十六年，于"革职拿问"下增"照侵盗钱粮例治罪"句。）

薛允升按：原例，贪官即侵盗钱粮也。因不稽察而上司全行革职，未免太严，且有布政使而无按察使，亦不可解。《户部则例》："一、州县卫所官奉蠲钱粮，或先期征存不行流抵，或既奉蠲免不为扣除，或故行出示迟延，指称别有征款，及虽为扣除而不及蠲额者，均以侵盗论罪。失察各上司，俱分别查议。"《处分则例》："督抚不将侵冒之员奏参、拿问者，降三级调用〔私罪〕。倘督抚、藩司、道员、府州不行稽查，使州县任意侵蚀者，俱革职〔私罪〕。"

条例 091.04：凡地方有蝗蝻生发

凡地方有蝗蝻生发，捕官不实力协捕，致害禾稼，协捕各官，罚俸一年。该地方官不实力扑灭，借口邻境飞来，希图卸罪者，该抚查明题参，从重治罪。

（此条雍正三年定。乾隆五年修并为条例 091.06。）

条例 091.05：各省地方如有蝗蝻为害

各省地方，如有蝗蝻为害，必根究起于何地，其不将蝻子实时扑灭之地方官，革职拿问，并将该督抚严加议处。

（此条雍正六年遵旨定例。乾隆初年续定。乾隆五年修并入条例 091.06。）

条例 091.06：凡有蝗蝻之处

凡有蝗蝻之处，文武大小官员，率领多人公同及时捕捉，务期全净。其雇募人夫，每名计日酌给银数分，以为饭食之资，许其报明督抚据实销算。果能立时扑灭，督抚具题，照例议叙。如延蔓为害，必根究蝗蝻起于何地，及所到之处。该管地方官玩忽从事者，交部照例治罪，并将该督抚一并议处。

（乾隆五年，将条例 091.04 及 091.05 修并。）

薛允升按：此捕蝗之通例也。《户部则例》捕蝗各款及每人日给钱米之处，均较此为详，应与《处分例》参看。

条例 091.07：直省地方被灾十分者

直省地方，被灾十分者，蠲免钱粮七分；被灾九分者，免六分；八分者，免四分；七分者，免三分；六分者，免一分。

（此条雍正六年遵旨定例。乾隆十三年删。）

条例091.08：直省地方有被灾五分者

直省地方，有被灾五分者，亦蠲免钱粮十分之一，永著为例。

（此条乾隆五年遵旨定例。乾隆十三年，以蠲免钱粮事隶户部。捏报冒销等弊亦凭户部核议，毋庸加载刑律，因此将条例091.07与091.08同时删除。）

条例091.09：凡遇蠲免钱粮之年（1）

凡遇蠲免钱粮之年，蠲免十分者，江南、浙江二省。赋重粮多之地，佃户以应纳田主租律一石，酌减一斗五升；蠲免五分者，每一石减免七升五合。其余赋轻粮少各省蠲免十分者，每石减免五升。照此计算，遍加晓谕。若田主阳奉阴违，照违制律定拟追还，地方官失于觉察者同罪。

（此条系康熙二十九年，户部覆准山东巡抚佛伦题准例。雍正八年定例。乾隆五年改定为条例091.10。）

条例091.10：凡遇蠲免钱粮之年（2）

凡遇蠲免钱粮之年，将所免钱粮分作十分，以七分免业户，三分免佃户。雍正十三年十二月内钦奉上谕："蠲免之典，业户邀恩者居多，彼无业贫民终岁勤动，按产输粮，未被国家之恩泽，欲照所蠲之数履亩除租，绳以官法，则势有不能。其令所在有司，善为劝谕各业户，酌量宽减佃户之租，不必限定分数，使耕作贫民有余粮以赡妻子。若有素封业户能善体此意，加惠佃户者，则酌量奖赏之。其不愿者，听之，亦不得勉强从事。特谕。"

（此条乾隆五年遵旨，将条例091.09改定。）

薛允升按：此例上一段，系康熙二十九年，户部覆准山东巡抚佛伦题准定例。下一段系雍正十三年钦奉谕旨，并纂为例。乾隆五年，凡遇蠲免钱粮之年，地方官应遵旨善为劝谕业户，听其酌量减租，以广皇仁，不必著为成例，无庸纂入进呈黄册。后奉旨，此条若全行删去，则外省不复知有此例矣。应将从前定例，七分免业户，三分免佃户之处，仍行载入，并备录朕旨以便遵行，钦此。谨将康熙四十二年旧例纂入，并恭录雍正十三年十二月内钦奉谕旨。此二条并作一例，已载入大清《会典》矣，似可照录。刑律内所奉上谕，均经纂为条例，从未直录谕旨作为定例者。此处以谕旨为条例，与他处不符。查《会典》有例文一条："凡遇蠲免钱粮之年，将所免钱粮分作十分，以七分免业户，以三分免佃户，仍令所在有司善为劝谕各业户，酌量宽减佃户之租，不必限定分数。若有素封业户，能加惠佃户者，酌量奖赏。其不愿者，听。"声明此条系乾隆五年遵旨定例。似可将此条载入例中。所奉上谕不必登载，方与体裁相合。《唐律疏议》云："依令，十分损四以上，免租。损六，免租调。损七以上，课役俱免。若桑麻损尽者，各免调。"应参看。

条例 091.11：凡有蠲免

凡有蠲免，俱以奉旨之日为始。其奉旨之后，部文未到之前，有已输在官者，准作次年正赋，永著为令。如官吏蒙混隐匿，即照侵盗钱粮律治罪。

（此条系乾隆二年遵旨定例。原载"收粮违限"条内，乾隆五年移附此律。）

薛允升按："永著为令"四字，似可删除。查《户部则例》同，而无此四字。又有蠲免钱粮，该管官刊刻免单，按户付执。若不给或给而不实，均以违旨计赃论罪一条，刑例所无。

条例 091.12：凡开垦水田六年

凡开垦水田六年，旱田十年，将届升科之期，该督抚委员复加履亩丈勘，果有坍塌冲涨，或硗确者，概免升科。违者，以官吏不用心从实检踏律治罪。

（此条雍正十二定。）

薛允升按：此专为升科而设。闲空地土听民开垦，照年限起科，抑勒首报垦田，俱见盗卖田宅，应参看。

条例 091.13：遇有恩诏蠲免钱粮

遇有恩诏蠲免钱粮，其漕项、芦课、学租、杂税各项，俱入蠲免之例。地方官违者，以违制论；入己者，以侵盗论。

（此条系雍正十三年遵旨定例。）

薛允升按：此恐其以非正项钱粮，而或致遗漏也。《户部则例》同，惟"免"下有"旧欠"，"漕项"上有"民欠"各二字。

条例 091.14：凡被灾地方米船过关

凡被灾地方，米船过关，果系前往售卖，免其纳税，给予印票，责令到境之日，呈送该地方官钤盖印信，回空查销。如有免税米船，偷运别省，并未到被灾地方，先行粜卖者，将宽免之税，加倍追出，仍照违制律治罪。

（此条乾隆元年，户部议覆御史王文浚条奏定例。）

条例 091.15：州县详报被灾情形

州县详报被灾情形，查勘分数，遵照题定四十日限期办理。其距省遥远地方，准照交代之例，扣算程途日期。如谕限，照例题参，交部议处。

（此条系雍正六年，江西万载县知县许松佶条奏议准。乾隆二年，户部议覆湖北布政使安图条奏定例。）

薛允升按：应与上条修并为一，查《户部则例》系并为一条。蠲恤门、查勘灾赈事例各条，均应参看。

条例 091.16：凡各省地方被灾不及五分

凡各省地方，被灾不及五分，有奉旨及督抚题请缓征者，于次年麦熟后，止令催征旧欠，其本年钱粮，准于九月后催征。若深冬方得雨雪，及积水退者，缓至次年秋收催征。如被灾八分、九分、十分者，将该年缓征钱粮，俱分作三年带征；被灾五分、六分、七分者，分作二年带征，以纾民力。

（此条系乾隆二年，户部议覆安徽布政使晏斯盛条奏。乾隆三年定例。）

薛允升按：缓征带征均系宽纾民力之意。与《户部则例》略同。

条例 091.17：凡遇歉收之岁

凡遇歉收之岁，贫士与贫民，一体赈恤。

（此条系乾隆二年王大臣等议覆山东巡抚法敏条奏。乾隆三年谕旨及御史倪国连条奏，纂为定例。）

薛允升按：此专为贫士而设。《户部则例》："贫生、饥军各随坐落地方与赈。贫生赈粮，由该学教官散给。"刑例并无饥军。

条例 091.18：江海河湖居民猝被水灾

江海河湖居民，猝被水灾，该地方官一面通报各该管上司，一面赴被灾处所，验看明确，照例酌量赈济，不得濡迟时日。

（此条系乾隆五年，户部议覆左都御史杭奕禄条奏定例。）

薛允升按：此言水灾较旱灾为尤甚，酌量赈济自系美意良法。《户部则例》系统入田地灾案内报销。《户部则例》各条最详，应参看。房屋修费，各省均有专条，此外尚有失火延烧房屋酌加抚恤一条。

条例 091.19：各直省遇有灾眚之年

各直省遇有灾眚之年，该督抚将清理刑狱之处，奏闻请旨。

（此条乾隆七年，奉谕旨纂为定例。）

薛允升按：近来京师及直隶省遇有灾眚，俱系钦奉特旨遵办，其外省水旱偏灾，并无由督抚奏请清理刑狱之案，此例几成虚设。雨泽愆期清理刑狱，见常赦所不原，应与彼条修并为一。

条例 091.20：凡沿河沙洲地亩被冲坍塌

凡沿河沙洲地亩，被冲坍塌，即令业户报官，勘明注册。遇有淤涨，亦即报官查丈，照原报之数拨补。此外多余涨地，不许霸占。如从前未经报坍，不准拨给。至隔江远户，果系报坍有案，即将多余涨地，秉公拨补。若坍户数多，按照报坍先后，以次照拨。觅补足之外，尚有余地，许召无业穷民认垦，官给印照，仍令各属按数造报，统俟五年大丈，再行履勘，造册送部，以定升除。其报坍报涨，在两县接壤之处者，委员会同两邑地方官，据实勘验，秉公拨补。如有私行霸占，将淤洲入官，该户照盗耕官田律治罪。地方官不查丈明确，以致拨补舛错，查出，照官吏不用心从实检踏律，分别议处。

（此条乾隆十三年，户部议覆湖广总督塞楞额条奏定例。）

薛允升按：《集解》："沿河沙洲地亩，定例五年大丈，坍塌者除粮，淤涨者升科，所以安良善，息争端也。"《示掌》："造册送部以上等语，此指遇有涨地必以坍户报案先后，照其原报坍数以次拨补者而言，并非必于原坍处所下脚有涨方许拨补也。在两县接壤以下等语，此又指两县接壤之处，隔县隔江，以此邑所涨补彼邑所坍者而言，亦非谓一邑之内，此涨彼坍，必以上下对岸形迹可据，方许拨补也。"《户部则例》："一、新涨沙地四面临江，附近无应补坍户，谓之江心突涨，应归公，召卖，令州县官丈明顷亩，若地处两邑，会同查勘，秉公定价，通详召卖该司，以具呈缴价在先者，准其认买。"应参看。

事例 091.01：康熙十八年议准

凡赈济灾民，以及蠲免钱粮，有侵蚀肥己，使民不沾实惠者，事发，将州县官照贪官例，革职拿问。督抚司道等官，不行纠察者，俱革职。

事例 091.02：雍正元年议奏

蠲免积欠，其芦课、学租等项，与民屯地丁不同，未便概行豁免。奉旨：此民欠地丁等项银一百三十一万余两，内芦课等项银九万八百余两，虽非恩诏内应行蠲免之项，但历年最久，傥行催征，穷民必致受累。著一并蠲免。

事例 091.03：雍正六年谕

君民上下之间，休戚相同，本属一体。《论语》曰："百姓足，君孰与不足？"是民间之生计，即国计也。自古人君，有不恤民之灾，济民之困者，无此情理。而至于歉岁蠲免之数，往往多寡不同者，则时势嬴绌为之，出于不得已也。如洪武时，凡水旱地方，税粮即与蠲免。成化时，凡被灾之地，以十分为率，减免三分。弘治时，全荒者免七分，九分免六分，以是递减至被荒四分免一分而止。我朝顺治初，凡被荒之地，或全免，或免半，或免十分之三，以被灾之轻重，定额数之多寡。顺治十年议定：被灾八九十分者，免十分之三；被灾五六七分者，免十分之二；四分者，免十分之一。康熙十七年议准：歉收地方，除五分以下不成灾外，六分免十分之一，七分八分者免十分之二，九分十分者免十分之三。此例现在遵行。凡此多寡不同之数，或旋减而旋增，皆因其时势为之，亦非先后互异，意为增损也。尝见地方有司，每不愿蠲免太多者，盖恐蠲赋则减其耗羡，不利于己耳！此贪吏之见也。朕尝谓，若于蠲免之时，有所吝惜，而平日不能禁官吏之侵渔，是将灾黎之脂膏，饱奸贪之欲壑矣。数十年来，虽定三分之例，然圣祖仁皇帝深仁厚泽，爱养斯民，或因偶有水旱而全蠲本地之租，亦且并无荒歉而轮免天下之赋。浩荡之恩，不可胜举，而特未曾更改旧例者，盖恐国家经费，或有不敷，故仍存成法，而加恩于常格之外耳。朕即位以来，命怡亲王等管理户部事务，清查亏项，剔除弊端，悉心经理，数年之中，库帑渐见充裕。以是观之，治赋若得其人，则经费无不敷之事。用沛特恩，将蠲免之例，加增分数，以惠烝黎。其被灾十分者，著免七分；九分者，著免六分；八分者，著免四分；七分者，著免二分；六分者，著免一分。将此通行各省知之。

事例091.04：雍正六年又谕

蝗螟最为田禾之害，然迅加扑灭，犹可以人力胜之。昔我圣祖仁皇帝训饬地方各官，谆谆以捕蝗为急务，其不力者加以处分，无非养民防患之至意。乃州县有司，往往玩忽从事，不肯实心奉行，而小民性耽安逸，惮于捕灭之劳，且愚昧无知，又恐捕扑多人，以致残伤禾黍，瞻顾迟回，不肯尽力。不知螟子初生，就地扑灭，易于驱除，一或稍懈，听其生翅飞扬，则人力难施，且蔓延他境，为害不可言矣。前江南总督范时铎折奏：邳州地方，有蝗螟萌生。朕即谕令竭力扑灭。旋经该督奏闻，该地方官已经扑尽。比即批谕范时铎云：扑灭之说，朕实未信，须令有司实力奉行，无俾遗种，莫被属员蒙蔽。近闻彼处蝗虫地方官并未用力扑灭，与朕前旨相符矣。地方官如此怠玩从事，而督抚付之不问。著范时铎查明题参，并将该督抚交部严加议处，以儆怠玩。

事例091.05：雍正八年谕

古称蝗螟生于水泽之中，乃鱼子变化而成者，是以江南淮扬之州县地接湖滩，往往易受其害。盖蝗之所生，多因低洼之区，秋雨停集，生长小鱼，交春小鱼生子。水存则仍复为鱼，若值水涸日晒，入夏之后，即化为螟，不待数日，便能生翅群飞。即被害之家，亦莫知其所自。盖以其地寥廓荒凉，人迹罕至，平时忽而不察，及至鼓翼飞扬，则有难于扑灭之势。此事势之必然，所当防之于早者也。凡直省地方，向来有蝗螟之害者，该督抚大吏，应转饬有司，通行晓谕附近居民，于大热秋晴之后，周历湖滨洼地，及深山穷谷无人之处，实心实力，审视体察，一有萌动之机，无分多寡，即行剪除消灭。倘民力或有不敷，或禀报该地方官，督率人工，协同助力。更令文武官弁，派出诚实兵役，会同里长、耆老等，留心察视，不可疏忽怠玩。如此则人力易施，虫灾可杜，于禾稼大有裨益。但小民愚昧无知，又复苟且慵懒，其晓谕开导，防患于未然者，有司不得辞其责。实心任事之良吏，必不肯于此等事膜外视之也。

事例091.06：雍正十三年十二月谕

蠲免之典，业户邀恩者居多，彼无业贫民，终岁勤动，按产输粮，未被国家之恩泽。欲照所蠲之数，履亩除租，绳以官法，则势有不能。其令所在有司，善为劝谕各业户，酌量宽减佃户之租，不必限定分数，使耕作贫民，有余粮以赡妻子。若有素封业户，能善体此意，加惠佃户者，则酌量奖赏之。其不愿者听之，亦不得勉强从事。

事例091.07：乾隆二年谕

蠲免钱粮，所以纾民力而惠黎元。或偏灾偶见，尤宜急加宽恤，故《周礼·荒政》以薄征为先。乃不肖州县，一闻蠲免恩旨，往往于部文未到之前，差役四出，昼夜催比，追呼之扰，更甚平时。迨诏旨到日，百姓已完纳过半，朝廷有赐复之恩，而闾阎不得实被其泽，甚至官吏分肥侵渔中饱，情弊种种，深可痛心。我皇考世宗宪皇帝洞悉其弊，雍正十一年八月，蠲免甘肃地丁银两，奉旨将已完在官之项，准抵明年正课。此诚万世之良规，所当尊奉者。嗣后凡有蠲免，俱以奉旨之日为始。其奉旨之后，部文未到之前，有已输在官者，准作次年正赋，永著为令。如官吏朦混隐匿，即照侵盗钱粮律治罪。

事例091.08：乾隆三年谕

各省地方偶有偏灾。朕查蠲免钱粮旧例，被灾十分者，免钱粮十分之三；八分七分者，免十分之二；六分者，免十分之一。雍正年间，我皇考特降谕旨，凡被灾十分者，免钱粮十分之七；九分者，免十分之六；八分者，免十分之四；七分者，免十分之二；六分者，免十分之一。实爱养黎元，轸恤民隐之至意也。朕思田禾被灾五分，则收成仅得其半，输将国赋，未免艰难。所当推广皇仁，使被灾较轻之地亩，亦得均沾恩泽者。嗣后著将被灾五分之处，亦准报灾，地方官查勘明确，蠲免钱粮十分之一。永著为令。

事例091.09：乾隆十七年谕

蝗虫害稼最烈，皇考曾特降明旨，地方官不实时扑灭者，革职拿问，督抚严加处分，载明令甲，诚以捕蝗必用人力，人力胜则蝗不成灾，故明示之禁，使知所从事。比者督抚自尊自逸，且畏处分，如方观承、蒋炳者，非朕旨督责，几令捕蝗不力之劣员幸免矣。夫怠人事而损田功，上辜天贶，奈何庇一、二不肖劣员，而贻数万户生灵之戚。昔人所谓，一家哭何如一路哭者，宁未之闻耶！牧令或委诸业户未报，不思官以知为名，则所治一州一邑，事无大小，皆所当知，必待受害者呼号始觉，已不称其名而瘝厥官矣！彼即不报，尔何不知察耶？即恐致蹂践，且幸飞食他境，匿不具报。愚民或有此情，则偿其所损，又有成例。如果明且开导，家喻户晓，民即至愚，岂不计及蝗蝻初生甚微，捕扑不过蹦及沟畎陇隙，无难补种，且所失得偿，亦何惮而不报耶？平日不讲求御害之方，临事又不身先督率，徒使粉饰徇隐，民饥罪岁咎孰大焉。特用申明禁令，各该督抚，其严饬所属，敢有怠于奉行，徇纵殃民，必重治其罪。

事例091.10：乾隆十七年又谕

蝗蝻贻害农田，捕之宜及早用力。皇考曾特降谕旨，朕申明禁令，已不啻再三。今岁直隶、山东、河南，皆有蝗蝻萌动，经朕严饬该督抚等督捕，始得净尽。昨据高斌奏称，江南丰、沛交界处所，及铜山、萧、砀等州县，亦俱有飞蝗来往。夫捕蝗如捕盗，禁于未发，则用力省而种类不至蕃滋。若至傅翼群飞，则所生之地，未早为实力扑捕可知。此固地方官怠玩从事，而督率不先，董戒不力，则该督抚之过也。著将江南督抚交部议处。直豫蝗蝻，若非朕申谕严切，必且有妨秋稼，不几上负雨旸时若之嘉贶耶！为司牧，其奚忍坐视以贻民害。著再通行传谕各督抚严饬所属，实力奉行。如再有怠于捕扑，以致飞往他境者，一经奏闻，必当根究生蝗处所，将该地方官从重治罪。

事例 091.11：嘉庆九年谕

前因京城广渠门外及通州等处，间有飞蝗，一面派范建丰前往查勘，一面谕令颜检将直隶地方，有无蝗蝻滋长之处，详悉查明具奏。旋据该督抚奏称，均已扑除净尽，并称飞蝗止食青草，不伤禾稼，本不成话。嗣于前月二十九日，朕斋戒进宫，披览章奏，适一飞蝗集于御案，当令捕扑，续经太监等捕获十数个。因思宫禁既有飞入者，则郊原田野不知更有几何？旋即派卿员四路查勘，并将御制《见蝗叹》及宫内捕得蝗虫，发交颜检阅看，复谕令赶紧饬查。兹据奏，驰赴宛平县属之水屯、八角二村，查看该处七、八十亩之广，谷粟被伤，均有三、四亩。复据大兴、宛平、通州、武清、新城、遵化、任丘、容城、涞水、固安、保定、满城等州县禀报，所属村庄，均有蝻子萌生，现在上紧捕除等语。可见如许州县，均有蝗蝻，若非特派卿员驰勘，经朕再四严饬，颜检仍未必据实直陈。前此所奏，实不免于粉饰。朕勤求治理，以家给人足、时和岁丰为上瑞。至于前史所奏景星、庆云之祥，犹皆鄙斥不言，惟于地方水旱虫伤等事，刻深紫塺，宵旰不遑，勤加谘访。祖考付朕天下，惟期丰年为瑞，岂好言灾祲，实以民瘼所关至重。朕早得闻知一日，即可立时办理，俾民早得一日安全。督抚等狃于积习，必不肯据实陈奏，是诚何心！若以隐匿不奏，藉此可纾宵旰焦劳，殊不知酿成大患，宵旰焦劳更甚。彼时朕一人承当，隐匿不奏者，转得置身事外。言及此，实深畏惧。总之粉饰之习一开，则督抚等惟事敷陈吉语，而属员意存迎合，日久相蒙，必致一切国计民生，概不以实陈上。即如今年直隶麦收，颜检早经奏报十分。夫十分乃系上稔，岂可多得？彼时麦田尚未收割，而奏牍已豫为铺张，实未免措词过当。此次蝗蝻萌蘖，又不先行入告，且待朕节次垂询，始一一奏闻。计开村庄三十余处之多，其中断非尽系降旨查询后具报者。封疆大吏，若事事务求粉饰，其流弊必至于欺罔而后已。颜检奏请交部严加议处，本属咎所应得，姑念该督平素办事尚属认真，著加恩改为交部议处。嗣后惟当痛改前非，实心任事，遇有地方灾歉事务，尤当一面查办，一面据实陈奏，俾闾阎疾苦，不致壅于上闻，方为不负委任。若再有讳匿迟延，经朕查出，必将该督严行惩处，不能曲为宽贷矣。将此通谕中外知之。

事例 091.12：光绪四年谕

御史田翰墀奏请将侵赈各员严定罪名一折。赈务动关民命，全在承办各员洁己奉公，妥为经理。如果草率从事，任意侵渔，亟应严行惩办。著将各州县侵吞赈项罪名，从严定拟。其失于觉察者，并著加等处分，以示儆戒。别案不得援以为例。各省疆臣，务当严饬所属箧箧自饬，倍懔刑章，毋谓恩可幸邀，致蹈前项覆辙。钦此。遵旨议准：嗣后如有官员藉灾冒赈，侵吞入己，数在一千两以上者，仍照侵盗钱粮例，拟斩监候。其数逾巨万，实在情罪重大者，仍照定例斩监候问拟，由该督抚临时酌量具奏，请旨定夺。其入己之数虽未至千两以上，巧立名色，任意克扣，及有吏胥串弊绅董分肥情事，即照侵盗钱粮例，计赃，应得徒流等罪上酌加一等，分别办理，虽遇恩赦，不准援免。

成案 091.01：捕蝗不力〔康熙三十八年〕

户部覆直抚李光地疏：上谕户部，移咨被蝗各地方巡抚，责令有司力督驱捕，无致为灾，通行在案。巡抚李光地不预行巡查扑灭，及至皇上洞晓，差部员前往捕捉，又敕下将伊谴责，始行认罪，不合。应将直抚李光地降二级调用，天津道范时崇、通永道祝兆熊、霸昌道郎廷栋、河间府陆鲁、守道高志弘、静海县沈渊、盐山县、青县，俱各降二级调用。奉旨：李光地著降二级，范时崇等著销去加一级，仍降一级，俱留任。

成案 091.02：勘灾出结迟延〔康熙三十一年〕

吏部议直抚郭世隆疏：天津道朱士杰委勘被灾地亩，逾限一个月零九日，始将勘结移送。吏部议：应将天津道朱士杰照此例，降一级调用。

成案 091.03：被灾未具结〔康熙二十八年〕

吏部议甘抚伊图疏：灵台县地方忽降冰雹，成种麦豆尽毁无存，违例未具印结。灵台县知县应照例，罚俸六个月。

成案 091.04：报灾册结不明〔康熙二十九年〕

吏部议甘抚伊图疏：布政司详称庆阳府造赍宁州雹灾册内，止造应征折征存留粮数，并未分晰起存银粮，应免分数，结内亦未填明被灾日期，该府不核明转赍，应将宁州知州闵某，庆阳府知府李甲声，均照例各罚俸六个月。

成案 091.05：赈饥造册迟延〔康熙二十九年〕

吏部议江督傅腊塔疏：淮徐被灾，部覆将赈过饥民麦豆谷石姓名，并官绅捐输银两数目，造册报部，今限已满，承查迟延各官，应题参，应将逾限不及一月之知府、知州均照例罚俸三个月。

成案 091.06：动用库银买米赈荒于灾民有益〔康熙四十六年〕

江抚于某会同江督邵某疏称：今岁江苏等属州县亢旱，民不聊生，臣身在地方，日夜焦思，臣敢冒擅专之罪，竟于藩司现存银内，动借一十万两，委员赴楚买回平粜，务使穷乡僻壤，尽沾实惠，米价解还司库，是在国帑原无亏损，而民生均有裨益等因。查定例内，凡一应钱粮擅动挪移别用者，将擅动官员治罪等语。今该抚将司库现存钱粮并不题请，即私行动用银十万两，赴楚买米，巡抚于某应即行交与该部，照定例治罪，但系现在买米平粜，将价还项，与被灾之民有益，将于某免交与该部查议，相应仍行该抚，将动用银两买米数目，粜过之价，造具清册具题，其买米石粜卖之时，须遴委贤能官员平价监粜，务使被灾之民均沾实惠，如有不肖官员，利己害民，不实心平粜，该抚不时详查，指名题参可也。奉旨：依议。

成案 091.07：报灾怠缓〔康熙四十六年〕

吏部议：浙抚王某以严州知府佟某据遂安县知县万某，续报遂安县夏受旱灾，自六月以来，亢旱弥加等语，但严州府距省三百余里，如果六月被旱，自应遵例于六月内具报，乃迟至七月十五日始行详报，明系怠缓民事，任意耽延，殊有匿灾情弊，将佟某等题参等因。查定例内，州县官将民之苦情不行详报上司，使民无处可诉，其事发觉，革职等语。应将佟某、万某，均照例革职。奉旨：依议。

律 092：功臣田土〔例 2 条〕

凡功臣之家，除〔朝廷〕拨赐公田〔免纳粮当差〕外，但有〔自置〕田土，从管庄人尽数报官入籍，〔照额一体〕纳粮当差，违者，〔计所隐之田〕一亩至三亩，杖六十，每三亩加一等，罪止杖一百、徒三年，罪坐管庄之人，其田入官。〔仍计递年〕所隐粮税，依〔亩数、年数、额〕数征纳。若里长及有司官吏〔阿附〕踏勘不实，及知而不举者，与〔管庄人〕同罪；不知者，不坐。

（此仍明律，其小注系顺治三年添入。顺治律为 097 条。）

条例 092.01：公侯禄米

公侯禄米，各有等第，皆于官田内拨赐，其佃户仍于有司当差。

（此条系明代旧例，顺治例 097.01。雍正三年，以现无此例，奏准删除。）

条例 092.02：该纳本折佃户

该纳本折佃户，赴本管州县上纳，令各该公侯遣人员赴官关领，不许私自收受。

（此条系明代旧例，顺治例 097.02。雍正三年，以现无此例，奏准删除。）

律 093：盗卖田宅〔例 13 条，事例 2 条，成案 19 案〕

凡盗〔他人田宅〕卖〔将已不堪田宅〕换易，及冒认〔他人田宅作自己者〕，若虚〔写价〕钱实〔立文〕契典卖，及侵占他人田宅者，田一亩、屋一间以下，笞五十，每田五亩、屋三间加一等，罪止杖八十、徒二年。系官〔田宅〕者，各加二等。

若强占官民山场、湖泊、茶园、芦荡，及金、银、铜、锡、铁冶者，〔不计亩数〕杖一百、流三千里。

若将互争〔不明〕及他人田产，妄作己业，朦胧投献官豪势要之人，与者、受者，各杖一百、徒三年。

〔盗卖与投献等项〕田产及盗卖过田价，并〔各项田产中〕递年所得花利，各

〔应还官者〕还官，〔应给主者〕给主。

若功臣有犯者，照律拟罪，奏请定夺。

（此仍明律，其小注系顺治三年添入。顺治律为 098 条，最后一段原为"若功臣初犯，免罪，附过；再犯，住支俸给一半；三犯，全不支给；四犯，与庶人同罪"，雍正三年修改。）

条例 093.01：军民人等将争竞不明及民间起科

军民人等，将争竞不明，并卖过及民间起科，僧道将寺观各田地，若子孙将公共祖坟山地，朦胧投献王府，及内外官豪势要之家，私捏文契典卖者，投献之人，问发边卫永远充军，田地给还应得之人及各寺观，坟山地归同宗亲族各管业。其受投献家长，并管庄人参究治罪。山东、河南及直隶各处空闲地土，俱听民尽力开种，永不起科。若有占夺投献者，悉照前例问发。

（此条系明代问刑条例，顺治例 098.01。雍正三年奏准："山东、河南及直隶"七字，改为"直隶各省"；"永不起科"四字，改为"照年限起科"。乾隆五年，将"问发边卫永远充军"，改为"问发边远充军"；删去"及各寺观，坟山地归同宗亲族各管业"十五字。）

薛允升按：参究治罪，是否照律拟以徒罪，抑系照投献之人例，拟以充军，未经叙明。查盗卖田产律，系计数分别治罪，朦胧投献并不分田产多寡，概拟满徒。因其藉势害人，亦情重于物也。是律已加重矣，而例又加重拟军，似可不必。若田产为数过多，或酌重拟流亦可，为数无多，遽拟军罪似嫌太重。《户部则例》与此略同，惟有并追递年所得花利，应参看。

条例 093.02：用强占种屯田五十亩以上（1）

用强占种屯田五十亩以上，不纳籽粒者，问罪，照数追纳，完日，官调边卫带俸差操，旗军军丁人等，发边卫充军，民发边外为民，其屯田人等，将屯田典卖与人。至五十亩上，与典主、买主，各不纳籽粒者，俱照前问发。若不满数，及上纳子粒不缺，或因无人承种而侵占者，照常发落。管屯等官，不行用心清查者，纠参治罪。

（此条系明代问刑条例，顺治例 098.02。雍正三年奏准："官调边卫带俸差操"，今无此例，八字删；"旗军军丁人等，发边卫充军"十一字，改为"军发边卫充军"。乾隆三十六年奏准：军民一体问发，将"军发边卫充军"二句，改为"发近边充军"五字。嘉庆六年改定为条例 093.03。）

条例 093.03：用强占种屯田五十亩以上（2）

用强占种屯田五十亩以上，不纳籽粒者，照数追纳，完日，发近边充军。其屯田人等，将屯田典卖与人至五十亩上，典主、买主各不纳子粒者，俱照前问发。若数不满五十亩，及上纳籽粒不缺，或因无人承种而侵占者，照侵占官田律治罪。典卖与人者，照盗卖官田律治罪。管屯等官不行用心清查者参奏，依违制律杖一百。

（此条嘉庆六年，将条例 093.02 改定。）

薛允升按：《辑注》："屯田系给卫军耕种之业，各有定额，亦官田也。强占典卖必至五十亩以上，又不纳子粒者，方依此例问发。或不纳子粒而未满五十亩，或满五十亩而上纳子粒，或满五十亩不纳子粒，非由强占，因无人承种而侵占者，皆不在问发之限，故曰照常发落。"此五十亩以上者，拟军。不及五十亩，则仍依律拟以杖徒，应与上条参看。明初军人俱有屯田，与典卖例内之运田不同，而下条并无分别纳完子粒之文，与此例参看。

条例 093.04：西山一带密迩京师地方

西山一带，密迩京师地方，如有官豪势要之家，私自开窑卖煤，凿山卖石，立厂烧灰者，枷号一个月，发近边充军。干碍内外官员，参处提问。

（此条系明代问刑条例，顺治例 098.03。）

薛允升按：此例凡三项，是否有一于此，即问充军，尚未明晰，其应开窑、凿山、立厂之处，凭何界限，亦无明文，碍难引用。

条例 093.05：近边分守守备备御

近边分守、守备、备御，并府、州、县官员，禁约该管官旗军民人等，不许擅自入山，将应禁林木砍伐贩卖，违者问发南方烟瘴卫所充军。若前项官员有犯，文官革职为民，武官革职差操。镇守并副、参等官有犯，指实参奏。其经过关隘河道，守把官军容情纵放者，究问治罪。

（此条系明代问刑条例，顺治例 098.04。雍正三年奏准："分守、守备、备御"六字，改为"分守武职"；"官旗"二字删。又，武官无革职差操例，"文官革职为民，武官革职差操"十二字，改为"俱革职为民"。乾隆五年，将"南方烟瘴卫所"，改为"云、贵、两广烟瘴稍轻地方"。嘉庆六年改定为条例 093.06。）

条例 093.06：近边分守武职

近边分守武职，并府、州、县官员，禁约该管军民人等，不许擅自入山，将应禁林木，砍伐贩卖。若砍伐已得者，问发云、贵、两广烟瘴稍轻地方充军；未得者，杖一百、徒三年。若前项官员有犯，俱革职；计赃重者，俱照监守盗律治罪。其经过关隘河道，守把官军知情纵放者，依知罪人不捕律治罪。分守武职，并府、州、县官，交部分别议处。

（此条嘉庆六年，将条例 093.05 改定。）

薛允升按：《集解》："此例，明朝原因大同宣府、延、绥、宁夏、蓟、辽等边，本有禁山而设。以其北人，故发南方烟瘴充军。"此例与现在情形不符，似应删除。现在近边并无应禁林木，与偷伐边外山谷附近围场木植条参看，较彼条科罪尤重。

条例 093.07：各省丈量田亩

各省丈量田亩，及抑勒首报垦田之事，永行停止，违者，以违制律论。

（此条雍正十三年，和硕庄亲王议覆大学士朱轼奏准定例。）

薛允升按：丈量之例停止，本为便民，而界址转有不能清楚之处，便民之中亦有不便者，此类是也。沙洲五年大丈，见检踏灾伤田粮，应参看。丈量开垦一体停止，均系恐其扰累之意，乃丈量停止，而开垦仍不能止，何也。

条例 093.08：凡子孙盗卖祖遗祀产

凡子孙盗卖祖遗祀产至五十亩者，照投献捏卖祖坟山地例，发边远充军。不及前数，及盗卖义田，应照盗卖官田律治罪。其盗卖历久宗祠，一间以下，杖七十，每三间加一等，罪止杖一百、徒三年。以上知情谋买之人，各与犯人同罪，房产收回，给族长收管，卖价入官；不知者，不坐；其祀产义田，令勒石报官，或族党自立议单公据，方准按例治罪。如无公私确据，藉端生事者，照诬告律治罪。

（此条乾隆二十一年，刑部议覆苏州巡抚庄有恭条奏定例。）

薛允升按：与子孙盗卖坟树条例参看。苏州巡抚原奏，三者并无区别。部议以祀田较义田为重，已不可通，而宗祠又较祀田为轻，尤不解其故。

条例 093.09：盛京家奴庄头人等

盛京家奴庄头人等，如有因伊主远在京师，私自盗卖所遗田产至五十亩者，均依子孙盗卖祖遗祀产例，发边远充军；不及前数者，照盗卖官田律治罪；盗卖房屋，亦照盗卖官宅律科断。谋买之人，与串通说合之中保，均与盗卖之人同罪。房产给还原主，卖价入官。其不知者，不坐。傥不肖之徒，藉端讹诈，照诬告律治罪。

（此条乾隆三十年，盛京副都统倭升额条奏定例。）

薛允升按：此条专指盛京而言。京城附近地方有犯，例无明文，似应改为通例。计赃虽多，亦拟军徒，以田房究与财物不同也。《户部则例》系八旗在京田产及坐落盛京田产，如有家奴庄头云云，与此少异，应参看。

条例 093.10：凡民人告争坟山

凡民人告争坟山，近年者以印契为凭，如系远年之业，须将山地字号亩数，及库贮鳞册，并完粮印串，逐一丈勘查对，果相符合，即断令管业。若查勘不符，又无完粮印串，其所执远年旧契，及碑谱等项，均不得执为凭据，即将滥控侵占之人，按例治罪。

（此条乾隆三十二年，安徽按察使陈辉祖条奏定例。）

薛允升按：远年旧契恐有影射之弊，碑谱等项俱可伪造，故不得概以为凭也。如果与字号亩数及册串相符，则更属确据矣。此等案件南省最多，与北省情形大不相同。

条例 093.11：土目土民不许私相典卖土司田亩

土目土民，不许私相典卖土司田亩，如有违禁不遵者，立即追价入官，田还原主，并将承买之人，比照盗卖他人田亩律，田一亩笞五十，每五亩加一等，罪止杖八十、徒二年。其违例典卖，并倚势抑勒之土司，失察之该管知府，均交部议处。

（此条乾隆四十二年，广西布政使朱椿奏准定例。）

薛允升按：此系防微杜渐之意，然系尔时办法，今则并无此事矣。

条例 093.12：凡租种山地棚民

凡租种山地棚民，除同在本山有业之家，公同画押出租者，山主棚民均免治罪外，若有将公共山场，一家私召异籍之人，搭棚开垦者，即照子孙盗卖祖遗祀产至五十亩例，发边远充军；不及五十亩者，减一等，租价入官；承租之人，不论山数多寡，照强占官民山场律，杖一百、流三千里；为从，并减一等；父兄子弟同犯，仍照律罪坐尊长；族长、祠长失于查察，照不应重律科罪。至因召租、承租，酿成事端，致有抢夺杀伤者，仍各从其重者论。

（此条嘉庆十二年，户部会同刑部议覆安徽巡抚初彭龄奏准定例。）

薛允升按：此专为将公共山场私招异籍之人，因其混招异籍之人搭棚开垦，以致外来匪徒聚集日多，扰害居民，是以特严其罪。若私租并未滋事，未便遽予充军。公共画押出租者，均可免罪，一家私租者，即拟军罪，未免太重，似应减为满徒。如所招之人酿成事端，加重拟军。记参。与盘诘奸细门广东穷民一条，山主不经官验准，私令批佃搭寮，照违令律治罪，及浙江江西福建等省棚民一条参看。《户部则例》稽察、种植二条，原垦山场许其栽种茶杉，不许种植苞芦，致妨民田水利云云。应参看。

条例 093.13：黔省汉民

黔省汉民，如有强占苗人田产，致令失业酿命之案，俱照棍徒扰害例问拟。其未经酿命者，仍照常例科断。

（此条道光十三年，刑部议覆贵州布政使麟庆奏，汉奸强占官田驱逐苗佃，致酿人命，请比例严惩等因，奏准遵照在案，因纂辑为定例。）

薛允升按：专指黔省而言。因此一事即定一例，未免纷烦，如别省有此案，办理又不画一。

事例 093.01：雍正六年谕

向来各省多有隐匿赋税之地亩，此等情弊，上则有关国课，下则易启争端，且地方一有隐粮漏税之家，则欺陵诈骗之风，不能止息，即本人亦未尝享其利也。数年以来，内外大小臣工，纷纷条奏，以清查为请。朕念清查之举若行之不善，则民间必受扰累，是以特降谕旨，准其自首。既与一岁之期，又展半年之限，此乃体恤闾阎之至意也。今各省之中，已有陆续奏报者，其或有迟回观望者，皆系该地方大吏有司，不能实力劝导，开示愚蒙，俾小民知奉公大义之所致也。顷间安徽地方，有丈量田亩之说，朕未有丈量之旨，何以有此讹传？此皆魏廷珍不能训谕所属民人，故不得已为此恐吓之词，以惶惑众心耳。夫丈量乃系必不可行之事，必视乎其人，因乎其地，斟酌万妥，然后举行一、二处。如魏廷珍者，岂可举行此事之人耶！若限内首报未尽，不妨再请展限，从容办理。再有逾限不首者，将来自有国法，何必通行丈量，使未曾隐匿之人，亦被扰累耶？安徽一处如此，或他处有似此讹传者，亦未可定。著通行晓谕，其未曾降旨丈量之处，概不得以此恐吓愚民。

事例 093.02：同治十二年谕

德英奏：缕陈东省地方情形及时整顿一折。盛京为根本重地，吉林、黑龙江实为陪都藩篱。自招垦荒地以来，藏奸匿匪，盗贼肆行，亟应及时整顿，以重边防。吉林、黑龙江山场荒地，原为旗丁游牧演猎之区，现在良莠杂处，往往有盗匪窝藏其间，虽经德英将呼兰等处开垦之处，奏请停止，而奸民土豪，仍有承揽地亩，转售渔利之事。著该省将军再行严禁，并著该部明定章程，将访获钻营地亩之揽头，照依土豪恶棍例，从重惩办，并将使费银钱追出充公。其已经开垦之处，该将军等务将户口编册，不时稽查，毋许容留外匪，以清盗源。钦此。遵旨议准：嗣后吉林、黑龙江山场荒地，如有奸民土豪，仍在各处钻营，希图承揽地亩，转售与人，以渔重利者，一经访获，即照强占官山场不计亩数杖一百、流三千里律惩办。为从及承买人，并减一等，并将打点使费追出充公。其已经开垦之处，应由该将军等责成地方官，务将户口编册，不时稽查，仍于年终出具并无私垦印结，通送查考。傥有容留外来匪徒，一经查出，即行严参。

成案 093.01：侵占他人田地〔康熙四十六年〕

刑部议：杨瑛霸占都楞额地二顷，将杨瑛照侵占他人田五亩者杖八十、徒二年律杖徒，并无冤枉，复又叩阍，应照律发边卫充军。

成案 093.02：福建司〔嘉庆十八年〕

镶黄满咨送：额附家世袭佐领玉堂，管理公主坟茔事务，将所收祭银一千六百两，私行侵用无存，与子孙盗卖祖遗祀产无异，其侵用银一千六百两，核计在五十亩以上，将玉堂比照子孙盗卖祀产五十亩以上例，发边远充军，折枷。

成案 093.03：江苏司〔嘉庆二十一年〕

江督咨：卞仪晖将洲滩地亩得价盗卖，复摭拾妄控，惟该县一经示禁，即行中止，不敢复行占卖，究与恃强久占有间。卞仪晖应照强占官民山场芦荡杖流律上，减徒。

成案 093.04：安徽司〔嘉庆二十二年〕

顺尹咨：张泳存因开张煤窑之李升素有疯病，托伊经管煤窑，该犯以在窑办事，并无凭据，诓令李升立给送窑字据，复私改合同，诱令窑伙张天锡等画押，以作霸窑凭据，殊属刁诈。惟该犯经管煤窑，原是李升嘱托，且李升实有写给送窑字据，似与倚恃势力凭空强占有间。张泳存应于强占山场流罪上，量减一等，满徒。

成案 093.05：安徽司〔嘉庆二十二年〕

户部咨：周廷福因贪王朝佐未经绝卖之地膏腴，即仿照原典契，另行誊写，添捏无力回赎，听凭投税字样，混行投税，希图杜绝回赎，即与冒认田亩虚钱实契无异。惟王朝佐之地，实许伊家先行承典，并非凭空捏造，全行冒认。周廷福应于冒认他人田宅、虚写钱数、实立文契、典卖一亩以下笞五十、每五亩加一等、罪止杖八十、徒二年罪上，减一等，杖七十、徒一年半。

成案 093.06：安徽司〔嘉庆二十二年〕

顺尹咨：内务府汉军佟五，私卖投充入官地亩。查佟五既已将地报充入档，即同官产，不准私相盗典，乃佟五始而借给建房，继复捏称民地价卖，应比照盗卖他人田一亩、笞五十律，系官者加二等。

成案 093.07：江苏司〔嘉庆二十三年〕

苏抚咨：徐宝舟等明知胡觉文盗卖祖遗报明升格洲地，贪利故买，虽盗卖田宅律内，并无买主知情作何治罪明文，惟查重复典卖田宅，其典买之人知情，与犯人同罪，则盗买应一体科断，按买地亩数目，照盗卖律科罪。

成案 093.08：奉天司〔嘉庆二十四年〕

本部奏：包衣高君锡，本系富增额各房公用之人，因查地亩，明知五房富增额之庄头私自出典，该犯辄怂恿七房奉国将军明嵩，出名控追，即与将他人田产朦混投献势要无异，惟究是伊家主祖业，较他人田产有间，将高君锡比照将他人田产朦混投献官豪势要、满徒律上，减一等，杖九十、徒二年半，虽年逾七十，不准收赎。

成案 093.09：直隶司〔嘉庆二十五年〕

直督咨：安其所佃种公主府之地，系奉旨赏给公主府为业，即属官田，经沈守抑令退地交租，乃胆敢乘间脱逃，屡次抗传不到，数年以来，竟将地亩私霸为己业，并不交租，复阻止众佃不许交纳，以致众皆观望，计地九十九亩，应比照占种屯田五十亩以上不纳子粒者，发近边充军。

成案 093.10：江西司〔嘉庆二十五年〕

江西抚咨：胡学连与刘多燧两家祖坟，俱葬在牛尾霸山，嗣因争山讦讼，两造所执，系前明废纸，例不为凭，断令不许添葬。迨后刘多燧将伊父刘初申尸棺，安葬该山，胡学连等闻知前往，将棺木挖起，抬匿别处。胡学连合依发掘他人坟冢见棺椁为首，发近边充军。刘多燧比照强占官民山场满流律上，量减一等，满徒。

成案 093.11：贵州司〔道光二年〕

宗人府咨送：屈进喜系宗室吉勒章阿看坟家人，辄敢将伊主坟旁祭田二十五亩，盗典得价，惟律例内并无家人盗典主坟地治罪明文，将屈进喜比照子孙盗典祖遗祀产不及五十亩例，杖六十、徒一年。

成案 093.12：浙江司〔道光二年〕

提督咨送：翁临是已革候补笔帖式，该革员诬告汪本申占产喝殴，复违例戴用五品顶带，按律罪止杖责，惟该革员将伊父博兴自置坟茔二顷十亩，私自盗卖，虽伊父尚未安葬，与祖宗坟山有间，而例内盗祀产五十亩，即与盗卖坟山一律拟军，则翁临盗卖伊父未葬之茔地，其情较重于祀产，计数已在五十亩以上，应比依子孙盗卖祖祀产至五十亩照毁卖祖坟山地例，发边远充军。该革员历次滋事，图利忘亲，情节较重，应请旨发往乌鲁木齐，效力赎罪。

成案 093.13：安徽司〔道光六年〕

安抚咨：张洪义雇给润昌看坟，润昌将坟旁祭田二十余亩给伊耕种，该犯因贫，先后盗卖祭田十一亩。查看坟人盗卖坟地，律例内并无治罪专条。惟例内看坟人盗卖坟树与子孙罪同，今盗卖坟地亦应比照子孙盗卖祀产定拟。将张洪义比依子孙盗卖祀产，照盗卖官田律治罪，盗卖官田一亩杖七十、每五亩加一等律，杖九十，酌加枷号一个月。

成案 093.14：浙江司〔道光九年〕

浙抚咨：吴阿碌等在禁山凿石烧灰，例无在郡城禁山内采石烧灰，作何治罪专条，自应比例酌减问拟。王鹤林等前充县书，得赃包庇，若仅计赃科罪，尚觉轻纵，均应一律问拟。吴阿碌等与王鹤林等，均比照西山一带密迩京师地方、私自凿石烧灰拟军例，量减一等，各杖一百、徒三年。

成案 093.15：浙江司〔道光九年〕

浙抚奏：庄耀贵明知南田系属禁山，辄敢主令伊侄庄良信等，擅入该山洋面捕鱼，因庄良信等畏惧巡拿，该犯复亲往包庇，并敢于弁兵查拿时，挺身抗拒，殊属不法。查律例内并无营兵包庇违禁采捕作何治罪专条，自应比例问拟。庄耀贵应比照近边军民人等擅自入山将应禁林木砍伐未得者、杖一百徒三年例上，加拒捕罪二等，杖一百、流二千里。庄良信系庄耀贵之侄，其违禁采捕，由庄耀贵主使。陈开佑等均系受雇水手，明知违禁，听从前往，均属不合，应各照不应重律，杖八十，加枷号一个月。

成案 093.16：湖广司〔道光十一年〕

湖督咨：枫林二湖淤出草坪，久已奉准部覆，断作官荒，只准乐户及附近居民牧牛，毋许割草售卖。徐东青因柴草茂盛，起意占割，实属强横，惟究系徐姓有份私业，奉断入官，与平空强占官民湖业者有间。徐东青合依强占官湖杖一百、流三千里律上，量减满徒。

成案 093.17：山西司〔道光十二年〕

户部咨：张文贵呈控杨汝濰争夺租地，将杨志文送部治罪。查杨志文收受杨汝濰定银三百两，当时并未回明伊主，辄即写给租字，迨经伊主派令偕同曾得喜前往天津，将地册付交张文贵，仍复隐匿不言，实属罪有应得。惟该犯仅止写立租字，并未将定银侵蚀，究于私自盗卖有间，自应比例问拟。杨志文应比照盛京家奴人等私自盗卖伊主田产至五十亩者、发边远充军例上，量减一等，应杖一百、徒三年。

成案 093.18：四川司〔道光十四年〕

提督咨：宗八雇给祥高氏看守坟地，辄敢将坟后余地一亩，私行盗卖，遍查律例，并无看坟人盗卖坟后余地作何治罪明文，自应比例问拟。宗八应比照子孙盗卖义田照盗卖官田律治罪例，盗卖他人田一亩笞五十、官田加二等、杖七十律，杖七十，酌加枷号两个月。

成案 093.19：福建司〔道光十四年〕

福抚咨：周泳开占住周果满房屋，又占收其租谷数年之久，且计田一百五十石之多，未便照侵占他人田宅、罪止杖一百、徒二年科断，应比照侵占官民山场湖泊者、杖一百、流三千里律，杖一百、流三千里。

律 094：任所置买田宅〔例 2 条〕

凡有司官吏，不得于见任处所置买田宅，违者，笞五十，解任，田宅入官。

（此仍明律，顺治律为 099 条。）

条例 094.01：各关出差官员

各关出差官员，不许携带家眷，多随奴仆，及任所置优买妾。任满回部，未经考核，不许擅买田庄市宅，生息放债，如违，交与该部治罪。衙役人等，除解饷公事外，私自赴京长接，及以缺额借口题请展限者，亦交与该部治罪。

（此条康熙五十二年，户部议覆山东道御史成文运条奏例。雍正三年定例。）

薛允升按：此专为各处关差而设，现在止论征收足额与否，其余则无庸置议矣。此例似可删除。

条例 094.02：提督总兵副将等官

提督、总兵、副将等官，不许在见任地方置立产业，即丁忧、休致、解退，亦不许入籍居住。或任内置有产业，已经身故，及不能回籍者，该督抚具奏，请旨定夺。至参将以下等官，任所置有产业，或本身休致、解任，或已经身故，子孙留住任所，欲入籍者，该地方官报明督抚，准其入籍。

（此条系雍正元年，兵部会同九卿遵旨议准例。雍正三年定例。）

薛允升按：参将亦系大员，与副将大略相等，似不应显分等差。《中枢政考》及《户部则例》略同，应参看。

律 095：典买田宅〔例 11 条，事例 1 条，成案 1 案〕

凡典买田宅，不税契者，笞五十，〔仍追〕契内田宅价钱一半入官。不过割者，一亩至五亩，笞四十，每五亩加一等，罪止杖一百。其〔不过割之〕田入官。

若将已典卖与人田宅，朦胧重复典卖者，以所得〔重典卖之〕价钱，计赃，准窃盗论，免刺，追价还〔后典买之〕主，田宅从原典买主为业。若重复典买之人，及牙保知〔其重典卖之〕情者，与犯人同罪，追价入官。不知者，不坐。

其所典田宅、园林、碾磨等物，年限已满，业主备价取赎。若典主托故不肯放赎者，笞四十，限外递年所得〔多余〕花利追征给主，〔仍听〕依〔原〕价取赎。其年限虽满，业主无力取赎者，不拘此律。

（此仍明律，其小注系顺治三年添入。顺治律为 100 条。）

条例 095.01：告争家财田产

告争家财田产，但系五年之上，并虽未及五年，验有亲族写立分书，已定出卖文约是实者，断令照旧管业，不许重分、再赎，告词立案不行。

（此条系明代问刑条例，顺治例 100.01。）

薛允升按：《笺释》："有亲族写立分书已定，指家财言。此例至当不易，听讼者一本于是，则民间告争之弊，未有不杜者也。"《辑注》："此例以五年为争财赎产之限，诚至当不易之法。有司推此例而行之，便可息争省讼。"《集解》："本家告争家财，与年限未满之业主无涉，故立案不行。"田产已经出卖，无论是否五年以上，何能再赎。后立有绝卖文契各条，应参看。

条例 095.02：凡八旗人员置买产业于各省者

凡八旗人员，置买产业于各省者，令该员据实首报，交与该督抚，按其产业之多寡，勒限变价归旗。如有隐匿不首，及首报不实者，该督抚访查题参，将所置产业入官；其隐匿不首者，照侵占田宅律治罪；首报不实者，按不实之数，亦照侵占律治罪。如地方官扶同徇隐，别经发觉者，照例议处。其未经查出之知府，并督、抚、司、道，均照例分别议处。至于查禁以后，仍有违禁置产，私相授受者，照将他人田产蒙胧投献官豪势要律，与者、受者，各杖一百、徒三年，产业入官。其托民人出名，诡名寄户者，受托之民人，照里长知情隐瞒入官家产计所隐赃，重者，坐赃治罪；受财者，以枉法从重论。地方官失于查察者，照例议处。

（此条雍正十二年定。）

薛允升按：上半段分别首报及隐匿不首之罪，下半段言查禁以后又犯之罪，皆系尔时禁令。《户部则例》亦有此条，惟例末注云："驻防兵丁不在此例。"自系遵照雍正十三年谕旨纂定。刑例未经添入，系属遗漏。

条例 095.03：卖产立有绝卖文契

卖产立有绝卖文契，并未注有"找贴"字样者，概不准贴赎。如约未载"绝卖"字样，或注定年限回赎者，并听回赎。若卖主无力回赎，许凭中公估找贴一次，另立绝卖契纸。若买主不愿找贴，听其别卖，归还原价。傥已经卖绝，契载确凿，复行告找、告赎，及执产动归原先尽亲邻之说，藉端措勒，希图短价者，俱照不应重律治罪。

（此条雍正八年，户部议覆侍郎王朝恩条奏定例。嘉庆六年，于"希图短价"下，增"并典限未满而业主强赎"句。）

薛允升按：《户部则例》置买田房各条，俱极详明，而独无此条。原奏有："原主不得于年限未满之时，强行告赎。现业主亦不得于年限已满之后藉端措赎。"最为明晰。此例及执产动归原二语，似系指原业主而言。下藉端措勒，又似系指现业主而言，语意并未分明。似应将已经卖绝复行找赎作为一层，年限未满强赎作为一层，年限已满现业主措勒作为一层。产动归原先尽亲邻之说，原奏并无此层，因何添入，按语亦无明文。

条例 095.04：八旗官兵人等

八旗官兵人等，有将现银承买入官人口、房产者，即将银两先行交部，俟收明银两，知照到旗之日，两翼给与印信执照，报部入册。如有将俸禄钱粮坐扣抵买者，一面咨部坐扣俸饷，一面将人口、房产给认买人领去，俟俸饷坐扣完日，再行知会两翼，给予执照，报部入册。

（此条雍正十二年定。原在"任所置买田宅"律内，乾隆五年，因八旗坐扣俸禄钱粮之事，与律例无关，毋庸纂入进呈黄册。后奉旨："此条在任所置买田宅内，固属无涉，若移入典卖田宅条例内，甚属符合。钦此"。因奉旨移附此律。）

薛允升按：尔时人口田房一体入官，且有承买人口者，今则绝无此事矣。应与《户部则例》参看。

条例 095.05：旗丁有将运田私典于人

旗丁有将运田私典于人，及承典者，均照典买官田律，计亩治罪，该丁革退，其田追出，交与接运新丁，典价入官。其旗丁出运之年，将运田租与民人，止许得当年租银，如有指称加租，立券预支者，将该丁与出银租田之人，均照典买官田律，减二等治罪，租价入官。

（此条乾隆五年，户部议覆漕运总督托时条奏定例。）

薛允升按：此条之运田，与下条之赡运屯田，并后条之军田有无分别，查《户部则例》系屯田，盖均官田也。

条例 095.06：凡各省卫所赡运屯田

凡各省卫所赡运屯田，有典卖与民，许照清厘条议，备价回赎。如衙门书识人等，藉称族丁管船，侵占屯田，不归船济运者，照侵盗官粮例治罪。若原系民田，与军无涉，该丁捏控者，将该丁责革另佥。该管官弁，不实力稽察，或承查迟延，或互相徇纵，查出，俱交部分别议处。

（此条乾隆十二年，兵部等衙门议覆漕运总督顾琮条奏定例。）

薛允升按：乾隆七年，九卿议定，将各卫原额屯田彻底清查，分别估价回赎，在案。此云照清厘条议，即本于此。

条例 095.07：嗣后民间置买产业

嗣后民间置买产业，如系典契，务于契内注明"回赎"字样。如系卖契，亦于契内注明"绝卖永不回赎"字样。其自乾隆十八年定例以前，典卖契载不明之产，如在三十年以内，契无"绝卖"字样者，听其照例分别找赎。若远在三十年以外，契内虽无"绝卖"字样，但未注明"回赎"者，即以绝产论，概不许找赎。如有混行争告者，均照不应重律治罪。

（此条乾隆十八年，刑部议覆浙江按察使同德条奏定例。）

薛允升按：此系乾隆十八年纂定之例，是以十八年以前有分别三十年内外字样，若由现在溯自十八年以前，万无三十年以内之理。例内如此者尚多，每值大修之年，何以并未更正耶？再，分别三十年内外，现在各省仍未能画一办理，且有不知有此例者。

条例 095.08：凡州县官征收田房税契

凡州县官征收田房税契，照征收钱粮例，别设一柜，令业户亲自赍契投税，该州县即粘司印契尾，给发收执。若业户混交匪人代投，致被假印诓骗者，照不应重律杖八十，责令换契重税。倘州县官不粘司印契尾，侵税入己，照例参追；该管之道、府、直隶州知州，分别失察、徇隐，照例议处。

（此条乾隆十六年，刑部议覆湖南巡抚杨锡绂条奏定例。）

薛允升按：应与《户部则例》"置买田地房屋，每两纳税三分"各条参看。

条例 095.09：凡民间活契典当田房

凡民间活契典当田房，一概免其纳税。其一切卖契，无论是否杜绝，俱令纳税。其有先典后卖者，典契既不纳税，按照卖契银两实数纳税。如有隐漏者，照律治罪。

（此条乾隆二十四年，户部议覆江苏布政使常亮条奏定例。）

薛允升按：《户部则例》："民人典当田房，契载年分，统以十年为率，限满听赎。如原业力不能赎，听典主投税、过割、执业。倘于典契内多载年分者，追交税银，照例治罪"云云。又，"十年以后，原业无力回赎，听典主执业、转典"云云，与此例不符。总为多收税银而设。

条例 095.10：民间私顶军田

民间私顶军田，匿不首报，一亩至五亩，笞四十，每五亩加一等，罪止杖一百。

（此条乾隆二十四年，户部议覆湖北巡抚庄有恭条奏定例。）

薛允升按：上言私典之罪，此言私顶之罪。私典则军田已化为民田，私顶则犹有军田之名，故治罪轻重不同。

条例 095.11：旗地旗房概不准民人典买

旗地、旗房，概不准民人典买，如有设法借名私行典买者，业主、售主，俱照违制律治罪，地亩房间价银，一并撤追入官。失察该管官，俱交部严加议处。至旗人典买有州县印契跟随之民地、民房，或辗转典买与民人，仍从其便。

（此条系嘉庆十三年户部奏准，嘉庆十六年定例。）

薛允升按：咸丰年间定有章程，旗地亦许民人典买。《户部则例》旗民交产各条内有："无论京旗屯田、老圈、自置，俱准旗户民人互相卖买，照例税契升科"等语，俱与此例不符。光绪十五年，覆经户部奏明仍照原例，即此一事，而数十年间屡经改易，盖一则为多收税银起见，一则为关系八旗生计起见也。

事例 095.01：雍正五年议准

自雍正五年以后，凡民间置买田房地土，一切税契，务须粘连有布政使所发契尾，州县官钤印，给业户收执。如无契尾者，照匿税例治罪。其该管州县衙门，将所收税契银两，据实造报。倘仍止用州县印信，不给契尾粘连，及以多报少者，察出，照侵隐钱粮例治罪。

成案 095.01：江西司〔道光六年〕

江西抚咨：景星描摹印信，伪造假串，诓骗汪祖芬等钱粮。查汪祖芬等应完钱粮，并不亲身赴柜投纳，混交景星代完，致被诓骗，比照税契交匪人代投致被假印诓骗例，杖八十。

律 096：盗耕种官民田〔例1条，成案1案〕

凡盗耕种他人田〔园地土〕者，〔不告田主，〕一亩以下，笞三十，每五亩加一等，罪止杖八十。荒田减一等。强者，〔不由田主〕各〔指熟田荒田言，〕加一等，系官者，各〔通盗耕、强耕荒熟言，〕又加二等，〔仍追所得〕花利〔官田〕归官，〔民田〕给主。

（此仍明律，其小注系顺治三年添入。顺治律为101条。）

条例 096.01：近边地土各营堡草场

近边地土，各营堡草场，界限明白。敢有挪移条款，盗耕草场，及越出边墙界石种田者，依律问拟，追征花利，至报完之日，不分军民，俱发附近地方充军。若有毁坏边墙，私出境外者，枷号三个月发落。

（此条系明成化十年奉旨定例，顺治例101.01。原文系"完日军职降调差操，军民调发卫所充军"，雍正三年改。）

薛允升按：《笺释》云："盗耕草场及越出边墙种田，俱依盗种官田。毁坏边墙事重，比依越度缘边关塞。"此前代例文，似应修改。

成案 096.01：贵州司〔道光五年〕

户部咨：张广泰呈控文生员金致中霸种地亩。查金致中分种郭玺田土，因郭玺病故，该犯冀图永远承佃，辄令地主佛尼音保写立准推不准留字据，讯无霸占情事。金致中应比照盗种他人田者一亩以下笞三十、每亩加一等、罪止杖八十律，杖八十，已革衣顶，不准开复。

律 097：荒芜田地〔例 1 条〕

凡里长部内已入籍纳粮当差田地，无〔水旱灾伤之〕故荒芜，及应课种桑麻之类，而不种者，〔计荒芜不种之田地，〕俱以十分为率，一分，笞二十，每一分加一等，罪止杖八十。县官各减〔里长罪〕二等。长官为首，〔一分减尽无科，二分方笞一十，加至杖六十，罪止。〕佐职为从。〔又减长官一等。二分者减尽无科，三分者方笞一十，加至笞五十，罪止。〕人户亦计荒芜田地，及不种桑麻之类，〔就本户田地〕以五分为率，一分，笞二十，每一分加一等，追征合纳税粮还官。〔应课种桑、枣、黄麻、苎麻、棉花、蓝靛、红花之类，各随乡土所宜种植。〕

（此仍明律，顺治三年增修。顺治律为 102 条。）

条例 097.01：盛京等处庄头

盛京等处庄头，有将额拨官地，率请更换，并民人呈请马厂垦种纳租等事者，照违制律治罪。

（此条嘉庆九年遵旨定例。）

薛允升按：但经呈请，即应科以满杖，所请仍不准行，自不待言。

律 098：弃毁器物稼穑等〔例 1 条，成案 2 案〕

凡〔故意〕弃毁人器物，及毁伐树木稼穑者，计〔所弃毁之物，即为〕赃，准窃盗论，〔照窃盗定罪，〕免刺。〔罪止杖一百、流三千里。〕官物加〔准窃盗赃上〕二等。若遗失及误毁官物者，各〔于官物加二等上〕减三等。〔凡弃毁、遗失、误毁〕并验数追偿。〔还官、给主。若遗失、误毁〕私物者，则偿而不坐罪。

若毁人坟茔内碑碣石兽者，杖八十。毁人神主者，杖九十。若毁损人房屋墙垣之类者，计合用修造雇工钱，坐赃论，〔一两以下，笞二十，罪止杖一百、徒三年。〕各令修立。官屋加二等。误毁者，但令修立，不坐罪。

（此仍明律，其小注系顺治三年添入。顺治律为103条。）

条例098.01：凡广收麦石

凡广收麦石，肆行踹曲，大开烧锅者，杖一百，枷号两个月。地方官员失察，交部分别处分。如官吏贿纵等弊，照枉法计赃论罪。

（此条乾隆二年定。）

薛允升按：古时酒禁甚严，群饮之罪亦重，《酒诰》及《周礼》言之最详。《汉律》："三人以上无故群饮，罚金四两，禁稍宽矣。每遇恩诏，则令天下大酺五日或三日。"此例，收麦踩曲、大开烧锅拟以枷杖，犹有古意。惟酒不禁而禁烧锅，已属难行，况烧锅又何尝能禁止耶。此事屡经人条奏，屡奉旨示禁，而愈禁愈多，到处皆是，与烟草一项同为人间必不可少之物。今则更有鸦片烟一项，亦在禁止之列。世风日下，不知伊于胡底，良可慨也。《日知录》于酒禁论列数条，俱极削切。末一条云："水为地险，酒为人险，故易爻之言酒者无非坎卦。而萍氏，掌国之水禁，水与酒同官。徐世麟有云，传曰，水懦弱民狎而玩之，故多死焉。酒之祸烈于火，而其亲人甚于水，有以夫，世尽夭于酒而不觉也。顷者，米醪不足，而烟酒兴焉，则真变而为火矣尸。"〔宋〕周辉《清波杂志》："榷酤始于汉，至今赖以佐国用。群饮者，惟恐其饮不多，而课不羡也，为民之蠹大戾于古。今祭礼、宴享、馈遗非酒不行，田亩种秫三之一，供酿财曲蘖犹不充用，州县刑狱与夫淫乱杀伤，皆因酒而致。甚至设法集妓女以诱其来，尤为害教。龟山杨中立虽有是说，徒兴叹焉，曾无策以革其弊。迄今又七八百年矣，蠹民害教之事，愈多于昔，又孰从而过问耶。"

成案098.01 安徽司〔道光八年〕

安抚咨：罗泳发揽装商人引盐，中徒盗卖，虑被查出，凿船进水，计图掩饰，以致盐被淹消。查该犯盗卖引盐，估银九十三两零，又淹消盐斤估银一千三百五十六两零，系商人领引自行运销，与官物有别，应照弃毁他人器物，计赃科断，虽事后认赔，以船作抵，尚不及数，且系不可赔偿之物，应从重依弃毁人器物罪止满流律，拟以满流。

成案098.02：四川司〔道光十三年〕

川督咨：巴县已革职员周子焘，因挟邓发先不允借钱之嫌，辄敢同伊弟周子勋，将其过水灌田石坝堤埂打毁，复不遵伊父周贵教令赔修，并贿嘱工书李儒林，少报打毁石堤丈尺，实属恃符不法，自应比律问拟。查邓发先石坝堤埂，系在堰塘之外，周子焘等将其石坝堤埂打毁，并未损及堰塘，与故决陂塘不同。计邓发先修砌石堤工，费钱一百六十五千三百余文，照例合库平银一百六十五两三钱零，坐赃折半科罪，应杖一百。违犯伊父教令，亦应杖一百。其用钱六千文，贿求工书李儒林少报打毁石坝堤埂丈尺，计赃科断，罪止笞三十，自应从其重者论。已革考职未入流职衔周子焘，即周攀桂，比依毁损人房屋墙垣之类者、计用修造雇工钱坐赃论折半科罪、八十两杖一百律，杖一百。周子勋听从伊兄将邓发先石坝堤埂打毁，系属侵强于人，应以凡人为从论，周子勋应于周子焘杖一百罪上，减一等、杖九十。

律 099：擅食田园瓜果

凡于他人田园，擅食瓜果之类，坐赃论。〔计所食之物价，一两以上，笞一十；二两，笞二十；计两加等，罪止杖六十、徒一年。〕弃毁者，罪亦如之。其擅将〔挟〕去及食〔之者〕，系官田园瓜果，若官造酒食者，加二等。〔照擅食他人罪，加二等。〕主守之人给与，及知而不举者，与同罪。若主守私自将去者，并以监守自盗论。〔至四十两，问杂犯，准徒五年。〕

（此仍明律，顺治三年添入小注。顺治律为 104 条，原文"系官田园瓜果"之后有小注"如林衡署果，嘉蔬署瓜之类"，雍正三年删改。）

律 100：私借官车船

凡监临主守，将系官车船、店舍、碾磨之类，私自借用，或转借与人，及借之者，各笞五十。验日，追雇赁钱入官。〔不得过本价。〕若计雇赁钱重〔于笞五十〕者，各坐赃论，加一等。

（此仍明律，顺治三年添入小注。顺治律为 105 条，原文"加一等"后有小注"加一等，谓加杖至六十，则重于笞五十矣"，雍正三年删改。）

户律·婚姻

（计 17 条）

律 101：男女婚姻〔例 4 条，成案 6 案〕

凡男女订婚之初，若〔或〕有残〔废、或〕疾〔病〕、老幼、庶出、过房、〔同宗〕乞养〔异姓〕者，务要两家明白通知，各从所愿，〔不愿即止，愿者同媒妁〕写立婚书，依礼聘嫁。若许嫁女已报婚书，及有私约，〔谓先已知夫身残疾、老幼、庶养之类〕而辄悔者，〔女家主婚人〕笞五十；〔其女归本夫。〕虽无婚书，但曾受聘财者，亦是。

若再许他人，未成婚者，〔女家主婚人〕杖七十；已成婚者，杖八十。后定娶者〔男家〕知情，〔主婚人〕与〔女家〕同罪，财礼入官；不知者，不坐，追还财礼，〔给后定娶之人。〕女归前夫。前夫不愿者，倍追财礼给还，其女从仍后夫。男家悔〔而再聘〕者，罪亦如之，〔仍令娶前女，后聘听其别嫁。〕不追财礼。

其未成婚男女，有犯奸盗者，〔男子有犯，听女别嫁。女子有犯，听男别娶。〕不用此律。

若为婚而女家妄冒者，〔主婚人〕杖八十，〔谓如女有残疾，却令姊妹妄冒相见，后却以残疾女成婚之类。〕追还财礼。男家妄冒者，加一等，〔谓如与亲男订婚，却与义男成婚。又如男有残疾，却令弟兄妄冒相见，后却以残疾男成婚之类。〕不追财礼。未成婚者，仍依原定。〔所妄冒相见之无疾兄弟、姊妹及亲生之子为婚，如妄冒相见男女先已聘许他人，或已经配有室家者，不在仍依原定之限。〕已成婚者，离异。

其应为婚者，虽已纳聘财，期约未至，而男家强娶，及期约已至，而女家故违期者，〔男女主婚人〕并笞五十。

若卑幼或仕宦、或买卖在外，其祖父母、父母及伯叔父母、姑、兄姊〔自卑幼出外之〕后为订婚，而卑幼〔不知〕自娶妻，已成婚者，仍旧为婚。〔尊长所定之女，听其别嫁。〕未成婚者，从尊长所定。〔自定者，从其别嫁。〕违者，杖八十。〔仍改正。〕

（此仍明律，顺治三年增修。顺治律为 106 条。）

条例 101.01：嫁娶皆由祖父母父母主婚

嫁娶皆由祖父母、父母主婚，祖父母、父母俱无者，从余亲主婚。其夫亡携女适人者，其女从母主婚。若已订婚，未及成婚，而男女或有身故者，不追财礼。

（此条系《明令》，顺治例 106.01。）

条例 101.02：男女婚姻各有其时

男女婚姻，各有其时，或有指腹、割衫襟为亲者，并行禁止。

（此条系《明令》，顺治例 106.02。）

条例 101.03：招婿须凭媒妁明立婚书

招婿须凭媒妁明立婚书，开写养老或出舍年限。止有一子者，不许出赘。其招婿养老者，仍立同宗应继者一人，承奉祭祀，家产均分。如未立继身死，从族长依例议立。

（此条系《明令》，顺治例 106.03。）

薛允升按：应与立嫡子违法，及私擅用财条例参看。

条例 101.04：凡女家悔盟另许

凡女家悔盟另许，男家不告官司强抢者，照强娶律减二等。〔按，笞三十。〕其告官断归前夫，而女家与后夫夺回者，照抢夺律，杖一百、徒三年。

（此条系湖广按察使阎尧熙条奏定例。乾隆五年改定。）

薛允升按：强娶律已从轻，此更轻于强娶，似嫌未尽允协。女家不应悔盟，男家独应强抢乎。强娶非婚姻之正。原奏系补律之未备，不为无见。改杖八十为笞三十，未免误会原例之意。且玩其文义，似系指未成婚而言，若已成婚，如何科断，并无明文。既已断归前夫，后夫仍敢夺回，与抢夺良家妇女何异。然究有夫妻情分在先故酌量问拟徒罪，亦不得已之办法也。应与强占良家妇女条例参看。典雇妻女条例，将亲女嫁卖与人，中途邀抢，问拟军罪。此问徒罪，殊不相符。缘此例在先，后定各条例文时，未能查照改正，遂致互有参差。

成案 101.01：逼嫁父妾〔康熙二十五年〕

刑部议浙抚赵士麟疏：革职守备孙超之祖孙于国，娶高氏为妾，于国亡故，高氏独居坚守，超同伊父孙德润诱接至家，私抢衣饰等物，将高氏婢女徐氏配与伊仆王胜为妻，复诱沈一先为媒，逼勒高氏改嫁。孙超除逼嫁祖妾轻罪不议外，合比依凡恐吓取人财者，计赃准窃盗论，加一等，免刺，卑幼犯尊长以凡人论罪，应拟妻流三千里。孙德润抢财，讯不知情，而同子逼嫁是真，合依夫丧服满妻妾愿守志，非女之祖父母父母而强嫁之者，杖八十，女之期亲嫁者减二等，夫家之期亲强嫁之者罪亦如之律，杖六十。媒人沈一先不知情，无庸议。衣饰等物并王胜夫妇断给高氏。

成案 101.02：娶妾如同奴婢使唤并妾背家长在逃〔康熙四十六年〕

刑部议：其供我将杨某做妾，曾陪送舒隆左莫两个女人，杨某带了左莫逃出，舒隆已经病故等语。据杨某供，某之妻将我同奴仆一样使唤，我受不过，带了左莫躲出，遇见拖罗他看见我手上镯子，要将我下来，我不肯，他到堆子上将我拿住。托罗供，镯子我实没有取等语。查某娶杨某所立婚书内称，娶杨某为妾等语，如同奴婢使唤，合依不应重杖，鞭八十，某系监生，革去监生。杨某合依凡妻背夫在逃者，杖一百，从夫嫁卖，妾减二等律，应杖八十，系妇人，收赎，并左莫照律一并交与某。拖罗依不应重杖，鞭八十。奉旨：依议，拖罗枷号三个月，鞭一百，发往口都诺披甲，效力行走。

成案 101.03：奴婢背主在逃〔康熙四十六年〕

刑部议：江督邵某疏，分宜县革职知县赵某一案。查生员邓赞之仆刘鲁十逃走，禀县关提，鲁十将银五两六钱，俛李某转缴赵某，合依官吏受财律，拟杖。刘鲁十合依奴仆背家长在逃者，杖八十，折责三十板。

成案 101.04：直隶司〔道光十年〕

直督咨：李田氏呈控王君召将女悔婚另许，郝贵知情强娶。查郝贵明知例应断归前夫，辄敢抢先强娶完婚，若照后定娶者知情与同罪律问拟，未免轻纵。将郝贵比依女家悔婚盟另许其妇、断归前夫而女家与后夫夺回者、照强夺律，杖一百、徒三年。

成案 101.05：陕西司〔道光十一年〕

陕抚咨：王杜儿聘定屈全经之女屈氏为妻，未及完婚，旋即远赴口外，虽逾十年未归，曾经寄信回家，云在北口伊伯王进毡房生理，并非逃亡无著，该前县段令并未关查，即照夫逃亡三年不还之例，断令屈氏别行改嫁，以致屈全经主婚，将屈氏另嫁王万春为妻，诚如部示，实属错谬。本应照律将屈氏断归前夫王杜儿，惟现据王杜儿以屈氏业已失身生子，不愿完聚，究诘再三，实系出于情愿，并非勉强，应请照前夫不愿、倍采礼给还之律定断。查王杜儿原给屈全经聘礼银六十两，屈全经前已缴贮县库，今屈全经已故，应在王万春名下，再追银六十两，共银一百二十两，饬给王杜儿具领，以便另娶，屈氏仍归王万春完聚。王万春承娶屈氏为妻，系在经官审断之后，讯无谋买占夺情事，尚可免其置议。

成案 101.06：广东司〔道光十二年〕

提督咨：田李氏因伊婿刘连元外出不回，辄起意将伊女刘田氏改嫁未成，例无作何治罪明文，自应比照问拟。田李氏应比依许嫁女若再许他人未成婚者、女家主婚人杖七十律，拟杖七十。

律 102：典雇妻女〔例 3 条，成案 7 案〕

凡将妻妾受财，〔立约出〕典〔验日暂〕雇与人为妻妾者，〔本夫〕杖八十。典雇女者，〔父〕杖六十，妇女不坐。

若将妻妾妄作姊妹嫁人者，杖一百。妻妾，杖八十。

知而典娶者，各与同罪，并离异，〔女给亲，妻妾归宗。〕财礼入官。不知者，不坐，追还财礼。〔仍离异。〕

（此仍明律，其小注系顺治三年添入。顺治律为 107 条。）

条例 102.01：将妻妾作姊妹（1）

将妻妾作姊妹，及将亲女并姊妹嫁卖与人作妻妾、使女名色，骗财之后，设词托故，公然领去，或瞰起程，中途聚众行凶，邀抢人财者，除实犯死罪外，其余属军卫者发边卫，属有司者发边外为民，媒人知情同罪。

（此条系明代问刑条例，顺治例 107.01。原文"及将"下有"拐带不明妇女，或将"八字；"并"字下有"居丧"二字；"边卫"下有"充军"二字；"知情同罪"下有"若妇人有犯罪坐夫男，若不知情及无夫男者，止坐本妇，照常发落"二十六字；均于乾隆五年删去。乾隆三十七年，此条改定为条例 102.02。）

条例 102.02：将妻妾作姊妹（2）

将妻妾作姊妹，及将亲女并姊妹嫁卖与人作妻妾、使女名色，骗财之后，设词托故，公然领去者，照诓骗例治罪。若瞰起程，中途聚众行凶，邀抢人财者，除实犯死罪外，其余俱发近边充军。媒人知情罪同。

（此条乾隆三十七年，在条例 102.01 的基础上改定。嘉庆六年，再改定为条例 102.03。）

条例 102.03：将妻妾作姊妹（3）

将妻妾作姊妹，及将亲女并姊妹嫁卖与人作妻妾、使女名色，骗财之后，设词托故，公然领去者，照诓骗例治罪。若瞰起程，中途聚众行凶，邀抢人财者，除实犯死罪外，余俱发近边充军。媒人同谋邀抢者，罪同；若仅止知情媒合，并未同谋邀抢，照将妻妾作姊妹嫁人律减一等，杖九十。不知者，不坐。

（此条嘉庆六年，在条例 102.02 的基础上改定。）

薛允升按：《辑注》："此例分两项，公然领去与邀抢人财也。真犯死罪，谓如行凶抢夺时，有杀伤人命之类。媒人必先知领抢之情，及同领同抢者，方坐同罪。若止知拐带、不明等情，自依各本律。"《集解》："此例中如拐带，强嫁等项，俱有本律，复设此例者，为嫁卖之后设词托故，公然领，中途聚众行凶邀抢也。"此条专言嫁卖后领回抢回之罪，故媒人知情亦与同罪。若仅止知情媒合云云，嫁娶违律门已明言减一等矣，似可不必添入。再，将亲女姊妹嫁卖与人作妻妾，本属婚姻之正，媒合亦例所不禁，又何知情不知情之有。原例有"居丧"二字，自系指居夫丧未满而言，与拐带不明妇女，均系有干例禁，特叙次未明晰耳。乾隆五年删改时，似未得原例之意。略卖弟妹及己之妾为奴婢者，徒二年，和卖者，减一等。其和略卖妻及大功以下亲为婢者，从凡人和略法、和略凡人为婢律，应满徒。此作使女名色，非婢而何。原例分别问拟充军，及边外为民，本不为苛，改照诓骗律治罪，是不以情节分轻重，而直以赃数分轻重矣。将妻妾作姊妹嫁人，不论得赃多少，律应满杖。骗财之后，公然领去，则行强矣，故例应拟军。今改为照诓骗治罪，如价银不及五十两，如何科断。即未设词托故，公然领去，亦应照律分别拟徒。乃公然领去，仅计赃拟杖，有是理乎。再如，将妻妾妄作姊妹嫁人为妻，似亦当有分别，例均一体同科，已嫌未协。至将亲女及姊妹嫁卖与人为妻妾，系属婚姻之事，一经嫁卖，夫妻名分已定，公然领去，亦不应以诓骗论。下逐婿嫁女律内，《示掌》云："若将嫁出之女拐逃另嫁，应比照此律加一等问拟，徒一年。"盖已不以此例为然矣。

成案102.01：湖广司〔嘉庆十八年〕

北抚咨：李怀志将妻范氏捏作其妹，改嫁廖志德为媳，嗣廖志德因子身故，将媳改嫁于陈锡德为妻，李怀志捏称被拐，向索钱文，复起意纠众抢回，希图勒赎，例无治罪明文。将李怀志比照将妻作姊妹嫁人、聚众行凶邀抢人财例，发近边充军。

成案102.02：贵州司〔嘉庆二十年〕

贵抚题：蔡有新殴死吴文灿案内严氏，被伊夫捏称弟妇嫁卖，应比照将妻妾作姊妹嫁人者、妻妾杖八十例，杖八十，离异。

成案102.03：山东司〔嘉庆二十年〕

东抚题：朱马诱拐朱得路之妾武氏为妻，伊父朱子荣知情纵容，嗣朱得路纠人往抢，致朱马之父被朱毛扎死。朱马依子犯奸盗、致纵容之父被杀，拟绞监候。武年听从诱拐，武氏系该犯之女，究与凡人不同，得受朱得路财礼，应比照将亲女嫁卖与人、骗财后公然领去者，计赃准窃盗论。武氏给朱得路亲属领回。

成案102.04：山东司〔道光四年〕

东抚咨：秦所雁将义女秦氏卖与李同中为妾，骗财之后，复敢纠邀杜臭等，帮同抢卖，殊属不法。第秦氏系秦所雁夫妇自幼抚养成人，恩义无异亲生，与平人纠抢不同，遍查律例，并无抢夺义女已成，为从帮抢之犯，作何治罪明文，自应比例问拟。杜臭一犯，应比照将亲女嫁卖与人作妻妾名色、骗财之后、聚众邀抢者、发近边充军、同谋邀抢者罪同例，拟发近边充军。

成案102.05：浙江司〔道光五年〕

闽督奏：胡老满因贫将妻周氏捏为孀妇，托媒说合，卖与参革都司袁在熇为妾，应比律问拟。胡老满应比照将妻妾作姊妹嫁人律，杖一百。

成案102.06：江苏司〔道光六年〕

苏抚咨：宋添观将妻张氏卖休钱元吉为妾，因当日立据时嫌价不足，经原媒谈宝云言明，俟张氏生子后，再令钱元吉致送钱文，嗣该犯因闻张氏业已生子，往向钱元吉索借未允，辄起意纠同张赔观等将张氏抢回，希图勒赎，遍查律例，并无将妻嫁卖生子，因向娶主索取钱文未允，复行抢回勒赎，作何治罪明文，自应比例酌量问拟。宋添观除将妻卖休轻罪不议外，比照将妻妾作为姊妹嫁卖、中途邀抢、发近边充军例上，量减一等，杖一百、徒三年。

成案 102.07：浙江司〔道光十四年〕

浙抚奏：黄万安因贫将妻章氏捏作孀居弟妇，浇金文相辗转说合，卖于姚县知县疏莨作妾，嗣欲往探借贷，因无人引领入署，该犯即串嘱妻叔章礼庆出名具控疏莨买娶有夫之妇，希图讹索，实属狡诈。黄万安应比照将妻作姊妹嫁人杖一百律上，加一等，杖六十、徒一年。

律 103：妻妾失序

凡以妻为妾者，杖一百。妻在，以妾为妻者，杖九十，并改正。

若有妻更娶妻者，亦杖九十，〔后娶之妻〕离异〔归宗〕。

（此仍明律，顺治三年添入小注。顺治律为 108 条，原文第二段为"若有妻更娶妻者，亦杖九十，〔后娶之妻〕离异〔归宗〕。其民年四十以上无子者，方听娶妾，违者，笞四十。〔不言离异，仍听为妾也。〕"乾隆五年删定。）

律 104：逐婿嫁女〔成案 6 案〕

凡逐〔已入赘之〕婿嫁女，或再招婿者，杖一百，其女不坐。〔如招赘之女通同父母逐婿改嫁者，亦坐杖一百。后婚〕男家知而娶〔或后赘〕者，同罪。〔未成婚各减五等，财礼入官。〕不知者，亦不坐。其女断付前夫，出居完聚。

（此仍明律，顺治三年添入小注，乾隆五年改定。）

〔附录〕顺治律 109：逐婿嫁女

凡逐〔已入赘之〕婿嫁女，或再招婿者，杖一百，其女不坐。〔后婚〕男家知而娶〔或后赘〕者，同罪。〔未成婚各减五等，财礼入官。〕不知者，亦不坐。其女断付前夫，出居完聚。〔如招赘之女逼同父母逐婿改嫁者，亦坐杖一百。〕

成案 104.01：湖广司〔嘉庆二十四年〕

南城移送：张大因伊女张氏常被其夫传保打骂，即起意将张氏接回，欲行改嫁，尚未成婚。将张大依逐婿嫁女杖一百、未成婚减五等律，笞五十。

成案 104.02：山东司〔道光二年〕

东抚题：赵谔子等共殴王四身死案内之刘松，因伊婿王振犯窃，将女刘氏接回，私行主婚改嫁，例内并无治罪明文，将刘松比照逐婿改嫁女律，杖一百。

成案 104.03：浙江司〔道光四年〕

提督咨：曾胜功之妻曾周氏因夫患病，食用无资，起意商同阎王氏将伊女李曾氏嫁卖与郭振疑为妻，遍查律例，并无父母嫁卖有夫之女与人为妻作何治罪明文，自应比照问拟。曾周氏应比照逐婿嫁女律，杖一百。阎王氏应比照嫁娶违律、媒人知情者减主婚一等律，杖九十，均照律收赎。

成案 104.04：四川司〔道光五年〕

川督咨：蓬溪县陈冯氏听从已革武生何联海买娶伊女黄陈氏，逼令本夫黄贵德休弃，即与逐婿嫁女无异。陈冯氏应照逐婿嫁女杖一百律，杖一百。

成案 104.05：河南司〔道光七年〕

河抚咨：柘城县王有与缌麻表兄辛士修之妻辛刘氏通奸，经辛刘氏之母刘三姐查知，并不将女送回夫家，辄因贫难度，即将刘氏许嫁与刘彦章为妻，尚未成婚，律无作何治罪明文，自应比照问拟。刘三姐应比照逐婿嫁女杖一百、未成婚减五等律，答五十。

成案 104.06：陕西司〔道光十年〕

陕抚题：罗西京殴伤申呼氏身死案内之申洪，将已嫁女又令改适，例内并无治罪专条，应比照逐婿嫁女杖一百律，杖一百。

律 105：居丧嫁娶〔例 3 条，事例 1 条，成案 9 案〕

凡〔男女〕居父母及〔妻妾居〕夫丧而身自〔主婚〕嫁娶者，杖一百。若男子居〔父母〕丧〔而〕娶妾，妻〔居夫丧〕女〔居父母丧〕而嫁人为妾者，各减二等。若命妇夫亡〔虽服满〕再嫁者，罪亦如之。〔亦如凡妇居丧嫁人者拟断。〕追夺〔敕诰〕并离异。知〔系居丧及命妇〕而共为婚姻者，〔主婚人〕各减五等。〔财礼入官。〕不知者，不坐。〔仍离异，追财礼。〕若居祖父母、伯叔父母、姑、兄姊丧，〔除承重孙外〕而嫁娶者，杖八十。〔不离异。〕妾不坐。

若居父母、舅姑及夫丧，而与应嫁娶人主婚者，杖八十。

其夫丧服满，〔妻妾〕果愿守志，而女之祖父母、父母，及夫家之祖父母、父母强嫁之者，杖八十。期亲加一等。大功以下又加一等。妇人及娶者，俱不坐。未成婚者，追归前夫之家，听从守志，追还财礼。已成婚者，给与完聚，财礼入官。

（此仍明律，顺治三年添入小注。顺治律为 110 条，最后一段原为"其夫丧服满，〔妻妾〕果愿守志，非女之祖父母、父母而强嫁之者，杖八十。〔女之〕期亲强嫁者，减二等。〔其夫家之祖父母及夫之期亲强嫁之者，罪亦如之。〕妇人不坐，追归前夫之家，听从守志。娶者亦不坐，追还财礼"，雍正三年删改。）

条例 105.01：妇人夫亡情愿守志

妇人夫亡，情愿守志，别无主婚之人，若有用强求娶，逼受聘财，因而致死者，追埋葬银两，发近边充军。

（此条系明代旧例，载在"威逼人致死"门内，"因而致死者"下有"依律问罪"四字，乾隆四十二年删。嘉庆六年，移附此律，修订为条例 105.03。）

薛允升按：《笺释》："凡豪势之人用强逼娶人家妇女，致死者尚多，而颇难于为坐。比之因奸威逼致死，则事非因奸。比之强夺良家子女，则未曾奸占，惟引此例为允。"此专指豪势之人用强谋娶者而言，与因别事威逼不同，故一经酿命即拟军罪，似未便与有服亲属相提并论。改定之例与亲属强嫁并列一条，殊觉牵混。

条例 105.02：孀妇自愿改嫁（1）

孀妇自愿改嫁，翁姑人等主婚受财，而母家统众抢夺，杖八十。其孀妇自愿守志，而母家、夫家抢夺强嫁者，各按服制，照律加三等治罪。其娶主不知情不坐，知情同抢，照强娶笞加三等，未成婚妇女听回守志，已成婚而妇不愿合者听。如孀妇不甘失节，因而自尽者，照威逼例充发。其有因抢夺而取去财物，及杀伤人者，各照本律从其重者论。

（此条系湖广按察使阎尧熙条奏定例，乾隆五年修改。嘉庆六年，与条例 105.01 合并修订为条例 105.03。）

薛允升按：原例，亲属照律加三等，至重不过拟徒。妇女不甘失节，因而自尽，娶主即应拟军，本极平允。改定之例，减亲属罪一等。殊嫌未协。

条例 105.03：孀妇自愿改嫁（2）

孀妇自愿改嫁，翁姑人等主婚受财，而母家统众抢夺，杖八十。夫家并无例应主婚之人，母家主婚改嫁，而夫家疏远亲属强抢者，罪亦如之。其孀妇自愿守志，母家、夫家抢夺强嫁，以致被污者，祖父母、父母，及夫之祖父母、父母，杖八十；期亲尊属尊长，杖七十、徒一年半；大功以下尊属尊长，杖八十、徒二年；期亲卑幼，杖一百、徒三年；大功以下卑幼，杖九十、徒二年半。娶主不知情，不坐。知情同抢，照强娶笞五十律加三等，杖八十。未致被污者，父母、翁姑、亲属、娶主，各减一等，妇女均听回守志。如妇女自愿完聚者，照律听其完聚，财礼入官，亲属照律分别拟杖。若孀妇不甘失节，因而自尽者，不论已未被污，祖父母、父母，夫之祖父母、父母，杖一百、徒三年；期亲尊属尊长，杖一百、流二千里；功服，杖一百、流二千五百里；缌麻，杖一百、流三千里；缌麻卑幼，发边远充军；功服，发极边远充军；期亲，拟绞监候。娶主知情同抢，致令自尽者，以为从论，各减亲属罪一等。〔若妇女自愿完聚，复因他故自尽者，仍按服制，照律科以强嫁之罪，不在此例。〕若妇人情愿守志，别无主婚之人，如有用强求娶，逼受聘财，因而致令自尽者，发近边充军，仍追埋葬银两。其有因抢夺而取去财物，及杀伤人者，各照本律从其重者论。

（此条系嘉庆六年，将条例 105.01 及 105.02 修并改定。）

薛允升按：嘉庆六年按语有云："翁姑父母强嫁媳女，律应杖八十，今加三等，罪止杖六十，徒一年，转非所以全孀妇之孝。"既云拟徒非所以全孀妇之孝，由勿论而改为杖八十，其又何说。下致女自尽，何以又将翁姑父母拟以满徒耶。又云："期亲以下尊属尊长，分谊渐疏，非父母翁姑可比，自应各按服制，照孀嫁律加三等。"翁姑父母不加三等，余亲何以必加三等耶。若谓因被污而加，未被污者，何以又止减一等耶。又云："如妇女强嫁后，情愿与后夫完聚者，照律听其完聚。"自愿与后夫完聚，与自愿守志大相矛盾。律文给与完聚、系专指失节者而言，此云照律听其完聚，亦属错误。又云："孀妇不甘失节，因而自尽者，祖父母、父母，夫之祖父母、父母，于原例军罪上酌减一等，杖一百，徒三年。"原例军罪，系指用强求娶者而言，祖父母、父母照此酌减，非理之至。且拟罪反较故杀子孙为重，更属不妥。强嫁之亲属，《唐律》止有徒一年、杖九十之分，余俱无文。前明时始有用强求娶，逼受聘财因而致死，依律问罪，发近边充军之例。雍正年间，又定有亲属按服制加三等之例，而不言致令自尽者，以威逼致死，可以援照定拟，故不复叙也。嗣后改定之例，日益增多，亲属强嫁之罪，愈改愈严，娶主帮抢之罪，愈改愈宽，殊与原定之例意不符，即就改定之例而论，以服制亲属分别定拟，固有等差，第夫之兄弟均不以期亲尊长卑幼论，有犯碍难定拟。至妇女出嫁，其于母家亲属服制均减一等，即无期亲尊长卑幼其人。下谋占资财条，有期功卑幼抢卖兄妻、胞姊之语，是兄妻即以尊长论矣。威逼兄妻至死，按凡人论罪，应满杖。此处若以期亲卑幼论，即应拟死，罪名相去悬绝，不可不慎。卑幼抢夺尊长强嫁，已属不法，又致酿尊长之命，较因别事干犯为重。例内期亲卑幼问拟绞候，与威逼致死罪名相等。第期亲尊长止有伯叔母一项，干犯兄妻并不在尊长之列，若胞姊胞姑虽系期亲尊长，惟出嫁则应降服一等，即非期亲。例既指明孀妇，即无此项尊长矣。查服图内，齐衰不杖期有一条云："女虽适人，而无夫与子者，为其兄弟姊妹及侄者。"又一条云："女适人，为兄弟之为父后者，均系齐衰服、期服。"似又当以期服论矣。此例既云孀妇，则无夫可知，若并无子，似可援照服图办理。姑姊则以尊属尊长论，妹及侄女，则以卑幼论，亦无大窒碍。惟功缌以下，及兄弟妻，究难臆断耳。至各项亲属强嫁，均系指并非图财而言，下强占门条例，止有期功以下尊长、卑幼，而无翁姑、父母、亦属参差。岂翁姑、父母即无贪图聘礼之事耶。律止言孀妇守志而强嫁者之罪，例又添入自愿改嫁，而母家及夫家强嫁之罪，是否不欲孀妇改嫁，抑系别有意见之处，例未叙明，究竟聚众抢夺意欲何为耶。且止言母家，并未分别亲疏，是凡母家之人均杖八十矣。再，此例云夫家并无例应主婚之人云云，夫家究系何人例应主婚耶。查康熙十二年题准："凡妇人夫亡之后，愿守节者，听。欲改嫁者，母家给还财礼，准其领回。"载在《会典》，修例时未经纂入，自系疏漏。若如此例所云，是直以醮妇为主婚矣！错误之至。《律例通考》云："孀妇改嫁，事所恒有，母家夫家恒致争夺滋讼，自应补纂，列为例款，以昭画一。"不为无见。强嫁孀妇，《唐律》系徒一年，期亲减二等，则杖九十。《明律》俱改杖八十，本较《唐律》为轻。乃例则愈改愈重，尊长有问拟流徒，卑幼有问拟死罪者矣。律添入已未成婚，例又添入已未被污，均属节外生枝。且抢夺强嫁，以致被污，亲属加重拟徒，知情同抢者，仅拟杖罪，其义安在。而又有大未允协者，原例充军，系指强娶者而言，修改之例，将强嫁之亲属亦加等拟以徒流，祖父母等并拟满徒。殴杀子孙者，杖一百，故杀者，徒一年，此致令自尽，即拟满徒。故杀子孙之妇罪应满徒，致令自尽究与故杀有间，亦科满徒。妇女自尽情节各有不同，有强嫁后即行自尽者，有被娶主强逼成婚因而自尽者，未被污者，照亲属罪名减一等，已被污者亦照亲属罪各减一等，亲属尚可以服制尊卑为罪名轻重之分，而娶主均以为从论，何也。假如有两人于此，均系知情强娶，媳妇因而自尽，一则强逼妇女成婚，而强嫁者系妇之父母；一则并未逼迫，亦未被污，而强嫁者系妇之期亲卑幼；被污者问徒二年半，未被污者问拟满流。再，未致妇女自尽亲属，虽罪名不同，而娶主则杖八十，妇女因而自尽，娶主又视亲属之罪名以为差等，情法果应如是耶。原例颇觉简明，屡次修改，遂不免诸多参差，要知此事，总以简为贵也。王符《潜夫论·断讼篇》云：贞洁寡妇，或男女备具，财货富饶，欲守一醮之礼，成同穴之义，执节坚固，齐怀必死，终无更许之虑。遭值不仁世叔，无义兄弟，或利其聘帑，或贪其财贿，或私其儿子，则强中欺嫁，处迫胁遭，遂有自缢房中，饮药车上，绝命丧躯，孤捐童孩，此犹迫胁人命〔一作令〕自杀也。或后夫多设人客，威力胁载，手将抱执，连日乃缓，与强掠人妻无异。〔注：《史记·陈丞相世家》云："曾孙何坐掠人妻，弃市，掠与略同。"《方言》曰："掠，强取也。"〕盖即指此事而言。观此议论，则知后夫之罪，不应较轻于世叔、兄弟矣。

事例 105.01：康熙十二年题准

凡妇人夫亡之后，愿守节者听。欲改嫁者，母家给还财礼，准其领回。至家仆亡故，其妇听原主给还财礼领回。若仆有子愿守节者，不许复配与人，亦不准原主领回。违例复配者，妇人断归原主，不追财礼。

成案 105.01：云南司〔嘉庆十八年〕

云抚咨：外结徒犯内李灿，图财逼嫁媳妹李氏，并串娶主谢颖纠抢未成，将李灿依尊属图财、强卖卑幼、系期功杖流、未成婚者减等满徒例上，量减一等，杖九十、徒二年半。

成案 105.02：浙江司〔嘉庆十八年〕

西城移送：李氏系与色克当阿先奸后娶，又系居丧改嫁，应照军民相奸问拟，而李氏本应离异，惟伊母家并前夫刘大家皆无亲属，且色克当阿成婚多年，生子年尚幼稚，情殊可悯，免其离异。

成案 105.03：湖广司〔嘉庆二十二年〕

北抚题：老周黄氏听从周垂照怂恿，强嫁媳妇小周黄氏，致该氏不甘失节，因而自尽，将老周黄氏照夫之父母应得满徒罪上，酌减一等，杖九十、徒二年半。

成案105.04：奉天司〔道光二年〕

吉林咨：刘文成听从伊父刘安，抢夺堂嫂刘高氏，卖与宗有才成婚，得受身价，实缘伊父刘安因贫养赡所致，并非专图财礼，自应照强嫁例定拟，惟核其情节，亦有贪财礼之意，若仅拟以杖九十、徒二年半，似觉情浮于法，将刘文成依媳妇自愿守志、夫家抢夺强嫁、以致被污者、大功卑幼杖九十、徒二年半罪上，加一等，满徒。李存功被刘安诱同入室，并未动手，因落后被应捕人高成揪住辫梢，回头咬伤高成左手背，应加拒捕罪二等，例无拐诱入室，并未动手强抢，被获拒捕治罪明文，将李存功比照抢夺良家妻女、中途夺回、为从者被诱帮同扛抬、照不应重律杖八十，减一等，杖七十，仍加拒捕罪二等，杖九十。

成案105.05：河南司〔道光四年〕

河抚题：正阳县黄马氏，以女杨黄氏少寡无子，先经劝嫁不从，嗣因其女孤独无依，辄托冯则周作媒，劝逼再醮，以致杨黄氏不甘失节，投缳自尽。黄马氏应比照媳妇自愿守志、母家抢夺强嫁、不甘失节因而自尽者、不论已未被污、父母杖一百、徒三年例上，酌减一等，杖九十、徒两年半。

成案105.06：浙江司〔道光四年〕

浙抚咨：朱兆介图娶媳妇余胡氏为妻，逼令氏母胡吴氏收受财礼不遂，希图强娶，将氏伯余组喜关禁，勒写婚书，致胡吴氏气忿自尽，例无作何治罪明文，自应比照问拟。朱兆介应比照媳妇情愿守志、如有用强求娶、逼受财礼、因而致令自尽者，发近边充军。

成案105.07：湖广司〔道光十年〕

南抚题：黄德修因贫将妻陈氏强行嫁卖，致令自缢身死。比照媳妇自愿守志、夫家强嫁、不甘失节因而自尽者、夫之父母杖一百、徒三年例，杖一百、徒三年。

成案105.08：安徽司〔道光十一年〕

安抚题：曹玉书因贫病交迫，将妻曹陈氏嫁卖，嘱令娶主王潮富抢回成婚，致氏羞忿自尽，律例并无恰合正条。惟因卖休，致被抢娶，不甘失节，因而自尽，与媳妇自愿守志，抢夺强嫁，不甘失节，因而自尽者无异。夫有专制之义，与夫之祖父母父母相同，将曹玉书比照媳妇自愿守节、夫家抢夺强嫁、媳妇不甘失节因而自尽者、夫之祖父母父母杖一百、徒三年例，拟杖一百、徒三年。娶主王潮富应照娶主知情同抢，减亲属罪一等。媒合人王祥等，应照嫁娶违律，媒人知情，减犯人罪一等。均于曹玉书满徒上，减一等，各杖九十、徒二年半。

成案105.09：河南司〔道光十四年〕

河抚咨：浚县陈法禄等，逼娶傅贤姐未成，致令服卤身死。查陈法禄央媒路居妮，向傅良仁聘娶其女傅贤姐为妻，虽经傅良仁之妻苏氏允许，尚未聘定，嗣傅良仁因陈法禄年齿不当，不肯许亲，陈法禄与路居妮声言控告，强纳财礼，致傅贤姐畏累服卤身死，核其情节，即与寻常因事威逼人致死者不同，而其母本已许亲，又与用强求娶逼受财礼致令自尽者有间，遍查律例，并无作何治罪明文，自应比例量减问拟。陈法禄应比照妇人情愿守志、别无主婚之人、如有用强求娶、逼受财礼、致令自尽者、发近边充军例上，量减一等，杖一百、徒三年。

律106：父母囚禁嫁娶

凡祖父母、父母犯死罪被囚禁，而子孙〔自〕嫁娶者，杖八十；〔若男娶妾，女嫁人〕为妾者，减二等。其奉〔囚禁〕祖父母、父母命而嫁女娶妻者，不坐，亦不得筵宴。〔违者，依父母囚禁筵宴律，杖八十。〕

（此仍明律，其小注系顺治三年添入，乾隆五年删改。）

〔附录〕顺治律111：父母囚禁嫁娶

凡祖父母、父母犯死罪被囚禁，而子孙〔自〕嫁娶者，杖八十；〔若男娶妾，女嫁人〕为妾者，减二等。其奉〔囚禁〕祖父母、父母命而嫁女娶妻者，不坐，亦不得筵宴。〔忘其至亲而任情纵欲，不孝之大者也，当依弃亲之任条下科断，杖八十。父母囚禁筵宴，自有本律。〕

律107：同姓为婚〔成案1案〕

〔为婚兼妻妾言，礼不娶同姓，所以厚别也。〕

凡同姓为婚者，〔主婚与男女〕各杖六十，离异。〔妇女归宗，财礼入官。〕

（此仍明律，其律目律文小注，均顺治三年添入。顺治律为112条，原律目小注为"为婚兼妻妾言，礼不娶同姓，所以厚别也。若买妾不知其姓，则卜之"，乾隆五年删改。）

成案107.01：旗人与民同姓为婚〔康熙三十二年〕

刑部据江抚宋荦咨称：旗人朱忠明潜至泰州，令曹定建等作伐，用聘金定朱广生之女为妻，未及成婚，而忠明即被州快盘获，转咨荆州将军，鞭刺归旗。讵忠明脱逃，复至泰州，欲娶广生之女，虽属忠明外娶之妻，而同姓为婚，律应离异，妇女归宗，财礼入官，违律主婚者各杖六十，离异，妇女归宗，财礼入官登语。此条原指民人同姓为婚而言，非言旗人与民为婚。今该抚称朱氏照律离异之处，虽与律不合，但朱忠明系充发之犯，应将朱氏交与朱广生，听其改嫁，其聘银二十两，追完给与朱忠明之主收领，仍知照该将军可也。

律 108：尊卑为婚〔例 2 条〕

凡外姻有服〔或〕尊属〔或〕卑幼，共为婚姻，及娶同母异父姊妹，若妻前夫之女者，各以亲属相奸论。

其父母之姑舅、两姨姊妹及姨，若堂姨，母之姑、堂姑，己之堂姨及再从姨，〔己之〕堂外甥女，若女婿〔之姊妹、〕及子孙妇之姊妹，〔虽服无〕并不得为婚姻，违者，〔男女〕各杖一百。

若娶己之姑舅两姨姊妹者，〔虽无尊卑之分，尚有缌麻之服。〕杖八十。并离异。〔妇女归宗，财礼入官。〕

（此仍明律，顺治三年修改并添小注。顺治律为 113 条，第二段"各杖一百"下有小注"有主婚人，独坐主婚人"，乾隆五年删定。）

条例 108.01：男女亲属尊卑相犯重情

男女亲属尊卑相犯重情，或干有〔按：干有即干犯也。〕律应离异之人，俱照亲属已定名分，各从本律科断，不得妄生异议，致罪有出入。其间情犯，稍有可疑，揆于法制，似为太重，或于名分不甚有碍者，听各该原问衙门临时斟酌议奏。其姑舅两姨姊妹为婚者，听从民便。

（此条"斟酌议奏"以上系明代问刑条例，顺治例 113.01。"姑舅两姨"二句，系雍正八年定例。乾隆五年，将之并为一条。）

薛允升按：《集解》："凡条例大都严于律文，此条独揆乎情法，姑开一面，亦王道本乎人情也。"此条上半段从严，下半段略宽，应与后嫁娶违律门一条参看。此律应离异之人，尚属浑举，后例则分晰言之矣，然似不如此例之得体。再，姑舅两姨姊妹为婚，较同母异父姊妹为婚罪名虽轻，而一系有服，一系无服，亦有差等。律系均禁为婚，例则不禁此而禁彼。明洪武十七年，帝从翰林侍诏朱善言，其中表相婚已弛禁矣。特未纂为专条，仍不免人言人殊，迨雍正年间，有听从民便之例，议论始归画一矣。

条例 108.02：前夫子女与后夫子女苟合成婚者

前夫子女，与后夫子女苟合成婚者，以娶同母异父姊妹律条科断。

（此条系明代问刑条例，顺治例 113.02。）

薛允升按：《辑注》："以前夫子与后夫女成婚，则子之母乃女之继母，女之父乃子之继父也。以前夫女与后夫子成婚，则子之父乃女之继父，女之母乃子之继母也。然愚民不知礼法，鳏夫再娶寡妇再嫁，往往有将子女苟合者，故特著此例。"《示掌》："同母异父姊妹，家礼本服小功，见性理精义服图内，今制无服，似应酌请。"存以俟参。《集解》："下里愚民，往往有寡母携女再嫁，因以女许配其子。鳏夫携子入赘，因以子室其女，即系苟合成婚，相沿不究，皆由不明律例也。"律禁同母异父姊妹为婚，故此例前夫子女与后夫子女亦不准成婚。然此等子女亦有并非同母者，同母可照律禁止，若非同母，似亦可援照上条例文，听从民便。

律 109：娶亲属妻妾〔例 3 条，事例 3 条，成案 2 案〕

凡娶同宗无服〔姑侄姊妹〕之亲，及无服亲之妻者，〔男女〕各杖一百。若娶〔同宗〕缌麻亲之妻及舅甥妻，各杖六十、徒一年。小功以上〔之妻〕各以奸论。〔自徒三年至绞斩。〕其〔亲之妻〕曾被出，及已改嫁而娶为妻妾者，〔无服之亲不与〕各杖八十。

若收父祖妾及伯叔母者，〔不问被出、改嫁〕各斩。若兄亡收嫂，弟亡收弟妇者，〔不问被出、改嫁，俱坐〕各绞。

妾〔父祖妾不与〕各减〔妻〕二等。〔被出、改嫁者，递减之。若原系妻而娶为妾，当从妻论；原系妾而娶为妻，仍从妾减科。〕

若娶同宗缌麻以上姑、侄、姊妹者。亦各以奸论。〔除应死外〕并离异。

（此仍明律，其小注系顺治三年添入。顺治律为 114 条，第三段原为"妾〔父祖妾不与〕各减〔妻〕二等。〔被出、改嫁者，递减之。〕"乾隆五年增修。）

条例 109.01：凡收伯叔兄弟妾者

凡收伯叔兄弟妾者，即照奸伯叔兄弟妾律减妻一等，杖一百、流三千里。

（此条乾隆二十四年，刑部议覆御史成德条奏定例。）

薛允升按：律有以奸论者，有不以奸论者，收伯叔兄弟妾律既不以奸论，是以减妻二等，拟徒例改为满流，是直科奸罪矣。彼兄亡收嫂，弟亡收弟妇，何以又有绞候之例耶。原奏谓："律内奸伯叔兄弟妾者，止减妻一等，而收为妾者，得减罪二等，情罪轻重未协，因改为减一等，拟流。"第娶与奸究有分别，而妾与妻亦有不同，减妻二等，《唐律》已然，且不止伯叔兄弟等项，凡小功以上亲属，各有以奸论之文，妾各得减二等。此改而彼不改，情罪轻重未见允协。况奸缌麻以上亲之妻，律应各徒三年，而娶为妻者止徒一年，又何说耶。娶亲属之妻者，尚不能概以奸论，娶亲属之妾者，独可尽以奸论乎。

条例 109.02：凡嫁娶违律

凡嫁娶违律，罪不至死者，仍依旧律定拟。至兄亡收嫂，弟亡收弟妇，罪犯应死之案，除男女私自配合，及先有奸情，后复婚配者，仍照律各拟绞决外，其由父母主婚，男女听从婚配者，即照甘心听之男女，各拟绞监候，秋审时核其情罪，另行定拟。

（此条系乾隆四十九年，刑部议驳奉天府尹鄂题高九听从伊父高志礼主婚，与弟妇杨氏婚配将高九杨氏绞决一案，奉谕旨于乾隆五十三年纂为例。嘉庆十九年改定为条例 109.03。）

条例 109.03：凡嫁娶违例

凡嫁娶违例，罪不至死者，仍依旧律定拟。至兄亡收嫂，弟亡收弟妇，罪犯应死之案，除男女私自配合，及先有奸情，后复婚配者，仍照律各拟绞决外，其实系乡愚不知例禁，曾向亲族地保告知成婚者，男女各拟绞监候，秋审入于情实。知情不阻之亲族、地保，照不应重律，杖八十。如由父母主令婚配，男女仍拟绞监候，秋审时核其情罪，另行定拟。

（此条嘉庆十九年遵旨，将条例 109.02 改定。）

薛允升按：此较律稍宽者。旧律应改各本律例。奸兄弟妻，《唐律》本系流罪，明改绞决，未免太重。究之法过严而照律办理者百无一、二，一遇此等案件，且怀得不为之委曲调停，似不如仍改拟流罪之为愈也。

事例 109.01：雍正八年谕

冯大儒于兄亡之后，收嫂王氏为妻，后因彼此相闹，冯大儒掌伤王氏，王氏自缢，今将冯大儒照兄亡收嫂律拟绞立决具奏。朕细阅全案，冯大儒之兄冯大任病故之后，遗妻王氏，思招冯大儒为夫，商之夫兄冯大成，暨氏弟王伦悉皆应允，遂写立婚书，而成配偶。迨三月有余之后，彼此口角，致王氏自缢身故，始讼公庭，而治其收嫂之罪，是从前成婚之时，愚民无知，竟不知伦常之重，法律之严，而冒昧位此背理之事，且亲属数人，皆为主婚，公然行之而不以为怪，可见愚民不知律条者众矣！况成婚已数月之久，若非王氏自缢，命案难掩，竟可蒙混不致败露。此苟且之风，所以难挽也。是皆由地方有司，不能化导于平时，又不将此等关系伦常，干犯重法之事，通行宣谕，使草野之人，知所懔遵，以至罹于大辟，实为可悯。又如赌博乃犯法之事，而隐匿者甚多，及至酿成人命，方始发觉。冯大儒之案，正复类此，其如何使无知之民，家喻户晓，俟明知故犯之后，再按重律治罪，著九卿悉心定议具奏。

事例 109.02：乾隆四十九年谕

刑部题驳奉天府尹定拟高九收弟媳杨氏应行缓决一本。昨已依议行矣。因思高九乱伦之事，由伊父高志礼主婚，刑部查照寻常嫁娶违律，事由主婚，主婚为首，男女为从减等，是以驳令该府尹改拟。但以此乱伦重犯，减等即当拟流，核其情罪，尚不足以昭平允。在刑部堂官，固系按律定拟，而律意亦殊有未尽之处。此案虽由高志礼主婚，但伊子高九何以竟甘心听从？即平日无奸，其乱伦之罪已不小。况父母无有不爱其子，卑幼犯法，尊长出而承认主婚，其乱伦之男女，遂得均从末减拟流，非所以正伦纪而弼教化也。嗣后有似此事由父母主婚，虽系罪坐主婚，而男女应行减等者，自应仍拟绞候，秋谳时再核其情节轻重办理。著刑部堂官详晰定拟，增入条例，以副朕明刑弼教之至意。

事例 109.03：嘉庆十七年谕

史灵科收弟妇为妻，按律本应绞决，但律又载奸兄弟妻和者绞决，原以重伦纪而杜邪淫。今该犯收弟妇李氏为妻时，曾与其弟李泳年商明，并告之地保。核其情节，实系乡愚不知例禁，并无先奸后娶情事，若与兄奸弟妇者一律绞决，未免无所区别。史灵科著改为绞监候，入于明年朝审情实。嗣后有似此兄收弟妻，审明实系乡愚无知蹈渎伦之罪者，俱照此案办理。

成案 109.01：陕西司〔道光九年〕

陕督咨：洮州杨宗德，娶缌麻服弟之妻杨毋氏为妾，系氏翁杨锦椿主婚。查杨毋氏听从翁命，律得不坐，而杨锦椿系杨宗德缌麻服叔，即属余亲，按律应分别办理。今该督以杨宗德娶缌麻服弟妻，系伊翁主婚，照例不坐，殊属错误，应即更正。杨宗德应改依娶同宗缌麻亲之妻杖六十、徒一年律，系余亲主婚，该犯为从，应减一等，杖一百。惟事犯到官，在恩诏以前，杨毋氏系控告故夫父母，干名犯义，所得徒罪，不准援减，仍照律收赎。杨宗德杖罪，系属内乱，不准宽免。

成案 109.02：河南司〔道光十二年〕

河抚咨：王方第系张方氏故夫张方旭缌麻表兄，张方氏因夫故子幼，起意招赘王方第为夫，曾向张方旭之叔张明岗告知，央令主婚不允，自行作主成婚。应科以嫁娶违律之罪，均比照娶同宗缌麻亲之妻律，杖六十、徒一年，并离异。

律 110：娶部民妇女为妻妾〔成案 2 案〕

凡府、州、县亲民官，任内娶部民妇女为妻妾者，杖八十。若监临〔内外上司〕官，娶〔见问〕为事人妻妾及女为妻妾者，杖一百。女家〔主婚人〕并同罪。妻妾仍两离之，女给亲。〔两离者，不许给与后娶者，亦不给还前夫，令归宗。其女以父母为亲，当归宗。或已有夫，又以夫为亲，当给夫完聚。〕财礼入官。〔恃势〕强娶者，各加二等；女家不坐，〔妇还前夫，女给亲。〕不追财礼。若为子孙、弟侄、家人娶者〔或和或强〕罪亦如之，男女不坐。〔若娶为事人妇女，而于事有所枉者，仍以枉法从重论。〕

（此仍明律，其小注系顺治三年添入。顺治律为 115 条。）

成案 110.01：官员娶妓女为妾〔康熙四十七年〕

刑部看得：候补笔帖式赫义供，因家内没有使唤妇女，给我家人九十六银两，差往与我认识的大同民姚有明、薛有才，将妓女八儿、玉云儿买来为妾，乐户蔡奉升等前来催取所欠银两，拿获是实。查律内，凡官员娶妓女为妾者，杖六十，离异归宗，财礼入官等语。但差伊家人私自出境，不便照此治罪。赫义合依旗人违禁私自越出旗下人之地，家主明知差去，本主系官，革职，其差去之家仆，枷号一个月，鞭一百例，将赫义革退笔帖式，九十六枷号一个月，鞭一百。八儿、玉云儿，交与乐户蔡奉升等，俱递解山西巡抚，将买八儿等银两向蔡奉升等，照数追取解部，未得银八十两，向赫义名下追取，一并入官。奉旨：依议。

成案 110.02：贵州司〔道光八年〕

贵抚咨：威宁州吏目刘芳晖，买在配军犯之女作妾。查吏目有专管军犯之责，即与州县之于部民无异，应比照州县亲民官任内娶部民妇女为妾者律，杖八十。该参员身为职官，辄娶军犯之女为妾，实属有玷官箴，业经革职，应毋庸议。

律 111：娶逃走妇女

凡娶〔自己〕犯罪〔已发在官，而〕逃走〔在外之〕妇女为妻妾，知〔逃走之〕情者，与同〔其所犯之本〕罪。〔妇人加逃罪二等，其娶者不加罪。〕至死者，减一等，离异。不知者，不坐。若无夫〔又〕会赦免罪者，不离。〔一有不合仍离。〕

（此仍明律，其小注系顺治三年添入。顺治律为 116 条。）

律 112：强占良家妻女〔例 11 条，事例 3 条，成案 73 案〕

凡豪〔强〕势〔力〕之人，强夺良家妻女，奸占为妻妾者，绞〔监候〕。妇女给亲。〔妇归夫，女归亲。〕配与子孙弟侄家人者，罪〔归所主〕亦如之，〔所配〕男女不坐。〔仍离异给亲。〕

（此仍明律，其小注系顺治三年添入。顺治律为 117 条。）

条例 112.01：强夺良人妻女卖与他人为妻妾

强夺良人妻女，卖与他人为妻妾，及投献王府并勋戚势豪之家者，俱比照强夺良家妻女奸占为妻妾绞罪，奏请定夺。

（此条系明代旧例，顺治例 117.01。乾隆五年，删去"俱比照强夺良家妻女奸占为妻妾绞罪，奏请定夺"句，改为"俱拟绞监候"。）

薛允升按：从前每定一例必有照某律拟斩绞、流、徒之语，亦慎重之意也。删去则似律外加重矣，此类甚多。《辑注》云："强夺良人妻女，或卖与人，或投献与人，与自奸占及配子孙何异，其强夺同，其被奸占亦同也。观略卖者满流，强夺者自应加重，故比照坐绞奏请，亦补律之未备也。"虽非自行奸占，亦与奸占相等，故仍科绞罪。

条例 112.02：强夺良家妻女中途夺回

强夺良家妻女，中途夺回，及尚未奸污者，照已被奸占律减一等定拟。若已被奸污而妇女自尽者，照强奸已成本妇羞忿自尽例，拟斩监候。未被奸污而自尽者，照强奸未成本妇羞忿自尽例，拟绞监候。若强夺良家妻女，其夫或父母亲属，羞忿自尽者，亦分别已成、未成，照本妇自尽之例问拟。

（此条自"定拟"以上，系乾隆五年，甘肃按察使赵城条奏定例。"拟斩监候"以上，系乾隆三十二年增定。"未被奸污"以下，系嘉庆十五年增定。）

薛允升谨按：原定之例意在从宽，添入妇女自尽一层，又系从严。既有妇女治罪之条，后又添入亲属自尽一层，死罪名目愈多，例文日益纷烦矣。致其夫与父母亲属自尽与本妇自尽究有不同，强奸分别已成未成，问拟斩绞，已属过当，又推广及此例，似嫌未协。与下聚众抢夺妇女一条参看。下聚众抢夺条内，一经抢获出门，即属已成，与此例不符。解者谓下条重在聚众，故未聚众者引此条，已聚众者即引下条矣。

条例 112.03：强夺良家妻女奸占为从之犯

强夺良家妻女，奸占为从之犯，应照为首绞罪减一等，杖一百、流三千里。如被逼诱随行，止于帮同扛抬，照未成婚减绞罪五等，杖七十、徒一年半。其中途夺回，及尚未奸污，为从者，审系助势济恶，减为首流罪一等，杖一百、徒三年。如被逼诱随行，止于帮同扛抬，各照不应重律，杖八十。

（此条乾隆六年，刑部议覆四川按察使李如兰条奏定例。）

薛允升按：此条与上条均在续定聚众强夺妇女严例以前，是以与下条不符。近来案件，如系聚众，则引下条，未聚众者，则引此条。惟首从之外，又有逼诱帮同扛抬之人，则不止二人矣。未免彼此参差。

条例 112.04：疏远亲属图财强卖妇女者

疏远亲属，图财强卖妇女者，照例奏请拟绞。傥期功卑幼，谋占资财，贪图聘礼，将伯叔母姑等尊属，用强抢卖者，拟斩监候。

（此条乾隆六年，安徽巡抚陈大受题强卖伯母之董宫一案，附请定例。嘉庆六年增订时，并入条例 112.05。）

条例 112.05：凡谋占资财贪图聘礼

凡谋占资财，贪图聘礼，期功卑幼用强抢卖伯叔母姑等尊属者，拟斩监候。期功卑幼抢卖兄妻胞姊，及缌麻卑幼抢夺尊属尊长，并疏远无服亲族，抢卖尊长卑幼者，均拟绞监候。如尊属尊长图财强卖卑幼，系期功，杖一百、流三千里；系缌麻，发附近充军。未成婚者，各减已成婚一等。若中途夺回，及娶主自行送回，未被奸污者，均以未成婚论。如妇女不甘失节，因而自尽者，期功以下卑幼，及疏远亲族，仍照本例，分别斩、绞监候；缌麻尊属尊长，亦拟绞监候；期功尊属尊长，发近边充军。若〔已成婚，而妇女因他故自尽者，仍依图财强嫁问拟，不在此例。〕娶主知情同抢，及用财谋买者，各减正犯罪一等；不知者，不坐。〔如因家贫不能养赡，或虑不能终守，劝令改嫁，并非为图财图产起见，均仍照强嫁例定拟，不得滥引此例。〕

（此条嘉庆六年，在条例 112.04 的基础上增定。）

薛允升按：此伯叔姑是否无论出嫁在室尚未分明，期功拟斩，缌麻拟绞，究有分别。此处兄妻以尊长论，则弟妻自应以卑幼论矣。第斗殴门内，殴兄弟妻至死均以凡论，与此不符。既云期功卑幼，则大小功兄妻均在其内矣。缌麻兄妻似不在内。下紧接缌麻卑幼，并无服亲属云云，则缌兄之妻，亦包举在内矣。小功，缌麻兄弟之妻，律皆无服，是否可作尊卑论断，抑仍照凡人定拟。若以夫之服制为断，凡系尊长之妻即为尊长，系卑幼之妻即为卑幼，则抢卖缌麻侄妇致令自尽，即应拟绞，抢卖大小功弟妻致令自尽，反应拟军，不特情罪大不允协，且与上文仅止抢卖而未酿命者，亦属参差。再故杀缌侄之妇，罪止拟绞，故杀兄弟之妻，无论期功，均应拟斩。今抢卖致令自尽，较故杀情节为轻，而以缌麻及期功强分生死，殊未平允。再如缌麻姊妹出嫁，即降为无服，又当如何酌断。例末小注云云，系指别于图财而言。即系居丧嫁娶门内，孀妇自愿守志例文脚注，似应将此二条修并为一。先叙图财嫁卖罪者，下再叙。如因家贫不能养赡，强嫁云云，然上层罪名颇重，似应再行核减。董宫之案，原奏以强夺良人妻女卖与他人为妻妾例内，已有拟绞明文，因系期亲尊属，是以加重拟斩。至强娶之案，均属凡人，除强夺良人妻女奸占为妻妾者，已有拟绞正条。其中途夺回未及奸污者，亦有拟流正例外，若已被奸污而本妇自尽者，应照强奸已成本妇羞忿自尽例，拟斩监候。未被奸污而本妇羞忿自尽者，应照强奸未成本妇羞忿自尽例，拟斩监候。亦经分析，毋庸另议科条云云，是强卖与强娶，原奏系属并举，且有或系贪色，或系图财，厥罪维均之语，则商同亲属强娶，致妇女不甘失节，因而自尽者，岂得量从末减。改定之例，严于责亲属，而宽以恕娶主，似嫌未协。且此例重在谋占资财，尤重在抢夺，其云疏远亲属者，即照凡论之意也。凡由本妇家抢出嫁卖，除期亲尊属外，其余俱绞罪。若贪图聘礼，则娶主一边起意者居多，乃亲属概拟重罪，强娶者反减正犯罪一等，而置同抢及奸污之情于不问，殊与原奏不符。查本妇之自尽既由于奸污，谋娶者又系知情同抢，坐以为首之罪，亦属应得。况用强求娶，逼受聘财，因而致令自尽者，尚拟军罪，岂有自行奸污反减亲属一等之理。乃亲属则科罪从严，而娶主则曲意从宽，未知何故。卑幼尚可言也，尊长则情理难通矣。尤可异者，图财者系疏远亲属等项，强娶者即应拟流，图财者系期功尊长，强娶者则止拟徒，又何理也。谋占资财贪图聘礼，用强抢卖期亲伯叔母或大小功伯叔母，均拟斩候，胞姑出嫁降服仍系大功，拟以斩候，尚无出入。小功姑出嫁则降服缌麻矣，殴死不问立决，强卖不问斩候，亦系情通理顺，若胞姊出嫁降服，仍大功也，大功姊出嫁降服，亦小功也，殴死仍应斩决，强嫁不照伯叔姑拟斩，其义安在，此不可解者也。缌麻姑姊出嫁，即降为无服，以有服尊长论，强卖应绞，以疏远无服亲族论，强卖亦应绞，罪名亦无出入。至缌麻侄女及妹出嫁，即降为无服，以缌麻尊长论，应附近充军。以无服亲属论，应拟绞候，此罪名生死攸关，不可不详慎者也。缌麻伯叔母，缌麻伯叔姑及姊皆为尊属尊长，抢卖拟绞，所以别于期功也。期功卑幼抢卖兄妻，〔胞兄大小功兄皆是〕拟绞监候，而不言缌麻兄妻，惟期功兄妻，即以尊长论，则缌麻兄妻亦应拟绞矣。若以为无服，则疏远者尤应拟绞。此拟罪之亦无参差者。尊长强卖卑幼，期功，缌麻均无死罪，以名分较尊，故宽之也。〔凡由胞妹，胞侄女，胞侄之妇至缌妹，缌侄女，缌侄之妇皆是〕所最难引断者，惟期功及缌麻等项弟妻耳。以凡人论，则应拟绞；以有服卑幼论，则应分别拟以满流，充军。是否照本妇之服定断，抑或照律内服图所载为准。弟妻小功，堂弟妻缌麻，余俱无服，此尤不可不详为酌核者也。妇女不甘失节因而自尽，缌麻尊属尊长，拟斩监候；期功，近边军。小功侄女及妹之出嫁者，以小功论，则充军；以缌麻论，则绞候。期功侄妇则充军，缌侄妇则绞候，缌麻侄孙之妇亦绞候矣，似无区别。至死系缌麻弟妻，无论应否以尊长论，与凡人，均拟绞候，罪名尚属相等。期亲，大功弟妻按律图科罪，一则小功，一则缌服，办理已有参差。若小功弟妻则无服矣，究应如何定断，碍难悬拟。生死出入，不可不慎也。例文至此，繁琐极矣。乃愈繁琐而愈窒碍，条例之不可增添也如是。

条例 112.06：凡聚众伙谋抢夺路行妇女（1）

凡聚众伙谋抢夺路行妇女，仍照定例，分别首从问拟外，其并非伙众，及抢夺非路行妇女者，均照例拟绞。

（此条乾隆六年，刑部会同九卿议覆安徽巡抚陈大受具题强买伯母之董宫一案，附请定例。）

条例 112.07：凡聚众伙谋抢夺路行妇女（2）

凡聚众伙谋抢夺路行妇女，或卖，或自为妻妾奴婢者，审实，不分得财与未得财，为首者，斩立决；为从者，皆绞监候；知情故买者，减正犯罪一等；不知者，不坐。其抢夺人犯之主，知情不首者，照知情故买治罪。该管官员不行严禁查拿者，交部议处；领催、总甲杖八十。

（此条系康熙年间现行例，雍正三年修改。原载"白昼抢夺"门，嘉庆六年，移附此律，并将条例 112.06 与此条修并为条例 112.08。）

条例 112.08：凡聚众伙谋抢夺路行妇女（3）

凡聚众伙谋抢夺路行妇女，或卖，或自为妻妾奴婢者，审实，不分得财与未得财，为首者，斩立决；为从者，皆绞监候；知情故买者，减正犯罪一等；不知者，不坐。其抢夺人犯，如系家奴，伊主知情不首者，照知情故买治罪。该管官员不行严禁查拿者，交部议处；领催、总甲杖八十。其有并非伙众，及抢夺非路行妇女，但强卖与人为妻妾者，均拟绞监候。

（此条嘉庆六年，将条例 112.06 及 112.07 修并。）

条例 112.09：凡聚众伙谋抢夺路行妇女（4）

凡聚众伙谋抢夺路行妇女，或卖，或自为妻妾奴婢，及被奸污者，并聚众伙谋，于素无瓜葛之家，入室抢夺妇女，〔无论曾否媒说，〕一经抢获出门，即属已成，审实，不分得财与未得财，为首者，斩立决；为从者，皆绞监候；知情故买者，减正犯罪一等；不知者，不坐。如图抢入室，未将妇女抢获者，首犯，拟绞监候；为从，实发极边烟瘴充军。至因伙众抢夺妇女，拒捕杀人者，无论已成、未成，下手杀人之犯，斩决，枭示。帮殴成伤从犯，不论手足他物金刃，均拟绞监候。其并未帮殴首从各犯，仍分别已、未抢获妇女本例问拟。其抢夺人犯，如系家奴，伊主知情不首者，照知情故买治罪。该管官员不行严禁查拿者，交部议处；领催、总甲杖八十。其有并非伙众，但强卖与人为妻妾者，拟绞监候。若于素有瓜葛之家，〔必实有戚谊者，方以瓜葛论。〕先经媒说未定，因而纠众强抢者，仍按强夺奸占已未成本律例科断。如有拒捕杀伤人者，照抢夺杀伤人例办理。

（此条嘉庆十一年，将条例112.08增定。嘉庆十九年，因各省抢夺妇女之案，每摘词先经媒说，遂于"入室抢夺妇女"句下，增注"无论曾否媒说"六字；于"素有瓜葛之家"句下，增注"必实有戚谊者，方以瓜葛论"十一字。）

薛允升按：以有无瓜葛分别科罪，似嫌节外生枝。盖抢夺妇女，近于强劫，强盗得财，岂得亦以素有瓜葛论罪耶。入室未将妇女抢获，与强盗未得财情事相同，问拟绞候科罪，反较强盗为重。律止言强夺妇女奸占为妻妾者绞，而无聚众抢夺明文。明例有抢夺妇女卖与他人，及投献王府等罪名，然止为首拟绞，其余并无死罪也。康熙年间，始有抢夺路行妇女，首斩立决，从绞监候之例，以其迹同强盗，故载抢夺门内。嘉庆六年，又定有聚众入室，分别斩绞之例，并与前条均入于婚姻门内，遂致诸多混淆。平情而论，此等结伙成群直入人家，将妇女用强抢夺，与强盗何异。尔时不照强盗定拟者，以强盗为从，尚有情有可原发遣之例，是以将从犯定绞罪。未抢获者，亦从严问拟绞候。情节与强盗相类，罪名则与光棍相同，自系从严惩办之意。惟强盗分别首从，此条似觉过严。今强盗不分首从，此条又似觉从宽。且因为妻妾而抢，尚可入于此门，图卖图奸则大有分别矣，一体科罪，亦嫌未协。条例愈多愈不能画一矣。《律例通考》云："按抢夺本律，系专指抢人财物而言，此条抢夺妇女，或卖或自为奴婢，与略卖人律内，伙众开窑川贩捆房等类相仿，似应移入彼门"等语，不为无见。再，因抢夺妇女，以致杀伤人命，无论已成未成，起意之首犯，似应加重。此云并未帮殴首从各犯，仍分别已未抢获妇女本例问拟，则为首而未帮殴，即不问斩枭罪名矣。致下手杀人者，斩枭，帮殴或伤者，绞候，未帮殴之首犯仍照本例，亦与各条不同。强盗杀人者，斩枭。抢夺及窃盗，临时盗所杀人者，斩决。聚众结拜抗官拒捕，各按本罪分别首从，拟以斩绞。聚众夺犯杀差，不论是否下手，为首斩决。为从，下手伤重者，绞决。帮殴有伤者，绞候。劫囚拒杀官弁，为首及杀官之犯，均凌迟处死。帮殴有伤者，斩枭。随同余犯，斩决。犯罪拒捕杀差，为首斩决；为从分别绞决，绞候。应参看。再，贼盗门，结伙在途劫取人财者，谓之抢夺。明火持杖夜入人家打夺者，谓之强盗。抢夺科罪较轻，强盗则一律拟斩，似在途比入室为轻。此例在途与入室一体科断，并无分别，未知何故。彼此参看，可知强盗抢夺，分别两门之非是。此条无论妇女羞忿自尽，罪名自应照上条比附定拟矣。家奴及领催，总甲一段，似应删去。

条例 112.10：凡聚众伙谋抢夺曾经犯奸妇女

凡聚众伙谋抢夺曾经犯奸妇女已成，无论在途、在室，首犯，发黑龙江给披甲人为奴；为从帮抢者，杖一百、流三千里；同谋未经同抢之犯，杖一百、徒三年。如图抢未成，首犯，杖一百、流三千里；为从帮抢者，杖一百、徒三年；同谋未经同抢之犯，杖九十、徒二年半。如妇女犯奸后，已经悔过自新，确有证据者，仍以良人妇女论。

（此条嘉庆十年，山东巡抚铁保咨伙众抢夺已经犯奸妇女，请照轮奸犯奸妇女例分别定拟等因，纂辑为例。嘉庆十七年，调剂黑龙江等处遣犯，奏定将此项人犯改发回城，给大小伯克，及力能管束之回子为奴。嘉庆二十二年，调剂回疆遣犯，将此项人犯，改发云、贵、两广烟瘴充军。咸丰元年，仍复旧例，发往黑龙江为奴。）

薛允升按：诱拐之案，不因妇女曾经犯奸，量从末减。抢夺之案，乃因先曾犯奸，免其死罪。似未尽妥。下抢夺与贩妇女条，首犯问绞监候，似可照办。结伙入室抢夺妇女，其事类于强劫，与强奸妇女不同，似未便因妇女犯奸，稍贷抢夺者之罪。假如强劫犯奸妇女家财物，能不照良人一体科罪乎。

条例 112.11：凡聚众伙谋抢夺兴贩妇女

凡聚众伙谋，抢夺兴贩妇女，已成者，为首，拟绞监候；为从，实发云、贵、两广极边烟瘴充军；同谋未经同抢之犯，杖一百、流二千里。如图抢未成，为首，实发云、贵、两广极边烟瘴充军；为从，杖一百、流三千里；同谋未经同抢之犯，杖一百、徒三年。其有并非聚众，但将兴贩妇女抢夺已成者，为首，发极边足四千里充军；为从，杖一百、徒三年；同谋未经同抢之犯，杖九十、徒二年半。若图抢未成，为首，杖一百、徒三年；为从，杖九十、徒二年半；同谋未经同抢之犯，杖八十、徒二年。如拒捕杀伤兴贩之犯，以凡论。若系本妇及本妇之有服亲属，均依犯人拒捕律科断。

（此条道光四年，刑部议覆山东巡抚琦善咨请定例。）

薛允升按：犯奸与兴贩，均与良家妇女有别，似应修改一条，毋庸再为区别。犯奸妇女条内，并无并非聚众一层。

事例 112.01：顺治十三年覆准

凡就抚贼盗，所有在先掳掠良民妇女，被原夫认识不与者，准向该管官控告，断归原夫。

事例 112.02：乾隆五年议准

嗣后强夺良家妻女，中途夺回，及尚未奸污者，照已被奸占绞监候律减一等，杖一百、流三千里。若因所定之女病亡残废，辄将女之姊妹用强抢夺，实与豪势之人强夺奸占无异。嗣后如有将所定之女姊妹，用强抢夺，已被奸占者，依强夺良家妻女奸占为妻妾律拟绞。若中途夺回，及尚未奸污者，亦减一等，杖一百、流三千里。

事例 112.03：嘉庆五年谕

刑部核覆屯居汉军庶吉士赵继昌与袁凤瑞之妻袁赵氏通奸，将袁凤瑞诬欠控县，逼令退婚，照依该督原拟将赵继昌发往极边烟瘴地方充军一折。此案情节，赵继昌认袁赵氏为义女，调戏成奸。迨袁赵氏出嫁后，屡经奸占，甚至捏控袁凤瑞借欠钱文，逼勒退休，收纳为妾。刑部照原议以袁赵氏先与赵继昌通奸，父母利赀纵容，非良家妇女可比。又赵继昌收纳为妾在袁凤瑞退休之后，亦与强占不同，援照凶恶棍徒生事扰害良人例，问拟遣戍。第袁赵氏若果先被伊夫袁凤瑞斥其不端，自行休弃，赵继昌因而买娶为妾，尚得以本非强夺，量为末减。今赵继昌诬陷伊夫袁凤瑞，用计逼勒退休，即与强占无异，拟以烟瘴充军，尚觉法轻情重。赵继昌应比照强夺良人妻女奸占为妻妾例，定拟绞候，入于秋审办理。

成案 112.01：强夺妻女未成婚〔康熙三十九年〕

署川督席尔达题：看得回民马化兴倚恃豪势之人，强夺良家妻女，虽未成婚，已强占在家，如照减五等律杖七十、徒一年半，似属太轻，如照豪势强占律拟绞，实未成婚，似属太重，应比照至死者主婚人减一等律，杖一百，金妻流三千里。杨弘茂依以女再许他人未成婚者杖七十。冰娃仍归前夫完娶。

成案 112.02：安徽司〔嘉庆十八年〕

安抚题：秦广欲娶王揽之妻姜氏为妾，邀张狗等媒说不允，起意强抢，张狗等跑出，秦广喝住不许走开，秦广将姜氏拉走，吓逼张狗等架送回家。将秦广依先经媒说未允、因而纠抢，仍按强夺良家妻女、占为妻妾律，拟绞监候。本部以姜氏本系有夫之妇，并非待聘之人，秦广遽欲买娶为妾，遣人说媒，核与以礼求婚者迥不相同，驳令改拟，将秦广改照聚众伙谋、于素无瓜葛之家、入室抢夺妇女已成为首例，拟斩立决。张狗先代秦广媒说，系因畏凶，不敢推辞，及见秦广欲行强夺，当即跑走，被其喝住，迨后帮同架送，亦因被秦广吓逼允从，改照聚众伙谋、抢夺妇女已成、为从绞监候律上，量减一等，满流。

成案 112.03：安徽司〔嘉庆十八年〕

江督奏：周泳太先与孙帼柱之妻傅氏通奸，系孙帼柱纵容，孙帼柱因其不能多给钱文，屡次争闹，控县传讯。孙帼柱因系纵奸，不敢到案，旋即外出，迨后回家，周泳太与傅氏不肯留住，孙帼住怀忿，捏以周泳太习教谋逆重情控告。讯明周泳太并无入教等重情，惟孙国柱诬累多人，系由周泳太奸占其妻所致，将周泳太于强抢犯奸妇女已成、发遣为奴罪上，量减一等，满徒。

成案 112.04：山东司〔嘉庆十八年〕

东抚咨：外结徒犯内李梓图娶媳妇张李氏，先向氏父李永祥说允，收受财礼，因长子李仁劝止，李永祥令次子李三送还，李三仍私自收回。李梓因闻李永祥欲将张李氏送往找工，心疑令嫁，前往截抢，尚未成婚，例内并无未收婚束，仅接礼物，纠抢妇女，尚未成婚，作何治罪明文。将李梓比照先经媒说未允、因而纠抢未成、照强夺良家妻女、尚未奸污、为首流罪上，量减一等，满徒。

成案 112.05：河南司〔嘉庆十八年〕

河抚咨：外结徒犯内张柱纠抢邵氏，希图勒赎，尚未奸污，闻控首还。将张柱比照窃盗知人欲告、而于财主处首还、减罪二等律，于强夺良家妻女、尚未奸污、照已被奸占律减一等拟流例上，再减二等，杖九十、徒二年半。

成案 112.06：山西司〔嘉庆十九年〕

晋抚题：郭世邦图谋遗产，逼勒孀居之大功弟妻傅氏改嫁，致氏不甘失节自尽。该犯仅止空言吓逼，与用强抢卖，逼凶毙命者有间，依缌麻尊长、用强抢卖卑幼之妇、因而自尽、绞候例上，量减一等，满流。

成案 112.07：贵州司〔嘉庆十九年〕

贵抚题：韦世荣图得身价，将非契买投身为奴之韦阿元孀居儿媳妇韦氏嫁卖。比照期功尊属图财强卖卑幼例，满流。

成案 112.08：福建司〔嘉庆十九年〕

南城移送：李二因与张邢氏故夫张幅素好，张幅临死时，嘱其照应家务，该犯随与其妻邢氏通奸，复捏称邢氏坐产招夫，于邢氏俨成夫妇。比照强夺良家妻女奸占为从律，满流。

成案 112.09：山西司〔嘉庆二十年〕

晋抚咨：阎恭将妻阎氏休回母家，得受妻母阎杨氏银两，写立休书，知阎氏改嫁与王贵连为妻，辄因往找财礼不给，纠缴高富贵等将阎氏强抢，并拒捕殴伤王贵连，惟王贵连虽将财礼如数付给，而阎恭究因误信阎杨氏捏称王贵连财礼未经给足所致，且抢回之后，并未与阎氏奸宿，惟既经休回，先得银两，阎氏即不得为该犯之妻，应照强夺良家妻女、尚未奸污、照已被奸律、减等满流例上，量减一等，满徒，加拒捕罪二等，杖一百、流二千五百里。高贵富被胁听从帮抢，应照抢夺妇女为从者、如被逼诱随行、止于帮同扛抬、照不应重律杖八十上，量减一等，杖七十。

成案 112.10：四川司〔嘉庆二十年〕

川督题：向世宽伤姜有万身死。查姜有万欲娶向世宽之侄女甲寅为妻，先经媒说未允，旋往强抢，被向世宽戳伤左腿，姜有万转身跑走，扑跌下坡，磕伤顶心，向世宽将甲寅夺回，姜有万越二十八日身死。姜有万顶心被磕，系致命之处，其为死于跌伤无疑，若死由被戳奔走，并未逾时，似不得谓死，系向世宽追殴所致。查被殴贼犯致死，例止杖徒。姜有万抢人处女，较黑夜行窃尤重，死在余限之内，在凡斗应拟死罪，奏请减流，况系罪人，亦当示以区别。该督将向世宽依擅杀拟绞，本部驳经改拟，比照事主因贼犯黑夜偷窃、追捕殴打致死、满徒例上，量减一等，杖九十、徒二年半。

成案 112.11：江苏司〔嘉庆二十年〕

苏抚题：刘三听从逸犯赵泳真，抢夺史凌汉之妾陈氏。查陈氏欲回母家，看视伊母，经史凌汉以如欲回去，不必再来，被工人金二麻误听史凌汉不欲陈氏作妾，遇见赵泳真等告以前情，赵泳真因无妻室，邀允金二麻、刘三等，中途抢夺。史凌汉报县差缉，金二麻闻知，告知各犯，以史凌汉未将陈氏休退，各犯畏惧，将陈氏送回，并未奸污。金二麻系事主雇工，听从纠抢家长之妾，仅照为从拟流，殊无区别，应加枷号三个月，仍监候待质。嗣经续获从犯刘三到案，刘三比照闻拿投首、于为从绞候上减一等，满流，金二麻毋庸再行监候待质。

成案 112.12：云南司〔嘉庆二十一年〕

云抚题：李小羊强夺普耿氏成婚。查普耿氏欲行改嫁，夫族无人，应归母家主婚。普蒲氏系普耿氏夫家疏远亲属，非例应主婚之人，虽曾接受李小羊聘礼，不得即为李小羊聘定未婚之妻，惟普蒲氏曾经受聘，李小羊强夺成亲，事尚有因，核与平空强夺奸占者不同，将李小羊照强夺良家妻女、奸占为妻妾、绞监候律上，量减满流。

成案 112.13：河南司〔嘉庆二十一年〕

河抚题：康金科因见孔照明同妻丁氏行走，问知觅主改嫁情由。该犯起意邀同冯良贵，将丁氏抢卖，惟丁氏先经本夫卖休后，复图改嫁，并非良妇，该犯纠伙二人同抢，未便依抢夺良家妇女科罪。将康金科比照抢夺路行妇女、并非伙众、但卖与人为妻者、绞监候例上，量减一等，满流。

成案 112.14：安徽司〔嘉庆二十二年〕

安抚题：卢荣琪强嫁孀居弟妇余氏，与林得荣为妻，余氏不从吵闹，被林得荣殴伤后自缢身死。除卢荣琪依图财强卖卑幼妇女、不甘失节、因而自尽例，期功尊长，发遣近边充军。查林得荣临时既知余氏不愿，仍买娶抬回，冀图劝允，即属知情故娶，嗣因余氏不依吵闹，辄将余氏迭殴多伤，致令抱忿自尽，若仅照娶主知情问拟，核与故娶而未殴伤者无所区别，应照娶主减正犯罪一等满徒上，酌加一等，杖一百、流二千里。

成案 112.15：贵州司〔嘉庆二十一年〕

贵抚咨：周应玥因向袁吴氏聘定其女袁二妹与伊子为婚，吴氏之夫袁宗名在外生理，早已将女许给杨姓，控官断明，应从先许之家，令周应玥退婚，周应玥起意强抢，纠人至袁宗名门首，嚷称欲抢袁二妹与伊子为婚，讵袁二妹在内听闻，情急投缳殒命，惟周应玥仅止在外声喊，并未入室抢获，应将周应玥比照抢夺良家妻女、中途夺回、未被奸污、因而自尽者、绞候例上，量减满流。

成案 112.16：直隶司〔嘉庆二十二年〕

直督咨：桑洛卜与娼妇郑氏通奸，虑恐高洛朋谋娶，辄行抢娶为妻，惟尚无聚众伙抢，自应酌量问拟。桑洛卜应照聚众伙谋、抢夺犯奸妇女已成、遣罪上，量减一等，满徒。

成案 112.17：湖广司〔嘉庆二十二年〕

北抚咨：万明翠因刘大升行船遭风，喊令救援，许给谢资，嗣刘大升等给钱过少，该犯索钱未遂，起意将妇女夺留，冀图多增钱文。该抚将该犯依行船遭风、乘时抢夺财物律，定拟咨部。经本部以万明翠夺留妇女，冀图多增谢资，并未抢夺财物，自应照抢夺妇女本例，核其情节轻重，酌量定拟等因咨驳。续据遵驳，将万明翠改照强夺良人妻女、卖与他人为妻妾、绞候上，量减一等，满流。

成案 112.18：福建司〔嘉庆二十二年〕

提督咨送：屈大先与陈五之妻张氏通奸，陈五利资纵容，嗣屈大因奸情热，起意奸占为妻，遂吓逼陈五将张氏并子女送至伊家。查屈大之奸占，由于陈五之纵容，核其情节，究与强占良家妇女为妻妾者有间，应于强占良家妻女、奸占为妻妾上，量减一等，满流。张氏系陈五纵容与人通奸，例应离异，惟陈五纵妻犯奸，系畏奸夫强暴，情固出于勉强，并据陈五供称，如将子女给伊领回，伊系只身穷苦，不能抚养，子女幼小，将来必至失所，情亦可悯，原情酌断，应将张氏并子女仍给陈五领回守聚。

成案 112.19：江苏司〔嘉庆二十二年〕

苏抚咨：殷如林因缌麻服姊殷冀氏向其诉苦，辄疑欲嫁，即为主婚改嫁，尚未成婚，并因氏子外出，擅自收受财礼，惟该犯嫁卖服姊，究因该氏先向诉苦误会所致，财礼虽收，一经氏子回归，即行送回，与图财抢卖不同。殷如林应比照贪图聘礼、缌麻卑幼、抢卖尊属未成婚例，流罪上，减一等，满徒。

成案 112.20：山东司〔嘉庆二十二年〕

东抚咨：石小嘴等听从伙谋抢夺曾经犯奸之王祝氏，卖与沙宗幅为妾，沙宗幅知情故买。除石小嘴依例拟流外，查抢夺曾经犯奸妇女，知情买娶者，例无明文，将沙宗幅比照伙众抢夺路行妇女、知情故买者、减正犯罪一等例，满徒。

成案 112.21：湖广司〔嘉庆二十二年〕

北抚题：朱一栢等听从行劫，仅止扳住客船，复听从伙抢妇女已成。该抚将该犯等依强盗律斩决，声明法所难宥等因具题。经本部以朱一栢听从行劫一次之外，仍有盗劫别案，则当专计行劫次数，按律拟罪，如仅止行劫一次，听从抢夺一次，自未便将抢夺之案与盗劫之案合并计算等因，题驳去后，续据遵驳更正，将朱一栢等改依二罪俱发以重论，均依聚伙谋抢夺路行妇女已成例，为从，绞监候。

成案 112.22：山东司〔嘉庆二十三年〕

东抚咨：赵二先与王小鸡奸，嗣王小逃依王立业为义子，赵二纠众闯入王立业屋内，将王小抢去。赵二应依伙众抢夺犯奸妇女已成例，改发烟瘴充军。

成案 112.23：安徽司〔嘉庆二十三年〕

安抚题：李照因詹起山之女青姐未嫁，媒说不允，纠众往抢。詹起山畏其凶恶，闭门不理，该犯在外声言踢门强抢，青姐虑恐被抢污辱，投缳殒命。应比照强夺良家妻女、未被奸污而自尽例，拟绞监候。

成案 112.24：安徽司〔嘉庆二十三年〕

安抚题：潘发因潘世珍有婢女春梅，欲行配人，该犯图娶，谋说未允，遂纠梁贵等强抢春梅至家，尚未奸污。查潘发是潘世珍无服族侄孙，系谊属同宗，即与素有瓜葛无异。春梅系潘世珍婢女，虽与良家妻女有间，惟例内诱拐子女不分良人奴婢，抢夺重于略诱。应将潘发照素有瓜葛之家、先经媒说不允、因而纠众强抢例，拟绞监候。

成案 112.25：江苏司〔嘉庆二十三年〕

苏抚题：孟衍书纠众强夺路氏已成，拒伤本夫韩贵，复因路氏乘间逃跑，拦住殴打，致路氏被殴情急自尽。将孟衍书比照伙众抢夺妇女拒捕杀人者，下手杀人之犯，拟斩决枭示。

成案 112.26：山东司〔嘉庆二十三年〕

东抚咨：阚文德始欲将官石氏拐卖，继因该氏不从，持刀吓逼，卖与王道卓为妾，迨经该氏之姑找获欲控，即行赎回。查官石氏卖与王道卓为妾，并未成亲，自应减等问拟。阚文德依强夺良人妻女卖与他人为妾、拟绞监候，照知人欲告、而于财主处首还、减二等律，于绞罪上，减二等，杖一百、徒三年。

成案 112.27：江苏司〔嘉庆二十三年〕

苏抚题：刘照吉与谢陈氏通奸，欲将谢陈氏带逃，谢陈氏不允，刘照吉邀同亦与谢陈氏奸好之张荣，强抢拉走，同伙仅止一人，与聚众伙谋抢夺犯奸妇女有间，将刘照吉照强夺良家妻女奸占、绞候律上，量减一等，满流。

成案 112.28：江苏司〔嘉庆二十三年〕

苏抚题：羌贡扬因李茂淋与犯奸之施氏成婚，被保邻阻止，该犯事不干己，始则主使李茂淋纠同抢回，继复教唆施李氏捏控保邻讹诈，以图抵制，惟唆保邻串诈，情节较轻，其主使抢回之施氏，究由氏母施李氏改许李茂淋为妻，与平空强抢犯奸妇女有间，羌贡扬应于聚众伙谋、抢夺犯奸妇女已成、首犯发回城为奴例上，量减一等，满徒。李茂淋初无抢夺施氏之意，乃听从羌贡扬主使，应于羌贡扬满徒罪上，减一等，杖九十、徒二年半。

成案 112.29：直隶司〔嘉庆二十三年〕

直督咨：董二小强夺娼妇张李氏为妻，仅止一人独抢。比照聚众伙谋、抢夺犯奸妇女已成者，首犯改发烟瘴充军。

成案 112.30：直隶司〔嘉庆二十三年〕

本部咨：善庆因觊觎故兄缘庆财产，乘伊孀嫂边氏与人有奸，即藉捉奸为名，将边氏捉获，锁禁呈送。查该犯系藉奸图产，并非激于义忿，将善庆比照谋占资财、抢卖兄妻、拟绞例上，量减一等，满流。

成案 112.31：福建司〔嘉庆二十四年〕

福抚奏：詹锦因詹、叶两姓械斗有嫌，追见叶姓之叶陈氏等在伊村经过，该犯等即主令詹叶氏拦回家内，交与凶手，致被奸污，本非该犯等意料所及，惟叶陈氏等均被污辱，究由该犯等主令拦留所致。将詹锦于抢夺妇女奸污律上，量减一等，满流。詹叶氏并无主使强奸情事，惟已听从拦留，应于詹锦等所得流罪上，再减一等，满徒。

成案 112.32：江苏司〔嘉庆二十四年〕

苏抚咨：朱顺中强抢应娥，尚未奸污。查朱顺中本与应娥之故父江潮涌亲戚交好，当时江潮涌口许朱顺中为婚，亲手书给庚帖，即属父命，似与仅止媒说未允，因而强夺，尚未奸污者有间，第究未行聘，亦与强娶聘定之妻不同，将朱顺中于素有瓜葛之家、先经媒说未允、因而强夺、尚未奸污例上，量减一等，满徒。应娥给江张氏领回，听其择配。

成案 112.33：江苏司〔嘉庆二十四年〕

苏抚咨：宋良田与李张氏通奸情密，纠同伊弟，将李张氏抢回奸宿。查宋良田既未聚众伙谋，又与强夺良家妻女奸占者不同，应将宋良田比照强夺良家妻女、奸占为妻者、绞监候律上，量减一等，满流。

成案 112.34：山东司〔嘉庆二十五年〕

东抚咨：外结徒犯内张氏，因伊夫张兆林外出，起意改嫁，以致被姑老张氏卖与张殿为妾，经张兆林告官断回，即堕其节，复失其身，实与犯奸之妇无别。魏山、贾荣，将其抢卖，仅止二人，并非伙众，应比照减等问拟。系在逃之贾荣为首，获日应比照抢夺犯奸妇女，问拟满徒。魏山系为从，减一等，杖九十、徒二年半。

成案 112.35：湖广司〔道光元年〕

北抚咨：萧贵纠伙抢夺彭世芝诱拐幼女张二女，卖为奴婢，与在良家抢夺不同，比照抢夺犯奸妇女例，发烟瘴充军。

成案 112.36：河南司〔道光元年〕

河抚咨：王俊图娶素有瓜葛之喻梅氏，先经媒说未允，听从氏族喻万仓纠众在途截抢，未经抢获，经哈梅氏之母闻知情由，赴汛禀报，该汛弁当饬营兵刘俊，将王俊、喻万仓查传，喻万仓不服传讯，与营兵挣扎，致擦伤喻万仓发际，嗣伤已结痂，因伤处发痒，喻万仓自将伤痂抓落，以致伤口进风，溃烂身死。王俊听从纠众强抢，未经抢获，较之业已强抢，中途夺回者为轻，依强夺良家妻女、中途夺回、为从满徒上，量减一等，杖九十、徒二年半。刘俊奉差传唤，用铁链将喻万仓擦伤，正在余限外，因风身死，例无兵丁拘唤罪人，致伤限外身死治罪明文，第营兵与番役无异，私用铁链锁拿，即与私拷相同，比依番役将死罪人犯私拷者，枷号一个月、杖一百，杖罪递加三等，于应枷号一个月、杖一百上，加三等，枷号四十五日，杖八十、徒二年。

成案 112.37：直隶司〔道光元年〕

顺尹咨：张三凭媒聘定周玉庭之女喜姐为媳，嗣周玉庭悔盟另嫁，张三将喜姐抢回，尚未成婚。例无先经聘定，因女家悔婚允退，复行强抢治罪明文，比照抢夺良家妻女、尚未奸污、减等拟流，再减一等，满徒。

成案 112.38：江苏司〔道光元年〕

苏抚题：邵有朋图娶孀妇王西氏为妻，因财礼无措，起意纠同李炳等乘夜强抢，经西氏夫兄知觉准备，未被抢获，王西氏羞愤自尽。比照强抢良家妇女、未被奸污、因而自尽例，绞候。

成案 112.39：广西司〔道光元年〕

广西抚题：龙学桂听纠强抢妇女，至期该犯因病未往，经首犯伙众抢获妇女，尚未嫁卖，即被拿获。龙学桂比照共谋为盗、因病不行、事后分赃例，杖一百、徒三年。

成案 112.40：陕西司〔道光二年〕

陕抚咨：史益元与阮胡氏通奸，因闻本夫阮大欣将胡氏嫁卖与骆荣贵之弟骆长贵为妻，骆荣贵雇骡送往，与伊弟成亲，史益元起意纠允同添发等，赶至中途，将胡氏抢至家内奸宿，致骆荣贵情急自尽。例无抢夺犯奸妇女，致其亲属自尽治罪明文，将史益元照聚众伙谋抢夺犯奸妇女已成、首犯发烟瘴充军例上，加一等，发新疆为奴。同添发听从帮抢，应依例满流。

成案 112.41：江苏司〔道光二年〕

苏抚咨：郭镛与陈许氏通奸败露，先经焦泰运等私和寝息，后郭镛复与续旧，嗣因许氏夫祖陈铨闻知指控，辄敢令焦泰运将许氏送藏王小五家一月之久，显系有意霸留，虽讯无恃势强夺情事，其串嘱藏匿，情同奸占，应酌量问拟。将郭镛于强夺良家妻女奸占为妻妾绞候上，量减满流。

成案 112.42：山东司〔道光二年〕

东抚咨：张雪起意纠同杨淑孟等，抢夺无服族叔祖之妾图卖，尚未嫁卖，亦无奸污情事。将张雪依疏远无服亲族、抢卖尊长、卑幼绞监候，未成婚，减一等，满流。杨淑孟听从同抢，例无疏远亲属，抢卖尊长为从，系凡人治罪明文，惟抢夺亲属条内，娶主知情同抢，得减正犯罪一等，应比照问拟。杨淑孟应于张雪流罪上，减一等，满徒。

成案 112.43：江苏司〔道光二年〕

江督奏：王忠贵因在家演戏，将戏旦苏翠林鸡奸，复率众在途将苏翠林抢夺。苏翠林年止十二，惟是优伶下贱，且被人奸宿在先，于和奸幼童绞罪上，减一等，罪止拟流，应从重，将王忠贵比照抢犯奸妇女已成首犯，发烟瘴充军。

成案 112.44：江苏司〔道光二年〕

苏抚咨：严帼喜与犯奸妇女朱胡氏通奸，逼胁至伊家内，强占为妻。迨本夫朱二乘伊外出，将氏带走，该犯复敢持刀追回。将严帼喜比照抢夺犯奸女已成例，发烟瘴充军。

成案 112.45：湖广司〔道光四年〕

北抚咨：钱在桐等与郑老幺等，伙谋抢夺路行妇女贩卖，仅止事后知情，因郑老幺等未获，监候待质，该抚系未定罪名之犯，并无监禁年限，比照抢夺两家妇女奸占首犯，罪应绞候，其被逼诱随行，止与帮同扛抬，减绞罪五等例，拟杖七十、徒一年半，俟五年限满无获，即照所拟罪名办理，以免久羁，请示部覆，以接准部覆之日起限。

成案 112.46：山东司〔道光四年〕

东抚题：张玉起等听从姜与旺抢夺良妇张氏已成，该犯等临时畏惧逃回，并未同抢。遍查律例，并无聚众伙谋抢夺路行妇女，同谋未经同抢之犯，作何治罪明文，惟抢夺犯奸妇女条内，有同谋未经同抢者，于为从满流罪上，减等拟徒。今张玉起等虽经同伙同往，临时究未同抢，若遽照为从之例，概拟缳首，未免无所区别，自应比例减等问拟。张玉起等均应于聚众伙谋抢夺路行妇女为从绞罪上，量减一等，杖一百、流三千里。

成案 112.47：河南司〔道光四年〕

河抚题：洛阳县宋帼和纠抢犯奸妇女莺女，放枪致伤王松印身死。查宋帼寿、张来、马六、杨明、韦六听纠帮抢，殊属不法，第该犯等抢自霸留奸占之王松印家中，即与由奸妇家中抢出及中途强抢者不同，而该犯等抢出之后，仍将莺女送回原住空窑，亦与抢回己家及藏匿别处者有间，且不知宋帼和等争闹情事，遍查律例，并无由奸夫家内抢夺犯奸妇女已成，仍送回奸妇家内，治罪专条。宋帼寿、张来、马六、杨明、韦六，均应于聚众伙谋抢夺犯奸妇女已成，为从帮抢流罪上，量减一等，杖一百、徒三年。

成案 112.48：河南司〔道光四年〕

河抚咨：永城县李合金起意纠邀韦广全等，在途强抢张氏，欲图嫁卖得利，实属不法。惟张氏被本夫孙布文嫁卖与王洪礼为妻，系属卖休之妇，即与犯奸妇女无异。李合金应比照聚众伙谋抢夺犯奸妇女已成例，首犯改发云贵两广极边烟瘴充军。

成案 112.49：山西司〔道光四年〕

中城察院移送：王牛子喊告琴大等进屋殴抢。查琴大起意图奸王牛子，邀同麻九儿往抢，适遇周顺儿向麻九儿讨取借衣，该犯等亦冀邀往助势，捏称至王牛子家取给，令其同往，即与聚众伙谋无异。惟王牛子曾与李大鸡奸，该犯等前往伙抢，尚未抢带出门，自应照抢夺犯奸妇女未成例问拟。琴大除与李大争殴，乘便抢夺棉被，及殴打坊役梁大，讯系口角起衅，轻罪不议外，应比照聚众伙谋抢夺犯奸妇女未成、首犯杖一百、流三千里例，杖一百、流三千里。

成案 112.50：河南司〔道光五年〕

河抚咨：虞城县革役齐保太，纠众伙抢张张氏已成。查齐保太身系革役，胆敢纠众强抢良妇，较之平人纠抢妇女之案，情节尤重，自应从严惩办。齐保太依聚众伙谋于素无瓜葛之家入室抢夺妇女、一经抢夺出门、即属已成、审实不分得财与未得财者为首例，拟斩立决，应加拟枭示，以昭炯戒。姚成士虽讯无听纠同抢情事，第于邱志仁告知抢情，不即赴官指告，辄图分受身价，听从媒合。例内并无媒证知情说合，作何治罪明文，自应酌核问拟。姚成士应比照抢夺妇女已成知情故买者、减正犯罪一等例，减一等，杖一百、徒三年。

成案 112.51：陕西司〔道光六年〕

陕抚咨：王连发图财强嫁弟媳王李氏，致氏自抹身死。查例载尊长图财，强卖卑幼，致妇女不甘失节，因而自尽者，期功尊长，发近边充军等语。例称不甘失节，因而自尽者，系专指贞妇而言，如妇女业已犯奸，自不得与贞妇并论。此案王连发因图财强嫁弟妻李氏，以致李氏自尽。查李氏曾产私孩，而供内又有即欲改嫁，不便王连发主婚之言，是该犯既未尝无改嫁之心，即与不甘失节以致自尽者不同。该抚将王连发依尊长图财强卖卑幼、妇女不甘失节、因而自尽例，拟军，殊与例义未协，自应比例酌减问拟。王连发应比照尊长图财强卖卑幼、如妇女不甘失节、因而自尽、期功尊长发近边充军例上，量减一等，拟杖一百、徒三年。

成案 112.52：山东司〔道光六年〕

东抚咨：张彬等听从逸犯张令抢卖李氏已成，殊属不法。查李氏甫居夫丧，既非例得改嫁之妇，况其翁董哑吧尚在，李泳俭更非律得主婚之人，是该氏即属有亏妇道，即难与良妇同论。第该氏被抢之时，当未失身，该抚前因例无明文，将张彬等比照抢夺犯奸妇女例问拟，殊未允协。若径依抢夺良家妇女，分别首从，拟以斩绞，该氏究系律得离异之妇，张彬等因疑伙抢，又觉情轻法重。惟查现奉新例，抢夺兴贩妇女，将首从各犯，问拟绞候充军，援引比拟，既不加妇女以犯奸之名，又与抢夺良妇有别，似觉两得其平。查张小诺系首犯张令之弟，侵损于人，应以凡人首从论。张彬、张小诺二犯，均请比依聚众伙谋抢夺兴贩妇女已成为从律，实发云贵两广极边烟瘴充军。

成案 112.53：河南司〔道光六年〕

河抚咨：鹿邑县李得甫等，强抢刘成玉之女刘卉姐已成。查刘卉姐系娼妇刘孙氏亲生子女，虽尚未卖奸，第素随伊母陪客饮酒，即属寡廉鲜耻，固不得比之良家妇女，亦不能与情非得已，被鬻兴贩之首者一例，而观李得甫起意纠同刘锡庭等将刘卉姐抢卖，应即比照聚众伙谋抢夺犯奸妇女已成，无论在途在室，首犯改发云贵两广极边烟瘴充军。刘锡庭等即照为从，杖一百、流三千里。

成案 112.54：河南司〔道光七年〕

河抚咨：新蔡县高魁陇等，强抢田周氏已成。查高魁陇欲娶田周氏为妻，先央田老虎向田万年媒说未允，嗣探知周氏出外探亲，起意强抢，纠同田老虎中途将氏强抢回家，尚未奸污，按照强夺良家妻女、未被奸污，罪止拟流。惟该犯因田周氏哭喊，辄用铁条拒伤田周氏左臁平复，应依抢夺伤人例拟军，自应从重问拟。高魁陇合依抢夺伤人非金刃伤轻平复之首犯，改发极边烟瘴充军。

成案 112.55：山东司〔道光七年〕

东抚咨：郭全起意纠邀郭双林等，抢夺张氏已成，闻控畏惧送还，又闻拿投首，讯明并无奸情事，自应按律减等问拟。郭全合依聚众伙谋抢夺妇女已成为首斩立决罪上，比照强盗人财物知人欲告、于财主处首还减二等律，该犯又闻拿投首，照例再减一等，共减三等，应杖九十、徒二年半。

成案 112.56：奉天司〔道光八年〕

吉林将军咨：阎庭幅等听从从犯刘文彩纠约，抢夺郭丁氏已成。惟该犯等于首犯刘文魁将丁氏抱出，该犯等同至门首，畏惧走回，核与入室帮抢架拉者不同，亦与知情听纠者有间，自应量减问拟。阎庭幅等于刘文彩抢夺妇女为从军罪上，量减二等，杖九十、徒二年半。

成案 112.57：浙江司〔道光九年〕

浙抚咨：方主姑起意强卖大功弟妾，例无治罪明文，将方主姑依凡人科断。本部查抢卖大功卑幼之妻，未被奸污，罪止拟徒，岂抢卖大功卑幼之妾，罪名转重，该抚将方主姑依凡人定拟，殊未允协。方主姑应比照尊长图财强卖卑幼、系期功、杖一百、流三千里、未成婚者、减一等例，拟杖一百、徒三年。

成案 112.58：湖广司〔道光九年〕

北抚咨：郑常纠抢陈潮畛卖休之妇夏氏已成，复因夏氏不肯行走，将其殴伤。夏氏甘心卖休，有夫更嫁，即与犯奸无异。郑常比照聚众伙谋抢夺、无论在途在室、首犯改发云贵两广烟瘴充军例，加拒捕罪二等，仍改发云贵两广烟瘴充军，酌加枷号三个月。萧辉祖于殴伤夏氏时，已先转回，仍照为从帮抢例，杖一百、流三千里。杨幺中途畏惧转回，并未同抢，比照同谋未经同抢例，仍杖一百、徒三年。

成案 112.59：云南司〔道光十年〕

云抚题：刘连生听从伊父刘三长子，强抢龚三妹奸占为妻，遍查律例，并无起意强夺良家妻女，尚未配与子孙，而其子孙强逼奸污，作何治罪明文。将刘连生应照强夺良家妻女奸占为妻律，拟绞监候。刘三长子于龚俸沅拦阻时，将其推按，即属拒捕，应照抢夺拒捕未经成伤之首犯例，发近边充军。

成案 112.60：河南司〔道光十年〕

河抚题：郑州赵幅因图占已故胞叔赵庭柱产业，逼嫁照庭柱之妾赵李氏未成，致氏不甘失节，忿迫自缢身死。该犯与李氏并无服制，又无尊卑名分，自应以凡人论。惟律例内并无图占产业逼嫁，致孀妇不甘失节，忿迫自尽，作何治罪专条，赵幅应比照强夺良家妻女未被奸污因而自尽绞例，拟绞监候。

成案 112.61：山东司〔道光十年〕

东抚咨：李三更因朱邵氏夫故，欲娶为妻，先央蔡明荣等媒说未允，纠邀刘孟田等强抢回家，并未成奸，旋因闻控畏惧，复央伊嫂李周氏等，将朱邵氏送还，按例减等，罪止拟徒。惟朱邵氏行至庄外，见李三更，说起被其强抢，一时羞忿，抱女投井，以致幼女淹毙，遍查律例，并无恰合正条。第查强夺良家妻女，未被奸污自尽，照强奸未成，本妇羞忿自尽例拟绞，其亲属羞忿自尽者，照本妇自尽例问拟。今朱邵氏幼女虽非死于羞忿，究由朱邵氏被李三更等强夺羞忿投井所致。李三更应比照强夺良家妻女未被奸污而妇女自尽、照强奸未成、本妇羞忿自尽、拟绞监候例，拟绞监候。

成案 112.62：河南司〔道光十一年〕

河抚题：鄢陵县丁驴，系丁氏无服族侄，图得财礼，强逼赵丁氏改嫁不从，即将赵丁氏殴伤，致氏不甘失节，抱忿自缢身死，遍查律例，并无卑幼强逼疏远尊长改嫁，致令自尽，作何治罪明文。惟该犯强殴逼嫁，凶状昭著，且因图得财礼起见，实与图财抢卖情事相同，自应比例问拟。丁驴应比依谋占资财图聘礼、疏远无服亲族强卖、尊长者拟绞监候，如妇女不甘失节因而自尽者，疏远亲族仍照本例，拟绞监候。

成案 112.63：河南司〔道光十一年〕

河抚咨：商丘县翟泳太，纠同单广太等抢夺顾氏已成。顾氏本系刘仲一之妻，因贫卖休，张见得知情买娶为妻，已无夫妇名分，自不得以良人论罪。遍查律例，并无抢夺买休之妻已成，作何治罪明文，自应比例问拟。翟泳太应比照聚众伙谋抢犯奸妇女已成例，首犯改发云贵两广极边烟瘴充军例上，酌减为杖一百、流三千里。

成案 112.64：云南司〔道光十一年〕

提督咨：康赵氏先将女卖给祥麟为妾，因祥麟患病，该氏起意将女转卖与宗室常山，伊女不允，该氏商同常山强抢，虽未成婚，惟例内并无亲母将嫁女强夺另卖明文。康赵氏应比照尊长图财、强卖卑幼、系期功杖一百、流三千里，未成婚者减一等例，拟杖一百、徒三年。常山照为从本律问拟。

成案 112.65：安徽司〔道光十一年〕

安抚题：祁刘氏图得夫妾祁王氏所分财产，用强嫁卖，尚未成婚。查妾与正妻，服属期年。将祁刘氏依尊长图财强卖卑幼、系期功杖一百流、三千里，未成婚者减一等例，杖一百、徒三年。

成案 112.66：河南司〔道光十二年〕

河抚咨：吴二老经听从许效曾纠抢王氏嫁卖。查王氏系许效曾已故胞弟许白孜之妻，吴二老经伙抢已成，尚未奸污。惟该犯于拉抢王氏之时，王氏挣抵失手，致伤手抱幼女足孜，跌地磕伤身死，罪坐所由，应以吴二老经拟抵，例无凡人听从有服尊长抢嫁卑幼之妇，致毙人命，作何治罪明文。吴二老经应依罪人拒捕杀所捕人律，拟斩监候。许效曾于吴二老经抢夺王氏，致伤足孜身死，殊非该犯意料所及，仍依期功尊长图财强卖卑幼之妇、未成婚者减一等例，拟杖一百、徒三年。

成案 112.67：安徽司〔道光十二年〕

安抚咨：高士美纠抢被田萝奸拐之妇刘陈氏未成，致田萝、刘陈氏自戕身死。查刘陈氏、田萝系奸拐罪人，其自戕殒命，究因该犯纠抢所致，若仅照抢夺未成本例科断，未免与抢夺犯奸妇女未成，并未致酿人命者，无所区别。将高士美依聚众伙谋抢夺犯奸妇女未成杖流例上，加一等，发附近充军。

成案 112.68：安徽司〔道光十三年〕

安抚咨：韩海纠同王效参等，抢夺路行妇女姬焦氏已成。查在徒抢夺妇女，情事虽有不同，强暴则无二致，例称入室抢夺妇女，一经抢获出门，即属已成，岂在路抢夺拉走，独得未减之理。应将韩海依聚众伙谋抢夺路行妇女已成为首例，拟斩立决。王效参依为从例，拟绞监候。均已监毙，应勿庸议。

成案 112.69：安徽司〔道光十三年〕

安抚咨：蔡沨见马刘氏之女马文姐少艾，起意抢卖，即商允郑魁入室强抢，尚未出门，即被徐明敬等拦阻逃逸，系属抢夺未成。查该犯首从仅止二人，例无并非伙众抢夺未成治罪明文，自应比例量减问拟。将蔡沨比依聚众伙谋于素无瓜葛之家、图抢入室未将妇女、抢获者首犯拟绞例上，量减一等，拟杖一百、流三千里。郑魁再减一等，杖一百、徒三年。

成案 112.70：安徽司〔道光十三年〕

安抚咨：黄三杰起意纠抢陈韩氏嫁卖未成。查陈韩氏夫故改嫁，与良妇无异，例无强夺良家妻女，图卖未成，作何治罪明文。惟强夺嫁卖与占为妻妾罪名，同一拟绞，强夺奸占之犯，既因并未奸污得以减等，则图卖未成之犯，亦应比例减等科断。将黄三杰比照强夺良家妻女、尚未奸污、照已被奸占律减一等例，于卖与人为妻妾绞罪上减一等，拟杖一百、流三千里。

成案 112.71：河南司〔道光十四年〕

河抚题：虞城县崔沨各、李三，听从种五纠同袁第二等伙众五人，将素无瓜葛之李丙义婢女吴氏抢卖与师九舟为妾，应以抢夺良女论。李三系李丙义无服族侄孙，例无抢夺无服尊长婢女从犯，作何治罪明文，但抢夺妇女嫁卖分肥情节较重，应即与凡人一例科断。崔沨各、李三，均合依聚众伙谋于素无瓜葛之家抢夺妇女已成、为从者绞监候例，均拟绞监候，秋后处决。

成案 112.72：河南司〔道光十四年〕

河抚咨：宋成魁纠抢卖奸之胡贵姐已成，同伙仅止二人，例无并非聚众抢夺犯奸妇女已成为首，作何治罪明文。惟查并非聚众抢夺兴贩妇女已成为首，得于聚众抢夺兴贩妇女为首绞罪上，减等拟军，则并非聚众抢夺犯奸妇女已成，亦应于聚众抢夺犯奸妇女已成军罪上，量减拟徒。该犯尚有听从周连倡伙抢卖奸之郭花魁未成一案，亦应拟徒。二罪相等，从一科断。宋成魁应于聚众伙谋抢夺犯奸妇女已成为首罪上，量减一等，拟杖一百、徒三年。该犯于抢夺胡贵姐之时，将胡贵姐之父胡添学拒殴倒地，并未成伤，应照律于满徒上，加拒捕罪二等，杖一百、流二千五百里。

成案 112.73：直隶司〔道光十四年〕

直督咨：杜存理挟嫌纠抢娼妇范王氏之女金蕊已成，并拒伤范连城平复。查杜存理因娼妇范王氏相待冷淡，挟嫌纠抢金蕊，欲行价卖泄忿，并拒伤本夫平复。遍查例内，并无其母当娼，其女并未犯奸，被人抢夺，作何治罪明文，但金蕊即系娼妇之女，形同娼妓，即与犯奸无异，自应比例加等问拟。杜存理应比照聚众伙谋抢夺犯奸妇女已成、无论在途在室、首犯改发云贵两广极边烟瘴充军例上，加拒捕罪二等，改发新疆给官兵为奴。

律 113：娶乐人为妻妾

凡〔文武〕官〔并〕吏娶乐人〔妓者〕为妻妾者，杖六十，并离异。〔归宗，不还乐工，财礼入官。〕若官员子孙〔应袭荫者〕娶者，罪亦如之，注册候荫袭之日，〔照荫袭本职上〕降一等叙用。

（此条顺治三年就明律改定，并添入小注。雍正三年，乾隆五年删改。）

〔附录〕顺治律 118：娶乐人为妻妾

凡〔文武〕官〔并〕吏娶乐人〔妓者〕为妻妾者，杖六十，并离异。〔不给于官吏，亦不还乐工，断离归宗，财礼入官。〕若官员子孙〔乃应袭荫者〕娶者，罪亦如之，附过，候荫〔文〕袭〔武〕之日，〔照应袭本职上〕降一等，于边远叙用。其在顺治元年赦前娶者，勿论。

律114：僧道娶妻

凡僧道娶妻妾者，杖八十，还俗。女家〔主婚人〕同罪。离异。〔财礼入官。〕寺观住持知情，与同罪，〔以因人连累，不在还俗之限。〕不知者，不坐。

若僧道假托亲属或僮仆为名求娶，而僧道自占者，以奸论。〔以僧道犯奸加凡人和奸罪二等论；妇女还亲，财礼入官；系强者，以强奸论。〕

（此仍明律，顺治三年添入小注。顺治律为119条。）

律115：良贱为婚姻

凡家长与奴娶良人女为妻者，杖八十。女家〔主婚人〕减一等；不知者，不坐。其奴自娶者，罪亦如之。家长知情者，减二等；因而入籍〔指家长言。〕为婢者，杖一百。若妄以奴婢为良人，而与良人为夫妻者，杖九十。〔妄冒由家长，坐家长；由奴婢，坐奴婢。〕各离异，改正。〔谓入籍为婢之女，改正复良。〕

（此仍明律，顺治三年添入小注。顺治律为120条，原文"杖一百"上有小注"家长"，雍正三年删。）

律116：出妻〔例4条，事例3条，成案5案〕

凡妻〔于七出〕无应出〔之条〕及〔于夫无〕义绝之状，而〔擅〕出之者，杖八十。虽犯七出，〔无子、淫佚、不事舅姑、多言、盗窃、妒忌、恶疾。〕有三不去，〔与更三年丧，前贫贱后富贵，有所娶无所归。〕而出之者，减二等。追还完聚。

若犯义绝，应离而不离者，亦杖八十。若夫妻不相和谐，而两愿离者，不坐。〔情既已离，难强其合。〕

若〔夫无愿离之情。〕妻〔辄〕背夫在逃者，杖一百，从夫嫁卖；〔其妻〕因逃而〔辄自〕改嫁者，绞〔监候〕。其因夫〔弃妻〕逃亡，三年之内不告官司而逃去者，杖八十；擅〔自〕改嫁者，杖一百。妾各减二等，〔有主婚、媒人，有财礼，乃坐。无主婚人，不成婚礼者，以和奸、刁奸论，其妻妾仍从夫嫁卖。〕

若婢背家长在逃者，杖八十；因而改嫁者，杖一百。给还家长。

窝主及知情娶者，各与〔妻妾奴婢〕同罪；至死者，减一等。〔财礼入官。〕不知者，〔主娶者言。〕俱不坐。〔财礼给还。〕

若由〔妇女之〕期亲以上尊长主婚改嫁者，罪坐主婚，妻妾止得在逃之罪。余亲主婚者，〔余亲，谓期亲卑幼，及大功以下尊长、卑幼主婚改嫁者。〕事由主婚，主婚为首，男女为从；事由男女，男女为首，主婚为从。至死者，主婚人并减一等。〔不论期亲以上及余亲，系主婚人，皆杖一百、流三千里。〕

（此仍明律，其小注系顺治三年增修。顺治律为122条，原文第三段"擅〔自〕改嫁者，杖一百。〔罪责主婚人，有财礼乃坐。〕妾各减二等，〔无主婚人，以和奸、刁奸论，其妻妾仍从夫嫁卖。〕"雍正三年删改；第四段"若婢背家长在逃者，杖八十；〔奴逃者罪亦同。〕因而改嫁者，杖一百。〔减妾二等论。〕给还家长"，乾隆五年改定。）

条例 116.01：妻犯七出之状

妻犯七出之状，有三不去之理，不得辄绝。犯奸者，不在此限。

（此条系《明令》，顺治例 122.01。）

条例 116.02：期约已至五年

期约已至五年，无过不娶，及夫逃亡三年不还者，并听经官告给执照，别行改嫁，亦不追财礼。

（顺治例 122.04，"期约已至"四字，系雍正三年增。）

条例 116.03：七出

七出：无子、淫佚、不事舅姑、多言、盗窃、妒忌、恶疾。

（顺治例 122.02，雍正三年删。）

条例 116.04：三不去

三不去：与更三年丧，前贫贱后富贵，有所娶无所归。

（顺治例 122.03，雍正三年删。）

事例 116.01：国初定

凡官员因夫妇不和，欲出妻，已受封者，先呈明吏部，削去所封；赴刑部呈明，差人押令离异。未受封者，问明情由，系两情愿离者听。若兵民出妻者，任其自便。其中别项情由，赴部陈告，审理发落。其因夫娶妾而欲求离异者不准，仍听本夫自便。

事例 116.02：康熙十二年覆准

凡官员出受封之妻，先呈明刑部审理，应离异者，呈明吏部，削去所封，听其离异。其夫妻不和，两情愿离者，准照律行。若系三不去者不准，强离者依律治罪。

事例 116.03：康熙十二年题准

凡有夫与妻不和离异者，其女现在之衣饰嫁妆，凭中给还女家。若两家争斗者，照律治罪。有欲娶妾者听。若托故出妻者，亦依律治罪。

成案 116.01：娶妾凌虐因背家长在逃〔康熙四十六年〕

刑部议：某供我将杨某做妾，曾陪送舒龙、左莫两个女人，杨某带了左莫逃出，舒龙已经病故等语。据杨某供，某之妻将我同奴仆一样使唤，我受不过，带了左莫逃出，遇见拖罗，他看见我手上镯子，要将我下来，我不肯，他到堆子上将我拿住。拖罗供，镯子我实没有取等语。查某娶杨某，所立婚书内称，娶杨某为妾等语，如同奴婢使唤，合依不应重，杖八十。某系监生，革去监生。杨某合依凡妻背夫在逃者杖一百，从夫嫁卖，妾减二等律，应杖八十，系妇人收赎，并左莫照律一并交与某。拖罗依不应重，杖八十。奉旨：拖罗枷号三个月，鞭一百，发往口都诺披甲效力行走。

成案 116.02：福建司〔道光二年〕

中城移送：贾氏因伊夫陈美功赴口外种地，误信陈桂林告以伊夫病故之言，改嫁赵七为妻。例无误闻夫死，擅自改适治罪专条，惟贾氏辄因伊夫年余并无音信，无钱养赡，即擅自改嫁，将贾氏比照因夫逃往三年之内、不告官司而擅自改嫁者，杖一百。

成案 116.03：山西司〔道光九年〕

晋抚咨：傅宋氏因婿王天增外出，三年未归，音信不通，贫难养赡，将其女王傅氏主婚改嫁，应比照因夫弃妻逃亡、三年之内不告官司、擅自改嫁者，杖一百。若由期亲以上尊长主婚改嫁者，罪坐主婚，律应杖一百。

成案 116.04：四川司〔道光十二年〕

川督题：灌县陈刘氏之夫陈德武，外出挑脚不回，并非逃亡，陈刘氏因贫难度，辄自主婚，欲行改嫁，并无作何治罪明文，自应比律问拟。陈刘氏应比照妻因夫逃亡、三年之内不告官司而擅自改嫁者杖一百、未成婚减五等律，拟笞五十，系妇人，照律收赎。

成案 116.05：福建司〔道光十一年〕

提督咨：许那氏因夫外出未回，捏称孀妇改嫁，旋即托故转回，核与背夫改嫁者不同。惟该氏贪图财礼，捏情改嫁与成善为妻，复于成亲后四日，假称回门，脱身躲避，其诡诈贪淫，情殊可恶，若仅照诬骗计赃及犯奸各本律问拟，罪止枷杖，殊觉情浮于法。应于妻背夫改嫁拟绞律上，量减一等，拟杖一百、流三千里。系犯奸之妇，杖决流赎。

律 117：嫁娶违律主婚媒人罪〔例 5 条，事例 5 条，成案 1 案〕

凡嫁娶违律，若由〔男女之〕祖父母、父母、伯叔父母、姑、兄、姊及外祖父母主婚者，〔违律之罪〕独坐主婚。〔男女不坐。〕余亲主婚者，〔余亲，谓期亲卑幼，及大功以下尊长、卑幼主婚者。〕事由主婚，主婚为首，男女为从，〔得减一等。〕事由男女，男女为首，主婚为从。〔得减一等。〕至死者，〔除事由男女，自当依律论死，其由〕主婚人并减一等。〔主婚人虽系为首，罪不入于死，故并减一等。男女已科从

罪，至死亦是满流，不得于主婚人流罪上再减。〕

其男女被主婚人威逼，事不由己，若男年二十岁以下，及在室之女，〔虽非威逼〕亦独坐主婚，男女俱不坐。〔不得以首从科之。〕

未成婚者，各减已成婚罪五等。〔如绞罪，减五等，杖七十、徒一年半，余类推减。〕

若媒人知情者，各减〔男女、主婚〕犯人罪一等；不知者，不坐。

其违律为婚各条称离异、改正者，虽会赦〔但得免罪〕犹离异、改正。离异者，妇女并归宗。

财礼，若娶者知情，则〔不论已未成婚，俱〕追入官；不知者，则追还主。

（此仍明律，其小注顺治三年增修。顺治律为 123 条，原律"主婚人并减一等"下，并无注语。乾隆五年，按此条首节，据《广汇全书》云："至死者，事由男女，自当依律论死。若主婚人，虽系为首，罪不入于死，故并减一等，男女已科从罪，至死亦是满流，不得于主婚人流罪上再减。"此数语更觉明显，因增入注内。）

薛允升按：《集解》："此乃婚姻诸条之通例，所以补诸条之未备，而权其轻重之宜也。"

条例 117.01：凡绅衿庶民之家

凡绅衿庶民之家，如有将婢女不行婚配，致令孤寡者，照不应重律，杖八十。系民的决，绅衿依律纳赎，令其择配。

（此条雍正十三年，刑部议覆云南巡抚张题准定例。）

薛允升按：原奏以二十五岁为断，似尚得平，部改为不行婚配致令孤寡，则并无年限矣。

条例 117.02：福建台湾地方民人

福建、台湾地方民人，不得与番人结亲，违者离异，民人照违制律，杖一百；土官、通事减一等，各杖九十。该地方官如有知情故纵，题参交部议处。其从前已娶生有子嗣者，即安置本地为民，不许往来番社，违者，照不应重律，杖八十。

（此条乾隆二年定。光绪元年，大臣沈葆桢奏准删除。）

薛允升按：滇省客民不许与摆夷结亲，见盘诘奸细。擅娶回妇，见谋叛。散发改装擅娶生番妇女，见违禁下海。均应参看。

条例 117.03：湖南省所属未薙发之苗人

湖南省所属未薙发之苗人，与民人结亲，俱照民俗，以礼婚配，须凭媒妁，写立婚书，仍报明地方官立案稽查。如有奸拐、贩卖、嫁妻、逐婿等事，悉照民例治罪。其商贾客民，未经入籍苗疆，踪迹无定者，概不许与苗民结亲。如有私相连结滋事者，按例治罪。失察之地方官，照例议处。至溪峒深居苗、瑶，有愿与民人结亲者，亦听其自便，悉照前例办理。

（此条乾隆二十九年，吏部尚书陈宏谋条奏定例。）

薛允升按：民人与外夷有准结亲者，亦有不准结亲者，乾隆二十五年，曾将湖南民苗结亲之例一概停止，越数年而复有此例，亦曲体人情之意也。惟专言湖南而未及别省，盖由各督抚未经奏请耳。修例时，自应通行有苗夷省分，体察情形，画一办理，庶不致彼此歧异。

条例 117.04：凡嫁娶违律应行离异者

凡嫁娶违律，应行离异者，与其夫及夫之亲属有犯，如系先奸后娶，或私自苟合，或知情买休，虽有媒妁婚书，均依凡人科断。若止系同姓及尊卑良贱为婚，或居丧嫁娶，或有妻更娶，或将妻嫁卖，娶者果不知情，实系明媒正娶者，虽律应离异，有犯，仍按服制定拟。

（此条嘉庆十三年，四川总督勒保题彭韦氏殴伤彭世德身死一案，议准定例。）

薛允升按：《唐律疏议》："夫者，依礼有三个月庙见，有未庙见或就婚等三种之夫，并同夫法，其有克吉日及订婚夫等，惟不得违约改嫁，自余相犯，并同凡人。"应与此例参看。律无先奸后娶之文，盖本于《元律》："诸先通奸被断复娶以为妻妾者，虽有所生男女犹离之。"按此指因奸被断复娶而言，如未经断，似不在内。尊卑为婚门内，男女亲属尊卑相犯重情一条，斟酌情节定拟。已有明文，何得谓无专条。前例特浑言之耳。此例极为分晰，遂致有窒碍不通之处。此止言卑幼干犯尊长之罪，若尊长杀伤卑幼，是否亦照凡论。买休之妇殴死翁姑，既例从凡人论，则翁姑杀伤买休等项子妇，自应亦以凡人论矣。若翁姑并不知系买休及奸情，是否亦以凡人论。一并记参。此条同姓为婚各项，果系明媒正娶，有犯，仍应按服制定拟。惟尊卑为婚律内指明，父母之姑舅，两姨姊妹各项，似难与居丧嫁娶等类同论。如娶母之姑为妻，则母反以姑为媳矣。父母之姨亦然。娶女婿之姊妹为妻，则伊女即以夫家之姊妹为继母矣。娶子孙妇之姊妹为妻，则子孙之妇反以姊妹为继姑，继祖姑矣。名之不正，莫此为甚。如有干犯杀伤等类，殊难科罪。此虽绝无之事，惟既载之律书，即不可随便添纂。再如娶父母之表姊，则伊妻，即父母之外姻缌麻尊长也，若干犯伊之父母，则伊父母将所娶之妻杀伤，其将如何拟断。父母之姨，则较父母之表姊更尊矣，本尊于己之父母一辈者，而屈之卑于父母一辈，可乎。此例之所以不易修改也。尊卑为婚，系名分之大不正者，与同姓等项不同，《唐律疏议》已详言之矣。修例时未加详核以类列入，殊觉不妥。此层似应删去。

条例 117.05：八旗内务府三旗人

八旗、内务府、三旗人，如将未经挑选之女许字民人者，将主婚之人照违制律，杖一百。若将已挑选及例不入选之女，许字民人者，照违令律，笞五十。其聘娶之民人，一体科罪。

（此条系道光十六年，刑部审奏镶白旗汉军马甲德恒之母陈氏将次女许配与民人高祎保为妻一案，道光十九年经户部奏准定例。）

薛允升按：此专为旗民结婚而设。《户部则例》尚有民人之女嫁与旗人为妻，及旗人娶长随家奴之女为妻妾，并旗人在外落业，准与该处民人互相嫁娶各层，应参看。

事例117.01：国初定

凡家仆将女子私嫁与人，不问本主者，鞭一百，不论年分远近，生子与未生子，俱离异，给予本主。

事例117.02：康熙八年覆准

凡家仆私嫁女子，伊主五年内控告，断归本主，给还聘礼，将聘女之人，仍鞭一百。若过五年者，令偿妇女一口，给予本主，免其离异。如不能偿，仍断令离异，嫁女之人，亦鞭一百。其辛者库人之女，有聘嫁旗下民人者，不论年分远近，概令断回，嫁女之人，照例鞭责，该佐领免议。

事例117.03：康熙十二年题准

凡旗下家仆之女，私嫁与人，过五年者，停其赔偿妇人之例，令给银四十两。如不能给银，仍令离异。其有明知辛者库人之女，及旗下家仆私嫁之情，而说媒聘娶者，俱照不应重律治罪。不知情者不坐。

事例117.04：康熙二十四年议准

投充人之女，听其随意聘嫁，永停查点。以前私自聘嫁者，亦免查议。其会计等司所属投充人等之女，亦照此例行。

事例117.05：嘉庆十三年议准

婚娶违律，均应离异，而情节各有不同。如系先奸后娶，或私自苟合，或知情买休，律应离异，既非依礼聘娶，即有媒妁婚书，亦不得谓之夫妇。遇有与其夫及亲属杀伤，应依凡人科断。若止系同姓、尊卑、良贱为婚，或居丧嫁娶，或有妻更娶，或将妻嫁卖，娶者果不知情，虽亦律应离异，然既系明媒正娶，婚姻之礼已成，夫妇之分已定，自未便因违例婚娶之轻罪，而置夫妇名分于不论。傥有亲属相犯，即应照已定名分，各按服制定拟。

成案117.01：浙江司〔道光元年〕

镶黄旗咨：已故都司明喜之女骆驼姐，被伊嫡母卖于民人为女，后经李老儿媒合，转卖于娼家贾富贵为义女。李老儿不知骆驼姐系属旗人，且骆驼姐并未卖奸，李老儿应于买良为娼、媒合人减一等罪上，再量减一等，杖八十、徒二年。

户律·仓库
（计 23 条）

〔收米谷曰仓，收财帛曰库。〕

律 118：钱法〔例 9 条，事例 18 条，成案 2 案〕

凡钱法，设立宝源、宝泉等局，鼓铸制钱，内外俱要遵照户部议定数目，一体通行。其民间金银、米麦、布帛诸物价钱，并依时值，听从民便〔使用〕。若阻滞不即行使者，杖六十。

其军民之家〔私蓄铜器〕，除镜子、军器及寺观庵院钟、磬、铙、钹外，其余应有废铜，并听赴官卖，每斤官给银七分，增减随时。若私相买卖，及收匿在家不赴官者，笞四十。

（此条顺治三年，就明律删定，并添入小注。顺治律为 124 条，原文"鼓铸顺治通宝铜钱"，雍正三年删改为"鼓铸制钱"。）

薛允升按：《户部则例·钱法门》各条俱极详备，刑例所载，寥寥数条，殊嫌挂漏。似应将有罪名者，酌留一、二，无关罪名，而与《户部例》文不符者，全行删除，以免参差。

条例 118.01：各省开采铜铅

各省开采铜铅，令道员总理，府佐官分理，州县官专管其事。凡产铜铅之处，听民采取，税其二分，造册季报；所剩八分，任民照时价发卖。有坟墓处所，不许采取。如有不得铜铅，及不便采取之处，该督抚题明停其采取。其各州县产铜铅之山，令地主报名采取。地主无力开采，听本州县报名采取。州县无匠役，许于邻近州县雇募；该州县自行稽察。如有别州县民人伙众越境采取，聚至三十人以上，为首者，发近边充军；为从，枷号三个月，杖一百。不及三十名者，为首，枷号三个月，杖一百；为从，满杖。衙役恣意搅扰，致人裹足者，为首枷号两个月，发附近充军；为从减一等。

（此条系康熙年间现行例，雍正五年定例。乾隆五年，于"停其采取"句下，删

"道、府、佐贰官得所税铜铅十万斤以上，州县官得五万斤以上，俱交该部，照例分别议叙。若上司诛求逼勒者，事发从重议处"五句；"如有别州县民"下，增"伙众"二字；"越境采取"下，增"聚至三十人以上"等四十三字；原文末二句"为首斩立决，为从绞监候"亦改定。）

薛允升按：此专为开采铜铅而设，应与《户部则例》内各条参看。别州县民下似应添"并不报明"。越境下添"私自"。倘系有主之山，经山主租给外人，似应勿论。

条例 118.02：销毁制钱

销毁制钱，地方官严密稽查，毋致潜藏。如怠忽疏纵，不行查出，或被旁人首告，将该地方官革职。至黄铜器皿，除乐器圆铙戥子外，其余不准使用，现在所以铜器，悉令交官给价，违者，以私藏禁物律治罪。若铺户人等，制造黄铜新器出卖者，照销毁制钱为从例治罪。

条例 118.03：一品官员之家

一品官员之家，器皿许用黄铜，其余概行禁止。如有藏匿私用不肯交官者，以违禁论。

条例 118.04：民间交纳铜器

民间交纳铜器，俱按其斤两，给以颁定价值，不得丝毫扣克，亦不得以重称令其亏折。所买铜器斤两，每年岁底奏闻，其所发价值报部奏销。如有侵蚀扣克等弊，该督抚即行题参，从重治罪。

条例 118.05：各省民欠

各省民欠，自康熙五十一年至雍正二年，有至二十万两者，准令大户交纳黄铜扣抵。其所交熟铜，每斤以一钱一分九厘九毫三丝计算；生铜每斤以九分五厘五毫四丝计算。如有销毁制钱充作废铜者，照律治罪。若地方官有将已资收买黄铜器皿，著解交收铜公所，按生熟铜斤，给予价值。倘有借捐买名色，以贱价收买民间铜器者，该督抚即行题参，交部严加议处。

（以上四条，均系雍正五年定例。乾隆五年，查销毁铸钱，备载刑律私铸铜钱例内，毋庸复出。禁用黄铜器物，已于乾隆二年停止。至雍正二年以前民欠，亦经豁免，交铜抵扣之例，业已不行。因此将条例 118.02 至 118.05 四条均删。）

条例 118.06：各省承办铜斤迟延

各省承办铜斤迟延，照侵欺钱粮律治罪。

（此条雍正十年定。乾隆五年，查自康熙五十五年至雍正十年，共欠交铜斤六百四十余万斤，因设此例严追，随即奉旨以后照旧办理，非永著为例也。因此删除。）

条例 118.07：承办铜商逾限

承办铜商逾限，并无货物出口，或非采易铜斤之货，严拿究处，著落追赔。其进口之时，或非原出口地方，该汛地方官立速查报，并知照原出口之该汛官弁，勒催起解。倘有侵挪隐匿之弊，将该商从重治罪。倘办员侵欺扣克，串通蒙混，以致奸商挪新掩旧，督抚据实题参治罪。上司徇隐，一并交部议处。

（此条系雍正十一年定。）

薛允升按：此专为铜商舞弊而设，均无如何治罪之处，语意亦未明显。查《户部例》内并无此条，似应删除。

条例 118.08：云南等省铜厂

云南等省铜厂，经放预给工本银两。如课长、炉户有克扣分肥，侵吞入己情弊，审究确实，即照常人盗仓库钱粮例，计赃科罪，将家产查封，变估抵补，仍责成该管之员实力稽查。倘该管各员徇隐不究，查出，即行指名题参。

（此条系乾隆三十七年，户部议覆云南巡抚李湖条奏定例。）

薛允升按：此专为云南铜厂而设，与《户部则例·钱法门》、《云南铜厂章程》参看。

条例 118.09：京城铜铺

京城铜铺，私造五斤以上铜器售卖者，照收匿废铜不赴官律，笞四十。官民人等，除鼎彝乐器等件外，如私藏五斤以上铜器者，系民，与私造同罪；系官，交部照例议处；铜器俱入官。其官员铜器在三斤以上，民人铜器在一斤以上，查出一并入官，免其治罪议处。倘胥役藉端讹诈，照蠹役诈赃例治罪。

（此条系咸丰二年，刑部议覆御史张铭谦条奏，并咸丰三年户部奏变通缴铜章程，请饬吏、刑等部会议藏匿铜斤处分罪名等因，经刑部会同吏部、兵部酌议，纂为例。同治三年定例。）

薛允升按：此专为京城改铸大钱而设，然亦成具文矣。康熙雍正年间铜禁最严，京城及各省钱俱足用。乾隆年间，户部覆尚书海望奏请将收买黄铜器皿及禁用黄铜之处悉行停止。嗣后民间买卖悉听其便。尔时以为不必禁，迄今遂致不能禁矣。此钱法门一大关键也。《户部例》载："户、工两局，岁需铜斤，由云南省办运。抵京之日，除余铜不计外，实应交户工两局正耗铜六百一十六万三百余斤。宝泉局每年七十二卯，每卯铸钱一万二千四百八十串。共享铜四百三十一万九千二十斤。加以白铅黑铅，共七百四十万五千七百余斤。除折耗外，共铸钱八十九万九千八百五十六串。"工局并不在内。现在滇铜运京者，寥寥无几。户局名曰铸钱，亦属有名无实。即此一端而论，上下交困，已有岌岌可危之势。余说见私铸门。

事例 118.01：雍正三年谕

制钱乃日用之所必需，务使远近流通，始便民用。京钱局每岁鼓铸，则制钱应日加增，今虽不致缺乏，闻各省未得流布，民用不敷，是必有销毁官钱以为私铸者，且闻湖广、河南等省私铸之风尤甚。为此特颁谕旨，著直隶及各省督抚，申饬该地方官密访查拿，严行禁止，毋使奸徒漏网。倘稽查稍疏，仍蹈前弊，一经访觉，定将大小官吏分别从重治罪。尔督抚不可视为具文，当实力奉行，严行禁缉可也。私铸治罪之例，当如何严定律条处，著详议具奏。钦此。遵旨议准：私铸之钱，必藉经纪为之兴贩，铺户为之挽和，始得流布。应通行提督、五城、大宛二县，并直隶各省，多张告示，严行晓谕经纪、铺户人等，嗣后私钱不许挽和一文。其从前有收买在家者，准于示到一月内赴官首明，量给官钱半价，将私钱暂行存库，岁底汇报户部，候文销解。若一月后不行出首，仍敢挽和行钱，或被该管官员查拿，或被旁人首告，不论钱数多寡，俱发黑龙江给披甲人为奴。至地方文武各官，但能拿获私铸者，不论年月远近，免其处分，即同城各官之处分，亦俱宽免。交界之所，此县拿获，彼县亦免处分。其果能实心查拿者，不论本管地方，及别州县，准以拿获之多寡，交部量予议叙。若该地方官仍前怠玩，一经发觉，仍照旧例处分。

事例 118.02：乾隆三十一年谕

据额尔景额等奏：从前叶尔羌每银一两，换普尔钱一百文，自去秋有喀什噶尔、阿克苏、和阗等处商人，携带货物赴叶尔羌贸易，并不购买别物，带钱而回者甚多，故自冬季起钱价渐昂，每两仅换普尔钱七、八十文。现在动用叶尔羌库存钱文，每两合普尔钱九十文，止给官兵，不准奸商窃换，以平市价等语。著传谕额尔景额，嗣后如有似此故昂钱价牟利匪徒，必须严密查拿，从重治罪。其货物查明入官，以示惩儆。并著通行传谕伊犁各回城将军、大臣，一体遵行，毋得姑息。

事例 118.03：嘉庆十六年谕

桂芳等奏：滇铜成色低潮请旨饬查一折。滇省办运京铜，前经该部奏定，自甲子运为始，在滇镕炼纯净，不得挽杂潮砂充数，并錾凿厂名，以凭稽考。今据户部查明滇省运员荆烜、楼锡裘、李成礼，解到铜斤内，各有铁砂潮铜二、三万斤不等。此项低铜，系由何厂发运，何员承办，此次该运员等呈出印册多有旧铜搭配，曾否报部有案，因何不照议镕煎，并錾凿厂名，著伯麟、孙玉庭据实确查明白回奏。如系厂店及领运之员有通同蒙混情弊，该管道府稽查不实，著查明将应行议处罚赔之处，一并参奏。

事例 118.04：道光三年谕

御史龚绥奏：请查禁私铜以裕鼓铸一折。所奏甚是。铜斤为钱法所关，必须认真整顿。近来滇铜渐形短绌，各省采办不及，本年贵州、湖北先后奏请暂停鼓铸，固由物产丰歉有时，亦由私铜充斥积弊未除之故。如该御史所奏，滇省奸商盘踞各厂，铸铜为锣锅，转发各处营销，每件重三、四十斤，形质粗具，谓之锣锅铜。铸器之外，又铸小钱，挽杂使用。各衙门胥役，多与勾通，地方官欲查拿私钱，铺户徒受其累，而奸宄之徒，从无一人获案，自系该省情形，不可不严行查禁。著明山等随时严密稽查，通饬文武员弁，严缉私铜尤在遴委明干厂员，令其平日留心访查，俾奸商咸知敛戬，私铜渐息则官铜自裕，于各省采办，可期无误。明山等如能尽心认真查办，俾积年之弊消除，方为不负委任。

事例 118.05：道光五年谕

御史熊遇泰奏：请严禁销毁制钱铜斤一折。国家钱法，原期足用阜民，私铸私销，例禁綦严，而私销之弊，较私铸为尤甚。近来京师及各省地方，尚有以私铸查拿破案者，而私销奸徒，从未缉获惩办。如该御史所奏，奸民暗毁制钱，打造铜器，如炭炉一件，自数十斤至百余斤不等，皆以黄铜为之。又有以制钱入烟煤锅内煎熬成水，而化绿色颜料者，有以制钱藏入地窖，盐醋浸烂，而成颜料者，是一钱不得一钱之用，徒为奸民射利之资。所言深中时弊。每年钱局按卯鼓铸，而钱不加多，钱价日渐增昂，其弊实由于此。从前康熙、雍正年间，屡有成例，除军器、乐器及民间必用之盆镜刀环等件，在五斤以下者，准其造制，此外一应大小器皿，概不得擅用黄铜，原所以杜私销而裕鼓铸。今则例禁久弛，流弊滋甚，且现在值滇南厂铜采运不易，岂可以流通之国宝，任其消耗。著通谕步军统领、顺天府、五城及直省督抚等，务将私销之犯，设法查拿，毋稍懈弛。其军民人等应用器具，务照成例，概行严禁。如有违禁射利之徒，即行查拿惩治。并饬胥役不得藉端滋扰，以杜奸私而维钱法。

事例 118.06：道光五年又谕

前据御史熊遇泰奏：请严禁销毁制钱铜斤，当经通谕各衙门严拿私销人犯，并将违禁射利制造铜器之徒，查拿惩治。兹据户部查明，倾销制钱一千，仅剩铜四斤有零，成造器皿，必须火耗人工，详细核算，所得不偿所费。至铜禁旧例，原因从前滇铜未旺，是以申令綦严。自乾隆年间，滇铜增至六百余万斤，并准运员将余铜纳税出售，通商便民，加以云南、四川等省厂铜，除抽课外，商人按成售卖。京师市肆收买者，为数不少，是街市铜器，并非出自私销。此时若再行申禁，逐户挨查，事涉琐屑。其制造铜绿，所用亦复无几，纷纷查办，更多滋扰。著通谕步军统领及顺天府、五城暨各直省督抚，除匪徒私销私铸，仍行认真惩办外，其制造器皿，仍听民间自便，毋庸概行查禁，以资阜用而免扰累。

事例 118.07：道光十五年谕

御史文祥奏：厘正钱法以绝弊端一折。各直省设局鼓铸钱文，并严禁匪徒私铸。厘正钱法，原所以便兵民之用，若如该御史所奏，贵州之贵阳、大定两府钱局，于铸饷钱之余，皆另铸有小钱，号为底火钱，每千约重四、五斤不等。民间因其出自官局，公然与饷钱并用，实与私钱混淆莫辨等语。钱局另铸小钱，直与私钱无异，私铸之弊，何能禁止。贵州钱局如此，他省恐亦难免此弊。著各直省督抚，严饬该管钱局各员，严禁炉头工匠人等，不准另铸底火小钱。如查有此弊，即照私铸例治罪，不得日久视为具文。

事例118.08：咸丰元年谕

工部钱法堂奏：遵将发下小钱严查覆奏一折。鼓铸制钱，向有定式，岂容偷工减料，致多挽杂！此次发下小钱，是否局炉私铸，现既无凭确查，姑免深究。嗣后该侍郎等验钱时，挑出不合式样小钱，概令回炉重铸，毋许仍前搭放料钱，以除积弊，并著严饬该监督等随时稽查，有犯必惩。如有扶同讳饰，经该侍郎等查出，除将舞弊之炉头工匠，交刑部治罪外，并将该监督严参惩处。其每月解交部库钱文，著陕西道御史认真抽查，如有挽杂小钱，将该侍郎等一并参处，毋稍徇隐。至户局事同一律，亦著该部侍郎等饬令监督严加厘剔，并著稽查之御史一体抽查，务各实力整顿，以肃圜法而清弊端。

事例118.09：咸丰三年谕

御史福善奏：奸商克扣请旨严禁一折。现在户部设立官钱铺，兑放八旗兵饷，必须严除积弊，方可取信军民。若如该御史所奏，官钱铺散放兵饷，任意扣折，挽用小钱，并该铺商人强横异常，不准取钱人详细点数等情，殊非设立官钱铺便民利用之本意。著户部派员实力稽查，官铺商人如有扣折剥削，及挽用小钱情弊，立即严行惩办，并于各官铺出示晓谕，以杜奸欺。倘取钱人等，故意挑斥为难，亦著一并查究。

事例118.10：咸丰三年又谕

前因巡防王大臣等奏：请推广铸造大钱，当交户部议奏。兹据该部查照王大臣等所议当千大钱，以重二两为率，以次酌量递减，期于轻重相权，便民利用。著照部议，所有当千、当五百大钱，均用净铜铸造，务使磨镰精工，色泽光润。当百、当五十、当十、当五大钱，亦须配铸精良，一律完整，与制钱相辅而行，俾民间咸知宝贵，便于行用。倘制造稍有粗率偷减，著钱法堂侍郎，即将炉匠人等，概行究办。该管监督、大使各官，一并严参。并著该部通行各直省督抚，均照此次所定分两，一体铸造，以归画一。其民间应纳税课钱文等项，均照部议，准以大钱交纳。其应交银者，并准其按照制钱两串折银一两之数抵交，总期上下相信，出入均平。如有私铸及奸商居奇阻挠者，均按例治以应得之罪。

事例118.11：咸丰四年谕

庆惠、文瑞奏：采买铜斤请分别查办等语。向来偷漏官铜，原干例禁，若如所奏，实系民间旧藏铜器，及商人积蓄，情殷报效者，若概以私铜目之，势必至隐匿不出，转无益于捐买铜斤鼓铸之事。著都察院、步军统领衙门、顺天府，按照所奏分别详查，如果商民所呈之铜，并非官物，地方官不得概行禁止，亦不得假手吏役从中讹诈，以杜弊端而裕鼓铸。

事例118.12：咸丰四年又谕

大钱制造之初，民间极知宝贵，嗣因私铸充斥，真伪难分，以致商民猜疑，钱法不免壅滞。兹已降旨停铸当千、当五百大钱，但铸当百以下各项大钱，与制钱相辅而行，轻重相权，均匀搭配，便民利用，必可畅行。惟官局制造若不精良，仍恐私铸得以混淆。著该管钱法各堂官，严饬监督、司员等督率工匠，所铸当百以下大钱，务须加工磨鑢，色泽光润，俾私铸不能相混，而市侩奸商亦无所借口。傥查有偷减工料，及搀杂破碎者，即行严参惩处。其奸民私铸及各官局偷漏等弊，仍著步军统领、顺天府、五城，严拿务获，按照新例从重治罪。至各直省鼓铸大钱，亦著各该督抚，严饬局员认真查验，如有前须弊端，立即查明，从重惩办。

事例 118.13：咸丰四年再谕

御史伍辅祥奏：钱法新定章程，请饬速为晓谕，以期疏通一折。京师粮食最关紧要，据该御史奏称，近因京外各处贩卖粮食来京者，不肯使用大钱，致外来粮食日少，粮店纷纷歇业，至钱市以钱买银，大钱、制钱价值悬殊，且天津、通州等处私铸甚多，潜运入京，以致大钱愈贱各等语。前经迭降谕旨，停铸当千、当五百大钱，其当百以下大钱，饬令通行，已由户部、步军统领衙门、顺天府、五城出示晓谕，京城内外，现已遵行收使。惟京外顺天、直隶所属地方，尚未能一律周知，乡民贩卖粮食来京者，恐仍不免疑虑，以致京师粮店，不能以大钱收买，粮价日昂，于钱法仍有窒碍。著贾桢、李钧、桂良，饬令所属，将前奉谕旨，于五城等处，徧行晓示，并谕以现铸当百、当五十、当十、当五各项大钱，于便民裕国之计，实属权衡至当，行之永久，决无变更，俾小民知当百以下大钱，可以永远存储，自必争相宝用，远近通行。如粮市经纪，有把持阻挠等弊，即著严拿惩办，务使京师粮食无昂贵之虑，而大钱亦无壅滞。其银市以钱易银，亦著严饬经纪，大钱与制钱均匀配搭，毋许稍分轻重，任意折抵，庶钱价平而百物之价俱平。至私铸罪名，业经加重，仍恐差役等有得钱卖放之弊。著顺天府兼尹、府尹、直隶总督，饬令所属，于私铸大钱人犯，务应严密查拿，毋任漏网。天津、通州等处私铸甚多，并著严饬各属，认真查拿，按律惩办。

事例 118.14：咸丰五年谕

惠亲王、恭亲王奕䜣奏：钱法亟宜整顿，酌议章程五条呈览一折。户、工两局并铁钱局鼓铸当十大钱，凡官收民用，均应恪遵功令，一律行使。近以私铸过多，人怀疑畏，银市奸商，并敢将大钱与制钱各定价值，任意轩轾。兵饷民食攸关，自应亟筹整顿。著照惠亲王等所请，嗣后顺天府、直隶、山东、山西等省，征收地丁钱粮，凡零星小户，及银钞尾零完纳钱文者，俱准呈交铜铁当十文大钱，并铅铁制钱。如官吏书差勒索挑剔，不肯收纳，准该民人控告究办。其余较远省分，以次递推，遵照办理。其民间买卖交易，傥听信奸商把持，任意阻挠，初犯者枷号示众，再犯者发极边烟瘴充军，遇赦不赦。其有故意刁难，致大钱买物之价昂于制钱者，亦照阻挠治罪。至私铸钱文，本干例禁，尤宜严加惩治。嗣后凡私铸大钱人犯，拿获到官，除将该犯按新定律例讯置重典外，仍将该犯家产入官，并准军民人等首告，诬告者仍反坐。所有一切详细章程，即照所拟，著巡防王大臣、步军统领、顺天府、五城出示晓谕，并著近畿各直省督抚等一体遵行，务期家喻户晓，藉导壅滞。至钱文之鼓铸，间有未善，则民间不知宝贵，并著户、工两部钱法堂侍郎，督饬监督等，将两局当十大钱，加工鼓铸，务使分两均齐制作精良，以重圜法而裕国用。

事例118.15：同治五年谕

本日据管理钱法堂事务崇纶、毕道远、毓禄、王发桂奏：遵查户、工两局鼓铸情形各一折。所称近因滇省铜厂停开，专用收买铜斤，鼓铸钱文，质未纯净，钱形间有参差，工局现年所铸钱数较少各等语。钱法关系民用，各该管堂官及监督自应认真筹办，以期一律，岂可不加意讲求，致启挑剔之渐。办理不善，咎实难辞。所有户、工两部兼管钱法堂事务大臣，及宝泉、宝源两局监督，著先行交部分别议处。嗣后该堂官等务当遵循成法，认真督办，期于裕国便民，永无流弊。倘再任意因循，致滋弊窦，定当从重惩处。

事例118.16：光绪六年谕

户部奏：盘查宝泉局库情形据实覆陈，并请将亏短钱文之监督等议处，书吏审讯各一折。此次户部盘查宝泉局库，业经该堂官饬属详细查明，所存制钱已穿出六万四千余串，余因制钱轻小，且有锈结情形，难期通用，大致数目尚不悬殊。该堂官公同商酌，饬令中止，办理并无不合。至所短当十大钱，除借支各项，应行扣还，溢支之款，著落赔补外，尚亏短一万四千六百余串，实属不成事体。该监督总司局务，该大使典守库藏，咎实难辞。著将同治九年盘查该库后历任监督、大使，交部先行分别议处。失察之历任钱法堂侍郎，查取职名，交部察议。长叙、宜振，亦有失察之咎，一并查议。书吏骆允元，著交刑部审办。

事例118.17：光绪十三年钦奉慈禧端佑康顺昭豫庄诚皇太后懿旨

户部奏：请于滨临江海各省应解京饷内，酌易制钱解存天津备用，开单呈览一折。上年六月间，谕令醇亲王奕譞会同军机大臣、户部、工部，将钱法妥为筹议，以期渐复旧制。旋据奏请，以三年为期，徐图规复。先令直隶、江苏各督抚添购机器，制造制钱，并饬例应鼓铸制钱各省，一体赶紧开炉铸造，当经照所请行。此系特旨交办之事宜，如何切实举行，俾臻成效。户部为钱法总汇，自应督催各省认真筹办。乃时阅半年，忽称机器制造，工本过巨，京局开炉，恐滋市井疑虑，而以饬令湖北等省搭解制钱运京备用为请，该部并未向醇亲王奕譞等筹议，辄信外省督抚卸责之词，互相推诿，为此敷衍搪塞之计。规复制钱，仍准搭用当十大钱，前奏声叙甚明，何至一经开炉，阛阓嚣然，措词尤属失当。近来筹划度支，如开采铜铁等矿，本为天地自然之利，各该督抚往往以事多窒碍，一奏塞责，中外泄沓成风，于因时制宜变通尽利之至计，并不尽心筹划，实力举行，更思藉端尝试，豫为异日诿卸地步。此等积习，深堪痛恨。总之旧制必宜规复，钱法亟应整顿。前经迭次训谕，该堂官仍不能仰体朝廷裕国便民之意，饰词延宕，实属大负委任。户部堂官均著交部严加议处，原折单掷还。仍著将开炉鼓铸各事宜，迅速另行筹议具奏，限于一年内，一体办理就绪，毋再迟延干咎，懔之。

事例 118.18：光绪十三年又钦奉慈禧端佑康顺昭豫庄诚皇太后懿旨

近日京城银价易钱易票，任意低昂，而物价不减，兵民受累。据户部奏称，由于民间窃议制钱一出，大钱将废，各铺所开钱票，恐将来亏折，纷纷收回，遂致钱票现钱，价值悬殊等语。规复制钱，仍准搭用当十大钱，本年正月谕旨甚明，何至民间仍未晓谕？总由奸商从中把持牟利，蛊惑愚民，狡狯情形，实堪痛恨。现今户部拟定章程，将来通行制钱之时，每当十大钱，准折制钱二文。官民购买对象，及各行商贾，均照此出入，不得稍有参差。其捐项税务，亦照此折抵数目，搭成交收，庶大钱制钱，相辅而行，不致偏废。所筹各节，均系为便民起见，即著照所议办理。该铺商应各安生业，无虞亏折。所有银价易钱易票，俱当按照市值，统归一律，不得任意涨落，致累闾阎。经此次宣谕后，傥再有奸商播弄取巧，紊乱钱法，一经查出，即著该地方官按律惩办，决不宽贷。

成案 118.01：铸钱稽延〔康熙二十九年〕

吏部议钱法堂徐诰武疏：宝泉局鼓铸钱文，监督等到任已经五月有余，应铸钱十卯，合算前后共得钱五卯，其所缺五卯之钱，并未补铸解部等因。吏部议：查定例，官员制钱已经颁发，尚未铸造及季报迟延者，罚俸一年等语。应将监督户部员外郎额某、主事沈曾顾，照例各罚俸一年。

成案 118.02：鼓铸册报迟延〔康熙三十年〕

吏部议福抚卞永誉疏：台湾于康熙二十八年十月内鼓铸起，计今一载，并未铸过，本息搭放兵饷数目，以致无从稽核等因。应将违限一月以上，台湾厦门道王效宗，照例罚俸六个月。

律 119：收粮违限〔例 12 条，事例 1 条，成案 7 案〕

凡收夏税，〔所收小麦〕于五月十五日开仓，七月终齐足。秋粮，〔所收粮米〕十月初一日开仓，十二月终齐足。如早收去处，豫先收受者，不拘此律。若夏税违限至八月终，秋粮违限至次年正月终，不足者，其提调部粮官、吏典、分催里长、欠粮人户，各以〔税粮〕十分为率，一分不足者，杖六十，每一分加一等，罪止杖一百。〔官吏里长〕受财〔而容拖欠〕者，计〔所受〕赃，以枉法从重论。〔分别受赃、违限轻重。〕若违限一年之上不足者，人户、里长杖一百，提调部粮官、吏典，照例拟断。

（此系顺治三年，就明律改定，并添入小注。顺治律为 125 条。）

条例 119.01：势豪大户

势豪大户，无故恃顽，不纳本户秋粮，五十石以上监追，完日，发附近；一百石以上，发边卫；俱充军。如三月之内能完纳者，照常发落。

（此系明代原例，顺治例125.01。乾隆五年删。）

条例119.02：各处势豪大户

各处势豪大户，敢有不行运赴官仓，逼军私兑者，比照不纳秋粮事例，问拟充军。如掌印管粮官不即申达区处，纵容迟误一百石以上者，提问，住俸一年；二百石以上者，提问，降二级；三百石以上者，比照罢软事例罢黜。

（此条系明代原例，顺治例125.02。雍正三年奏准：今无逼军私兑，亦无照石数处分之事。例文删。）

条例119.03：应纳钱粮以十分为率

应纳钱粮，以十分为率，欠至四分以下者，举人问革为民，贡监生员并黜革，杖六十。欠至七分以下者，举人问革为民，杖八十；贡监生员黜革，枷号一个月，杖一百。欠至十分以下者，举人问革为民，杖一百；贡监生员俱黜革，枷号两个月，杖一百。以上俱以次年四月奏销以前为限，不足分数者，照例治罪，仍严催未完钱粮。其文武进士及在籍有顶带人员，并与举人同。

（此条系康熙年间现行例，雍正三年修改，雍正五年定例。乾隆五年，于"仍严催未完钱粮"句上，增"以上俱以次年四月奏销以前为限，不足分数者，照例治罪"三句；于"仍严催未完钱粮"句下，增"其文武进士及在籍有顶带人员，并与举人同"二句。）

薛允升按：《户部则例·征收门》一条："各省绅衿地粮，经征官于册内注明，奏销时将所欠分数另册详报，该督抚指名题参。革后全完，准予开复"云云。应与此条及下绅衿所欠分数一条参看。《奏销限期》："一、地丁奏销，直隶、山东、山西、河南、陕西、甘肃限次年四月。奉天、安徽、浙江、江西、湖南、湖北、江南之苏州藩司，限次年五月。福建、四川，广东、广西、贵州、江南之江宁藩司，限次年六月。山西之大同、朔平二府经征米豆，于次年底奏销。"革黜后仍应枷杖，与别项有犯不同，应参看名例赎刑门。完纳后是否准予开复，亦应叙明。应参看多收税粮斛面门一条。此例，因其例倚恃绅衿，抗粮不纳，是以严定专条。但革黜后仍应严催未完钱粮，似不必实行杖责。仍酌量加枷，将杖罪均改为枷号，俟完粮后再行放免。并酌核情节轻重，准予开复。今则绅衿拖欠钱粮者，比比皆是，从无照此办理者，此例亦具文矣。

条例119.04：凡贡监生员中富生上户（1）

凡贡监生员中富生上户，定限五月完半，十月全完。如不能按限清完，务限岁底完足，再分三限严比，以十五日为限，初限比家仆，次限将本身押追，三限不完详革。革后全完，准予开复。中下户贫寒士子，以秋收八月完半，岁底全完。如不能按限清完，再分三限严比，每限十五日。中户务限开岁二月全完，下户务限开岁四月全完。初、二限不完，提比家仆，三限未清，生监移学押追，贡生州县押追，再限半月，不能全完，即行详革。革后能完足，仍准开复。委系赤贫，而尾欠仅属分厘者，详查明确，概免详革，准于秋收并入限年半数内，带征完足。

（此条雍正九年定。乾隆元年改定为条例 119.05。）

条例 119.05：凡贡监生员中富生上户（2）

凡贡、监、生员中富生上户，定限五月完半，十月全完。如届期不清，再展二月，以岁底全完为率。中、下贫生，定限八月完半，岁底全完。如届期不清，中等以开岁二月为率，下等以开岁四月为率，务须全完。如逾限不完，即行详革，革后全完，仍准开复。若委系赤贫无力，而尾欠仅属分厘者，详查明确，暂免详革，准于秋收并入限年完半数内，带征完足。

（此条乾隆元年，将条例 119.04 改定。乾隆五年修例时，声明此条无庸纂入，进呈后，奉旨仍行纂入，因移附"多收税粮斛面"律后。）

条例 119.06：运弁以通帮粮米计算（1）

运弁以通帮粮米计算，但有挂欠，即革职责惩，发南追比。不完者，分别治罪。如欠不及一分，责二十，追完，还职；不完，满杖。欠至一分，责三十，追完，免罪；不完，徒一年。欠至二分，责四十，追完，免罪；不完，徒三年。欠至三分，责六十，追完，免罪；不完，发附近充军。欠至四分，责八十，追完，仍满杖；不完，发边远充军。欠至五分，责一百，追完，徒一年；不完者，绞。欠至六分以上者，斩；俱监候。照例以其家产妻子抵偿，如仍不足，令原金衙门各官代赔。旗丁以一船粮米计算，但有挂欠，即革运责惩，拿交运官发南追完，不完，治罪，俱与运弁同。承追官严加议处。如家产妻子抵偿不足，令金丁卫所粮道，及监兑州县各官代赔。至粮船起交足额外，原有余米，听回空时沿途粜卖。

（此条系康熙四十三年，户部议覆漕运总督桑额题准定例，与漕粮过淮后盗卖盗买系属一条。原载"监守自盗"律内，雍正三年修改。雍正五年定例。乾隆五年改定为条例 119.07。）

条例 119.07：运弁以通帮粮米计算（2）

运弁以通帮粮米计算，但有挂欠，即革职责惩，发南追比。不完者，分别治罪。如欠不及一分，笞五十，追完，还职；不完，满杖。欠至一分，杖六十，追完，免罪；不完，徒一年。欠至二分，杖七十，追完，免罪；不完，徒二年。欠至三分，杖八十，追完，免罪；不完，徒三年。欠至四分，杖九十，追完，仍满杖；不完，发附近充军。欠至五分，杖一百，追完，徒一年；不完者，发边远充军。欠至六分者，绞；六分以上者，斩；俱监候。照例以其家产抵偿，如仍不足，令原金衙门各官代赔。旗丁以一船粮米计算，但有挂欠，即革运责惩，拿交运官发南追完，不完治罪。其按照分数定罪之处，并与运弁同，承追官严加议处。如家产抵偿不足，令金丁卫所粮道各官代赔。至粮船起交足额外，原有余米，听回空时沿途粜卖。

（此条系乾隆五年将，条例119.06改定。）

薛允升按：本门律例各有以十分为率之语，通帮粮米共计若干石，并未叙明。若系一万石则应以一千为一分矣。然万石内欠至千石以下，〔八九百石皆是〕仅拟满杖，似嫌太轻。亦无万石内竟至挂欠〔五千六千〕之理。欠至五六分拟以绞斩之处，例文亦系虚设。再，偷窃盗卖，均有治罪专条，挂欠似系别于偷盗而言。转解官物门内、掣欠逾额一条，与此互相发明，应参看。转解官物门掣欠之例，较此处为严。惟彼条系指由通至京仓而言，故专言丁舵脚夫等项，未及运弁，亦无分赔代赔之文。此条系指由南抵通而言，是以各不相同。然均系亏短漕米之例，分别两门究嫌未协。似应归入彼门。再，此条专言罪名，下条专言分赔，所以补此例之未备也。应参看。

条例119.08：挂欠漕粮弁丁

挂欠漕粮弁丁，照例分别治罪外，所欠粮数，作十分分赔：总漕半分，粮道一分，监兑官半分，押运官半分，运官一分半，金丁卫所官半分，旗丁五分半。总漕等官如限内不完，交部议处；弁丁于限内全完，分别应治罪者治罪，应免议者免议，如不完，照例治罪，将不能赔偿米石，仍著总漕等官赔偿。十分全完，照例议叙。

（此条系康熙四十九年，九卿议覆分赔漕粮事例，雍正三年纂为定例。原载“转解官物”律内。例末有“山东、河南、湖广漕粮十分全完者，粮道加一级。江南、江北、浙江、江西漕粮十分全完者，粮道加二级。各省漕粮全完者，总漕加二级”等语。乾隆五年，以漕粮十分全完，各省粮道分别议叙之处，已载《吏部处分则例》，将此数句删去，并移入此门。）

薛允升按：“十分全完，照例议叙”八字，进呈黄册内并无此二句。《律例通考》云：“系进呈时添载。”《户部则例》：“一、旗丁运粮抵通，无故挂欠者，坐粮厅勒限追究，仍行捆打。如有未完者，令总漕著落领运官丁分赔，于下年起解搭运。限满不完，查明参处。领运总运、督押各官，所管帮内，如有一丁挂欠，虽限内全完，亦不准议叙。仓场侍郎于岁底将挂欠丁名帮次汇行造册，送部查考。”《漕运全书》：“一、挂欠漕粮旧例，先在坐粮厅追比数月，仓场销算题参。千石以上者，送法司追比，千石以下者，发漕司追比。勒限一年，不完，仓场发南追比，再限一年追完。”康熙五十四年题定：“弁丁挂欠，嗣后免其留通追比，令仓场将欠粮旗丁，拿交运官，即行发南追赔。挂欠米石，限次年搭运赴通交纳。如次年不行搭运，总漕照例题参。”按刑例内，无限次年搭运赴通交纳一层。转解官物门，运粮旗丁或因折耗过多。亏短有因，例准挂欠搭解云云，均应参看。挂欠例文在先，监守挪移等项完赃〔限内限外〕减免例文在后，遂不免有参差之处。其限期若干日，并未叙明处分。例云按刑律，系以一年为限。而限内全完，应治何罪，是否酌减，亦未叙明。以上二条，均系康熙年间旧例，与现行例多不符合。而《漕运全书》又以千石上下分别追比，均属彼此参差，且与收粮违限律意无涉。应与下一条均修改详明，仍移转解官物门内。

条例 119.09：同帮运丁

同帮运丁，将赤贫无赖之丁混行互结，以致挂欠者，将本丁应赔五分半之内，互结各丁摊赔一分，〔按，即上条挂欠分赔之项。〕其余令本丁赔补。

（此条系康熙五十年户部议准例。雍正五年定例。原载"转解官物"律内，乾隆五年，移附此律。）

薛允升按：本丁既系赤贫无赖，从何赔补，上条有仍著总漕等官赔偿之语，似应修并为一，并与上二条均应修改，移于转解官物门内。舵工侵米五石以上，累丁代完，见转解官物，应参看。

条例 119.10：凡纳粮之户

凡纳粮之户，果能以五月以前依限完半者，则将此户照停忙之例，于开忙后再令完纳。如有顽户抗欠不完，及完不如半限之数，仍照常追征。其州县官亦不得借停忙之名，苟且偷安，或藉以沽邀名誉。傥有此等不肖州县，该督抚即指名题参，照惰征例议罪。

（此条雍正五年定。乾隆五年，查五月完半之例，已于雍正十三年奏准停止。此例删除。）

条例 119.11：凡兵役有应输之粮

凡兵役有应输之粮，抗玩不纳者，该州县即将未完钱粮数目开明，移令所辖衙门，著本管官弁照数追完，移交州县。如不实力催追完解，即照州县催征钱粮未完分数律议处。其上司书役有抗粮不纳者，该州县一面详报上司，一面严行拘拿革役追比。如上司有阿庇袒护，州县有瞻徇等弊，均照例议处。

（此条系雍正六年，户部议准定例。）

薛允升按：与《户部例》略同。上言举监人等，此言兵役，皆与齐民不同也。

条例 119.12：凡绅衿所欠分数

凡绅衿所欠分数，各州县逐户开出，另册详报，指名题参。无论文武乡绅、进士、举人、生员并贡监，及有顶带人员，已任、未任，俱按未完分数，已任者革职，未任者去顶带衣衿，按例枷责治罪。如州县不行另册详报，别经发觉，交部议处。

（此条系雍正六年，户部议覆奉天府尹王朝恩条奏定例。乾隆五年修例时，声明此条无庸纂入，进呈后，奉旨仍行纂入。）

薛允升按：应与上第一条修并为一。与《户部则例·征收门·各省绅衿地粮》一条参看。见前。再，此门所载，催科居其大半，征收不及额处分亦严。国用攸关，不得不尔也。昔人谓抚字与催科相辅而行，后则专言催科，而抚字之意微矣。

事例 119.01：雍正七年谕

士子读书明理，为庶民坊表。若昧于急公奉法之义，抗粮逋赋，导民为非，其害在于人心风俗，不止亏缺国课而已。是以内外大小臣工，为此条奏甚多。今礼部、翰林、詹事、科道等定议，士子春夏未完之钱粮，分为三限。初限不完，责比家仆；二限不完，发学扑责；三限不完，州县传集教官，当堂扑责。秋冬未完之钱粮，亦分三限。初限不完，发学扑责；二限不完，州县传集教官，当堂扑责；三限不完，详请褫革，严行追比等语。朕思责革之罪，虽皆人之自取，然一经笞杖，则难洗终身之辱；一经褫革，则永无上进之阶。诸生纵不自惜其身名，朕则深为诸生悯惜之也。闻各处催征之例不同，有责比催粮之差役者，有扑责欠粮之本身者，现年钱粮，每至十月不完，方将粮户惩责。是五月未曾完半，虽在百姓，未必便行鞭扑。今以此施于士子，似觉稍过，况生监之中，贫富不等。富户故意抗违，实法无可贷，而贫生未能依限，则情尚可原。今应如何分别贫富，使富者不得借口以愆期，贫者得稍纾其力，沾沐朝廷体恤之恩，而国赋又不至于拖欠。大约各省土俗人情，既难齐一，而规条期限，亦未必尽同。著该督抚各就本省情形，秉公详察，悉心定议，务期宽严得当，永远可行。倘该督抚内别有所见，可以仰副朕矜怜贫寒之士子，而又惩戒顽富之劣衿者，亦著详细陈奏。

成案 119.01：苏属旧欠未完革职留任〔康熙四十五年〕

户部议总漕桑格等疏：苏松常镇四府，前任江宁巡抚宋荦会题部覆，州县官员到任未经两年，即罢降革，应将州县官本任经征每年地丁漕项钱粮，如于奏销时完至九分以上者，其接征未完旧欠钱粮于限内复参降职调用之例，改为降级留任。奉旨：依议。钦遵在案。今昆山县丁忧知县程大复，将本任经征四十一二两年地丁漕项钱粮皆完至九分以上，其接征三十八年分漕项仍欠四分以上，部议革职，原非自贻怠缓所致，且新例内接征旧欠未完，应降调等改为降级留任，应议革者所当一例仰邀从宽，以广皇仁等因。查先经九卿詹事科道会议，以苏州等四府所属地方旧欠钱粮降级调用官员改为降级留任，再展限一年催征，并未有以革职官员改为革职留任之处，应将该督等所请之处，无容议。奉旨：程大复著照该督等所题，革职留任。

成案 119.02：三载全完即升〔康熙三十年〕

吏部议江抚郑端疏称：部定即升之例，钱粮难完州县，督抚将本省所属官员内征粮有法者保题调补，三年内果能将经征及分年带征钱粮全完，准其即升等因，但题请调补之议，诚恐人地未克相宜，故须调补责其成效，如部选已得其人，钱粮全完者实同一辙。所有吴江县知县祖允焜将经征本折杂钱粮，三载全完，与例相符，应不准其即升，应听部议。吏部查祖允焜尚有未完漕项、学租等项钱粮未销，今该抚既称祖允焜将二十七八九三年正杂钱粮全完，开写定例题请即升，将祖允焜准其离任，照例即升，其有未销之案，行令该抚速催完结。

成案 119.03：奏销册违限不及一月免议〔康熙三十年〕

户部议偏抚王梁疏：奏销文册定限五月内到部，该司于五月二十二日造送，迟延之咎不能为宽等因。查楚省奏销文册，限五月内送部，违限一月者，照例议处，不及一月者免议。今湖南奏销文册于六月二十四日送部，违限不及一月，毋庸议。

成案 119.04：参后全完未详开复〔康熙二十九年〕

吏部议江督傅腊塔疏：苏松等府属积欠，提标各营兵米于二十二年将承追各官题参，部覆各降俸二级，戴罪督催在案。查崇明、上海二县已完米石，与原参数目相符等因。应将未详开复署苏州府事、本府同知孙如龙等，布政司宋荦，均照例罚俸一年。该督未将巡抚职名声明，应咨该督查明，具题到日再议。

成案 119.05：官员复任后征完〔康熙三十五年〕

户部议：徐州知州孔毓珣未完二分以上复参之案。江督范承勋疏称：孔毓珣经前任总漕王梁题参，审既无罪，经臣题留，特旨复任该州，复任后即将未完银两尽数全完，其间虽有署官之隔，原与本案处分离任者不同，且仅止十个月，经征已全完，又与限满不完参后续完者有间等因前来。查定例内，凡拖欠钱粮，离任后全完，不准开复等语。孔毓珣先于另案内题参离任，审既无罪，复任后未完银两即行全完，并非挂欠钱粮，原案处分离任，且孔毓珣奉特旨留任之员，应准其开复。

成案 119.06：部拨不请宽限〔康熙十五年〕

吏部议得：长芦盐课银两，限四月内解到江西，今逾限四十余日始到，当日并不题请宽限，将盐院运司均降二级调用。

成案 119.07：解送小料银两迟延〔康熙二十九年〕

吏兵二部议覆总漕董讷疏：二十三年淮安卫泰州小料银两已经全完，但未于限内完解等语。查定例，官员解送钱粮，沿途停搁日期者，罚俸一年等语。除泰州已经休致毋庸议外，应将未于限内完解之守备胡某，督催淮安府船政同知沈瑜怀，均照此例罚俸一年。

律 120：多收税粮斛面〔例 6 条，事例 3 条，成案 7 案〕

凡各仓〔主守官役〕收受税粮，听令纳户亲自行概，平斛交收，作正数〔即以平收者作正数〕支销，依例准除折耗。若仓官、斗级不令纳户行概，踢斛淋尖，多收斛面〔在仓〕者，杖六十；若以〔所多收之〕附余粮数〔总〕计赃重〔于杖六十〕者，坐赃论，罪止杖一百。〔此皆就在仓者言，如入己，以监守自盗论。〕提调官吏知而不举，与同罪。〔多粮给主。〕不知者，不坐。

（此仍明律，小注系顺治三年添入。顺治律为 126 条，原文"行概"下有小注"者"；"平斛"下有小注"之具"，雍正三年删定。）

条例 120.01：各处仓粮每石收耗米三升

各处仓粮，每石收耗米三升，查盘之时，计守支年分，每年每石准开耗一升。

若三年之外，原收耗粮已减尽，照例于正粮内递开一升，准作耗粮。此外若有侵盗者，方照律例问罪。

（此条系明代问刑条例，顺治例126.02。）

条例120.02：社仓捐谷

社仓捐谷，听民自便，不得绳以官法。违者，以违制论。

（此条系雍正六年，奉上谕纂为例。）

薛允升按：社仓本系便民之事，绳以官法，恐有扰累，故禁之。然不藉官力，亦有不可行者，豪右之侵蚀把持，与吏役之勒索滋扰，其弊一也。应与《户部则例》参看。

条例120.03：凡社仓谷石

凡社仓谷石，不遇荒歉借领者，每石收息谷一斗还仓。小歉借动者，免取其息。

（此条系雍正七年，户部议覆御史晏斯盛条奏定例。）

薛允升按：《通典》曰："隋文帝开皇五年，长孙平奏令诸州百姓，劝课当社，共立义仓。唐太宗贞观中，戴胄言，随天下之人节级输粟，名为社仓，盖其事自隋始也。"此专为取息及免息而设，应与户部及《处分则例》各条参看。

条例120.04：凡贡监生员中富生上户

凡贡、监、生员中富生上户，定限五月完半，十月全完。如届期不清，再展二月，以岁底全完为率。中、下贫生，定限八月完半，岁底全完。如届期不清，中等以开岁二月为率，下等以开岁四月为率，务须全完。如逾限不完，即行详革，革后全完，仍准开复。若委系赤贫无力，而尾欠仅属分厘者，详查明确，暂免详革，准于秋收并入限年完半数内，带征完足。

（此条系雍正九年、乾隆元年并入定例。乾隆五年修例时，声明此条无庸纂入，进呈后，奉旨仍行纂入。）

薛允升按：收粮违限门内载明，次年四月奏销以前为限，与此参看。似应修并于彼条之内。

条例120.05：在京在外并各边

在京在外并各边，一应收放粮草去处，若职官子弟、积年匪徒、跟子买头、小脚歇家、跟官伴当人等，三五成群，抢夺筹斛，占堆行概等项，打搅仓场，及欺凌官攒，或挟诈运纳军民财物者，杖罪以下，于本处仓场门首枷号一个月发落；徒罪以上，与再犯杖罪以下，免其枷号，发附近充军。干系内外官员，题参交部议处。如本犯罪止枷杖者，不行禀举之花户，杖八十；犯该军罪者，花户亦杖八十，在该仓门首加枷号一个月，均革役。

（此条系明代问刑条例，顺治例126.01。"免其枷号"下，原文"属军卫者发边卫，属有司者发附近，俱充军"，雍正三年删去，改为"发附近充军"。又结句原文

"奏请定夺"，乾隆五年改为"题参交部议处"。嘉庆十九年，于"议处"下增入"如本犯罪止枷杖者，不行禀举之花户杖八十；犯该军罪者，花户亦杖八十，在该仓门首加枷号一个月，均革役"。咸丰二年，因光棍例应斩决，恐致误会，将此例"光棍"字改为"匪徒"。）

薛允升按：《辑注》云："官员子弟，不分是否监临官者，与光棍等，皆是不应入仓之人。跟官伴当人等，虽随从入仓，亦不得占堆行概，打搅欺凌挟制，若有犯者，随事摘引，故有杖罪以下，徒罪以上之分也。"挟诈运纳军民财物一层，与转解官物门漕粮起剥转运一条参看。盐场税务均有此等，亦应参看。杖罪加枷、徒罪充军，明例如此者甚多。盐法门盐场无稽之徒一条，匿税门搅扰商税一条，多乘驿马门指称勋戚大臣一条，白昼抢夺门总甲快手人等一条，诈欺取财门指称内外大小官员名头一条，盗贼窝主门各处大户家人佃仆一条，斗殴门凶徒因事忿争一条，诬告门旗军陈告运官不法及奸徒串结衙门人役各一条，在官求索门索取土官外国财物及科敛土官财物各一条，伪造印信描摹一条，诈假官门诈冒皇亲族属及假充大臣近侍官员各一条，诈称内使等官门假差体访一条，附记于此。例末一段，系专言在京各仓花户知而不举之罪，似应另列一条，或修并于下条例内亦可。

条例 120.06：各仓花户

各仓花户，已经斥革，复在现充花户身后影射把持，向关米之人勒索得财，计赃一两以下，杖一百，枷号两个月；一两至五两，杖一百、徒三年；六两至十两，发边远充军；十两以上，实发云、贵、两广极边烟瘴充军；赃至一百二十两以上，照指称掣批名色勒索例，拟绞监候；为从，各减一等。如计赃重于从罪者，仍各从其重者论，亲老丁单，不准留养。若甫经影射办事，尚未得赃，即在该仓门首枷号一个月，杖一百。现充花户，有心容隐，朋比为奸者，均革役，与首犯同罪。其篦头夫役及不应入仓人等，称为花户身后办事，勒索得财者，均照前例问拟。如随同花户及身后办事之人，知情分赃者，亦以为从论。至积年光棍，在仓滋事，仍照打搅仓场本例惩办。

（此条嘉庆十九年，刑部奏准定例。原系"勒索计赃十两以上，发黑龙江为奴"，嘉庆二十五年，调剂黑龙江遣犯，改为"实发云、贵、两广极边烟瘴充军"。咸丰二年，因光棍例应斩决，恐致误会，将此例"光棍"字改为"匪徒"。）

薛允升按：此条专指在京各仓而言。向关米之人勒索一层，与下收支留难条例重复。转解官物门，结党盘踞把持，积年吃仓分肥者，照打搅仓场例，加一等。此处之积年匪徒，与上条所云正是一类，亦即积年吃仓者也。此处均不加等，似嫌参差。各仓管事之人，谓之花户，未知起于何时。收支留难门亦止言书役人等，并无"花户"字样，是否起于嘉庆年间，记考。然自定有此例以后，花户舞弊之案层见迭出。伊等积年盘踞，世代相传，仓务皆为其把持，几成牢不可破之势。近数十年来，此辈亦迥异从前，其殆物极必返之理乎。

事例120.01：雍正七年谕

据陕西总督岳钟琪奏称：前奉恩谕陕属设立社仓一事。于雍正四、五两年司库耗羡银两内，发各州县十四万五千八百余两，共采买谷麦三十九万八千七百五十五石零，计州县小者二、三千石，大者七、八千石，尽足设立社仓。每年借放之米，尚存银八万八千七百余两，分发各处盖造社仓，约以京斗一千石为一社，每社仓一所，不拘房屋间数，总以足贮二千京石为率。请敕下署督臣查郎阿、抚臣武格，于各州县四乡，分社建仓，令同社各村堡之老民，公举仓正、仓副，经管本社仓粮。合计陕属州县，约买粮四十万石，共应建社仓四百余处，务于今岁秋冬办造齐全，将粮石分贮。惟是地方督抚州县作何举行，则为利为病之分途，专以在官在民为大要。今陕省大僚，皆不知臣原奉恩谕之由，但见从司库发银，既存兢惧之念，又见积贮亏空处分之严例。每见州县请领社仓银两，抚藩过于慎重，诫谕甚严。州县亦怀贻累之忧，将所领银两不肯交与仓正、仓副，仍勒令里甲采运。又有令胥役、家人、幕宾收放者，始而勒买，既而勒借，陕省百姓，竟呼此项谷麦为皇粮，不知立社仓之恩意。臣以设立社仓听从民便之语，再四晓告，谆切丁宁，不遗余力。无如大小官员，谓臣言妄无凭据，喷喷訾议。其所以然者，止以因民所利之明诏未颁，是以在官在民之界限不定。伏祈特颁社仓谕旨，交督抚恭录镌石，每一社仓，颁发一本，张挂晓谕。臣又谨拟社仓条约，亦请发各社仓，刊刻木榜，竖立仓门，使乡里愚民人人共晓，则每年收放皆有程序，庶可久而勿替等语。朕惟国家建立社仓，原令民间自行积贮，以百姓之资粮，济百姓之缓急。其春贷秋偿，及滋生羡息，各社自为经管登记，地方有司，但有稽查之责，不得侵其出纳之权，此社仓之古法也。是以各省有请立社仓者，朕皆令其听从民便，毋得强勒捐输，绳以官法，以致便民之举，转为民累。所以晓谕各省督抚者，不啻再三矣。从前岳钟琪在京时，请于通省加二火耗内，应行裁减每两五分之数，且暂行征收，发与民间，采买谷石，分贮社仓，俟采买数足，即行裁减，是于暂收耗羡之中，隐寓劝输之法，实则应行酌减之耗羡，即小民切己之资财，而代民买贮之仓粮，即小民自捐之积贮。此藏富于民之良法，最为切实而易行，是以俞允所请，令其办理。乃陕省官员，不知此项谷石，本系民资，又未从前岳钟琪奏请之由，以为收贮在官，即是公物，不肯付民经管，而胥吏司其出纳者，遂有勒借之弊，殊非数年以来朕之周咨详画，多方生养斯民之本意矣。今特降谕旨，将朕允岳钟琪之请，并岳钟琪陈奏原委，明白晓示，著署督查阿郎、巡抚武格，刊石颁布，俾各州县乡村小民，咸知朝廷经营设法之盖藏，实百姓自为敛散之资用。傥地方官有于社仓谷石，创议交官不交百姓，或指称原系公项，豫为公事侵挪之地者，俱以扰挠国政遗误民生论，从重治罪。其岳钟琪所拟社仓条约，著户部钞录，交与该督分发各州县，刊刻木榜，于各乡社仓竖立，以为永久程序。

事例 120.02：乾隆二十五年谕

御史朱稽奏：各省收漕有暗开斛角，密宽斗面，且或置斛不用，专以斗量。又淋尖浮收，至所收已经足额，即令各户折价等语。已饬部速议，并令该御史指参矣。征收漕粮，向多积弊，屡经降旨厘剔，渐就肃清。如该御史所奏置斛用斗诸弊，或系该上司查察未周，以致不肖州县，乘机舞弊，亦不能保其必无，然各督抚并未见查参一、二。至兑漕封仓之后，复行折价，尤属骇闻。如果有之，则营私蠹民，莫此为甚。该督抚自当严参治罪，以示惩创，岂得漫无觉察耶！现在正届收漕之候，著传谕有漕省分督抚，速即留心访查，据实具奏。

事例 120.03：同治九年谕

御史邓庆麟奏：直隶永平府属抚宁等处，所用斗斛，以底作口，恶级奸商，藉此从中渔利，请饬查禁等语。著直隶总督严饬永平府属之抚宁、卢龙等县地方，所用斗斛，务当遵照部颁定式，俾归画一。至各直省如有不遵定制，擅用私斗情弊，并著该督抚饬属查明，一体严禁。

成案 120.01：摊派钱粮未经征收〔康熙二十年〕

刑部覆江督阿山：查灵璧县革职知县姜玉经征漕折银两，因有逃亡缺额，令经承朱聘于见在人口内摊补，随因人怨堵门，停止征收，姜玉议加派银二百六十两零，后虽停止征收，比照因公科敛不入己赃重者，坐赃论，折半科罪，一百两律，杖六十、徒一年，已经此案革职，照例免议。朱聘听从本官议派，依不应重律，赦前免罪，革役。

成案 120.02：官员私派藩臬揭报〔康熙四十二年〕

吏部为冤抑幸蒙圣主洞鉴等事议：原任贵州布政使孟世泰叩阍奏称，属普安州事安南知县余某纵令仆役在捧酢地方滋扰一案，抚臣并未将奴才题参，大部引贪劣官员督抚查出后，虽具揭亦不准之例，遽议革职拿问。细绎定例，是谓不由两司揭报，督抚竟行题参，拜疏之后，两司始行补揭，是以不准。查此案奴才访察揭报在先，抚臣行查题参在后，又经审无情弊，反遭屈议等语。又据原任按察司何显祖叩阍奏称：此案抚臣行查，缘捧酢距省千有余里，往返为难，后访查得实，即揭报督抚两院，抚臣始得据揭题参，俱有印信批详可查。续经讯明，并无知情受贿情弊，部臣仍以应革职免罪一语结案。查州县私派，藩臬未能觉察，若能于告发之后审出，尚免其失察之罪，奴才于未经发觉之前揭报，反坐以朦隐之咎，冤抑莫伸等因前来。查康熙三十九年十二月内，刑部等覆川督席尔达条奏内称：嗣后凡有里民人等告州县私派情由，督抚题参解任，行藩臬两司亲审，既经审出，免其失察处分等语。此案原非里民告发，两司亲审之事，是以臣部从前未经比用此例，今孟世泰、何显祖叩阍奏称告发之后审出尚免失察之罪等语。查此案虽非民人告发，两司亲审，但系该抚行查，两司揭报，情事相同，仍议革职，似属可悯，应将孟世泰、何显祖俱准复还原职。奉旨：这事情原议舛错之处，并不叙明，殊属不合，著严饬行。

成案120.03：奉天司〔嘉庆二十四年〕

本部奏：李十系太平仓役满花户，因花户任成系接充伊子之缺，即向任成抽分个儿钱文，虽核与已革花户在现充花户身后影射把持，情节相仿，而向花户抽分官钱，与向关米人勒索得银者，究属有间。查该犯所得钱文在一两以上，五两以下，应依已革花户、在现充花户身后、影射把持、向关米人勒索得财、一两至五两满徒例上，量减一等，杖九十、徒两年半。

成案120.04：贵州司〔道光六年〕

仓场奏：已革与平仓花户李遇春，呈控花户祁烈等改小官斛，包揽仓厫等情。查花户祁烈支放甲米，辄敢将官斛改小，克减米一百五十石，尚未出仓，赃未入己，计赃减等，罪止满徒。以花户头役，胆敢私削官斛，克扣甲米，较之跟官伴常人等夺斛行概者，尤为藐法，应比照跟官伴当人等夺斛行概徒罪以上拟军例，发附近充军。董崑知情怂恿，应依为从减一等，杖一百、徒三年。

成案120.05：陕西司〔道光七年〕

东城给事中奏送：明瑛因裕丰仓发放成色官麦，该宗室误听傅五传言，以成色麦为土麦，明瑛见麦内无土，即指为夹带好麦，拦车讹诈，因无人说合，喝令赶车入城，将麦袋强卸，仍冀讹诈得钱，将麦还给。查明瑛如果意在得麦，即应照行劫漕船粮米例办理，今审明实因讹诈起见，与行劫官粮不同。至其赴官投案，系狡饰虚词，不得以自首论，自应比例问拟。明瑛应比照放粮去处职官子弟、积年光棍、三五成群、抢夺打搅、挟诈连纳财物者徒罪上，发附近充军。该犯身为宗室，胆敢于辇毂之下率众拦截官麦七车，殴伤平民，实属藐法，应请旨实发吉林，由宗人府咨送兵部，委员解交该将军严行圈禁，毋许出外滋事。据供亲老丁单，不准留养。傅五怂恿明瑛，拦住麦车讹诈，俟明瑛将麦车强赶入城，截抢麦袋，该犯并未在场，应各科各罪。傅五应比照擅入宗人府内教诱为匪，发近边充军。据供亲老丁单，亦不准查办，咨交兵部定地发配，折责安置。

成案120.06：山西司〔道光十一年〕

户科给事中奏：已革花户乘五等，积年在仓把持案内之祁忠等，讯非积惯滋事，惟于革役之后，进仓扛米数次，其所得工钱，虽非勒索，而以不应进仓之人，复行混入牟利，亦与勒索无异，未便因该犯等非在现充花户身后影射把持，稍纵末减，致滋轻纵。查该犯等所得工钱，各六七千文不等，计赃均在一两以上。祁忠等合依勒索得财计赃一两至五两杖一百徒三年例，拟杖一百、徒三年。夫头王三，讯无听从乘五等嘱托勾通作弊情事，其自向现充花户告令需索钱文，虽经韩杰等不允回覆，第据该犯供明，先曾得过已故花户杨四分给京钱一千文，称系领米之人所给规费，若仅照勒索得财计赃一两以下例，拟杖六十、徒一年，似觉情浮于法，王三应于祁忠等满徒罪上，减一等，杖九十、徒两年半。

成案 120.07：山西司〔道光十三年〕

东城移送：马六喊告马八等不给伊股分钱文案内之王永幅，系告退花户，辄敢受雇进仓帮忙，虽讯无舞弊得赃情事，亦应比例问拟。王永幅应比照已革花户复在现充花户身后办事、尚未得赃、即在该仓门首枷号一个月、杖一百例，枷号一个月。

律 121：隐匿费用税粮课物〔例 1 条，成案 1 案〕

凡〔本户自运〕送本户应纳税粮课物，〔如蚕丝、铜、铁之类。〕及应〔追〕入官之物，〔已给文送运〕而隐〔肥己、私自〕费用不纳，或诈作〔水火、盗贼〕损失，欺罔〔经收〕官司者，并计所亏欠物数〔为赃〕，准窃盗论，〔罪止杖一百、流三千里。〕免刺。其部运官吏知〔隐匿诈妄之〕情，与同罪，不知者不坐。〔此系公罪，各留职役，若受财故纵，以枉法从重论。小户附搭侵匿者，仍依此律，准窃盗。〕

（此仍明律，小注系顺治三年添入．顺治律为 127 条，原文小注"各还职役"，雍正三年改定为"各留职役"。）

条例 121.01：石坝大通桥设立经纪剥船

石坝、大通桥，设立经纪剥船，转运京仓粮米。仓场及坐粮厅各差妥役，沿闸稽查，如剥船回空，搜查无米藏匿者，其掣欠仍责经纪赔补。若船底搜出有米藏匿，即将掣欠之米，令船户代役照数摊赔，枷责革役。其失察之经纪，一并责惩。

（此条系雍正五年定。）

薛允升按：专为剥船匿米而设。此船户代役摊赔之例，亦经纪等掣欠之例也。似应移并于彼门。并与《户部则例》参看。

成案 121.01：隐匿招兵银两〔康熙二十八年〕

刑部议福抚吴兴祚疏：革职守备吴某一案，领福督姚启圣捐助银七千两，往江西招兵，除用过银两，余剩一千七百八十三两九钱，吴某隐匿入己，应比照税粮课物隐匿费用欺妄官司并计所亏欠物数，准窃盗论，罪止杖一百、流三千里，免刺律，应杖流，赦前免罪，赃银入官。

律 122：揽纳税粮〔例 7 条，事例 3 条，成案 1 案〕

凡揽纳〔他人〕税粮者，杖六十，著落〔本犯〕赴仓〔照所揽数〕纳足，再于犯人名下，〔照所纳数〕追罚一半入官。

若监临主守〔官役挟势〕揽纳者，加罪二等。〔仍追罚一半入官。〕

其小户畸〔残田〕零〔零丁，不足以成一户〕米麦，因便凑数〔于本里〕纳粮

人户处附纳者，勿论。〔包揽侵费正数，及多科费用，以诓骗论。若侵欺，以监守自盗论。包与者，不应，杖罪。〕

（此仍明律，小注系顺治三年添入。顺治律为128条。）

条例122.01：凡内府钱粮

凡内府钱粮，及内外仓场粮草，各处军需等项，不拘起运存留，但有包揽诓骗银一百两、粮二百石以上，不行完纳，事发问罪，责限三个月以里完纳者，照常发落。过期不完者，尽其财产赔纳，发边卫充军。经年不完者，仍枷号一月，照前发遣。各边武职主使家人、伴当、跟随、交结人员，挟势揽纳作弊者，参问降二级。听使之人，仍照前例问发。

（此条系明代问刑条例，顺治例128.02。"参问降二级"，雍正三年改为"参问究拟"。乾隆五年，于"边卫充军"下删去"经年不完者，仍枷号一月，照前发遣"三句。乾隆三十六年，因卫所专司转运，不收军犯，将"边卫充军"改为"近边充军"。）

薛允升按：《户部则例》："地方应纳地丁银两税粮，如贡监生员借儒户、官户名目包揽侵收入己者，照常人盗仓库钱粮律拟罪。包揽而尚无拖欠者，八十两以上，照不应为律，斥革治罪。八十两以下，照揽纳税粮律定拟，仍令照数纳足"云云。《礼部例》同。刑例并无此条，似应添入。银一百、粮二百石并举，系明时通例，今不然矣。照常发落未明。似否照本律拟杖，记考。

条例122.02：内外各处收受草束

内外各处收受草束，若兜揽之徒恃强，将不堪水湿小草充数，嘱托监收官员收受者，拿送问罪，枷在本处仓场门首三个月发落。

（此条系明代问刑条例，顺治例128.03。起处原作"京通并马房、仓场等处"，雍正三年奉御批改定为"内外各处"。）

条例122.03：各处司府州县

各处司、府、州、县，每岁将应解钱粮起数先后，编次在册，务要差委的当人员，依次起解。其兑头水脚等项，照数交领，不行分毫侵克，仍将起解日期，预先报部，以凭查催。如有阿徇人情，滥差积年无籍之徒，及捏称总把杂职阴阳省祭等项名色领解，致侵银一千两以上者，降一级。若应解钱粮不即起解，因而别项挪用一千两以上者，亦降一级。五千两以上者，照不谨事例罢黜。其册报钱粮，已经解出，违限一年以上，不行追取批回者，官住俸，承行该吏革役。若听内外势要揽纳者，问发为民，干碍势豪，参究治罪。

（此条系明代问刑条例，顺治例128.01。雍正三年改定为条例122.04。）

条例122.04：直省巡抚

直省巡抚，每岁将应解钱粮起数先后，编次在册，务要差委的当人员，依次起解。其水脚等项，照数交领，不行分毫侵克，仍将起解日期，预先报部，以凭查催。若听内外势要官豪揽交者，问发为民，干碍势豪，参究治罪。

（此条雍正三年，将条例112.03改定。乾隆五年，以现今钱粮，皆金丞倅等官领批起解，并无揽交等事，因此删去此条。）

条例 122.05：在京刁徒光棍

在京刁徒光棍，访知铺行但与解户交关价银，辄便邀集党类数十为群，入门噪闹，指为揽纳，捉要送官，其家畏惧罪名，厚赂买灭，所费钱物，出在解户，以致钱粮累年不完。如有犯者，听经该各衙门拿送，法司查照打揽仓场事例发遣。

（此条系明代问刑条例，顺治例128.04。原文"听经该及缉事衙门"，雍正三年改为"各衙门"。乾隆五年，以现今钱粮金员起解，并无解户名目，亦无铺行交关等事，因此删去此条。）

条例 122.06：凡贡监生员

凡贡监生员，包揽钱粮，催收入己，拖欠国课者，不论分数多寡，俱黜革，发黑龙江当差。若包揽入己，拖欠至八十两者，拟绞监候。虽未入己，并无拖欠，亦黜革为民，枷号三月，杖一百，仍照所纳之数，追罚一半入官。至无知愚民，听人揽纳者，杖八十，追包纳之数入官。其不行查出之该管该，交部议处。

（此条雍正五年定。乾隆五年删。）

条例 122.07：州县官于每年十月终

州县官于每年十月终，令各乡里书，将所管纳粮名户各名下已完若干、未完若干开送，查对无差，即将完欠细数，分贴各乡里，使小民家喻户晓。倘有与串不符，许即执串具控，免其听人包纳之罪。或有包揽入己，或将应比之户，匿名免追，及胥吏洗补串票，以多报少等弊，查出按律治罪。州县官不将完欠细数，显示于民者，该督抚题参，交部议处。

（此条系雍正八年定。乾隆五年，查州县征收钱粮，自有实征流水等簿，开载详明。小民完粮，自有串票可凭，字号细数可对。且一里中花户以千百数，逐日征收，完欠不定，势难问遣。因此删去此条。）

事例 122.01：康熙元年覆准

凡地棍衙蠹侵蚀漕粮者，道府州县及厅仓监督等官，据实册报督抚、总督仓场及巡仓御史题参。若徇纵不报者，事发之日，一并题参议处。

事例 122.02：康熙四十五年覆准

一应捐纳钱粮，俱令本人亲身赴纳。如有包揽诓骗，以致钱粮亏缺，事发，限三个月完纳，照常发落。过期不完，发边远充军。

事例 122.03：嘉庆二十一年谕

御史胡承珙奏：请禁书役侵欠钱粮一折。直省州县征收钱粮，例应当堂给串，以免书役等包揽完纳、侵欺积欠之弊，乃竟有新任州县，私向库书、粮户挪借银两，归还私债，迨至开征时，即将串票交该书吏私征，抵还代借之项，以致书吏侵渔，弊端百出，积欠日多。该御史所奏，系属实在情形。著各督抚同藩司、道、府等，严密访查，如有新任州县，负欠私债，债主随同前往，向库书、粮户，私挪银两还欠者，即行参揭。开征之日，傥听信书役折串包征，亦即据实参办，毋稍徇纵。

成案 122.01：批回送验迟延〔康熙四十一年〕

户部覆直抚李光地疏：霸昌道郎廷栋解居庸关税银到户部，已经查收，发批在案，今该抚既称该道尚未送验，查呈验批回，并未定限处分之例，今该抚既照钦部事件扣限，将该道以迟延题参，应照事件不结逾限不及一月，罚俸三个月。

律123：虚出通关朱钞〔例17条，事例5条，成案3案〕

〔凡钱粮通完，出给印信长单为通关。仓库截收，则暂给红批照票为朱钞。〕

凡仓库收受一应系官钱粮等物〔原数本〕不足，而监临主守通同有司提调官吏，虚出通关〔给发〕者，计所虚出之数，并赃〔不分摊各犯〕皆以监守自盗论。

若委官盘点钱粮，数本不足，扶同〔监临提调官〕申报足备者，罪亦如之。〔亦计不足数，以监守自盗论，并赃。〕受财者，计〔入己〕赃以枉法从重论。

其监守不收本色，〔诈言奉文〕折收财物，虚出朱钞者，亦以监守自盗论。纳户知情，减二等，免刺，原与之赃入官。不知者不坐，其赃还主。

〔通上〕同僚知而不举者，与犯人同罪。〔至死减等。〕不知及不同署文案者，不坐。〔以失觉察论。〕

（此仍明律，小注系顺治三年添入。顺治律为129条。）

条例 123.01：凡各处巡按御史

凡各处巡按御史，每年一次委官查盘所属地方钱粮，及点闸、驿递、夫马等项，事完之日，各委官将查点过缘由，并问过罪名，通申巡抚知会。内有与各差御史，事体相关者，摘申各差御史知会，从一归结，不必另委官查点，致滋烦扰；亦不许委州、县正官，致妨职业。若各委官不悉心查点，审究赃数的确，但凭吏书故入人罪者，听抚按官应提问者提问，应参奏者奏请提问，降一级调用；情重者，革职闲住。查盘。奉旨新裁。

（顺治例129.01，顺治十八年废除巡按御史，此条废除。）

条例 123.02：凡仓库银谷

凡仓库银谷，督、抚、司、道、知府，年底以实在无欠申报，保题后有亏空，知府即行报参者，免其分赔。如不行报参，别经发觉，先著落亏空官追取。若亏空官家产尽绝，著落保题之上司官均行赔补。至起解银两及漕粮等项，如有亏空者，将解官、运官审明追取。如家产尽绝，亦著落该管上司均行赔补。若有藉端需索等弊，亦许下属通报，严究治罪。

（此条系康熙年间例。雍正三年定例，原载"给没赃物"律后，乾隆五年移附此律，增纂为条例123.03。）

条例123.03：凡州县仓库钱粮

凡州县仓库钱粮，责成知府、直隶州知州严行盘查，于每年奏销时，出具所管州县仓库实贮无亏印结，造册申详保题，仍令不时盘查，一有亏空，无论几时察出，立即列揭请参，免其治罪、分赔。如知府、直隶州知州通同徇隐，别经发觉，将知府、直隶州知州革职离任，先于本犯名下著追，勒限三年。如果家产全无，无力完帑，将未完银米等项，无论侵挪，俱著落知府、直隶州知州独赔。如止盘查不实，不行揭报，审系州县侵欺，将知府、直隶州知州照失察侵盗本例议处，免其分赔；审系州县挪移，亦先于本犯名下著追，勒限三年。如果家产全无，无力完帑，将未完银米等项，责令知府、直隶州知州分赔一半。如知府、直隶州知州查出亏空揭报司、道，司、道不即转揭，及司、道已经转揭，督抚不即题参，许知府、直隶州知州竟揭部院，将不转不参之督、抚、司、道议处，著令分赔。如督、抚、司、道明知州县亏空，不即报参，反为设法弥补，于本犯勒追限满之日，著落督、抚、司、道分赔，仍交部照例议处。

（此条系乾隆五年，将康熙四十四年、康熙五十九年，雍正六年先后定例汇纂，于条例123.03基础上增删。道光九年增修。"直隶州知州"系咸丰二年增加。）

薛允升按：此条与《户部则例》同。似应点明"侵盗"二字，将第二层无论侵挪一语及第三层自如止盘查不实至分赔一半等语，全行删去，修改明晰，列为一条。下条再将失察侵盗，不行揭报者，分出另为一例，挪移免其分赔者另为一例，较觉分明。列揭请参，州县亏空免议，徇隐州县，著落独赔，盘查不实，不行揭报，独非徇隐乎。再，此处明言失察，例内并未将"失察"二字列入，止云盘查不实，不行揭报，殊未明晰。挪移罪轻，侵盗罪重，失察侵盗之知府议处，免其分赔。失察挪移之知府，反令分赔一半，似未允协。且此条原例，止令分赔，并无处分，下条添入革职勒限著追之文，又有三限不完，不准开复，仍著落追赔银两之语，较失察侵盗之案，办理反严。再，此段系雍正六年定例。乾隆十六年又有挪移等项，止将该员拟罪著追，不必概令上司摊赔之例，系钦奉谕旨纂定，则失察分赔之例，即不得复行引用。尔时未将此层删除，以致彼此抵牾。通同徇隐，是否指已经出结而言。其未经盘查，出结之时即行发觉，自应以失察论矣。例内盘查不实，不行揭报，不以徇隐论，未知何解。或系盘出情弊尚未出结，亦未揭报，是以与失察一体同论。若盘查不实，已经出结，尚得谓之失察乎。从前亏空之案，有将数多者画出，作为挪移，数少者作为侵吞，故严定条例所以防此弊也。

条例 123.04：凡州县亏空审明确系知府徇隐

凡州县亏空，审明确系知府徇隐，独赔之项，将知府照例革职离任，本犯拟罪监追，勒限一年，令其赔补。无论本犯完补，或知府协同完补，但能于限内全完，系侵盗之项，本犯拟死罪者，照例减二等发落；拟军、流、徒、杖者，照例释免。若系挪移之项，至二万两以上者，本犯照例释免；未至二万两者，本犯照例准其开复。其徇隐之知府，亦照雍正二年八月内上司与本官一体开复之例，俱准其开复。如一年限内，无论侵欺挪移，本犯家产不能完补，即将本犯照现在未完之数，治罪发落，其未完银两，尽数著落徇隐之知府，勒限一年完补。若能于限内全完者，准其开复。如限满不完，再限一年完补。若能于二限内赔补全完者，照伊原职降一级调用；如二限内完不足数，再限一年完补。若能于三限内全完者，照伊原职降二级调用。三限既满之后，虽照数赔补全完，亦不准其开复。

（此条系雍正三年定。乾隆五年将之改定为条例 123.05。）

条例 123.05：凡州县侵挪亏空

凡州县侵挪亏空，审明确系知府、直隶州知州徇隐，应著落独赔之项，将徇隐之知府、直隶州知州革职离任。其州县亏空银米，依侵挪等赃年限，先于本犯名下尽数著落严追，一年限内全完，系侵欺之项，本犯拟死罪者，照例减二等发落；拟军、流、徒、杖者，照例释免。若系挪移之项，至二万两以上者，本犯照例释免；未至二万两者，本犯照例准其开复。其徇隐之知府，亦一体准其开复。如二限、三限补完者，本犯照例分别减等发落。若三年限满不能完足，本犯仍照原拟治罪。查实果系家产全无，无力完帑，将未完银米等项，著落徇隐之知府独赔，勒限一年完补。若能于限内全完，准其开复；限满不完，再限一年完补。若能于二限内赔补全完，照伊原职降一级调用。如二限内完不足数，再限一年完补；若能于三限内全完，照伊原职降二级调用。三限既满之后，虽照数赔补全完，亦不准其开复。

（此条系乾隆五年将条例 123.04 改定。乾隆五年修例时，以此即第一条奏销例内独赔之知府勒限严追之例，其照刑律监守自盗本犯勒限三年之处，已于前条改定，此条自应为分晰，因照原例修改。嘉庆六年，于"一年限内全完"下，加"除侵盗之案照监守自盗本例，分别年限完缴数目办理"二十二字。嘉庆十九年改定。道光二十四年，于"知府"下加"直隶州知州"五字；"本犯仍照原拟治罪"改为"本犯照现在未完之数治罪"。）

薛允升按：此专指徇隐之府州独赔而言。革职勒赔，即所以治其徇隐之罪也。一年限内全完者，准其开复，二、三限内全完者，分别降调，限满，虽照数全完，不准开复，已足蔽辜，是以并不科罪。原其代人徇隐，究与自行侵亏不同也。后又定有分别科罪之例，未免太严，似亦应照上条修改。专言侵亏，不必牵及挪移一层，以免混淆。律既分列两门，而例仍一体同科，亦嫌未协。再直隶州亦有经征钱粮，如有侵挪徇隐之该管道，是否照此办理之处，《户部例》有专条，刑例无。《处分例》州县侵欺钱粮，府、州扶同出结者，尽数赔补，分别全完、不完为一条。州县侵欺钱粮，府州失于觉察，分别全完，不全完为一条。道员徇隐、失察为一条。州县挪移钱粮，府、州扶同出结，尽数赔补为一条。道员另为一条，似较明晰，应参看。

条例 123.06：凡州县挪移亏空钱粮

凡州县挪移亏空钱粮，该管知府革职分赔者，亦先在本犯名下，勒限一年追补，限内全完，将本犯分别侵挪，照例发落开复。如限内本犯止完足一半，或完过一半，例得开复者，仍照例俟知府赔完之日，俱准其开复。如本犯限内全无完补，及完不足一半者，仍照例将本犯监追，照伊原亏空之数，令知府分赔一半。其知府分赔一半银两，勒限一年完补，限内全完，准其开复。如限满不完，再限一年完补。若能于三限内全完者，照伊原职降一级调用。如三次限满不完，及本犯名下应追银两未完者，俱不准开复，未完银两，仍著落伊等名下追赔。

（此条系雍正三年定。乾隆五年改定为条例 123.07。）

条例 123.07：凡州县挪移亏空（1）

凡州县挪移亏空，审明系知府不行揭报，应著落分赔之项，将知府革职。其亏空银米，仍依挪移亏空年限，先于本犯名下，尽数著落严追。一年限内全完，将本犯及不行揭报之知府，俱照例准其开复；二限、三限补完，本犯照例分别发落；若三年限满不能完足，本犯仍照原拟治罪。〔按：与上条重复。〕查实果系家产全无，无力完帑，将未完银米等项，著落不行揭报之知府分赔一半，其余一半，入于无著项下完结。其知府分赔一半，勒限一年完补，限内全完，追其开复。不完再限一年完补，若能于二限内全完者，准其开复，于补官日罚俸一年；如二限内完不足数，再限一年完补，若能于三限内全完者，照伊原职降一级调用；如三次限满不完，不准开复，未完银两，仍著落追赔。

（此条系乾隆五年将条例 123.06 改定。道光七年再增定为条例 123.08。）

条例 123.08：凡州县挪移亏空（2）

凡州县挪移亏空，审明系知府、直隶州知州不行揭报，应著落分赔之项，将知府、直隶州知州革职。其亏空银米，仍依挪移亏空年限，先于本犯名下尽数著落严追。一年限内全完，将本犯及不行揭报之知府、直隶州知州，俱照例准其开复；二限、三限补完，本犯照例分别发落；若三年限满不能完足，本犯仍照原拟治罪。〔按：与上条重复。〕查实果系家产全无，无力完帑，将未完银米等项，无论侵挪，著落不行揭报之知府、直隶州知州分赔五成，其余五成，著落失察道员分赔二成，藩司分赔二成，巡抚分赔一成。其知府、直隶州知州分赔银两，勒限一年完补，限内全完，准其开复；不完，再限一年完补。若能于二限内全完者，准其开复，于补官日罚俸一年；如二限内完不足数，再限一年完补。若能于三限内全完者，照伊原职降一级调用；如三次限满不完，不准开复，未完银两，仍著落追赔。至巡抚、司、道分赔银两，均照代赔例限，按银数多寡，分年完缴。傥有两案著赔，准将前案银两依限缴完，再行续接追缴。

（此条系道光七年，将条例 123.07 增定。）

薛允升按：《户部则例·库藏门》分成、赔补二条可与此互相发明。"一、州县亏空银米，无论侵挪，查明实系家产尽绝不能完交者，将未完银数，作为十分，照例著落不行揭报之知府，分赔五成。其归入无著项下之五成，令失察之道员分赔二成，巡抚分赔一成，均照代赔例，按限银数多寡，分年完交。若有两案著赔，前案银两依限交清之后，再行按续完交。"按此条与刑律同。"一、直隶州亏空仓库，限满无完，作为十成，该管道员，照知府例，分赔五成。藩司分赔二成，巡抚分赔一成。其余二成，归入无著项下完结。"按此条刑例所无。此专言挪移一项，欺侵并不在内。挪移出纳门，追赔拖欠各项银两，分别银数，〔三百两至五千两以上〕按限完交〔半年至五年〕。此例不分银数多寡，统限三年追完。《户部则例》则云："按银数多寡，按年完交"，与彼门内所载，八旗直隶应交欠项人员，如事属因公，核减分赔、代赔一条相符。刑例此条，未将按银数多寡二层列入，而彼条又止言拖欠各项，并未添入分赔代赔字样，遂不免彼此参差，不如《户部则例》之明显。似应删改为："州县侵亏，知府并非徇隐，止系盘察不实，不行揭报及失于觉察者，将知府革职离任"云云。仍删去挪移一层。其亏空银米，先于本犯名下尽数著追。限满不能完足，查实果系家产全无，将未完银米确数，著知府云云。府州分赔即系挪移之项，与徇隐案内独赔之项不同。下又云，无论侵挪，似未明晰。此处按成分赔，与前条不符。分别开复、降调之处，亦与上条互相参差。未完银两仍著追赔，并无治罪之语，与下条亦属不符。《户部例》知府分赔一半，其余一半，入于无著项下完结，而分成赔补条下，又载明令司道、巡抚按成分赔，亦与此例相同。

条例 123.09：各省属官亏空

各省属官亏空，上司明知故纵者，令徇隐之上司各赔一分。

（此条系雍正五年定。乾隆五年，查州县亏空钱粮，上司有分赔之例，盖因或系徇隐于平日，或由疏忽于盘查，故令赔补。且虑本犯业已花销，无力全完，若非上司分赔，则钱粮终无著落，然不过追足原亏之数而止。今照此例，州县亏空一千，上司各赔一千。州县亏空一万，上司各赔一万。知府所属或数县，或数十余县不止，至督抚司道则统辖全省，若遇有亏空令其逐案照数全赔，力有不能，于钱粮终属无益。现经河南巡抚尹会一奏请停止，此条无庸纂入。黄册进呈后，奉旨仍行纂入。）

薛允升按：《户部例》同。

条例 123.10：州县亏空钱粮除因公挪移

州县亏空钱粮，除因公挪移，知府通同徇隐，及明知州县亏空，不即参揭，反为设法弥补之巡抚、司、道，仍照定例赔补外，其审明实系侵盗，将未行查揭之知府，照失察侵盗本例议处，免其分赔。

（此条系雍正六年定。乾隆五年并入"奏销盘查"例内，此条删。）

条例 123.11：凡新旧交代

凡新旧交代，如果米谷收存不慎，官物遗失不全，〔按，专指此二项而言，与损坏仓库财物条参看。〕立即揭报题参，于旧官名下著追。如已经后官接受出结，米谷霉变，官物短少，著落接任出结之官，按数赔补。

（此条系乾隆二年，户部会同刑部遵旨议准定例。）

薛允升按：此交代之所以不易出结也。与挪移门州县交代一条参看。《户部则例·库藏门·盘查》条："典守仓库钱粮官物，于接收交代后，有霉变失少者，即著落接收交代官及徇庇之上司，按数分赔。不得因霉失数多，摊派旧任官赔。"交代各条，《户部则例》言之最详，亦应参看。

条例 123.12：各府仓库钱粮

各府仓库钱粮，于每年奏销时，责成各该道盘查；直隶州钱粮，责成分巡道盘查；粮驿道钱粮，责成布政使盘查；藩库钱粮，该省有总督者，督抚会同盘查，无总督者，巡抚盘查。其总督有管辖两三省者，或隔二、三年，或隔三、四年，于题明巡查地方事情之便，会同盘查，出具印结，于奏销本内一并保题。傥有扶同徇隐，及盘查不实，不行揭报，俱照州县仓库例行。如有抑勒、挪借、滥动，以致亏空者，许据实通详，揭送各部院奏闻，严加议处，责令赔补。

（此条系乾隆五年修例时，以前条已将盘查州县仓库之例详载，则司、道、府、州盘查之例，亦应备列于后。雍正五年刻本，皆未经加载，因将现在遵行各条汇纂为例。）

薛允升按：上条专言盘查州县仓库钱粮，而未及别衙门，故另立此条，与《户部则例》同。《户部例》又有州县等仓库钱粮实存数目，每三月申报一次一条，刑例无。照州县仓库例行，亦应分别通同徇隐及盘查不实，著落独赔分赔矣。藩库钱粮一层，系雍正元、二年定。

条例 123.13：凡顺天府所属二十五州县卫钱粮事件

凡顺天府所属二十五州、县、卫钱粮事件，俱令该府尹稽察，仍于报销时，直督会同府尹，互相查核，列衔具题。其督征完欠分数考成，与直督一例办理。

（此条系乾隆十三年，户部奉上谕议定条例。）

薛允升按：此条专为顺天钱粮，府尹会同直督具题而设，至刑名事件，向归直督具题，而例无专条，似应补入。

条例 123.14：凡该年奏销钱粮

凡该年奏销钱粮，各上司照例盘查出结外，再将各属现年已征一切正耗、杂项、钱粮、谷价等银，一体清查。如无缺少，一并出具结状，申送督抚查核。如有挪移抵饰，据实揭参。该管上司扶同徇隐，照例参处。其知府有经征之项，盘查道员，亦照守牧盘察州县之例，一体查办。各省督抚于奏销钱粮清查司库时，将本年新收各项钱粮一并盘查，声明并无挪新补旧情弊，出结保题。

（此条系乾隆十三年，户部议准湖北巡抚彭澍葵条奏定例。）

薛允升按：此为防挪新掩旧情弊而设。甲年钱粮，例应乙年五月奏销。而乙年已经开征，遇有旧粮拖欠，规避处分，挪新掩旧事所不免，故定立此例。然既恐挪新掩旧，似应移入挪移门内。

条例 123.15：凡各省亏空案件

凡各省亏空案件，审系侵贪入己者，本犯无力完交，令该上司等分赔。其挪移及仓谷泡变等项，止将该员拟罪著追，不必概令上司摊赔。

（此条系乾隆十六年遵旨定例。）

薛允升按：与第一条例文不符，应参看。上条例文在先，此条在后，且系奉旨纂定，自应将上条删改画一。尔时未经改正，以致披此参差，反有高下其手之弊。此后分赔代赔之例，仍不一而足，均不照此办理，吏、户等部，亦各有专条，俱与此例互相参差。然例文愈严，而分赔代赔者愈少，亦具文耳。

条例 123.16：各省督抚每于年终将所辖属员内通行查察

各省督抚，每于年终，将所辖属员内通行查察，有无亏空之处，据实汇奏。

（此条系乾隆三十二年遵旨定例。）

薛允升按：《户部则例》同。汇奏后，如有亏空若何议处，例无明文，自应仍照前例参办矣。

条例 123.17：凡知府直隶州知州失察属员亏空

凡知府、直隶州知州失察属员亏空，及本犯实系因公挪移者，仍照原例办理外，其知府、直隶州知州，通同徇隐州县侵欺仓库钱粮者，著落代赔之项，若三限已满，尚未赔完，该督抚取具家产全无印甘各结保题，即将革职代赔之知府、直隶州知州，按其已未完交分数治罪。以十分为率，如未完之数在五分以内者，杖一百；至六分者，杖六十、徒一年；每一分加一等，十分无完者，杖一百、徒三年，均不准纳赎。如能依限赔完，仍照律准其分别开复、降调。

（此条系乾隆十五年，奉上谕议定条例，专指亏空而言，原载"挪移出纳"门内。咸丰二年移附此门，并于例内"各知府"下，均添入"直隶州知州"字样。）

薛允升按：属员亏空徇隐之上司，例止勒限追赔，并无治罪之文，以赃未入己，无从计算科罪也。若以属员侵亏之数，科该上司以入己之条，似属未协，故罪止革职责赔。此例于限满未完之后，加重拟徒，是原例已重，此例又加严矣，殊未平允。再代赔之赃，如统计一万，已完过五千，未完仍在五分，自应照此例拟杖一百。倘统计系一千、二千已完过四百及七、八百，未完者尚在六分以上，即应拟徒。或十分无完，虽赃数较少，亦拟满徒，尤未平允。再，尔时侵亏之案，办理最严，本员因此伏法者甚多，即分赔独赔之上司，如限满不能完交，即分别拟徒，立法最为严厉。嘉庆四年改章以后，非特本员并无死罪，即分赔代赔之例，亦俱成具文矣。即有奏明按限监追者，而俱系通融办理，本人非特不在监狱，久之亦并不在本省，官款悉化为乌有。本门所载各条，从无引用者，物极必反，其理然也。

事例 123.01：雍正三年议准

自雍正四年为始，凡有州县亏空，该督抚审结具奏时，将该管上司应否分赔，俱行查明，一并具题。若不声明具题，即将该督抚交与吏部照徇庇例议处。

事例 123.02：雍正五年议准

嗣后借粜仓粮，应将每年春间借出谷石，自秋收之后，勒限征比，务于十月底全数完纳，造具册收送部。年底令知府、直隶州知州，亲往盘查。其府州仓谷，责令该管道员盘查，出具印结申报。如逾限不完，或捏造册收，即行揭参议处，在该员名下照数追赔，仍令欠户照数完纳。如系顽绅、劣衿、奸牙、积蠹，将佃户家人姓名影射，每名揭谷四、五斗，零星领出入己，积至二、三十石者，其绅衿即行黜革，所欠谷石，加倍追还，枷责治罪。如该管上司不行揭参，照徇庇例议处。再，出粜仓粮之时，严禁囤积，如有奸商势豪串通牙蠹，囤积射利者，该地方官即行访拿，按律治罪。该地方官不严行查禁，该督抚即指名题参，照溺职例议处。若不肖州县，以粜借为名，掩饰亏空，该督抚即行题参，严审是侵是挪，分别定罪。该管道、府、直隶知州，如有徇庇隐匿，照例议处，将所亏仓谷，著落分赔。如道、府、州已经揭报，而督抚不行题参者，将督抚照徇庇例议处，亦照例分赔。

事例 123.03：乾隆十六年谕

正蓝旗议奏：参革桂林府知府张永熹名下，应追分赔原任临桂知县徐上达亏空挪移银两，现无家产，请交广抚于分赔各员名下，再为摊赔一折。向来属员亏空，本人不能完，责令上司分赔归项，所以惩失察而儆官邪，原系从前旧有之例。朕御极之初，于亏空案内分赔、代赔各项，多从宽宥，地方官不能体朕格外加恩之意，因循姑息。近年来转有簠簋不饬，竟将国家帑项，蔑归私橐者。此等贪黩之风，不可不力为整顿，是以按照定律，惩一儆百，期于辟以止辟。乃臣工等又不免意涉揣摩，遂将属员亏空之项，概议上司分赔，于政体未为允协。盖上官有察核属员之责，地方官实系侵帑自肥，及因事蔑赃者，上司平时漫无觉察，自当按数分赔，以昭惩创。至于挪移霉烂之款，既非侵贪重案可比，亦寻常牧令所不能免之事，将该员律拟勒追，已足示惩儆。若概令上司分派赔补，揆之情理，殊失其平，非禁戢贪婪之本意。且此等案件，经部臣行令分赔之后，仍不免迁延日久，终以产绝无追，具结请豁，是又有名无实，徒增案牍之烦耳！于事何益。嗣后亏空案件到部，应详加查核，其有实在侵贪入己之劣员，仍令该上司等分赔，不得稍为宽贷。其它如挪移款项与仓谷霉变等事，止将该员拟罪著追，不必概令上司分摊赔补，致滋扰累。朕经理庶务，应宽应严，惟在得乎情理之正，从无畸重畸轻之见存于其间也，特此详谕中外知之。

事例 123.04：乾隆三十二年谕

据期成额等查审冯其柘亏空至二万余两之多，李因培授意张宏燧代为弥缝报少，及赫升额令属员帮同弥补一案。徇法营私，实出情理之外。州县亏空，本有应得之罪，若私自通同帮补，既使劣员幸逃法网，且必复赔累他人，效尤侵蚀，弊将无所底止，深可痛恨。上年山西段成功亏帑累累，各属帮银填补，业经大加惩创，不料未及一年，湖南复有此案，可见外间上下扶同之习，固结不解，各省皆然，吏治尚可问乎！从前州县侵亏挪掩之弊，锢习相沿，经皇考御极，严加整顿，始得肃清。朕方谓谨守成规，即可臻大法小廉之治，而刑法世轻世重，张弛互用，道亦宜然。不意近年藐法欺蒙之案，屡惩屡犯，此未必非因朕三十年来水弱易玩所致。如此则不得不力为整饬，朕亦非不能振纲弛纪者也。督抚为封疆大臣，藩司为钱粮总汇，一省之察吏纠贪，乃其专责，如遇属员侵亏帑项，据实参劾，则属员自必共知顾忌，何难使诸弊澄清？况督抚等皆朕所简畀，深加倚任之人，亦何忍不共励天良，力持公正，而乃专事弥缝，通同徇隐，甘蹈欺罔重罪而不辞，是使朕竟无其可信之大臣，亦伊等不能承受朕恩，享安静无事之福也。试思督抚膺高爵厚禄，待之不为不优，而幸际升平，并无折冲宣力之事，宴然坐享丰盈。其稍可自效者，不过正己率属，共矢洁清，乃尚不思殚竭丹诚，秉公尽职，又安用此督抚为耶！现在已经发觉之案如此，则各省之匿而未发者，大略相同。非朕之必欲逆诈亿不信，实伊等甘于自欺，致不见信于朕耳！此等贪黩欺蒙之弊，天道昭彰，无不自然败露，随时严治，未尝不可肃国典而儆官邪。然与其犯而后惩，莫若先为明切申戒。著传谕各督抚，即就所辖属员内通行查察，将有无亏空，据实保奏。计伊等此次覆奏，亦未必遽肯和盘托出，即如前次查覆首邑赔垫一事，明知其未可尽信。朕惟将各折批交该部，以待将来证验。此次各省所奏实与不实，朕仍姑不深究。奏牍既陈，祸福惟听其自取，将来或别经犯案，惟于覆奏之该督抚是问，毋谓朕言之不豫也。嗣后兵著年终将属员有无亏空之处，汇奏一次，以重责成。著为令。

事例 123.05：嘉庆六年谕

张诚基奏：查明通省仓库实数咨部分别追补一折。所奏大谬，无此办法。各省钱粮仓库，原应存贮充实，不得丝毫短少，设稍有亏缺，该督抚本当据实参办。至于"弥缝"二字，原不可直达朕前，岂可公然咨部办理！近年直隶差务殷繁，各州县辗转挪垫，以致仓库亏短，事非一时，官非一任，特降旨将亏空各员姑免治罪，分别亏项多寡，予限著追，此乃格外恩施，曾明降谕旨，他省不得援以为例。今张诚基竟欲仿照此案，咨部办理，巧为尝试。试思江西地方安静，年岁屡丰，并未有需费浩繁之处，何以自乾隆四十一年至嘉庆四年，各州县亏空银数，至八十三万余两之多。张诚基身任江西巡抚，已阅多年，盘查仓库无亏，俱有奏案可据，今乃亏短如许之多，安知非该抚任内各州县任意亏缺，归咎前人？作为历任亏项，思以罚不及众，为属员开脱，而折内尚云不能以咨部为自占地步之计，其谁欺乎！张诚基著传旨申饬。各省亏空，朕所以不即严办者，原以各该督抚自顾考成，明知所属仓库短缺，断无不上紧筹办之理。果能不动声色，全数补完，何必因此辄兴大狱。乃各督抚等竟似一经奏明，即有恃无恐，置身事外。上年荆道乾、岳起皆以仓库亏短咨部，经部臣具奏，降旨严饬，张诚基岂未闻乎？今竟敢一面奏闻，一面咨部，岂以如此办理，伊即能幸免罪戾耶！该抚如果欲明办亏空，应即彻底清查，将因何亏短，从前何以不行参奏缘由，和盘托出，据实陈奏，朕不难将该省大小官员一并严办，以儆其余，惟在督抚自行酌量耳。倘或藉弥补为名，侵害闾阎，扰累地方，致生事端，亦必先将该抚治罪，再将不肖地方官一体严办，毋谓诰诫之不早也。张诚基原折著掷回，其咨部之案，亦著部臣速行驳回。

成案 123.01：漕粮未完牵混〔康熙二十八年〕

吏部议偏抚兴永朝疏：湖广漕粮正耗米银，岁内全完，将督粮道赵廷标等听部议叙，本部以沔阳、岳州二卫尚有未完银两，行令查明再议去后，今该抚疏称湖南康熙二十六年分漕项钱粮，各州县俱已全完，而卫所尚有未完，该道造报册内，未经声明，前任粮道赵廷标难辞牵混，该抚并不详查明白，以岁内全完具题，不合。应将湖南粮道升陕西督粮道、大计休致赵廷标，照例革去职衔，偏抚兴永朝照例降一级调用。奉旨：兴永朝著降一级，从宽留任，余依议。

成案 123.02：钱粮捏报起解〔康熙二十八年〕

吏部议江抚洪之杰疏：昆山县减存麦折银两捏报起解，准昆山县知县杭允佳，转详之苏州府胡世威，应交部议，将胡世威照例降二级调用，其从前具题之巡抚职名，应令该抚查明，具题到日再议。

成案 123.03：以钱纳银〔康熙四十四年〕

刑部看得：息县知县革职鞠宸枢，亏空康熙四十二年地丁银二千四百九十三两，据河抚赵弘燮疏称，鞠宸枢委系息县地处偏僻，小民完赋乏银，许以制钱交纳，易银起解，非修理城池等项动用钱粮者可比，是以未经详报，及被参摘印，换银未回，署官盘查时，鞠宸枢曾以换银未到情由相告，署官因库无实存，不敢轻信，遂报亏空，后换到银两，即照数完解，委无侵盗情弊等因。鞠宸枢依监临主守不正收正支挪移出纳还充官用者，并计赃准监守自盗论，罪止杖一百、流三千里，免刺律，杂犯应总徒四年，但于大计革职，应照律折赎。

律124：附余钱粮私下补码

凡各衙门及仓库，但有附余钱粮，须要尽实报官，明白〔立案于〕正收〔簿内另〕作数〔支销〕。若监临主守，将增出钱粮私下销补别项事故亏折之数，瞒官作弊者，〔不分首从〕并计赃，以监守自盗论。〔其亏折追赔还官。〕

若内库收受金帛，当日交割未完者，〔不许带出〕许令附簿寄库。若有余剩之物，本库明白立案正收，开申户部作数。若〔解户〕朦胧擅将金帛等物出外者，〔不分多少〕斩。〔杂犯，准徒五年。〕守门官失于盘获搜检者，杖一百。〔金帛等物，追还官。〕

（此仍明律，小注系顺治三年添入．顺治律为130条，原文"内府承运库"，雍正三年、乾隆五年修改为"内库"。）

律125：私借钱粮〔例8条，事例1条，成案3案〕

凡监临主守，将系官钱粮等物，〔乃金帛之类，非下条衣服之属〕私自借用或转借与人者，虽有文字，〔文字兼文约，票批、簿籍。〕并计〔所借之〕赃，以监守自盗论。其非监守之人借者，以常人盗仓库钱粮论。〔监守坐以自盗，非监守止以常人盗，追出原物还官。〕

若将自己对象抵换官物者，罪亦如之。〔自己物件入官。〕

（此仍明律，小注系顺治三年添入。顺治律为131条，原文小注"自己物件亦入官"，乾隆五年修改为"自己物件入官"。）

条例125.01：凡管民地方官员借用官银

凡管民地方官员，借用官银，初次逾限不能完者，即令离任，限一年还完，开复。若限内不完，革职，著落家产还完。旗员交与该旗催追，汉官交与该督抚催追。

（此条系康熙四十六年刑部议准例。雍正三年定例。）

薛允升按：私借官钱粮，律有专条，此例特为一年还完，准予开复而设。与挪移正自相类，第挪移之项，均指还充官用，不入己而言。若因私事借用官银，似当有别。《处分则例》略同。

条例125.02：凡州县卫所亏空钱粮

凡州县卫所亏空钱粮，如果民欠未完捏报全完，或私自借给百姓仓粮，其私借钱粮之员，及捏报官员，应照虚出通关朱钞律，计所虚出之数并赃，皆以监守自盗论。其实在民欠、民借，仍著落原借欠之人完纳。其挪移钱粮有项可抵者，即令接任官催征补项。若捏报、私借、挪移之项，该员情愿一年内代民全完者，准其复还原职。

（此条系康熙五十六年户部议准。雍正三年定例。）

薛允升按：此例亦因其并未入己，故仍准开复也。挪移另是一项，与借欠无干。定例之意。本为亏空案多，钱粮不能完结而设，故于亏空项内摘出民欠民借及挪移等项，分别言之，原其与侵盗不同故也。

条例 125.03：府州县春间借出仓谷 （1）

府州县春间借出仓谷，秋收后勒限征比，务于十月中全完，造具册收，送户部查核。每于年底令知府、直隶州知州，盘查所属州县，令该管道员盘查所属州府，出具印结申报。如逾限不完，或捏造册收，即行揭报议处，在该员名下照数追赔，仍令大户照数完纳，如顽绅、劣衿、奸牙、积蠹，将家人、佃户影射，借谷入己，积至二三十石者，绅衿即行斥革，一并加倍追还，枷责治罪。其代为造册之乡保地方，有无受赃，分别治罪。如该管上司不行揭参，交部议处。

（此条系雍正五年，户部议覆河南总督田文镜奏准定例。乾隆五年删改为条例 125.04。）

条例 125.04：府州县春间借出仓谷 （2）

府州县春间借出仓谷，秋收后勒限征比，务于十月中全完，造具册收，送户部查核。如有绅衿及牙行、蠹役，将家人、佃户姓名影射，零星领出入己，积至二、三十石者，绅衿斥革，牙行、蠹役枷号一个月，责四十板，俱照追入仓。其代为造册之乡保地方，有无受赃，分别治罪。该管上司不行揭参，交部议处。

（此条乾隆五年，将条例 125.03 删改。）

薛允升按：此专为出借仓谷而设，本为出陈易新，遂致诸多流弊。始则弊在绅衿、牙行人等，近则弊不在绅衿，而在官府矣。绅衿等黜革、枷责，与《户部则例》同。惟《户部例》有吏胥捏领，州县失察者，所领米各著落州县赔还，仍照例议处，刑例无。又，《户部则例》常平仓谷，每岁春借秋还，严禁州县毋许按户勒派、克扣、浮收，及常平各仓出借、平粜各事宜，备极详晰，应参看。《处分则例》粜借仓谷各条，亦应参看。

条例 125.05：亏空人员家产全无

亏空人员家产全无，除实系近年债负，原借欠约中保可凭，方准追抵。其有将远年无凭书札、记簿指为欠项，混请开抵者，概不准行。至于亲友馈送、抽丰之类，既无契券，又无中保，概停开报。地方有司，如有嘱托徇情，听从开欠，妄拿无辜追比者，照故勘平人律治罪；受贿得赃者，计赃以枉法从重论。其因规避处分，指引开欠者，承追官照藉端将亲族滥行著落追赔例问拟，该管上司官，交部分别议处。

（此条系乾隆元年，刑部议覆御史福德条奏定例。乾隆五年，将之改定为条例 125.06。）

条例 125.06：亏空人员

亏空人员，除查明家产尽数追赔外，如有属员借支、借领，及同官挪借出有印领者，将所有借欠之项，责令追还，以抵该员亏空，仍分别议处。至平日债负，或帮助亲友，及同官私借，虽有文约、书札、记簿，并无印领，止许自行取讨，若混请开抵亏空者，无论远近年分，概不准行，仍将本人照图赖诬扳治罪。地方有司听从开抵，妄拿无辜追比者，照故勘平人律治罪。受贿得赃者，计赃，以枉法从重论。其因规避处分，指引开欠者，承追官照藉端将亲族滥行著落追赔例问拟。该管上司官，交部分别议处。

（此条系乾隆五年将条例 125.05 改定。）

薛允升按：《户部则例·完欠门》："官员一切应赔库项，开欠抵追，如所开之欠，查明实系公帑，其借欠之人当日具有借欠印领者，应照数追还。并将借欠之员，分别议处。若系平日私债、或系已资帮助亲友，以及同官私借，虽有文约，并无印领者，无论远年近年，有无确据，一概不准私抵。"此开抵欠项，分别公私之例。照图赖诬扳例，即系隐瞒入官家产第一条例文也。第彼条止云从重治罪，亦未叙明。藉端将亲族滥行著追，系照违制律，亦见彼门，均应参看。

条例 125.07：凡遇地方荒歉

凡遇地方荒歉，借给贫民米石谷麦，或开垦田土，借给牛具、籽种，以及一切吏役兵丁人等办公银两，原系题明咨部，行令出借。倘遇人亡产绝，确查出结，题请豁免。如有捏饰侵渔，以及未经报明，私行借动者，即行题参，按律治罪。

（此条系乾隆元年，户部会同刑部遵旨议准定例。）

薛允升按：此分别豁免之例。

条例 125.08：凡支销钱粮

凡支销钱粮，均有一定款项额数。如有违例开销，著落擅动滥给之员赔补。倘上司官因为数繁多，一人不能归结，派令属员公捐还项，或逼令接任官按股份赔，将抑勒之上司官照例治罪。

（此条系乾隆元年，户部会同刑部遵旨议准定例。）

薛允升按：此分别不应追缴等项，防摊派之弊也。应治何罪，并未叙明。

事例 125.01：道光十九年谕

前因宁夏前锋依克唐阿控告该旗协领等克扣兵饷，牵涉将军和世泰、副都统存华，当派刑部尚书隆文驰往甘肃，会同将军特依顺、副都统恒通严行审讯，究出和世泰、存华有私行借给兵丁库银，从中扣留情弊，降旨将和世泰等革职拿问。随据该尚书等讯明侵用银钱赃据，并起获历年实帐，按律分别定拟。复令大学士、九卿会同速议。兹据穆彰阿等奏称，应如该尚书等所议，将和世泰、存华照例拟斩监候等语。此案已革将军和世泰，已革副都统存华，俱系朕特加简任，宜何如洁己奉公，督率僚属，乃于署内营造，无论是否办公之所，一律谕令协领等兴修，致协领等借钱垫办，挪动库项，藉词接济兵力，扣留归款，办稿阅画，并片传佐领于月放饷银及马料尾零变价内，按名摊扣。又违例接受生辰婚娶银两，辜恩负职，黩法营私，莫此为甚。和世泰以一品大员，曾在内廷行走多年，贪婪无耻，丧尽天良。存华以二品大员，附和婪赃，尤为可恶，核其情节，厥罪惟均。和世泰、存华著照议依监守盗仓库钱粮入己，数在一千两以上，斩监候例，拟斩监候，交刑部、宗人府勒限一年追赃。如限内全完，即著请旨将和世泰、存华遣戍。傥限满不能全完，即著入于明年秋审情实办理。已革协领兼佐领哈兴阿、富忠阿、玺达富、勒炳阿，倭兴阿，佐领那朗阿、廉明、春格，俱著发往新疆效力赎罪。

成案 125.01：解补自已降俸〔康熙三十五年〕

刑部议楚抚吴典疏：沔阳州革职知州熊纶，部覆以熊纶将饷银解补，自已降俸，与因公挪用不同。又江南龄借支俸工银两，系起用钱粮，非熊纶私借财物，照求索借贷部内财物律，拟杖，不符，行令再加确拟，将熊纶等改拟徒罪具题。熊纶将饷银四十一两三钱解补，自已降俸。江南龄私借钱粮九十四两，俱依监临主守，将系官钱粮私自借用，或转借与人者，并计赃以监守自盗论，四十两斩，系杂犯，准徒五年律，应各徒五年，江南龄已经别案拟徒五年，应免重科。错拟承审各官，后经驳审改正，毋容议。

成案 125.02：侵扣钱粮百姓代完免罪〔康熙四十一年〕

刑部覆陕抚鄂海题：刘芳溥等叩阍代完拟斩监候原任知县关琇侵扣籽粒银两一案。奉旨：刘芳溥等从宽免其处分，关琇居官著移咨该抚，若居官好，照百姓所请，完纳银两免罪，居官不好，仍照前监候。钦此。亲询百姓王克敬等，俱称知县关琇居官甚好，百姓感恩，其侵扣籽粒银两，情愿代完等因。查该抚既称关琇做官甚好，百姓感恩，情愿代完赃银等语，相应移咨该抚，将关琇侵扣银两，向民人刘芳溥、王克敬等，照数完纳，将关琇免罪报部。

成案 125.03：解任帮父完饷〔康熙四十四年〕

吏部议江督阿山疏：太平府通判陆维锷，因父亲现任广东运使陆曾亏空盐帑，现奉参追，该员详请自愿离任，赴伊父任所，帮父清理，俟完饷之日补用等因。查得臣部将此在外官员，并无题请准行解任复补之例，但钱粮关系，应如该督所题，将陆维锷解任，前往伊父任所，速完饷银，俟完饷之日，复行补用。

律 126：私借官物

凡监临主守，将系官什物、衣服、毡褥、器玩之类，私自借用，或转借与人，及借之者，各笞五十。过十日，各〔计借物〕坐赃论，减二等。〔罪止杖八十、徒二年，各追所借还官。〕若有损失者，依毁失官物律，坐罪追赔。〔有心致损，依弃毁官物计赃，准窃盗论，加二等，罪止杖一百、流三千里。误毁及遗失者，减弃毁之罪三等，杖八十、徒二年，并追赔。〕

（此仍明律，小注系顺治三年添入。顺治律为132条，原文小注"损以弃毁官物论，加窃盗二等，罪止杖一百、流三千里。失以遗失官物论，减弃毁三等，罪止杖八十、徒二年，俱追赔"，乾隆五年改定为"有心致损，依弃毁官物计赃，准窃盗论，加二等，罪止杖一百、流三千里。误毁及遗失者，减弃毁之罪三等，杖八十、徒二年，并追赔"。）

律127：挪移出纳〔例23条，事例6条，成案2案〕

凡各衙门收支钱粮等物，已有文案，〔以备照〕勘合。〔以行移、典守者自合依奉出纳。〕若监临主守不正收、正支，〔如不依文案勘合〕挪移出纳，还充官用者，并计〔所挪移之〕赃，准监守自盗论，罪止杖一百、流三千里，〔系公罪〕免刺。

若〔各衙门〕不给半印勘合，擅出权〔宜票〕帖〔关支〕，或给勘合，不立文案放支，及仓库〔但据权帖〕不候勘合，或已奉勘合不附簿放支者，罪亦如之。〔各衙门及典守者，并计支放之赃，准监守自盗论。〕

其出征镇守军马经过去处，〔合付〕行粮草料，明立文案，实时应付，具数开申合干上司准除，不在擅支之限，违〔而不即应付〕者，杖六十。

（此仍明律，其小注系顺治三年添入。顺治律为133条。）

条例127.01：凡有司挪移钱粮捐升

凡有司挪移钱粮捐升，并为子弟纳职者，将该员照侵欺例治罪，子弟所捐职衔革去。该管上司通同徇隐，勒逼接任收受者，或被纠参，或被首告，将上司交与该部严加议处，缺欠银两，勒限分赔。

（此条雍正元年定，乾隆五年删。）

条例127.02：凡直省各官应征钱粮

凡直省各官，应征钱粮，民欠未清，经督抚题请革职留任，以清欠项之员，勒限一年催收。能于限内收补足数者，准其开复。如于留任后一年限满，不能照数催收全完，即行革任，以未完分数，照收粮违限律议罪；督催各官，交部议处。本员留于该处与新任接催之员，再限一年严催，期满又不能完，即将该员照所议治罪，接征官照例议处。傥实系侵挪，而捏称民欠，该督抚不能觉察，题请革职留任者，一经发觉，审实，将该员即行正法，其题留督抚亦从重治罪。

（此条雍正五年定，乾隆五年删。）

条例 127.03：上司逼勒所属

上司逼勒所属，挪移库银，本官自行首告者，审实，上司照贪官例治罪，下属免议。逼勒至死者，家属赴控上司，如不行准埋，许赴通政司鼓厅衙门具告，审实，以逼勒至死之上司抵罪，不行准理上司革职。

（此条系雍正三年以康熙年间吏部例内有上司逼勒所属挪移库银一条，作为条例增入。）

薛允升按：逼勒挪移，应分别馈送及办别项公务，此云照贪官例，则勒令馈送矣！似应点明。从前赴通政司鼓厅呈告者最多，近则并无此事矣。《吏部处分则例》系在京衙门，并无通政司字样，余略同。

条例 127.04：凡挪移库银数止千百两者

凡挪移库银数止千百两者，仍拟杂犯流，总徒四年。挪移五千两以上至一万两者，拟实犯杖一百、流三千里，不准折赎。若挪移一万两以上至二万两者，发边卫充军；二万两以上者，虽属挪移，亦照侵盗钱粮例，拟斩监候；统限一年，果能尽数全完，俱免罪。若不完，再限一年，追完，减二等发落；二年限满不完，再限一年，追完，减一等发落；若三年限满，不能全完者，除完过若干之外，照见在未完之数治罪。

（此条系康熙三十九年，直隶巡抚李光地奏请。雍正二年刑部议准定例。乾隆五年，将"数止千百两"五字，改为"五千两以下"；又"尽数全完，俱免罪"以下，增"其未至二万两者，仍照例准其开复"二句。）

薛允升按：定例之意，盖恐以侵为挪，及以多者作为挪移，少者作为侵欺，故严立专条。惟挪移究与侵欺不同，挪移律准监守自盗论，并无死罪。例以为数过多，至二万两以上者，即拟斩罪，与称准者罪止满流之律意不符。然其实限内全完，即准免罪，则又大有区别。至五千两以下仍拟总徒，二万两止拟军罪，则较监守律又宽矣。总因其未经入己而原之也。

条例 127.05：州县征收钱粮

州县征收钱粮，该知府遴选贤员，同封银柜，每十日、二十日，另委贤员当众拆封起解，仓谷按季盘查，如有徇隐，将该知府并委员照徇庇例议处。其亏空官题参时，一面于任所严追，一面行文原籍，将伊家产严查存案。如任所无完，即变价补完，若承追地方官不行查出，照徇庇例议处，再查其子有出仕者，解任发追。至从前行追之案，其子为官，亦题请离任，不准以过继掩饰，俱俟其父亏空全完之日，准其开复。若接任官于一年内捐补全完，或任内所有养廉填作全完者，交部照例分别议叙。至知府盘查仓库，州县礼物，永行禁止。如仍馈送而知府收受者，交部严加治罪。

（此条系雍正元年，户部议覆右通政钱以垲奏准定例。乾隆五年删定为条例

127.06。）

条例127.06：州县亏空题参时

州县亏空题参时，一面于任所严追，一面行文原籍，将伊家产严查存案。如任所无完，即变价补完，若承追地方官不行查出，交部照例议处。

（此条乾隆五年，将条例127.05删定。）

薛允升按：此门专言挪移之罪，而此条所云亏空侵盗，均在其内，且与下隐瞒入官家产条例，所称行查原籍、任所，亦复相类，分列三门，未免烦复。《处分则例》查抵亏空条，与此略同。首句系州县亏空钱粮、仓谷，则非专指挪移矣。嘉庆年间又有条例，见隐瞒入官家产门。惟彼云赃赔各项银两，与此亏空又似不同。均应参看。

条例127.07：除侵盗亏空仍照定例外

除侵盗亏空仍照定例外，其分年追赔拖欠各项银两，以一年为一限，计应追之数，按年均分，务令按限交完。现任职员，初限不完者解任，令同二限银两带罪完纳。如照数全完，准以原官补用。若二限均不能完初限银两者，仍带罪追比，或初限、二限均不能完，革去职衔，同三限银两一并严追。此三限内止完一限之数者，仍革职严追；或完两限之数者，复其职衔，带罪完纳；照数全完者，准其开复补用。倘三限均不能完，交刑部治罪，所欠银两，于家属名下严追。至无禄人等，初限不完，监禁令同二限银两一并追比；如照数全完，暂予释放；若仅完初限银两，二限未能全完者，仍监禁追比；或初限、二限均不能完，令该旗地方官，将财产查封，同三限银两一并严追。此三限内止完一限之数者，财产仍行封守；或照数全完者，本身释放免罪，财产给还。倘三限均不能完，即将财产入官变卖，本身交刑部治罪。至追比之项，有分二年者，一年不完，照初限例处分；二年俱不完，即照三限例治罪。倘二年内完一年之数者，再限一年，仍不能完，或完不足数者，即行治罪。

（此条系雍正五年，原任直隶总督利瓦伊钧动用俸工银两案内，经总督蔡挺奏参，因纂为定例。乾隆五年，以承追勒限处分俱各有定例可循，毋庸另立条款，此条应删。进呈黄册后，遵旨仍行纂入。嘉庆七年将之改定为条例127.08。）

条例127.08：除侵盗亏空仍照定例办理

除侵盗亏空仍照定例办理，并户属工程项下应追各款，户部、工部定有专条者，应听各照本例办理外，其追赔拖欠各项银两，如数在三百两以下者，限半年完缴；三百两以上者，限一年完缴。如数在一千两至五千两者，定限四年；五千两以上者，定限五年；均按所定年限，陆续完缴，毋庸拘定每年应完若干。如统限已满，无力完缴，请豁银数在一千两以上者，核计已、未完数目，即照工程核减银两未完例，交刑部分别治罪。如数不及一千两者，照例请豁，免其治罪。若本身已故，而子孙无力完缴者，亦照例请豁，毋庸治罪。

（此条系嘉庆七年将条例127.07改定。）

薛允升按：《处分则例·承追门》："一、官员应完户属项下摊赔、分赔、代赔等项银两，均于文到日起，如数在三百两以下之案，限半年完交。逾限不完，罚俸一年〔公罪〕，另行起限。三百两以上至一千两之案，限一年完交，逾限不完，降二级留任〔公罪〕，另行起限，完日开复。一千两以上至五千两，统作十分计算，勒限四年，每年以完交二分五厘为率，完者免其处分。完不及数，初参降俸二级，二参罚俸一年，三参降一级留任，四参降三级留任〔公罪〕，另行起限，完日开复。五千两以上之案，勒限五年，每年以完交二分为率。如每年能完至二分者，免其处分。若递年每案完不及数，初参降俸二级，二参罚俸一年，三参降一级留，四参降二级留，五年限满，能完至七分者，将降留之案开复。按其未完银两，另作分数，再行按年完纳。如完不及七分者，五参降二级调用〔俱公罪〕，仍勒限严追。"《户部则例·勒追门》："一、八旗各直省应完户属项下追交一切银两，除钦奉谕旨，定有限期专令完交外，其余采买脚价，解送运脚，驿站车需及预发垫支，事竣核减追交等项银两，均于文到日起，数在三百两以下者，定限半年完交。三百两以上者，限一年。一千两至五千两者，限四年。五千两以上者，限五年。一万两以上，限六年。二万两再加一年。十万两者，限十五年。限满不完，查系现任人员，或虽非现任，其原案系由该员一人赔误，情节较重者，咨部查参，按例办理。若查系离任，或已故人员〔或行追时系现任，届限未完业已身故〕，其欠项又事属因公核减，情节较轻，或上司下属及前后任摊赔、分赔，或同案官代赔，或上司代属员赔，本官代吏役赔，子孙代祖父赔，而银又多至五千两以上者，以十分计算，于限满日能完至七分，其余准其另照未完银数，按年起交。一、八旗直省应缴欠项人员，如事属因公核减，分赔、代赔等项，除数在一千两以下者，按限完交外，其数在一千两以上者，均按所定限期，陆续完交，无庸拘定每年应交若干。如统限已满。仍未完清者，由部查明已、未完各数，据实奏参，请旨照例办理。其或为数过多，或本无产业，或产业已全行呈出，查无隐匿寄顿者，该旗籍查明结报，由部按其情节应否再予展限几年，奏明请旨遵行"云云。又《完欠门》："一、因公著赔，分赔各员，罢职及身故，后经该旗籍及任所查明，实在并无资财隐匿寄顿，人亡产绝，取结请豁者，即应准其题豁。一、凡罢职及身故人员，未完因公欠帑，应于本员家属名下著追者，俱令按限完交，如实系赤贫力不能完，该旗籍查明，具结报部题豁，毋得率请监追。"《户部则例·完欠门》二条与名例给没赃物门，内外官员名下应追因公核减一条同，应参看。吏、户二部之例，颇觉明显。刑例止云拖欠各项，并未指明系何赃款，而又云户、工部定有专条者，听各照本例办理，看去殊不分明。且银数在千两以上，仍照工程核减例治罪，尤与吏、户二例不符。侵盗挪移及分赔、代赔之赃均有限期还官、入官，各赃亦有监追日期，此条俱未叙明。必系何等款项方可照此办理，例文系专言追赔拖欠各项银两，而刑律内并无此等名目，《户部则例》又系指分赔、代赔等项而言。虚出通关门分赔一条，与此系属一款，特未修改详明，而又分别两门，遂致彼此混淆不清耳。说见虚出通关门。工程核减一条，本照知府分赔属员侵欺不完之例定拟罪名，因案系扶同徇隐，又系侵欺，是以按其未完分数治罪。此例既非侵欺，亦照此治罪，究竟拖欠系何款项，殊未分明。且工程核减，系照刑律定例，此例又照工程核减定拟，尤嫌未协。此条本应在删除之例，虽奉旨仍行纂入，亦应修改详明，似不应仍如此含混也。再，承追一切赔项银两，均载在《户部则例》，有与刑例相同者，亦有彼此互异者，且有此有而彼无，彼有而此无者，缘修改旧例时未能会同具奏，是以诸多参差也。似应将有关罪名者存入例内，其无关罪名各条，酌加删并，以免混淆挂漏诸弊。

条例 127.09：凡州县亏空仓谷（1）

凡州县亏空仓谷，以谷一石，照银一两定罪。系侵蚀入己者，照侵欺钱粮例拟断。系挪移者，照挪移库银例拟断。其仓谷令接任官于秋成谷贱时，申详督抚、藩司，酌动何项钱粮，照时价先行买补，该州县出具仓收，道、府加结报部，于亏空人员及妻子名下勒限一年，将动用银两照数追补还项。如逾限不完，亦照勒追库银例，分别治罪。其有仓廒州县，倪因循怠玩，于渗漏处既不粘补，应盖造处又不详请，以致米谷霉烂者，革职。动帑买补，勒限一年，照数追赔，如限内不完，照侵蚀钱粮例，按数治罪，遇赦不宥。若仓廒既经修理，犹有托名霉烂亏空者，亦照侵蚀例治罪。

（此条雍正五年定。乾隆五年修改。道光六年增改为条例 127.10。）

条例 127.10：凡州县亏空仓谷（2）

凡州县亏空仓谷，以谷一石，照银五钱定罪。〔麦豆、高粱、青稞等杂粮并同。〕系侵蚀入己者，照侵欺钱粮例拟断。系挪移者，照挪移库银例拟断。其仓谷令接任官于秋成谷贱时，申详督抚、藩司，酌动何项钱粮，照时价先行买补，该州县出具仓收，道、府、直隶州知州加结报部，于亏空人员及妻子名下勒限一年，将动用银两照数追补还项。如逾限不完，亦照勒追库银例，分别治罪。其有仓廒州县，倪因循怠玩，于渗漏处既不粘补，应盖造处又不详请，以致米谷霉烂者，革职。动帑买补，勒限一年，照数追赔。一年限内全完，免罪开复原官；一年以外赔完，免其治罪，不准开复；二年之内不完，即照损坏仓库财物律治罪，仍著落家属赔缴。若有将仓谷侵盗入己，捏称霉烂亏空者，仍照侵蚀例治罪。

（此条系道光六年，将条例 127.09 增改。"直隶州知州"系咸丰二年时增加。）

薛允升按：此条前半系亏空谷仓，照侵挪库银治罪之例，后半系米谷霉变之例，因均系仓粮，是以并作一条。然霉变与侵挪究有不同，似应将下层移入损坏仓库财物门，上层另立一条，或修并于下州县官交代存仓米谷例内亦可。既已治罪，仍著落赔缴，虽系照律，亦属太严。照律治罪，系治以徒罪也。家属如不能赔缴，应否豁免，及本犯徒满以后，如何办法，均无明文。

条例 127.11：凡地方有军需公务

凡地方有军需公务，督抚不及咨题者，行令该州县垫办，或挪库项，或垫己资，先行详明督抚，办完十日内，即照实价申详，该督抚照时价核减，于文到半月内题报，户部亦于科钞到日，半月内核定议覆，行文该布政使，不论库项己资，即令给发。倘州县申报过限，或督抚题报后期，俱交吏部议处。若该州县报价不实，及督抚不据实核减题报，希图冒销者，户部即行题参。州县照侵欺例治罪。督抚司道等官，照徇庇例议处。

（此条系雍正五年定。乾隆五年，将例内两处"核减"字，改为"核实"。）

薛允升按：此专指挪款垫办军务而言。《处分则例》地方紧要军需为一条，系于办完军需十日之内，照实价申详院、司、道、府，限两个月核实题销。紧要公务为一条，系于办完一月内，照实价申详院、司、道、府，限两月内核实题销。此例并为一条，而俱系十日申详，已与《处分则例》互相参差。文到半月内题报，亦与《处分则例》不符。

条例 127.12：州县交代除实在民欠外

州县交代，除实在民欠外，将已征钱粮侵蚀亏空，捏称民欠，令后官接受者，后官即揭报该管上司。如该管上司护庇离任之员，及该管府州畏虑分赔，因而抑勒交盘者，被勒之员直揭部、科代为陈奏。其所揭抑勒之司、道、府、州等官，该督抚据实确审定拟。如有干连督抚，将具揭及亏空之员，押赴来京，交都察院确审，将抑勒之督抚，一并从重议处。或系诬捏枉揭，交与刑部治罪。倘前官亏空，后官容隐不报，出结接受，至本身离任，始称前任亏空者，将欠项追赔外，仍治以赡徇私受之罪。其揭报之员，照例赴部于别省调补。倘调补省分，该管上司因前揭报之故，多方搜求，藉端诬陷者，许该员于都察院呈辩，果系冤抑，将该管上司交部议处。如该员借名诬辩者，从重治罪。

（此条系雍正五年定。"该管上司"，原作"督抚司道"四字；"交与刑部"下有"加倍"二字；"其揭报之员"句下，有"调任他省，或被该管上司，因前揭报之故"二句；末有"于本罪外加倍治罪"一句。均为乾隆五年增改。）

薛允升按：此抑勒接收交代之例，与《处分则例》同。不交刑部而交都察院，自系尔时办法。此条明言侵欺、亏空，则非挪移可知。似应移于虚出通关门，修并于新旧交代一条之内。《户部则例·交代门》："一、司、道、府、州、县新旧官交代，如前任官内有侵蚀、透支、挪移、垫解、拖欠未清等弊，接任官无论实任、署任，如有徇隐不行揭报，及交代后始行查出者，该督抚题参，将亏空之员革职治罪，接任官照例议处，欠项照例赔补。如有侵挪等弊，接任官已经通详，而上司不行详报题参，徇庇旧任，抑勒新任接受者，许被勒之员直揭部科，部科据揭代奏、请旨饬交严审。审实，将抑勒各上司及亏空之本员，从重治罪。审虚，将诬揭之员加等问拟。一、州县交代仓粮，俱令按限彻底清查。如有胥役冒领、侵吞、捏称民借，照数分别赔完。新任官不行查出，遽行出结，即著新任官赔补还项"云云。应参看。

条例 127.13：各省仓谷若前官折价存库

各省仓谷，若前官折价存库，新官不得接受交待，仍令前官买谷还仓，督抚上司亦不得徇情宽纵。违者，将该员及该管各官，分别治罪。

（此条雍正五年定。乾隆五年增定为条例 127.14。）

条例 127.14：各省仓谷减价平粜

各省仓谷，减价平粜，其价值解存司库，或就近之道、府库，至秋收务依原粜之数领价买补。其买补仓谷时价不敷，于本邑粜卖盈余银两内动支。倘谷价昂贵，不能于次年买补，声明报部展限。若故意迟延不行买补，以玩视仓储题参。倘遇州县交代，未及秋收买补之期，所存价值无亏，即令新任领买，不得捎勒推诿。违者，将该员及该管各官，分别议处。

（此条系乾隆五年，将条例 127.13 改定。）

薛允升按：此专为减价平粜后，买谷还仓而设，总不使仓谷虚悬之意。上条，州县亏空仓谷，令接任官于秋成谷贱时，照时价先行买补，亦此意也。仓谷本为备荒而设，平日视为不急之务，一遇歉岁，便觉无从措手，此仓谷之所以最为要务也。《户部则例》："一、州县出粜仓谷，先期将应粜数目、样谷、廒口、价值呈报道、府，核准开粜。粜竣时，将价银若干造册送司报部。其所粜价银，俱解存司库，于秋禾登场后，即将原银发还，责成知府督饬州县领价买补足数。上仓盘验结报，仍由该管道、府出具实在买补存仓印结，送司查核。若未经详明开粜及捏报平粜侵渔，并藉词价昂，希图延缓等弊，分别参处。一、各州县应买谷石，查明详定后，或由司库给发价值，或动用粜存原价，责成本管道、府、厅、州督率采买。州县照原领原粜价值，散给有谷之家，交谷时监同平斛量收。事竣出具印甘各结，由司汇核详销。一、州县常平仓平粜谷石，本年秋成后即如数买补，分别邻境本地，其有本地、邻境谷价俱昂，而该处仓储尚堪接济者，该管官将粜价存库报部，缓至下年买补。如仓储谷石接济不敷，必须买补，而本地谷价俱未能平减，准详明上司，在于别州县买补。赢余银两通融添增价值，买补足额"云云。"一、各直省应买仓谷，秋收丰稳省分，不及时依限买补足额，查参议处。如有收成稍减州县，该督抚随时报部，准其暂缓，俟谷多价贱，再行采买。"旧例次条云："不得令州县通融拨补。"首条改定之例又云："各照地方时价，有余不足，通融拨补。"如价值不足，此项从何拨给。且既系减价平粜，则买补之时不足者居多，又何有余之有。《户部则例》较觉详明，应参看。

条例 127.15：凡追赔还官各项银两

凡追赔还官各项银两，有较原参之数浮多者，仍给还本人。

（此条系雍正七年，户部议覆镶红旗汉军副都统尚崇垣条奏定例。）

薛允升按：此条似应移于给没赃物门。

条例 127.16：凡亏空之案（1）

凡亏空之案，审出民欠挪垫是实，除将本犯照例议罪外，另限四个月，委员彻底清查，出具并无假捏影射印结，再令接任官出具认征。如限满不完，将接任官照例参处，未完民欠银两，仍著落原挪之本犯名下追赔。傥承查之员，仍有通同捏饰影射情弊，将亏空本犯照侵盗例拟罪；承查出结之员，交部议处，未完钱粮，仍令分赔。

（此条系雍正七年，刑部议覆湖广总督迈柱审题江陵县参革知县李德征亏空一案，议准定例。乾隆五年改定为条例 127.17。）

条例 127.17：凡亏空之案（2）

凡亏空之案，审出民欠挪垫是实，除将本犯照例议罪外，另限四个月，委员彻底清查，出具并无假捏影射印结，再令接任官出具认征印结，仍向欠户催征。如限满不完，将接任官照例参处。傥本无实欠，接任官通同捏结，察出，照捏欠之数，与本犯同罪，仍令分赔。

（此条系乾隆五年，将条例 127.016 改定。）

薛允升按：此条应与上州县交代一条参看。《处分则例》同。

条例 127.18：接任官承查交代

接任官承查交代，如有亏空，即于具题之日扣限。傥有续揭，亦以出咨之日扣限。傥有甘受违限处分，摘款先揭，预为三参、五参地步，辗转延挨者，即将该员著落赔补。

（此条系雍正七年定。乾隆五年修例时，声明此条拟删。进呈后，遵旨仍行纂入。）

薛允升按：《户部则例》："一、官员接受交代，已经揭出亏空者，于题参之日扣限交代，续又查出亏空，于出咨续揭日扣限交代，如摘款预留三参五参地步，辗转延挨者，将接任官题参著赔。"

条例 127.19：州县交待

州县交待，凡有未经买补仓谷，除降革休致之员，仍留地方协同买补外，其升任、调任、丁忧之员，将原祟谷价交与新任收存，留的属一人，协同新官买补。傥银两亏缺，不敷采买之数，仍著落旧官名下追赔。

（此条雍正九年定。乾隆五年删。）

条例 127.20：买补仓谷时价不敷

买补仓谷时价不敷，止许于本色盈余银两内动支买补，不得令各州县通融拨补，亦不得于司库存公项下给发。傥停止拨补之后，谷价昂贵，不能于次年买补，声明缘由报部展限。若故意迟延不行买补实仓，以玩视仓储题参。

（此条乾隆四年定。乾隆五年，并入"各省仓谷"条内，此条删除。）

条例 127.21：凡审拟挪移之案

凡审拟挪移之案，于定案日查明完过若干，准予开除，以现在未完之数定拟。

（此条乾隆十一年，刑部议覆兰州巡抚黄庭桂题报州牧亏空一案，附请定例。）

薛允升按：此条与上第二条重复，似应修并为一，以免繁冗。

条例 127.22：凡州县官交代其存仓米谷

凡州县官交代，其存仓米谷，除实应出粜、存价、未买之银，照例准其接收外，如有私行出粜，及仓粮亏缺折银交代者，照例题参，仍留任所按数买补，并令接任之员查明，出具并无粜多报少、籴少报多，折银抵交确实印结申报。违者，一并题参究追。该管上司不能查出，照徇庇例议处。

（此条乾隆十二年，户部议覆江西布政使彭家屏条奏定例。）

薛允升按：此慎重仓谷之意，故不准折银交代。现在已成具文矣，与上州县亏空仓谷一条参看。《户部则例》："一、交代仓谷，每谷一石验舂米五斗者，新任按数接收，不准筛扬。其以谷价交代者，核明旧任原系奉文出粜。粜价无亏，运买有案者，准令新任详明接受，俟价平采买，毋得勒掯推诿外，其系旧任私粜短价，及虽系奉文出粜，而于应买时因循不买，价值存库者，新任即据实具报，旧任照例参处，仍留任所，勒限买还报部。一、交代仓谷亏缺，新任实时揭报，仍一面详请动项照数买补，一面在旧任名下勒限一年，照追归项。限满无完，即移查该员家产，按数变抵。"《处分则例》："一、各省仓谷交代，前任官有折价存库者，除实系应行出粜、存价、未买之银，准接任官照例接收，并出具印结详报外，如前任官私出粜折银移交，接任官即据实结报，不许收受。该上司将前官照例题参，留于任所，按数买补交仓。如接任官接收折价结报不实，照买补仓谷迟延例，革职留任。"亦应参看。乾隆元年，户部议覆山东布政使王慕条奏案内："各州县存仓米谷，奉有明文减粜，令该府、州查明，实无买多报少情弊，遇有升迁事故离任，所存价银未届秋收，市价昂贵未及买补，交代之际，新官将价银兑明接收，照数采买还仓。如有不奉明文私行出粜，以及短报价值等弊，并临买之时无故因循，即行照例参追。仍将该员留于任所，如数买交等因，通行在案。"此条所云，实应出粜、存价、未买之银云云，即本于此。

条例 127.23：凡知府失察属员亏空

凡知府失察属员亏空，及本犯实系因公挪移者，仍照原例办理外，其知府通同徇隐州县侵欺仓库钱粮著落代赔之项，若三限已满，尚未结完，该督抚取具家产全无印甘各结保题，即将革职代赔之知府，按其已未完交分数治罪，以十分为率。如未完之数在五分以内者，杖一百，至六分者，杖六十、徒一年，每一分加一等；十分无完者，杖一百、徒三年，均不准纳赎。如能依限赔完，仍照例准其分别开复降调。

（此条系乾隆十五年遵旨议定。）

事例 127.01：雍正四年题准

嗣后如系军需挪移，立有文案准销之项，免其议拟。若有不肖官员，藉军需名色，希图脱卸重罪，至内有并无文卷，及不准销除之项，捏称军需挪用者，仍照律治罪追赔。承审各官，不行详查案卷，任其巧饰，将不应准销银粮，即行具题完结者，将原审官从重治罪，其不准销银两，著落原审官分赔还项。其不行详查之各该管上司，照徇庇例议处。

事例 127.02：乾隆十二年谕

人臣奉公洁己，首重廉隅。贪婪侵盗之员，上侵国帑，下朘民膏，实法所难宥，是以国家定制，拟以斩、绞重辟，使共知儆惕。此纲纪所在，不可不持。皇考世宗宪皇帝惩戒贪墨，执法不少宽贷，维时人心微畏。迨雍正八年，因吏治渐已肃清，曾特旨将从前亏空未清之案，查明释放，此其明验也。朕因见近来各省侵贪之案累累，意欲早为整顿，庶其惩一而儆百，不致水懦而宽难。特命大学士等查明原委，雍正年间秋审、朝审案内，侵盗及贪婪各犯，奉旨勾到者八案，拟入情实未经勾到者八案。雍正六年各省勾到，惟朝审未勾，内有拟入情实者五案。又历年贪婪立决未待秋审者二案，是侵盗贪婪之犯，秋审时原有拟入情实奉旨勾到者。及询以今何以率入缓决，以致人不畏法，侵贪之风日炽，则不能对。盖因例内载有分年减等逾限不交仍照原拟监追之语，至秋审时概入缓决。外而督抚，内而九卿法司，习为当然。初不计二限已满，既入秋审，自当处以本罪，岂有虚拟罪名必应缓决之理？即在本犯，亦恃其断不拟入情实，永无正法之日，以致心无顾忌，不知立法减等，原属法外之仁。至限满不完，则是明知不死，更欲保其身家。此等藐法无耻之徒，即应照原拟明正其罪。嗣后此等二限已满照原拟监追之犯，九卿于秋审时，核其情罪应入情实者，即入于情实案内，以彰国法。朕于勾到日再为酌夺。其如何分别酌核之处，著大学士、九卿悉心妥议速奏。

事例 127.03：乾隆十五年奉旨

此本内所议臧根嵩名下应追亏空银两，经该署抚查明原籍委无产业，照例取结保题，应著落失察之前任府尹霍备追赔还项等语。向来州县亏空，本犯无力完帑，将徇隐之革职知府勒限赔补，至限满不能全完，例止革职，别无治罪之条。夫已经革职之员，复议革职，不过照例注册，虚文从事耳！此等劣员，在任时既已通同徇隐，代赔时又可任意延捱，帑项虚悬，行章幸免。凡查察之不严，代赔之不力，未必非此例有以启之也。即如霍备本身应赔银两尚不能完，又何能代赔臧根嵩侵项？该部明知霍备力不能完，徒以照例办理完结，部臣托之空言，而朕亦明知托之空言而允之，上下相蒙，成何政体！朕一惟务实，不尚虚文，侵贪之弊，尤不可不亟为整饬。嗣后侵亏案内，应代赔之知府，限满不完作何分别治罪之处，该部另行定拟具奏。

事例 127.04：乾隆十九年谕

御史孙汶参奏私挪库项，为子捐官之原任山东济宁州知州王旭升，请旨查办一折。王旭升在山东州县任内亏空最多，前经章煦等查参，有旨将该员革职拿问，查抄备抵。今据该御史奏，伊子王康乂先于本年五月间报捐道员，其捐项如系盗用库银，则是以侵盗为捐纳。如云出自私囊，则岂有家拥余赀，不先补完官帑之理。著户部查明王康乂捐项，如业经上库，即行文山东，将所捐之银，照数在王旭升亏款内扣抵，将捐照追还注销。如未经上库，即勒令王康乂将捐银照数解东，为伊父抵补亏空，并著户部查明，凡遵新例报捐者，除京官及直省士民外，其外官凡有仓库之责者，或本身捐升，或为子弟报捐，均于收呈后，先行文该省，责令该管上司出结咨部，准其报捐。设查有亏挪，即据实报明，除不准报捐外，仍照亏空例治罪。该管上司狗私混捏，查出一并严惩。

事例 127.05：乾隆二十年谕

庆保奏：审明临桂县历任短交捐款，并挪缺仓库各知县，现已赔交银两，分别定拟一折。此案临桂县历任知县，短交捐款银两，及应追霉折、盘折仓谷价银，经该抚查明各任知县已未完数目，分别开复追赔，俱著照所议办理。直省仓库钱粮，本应实征实贮，不容丝粟亏短。近年以来，朕为各督抚所蒙，该督抚又为各州县所欺，办理宽缓，以致肆无忌惮，各省亏缺累累，几于百孔千疮，不可究诘，若不严加惩办，何以儆怠除贪。昨已降旨，将山东亏缺各州县银数在一万两以上者，全行革职拿问，解交刑部，分别问拟斩候、斩决，勒限监追。限内全完，贷其一死，永不叙用。逾限不完，即行正法。其废弛贻误之前任山东巡抚吉纶、同兴，藩司朱锡爵，均予谪戍。嗣后直省各州县如有侵蚀钱粮数逾巨万者，该督抚查明参奏，即照新例办理。如该督抚、藩司不认真整饬，徇庇墨吏，废弛地方，即照吉纶等一律发遣，决不宽贷。

事例 127.06：同治五年谕

赵长龄奏：请严惩州县亏空等语。近来山西各州县，因亏空后查抄既不认真监追，赁住民房，以致在任时任意奢侈，挪用公项，盈千累万，罔知顾忌，亟应申明成例，以示惩儆。此等恶习，恐不独山西一省为然。即著照赵长龄所请，嗣后遇有交代亏空逾限未交者，一面由司密详请奏，一面即由该督抚密行查封，毋任隐匿寄顿。其例应监追各员，并著各该督抚派员看视进监，不得仍沿旧习，庶各该州县知所儆惕，共勉操持，以重库款而饬吏治。

成案 127.01：河南司〔嘉庆二十二年〕

河抚奏：县丞茹仁祚，因修理厰等项，共那用库银九千余两，参革监追，三年限外全完。查挪移例内并无限外全完，作何治罪明文，将茹仁祚比照侵盗钱粮、三年限外全完、照二年全完减一等例，于挪移库银五千两以上满流，减一等，满徒。

成案 127.02：山东司〔道光二年〕

提督奏：内务府掌仪司所管果房，每年津贴该司银三千两，丰盛额等分用银三百四十两。该员等以津贴衙门公用私分人已，未便照挪移例办理，例无侵盗非仓库钱粮治罪专条，应将郎中丰盛额等革职，俱照挪移库项五千两以下，拟杂犯流，总徒四年，照例监追。

律 128：库秤雇役侵欺〔例 2 条〕

凡仓、库、务、场、局、院库秤斗级，若雇役之人，〔受雇之人即是主守，或〕侵欺，〔或〕借贷，〔或〕移易，〔二字即抵换也。〕系官钱粮，并以监守自盗论。若雇主同情分受赃物者，罪亦如之。其知情不曾分赃，而扶同〔雇役者以所盗物捏作见在〕申报瞒官，及不首告者，减〔自盗〕一等，罪止杖一百，不知者不坐。

（此仍明律，其小注系顺治三年添入。顺治律为 134 条。）

条例 128.01：苏松州县粮重仓多

苏松州县粮重仓多，印官不能兼顾，遴点老成殷实书吏收粮。如有佥派匪人，侵蚀漕粮者，书吏照监守自盗律治罪，州县官照溺职例议处，侵蚀米石，即署官役名下严行追补。如粮户私相折银，访获，除银入官充饷，追交应完米石外，量其多寡，分别枷责。至州县收粮，觉有盈余米石，饬令粮道不时盘查，每斛应有余米若干，共余若干，计算明白，存为修仓赈济之用，年底将存储动用数目，造册报部，仍令该抚不时查察。如有扶同徇隐，及各州县借名私加斛面，苦累小民者，即行参究。

（此条系雍正五年定。乾隆五年删改为条例 128.02。）

条例 128.02：凡粮重仓多州县

凡粮重仓多州县，印官不能兼顾，遴点老成书吏收粮。如有佥派匪人，侵蚀漕粮者，书吏照监守自盗律治罪，州县官交部议处。侵蚀米石，即著该役名下严行追补。如粮户私有折银，访获，除银入官充饷，追交应完米石外，量其多寡，分别责惩。收银书吏，计赃治罪。

（此条乾隆五年，将条例 128.01 删改。）

薛允升按：此专指征收漕粮而言，禁止折银亦系尔时办法，奏明改征折色，则不在禁内矣。犹存此例，亦可见折银之本非体制也。如何责惩，未详。如何计赃之法，亦未明晰。《处分则例》系分两条，与此例相符。后将此例删改，而《处分例》仍从其旧，未免参差。

律 129：冒支官粮〔例 1 条，成案 1 案〕

凡管军官吏，冒支军粮入己者，计〔所冒支之〕赃，准窃盗论。〔取之于军，非取之于官也，故止准窃盗论。若军已逃故，不行扣除而入己者，以常人盗官粮论。若承委放支而冒支者，以监守自盗论。〕免刺。

（此仍明律，顺治律 135 条，官吏下原有"总旗、小旗"四字，雍正三年删。）

薛允升按：《明律》无小注各语，《琐言》云："若军人或逃、或故，不应支粮，却乃故意不行开除，而朦胧关支入己者，则阴取在官之粮矣，问常人盗罪。"国初律文始添入此注。监守盗一层，本于《笺释》。诈欺取财律，准窃盗论罪，此正诈欺之事，故准窃盗论。且专为管军官吏及总、小旗而设。既将总、小旗等字删去，官吏有犯，自有诈欺本律，似可删去，以免淆混。

条例 129.01：冒销老民老妇银两自首人员

冒销老民老妇银两自首人员，人亡产绝，著落失察之上司分赔。

（此条系雍正七年定。乾隆五年删。）

成案 129.01：山西司〔道光十年〕

镶蓝满咨送：领催爱仁泰、舒贵庆、凌齐、清阿哲、奎富新，承领兵丁愿卖米石，除需用车价口袋扛夫工钱外，并不照原卖价值发给兵丁，辄将余钱入己花用，各得京钱十三千有零。查例内并无代卖兵米，短价发给，侵吞入己，作何治罪明文，自应比照冒支军粮计赃准窃盗论律问拟。该领催所得钱文，计赃均在一两以上，爱仁泰、舒贵庆、凌齐、清阿哲、奎富新，均应革去领催，比照军官吏冒支军粮入己者计赃准窃盗论，窃盗赃一两至一十两杖七十律，各杖七十。

律 130：钱粮互相觉察〔例 2 条，事例 2 条，成案 2 案〕

凡仓库务场官吏、攒、拦、库子、斗级，皆得互相觉察。若知侵欺、盗用、借贷系官钱粮，已出仓库，匿而不举，及故纵者，并与犯人同罪。〔至死减一等。〕失觉察者，减三等，罪止杖一百。

若官吏虚立文案，挪移出纳，及虚出通关，〔另有本律。〕其斗级、库子、拦头，不知者不坐。

（此仍明律，其小注系顺治三年添入。顺治律 136 条。）

条例 130.01：州县到任

州县到任，拣选殷实老成书吏二人，充钱粮总吏，该管知府查实准充，通详报部。凡征收银两米石，务要随征随解，加谨收存，不得任本官存留内署。若本官有动用并挪新掩旧等弊，总吏力行禀阻，果能五年内新旧俱无拖欠，咨部以九品杂职即用。傥承顺本官，或巧计欺瞒，致成亏空者，将该吏严加治罪。如审系侵欺数止一千两以下，本官照监守自盗律拟斩；准徒五年者，总吏照杂犯流罪例，杖一百、徒四年。一千两以上，本官照例拟斩监候者，总吏杖一百、流三千里。如系挪移，数止千百两，本官照律总徒四年者，总吏杖一百、徒三年。五千两以上至一万两，本官照例流三千里者，总吏杖一百、流二千五百里。一万两以上至二万两，本官例发边卫充军者，总吏杖一百、流三千里。二万两以上，本官照侵盗钱粮例拟斩者，总吏杖一百；发边卫充军者，总吏监禁，俟本官亏空完日，分别发落。傥本官少有亏空，总吏禀阻不从，许即赴上司衙门据实首明，本官参处，总吏免罪。

（此条雍正五年定。乾隆元年删除。）

条例 130.02：凡侵盗钱粮案内

凡侵盗钱粮案内，隐匿故纵之官吏、攒、拦、库子、斗级，于定案时，先行决配。如正犯限内完赃，例得减免者，隐匿故纵各犯，亦于应得本罪上，分别减免。

（此条系嘉庆七年，刑部议覆云南按察使杨长桂条奏定例。）

薛允升按：完赃减免，不独侵盗钱粮为然，凡受不枉法等赃，及坐赃致罪之类，均准减免。案内说事过钱与同罪者，情事亦属相等，此处特立专条，亦嫌挂漏。隐匿故纵，究系因人连累，本犯既得减免，故连累人亦准减免也。惟本犯尚在追赃，连累人先行决配，傥本犯于完赃后，例得免罪，先决连累人以杖流徒罪，终觉未尽允协耳。原奏本无先行决配一层，系后来添入，此与《唐律》所云追减之法相似，而别条未见。

事例 130.01：雍正五年谕

凡州县钱粮之亏空，总不出侵欺挪移二项。当其侵挪之时，官果主之，而经手之经承，自无不知也。乃不及禀阻，且从而恣慝，以便作奸分肥。迨至本官监追，而经承且优游于事外。本官问重罪，而经承仅得不行禀阻之处分。故凡亏空累累，多由官吏之相成也。朕意以为经承库吏经管仓库之人，亦宜重其处分之例，更定以劝惩之法。凡州县官到任，则先拣选殷实老成胥吏二人，以充钱粮总吏，通详报部。凡征收钱粮，即令随征报解，不得存留内署。承办五年，该县无亏空者，即将总吏咨部以九品杂职即用。本官少有亏空，总吏力行禀阻，如不听从，许径赴司院呈明免罪。若该吏不行禀阻，本官亏空纠参，即将经承一同监追，该经承减本官一等治罪。如此则经承有所责成，迫于劝惩，不敢顺从本官，擅动国帑，亦杜绝亏空之一法。

事例 130.02：乾隆五十四年谕

伍拉纳等奏：审明营书盗用钤记，冒领饷银，把总知情朋分，将黄国材拟斩立决，陈得拟绞监候，请旨即行正法一折。此案营书黄国材胆敢于进剿台湾贼匪之际，乘机盗用钤记，冒领饷银，把总陈得通同容隐，分得银三十两，均属目无法纪，情节实为可恶。闽省营伍废弛已久，而台湾弁兵等庇赌包差得受陋规诸弊，接踵破露，现在正须严加整顿，从重惩治，庶弁兵等知所儆畏，不敢仍前蔑法。今黄国材、陈得二犯，既据该督等审明盗用钤记，冒领饷银，彼此分用属实，自应一面正法，一面奏闻，有何屈彼处？乃伍拉纳等犹待请旨遵行，殊属失之拘泥。伍拉纳、徐嗣曾，俱著传旨申饬。

成案 130.01：失察衙役侵收钱粮〔康熙二十九年〕

吏部议江督傅腊塔疏称：宦户加征钱粮，衙役赵毓等侵收，失察之知州应题参。查定例，各项钱粮，如衙役侵欺拖欠者，该管官照纵役贪赃例革职等语。应将失察之署太仓州事州同卜长春等，均照例革职，赦前免议。

成案 130.02：侵欺库吏不举〔康熙四十二年〕

刑部据广抚彭鹏疏：病故布政司鲁超亏空钱粮，应照侵盗钱粮三百两以上拟斩例治罪，已经病故，毋庸议外，库官张某，库吏梁某，合依仓库官吏知侵欺盗用系官钱粮已出仓库，匿而不举者，与犯人同罪，至死减一等律，杖一百、流三千里拟罪，但张某、梁某犯在赦前，免罪，仍革职、革役。鲁超名下未完银两，著落鲁超之子鲁某追完报部，再奏销盘查。保题之该抚查议亦在赦前，免议。

律 131：仓库不觉被盗〔例 3 条，事例 2 条，成案 2 案〕

凡有人〔非监守〕从仓库中出，守把之人不搜检者，答二十。因不搜检，以至盗物出仓库而不觉者，减盗罪二等。若夜直更之人不觉盗者，减三等。仓库直宿官、攒、斗级、库子〔非正直本更〕不觉盗者，减五等，并罪止杖一百。故纵者，各与盗同罪。〔至死减一等。〕若被强盗者，勿论。〔互相觉察与此不觉被盗，官吏皆系公罪，仍留职役。隐匿不举与此故纵，皆系私罪，各罢职役。〕

（此仍明律，其小注系顺治三年添入。顺治律为 137 条，原文小注"完日还职役"，雍正三年改定为"仍留职役"。）

薛允升按：《示掌》云："不觉被盗，系公罪，杖一百，降四级调用。"注谓："仍留职役。"俟考。

条例 131.01：内外官库被窃

内外官库，被窃盗银一千两以上，一个月不获，经管该弁并巡捕官，俱各住俸。半年不获，题参议处。被盗二、三次者，奏请降调。其该道分巡、分守官参奏议处。不及前数者，俱照常发落。库子尽其财产均追赔偿，候正赃获日，照数给还。若各官妄拿平人逼认盗贼追赔者，亦依例问罪。〔此指被窃盗言，故照数追赔。若强盗，自有勿论律。〕

（此条系明代问刑条例，顺治三年添入小注。原文"半年不获"下系"提问"

二字；"分巡、分守官参奏"下，系"罚治"二字；末句系"问罪降调"；均雍正三年改。）

薛允升按：止言经管该弁，及该道分巡、分守、而未及州县。给没赃物例，有州县盗劫库项，照数补还者无庸议之语，与此参看。惟彼指盗劫而言，此条指窃盗而言，又似不同。例末小注，又有若强盗自有勿论律之语，与彼条亦属参差。似应查照《吏部则例》修改，以归画一。

条例 131.02：将进仓漕粮拦路戳袋（1）

将进仓漕粮拦路戳袋，挖越仓墙进仓偷米之盗，例应听刑部查审，照律治罪。不至死罪者，若系另户之人，发黑龙江、宁古塔等处披甲当差；若系奴仆及民人，发黑龙江、宁古塔等处，给予披甲之人为奴。至裤袄、细袋装米偷盗等小贼，拿获，该监督呈报仓场侍郎，即于仓门首枷号四十日，系旗人鞭一百，系民杖一百。

（此条系康熙四十四年例。雍正三年定例。乾隆五年、乾隆四十七年修改。嘉庆六年改定为条例 131.03。）

条例 131.03：将进仓漕粮拦路戳袋（2）

将进仓漕粮拦路戳袋，挖越仓墙进仓偷米之盗，听刑部查审，照律治罪。不至死罪者，系旗下奴仆，发黑龙江、宁古塔等处，给予披甲之人为奴；系民人，发往云、贵、两广烟瘴少轻地方，严行管束。至裤袄、细袋装米偷盗等小贼，拿获，该监督呈报仓场侍郎，即于仓门首枷号四十日，杖一百。旗人有犯，销除旗档，与民人一体问拟。

（乾隆五年，将民人改发云、贵、两广烟瘴少轻地方，严行管束。乾隆四十七年，奉旨，旗人犯该刺字者，销除旗档，照民人一体办理。嘉庆六年，改定此条。嘉庆十八年，调剂黑龙江等处遣犯，条例内"发黑龙江、宁古塔等处，给予披甲之人为奴"，改为"发各省驻防给官员兵丁为奴"。）

薛允升按：旗下奴仆犯军流，发驻防为奴，犯罪免发遣门已有明文，此处重复。进仓偷米，即系穿穴壁封，常人盗门内亦有专条，此处均应删去。彼条，但经得财，即应实发烟瘴充军。此挖越仓墙偷米，非穿穴壁封而何。此条系康熙年间定例，穿穴壁封，系乾隆十四年定例，此条专言漕粮，彼条统指仓库钱物，是以稍有参差。且此条并无首从字样，设有数人商谋同窃，碍难援引。拦路戳袋，迹近于强，故与挖仓越墙同拟外遣，与下层袄袄细袋不同。一由刑部治罪，一由仓场自行枷责完结也。旗人初次犯窃，销除旗档，徒罪以上者，照民人一体刺字。如罪止杖笞，免其刺字，见窃盗门。此处云与民人一体问拟，是罪应枷杖者，亦刺字矣，与彼条不符，应参看。

事例 131.01：康熙四十四年覆准

凡漕粮偷米等盗，数满三百两者，将为首之人即行处斩；为从者，拟斩监候。不及三百两者，将为首之人拟斩监候；为从者，在仓门首枷号三月。另户之人，鞭一百，发黑龙江、宁古塔等处当差；奴仆鞭一百，民责四十板，刺字，发与黑龙江、宁古塔等处新披甲人为奴。其零星偷米小贼，俱在仓门首枷号三月，旗人鞭一百，民人责四十板。被获盗犯，若系食钱粮之人，将本都统、副都统，各罚俸三月，参领罚俸六月，佐领、骁骑校各罚俸一年，领催鞭一百。若闲散人，伊父兄系官，罚俸一年，系平人鞭一百。若家下人奴仆，伊主系官罚俸一年，系平人鞭一百，系民将伊父兄责四十板。

事例 131.02：康熙五十三年题准

仓库人役偷盗仓库钱粮米豆，俱割两边脚筋。

成案 131.01：钱粮存私宅被盗〔康熙三十五年〕

吏部覆东抚佛伦疏：沂州知州宋之伟官衙失事一案。查官银存入私宅被劫，无处分正例，该抚既称沂州知州宋之伟官银不贮官库，存入私宅，殊属不合，应将知州宋之伟照不谨例革职。

成案 131.02：亲随起解钱粮被劫〔康熙三十年〕

吏部议晋抚叶穆济疏：临汾县知县林登虎，因赴省入帘，将征完钱粮亲随起解，行至介休县地方宿店，被贼劫失等因，应将介休知县、典史，均照例住俸，限一年缉拿。汾州府同知、今升知府照离任官例罚俸一年，不谨疏忽临汾县知县应照仓粮被窃，将看守官员降一级罚俸一年之例，降一级罚俸一年。

律 132：守支钱粮及擅开官封

凡仓库官、攒、斗级、库子役满得代，〔不得离去〕所收钱粮、官物并令守〔候〕支〔放〕尽绝，若无短少，方许〔官、攒〕各离职役。〔斗、库还家。〕其有应合相沿交割之物，听提调官吏监临盘点见数，不得指廒、指库交割，违者，各杖一百。

若〔仓库所收〕官物有印封记，其主典不请原封官司〔阅视〕而擅开者，杖六十。〔其守支盘点及擅开，各有侵盗等弊者，俱从重论，追赔入官。〕

（此仍明律，小注系顺治三年添入。顺治律为 138 条，原文"官物并令守支尽绝"，雍正三年修改为"官物并令守〔候〕支〔放〕尽绝"。）

律 133：出纳官物有违〔例3条，成案6案〕

凡仓库出纳官物，当出陈物而出新物，〔则价有多余。〕应受上物而受下物〔则价有亏欠〕之类，及有司〔以公用〕和雇、和买，不即给价，若给价有增减不〔如价值之〕实者，计〔通上言〕所亏欠〔当受上物而受下物，及雇买不即给价，即给价减不以实，各有亏欠之利〕及多余〔当出陈物而出新物，及雇买给价增不以实，各有多余

之利〕之价，〔并计所亏欠、所多余〕坐赃论。〔以钱粮不系入己，雇买非充私用，故罪止杖一百、徒三年，赃分还官、给主。〕

若应给俸禄，未及期而豫给者，罪亦如之。

其监临官吏〔统上论〕知而不举，与同罪。不知者，不坐。

（此仍明律，其小注系顺治三年添入。顺治律为139条，第二段原文中的小注"计所豫给之银为多余之银"，及"赃分应还官、给主"，乾隆五年改定删除。）

条例 133.01：官员监生吏典旗军人等关过禄粮

官员、监生、吏典、旗军人等关过禄粮，及预支应得粮米，遇有事故调用等项，五斗以上，失于官者，事发止问不应，追粮还官。五斗以下，俱免追问。

（此条系明代原例，顺治例139.01。雍正三年奏准：今监生吏典，并不给粮，官员关过俸粮，复遇事故调用者，亦不追还俸粮。因此删去此条。）

条例 133.02：各省采买一应仓粮谷石

各省采买一应仓粮谷石，务令州县等官平价采买运仓，不许转发里递派买。至驿递所需草豆，令有驿各官平价采买，亦不得派发里递，苦累小民。应需运价，准令开销。敢有私派勒买，及短给价值，强派强拿民力运送者，坐赃治罪。

（此条雍正七年，户部议覆侍郎常德寿奏准定例。）

薛允升按：二项皆累民之事，故禁之。原奏系指存仓米谷，出陈易新而言，草豆则专指驿递言之矣。所以有收放粮草，及收受草束各条例也。采买部派物料，见赋役不均。《处分则例》："州县采买仓谷，如有勒派具领，暗收折色，及短发价值者，俱降三级调用。"

条例 133.03：凡兵丁生息营运银两

凡兵丁生息营运银两，或占百姓行业，或重利放债以为生息者，出纳官吏照骚扰地方索借部民财物，计赃科罪。上司失察，交部议处。

（此条雍正九年定。）

薛允升按：乾隆三十四年，户部曾将兵丁生息营运名目奏明删除，此例尚有生息名目，似嫌参差。

成案 133.01：监放月饷印结迟延〔康熙三十二年〕

吏兵二部议福抚卞永誉疏：闽省督抚提镇各标协营月饷监放印结，惟汀州城守右营文武各结移换未到等因，应将汀州知府鄢翼明，汀州城守右营游击吉某、漳浦营游击张某，均照例罚俸六个月。

成案 133.02：欠解兵米并武职印结舛错〔康熙二十八年〕

吏兵二部议：先经总漕马世济将本标官兵支过俸饷银米等项造册奏销，户部以兵马册内开有欠给徐州营兵米支领印结，册籍舛错，行令查明，及欠解各官题参。今该督称前项欠解米石，所有追征息玩之靖江县等，并造送印领，舛错之徐州营副将应题参，应将初参靖江县等各州县，均照例降俸二级，戴罪督催。徐州营副将侯某出具支领印结与册籍舛错，照例罚俸三个月。

成案133.03：督抚造册不明〔康熙二十八年〕

吏部议：原任总漕马世济疏查起运米内，江安粮道所属漕粮，该督疏称起运正米五十万九千四百九石八斗六升零，册内系四十一万二千一十石三斗三升零，数目不符，应令查明再议。今总漕董讷疏称，江安粮道所属漕粮实该四十一万二千一十石三斗三升零，前总漕马世济未及细检，以致数内重开，应将原任总漕马世济照例罚俸六个月。

成案133.04：司道造册不明〔康熙二十八年〕

吏部议户部疏：浙省起运银两俱系二十四年三月内收库，奏册内讹开二十三年三月十二日收库。又二十六年夏季分捐纳贡监银一万七千三百二十两，王国泰交盘册内，讹开一万一千二百二十两，将造册舛错之解任布政使王国泰，署司事粮道刘晓，交部议等因。应将王国泰、刘晓，均照例每案各降一级留任，不行详查之督抚，令该抚查明具题再议。

成案133.05：朦混造册道员等转报〔康熙三十年〕

吏部议陕抚萨弼图疏：裁站银两数目不符一案。从前不行查出之延安府知府，已经休致汉中府知府，病故布政司、巡抚、总督，俱经别案革职，无容议外，应将陕西粮道许某照例于新任内罚俸一年。

成案133.06：休致官降罚俸银免追〔康熙四十四年〕

户部议覆湖抚刘殿衡疏：查得原任黄州府经历李义系休致之员，其降罚俸银与豁免之例相符，应免其追取。

律134：收支留难〔例7条〕

凡收受支给官物，其当该官吏，无故〔二字重看〕留难、刁蹬，不即收支者，一日，笞五十，每三日加一等，罪止杖六十、徒一年。

守门人留难者，〔不放入，计日论。〕罪亦如之。

若领物、纳物之人到有先后，主司不依〔原到〕次序收支者，笞四十。

（此仍明律，其小注系顺治三年添入。顺治律为140条。）

条例134.01：大通桥监督将运进仓内米数

大通桥监督将运进仓内米数，豫期行文八仓监督，早开仓门，务要本日照数收完。如有至晚收纳不及者，该仓监督亲身查照，登簿贮仓，次日抽掣收受。违者，交该部议处。如运役擅于中途寄放者，照偷盗议罪。

（此系康熙二十七年会议定例。原例末句"以不应重治罪"，雍正五年系照偷盗议罪，其因何改定之处，并无修改按语。）

薛允升按：此条专指京仓而言。偷盗必计数议罪，末句尚未明晰。原例治以不应谓违期。中途寄放也照偷盗议罪，似未妥协。《处分则例》并无此条。

条例134.02：凡钱粮物料等项解送到部（1）

凡钱粮物料等项解送到部，限文到三日内，即行查收，掣给批回。如无故不收完给批者，照律计日治罪。至书役人等，指称估验、掣批、挂号等项费用名色，藉端包揽索诈者，许解官、解役，即于该衙门首告，交送刑部问实，照衙门蠹役索诈例，十两以上，并妻安插奉天；赃重者，以枉法从重论；系官革职问罪。该管官失察者，交部议处。如解官豫先嘱托，和同行贿，听其包揽者，与受财人一体治罪。

（此条康熙二十八年刑部议准定例。雍正三年定例。原文"问实"二字下，系"发边卫充军"，乾隆五年改为"照衙门蠹役诈例，十两以上，并妻安插奉天；赃重"二十字。乾隆三十二年修改。嘉庆十九年改定为条例134.03。）

条例134.03：凡钱粮物料等项解送到部（2）

凡钱粮物料等项解送到部，当该官吏，限文到三日内即行查收，掣给批回。如无故不收完给批者，照律计日治罪。至书役人等，指称估验、掣批、挂号等项费用名色，藉端包揽索诈者，许解官、解役即于该衙门首告，交送刑部治罪。一两以下，杖一百；一两至五两，杖一百，枷号一个月；六两至十两，杖一百、徒三年；十两以上，发近边充军；至一百二十两者，拟绞监候；为从、分赃，并减一等。系官革职问罪。该管官失察者，交部议处。如解官豫先嘱托，和同行贿，听其包揽者，与受财人一体治罪。

（此条嘉庆十九年，将条例134.02改定。）

薛允升按：解官一体治罪，未免过严。准以与受同科之例，则出银六两及十两以上，即拟以军徒等罪，可乎。

条例134.04：凡粮船运抵石坝土坝（1）

凡粮船运抵石坝、土坝，限十日内将米起完。如起米违限，以致回空船只守冻者，坐粮厅监督革职。若受财，监督革职，并衙役人等交刑部从重治罪。仓场侍郎失察者，交该部议处。其漕粮盘坝、过闸，运至京、通各仓，晒扬入廒，亦照例限三个月内全完。若石坝、土坝、五闸、大通桥京通各仓米到，不即令过坝、过闸，及于晒扬时掯勒不令入廒者，许运丁首告，将监督等交部严加议处，衙役人等，俱交刑部从重治罪。仓场侍郎，不行查参，别经发觉，亦交部议处。如坐粮厅及各仓书役人等，向运官、运丁指称掣批等项名色勒索者，一两以下，杖六十、徒一年；一两以上，杖一百、徒三年；十两以上，俱佥妻发边卫充军；赃重者，仍从重论。若支放米石搀和沙土者，亦交刑部从重治罪。有向关米之人勒索得财者，俱佥妻发边卫充军；赃重者，各计赃以枉法从重论。因而打死人命者，拟斩监候。关米人等，米色不堪，不行首告，或私给钱者，与受同科。以上各项，监督失察者，交部严加议处；知情故纵者，革职从重治罪。失察之仓场侍郎，亦交部分别议处。

（此条系康熙三十九年例。雍正三年定例。乾隆五年改定为条例134.05。）

条例134.05：凡粮船运抵石坝土坝（2）

凡粮船运抵石坝、土坝，限十日内将米起完。如起米违限，以致回空船只守冻者，坐粮厅监督革职。若受财，并衙役人等交刑部治罪。其漕粮运至京、通各仓，若米到不即令过坝、过闸，掯勒不令入仓者，许运丁首告，交刑部将衙役人等从重治罪。如坐粮厅及各仓书役人等，向运官、运丁指称掣批等项名色勒索者，一两以下，杖六十、徒一年；一两以上，杖一百、徒三年；十两以上，照恐吓索诈例，奉天地方安插；赃重者，仍从重论。若支放米石搀和沙土者，亦交刑部从重治罪。有向关米之人勒索得财者，照指称掣批等项名色计赃论罪。因而打死人命者，拟斩监候。关米人等，米色不堪，不行首告，或私给钱者，与受同科。以上各项，监督失察者，交部严加议处；知情故纵者，革职从重治罪。失察之仓场侍郎，亦交部分别议处。

（此条乾隆五年将条例134.04改定。乾隆三十二年修改。嘉庆六年再改定为条例134.06。）

条例134.06：凡粮船运抵石坝土坝（3）

凡粮船运抵石坝、土坝，限十日内将米起完。如起米违限，以致回空船只守冻者，坐粮厅监督革职。若受财，并衙役人等交刑部，计赃，依枉法律治罪。其漕粮运至京、通各仓，若米到不即令过坝、过闸，掯勒不令入仓者，许运丁首告，将衙役人等交刑部，审系无故留难，依律科断；有赃者，计赃，以枉法从其重者论。如坐粮厅及各仓书役人等，向运官、运丁指称掣批等项名色勒索者，一两以下，杖一百；一两至五两，杖一百，枷号一个月；六两至十两，杖一百、徒三年；十两以上，发近边充军；至一百二十两者，拟绞监候；为从、分赃，并减一等。若支放米石搀和沙土者，亦交刑部，照监守自盗律，计赃治罪。有向关米之人勒索得财者，照指称掣批等项名色，计赃论罪。因而打死人命者，拟斩监候。关米人等，米色不堪，不行首告，或私给钱者，与受同科。以上各项，监督失察者，交部严加议处；知情故纵者，革职，交部治罪。失察之仓场侍郎，亦交部分别议处。

（此条嘉庆六年〔一说嘉庆十九年〕将条例134.05改定。）

薛允升按：上条指解部钱粮物料而言，此条指粮船抵坝而言。二条与上《处分则例》大略相同，应参看。前二段受财，即勒索也。下一层系总承上二层而言，谓无赃依本律科断，有赃应别论也。乃前二层以枉法论，与下文计赃治罪之法不同，殊觉参差。上二层均明言衙役人等，与下文书役有何分别，而科罪均各不同，何也。原例无计赃依枉法律治罪句，其漕粮以下一段，亦无计赃以枉法从重论之语，如坐粮厅以下一段方有计赃分别拟以军徒之语，此二层何故又以枉法论。枉法固重，蠹役诈赃，则较枉法尤重也。勒揖不令入仓，与下指称掣批等项名色何异，而科罪不同，未知何故。支放米石以下云云，另是一事，以上俱言收，此数语专言支也。与多收税粮斛面条例，亦有重复之处。再，搀和沙土，及向关米之人勒索，各仓花户犯者最多，此例止云各仓书役人等，并无"花户"字样，可知尔时尚无此名色。

条例 134.07：京通各仓

京通各仓，收米时少进，放米时多出，以致亏空，其亏空米石，著落监督赔六分，书、攒赔二分，头役、花户合赔二分，勒限一年全完。

（此条雍正五年定。乾隆五年删。）

律 135：起解金银足色

凡收受〔纳官〕诸色课程，变卖货物，起解金银，须要足色。如成色不及分数，提调官吏〔及估计、煎销〕人匠，各笞四十，著落均赔还官。〔官有侵欺，问监守盗。知情通同，故不收足色，坐赃论。〕

（此仍明律，其小注系顺治三年添入。顺治律为 141 条，原文最后小注"如通同作弊，以致亏损侵欺，计赃以侵盗律论"，乾隆五年改定为"官有侵欺，问监守盗。知情通同，故不收足色，坐赃论"。）

律 136：损坏仓库财物〔例 1 条，成案 3 案〕

凡仓库及积聚财物，主守之人安置不如法，晒晾不以时，致有损坏者，计所损坏之物〔价〕，坐赃论。〔罪止杖一百、徒三年。〕著落均赔还官。

若卒遇雨水冲激，失火延烧，〔若仓库内失火，自依本律，杖八十、徒二年。〕盗贼〔分强、窃〕劫夺，事出不测，而有损失者，委官保勘覆实，显迹明白，免罪不赔。其监临主守〔官吏〕，若将侵欺、借货、挪移之数，乘其水火、盗贼，虚捏文案，及扣换交单籍册，申报瞒官〔希图幸免本罪〕者，并计赃，以监守自盗论。同僚知而不举者，与同罪。不知者，不坐。

（此仍明律，其小注系顺治三年添入。顺治律为 142 条。）

条例 136.01：凡各府州县仓廒

凡各府、州、县仓廒，俱造入交盘项内，新旧交代，若有木植毁烂，倾圮渗漏，即行揭报，将原任官交部议处。徇情滥受，接任官亦交部议处。其霉烂亏空谷石，著接任官勒限赔补，不完，治罪。

（此条雍正六年定。）

薛允升按：此慎重仓廒之意，与挪移出纳门参看。徇情滥受，即将接任官议处，勒令赔补，与出结后霉变、短少，著落接任官按数赔补之例相符。

成案136.01：平粜米石未买还〔康熙三十二年〕

吏部议直抚郭世隆疏：直属平粜米石逾限未完之香河县知县韩镐等题参。查定例，官员迟延钦部事件，论月日分别处分等语。应将所违限一月以外已完之迁安等州县均照例罚俸三个月以外，已完之故城等州县，各照例罚俸九个月，违限四月五月已完之安平等县，各照例罚俸一年。

成案136.02：借谷生息〔康熙三十九年〕

户部覆豫抚李国亮：查凡常平仓所积谷石，该抚题请借给于民，始行给借，俟本年秋后还仓，并无历年借给之例，相应将本年十分之内解给三分，俟秋后令其还仓。又查康熙十八年，九卿会议，直隶各省州县官绅士民捐输米谷，春耕之际有借贷者借给，秋收后每石取息一斗等因，康熙三十九年具题，奉旨：依议。钦遵在案。又康熙三十七年，浙抚张勄将官绅士民捐输米谷出借于民免息等因具题，臣部仍以每石取息一斗题复在案，应行该抚，俟秋收之后照例将民借米石加息一斗可也。

成案136.03：借谷无花名细册领状〔康熙四十五年〕

吏部议直抚赵弘燮疏：南乐县知县潘开基，借给穷民米石，并无花名细册领状可据，显有亏空情弊，捏作民借。查定例，州县官如已征钱粮作为民欠，或挪用，谎称民欠者，照私派钱粮例革职拿问等语。应将南乐县知县潘开基照例革职拿问，其亏空米石，是侵是挪，令该抚严审追完报部。

律137：转解官物〔例29条，事例4条，成案7案〕

凡各处征收钱帛，买办军需，成造军器等物，所在州县交收，差有职役人员，陆续类解本府。若本府不即交收，差人转解，勒令〔州县〕人户就解布政司者，当该提调正官、首领官、吏典，各杖八十〔公罪〕。若布政司不即交收，勒令各府解部者，提调正官、首领官、吏典，罪亦如之。〔若原行佥定长解，不用此律。〕

其起运〔前项〕官物，长押官及解物人安置不如法，致有损失者，计所损失之物，坐赃论，著落均赔还官。若船行卒遇风浪，及〔外人〕失火延烧，或盗贼劫夺，事出不测而有损失者，申告所在官司，委官保勘覆实，显迹明白，免罪不赔。若有侵欺者，〔不论有无损失事故〕计赃，以监守自盗论。

若起运官物，不运〔原〕本色，而辄赍财货于所纳去处收买纳官者，亦计〔所买余利为〕赃，以监守自盗论。

（此仍明律，其小注系顺治三年添入。顺治律为143条，最后一段小注原文"原领"，雍正三年修改为"原"。）

薛允升按：律文前段系前明之法，现在俱佥定长解矣。

条例137.01：自天津该运京通二仓粮储

自天津该运京通二仓粮储，脚价不敷，许令太仓银库借用。如把总官纵容旗军花费，及私下还债，以监守自盗论罪，立功满日，带俸差操；债主以盗官物论罪，势豪官员，奏请发落，家人伴当，发广西烟瘴卫分充军。

（此条系明代旧例，顺治例143.01。雍正三年奏准：重运额设随漕钱粮，今无太仓借银，及带俸差操等例，且"违禁取利"条内，已有举放官军私债一条。因此删除。）

条例137.02：运粮都司卫所把总官

运粮都司、卫所把总官，所管船俱以十分为率。若有一半以上违限寄放德州等处，不行到仓者，令漕运都司、都御史提问，降一级，纳米完日，照旧管运。一半以下者，参奏提问。

（此条系明代旧例，顺治律143.02。雍正三年奏准：今漕运违限，定有按月处分。此条删。）

条例137.03：漕运把总指挥千百户等官索要运军常例

漕运把总、指挥、千百户等官，索要运军常例，及指以供办等费为由科索，并扣除行月粮与船料等项，值银三十两以上者，问罪，立功五年，满日，降一级，带俸差操。如未及三十两者，止照常科断。其跟官人等，指称使用，科索军人财物入己，赃至二十两以上，发边卫充军。

（此条系明代旧例，顺治例143.03。雍正三年奏准：今无指挥、千百户等官名，且押运官科索及跟役求索者，俱按律计赃问拟。此条删。）

条例137.04：漕运把总指挥千百户等官如有漂流数多

漕运把总、指挥、千百户等官，如有漂流数多，把总三千石，指挥及千户等官同帮领运者一千石，千户五百石，百户、镇抚二百五十石，俱问罪，于现在职级上降一级。有能自备银两，不费别军羡余，当年处补完足者，免其问降。若愿随下年粮运完补，亦准复职，止完一年，准复一级；三年内尽数补完，亦准复原职。

（此条系明代旧例，顺治例143.04。雍正三年奏准：今漂没船粮，地方官具结题豁，有定例在后。此条删。）

条例137.05：漕运官军如有水火折干

漕运官军，如有水火折干，沿途盗卖，自度粮米短少，故将船放失漂流，及虽系漂流，损失不多，乘机侵匿，捏作全数，贿嘱有司官吏，扶同奏勘者，前后帮船及地方居民，有能觉察告首，督运官司查实，给赏轻赍银十两；官军不分赃数多少，俱照例发边卫充军，有司官吏从重问拟，仍行原卫所，将失事人家产变卖抵偿，不许轻扣别军月粮，以长奸恶。前后帮船知而不举，一体连坐，仍于正犯所欠钱粮内，责令帮赔十分之三。

（此条系明代旧例，顺治例143.05。乾隆五年，将之修并入条例137.07。）

条例137.06：漂没船粮（1）

漂没船粮，著落沿途催攒各官，及汛地文、武官员亲临勘实，各出保结，取具运官结状，该督抚确察具题豁免。如运粮官丁谎报漂没，并故将船放失漂流，及虽系漂流，损失不多，乘机侵盗至六百石，照例拟斩；不及六百石，照例发边卫永远充军，米石照数赔补。其沿途催攒官，及汛地文、武各官，不亲临确勘的实，遽出保结者，俱革职。该督抚不严察确实，遽行题豁，后诈冒事露者，亦交部议处。

（此条雍正五年定。乾隆五年与条例137.05一同修并为条例137.07。）

条例137.07：漂没船粮（2）

漂没船粮，著落沿途催攒各官，及汛地文武官员亲临勘实，取具运官结状，该督抚确察，具题豁免。〔按：此实在漂没者。〕若漕运官军水次折干，沿途盗卖，自度粮米短少，故将船放失漂流，及虽系漂流，损失不多，乘机侵匿，捏作全数，贿嘱有司官吏扶同奏勘者，前后帮船及地方居民，有能觉察告首，督运官司查实，给赏轻赍银十两；官军侵盗至六百石者，拟斩；不及六百石者，发边远充军。〔按：此捏报漂没者。〕沿途催攒，及汛地文武各官，不亲临确勘的实，遽出保结者，革职。督抚不严察确实，遽行题豁，事发，交部议处。所亏米数，仍行原卫所，将故失侵捏之人家产变卖抵偿，不许轻扣别军月粮。前后帮船知而不举，一体连坐，仍于正犯所欠钱粮内，责令帮赔十分之三。〔按：原卫所云云，系尔时办法。〕

（此条系雍正三年，以吏部例内载有诓报损失及不行确察保题者治罪之语，因纂为条例。乾隆五年将条例137.05及137.06修并。）

薛允升按：此专指漕运米船而言，与盐船失风一条参看。漂没至豁免一段，即律内船行卒遇风浪，事出不测而有损失者，申告所在官司，显迹明白，免罪不赔之意也。若漕运以下一段，即律内有侵欺者，以监守自盗论之意也。帮赔十分之三，本犯止赔十分之七矣。监守自盗门内，又有完赃减等之例。设本犯止完七分，自应以全完论矣，帮船未完将如之何。《处分则例·漕运门·漂没沉溺粮船》一条与此大略相同。革职下有如不将情由申报者，降一级调用。督抚不严查确实，遽行题豁，亦系降一级调用，而无追赔之法。惟盘查门漂没粮石条，各省采买拨运粮石，乘机侵盗等弊，委员办运之督抚，不严查确实，遽行请豁，降二级调用。所豁粮石，仍著落办运官及出结各员名下按数分赔。与此责令前后帮船帮赔，亦不相符。《户部则例》亦无前后帮船分赔一层。均应参看。此条专言漕米，别项自应一体照办。铜船盐船亦有风火事故，及盗卖沉溺等类，刑律不载，应参看处分及《户部则例》。

条例137.08：运粮官员旗军人等

运粮官员、旗军人等，犯该人命、强盗等项重罪者，官拘系奏提，旗军人等即便提问。其余一切小事，候交粮毕日审结。

（此条系明代旧例，原载"犯罪免发遣"门，雍正三年移附此律。乾隆五年改定。）

薛允升按：重罪拘系提问，小事候交粮毕日审结，总不使稍有迟滞之意。如本案内人证过多，即不免有拖累之处矣。宜于此而不宜于彼，例固无两全之法也。应与下粮船被窃一条参看。

条例 137.09：空重漕船

空重漕船，沿途州、县、卫所，照定限时日，驱令出境。如有违限，将专催、督催、押运、领运官，俱交该部照例分别议处。随帮百总、旗头，违限一次笞五十，二次杖六十，三次杖七十，每一次加一等，罪止杖一百，徒三年。督抚不行查参，照隐匿不参催粮官例议处。设有非常风阻、冰冻、浅滞，俱令查实报明，免其议处。

（此条系康熙十七年，户部题漕船违限事理。雍正三年纂辑为例。）

薛允升按：重，谓漕船重运北上也。空，谓回空漕船也。自某处至某，及顺流、逆流，均有一定限期。吏、户二部例言之最详，应参看。

条例 137.10：凡运解饷鞘到汛

凡运解饷鞘到汛，不照拨定兵丁名数护送，或兵丁有于中途私回者，解官即报明该督抚题参，将该汛专、兼将弁，照少拨解役例议处。中途私回之兵丁，责革名粮。

（此条系雍正五年，刑部会同九卿议准定例。）

薛允升按：中途私回之兵丁，较潜行小路情节为重，仅止责革，似觉太宽。此言未失事者，下管押饷鞘一条，系言失事者，应参看。一鞘二夫，银一万两，拨防护兵二名，户役四名。二万两以上，酌量加派。吏、户二部例文，言之最详。刑例无文，且专言兵丁，而无户役，亦嫌未能详备。

条例 137.11：粮船到淮

粮船到淮，米色霉变，运弁出有米色结状者，亏折之米，着落该帮旗丁赔补。运弁未经出有结状者，着落县、帮各半均赔。

（此条系雍正五年定。）

薛允升按：《户部则例》："一、漕粮过淮盘验，如米色不纯，先经地方督抚奏明有案者，抵通验兑。傥有霉变，应着落原兑各州县分赔六成，旗丁分赔四成。如水次兑漕时，并未据该督抚奏明米色不纯，于过淮时，经总漕验出者，到通验兑，傥有霉变，着落弁丁赔补，以示区别"。

条例 137.12：盐课银两起解京协各饷

盐课银两起解京协各饷，所需水脚，向系商人自备应用，并不按站给与夫马供应。每逢起解之期，巡盐御史预先移会前途督抚拨兵护送，务由大路按站而行，夜宿州县，照例拨给人夫巡守。如有疏虞，经过之地方文武各官，照例分赔。如巡盐御史不移会督抚，解官不知会地方官，潜行小路，致有疏失，著落解官名下追赔。解官不能完项，即著差委之上司赔补。

（此条雍正六年，户部议覆河南总督田文镜条奏定例。道光十四年，将"巡盐御史"改为"该管官"。）

薛允升按：此条特为水脚系商人自备应用，并不按站给与夫马供应而设。其余则解饷之通例也。今则俱由官解送矣。

条例 137.13：解饷失鞘地方

解饷失鞘地方，文员分赔一半，差委不慎之大员分赔三分，解员赔二分。如解员不能赔补，亦著差委之大员赔补。武员照例处分，免其分赔。

（此条雍正七年，户部遵旨议准定例。）

薛允升按：此官员分赔之通例，应与上盐课一条参看。《户部则例》："一、护解饷鞘，管解官不申请防护，不经由大路，以致有失者，著落管解官全赔。若解官已请防护，又系经由大路，而饷鞘被失者，地方文员分赔十分之五，金差不慎之大员分赔十分之三，管解官分赔十分之二"云云。即系将两条例文修并为一。此列亦应查照修改。

条例 137.14：卫所运弁正丁雇觅头船水手

卫所运弁正丁雇觅头船水手，俱开明姓名、籍贯，各给腰牌，令前后十船互相稽查，取具正丁甘结，十船连环保结，如一船生事，十船连坐。押运粮道等官，在途稽查，觉有生事者，会同地方官审讯惩治，仍将生事情由报明总漕。其未经开兑之先，责成本省巡抚及粮道等官；开运出境之后，责成漕运总督及沿途该管文武等官；到津以后，责成仓场侍郎、坐粮厅，并天津总兵、通州副将、天津、通州府、县，各按该管地方，严行稽查，一经事犯，协同押运官立即擒拿，按律惩治。觉押运官弁或有徇纵，地方官不行查拿，该督抚即行题参，除徇纵之押运官照例革职外，其该管道员及沿途之该管文武官弁，并各处之该管上司，俱分别议处。若申报而各处该管上司不行题参者，照例议处。

（此条雍正七年，刑部会同吏、兵等部议覆浙江总督李卫奏准定例。）

薛允升按：此专为稽查水手而设。此等人有犯抢劫人命、斗殴，另见别条。头船本系"头舵"二字，《户部例》及《处分例》均系头舵。头谓在船首者，舵谓在船尾者，舵工头工也，其余皆水手也。改为头船自系错误。与下隐匿腰牌一条参看。此云各给腰牌，下云隐匿腰牌，情事亦正相类，似应修并为一。《户部例》："一、粮船头舵、水手，责成各卫所及运弁正丁雇募，择其谙练老成有家室之人，取具本籍邻佑及本船头舵、水手互保各结，并地方官印结，造具年貌花名清册，转报粮道查存。仍开明姓名籍贯，各给腰牌，粮道押运等官，沿途稽查。如中途或有事故，更换押运官弁，移行该地方官，选择土著良民添补。仍取据册结，申报存查。"

条例 137.15：粮船水手隐匿腰牌

粮船水手隐匿腰牌，游荡为匪，及随帮匪徒伪造腰牌，冒充水手，沿途滋事者，各于应得本罪上加一等定拟。其未经滋事为匪，仅止隐匿及伪造腰牌者，均照违制律杖一百、加枷号一个月。

（此条道光十六年，大学士军机大臣会同刑部议覆鸿胪寺卿黄爵滋条奏漕河积弊折内，奉旨纂辑为例。）

薛允升按：应与上卫所运弁一条参看。

条例 137.16：委解铜觔

委解铜觔，照解饷之例，按运更换。如有递年长令管解者，将解员革职，原委之上司交部议处。觊局内书役、炉头人等，于收铜之时任意轻重，及勒索情弊，查明按律治罪。失察之该管官，交部严加议处。其各省委解颜料等项，亦照此例，按批更换。

（此条雍正十二年定。乾隆五年，删去"解员革职"四字。）

薛允升按：此例凡分三层，上下二层指运员言，中一层指收铜者言。按律治罪，并未叙明治以何罪，似即收支留难之律也。应归彼门。解饷例刑律无文。《户部则例·钱法门》运员事宜，及遴员采买各条，极俱详备，应参看。又库藏门解饷条云："凡起解钱粮、颜料，其解员按批更换。不准长年递委。违者，将委解之上司官议处。"与此例末一段同，而委解铜斤，并无明文。《处分则例》保送运员各条，大略谓，先于现任内遴派，后于试用人员内择其曾经委署正印干练能事者，一体派委。如甫经分发到省，未经委署之员，概不准其滥派。又保送运员，先由府州县出考，再由道员加考移司，详送督抚验看。如所保之员，不胜委解之任，令其掣回另保，并无递年长令管解作何处分明文。此条原例，解员革职似系优差，恐有营谋而得者。改定之例，似又以为苦差矣。吏部既无明文，如何议处，记核。

条例 137.17：蓟运回空

蓟运回空，有在该地方刨取白土装带，及沿河市镇铺户，有将白土卖与粮船者，如尚无搀和情弊，将铺户丁舵均枷号一个月，杖一百；其已经搀和者，将丁舵杖一百、徒三年；若搀入漕粮至一百石以上者，丁舵发遣。其运弁与押空千总，及不行查禁之蓟州文武官弁，交该部分别议处。

（此条乾隆七年，刑部议覆给事中长柱条奏定例，乾隆三十三年修改。嘉庆十七年，调剂黑龙江等处遣犯，改"丁舵发遣"为"发极边足四千里充军"。）

薛允升按：此条应与用水灌米一条参看。用药灌涨米六十石至一百石，烟瘴军。一百石以上，新疆为奴。用水灌涨一百石，亦烟瘴军。因盗卖而始搀和白土，似仍应以浮出之米计赃科罪，不应以搀和之米计算。

条例 137.18：粮船被窃

粮船被窃，该旗丁呈报本帮运弁，移知该地方官，缉贼追赃，被窃之船，即随帮前行，不必守候。至强劫重案，必须等候待验，该领运官具报，立即会勘，州县立给印票，催趱前行。〔按，此会勘后事也。〕并将被盗守候缘由，报明漕督，及巡漕御史查核。倘有不肖兵役，勒掯需索，照在官人役取受有事人财，计赃，以枉法科罪。其经过地方，如有强劫之案，该地方文武官弁，俱照城内失事例议处。水手行窃，及帮船被盗，将领运员弁，分别强窃及抑勒隐讳，计案分别议处。

（此条乾隆二十三年，刑部议覆漕运总督杨锡绂条奏定例。道光二十四年，改"巡漕御史"为"该管官"。）

薛允升按：此条应与上犯人命、强盗及盗贼，窝主门一条参看。此例凡分六层，粮船被窃一层，被盗一层，兵役勒索一层，地方官疏防一层，水手行窃一层，帮船被盗一层。《处分则例》："被劫者，照城内失事例，被窃者，照衙署被窃例议处。"此处专言被劫，未及被窃，似未包括。例末数语，殊未明晰。原奏系属两层，水手行窃，将领运员弁罚俸三个月。如系强劫，照兵丁犯窃，该管官约束不严例，降一级调用，为一层。粮船向来积习，止顾本船，邻船有警，即听闻，亦不敢救护，而领运之弁，亦委靡偷安，不知实力防护，自当定以处分。嗣后帮船遇停泊之夜，空、重千总轮流率领本帮丁、舵人等，互相防护。如有被盗之事，将领运之弁，强案，罚俸一年，窃案，罚俸一月。倘有抑勒、隐讳，分别强窃，照例议处，为一层。若不查阅原奏，即不知例意何指矣。应参看《兵部处分则例》。

条例 137.19：粮船舵工

粮船舵工，有侵米至五石以上，累丁代完者，审实，即咨部发遣。

（此条乾隆二十四年，漕运总督杨锡绂奏准条定例。嘉庆十七年，调剂黑龙江等处遣犯，改"即咨部发遣"为"发极边足四千里充军"。）

薛允升按：《处分则例》金保旗丁各条，应参看。米一石以银一两核算，不过五两耳，由杖罪至充军，虽系严惩舵工之意，究嫌太重。

条例 137.20：州县起解银两

州县起解银两，解役潜行小路，不请拨护者，即未被失，亦照不应重律，杖八十。

（此条乾隆二十五，户部等部议覆山东布政使崔应阶条奏定例。）

薛允升按：此违例而未失事之罪，上条专言兵丁，此则专言解役，均不画一。偷盗饷鞘罪名，见于贼盗门。此门所载各条，均系派拨兵役护送，及失事后分赔、独赔之事，惟不免彼此参差之处。且与吏、户、兵三部例文，亦不符合。似应查照修改，以归画一。

条例137.21：管押饷鞘失事之兵役

管押饷鞘失事之兵役，如有知情同盗，仍照旧例分别首从定拟外，其违例雇替，托故潜回，无故先后散行者，减首犯罪一等。其依法管解，偶致疏失，审有确据者，减二等治罪。

（此条乾隆三十四，两江总督高晋奏准定例。）

薛允升按：此押鞘兵役失事之罪名也。凡分三层，死罪一层，流罪一层，徒罪一层，盖照解审罪犯例定拟也，而无监禁一年一层。前条中途私回及潜行小路，系指未经失事而言，与此条不同。《户部则例·库藏门》护饷各条，《处分则例》护送饷鞘及疏失饷鞘各条，均应参看。

条例137.22：朝鲜国进贡使臣

朝鲜国进贡使臣，一抵凤凰城，责令城守尉查明人数，并将携带货物银两数目，注载册档，听其自择素日信识之商人雇车载运，取具交领呈状备查，仍分晰造具细册，呈报将军，〔按：即盛京将军〕及该管衙门，沿途派官一员、兵二十名，所至州县，酌派妥役二、三十名护送照料，遇晚巡逻。驿丞按站预报地方旗民各官，至连界交接，将交接月日，呈报将军等衙门备查。如不行预报，及交接贻误者，均查参分别议处。若朝鲜人众，有不安本分滋生事端者，著落迎送官、通官严加约束，有犯，申报查办。如迎送官、通官约束不严，许地方旗民各官呈报该将军严参议处。朝鲜来使携带银物，交商载运，偶有损伤，著落原商赔还，仍照弃毁官物律治罪。

（此条乾隆四十二年，礼部会同吏部、兵部、刑部议覆署理盛京将军印务副都统莽古赉等查奏定议《朝鲜使臣来京沿途防范章程》，因纂为例。）

薛允升按：此条与窃盗门内条例系属一事，均系柔怀远人之意。专言朝鲜而未及别处，《处分则例》则兼他国言之矣。且此专指奉天而言，若至直隶地方是否一体照办之处，并未叙明，今则无庸置议矣。

条例137.23：凡粮船在内河失风

凡粮船在内河失风至三只以上者，运弁、厅员交部分别议处，旗丁各杖一百、枷号一个月。如有捏报失风，审实，从重定议。至盛夏之时，傥遇雨水猝发，冲坏数只者，该督及巡漕御史查明实在情形，奏明分别办理。

（此条乾隆四十二年定，兵部会同刑部议覆漕运总督德保条奏定例。道光十二年，议覆御史金应麟条奏内称："巡盐御史，巡漕御史，今无此差。奏明，俟修例时更正。"道光十四年，删去"巡漕御史"四字。）

薛允升按：此条系严惩运弁厅员之漫不经心也。此处既删去巡盐御史，而乘官车船附私物门例文，亦有巡河、巡盐等官名目，应一并修改。内河失风，捏报大江、黄河者，降一级调用。内河失风，押运厅员失于防范，一帮之内，疏失一二只者，罚俸六个月。三只以上，罚俸一年。五只以上，降一级留任。均载《处分则例》，应参看。

条例 137.24：承办铜斤之厂员运员

承办铜斤之厂员、运员，不以公事为心，因循怠惰，以致厂铜缺额，运泸逾限者，均革职，发往新疆效力。数年后，厂铜日旺，渐有积余，泸店底铜亦日增充裕，遇有天时之不齐，物力之偶绌，间有缺额迟运，为数无几者，户部再行核酌情形，请旨办理。

（此条乾隆四十四年，户部议覆云贵总督李侍尧奏准定例。）

薛允升按：此门专言解运之事，铜厂缺额与此门无涉，似应移入钱法门内。运泸限期见《处分则例》。〔自滇起程，限二十三日至泸州。〕发往新疆未免过重，然究为整饬铜政而设。惟上层厂员、运员并列，下层则专言厂员矣。《户部则例》一条，与此相类。《处分则例》有滇省厂员考成各条，均应参看。《户部则例》："一、滇省承办铜斤运员，自厂运泸，如逾例限，革职发往新疆效力。厂员缺额七分以上者，革职，仍令在厂协同催办。如一年后仍不足额，即照例发往新疆效力。"《处分则例》："一、滇省除产铜无多之厂，照旧办理外，其余大小各厂，按月以十分核算，欠不及一分，及一分以上者，罚俸。二、三分，降留。四、五分，降调。七分以上革职。缺额三分以下之员，限两月补足。三月以后不交，撤回，开参议处。若无缺额至四分以上，按月开参。一年后仍不足额，应降调者，撤回，应革职者，发往新疆效力。其实系矿砂衰薄，勘查属实，题报宽免。傥系该厂员漫无调剂，任意废弛，以致办铜短绌，又不及时补足，经该督抚题参，即无论分数多寡，俱革职发往新疆效力。"

条例 137.25：各省应解各部院饭银等项

各省应解各部院饭银等项，一面委妥员搭解，亲赴各衙门交纳；一面将银数及解员姓名、起解日期，先行咨部。如限满不接批回，即咨请行查，仍于年终汇咨各部院查核。

（此条乾隆五十四年，刑部审奏兵部书吏夏尚目与提塘官杨占鳌交结侵用云、贵两省解部饭银案内，奏准定例。）

薛允升按：此可行之经久者，应与《处分则例》参看。《处分则例》："一、直省解员领解各项银两，即于领批之日起程，一面先将起程日期报部。如有不即起程，及在途逗遛违限一月以上，降一级留任。四、五月以上，降二级调用。半年以上，革职。果有中途患病，及风水阻滞等情，许该员呈明，地方出结送部，准其扣除。一、直省、厅应解正项京饷，以接到部文日起，即委员扣限起解。直隶、山东、山西、河南限六十日到部，江南、江西、浙江、湖广限八十日到部，福建、广东、广西限一百日到部"云云。

条例 137.26：运粮旗丁

运粮旗丁，除运正项粮米，或因遭风沉失报案有据，或因折耗过多亏短有因，例准挂欠搭解，仍照例办理，及正项漕米交足之后，买米食用，并非回漕者，毋庸治罪外，其实因正项亏短，但经买米回漕，计其所买米数，不及六十石者，杖一百、徒三年；六十石以上者，发边远充军；数满六百石者，拟斩监候。卖米之人，计其所卖之米，与同罪；至死者，减发极边烟瘴充军。除旗丁所买回漕米石，及卖米之人所得米价照追入官外，仍计买米、卖米石数，照监守盗本例勒限严追，分别办理。

（此条系嘉庆十三年，刑部奏准定例。）

薛允升按：此条是直科以监守自盗之罪矣。买米回漕，自系因盗卖在先，事后买米弥补，故仍科以监守自盗之罪。惟监守自盗，例准完赃免罪，买米回漕虽与完赃不同，然较之盗卖官米全不完交者，亦属有间。假如中途盗卖，至京、通查出破案，即不能不勒限严追。如于初限内将米买齐赔交，与买米回漕事异而情同，一免一不免，且米价入官仍勒限追交，殊未平允。限满不完，所拟斩罪是否入于秋审办理，抑系永远监禁之处，记考。

条例 137.27：经纪丁舵人等

凡丁舵暨经纪人等，将漕米用药灌涨，冀图偷窃，计灌涨之米，不及六十石，杖一百、流三千里；六十石以上至一百石，发极边足四千里充军；一百石以上，发新疆给官兵为奴。如仅止用水灌米，不及一百石，杖一百、徒三年；一百石以上，发极边足四千里充军；为从各犯，均减为首一等。其仅止用水灌涨之犯，除尚堪食用之米不计外，所短之米，均各著追，一年限内，全数完缴，各于本罪上酌量减等发落。

（此条道光三十年，刑部议覆山西道监察御史张廷瑞条奏定例。同治九年改定。原文系"将用药灌涨漕米，不及六十石，发附近充军；六十石以上至一百石，实发云、贵、两广极边烟瘴充军；一百石以上，发新疆给官兵为奴。用水灌涨不及一百石，杖一百、流二千里；一百石以上，实发云、贵、两广极边烟瘴充军；其用水灌涨之米，除尚堪食用外，所短之米，勒限四个月追赔，限内全完，减等发落；不完，加等治罪"。）

薛允升按：此丁舵中之最狡黠者，从严惩办似不为苛。与上条买卖白土搀和漕米一条参看。

条例 137.28：转运漕粮经纪车户剥船驾掌

转运漕粮经纪、车户、剥船、驾掌，及各项代役，每米百石，掣欠逾额不及五斗，免其责惩外，如逾额至五斗，杖一百、枷号一个月；一石至二石，杖六十、徒一年；三石至四石，杖七十、徒一年半；五石至六石，杖八十、徒二年；七石至八石，杖九十、徒二年半；九石至十石以上，杖一百、徒三年。如经纪等运米千石内，逾额至十石以上，亦杖一百、徒三年；三十石以上，杖一百、流二千里；五十石以上，杖一百、流二千五百里；七十石以上，杖一百、流三千里；九十石至一百石以上，发附近充军。一万石内，逾额至百石以上，亦发附近充军；三百石以上，发近边；五百石以上，发边远；七百石以上，发极边足四千里；九百石以上，发云、贵、两广烟瘴地方，各充军。一千石以上，发往新疆酌拨种地当差。仍先行照数追赔，全完免罪，不完枷杖，人犯照拟发落。徒罪以上，照挪移库银例办理。〔每米一石，作银一两计算。〕倘有偷窃盗卖情事，仍从其重者论。

（此条同治七年，刑部奏准例，同治九年定例。）

薛允升按：此掣欠与挂欠不同，彼指由南至通押运弁丁而言。此指由通至京仓转运之经纪、车户等项而言，而其为亏欠则同。若非沿途盗卖，则漕米即敷原额数目，何至有掣欠之事。然亦有实非盗卖，及虽系盗卖而无确切证据者，故另有掣欠名目，既与偷窃不同，即应从宽科罪。乃五斗以上及科满杖加枷，一、二石即拟徒罪，反较监守自盗罪名为重，似嫌未协。且既以每百石计算，似可无庸添入千石万石。

条例137.29：漕粮起剥转运

漕粮起剥转运，如有匪徒沿途滋扰，藉端讹索，并在京、通各仓，结党盘踞把持，积年吃仓分肥者，照打搅仓场例，加一等定拟；得赃者，照蠹役诈赃例，分别治罪；为从，各减一等。计赃重者，仍各从其重者论。

（此条系同治七年，刑部议覆户部奏设法挽回漕仓积弊，并御史范熙溥奏请将船户经纪偷窃米石仍照旧例分别办理，同治九年奏准定例。）

薛允升按：漕仓粮米之不足，丁舵、花户等侵蚀之也，乃又有侵蚀丁舵人等者，故严定此例。与积年匪徒在仓滋事一条参看。多收税粮斛面门，在京在外，并各边一应收放粮草等处，打搅仓场，欺陵官攒条例内云："或挟诈运纳军民财物者，杖罪以下，枷号一月，徒罪发附近军。"与此科罪不同，应参看。

事例137.01：康熙二十二年奏准

凡大通桥未交米石，不禀官寄仓收存，私自在外寄顿，并受寄者，各照不应重律，杖八十。该监督官不行查看，任其寄顿者，议处。

事例137.02：康熙二十五年议准

凡剥船运米有亏少者，将雇募之运夫治罪，米石令正身船户赔补，违限不完，从重治罪。州县官仍勒定限，将正身船户之家产追赔。如限内不完者，承追官一并参处。至雇募之运夫，有搀和石灰、药水等弊，查审果实者，发宁古塔等处与新披甲人为奴，米石亦勒限追正身船户之家产赔偿。若剥运米好，运官旗丁勒掯不收者，从重治罪。

事例137.03：康熙四十年议准

收存米谷，挽运江海，遇飓风大雨，漂流并霉烂者，俱系无心所致，该督抚题参，革职离任，限一年内赔完免罪，复还原职另补。如逾限一年赔完免罪，不准复职。二年之内不完，照例治罪，著落家产追赔。

事例137.04：康熙四十三年谕

漕粮关系重大，嗣后拖欠漕粮官员，即升任，仍发赴总漕，令其赔完。

成案 137.01：解木逾限〔康熙三十一年〕

吏部议偏抚王梁疏：宝庆府同知吴天木领解桅杉木植，押运北上，一年零八个月尚未回汛。查定例，各省运送木植，俱于一年解到等语。又查定例，凡奉差事峻复任官员，如有迟延者，照到任违限例处分，违限半年以上者革职等语。今同知吴天木于二十九年九月二十五日起解桅木植，于三十一年三月初十日方始到部交讫，已逾定限半年以上，应照此例革职。

成案 137.02：采办不堪〔康熙三十二年〕

户部咨福抚卞永誉疏：闽省办解八色肖子，三样肖子珠，部咨查验，不堪应用，行令将验看承估采买各官题参。吏部议：应将承估看验之内升布政使李銄照例于补官日罚俸六个月，采买之署兴化府事范弘遇、莆田知县董衍祚、署仙游县事王某，均照例罚俸一年。

成案 137.03：解部银两迟延〔康熙二十七年〕

吏部覆江抚田雯疏称：未解司各案挪移等项银两，限期已满，仍未起解。查定例，官员解送钱粮等项，沿途停搁日期，罚俸一年等语。苏州知府胡世威，扬州知府高承爵等，应各罚俸一年。

成案 137.04：采买粮草迟延〔康熙三十年〕

吏部议陕抚疏：西安府属各营官兵粮草供支不前，题请先动库银委官采买支给，该道不上紧采买，西安府通判半月有余，未据运到等语。应将粮驿道照例降二级，戴罪督催，承买西安府通判照例降三级，戴罪督催，布政使、督抚例有处分，移查职名再议。

成案 137.05：月粮米石不给〔康熙二十八年〕

吏部议总漕董讷疏：庐州卫二帮坐派六安州月粮米石，又庐州卫三帮坐派合肥县、六安州月粮米石，已过淮，尚不全给，蠹役曾震声等恣意侵漕，则溺职徇私之罪，不能为知州知县宽，应将六安州知州、合肥知县，均照例革职。

成案 137.06：漕粮全完抵通逾限仍不准议叙〔康熙四十六年〕

户部议总漕桑格疏称：定例内开，江南漕粮甚多，经管粮道十分全完者加升一级，押运通判纪录一次。今苏松常镇四府属漕粮以及苏松常三府白粮运解抵通，俱已全完，所有经管苏常粮道马逸姿，押运镇江府通判宁维邦，应否议叙等因。查定例内，粮船有过淮抵通之限，其到通粮道马逸姿，押运镇江府通判宁维邦抵通，俱有违限，应将议叙之处，无庸议。

成案 137.07：运竣不回原任〔康熙三十一年〕

吏部为详明厅员等事覆江西护抚卢崇兴题：饶州府通判刘基命督押漕米抵通完竣，迄今年余不回任，任意迁延，殊属不合，应将通判刘基命照规避例革职。

律 138：拟断赃罚不当〔例 2 条，事例 2 条〕

凡拟断赃罚财物，应入官而给主，及应给主而入官者，坐赃论，罪止杖一百。

（此仍明律，顺治律为 144 条。）

薛允升按：《处分则例》："一、承审官将应追应赔之赃失断追赔，应给还原主银两，失断给主者，罚俸一年。转详官罚俸六个月户"。追赃各例，有载在名例给没赃物门者，亦有载在户律各门者。虚出通关朱砂、挪移出纳、私借钱粮、拟断赃罚不当、隐瞒入官家产五门，均有追赃条例，而监守自盗亦有三条，均应参看。监守盗、虚出通关、挪移出纳、私借钱粮，均指以赃入罪之本犯而言。拟断赃罚不当，隐瞒入官家产，均指承追之员而言。给没赃物，则分别入官、给主，应征与不应征之通例也。例文则系随便纂入，有事本相类而载在两处者，有此处与彼处参差者。《唐律》除名例外，惟厩库门及断狱门二条，此外无文。

条例 138.01：凡查估追变之员

凡查、估、追、变之员，勘报不实，瞻徇延缓，以致帑项悬缺者，著令代赔。若查勘本无不实，催追本无徇纵，止因变抵不敷，以致公帑悬缺，仍在本人名下归结，不得向查估追变之人勒令代赔。违者，以违制论。

（此条乾隆元年，户部会同刑部遵旨议准定例。）

薛允升按：此专指代赔而言。勘报不实，希图弊混，也指查估言。瞻徇延缓，以多报少，也指追变言。《户部则例》与此略同，《处分则例》并无此条。《户部则例·变抵门》："一、官员承查、承估、承变、承追各钱粮，如系查估不实，追变侵隐，致亏帑项者，将所亏之数，著落按照赔偿。仍将该员严参治罪。若勘估本无不实，催追并无徇纵，委因变抵不敷，查无情弊，其不敷之数，仍在欠项本员名下归结，不得勒令承估、追赔、承变官代赔。其延迟不力，仍报参议处"。

条例 138.02：凡承追各款赃罚银两

凡承追各款赃罚银两，著落本犯勒追完结。其有律应身死勿征者，仍照定例免征。至年远赃私，必确查实据，方可著追，不得于本犯之外，混追赔补。违者，以违制论。

（此条乾隆元年，户部会同刑部遵旨议准定例。）

薛允升按：此言本犯身死，不得于本犯之外，混追赔补也。不得株连亲族，见监守自盗。给没赃物律云："以赃入罪，正赃已费用者，犯人身死勿征。"此追赃之正律也。《唐律》系死及配流勿征。《疏议》谓："因赃断死及以赃配流，赃已费用，矜其死及流，故不征也。"《明律》虽无配流一层，然犯人身死，似亦在勿征之例。此例正与律文相符。惟后又有侵亏官项，令上司分赔、独赔及监迫其妻子之条，此例自成虚设。究竟何项方可免追，何项仍应著追之处，记参。此条例文，吏、户二部所无，应与上条均移入给没赃物门。

事例 138.01：康熙九年题准

凡承问官将应追赃银未断追赃，及应给主银两失断给主者，罚俸一年，转详上司官罚俸六月。

事例 138.02：乾隆二十二年谕

前因庄有恭在江苏巡抚任内滥行批罚赎罪，已将庄有恭及附和迎合之许松佶、赵酉革职治罪矣。以江苏一省，庄有恭一人任内言之，已有数案，则各省督抚，恐亦俱所不免。谓必如庄有恭所办朱聃一案，以缳首重罪，不题不奏，擅行准罚，在各督抚中，自必不敢出此。至严凝裕斗蟋蟀等细微之事，量为批罚完结者，自属势所易行。夫立法所以示惩，应的决者，自应照例的决。州县滥罚，尚所严禁，况于督抚大吏耶！嗣后民间词讼案件，概不得滥行准罚。若果所犯之罪本轻，而为富不仁，情实可恶，则酌量示罚，以充地方桥道庙宇等工之用，亦尚可准，但须奏明请旨，不许擅自批结，以杜藉端影射之弊，此亦肃清吏治之一端也。

律 139：守掌在官财物〔例 5 条，事例 1 条〕

凡官物当应给付与人，已出仓库而未给付；若私物发供官用，已送在官而未入仓库〔均为官物〕。但有人守掌在官，〔官司委金守掌之人〕若有侵欺借货者，并计〔入己〕赃，以监守自盗论。〔若非守掌之人侵欺者，依常人盗仓库律论。其有未纳而侵用者，经催里纳保歇，各照隐匿包揽欺官取财科断，不得概用此律。〕

（此仍明律，小注系顺治三年添入。顺治律为 145 条。）

条例 139.01：各处卫所管军头目人等

各处卫所管军头目人等，关出粮料布花等物，若指以公用为由，因而扣减入己，粮料至一百石，大布棉花钱帛等物，值银三十两以上者，问罪，追赃完日，军职发立功，五年满日，降一级带俸差操。旗军人等，枷号一月，发极边墩台守哨，五年满日疏放。

（此条系明代问刑条例，顺治例 145.01。雍正三年奏准：今管军官因公科敛入己者，以枉法论，不用立功差操例。此条删。）

条例 139.02：八旗参领佐领骁骑校领催等

八旗参领、佐领、骁骑校、领催等，将一切收存公所干系钱粮，并交库银两入己三百两以上者，斩决；百两以上者，绞决；四十两以上者，枷号三月，鞭一百，发黑龙江；十两以上者，枷号三月，鞭一百；十两以下者，枷号两月，鞭八十。入己银两，著将本犯名下家产，严察变价赔还，勒限半年全完；如过限不完者，将家产照例入官；若无产业不能赔补者，将本犯妻子入辛者库。至于此等侵盗之员，该管各上司均革职；其罪犯不能赔完银两，著落该旗都统赔补。

（此条雍正五年定。乾隆元年定例，乾隆五年改定为条例 139.03.）

条例 139.03：凡八旗参领佐领骁骑校领催等

凡八旗参领、佐领、骁骑校、领催等，将一切收存公所干系钱粮，并交库银两侵蚀者，照监守自盗律例，分别问拟。一万两以内，遇赦准其援免。有逾此数，不准宽免。

（此条乾隆五年，将条例 139.02 改定。）

薛允升按：监守自盗律例，无论中外文武均包举在内，此处所云，与监守盗条例重复，似应删除。此旗员监守自盗之专条，较本例为严，既改照本律例，自可删除。

条例 139.04：亏空官员查参之后

亏空官员查参之后，将房产令该管官照额征租，收存公处。若本人完不足数，将房产及历年所收之租，一并抵补。如欠项已完，将房产租银，一并照数给还。再，初查家产时，已将物产照数抵项，若有多余，仍交本人，听其变卖，除赔完亏项外，将所余房产，并所得租银，一并给还。

（此条雍正七年定。乾隆五年删除。）

条例 139.05：凡办理军需及急切公务

凡办理军需及急切公务，酌留帑项，交与司、道、府库分储，以备应用。其存储府库银两，该管道员不时盘查，如有亏空，立即详参。倘徇隐不报，将该道参处，勒令分赔。司、道库收存银两，督抚盘查。如有徇隐，将督抚议处分赔。

（此条雍正十年定。乾隆五年删。）

事例 139.01：乾隆五年议准

各省赎锾银两，若所存赢余无多，应仍听本省留充下年囚粮衣药等费。如或累积不解，易起地方官挪移侵隐之弊。嗣后各省赎锾，有递年存积至一千两以上者，应令该督抚解交该部，自不致有滋弊窦。

律 140：隐瞒入官家产〔例 9 条，事例 6 条，成案 1 案〕

凡抄没人口、财产，除谋反、谋叛及奸党，系在十恶，依律抄没。其余有犯，律不该载者，妻子财产，不在抄没入官之限。违者，依故入人流罪论。〔抄没尚未入官，作未入官，各减一等。〕

若抄札入官家产，而隐瞒人口不报者，计口，以隐瞒丁口论。若隐瞒田土者，计田，以欺隐田粮论。若隐瞒财物、房屋、孳畜者，坐赃论。各罪止杖一百。所隐人口财产并入官，罪坐供报之人。〔所隐之人口，不坐、不加重者，以自己之丁口财

产也。〕

若里长同情隐瞒，及当该官吏知情者，并与同罪，计所隐赃重〔于杖一百〕者，坐赃论，全科。

受财者，计赃，以枉法各从重论。〔以枉法之重罪论，分有禄、无禄。〕失觉举者，减〔供报人〕三等，罪止笞五十。

（此仍明律，小注系顺治三年添入。顺治律为146条，第三段末小注"照赃全科，不折半罪"，雍正三年删除。）

条例140.01：凡罪犯入官财产

凡罪犯入官财产，止应著落正犯追取。倘正犯将干之人肆行诬赖者，从重治罪，仍著落伊身追取。承审察追各官，如徇庇正犯，拖累无干之人，亦交与该部严加议处。

（此条系康熙五十七年，刑部议覆两江总督常鼐题副都统俞章言隐匿罪犯俞文言入官财产一案，经九卿遵旨议准例。雍正三年定例。）

薛允升按：从重治罪，并未叙明治以何罪，似应修改明晰。说见私借钱粮门。将无干之人肆行诬赖，即私借钱粮门之混请开抵亏空也。徇庇正犯拖累无干之人，即彼门内之听从开抵，妄拿无辜追比也。亦与拟断赃罚不当门，不得于本犯之外，混追赔补之意相同。似应修并为一，以免重复。

条例140.02：旗员任所亏空不能完结

旗员任所亏空不能完结，回旗时交与地方官查报。如有隐匿，将隐匿财物添补亏空外，照查出数目，著落地方官分赔。

（此条雍正七年定。乾隆五年删。）

条例140.03：凡欠帑人员将地亩入官之后

凡欠帑人员，将地亩入官之后，其本人及本人之子孙，概不准其认买。倘有混行承买，将官兵人等，分别议处治罪。准其承买之该管各官，交部照例议处。

（此条雍正十二年定。）

薛允升按：给没赃物门有不准原主勒索找价一层，并无不准本人及子孙认买之语，应参看。《户部则例》并无此条，《处分则例》亦不载，似应删除。

条例140.04：凡欠帑人员或因独力难赔

凡欠帑人员，或因独力难赔，或因产尽无著，遂将分居别业之弟兄、亲族，并不知情之亲友旁人，巧借认帮名目，转辗株连，勒令赔补者，将承审、承追各官，均照违制治罪。

（此条乾隆元年，户部、刑部议准定例。）

薛允升按：与私借钱粮门条例参看。再监守自盗门，产尽豁免，不得株累亲族，亦应参看。《户部则例》："一、拖欠官项钱粮，本员力不能完者，在于承产之兄弟子侄、分肥之僚友上司，经手之家奴吏役，及寄顿财产之人，确查属实，均应著赔。若分居析产之兄弟族属，并不知情之亲友奴仆旁人，于公帑并未侵渔，私财又非寄顿，该州县官巧借认帮等项名色，勒令赔补，或藉称严查寄顿，纷纷票传刑求吓诈等弊，准受累之人，赴上司控告参究。倘上司不为准理，照徇庇例议处。"

条例 140.05：凡亏空入官房地内

凡亏空入官房地内，如有坟地及坟园内房屋，看坟人口，祭祀田产，俱给还本人，免其入官变价。

（此条乾隆元年，刑部议覆侍读学士积德条奏定例。）

薛允升按：《明令》："凡籍没家产，除反叛外，其余罪犯止没田产孳畜，田地内有祖先坟茔者，不在抄没之限。"此良法美意也，亦系入官之款，似应移于给没赃物门。应与《户部则例》参看。《户部则例·田赋门·存留坟地》条："一、凡八旗及汉员应行入官地内，有坟园祭田数在三顷以下者，免其入官。若在三顷以上，除给还三顷外，余地悉行入官。"

条例 140.06：除隐匿挪移案内之家产

除隐匿挪移案内之家产，仍照隐匿本律治罪外，如隐匿侵盗案内之家产，不论原案未完之数，计所隐家产价值之多寡，照坐赃律分别定拟。十两以下，笞二十，每十两加一等；一百两，杖六十、徒一年，每一百两加一等；五百两至一千两，满徒；一千两以上，罪止杖一百、流三千里。系旗人，折枷号鞭责，俱罪坐隐瞒之人。所隐财产，俱行入官。保题各官，照例治罪追赔。

（此条乾隆三年，刑部遵旨议准定例。）

薛允升按：此隐匿之赃，如果追出交官，本犯是否以完赃论。完赃，本犯例得减免，隐匿之人，是否免其科罪。一并俟参。律无论丁口、土田、财物均罪止杖一百，例加至徒流，不特较本律加重，较坐赃律亦加重矣。坐赃律系折半科罪，此例自亦应折半计算。原奏系指已经豁免后查出隐匿者而言，故治罪从严。若未经豁免。仍应勒限监追，能将隐匿之赃交出，即可免罪，岂有仍科隐匿之理。似应将此层添入。

条例 140.07：凡应追官员赃赔各项银两（1）

凡应追官员赃赔各项银两，若原籍、任所，查明财产尽绝，实在无可著追者，取具原籍地方官印结咨部，各归任所加结题请豁免。回旗人员，由本旗确查取结，咨行任所，一体办理。如原籍、任所，或有隐匿寄顿，一经发觉，除财产入官外，出结各员，照例议处分赔；隐寄家属，照律治罪。

（此条乾隆十九年，刑部议覆江苏巡抚庄有恭条奏定例。嘉庆六年改定为条例140.08.）

条例 140.08：凡应追官员赃赔各项银两（2）

凡应追官员赃赔各项银两，若原籍、任所，查明财产尽绝，实在无可著追者，任所官出具切实印结，由原籍加结题请豁免；旗员亦照此由本旗具结，咨部办理。如旗籍、任所，或有隐匿寄顿，一经发觉，除财产入官外，出结各员，照例议处分赔；隐寄家属，照律治罪。

（此条嘉庆六年，将条例140.07改定。嘉庆七年，户部修例折内，奉旨令将议赔各例，分别妥修具奏。经刑部议请，于例内任所题豁之处，照户例修改由原籍题豁等因，奏准改定。）

薛允升按：挪移出纳门，一面于任所严追，一面行文原籍严查家产云云。与此条参看。彼条云州县亏空，此云官员赃赔各项，为不同耳。无赃可追之案，均归任所题请豁免。以亏案既在任所，故题豁亦归任所完结也。后因户部例文，系由原籍题豁，遂改归一律。乃此条修改，而下条仍不画一，亦嫌参差。

条例140.09：凡一切承追案件

凡一切承追案件，该督抚一面督属严追，一面行查该员历过任所有无隐寄，毋庸俟本籍无追，始行咨查。其任所地方官，自文到日起，勒限三个月，据实查明，申详督抚，咨明原籍办理，并令该督抚严加督催。如有违逾，照钦部事件迟延例议处。其欠帑官员离任者，或有托故逗遛，即押令回籍著追。

（此条乾隆三十七年，户部议覆安徽巡抚裴宗锡条奏定例。条奏云："查离任官员，应追核减分赔各项银两，例由任所先行咨回原籍，分别银数多寡，责令地方官依限催追。逾限未完，即予议处。间有原籍产尽无追，复行移咨该员历过任所，查明有无财产隐寄，分别办理、立法虽属周详，惟是此等应追之项，国帑攸关，案难久悬，若俟原籍无追始行移查任所，未免多需时日。且隔省咨查事件，向无例限处分，承办各官，或以无关考成，不即速为查办，而该管上司，又以非本省事件，不加督催，以致经年未覆，原籍无凭办理者，诚所不免。并恐该员离任之后，或有财产隐寄任所地方，该地方官瞻徇情面，故意迁延，易滋串匿，此等情弊均不能保其必无。应如该抚所奏，嗣后承追一切案件，该督抚一面督属严追，一面即行查该员历过任所，分咨各省严查有无隐寄，照例办理。毋庸俟本籍无追，始行咨查任所，以免辗转迁延。其任所地方，自文到日起，勒限三个月据实查明，申详督抚，咨明原籍办理。并令该督抚严加督催，如有逾违，即照钦部事件迟延例议处。至该抚又称，本员或有托故逗遛，由所在地方官押令回籍，等语。查官员离任后，例应于三月限内勒令回籍，如有逗遛，即予议处，定例綦严。况此等欠帑人员，尤宜即行押令回籍，以凭原籍著追，亦应如所奏办理等因具奏。奉旨：依议。钦此。"）

薛允升按：上条言任所、原籍，此条并及历过任所，应一并参看。此例现在遵行。惟坊刻本例注云："嘉庆七年六月，户部奏准修改。其例文亦与此不符，而与户部修改之例文相同。"勒追门一条云："凡承追一切欠项，除现任官即在任所著追外，其离任官，系汉员，令该管督抚一面督属严追，一面即行查该员历过任所，有无隐寄。旗员，由部行知该员原任省分其任所地方。自文到日，限三个月查明取结，申详该督抚咨明原籍，咨部办理。违者，照钦部事件迟延例议处。"查嘉庆七年，户部因条例彼此多有互异之处，奏请修改一律。内原例二条云："一、凡一切承追案件，该督抚一面督属严追，一面即行查该员历过任所，有无隐寄。其任所地方，自文到日，限三个月查明取结，申详该督抚咨明原籍办理。违者，照钦部事件迟延例议处。至欠帑人员离任逗遛，即由所在地方官勒限三个月，备文押回原籍。一、承追各项银两，按银数多寡分别定限。如行追、扣限尚短一二月，而欠项人员或升调他省，或缘事回籍，令其将此一限应完银两按数完交，准离原任，以专责成。"查前条既称欠帑，人员离任，勒限三个月押回原籍，后条又称缘事回籍，令其将此限银两完交，方准离原任。二条未免矛盾。查吏部新定《处分则例》，将前条末数句节删，后条则未经纂载。臣部亦应查明订正。今请将前条修改，亦将末数句节删，后条全删。此嘉庆七年，户部修改之例文也。惟刑部现行例文，系乾隆三十七年，户部议覆安徽巡抚裴宗锡条奏，知照刑部纂为定例。户部于嘉庆七年，并未声明此条例文应否删改，以致户部所行者，系嘉庆七年修改之例，刑部所行者，犹是乾隆三十七年之例，彼此不无参差。且户部于乾隆三十七年定准之案，何以并不纂入例册，而所修改者，仍系从前旧例，殊不可解。

薛允升按：此二册内所载各条例，康熙、雍正年间纂定者居多。乾隆年间次之，嘉庆以后则寥寥无几。库款仓储国用民命攸关，最为紧要。前则力加整顿，后乃一味因循，法令俱成具文，此亦可以观世变矣。

事例140.01：顺治十五年题准

凡隐瞒籍没入官财物者，枷号一月，杖一百，流徙宁古塔。隐瞒文约，因而得财者，枷号两月，杖一百。其将犯人银两保放，及交关产业情由而不行举首者，各杖一百。

事例140.02：康熙二年题准

凡隐匿入官财物至五百两者，枷号一月，杖一百，流徙宁古塔。四百两者，杖一百、徒三年。三百两者，杖九十、徒二年半。二百两者，杖八十、徒二年。一百两者，杖七十、徒一年半。九十两者，杖六十、徒一年。八十两者，杖一百。七十两者，杖九十。六十两者，杖八十。五十两者，杖七十。四十两以下至一两以上者，俱杖六十。

事例140.03：康熙九年题准

凡隐瞒反叛籍没入官人口者，照隐匿入官财物之例，不论男妇大小，五口以上，杖一百，流徙宁古塔。四口，杖一百、徒三年。三口，杖九十、徒二年半。二口，杖八十、徒二年。一口，杖七十、徒一年半。旗下人有犯徒流之罪者，照例分别枷号发落。

事例 140.04：康熙十二年议准

凡隐匿入官财产，及反叛籍没人口者，俱照律行。

事例 140.05：康熙十七年覆准

凡犯隐瞒籍没人口财物者，因律内罪轻，奸诡遂多隐匿。嗣后仍照前定例治罪。其在赦后发觉者，不准援免。

事例 140.06：康熙二十年恩诏

出首逆本银两者，著永行停止。如有首告之人，即从重治罪。

成案 140.01：入官地亩增估迟延〔康熙二十八年〕

直抚于成龙疏：宜昌阿入官地亩估变银两，部咨以价值短少，应再据实增估，今限期已届，尚未增估，造报吏部，应将青县知县照例降俸二级，戴罪督催。又补参该管上司，部议将署河间府事、南路捕盗同知秦毓奇，照例罚俸六个月。

户律·课程

（计 8 条）

〔课者，税物之钱。程者，谓物有贵贱。课有多寡，如地利之有程限也。〕

律 141：盐法〔例 43 条，事例 12 条，成案 32 案〕

（原律此目有"一十二条"四字，雍正五年改为"一十一"条，乾隆五年删。）

律 141-1：凡犯私盐者

凡犯〔无引〕私盐〔凡有确货即是，不必赃之多少〕者，杖一百、徒三年。若〔带〕有军器者，加一等，〔流二千里。盐徒〕诬指平人者，加三等，〔流三千里。〕拒捕者，斩〔监候〕。盐货、车船、头匹并入官。〔道涂〕引领、〔秤手、〕牙人及窝藏〔盐犯〕寄顿〔盐货〕者，杖九十、徒二年半。〔受雇〕挑担驮载者，〔与例所谓肩挑背负者不同。〕杖八十、徒二年。非应捕人告获者，就将所获私盐给付告人充赏。〔同贩中〕有〔一人〕能自首者，免罪，一体给赏。〔若一人自犯而自首，止免罪，不赏，仍追原赃。〕

若〔私盐〕事发，止理见获人盐。〔如获盐不获人者，不追；获人不获盐者，不坐。〕当该官司不许〔听其〕展转攀指，违者，〔官吏〕以故入人罪论。〔谓如人盐同获，止理见发。有确货无犯人者，其盐没官，不须追究。〕

（顺治律为 147 条。）

律 141-2：凡盐场灶丁人等

凡盐场灶丁人等，除〔岁办〕正额盐外，夹带余盐出场，及私煎盐货卖者，同私盐法。〔该管〕总催知情故纵，及通同货卖者，与犯人同罪。

（顺治律为 148 条，原文"百夫长〔即总催〕"，乾隆五年改定为"总催"。）

律 141-3：凡妇人有犯私盐

凡妇人有犯私盐，若夫在家，或子知情，罪坐夫男。其虽有夫而远出，或有子幼弱，罪坐本妇。〔决杖一百，余罪收赎。〕

（顺治律为 149 条。）

薛允升按：《集解》："夫曰在家，则虽不知情亦坐矣。于曰知情，则不知者，不坐矣。"

律141-4：凡买食私盐者

凡买食私盐者，杖一百；因而货卖者，杖一百、徒三年。

（顺治律为150条，原文末尾小注"决杖一百，余罪收赎"，乾隆五年删定。）

薛允升按：《集解》："此所以塞其流也。然终不禁绝者，私之所在，众必趋之故也。"《总注》："此二条，皆禁民间之私贩也。"

律141-5：凡管理盐务巡获私盐

凡管理盐务，及有巡缉私盐之责文武各衙门，巡获私盐，即发有司归勘，〔原获〕各衙门不许擅问。若有司官吏通同〔原获各衙门〕脱放者，与犯同罪；受财者，计赃以枉法从〔其罪之〕重论。

（顺治律为151条，原文首句为"凡守御官司及盐运司、巡检司，巡获私盐"，乾隆五年改定为"凡管理盐务，及有巡缉私盐之责文武各衙门，巡获私盐"。）

律141-6：凡管理盐务巡禁私盐

凡管理盐务，及有巡缉私盐之责文武各衙门，设法差人于该管地面，并附场紧关去处，常川巡禁私盐。若有透漏者，关津把截官及所委巡盐人员，初犯，笞四十；再犯，笞五十；三犯，杖六十；〔公罪〕并留职役。若知情故纵，及容令军兵随同贩卖者，与犯人同罪；〔私罪〕受财者，计赃以枉法从重论。

其巡获私盐入己不解官者，杖一百、徒三年。若装诬平人者，加三等。〔杖一百、流三千里。〕

（顺治律为152条，原文首句为"凡守御官及有司、巡检司，设法差人于该管地面"，乾隆五年改定为"凡管理盐务，及有巡缉私盐之责文武各衙门，设法差人于该管地面"。）

薛允升按：《总注》："此二条，严官司巡辑之责。以绝私贩也。"

律141-7：凡起运官盐

凡起运官盐，每引照额定斤数为一袋，并带额定耗盐。经过批验所，依〔引目〕数掣挈秤盘。〔随手取袋，挈其轻量。〕但有夹带余盐者，同私盐法。

若客盐越过批验所，不经掣挈〔及引上不使〕关防者，杖九十，押回〔逐一〕盘验。〔尽盘盐而验之，有余盐以夹带论罪。〕

（顺治律为154条，原文首句"凡起运官盐，每引二百斤为一袋，带耗五斤"，乾隆五年改定为"凡起运官盐，每引照额定斤数为一袋，并带额定耗盐"；末句小注为"有余盐以夹带论罪"，乾隆五年增为"尽盘盐而验之，有余盐以夹带论罪"。）

律141-8：凡客商贩卖官盐

凡客商贩卖〔有引〕官盐，〔当照引发盐〕不许盐〔与〕引相离，违者，同私盐法。

其卖盐了毕，十日之内不缴退引者，笞四十。

若将旧引〔不缴〕影射盐货者，同私盐法。

（顺治律为155条。）

薛允升按：《元律》："商贾贩盐到处，不呈引发卖，及盐自变量外夹带，盐引不相随，并同私盐法。盐已卖，五日内不赴司县批纳引目，杖六十七，徒一年。因而转用者，同卖私盐法。"

律141-9：凡起运官盐并灶户运盐上仓

凡起运官盐并灶灶户运盐上仓，将带军器，及不用官船起运者，同私盐法。

（顺治律为156条，原文最后有小注"两淮盐场，运纳大军食盐之类"，乾隆五年删定。）

律141-10：凡客商将官盐插和沙土货卖者

凡客商将〔验过有引〕官盐插和沙土货卖者，杖八十。

（顺治律为157条。）

薛允升按：《元律》："卖盐局官、煎盐灶户、贩盐客旅、行铺之家辄插和灰土硝碱者，笞五十七。"

律141-11：凡将有引官盐〔例43条，事例12条〕

凡将有引官盐，不于拘〔定应〕该行盐地面发卖，转于别境犯界货卖者，杖一百。知而买食者，杖六十，不知者不坐，其盐入官。

（顺治律为158条。）

薛允升按：《元律》："盐货犯界者，减私盐罪一等。"

（此仍明律，原系十二条，雍正三年删去一条。各条亦有修改之处。乾隆五年改定。其小注系顺治三年增修。）

〔附录〕顺治律153：凡军人有犯私盐

凡军人〔见所部军，非专指巡盐军。〕有犯私盐，本管千百户有失铃束者，百户初犯，笞五十；再犯，杖六十；三犯，杖七十；〔统部军算，但三犯即坐，非一人三犯也。〕减半给俸。千户初犯，笞四十；再犯，笞五十；三犯，杖六十；减半给俸，并附过、还职。若知情容纵，及通同贩卖者，与犯人同罪。

（雍正三年删除。）

条例141.01：各边召商上纳粮草

各边召商上纳粮草，若内外势要，官豪家人，开列诡名占写转卖取例者，俱问发边卫充军；干碍势豪，参究治罪。

（此条系顺治例 147.01。雍正三年奏准：今无召商纳粮草事。例文删。）

条例 141.02：凡豪强盐徒（1）

凡豪强盐徒，聚众至十人以上，撑驾大船，张挂旗号，擅用兵仗响器，拒敌官兵，若杀人及伤三人以上者，比照强盗已行得财律，皆斩，为首者仍枭首示众。其虽拒敌，不曾杀伤人，为首依律处斩，为从者俱发边卫充军。若止十人以下，原无兵仗，遇有追捕拒敌，因而伤至二人以上者，为首者依律处斩；下手之人，比照聚众中途打夺罪人因而伤人律绞；其不曾下手者，仍以为从论。若贫难军民，将私盐肩挑背负，易米度日者，不必禁捕。

（此条系明代问刑条例，顺治例 147.02。乾隆五年改定为条例 141.03。）

薛允升按：《笺释》："律但言有军器，而不言人数之多寡。但言拒捕，而不言杀人伤人，故例补之。律言车船、头匹、挑担、驮载而后成其为私盐，故例谓肩挑背负易米度日，不必禁捕，正所以与律发明，以见矜恤贫难之至意也。"原律凡分三层，第一层言皆斩，虽未下手伤人亦斩也。第二层言不曾伤人，分别首从拟斩、充军，则但经伤人，即应俱问死，可以类推。第三层，以盐徒聚众十人以上抗拒官兵，伤及三人以上，凶横已极，故照强盗律皆斩。十人以下，既无兵仗，又未杀人，虽情节较轻，然伤至二人以上，亦将下手之人拟绞。不言伤一人者，律有明文，不复叙也。不言未伤人者，以律内拒捕即应拟斩故也。乾隆五年修改之例未见妥协，盖盐徒聚众抗官拒捕，律应拟斩，例所增者杀人及伤三人，系补律之所未备，非谓拒捕未伤人之不应拟斩也。改为绞罪，殊觉无谓。下条改为军流，俱与律意不符。

条例 141.03：凡豪强盐徒（2）

凡豪强盐徒，聚众至十人以上，撑驾大船，张挂旗号，擅用兵仗响器，拒敌官兵，若杀伤三人以上者，比照强盗已行得财律，皆斩，为首者仍枭首示众；伤二人者，为首斩决；为从，绞监候；伤一人者，为首，斩监候，为从边卫充军。其虽拒敌，不曾杀伤人者，为首绞监候，为从者流三千里。若贫难军民，将私盐肩挑背负，易米度日者，不必禁捕。

（此条乾隆五年将条例 141.02 改定。乾隆三十二年，将伤一人为从之犯，亦改发黑龙江为奴。嘉庆六年，将此条及条例 141.04 修并为条例 141.05。）

条例 141.04：大伙枭徒拒捕伤差案内

大伙枭徒拒捕伤差案内，凡得赃包庇之兵役，俱拟斩监候。私售至灶丁，及窝顿之匪犯，俱发伊犁、乌鲁木齐等处为奴。

（此条乾隆四十三年定，大学士两江总督高晋等奏准定例。嘉庆六年，将此条及条例 141.03 修并为条例 141.05。）

薛允升按：兵役得赃包庇，系枭匪拒捕伤差通例，修并于此，下条反觉遗漏，似应仍照旧例另立一条，无庸修并。

条例 141.05：凡豪强盐徒（3）

凡豪强盐徒，聚众至十人以上，撑驾大船，张挂旗号，擅用兵仗响器，拒敌官兵，若杀人及伤三人以上者，比照强盗已行得财律，皆斩，为首者仍枭首示众。伤二人者，为首斩决；为从，绞监候。伤一人者，为首，斩监候；为从，发黑龙江等处给予披甲人为奴。凡得赃包庇之兵役，俱拟斩监候。私售之灶丁，及窝顿之匪犯，俱发伊犁、乌鲁木齐等处为奴。其虽拒敌，不曾杀伤人，为首绞监候，为从流三千里。若贫难军民，将私盐肩挑背负，易米度日者，不必禁捕。

（此条系嘉庆六年，将条例 141.03 及 141.04 修并。嘉庆十七年，调剂黑龙江遣犯，将例内拒伤一人为从，改"实发云、贵、两广极边烟瘴充军"。道光六年，调剂新疆遣犯，将例内发伊犁、乌鲁木齐等处为奴之犯，改发发云、贵、两广极边烟瘴充军。道光二十四年，仍改归伊犁等处。）

薛允升按：此条专指十人以上而言，若十人以下，则又引下条矣。惟查撑驾大船、张挂旗号，系指水路而言，若在陆路，与下条如何分别，似应叙入。原例一条本极明晰，盖统指水路而言，若在陆路，则不用撑驾大船八字，直引豪强盐徒聚众十人以上，擅用兵仗、响器拒敌官兵云云，亦可。后添入兵民聚众十人以上一条，遂以此条为指水路，下条为指陆路矣。伤二人与伤一人，情形本无甚区别，乃首犯此条以此分别斩决、斩候，下条以此分别斩绞，已嫌未协，而下手者，均以此分别生死，尤不甚允。再，抢、窃、拒捕各例，均以金刃他物、手足为罪名轻重之分。此处不以刃物论而以人数论。设伤二人案内，下手者俱系他物，或俱系轻伤，一人案内或系金刃，或系重伤，他物伤人者拟死，金刃伤人者充军，又何理也。伤人为从自系指下手者而言，二人下手各拒伤一人，均拟绞候。一人下手独拒伤一人，则问军罪，且较得赃包庇之兵役治罪反轻。再，此条专为拒捕而设，若并未拒捕，自应照下条为首拟军，为从满流矣。末一层与下贫难小民一条，语意重复，应并于下条之内，其军民亦系前明旧例。

条例 141.06：越境兴贩官司引盐（1）

越境〔如淮盐越过浙盐地方之类。〕兴贩官司引盐，至三千斤以上者，问发附近卫所充军。原系腹里卫所者，发遣边卫充军。其客商收买余盐，买求掣挈，至三千斤以上者，亦照前例发遣。经过官司纵放，及地方甲邻里老知而不举，各治以罪。巡捕官员乘机兴贩至三千斤以上，亦照前例问发。〔须至三千斤，不及三千斤，在本行盐地方，虽越府省，仍依本律。〕

（此条系明代问刑条例，顺治例 147.03。雍正三年奏准：今军民犯军罪者，一体发遣，"原系腹里卫所者，发遣边卫充军"句删。嘉庆六年改定为条例 141.07。其小注系顺治三年添入。）

附录：万历十五年十二月内刑部题："律例应讲究各条内一条云。律称私盐事发止理见获，当该官吏不许展转攀指。例称越境贩盐，至三千斤以上者问罪发遣。今后问拟盐犯，止以见获人盐为坐，不许勒令攀指多人，其商皂军民人等，越境兴贩者，必浙盐越至淮盐地方，广盐越至福盐地方，数满三千斤以上者，方许引遣。如尚在本处行盐地方，虽越过省府，止依律科断，毋得滥行引例。"

条例 141.07：越境兴贩官司引盐（2）

越境〔如淮盐越过浙盐地方之类，〕兴贩官司引盐，至三千斤以上者，问发附近地方充军。其客商收买余盐，买求掣挚至三千斤以上者，亦照前例发遣。掣验官吏受财，及经过官司纵放，并地方甲邻里老知而不举，各治以罪。〔掣验官吏受财，依枉法。经过官司里老地方火甲，依知罪人不捕。邻佑，依违制。〕巡捕官员乘机兴贩至三千斤以上，亦照前例问发。〔须至三千斤，不及三千斤，在本行盐地方，虽越府省，仍依本律。〕

（此条系嘉庆六年，将条例 141.06 改定。）

薛允升按：《辑注》："此越境兴贩者，乃是官司引盐，以至三千斤以上，为数已多，必至阻滞彼处之盐，故严其法。若未至三千斤，自照前犯界杖一百之律。"又云："律之犯界兼行盐地方，与派引处所言。例之越境，则止言越过行盐地方也。"

条例 141.08：凡两淮等处运司中盐商人

凡两淮等处运司中盐商人，必须纳过银两纸价，方给引目守支。若先年不曾上纳，故捏守支年久等项，虚词奏授者，依律问罪，仍照各处盐场无籍之徒把持诈害事例发遣。

（此条系清初原例，顺治例 147.04。雍正三年奏准：商人俱纳课给引，无守支年久之事。例文删。）

条例 141.09：凡伪造盐引印信

凡伪造盐引印信，贿嘱运司吏书人等，将已故并远年商人名籍中盐来历，〔按：现在已无中盐矣，而犹有中盐来历之语。〕填写在引，转卖诓骗财物，为首者，依律处斩外，〔按：伪造盐引者斩，家产付告人充赏，亦原制也。〕其为从，并经纪牙行、店户、运司吏书，一应知情人等，但计赃满数应流者，不拘曾否支盐出场，俱发近边充军。

（此条系明代问刑条例，顺治例 147.05。"计赃满数"下"应流"二字，雍正三年增。）

薛允升按：《笺释》："知情人等，除行求或诓骗，依伪引知情行用律。计赃者，谓计枉法诓骗之赃。"《辑注》："此计赃满数，以枉法论。"《集解》："此为伪造、贿嘱、转卖、诓骗、知情等项弊端而设，应随所犯科断。"伪造印信，为首，律应拟斩。为从，自应拟流。此为从问发充军，系属从严办理。其经纪牙行等，不云为从，而云知情，则赃至满数，亦应充军也。不言流，而流自在其内。雍正三年，以诓骗罪止满流，添"应流"二字，未免误会例意。此计赃，谓受贿嘱者之赃，与诓骗无涉。

条例 141.10：各盐运司总催名下

各盐运司总催名下，该管盐课纳完者，方许照名添给通关。若〔不曾纳课〕总催买嘱官吏，并覆盘委官，〔假〕指〔课已上〕仓、指〔上〕囤，扶同作弊者，俱问发近边充军。

（此条系明代问刑条例，顺治例 147.06，乾隆三十三年修改。其小注系顺治三年添入）

薛允升按：《笺释》云："买嘱，问行求官吏。受财，依枉法。无赃，问嘱托已事。官吏，问听从事已施行律，或所枉重者律，或数本不足，扶同申报律，随其所犯贴断。"《集解》："此为扶同作弊而设，即律所谓正额盐也。"

条例 141.11：各处盐场无籍之徒

各处盐场无籍之徒，号称长布衫、赶船虎、光棍、好汉等项名色，把持官府，诈害客商，犯该徒罪以上，及再犯杖罪以下者，俱发近边充军。

（此条系明代问刑条例，顺治例 147.07。咸丰二年，因光棍例应斩决，删"光棍"二字。）

薛允升按：《集解》："此等名号，非指在官役使之人，但在盐场把持者，即是。"均系尔时名目。

条例 141.12：凡兵民聚众十人以上（1）

凡兵民聚众十人以上，带有军器，兴贩私盐者，不问曾否拒捕伤人，照强盗已行得财律，皆斩立决。若十人以下拒捕杀人，不论有无军器，为首者斩，下手者绞，俱监候；不曾下手者，发边卫充军。其不带军器，不曾拒捕，不分十人上下，仍照私盐律，杖一百、徒三年。若十人以下，虽有军器，不曾拒捕者，亦照私盐带有军器加一等律，杖一百、流二千里。其失察文武各官，该督抚题参，俱交该部照例议处；有拿获大伙私贩者，亦著该督抚题明，交与各该部照例议叙。

（此条康熙二十七年定例，雍正三年修并，雍正五年定例。乾隆三十二年改定为条例 141.13。）

条例 141.13：凡兵民聚众十人以上（2）

凡兵民聚众十人以上，带有军器，兴贩私盐，拒捕杀人，及伤三人以上之案，为首并杀人之犯，斩决；伤人之犯，斩监候；未曾下手杀伤人者，发边卫充军。伤二人者，为首，斩；下手者，绞；俱监候。伤一人者，为首，绞监候；下手者，发边卫充军；为从满流。其虽带有军器，不曾拒捕者，为首，发边卫充军；为从流二千里。若十人以下拒捕杀人，不论有无军器，为首者，斩；下手者，绞，俱监候；不曾下手者，发边卫充军。伤至二人以上者，为首者，斩监候；下手之人，绞监候。止伤一人者，为首，绞监候；下手之犯，杖一百、流三千里；其不曾下手者，俱仍照本律治罪。

其不带军器，不曾拒捕，不分十人上下，仍照私盐律，杖一百、徒三年。若十人以下，虽有军器，不曾拒捕，为首亦照私盐带有军器加一等律，杖一百、流二千里；为从，杖一百、徒三年。其失察文武各官，交部议处；有拿获大伙私贩者，交部议叙。

（此条乾隆三十二年，将条例141.12改定。例内拒捕伤一人下手之犯，发边卫充军，已于乾隆二十四年奏准，改发黑龙江给披甲人为奴。）

条例141.14：凡兵民聚众十人以上（3）

凡兵民聚众十人以上，带有军器兴贩私盐，拒捕杀人，及伤三人以上之案，为首并杀人之犯，斩决；伤人之犯，斩监候；未曾下手杀伤人者，发近边充军。〔按：此层上条系不分首从皆斩，首犯加以枭示。〕伤二人者，为首，斩；〔按：与上条系斩决。〕下手者，绞；〔按：与上条同。〕俱监候。伤一人者，为首，绞监候；〔按：上条系斩候。〕下手者，实发云、贵、两广极边烟瘴充军；〔按：与上条同。〕为从，俱满流。〔按：上条俱拟军，此层与上条少异，而生死则同。〕若拒捕不曾伤人者，为首，实发云、贵、两广极边烟瘴充军；〔按：上条系绞候。〕为从，满流。〔按：与上条同。此层则首犯有生死之分矣。〕其虽带有军器，不曾拒捕者，为首，发近边充军；为从，流二千里。〔按：此层上条所无，应参看。〕若十人以下拒捕杀人，不论有无军器，为首者，斩；下手者，绞；俱监候。不曾下手者，发近边充军。伤至二人以上者，为首，斩监候；下手之人，绞监候。伤止一人者，为首，绞监候；下手之犯，杖一百、流三千里；其不曾下手者，俱仍照私盐律，杖一百、徒三年。〔按：此层上条所无，有犯则照此条科断矣。〕若拒捕不曾伤人者，为首，杖一百、流三千里；为从，照私盐本律拟徒。其不带军器，不曾拒捕，不分十人上下，仍照私盐律，杖一百、徒三年。〔按：三千斤以上仍应拟军。〕若十人以下，带有军器，不曾拒捕者，为首，照私盐拟徒本罪加一等律，杖一百、流二千里；为从，杖一百、徒三年。其失察文武各官，交部议处；有拿获大伙私贩者，交部议叙。

（此条嘉庆六年，将条例141.13改定。嘉庆十七年议准：例内应发黑龙江之犯，改发云、贵、两广极边烟瘴充军。）

薛允升按：嘉庆六年按语云："拒捕不伤人一项，例内未经议及，不知例不及此层者，以律有拟斩之文，上条亦有拟绞之语故也，似非通论。"上条指水路，此条似指陆路。此条十人以上原定之例颇严，屡次修改，遂致上条科罪较此条为重，似未画一。陆路之车装驮载，带有军器，公然拒敌官兵，致有杀伤，与水路之撑驾大船何异。况律明言，车船头匹，则统指水路而言。今在水路犯者引上条，在陆路犯者引此条，岂陆路竟无豪强盐徒耶。似应修并一条。改为或撑驾大船，或车马载驮，或用小注云，船载车装亦可。伤人不分金刃、他物、手足，俱分别首从问拟斩绞，较他处拒捕为严。惟伤一人，为从下手之犯，十人上下，均无死罪。是二人拒伤二人，或系手足，或系他物，伤轻均应论死。一人拒伤一人，或二人拒伤一人，俱系金刃、俱系他物折伤，或用鸟枪拒伤捕人，亦仅拟军流，是不以拒伤之轻重为凭，而惟以受伤之多寡为断。在首犯系同一论死，而从犯则大有区分。拒捕不伤人之罪，较律为轻，带有军器不拒捕之罪，又较律为重，未免参差。带有军器不曾拒捕，自系私盐之通例〔较律加严〕。不分船载车装，均统在内。犯罪拒捕杀差，为首及下手之人均应立决。盐匪但经拒捕，即律应拟斩，本较别项拒捕为重。乃十人以下拒捕杀人，俱拟监候，较拒捕杀差之例为轻，殊嫌参差。后收买官盐非私枭一条，拒捕殴人，其折伤以上者绞。又较别项拒捕伤差科罪为重，亦未允协。参看自明。再，此条十人以下，凡结伙三四人皆是，如拒捕杀人，首犯问斩，下手者问绞，与别处拒捕杀人，以下手之人为首不同，亦与下条收买肩贩官盐一条，互相参差。究竟如何区分界限之处，记考。再，近数十年以来，各省均未见办有此等案件，岂果缉捕认真，枭贩俱各敛迹，抑系另有别情耶？不可得其详矣。

条例 141.15：凡灶丁贩卖私盐

凡灶丁贩卖私盐，大使失察者革职；知情者枷号一个月发落，不准折赎。该管上司官，俱交该部议处。

（此条系康熙四十四年增定例，雍正五年定例。）

薛允升按：律言总催而未及大使，故例补出。与下拿获贩私盐犯一条及《处分则例》参看。

条例 141.16：凡回空粮船（1）

凡回空粮船，夹带私盐，闯闸、闯关，不服盘查，聚至十人以上，持械拒捕，杀人及伤三人以上者，为首并杀伤人之人，拟斩立决；未曾下手杀伤人者，发边卫永远充军。其虽拒捕不曾伤人，及十人以下拒捕伤人致死者，为首拟绞监候，为从者发边卫充军。头船旗丁、头舵人等，虽无夹带私盐，但闯闸、闯关者，枷号两个月，发边卫充军。随同之旗丁、头舵，照为从例，枷号一月，杖一百、徒三年，不知情不坐。卖私之人及灶丁，将盐私卖与粮船者，各杖一百、流三千里。窝藏寄顿者，杖一百、徒三年。其虽不闯闸、闯关，但夹带私盐，亦照贩私加一等，流二千里。兵役受贿纵放者，计赃，以枉法从重论；未受贿者，杖一百，革退。贩私地方之专管官，降三级调用；兼辖官，降一级、罚俸一年；押运官，照徇庇例议处；随帮，革退。其倚恃粮船闯闸、闯关者，押运等官，照溺职例革职；随帮，责三十板，革退。不服盘查，持械伤人者，押运等官，革职；随帮，责四十板，革退。傥关闸各官勒索留难，运官呈明督抚参处。

（此条系雍正二年，刑部议覆漕运总督张大有条奏定例。乾隆五年改定为条例 141.17。）

条例 141.17：凡回空粮船（2）

凡回空粮船，如有夹带私盐，闯闸、闯关，不服盘查，聚至十人以上，持械拒捕，杀人及伤三人以上者，为首并杀人之犯，拟斩立决；伤人之犯斩监候，未曾下手伤人者，发边卫充军。其虽拒捕不曾杀伤人，为首绞监候，为从流三千里。十人以下拒捕杀伤人者，俱照兵民聚众十人上下例，分别治罪。头船旗丁、头舵人等，虽无夹带私盐，但闯闸、闯关者，枷号两个月，发边卫充军。随同之旗丁、头舵，照为从例，枷号一月、杖一百、徒三年，不知情不坐。卖私之人及灶丁，将盐私卖与粮船者，各杖一百、流二千里。窝藏寄顿者，杖一百、徒三年。其虽不闯闸、闯关，但夹带私盐，亦照贩私加一等，流二千里。兵役受贿纵放者，计赃，以枉法从重论；未受贿者，杖一百，革退。贩私地方之专管官、兼辖官及押运官，并交部议处；随帮，革退。其虽无夹带私盐，倚恃粮船闯闸、闯关者，押运等官，革职；随帮，责三十板，革退。不服盘查，持械伤人者，押运等官，革职；随帮，责四十板，革退。傥关闸各官勒索留难，运官呈明督抚参处。

（此条乾隆五年，将条例 141.016 改定。嘉庆六年再改定为条例 141.18。）

条例 141.18：凡回空粮船 （3）

凡回空粮船，如有夹带私盐闯闸、闯关，不服盘查，聚至十人以上，持械拒捕杀伤人，及拒捕不曾杀人，并聚众十人以下，拒捕杀伤人及不曾杀伤人者，俱照兵民聚众十人上下例，分别治罪。头船旗丁、头舵人等，虽无夹带私盐，但闯闸、闯关者，枷号两个月，发近边充军。随同之旗丁、头舵，照为从例，枷号一个月、杖一百、徒三年。不知情，不坐。卖私之人及灶丁，将盐私卖与粮船者，各杖一百、流二千里。窝藏寄顿者，杖一百、徒三年。其虽不闯闸、闯关，但夹带私盐，亦照贩私加一等，流二千里。兵役受贿纵放者，计赃，以枉法从重论；未受贿者，杖一百，革退。贩私地方之专管官、兼辖官及押运官，并交部议处；随帮，革退。其虽无夹带私盐，倚恃粮船闯闸、闯关者，押运等官，革职；随帮，责三十板，革退。不服盘查，持械伤人者，押运等官，革职；随帮，责四十板，革退。傥关闸各官勒索留难，运官呈明督抚参处。

（此条嘉庆六年，将条例 141.17 改定。）

薛允升按：此例凡分三层，夹带私盐闯闸、闯关，为一层。无夹带私盐，仅闯闸、闯关，为一层。不闯闸、闯关，但夹带私盐，为一层。而惟夹带私盐一层为重，故严其罪。若未夹带私盐，仅止闯闸、闯关，不过倚恃粮船，不服盘查耳。枷号充军，似嫌太重，《兵律·关津留难》门："官豪势要之人，乘船经过关津，不服盘验者，杖一百"，与此科罪轻重太觉悬殊，虽系为回空粮船严定专条，究嫌彼此参差。《处分则例》："一、回空漕船夹带私盐货卖，管船同知、通判等官，知情故纵者，革职〔私罪〕。止于失察者，照约束不严例，降一级调用〔公罪〕。一、恶棍倚恃粮船贩载私盐，不服盘查，闯闸闯关，持械伤人，押运等官知情故纵者，革职〔私罪〕。止于失察者，降一级调用〔公罪〕。"

条例 141.19：凡贩卖私盐案内拟徒之犯

凡贩卖私盐案内拟徒之犯，已经发往配所，逃走缉获到案，除去役过日月，面上刺"逃徒"二字。原犯徒一年者，枷号一月，杖八十、徒二年；徒一年半者，枷号三十五日，杖一百、徒三年；徒二年者，枷号四十日，杖一百、流二千里；徒二年半者，枷号四十五日，杖一百、流二千五百里；徒三年者，枷号五十日，杖一百、流三千里。其发往流所又逃走者，面上刺"逃流"二字，枷号两月，照依地里远近改发充军。

（此条雍正六年定。乾隆五年删。）

条例 141.20：凡贩卖私盐至三千斤以上者

凡贩卖私盐至三千斤以上者，照越境贩盐律，发边卫充军。

（此条雍正六年定。乾隆五年删。）

条例 141.21：盐徒聚众

盐徒聚众，除十人以上拒捕，若杀人及伤三人者，仍照例不分首从皆斩，为首者枭示外，其余十人以上曾否拒捕有无杀伤之案，亦照强盗例，严刑审究，将法所难宥，情有可原，一一于疏内开明，仍照例定拟斩决具题，大学士会同三法司分别详议，将应正法者正法，应发遣者发遣。

（此条雍正六年定。乾隆五年删。）

条例 141.22：拿获私盐各官

拿获私盐各官，将所获盐斤尽入己囊，或与各役分肥，并以多报少者，即将该管官弁指名题参革职，计赃以枉法律治罪。其未曾侵匿，不行详究者，照例处分。上司各官知情故纵，及不知情而未经揭参者，照例分别议处。

（此条雍正六年定。乾隆五年删。）

条例 141.23：州县场司

州县场司，设立十家保甲，互相稽察。凡首报私枭者，官为立案，傥日后有挟仇纠党诬扳抱怨之事，加倍治罪。

（此条雍正六年定。乾隆五年删。）

条例 141.24：凡拿获私贩

凡拿获私贩，务须逐加究讯，买自何地，买自何人，严缉窝顿之家，将改犯及窝顿之人，一并照兴贩私盐例治罪。若私盐买自场灶，即将该管场司，并沿途失察各官题参议处。其不行首报之灶丁，均照贩私例治罪。

（此条雍正六年户部议准定例。乾隆三十二年改定为条例 141.25。）

条例 141.25：拿获贩私盐犯

拿获贩私盐犯，承审官务须先将买自何人何地，以及买盐月日数目究明，提集犯证，并密提灶户煎盐火伏簿扇，查审确实，将卖盐及窝顿之人，均与本犯按照律例一体治罪。若查审无据，即属虚诬，将本犯依律加三等治罪。承审官不能审出诬扳者，交部分别议处。若审出买自场灶，即将该管盐场大使，并沿途失察各官题参议处。其不行首报之灶丁，均照贩私例治罪。

（此条乾隆三十二年，将条例 141.24 改定。）

薛允升按：此与灶丁货卖以私盐论之律意相符，惟不详切根究，则灶丁之私卖，亦属无从破案矣。故定立此条。上条灶丁贩卖私盐，大使失察，似应并于此条之内。律系以私盐论罪，例则卖与豪强盐徒者为奴，卖与粮船者流二千里，是俱不论斤数多寡矣。此例与犯人同罪，均不画一。

条例 141.26：拿获私贩本犯脱逃者

拿获私贩本犯脱逃者，即将脚夫水手拘拿到案，详究本犯踪迹，勒限务获，于私贩罪上加倍治罪，并究出售与之人，亦照私贩例治罪，其脚夫水手，分别治罪。若大伙兴贩聚众拒捕，及执持器械，杀伤巡役人等脱逃之枭徒，照强盗例勒缉务获，照例定拟。倘有不行擒拿枭犯，故为疏纵情弊，将地方文武各官俱指名题参，从重议处，各役加倍治罪。各上司容隐不参，将专辖之上司照例议处。

（此条雍正六年定。乾隆五年删改为条例 141.27。）

条例 141.27：凡大伙兴贩

凡大伙兴贩，聚众拒捕，及执持器械，杀伤巡役等脱逃之枭徒，照强盗例勒缉。地方文武各官疏纵，及上司容隐不参，交部议处。

（此条乾隆五年，将条例 141.26 删改。）

薛允升按：此条专言文武官员处分，并无治罪之处，似应删。

条例 141.28：拿获私盐限四个月完结（1）

拿获私盐，限四个月完结。其案内私盐，交与本处盐商，较时价十分之一二，立即变价。所获骡、马、牛、驴，如延挨不变，以致倒毙，著落该州县官照中等价值赔补；车船等物，亦照依时价据实变价，报部查核。倘有侵渔捏报情弊，并逾限不行完结，及不即变价报解者，将该州县分别议处治罪。

（此条系雍正七年户部议覆巡盐御史郑禅宝条奏定例。乾隆三十七年，将"较时价十分之一二"句，改为"照官盐价值"。嘉庆十一年〔一说九年〕改定为条例 141.29。）

条例 141.29：拿获私盐限四个月完结（2）

拿获私盐，限四个月完结。如人盐并获者，将所获盐货、车船、头匹等项，全行赏给。如获盐而不获人，确查盐犯实系脱逃者，以一半赏给，一半充公。倘有故纵情事，无论巡役、兵丁，受贿者，计赃，以枉法从重论；未受贿者，杖一百，革退；所获盐货等项，一概充公，不准给赏。私盐交与本处盐商，照官盐价值，立即变价。骡、马、牛、驴，如延挨不变，以致倒毙，著落该州县官照中等价值赔补；车船等物，亦照依时价据实变价，报部查核。倘有侵渔捏报情弊，并逾限不行完结，及不即变价报解者，将该州县分别议处治罪。

（此条嘉庆十一年〔一说九年〕，将条例 141.28 改定。）

薛允升按：此条例意，盖为不肖有司，将拿获私盐车船牛马等物，乘机抵换，任意侵渔而设。然亦尔时办法，今则无此等案件矣。原例系私盐交商变价，准照时价减十分之一二，最为允协。后改为照官盐价值，则累商矣。累商仍系累民，何必多争此区区之微利耶。倒毙骡马等牲畜，即令赔补，则累官矣。拿办私盐一起，官民均受其累，无怪此等案件之多不肯办也。且未叙明价值若干，将令如何赔补，如何变价耶。

条例 141.30：盐船在大江失风失水者

盐船在大江失风失水者，查明，准其装盐复运。倘有假捏情弊，以贩私律治罪。

（此条雍正十年定。）

薛允升按：贩私律止满徒，此处自应科以徒罪矣。是否照例，以三千斤为断之处，记考。与下引盐淹消一条，似应修并为一。与漂没粮船一条参看。

条例 141.31：除行盐地方大伙私贩

除行盐地方大伙私贩严加缉究外，其贫难小民，年六十岁以上，十五岁以下，及年虽少壮，身有残疾，并妇女年老孤独无依者，于本州县报明，验实注册，每日赴场买盐四十斤挑卖，只许陆路，不许船装，并越境至别处地方，及一日数次出入，如有违犯，仍分别治罪。

（此条乾隆元年遵旨及本年户部议准定例。）

薛允升按：此专为贫难小民而设，应与上豪强盐徒条内末段参看，似应并于此条之内。

条例 141.32：巡盐兵捕自行夹带私贩

巡盐兵捕自行夹带私贩，及通同他人运贩者，照私盐加一等治罪。

（此条系户部议准，乾隆五年纂为定例。）

薛允升按：以巡私之人而自行贩私之事，故严其罪。

条例 141.33：凡收买肩贩官盐越境货卖

凡收买肩贩官盐越境货卖，审明实非私枭者，除无拒捕情形，仍照律例问拟外，其拒捕者，照罪人拒捕律加罪二等。如兴贩本罪应问充军者，仍从重论。倘拒捕殴人至折伤以上者，绞；杀人者，斩；俱监候。为从，各减一等。

（此条系乾隆七年，刑部议覆浙江巡抚常安题越境贩卖官盐拒捕殴死巡役为从之田大士一案，附请定例。）

薛允升按：此例系别于大伙私贩而言，故照罪人拒捕分别科断。惟拒捕条例屡经修改，此处折伤以上，即问绞罪，与别条大有参差，应参看。既不以大伙枭徒论，则寻常拒捕伤人矣。上兵民聚众十人以上一条，伤一人者，首犯拟绞，为从下手者，军流。此处折伤者绞，杀人者斩，是否指首犯，抑系指下手者而言。未经叙明。以上数条之例例之，则应罪坐首犯，下手之人应以为从论矣。原奏亦以起意为首之人拟斩，下手帮殴之人，以为从论，拟军。与本门各条尚属一律，而与拒捕别条，究有参差。

条例 141.34：盐商雇募巡役

盐商雇募巡役，如遇私枭大贩，即飞报营汛协同擒拿。其雇募巡役，不许私带乌枪，违者，照私藏军器律治罪。失察之地方官，交部照例议处。

（此条乾隆八年，兵部议覆山东按察使图尔炳阿条奏定例。）

薛允升按：此因乌枪例禁甚严，故慎之也。近来乌枪各处俱有矣。至盐商雇募巡役，下条有分别报部、报院之文，应参看。

条例 141.35：凡运盐船户

凡运盐船户，偷窃商盐整包售卖者，照船户行窃商民例，分别首从计赃科罪，各加枷号两个月，仍尽本法刺字。所卖之赃，照追给主，如追不足数，将船变抵。其押运商厮，〔按：盐船开行，商人遣人押运，名曰商厮，以防船户偷盗也。〕起意通同盗卖者，依奴仆勾引外人同盗家长财物计赃递加窃盗一等例治罪。如非起意，止通同偷卖分赃者，依奴仆盗家长财物照窃盗例，计赃科断。若商厮稽察不到，被船户乘机盗卖者，照不应重律，杖八十。如押运之人，或系该商亲族，仍分别有服、无服，照亲属相盗律例科断。

（此条乾隆十六年，两淮盐政吉庆条奏定例。）

条例 141.36：埠头明知船户不良

埠头明知船户不良，蒙混揽装，及任意扣克水脚，致船户途间乏用，盗卖商盐者，照写船保载等行恃强代揽勒索使用扰害客商例治罪外，加枷号一个月。船户变赔不足之赃，并令代补。如无前项情弊，止于保雇不实者，照不应重律，杖八十。

（此条乾隆十六年，两淮盐政吉庆条奏定例。）

薛允升按：此专为船户行窃引盐而设。既照船户科断，自应以斤数计赃治罪。整包究系若干斤数，似应注明。此埠头等律所以必选有抵业人户充应，私充者杖六十也。乾隆五十一年刑部奏准：凡各处船埠马头往来客商，务必报行写载，不准私相揽雇。其船户之是否诚实，有无匪伙，责令船行出具揽票，如中途或有局骗、偷盗情事，一面严拿贼匪，一面先将所失财物著落该行赔补，仍计赃治以窝窃之罪，即此意也。

条例 141.37：贩卖私盐数至三百斤以上

贩卖私盐数至三百斤以上，及盘获粮船夹带，讯系大伙兴贩，均即究明买自何处，按律治罪。如不将卖盐人姓名据实供出者，即将该犯于应得本罪上加一等定拟。若向老幼孤独零星收买，数至三百斤以下，实不能供出卖盐人姓名者，仍以本罪科断。如承审各员有心庇纵，含混完结，该管上司不行详揭，一并题参议处。

（此条系乾隆二十八年及乾隆二十九年，刑部议覆两淮盐政高恒两次条奏，并纂为例。）

薛允升按：此与不能供出赌具来历，例意相类。应与上条拿获贩私盐犯、究讯买自何人何处一条参看。而以三百斤上下区分轻重，似可不必。

条例 141.38：拿获船载车装马驮私盐

拿获船载、车装、马驮私盐，该地方官如不按律治罪，曲为开脱者，该管上司察出，即照故出人罪律，从重参处。

（此条系乾隆二十八年，河东盐政李质颖条奏定例。）

薛允升按：此即上条所云，有心庇纵，含混完结也。

条例 141.39：引盐淹消具报到官

引盐淹消，具报到官，该地方州县官即会同营员查勘确实，限一月内通详盐道。该道于详到之日起限半月内核转，以凭饬商补运。限三月内，过所运口岸，该盐政仍将淹消补运盐斤数目报部，其沿途督抚，及该管盐道、知府，随时查察，如有州县、营员扶同商人捏报，及勒索、捺搁情弊，即行指名题参，商人照例治罪。

（此条系乾隆三十二年，两淮盐政普福条奏定例。）

薛允升按：商人照例治罪，似即上条所云，有假捏情弊，以私贩律治罪也。与上大江失风一条参看。

条例 141.40：江西省营销淮盐各州县

江西省营销淮盐各州县，并山西省河东盐池地方，除商雇巡役仍各照例办理不得擅带鸟枪外，其各派出缉私员弁兵役，准其携带鸟枪，编列字号，官为给发，遇有大伙私枭抢窃，贼匪持械拒捕者，许令施放鸟枪抵御，登时格杀者，照罪人持仗拒捕登时格杀律勿论。若非格杀，或遇零星小贩，及虽属大伙而非持械拒捕，或缉私兵役所带鸟枪并无官编字号，实系抵御聚众私枭，辄行放枪，致有杀伤者，各依罪人不拒捕而擅杀伤律，分别科断。至准带鸟枪之处，一俟枭贩稍戢，即行停止。倘准带鸟枪缉私大员，仍有以力不能擒借口者，即以故纵私盐律，从重惩究。其江西省各州县，每月应销引盐若干，均分作十分，责令该管道、府，将盐快兵丁按月提比。如月内缉私快兵能拿获大伙私枭两起，及引盐畅销十分以上者，酌量优赏；销至八九分者，免其责罚；如止七分者，笞四十；六分者，笞五十；五分者，杖六十，枷号一个月；四分者，杖七十，枷号四十五日；三分者，杖八十，枷号两个月；二分者，杖九十，枷号七十五日；满日折责，仍留役。如止销至一分者，杖一百，枷号三个月，满日折责，革役。各该员弁随时稽查约束，如有任听兵役得贿包庇者，即照故纵衙役犯赃例参处。

（此条系嘉庆二十一年，两江总督百龄等奏准定例。道光五年改定。）

薛允升按：此专指江西、山西二省而言，他处并不在内。二省曾经奏明，是以纂立专条，其余各省，不应办理两歧，似应改为通例。商雇巡役系私人也，与缉私兵役不同，故有分别准否携带鸟枪之文。惟下条报部有名者，杀伤盐匪以擅杀伤论，应参看。并应与上飞报私盐一条参看。故纵律系与本犯同罪。末句似应修改。

条例 141.41：凡贩私盐徒

凡贩私盐徒，如有略置货物，装点客商，被官兵格伤后，挟制控告者，除聚众贩私杀人罪犯应死无可复加外，余于巡获私盐装诬平人满流律上加一等，发附近充军。若兴贩本罪已至充军，复行挟制控告者，于犯事地方加枷号一个月，满日发配。

（此条道光二年，两江总督孙玉庭等奏准定例。）

薛允升按：此枭犯之最狡黠者，仅加一等及枷号一月，尤嫌轻纵，满流加为附近充军，似亦未妥。

条例 141.42：凡盐商雇募巡役

凡盐商雇募巡役，令将姓名报明运司造册送部。如因缉私被盐匪杀伤，或杀伤盐匪者，依贩私拒捕杀伤，及擅杀伤罪人各本律例，分别科断。若仅止报县有名，并未详司造册报部者，各以凡斗杀伤，及兴贩私盐本律例，从其重者论。

（此条系道光四年，户部核覆山东巡抚琦善奏准定例。）

薛允升按：此商雇巡役，分别是否报部之通例。下条系直隶、山东二省之专条，近则浙江省亦仿照直隶、山东二省办理。

条例 141.43：直隶山东两省盐商雇募巡役

直隶、山东两省盐商雇募巡役，由州县详明运司转报盐院有名者，如因缉拿盐匪致被杀伤，或杀伤盐匪者，各照贩私拒捕杀伤，并擅杀伤罪人本律例科断。若仅报州县有名，并未详司报院者，仍各以凡斗杀伤，及兴贩私盐本律例，从其重者论。俟数年后枭匪稍戢，仍复旧例办理。

（此条同治六年，刑部议覆直隶总督刘长佑奏准定例。）

薛允升按：他省必报部有名者，方可以擅杀论。此二省则报院有名，即与报部无异，似不画一。再按，盐务以缉私为要，此门所载各条，无非为私盐而设。近来各省此等案件，咨部者绝少，非外结即销弥矣。其办法亦随时更改，条例俱成虚设，私盐仍到处充斥，而盐课则比之昔前，反有增而无减，其故云何？当必有说以处此矣。古来盐铁并重，自汉以后，皆设官以经理其事。《明律》犯徒罪者，亦有煎盐、炒铁之令，乃有盐法而无铁政，盐设官而铁则否，未知其故。近来讲究铁政者，遂纷纷而起，亦可以观世变矣。

事例 141.01：顺治四年定

凡奸民指称投充满洲，率领旗下兵丁，兴贩私盐者，杖八十，其盐斤、银钱、牲口、车辆等物入官。巡缉员役不行缉拿者治罪。

事例 141.02：康熙五十九年议准

嗣后盐枭就抚，复行贩私，审实者，将本犯解部，发往和扑多、乌兰、古木地方。其出结之地方专汛兼辖，及该管各官，俱照例降级议处。

事例 141.03：雍正二年议准

闽省盐务，发帑在各场煎收，官买官卖，煎贩人等，多给肩引，令其贩卖。凡装载私盐船户，与贩私之人，一体治罪。出首及拿获者给赏，隐匿者治罪。官兵拿获者，并计起数议叙；若有怠玩者参处。

事例 141.04：雍正二年又议准

闽省盐斤，现交与地方官行运，应将旗兵停其查缉，私盐交与地方官严查。倘有大伙私枭，总督与将军会同拨旗兵协捕。江宁两浙亦照此例。长江自京口至湖广、江西等省盐，俱出于江海交会之所，大伙私枭，常在此等处所聚集，京口将军管下兵丁，既有船只，应照常派出旗兵，于扬子江之三江口、瓜洲、仪征口，截江巡查。其零星肩负，于民家藏匿者，照常交与地方官查缉。

事例 141.05：雍正二年再议准

聚集私枭，必有为首之人，地方官不行揭报，事发之时，督抚题参，将匿报各官革职，严加议罪。

事例 141.06：雍正二年还议准

嗣后有贩私盐枭，由他处入境，巡役缉拿拒捕杀伤盐枭之案，或当场人盐并获，或于疏防限内拿获过半以上者，将事由据实呈报咨部。其疏防余犯，照案缉拿。

事例 141.07：雍正二年更议准

贫难男妇，藉盐资生，肩挑背负，易米度日者，照例免罪，毋许官弁兵役生事扰民。如有积枭藉称贫难男妇，将私盐潜行窝顿，兴贩贸易者，令地方官弁及盐政衙门，一体稽察，照例从重治罪。

事例 141.08：乾隆元年谕

向因各省盐务办理未妥，往往纵放大枭，拘拿小贩，以致滨海近场之穷民，藉肩贩以度日糊口者，皆遭不肖官吏兵役之拖累，是以降旨特弛肩挑背负之禁，原以恤养贫民，济其匮乏，并非宽纵匪类，使之作奸犯科也。乃天津一带，无赖棍徒，纠合多人，公然以奉旨为名，肆行不法。总督李卫未奏之先，朕早已闻知，今据李卫陈奏种种弊端，与朕所闻无异，是穷民未必沾恩，而法度废弛，闾阎转受奸民之扰矣。李卫所奏办理之处，宽严得宜，甚属妥协。著照所奏行。畿辅之地如此，外省亦必皆然。其闽、粤、山东、江浙等省，如何一体通行之处，著该部即行妥议具奏。

事例 141.09：嘉庆二十五年谕

李尧栋奏：审拟贩私聚众拒捕殴伤官役各犯一折。此案张百桂等各自贩私，经委员带领商役捕拿，起获盐篓，张百桂辄敢起意纠约侯细徕等多人，持械赴店抢取。迨经追捕，复敢拒捕，殴伤官役五人，实属目无法纪。该抚将起意为首之张百桂拟以斩决，听纠同往拒伤商役之侯细徕拟以斩候，本属照例办理，但罪应斩决之张百桂，既在监病毙，幸逃显戮，其为从拒捕，罪应斩候之侯细徕一犯，将来秋审时亦必予勾。侯细徕著即行正法，以昭炯戒，余俱照所拟分别完结，并著刑部存记。嗣后凡遇盐枭拒捕及强盗伙劫之案，其罪应斩决之首犯已故，从犯内罪应斩候者，仍照本律问拟，择其情重者一名，请旨即行正法。若本案仍有斩决之犯，不在此例。

事例 141.10：道光十一年谕

嗣后如有拿获贩私舵工水手，即著追究风客住址姓名，拿获到案，按律惩办，舵工水手，免其治罪。若甘心包庇，不肯供指，即比照贩私三百斤以上，不供出卖盐姓名之例，于本罪上加一等治罪。傥系挟嫌诬扳，仍照诬告例加等办理。

事例 141.11：同治十一年谕

杨昌浚奏：浙西引地试办限满，销数仍无起色一折。浙西苏、松等四府一州，为浙盐引地，自改复商引以来，试办已逾两年，迄无成效。各州县自宽免督销处分后，遇有枭贩之案，视同隔膜，以致私贩横行，官课益绌，亟应认真整顿，以免积习。嗣后江苏苏、松、常、镇、太五属，督销引盐处分，著照例复还，并著曾国藩、何璟，严饬地方文武，实力缉私，以卫引地。如敢仍前玩视，及拿获盐犯有意开脱者，即行从严参办。至商巡杀伤枭匪之案，并准援照直隶、山东例案，免其议抵。所有耗余加认之数，著暂行宽免，以恤商力。

事例 141.12：光绪七年奏准

粤东内河外海，以及营销粤盐各省引地，有大伙私枭，联帮闽越，执持火器军械，开炮拒捕，许令员弁兵勇人等，施放枪炮抵御，登时格杀毋论。其非大伙私匪，及并未执持火器军械拒捕者，止准照案捕拿，分别按办，不得概行施放枪炮，以示区别而防流弊。

成案 141.01：违例给照贩盐〔康熙三十八年〕

吏部覆广盐沈恺曾题：先经户部议覆，查遂溪县知县李一驳，本汛灶丁私煎，又不拿解，反给关大等印照，越界兴贩，应将李一驳不便照军民人等在界内私行煎盐，或私卖者降三级调用等语。应将遂溪县典史毛日升，照例降三级调用，无级可降，应革职。署雷州府同知事陈某，该管地方任其灶丁私煎，越界兴贩，并不查拿，知县李一驳违例给照运盐，有无详报，明系徇情故纵，应将陈某照徇庇例，于现任内降三级调用。

成案 141.02：买假引贩卖私盐〔康熙二十六年〕

刑部议：已故陈敬萱伪造盐引，先经浙抚李本晟具题，臣部议：陈敬萱假引贩卖何场何商之私盐，发卖与何府州县，大小印记是何衙门印文，俱未查明。曹文系买假引贩卖私盐之人，止拟杖罪，不合，该抚确拟，并以前失察各官查明再议去后。今该抚疏称：曹文误买假引赴场买盐，察审虽不知雕假印之情由，但买假引贩卖私盐情真，曹文依凡犯无引私盐者杖一百、徒三年律，应杖徒。陈敬萱病故，毋庸议。敬萱私卖假引钱五百文，于伊家属照追入官，假印引板等物销毁。再陈敬萱刊刻伪印，伪造盐引，任意贩卖，失察原任仁和场大使马某、原任两浙运使李某，失察署仁和县事杭州府通判李国维，见任两浙运使阎廷谟，均应交吏部议。巡抚李本晟，不将失察假印各官，先不曾题参，应一并议。

成案 141.03：隐匿私盐船只〔康熙三十七年〕

吏部覆芦盐赫雅图题：静海县知县锺尚志，二次捉获私盐船只，已经七月有余，隐匿不报，照定例，官员凡入官田产，隐匿不报者革职。

成案 141.04：夹带私盐沿途官推卸〔康熙二十三年〕

吏部议凤阳卫运丁夹带私盐，沿途失察静海县知县曹某并未因公出境，谎称出境，明系推卸，相应将曹某比照官员奉修冲决地方，或称非系本汛推卸，降一级调用例，降一级调用。

成案 141.05：失缴盐引〔康熙三十年〕

甘抚伊图疏：宁夏灵州花马小池应缴残引，经承金忠遗失一百九十六张。吏部议：查定例，官员将已完销引不行送部者罚俸一年等语。应将署盐捕厅西路同知宋某，照此例于见任内罚俸一年。

成案 141.06：招商迟延〔康熙三十九年〕

户部覆广盐沈恺曾疏：梧州府属博白县，屡行严催招商，并无具报，所有招商迟延博白县知县赵廷相，广西驿盐道吴迈，相应指参。查定例内，官员将事件迟延不结，逾限不及一月者罚俸三个月等语。应将赵廷相、吴迈，照例革罚俸三个月。

成案 141.07：销引处分〔康熙四十六年〕

吏部议广盐御史华善以康熙四十二年分销引一年限满，将初参未完七分以上三水县知县郑玫咨参。又康熙四十三年分盐课一年限满，将初参未完三分以上护理运同事海阳县知县王毓美咨参等因。查定例，内销引欠七分者降四级，戴罪督销。又盐课例内，署运司、提举分司等署事官员，欠三分者罚俸一年，但两广盐课未完甚多，不便照平常例议，应将初参接任销引未完七分以上三水县知县郑玫降五级戴罪督销，未完三分以上专管护理运同事海阳县知县王毓美于现任内降三级。

成案 141.08：江苏司〔嘉庆二十年〕

苏抚咨：范炳泰与张明松等合伙贩私，每次数百斤，或千余斤不等。该犯不能将卖盐人姓名供出，按例已应拟流，乃复敢得受小伙私贩钱文，往来照应包庇，号称仗头，应比照盐场无藉之徒、诈害客商、犯该徒罪以上，发附近充军。

成案 141.09：江苏司〔嘉庆二十年〕

苏抚咨：张奎光贩私八万余斤，尚未越境，即被拿获，应比照越境兴贩官私引盐三千斤以上例，发附近充军。

成案 141.10：江苏司〔嘉庆二十年〕

苏抚咨：张一泷等十余人，起意纠约兴贩私盐，因无盐斤，向贩私之李光节售买不允，各带刀枪，将李光节之妻父袁宗伦殴伤，并非拒捕。张一泷等照凶器伤人拟军。刁当魁等照兵民聚众十人以上、带有军器、兴贩私盐、不曾拒捕、为从流罪上，量减一等，满徒。

成案 141.11：江苏司〔嘉庆二十二年〕

苏抚咨：刘阿耕因见卢三私盐价贱，遂向买得四千余斤，欲图贩卖。查该犯兴贩私盐四千余斤之多，未便仅照私贩本律拟徒，应比照越境兴贩官私引盐至三千斤以上例，发附近充军。

成案 141.12：安徽司〔嘉庆二十二年〕

安抚题：宿添从等曾受车揽头曾尚文雇伊等牛车，载运引盐，嗣因途次盘费不敷，宿添从起意将盐盗卖，计赃在二两以上。宿添从应比照船户偷卖商盐例，依窃盗赃一两至一十两杖七十。张怀远等各照为从，减一等，杖六十。讯非售卖整包商盐，均免枷号。曾尚文应比照埠头保雇不实例，杖八十。

成案 141.13：山东司〔嘉庆二十三年〕

东抚咨：贩私拒捕案内刘祥等，随同助势，虽在十人以上，首犯未带军器。例无十人以上，未带军器拒伤一人未曾下手者，作何治罪明文，应将刘祥等均照十人以下拒捕止伤一人、其不曾下手者均照私盐律，满流。

成案 141.14：湖广司〔嘉庆二十四年〕

湖督咨：刘恒傅每次贩私，虽至五六千斤，及一二百斤，惟该贩私已及二十载，系属积惯。将刘恒傅比照兴贩官私引盐至三千斤以上例，发附近充军。

成案 141.15：江苏司〔嘉庆二十五年〕

苏抚咨：外结徒犯内倪小素麻子，囤积私盐二千八百余斤转卖。应比照犯无引私盐，满徒。

成案 141.16：湖广司〔嘉庆二十五年〕

南抚奏：张百乐等各自贩私，并未拒捕伤人，惟因私盐被获，复敢听从抢盐。侯惟一等讯未贩私拒捕，惟听从抢盐，目击张百桂等拒捕，在场助势，应照贩私拒捕下手未伤人之犯，发近边充军。侯点古讯止听从抢盐，并未贩私，拒捕时先已逃走，应于张百乐等军罪上，量减一等，满徒。

成案 141.17：湖广司〔嘉庆二十五年〕

湖督奏：已革把总高士经，于私盐过境，与兵丁通同纵放，得受钱二十四千，该副将查知，将其送府审辨，辄挟嫌摭拾多款，将副将讦告，审明俱无切实凭据。查该革弁，受贿纵私，已干法纪，复敢挟嫌讦告该本管官，希图挟制，所控各款，尚无重情，应依巡缉私盐、知情故纵、与犯人同罪律，满徒，量加一等，杖一百、流二千里。

成案 141.18：湖广司〔嘉庆二十五年〕

北抚咨：曹帼选商同曹玉明收买脚盐，设灶私煎，货卖获利。讯明先后煎盐共九百余斤，因安仁县不知姓名人，向伊店内买得私盐挑回，被巡役朱和盘获，央免禀送未允，辄行挟嫌，藉索旧欠为由，纠人寻闹，致卡房旗匾被人碰毁，又因被控怀忿，纠同曹玉明，各将朱和殴伤，固非庇护私盐拒捕。将曹帼选依犯无引私盐徒罪上，量加一等，杖一百、流二千里。曹玉明为从，减等满徒。

成案 141.19：江西司〔嘉庆二十五年〕

江西抚咨：汛兵傅庭选得受规利，纵放私贩，应比照捕役勾通窃贼坐地分赃例，改发极边烟瘴充军。傅连英等，照为从拟徒，俱刺字。外委胡兴讯出营兵得受包庇，因傅庭选愿将得过规利缴出充公，代为容隐，应照故纵同罪律，改发烟瘴充军。

成案 141.20：浙江司〔道光元年〕

浙抚咨：高淙孝纠同高廷泳等，收买有引肩盐，贩至别县售卖，时将一载，已卖一万七八千斤，未卖积至五千余斤之多，实属私枭。例无囤贩有引盐斤治罪专条，将高淙孝比照越境兴贩引盐至三千斤以上例，发附近充军。

成案 141.21：浙江司〔道光四年〕

浙抚咨：孙大毛贩买私盐四千一百余斤，未将卖盐人姓名供出。孙大毛合依贩买私盐至三百斤以上、不将卖盐人姓名供出、于应得本罪上加一等定拟例，于犯无引私盐满徒律上加一等，杖一百、流二千里。孙大毛前经贩私问徒，在配脱逃，遇赦免罪免缉，又复犯法，应照部议加一等，拟杖一百、流二千五百里。

成案 141.22：安徽司〔道光十年〕

安抚咨：朱得名起意与朱同等同伙贩私，数至三千七百余斤之多，不将卖盐人姓名供出，已应加等科罪。该犯带有军器防身，实属罔顾法纪，未便仅科本罪。朱得名依兴贩私盐三千斤以上发附近充军例上，加一等，发近边充军，仍再加一等，发边远充军。

成案 141.23：湖广司〔道光十一年〕

湖督奏：已革捐纳知府巴怡裕身充盐商，运售引盐，乃敢伙同张逢昌另开子店，藉官行私。兹据奏革，讯明巴怡裕收贩船户脚私七千余包，核计盐数至五万九千七百余斤，比照越境兴贩官私引盐至三千斤以上例，发附近充军，系职官散法，应加一等，发近边充军。

成案 141.24：湖广司〔道光十二年〕

北抚咨：押运商厮顾明，因负欠私债无偿，起意商同船户孙荣甲，沿途售卖引盐一千九百包，共值银六百一十两零，成组泷代为售卖，祗知孙荣甲带有余盐，并不知盗卖商盐情事。比照犯无引私盐、道途引领人者、杖九十徒二年半律，杖九十、徒二年半。

成案 141.25：直隶司〔道光十二年〕

直督题：王黑随同贩私，用铁锤殴伤巡役，讯系听从张立业主使。查铁锤非民间常用之物，按凶器伤人为从，并贩卖私盐，及折跌人肢体，均罪止拟徒，若从一科断，与仅止贩私并未伤人之犯，无所区别，自应按例酌加问拟。王黑合依主使人殴打致伤者、以下手之人为从论、减主使一等例，应于凶器伤人军罪减等满徒例上，酌加一等，杖一百、流三千里。蒋亮身充巡役，得钱许其入境兴贩，实与通同与兴贩无异，应照巡盐兵捕通同他人运贩私盐加一等、贩无引私盐满徒上加一等，杖一百、徒三年。曹玉山明知越境贩私，辄因图销盐斤，加称卖给，实属济私酿事，惟该犯开店，究系有引官盐，与灶户领课煎熬未经起运卖与私贩者不同，未便与本犯一体科罪，自应比例酌加问拟。曹玉山应比将有引官盐不于拘定应该行盐地面发卖、别境进货卖者杖一百律上，量加一等，杖六十、徒一年。

成案 141.26：湖广司〔道光十二年〕

北抚咨：陈恕起意商令王学贵收买盐船脚私，希图转卖渔利，数至一千四百包，计一万余斤之多。复另买官盐，掣票影射，实与兴贩无异。比照越境兴贩官私引盐至三千斤以上例，发附近充军。

成案 141.27：广东司〔道光十二年〕

广抚奏：曲江县王荣甫等，雇坐邹亚三船只私贩，署曲江县县丞侯锡龄带同丁役捉拿，被王荣甫喝令拒捕，致水手余亚四用刀戳伤侯锡龄落水身死案内之黄亚五等，均伙同王荣甫等贩私，当王荣甫拒伤县丞侯锡龄身死之时，该犯等均在岸观看，事后始行跑走，并非不知拒伤情事者可比，自应照兴贩私盐十人以下拒捕杀人不曾下手例，发近边充军。其于事后被拿，各拒伤一人平复，应按律加等，拟以极边充军。该抚将王亚五等，仍照兴贩私盐本例拟徒，加等拟流，系属错误，应即更正。黄亚五、邹亚礼、黄亚三、林亚石，均应改依兵民聚众兴贩私盐十人以下拒捕杀人不曾下手发近边充军例上，加拒捕罪二等，发极边充军，到配杖一百，折责安置。

成案 141.28：河南司〔道光十三年〕

河抚咨：息县张五听从李甫结捻护送私盐，虽无持械帮殴伤人，究属不法。张五应比照无引私盐道途引领者杖一百徒二年半律上，量加一等，杖一百、徒三年。

成案 141.29：湖广司〔道光十三年〕

北抚咨：张学海因川盐价贱，商同李顺用钱在各处不识姓名人担上，收买零盐六千七百斤，假称包装粮食，雇船载往郧城售卖图利，即被拿获。张学海比照越境兴贩官私引盐至三千斤以上例，发附近充军。

成案 141.30：湖广司〔道光十三年〕

北抚咨：船户丁泳发夹带私盐一千余包，即属兴贩。何老三等仅止知情，并非同伙，惟经委员查获，辄持械拒伤官役五人，复鸣锣聚众，勒令委员写给字据，实属凶横。丁泳发比照兵民聚众十人以上、带有军器兴贩私盐、拒捕伤差三人以上为首例，拟斩立决。何老三听从拒捕伤人，拟斩监候。彭老满听从拒捕未伤人，发近边充军。

成案 141.31：河南司〔道光十三年〕

河抚咨：南阳县吴坤等，纠伙打夺私盐，拒捕伤差案内之崔珩，被吴坤逼胁背负行李，与自愿入伙者有间。应于吴坤等军罪上，量减一等，杖一百、徒三年。

成案 141.32：江西司〔道光十四年〕

江西抚咨：范泷山节次贩私，巡役倪标受贿故纵一次，计盐在三千斤以上，本犯罪应拟军，但该犯照律与犯同罪，同律不同例，倪标合依巡缉私盐、差人知情故纵与犯人同罪、即照犯无引私盐者杖一百徒三年律，杖一百、徒三年。惟该犯于正当缉私严紧之际，纵私至三千余斤，应请酌加一等，杖一百、流三千里。

律 142：监临势要中盐

凡监临〔盐法〕官吏诡〔立伪〕名，及〔内外〕权势之人，中纳钱粮，〔于各仓库〕请买盐引勘合，〔支领官盐货卖，〕侵夺民利者，杖一百、徒三年，盐货入官。〔盐引勘合追缴。〕

（此仍明律，其小注系顺治三年添入。顺治律为 159 条。）

律 143：阻坏盐法〔事例 1 条〕

凡客商〔赴官〕中买盐引勘合，不亲赴场支盐，中途增价转卖，〔以致转卖日多，中买日少，且诡冒易滋，因而〕阻坏盐法者，买主、卖主，各杖八十，牙保减一等，〔买主转支之〕盐货、〔卖主转卖之〕价钱，并入官。其〔各行盐地方〕铺户转买、〔本主之盐而〕拆卖者，不用此律。

（此仍明律，其小注系顺治三年添入。顺治律为 160 条。）

事例 143.01：康熙二十八年议准

盐店小票，商店盐丁，概行禁止。若仍擅用，照违禁律治罪。

律 144：私茶〔例 7 条〕

凡犯私茶者，同私盐法论罪。如将已批验截角退引，入山影射照〔出支〕茶者，

以私茶论。〔截角，凡经过官司一处验过，将引纸截去一角，革重冒之弊也。〕

（此仍明律，其小注系顺治三年添入。顺治律为161条。）

条例144.01：官给茶引

官给茶引，付产茶府、州、县。凡商人买茶，具数赴官纳银给引，方许出境货卖。每引照茶一百斤，茶不及引者，谓之畸零，别置由帖付之。量地远近，定以程限，于经过地方执照。若茶无由引，及茶、引相离者，听人告捕。其有茶、引不相当，或有余茶者，并听拿问。卖茶毕，即以原给由引，赴住卖官司告缴，该府、州、县，俱各委官一员专理。

（此条系《明会典》，洪武初年定，顺治例161.01。）

薛允升按：此卖茶之通例也。商人卖茶，必具数报官纳引，方许贩卖。其无引者，即私茶也。各省茶引均有定额，亦有营销地面，见《户部则例》。"一、商人营销官引一道，照茶百斤，茶数不及引者，官给由帖，以畸零引论。一、商人买茶，按数赴官纳银，给引方许出境货卖。于经过地方官将引呈验。若茶无由引，及茶引相离者，听人告捕。茶引不相当，或有余茶者，并听拿究。凡商人卖茶已毕，即以原给由、引赴住卖官司告缴。"此二条与此例相符，而语较简明。

条例144.02：私茶有兴贩夹带五百斤者

私茶有兴贩夹带五百斤者，照见行私盐例，押发充军。

（此条系明成化十八年定例，顺治例161.02。）

薛允升按：私盐三千斤以上充军，私茶则五百斤即充军，此较私盐更重矣，与同私盐法论罪不符。

条例144.03：凡兴贩私茶潜住边境

凡兴贩私茶，潜住边境与外国交易，及在腹里贩卖与来京〔原例系进贡〕回还外国人者，不拘斤数，连知情歇家、牙保，发烟瘴地面充军。其在西宁、甘肃河州、洮州，四川雅州贩卖者，虽不入番，一百斤以上，发附近；三百斤以上，发边卫，各充军。不及前数者，依律拟断，仍枷号两个月。军官、将官，纵容弟男、子侄、家人、军伴人等兴贩，及守备、把关、巡捕等官，知情故纵者，各降一级，原卫所带俸差操；失觉察者，照常发落。若守备、把关、巡捕等官，自行兴贩私茶通番者，发近边；在西宁，甘肃河、洮，雅州，贩卖至三百斤以上者，发附近，各充军。

（此条系明代问刑条例，顺治例161.03。雍正三年奏准："军官、将官"四字，改为"文武官员"；"原卫所带俸差操"七字，改为"调用"。乾隆三十二年改定。）

薛允升按：此条专言西宁等处，似不赅括，应与违禁下海门，商人携带引茶一条修并为一。前明时，西宁等处边防最重，故严其罪，今不然矣。《户部则例》略同。又有闽、皖商人，贩茶赴粤销售，永禁出洋贩运一条，内地茶商出口潜通外夷一条，均为刑例所无，似应查照添纂于此例之内。近则不但不禁，且以出洋为大宗矣。

条例144.04：陕西洮州河州西宁等处行茶地方

陕西洮州、河州、西宁等处行茶地方，但有冒顶番名，将老弱不堪马二匹以上，中纳支茶者，官军调别处极边卫分，带俸食粮差操；民并舍余人等，发附近卫分充军，冒支茶斤俱入官。

（此条系顺治例161.04，雍正三年奏准："官军"以下十五字，改为"官员问罪"；"民并舍余人等"六字，改为"军民人等"。乾隆三十二年，因易马事例，已于康熙四十四年停止；将此条删。）

条例144.05：做造假茶五百斤以上者

做造假茶五百斤以上者，本商并转卖之人，俱问发附近地方充军。若店户窝顿一千斤以上者，亦照例发遣。不及前数者问罪，照常发落。

（此条系明代问刑条例，顺治例161.05。"俱问发附近"有"原系腹里卫所者发边卫"十字，雍正三年删改。）

薛允升按：《笺释》云："假茶卖出，依诓骗计赃准窃盗论。如造而未卖，止问违制，窝顿店户，同窝庄寄私盐法，杖九十，徒二年半，千斤以下不引例。"盐无假造，而茶有假造，是以贩私外又添一种名目矣。《户部则例》略同。

条例144.06：甘肃巡抚现今额颁茶引

甘肃巡抚，现今额颁茶引二万八千七百六十六道，给发商人，每引征茶五蓖入官，每年共征十四万三千八百三十蓖，每蓖折银四钱，该抚造册奏销，户部核明具题。若中马，每好马一匹给茶十二蓖，次马十蓖，再次马八蓖。所中马匹数目，该抚题报，交与兵部拨解。

（此条雍正三年定。乾隆五年，以原例内并无拟罪之处，宜入《户部则例》，此条删。）

条例144.07：凡茶商赴楚买茶

凡茶商赴楚买茶，应照《会典》，每茶一千斤，准带附茶一百四十斤，令产茶地方官给发船票，开明该商引目茶数，不得另给印票收茶。其应行盘查之地方官，悉照引目，及正附茶斤验放，不许掯勒留难。如于部引之外，有搭行印票，及附茶不依所定斤数，〔原例系正附茶斤外〕多带私茶者，即行查拿，照私盐律治罪。查验地方官故纵失察者，照失察私盐例处分。至五司变卖茶斤，如有地僻引多，壅滞不能营销者，各商具呈该司，详报甘抚，行令往卖司分，照数盘查，听其发卖办课。

（此条雍正三年定。）

薛允升按：产茶地方不独楚省，应改为通例。此例首句似应改为甘肃省茶商云云。应照《会典》句，似应删去。至五百斤以上，即不照私盐律矣。《户部则例》甘肃省有西宁、甘州、庄浪三茶司，此云五司亦属不符。例首云楚省，例末又云甘督，殊不分明，益知例首一句应标明甘肃省矣。《处分则例》稽查私茶各茶均应参看。《户部则例》："甘肃省每引照茶一百斤，按每茶一百斤准附带茶一十四斤，听商自卖。"
再，四川亦系产茶之区，自打箭炉以至西藏，商上买卖交易，均以茶为大宗，而刑例
无文。

律 145：私矾

凡私煎矾货卖者，同私盐法论罪。〔凡产矾之所，额设矾课，系官主典，给有文
凭执照，然后许卖。〕

（此仍明律，其小注系顺治三年添入。顺治律为 162 条。）

律 146：匿税〔例 9 条，成案 2 案〕

凡客商匿税不纳课程者，答五十，物货一半入官。于入官物内，以十分为率，
三分付告人充赏；务官、攒、拦自获者，不赏。入门不吊引，同匿税法。〔商匠入关
门，必先取官置号单，备开货物，凭其吊引，照货起税。〕

若买头匹不税契者，罪亦如之，仍于买主名下，追征价钱一半入官。

（此仍明律，顺治三年添入小注。乾隆五年改定。）

〔附录〕顺治律 163：匿税

凡客商匿税及卖酒醋之家，不纳课程者，答五十，物货酒醋一半入官。于入官
物内，以十分为率，三分付告人充赏；务官、攒、拦自获者，不赏。入门不吊引，同
匿税法。其造酒醋自用者，不在此限。

若买头匹不税契者，罪亦如之，仍于买主名下，追征价钱一半入官。〔商匠入关
门，必先取官置号单，备开货物，凭其吊引，照货起税。〕

条例 146.01：京师及在外税课司

京师及在外税课司局、批验茶引所，但系纳税去处，皆令客商自纳。若权豪无
籍之徒，结党把持，拦截生事，搅扰商税者，徒罪以上，枷号两个月，发附近地方充
军；杖罪以下，照前枷号发落。

（此条系明代万历二十二年例，顺治例 163.01。）

薛允升按：《笺释》云："权豪把持拦截，有赃，问豪强人求索。搅扰之事非一，
或抢夺、或诓骗、或诈欺、或恐吓，随犯引拟。"官豪不服盘验，见关津留难律。分
别徒罪上下问拟充军、枷号，前明此等颇多。

条例 146.02：屯庄居住旗人卖马者（1）

屯庄居住旗人卖马者，俱令在京上税，方准发卖。其民间马匹，或卖与旗人，或卖与驿站，或兵民互相买卖，俱报明地方官存案。如不上税，及不存案，而私自买卖者，杖一百，价银入官。

（此条系康熙三十一年，兵部议覆直隶巡抚郭世隆奏准定例。乾隆五年改定为条例 146.03。）

条例 146.03：屯庄居住旗人卖马者（2）

屯庄居住旗人卖马者，俱令在屯庄所隶之州县上税，方准发卖。其民间马匹，或卖与旗人，或卖与驿站，或兵民互相买卖，俱报明地方官上税存案。如不上税，不存案，而私自买卖者，依律治罪，追价一半入官。

（此条乾隆五年，将条例 146.02 改定。）

薛允升按：原例私自买卖马者，杖一百。此例既改为照律治罪，则与别项牲畜一体，笞五十矣。律内既有明文，似可无庸另立专条。

条例 146.04：凡民间置买田房产业

凡民间置买田房产业，概不许用白纸写契，令布政司刊刻契纸，并契根，用印给发州县。该州县将契根裁存，契纸发给各纸铺，听民间买用，俟立契，过户纳税时，即令买主照契填入契根，各盖州县印信，将契纸给纳户收执，契根于解税时，一并解司核对。倘不肖州县，于契根上少填价值税银者，照侵欺钱粮例治罪。若将司颁契纸藏匿不发，或卖完不预行申司颁给，及纵容书役、纸铺昂价累民，并勒索加倍纳税，家人、里书勒取小包，或布政司不即印给，以致州县缺少契纸，并纵容司胥苛索者，该督抚查参，分别议处。若民间故违，仍用白纸写契，将产业价值入官，照匿税律治罪。州县官有将白纸私契用印者，亦照侵欺钱粮例究追。如官民通同作弊，将奉旨后所买田产，倒填以前年月，仍用白纸写契用印者，一体治罪。至活契典业，亦照例俱用契纸。

（此条系雍正五年定。乾隆五年，查布政使刊刻契纸给州县听民间买用之例，已于乾隆元年停止，例文删。）

条例 146.05：奉天省军民人等

奉天省军民人等，潜赴边外蒙古地方，兴贩私酒进边，不及百斤，杖九十；一百斤以上，杖一百，枷号一个月；二百斤以上，杖六十、徒一年，每百斤加一等，罪止杖一百、流三千里。至沿边三十里以内，贫民肩挑背负，进边售卖，或易钱换物，及自用者，不在禁限，每人仍不得过五十斤，如至五十斤以上，照兴贩例治罪，酒俱变价入官。

（此条系咸丰五年，盛京户部侍郎书元奏准定例。）

条例 146.06：奉天省沿边以内店铺

奉天省沿边以内店铺，收买零酒，不得过五百斤，傥寄顿至五百斤以上，开给发票，出境渔利者，将店铺照兴贩私酒按斤治罪。

（此条系咸丰五年，盛京户部侍郎书元奏准定例。）

条例 146.07：奉天省各处烧锅

奉天省各处烧锅，轮流值年，准其协同该地方差役，在边内盘查兴贩私酒之人，送官究治。失察旗民地方官，照失察私入围场例议处，仍究明兴贩之犯，由何边门经过，由何边栅偷越，将该边章京，照军需铁货私出外境货卖，守把之人知而故纵者，与犯同罪；失于觉察者，官减三等，罪止杖一百；军兵又减一等，罪坐值日者。如该烧锅人并兵役等受贿故纵，及妄拿藉端讹诈，计赃，以枉法从重论。

（此条系咸丰五年，盛京户部侍郎书元奏准定例。）

条例 146.08：奉天省边内烧锅

奉天省边内烧锅，开写发票卖酒，随粮价高低定值，不准任意增至倍蓰，违者，照违制律治罪。如偷运边酒，影射渔利，照兴贩私酒例，加一等治罪。

（此条系咸丰五年，盛京户部侍郎书元奏准定例。）

薛允升按：此四条专为奉天省私酒而设。后二条与弃毁器物稼穑门条例参看。彼条烧锅尚在应禁之例，此则专重私酒，烧锅并不在禁限矣。

条例 146.09：商贩置办洋药

商贩置办洋药，有心偷漏，影射走私，照违制律，杖一百；巡役及各门书役通同营私卖放者，与同罪；赃重者，计赃，以枉法从重论。失察之海巡，照不应重律，杖八十；该书役并海巡巡役，起意诈财纵放，计赃，以蠹役恐吓索诈论。如有土棍包揽护送，照搅扰商税例，分别治罪。其洋药商人到务报税，如该巡皂有刁难需索情事，照支收官物留难刁蹬律治罪；得赃者，照指称掣批索诈例，计赃科罪。

（此条系咸丰九年，督理崇文门商税事务衙门奏准定例。）

成案 146.01：杂税银两造册迟延〔康熙三十五年〕

吏部议江抚宋荦疏：江西省各属征收杂税银两，例应年终造册呈缴，今进贤等九县，任催抗不造缴，应题参。应将各县正印并署印各官，均罚俸三个月。

成案 146.02：奉天司〔嘉庆二十二年〕

崇文门咨送：马三先屡次贩卖私酒，偷漏税课，经崇文门拿获罚税，并枷责施放，乃该犯不知悛改，辄复来京偷漏贩卖私酒至五万斤之多，未便仅照匿税律拟以笞责。核计隐匿税银一百二十两，马三应比照应纳税课而隐匿肥己者，计赃准窃盗论，杖一百，满流。

律147：舶商匿货〔例1条〕

凡泛海客商舶〔大船〕船到岸，即将货物尽实报官抽分。若停塌沿港土商、牙侩之家不报者，杖一百；虽供报而不尽实，罪亦如之；〔不报与报不尽之〕物货并入官。停藏之人同罪。告获者，官给赏银二十两。

（此仍明律，小注系顺治三年添入。顺治律为164条，原目为"舶商匿卖"，雍正三年改定。）

条例147.01：川省米船到夔州之时

川省米船到夔州之时，即令该府查察，除夹带私盐及违禁等物，按律究拟外，其船只大小，悉照准淮关尺寸则例抽报料税。如有别项货物，仍照淮关旧例收纳，统归正项。令该管上司不时稽查，傥有纵容胥役额外需索留难等弊，及米船出川，川省地方有不肖官吏，借给票稽查名色，勒索羁留者，俱著该督抚指名题参，从重治罪。

（此条雍正五年定。乾隆五年奏准：各关收税量头，皆有榷税则例，统不入律。至纵役勒索等弊，不止米船一项，亦不止夔关一处，毋庸设立条款。此条删除。）

律148：人户亏兑课程〔例4条，事例2条，成案2案〕

凡民间周岁额办茶盐商税诸色课程，年终不纳齐足者，计不足之数，以十分为率，一分，笞四十，每一分加一等，罪止杖八十，追课纳官。

若茶盐运司、盐场、茶局及税务、河泊所等官，不行用心〔催〕办课〔程〕，年终比附上年课额亏〔欠〕兑〔缺〕者，亦以十分论，一分，笞五十，每一分加一等，罪止杖一百，所亏课程，著落追补还官。

若〔人户已纳，而官吏人役〕有隐瞒〔不附簿，因而〕侵欺借用者，并计赃，以监守自盗论。

（此仍明律，其小注系顺治三年添入。顺治律为165条。）

条例148.01：盐课钱粮不完者

盐课钱粮不完者，将经督各官照分数议处外，其各商名下应完盐课，作为十分。欠不及一分者，责二十板；欠一分者，枷号一个月，责二十板；欠二分者，枷号一个月半，责二十五板；欠三分者，枷号两个月，责三十板；欠四分者，枷号两个月半，责三十五板；欠五分者，枷号三个月，责四十板。以上欠课各商，题参之日，扣限一个月，全完者，免处。如逾限不完，照此例枷责。如于枷限内照数全完者，释放免责。如枷限满日，仍全不完纳，除杖责外，将该商咨参革退，并带征等项，俱以引窝变抵。欠六分者，将该商杖六十、徒一年，所欠课项，限四个月全完；欠七分者，杖

七十、徒一年半，限六个月全完；欠八分者，杖八十、徒二年，限八个月全完；欠九分者，杖九十、徒二年半，限十个月全完；欠十分者，杖一百、徒三年，限一年全完。以上自六分至十分，将该商锁禁，严查家产，如限内全完，革退商人，免其杖徒。倘逾限不完，即将该商发配，所欠新课带征等项，著落引窝家产变抵。其额征钱粮，果能于岁内如数全完，该御史按其课项多寡，量给花红扁额，以别优劣。

（此条系雍正三年定例，原载"盐法"律内。乾隆五年，移附此律，删去"其额征钱粮，果能于岁内如数全完，该御史按其课项多寡，量给花红扁额，以别优劣"等句。）

薛允升按：此专指盐商一项而言，与《户部则例》同。例首系商人未完盐课，于奏销题参日起，扣限一个月，再不能完，按所欠分数治罪。引商半系客籍，皆有引窝。引窝者，商人初认某处引地所费不赀，子孙为世业，遇有消乏退革，新商必交旧商窝价，方准接充。此条枷号以半月为一等，限以一年为满，与别项不同。

条例 148.02：管收税课钱粮

管收税课钱粮，倘有隐匿，加倍著追。如接收官不行清查，上司不行转报题参，俱著落分赔。

（此条雍正六年定。乾隆五年查隐匿税课，即系侵欺，若正课之外，别有盈余，而私下隐匿，即仓库条下附余钱粮，不据实报官，以监守自盗论。各有正律不必另立条款。再加倍追赔，原为雍正初年，各处关税侵隐甚多，立法不严则积弊难除而设，并非永著为令。此条毋庸纂入。黄册进呈后，遵旨仍行纂入。）

薛允升按：侵欺正项钱粮，例准完赃免罪，并不加倍著追。此例是否免其治罪，如不完交作何定拟之处，未经声叙明晰。此条原在删除之列，虽奉旨仍行纂入，亦应修改详明。

条例 148.03：在京在外官员眷口船只过关

在京在外官员眷口船只过关，除无货物照常验放，胥吏人等，毋得任意需索外，如有奸牙地棍，假称京员科道名帖，或京员子弟执持父兄名帖讨关，夹带货物，希图免税者，该管关员即行查拿究治。如该管关员不行详查，及明知瞻徇，照例议处。

（此条乾隆五年，户部议覆御史陆尹耀条奏定例。）

薛允升按：应治何罪，亦应叙明。子弟执持父兄名帖，希图免税，尚可照律拟笞，若奸牙地棍有犯，似可从重惩办，例无明文，存以俟参。

条例 148.04：各关经过米豆

各关经过米豆，应输额税，永行宽免。至各关征收则例，向征船料者，照旧征收。向不征船料者，不得因免米豆税，转征船料，并不得借免米豆税之名，将应征货税侵蚀肥己，违者，该管关员参处治罪。

（此条乾隆八年定。）

薛允升按：此门所载私盐为最要，私茶次之，私矾再次之，又继之以匿税，推之于船商，而总谓之课程，取于正赋之外，皆所以为国用计也。迄今洋税、厘金名目更多，而国用愈形短绌，此其故何欤。

事例 148.01：乾隆七年谕

国家设榷关，定其则例，详其考核，凡以崇本抑末，载诸《会典》，著为常经，由来已久。其米豆各项，向因商人贩贱鬻贵，是以照则征输，第思小民朝饔夕飧，惟谷是赖，非他货物可比。关口征纳米税，虽每石所收无几，商人借口额课，势必高抬价值，是取之商者，仍出之民也。朕御极以来，直省关税，屡次加恩减免，又恐榷吏额外浮收，刊立科条，多方训饬。每遇地方歉收，天津、临清、浒关、芜湖等关口商贩米船，概给票放行，免其上课，皆以为民食计也。但系特恩，间一举行，未能普遍。夫以养民之物而榷之税，转以病民，非朕已饥已怀也。今特降谕旨，将直省各关口所有经过米豆应输额税，悉行宽免，永著为例，俾米谷流通，民食充裕。懋迁有无者，不得藉以居奇，小民升斗之给，不致有食贵之虞，以昭朕惠恤黎元之至意。各关口征收则例不一，有征商税者，有征船料者，有商税船料并征者，今蠲免米税，其船料一项，若不分析明确，著为规条，恐致混淆滋弊，应如何办理之处，著交该部详查妥议具奏。

事例 148.02：乾隆七年又谕

朕爱养黎元，特沛殊恩，将关榷米豆等税悉行蠲免，以为充裕民食之计，但船料一项，议论不一，现发九卿会议，尚未覆奏。朕思此事并无难办之处，向征船料者，应照例征收；向不征船料者，岂可因免米豆之税，而转加征船料。著该部即速行文各关知之。

成案 148.01：落地税银承催逾限〔康熙三十六年〕

吏部题贵抚闫兴邦以普安等处未完落地税银，将知州吴成龙等指参。查定例，官员不作十分之杂项钱粮未完者，降俸二级，戴罪督催，如年限内不完者，罚俸一年，仍令督催等语。查此项税银系康熙三十一年应完银两，迟至三十四年始行征完，应将原任普安州知州吴成龙等，原任安顺府知府颜光猷，不便照杂项钱粮未完初参例议处，应照一年限满未完之例，每案各罚俸一年。

成案 148.02：关税缺额处分〔康熙三十八年〕

吏部覆户部等疏：凤阳关每年额增税银七万九千八百三十九两二钱一分零，今宝住在差一年，计缺半分以上。查税差官员所缺税银甚多，不便照定例议，应将宝住所缺银两交与该都统，照数追完交部，宝住应交与吏部议处等因。应将原任凤阳关监督郎中宝住，降一级调用。

户律·钱债

（计3条）

律149：违禁取利〔例18条，事例9条，成案3案〕

凡私放钱债及典当财物，每月取利并不得过三分，年月虽多，不过一本一利，违者，笞四十，以余利计赃。重〔于笞四十〕者，坐赃论，罪止杖一百。

若监临官吏于所部内举放钱债，典当财物者，〔不必多取余利，有犯即〕杖八十。违禁取利，以余利计赃，重〔于杖八十〕者，依不枉法论，〔各主者，通算折半科罪，有禄人三十两，无禄人四十两，并杖九十，每十两加一等，罪止杖一百、流三千里。〕并追余利给主。〔兼庶民、官吏言。〕其负欠私债，违约不还者，五两以上，违三月，笞一十，每一月加一等，罪止笞四十；五十两以上，违三月，笞二十，每一月加一等，罪止笞五十；百两以上，违三月，笞三十，每一月加一等，罪止杖六十，并追本利给主。

若豪势之人，〔于违约负债者，〕不告官司，以私债强夺去人孳畜产业者，杖八十。〔无多取余利，听赎不追。〕若估〔所夺畜产之〕价过本利者，计多余之物〔罪有重于杖八十者，〕坐赃论，〔罪止杖一百、徒三年，〕依〔多余之〕数追还〔主〕。

若准折人妻妾子女者，杖一百。〔奸占加一等论。〕强夺者，加二等。〔杖七十、徒一年半。〕因〔强夺〕而奸占妇女者，绞〔监候。所准折强夺之〕人口给亲，私债免追。

（此仍明律，其小注系顺治三年添入。顺治律为166条，原文第二段小注"罪止杖一百、流三千里。罢职，追夺除名"，雍正三年删改；原文最后一段小注"奸占即从和奸论"，及正文"因而奸占妇女者"，乾隆五年增修为"奸占加一等论"，及"因〔强夺〕而奸占妇女者"。）

薛允升按：《示掌》云："监临官系有禄人，不枉法，赃一百二十两以上，应绞。"小注："罪止杖流者，所谓与名例罪不同者，依本条是也。"存参。其实监临官吏，于所部内违禁取利，与将自己物货散与部民，多取价利何异。一准不枉法，一依不枉法，乃定律者偶有疏忽，不详加察核耳，无他解也。不然小注已经删去，何以又添入耶。

条例149.01：听选官吏监生人等借债

听选官吏、监生人等借债，与债主及保人同赴任所取偿，至五十两以上者，借者革职，债主及保人各枷号一个月发落，债追入官。

（此条系明代问刑条例，顺治例166.02。）

薛允升按：乾隆五十年，又有上谕，似应遵照将此例修改。《日知录》："赴铨守候京债之累，于今为甚。《旧唐书·武宗纪》：会昌二年二月丙寅，中书奏，赴选官多京债，到任填还，致其贪求，罔不由此。今年三铨于前件州县，原注河南凤翔、鄜坊、邠宁等道得官者，许连状相保，户部各备两月加给料钱，至支时折下。所冀初官到任时不带息债，衣食稍足，可责清廉。从之。盖唐时有东选，南选，其在京铨授者，止关内河东两道。采访使所属之官，不出一千余里之内，而犹念其举债之累，先于户部给与两月料钱，非惟恤下之仁，亦有劝廉之法，与今之职官到任，先办京债，剥下未足，而或借库银以偿之者，得失之数，较然可知已。"前明之监生，与今不同。此监生二字似可删。五十两以下应否免议，若借数主之钱已过五十两，应如何拟断，均无明文。止云发落，并无杖数。官员于听选时借用私债，得缺后与债主及保人同赴任所取偿，若有侵挪钱粮偿还私债情事，革职追赔。债主及保人，各治罪，债追入官。若债主、保人在任所招摇作弊，除照所犯轻重分别治罪，并债追入官外，将该员照纵容亲友招摇诈骗例，革职。失于觉察者，降一级调用。见《处分则例》，应参看。

附录：乾隆五十年三月十四日奉上谕：前因山西民人刘姓等，重扣放债，索欠逼毙黄陵县典史任朝恩一案，已降旨将刘姓等严究办理矣。前闻康熙、雍正年间，外官借债，即有以八当十之事，已觉甚奇。今竟有三扣、四扣者，尤出情理之外。且向来文武员出京赴任，均有在部借支养廉之例，自道府副参以至微末员弁，准借银数，自千两至百十两不等，已属优厚。此项银两，因恐需次人员资斧缺乏，是以准其借支，原系格外体恤。在各该员果能自行撙节，已足敷用。若任意花费，正复何所底止。而市井牟利之徒，因得以重扣挟制，甚至随赴任所肆意逼偿，逼毙官吏。似此已非一案，实属不成事体。嗣后赴任各官，务宜各知自爱，谨守节用，勿堕市侩奸计之中。若有不肖之员，不知节俭甘为所愚，仍向若辈借用银两，亦难禁止。但总不准放债之人随赴任所，并令各该督抚严行查察。如有潜赴该员任所追索者，准该员即行呈明上司，按律究办。傥隐忍不言，即致被逼索酿成事端，亦不官为办理。庶可杜市侩刁风，而不肖无耻之员，亦知所儆戒。钦此。

条例149.02：凡负欠私债（1）

凡负欠私债，在京不赴法司而赴别衙门，在外不赴军卫有司而越赴巡抚三司官处告理，及辄具本状奏诉者，俱问罪，立案不行，若本京别衙门听从施行者，一体参究，私债不追。

（此条系明代原例，顺治例 166.06。"巡抚"下有"巡按"二字，雍正三年删。乾隆五年，于"问罪"下注"依越诉论"四字。嘉庆六年，改定为条例 149.03。）

条例 149.03：凡负欠私债（2）

凡负欠私债，在京不赴五城及步军统领衙门而赴部院，在外不赴军卫有司而越赴巡抚、司、道官处告理，及辄具本状奏诉者，俱问罪。〔依越诉论。〕立案不行，私债不追。

（嘉庆六年，查雍正六年奏定，凡杖笞轻罪，五城及步军统领衙门自行完结，若罪重于杖笞者，送部定拟。负欠私债，罪止杖笞，不应赴法司告理。因此改定此条。）

薛允升按：此正系越诉之事，应与彼门直省客商一条修并为一。

条例 149.04：在京兵部并在外巡抚巡按按察司官

在京兵部并在外巡抚、巡按、按察司官，点视各卫所印信，如有军职将印当钱者，参问，带俸差操，执当之人问罪，枷号一月，债追入官。

（此条系顺治例 166.04。雍正三年奏准：今卫所官管理钱粮刑名，每日给印，无质当之理，亦不点视。因此删去此条。）

条例 149.05：凡举放钱债

凡举放钱债，买嘱各卫委员，擅将欠债军官、军人俸粮银物领去者，问拟诈欺，委官问拟受财听嘱罪名。

（此条系明代问刑条例，顺治例 166.03。乾隆五年，查今无各卫委官名色，且嘱托公事，例有专条，此条删去。）

条例 149.06：内外放债之家

内外放债之家，不分文约久近，系在京住坐军匠人等揭借者，止许于原借之人名下索取，不许赴原籍逼扰。如有执当印信关单勘合等项公文者，提问，债追入官。

（此条系顺治例 166.05。乾隆五年，查今无另设坐军匠人户，此例删。）

条例 149.07：外省驻防旗人

外省驻防旗人，与土棍串党朋奸，举放私债，盘勒重利，开赌诈骗，准折子女，强买市肆，擅砍树木，哄然罢市，辱官害民，种种行恶者，酌所犯情罪轻重，照律例定罪。本犯罪止军罪者，将不行查出之该管骁骑校以上各官，交该部照例分别议处。其驻防协领以下，骁骑校以上官员，本身有犯者革职；该管之将军、副都统，俱交该部照例议处；督抚不行查出者，亦交部议处。

（此条系雍正三年定。所开不法各项，俱有专条，旗民有犯，一体科罪，毋庸专属外省驻防定例。因此于乾隆五年删。）

条例 149.08：佐领骁骑校领催等（1）

佐领、骁骑校、领催等，有在本佐领，或弟兄佐领下，指扣兵丁钱粮放印子银者，旗人照边卫充军例，枷号三月，鞭一百。伙同放印子银者，照为从杖一百、徒三年例，枷号四十日，鞭一百，所得利银，勒追入官；若违限不完者，枷号两月，鞭一百，入辛者库。该参领失于觉察者，交部议处。佐领、骁骑校虽未出本放银，不能禁止他人，反与属下兵丁保借者，革职，该参领交部议处。至佐领、骁骑校、参领等，平时失于觉察，以致该管兵丁，将官钱粮扣还印子银者，俱交部分别议处。

（此条雍正五年定。）

条例 149.09：佐领骁骑校领催等（2）

佐领、骁骑校、领催等，有在本佐领，或弟兄佐领下，指扣兵丁钱粮放印子银者，系佐领、骁骑校，照流三千里之例，枷号六十日；系领催，照近边充军例，枷号七十五日，俱鞭一百。伙同放印子银者，照为从杖一百、徒三年例，枷号四十日，鞭一百，所得利银，勒追入官。佐领、骁骑校、领催等，与属下兵丁保借者，革去职役，该参领交部议处。至佐领、骁骑校、参领等，平时失于觉察，以致该管兵丁，将官钱粮扣还印子银者，俱交部分别议处。

（此条乾隆五年，将条例 149.08 改定。）

条例 149.10：凡有民人违禁（1）

凡有民人违禁向八旗官兵放转子、印子、长短钱者，拿送该地方官，亦照旗人例，枷责治罪。其失察之该管文武各官，俱交部分别议处。八旗佐领，每月将有无重利放债、借债之处，出具印结呈报该参领，参领按季加结呈报都统查核。

（此条系雍正十三年定例，乾隆五年及乾隆二十七年删改。）

薛允升按：原例，民人违禁向八旗官兵放转子、印子长短者，亦照旗人例治罪。谓治以军流徒罪也。乾隆七年，虽经议准交通领催兵丁扣取钱粮等字样，应照领催例减等，枷号四十日，并未纂入例内。后改为照诳诈例，从重治罪。究竟治以何罪，亦未叙明。嘉庆年间，改为计所得余利准窃盗论，遂不免互有参差。

条例 149.11：凡有民人违禁（2）

凡有民人违禁向八旗官兵放转子、印子、长短钱扣取钱粮，及旗人举放重债勒取兵丁钱粮，并非在本佐领下放债者，或经告发，或被兵丁首出，除所欠债目不准给还外，将放债之人，照诳诈例，从重治罪；欠债之人，毋庸治罪。失察之该管文武各官，俱交部分别议处。八旗佐领，每月仍将有无重利放债之人，出具印结呈报该参领，按季加结呈报都统查核。

（此条乾隆三十二年，将条例 149.10 改定。）

条例 149.12：八旗领催代属下兵丁指扣钱粮保借者

八旗领催，代属下兵丁指扣钱粮保借者，照违伙同放债人枷号四十日，鞭一百例发落。其指米借债之人，照违制律，鞭一百。仍将失察之该管各官，交部分别议处。

（此条乾隆十七年，镶蓝旗满洲都统参奏朱隆阿佐领下参将石得家人拉哈指典者格等甲米钱粮，送部治罪一案，附请定例，嘉庆十四年修并入条例149.13。）

条例149.13：佐领骁骑校领催等（3）

佐领、骁骑校、领催等，有在本佐领，或弟兄佐领下，指扣兵丁钱粮放印子银者，系佐领、骁骑校，照流三千里之例，枷号六十日；系领催，照近边充军例，枷号七十五日，俱鞭一百。伙同放印子银者，照为从杖一百、徒三年例，枷号四十日，鞭一百。如非在本佐领下举放重债，勒取兵丁钱粮，及民人违禁向八旗兵丁放转子、印子、长短钱，扣取钱粮者，照诈欺官私取财律，计所得余利，准窃盗论，利银均勒追入官。佐领、骁骑校、领催等，代属下兵丁指扣钱粮保借者，佐领、骁骑校革职，领催鞭一百。其指米借债之人，照违制律，鞭一百。自行首出者，免其治罪，所欠债目，并免著追。失察之该管文武各官，俱交部分别议处。八旗佐领，每月仍将有无放债之人，出具印结呈报，该参领按季加结，呈报都统查核。

（此条系嘉庆十四年，将条例149.08至149.12等五条修并改定。）

薛允升按：佐领等在本管下放印子银一层，佐领等及民人放印子银一层，利银均勒追入官句，总承上二层。佐领代属下保借一层，指米借银之人一层。伙同放印子银者，如系民人，是否实徒，抑仍照此例折枷。记考。〔原奏系照为从律，杖一百、徒三年。系旗人，枷号四十日，鞭一百。〕准窃盗论，是否并赃科罪，亦无明文。若所得余利无几，其拟罪反较指米借债之人为轻。第一层，不计得赃多少，俱拟军流徒罪。第二层，计所得余利科罪，是起意放印子之民人，较伙同放印子之民人治罪不同。且一则折枷，一则实发，似嫌参差。至代属下兵丁保借银钱，即应革职，在非本佐领下举放重债，止计所得余利科罪，亦嫌太轻。此例始于雍正年间，可见尔时即有此等情弊，近则更甚矣。定例非不严密，而认真办理者最难。若不禁止，兵丁粮米必致为其盘剥。禁之过严，势必无从借贷，生计日艰，终无善法也。

条例149.14：放债之徒

放债之徒，用短票扣折，违例巧取重利者，严拿治罪，其银照例入官。受害之人，许其自首免罪，并免追息。

（此条乾隆二十三年，户部等部议覆京畿道监察御史史茂条奏定例。）

薛允升按：此条原奏，亦系为听选官员而设，似应与第一条修并为一。若非听选官员，则有本律可引矣。

条例149.15：监临官吏于所部内举放钱债

监临官吏，于所部内举放钱债，与典当财物者，即非禁外多取余利，亦按其所得月息，照将自己货物散与部民，多取价利，计赃，准不枉法论；强者，准枉法论。不枉法各主者，折半科罪律，减一等问罪，所得利银，照追入官。至违禁取利，以所得月息，全数科算，准不枉法论；强者，准枉法论，并将所得利银追出，余利给主，其余入官。

（此条乾隆三十一年，两江总督高晋奏震泽县知县赵得基将已银交商生息，值各典被火延烧，徇情捏详，请免赔偿案内，附请定例。）

条例 149.16：内地民人概不许与土司等交往借贷

内地民人，概不许与土司等交往借贷，如有违犯，将放债之民人，照偷越番境例，加等问拟。其借债之土苗，即与同罪。

（此条乾隆四十六年，刑部议覆贵州巡抚李本咨土目安起鳌向已革武举戴麟瑞之父借银五百两，利过于本，戴麟瑞复藉债图产案内，奏请定例。）

条例 149.17：内地汉奸潜入粤东黎境放债盘剥者

内地汉奸，潜入粤东黎境放债盘剥者，无论多寡，即照私通土苗例，除实犯死罪外，俱问发边远充军，所放之债，不必追偿。

（此条嘉庆九年，户部刑部议覆两广总督倭什布等奏请定例。）

条例 149.18：凡势豪举放私债

凡势豪举放私债，交通运粮官，挟势擅拿官军绑打陵辱，将官粮准还私债者，问罪。属军卫者，发边远充军；属有司者，发边外为民。该管运粮官，参究治罪。〔官粮与军粮不同。官粮者，漕运赴京上纳正粮也。军粮，行二月粮也。〕

（此条系原例。乾隆五年，将注语移在"官粮"二字下。又于"边外为民"下增注"交通、绑打、准粮三项，有一未合，仍各照例发落"。乾隆三十六年，以此条所关情重罪轻，尚未允协，奏明删除。）

事例 149.01：顺治五年定

凡放债之人，每银一两，止加息三分，不得多索，及息上增息，并不许放债与赴任之官，及外官放债与民。如违，放者借者俱治重罪。

事例 149.02：康熙八年题准

凡旗下人在境外放债控告者，概不准行。其境内欠债之人，故意刁蹬者，准行审理。若借债之人已死，无力偿还，虽告亦不准行。

事例 149.03：康熙八年又题准

凡旗下民人，不许质当兵器，及貂鼠猞猁狲等衣服、皮端罩、朝衣、金银器皿等物，违者治罪。其收当之人，计赃坐以窃盗罪，免刺，至死者减一等。

事例 149.04：康熙十二年题准

除兵器不准典当外，其貂鼠猞猁狲等物，对明各主，方许典当，违者俱照例治罪。

事例 149.05：康熙四十七年议准

买卖人将远年私债，假名官银捏告，并将无干人捏称借帑，私造文约者，照例治罪。

事例 149.06：康熙四十七年又议准

买卖人所放银两，有年远利浮于本者，照律追取一本一利交完。

事例 149.07：雍正五年谕

兵丁等吉凶事，俱有恩赏银两，尽可以完伊等之事，乃仍卖粮米还人印子银两，将还过本利银两，俱著追取，赏给拿获之旗员、披甲人等。嗣后系何人拿获，即以赏给拿获之人。再，若有七、八人将粮米全卖借印子银者，伊等内凡有一人出首，将伊等所借未还之银、已还之银，俱追出，遵旨赏给实心出首之人。佐领、骁骑校，系专理佐领事务之人，伊将一佐领下事不能查察，应革退。将买钱粮放印子银两之人，如何治罪之处，俱定议具奏。钦此。遵旨议准：嗣后违禁图利，将兵丁粮米贱买，又放印子、转子重取利息者，枷号三月，鞭一百，并妻子俱发黑龙江给穷披甲人为奴。佐领、骁骑校革职。作保之骁骑校、领催，俱革退，鞭一百。违禁卖粮米借重利印子、转子银两之人，鞭八十，所卖粮米价银，并所借印子、转子未还、已还之银，俱一并追出，分为二分，一分赏拿获之旗员，一分赏披甲人等。

事例 149.08：乾隆七年议准

嗣后如有佐领、骁骑校、领催等，盘剥该管兵丁放印子银者，枷责，仍勒银入官外，其止系重利放债者，不论旗民，依违禁取利本律治罪。如借债人首告，究讯明确，按照律例定拟。又，民人违禁向八旗官兵放转子、印子、长短钱，并交通领催兵丁扣取钱粮者，照领催枷号七十五日之例，减等枷号四十日。如旗人有举放重债，勒取兵粮，并不在本佐领下者，亦照民人减等枷责例。

事例 149.09：乾隆五十年谕

前因山西民人刘姓等，重扣放债，索欠逼毙黄陂县典史任朝恩一案，已降旨将刘姓等严究办理矣。前闻康熙、雍正年间，外官借债，即有以八当十之事，已觉甚奇。今竟有三扣、四扣者，尤出情理之外。且向来文武员出京赴任，均有在部借支养廉之例，自道、府、副、参以至微末员弁，准借银数，自千两至百十两不等，已属优厚。此项银两，因恐需次人员资斧缺乏，是以准其借支，原系格外体恤。在各该员果能自行撙节，已足敷用。若任意花费，正复何所底止。而市井牟利之徒，因得以重扣挟制，甚至随赴任所，肆意索偿，逼毙官吏，已非一案，实属不成事体。嗣后赴任各官，务宜各知自爱，谨守节用，毋堕市侩奸计之中。若有不肖之员，不知节俭，甘为所愚，仍向若辈借用银两，亦难禁止。但总不准放债之人随赴任所，并令各该督抚严行查察。如有潜赴该员任所追索者，准该员即行呈明上司，按律究办。倘隐忍不言，即致被逼索酿成事端，亦不官为办理。庶可杜市侩刁风，而不肖无耻之员，亦知所儆戒。

成案 149.01：私债准折人妻子〔康熙四十六年〕

刑部议：龙南县参革知县郑某一案。据江督邵某审拟前来一款，欧德顺因欠黄奎辉利谷算银三两，凭中黄书万，将伊夫妻幼子，准折为奴，以致幼孩夭死，德顺控县，奎辉备银二十四两，交郑某收受，逐释部究。郑某依受财律杖徒。黄奎辉合依私债准折人妻子律，应杖一百。作中之黄书万，依为从减一等律，应杖九十。欧德顺夫妻，释放从良。

成案149.02：广东司〔嘉庆二十二年〕

广东抚咨：谢宗仁因凌观华欠租不交，强伐其树作抵，计银三十两零，若照毁伐人树计赃准窃盗论，应杖九十，惟究因欠租不交，砍树作抵，与凭空砍伐有间，将谢宗仁比照以私债强夺人畜产律，杖八十。

成案149.03：陕西司〔道光四年〕

和阗办事大臣奏：遣犯孙尔男重利放债。查律载私放钱债及典当财物，月利不得逾三分，年月虽不多，不过一本一利，若违禁取利，以余利计赃，以不枉法论，并追余利给本，向俱遵照办理。该大臣因孙尔男系为奴遣犯，被控勒揞众回子田产，即将该犯财产查抄。查该犯既非例应查抄之犯，则被抄资财自应照例追还。应令该大臣将该伯克及众回子所借银钱及房地契纸等物当押各项，一并追出，给该犯具领。

律150：费用受寄财产〔例4条，成案4案〕

凡受寄〔他〕人财物、畜产而辄费用者，坐赃论，〔以坐赃致罪论〕减一等。〔罪止杖九十、徒二年半。〕诈言死失者，准窃盗论，减一等。〔罪止杖一百、徒三年，免刺。〕并追物还主，其被水火、盗贼、费失，及畜产病死有显迹者，勿论。〔若受寄财畜而隐匿不认，依诓骗律。如以产业转寄他人户下，而为所卖失，自有诡寄盗卖本条。〕

（此仍明律，其小注系顺治三年添入。顺治律为167条。）

条例150.01：亲属费用受寄财物（1）

亲属费用受寄财物，并与凡人一体科罪，追物给主，不必论服制递减。

（此条系明代问刑条例，顺治例167.01，雍正三年改定为条例150.01。）

条例150.02：亲属费用受寄财物（2）

亲属费用受寄财物，大功以上，及外祖父母得兼容隐之亲属，追物给主，不坐罪；小功减三等，缌麻减二等，无服之亲减一等，俱追物还主。

（雍正三年奏准：亲属相盗，得按服制减等，而费用受寄财物，反不按服制递减，殊未允协，因此将条例150.01改定。）

薛允升按：《辑注》云："寄托财产，多系亲属，若以服制减罪，恐长负赖之风，故于凡人一体科之。"此例因前明原例，与律不符，是以特立此条。惟既照服制递减，自有各本律可引，似不必另立专条。

条例 150.03：凡典商收当货物

凡典商收当货物，自行失火烧毁者，以值十当五，照原典价值计算，作为准数。邻火延烧者，酌减十分之二，按月扣除利息，照数赔偿。其米麦、豆石、棉花等粗重之物，典当一年为满者，统以贯三计算，照原典价值给还十分之三。邻火延烧者，减去原典价值二分，以减剩八分之数，给还十分之三，均不扣除利息。至染铺被焚，即著开单呈报地方官，逐一估计。如系自行失火者，饬令照估赔还十分之五；邻火延烧者，饬赔十分之三，均于一月内给主具领。其未被焚烧，及搬出各物，仍听当主、染主照号取赎。倘奸商、店伙人等，于失火时有贪利隐匿乘机盗卖等弊，即照所隐之物，按所值银数，计赃，准窃盗论，追出原物给主。若止以自己失火为邻火延烧，希图短赔价值者，即计其短赔之值为赃，准窃盗为从论，分别治罪。如典商、染铺及店伙人等，图盗货物，或先有亏短，因而放火故烧者，即照放火故烧自己房屋盗取财物，及凶徒图财放火故烧人房屋各本律例，从重问拟。

（此条系乾隆三十四年，步军统领衙门审奏兴隆当失火，店伙胡永祚等乘机偷盗未烧衣服一案，奏请定例。乾隆四十二年修改。原载"失火"门内。道光二十三年，增入"染铺"一项。道光二十四年修并，移入此门。）

条例 150.04：典铺被窃

典铺被窃，无论衣服、米豆、丝棉、木器、书画，以及金银、珠玉、铜铁、铅锡各货，概照当本银一两再赔一两。如系被劫，照当本银一两再赔五钱，均扣除失事日以前应得利息。如赔还之后，起获原赃，即给予典主领回变卖，不准原主再行取赎。染铺被窃，照地方官估报赃数，酌赔十分之五，〔按：与失火同。〕如系被劫，酌赔十分之三，〔按：与邻火延烧同。〕均令于一月内给主收领。如赔赃之后，起获原赃，给予该铺具领，由地方官出示晓谕，令原主归还所得赔赃之资，将原物领回，仍查明已染、未染，分别付给染价。倘奸商、店伙人等，于失事后有贪利隐匿，乘机盗卖等弊，即照所隐之物，按所值银数，计赃，准窃盗论；若止以窃报强，希图短赔价值者，即计其短赔之值为赃，准窃盗为从论，分别治罪。

（此条道光二十四年定。）

薛允升按：因典铺而推及于染店，因失火而类及于被窃，赔偿之法，亦极平允，盖所以昭画一，息争讼也。此例文之最不可少者，较之上条亦为得体。

成案 150.01：山西司〔嘉庆二十二年〕

晋抚咨：李全守经王府遣伊收租，该犯将租银建盖房屋费用。将李全守照费用受寄财物律办理。

成案 150.02：山西司〔道光七年〕

晋抚咨：王从诚将王太明发交本银放债，辄假托字号，挪借贩粮，希图渔利肥己，以致亏折本银三千两，无力偿还，遍查律例，并无恰合正条，自应比律问拟。将王从诚比照受寄人财物而辄费用者、坐赃论减一等律，杖九十、徒二年半。

成案150.03：四川司〔道光十三年〕

西城察院移送：范秀山经范居安托其代为报销，因岁暮将捐项七百余两私挪还帐，该犯已将挪用情由向范居安告知，情非诓骗，惟受托报捐，辄将银两挪用，较之盗用受寄财物者，其情尤重，遍查律例，并无将受托报捐银两挪用作何治罪明文，自应比例加等问拟。范秀山应比照受寄他人财物而辄费用者坐赃论、罪止杖九十徒二年半律，酌加一等，杖一百、徒三年。

成案150.04：江西司〔道光十四年〕

江西抚咨：徐品怀经黄源发给与工资，将货物交伊领运发卖，辄将所卖货银侵用至七千余两之多，未便照费用受寄财物坐赃减等问拟。将徐品怀照费用受寄财物坐赃致罪之律，毋庸减等，坐赃五百两杖一百徒三年律，拟杖一百、徒三年。

律151：得遗失物〔例2条，事例1条，成案1案〕

凡得遗失之物，限五日内送官，官物〔尽数〕还官，私物召人识认，于内一半给与得物人充赏，一半给还失物人。如三十日内无人识认者，全给。〔五日〕限外不送官者，官物，坐赃论，〔罪止杖一百、徒三年，追物还官。〕私物减〔坐赃〕二等，其物一半入官，一半给主。〔若无主全入官。〕

若于官私地内掘得埋藏〔无主〕之物者，并听收用。若有古器、钟鼎、符印异常之物，〔非民间所宜有者，〕限三十日内送官。违者，杖八十，其物入官。

（此仍明律，其小注系顺治三年添入。顺治律为168条。）

条例151.01：凡官民人等不许将金银埋藏地内

凡官民人等，不许将金银埋藏地内，如被他人掘获，将金银追出，充地方赈恤穷民之用，不准给主。其以金银殉葬者，一并禁止。

（此条系明代原例。乾隆五年以无关律例而删除。）

条例151.02：官民人等若将数千金

官民人等，若将数千金，及一二万金，埋藏于室庐之内，或墙壁之间，不致将来迷失者，准其收藏。若将数万金置之隐僻深潜不应埋藏之处，准人首告，差官查验。如果地方银数相符，将一半赏给首告之人，一半为赈济穷民之用。如首告不符，或挟仇报复，或图利诈骗，以致生事拖累扰害善良者，从重治罪。

（此条系明代原例。乾隆五年以无关律例而删除。）

事例151.01：雍正五年谕

天地生财，原以济生民之用，贵乎流转于宇宙之间，故失之于此，得之于彼，流通转移，各受其益，此即哀多益寡，酌盈剂虚之道也。乃愚昧无知之人，不明此义，惟恐积之不固，秘之不深，将白银或以万计，或以数十万计，埋藏地中，多方掩盖。其始不欲令人知之，则其所以藏之者甚密，迨岁月久远，更无有知之者，而银遂致迷失。是锱铢而积之，什袭而藏之者，竟归于乌有，亦惑之甚者矣。或有时被他人掘取，旁观忮妒，每致纷争角狱，因而受累招尤，岂非埋藏者实贻之害乎！况地中多藏一金，民间即少一金之用，不可以不察也。此等藏银者，大抵皆愚昧无知之流，向来既未曾禁止，又无人明白开导，是以迷而不悟，自谓得计而不知非。朕为爱养生民计，欲使财宝流通，彼此得其利济。其在乡村之间，虑有窃盗之患，或以金银藏于墙壁及坑中，尚在显浅之处，不致迷失。若深藏于地中者，将来岁月既久，子孙亦不知踪迹，弃置土壤，深为可惜。其作何晓谕劝戒禁止之处，著会议具奏。钦此。遵旨议准：嗣后有将金银埋藏地中者，事露之日，将所藏金银充地方赈恤穷民之用。其或被他人偷掘，缉获之日，将金银追出，不准给还原主，亦充地方赈恤穷民之用。

成案 151.01：刨金折半入官〔康熙五年〕

户部准江督郎廷佐咨：查实录开载，凡人如掘井刨窖得金银财帛送部者折半，一分给与所得之人，一分入官。查侯世仪挖田得金，当照例折半，应给侯世仪金三十三两五钱七分五厘，其余三十三两五钱七分五厘，请敕该督照数解部。

户律·市廛

（计 5 条）

律 152：私充牙行埠头〔例 8 条，事例 1 条，成案 4 案〕

凡城市乡村诸色牙行，及船〔之〕埠头，并选有抵业人户充应，官给印信文簿，附写〔逐月所至〕客商船户籍贯姓名、路引字号、物货数目，每月赴官查照。〔其来历引货若不由官选〕私充者，杖六十，所得牙钱入官。官牙、埠头容隐者，笞五十，〔各〕革去。

（此仍明律，其小注顺治三年添入。顺治律为 169 条。）

条例 152.01：凡客店每月置店簿一本

凡客店，每月置店簿一本，在内赴兵马司，在外赴有司署押讫，逐日附写到店客商姓名、人数、起程月日，各赴所司查照。如有客商病死，所遗财物，别无家人亲属者，官为见数，移召其父兄子弟，或已故之人嫡妻，识认给还；一年后无识认者，入官。

（此条系《明令》原例，顺治例 169.01。"店簿一本"系"店历一扇"，乾隆五年改定。）

薛允升按：《集解》："此稽察善政也，应遵例行之。"此与保甲法相辅而行者，行则俱行，废则俱废矣。应与盘诘奸细及盗贼窝主门内条例参看。

条例 152.02：旗民遇有丧葬

旗、民遇有丧葬，听凭本家之便，雇人抬送。不许仵作私分地界，霸占扛抬，分外多取雇值。如有恃强揽夺，不容本家雇人者，立拿，枷号两个月，杖一百。

（此条系康熙年间现行例，雍正三年定例。"多取雇值"下原有"地方官严行查禁"句，乾隆五年删改。）

薛允升按：此系指京城而言，尔时有此风气，是以定立此例，然类此者正复不少。

条例 152.03：凡在京各牙行

凡在京各牙行，领帖开张，照五年编审例，清查换帖。若有棍徒顶冒朋充，巧立名色，霸开总行，逼勒商人不许别投，拖欠客本，久占累商者，问罪，枷号一个月，发附近充军。地方官通同徇纵者，一并参处。

（此条系康熙四十五年，刑部会同吏、兵二部议覆顺天府尹施世纶条奏例，雍正三年定例。"棍徒"原作"光棍"，咸丰二年因光棍例应斩决，恐致误会，改为"棍徒"。）

薛允升按：此律内云诸色牙行，选有抵业人户充应，官给印行文簿之意也。五年清查更换，盖恐久占累商也。乾隆三十年户部奏："在京各牙行仍应五年清查更换，其余外省，一体停止。"此条所以止言在京各牙行也。第五年编审，既专为京城而设，则外省并不编审换帖矣。恐扰累而停止，京城何以不虑其扰累也。且定例之意盖恐其久占累商而设，一概停止，似与例意不符。《处分则例》清查牙行各条，系统京外言之，而《户部则例》牙帖由布政司钤印颁发云云，则专指外省言之。刑例有京城而无外省，均不画一。又按，京城钱铺一经关闭，受累者不知若干人，何以不闻有五年编审之说耶？若照此例认真稽查，并取具互保甘结存案，此风庶可稍息。说见彼门。

条例 152.04：私立水窝之人

私立水窝之人，照把持行市律治罪。该地甲役通同容隐不报者，笞五十。该地方官不行严禁，交部议处。

（此条系雍正八年，饬令五城地方官遵行的申禁，乾隆五年删除。）

条例 152.05：五城地方开设猪圈之家

五城地方，开设猪圈之家，藉养猪名色，勒掯猪客，需索银钱者，计赃论罪。若用强霸占，不容他人生理，照把持行市律，杖八十。

（以上两条系雍正八年、雍正十二年，饬令五城地方官遵行的申禁，俱属把持行市之一端。乾隆五年删除。）

薛允升按：无籍之徒私立水窝名色，分定地界把持卖水，不容他人挑取者，将私立之人，照把持行市律治罪。该地保甲知情不即举报，通同容隐者，照不首告律，分别惩治。地方官不行严禁，降一级调用。刑律此条删除，而《处分则例》仍从其旧，似不画一。又见下把持行市京城官地井水条，与上仵作私分地界一条相类。删此二条，留彼一条，亦属参差。

条例 152.06：京城一切无帖铺户

京城一切无帖铺户，如有私分地界，不令旁人附近开张，及将地界议价若干，方许承顶；至发卖酒斤等项货物，车户设立名牌，独自霸揽，不令他人揽运，违禁把持者，枷号两个月，杖一百。

（此条雍正十三年，刑部议覆吏科严瑞龙条奏定例。）

薛允升按：无帖铺户，指碓房、饭铺等小本营生者而言。铺户不许私分地界，违禁把持及私将地界议价顶充，见《处分则例》。

条例 152.07：各处关口地方

各处关口地方，有土棍人等，开立写船保载等行，合伙朋充，盘踞上下，遇有重载雇觅小船起剥，辄敢恃强代揽，勒索使用，以致扰累客商者，该管地方官查拿，照牙行及无籍之徒用强邀截客货例，枷号一个月，杖八十。

（此条雍正十三年定。"地方官查拿"下，原文作"按律治罪"四字，乾隆二十一年删，增"照牙行及无籍之徒用强邀截客货例，枷号一个月，杖八十"句。）

薛允升按：例见把持行市，其杖八十，则律文也。差船派拨，埠头克扣官价，见多乘驿马。上谕专指淮关，例则统言各处关口。

条例 152.08：各衙门胥役

各衙门胥役，有更名捏姓兼充牙行者，照更名重役例，杖一百，革退。如有诳骗客货，累商久候，照棍徒顶冒朋充霸开总行例，枷号一个月，发附近充军。若该地方官失于觉察，及有意徇纵，交部分别议处；受财故纵，以枉法从重论。

（此条乾隆五年户部奏准定例。"棍徒"二字，原文作"光棍"，咸丰二年改。）

薛允升按：更名重役，原例系徒三年，原奏亦系定拟徒罪。嗣因更名重役，本例止拟杖罪，则此例亦改为满杖，革退矣。捏改姓名者拟徒，有诳骗等情者拟军，例意原系如此，改徒罪为杖，似非例意。绅衿生监，不许认充牙行。乾隆五年暨二十七年，吏部、礼部均有奏。按，举贡生监概不许充牙行，见《礼部则例》。《户部则例》有查系殷实良民本身，并非生监者，取结准其充补等语，均应参看。

事例 152.01：雍正十三年谕

闻江南淮安板闸地方，有土棍人等，开立写船保载等行，由该县滥请司帖，合伙朋充，为客商之扰累，曾经该关差追帖禁止，而土棍等仍改易姓名，盘踞淮关上下。凡南河、北河、西河三路豆米货船内，有重载至关口，雇觅小船起剥者，土棍等辄恃强代雇，任意勒索，不餍不休，客商甚为苦累，每每观望不前，此朕得之传闻者。著督抚再行确查，傥果有此等情弊，即严惩禁止，毋得视为具文。嗣后布政司衙门，亦不得滥给牙帖。若他处关口有似此作弊者，著该管督抚一体查禁。

成案 152.01：安徽司〔嘉庆二十三年〕

安抚咨：程慎思曾充婺源县典吏，役满退卯，捐纳从九职衔，因茶牙程广禀退，即以伊孙程启元出名，领帖顶充，自行主持行务，藉挟茶商程芳口角微嫌，不即给引放行，并嘱同业之谢庆万，故意留难。讯无额外多索情弊，实属朋比扰累商旅，将程慎思比照各衙门胥役、更名捏姓、兼充牙行例，杖一百。

成案 152.02：奉天司〔道光二年〕

提督奏送：马添路私充牙行，买卖马匹。查马添路等所买马匹，均经纳税，虽无隐漏情事，惟京城买卖马匹，向来均应在左右两翼官设马市售卖，马添路辄在并无牙行处所私行交易。应将马添路等均比照私充牙行，杖八十。

成案 152.03：河南司〔道光六年〕

河抚咨：内黄县船行埠头陈超凡等，争揽雇船，刃伤杜鐏平复。查陈超凡虽无顶冒朋充，巧立名色情事，惟明知奉旨碾米运通，需船装载，辄因委员另投别行，胆敢纠邀张浩抬价阻雇，并将杜鐏逞凶砍伤，情同光棍，即与霸开总行不许别投无异。陈超凡除刃伤人轻罪不议外，应比照光棍霸开总行、逼勒商人不许别投、枷号一个月发附近充军例，先在犯事地方枷号一个月，发附近充军。张浩贪利徇恶，依为从，杖一百、徒三年。

成案 152.04：河南司〔道光八年〕

河抚咨：汤阴县傅桐与冯纯，顶替赵祥周名帖，私充牙行，复又用强拦截客货，索诈得赃，若仅依诈欺官私取财，准窃盗计赃，罪止杖徒。傅桐应从重比照光棍顶冒朋充霸开总行、逼勒商人不许别投、枷号一个月发附近充军例，枷号一个月，发附近充军。王占玉、吴元魁，先因索诈杖责，不知悛改，复向王林等索诈，亦应照光棍例量减一等，杖一百、徒三年。

律 153：市司评物价〔例 4 条，事例 3 条〕

凡诸物〔牙〕行人评估物价，或〔以〕贵〔为贱〕，或〔以〕贱〔为贵〕，令价不平者，计所增减之价，坐赃论。〔一两以下，笞二十，罪止杖一百、徒三年。〕入己者，准窃盗论，〔查律坐罪〕免刺。

其为〔以赃入罪之〕罪人估赃，〔增减〕不实，致罪有轻重者，以故出入人罪论。〔若未决放，减一等。〕受财〔受赃犯之财估价轻，受事主之财估价重〕者，计赃，以枉法从重论。〔无禄人，查律坐罪。〕

（此仍明律，其小注顺治三年添入。顺治律为 170 条。）

条例 153.01：五城平粜米石时（1）

五城平粜米石时，如有贩卖收买官米十石以下者，将贩卖之人，在于该厂地方枷号一个月，杖一百；收买铺户，照不应重律，杖八十，米石仍交该厂另行粜卖。至十石以上者，从重治罪。

（此条系乾隆四十年，步军统领衙门奏准定例。嘉庆十一年，改定为条例 150.02。）

条例 153.02：五城平粜米石时（2）

五城平粜米石时，如有贩卖收买官米十石以下者，将贩卖之人，在于该厂地方枷号一个月，杖一百；收买铺户，照不应重律，杖八十，米石仍交该厂另行粜卖。至十石以上者，贩卖之人，枷号两个月，杖一百；铺户，杖九十，如所得余利，计赃重于本罪者，计赃治罪。各铺户所存米麦杂粮等项，每种不得过一百六十石，逾数囤积居奇者，照违制律治罪。〔若非囤积居奇，系流通粜卖者，无论米石多寡，俱听其自便，不在定限一百六十石之例。〕其收买各仓土米、黑豆，不在此例。

（嘉庆五年奏准：铺户所存米麦杂粮等项，每种不得过八十石，其收买各仓土米、黑豆，不在此例。嘉庆六年奉旨，将八十石改为一百六十石。又议，准收买十石以上者，枷号两月，所得余利，赃重者从重论。嘉庆十一年，因将条例150.01改定为此例。）

薛允升按：若非图利贩卖，收买何为。既以十石上下分别定罪，已足蔽辜，似毋庸再行计赃科断。此专指平粜时而言〔且系官米〕，若非平粜之时，即不引此例。官米亦然。此专言京城，外省并不在内。

条例153.03：京城粗米概不准贩运出城

京城粗米，概不准贩运出城。如有违例私运出城者，除讯有回漕情事，即照回漕定例办理外，若讯无回漕情事，实系仅图买回食用，或转卖渔利者，一石以内，即照违制律，杖一百；一石以上，杖一百，枷号一个月；十石以上，杖一百，枷号两个月；二十石以上，杖六十、徒一年；三十石以上，杖七十、徒一年半；四十石以上，杖八十、徒二年；五十石以上，杖九十、徒二年半；六十石以上，杖一百、徒三年；一百石以上，发附近充军；五百石以上，枷号两个月，发边远充军；一千石以上，枷号三个月，发极边足四千里充军。至乡民有进城买细米食用者，一石以内准其出城，一石以上即行严禁。如有逾额贩运，照违制律，杖一百；若一年之内，偷运细米出城，至一百石以上者，加枷号两个月；五百石以上者，枷号两个月，发近边充军；一千石以上者，枷号三个月，发边远充军；米石变价入官。各门兵丁失于觉察者，如运米本犯罪止徒杖，兵丁笞五十；运米本犯罪应拟军，兵丁杖一百。失察之官弁，交部分别议处，知情故纵者，与同罪；受财者，计赃，以枉法从重论。

（此条嘉庆十九年，刑部具奏王三等贩运米石出城一案，遵旨纂为例。道光十四年，因例内粗米止称不准贩运出城，未经拟定罪名，是以增定。）

条例153.04：滨临水次各铺户

滨临水次各铺户，向粮船承买余米时，由该管官出示晓谕，无论米数多寡，均饬令于次年南粮未经北上三个月以前，一律碾细，不准藉词延宕，届期，仍由该管上司密派员役，分赴各处确查。傥仍有收存粗米，讯明业经旗丁买米回漕者，即照回漕例分别定拟。如尚未售卖，存米不及六十石者，照回漕例减一等，杖九十、徒二年半；六十石以上者，杖一百、徒三年；至六百石者，发边远充军，仍均起米入官。

（此条道光二十一年，刑部审办顺天府奏送铺户刘盛泰违例存贮粗米一案，奉旨纂为定例。）

薛允升按：防旗丁之买米回漕，遂禁止铺户存储粗米，过多者竟问拟徒、流、充军，其严如此。旗丁买米回漕，不及六十石，满徒。六十石以上，边远充军。六百石者，斩候。卖米之人同罪。此不过未将粗米碾细耳，即照回漕例问拟，未免太重。此二条均系京城米石不准出外之意，然罪名究嫌太重。以上各条立法甚严，无非为慎重仓庾起见，太仓之粟所以陈陈相因也。后则各仓俱不足数，而花户人等舞弊日甚一日，司其事者亦漫不经心。迨至南漕不来，而京城坐受其困，然后知仓米之所关非细故也。类此者傥多，此特其一端耳。

事例153.01：嘉庆十九年奉旨

王三一年之内，偷运米一千一百余石，著杖一百，枷号三个月，发遣充军。李五一年之内，偷运米九百余石，著杖一百，枷号两个月，发近边充军。嗣后一年之内，偷运米至一千石以上、五百石以下者，即照此例分别办理。

事例153.02：道光二十一年奏准：

粮船余米，准其售卖，以体恤各旗丁，裕近京民食。该铺户承卖，在坐粮厅投税，惟不准存留粗米，次年卖与旗丁回漕。

事例153.03：道光二十一年奉旨

嗣后滨临水次铺户，如准买余米之后，查出存贮粗米过十石者，作何办理，该部妥议章程具奏。钦此。遵旨议奏：嗣后滨临水次各铺户，向粮船承买余米时，由该管官出示晓谕，无论米数多寡，均饬令于次年南粮未经北上三个月以前，一律碾细，不准藉词延宕。届期，仍由该管上司密派贤员干役，分赴各处确查。傥仍有收存粗米，未经碾细，如讯明业经旗丁买米回漕者，即照回漕例，分别问拟。如尚未售卖，数在六十石以下者，照回漕例减一等，杖九十，徒二年半。六十石以上者，杖一百，徒三年。数满六百石者，发边远充军。仍均起米入官。

律154：把持行市〔例15条，事例7条，成案8案〕

凡买卖诸物，两不和同，而把持行市，专取其利，及贩鬻之徒，通同牙行共为奸计，卖〔己之〕物以贱为贵，买〔人之〕物以贵为贱者，杖八十。

若见人有所买卖在旁，〔混以己物〕高下比价，以相惑乱而取利者，〔虽情非把持，〕笞四十。

若已得利，物计赃，重〔于杖八十、笞四十〕者，准窃盗论，免刺。〔赃轻者，仍以本罪科之。〕

（此仍明律，其小注顺治三年添入。顺治律为171条。）

条例154.01：会同馆内外四邻

凡会同馆内外四邻军民人等，代替外国人收买违禁货物者，问罪，枷号一个月，发边卫充军。

（顺治例171.01，乾隆五年改定。）

条例 154.02：凡外国人朝贡到京

凡外国人朝贡到京，会同馆开市五日，各铺行人等，将不系应禁之物入馆，两平交易。染作布绢等项，立限交还。如赊买及故意拖延骗勒远人，至起程日不能清还者，照诓骗律治罪，仍于馆门首枷号一个月。若不依期日，及诱引远人潜入人家，私相交易者，私货各入官，铺行人等以违制论，照前枷号。

（此条系明代问刑条例，为赊买番货，勒骗远人而设。清初删改为顺治例 171.02，原文系"骗勒远人久候不得起程者问罪"，嘉庆六年改；又于"铺行人等"下增"以违制论"四字。）

薛允升按：与违禁下海门，外国贡船到岸等例文参看。交结外国互相买卖，见盘诘奸细。外国贡使，不许沿途买卖，见多支廪给。凡外国贡使来京，颁赏后，在会同馆开市，或三日，或五日，惟朝鲜、琉球不拘限期。概不准收买史书、兵器，及一切违禁焰硝牛角等物，见《礼部则例》，应参看。

条例 154.03：甘肃西宁等处遇有番夷到来（1）

甘肃、西宁等处，遇有番夷到来，本都司委员官关防督查，听与军民人等两平交易。若势豪之家，主使弟男、子侄、家人、头目人等，将远人好马奇货包收，逼令减价，以贱易贵，致将粗重货物，并瘦损头畜拘收，取觅用钱，方许买卖者，听主使之人，问发附近地方充军。干碍势豪，及委官知而不举，通同分利者，参问治罪。

（此条系明代问刑条例，顺治例 171.04。雍正三年奏准："本都司"三字改为"所在该管官司"。乾隆五年，改定为条例 154.04。）

条例 154.04：甘肃西宁等处遇有番夷到来（2）

甘肃、西宁等处，遇有番夷到来，所在该管官司，委员官关防督查，听与军民人等两平交易。若势豪之家，主使弟男、子侄、家人等，将远人好马奇货包收，逼令减价，以贱易贵，及将一切货物、头畜拘收，取觅用钱，方许买卖者，主使之人，问发附近地方充军；听使之人，减主使一等。委官知而不举，通同分利者，参问治罪。

（此条乾隆五年，将条例 154.03 改定。）

薛允升按：此专指甘肃、西宁等处而言，今不行矣。

条例 154.05：各处客商辐辏去处

各处客商辐辏去处，若牙行及无籍之徒用强邀截客货者，不论有无诓赊货物，问罪，俱枷号一个月。如有诓赊货物，仍监追完足发落。若追比年久，无从赔还，累死客商，属军卫者发近边，属有司者发附近，俱充军。

（此条系明代问刑条例，顺治例 171.05。雍正三年奏准：私债无监追之例，应改为"追比"；"属军卫者发近边，属有司者发附近，俱充军"十七字，改为"发附近充军"。）

薛允升按：《笺释》云："用强邀截，即系把持行市，诓赊货物，自依诓骗本律。

未曾诓赊，止问把持，俱引例枷号，监追日久，累死客商，方引例充军。"此处并不载明杖数，下条云杖八十，似应添入。与下牙行侵欠一条参看。因累死商民，故不问赃之多少，即拟充军。然追赃均有限期，年久无偿，亦与例不符，似应将年久改为限满。私债究与官款不同，如何立限，似应酌定。下条分别千两上下监追，应参看。

条例154.06：杨村蔡村河西务等处

杨村、蔡村、河西务等处，如有用强拦截民运粮船，在家包雇车辆，逼勒多出脚钱者，问追给主，仍发边卫充军。

（此条原因前明民运漕粮，易受沿途揹勒，故设此例，顺治例171.06。乾隆五年奏准：现今无民运，此条删除。）

条例154.07：凡捏称皇店

凡捏称皇店，在于京城内外等处邀截客商，揹勒财物者，俱拿送法司问罪，就于害人处所，枷号三月，发极边卫分永远充军。

（此条系顺治例171.07，雍正三年奏准：清初有皇店名色，国初已裁，此例删除。）

条例154.08：凡旗下人将在京马匹贩至外省发卖者

凡旗下人将在京马匹贩至外省发卖者，贩子处绞，说合牙人，不分旗、民，减一等科罪。该管佐领、骁骑校、领催，及该管五城司坊等官，不行严拿禁止，被旁人拿获者，将该管官交部议处，领催鞭八十。系旗下家仆，罪坐伊主，鞭一百。被旁人拿首者，于贩子名下追银十两充赏。

（此条雍正三年定。乾隆五年奏准：各省提镇等衙门采买马匹，例由兵部给票，马贩承买，关口盘验放行，凡将无引马骡冒渡关津，及将马牛等物私出外境货卖者，查兵律业有治罪明文，毋庸另立例款。此条删除。）

条例154.09：凡内府人员家人

凡内府人员家人，及内外王、贝勒、贝子、公、大臣、官员家人，领本生理，霸占要地关津，倚势欺陵，不令商民贸易者，事发，将倚势欺陵之人，在犯事处所，即行出斩示众。如民人借贷王以下大臣、官员银两，指名贸易，霸占要地关津，恃强贻累地方者，亦照此例治罪。又内府人员家人，及王以下大臣、官员家人，指名倚势，网收市利，挟制有司，干预词讼，肆行非法，该主遣去者，本犯枷号三个月，鞭一百；本犯私去者，照光棍例治罪。内外王、贝勒、贝子、公失察者，俱交该衙门照例议处。管理家务官革职，大臣、官员失察者，亦俱革职。不行察拿之该地方文武官，交该部议处。

（此条系康熙六年宪臣王，及康熙十八年户部议覆宪臣尼题准例，雍正三年为定例。乾隆五年奏准：将前后两处"王、贝勒"上"内外"二字删；倚势欺陵之人，改为"拟斩监候"。）

薛允升按：前明照光棍例定拟者，未必即系斩决罪名。此条原例，上层即行处斩，较下层治罪为重。改定之例，将上层改轻，下层转行加重，殊未妥协。似应修改明晰，将下层并入上层之内。即如户律盐场无藉之徒一条，在京牙行领帖一条，各衙门胥役一条，〔均系前明旧例〕均有"光棍"字样，而其实均非死罪也。与此条参看自明。即行处斩，上无"光棍"字样，下照光棍例治罪，亦无"处斩"字样，则上层重，而下层轻，可知更定之例殊未允当。咸丰二年修改时，又将此条遗漏，是以不免参差。与威力制缚门一条参看。分别该主遣去，及本犯私去，罪名出入甚巨，是否专指下层，抑连上层俱包在内之处，记核。

条例 154.10：汉番交界之处

汉番交界之处，每月定场期三次，并令公平交易，该管衙门选差兵役稽查。如有强买强卖及短少价值者，照把持行市律治罪，仍追原价。兵役藉端勒掯者，照衙门人役恐吓索诈例，计赃治罪。如有私入夷穴交易者，照私与外国人交通买卖例，分别治罪。不严行约束之地方官，及该管上司，并交部议处。

（此条雍正六年定。乾隆二十九年奏准：民、苗现许结亲，往来交易，所有设立场市限期之例，应行停止。乾隆三十二年，因特将此例删除。）

条例 154.11：大小衙门公私所需货物

大小衙门公私所需货物，务照市价公平交易，不得充用牙行，纵役私取。即有差办，必须秉公提取，毋许藉端需索。如有纵役失察，交部分别议处。其衙役照牙行及无籍之徒，用强邀截客货者，不论有无诓赊货物例，枷号一个月，杖八十。如赃至三十五两者，照枉法赃问拟，所得赃私货物，分别给主、入官。

（此条乾隆元年，户刑等部议覆御史栗尔璋条奏定例。）

薛允升按：枉法赃三十两，应杖八十、徒二年，此枷号一个月，杖八十，以旗人折枷之法计之，似即系徒二年之罪。惟至三十五两即照枉法问拟实徒，义何所取，且此等赃亦与枉法不同。设赃仅止十两、二十两，同一枷杖又觉无所区别。再，此等应责官，而不应责役，以差役犯赃自有本例故也。各府州县等衙门，日用零星需用食物一条，应参看在官求索借贷门内条例。《处分则例》："大小衙门公私需用货物，务照市价公平交易，即有差办，必须秉公提取，无许藉端需索。所有官价名目，永行禁止。如有纵役向牙行私取者，照纵役娄赃例，革职。系失于觉察，照失察衙役犯赃例，分别议处。若自行科派敛取行户货物者，革职提问。"刑例无官价名目永行禁止一层，且专言衙役藉端需索之罪。《处分则例》兼及本官自行科敛，应参看。

条例 154.12：牙行侵欠控追之案

牙行侵欠控追之案，审系设计诓骗，侵吞入己者，照诓骗本律计赃治罪。一百二十两以上，问拟满流，追赃给主。若系分散客店，牙行并无中饱者，一千两以下，照例勒追，一年不完，依负欠私债律治罪；一千两以上，监禁严追，一年不完，于负欠私债律上加三等，杖九十，所欠之银，仍追给主。承追之员，按月册报巡道稽查，逾限不给者，巡道按册提比。如怠忽从事，拖延累商者，该巡道据实揭参，照事件迟延例议处；有意徇纵者，照徇情例降二级调用；如有受财故纵者，计赃，从重以枉法论。

（此条乾隆二十三年，云南布政使傅靖条奏定例。）

薛允升按：与上客商辐辏去处一条参看。给主赃本系监追一年，后已改为半年，此处亦应修改画一。依限追赃，分别议处之例，久已不行，虽库款亦然，不应此条独严。系铺家累商追缴牙帖，限三个月清还，仍给还原帖。如限内不还，即行更换。傥牙行诓骗商人者，本牙并互保牙帖一并追缴，勒限清完。本牙更换，互保牙帖仍行给还，逾限不完，将互保之人一并更换。如系铺户诓骗客商者，将铺户勒限追比，追不足数，令牙行赔补。其牙行侵吞客帐者，将本牙勒限比追，变产抵还。不足之项，令互保摊赔。见《户部则例》。

条例 154.13：粮船雇觅短纤

粮船雇觅短纤，如有棍徒勒价聚众攒殴等事，押运员弁拿交地方官。审实，将为首及下手伤人之犯，俱问发近边充军。余俱杖一百，枷号两个月，于河岸示众。

（此条乾隆二十九年，漕运总督杨锡绂条奏定例。）

薛允升按：此与严惩粮船水手之例意相同，似应移入转解官物门内。与《处分则例》参看。

条例 154.14：京城官地井水

京城官地井水，不许挑水之人把持多家，任意争长价值，及作为世业，私相售卖。违者，许该户呈首，将把持挑水之人，照把持行市律治罪。

（此条乾隆三十五年，步军统领福隆安审奏山东招远县民妇康蓝氏，呈控康世勋等霸占伊故夫所遗挑水买卖一案，奏请定例。）

薛允升按：此亦专指一事而言，与上私充牙行埠头门私立水窝之人，情势相等。彼条于乾隆五年声明，系把持行市之一端，奏准删除，而又添纂此条，似属歧异。《吏部处分则例》则专为彼条而设，此条并未议及，尤属参差。

条例 154.15：凡外国差使臣人等赴京朝贡

凡外国差使臣人等赴京朝贡，官员军民人等与他交易，止许光素纻丝绢布衣服等件，不许将一应兵器，并违禁铜铁等物私易，违者，处以极刑。

（顺治例 171.03，乾隆五年改移"私出外境与违禁下海"律下。）

事例 154.01：顺治元年谕

凡占踞行市，与民争利，亏损税额者，定置重典。

事例 154.02：顺治十七年议准

凡豪强满洲，霸占市井贸易，及满洲家人强买市物者，该城御史查参重处。

事例 154.03：康熙六年议准

凡在外王、公、将军、文武官员家人，有霸占要地关津，用强贸易，欺压诈害商民者，事发，在原犯之处枷号三月。系民，责四十板，系旗下，鞭一百，其主系王，罚银一万两；系公，罚银五千两；管理家务官，俱革职。系将军、都统、护军统领、副都统，及督、抚、提、镇文武官员，俱革职。其该讯文武各官不行查获者，各降一级调用。如兵民商人，指称王公文武官员之名，强行欺压者，为首之人，照光棍例治罪，货物入官。此等事发，委官稽查，徇庇不据实回报者，俱革职。

事例 154.04：康熙十八年议准

凡内务府佐领，及内外王、贝勒、贝子、公、大臣、官员家人，有领本霸占要地关津，不令商民贸易，倚势欺凌者，事发，在原犯处所立斩。若系内务府佐领下人，将该管官革职。系宗室王以下、公以上家人，亲王罚银一万两，郡王罚银五千两，贝勒罚银二千五百两，贝子罚银一千三百两，公罚银七百两，仍交与宗人府从重议处。其管理家务官，俱革职。若系在外王等家人，亲王罚银一万两，降为郡王。贝勒、贝子，请旨定夺。郡王、贝勒、贝子罚银五千两，降为公。管理家务官，俱革职。若系大臣官员家人，伊主俱革职。其霸占欺民之人，汛地文武各官不查拿者，俱革职。至于王以下大臣各官，将资本借贷民人，指称贸易，霸占要地关津，倚势贻累地方者，亦照此例治罪。

事例 154.05：乾隆三年奏准

奸猾铺户，动辄纠集党类，敛分齐行，名曰公议行规，定价值若干，平色若干，少有贬价售卖者，众铺家探知，同声附和，罚备酒席，需索多金。通行直省有司，多方晓谕，严加禁止。如奉文后，尚有齐行长价等弊，地方官确行查究，分别首从，照把持市律加等治罪。如地方官役，有藉端扰累行户者，该督抚亦即严行查参。

事例 154.06：道光十五年谕

御史豫泰奏：请饬禁奸商买空卖空积弊一折。各直省于每月奏报粮价，稽查有无增减，原以防奸商市侩罔利。道光十二年间，因直隶玉田、遵化等州县，有奸商买空卖空诸弊，会经降旨通行饬禁。兹据该御史奏称，奉天锦州等处复有奸商开设太和、天和、恒盛各字号，邀群结拟价值，转相召引，空有钱期、米期，循复互易行中，藉以抽分，价随意长，以致粮价日贵，民食愈艰，产谷之区商贩闻风不前，邻省市价亦因之昂贵，此等恶习于穷黎大有关碍。著盛京将军、奉天府尹确查严办。因思奉天省如此，他省恐亦不免，并著各直省督抚等，严饬所属州县实力查拿，并各村镇商贾辐辏之区，剀切出示晓谕，如查有此项情弊，立即惩办，俾奸商咸知警惧，以裕民食而平粮价，将此通谕知之。

事例 154.07：道光二十年谕

御史孙日萱奏：请禁地方官违例遏粜一折。各州县偶遇歉收，邻近丰熟地方理宜缓急相济，若如所奏，近来地方官动以保留本处民食为名，刁生劣监，纠人禀官出示，禁止贩运，因而胥吏把持，棍徒报拦，并将往来商贩抑勒刁难，遂其盘踞自肥之计，因而粮价日增，有妨民食，上年庐州府属即有此事等语。违例出田遏籴病民，殊于地方大有关系，不可不严行禁止。著直省各督抚严饬所属州县，遇有乡境偏灾，遵照定例，除本处亦未丰收，准题明暂行禁止外，其余概不准禁止米粮出境。如查有前项情弊，立即参办，以平粮裕而济歉区，将此通谕知之。

成案 154.01：霸占行市〔康熙二十二年〕

刑部据直抚格尔古德题：张文炳霸占行市，挪移集场，私抽牙税钱三百二十千，内文炳得钱二百八十千，伊家人申大得钱四十千。再张文煜设席邀郝茂功、赵文模饮醉，局赌勒索郝茂功、赵文模，各得银五十两。张文炳依凡把持行市，专取其利，杖八十，若已得利，计赃重者，准盗窃论，免刺，罪止杖一百、流三千里律，仝妻杖流。张文煜依凡用计局骗人财物者，计赃准盗窃论，免刺，一百两杖一百、流二千里律，仝妻杖流。申大依四十两杖一百律，杖一百。赦前均免罪，赃银入官。

成案 154.02：诓骗夷货〔康熙十八年〕

刑部据福抚吴兴祚题：查韩登瀚曾受耿精忠伪户曹，有荷兰夷船到闽，耿精忠著委登瀚管理夷船货物，因登瀚赊夷人胡椒等货，欠偿银五千余两，故意拖捎，夷人控告，始将绫纱丝绸等物抵还夷人。查律文内，凡外国人两相交易，如赊买及故意拖延骗勒，远人久候不得起程者问罪，于馆门首枷号一个月，其诓骗财物计赃准窃盗论，免刺等语。韩登瀚应照此律，枷号一个月，杖一百、流三千里，赦前免罪。

成案 154.03：粮船水手勒增工价殴伤运弁（乾隆五十三年）

江督奏：侯明章系绍兴帮粮船水手，行至宿迁利运闸，正欲过闸，侯明章因该船搭运缓征漕米，比往年装米较多，起意藉端索增工钱，纠约水手十余人同赴头帮旗丁宋炳和船上勒令加钱，方肯过闸。宋炳和无奈，每船允加钱三千六百文，侯明章必欲加钱六千，宋炳和未允，侯明章令众水手肆行哄闹，押运千总蔡栾闻之，赶往喝禁。侯明章仍闹不休，时有漕标候补千总云天彪奉委在该处弹压催趱，闻信赶往喝阻不理，上前捉拿。侯明章首先下手，将云天彪棍殴多伤，殊属目无法纪。云天彪系漕臣委赴弹压之员，即与本管官无异，将侯明章照部民军士不服拘拿逞凶伤官为首照光棍例拟斩立决，枭示河干。为从下手之刘四获日另结，水手姚贵等讯未下手殴官，但先帮同侯明章向旗丁吵闹，后经运弁喝禁，不知畏惧，仍闹不休，应于为从下手绞罪上减一等拟流，从重改发黑龙江为奴，仍先枷示河岸，俟回空漕船过闸再行发遣。其同行未帮吵之犯各枷号两个月，杖一百。

成案 154.04：安徽司（嘉庆十八年）

户部奏：宝泉局匠役郝忠等，向刘文光等索分料价，勒写字据。查匠役李四等索分炉头增复料价，经该侍郎等允给三成，浩忠等抗不遵谕，仍声言定欲索分，兼欲代还上年奏借工银，实属藐法。李四、郝忠等，均比照粮船雇觅短纤棍徒勒价聚众攒殴审实为首及下手伤人例，发近边充军。该犯等在官厂滋事，情节较重，发黑龙江为奴，各枷号两个月。

成案 154.05：山东司（嘉庆二十四年）

东抚咨：孙成兰以空身作本，与李管合伙开店，并不善为经理，以致亏折。始则捏账共图侵用，继又令李管更换店号，致李管受愚，畏累自尽。虽无诓骗侵吞情事，惟以店货外欠作抵，亏空累累，难保其非昧良肥己。将孙成兰比照牙行侵欠控追之案，讯系分散客店并无中饱数在一千两以上例，将该犯照例严追，如果不完，加等杖责发落。欠银仍追给主。

成案 154.06：粮船短纤希图争价殴打千总（道光五年）

直督咨：外结徒犯邹三受雇与剥船拉纤，因食物昂贵，所给雇价不敷食用，辄起意纠邀众短纤向旗丁争索钱文。经千总李大恒喝阻，该犯目无长官，肆行喧嚷，以致附从之人将该千总殴打，撕破补服。惟剥船业已抵通停泊，不致有误漕运，该犯希图增给钱文，亦非勒价阻滞，情尚可原。邹三应照粮船短纤如有棍徒勒价聚众攒殴等事，审实将首犯发近边充军例，量减一等，杖一百、徒三年。为从之王五等，俱杖一百，于河岸枷号两个月。

成案 154.07：米铺收买旗员俸票领米转卖（道光十一年）

户科给事中奏：万安仓已革花户许九伙同张老开设米局，该仓先于道光九年搭放八旗俸米，旗员多将俸票售卖，该犯辄起意商同张老前赴米市，收买俸票三百余张，冒领米一千余石。查遍律例并无作何治罪专条，惟该犯以已革花户开设米局，先既收买居奇，继复冒领获利，实属奸商垄断，诡诈性成，与把持行市专取其利无异。据供，每米一石得余利京钱二百余文，通算已在一百二十两以上。许九除囤积小米四百四十石，罪止拟杖不议外，应比照把持行市专取其利，若已得利计赃以窃盗论罪止满流律，拟杖一百、流三千里。张老帮同收买俸票，赴仓领米，事后分用余利钱文，系属为从，应拟杖一百、徒三年。亲老丁单，俱不准留养。花户侯五，不能查出冒领情由，咎有应得，俟获日另结。失察之仓场侍郎及监督，俱请交部议处。价卖俸票之各旗员并无姓名，无从查究。再，旗员价卖俸票相习成风，应行文各旗，每届领俸之时，务令各该员专人赴仓支领，毋许卖票，致干功令。

成案 154.08：四川司〔道光十三年〕

川督咨：巴县张太和，具控萧珑霭拖欠货银，详请监追。查萧珑霭收买花布，贩至各处发卖，并未领帖开行，其赊取花布，半系遭风被水漂没，半系分散客店，讯无诓骗侵吞情事，惟赊欠张太和等货银一万一千六百十五两七分，先后追缴银二千九百两，尚欠银八千七百十五两七分，屡追无偿，自应比例问拟。萧珑霭应比照牙行侵欠控追之案，若系分散客店、并无中饱者、一千两以上监禁严追、一年不完、于负欠私债律上加三等杖九十例，俟一年限满无完，杖九十，折责发落。现缴之银，给张太和等分领，赊欠银两，在于该犯名下著追，如限内全完，即行省释。惟查牙行侵欠，例内监追一年不完，拟杖之后，所欠之银仍应追出给主，应令该督俟萧珖霭监追一年不完，即照所拟，折责发落。

律 155：私造斛斗秤尺

凡私造斛、斗、秤、尺不平，在市行使，及将官降斛、豆、秤、尺作弊增减者，杖六十，工匠同罪。

若官降不如法者，〔官吏、工匠〕杖七十。提调官失于校勘者，减〔原置官吏、工匠罪〕一等。知情，与同罪。

其在市行使斛、斗、秤、尺虽平，而不经官司校勘印烙者，〔即系私造〕笞四十。

若仓库官吏，私自增减官降斛、斗、秤、尺，收支官物而不平〔纳以所增，出以所减〕者，杖一百，以所增减物计赃，重〔于杖一百〕者，坐赃论。因而得〔所增减之〕物入己者，以监守自盗论。〔并赃，不分首从，查律科断。〕工匠，杖八十。监临官知而不举者，与犯人同罪。失觉察者，减三等，罪止杖一百。

（此仍明律，其小注顺治三年添入。顺治律为 172 条。）

律 156：器用布绢不如法

凡民间造器用之物，不牢固正实，及绢布之属纰薄短狭而卖者，各笞五十。

（此仍明律，顺治律为 173，原文"各笞五十"后有"其物入官"，乾隆五年删改。）

礼律·祭祀

（计6条）

律157：祭享〔例5条，成案1案〕

凡天、地、社稷、大祀及庙享，所司〔太常寺将祭，则先致斋；将斋，则先誓戒；将戒，则先告示。〕不将祭祀日期豫先告示诸衙门〔知会〕者，笞五十。因〔不告示〕而失误行事者，杖一百。其已承告示而失误者，罪坐失误之人〔亦杖一百〕。

若〔传制与百官斋戒〕百官已受誓戒，而吊丧、问疾、判署刑杀文书，及豫筵宴者，皆罚俸一月。其〔所司〕知〔百官〕有缌麻以上丧，或曾经杖罪，遣充执事及令陪祀者，罪同。不知者，不坐。若有丧、有过，不自言者，罪亦如之。其已受誓戒人员，散斋〔于外〕不宿净室，致斋〔于内〕不宿本司者，并罚俸一月。

若大祀、牲牢、玉帛、黍稷之属，不如法者，笞五十。一事缺少者，杖八十。一座全缺者，杖一百。

若奉大祀〔在涤之〕牲牲，主司〔牲牲所官〕喂养不如法，致有瘦损者，一牲，笞四十，每一牲加一等，罪止杖八十。因而致死者，加一等。

中祀有犯者，罪同。〔余条准此。〕

（此仍明律，顺治律为174条，第一段原文为"凡〔天、地、社稷。〕大祀及庙享，所司〔太常寺〕不将祭祀日期豫先告示〔将祭则先致斋，将斋则先誓戒，将戒则先告示。〕诸衙门〔知会〕者，笞五十"，雍正三年修改，第二段散斋之后增加小注"于外"。）

条例157.01：凡郊祀斋戒前二日

凡郊祀，斋戒前二日，太常寺官宿于本司，次日，具本奏闻，致斋三日。次日，进铜人，传制，谕文武官斋戒，不饮酒，不食葱、韭、薤、蒜，不问病，不吊丧，不听乐，不理刑，不与妻妾同处。定斋戒日期，文武百官先沐浴更衣，本衙门宿歇。次日，听誓戒毕，致斋三日。宗庙社稷，亦致斋三日，惟不誓戒。

（此条系《明会典》例，顺治例174.01。）

薛允升按：斋戒例止不饮酒不食葱、韭、薤、蒜，此古法也。故荤字从草，与居丧不食肉自是两事。铜人，高二尺五寸，手执牙笏，书致斋于简，太常寺进致于斋所。

条例 157.02：大祀前三月

大祀前三月，以牺牲付牺牲所，涤治如法。中祀，前三十日涤之。小祀，前十日涤之。大祀，祭天地、太社、太稷也、庙享、祭太庙、山陵也。中祀，如朝日、夕月、风云、雷雨、岳镇、海渎及历代帝王、先师、先农、关帝、文昌、旗纛等神。小祀，谓凡载在祀典诸神。惟帝王陵寝及孔子庙，则传制特遣。

（此条系明代洪武初年定例，顺治例 174.03。咸丰年间，升关帝、文昌为中祀，光绪初年补入例内。）

薛允升按：此及上条均与刑名无干。大祀以下，似应分注于律内。《户部则例·杂支门·祭祀银款》："直省祭祀俱在于地丁及存公等项银内动支。一切祭品照依图制恭备，如同日致祭，其祭品不得彼此挪用，违者，照违制律处分。"《处分则例》同。此有关罪名者，而刑例反未载入，自系遗漏。

条例 157.03：每年三月十八日

每年三月十八日，恭逢圣祖仁皇帝万寿圣节，凡内外文武官员及军民人等，俱应虔诚戒斋，不理刑名，禁止屠宰。

条例 157.04：每年八月二十七日

每年八月二十七日，恭值至圣先师孔子诞辰，凡内外文武官员及军民人等，应致斋一日，不理刑名，禁止屠宰。

（以上二条系雍正五年定例。乾隆五年，以律例内毋庸登录，奏准删除。）

薛允升按：四月八日不理刑名，见死囚覆奏待报。此条删去而彼条犹存，以此条应敬载礼书，而彼条非礼书所应载也。

条例 157.05：太常寺厨役

太常寺厨役，但系讦告词讼，及因人连累，问该笞、杖罪名，纳赎，仍送本寺著役；徒罪以上及奸盗、诈伪，并有误供祀等项，不分轻重，俱的决，做工，改拨光禄寺应役。

（此条系顺治例 174.02，乾隆五年删除。）

成案 157.01：偷卖祭器教官处分〔康熙二十四年〕

吏部议顺天学政王顼龄疏：广平府学文庙祭器被库夫宁福起等盗去。查定例，官员库内物件不行固贮，以致鸟林人偷盗者，降一级调用，罚俸一年等语。教授李涵不将文庙祭器加意防范，以致库夫偷卖，应将教授李涵，训导范瀛佩，照例各降一级调用，罚俸一年。教授、训导无级可降，革职。

律 158：毁大祀丘坛〔例 2 条，成案 1 案〕

凡大祀丘坛而毁损者，〔不论故误，〕杖一百、流二千里。壝门，减二等〔杖九十、徒二年半〕。

若弃毁大祀神御〔兼太庙〕之物者，杖一百、徒三年〔虽轻必坐〕。遗失及误毁者，各减三等〔杖七十、徒一年半。如价值重者，以毁弃官物科〕。

（此仍明律，小注系顺治三年添入。顺治律为 175 条。）

条例 158.01：天地等坛内

天、地等坛内，纵放牲畜作践，及私种耤田外余地，并夺取耤田禾把者，俱问违制，杖一百，牲畜入官，犯人枷号一个月发落。

（此条系明代问刑条例，顺治三年修改为顺治例 175.01。）

薛允升按：《辑注》曰："等则社稷、太庙皆同。"此例凡分三项，而问罪则同。私种即应满杖。余地过多，自有侵占官田律矣。毁坏边墙，见盗种官民田。大清门前、御道等处作践损坏，见《工律·侵占街道》。

条例 158.02：八旗大臣将本旗官员职名

八旗大臣，将本旗官员职名，书写传牌，挨次递交，每十日，责成一人会同太常寺官，前往天坛严查。有放鹰打枪，成群饮酒游戏者，即行严拿交部，照违制律治罪。

（此条雍正五年定例。）

薛允升按：前条统言天地坛，此专言天坛而不及地坛，微有不同。

成案 158.01：浙江司〔嘉庆二十四年〕

浙抚咨：生员叶林先因犯事斥革衣顶，复因私欠钱债，被父逐出，即擅入文庙哭诉，以致碰损至圣先师牌位。将叶林比照大祀邱坛毁损律，拟流。

律 159：致祭祀典神祇

凡〔各府、州、县〕社稷、山川、风云、雷雨等神，及〔境内先代〕圣帝、明王、忠臣、烈士，载在祀典，应合致祭神祇，所在有司，置立牌面，开写神号祭祀日期，于洁净处常川悬挂，依时致祭。至期失误祭祀者，〔所司官吏〕杖一百。其不当奉祀之神，〔非祀典所载〕而致祭者，杖八十。

（此仍明律，顺治三年添入小注。顺治律为 176 条。）

律 160：历代帝王陵寝

凡历代帝王陵寝，及先圣、先贤、忠臣、烈士坟墓，〔所在有司，当加护守。〕不许于上樵采耕种，及牧放牛羊等畜。违者，杖八十。

（此仍明律，其小注顺治三年添入。顺治律为 177 条，原文"凡历代帝王陵寝，及忠臣、烈士、先圣、先贤坟墓"，雍正三年修改。）

律 161：亵渎神明〔例 3 条，事例 4 条〕

凡私家告天拜斗，焚烧夜香，燃点天灯〔告天〕、七灯〔拜斗〕，亵渎神明者，杖八十。妇女有犯，罪坐家长。若僧道修斋设醮，而拜奏青词表文，及祈禳火灾者，同罪，还俗。〔重在拜奏，若止修斋祈禳，而不拜奏青词表文者，不禁。〕

若有官及军民之家，纵令妻女于寺观神庙烧香者，笞四十，罪坐夫男。无夫男者，罪坐本妇。其寺观神庙住持，及守门之人，不为禁止者，与同罪。

（此仍明律，顺治三年添入小注。顺治律为 178 条。）

条例 161.01：凡僧道军民人等（1）

凡僧道军民人等，于各寺观神庙刁奸妇女，因而引诱逃走，或诓骗财物者，问各杖一百，奸夫发三千里充军，奸妇入官为婢，财物照追给主。若军民人等，纵令妇女于寺观神庙有犯者，杖七十，枷号一月发落。

（此条系明代问刑条例，顺治三年修改为顺治例 178.01，乾隆五年删"奸妇入官为婢"句。乾隆五十三年改定为条例 0161.02。）

条例 161.02：凡僧道军民人等（2）

凡僧道军民人等，于各寺观庵院神庙刁奸妇女，除将妇女引诱逃走，仍按照和诱知情，分别首从，拟以军、徒外，其因刁奸而又诓骗财物者，不计赃数多寡，为首之奸夫，发边远充军；为从者，减等满徒，俱仍尽犯奸本法，先于寺观庵院庙门首分别枷号，满日，照拟发配，财物照追给主。犯奸之妇女，仍依本例科罪。若军民人等，纵令妇女于寺观神庙与人通奸，杖九十，枷号一个月发落。

（此条乾隆五十三年，将条例 0161.01 改定。）

薛允升按：《辑注》："僧道军民刁奸，各有本律。此重在引诱逃走，诓骗财物，若止刁奸，未引逃走、不曾诓骗财物，不引此例，自问刁奸本律。下段言纵容犯奸也。若至寺观、神庙而不犯奸，不引此例。"与僧道犯奸门条例参看。僧道犯奸，律止加凡奸罪二等，此因引诱逃走，故拟军罪。至诓骗财物，律系准窃盗论，计赃科断，此一经诓骗，即问拟军戍，似嫌太重。若谓因刁奸而加严，寻常因奸诓骗之案，何以并无专条耶。因诓骗财物，是以加等，拟军已属从严，似不必再加枷号。

条例161.03：凡各省有迎神赛会者

凡各省有迎神赛会者，照师巫邪术例，将为首之人从重治罪。其有男女嬉游花费者，照治家不严例，罪坐家长。

（此条雍正三年定。乾隆五年，查迎神赛会，下条另有正律；男女嬉游花费，已有罪坐纵令之律；此条删除。）

事例161.01：天聪五年谕

凡喇嘛、班第，居城外清净寺庙焚修，不许容留妇人，违者勒令还俗。其有施斋于喇嘛、班第者，许令男人馈送本寺。若妇人私邀喇嘛、班第到家者，以奸论罪。

事例161.02：顺治十八年题准

凡妇女不许私入寺庙烧香，违者治以奸罪。旁人能缉首者，罚本犯银十两给之。

事例161.03：康熙六年议准

喇嘛所住寺庙，若容留妇女行走者，将喇嘛、班第鞭一百。其妇之夫，系官，罚俸一年；系平人，夫妇各鞭一百。若喇嘛、班第有私往妇女家过宿者，喇嘛、班第与本妇俱处绞；该管之大喇嘛，罚牲三九；札萨克喇嘛，罚牲二九；得木齐等，罚牲一九入官。其不禀明大喇嘛，于所往处过宿者，革除喇嘛、班第入官。留宿之人，系官，罚俸一年；系平人，鞭一百。

事例161.04：康熙十二年议准

凡丈夫外出，妇人私请喇嘛、班第到家者，照不应重律杖八十。若禀过该佐领、骁骑校请来者，无罪。其妇人私入寺庙烧香者，照律治罪。拿首之人，照例给赏。若家仆出首者，照首主例治罪。

律162：禁止师巫邪术〔例14条，事例17条，成案25案〕

凡师巫假降邪神，书符咒水，扶鸾祷圣，自号端公、太保、师婆〔名色〕，及妄称弥勒佛、白莲社、明尊教、白云宗等会，一应左道异端之术，或隐藏图像，烧香集众，夜聚晓散，佯修善事，煽惑人民，为首者，绞〔监候〕。为从者，各杖一百、流三千里。

若军民装扮神像，鸣锣击鼓，迎神赛会者，杖一百。罪坐为首之人。

里长知而不首者，各笞四十。其民间春秋义社〔以行祈报者〕，不在此限。

（此仍明律，其小注顺治三年添入。顺治律为179条。）

条例162.01：各处官吏军民僧道人等（1）

各处官吏军民僧道人等，来京妄称谙晓扶鸾祷圣，书符咒水，一切左道异端邪术，煽惑人民，为从者，及称烧炼丹药，出入内外官家，或擅入皇城，夤缘作弊，希求进用，属军卫者发边卫充军，属有司者发边外为民。若容留潜住，及荐举引用，邻甲知情不举，并皇城各门守卫官军不行关防搜拿者，参究治罪。

（此条系明代问刑条例，顺治例 179.01。乾隆三十六年，将"属军卫者"四句，改为"发近边充军"；又增"若事故重大，临时酌量办理"二句。）

条例 162.02：凡左道惑众之人（1）

凡左道惑众之人，及称为善友，求讨布施，至十人以上，并军民人等，不问来历，窝藏接引，或寺观住持容留披剃冠簪，〔若审实探听军情，以奸细论。〕及被诱军民舍与应禁铁器等项，事发，属军卫者发边卫充军，属有司者发边外为民。

（此条系明代问刑条例，顺治例 179.02。）

条例 162.03：凡左道惑众之人（2）

凡左道惑众之人，或烧香集徒，夜聚晓散，为从者，发边远充军。若称善友求讨布施，至十人以上，军民不问来历，窝藏接引，或寺观住持容留披剃冠簪者，发近边充军。

（此条乾隆三十六年，将条例 0162.02 改定。）

条例 162.04：各处官吏军民僧道人等（2）

各处官吏军民僧道人等，妄称谙晓扶鸾祷圣，书符咒水，或烧香集徒，夜聚晓散，并捏造经咒邪术，传徒敛钱，一切左道异端，煽惑人民，为从者，改发回城，给大小伯克及力能管束之回子为奴。其称为善友，求讨布施，至十人以上者；或称烧炼丹药，出入内外官家，或擅入皇城，夤缘作弊，希求进用者；并军民人等寺观住持，不问来历，窝藏、接引、容留披剃冠簪至十人以上者，俱发近边充军。若不及十人，容留潜住，荐举引用，及邻甲知情不举，并皇城各门守卫官军不行关防搜拿者，各照违制律治罪。如事关重大，临时酌量办理。至守业良民，讽念佛经，茹素邀福，并无学习邪教，捏造经咒，传徒敛钱惑众者，不得滥用此例。

（此条嘉庆六年，将条例 0162.01 及 0162.03 修并改定。邪教为从者，原作"发往黑龙江给索伦、达呼尔为奴"；嘉庆十七年奏准：邪教为从者，"改发新疆给额鲁特为奴"；嘉庆二十年，复改为"发往回城，给大小伯克及力能管束之回子为奴"。）

薛允升按：十人以上，系专指称为善友求讨布施一项而言，若不及十人，本犯尚不问充军，岂有将窝藏接引者拟以充军之理，似可无庸添入。若窝藏接引，烧炼丹药及邪教为从，是否亦分别十人上下，尚未分明。为首绞候，律有明文，是以专言为从之罪。惟下条，传习白阳等邪教，习念荒诞不经咒语，拜师传徒惑众者，又有绞决之文，似应参看。一切左道异端，捏造经咒邪术传徒惑众者，绞候〔此律文也〕。学习白阳、八卦等邪教，习念咒语，拜师传徒惑众者，绞决。学习红阳各项教会，拜师授徒并无传习咒语者，拟遣〔此例文也〕。烧炼丹药若不至京，自不在充军之列矣。异端法术医人致死，见庸医杀人，应参看。

条例 162.05：凡传习白阳白莲八卦等邪教

凡传习白阳、白莲、八卦等邪教，习念荒诞不经咒语，拜师传徒惑众者，为首，拟绞立决；为从，年未逾六十，及虽逾六十而有传徒情事，俱改发回城给大小伯克及力能管束之回子为奴。如被诱学习，尚未传徒，而又年逾六十以上者，改发云、贵、两广烟瘴地方充军。旗人销除旗档，与民人一律办理。至红阳教及各项教会名目，并无传习咒语，但供有飘高老祖，及拜师授徒者，发往乌鲁木齐，分别旗、民，当差为奴。其虽未传徒，或曾供奉飘高老祖，及收藏经卷者，〔按：此处有收藏经卷，而上文并无传习之经，止云无传习咒语，则凡咒语即属荒诞不经，仅有经卷者，亦不以荒诞论矣。收藏经卷何以又问军罪耶？究竟此等经卷与下讽念之佛经有无分别？记核。〕俱发边远充军。坐功运气者，杖八十。如有具结改悔，赴官投首者，准其免罪，地方官开造名册，申送臬司衙门存案，傥再有传习邪教情事，即按例加一等治罪。若拿获到案，始行改悔者，各照所犯之罪问拟，不准宽免。如讯明实止茹素烧香，讽念佛经，止图邀福，并未拜师传徒，亦不知邪教名目者，免议。

（此条嘉庆十八年，刑部议奏传习白阳等教分别治罪条例一折，奉谕旨纂辑为例。嘉庆二十年、嘉庆二十一、嘉庆二十二年相继改定。嘉庆二十四年，因调剂回疆遣犯，将"被诱学习，尚未传徒，而又年逾六十以上者，改发云、贵、两广烟瘴地方充军"；并增入"具结改悔"及"拿获始行改悔"二句。）

薛允升按：习念荒诞不经咒语一层，无传习咒语传徒一层，收藏经卷一层、讽念佛经一层。绞决一层，专指白阳等邪教及习念荒诞不经咒语而言。原奏谓白阳教编有不经咒语传徒惑众，以致酿成逆案。红阳教，附京一带所在多有，称为红阳道士，原止为人治病祈福，并无传习不经咒语，但供有飘高老祖，拜授师徒，故有分别也。惟红阳教虽无不经咒语，亦左道异端也，但经传徒惑众，按律即应拟绞。此例将白阳等教照律加重，而又将红阳等教比律改轻，虽系稍示区别之意，究嫌未协。飘高老祖专指红阳教而言，各项教会所供之神，亦各有名目，如从前罗祖教之类，应于飘高老祖下添等神像数字。异端法术为人治病圆光，亦有学习咒语者，又不照此科断，何也。假如另立一种教会名目，或以法术为人治病驱邪，其传习者，则荒诞不经咒语也，如何科断。若另易一名目，而有传习经咒拜师授徒惑众等情，是否亦拟绞决。一并存参。

条例 162.06：各项邪教案内

各项邪教案内，应行发遣回城人犯，有情节较重者，发往配所，永远枷号。

（此条系嘉庆二十一年，河南巡抚方受畴奏审拟王太平等倡立邪教惑众骗钱一折，奉旨定例，嘉庆二十三年修改，道光元年改定。）

薛允升按：此从犯内之情节较重者，现在并无此等人犯矣。

条例 162.07：邪教惑众

邪教惑众，照律治罪外，如该地方官不行严禁，在京五城御史，在外督抚，徇庇不行纠参，一并交与该部议处。旁人出首者，于各犯名下，并追银二十两充赏。如系应捕之人，拿获者，追银十两充赏。

（此条系康熙年间刑部、礼部议覆台臣顾题准例，雍正三年删改为定例。）

薛允升按：此专为地方官不行严禁而设。追银充赏，犹是严禁之意。

条例 162.08：熟习符咒

熟习符咒，不畏刑罚，不敬官长，作奸犯科，惑世诬民者，照光棍例，为首者立斩，为从者概拟绞监候，秋后处决。

（此条雍正七年定。乾隆五年，查熟习符咒，不畏刑罚，惑世诬民等项，即系以邪术架刑，及私相传习之属，应照雍正十一年定例遵行，毋庸议核。此条删除。）

条例 162.09：私习罗教为首者

私习罗教为首者，照左道异端煽惑人民律拟绞监候，不行查报之邻佑、总甲人等，均照律各笞四十。其不行严查之地方官，交部议处。

（此条系雍正十一年定例。乾隆五年，因律文左道异端，所包甚广，罗教特其一，非通行例，删除。）

条例 162.10：凡有奸匪之徒

凡有奸匪之徒，将各种避刑邪术私相传习者，为首教授之人，拟绞监候；为从学习之人，杖一百、流三千里。若事犯到官，本犯以邪术架刑者，照规避本罪律，递加二等，罪止杖一百、流三千里。其犯该绞、斩者，仍照本罪科断。至事犯到官，本犯雇人作法架刑者，亦照以邪术架刑例治罪，并究出代为架刑之人，照诈教诱人犯法与犯人同罪律，至死减一等。得赃，照枉法从重论。保甲邻里知而容隐不首者，照知而不首本律，笞四十。地方官不行查拿者，照例议处。

（此条系雍正十一年定例，乾隆五年改定。）

薛允升按：奸徒之不敢公然为匪者，官法制之耳，若熟悉避刑之邪术，则有所恃而无恐，亦复何事不可为耶？此等似应重惩。邪术避刑，最为奸民之尤，原例问拟绞候，本极平允，无故改为流徒以下，似嫌太轻。

条例 162.11：私刻地亩经

私刻《地亩经》及占验推测妄诞不经之书售卖图利，及将旧有书板藏匿，不行销毁者，俱照违制律治罪。

（此条系乾隆九年，刑部议覆提督舒赫德奏送俞在中等翻刻时宪书一案，附请定例。）

薛允升按：《地亩经》及《小通书》等书所载，均系农家占验之语，与妖书大不相同，因内有甲子年来起大灾等语，而乾隆九年适岁次甲子，故以为妖言耳。然止科以满杖，则与妖书罪名轻重悬殊矣。而又添入妄诞二字，何也。应与造妖书妖言条例参看。

条例 162.12：各省遇有兴立邪教

各省遇有兴立邪教，哄诱愚民事件，该州县立赴搜讯，据实通禀，听院司按核情罪轻重，分别办理。倘有讳匿，辄自完结，别经发觉，除有化大为小，曲法轻纵别情，严参惩治外，即罪止枷责，案无出入，亦为照讳窃例，从重加等议处。

（此条系乾隆四十六年，湖北巡抚郑大进条奏定例。）

薛允升按：邪教案犯并无应拟枷责罪名，湖北省有仅借好善之名诓骗香钱，与实在邪教有间者，应酌量枷责，完结成案，是以定有比例。罪名虽轻而题目甚大，故不准自行完结也。乃甫经十年，而川楚教匪大肆猖獗，可见认真查办者绝少，例亦徒虚设耳。

条例 162.13：凡奉天主教之人

凡奉天主教之人，其会同礼拜诵经等事，概听其便，皆免查禁。所有从前或刻或写奉禁天主教各明文，概行删除。

（此条系咸丰十年奉上谕，并同治元年总理各国事务衙门奏准定例，并将天主教治罪例文一律删除。）

薛允升按：自定此例以后，各省教堂日多，从教者日众，民教仇杀之案层见迭出。朝廷动为所挟制，天祸人国，一至此哉。

条例 162.14：西洋人有在内地传习天主教

西洋人有在内地传习天主教，私自刊刻经卷，倡立讲会，蛊惑多人，及旗民人等向西洋人转为传习，并私立名号，煽惑及众，确有实据，为首者，拟绞立决。其传教煽惑而人数不多，亦无名号者，拟绞监候。仅止听从入教，不知悛改者，改发回城给大小伯克及力能管束之回子为奴。旗人销除旗档。如有妄布邪言，关系重大，或符咒蛊惑诱污妇女，并诳取病人目睛等情，仍各从其重者论。如能悔悟，赴官首明出教，及被获到官，情愿出教，当堂跨越十字木架，真心改悔者，概免治罪。若免罪后复犯习教，无论当堂愿跨十字木架与否，除犯该死罪外，俱先在犯事地方用重枷枷号三个月，满日再行发遣。并严禁西洋人不许在内地置买产业，其失察西洋人潜往境内，并传教惑众之该管文武各官，交部议处。

（此条系嘉庆十六年，刑部议覆御史甘家斌奏准定例，嘉庆二十年、嘉庆二十二年及道光十八年改定。同治九年删除。）

薛允升按：此例虽经删除，然亦不过为西洋人及天主教等耳，似应改为一切邪教，或修并于下条之内。

事例 162.01：天聪五年谕

凡巫觋星士妄言吉凶，蛊惑妇女，诱取财物者，必杀无赦。该管佐领、领催及本主，各坐应得之罪。其信用之人亦坐罪。

事例 162.02：崇德七年谕

凡老少男妇，有为善友惑世惑民者，永行禁止。如不遵禁约，必杀无赦。该管佐领、领催及各主，不行查究者，一例治罪。

事例 162.03：顺治六年定

凡僧道巫觋之流，妄行法术，蛊惑愚众者，治以重罪。

事例 162.04：顺治十三年谕

凡左道惑众，如无为、白莲、闻香等教名色，起会结党，迷诱无知小民，殊可痛恨。今后再有踵行邪教，聚会烧香，敛钱号佛等事，在京著五城御史及地方官，在外著督、抚、司、道等官，设法缉拿，穷究奸状，于定例外加等治罪。

事例 162.05：顺治十八年定

凡无名巫觋私自跳神者，杖一百；因而致人于死者，处死。

事例 162.06：康熙元年题准

人有邪病，请巫觋道士医治者，须禀明都统，用印文报部，准其医治。违者，巫觋道士正法外，请治之人，亦治以罪。

事例 162.07：康熙五年覆准

凡邪教惑众，在京行五城御史，在外行督抚，转行文武各地方官严禁查拿。如不行查拿，督抚等徇庇不参，事发，在内该管官，每案罚俸三月；在外州县官，降二级调用；督抚罚俸一年。

事例 162.08：康熙七年覆准

凡邪教惑众者，照律遵行，其地方官，仍照例一并治罪。

事例 162.09：康熙十二年题准

凡端公道士，私行跳神医人者，免死，杖一百。虽曾禀过礼部，有作为异端，跳神医治，致人于死，照斗殴杀人律拟罪。其私请之人，系官，议处；系平人，照违令律治罪。

事例 162.10：康熙十八年议准

凡迎神进香鸣锣击鼓，肆行无忌者，为首之人，照邪教惑众律，拟绞监候，秋后处决。为从之人，枷号三月；系旗下，鞭一百；系民，责四十板，俱不准折赎。该管官不行查拿，事发，系旗下人，将佐领、骁骑校、步军校；系民，将司坊官、府、州、县；系兵，将守备、把总，每案罚俸半年。领催，鞭八十；总甲，责三十板。其参领、副尉、五城御史、布、按、司、道、副将、参将、游击，每案罚俸三月。步军统领、总尉、总督、巡抚、提督、总兵官，每案罚俸两月。若系内务府佐领下人，该管官照参领、佐领、骁骑校、领催例治罪。若系僧道录司官，革职。

事例 162.11：康熙五十七年议准

各处邪教，令该督抚严行禁止，若地方官不行严查，或别处发觉者，将地方官及该督抚，一并严行查议。

事例 162.12：嘉庆十八年奉旨

办理邪教，总以有无传习经咒，供俸邪神，拜授师徒为断。至白阳教，即系白莲教，及八卦教之别名。最足为害。嗣后为首，照左道异端煽惑人民律，拟绞监候。为从，发新疆给额鲁特为奴。旗人销除旗档，与民人一律办理。至红阳教及各项教会名目，并无传习咒语，但供有飘高老祖及拜师授徒者，发往乌鲁木齐，分别旗、民，当差、为奴。其虽未传徒，或曾供奉飘高老祖及收藏经卷者，发边远充军。至坐功运气，虽非邪教，亦比照自伤残律，杖八十。若讯明实止茹素烧香，讽念佛经，止图邀福，并未拜师传徒，亦不知邪教名目者，方予免议。奉旨：嗣后审办白阳、白莲、八卦等邪教，凡传徒为首者，定拟绞决。其红阳等及各项教会名目，即照刑部所议办理。

事例 162.13：嘉庆二十一年奉旨

嗣后各直省遇有倡立邪教，惑众骗钱案内，应行发遣之犯，着该督抚于审明定案时，酌留一、二名，于该省犯事地方，永远枷号示众。

事例 162.14：嘉庆二十一年谕

孙玉庭等奏：传习牛八邪教案犯，先后赴官投具悔结，恳请免罪一折。湖北省传习牛八教之邵元胜等，经地方官宣谕开导，具结改悔，投案者共三百六十四名。湖北一省如此，可见各省传习邪教者，尚复不少。乡民妄听邪说，信从入教，本应治罪，但人数过多，愚民无知，一时被诱，若不予自新之路，朕心实所不忍。惟是此内真心改悔者，固不乏人，恐亦有希图免罪，暂时投首者，阅时既久，难保其不故智复萌。应酌定条例，以示儆戒。着阮元、张映汉，饬令该地方官，将此次具结改悔之人，再行晓谕。以该犯等本系有罪之人，现奉恩旨准予自新，系属法外施仁，若改悔之后，又复习教，则是怙恶不悛，定当加等治罪，责令各出具再犯习教情愿加等治罪甘结，方准免罪。该地方官仍将具结之人，开造名册，申送臬司衙门存案。傥将来册内之人，再有传习邪教者，一经访获，即将该犯按律加一等治罪。各直省俱照此一律办理。

事例 162.15：嘉庆二十二年谕

徐炘奏：查明各属首悔茹素念经男妇取结释宁一折。所办失之宽纵。习教之犯，准令自首免罪，原因其真心悔悟，投首到官，呈缴经像，方予以自新之路。该护抚折内所奏，如蒲城等县监生王瑞朋等，均系自行投案，呈缴经像，具结改悔。其蒲城民人魏景昌等，凤县等县民人杨得才等，则皆系访查拿获到案，始自称改悔者，此等入教莠民，平日甘心邪匿，迨被获畏罪，借口改悔，冀图一时苟免，释放后仍将故智复萌。该护抚概予释免，殊漫无区别。徐炘著传旨申饬。除案内自首之王瑞朋等，俱准免罪释宁外，其拿获之魏景昌等十四名，杨得才等四名口，仍各照所犯之罪，分别问拟，不准宽免。嗣后各直省查审邪教改悔之案，俱著照此分别办理。

事例 162.16：道光元年谕

方受畴奏：邪教案内留于本境永远枷号人犯，请即行解配等语。邪教案内应行发遣人犯，留于本境枷示，原以化悔愚蒙，俾知儆戒。今本犯不知改悔，匪徒复蹈习其教，自不若投之遐荒，免滋煽惑。著即照该督所议，昝明、李老和二犯仍照刑部原议，一并解发回城为奴。嗣后拿获邪教案犯，审明应发遣者，均即行解配。其有情节较重者，发往配所永远枷号，毋庸留于犯事地方监禁枷示，以消萌蘖。

事例 162.17：道光十二年谕

此案尹资源，接管刘功离卦教，自称南阳佛，创立朝考等场，黑风等劫名目，神奇其说，煽惑至数千人之多，勾结至三省之远，狂悖已极。尹老须即尹资源，著即凌迟处死，仍传首犯事地方，以照炯戒。尹明仁听从伊父习教多年，实属世济其恶，尹明仁著即处斩。韩老吉、萧滋依议应斩，著监候入于本年朝审情实办理。其失察之地方官，及查办不实之各员，著吏部查取职名，分别议处。

成案 162.01：福建司〔嘉庆十九年〕

闽督奏：汪陈保听从熊老入会未成，惟收寄逆书，该犯目不识字，于知情隐藏绞罪上，减一等，满流。余光华入会未成，亦无收藏符书，于左道异端为从遣罪上，量减一等，满徒。

成案 162.02：浙江司〔嘉庆十九年〕

浙督咨：姜士芳因病拜师，更名入会，茹素念经，并未传徒及收藏经卷。比照虽未传徒、曾收藏经卷例，量减一等，满徒。

成案 162.03：江苏司〔嘉庆二十年〕

江督咨：僧觉清图得香资，以打七念佛为名，聚众烧香，并藉打七饿七名色，动人听信，通宵达旦，男女混杂。第打七念佛系僧家相沿旧习，与左道惑众者有间，应于左道异端煽惑人民、为首者绞罪上，量减一等，满流，勒令还俗。

成案 162.04：直隶司〔嘉庆二十一年〕

直隶奏：马杨氏等传习红阳教，将马杨氏依红阳教拜师授徒例，发乌鲁木齐为奴，虽系妇女，年迈七旬，应行实发。李吉氏等听从入教，应减一等，满徒，俟监禁一二年后，如果实心改悔，再行收赎。李四八子存留经卷，系伊母李刘氏取回，并非该犯自行收藏，自应衡情酌减，应于收藏红阳教经卷军罪上，减一等，满徒。杨思陇邀马杨氏等至家念经，照违制律，杖一百，加枷号一个月。

成案 162.05：直隶司〔嘉庆二十一年〕

直督咨：王起美等本系大乘教会首，于免罪后，复妄听煽惑，出钱买旗，第该犯不知逆情，委系受人愚弄，且一经访闻，即行自首，尚知畏法。王起美等照左道惑众人、为从遣罪上，减一等，满徒。

成案 162.06：福建司〔嘉庆二十二年〕

闽督奏：结会抢劫案内郑家维，系被胁入会，旋即走回，将分给卦布谶语烧毁，应与受雇煮饭马又松，均于为从遣罪上，量减一等，满徒。

成案 162.07：河南司〔嘉庆二十二年〕

提督咨送：马张氏供奉伊姑所遗纸像，复用茶叶抱龙丸等物，给人治病，讯止图骗钱文，并无各项教会名目，惟称有武当老祖，并涂画假符疗病，殊属妄诞。应照红阳教供奉飘高老祖、边远充军例上，减一等，满徒，不准收赎。

成案 162.08：江西司〔嘉庆二十三年〕

江西抚奏：阙曾亮投拜添弟会为师，改立会名。案内彭应高等，被诱入会，止图免人欺侮，传授口诀，并未领受布帖，与实在为从者有间。於为从遣罪上，量减一等，满徒。

成案 162.09：直隶司〔嘉庆二十三年〕

直督奏：杨老喜素习如意教，系听从故父传习，仅止唱说，传徒多人，并每年至韩国良等家，设立道场，收钱分用，于十八年查禁教会之后，复往田国凝等家，唱说好话。将杨老喜依称为善友求计布施、至十人以上例，发近边充军。韩大黑子听从入教收徒，所习之如意教，平日仅止唱说好话，究与别项邪教有间，将韩大黑子等于军罪上，减一等，满徒。

成案 162.10：福建司〔嘉庆二十四年〕

福抚咨：谢金油被胁入会，与甘愿入会者有间。将谢金油于左道异端、煽惑人民、为从遣罪上，量减一等，满徒。

成案 162.11：江西司〔嘉庆二十四年〕

江西抚咨：张继妹等听诱入会，止图免人欺侮，并无谋为不轨，及辗转纠人，领售布帖情事，与实在为从者有间。将张继妹等于传习白阳等邪教、习念荒诞不经咒语、拜师传徒惑众、为从遣罪上，减一等，满徒。

成案 162.12：奉天司〔嘉庆二十四年〕

提督奏送：僧人增亮，被僧人戒宽，并吕玉山先后鸡奸，因将戒宽殴伤，听从吕玉山改扮女装私逃，复听嘱如被控到官，即捏称于十二岁时即被戒宽鸡奸，图减罪名。向来办理男扮女装之案，如审有奸淫妇女，惑众敛钱，均照左道惑众律拟绞，今增亮并无图奸妇女，及惑众敛钱情事，惟以僧人甘受污辱，故为诡异。将增亮依左道惑众绞罪上，量减一等，满流，仍尽本法，枷号两个月，勒令还俗。吕玉山与增亮鸡奸，复主使改装，并教令到案捏供，如增亮十二岁时，被戒宽鸡奸属实，戒宽罪应拟绞，将吕玉山以教唆词讼、以主唆之人为首、诬轻为重、至死未决律，满流。

成案 162.13：浙江司〔道光元年〕

提督咨：王李氏因贫欲图给人看病骗钱，诡托挈髻山娘娘，令催香火，给人看病，患病之人，求治焚香，该氏点香念弥陀，供奉清水，令病人饮服，并无符咒，与圆光画符者不同。于邪术医人、未致死满流上，量减一等，满徒，收赎。

成案 162.14：奉天司〔道光元年〕

古北口提督奏送：昝发先经听从崔得恭学习八卦旧教，嗣复听从吴得荣学习八卦新教。该犯两次习教，传徒多人，在家上供，未便照为从拟遣，又未便照为首拟以绞决，应酌量拟绞候。许荣贵等，讯止坐功运气，随同上供，并未念经，于为从遣罪上，酌减一等，满徒。

成案 162.15：四川司〔道光二年〕

川督题：宋大德因听从已正法之徐鉴牧习教，受有铎德名号，该犯究止为徐鉴牧所惑，尚不听传徒惑众，与转相传习，并私立名号惑众者不同。惟该犯受名号而未传徒，与传徒而未受名号者，所犯虽殊，其情相等。应将宋大德比照传徒煽惑人数不多、亦无名号例，拟绞监候。

成案 162.16：浙江司〔道光四年〕

浙抚咨：高添宝、白文洪，茹素诵经，只图治病邀福，并未兴立教会，亦不知邪教名目，未便照例拟遣。惟高添宝首先劝人茹素诵经，节次传徒敛钱。白文洪拜师传徒，复又聚众念经，骗取钱文，实属玩法，亦未便仅拟杖责，致滋轻纵。高添宝、白文洪，均照传习各项教会但拜师授徒发乌鲁木齐为奴例上，量减一等，满徒。

成案 162.17：陕西司〔道光四年〕

步军统领衙门奏送：赵幅才因伊女患病，糊涂谵语，自称菩萨庙内服役仙姑，求讨香火，辄许愿祈祷，书写仙姑牌位，供于该村观音寺内，该处男妇，附会传闻，赴庙烧香，施舍粮食钱文。现经讯明，该犯止系为女还愿，供设牌位，其粮食钱文，皆系赴寺烧香之人自行施舍，该犯并无向人求讨情事，且所存布施钱文，均为修理观音寺起见，该犯并无侵用。惟赵幅才首先妄行祈祷，供设仙姑牌位，以致该处民人纷纷施舍，虽与例内所称聚众求讨布施者不同，究属妄生事端，自应照例酌量定拟，以示惩儆。赵幅才应于称为善友求讨布施至十人以上军罪上，量减一等，杖一百、徒三年。

成案 162.18：浙江司〔道光五年〕

浙抚奏：粮船水手李明秀等滋事案内之王世兰等入教拜师，并无传习咒语，与各项教会不同。应于教匪为从遣罪上，量减一等，满徒。

成案 162.19：贵州司〔道光九年〕

贵抚奏：袁无欺传教案内之袁艾，随同念经，叶于全等七犯，拜从袁无欺为师，应于袁无欺军罪上，量减一等，各杖一百、徒三年。已革把总陈起龙，外委赵朝良、许天德，讯明止邀袁无欺看地，听从茹素，并无拜师念经情事，均照不应重律，杖八十，系在营官弁与匪人往来，各加枷号一个月。

成案162.20：云南司〔道光九年〕

云督奏：拿获邪教惑众匪犯陶月三等案内之张有祥等，因不能画符，学习未成，与习教已成有间。应于传习邪教遣罪上，量减一等，杖一百、徒三年。

成案162.21：福建司〔道光十一年〕

闽督奏：拿获结会匪徒罗青云等案内梅月亮等，先俱不允入会，因被吓屈从，与甘心入会者有间。应于左道煽惑为从遣罪上，量减一等，各杖一百、徒三年。

成案162.22：浙江司〔道光十二年〕

浙抚咨：已革教谕徐伟，因王姓幼孩痘症甚危，起意商允赵昆伦请仙求方，书符扶鸾，旋因试祷无灵，悔惧中止，并无惑众敛钱重情，尚与实在左道异端邪术害正者有间，自应酌减问拟。徐伟应于书符咒水扶鸾祷圣煽惑人民为首绞监候律上，量减一等，杖一百、流三千里。

成案162.23：直隶司〔道光十二年〕

直督咨：郝添林等供奉无生老母木像募化。查无生老母系邪教神像，即与飘高老祖无异，自应比例问拟。郝添林合依各项教会虽未传徒、或曾供奉飘高老祖者，发边远充军。徐金章听从抬像募化，骗人财物，照供奉飘高老祖例为从，罪止拟徒，自应从重问拟，合依端公道士及一切人等、作为异端法术医人未致死者，杖一百、流三千里。徐建功董理庙事，抬像募化分肥，即属为从，应于郝添林军罪上，减一等，杖一百、徒三年。地方崔清标，明知不报，照不应重律，杖八十，革役。

成案162.24：直隶司〔道光十二年〕

顺天府尹奏：李钱氏呈控李辅真合家习教案内之李士功，讯止茹素念经，并无传徒惑众，与各项教会不同，且家藏经卷，因被人讹诈，久已烧毁，亦与执迷不悟者有间。惟究未到官投首，未便照改悔之例竟予免罪，应于传习各项教会收藏经卷拟军例上，量减一等，杖一百、徒三年。

成案162.25：广西司〔道光十三年〕

直督奏：李化告等习教传徒。查李洛振、田有政、张进幅，均拜杜玉为师，入大乘教，各出钱文给杜玉代为上供升单，即属习教为从。该督将该犯等量减拟徒，系属错误。应改依传习八卦等邪教为从例，发回城为奴。李洛振年逾六十，改依被诱学习尚未传徒例，拟军，系书吏知法犯法，应加等，于到配后，酌加枷号三个月。

礼律·仪制

（计 20 条）

律 163：合和御药〔例 1 条〕

凡合和御药，误不依〔对症〕本方，及封题错误，〔经手〕医人，杖一百；料理拣择〔误〕不精者，杖六十。若造御膳，误犯食禁，厨子，杖一百。若饮食之物不洁净者，杖八十；拣择〔误〕不精者，杖六十。〔御药、御膳〕不品尝者，笞五十。监临、提调官，各减医人、厨子罪二等。

若监临、提调官，及厨子人等，误将杂药至造御膳处所者，杖一百。所将杂药，就令自吃。〔御膳所〕厨子人等有犯，监临、提调官知而不奏者，门官及守卫官失于搜检者，与犯人同罪，并临时奏闻区处。

（此仍明律，其小注系顺治三年添入。顺治律为 180 条，第二段后半原文为"〔御膳所〕门官及守卫官失于搜检者，与犯人同罪，并临时奏闻区处"，雍正三年增修"厨子人等有犯，监临、提调官知而不奏者"。）

条例 163.01：医官就内局修制药饵

医官就内局修制药饵，本院官诊视，调服御药，参看校同，会近臣就内局合药，将药贴连名封记，具本开写本方、药性、治症之法，于日月之下，医官、近臣书名以进置簿书，进药奏本既具，随即附簿年月下书名，近臣收掌，以凭稽考。煎调御药，本院官与近臣监视。二服合为一服，俟熟，分为二器。其一器御医先尝，次院判，次近臣。其一器进御。

（此条系《明会典》例，顺治例 180.01。"进药奏本"上，有"用南方司印合缝"七字，雍正三年删。）

薛允升按：此例与刑名无干。而不先尝者如何科断，亦无明文，盖律已有笞五十及减二等之法矣。

律 164：乘舆服御物

凡乘舆服御物，〔主守之人〕收藏修整不如法者，杖六十。进御差失者，〔进所不当进。〕笞四十。其车马之属不调习，驾驭之具不坚完者，杖八十。

若主守之人，将乘舆服御物私自借用，或转借与人，及借之者，各杖一百、徒三年。若弃毁者，罪亦如之。〔平时怠玩，不行看守〕遗失及误毁者，各减三等。

若御幸舟船，误不坚固者，工匠，杖一百。若不整顿修饰，及在船篙棹之属缺少者，杖六十，并罪坐所由〔经手造作之人，并主守之人〕。监临、提调官，各减工匠罪二等，并临时奏闻区处。

（此仍明律，顺治三年添入小注。顺治律为181条。）

律 165：收藏禁书〔事例1条〕

凡私家收藏天象器物、〔如璇玑、玉衡、浑天仪之类。〕图谶、〔图象谶纬之书，推治乱。〕应禁之书，及〔绘画〕历代帝王图像、金玉符玺等物〔不首官〕者，杖一百，并于犯人名下追银一十两，给付告人充赏。〔器物等项，并追入官。〕

（此条明律，目有"及私习天文"五字，清初仍之，并添入小注，雍正三年删定。）

〔附录〕顺治律 182：收藏禁书及私习天文

凡私家收藏天象器物、〔如璇玑、玉衡、浑天仪之类。〕天文〔推步测验之书，占休咎。〕图谶、〔图象谶纬之书，推治乱。〕应禁之书，及〔绘画〕历代帝王图像、金玉符玺等物〔不首官〕者，杖一百。若〔不系天文生〕私习天文者，罪亦如之。并于犯人名下追银一十两，给付告人充赏。〔器物等项，并追入官。私习之人，术业已成，决讫，送钦天监重天文生。〕

事例 165.01：康熙二十三年议准

凡习学天文之人，及算法仪器，不必禁止。若妄言祸福，煽惑愚人者，仍照律拟罪。

律 166：御赐衣物

凡御赐百官衣物，使臣不行亲送，转附他人给与者，杖一百，罢职不叙。

（此仍明律，顺治律为 183 条。）

律 167：失误朝贺〔例 2 条〕

凡朝贺及迎接诏书，所司不豫先告示者，笞四十。其已承告示而失误者，罪亦如之。

（此仍明律，顺治律为 184 条。）

条例 167.01：朝贺听诏进表

朝贺听诏进表，入班之际，偶值雨雪，许便服行礼。

（此条系明代旧例，顺治例 184.01，乾隆五年删。）

条例 167.02：盛京大政殿

盛京大政殿，专派官兵看守，其每月朝期，如有怠惰偷安者，指名题参。

（此条系雍正十三年定例。乾隆五年删。）

律 168：失仪〔例 3 条，成案 1 案〕

凡〔陪助〕祭祀，及谒拜园陵，若朝会行礼差错及失仪者，罚俸一月。其纠仪官应纠举而不纠者，罪同。

（此仍明律，律首小注系顺治三年添入。顺治律为 185 条。）

条例 168.01：朝参近侍病嗽者

朝参，近侍病嗽者，许即退班，或一时眩晕，及感疾不能侍立者，许同列官掖出。

（此条系《明会典》例，顺治例 185.01。）

条例 168.02：凡坛庙祭祀

凡坛庙祭祀，及圣驾出入，并升殿之日，派委司官及步军校，严加巡察，有厮役肆行喊叫，冲突、拥挤者，拿送该部，杖一百；其主，笞五十。寻常朝会日犯者，杖六十；其主，笞三十。系官，俱交该部议处。若在内执事人，并大臣侍卫跟役犯者，交与该管大臣衙门治罪。

（此条系康熙年间现行例，雍正三年删定。）

薛允升按：与直行御道门遇祭祀日期一条参看。《处分则例》上一层其主系官，罚俸三个月。下一层，罚俸一个月。与此不同。

条例 168.03：凡遇升殿及常朝日期

凡遇升殿及常朝日期，令监礼之礼部司官，一体查收职名。如有应行题参者，即指名题参。如该司官怠忽瞻徇，交部议处。

（此条系雍正十二年定例。乾隆五年删。）

成案 168.01：山西司〔道光十二年〕

御前大臣奏：常儿系二等侍卫伊勒栋阿家厮役，经伊勒栋阿令其在午门外接马。该犯于圣驾进内时，辄敢由东过西，并不敬谨躲避，实非寻常冲突仪仗可比，仅拟满杖，不足以示儆。常儿合依凡圣驾出入有厮役冲突者杖一百例，酌加枷号两个月。

律 169：奏对失序

凡在朝侍从官员，特承顾问，官高者先行回奏，卑者以次进对。若先后失序者，各罚俸一月。

（此仍明律，顺治律为 186 条，原文末句为"各罚俸半月"，雍正三年改定为"各罚俸一月"。）

律 170：朝见留难

凡司仪礼官，将应朝见官员人等，托故留难阻当，不即引见者，〔审实留难之故，得情，方〕斩〔监候〕。大臣知而不问，与同罪。不知者，不坐。

（此仍明律，顺治三年添入小注。顺治律为 187 条。）

薛允升按：今朝见人员并不由鸿胪寺，此律无关引用，似应删去。

律 171：上书陈言〔例 2 条，事例 3 条，成案 3 案〕

凡国家政令得失，军民利病，一切兴利除害之事，并从六部官面奏区处，及科道、督抚各陈所见，直言无隐。

若内外大小官员，但有本衙门不便事件，许令明白条陈，合题奏之。本管官实封进呈，取自上裁。若知而不言，苟延岁月者，在内从科道，在外从督抚纠察〔犯者，以事应奏不奏论〕。

其陈言事理，并要直言简易，每事各开前件，不许虚饰繁文。

若纵横之徒，假以上书，巧言令色，希求进用者，杖一百。

若称诉冤枉，于军民官司，借用印信封皮入递者，及借与者，皆斩〔杂犯〕。

（此仍明律，雍正三年删定，其小注系顺治三年添入。）

〔附录〕顺治律 188：上书陈言

凡国家政令得失，军民利病，一切兴利除害之事，并从六部官面奏区处，及听监察御史、提刑按察司官，各陈所见，直言无隐。

若内外大小官员，但有本衙门不便事件，许令明白条陈，实封进呈，取自上裁。若知而不言，苟延岁月者，在内从监察御史，在外从按察司纠察〔犯者，以事应奏不奏论〕。

若百工技艺之人，应有可言之事，亦许直至御前奏闻，其言可用，即付所司施行，各衙门但有阻当者，鞫问明白〔阻当之故，方〕斩〔监候〕。

其陈言事理，并要直言简易，每事各开前件，不许虚饰繁文。

若纵横之徒，假以上书，巧言令色，希求进用者，杖一百。

若称诉冤枉，于军民官司，借用印信封皮入递者，及借与者，皆斩〔杂犯〕。

条例 171.01：内外大小衙门官员

内外大小衙门官员，但有不公不法等事，在内从台省，在外从督抚纠举。须要明著年月，指陈实迹，明白具奏。若系机密重事，实封御前开拆，并不许虚文泛言。若挟私搜求细事，及纠言不实者，抵罪。惟生员不许一言建白，违者，革黜，以违制论。

（此条系明代旧例，顺治例 188.01。原文"在外从按察司"，雍正三年定，载在《宪纲》。）

薛允升按：风宪官挟私弹事不实，分别科罪，见"诬告"律，应参看。专言生员，不知何意，举人、贡、监自应准其建白矣。

条例 171.02：各处断发充军

各处断发充军，及安置人等，不许进言，其所管卫所官员，毋得容许。

（此条系明代旧例，顺治例 188.02。雍正三年删"卫所"二字。乾隆五年删除此例。）

事例 171.01：康熙四年覆准

凡劣衿奸民，妄言国家政事，假公济私，希图录用者，照律治罪。

事例 171.02：康熙十二年题准

生员越关赴京，在各衙门谎称控告，或跪牌渎奏者，所告不准，革去生员，照违制律，杖一百。

事例 171.03：道光元年谕

本日有兵部笔帖式和书在乾清门呈递奏折，自陈管见五条。朝廷设官分职，定有等差，不容越分言事。其末职下僚，如有确知利弊，及冤抑求申者，或在都察院申诉，或在本衙门呈递，该堂官亦断不敢壅于上闻。若不论品秩崇卑，纷纷竞赴宫门建言奏事，尚复成何体制。此次笔帖式和书所递条陈，尚无悖谬之处，但违例擅递奏章，著交刑部治以应得之咎。

成案171.01：属员枉受参革〔康熙三十四年〕

吏部议直抚郭世隆疏：香河县知县叶光龙因咨题事一案。查解逃人坡儿限满不覆，部议革职，嗣据巡道详称叶光龙于六月初七等日申详霸昌道公文七角，共二十件，其咨题事一案，回文即在二十件之内，虽霸昌道复称邮筒开载二十件，拆阅实止十九件，但细查当日果少一件，何不即行查明？系霸昌道将此项公文遗误转报，以致属员枉受参革等语。查定例，该管上司将所属官员经管事件并月日不行查明错开，以致本官革职者，将申报之上司降一级调用。霸昌道金云凤应照此例降一级调用，香河县知县叶光龙应将所革之职复还另补。

成案171.02：知府不查详职名〔康熙四十三年〕

吏部议偏抚赵申乔疏：告病知县李某应追收过帮助银两，准晋抚咨发原籍追，限满尚未完解，承追不力之祁阳县知县应咨参。再查承追之案，例由知府查取职名，详司转报，今永州知州姜某不留心吏治，并不循例查详，废弛已极，职守右乖等因。除祁阳县知县别案革职，无庸议外，应将知府姜某革职。

成案171.03：湖广司〔嘉庆二十一年〕

都察院奏：王锡以缘事发遣释回之废员，辄思条陈事宜，希图录用，未便仅照希求进用律拟杖，应量加一等，杖六十、徒一年。

律172：见任官辄自立碑〔事例3条〕

凡见任官，实无政绩，〔于所部内〕辄自立碑建祠者，杖一百。若遣人妄称己善，申请于上〔而为之立碑建祠〕者，杖八十。受遣之人，各减一等。〔碑祠拆毁。〕

（此仍明律，顺治三年添入小注。顺治律为189条。）

事例172.01：康熙四十二年题准

官员保留陋弊，著严行禁革。

事例172.02：乾隆四十九年谕

据福康安奏：灵台县知县武粤生到任三年，并无善政，强令百姓制造衣伞，以致远近沸腾，声名狼藉，请旨革职提审一折。已批该部知道矣。地方官在任，百姓制造万民衣伞致送，并离任脱靴等事，最为陋习。雍正年间，久经饬禁，即或居官清正，虽出自百姓情愿，尚应禁拒，乃该县武粤生强令制造，以致远近沸腾，声名狼藉，尤属卑鄙不堪。著交福康安提集犯证，质审定拟具奏。近闻各省督抚有未经去任，而德政碑早已竖辕门者，此不过属员强令百姓敛资泐石，籍以为献媚逢迎之具，于吏治官方，大有关系。夫地方官果有惠政及民，去任后闾阎系恋，自必舆颂流传，口碑载道。若其人并不留心民事，贪鄙不职，即使穹碑林立，百姓将指而唾骂之，是不足以为去思之荣，竟足以为子孙之辱，又何能欺世盗名，逃众人之公议耶！嗣后著通行饬禁，即制造衣伞脱靴等事，亦一例禁止。其各省地方，无论大小文武各官，现有去思德政碑，俱著查明扑毁。该督抚须实力查办，毋得视为具文，致蹈阳奉阴违之咎，并著每年年终奏闻。

事例 172.03：嘉庆七年谕

御史朱绂奏：请宽地方官去思碑例禁一折。所见甚属非是。守令职司民牧，分应廉洁自矢，抚字为怀，果有善政及民，自必口碑载道，阅久流传，原不假区区制衣勒碣，粉饰虚声。世宗宪皇帝屡申饬禁，意在崇实黜浮，使人皆尽心实政。若如该御史所奏，专以外饰之繁文，验在官之贤否，如从前甘省即有抑勒部民制造衣伞之事，亦岂足凭耶？总之地方官惟在恫愊无华，实至者名自归。上年直隶省知县朱杰、钱桂，因尽心赈务，惠逮闾阎，及缘事去官，百姓等爱戴恳留，奏闻后均经格外加恩。朕亦何尝不以舆论之公，奖循良之绩，但不必特宽例禁，致开沽名饰誉之端。且各省从前去思德政等碑，俱经扑毁，又岂有复令建立之理！朱绂不晓事体，著将原折掷还。

律 173：禁止迎送〔例 6 条，事例 1 条〕

凡上司官及〔奉朝命〕使客经过，而所在各衙门官吏出郭迎送者，杖九十。其容令迎送不举问者，罪亦如之。

（此仍明律，顺治律为 190 条。原文"使客经过"后有"若监察御史、按察司官，出巡按治"，雍正三年改定。）

条例 173.01：上司入城

上司入城，凡文武属员，止许出城三里迎送。如不入城，在境内经过处所迎送。倘迎送必至交界，或因事营求，或乘便贿赂，将属员革职拿问。如止出界迎送，无营求贿赂等情，照擅离职役律议处。若上司有必欲迎送，致属员畏其威势，至交界迎送者，倘有勒索情弊，将上司革职提问。如止令迎送，无勒索情弊，照例议处；地方官俱免议。

（此条系雍正七年，吏部议覆河东总督田文镜条奏定例。）

薛允升按：与"官吏受财"门上司经过一条系属一事。上层言属员之罪，下层言上司之罪。此条例意甚严，而科罪反较律为轻。必欲迎送及畏其威势均指上司而言，惟属员业已至交界迎送，岂能专罪上司，似应照下条改为"属员违例迎送，上司容令远迎，不行揭报者，俱交部议处"。

条例 173.02：凡提镇赴任

凡提、镇赴任，所属将弁于是日迎接，除跟役外，其司事兵丁，不得过十名，出城不得过五里。其副、参、游击等官赴任，本标员弁于是日迎接，除跟役外，司事兵丁不得过五名，出城不得过三里。从境内经过者，止许在本营泛地经过处所迎送。如属员多带兵丁，越境远迎，及上司容令远迎，并不行揭报者，俱交部照律议处。

（此条系雍正十三年例，乾隆五年改定。）

薛允升按：上条止言入城过境而未及赴任，此条专言赴任而未及入城过境，均不画一。

条例 173.03：文武官员出入应合开道

文武官员出入，应合开道而自不开道，致令应避官员不曾回避者，不问。若因而生事者，止问上官。

（此条系《明会典》例，顺治例 190.01。）

薛允升按：因而生事句语意未明。

条例 173.04：凡书役迎接新官

凡书役迎接新官，在交界处所等候，呈送须知册籍。其余书役概令随印交代。并将头接、二接、三接陋习严行禁止。如有约结多人，执批远迎者，照律治罪。

（此条系乾隆二年吏部议覆浙江布政使张若震条奏例，乾隆五年定例。）

薛允升按：原奏"新官到任，令旧任官于书役内量拨数人"云云，删去此句，下文其余书役一句便不分明。《处分则例》首句系"新官到任，旧任官于书役内酌拨数人，在交界处等候"云云。

条例 173.05：军民人等于街市遇见官员

军民人等，于街市遇见官员引导经过，即须下马躲避，不许冲突。违者，笞五十。

（此条系前明洪武三十年令，顺治例 190.02。）

薛允升按：此似不论官品之大小。

条例 173.06：属员与上司亲戚小侄

属员与上司亲戚子侄，有乘便贪缘因事贿嘱者，按律分别革职治罪。上司之子侄亲戚有官职者，经过属员境内，拜候往来，属员供应馈送，均照不应重律，降三级调用；无官职者，照不应重律，杖八十；该上司自行查出参处者，免议，漫无觉察者，照约束不严例，降一级调用；知而不举，照徇庇例，降三级调用。如有贪缘贿嘱等事，通同徇纵者，一并分别革职治罪。

（此条系乾隆二十六年，吏部议覆四川布政使吴士端条奏定例。）

薛允升按：此亦防其交通贿嘱之意，然不拜会往来，即可保无贿嘱乎。与《处分例》参看。

事例 173.01：乾隆元年议准

律载：凡上司官及使客经过，而所在各衙门官吏出郭迎送者，杖九十，是郭之内或听之也。又定例：凡有上司入城，止许三里迎送，是宽以三里之程，导之迎送也。又定例：如不入城，从境内经过者，许在经过处迎送，是假以境内经过之使，导之迎送也。奔竞陋习，作法于严，犹恐日久废弛。宽以三里之程，则迤逦至五里、十里，谁踵其后而查之？假以境内经过之使，大县至数十百里外，尚在境内，孰指其非而劾之？嗣后上司经过地方，遵律概不许出郭迎送，违者参处。

律 174：公差人员欺陵长官〔例 2 条，事例 3 条〕

凡公差人员在外不循礼法，〔言语傲慢〕欺陵守御官及知府、知州、知县者，杖六十。若校尉有犯，杖七十。祗候、禁子有犯，杖八十。

（此仍明律，雍正三年增删，其小注系顺治三年添入。）

〔附录〕顺治律 191：公差人员欺凌长官

凡公差人员〔如历事、监生、办事官之类。〕在外不循礼法，〔言语傲慢〕欺陵守御官及知府、知州者，杖六十，附过还役。若校尉有犯，杖七十。祗候、禁子有犯，杖八十。

条例 174.01：公堂乃系民人瞻仰之所（1）

公堂乃系民人瞻仰之所，如奴仆、皂隶人等，入正门，驰当道，坐公座，〔杖七十、徒一年半。〕官吏不行举觉，〔杖七十，免徒。〕吏员、承差人等，敢有如此者，〔加一等。〕若六部、都察院在京各衙门，及驾前校尉、力士、旗军、行人等，非捧制书，止收批差，敢有似前越礼犯分者，许所在官长实封入递，除奉朝廷差委各处取招行断外，其布政司至州县等衙门，毋得辄差吏员、皂隶人等于各衙门取招行断，违者事犯同罪。

（此条系明代《大诰》，顺治例 191.01，雍正三年修改。乾隆五年改定为条例 174.02。）

条例 174.02：公堂乃系民人瞻仰之所（2）

公堂乃系民人瞻仰之所，如奴仆、皂隶人等，入正门，驰当道，坐公座者，杖七十、徒一年半。吏员、承差人等，加一等。若六部、都察院在京各衙门人役，接奉批差，敢有似前越礼犯分者，许所在官长实封参奏，照例治罪。

（此条系乾隆五年，将条例 174.02 改定。）

薛允升按：所以肃公堂之礼也。直行御道者，杖八十。宫殿者，杖一百。此处必系三项兼备方拟徒罪之处，并未叙明。此罪其越礼犯分也，惟仅止入正门，或驰当道，即拟徒罪，似嫌太重。三项中尤以坐公座为重，非坐公座，似不问徒罪矣。

事例 174.01：康熙八年覆准

凡剿逆军需，驿递公文，关系重要者，照常差遣外，其平常小事，不许差役催提。若仍前擅差扰害者，督抚指名题参。如督抚徇庇，事发，一并议处。

事例 174.02：康熙十二年题准

直省督抚有平常小事，差役害民，经科道纠参，或部内查出者，议处。

事例 174.03：康熙二十二年议准

凡督抚以下、道府以上官员，除紧要事情照例差人外，其余细事，止许行牌催提，不许擅差人役，违者议处。

律175：服舍违式〔例26条，事例2条〕

凡官民房舍、车服、器物之类，各有等第。若违式僭用，有官者，杖一百，罢职不叙。无官者，笞五十，罪坐家长。工匠并笞五十。〔违式之物，责令改正，工匠自首免罪，不给赏。〕

若僭用违禁龙凤纹者，官民各杖一百、徒三年。〔官罢职不叙。〕工匠，杖一百。违禁之物并入官。

首告者，官给赏银五十两。

若工匠能自首者，免罪，一体给赏。

（此仍明律，其小注顺治三年添入。顺治律为192条，原文"罢职不叙"后有小注"军官降充总旗"，雍正三年删定。）

条例 175.01：顺治二年定

顺治二年定：公侯文武各官，应用帽顶束带，及生儒衣帽，照品级次第。详考国制，参酌时宜，拟为十三等，通行内外文武各衙门，如式遵用，以辨等威。官员越品僭用，及民间违禁擅用者，重治不宥。其应用东珠，重不得过三分，如用三分以上，即同违式论。公，起花金帽顶，上衔红宝石一大颗，中嵌东珠三颗，带用圆玉版四块，四围金镶，中镶绿松子石一颗。一品侯、伯，起花金帽顶，上衔红宝石一大颗，中嵌东珠一颗，带用起花金圆版四块，中嵌红宝石一颗，带用方玉版四块，四围金镶，中镶红宝石一颗。二品，起花金帽顶，上镶红宝石一颗。三品，起花金帽顶，上衔红宝石一大颗，中嵌小红宝石一颗，带用起花金圆版四块。四品，起花金帽顶，上衔蓝宝石一大颗，中嵌小蓝宝石一颗，带用起花金圆版四块，银镶边。五品，起花金帽顶，上衔水晶一大颗，中嵌小蓝宝石一颗，带用素金圆版四块，银镶边。六品，起花金帽顶，上衔水晶一大颗，带用玳瑁圆版四块，银镶边。七品，起花金帽顶，中嵌小蓝宝石一颗；带用素银版四块。八品，起花金帽顶；带用明羊角圆版四块，银镶。九品杂职，起花银帽顶；带用乌角圆版四块，银镶。举人，金雀帽顶，高二寸，带同八品，青袍蓝边，披领同。生员，银雀帽顶，高二寸，带同九品，蓝袍青边，披领同。外郎耆老，乌角葫芦顶，衣及披领皆纯青。

（此条系顺治二年，奉上谕纂为顺治例 192.01。雍正三年，查顶带品式，顺治八年、九年与康熙元年、三年，屡加更定，今现在定制与前所载不符，且补服亦宜开载。因此将例文改定为条例 175.02。）

条例 175.02：公侯文武各官

公、侯、伯，俱起花金帽顶，上衔红宝石一大颗。公，中嵌东珠四颗；侯，中嵌东珠三颗；伯，中嵌东珠二颗。带，俱用圆玉版四块，四围金镶；公，中嵌猫睛一颗；侯，中嵌绿松子石一颗；伯，中嵌红宝石一颗；俱四爪蟒补服。一品，起花金帽顶，上衔红宝石一大颗，中嵌东珠一颗；带，用方玉版四块，四围金镶，中嵌红宝石一颗；文职仙鹤补服，武职麒麟补服。二品，起花金帽顶，上衔起花珊瑚一大颗，中嵌小红宝石一颗；带，用起花金圆版四块，中嵌红宝石一颗；文职锦鸡补服，武职狮子补服。三品，起花金帽顶，上衔红宝石一大颗，中嵌小蓝宝石一颗；带，用起花金圆版四块；文职孔雀补服，武职豹补服。四品，起花金帽顶，上衔蓝宝石一大颗，中嵌小蓝宝石一颗，带，用起花金圆版四块，银镶边；文职云雁补服，武职虎补服。五品，起花金帽顶，上衔水晶一大颗，中嵌小蓝宝石一颗；带，用素金圆版四块，银镶边；文职白鹇补服，武职熊补服。六品，起花金帽顶，上衔水晶一大颗；带，用玳瑁圆版四块，银镶边；文职鹭鸶补服，武职彪补服。七品，起金花帽顶，上嵌小蓝宝石一颗；带，用素银圆版四块；文职鸂鶒补服，武职补服与六品同。八品，起花金帽顶；带，用明羊角圆版四块，银镶边；文职鹌鹑补服，武职犀牛补服。九品及杂职，起花银帽顶；带，用乌角圆版四块，银镶边；文职练雀补服，武职海马补服。都察院、按察使等官，不论品级，俱獬豸补服。其朝服披肩、接袖，俱用妆缎、蟒缎。举人，金雀帽顶，高二寸，带同八品，青袍蓝边，披领同。举人、官生、贡监生，金雀顶，高二寸；带，同八品，青袍蓝边，披领同。生员，银雀帽顶，高二寸，带同九品，蓝袍青边，披领同。外郎，锡葫芦顶，衣及披领皆纯青耆老，不用披领，余与外郎同。

（乾隆五年，查各官帽顶，雍正八年复加更定，又"都察院都事、经历、笔帖式，按察司经历、照磨等官，补服各照本身品级，不得滥用獬豸"，因此复将例文改定为条例 175.03。）

条例 175.03：公侯文武各官

公侯文武各官，应用帽顶束带，及生儒衣帽，照品级次第不许僭越。官员越品僭用，及民间违禁擅用者，照律治罪。凡应用东珠，重不得过三分，如用三分以上，即同违式。公、侯、伯，起花金帽顶，上衔红宝石一大颗；公，中嵌东珠四颗；侯，中嵌东珠三颗；伯，中嵌东珠二颗。带，俱用圆玉版四块，四围金镶，公，中嵌猫睛一颗；侯，中嵌绿松子石一颗；伯，中嵌红宝石一颗；俱四爪蟒补服。一品，起花金帽顶，上衔红宝石一大颗，中嵌东珠一颗；带，用方玉版四块，四围金镶，中嵌红宝石一颗；文职仙鹤补服，武职麒麟补服。二品，起花金帽顶，上衔起花珊瑚一大颗，中嵌小红宝石一颗；带，用起花金圆版四块，中嵌红宝石一颗；文职锦鸡补服，武职狮子补服。三品，起花金帽顶，上衔蓝宝石一大颗，中嵌小红宝石一颗；带，用起花金圆版四块；文职孔雀补服，武职豹补服。四品，起花金帽顶，上衔青金石一大颗，中嵌小蓝宝石一颗；带，用起花金圆版四块，银镶边；文职云雁补服，武职虎补服。五品，起花金帽顶，上衔水晶一大颗，中嵌小蓝宝石一颗；带，用素金圆版四块，银镶边，文职白鹇补服，武职熊补服。六品，起花金帽顶，上衔砗磲一大颗，中嵌小蓝宝石一颗；带，用玳瑁圆版四块，银镶边；文职鹭鸶补服，武职彪补服。七品，上衔素金帽顶，中嵌小水晶一颗；带，用素银圆版四块；文职鸂鶒补服，武职补服与六品同。八品，起花金帽顶；带，用明羊角圆版四块，银镶边；文职鹌鹑补服，武职犀牛补服。九品及杂职，起花银帽顶；带，用乌角圆版四块，银镶边；文职练雀补服，武职海马补服。在京都察院，在外按察使等官，俱獬豸补服。其朝服披肩、接袖，俱用妆缎、蟒缎。都察院都事、经历、笔帖式，按察司经历、照磨等官，补服各照本身品级，不得滥用獬豸。举人、官生、贡监生，金雀顶，高二寸；带，同八品，青袍蓝边，披领同。生员，银雀顶，高二寸；带，同九品，蓝袍青边，披领同。外郎，锡葫芦顶，衣及披领皆纯青。耆老用锡顶，不用披领，余与外郎同。

（此条乾隆五年，将条例175.02改定。）

薛允升按：此亦《唐律疏议》所云，五品以上服紫，六品以下服朱之意也。生儒似应改为生监，说见"贡举非其人"条例。照律者，照杖一百、笞五十之律也。

条例175.04：服舍鞍马贵贱各有等第

服舍鞍马，贵贱各有等第，上可以兼下，下不可以僭上。官员任满致仕，与现任同。其父祖有官身殁，非犯除名不叙，子孙许居其房舍，用其衣服车马。其御赐者，及军官军人服色，不在禁例。

（此条系《明令》，顺治例192.02。雍正三年奏准，"服舍鞍马"改为"房舍车马衣服等物"；"其父祖有官"至结尾四十一字，改为"父祖有官身殁，曾经犯罪者，除房舍仍许子孙居住，其车马衣服等物，父祖既与无罪者有别，则子孙概不得用"。）

薛允升按：盖本于元制。

条例175.05：房舍并不得施用重拱重檐

房舍并不得施用重拱、重檐，楼房不在重檐之限。职官：一品、二品，厅房七间九架，屋脊许用花样兽吻，梁栋、斗拱、檐桷彩色绘饰；正门三间五架，门用绿油，兽面铜镶。三品至五品，厅房五间七架，许用兽吻，梁栋、斗拱、檐桷青碧绘饰；正门三间三架，门用黑油，兽面摆锡镮。六品至九品，厅房三间七架，梁栋止用土黄刷饰；正门一间三架，门用黑油铁镮。庶民所居堂舍，不过三间五架，不用斗拱彩色雕饰。

（此条系《明令》，顺治例 192.03。）

薛允升按：言房舍按品建造，不得僭越也。

条例 175.06：庶民男女衣服

庶民男女衣服，并不得僭用金绣，许用纻丝、绫罗、绸绢、素纱。妇人金首饰一件，金耳环一对，余止用银翠，不得制造花样金线妆饰。

（此条系《明令》，顺治例 192.04。）

薛允升按：言民间妇女服饰不得僭用也。

条例 175.07：车舆不得雕饰龙凤纹

车舆不得雕饰龙凤纹。职官一品至三品，许用间金妆饰，银螭绣带青幔。四品、五品，素狮子头绣带青幔。六品至九品，用素云头素带青幔。轿子比同车制。庶民车用黑油齐头平顶皂幔，轿子比同车制，并不许用云头。

（此条系《明令》，顺治例 192.05。）

条例 175.08：帐幔并不许用赭黄龙凤纹

帐幔并不许赭黄龙凤纹。职官一品至三品，许用金花刺绣纱罗。四品、五品，刺绣纱罗。六品以下，许用素纱罗。庶民用纱绢。

（此条系《明令》，顺治例 192.06。）

薛允升按：言帐幔按品分等，不得僭越也。

条例 175.09：伞盖（1）

伞盖，职官一品、二品，银葫芦，茶褐罗表红里。三品、四品，红葫芦，茶褐罗表红里。以上皆三檐。五品，红葫芦，茶罗表红里。六品以下，惟用青绢，皆重檐，雨伞通油绢。庶民不得用罗绢凉伞，许用油纸雨伞。

（此条系《明令》，顺治例 192.07，雍正三年改定为条例 175.10。）

条例 175.10：伞盖（2）

伞盖，职官一品、二品，银葫芦，杏黄罗表红里。三品、四品，红葫芦，杏黄罗表红里。以上皆三檐。〔金事道亦同。〕五品，红葫芦，蓝罗表红里。六品以下八品以上，惟用蓝绢，皆重檐，雨伞通油绢。庶民不得用罗绢凉伞，许用油纸雨伞。

（雍正三年将条例 175.10 改定。道光十四年，删去小注"金事道亦同"五字。）

薛允升按：言伞盖按品分张，不得僭越也。

条例 175.11：鞍辔并不许雕饰龙凤纹

鞍辔并不许雕饰龙凤纹。

（此条系《明令》，顺治例 192.08。）

薛允升按：此言鞍辔不得僭越。

条例175.12：器皿不许造龙凤纹

器皿不许造龙凤纹。

（此条系《明令》，顺治例192.09。）

薛允升按：此言器皿不得僭越。

条例175.13：坟茔石兽

坟茔石兽，职官：一品，茔地九十步，坟高一丈八尺。二品，茔地八十步，坟高一丈四尺。三品，茔地七十步，坟高一丈二尺。以上石兽并六。四品，茔地六十步；五品，茔地五十步，坟高八尺。以上石兽并四。六品，茔地四十步；七品以下，二十步，坟高六尺。以上发步皆从茔心各数至边。五品以上，许用碑，龟趺螭首。六品以下，许用碣，方趺圆首。庶人，茔地九步，穿心一十八步，止用圹志。

（此条系《明令》，顺治例192.10。）

薛允升按：言坟茔按品建造，不得僭越也。与《唐律》同。以上各条均不言治罪之法。

条例175.14：品官服色鞍辔等物

品官服色、鞍辔等物，除官府应用之家，许令织造外，其私下与不应用之家制造者，工匠依律治罪。

（此条系《明令》，顺治例192.11。）

薛允升按：言品官服色、鞍辔，不应用之家不得制造也。

条例175.15：军民僧道人等服饰器用

军、民、僧、道人等服饰器用，俱有定制。若常服〔言常服，则大服不禁。〕僭用锦绮、纻丝、绫罗、彩绣，器物用戗金、描金，酒器全用〔言全用，若止用一件不禁〕金银，及将大红销金制为帐幔、被褥之类。妇女僭用金绣闪色衣服，金宝首饰镯钏，〔言金宝，则止用金饰；无珠宝不禁。〕及用珍珠缘缀衣履，并结成补子、盖额、璎珞等件，娼妓僭用金首饰镯钏者，事发，俱问以应得之罪，服饰器用等物，并追入官。〔妇女罪坐家长。〕

（此条系明代问刑条例，顺治例192.12。乾隆五年，删"娼妓僭用金首饰镯钏者"十字；"俱问以应得之罪"改为"俱照律治罪"。嘉庆十四年改定。）

薛允升按：两言照律治罪，自系治以笞五十之罪也。此条止言军民僧道人等，不言官吏，官吏不禁也。应得之罪问违制。

条例175.16：奴仆准用纺丝

奴仆准用纺丝、绢绸、绵绸、茧绸、毛褐、葛苎、梭布、貉皮、羊皮，其缎纱及各样细毛，俱不许用。长随亦照奴仆服式。违者，照律治罪。

（此条乾隆五年定。嘉庆十六年改定为175.17。）

条例 175.17：奴仆优伶皂隶准用绵绸

奴仆、优伶、皂隶，准用绵绸、茧绸、毛褐、葛苎、梭布、貉皮、羊皮。其纺丝、绢绸、缎纱、绫罗，及各样细皮，俱不许用。长随亦照奴仆服式。违者，照律治罪。

（此条嘉庆十六年，将条例 175.016 改定。）

薛允升按：奴仆以下，见在通融办理者多矣。

条例 175.18：官吏军民人等但有服饰僭用

官吏军民人等，但有服饰僭用元、黄、紫三色，及蟒龙、飞鱼、斗牛，器皿僭用朱、红、黄颜色及亲王法物者，俱比照僭用龙凤纹律拟断，服饰器皿，追收入官。

（此条系明代问刑条例，顺治例 192.13。雍正三年奏准：今不禁用元色，删去"元"字，改为"但有服饰僭用黄紫二色"。）

薛允升按：此例举官吏军民人等而并罪之，以其违禁也。

条例 175.19：凡官民人等用线缨者

凡官民人等用线缨者，笞五十。

（此条系康熙十八年定例。）

条例 175.20：黄色秋香色五爪龙缎

黄色、秋香色五爪龙缎，立龙段团补服，及四爪暗蟒之四团补，八团补缎纱，官民不许穿用。其大臣官员有特赐五爪龙衣服及缎匹，无论色样，俱许穿用。若颁赐五爪龙缎，挑去一爪穿用。若官员军民人等违例滥用者，系官，革职；平人，枷号一个月，杖一百。失察官交部议处，衣服入官。

（此条系康熙年间现行例，雍正三年定例。）

条例 175.21：平时所戴暖帽凉帽

平时所戴暖帽、凉帽，亲王世子、郡王长子、贝勒、贝子、入八分公，俱用红宝石顶。未入八分公、固伦额驸、和硕公主额驸、民公侯伯、镇国将军、和硕额驸、及一品大臣，俱用珊瑚顶。辅国将军、奉国将军、多罗额驸、二品三品大臣官员，俱用起花珊瑚顶。奉恩将军、固山额驸及四品官，俱用青金石顶。五品、六品，俱用水晶石顶。七品以下及进士、举人、贡生，俱用金顶。生员、监生，俱用银顶。候补、候选，与现任同。

（此条雍正五年定。雍正八年改定为条例 175.22。）

条例 175.22：凡平时所戴暖帽凉帽

凡平时所戴暖帽、凉帽，亲王世子、郡王长子、贝勒、贝子、入八分公，俱用红宝石顶。未入八分公、固伦额驸、和硕公主额驸、民公侯伯、镇国将军、和硕额驸、及一品大臣，俱用珊瑚顶。辅国将军及二品官，俱用起花珊瑚顶。奉国将军及三品官，俱用蓝宝石顶，及蓝色明玻璃。奉恩将军及四品官，俱用青金石顶，及蓝色涅玻璃。五品官，用水晶顶，及白色明玻璃。六品官，用砗磲顶，及白色涅玻璃。七品官，用素金顶。八品官，用起花金顶。九品官，用起花银顶。未入流，与九品同。候补、候选，与见任同。凡九品之读祝、赞礼、鸣赞、序班，俱用八品起花金顶。进士、举人、贡生，俱用金顶。生员、监生，俱用银顶。

（此条雍正八年，将条例175.21改定。）

条例175.23：三品以下官员

三品以下官员，概不得僭用红色雨衣、雨帽，违者照违制论。

（此条乾隆五年定。乾隆三十三年改定为条例175.24。）

条例175.24：文武官员应用雨帽雨衣

文武官员应用雨帽、雨衣，除二品以上，仍照旧例戴用大红；三品，亦准用大红雨帽。四品、五品、六品，用红顶黑镶边雨帽。七品、八品、九品及有顶戴人员，俱用黑顶红镶边雨帽。其内廷行走之员，仍照旧不论品级，雨帽俱戴大红。无论油帽、毡帽，一色服用。僭用者，照违制论。

（此条乾隆三十二年礼器馆奏准，将条例175.23改定。）

条例175.25：督抚提镇相见

督、抚、提、镇相见，务遵《会典》所载仪制，傥有违例者，一同治罪。至属员谒见上司，遇穿公服之日，止用补服，不许擅用朝衣，违者重处。

（此条雍正五年定。乾隆五年删。）

条例175.26：在籍候选吏员

在籍候选吏员，有僭穿补服干谒地方官者，照违制律治罪。

（此条乾隆十年，礼部议覆浙江布政司潘思条奏定例。）

薛允升谨按：未经考职书吏冒戴顶帽，照假官例徒一年，见诈假官。彼问徒，而此止拟杖，殊嫌参差。盖彼之冒戴顶帽，犹此之僭穿补服也，况干谒地方官乎。此门所载各条，《明令》居其大半，今无令文矣，而见于《会典》者不少。现既重修《会典》，何不择其要者，分门别类，编为一集，命之曰《大清令》，与律相辅而行，亦简便之一法也。律内明载有违令及犯罪，引律令各条而迄无令文，亦阙典也。司其事者，何以竟无人见及于此耶。

事例175.01：顺治十八年议定

凡官民等擅用黄色、秋香色，并以线为帽缨，俱笞五十。

事例175.02：康熙十八年议准

凡家仆，止许用绫、绢、纺丝、绵绸、葛布、夏布、狐皮、沙狐皮、貉皮、羊皮等物。帽及围领，许用染黄鼠皮、狐皮、沙狐皮。其腰刀、靴，不许镶绿皮。腰刀、腰带、撒带、秋辔等物，不许用金。其妻亦照其夫服用。若越分服用者，系旗下人，枷号两月，鞭一百；系民，枷号两月，责四十板；违禁之物入官。其主系官，罚俸一年；系平人，鞭八十，责三十板；该管官不行查拿，旁人能拿送者，现获之物，即给拿获人充赏；失察之佐领、骁骑校，每事罚俸三月，领催鞭五十。地方官失察者，亦照例每事罚俸三月，总甲责二十板。

律 176：僧道拜父母

凡僧、尼、道士、女冠，并令拜父母，祭祀祖先。〔本宗亲属在内〕丧服等第〔谓斩衰、期、功、缌麻之类〕，皆与常人同。违者，杖一百，还俗。

若僧道衣服，止许用绸绢、布匹，不得用纻丝、绫罗。违者，杖五十，还俗，衣服入官。其袈裟、道服，不在禁限。

（此仍明律，顺治三年添入小注。顺治律为 193 条。）

律 177：失占天象〔例 1 条〕

凡天文〔如日月、五纬、二十八宿之属〕，垂象〔如日重轮，及日月珥蚀，景星彗孛之类〕。钦天监官失于占候奏闻者，杖六十。

（此仍明律，顺治三年添入小注。顺治律为 194 条，原文小注无"彗孛"，乾隆五年增定；原文小注有"旄头慧宇"，乾隆五年删定。）

条例 177.01：占候天象

占候天象，钦天监设观星台，令天文生分班昼夜观望。或有变异，开具揭帖呈堂上官，当奏闻者，随即具奏。

（此条系《明会典》例，顺治例 194.01。）

薛允升按：专为钦天监占候而设，然奏者少而不奏者多矣。

律 178：术士妄言祸福〔例 1 条〕

凡阴阳术士，不许于大小文武官员之家妄言〔国家〕祸福。违者，杖一百。其依经推算星命、卜课，不在禁限。

（此仍明律，顺治三年添入小注。顺治律为 195 条。）

条例 178.01：习天文之人

习天文之人，若妄言祸福，煽惑人民者，照律治罪。

（此条系康熙年间例，雍正三年勒为定例。原载"禁止师巫邪术"律内，乾隆五年删改，嘉庆六年移附此律。）

薛允升谨按：既云妄言，又云煽惑人民，其与妖言何异。仅拟杖罪，未免太轻，应与造妖书、妖言律参看。

律179：匿父母夫丧〔例8条，事例1条，成案16案〕

凡闻父母〔若嫡孙承重，与父母同〕及夫之丧，匿不举哀者，杖六十、徒一年。若丧制未终，释服从吉，忘哀作乐，及参预筵宴者，杖八十。若闻期亲尊长丧，匿不举哀者，亦杖八十。若丧制未终，释服从吉者，杖六十。

若官吏父母死，应丁忧，诈称祖父母、伯叔、姑、兄姊之丧，不丁忧者，杖一百，罢职役不叙。〔若父母见在〕无丧诈称有丧，或〔父母已殒，〕旧丧诈称新丧者，〔与不丁忧〕罪同。有规避者，从〔其〕重〔者〕论。

若丧制未终，冒哀从仕者，杖八十。〔亦罢职。〕

其当该官司知而听行，各与同罪。不知者，不坐。

其仕宦远方丁忧者，以闻丧月日为始。夺情起复者，不拘此律。

（此仍明律，顺治三年添入小注。顺治律为196条。）

条例179.01：内外官吏人等例合丁忧者

内外官吏人等，例合丁忧者，务要经由本部。京官，具奏关给内府孝字号勘合；吏典人等，札付顺天府给引照回。在外官吏人等，移文知会所在官司给引回还，及移文原籍官司体勘明白，开写是否承重祖父母，及嫡亲父母，取具官吏里邻人等结状回报。如有诈冒，就便解部查实，仍以闻丧月日为始，不计闰，二十七个月，服满起复。若有过期不行，移文催取过部，果无事故，在家迁延者，咨送法司问罪。

（此条系《明会典》例，顺治例196.02，雍正三年改定为条例179.02。）

条例179.02：内外官员例合守制者

内外官员例合守制者，在内，经由该部具题，关给执照；在外，经由该抚照例题咨，回籍守制。京官取具同乡官印结，外官取具原籍地方官印甘各结，将承重祖父母，及嫡亲父母，与为所后父母，例应守制，开明呈报。如有诈冒，照律例治罪。俱以闻丧月日为始，在外旗员丁忧，以赴部验到日为始，不计闰，二十七个月，服满起复。若服满果无事故，在家迁延者，交该部照例议处。

（此条雍正三年，将条例179.02改定。乾隆元年吏部议准：外任旗员丁忧，亦以闻讣之日为始，将此条"在外旗员丁忧，以赴部验到日为始"二语节删。）

薛允升按：此内外官员丁忧之通例。此条律例大约为匿丧及冒哀从仕而设，服满在家迁延，则尤系贤者之过。交部议处，似可不必。《处分例》并无此层，似可删去。

条例179.03：官吏丁忧

官吏丁忧，除公罪不问外，其犯赃罪及系官钱粮，依例勾问。

（此条系明代旧例，顺治例196.01。）

条例 179.04：文职官吏人等

文职官吏人等，若将远年亡过父母，诈作新丧者，问发为民。若父母现在，诈称死亡者，发边外独石等处充军。其父母丧，计原籍程途，每千里限五十日，过限匿不举哀，不离职役者，俱发边外为民。

（此条系顺治例 196.03，雍正三年奏准：今依律断罪，不用此例。将此例删除。）

条例 179.05：凡在籍新选县丞杂职等官

凡在籍新选县丞、杂职等官，于领凭之时，有呈报丁忧、终养等情，该地方官确查出具印结报部开缺。傥报部之后，有假捏等弊，别经发觉者，将捏报之员，照规避例革职；出结之地方官参处；承办之经承，照不首告律，杖一百。至州同、州判，在部投供候选，及县丞、杂职等官，因事离任赴部另补者，如掣签之后，呈报丁忧，务令取具同乡京官印结，呈明吏部开缺，仍行原籍地方官查明，出具印结报部存案。傥地方官并不确查，任听书吏蒙混作弊，事发，将本员并出结之同乡京官，及该地方官吏，俱照例议处治罪。

（此条系雍正八年定例。乾隆五年删除。）

条例 179.06：凡文武生员

凡文武生员，及举、贡、监生，遇本生父母之丧，期年内俱不许应岁、科两考，及乡、会二试。其童生亦不许应府、州、县及院试。有隐匿不报，朦混干进者，事发，照匿丧例治罪。其月课等试不在此例。

（此条系雍正十三年，礼部议覆河南学政邹升恒条奏定例。嘉庆六年增定为条例 178.07。）

条例 179.07：凡内外大小官员

凡内外大小官员，遇父之生母病故，父已先故，又无父之同母伯叔，及父同母伯父之子，准其回籍治丧。其本身出继为人后者，遇本生父母之丧，令其回籍守制，除路程外，俱定限一年，限满咨部赴补。其匿丧不报，及无丧诈称有丧，旧丧诈称新丧规避者，革职。若文、武生童，及举、贡、监生，遇生祖母并本生父母之丧，例应治丧及守制者，期年内俱不许应试。有隐匿不报，朦混干进者，事发，照匿丧律治罪。其月课等试，无关功名弃取者，不在此例。

（此条嘉庆六年，将条例 179.06 增改。）

薛允升按：《明通鉴》载："先是百官闻祖父母、伯叔、兄弟丧，俱得奔赴。洪武二十六年吏部言：期年奔丧，皆令守制，或一人连遭数丧，或道路数千里，则居官日少，更易烦数，旷官废事。自今除父母及祖父母承重者丁忧外，其余期丧不准奔赴。从之。"本生父母之丧因已降为期服，是以例不丁忧，自愿回籍治丧者，定限一年，并非必令其回籍也。然本生父母究与旁期之丧大有区别，定为守制一年，揆之天理人情亦属允当。然数百年以来，并无人议及于此，何也？此例文之远胜于前者。父之生母即祖妾也，既准治丧一年，则亦期服矣，而服制律不载此项，自属遗漏。《皇朝经世文编·服制门》，王应奎《承重孙说》，张笃庆《为父生母不承重辨》，柴绍炳《庶孙不为生祖母承重说》，冯浩《庶孙父卒不为所生祖母服三年论》等篇，均可与此例参看。又，陈祖范《答庶孙为所生祖母服议》，亦明通，与此例相合。再，洪武年间既定期服不准奔丧之制，遂并本生父母而亦不准丁忧，与上条服满在家迁延之意相同，盖视公事为重，而丧服为轻也，故匿丧等项均较《唐律》轻至数等。

条例179.08：凡官员出继为人后者

凡官员出继为人后者，于起文赴部选补之时，即将本生三代姓氏存殁，一并开列，选补之后，即行知照该省。如有出仕之后，始行出继、归宗者，即著该员取具本旗、原籍印结，详报咨部，改正三代。倘有临时先谋出继、归宗，预为匿丧恋职地步者，一经发觉，将本官照匿丧例革职，不准原赦。扶同出结之旗籍各官，俱交该部照例议处。其扶同具结之邻族，照不应重律，杖八十。

（此条系乾隆二年，吏部议覆云南巡抚张允随条奏定例。）

薛允升按：此专为出继而言。不准原赦，似应删去。十恶内不孝条下，闻祖父母丧，匿不举哀，诈称祖父母死，与此相等。彼系统士民言之，此则专言官员也。赵氏翼《陔余丛考》云："《礼经》八十者，一子不从政。九十者，家不从政。解者谓令其子孙得以家居侍养。此后世终养之例之所始，而不知非也。家有老亲，正资禄养，岂有转禁其入仕之理。且九十者，一家之中，俱不从政，倘在贫家，将何以奉晨昏、具甘旨。是教之孝而转无以全其孝也。《北史》辛雄有《禄养论》，谓《礼记》所云不从政者，郑注云复除之，盖专指庶人而言。力役之征，概以停免，非公卿士大夫之谓也。仲尼论五孝，自天子至于庶人，无致仕之文。今宜听禄养，不约其年。魏孝帝纳之。辛雄此论，可谓发前人所未发。按《管子·入国篇》：凡国都皆有长老，七十以上一子无征，八十以上二子无征，九十以上尽家无征。又，汉武诏云：九十以上，复其子若孙，令得身帅妻妾，遂其供养之事。注：复者，免其徭役。又，贾山《至言》：陛下振贫民，礼高年，九十者一子不事，八十者二算不事。师古曰：一子不事，蠲其赋役也。二算不事，免其二口之赋也。则汉时犹未有仕宦者亲老归养之例，但庶民之家有老亲则免其徭役口算耳。然则误以不从政为不服官，而定亲老去官之例，起于何时耶。按《晋书》，庾纯以父老不解官被劾。又，齐王攸议曰：《礼》八十者一子不从政。九十者其家不从政。纯父年八十一，兄弟六人，三人在家，不废侍养。今令年九十乃听悉归，纯父年未九十，不为犯令。然则亲老归养之制，盖即晋时所定也。《北史》魏宣武帝诏：诸有父母八十以上者，皆听居官禄养。留亲就禄，至特颁诏书，可见亲老归养，久著为成例，至宣武始变通耳。又，《南史·张岱传》：岱母是年八十，而籍注未满，岱便去官。则是时仕宦者，父母之年亦须注籍也。"

事例 179.01：乾隆二年议准

嗣后内外大小官员出继为人后者，遇本生父母亡故，概令回籍治丧，除路程外，定限一年，限满起文赴补。其在京各官，取具同乡官印结。中书以上等官，呈明到部具题。其余各官，呈明注册。在外各官，取具原籍印结。知县以上等官，督抚具题。其余各官，咨部注册。又，在京候补，在外试用等官，遇有本生父母之丧，亦令取结具呈，回籍治丧，一年限满，起文赴部补用。如有匿丧不报，以及无丧诈称有丧，旧丧诈称新丧规避者，照律分别治罪。

成案 179.01：出嫁母丁忧〔康熙三十二年〕

吏部议：凤庐道傅作楫之母改嫁本旗钮姓，今仍以傅姓受诰封，又告丁忧，因此二事不明，是以不敢出结。续又据道员傅作楫呈称，楫年六岁，父傅洪谟病故，母舅将母接回改嫁钮姓，未及三月，钮病故，仍归楫家，彼时楫并无伯叔兄弟，孤苦伶仃，赖母抚养，德难报母，相随在任，遇诏受封，殁后丁忧，较之出姓不归者不同等因。查定例，凡官员丁忧，遇父母亡故，离任守制。再查会典内，嫁母齐衰杖期等语，并无出嫁之母复回本姓不准丁忧之例。今原任道员傅作楫之母，傅作楫六岁出嫁，未及三月，复回本姓，养伊子成人，数任以来，相随在任亡故，应将傅作楫仍令丁母忧，但先保丁忧时，伊母出嫁复归本姓之处，并未详明，该督抚不合。查定例，官员为父母丁忧者，咨结题疏内不开明嫡亲父母有无过继，将混呈出结代报官员俱罚俸六个月等语。应将凤庐道傅作楫，凤阳府知府沈进，均照此例，各罚俸六个月。

成案 179.02：生母再醮丁忧〔康熙三十三年〕

吏部覆陕抚吴赫题：布政司载屯亲母孀居时，被本佐领下员外郎吴堪娶为室，后吴堪病故，并无遗嗣，接回奉养，病亡，恳请守制一疏。查原任江南凤庐道镶白旗傅作楫之母出嫁，复回本姓，随任亡故，准其离任守制，奉俞允，钦遵在案。应将载屯遵照傅作楫之例，准其丁忧。

成案 179.03：副将在任守制〔康熙四十三年〕

福督金世荣题：看得武职副将以上遇有亲丧，例应题报，离任守制，该副将李涵，立功闽海，地方情形素所谙悉，曾经前任督臣郭世隆两经保题参将、副将，均蒙皇上俞允，且该员现在署理闽安水师副将事务，今一旦以丁忧去任，恐难骤得人地相宜之员，倘蒙俞允，在任守制，不惟轻车熟路，亦指臂得人，但官员去留之处，皆出自特恩，非敢擅便。奉旨：李涵著在任守制，兵部知道。

成案 179.04：武职不系现任丁忧〔康熙二十六年〕

兵部准川督图纳咨称：准部咨内开，功加各官内，经制现任官与部准效用官，及题带征剿，详明报部带去人员外，其余各项功加人员既停录用，遇有亲丧，应无庸丁忧等因，通行在案。今据功加官王洪道报称，亲父王道增，继母邓氏病故；又据陈喜忠报称，母朱氏病故；又据杨鼎甲报称，母杜氏病故；又据马超报称，亲父马夫才病故；例应丁忧等情，但查此四员，是否四项人员，应否送结丁忧，咨请示覆前来。查近经本部会覆晋抚马齐一疏内议，嗣后参将以下官员俱令其在任守制，其闻讣日期应停止报部等因，行文在案。今功加官王洪道等四人，非系现任之官，自应丁忧，仍咨该督知照可也。

成案 179.05：丁忧错报已未考职〔康熙二十九年〕

吏部议晋抚叶穆济疏：沁水县举人、候选教职张德棠，于二十四年十月内，在部考教，二十六年正月内具报丁忧，仍开并未考职，所有错报职名，相应开报。查定例，官员造报文册舛错遗漏者罚俸三个月等语。应将候选教职张德棠，照例于补官日罚俸三个月。

成案 179.06：报丁忧不开父讳〔康熙三十年〕

吏部议署浙抚李某疏：仙居县知县郑禄勋，亲父病故报文内，无伊父名讳，又不照例开有无过继，况闻讣已久，不行确覆，故为混呈等因。查定例，官员为父母丁忧，不开嫡父母有无过继混呈罚俸六个月等语，应将知县郑禄勋罚俸六个月。

成案 179.07：为人后不开明过继〔康熙三十年〕

吏部议东抚佛伦等疏：兖州府运河同知陈良谟，嫡母金氏病故，但陈良谟曾经过继与亲叔陈一来为嗣，该同知以罔极之哀，未及查例，遂以丁忧申报总河，已将前缺题补，陈良谟实系过继，例不准丁忧等因。查定例，官员过继为人后者，不与本生父母丁忧等语。今陈良谟过继亲叔为嗣，照例不准丁忧。再查定例，为父母丁忧者，不开明无过继混呈出结，代报官员俱罚俸六个月等语。陈良谟将过继之处不声明，开写混呈，总河王新命不行查明，遽准丁忧具题，均照例罚俸六个月。

成案 179.08：藩司不将丁忧官报部〔康熙十八年〕

吏部覆江抚韩世琦题：行人司吴守寀，十八年颁诏江南事竣，旋里丁外艰，于原籍府县呈明藩司，乃布政使徐为卿，止将诏书部札勘合火牌赍缴礼部，而丁艰日期竟不报部，相应罚俸六个月。

成案 179.09：失报丁忧混称报明〔康熙二十五年〕

吏部议偏抚丁思孔疏：武举刘锵亲母陈氏身故，原经呈报邵阳县，该县竟不取结转报，迨至服满具呈起复，混称报明，将失报丁忧邵阳县知县张起鹍指参。查定例，官员事故未报上司，称已报上司者，将州县罚俸一年等语。应将混称呈报之邵阳县知县张起鲲，照此例于补官日罚俸一年。

成案 179.10：服满预先起文〔康熙六年〕

礼部据福建布政使起送邵武府举人吴迪功，泉州府举人谢万上等，会试到部，臣查举人丁忧，应于服满之日起文会试。今吴迪功等虽服满在二月初九日场前之期，但预先起文，尚在未满之时，不合。伊等除今科不准会试，应各罚停会试一科，其布政、府、州、县等官，预行给文起送，亦属不合，相应将各官职名查参，咨部议处。

成案 179.11：丁忧印结迟延〔康熙二十八年〕

吏部议陕抚萨弼图疏：华州候选同知王某之母病故，虽申报西安府，因未据赍印结，照例驳取，始于二十七年十二月间取获印结呈报，从前迟延之由，系华州知州郑佩玺，而西安知府董绍孔不即先行申报，难辞迟延之咎等因。查定例内，官员为父母丁忧，因原籍印结迟延，或字样不符，以致往返驳查者，罚俸六个月等因。应将知州、知府，各罚俸六个月。

成案 179.12：知府在任守制告假葬亲〔康熙四十四年〕

吏部议东抚赵世显疏：查赵于京，山东举人，原任河南河南府知府，丁忧回籍，奉旨留任守制在案。今该抚既称京母停棺荒寺，亟谋归土，请给假三月，葬亲之后赴任等语。应如所题，准其俟假满之日，令其赴任。

成案 179.14：外官不准给假迁葬〔康熙四十三年〕

吏部议总河张鹏翮疏：淮安府同知徐斯适之父徐荣祖、祖母黄氏俱卒多年，呈请给假六个月，回籍安葬，并援守备徐斌请假葬亲之例等因。查定例，凡在京大小官员，有迁葬者，历俸五年以上，准去等语。今同知徐斯适系外官，并无请假迁葬之例，且文官有钱粮刑名职掌事务，与武官不同，应将该督所题之处，无庸议。

成案 179.15：安徽司〔嘉庆二十四年〕

安抚咨：胡临庄因伊父为其冒籍报捐，该犯彼时远在广东游学，并不知情，嗣伊父自京回籍身故，该犯在粤闻讣成服，旋即回家，检出捐照，其时丧服已满，愚昧不知，不行补报丁忧。将胡临庄所捐职衔斥革，比照匿丧不举哀者杖六十徒一年罪上，量减一等，杖一百。

成案 179.16：浙江司〔道光二年〕

浙抚奏：革监邵霁呈请应试时，尚在母丧未满期内，即与冒哀从仕无异，应将邵霁比照丧制未终冒哀从仕律，杖八十。

律 180：弃亲之任〔例 4 条，成案 4 案〕

凡祖父母、父母，年八十以上，及笃疾，别无以次侍丁，而弃亲之任，及妄称祖父母、父母老疾，求归入侍者，并杖八十。〔弃亲者，令归养，候亲终服阕降用；求归者，照旧供职。〕若祖父母、父母及夫犯死罪，见被囚禁，而筵宴作乐者，罪亦如之。〔筵宴不必本家，并他家在内。〕

（此仍明律，顺治三年添入小注。顺治律为 197 条。）

条例 180.01：凡官员祖父母父母年七十以上（1）

凡官员祖父母、父母年七十以上，果无以次丁，自愿离职侍养者听。亲服，满，方许求叙。

（此条系《明令》，顺治例197.01，乾隆元年修并入条例180.04。）

条例180.02：凡官员祖父母父母年七十以上（2）

凡官员祖父母、父母年七十以上，而子男俱仕在外，户无以次人丁者，许其回籍侍样。虽有兄弟，而笃疾不能侍养，及母老虽有兄弟而同父异母者，亦俱准侍养。其父母年至八十以上，虽家有次丁，而请终养者亦听。

（此条雍正三年，将条例180.01改定。乾隆元年修并入条例180.04。）

薛允升按：律必亲年八十以上方准归养。例以年至七十愿归养者，听。亦曲顺人情之意也。此例凡四层，均听终养。

条例180.03：凡应补应选人员（1）

凡应补、应选人员，有亲老情愿终养者，于本省起文时，即具呈该地方官，转详咨部，在籍终养。若现任官员，有父母衰疾，迎养维艰、详请终养者，必历俸三年后，该督抚查明该员政务并无怠忽，仓谷钱粮并无亏空，取结具题，照例准其回籍终养。其从前家无次丁，出仕后兄弟忽遭事故，无人奉侍者，该督抚取具原籍地方官印结具题，不拘年限，准其回籍终养。如历俸未满三年，亲年虽老，兄弟别无事故，妄请终养者，俱照规避例革职。

（此条雍正五年定。乾隆元年修并入条例180.04。）

条例180.04：凡应补应选人员（2）

凡应补、应选人员，有亲老情愿终养者，于本省起文时，即具呈该地方官转详咨部，在籍终养。若现任官员祖父母、父母年七十以上，家无次丁者；或有兄弟而笃疾不能侍养，及母老虽有兄弟而同父异母者；其父母年至八十以上，虽家有次丁，愿请终养者；或出仕后兄弟忽遭事故，无人奉侍者；均不拘历俸三年之限。该督抚查明该员仓谷钱粮并无亏空，任内并无误误，取具印结具题，得准其回籍终养。俟亲终服满之日，该督抚给咨赴部铨补。如有捏报，借名诡避者，发觉之日，将呈请终养之员，按律究拟。并将出结各官，一并参处。

（此条乾隆元年将条例180.01至180.03三条修并改定。嘉庆六年，于"无人奉侍者"句下，增"或继父母已故，其本生父母老病，愿请终养者"三句。）

薛允升按：上数条系指例应丁忧而言，此条系指情愿终养而言。亲年，律以八十为准，例推广为七十亦准归养，而应补、应选人员止云亲老，并未注明七十以上，似属参差。弃老疾之亲而之任，与捏称父母老疾者，均杖八十。律并举两层而言，例则专言捏报、诡避之罪，且于终养上注明"情愿"二字，则应终养而不呈请终养，是否仍应照律拟罪之处，记核。《处分例》载官呈请终养，如有浮开年岁，假捏事故，藉端规避者，革职。并无应终养而不终养若何治罪之例。

成案180.01：继母亦准终养〔康熙九年〕

吏部覆：仁和县知县丁世淳，以继母刘氏年迈，请乞终养。奉旨：实录开载，父母终养，岂可分别生母、继母？丁世淳准终养。

成案180.02：武职不准终养〔康熙三十八年〕

兵部覆晋镇康调元疏称：茹越营守备霍庄荆，嫡母赵氏年已七十四岁，苦无次丁，乞请终养，取有同乡官印结前来。查本年五月内，会覆御史张世爵条奏一疏内议武职官员防守地方，责任最为紧要，与文职不同，若照文职之例，准其终养，则防守紧要边疆之武弁，借此为由，希图终养规避，亦未可定，应将武职定例一体准其终养之处，毋庸议等因。奉旨：依议。钦遵在案。应将该镇所题，毋庸议。

成案180.03：家有次丁不准终养〔康熙四十五年〕

吏部议云督贝和诺疏：翰林院侍讲许贺来，亲母李氏，年逾八十，该员乞假归省在案。有胞兄许昭来，现任江南青浦县知县，胞弟许泰来随兄赴任，别无次丁，恳请终养等因。查定例，凡官员父母年老七十岁以上，而子男俱仕在外，内别无以次人丁者，许回籍终养等语。许贺来胞弟昭来，虽系江南青浦县知县，而伊弟泰来现随兄任，并非出仕，可以回籍侍养，与并无次丁之例不符。应将该督所题许贺来告请终养之处，毋庸议。

成案180.04：终养捏结〔康熙四十六年〕

吏部议：原任四川重庆府终养经历孟振歧，既有胞兄，捏称止生一子告请终养。应将孟振歧照规避例革职。同乡官巴县知县王某并不查明，遽与出结，应将王某照徇庇例降二级调用。

律181：丧葬〔例5条，事例1条〕

〔职官庶民，三月而葬。〕

凡有〔尊卑〕丧之家，必须依礼〔定限〕安葬。若惑于风水，及托故停柩在家，经年暴露不葬者，杖八十。〔若弃毁死尸，又有本律。〕其从尊长遗言，将尸烧化，及弃置水中者，杖一百；从卑幼，并减二等。若亡殁远方，子孙不能归葬而烧化者，听从其便。

其居丧之家，修斋设醮，若男女混杂，〔所重在此，〕饮酒食肉者，家长杖八十，僧道同罪，还俗。

（此仍明律，顺治三年添入小注。顺治律为198条。）

条例181.01：蒙古丧葬不许火化

蒙古丧葬，不许火化。除远乡贫人，不能扶柩归里，不得已携骨归葬者，姑听不禁外，其余有犯，按律治罪。族长及佐领等隐匿不报，一并处分。

（此条系雍正十三年定例。乾隆二十一年改定为条例181.02。）

条例 181.02：旗民丧葬概不许火化

旗、民丧葬，概不许火化。除远乡贫人不能扶柩归里，不得已携骨归葬者，姑听不禁外，其余有犯，照违制律治罪。族长及佐领等隐匿不报，照不应轻律，分别鞭责议处。

（此条乾隆二十一年，将条例181.01改定。）

薛允升按：此亦不得已之办法也。

条例 181.03：民间遇有丧葬之事

民间遇有丧葬之事，不许聚集演戏，以及扮演杂剧等类。违者，按律究处。

（此条雍正十二年奉上谕纂为例。嘉庆元年修并为条例181.05。）

条例 181.04：民间丧葬之事（1）

民间丧葬之事，凡有用丝竹管弦演唱佛戏之处，该地方官严行禁止。违者，照违制律治罪。

（此条乾隆元年定。嘉庆元年修并为条例181.05。）

条例 181.05：民间丧葬之事（2）

民间丧葬之事，凡有聚集演戏，及扮演杂剧等类，或用丝竹管弦演唱佛戏者，该地方官严行禁止。违者，照违制律治罪。

（此条嘉庆元年，将条例181.03及181.04修并。）

薛允升按：律止言修斋设醮，例所云演戏等类，较斋醮尤为悖礼矣，故重其罪。然禁者自禁，而犯者如故，化民成俗之意，是所望于贤有司矣。

事例 181.01：雍正五年谕

金银殉葬，尤属愚昧之极，毫无益于死者，而徒起小人觊觎之心，百余年尚不免偷掘之事。此其于理不顺，于事非宜，更不待智者而后知矣。满洲从无有金银殉葬者，汉人则间有之。著通行晓谕劝导，俾此后官民人等，毋为此无益有害之事。

律182：乡饮酒礼〔例3条，事例1条，成案4案〕

凡乡党叙齿，及乡饮酒礼，已有定式。违者，笞五十。〔乡党叙齿，自平时行坐而言。乡饮酒礼，自会饮礼仪而言。〕

（此仍明律，顺治三年添入小注。顺治律为199条。）

条例 182.01：乡党叙齿

乡党叙齿，士农工商人等，平居相见，及岁时宴会揖拜之礼，幼者先施。坐次之列，长者居上。如佃户见田主，不论齿叙，并行以少事长之礼。若亲属，不拘主佃，止行亲属礼。

（此条系明洪武五年令，顺治例199.01。）

薛允升按：《集解》："此例于乡党叙齿中分出佃主、佃户之别，主佃中又以亲属为重，主佃为轻。"此与下条均古法也，今不行矣。

条例182.02：乡饮坐次

乡饮坐次，以高年有德者居于上，高年笃实者并之，以次序齿而列。其有曾违条犯法之人，列于外坐，同类者成席，不许干预善良之席，主者若不分别，致使贵贱混淆，或察知，或坐中人发觉，主者坐顽不由其主，紊乱正席，全家发边外安插。

（此条系明代《大诰》，顺治例199.02，末句康熙时改为"全家移出化外"，雍正三年，改为"发边外安插"。乾隆五年改定为条例182.03。）

条例182.03：乡饮坐叙

乡饮坐叙，高年有德者居于上，高年淳笃者并之，以次序齿而列。其有曾违条犯法之人，列于外坐，不许紊越正席。违者，照违制论。主席者若不分别，致使良莠溷淆，或察知，或坐中人发觉，依律科罪。

（此条乾隆五年将条例182.02改定。）

薛允升按：此律与条例并折毁申明亭律例，犹有以礼化民之意，乃视为具文，地方官惟知以法令从事，失此意矣。

事例182.01：乾隆二年议准

嗣后乡饮酒礼，酒席坐次，悉依定式陈设，并刊刻礼节，临期分给宾僎执事人等，遵照行礼。其应读律令，即开载于礼节之后，令读者照例讲读。其在省会，令督抚委大员稽查监看。其在各府州县，亦令该地方官实心奉行。如有违条越礼者，依律惩治。所举宾僎，务择齿德兼优，允协乡评之人。如地方官所举冒滥，题参议处。如所举得人，而不法之徒，藉端生事，需索讹诈，即予严行究治。

成案182.01：军民寿至百岁旌表〔康熙四十三年〕

礼部议陕抚鄂海疏称：盩厔县民刘守智等，年一百四岁，应请旌表等因。查康熙四十二年三月十八日恩诏内开，军民至百岁者题明，给与建坊银两。又查会典内称，寿至百岁者旌表等语。今刘守智等应令该抚转行地方官，照例各给银三十两，听本家自立牌坊，其旌表字样，交与内阁撰给可也。

成案182.02：强奸不从身死旌表〔康熙四十一年〕

礼部议东抚王国昌疏：汶上县民宋奇妻徐氏，被陈小差逼奸不从，致被杀死，矢志贞烈，应旌表以维风化等因。查定例，凡妇女强奸不从，以致身死者旌表等语。应将徐氏照例旌表，咨行该抚给银三十两，听本家自行建坊。

成案182.03：节妇未至五十岁身故不旌表〔康熙四十五年〕

礼部议：查得山东汶上县贡生赵锐妻胡氏，二十八岁孀居，四十一岁身故，未至五十岁。生员孔衍铭妻郭氏，已受诰封。又浙江德清县贞女沈氏，十七岁孀居，二十岁身故，年久湮远，无从考证，俱无庸议。其湖广等省节妇，听其建坊可也。

成案 182.04：割股不准旌表〔康熙二十二年〕

礼部议晋抚叶穆济疏：临汾县已故孝子贾从父母病笃，两次割股，父母殁后，克尽孝行，题请旌表前来。查割股卧冰不准旌表，应将该抚所请旌表之处，无庸议。奉旨：依议。割股不准旌表，久有定例，叶穆济并不详查，将贾从准其题请旌表，殊属粗鄙，著严饬行。

兵律·宫卫

（计 16 条）

律 183：太庙门擅入

凡〔无故〕擅入太庙门及山陵兆域门者，杖一百；太社门，杖九十。〔但至门〕未过门限者，各减一等。守卫官故纵者，各与犯人同罪。失觉察者，减三等。

（此仍明律，顺治三年添入小注。顺治律为 200 条。）

律 184：宫殿门擅入〔例 2 条，事例 1 条，成案 1 案〕

凡擅入紫禁城午门、东华、西华、神武门，及禁苑者，各杖一百。擅入宫殿门，杖六十、徒一年。擅入御膳所，及御在所者，绞〔监候〕。未过门限者，各减一等。〔称御者，太皇太后、皇太后、皇后并同。〕

若无门籍，冒〔他人〕名〔籍〕而入者，〔兼已入未过，〕罪亦如之。

其应入宫殿〔宿直〕之人，未著门籍而入，或当下直而辄入，及宿次未到〔虽应入，班次未到，越次〕而辄宿者，各笞四十。

若不系宿卫应直合带兵仗之人，但持寸刃入宫殿门内者，绞〔监候。不言未入门限者，以须入门内乃坐〕。入紫禁城门内者，杖一百，发边远充军。

门官及宿卫官军故纵者，各与犯人同罪。〔至死减一等。〕失觉察者，官减三等，罪止杖一百；军又减一等。并罪坐直日者。〔通指官与军言，余条准此。〕

（此仍明律，顺治三年修改，顺治律为 201 条，原文首句"凡擅入皇城午门"，雍正三年改定。）

条例 184.01：太监等进殿当差

太监等进殿当差，如遗金刃之物未经带出者，枷号一年，满日，责四十板，罚当下贱差使。如遗失零星物件，交总管责四十板，仍在本处当差。

（此条系嘉庆十三年奉旨纂为例。）

薛允升按：此专指当差之太监而言，亦不常有之事。持刃入宫殿门者绞，盖指不系宿卫应直合带兵仗之人而言，律文已明。太监系应进殿当差者，小刀亦当差需用之物，犹宿卫之人兵仗也，但不当遗至殿内不带出耳。《唐律》若于辟仗内误遗兵仗者，杖一百。弓、箭相须，乃坐。与此相类。责四十板，罚当下贱差使足矣，似无庸再加枷号。

条例 184.02：绣漪桥以北昆明湖内

绣漪桥以北昆明湖内，除官民人等擅入游玩，及故纵失察之官军，照擅入紫禁城禁苑律分别治罪外，如有溺毙人命，即将本段堆拨值班弁兵，杖一百，枷号一个月；左右附近二所堆拨值班弁兵，杖八十，枷号二十日。若赴溺之人，被弁兵实时拿获，或于溺水时捞救得生，弁兵免其治罪，将赴溺之人严行审讯，仅止因贫因病，并无别故，枷号半年，杖一百，发往伊犁当差。如另有重情，仍各依本律例，从其重者论。

（此条嘉庆十八年刑部遵旨纂辑为例。道光九年，调剂新疆遣犯，条例内"发往伊犁当差"改为"发极边足四千里充军"。道光二十四年，仍改复原例。）

薛允升按：此亦不常有之事。自溺之人原无大罪，特不应在禁地轻生耳。枷杖不足示惩，或酌量加等亦可。遽拟遣罪，仍枷号半年，似嫌太重。越诉门，奸徒身藏金刃擅入午门、长安等门者，杖一百，发近边充军。曾经法司等问断明白，意图翻异，于登闻鼓下及长安门等处自刎自缢者，杖一百，徒三年。赴溺之人情节较彼条为轻，而科罪反重，如谓例系奉旨从严纂定，嗣后修改时亦当略为变通，从前奉旨从重，后经改轻之例，不一而足，此条何必过拘耶。

事例 184.01：嘉庆十三年谕

本日据总管内务府大臣苏楞额等，审拟保合、太合太监徐存误遗小刀在殿，请将该太监照持寸刀入宫殿门拟绞监候一折。所拟未免过重。律载：持刀入宫殿门即拟以绞监候者，原指无故持刀入殿，或假装疯病，或酒醉持刀肆闹者而言。若太监等进内当差，岂能不带小刀豫备差使，若一概即行拟绞，未免无所区别。惟是该太监当差事毕退出之后，不但金刃之物，不应留于殿内，即寻常之物，亦不应遗失，自应立定专条，以便援引。嗣后太监等进殿当差，如遗金刃之物，未经带出，著枷号一年，满日责四十板，罚当下贱差使。如遗零星物件，交总管责四十板，仍在本处当差，永著为例。所有此次遗失金刃在殿之太监徐存，加恩即照新例办理。

成案 184.01：山西司〔道光十三年〕

提督咨送：拿获疯犯单钟一案。查该犯单钟持刀擅至东华门，欲行走入，虽讯系因疯，彼时若非步军郭兴额向其阻拿，业已闯入，情节较重，且现经医治痊愈，供吐明晰，未便仅照疯病锁锢之例，致滋轻纵。单钟应即从重比照但持寸刀入紫禁城内者、杖一百发边远充军律，发边远充军。

律 185：宿卫守卫人私自代替〔例 1 条〕

　　凡宫禁宿卫及紫禁城、皇城门守卫人，应直不直者，笞四十。以应宿卫、守卫人〔下直之人〕，私自代替，及替之人，各杖六十。以不系宿卫、守卫人冒名私自代替，及替之人，各杖一百。官员各加一等。

　　若在直而逃者，罪亦如之。〔应直不直之罪，官员加等。〕

　　京城门，减一等。各处城门，又减一等。亲管头目，知而故纵者，各与犯人同罪。失觉察者，减三等。有故而赴所管告知者，不坐。

　　（此仍明律，其小注系顺治三年添入。顺治律为 202 条，原文首句为"凡宫禁宿卫及皇城门守卫人"，雍正三年修改。）

条例 185.01：皇城各门各铺上值守卫

　　皇城各门、各铺上值守卫，该管旗钤束不严，及容情故放所管军人离值，点视不到，十名以上者，各杖一百，指挥降千户，千户降百户，卫镇抚降所镇抚，百户及所镇抚各降总旗，总旗降小旗，小旗降军，俱调边卫带俸食粮差操。若受财卖放者，不分人赃多寡，问罪，亦照前降调。其或各卫昼夜轮流点城官员，但受财卖放者，一体参问降调。若止是巡点不严，以致军士不全，问罪还职。其各该值宿官旗军人点视不到，一二次者送问，三次以上者，问发边卫差操。

　　（此条系明代原例，顺治例 202.01。雍正三年奏准：今无指挥等官名，受赃者依律问罪，不止降调，亦无带俸差操之例。奏准删除此例。）

律 186：从驾稽违〔例 1 条〕

　　凡〔巡幸〕应〔扈〕从车驾之人，违〔原定之〕期不到，及从而先回还者，一日，笞四十，每三日加一等，罪止杖一百。职官有犯，各加一等。〔罪止杖六十、徒一年。〕

　　若从车驾行而逃者，杖一百，发边远充军。职官，绞〔监候〕。

　　亲管头目故纵〔不到、先回、在逃〕者，各与犯人同罪。〔至死减一等。〕失觉察者，减三等，罪止杖一百。

　　（此仍明律，其小注系顺治三年添入。顺治律为 203 条，原文首句小注为"太子巡幸"雍正三年修改；原文第二段"百户以上"，乾隆五年删定为"职官"。）

条例 186.01：凡八旗正身随车驾行而脱逃者

　　凡八旗正身随车驾行而脱逃者，发黑龙江等处当差，官马盘费，照数追缴。

　　（此条乾隆十八年，总理行营王大臣等奏准定例，乾隆三十三年删改。）

薛允升按：此指八旗兵丁而言，不便充军，故发黑龙江当差也。《督捕则例》二条："一、另户满洲、蒙古、汉军、闲散旗人，逃走或实因病迷一月以内投回者，免罪。被获者，鞭一百，仍准挑差。如已逾一月，无论投回、拿获，均销除旗档为民"云云。"一、派往各省驻防满洲兵丁，临行自京脱逃及中途脱逃被获者，削除旗籍，责八十板，带锁发伊犁充当步甲苦差"云云。旗人一经脱逃，即应销档。随车驾行脱逃情节尤重，应否销档，此例并未叙明，缘尔时旗人犯罪多不销档，是以例不载入也。

律187：直行御道〔例2条，事例1条，成案1案〕

凡午门外御道至御桥，除侍卫官军导从车驾出入，许于东西两旁行走外，其余文武百官军民人等，〔非侍卫导从，〕无故于上直行，及辄度御桥者，杖八十。若于宫殿中直行御道者，杖一百。守卫官故纵者，各与犯人同罪。失觉察者，减三等。若于御道上横过，系一时经行者，不在禁限。〔在外衙门龙亭，仪仗已设而直行者，亦准此律科断。〕

（此仍明律，其小注系顺治三年添入.顺治律为204条，原文无小注"在外衙门龙亭，仪仗已设而直行者，亦准此律科断"，乾隆五年据总注增入。）

条例187.01：凡至下马牌不下而竟过者

凡至下马牌不下而竟过者，笞五十。看守人役失于防范者，笞四十。

（此条系康熙年间例，雍正五年定例。）

薛允升按：此补律之未备也。车驾过陵及守陵官民入陵者，百步外下马，违者以大不敬论。见盗园陵树木，与此条参看。

条例187.02：凡遇祭祀日期

凡遇祭祀日期，随圣驾前引后扈之大臣及侍卫，并有执事官员拜唐阿等，于午门外骑马前去时，头等大臣令跟役三人，二等大臣令跟役二人，三等以下侍卫官员及拜唐阿等，俱令跟役一人，骑马行走。其无执事人等，俱不许骑马。如有多带跟役前行，无执事官员人等妄乱行走者，除即行赶逐外，仍将多带跟役行走，并不应行走官员，指名参奏，照违制律治罪。

（此条乾隆三十四年，大学士尹继善等议覆江南道监察御史胡翘元条奏定例。"指名参奏"下"照违制律"四字，系嘉庆六年增入。）

薛允升按：与失仪门圣驾出入一条参看，彼条系派委司官及步军校严加巡查，此条并无稽查之人，是否由纠仪御史指名参奏，记考。嘉庆五年七月初三日钦奉上谕，近年以来，随扈大臣官员所带跟役在午门外骑马者过多，此皆日久因循，无人稽核所致。嗣后凡遇祭祀，驾出午门，所有随从大臣官员著交护军统领查察，如有例外多带人数者，即行据实严参，照违制律治罪等因。见吏部《处分则例·仪制》门，应参看。再，上谕系一品、二品、三品以下侍卫官员等，例内头等、二等、三等字样应一并修改。明晰分别头、二、三等系国初定制。

事例 187.01：顺治初定

凡至下马牌处骑马竟过者，鞭五十。看人不知者，责二十七鞭。

成案 187.01：禁城内抹脖〔康熙三十五年〕

刑部题：正黄旗花色所管披甲查尔素供：派我抬桌子，我吃烧酒醉了，去迟，怕责打，在西华门内饽饽房拿所带小刀抹脖是实等语。查尔素应枷号两个月，鞭一百。

律 188：内府工作人匠替役

凡诸色〔当班〕工匠、〔辨验货物各〕行人〔役〕，差拨赴内府及内库工作，若不亲身关牌入内应役，雇人冒〔己〕名〔关牌〕私自代替，及替之人，各杖一百，雇工钱入官。

（此仍明律，其小注系顺治三年添入。顺治律为 205 条，原文为"承运库"，雍正三年修改为"内库"；原文"雇人冒〔己〕名〔并关牌〕私自代替"，乾隆五年删定。）

律 189：宫殿造作罢不出

宫殿内造作，所〔管官〕司具工匠姓名，报〔所入之处〕门官及守卫官，就于所入门首，逐一点〔姓名〕视〔形貌〕放入工作。至申时分，仍须相视形貌，照数点出。其不出者，绞〔监候〕。监工及提调内监、门官、守卫官军点视，如原入名数短少，就便搜捉，随即奏闻。知而不举者，与犯人同罪。〔至死减一等。〕失觉察者，减三等，罪止杖一百。

（此仍明律，其小注系顺治三年添入。顺治律为 206 条，原文"提调内使监官"，雍正三年修改为"提调内监"；原文"如〔原入〕名数短少"，乾隆五年改定为正文。）

律 190：辄出入宫殿门

凡应出宫殿，〔如差遣、给假等项，〕而门籍已除，辄留不出，及〔应入直之人〕被告劾，已有公文禁止，籍虽未除，辄入官殿者，各杖一百。〔昼禁。〕

若宿卫人已被奏劾者，本〔管官〕司先收其兵仗，违者，罪亦如之。

若于宫殿门，虽有籍，〔应直〕至夜皆不得出入。若入者，杖一百；出者，杖八十。无籍〔夜〕入者，加二等。若〔夜〕持仗入殿门者，绞。〔监候。入宫门亦坐。

此夜禁，比昼加谨。〕

（此仍明律，顺治三年添入小注。顺治律为 207 条，原文"至夜〔虽应直之人〕皆不得出入"，乾隆五年删定为"〔应直〕至夜皆不得出入"。）

律 191：关防内使出入〔事例 2 条〕

凡内监并奉御内使，但遇出外，各〔守〕门官须要收留本人在身关防牌面，于〔门〕簿上印记姓名、〔及牌面〕字号，明白附写前去某处干办，是何事务。其门官与守卫官军搜检，沿身别无夹带〔官私器物〕，方许放出。回还一体搜检，给牌入内，以凭逐月稽考出外次数。但〔有〕搜出应干杂药，就令〔带药之人〕自吃。若〔有出入〕不服搜检者，杖一百，〔发附近〕充军。若非奉旨私将兵器〔带〕进入紫禁城门内者，杖一百，发边远充军；入宫殿门内者，绞〔监候〕。〔其直日守〕门官及守卫官失于搜检者，与犯人同罪。〔至死减一等。内使，例不拟充军，惟此须依本律。〕

（此仍明律，其小注系顺治三年添入。顺治律为 208 条，原文首句"凡"之下有小注"各库局司，有印署衙门，之"，雍正三年修改；原文"奉御内使"下小注"长随大驾者也"；"以凭"之下小注"该监"；"入宫殿门内者"前小注"将"，乾隆五年删定。）

事例 191.01：康熙二十九年题准

凡太监在紫禁城内持金刃自伤者，拟斩立决。在紫禁城外因公事持金刃抹脖自伤者，拟斩监候，秋后处决。

事例 191.02：康熙三十六年谕

太监系内廷执役之人，所关之处甚大。嗣后太监内逃出在外行诈者，俱照光棍例议罪。

律 192：向宫殿射箭

凡向太庙及宫殿射箭、放弹、投砖石者，绞【监候】。向太社，杖一百、流三千里。【须箭、石可及，乃坐之。若远不能及者，勿论。】但伤人者，斩【监候。则杀人者可知。若箭、石不及致伤外人者，不用此律】。

（此仍明律，其小注系顺治三年照《笺释》添入。顺治律为 209 条，原文"但伤"下原有小注"太社之"三字，雍正三年删。）

律 193：宿卫人兵仗

凡宿卫人兵仗不离身，违者，笞四十。辄〔暂〕离〔应直〕职掌处所，笞五十。别处宿，〔经宿之离，〕杖六十。官员各加一等。亲管头目知而不举者，与犯人同罪。失觉察者，减三等。

（此仍明律，其小注顺治三年添入。顺治律为210条，原文"辄〔暂〕离〔应直之地〕职掌处所"，雍正三年修改。）

律 194：禁经断人充宿卫

凡在京城犯罪被极刑之家，同居人口，〔不论亲属。所司〕随即迁发别郡住坐。其〔本犯异居〕亲属人等，并一应〔有犯笞杖，曾〕经〔同决〕断之人，并不得入充近侍及〔宫禁〕宿卫，守把皇城京城门禁。若〔隐匿前项情由〕朦胧充当者，斩〔监候〕。其当该官司不为用心详审，或听人嘱托，及受财容令充当者，罪同。〔斩监候。并究嘱托人。〕

若〔极刑亲属及经断人〕奉有特旨选充，曾经〔具由〕覆奏，明立文案者，〔所选之人及官司〕不在此限。

（此仍明律，顺治三年添入小注。顺治律为211条。）

律 195：冲突仪仗〔例2条，事例6条，成案1案〕

〔凡车驾行幸之处，其前列者为仪仗，仪仗之内，即为禁也。〕

凡车驾行处，除近侍及宿卫护驾官军外，其余军民并须回避。冲入仪仗内者，绞。〔系杂犯，准徒五年。〕若在郊野之外，一时不能回避者，听俯伏〔道旁〕以待〔驾过〕。其〔随行〕文武百官，非奉宣唤，无故辄入仪仗内者，杖一百。典仗护卫官军故纵者，与犯人同罪。不觉者，减三等。

若有申诉冤抑者，止许于仗外俯伏以听。若冲入仪仗内，而所诉事不实者，绞。〔系杂犯，准徒五年。〕得实者，免罪。

军民之家纵放牲畜，若守卫不备，因而冲突仪仗者，〔守卫人，〕杖八十；冲入紫禁城门内者，〔守卫人，〕杖一百。〔其纵畜之家，并以不应重律论罪。〕

（此仍明律，顺治三年添入注，原系三条，律目下有"三条"二字，顺治律为212—214条，雍正三年修并为一条。）

条例 195.01：圣驾出郊

圣驾出郊，冲突仪仗，妄行奏诉者，追究主使教唆捏写本状之人，俱问罪，各杖一百，发近边充军。所奏情词，不分虚实，立案不行。

（此条系明代问刑条例，顺治例 212.01，乾隆三十二年修改。）

条例 195.02：圣驾临幸地方

圣驾临幸地方，虽未陈设卤簿，如有民人具呈妄行控诉者，照冲突仪仗例，杖一百，发近边充军。

（此条系乾隆十八年大学士忠勇公傅恒等条奏定例，乾隆三十二年修改。）

薛允升按：律系杂犯绞罪，例改为近边充军，均系指妄行奏诉及具呈妄行控诉者而言。若申诉冤抑得实，又当别论。此未冲突仪仗而亦照冲突仪仗问拟者，窃谓民间词讼均由地方有司审理，往往有刁健之徒将账债、斗殴等细事添砌情节，赴京叩阍或俟车驾行幸道旁呈诉。虽未冲入仗内，所控亦未必尽虚，仍应治以冲突仪仗之罪，以惩刁风。若关系人命生死出入，地方官或审断不公，或徇情枉法，历控上司不为申理，情急无奈叩阍呈诉者，幸而审出实情，则冤抑得以申雪。若仍将申诉者治以重罪，势必畏罪者多不敢控诉。律文得实免罪，似尚平允。民间命盗等案，往往有地方官审断不公，控经上司不为准理，不得已而叩阍呈诉者，若再不与申理，或审明所控属实，既非越诉，亦不诬告，仍治重罪，则冤抑不能申雪者多矣。律虽严冲突仪仗之罪，而复著得实免罪之文，情法最为得平。例止言冲突妄诉之罪，而不言得实免罪者，以律有明文，故不复叙也，参看自明。乾隆四十六年浙江汪进修、嘉庆十四年陕西张升二犯均系叩阍所告得实，曾经钦奉谕旨，即予省释，免其治罪，似可于例内添入。如果申诉冤抑审系得实者，仍照律免罪，奏请定夺。

条例 195.03：凡八旗兵丁如有冲突仪仗者

凡八旗兵丁，如有冲突仪仗者，在本营枷号一个月，满日同眷属俱发往各省驻防，交该将军、都统等严加管束。本犯如三年无过，准挑给兵丁差使，不准拣选官职。其子孙不在此限。

（此条嘉庆十九年定例，道光九年改定。）

薛允升按：冲突仪仗下似应照上二条添入"妄行控诉"句。宝义及英文保二案均非控诉冤抑，亦未诬陷人罪，改发驻防，实属咎由自取。如实有冤抑情事，控诉得实，似不应一概拟发驻防。似应修改明晰，以示区别。

事例 195.01：崇德八年题准

凡有冲突仪仗者，治以死罪。

事例 195.02：顺治十一年覆准

凡擅入午门、长安等门内叫诉冤枉者，照律拟罪。

事例 195.03：康熙八年谕

凡在行幸之处跪告发部者，若不审明虚实，即照律治罪，恐有冤枉。以后著将所告之事审明，虚者责四十板，免充军。

事例 195.04：康熙八年又谕

近见恶棍，多以小事捏称重大，陷害善良。或受人雇托，擅入禁地行幸之所喊告，及交部院审理，并无冤枉，反将良民株连受累。以后著严行禁止，如仍前渎告者，不准行，著照律治罪。

事例 195.05：嘉庆十九年奉旨

此案宝义于本营官兵接驾时，突出道旁，呈递书本，几至御马惊逸。刑部照冲突仪仗例，拟发驻防当差，无以儆众。宝义著先在本营枷号一个月，满日同伊眷属俱发往热河，作为该处驻防闲散，交该都统等严加管束。如三年无过，准挑给兵丁差使，总不准拣选官职。嗣后八旗兵丁，如有冲突仪仗，均著照此例办理。

事例 195.06：道光九年谕

奕灏奏：审明叩阍之兵丁按律定拟一折。此案英文保意欲讨垦牧马官厂，又希冀承领他人牙帖，辄敢具呈在道旁叩阍，实属不安本分，胆大妄为，著交锦州副都统在该处枷号一个月，满日发往外省驻防当差。嗣后八旗兵丁，如有冲突仪仗，著照此例办理。

成案 195.01：山东司〔嘉庆二十年〕

大学士奏：捐职从九品黄国安，所控历城县浮收勒折等情，系因收书蔡添祥向其借端需索收致，事出有因，尚非平空诬告，惟该犯系微末职员，妄希进用，辄撝拾浮词，擅写折稿，谎骗提塘寄京，在英和宅内投递，若按投递密折例，应发远边充军。今所递系属折稿，尚与封密折有间，应量免加等，照冲突仪仗妄行奏诉例，发近边充军。

律 196：行宫营门

凡行宫外营门、次营门，与紫禁城门同，若有擅入者，杖一百。内营牙帐门，与宫殿门同，擅入者，杖六十、徒一年。

（此仍明律，顺治律为 215 条，原文"皇城门同"，雍正三年修改为"紫禁城门同"。）

律 197：越城〔例 2 条，成案 1 案〕

凡越皇城者，绞〔监候〕。京城者，杖一百、流三千里。越各府、州、县、镇城者，杖一百；官府公廨墙垣者，杖八十。越而未过者，各减一等。若有所规避者，各从〔其〕重者论。

（此仍明律，顺治三年添入小注。顺治律为216条。）

薛允升按：本门内凡言皇城者，多改为紫禁城。此条及门禁锁钥一条仍从其旧，应参看。

条例197.01：各衙门亲戚书吏人等

各衙门亲戚书吏人等，游船演戏，夜半方归，擅叫禁门者，照越府、州、县城律，杖一百。

（此条系雍正七年兵部议覆给事中顾某条奏定例。）

薛允升按：亲戚应改为官亲幕友。

条例197.02：京城该班兵丁

京城该班兵丁，如取用什物，不由马道行走，乘便由城上缒取者，照违制律，杖一百，加枷号一个月。该管员弁疏于觉察，交部议处。

（此条嘉庆十六年，刑部遵旨议准定例。）

薛允升按：此专指京城而言，外省有犯，应否勿论，记核。什物不应由城上缒取，中外皆然，钦奉谕旨虽专指京城，惟既纂为定例，似应添入各省，以免参差。

成案197.01：奉天司〔嘉庆二十年〕

提督咨送：崔保因进城买米，适城门关闭，见水门修理栅栏，尚未安妥，即从水门钻出，并无别故，其所买稜米，委系春过细米，且止二斗，亦不违例，惟从水门走出，究与越城有间。应比照越京城满流律上，量减一等，满徒。

律198：门禁锁钥〔成案2案〕

凡各处城门应闭而误不下锁者，杖八十；非时擅开闭者，杖一百。京城门各加一等。其有公务急速非时开闭者，不在此限。

若皇城门应闭而误不下锁者，杖一百，发边远充军。非时擅开闭者，绞〔监候〕。其有旨开闭者，勿论。

（此仍明律，小注"监候"二字，顺治三年添入。顺治律为217条。）

成案198.01：山西司〔道光二年〕

晋抚咨：外结徒犯内侯富，身充营兵，时误差操，不听训练，因本官训斥，把持众兵当差，阻关城门，实属玩法，例无治罪明文，将侯富照各处城门非时擅开闭者杖一百律上，加一等，杖六十、徒一年。

成案198.02：陕西司〔嘉庆二十一年〕

镶红旗汉军奏：无名男子在阜城门坠城身死。查瑞祥等系专管马道门军，乃于马道栅栏，并不按时开锁，以致闲人混入城上，坠城身亡。将瑞祥等均比照各处城门非时擅开者，杖一百，京城门加一等，各杖六十、徒一年。

兵律 · 军政

（计 21 条）

律 199：擅调官军〔成案 2 案〕

凡将帅部领军马守御城池，及屯驻边镇，若所管地方遇有报到草贼生发，实时差人体探缓急声息，〔果实〕须先申报本管上司转达朝廷，奏闻给降圣旨，调遣官军征讨。若无警急，不先申上司，虽已申上司，不待回报，辄于所属擅调军马及所属擅发与者，〔将领、属〕各杖一百，罢职，发边远充军。

其暴兵卒至，欲夹攻袭，及城镇屯聚军马之处，或有〔内贼作〕反〔作〕叛，或贼有内应，事有警急及路程遥远〔难候申文待报〕者，并听从便火速调拨〔所属〕军马，乘机剿捕。若贼寇滋蔓，应合会〔兵剿〕捕者，邻近官军虽非所属，亦得〔行文〕调拨策应，〔其将领官并策应官〕并即申报本管上司，转达朝廷知会。若不即调遣会合，或不即申报上司，及邻近官军〔已奉调遣〕不即发兵策应者，〔将领与邻近官〕并与擅调发罪同。〔亦各杖一百，发边远充军。〕其上司及〔典兵〕大臣，将文书调遣将士，提拨军马者，〔文书内〕非奉圣旨，不得擅离信地。若〔守御屯驻〕军官，有〔奉文〕改除别职，或犯罪〔奉文〕取发，如〔文内〕无奏奉圣旨，亦不许擅动，违者，〔兼上数事，〕罪亦如之。

（此仍明律，原律罪同下有"若亲王所封地面有警，调兵已有定制"二句，顺治三年删，其小注系顺治三年添入。顺治律为 219 条，原文"御宝圣旨"，雍正三年改定为"圣旨"。）

成案 199.01：擅入彝地致伤官弁〔康熙四十一年〕

兵部议贵提李芳述疏：都司胡安国，因清平县民邓应甲被贼杀死，有未获逸犯阿应等，经都司访确，现在革彝寨，会同该管土官何瓒，远赴该寨要贼，各寨苗党持械涌杀，胡安国接应，被枪打伤，并死伤兵丁四名，逆苗竟将何瓒抢入寨内杀死。臣密访会同要贼是实，未有启衅别情。至胡安国不行详请上司，会同土官私入彝地，固为轻率等因。查凡地方汛守各官，闻有贼犯之处，一面申报，一面拿贼。该都司胡安国并不申报上司，即会同土官擅入彝地，以致土官被杀，兵丁死伤，应将胡安国革职，交与该督抚严审定拟。其革彝寨苗人将杀死邓应甲等凶犯并杀土官凶首罗尤等擒拿献出，若仍前拒捕，将人犯不行献出者，该督等另行具题再议。奉旨：依议。杀死邓应甲等凶犯及杀死土官为首凶犯罗尤等，如擒拿献出请罪则已，若不行献出，该督抚提督即酌量调兵剿除。

成案 199.02：陕西司〔道光六年〕

陕督咨：把总刘光辉于所属回子聚众械斗，并不禀明上司，辄借巡哨为名，带兵一百名出营，既不能镇静弹压，任听兵丁争先趋喊，致毙二命，带伤三名，又不能设法擒捕，辄即畏缩退回，群凶逃窜无获，实属谬妄。查擅调军马，致兵丁因而被杀，律例内并无作何治罪专条，自应仍按律问拟。刘光辉应请照将领擅调军马杖一百罢职发边远充军律，发边远充军。

律 200：申报军务〔事例 2 条〕

凡将领参随统兵官征进，如统兵官分调攻取城寨，克平之后，〔将领〕随将捷音差人飞报〔知会本管〕统兵官，转行兵部。统兵官〔又须将克捷事情〕另具奏本，实封御前〔无少停留〕。

若贼人数多，出没不常，如所领军人不敷，须要速申统兵官添拨军马，设策剿捕。不速飞申者，〔听〕从统兵官量事轻重治罪。〔至失误军机，自依常律。〕

若有〔贼党〕来降之人，〔将领官〕即便送赴统兵官，转达朝廷区处。其贪取来降人财物，因而杀伤〔其〕人，及中途逼勒逃窜者，斩〔监候。若无杀伤逼勒，止依吓骗律科〕。

（此仍明律。顺治三年删改添入小注。顺治律为 220 条，原文"〔将领〕随将捷音差人飞报〔知会〕。一申〔本管〕总兵官，一行兵部"，雍正三年改定为〔将领〕随将捷音差人飞报〔知会本管〕统兵官，转行兵部。统兵官"。）

事例 200.01：天聪三年谕

凡掠取归降财物者，擅杀降民者，死。

事例 200.02：崇德二年谕

凡有劫掠降民者，该管官、领催俱治罪。劫掠之人，置之重典。为首者，斩以徇。

律 201：飞报军情

凡飞报军情，在外府、州〔如闻属县及巡司等报，〕即差人申督抚、布政司、按察司、本道，仍行移将军、提、镇。其守御官差人各申督抚，仍行本管将军、提、镇。督抚、将军、提、镇得报，差人一行移兵部，一具实封〔直奏〕御前。若互相知会隐匿，不速奏闻者，杖一百，罢职不叙。因而失误军机者，斩〔监候〕。

（此仍明律。顺治三年修改添入小注。顺治律为221条，原文"仍行移都指挥使司。其守御官差人各申督、抚、按，仍行本管都指挥使司。督、抚、按得报，差人一行移兵部，一具实封御前"，雍正三年改定为"仍行移将军、提、镇。其守御官差人各申督抚，仍行本管将军、提、镇。督抚、将军、提、镇得报，差人一行移兵部，一具实封〔直奏〕御前"。）

薛允升按：明律有在内直隶军民官司一层，今律所无，则"在外"二字亦应删改。

律 202：漏泄军情大事〔例 4 条〕

凡闻知朝廷及统兵将军调兵讨袭外番，及收捕反逆贼徒机密大事，而辄漏泄于敌人者，斩〔监候〕。

若边将报到军情重事，〔报于朝廷〕而漏泄〔以致传闻敌人〕者，杖一百、徒三年。〔二项犯人若有心泄于敌人，作奸细论。〕仍以先传说者为首，传至者为从，减一等。

若私开官司文书印封看视者，杖六十。事干军情重事者，以漏泄论。〔为首杖一百、徒三年，从减等。〕

若近侍官员漏泄机密重事〔不专指军情，凡国家之机密重要皆是。〕于人者，斩〔监候〕。常事，杖一百，罢职不叙。

（此仍明律，原在公式门，顺治三年移入，并添入小注。顺治律为222条。）

条例 202.01：在京在外军民人等

在京在外军民人等，与朝贡外国人私通往来，投托拨置害人，因而透漏事情者，俱发近边充军。通事并伴送人等，系官，革职为民。

（此条系明代旧例，顺治例222.01，"充军"下，原有"军职调边卫带俸差操"句；"伴送人等"下，原有"系军职者从军职例"句；雍正三年奏准：今无军职，俱删。"系官"原作"系文职"，亦雍正三年改。乾隆三十二修改。）

薛允升按：漏泄重事，律系满徒，例则加拟充军，然止曰事情而不曰重事，则似凡有透漏，即应充军矣。"拨置"二字，例不多见，惟官员袭荫门各处土官袭替一条与此例有此二字。解者谓系挑唆教诱之意。然此例重在因私通往来而透漏事情，不应添入害人一层，致涉纷歧，似应将"投托"等六字删去，以害人自有教诱犯法之例也。与盘诘奸细门交结外国一条参看。

条例 202.02：凡督抚提镇关涉紧要陈奏本章

凡督、抚、提、镇关涉紧要陈奏本章，及移咨部院紧要事件，并拿获人犯之案，将封面用"密封"字样封固投递。通政司收到密封副本，堂官亲拆，另存档案，仍封固收存。各部院收到密封揭帖文移，该堂官亲拆，面交司官密行收贮，谨慎办理。其在京各部院文移咨呈及知照各省文书，有紧要事件，亦必密封递发。督、抚、提、镇接到部院密封文书，务须亲拆收存。其各省督、抚、提、镇以至州县来往公文，亦将紧要事件密封投递，本官亲拆收存，不得令吏胥经手。傥有未经上达，先已传播，及缉拿之犯闻风远扬等事，查究根由，分别议处。如将应密之事，并不密封，及收受承办衙门不行谨慎，以致漏泄，将封发、收受承办官查参，事理重者，照红本不谨慎收存例，事理轻者，照不应轻律，各议处。如封存之处，及投递之前，提塘及衙役人等，将密封事件，私开窃视，以致漏泄者，杖六十。事重者，为首，杖一百、徒三年；为从，减一等治罪；仍令科道不时稽查。如不行查出纠参，别经发觉者，将该管科道一并交部，照奉旨事情未到部先钞传例议处。

（此条雍正五年定。乾隆五年改定为条例 202.03。）

条例 202.03：内外衙门办理紧要事件

内外衙门办理紧要事件，俱密封投递，本官亲拆收存，不得令吏胥经手。傥有密封章奏，未经上达，先已传播，及缉拿之犯闻风远扬等事，查究根由，分别议处。如将应密之事并不密封，及收受承办衙门不行谨慎，以致漏泄者，将封发、收受承办官查参，交部分别议处。如封存之处，及投递之前，提塘及衙役人等，将密封事件，私开窃视，以致漏泄者，杖六十。事重者，为首，杖一百、徒三年；为从，减一等治罪。仍令科道不时稽查，如不行查参，别经发觉者，将该管科道一并交部议处。

（此条乾隆五年，将条例 202.02 改定。）

薛允升按：此条原例词虽繁冗，却极详晰，后删减太多，反不分明。《处分则例》："凡陈奏本章有关涉紧要者，督、抚、提、镇将副本揭帖用密封字样投递通政司衙门，该堂官亲自开拆，另记档册，封固收贮。其投递部院衙门密封揭帖，各部院堂官亲拆，交司官谨密收贮。若咨文内有紧要事件，亦用密封投递者，各部院堂官亲拆，交司官谨慎承办。至各部院遇有紧要事件行文内外各衙门用密封投递者，该堂官及该督、抚、提、镇亦亲拆收贮。其直省督、抚、提、镇以至州县往来紧要文札应密封者，亦密封投递，各本官亲拆收贮。如封发官并不密封以致漏泄，或收受官不知慎密以致漏泄者，俱各降一级留任。"与此例同。

条例 202.04：凡平常事件

凡平常事件，虽非密封，但未经御览批发之本章，刊刻传播，概行严禁。如提塘与各衙门书办，彼此勾通，本章一到，即钞写刊刻图利者，将买钞之报房，卖钞之书办，亦俱照漏泄密封事件例治罪。其捏造讹言刊刻者，杖一百、流二千里。若有招摇诈骗情弊，犯该徒罪以上，不分首从，俱发近边充军。该管官失于觉察，该科道不行查参者，均交部，亦照例议处。

（此条雍正五年定。"议处"下原有"其红本科钞，遍传天下，承办官详细校对，敬谨奉行，如有增减错漏者，查出交部照错误本章例议处"一节，乾隆五年删）。

薛允升按：应与造妖书妖言门内钞房探听一条参看。一流二千里，一满流，似嫌参差。各省钞房在京探听事件、捏造言语录报各处者，系官革职，军民流三千里。此条捏造讹言一段应并于彼条之内。从前，公事专用题本，不用奏折，是以止云本章。今则要事均用奏折，似应改为章奏。从前，题本由通政司送阁，且均有副本，是以漏泄最易，后紧要事件俱用奏折，本日即有廷寄谕旨，漏泄之事颇少矣。治罪自系治以杖六十及徒三年之罪也。与《处分则例》各条参看。

律 203：边境申索军需

凡守边将领，但有〔缺乏〕取索军器钱粮等物，须要差人，一行布政司，一申督抚、将军、提镇，再差人转行合干部分，及具〔缺少应用〕奏本实封御前。其公文若到该部，须要随即〔将所申事情〕奏闻区处，发遣差来人回还。若稽缓不即奏闻，及〔边将于〕各处〔衙门〕不行依式申报者，并杖一百，罢职不叙。因〔不申奏，以致临敌缺乏〕而失误军机者，斩〔监候〕。

（此仍明律，顺治三年修改添入小注。顺治律为 223 条，原文"一行都指挥使司，再差人一行合干部分"，雍正三年改定为"一申督抚、将军、提镇，再差人转行合干部分"。）

律 204：失误军事〔成案 2 案〕

凡临军征讨，〔有司〕应合供给军器、行粮、草料，〔若有征解〕违期不完者，当该官吏，各杖一百，罪坐所由。〔或上司移文稽迟，或下司征解不完，各坐所由。〕

若临敌〔有司违期不至而〕缺乏，及领兵官已奉〔上司〕调遣〔而逗遛观望〕，不依期进兵策应，若〔军中〕承差告报〔会〕军〔日〕期而违限，因而失误军者，并斩〔监候〕。

（此仍明律，顺治三年添入小注。顺治律为 224 条。）

成案 204.01：战船被风击碎〔康熙三十三年〕

兵部覆福督朱弘祚题：烽火门舶船一只，大桅既系损折，理应留汛加谨看守，乃不行加谨看守，仍差员管驾，令其赴省，以致被风击碎。定例内，押运官巡查不谨，以致漕船失火者降一级调用等语。应将游击宋斌、原任守备、今升台湾镇标中军游击王五瑯比照此例，降一级调用，船只炮械等项，照数赔补。

成案 204.02：隐匿炮位〔康熙二十三年〕

兵部议：查委署参将陈耀等将各营存贮炮位，理应明白查出，造入总册，反为隐匿，及奉旨驳回，不能隐匿，方称造册遗漏。查隐匿炮位甚多，均应革职。隐匿炮位三十九门之都司金书徐飞等，隐匿炮位甚多，均应革职。隐匿炮位三门，署参将事陈耀等，隐匿炮位无多，均酌量各降二级调用。该管提镇等，应行查出，不合。查定例内，督抚将州县官员所隐地不行查出，不及十顷者降一级留任，藩司经管道省钱粮事务，应照督抚例议处。应将总督、巡抚、布政，照此例各降一级留任。奉旨：这案奉旨驳察，地方督抚各官即行察出，俱从宽免其处分。

律 205：从征违期〔例 1 条〕

凡官军〔已承调遣〕临当征讨，〔行师〕已有起程日期，而稽留不进者，一日，杖七十，每三日加一等。若故自伤残，及诈为疾患之类，以避征役者，各加一等，〔计日坐之，〕并罪止杖一百，仍发出征。〔若伤残至不堪出征，仍选本户壮丁充补，令其出征。按，此小注，本于读法。〕

若军临敌境，托故违期，一日不至者，杖一百〔不必失误军机〕。三日不至者，斩〔监候。统兵官竟行军法。〕若能立功赎罪者，从统兵官区处。

（此仍明律，顺治三年添入小注。顺治律为 223 条，第一段原文小注为"若伤残至不堪出征，选勾本户壮丁"，雍正三年修改为"若伤残至不堪出征，仍选本户壮丁充补，令其出征。按，此小注，本于读法"；第二段"总兵官"，乾隆五年改定为"统兵官"，末句下小注"若果在伤残、笃疾，不堪征进者，验实调役，不在仍发出征之限"删除。）

条例 205.01：凡官兵从征

凡官兵从征，无故起程违期者，官革职，兵杖一百，仍发出征。在外违期者，官革职拿问，兵杖一百，将所俘获人口入官。出征处所兵丁，藐视该管官，干犯号令，违法乱行者，将为首之人正法；为从者，俱枷号三个月，杖一百；该管官仍交该部议处。

（此条雍正三年定。）

薛允升按：上层言无故违期之罪，下层言违法乱行之罪，即军法也。

律 206：军人替役〔例 4 条，成案 1 案〕

凡军人〔已遣〕不亲出征，雇倩人冒名代替者，替身杖八十，正身杖一百，依旧著伍〔仍发出征〕。若守御〔城池〕军人雇人冒名代替者，各减二等。其〔出征守御军人〕子孙弟侄及同居少壮亲属，〔非由雇倩〕自愿代替者，听。若果有老弱残疾，〔不堪征守者，〕赴本管官司陈告，验实与免军身。

若医工承差关领官药，随军征进，转雇庸医冒名代替者，〔本身及替身〕各笞八十，〔庸医所得〕雇工钱入官。

（此仍明律，其小注顺治三年添入。顺治律为226条。）

条例 206.01：各处备兵贴守

各处备兵贴守，其把总等官纵容舍余人等代替正军者，正军问调沿海卫分，舍余人等，就收该卫充军，把总等官参问治罪。

条例 206.02：在京在外各都司卫所解到新军

在京在外各都司卫所解到新军，官吏旗甲，附写名数，半月内帮支月粮，各照地方借房安插，存恤三个月，方许送营差操。如有指称使用等项名色，勒要财物，逼索在逃者，不问指挥、千百户、镇抚，俱照卖放正军事例，计一年之内所逃人数多寡降级充军拟断。若不及数，及不曾得财者，照常发落，军勾补伍。如无逼累等情，逃军依律科断。

条例 206.03：京卫及在外卫所解到新军

京卫及在外卫所解到新军，以投文日为始，不过十日，将收管批回，给付长解。若刁蹬留难者，该吏、军吏、总小旗提问，卫所掌印并本官，不拘曾否得财，参问带俸差操。

（以上三条均系明代问刑条例，顺治例 226.01—226.03 条，雍正三年删除。）

条例 206.04：凡兵丁不亲出征

凡兵丁不亲出征，以奴仆代替，及行间放拨瞭哨等处，以奴仆代替者，兵杖七十，奴仆入官。如打围、放马及看守京城周围处所，以奴仆代替者，兵杖一百，奴仆免入官。

（此条系雍正三年定例。）

薛允升按：亲属准代替而奴仆不准代替，与律稍异。

成案 206.01：广东司〔道光元年〕

广抚咨：军犯黄见北与同配军犯王重魁，互相顶替安插，例无明文。该犯等俱系正身，比照军人已遣、不亲身出征、雇人代替者、正身杖一百例，再加枷号两个月。

律 207：主将不固守〔例 10 条，事例 5 条，成案 3 案〕

凡守边将帅，被贼攻围城寨，不行固守而辄弃去，及〔平时〕守备不设，为贼所掩袭，因〔此弃守无备〕而失陷城寨者，斩〔监候〕。若〔官兵〕与贼临境，其望高巡哨之人失于飞报，以致陷城损军者，亦斩〔监候〕。若〔主将懈于守备，及哨望失于飞报，不曾陷城失军，止〕被贼侵入境内，掳掠人民者，杖一百，发边远充军。

其官军临阵先退，及围困敌城而逃者，斩〔监候〕。

（此仍明律。顺治三年添入小注。顺治律为227条。）

条例207.01：失误军机

失误军机，除律有正条者，拟议监候奏请外，若是贼拥大众入寇，官军卒遇交锋，损伤被掳数十人以上，不曾亏损大众；或贼众入境掳杀军民数十人以上，不曾掳去大众；或被贼白昼黄夜突入境内，掳掠头畜衣粮数多，不曾杀掳军民者，俱问守备不设被贼侵入境内掳掠人民本律，发边远充军。若是交锋入境，损伤掳杀四、五人，抢去头畜衣粮不多者，亦问前罪。以上各项内，情轻律重有碍发落者，备由奏请处置。其有被贼入境，将侦探、军役及飞报声息等项公差官军人等，一时杀伤捉去，事出不测者，俱问不应杖罪，留任。或境外被贼杀掳侦探军役，非智力所能防范者，免其问罪。

（此条系明代问刑条例，顺治例227.01。"留任"原作"还职"；"侦探军役"，原作"爪探夜不收"，康熙时改正，雍正三年修改，乾隆五年改定。）

薛允升按：《辑注》云："此例分交锋伤掳、入境掳杀、突入掳掠三项。虽已入境而未至陷城，虽有杀掳而未至损军也，故止照守备不设备由奏请。若损百人以上，不引此例。情轻律重句，总承上四项说。"律专言守边将帅，此例并无文武官字样，盖承律文而言，自系专论守边将帅之罪。与下条参看。

条例207.02：凡沿边沿海及腹里府州县（1）

凡沿边、沿海及腹里府州县，与卫所同住一城，及卫所自住一城者，若遇边警及盗贼生发攻围，不行固守而辄弃去，及守备不设，被贼攻陷城池，劫杀焚烧者，卫所掌印与专一捕盗官，俱比照守边将帅失陷城寨者律斩；府、州、县掌印并捕盗官与卫所同住一城，及设有守备官驻扎本城者，俱比照守边将帅被贼侵入境内掳掠人民律，发边远充军；其兵备守巡官驻扎本城者，罢职为民。若非驻扎处所，兵备守巡及守备官，俱降三级调用。若府、州、县原无设有卫所，但有专城之责者，不论边腹，前项失事，掌印捕盗官，照前律处斩，兵备守城官亦照前罢职降调。其有两县同住一城，及府、州、县佐贰、首领，但分有守城汛地，各以贼从所管城分进入坐罪。若无城池，与虽有城池，被贼潜隐设计越入劫盗，随即逃散，不系失陷者，止以失盗论，俱不得引用此例。

（此条系明代问刑条例，顺治例227.03。明代卫所俱设有都司，系专管军政之员。雍正三年改定为条例207.03。）

条例207.03：凡沿边沿海及腹里府州县（2）

凡沿边、沿海及腹里府州县，与武职同住一城者，若遇边警及盗贼生发攻围，不行固守而辄弃去，及守备不设，被贼攻陷城池，劫杀焚烧者，除武职官比照守边将帅失陷城寨者律拟斩监候外，其府、州、县掌印并捕盗官，俱比照守守边将帅被贼侵入境内掳掠人民律，发边远充军，其守巡道官交部照例分别议处提问。若有两县同住一城，专管官分有守城汛地，各以贼所管城分进入坐罪。若无城池，与虽有城池，被贼潜隐设计越入劫盗，随即逃散，不系失陷者，止以失盗论，俱不得引用此例。

（此条雍正三年改定。"其守巡道官"下，原作"驻扎本城者，罢职为民，若非驻扎处所，止降三级调用"；乾隆五年改为"交部照例分别议处提问"。乾隆三十九年再改定为条例207.04。）

条例207.04：凡沿边沿海及腹里州县（3）

凡沿边、沿海及腹里州县，与武职同城，若遇边警及盗贼生发攻围，不行固守而辄弃去，及守备不设，被贼攻陷城池，劫杀焚烧者，除专城武职照本律拟斩监候外，其守土州县，亦照守边将帅失陷城寨律，拟斩监候；其同城之知府，及捕盗官，比照守边将帅被贼侵入境内掳掠人民律，发边远充军，统辖、兼辖各官，交部分别议处。若有两县同住一城，专管官分有守城汛地，各以贼所进入地方坐罪。若无城池，与虽有城池，被贼潜隐设计越入劫盗，随即逃散，不系失陷者，止以失盗论，俱不得引用此例。

（此条乾隆三十九年遵旨改定。）

薛允升按：《集解》："此例为处分文武设，最为详尽。一指卫所掌印官、捕盗等官言，一指府州县与卫所同城及守备等官言，一指府州县自住一城而无卫所者言，一指两县同住一城，佐贰守领分有汛地者言，一指府州县原未设有城池，被贼焚烧，与有城池被贼潜踪隐迹攻陷焚烧者言。"失守城池，前明旧例，卫所掌印武官较文职知县治罪为重。乾隆三十九年将知县改为斩候。同城之知府何以仅拟充军。假令遇警不行固守，相率同逃，则厥罪维均，一拟斩，一拟军，似嫌未协。此武职自系指千总、把总等官而言，若与都、守等官同驻一城，是否一例拟斩。以知县拟斩、同城知府拟军之例例之，则千、把拟斩，都、守拟军矣。岂律意乎。

条例207.05：凡各边及腹里地面

凡各边及腹里地面，遇贼入境，若有杀掳男妇十名口以上，牲畜三十头只以上，不行开报者，军民职官问罪降一级，加前数一倍者降二级，加二倍者降三级，甚者罢职。其上司及总兵等官，知情扶同，事发参究治罪。

（此条系顺治例227.02。雍正三年奏准：守汛文武官讳盗不报者即革职。因此删除此条。）

条例207.06：凡统兵将帅玩视军务

凡统兵将帅玩视军务，苟图安逸，故意迁延，不将实在情形具奏，贻误国事者；又，凡将帅因私忿媢嫉，推诿牵制，以致糜饷老师，贻误军机者；又，凡身为主帅不能克敌，转布流言，摇惑众心，藉以倾陷他人，致误军机者；均属有心贻误，应拟斩立决。

（此条乾隆十三年，军机大臣会同刑部奉上谕，议定条例。）

薛允升按：《中枢政考》系分列三条，此总为一条。一曰贻误国事，一曰贻误军机，一曰致误军机，而总之以均属有心贻误。可见三项有一，即应斩决，不必俱有也。

条例207.07：凡失守城池之案

凡失守城池之案，如系兵饷充足，不行固守，一闻贼警，弃城先逃者，将专城武职，及守土州县，均按本例拟斩监候，请旨即行正法。同城知府，亦从重拟斩监候。〔按：此较前例又加重矣。〕捕盗官及统辖、兼辖各官，仍照例分别办理。倘非兵饷充足，弃城先逃，仍按本例科断。

（此条系咸丰三年，刑部议覆前任兵部尚书升任大学士桂良等条奏定例。）

条例207.08：防守要隘文武员弁

防守要隘文武员弁，若带兵无多，仓猝遇贼，寡不敌众，因而失守要隘者，照同城捕盗官失守城拟军例，从重发往新疆效力赎罪。倘统带重兵，畏葸巧避，失守要隘者，照守边将帅失陷城寨律，拟斩监候。

（此条系咸丰三年，刑部议覆前任兵部尚书升任大学士桂良等条奏定例。）

薛允升按：律言城而并及寨，则要隘俱包举在内矣。

条例207.09：各省督抚提镇

各省督、抚、提、镇，如遇省城及驻扎地方盗贼生发，不行固守，闻警先逃者，均照失陷城寨本律，拟斩监候。声明情罪重大，应即行处决，仍请旨定夺。倘有必须于军前正法者，应请旨即在军前正法。如有必须严讯情节再行定罪者，仍拿问解京审讯。其寻常失守一城一寨，并无闻警先逃情事，仍照各本律办理。

（此条同治元年议政王、军机大臣会同刑部议覆升任给事中卞宝第等奏准定例。）

薛允升按：此指省城而言，犹县城之知县也。守边将帅弃城逃走及失陷城寨，尚应拟斩，况省城耶。腹里武职及州县亦拟斩候，况督、抚、提、镇耶。有犯均可援引，似无庸另立专条。

条例207.10：失守城池

失守城池，该督抚立即参奏，将守土州县，及专城武职，均革职治罪，不得以功过相抵免议。如有可原情节，或甫经到任，不及设防，或被围日久，粮尽援绝；或失守后一月内，督率乡团，随同官兵将城池克复者，于斩监候罪上，量减一等治罪。若甫经到任，及被围日久，于失守后一月内随同克复；或非甫经到任，及被围日久，但于失守时身受重伤，或一月内自行收复城池者，于减等拟军罪上，再减一等治罪。其实因兵单力竭，身受重伤，而又能督率兵勇，于一月自行收复，及随同克复者，革职，免其治罪。若克复城池在一月以外，及克复并非本处城池，概不准随案声请减免。其减等议罪，及免罪各员弁，如果素得民心，循声卓著，及克敌陷阵，屡著战功，仍准酌量奏请留营效力，再得劳绩，方准免罪，均由刑部专案知照吏、兵二部存记。〔按：此指减一等、二等戴罪留营者。〕若失守而未经参办，或议罪而并未奏留员弁，仍不准胪列后来劳绩，率行奏请免罪开复。至失守之同城知府及捕盗官，如身受重伤，或一月内随同克复城池，亦准叙明可原情节，应拟斩监候者，量予减等；应拟军者，革职，免罪。其并未随同克复城池，亦未身受重伤，但系甫经到任，及被围日久，止准于本律军罪上量减一等，不得概请免罪。〔按：此指拟军之同城知府等官而言。〕如系平日官声素好，及战功卓著之员，亦准奏请留营效力，再得劳绩，方准免罪。〔按：此指戴罪留营者。〕

（此条系同治五年刑部会同吏、兵二部奏请失守城池案内文武员弁应否免罪，酌议画一章程，及同治二年议准定例。）

薛允升按：此亦因例文太严，不得不为之原情议减也。

事例 207.01：天聪六年谕

凡遇敌临阵擅自退缩者，贝勒等夺其部众，兵丁处死，妻子没为奴。

事例 207.02：乾隆十三年谕

军旅乃国家第一重务，军法从事，成例綦严。今查律本内玩寇老师，有心贻误，竟无正条，非所以慎重军务，儆戒失律也。夫科场作弊，尚即正典刑，若以行军相较，孰为轻重，自应稽查旧案，明著刑章，俾众知畏法，方能鼓勇用命。此非朕欲用重典，实昭示出师武臣，肃纪律而励勇敢，辟以止辟之义。现在纂修会典，著军机大臣会同该部详酌定拟具奏，以便载入。

事例 207.03：乾隆十七年奉旨

姜顺龙身为监司，当擒捕贼匪之时，该督委以总统重任，乃逗留观望，托词推诿，以致首逆远扬。法司照统兵将帅玩视军务苟图安逸迁延贻误例，拟以斩决，洵所应得。但此案纵恶养奸，皆由知县冯孙龙一人，业已置之重辟以示炯戒。姜顺龙虽罪无可辞，而于此条定例之后，尚属初犯，特为法外施仁，免死发往军台协领。嗣后有似此者，必当按例即行正法。

事例 207.04：乾隆三十九年议奏

山东省失察逆匪王伦之文武各员案内，将不能保御城池之阳谷县知县张克绅，照例拟发边远充军。钦奉谕旨：张克绅系守土之员，非典史微员可比，贼至不能保御城池，当与把总同罪。张克绅著改照守边将帅失陷城寨律，拟斩监候。

事例 207.05：同治元年谕

前据大学士会同刑部定拟何桂清罪名，以情节较重，请于斩监候律上，从重拟以斩立决。当因何桂清曾任一品大员，复谕大学士、六部、九卿、翰詹、科道，将何桂清各供，并给事中郭祥瑞、谢增等请将何桂清速正典刑各折，再行会议，以期众议佥同。兹据大学士桂良等公同会议，请仍照原议，将何桂清比照守边将帅被贼攻围不行固守而辄弃去，因而失陷城寨者斩监候律上，从重拟以斩立决。并据大学士衔礼部尚书祁寯藻等奏各折，以刑部原奏即称遍查刑律，如临阵先退，弃城而逃，失陷城寨等条，均罪至斩候，而止明知舍此本律，不能改引。又云情罪较重，拟以斩决，是为拟加非律，非臣下所得擅请等语。此案何桂清以总督大员，驻扎常州，当丹阳失守，贼氛紧逼，节节退避，以致苏、常、松、太各府州全省相继沦陷，且革职拿问之后，辗转借故逗留，两载延不赴部，苟且偷生，罔顾法纪。迹其罪状昭著，若文宗显皇帝当日因其情浮于罪，将其正法军前，中外臣民，当无异议。惟现已拿解来京，且迭经廷臣等会同刑部定拟罪名，自应按律科断，即不必律外施刑，以昭公允。何桂清著仍照本律改为斩监候，归入朝审情实，秋后处决。此系为查照定律，详慎用刑起见，非谓何桂清情有可原，将来可从末减，致蹈轻纵也。

成案 207.01：营兵被贼劫弓箭〔康熙四十年〕

兵部议刑部咨：营兵张弘绪被贼劫去了弓箭，将张弘绪依不应重杖，折责革退兵丁。奉旨：王四海等俱著处斩，余依议。各盗闯入营房，劫去了兵丁弓箭，该管汛防各官，平日所司何事？著严察议奏。钦此。查此案获贼一半以上，疏防之处，应照例免议外，至该管汛防各官，平日不能严束兵丁，防守地方，兵丁反被盗劫去弓箭，殊属溺职，定例内，官员废弛营伍者革职，兼管官不行查出，照揭报劣员例处分，不同城者降一级留任等语。应将把总照例革职，兼辖不同城副将照例降一级留任。

成案 207.02：武职懦怯偷安〔康熙四十三年〕

刑部议浙督金世荣疏：定海镇标右营参革游击陈某懦怯偷安，不力行巡防洋盗，致洋商陈信等船被盗劫，陈某茫无知觉，事前不能巡察，事后不能追擒，依守边将帅懈于守备，被贼侵入境内掳掠者律，发边卫充军等因。查行劫洋商陈信等船之强贼，虽未登岸掳掠人民，但连被盗劫，陈某茫无知觉，应将陈某照律金妻发边充军。

成案 207.03：旷守汛地〔康熙三十年〕

兵部议督捕疏：巡捕营守备系专守汛地之员，正值年节，理宜严加防范堆子，毋致疏旷。守备金镛借病怠忽，有旷守汛等因。查巡捕营武职各官旷守汛地，作何处分之处，并无定例，但京城八旗官员定例内，紫禁城、皇城、大城旷班者革职等语。守备金镛旷守汛地，应比照此例革职。

律 208：纵军掳掠〔例 6 条，事例 4 条，成案 1 案〕

凡守边将领，私自使令军人，于〔未附〕外境掳掠人口财物者，〔将领〕杖一百，罢职，发附近充军。所部听使武官及管队，递减一等，并罪坐所由〔使令之人〕。军人不坐。

若军人不曾经由本管头目〔使令，〕私出外境掳掠者，为首，杖一百；为从，杖九十。〔因掳掠而〕伤〔外境〕人，为首者，斩〔监候〕。为从，杖一百。〔其掳掠伤人，为从。并不伤人首、从。〕俱发边远充军。若本管头目钤束不严，杖六十，留任。

其边境城邑有贼出没，乘机领兵攻取者，不在此限。

若于已附地面掳掠者，不分首从，皆斩〔监候〕。本管头目钤束不严，杖八十，留任。

其〔将领〕知〔军人私出外境，及已附地面掳掠之〕情故纵者，各与犯人同罪。〔至死减一等。〕

（此仍明律，其小注系顺治三年添入。顺治律为228条，原文两处"附过还职"，雍正三年修改为"留任"。）

条例208.01：轮操军人军丁

轮操军人、军丁，沿途劫夺人财，杀伤人命，占夺车船，作践田禾等项，许被害之人，赴所在官司具告，拿解兵部，转送法司究问，除实犯死罪外，徒罪以上，俱调发边卫充军，其管操指挥、千百户等官，往回不许与军相离，若不行钤束，并故纵劫夺杀人等项，参问调卫。

（此条系明代问刑条例，顺治例228.01。雍正三年奏准：今兵丁无远出轮操之事，如犯劫夺等罪，各有本例。此条删除。）

条例208.02：土官土舍

土官土舍，纵容本管土民头目为盗，聚至百人，杀掳男妇二十名口以上者，问罪，降一级；加前数一倍者，奏请革职，另推土人信服亲支土舍袭替。若未动官军，随即擒获解官者，准免其罪。

（此条系明代问刑条例，顺治例228.02。乾隆五年，查与现例不符，奏准删除。）

条例208.03：凡领兵王贝勒将军（1）

凡领兵王、贝勒、将军，借通贼为名，烧毁良民庐舍，掳掠子女财物者，领兵将军、参赞大臣及营总等，俱革职。系王、贝勒交宗人府从重治罪；参领以下官免议。若分兵征进，有犯前项罪名者，统兵将领及分管两翼官，并管领旗分官，俱革职。至于官员、兵丁一二人私自焚掠者，系官，革职；系护军、领催、兵丁，鞭一百；系厮役，正法。若厮役之主知情者，鞭一百，系官，革职；不知情，降二级；所管参领以下之官员，各降四级；营总降二级。其抢掠携带男妇人口，仍追出给还完聚。若该督抚隐匿不行题参，别经发觉者，该督抚俱行革职。

（此条系康熙年间例，雍正三年修改，雍正五年定。乾隆五年改定为条例208.04。）

条例208.04：凡领兵王贝勒将军（2）

凡领兵王、贝勒、将军，借通贼为名，烧毁良民庐舍，掳掠子女财物者，领兵将军、参赞大臣及营总等，俱交部议处；系王、贝勒交宗人府从重治罪；参领以下官免议。若分兵征进，有犯前项罪名者，统兵将领及分管两翼官，并管领旗分官，俱交部议处。至于官员、兵丁一二人私自焚掠者，系官，交部议处；系护军、领催、兵丁，鞭一百；系厮役，正法。若厮役之主知情者，鞭一百，系官，交部分别议处；所管参领以下官员及营总，均交部议处。其抢掠携带男妇人口，仍追出给还完聚。若该督抚隐匿不行题参，别经发觉者，该督抚一并议处。

（此条乾隆五年，将条例208.03改定。嘉庆六年于《律例全书》告成时，进呈黄册，将此条列于删除项下，钦奉谕旨，照旧遵行，无庸删除。）

薛允升按：此例即奉旨无庸删除，亦应酌加修改，籍通贼为名，似系谓良民与贼交通也。嘉庆六年按语谓开通贼境，不知有何确据。

条例208.05：调台兵丁

调台兵丁及台湾催饷社丁，如藉端需索，扰害番社，依吓诈例，计赃，从重论。无赃者，照不应重律，杖八十，革退。该管官徇隐失察，交部分别议处。

（此条社丁禁止需索，系刑部议准定例。调台兵丁禁止需索，系户部议准定例。乾隆五年并为一条。）

薛允升按：此条应与"在官求索借贷人财物"及"索取外国财物"二条参看。文武职官索取土官、外国、瑶、僮财物，犯徒三年以上者，发近边充军。云贵等省流官擅自科敛土官等财物，亦然。索诈番蛮等类财者，分见各门，办理亦不画一，似应修改一律，归入一门，仅止需索诈财者，列为一条，因索诈而酿成事端者，列为一条，不应一省一例，彼此互相参差，且此条载在《兵律》，而别条又载在"求索"门内，亦不画一。恐吓取财，计赃，加窃盗一等。诈欺，准窃盗论。

条例208.06：凡出征官员兵丁

凡出征官员兵丁，除有不遵纪律，欺压良民，肆行掳掠子女者，仍按律治罪外，其于凯撤回营之日，沿途遇有良民子女，并非逃失，该官兵等强行携带者，即照已附地面掳掠人口律治罪。若携带逃失良民子女，照收留迷失子女律治罪。其携带人口，有亲属者，追出给还完聚；无亲属者，交地方官妥为抚恤。如有携带逆犯家属例应缘坐者，除该家属仍照例缘坐外，该官兵等讯明，知系逆犯家属，即照知情藏匿罪人律治罪。若讯不知情，及携带不应缘坐之逆犯家属，均仍以携带逃失子女论。跟役等有犯，照兵丁一律办理。领兵之该管官，跟役之家长，知情故纵者，与同罪。失察者，官员交部分别议处，兵丁鞭责发落。能自查出究办者，免议。若出征官兵于经过地方，私自典买人口，均照不应重律，系兵仗八十，系官交部议处，失察各官照例减等议处。典买人口，追出入官。

（此条嘉庆十九年，兵部遵旨奏准定例。）

薛允升按：与《处分则例》大略相同，应参看。

事例 208.01：天聪三年谕

凡违令淫人妇女者，斩。毁庐舍祠宇，及离大纛入村落私掠者，鞭一百。若都统、参领、佐领不行严禁，一并治罪。

事例 208.02：天聪六年谕

军行所至，有离人夫妇，及淫人妇女者，死。擅杀不拒敌之人，及掠人衣服者，将所得之物赏给首告之人，仍行鞭责。

事例 208.03：雍正五年谕

内地居民，受地方官苛索，便于申诉，故易至于败露。若苗蛮黎僮等僻处外地，知识庸愚，傥加陵虐，更可悯恻。应严定处分，以示儆戒，不当照内地之例。嗣后此等外地之人，并改土归流地方，如该管官员有差遣兵役骚扰逼勒等情，其治罪之处，当加内地一等。

事例 208.04：道光十三年谕

程祖洛奏：请将纵容弁兵勒索滋事之游击庚音保等分别革审一折。此案征调剿捕台匪之福宁营兵，内有驻防宁德县兵，定期不行，需索轿价银两。该管游击庚音保开送清单，索用轿夫多名，该县照单付给，该兵丁等又讹抢林世通盐馆，及民人黄连清、张宜等家钱物，并将哨捕林东海殴伤。管领千总李祥福索解番银二十圆，又与管领把总张世泰勒索。把总阮飞凤并非管领之弁，率以该县未备杠夫，请改行期，又于兵丁讹抢等情，代为支饰。庚音保系统辖大员，不知严加约束，任令滋事，转以该县迟误军行为词，实属荒谬。所有福宁镇标右营游击庚音保、千总李祥福、把总张世泰、阮飞凤，俱著革职，交魏元烺提集全案人证卷宗，秉公审办。

成案 208.01：纵兵掳掠〔康熙十七年〕

刑部议江抚慕天颜疏：扬州营革职把总纪龙滥差汛兵周升等下乡巡察，强奸民人袁士科之妻朱氏，以致朱氏缢死，纪龙合比照本管头目知情故纵掳掠律杖流，但本弁之母王氏年近八旬，家无次丁，应否存养等因。查纪龙平日不能严束兵丁，致周升等强奸袁士科之妻朱氏缢死，又复代为移文支饰，纪龙应比照本管头目知情故纵掳掠与犯人同罪，至死减一等，并妻流三千里，遇热审减等杖徒，系职官，且纪龙之母王氏年近八旬，并无次丁，应准折赎养亲。

律 209：不操练军士〔例 3 条，成案 2 案〕

凡各处〔边方腹里〕守御官，不守纪律，不操练军士，及城池不完，衣甲器仗不整者，初犯，杖八十；再犯，杖一百。

　　若〔守御〕官堤备不严，抚驭无方，致有所部军人反叛者，该管官各杖一百，追夺〔诰敕，〕发边远充军。若〔因军人反叛〕弃城而逃者，斩〔监候〕。

　　（此仍明律，其小注系顺治三年添入。顺治律为229条，雍正三年修改。）

〔附录〕顺治律 229：不操练军士

　　凡各处〔边方、腹里卫所〕守御官，不守纪律，不操练军士，及城池不完，衣甲器仗不整者，初犯，杖八十，附过还职；再犯，杖一百，指挥使降充同知，同知降充佥事，佥事降充千户，千户降充百户，百户降充总旗，总旗降充小旗，小旗降充军役，并发边远守御。

　　若〔守御〕官堤备不严，抚驭无方，致有所部军人反叛者，亲管指挥、千户、百户、镇抚，各杖一百，追夺〔诰敕，〕发边远充军。若〔因军人反叛〕弃城而逃者，斩〔监候〕。

条例 209.01：各边关堡墩台等项守备去处

　　各边关堡墩台等项守备去处，若官军用钱买闲者，官员问罪，调极边卫分守御，旗军人等发沿边枷号一月，常参守御。若原在关营官军，逃回原籍潜住，及架炮、夜不收、守墩军人，黄夜回家，轮班不去者，俱照前项调卫，枷号守哨发落。

　　（此条系前明问刑条例，顺治例229.02，雍正三年删节，乾隆五年改定，为条例209.01。）

条例 209.02：架炮夜不收守墩军人

　　架炮、夜不收、守墩军人，黄夜回家，轮班不去者，在守哨处枷号一个月发落。

　　（此条雍正三年将条例109.01节删。乾隆五年，将末句"在守哨处枷号发落"改为"在守哨处枷号一个月发落"。）

　　薛允升按：此例止言发落，并无杖数，似应添杖一百句。盖未有枷号，而不杖责者也。今无架炮、夜不收名目。前主将不固守门，失误军机一条内有爪探夜不收字样，后经删改，此处仍旧，亦不画一。

条例 209.03：各卫所京操官员

　　各卫所京操官员，故行构讼，不肯赴操者，除犯该死罪，并立功降调罪名，另行更替外，其余听掌印官申呈巡抚、巡按衙门，锁项差人解兵部发操。若抗违不服，或挟私排陷者，参问调边卫带俸差操。掌印官纵容不举，参究治罪。

　　（此条系明代问刑条例，顺治例229.01。雍正三年奏准：今无卫所差操之事。此例删除。）

成案 209.01：不操练军士〔康熙四十六年〕

　　刑部议广督郭世隆疏称：原任广东惠州参革副将李春茂，废弛营伍，以致庄村山野之间仍有盗贼窃发，将李春茂拟杖折赎，并请发福建、广东两省边海地方充伍效力等因。据此李春茂合依凡各处守御官不守纪律，不操练军士，再犯杖一百律，照例折赎，但该督既称李春茂自受厚禄，为诸弁之表率，不能留心地方，任情怠玩，以致盗案较他属独多，不便照律议处，应将李春茂发建、广东二省边海地方充伍效力，以为庸劣偷安之戒。应如所题，将李春茂发往福建边海地方充伍效力可也。

成案 209.02：营兵鼓噪未成〔康熙十一年〕

刑部覆川督蔡毓荣：查营兵鼓噪，律无正条，例内倡乱之人，以军法从事等语。又查江南提标兵丁顾子明等为首，聚众哗噪，环绕知府勒索兵饷，逼写印结，照倡乱之人以军法从事，例俱斩立决在案。都司贾一经等，若鼓噪已成，应拟斩立决，但一经先因谋令吴应铉等赴京告状不果，遂商同聚众出城鼓噪，向黄副将要银，事未及成，旋被擒获，应减等折责四十板，并妻流三千里。兵丁胡尚武等虽未出城鼓噪，但附和订约，俱应责四十板，徒三年。陈大与同鼓噪之事不行出首，依不应重律。

律 210：激变良民〔例 6 条，事例 3 条，成案 11 案〕

凡〔有司〕牧民之官，〔平日〕失于抚字，〔又〕非法行事，〔使之不堪，〕激变良民，因而聚众反叛，失陷城池者，斩〔监候。止反叛而城池未陷者，依守御官抚绥无方，致军人反叛，按充军律奏请。〕

（此仍明律。顺治三年采《笺释》语添入小注。顺治律为 230 条。）

条例 210.01：山陕刁恶顽梗之辈

山陕刁恶顽梗之辈，假地方公事，强行出头，逼勒平民，约会抗粮，聚众联谋，敛钱构讼，抗官塞署，或有冤抑，不于上司控告，擅自聚众至四五十人者，地方官与同城武职，无论是非曲直，拿解审究，为首者，照光棍例拟斩立决；为从，拟绞监候；其逼勒同行之人，各杖一百；若承审官不将实在为首之人究出拟罪，混行指人为首者，革职，从重治罪；其同城武职不行擒拿，及该地方文职不能弹压抚恤者，俱革职。该管之文武上司官，徇庇不即申报，该督、抚、提、镇不行题参，俱交该部照例议处。

（此系康熙五十三年刑部议覆四川总督鄂海题蒲州、朝邑两处人因争地界殴毙数命案内纂定条例，雍正三年定例，乾隆五年、乾隆三十二年修改。乾隆五十三年，修并为条例 210.04。）

条例 210.02：福建地方

福建地方，如有借事聚众罢市、罢考、打官等事，均照山陕题定光棍之例，分别治罪。其不行查拿之文武官弁，亦照例议处。

（此条雍正二年，刑部议覆福建巡抚黄国材奏惠安县童生纠众辱殴典史一案纂定，雍正三年定例。乾隆五十三年，修并为条例210.04。）

条例210.03：凡直省刁民

凡直省刁民，因事哄堂塞署，逞凶殴官，聚众至四五十人者，为首，依律斩决，仍照强盗杀人例枭示。其同谋聚众，转相纠约，下手殴官者，虽属为从，其同恶相济，审与首犯无异，亦应照光棍例拟斩立决。其余从犯，照例拟绞监候。被胁同行者，照例各杖一百。如遇此等案件，该督抚先将实在情形奏闻，严饬所属立拿正犯，速讯明确，分别究拟。如实系首恶，通案渠魁，该督抚一面具题，一面将首犯于该地方即行斩枭，并将犯事缘由，及正法人犯姓名，刻示遍贴城乡，俾愚民咸知儆惕。如承审官不将首犯究出，混指人为首，因而坐罪，及差役诬拿平人，株连无干，滥行问拟者，严参治罪，将督抚一并交部严加议处。

（此条乾隆十三年遵旨定例。乾隆五十三年，修并为条例210.04。）

条例210.04：直省刁民（1）

各直省刁民，假地方公事，强行出头，逼勒平民，约会抗粮，聚众联谋，敛钱构讼，及因事哄堂塞署，罢考、罢市，逞凶殴官，并果有冤抑，不于上司控告，擅自聚众至四五十人者，为首斩决，枭示。其同谋聚众，转相纠约，下手殴官者，虽属为从，但同恶相济，与首犯无异，亦拟斩立决。其余从犯，俱拟绞监候。被胁同行者，各杖一百。如遇此等案件，该督抚先将实在情形奏闻，严饬所属立拿正犯，速讯明确，分别究拟。如实系首恶，通案渠魁，该督抚一面具题，一面将首犯于该地方即行斩枭，并将犯事缘由，及正法人犯姓名，刻示遍贴城乡晓谕。若承审官不将实在为首之人究出拟罪，混行指人为首，因而坐罪，并差役诬拿平人，株连无干，滥行问拟者，严参治罪，该督抚一并交部严加议处。至刁民滋事，其同城武职不行擒拿，及该地方文职不能弹压抚恤者，俱革职。该管之文武上司官，徇庇不即申报，该督、抚、提、镇不行题参，俱交部议处。

（此条乾隆五十三年，将条例210.01至210.03修并。）

条例210.05：直省刁民（2）

直省刁民，假地方公事，强行出头，逼勒平民，约会抗粮，聚众联谋，敛钱构讼，及借事罢考、罢市，或果有冤抑，不于上司控告，擅自聚众至四五十人，尚无哄堂塞署，并未殴官者，照光棍例，为首拟斩立决，为从拟绞监候。如哄堂塞署，逞凶殴官，为首斩决，枭示。其同谋聚众，转相纠约，下手殴官者，拟斩立决。其余从犯，俱拟绞监候。被胁同行者，各杖一百。若遇此等案件，该督抚先将实在情形奏闻，严饬所属立拿正犯，速讯明确，分别究拟。如实系首恶，通案渠魁，例应斩枭者，该督抚一面具题，一面将首犯于该地方即行正法，并将犯事缘由，及正法人犯姓名刻示，遍贴城乡晓谕。若承审官不将实在为首之人究出拟罪，混行指人为首，因而坐罪，并差役诬拿平人，株连无干，滥行问拟者，严参治罪，该督抚一并交部严加议处。至刁民滋事，其同城武职不行擒拿，及该地方文职不能弹压抚恤者，俱革职。该管之文武上司官，徇庇不即申报，该督、抚、提、镇不行题参，俱交部议处。

（嘉庆十六年查此条原系三条，因哄堂塞署殴官之犯，较之抗粮、构讼、罢考、罢市者，情罪尤重，是以将首犯拟以斩枭，为从分别斩决、绞候，以示区别。乾隆五十三年，并为一条，未经分析，遂以抗粮聚众等罪止断斩决之犯，与哄堂塞署殴官等同拟斩枭，殊未允协，因照旧例分别定拟，改辑此条。一说嘉庆十四年改定。）

薛允升按：此例重在抗粮、敛钱、罢市、罢考，若无此等情节，仅止聚众四五十人，未便援引，似应于聚众字下添至五十人以上，上添一"或"字，删去"或果有冤抑至四、五十人"等句。约会、抗粮及罢市、罢考，并抗官塞署，系无法之尤者，至聚众敛钱构讼，情节稍轻，实有冤抑，不上控而聚众至四、五十人，如无前项情事，则情节尤轻矣，俱照光棍定拟，殊嫌无别。似应改为，如因事聚众、敛钱、构讼，或果有冤抑不于上司控告，擅自聚众至四、五十人，尚无前项情事者，减一等定拟。为首斩决，为从绞候，此光棍例也。此处将为首者加枭，又摘出同谋等项，照为首斩决，以聚众哄堂殴官，故严之也。若哄堂而未殴官，是否一体定拟。至同谋聚众，自系指从犯内之逼凶者。转相纠约，自系指代为邀人者。是否有一于此，即拟斩决，抑系三项皆备，方合此例之处，一并记核。如尚未殴官，俱可照光棍例分别首从问拟。若已经殴官，将为首者加枭，同谋等斩决，其余绞候，似觉允协。如以哄堂为重，或遇聚众之案，地方官亲往查拿，致被殴伤，得不照殴官办理耶。此等案件，各省俱有，而照此办理者绝少，亦因罪名太重故也。犯罪抗拘及挟仇挺身哄堂，杀害本官，见斗殴门。因荒哄堂、罢市、辱官及沙民聚众械斗抗官，俱见抢夺。下第诸生，逞忿搅闹，见贡举非其人。《处分则例》："凡刁恶顽梗之民约会、抗粮、敛钱、构讼、抗官、塞署、罢市、罢考、殴官等事，聚众至数十人者，地方官与同城文武协同擒获者，免议。如不实力协拿，致令脱逃，将地方官降二级，戴罪限一年辑拿，限满不获，照所降之级调用。"《兵部处分则例》："未能实力擒拿，以致当场脱逃者，三个月限满不获，同城武职均革职留任"云云。均与此例不符。

条例 210.06：凡刁恶之徒聚众抗官

凡刁恶之徒，聚众抗官，地方文武员弁，即带领兵壮迅往扑捉，如稍有迟延者，即照定例严议。其扑捉之时，该犯即俯首伏罪，不敢抗拒，应分别末减。如该犯等持仗抗拒，许文武官带同兵壮，持械擒拿。若聚众之犯并未执有器械，文武官纵令兵壮杀伤者，严加议处。

（此条系乾隆十一年，刑部议覆浙江处州镇总兵官苗国琮条奏定例。）

薛允升按：此乱民也。原奏有如公然抗拒，许官兵施放器械，杀死勿论之语，定例时删去。此语是责令地方官擒拿，而不许地方官专杀，殊不可解。寻常拒捕，尚可杀死勿论，况此等聚众抗官之乱民乎。此句似不可删。

事例 210.01：乾隆元年议准

凡学臣考试地方，如有奸棍聚众生事，陵胁官长等情，学臣系封锁衙门，内外隔绝，无由缉禁。该提调及地方官，并驻防武职等官，立即协拿，务获审究。查照例内开载福建地方借事聚众罢市、罢考、打官等事，俱照山陕题定光棍之例，分别首从治罪。若提调及地方官，事前不能豫先钤止，事后又不严拿，及批审之后徒以一、二软弱无辜抵塞结案者，听督抚、学臣据实题参，交吏部严加议处。武职交兵部议处。其廪保不加详慎，滥保匪人，以致场内生事者，将该生褫革。

事例 210.02：乾隆十三年谕

据署江苏巡抚安宁奏称：苏松产米州县，因地方米价渐昂，私禁不许贩米出境，因而阻截客船，至四月间松江、青浦县，乃有刁民阻遏米客，打坏行家房屋器物。该县及营汛往查，俱被抛石掷打，致伤县役及把总头颅之事，现经缉犯严究等语。刁民聚众抗官，大干法纪，最为地方恶习，不可不亟加整顿。前因山西有万泉、安邑之案，及河南、安徽、福建等省，或抢赈闹官，或邪匪勾结，往往群聚抗违，逞凶滋事，曾屡饬地方官严究重处，并通行降旨晓谕，所期安静奉法，而愚民动辄汹涌喧哗，甚至殴官伤役，骄悍之风，竟成锢习。揆厥由来，总因朕保赤心殷，伊等有恃无恐，虽有严究重惩之谕，并未专设科条，是以无所畏惮。且地方少有水旱，有司匿灾不报者，朕必重其处分，而抚绥乏术者，督抚亦必加参处。刁民缘此挟制官长，不但不知敬畏，一若地方官之去留可操之由己，不知朕所矜怜者，颠连而无告者也，善良自好之人也，是宜加恩保护。至于聚众抗官，目无国宪，乃王法之所必诛，岂可稍为姑息！唯当下立置重典刑，则不逞之辈，触目儆心，懔然知不可犯。向来审解成招，监禁候旨，往返经时，即将首犯弃市，不过寻常案件等，其当场伙众，久散归农，转以逞快一时为得计，全无动色相戒之意，何以儆顽梗而戢刁风。从来诘奸乃以禁暴，皇考时，因直隶地方劫盗案多，定为不分首从皆斩之例。二十年来，强劫渐少，后乃照旧例办理。又皇祖时，因旗人屡有斗殴仇杀之案，定为满洲殴杀满洲，立即处斩之例，其后此风遂息，因即仍照旧例。可见明罚敕法，全在因时制宜，而辟以止辟，乃帝王经世之大用。此等直省刁风，聚众抗官要犯，作何令其儆戒不敢干犯法纪之处，著该部另行严切定例具奏，此朕刑期无刑不得已之苦衷，将来革薄从忠，刁风丕变，再行酌定另降谕旨。

事例 210.03：乾隆二十九年谕

提督李勋奏：新宁县民刘周佑等控告书役舞弊，经府发县锁禁，致街民散帖罢市一折。此等投散匿名揭帖，纠众罢市，实属莠民刁悍之尤，为从来所仅见，非按律重惩，何以靖人心而肃法纪？第核其折内前后情节，刘周佑控告书役，其事干连本县，为知府者，即当亲提审究，或别委他县查讯，庶为秉公合理。乃该署府王锡蕃仍交发本县办理，而该县李鹏渊因商议调处，甚将原告禁押，置其事于不问，则府之庇县，与县之庇役，固不问可知。其实无以折服众心，致起事端，是固地方官之不能辞其咎者。向来外省抗官之案，虽事涉有司，应行参处，亦必首惩纠众之人，而于官员应得处分，不即汲汲究治，诚虑匪徒因此长胆，不可不防其渐也。今该府县等即心存袒护，而仅系稽查不力，弹压不严者，竟予一律议处，使复持缓治之议，有意为之姑息，将穷檐冤抑，终无上闻，覆盆尚可言耶！然小民畏官奉法，自属闾阎常分，果因吏蠹而控之府，又何难以受府县之覆护摧折而上控督抚乎？岂得因一朝挟忿，胆敢酿金闭户，公然蔑视王章！国家三尺法具在，又岂能以一、二有司之不职，遽为刁顽曲贷哉！朕治官莅民，事无巨细，皆详悉权衡，折衷至当，不使稍有畸重畸轻之弊。此案所有投帖罢市各情节，著该督抚即行确究首从，按法定拟。其王锡蕃、李鹏渊等，亦著查明参处，以昭平允。

成案 210.01：陕西司〔嘉庆十八年〕

陕督题：刘克壮、李正荣，因欠带征粮石，逞刁架词，求免迟征，以致欠粮无知愚民，随声附和，亦各走散。讯无预谋约会情事，即花户接踵而散，亦非刘克壮等意料所及，但各花户之效尤，皆由该二犯抗违不服所致。例无并非约会抗粮，而各花户附和违比，作何治罪明文，将刘克壮、李正荣，比照刁民约会抗粮、首犯斩决例上，量减拟流，再加枷号三个月。

成案 210.02：直隶司〔嘉庆二十年〕

直督奏：武生张廷枢，因南乐县立法催追钱粮，不能遂其拖欠包揽之计，辄生怨忿，与生员张景清勾串王鹤赴京呈控之后，嘱令敛钱帮讼，该犯虑恐控案审虚，起意传帖罢考挟制。清丰县生员王敬思亦因事被县戒饬，并挟催追钱粮过严之嫌，闻风效尤，起意散帖罢考，希图挟制，审明阻考未成，钱尚未敛，且共谋仅止二三人，究与聚众业经罢考敛钱者有间。将张廷枢、王敬思，均照刁民因事罢考、为首斩决例上，量减一等，发遣新疆伊犁等处，充当苦差。生员李秉哲、李鸣珂、任一璞，武生董正、革生耷璧，或同谋代为阻考传帖，或帮同分散，均照为从绞候上，量减一等，满流。儒学自行会拿，免其开参。

成案 210.03：陕西司〔嘉庆二十四年〕

陕抚题：李学泷等因铺邻马元德被贼供扳，经县传讯，呈恳保释不准，该犯等倡率罢市，惟该处铺户共有二百余家内，仅该犯等八家将铺关闭，系属罢市未成。将李学泷等于刁民借事罢市斩决例上，量减满流。

成案 210.04：福建司〔嘉庆二十五年〕

闽督奏：陈得胜因盐价加增，强行出头，敛钱构讼，刊贴告白，约会赴盐馆吵闹揪殴，嗣被县差拘带，复敢走脱，纠众至四十余人，嘱令赴县具保。将陈得胜依刁民假地方公事、强行出头、逼勒平民、敛钱构讼、聚众至四五十人、尚无哄堂塞署殴官者，照光棍为首，拟斩立决。邱必发等，讯无同谋敛钱，辗转纠人情事，其至县署嚷闹，系因岳廷幅闯入宅门窥探，被差拿获所致，若照光棍为从，概拟缳首，未免情轻法重，应于陈得胜斩罪上，量减一等，满流。黄奉祥见县差拘带陈得胜经过，因时届岁暮，并非命盗重案，出街拦劝，尚非有心截抢，第恃兵干预，未便轻纵，应于邱必发等流罪上，量减一等，满徒。

成案 210.05：陕西司〔嘉庆二十五年〕

陕抚题：王济普因徐忍亏短社仓粮石，经官拿究，该犯辄行出头，商允薛大章，纠同钟三儿等十二人，乘该州赴乡，拦舆代求免追，未经允准。该犯起意挟制，将该州住宿店门反扣，声称准后，始行放走。薛大章亦随声附和，均属藐法，厥罪惟均，惟一经蔡汝为等告以利害，即畏罪将门扣扳开逃逸，自应酌减问拟。均应于刁民假地方公事、强行出头、聚众抗粮、照光棍斩决例上，量减一等，改发伊犁为奴。

成案 210.06：河南司〔道光二年〕

河抚奏：巩广信因王芹被人挤跌，辄唆令王芹之父王吉昌赴县咆哮，经学官将王吉昌传去申饬，该犯辄起意罢考，约会廪保不从，即行中止。例无罢考未成治罪专条，将巩广信依刁民借事罢考为首斩决例上，量减一等，发新疆充当苦差。

成案 210.07：江苏司〔道光三年〕

苏抚题：吴学虔因钟国球约会抗粮，被县拿获。该犯纠约图民，赴县挟制，欲求保释，嗣因闻拿情急，复定期传单纠众，赴县求赈挟制，是该犯两次纠众滋事，实属情凶势恶。将吴学虔照凶恶棍徒例，发极边足四千里安置。钟国球身充里递，因虑催征受比，起意约会抗粮，旋被访拿，事尚未行，即经劝完，尚有畏惧之心，与实在聚众抗粮者不同，将钟国球依刁约会抗粮、聚众联谋、照光棍例斩罪上，量减一等，满流。

成案 210.08：河南司〔道光四年〕

河抚奏：阌乡县已革监生白济岱，假托地方公事，煽诱乡愚，敛钱与讼，牵撤栗自修已结之案，主使闻文明赴京具控后，复行出头向地方官图诈，实属刁恶异常。但其惑众翻控，系以旧案请示为由，与平空构讼及实在聚众联谋者有间，自应比例酌减问拟。白济岱应照直省刁民假地方公事、强行出头、逼勒平民、聚众联谋、敛钱构讼、照光棍为首斩决例上，酌减一等，杖一百、流三千里。该犯敢于向本管知县讹诈不遂，怀挟查拿之嫌，捏砌浮词，涂写监照，冀图挟制，尤属谬妄，应从重发新疆充当苦差。

成案 210.09：直隶司〔道光七年〕

直督奏：生员王毓珍因与县役互詈，被县戒饬，辄敢挟忿书写阻考揭帖，嘱令逸犯粘贴。惟当时未经入场之童生，全数补考，与合邑童生全行罢考者有间，自应衡情酌量减等问拟。将王毓珍于刁民因事罢考为首斩决枭示例上，减发黑龙江等处充当苦差，照例刺字。

成案 210.10：湖广司〔道光十年〕

南抚奏：屈伸因该县戒饬生员，起意纠众二十余人阻考，冀将该县撤任，以泄私忿，惟尚无开堂塞署情事，与实在纠众罢考者有间，其张帖罢考传单亦与匿名文书告言人罪者不同。屈伸应比依刁民聚众联谋、借事罢考、聚众至四五十人为首斩立决例，量减满徒。

成案 210.11：陕西司〔道光十一年〕

陕抚题：杨成运商同萧玩年等传帖纠众，敛钱设局，保留总书，欲将出易仓粮，采买料豆，归局领办，经该州驳谕禁，该犯等辄敢硬行立局，屡次递禀挟制，实属目无官长，虽派钱俱未允从，核与已成者有间，固未便遽拟骈首，若竟照律减等拟流，又觉情浮于法。杨成运、萧玩年，均应于刁民假地方公事强行出头、约会抗粮、聚众敛钱、光棍斩决例上，酌减一等，改发伊犁给种地兵丁为奴。

律 211：私卖战马〔例 2 条〕

凡军人出征，获到〔敌人〕马匹，须要尽数报官。若私下货卖〔与常人〕者，杖一百。军官〔私〕卖者，罪同，罢职。买者，笞四十。马匹价钱并入官。〔若出征〕军官、军人买者，勿论。〔卖者，追价入官，仍科罪。〕

（此仍明律，其小注顺治三年添入。顺治律为 231 条，原文"罢职充军"，雍正三年修改为"罢职"。）

条例 211.01：凡披甲随围

凡披甲随围，将肥官马偷卖，到家交瘦马者，照窃盗例治罪。

（此条系康熙五十七年刑部议准定例，雍正三年定。）

薛允升按："隐匿孳生畜产"门有口外群内马匹盗卖、抵换，照监守盗科罪之语，此条所云，与抵换何异，而科罪各别。照窃盗例，是否照盗官畜产，亦未明晰。

条例 211.02：民人出口私贩骟马

民人出口私贩骟马，在三十匹以下者，照违制律，杖一百；三十匹以上至四十匹，加枷号一个月；四十匹以上至五十匹，加枷号两个月；五十匹以上，杖六十、徒一年，每十匹加一等，罪止杖一百、徒三年，所贩马匹入官。

（此条系道光二年，刑部审拟步军统领衙门奏送马添路等私充牙行买卖马匹一案，纂辑为例。）

薛允升按：骟马有关营务，禁止出口，私贩自属应行之事，惟以三十匹上下分别定罪，则仅止一、二匹亦应以违制论矣，是骟马一项，即属例禁之物，与《户部则例》正自两歧，似应酌改为，未至二十匹者，免议。二十匹以上至三十匹者，照违制律云云。

律212：私卖军器〔例1条，事例3条〕

凡军人〔将自己〕关给衣甲、刀枪、旗帜、一应军器，私下货卖〔与常人〕者，杖一百，发边远充军。军官〔私〕卖者，罪同，罢职，〔附近〕充军。买者，笞四十。〔其间有〕应禁〔军器，民间不宜私有而买〕者，以私有论。〔一件，杖八十，每一件加一等，罪止杖一百、流三千里。所买〕军器，〔不论应禁与否，及所得〕价钱并入官。官军买者，勿论。〔卖者，仍坐罪，追价入官。〕

（此仍明律，其小注系顺治三年添入。顺治律为232条，原文"军官、军人"，雍正三年删改为"官军"。）

条例212.01：军人军官私当关给衣甲

军人军官私当关给衣甲、旗帜、应禁军器，照私卖律减一等，杖一百、徒三年。至收当之人，照私有军器律减一等，杖七十，每一件加一等，罪止杖一百、徒三年，军器当本照例入官。其非应禁者，不在此限。失察之地方将领各官，交部议处。

（此条系乾隆二十六年刑部议覆福州将军格图肯条奏定例。乾隆三十七年，于"罪止杖一百、徒三年"下增"如有结伙盘踞，加倍重利，收当军器者，枷号三个月，发黑龙江等处为奴"二十七字。嘉庆十七年，调剂黑龙江遣犯，将"发黑龙江等处为奴"改为"发极边足四千里充军"。

薛允升按：私当照私卖减一等，收当者亦减一等，均指应禁军器言。惟律内私买军器，不论应禁与否，及所得价钱并入官。例则应禁军器当价入官，非应禁者不在此限，即不入官矣。彼此似有参差。与《贼盗门·盗卖军器》条例参看。

事例212.01：康熙二十五年覆准

凡边界地方，有奸徒私将军器卖与土司番蛮之人者，不论官民兵丁，俱杖一百，发边远充军。该管官知情故纵者，与军民一例治罪。不知情者，州县官、武职、专汛官，俱降二级留任；该总兵官，降一级留任；督抚提督，各罚俸一年。

事例212.02：雍正三年议准

嗣后弓箭盔甲等物，如遇查验时全无者，虽报有家人携带逃走之处，亦照私卖军器例治罪。

事例212.03：道光十年谕

官兵进征所用军器，至凯旋时，应责令带回验明收贮。乃该兵丁等间有私将器械，就地售卖获利，并不携带回营，实属大干法纪。回疆地方人心易动，若将内地坚利军器，售给该处，必至私藏渐多，且恐牟利商人，私带出卡转售，各外夷均得仿照制造，尤有关系，不可不防其流弊。著长龄等饬知带兵各员，严行晓谕该兵丁等，于凯旋时，务将所用军器，逐件验明，如查有私售者，即行严究治罪。

律 213：毁弃军器〔例 2 条〕

凡将领关拨一应军器，〔出〕征守〔御〕事讫，停留不〔收〕回纳还官者，〔以事讫之日为始，〕十日，杖六十，每十日加一等，罪止杖一百。

若〔将领征守事讫，将军器〕辄弃毁者，一件，杖八十，每一件加一等，二十件以上，斩〔监候。〕遗失及误毁者，各减三等。军人〔弃毁遗误〕各又减一等。并验〔毁失之〕数追赔〔还官。〕其曾经战阵而有损失者，不坐，不赔。

（此仍明律，顺治三年添入小注。顺治律为 233 条，原律"军人各又减一等"，无小注四字。乾隆五年以《辑注》谓此句蒙上减三等来专指遗误二项，《笺释》则兼承上弃毁来，按弃毁是本条，正律不应独遗军人，因增注"弃毁遗误"四字。）

条例 213.01：凡看守城池

凡看守城池、仓库、街道等处兵丁，遗失本身器械者，杖七十。

（此条系雍正三年据兵部例增定。）

条例 213.02：箭上不书姓名

箭上不书姓名，及书他人姓名者，杖八十。

（此条系康熙二十七年例，雍正三年定例。）

薛允升按：上条系出于无心者，此出于有意者，故较上条为重。

律 214：私藏应禁军器〔例 18 条，事例 8 条，成案 10 案〕

凡民间私有人马甲、傍牌、火筒、火炮、旗纛、号带之类应禁军器者，一件，杖八十，每一件加一等。私造者，加私有罪一等。各罪止杖一百、流三千里。非全成〔不堪用〕者，并勿论，许令纳官。其弓箭、枪刀、弩，及鱼叉、禾叉不在禁限。

（此仍明律，顺治三年添入小注。顺治律为 234 条。）

条例 214.01：私铸红衣等大小炮位（1）

私铸红衣等大小炮位者，不论官员军民人等，及铸造匠役，一并处斩，妻子家产入官，铸造处所邻佑、房主、里长等，俱拟绞监候。专管文武官革职，兼辖文武官及该督、抚、提、镇，俱交该部议处。

（此条系康熙十九年定例，雍正三年删改。嘉庆十四年，查私铸炮位系比照叛逆科断，"妻子"下增"给付功臣之家为奴"八字。道光十四年改定为条例 214.02。）

条例 214.02：私铸红衣等大小炮位（2）

私铸红衣等大小炮位及抬枪者，不论官员军民人等，及铸造匠役，一并处斩，妻子给付功臣之家为奴，家产入官，铸造处所邻佑、房主、里长等，知情不首者，俱拟绞监候。专管文武官革职，兼辖文武官及该督、抚、提、镇，俱交该部议处。其私藏炮位及抬枪之犯，除讯有不法重情，仍照各律例从重定拟外，如讯无别情，仅止私藏者，即于私铸罪上减一等，杖一百、流三千里。失察之地方官，交部分别议处。

（此条道光十四年，增入私铸抬枪，并私藏炮位及抬枪各犯罪名。咸丰二年，于"邻佑、房主、里长等"下增"知情不首"四字。）

薛允升按：此条例文最严，盖谓非有叛逆重情，铸此何为，则直以反叛目之矣。

条例214.03：凡私放鸟枪者

凡私放鸟枪者，官则参处，平人严行治罪。其兵丁止令白昼演放，若遇盗贼放鸟枪者，免治其罪。

（此条雍正三年定。乾隆五年改定为条例214.05。）

条例214.04：凡私造鸟枪守发卖者

凡私造鸟枪守发卖者，杖一百，该管官不行查出，罚俸一年。如兵丁有借查鸟枪名色扰民者，该管官一并议罪。其商人有必欲用鸟枪者，预先呈报该管管验明，止许长一尺五寸，上刻姓名地方，如无姓名越尺寸者，照私造例治罪。

（此条系康熙四十七年九卿议准定例，雍正三年纂入。乾隆五年改定为条例214.05。）

条例214.05：各处乡村及商民防御盗贼（1）

各处乡村及商民防御盗贼、猛兽应用鸟枪，俱照营兵鸟枪尺寸制造，上刻姓名，具呈该地方官编号登册，以备稽察。如有不报官私造者，杖一百，该管官不行查出，交部议处。如兵丁有借查鸟枪名色扰民者，该管官一并议罪。倘有因争斗，擅将鸟枪私放伤人者，照执持金刃连戳伤人例，旗人发宁古塔，民人配发云、贵、川、广烟瘴稍轻地方，交该地方官严加管束。

（此条乾隆五年，将条例214.03及214.04改并。）

条例214.06：各处乡村及商民防御盗贼（2）

各处乡村及商民防御盗贼、猛兽应用鸟枪，俱照营兵鸟枪尺寸制造，上刻姓名，具呈该地方官编号登册，以备稽查。如有不报官私造者，杖一百，该管官不行查出，交部议处。如兵丁有借查鸟枪名色扰民者，该管官一并议罪。倘有因争斗，擅将鸟枪私放伤人者，旗人发宁古塔，民人配发云、贵、两广烟瘴稍轻地方，交该地方官严加管束。杀人者，以故杀论。如有私造竹铳，及用竹铳伤人者，俱照鸟枪例治罪；私藏者，亦照私藏军器律治罪；地方官失于觉察，亦照鸟枪例议处。

（此条乾隆三十二年，将条例214.05增定。）

条例214.07：各省深山邃谷（1）

各省深山邃谷，及附近山居驱逐猛兽，并甘肃、兰州等府属，与番回错处毗连各居民，应需鸟枪守御者，务须报明该地方官，详查明确，实在必需，准其仍照营兵鸟枪尺寸制造，上刻姓名，编号立册，按季查点。如有不报官私造者，杖一百，该管官不行查出，交部议处。如兵丁有借查鸟枪名色扰民者，该管官一并议罪。至私造竹铳，即照鸟枪例治罪。私藏者，亦照私藏军器律一件杖八十，每一件加一等治罪。地方官失于觉察，亦照鸟枪例议处。

（此条系乾隆五十三年，将条例214.06改定。）

条例214.08：各省深山邃谷（2）

各省深山邃谷，及附近山居驱逐猛兽，并甘肃、兰州等府属，与番回错处毗连各居民，及滨海地方，应需鸟枪守御者，务须报明该地方官，详查明确，实在必需，准其仍照营兵鸟枪尺寸制造，上刻姓名，编号立册，按季查点。如有不报官私造者，杖一百，枷号两个月；私藏者，杖九十，枷号一个月；仍各照律每一件加一等，罪止杖一百、流三千里。该管地保失察私造者，杖一百，革役；如系知情故纵，加枷号一个月。该管官不行查出，交部议处。如兵丁有借查鸟枪名色扰民者，该管官一并议罪。至私造私藏竹铳，及失察故纵之地保，俱照鸟枪例治罪。地方官失于觉察，亦照鸟枪例议处。

（此条道光二年，于"各居民"下，增"及滨海地方"五字，并将私造私藏，分别加以枷号。道光十四年，将私藏鸟枪例内杖八十罪名，改为杖九十。）

薛允升按：鸟枪为军营利器，民间自不准行用，今既不能一概严禁，则报官制造者一，不报官制造者不啻十百矣。编号查点之法行之日久，即属具文，凡事皆然，不独此一项也。窃谓鸟枪之多，由于造卖者众，与其严私藏之禁，不如重私造之罚。仅拟杖枷，未免法轻易犯，况造卖赌具，即应分别首从，拟以军流，彼此相较，殊觉轻重悬殊。然有治法而无治人，法亦系虚设耳。近则洋枪洋炮到处皆有，贼匪用以拒捕，伤人者亦覆层见迭出，禁令俱成具文，殊可叹也。

条例214.09：苗倮蛮户俱不许带刀出入

苗倮蛮户俱不许带刀出入，及私藏违禁等物。违者，照民间私有应禁军器律治罪。该管头目人等知而不报者，杖一百。地方文武官弁失察，照例议处。

（此条系雍正六年兵部议覆川陕总督岳钟琪条奏定例。）

薛允升按：原奏称："苗倮既皆改土归流，则苗人自当约束，而苗人每以利刃随身，况伊等野性未化，若听其执持凶器，凡有口角细故，即便逞凶绑虏，应通饬严禁等语。查苗蛮出入，每带利刃，皆由凶恶之习未除，应如所奏"云云。《示掌》云："苗人带佩刀，无庸禁止，见乾隆三十九年例，与此条不符。"观原奏所云，自系指改土归流者而言，若纯系苗倮蛮俗，似难一概禁止。惟就例文而论，私有者，杖八十。知而不报者，杖一百。似嫌参差。文武官弁自系指流官言。断罪不当门，苗人自相争讼之事，照苗例归结，不必绳以官法云云，应参看。

条例214.10：官员出差赴任回籍

官员出差、赴任、回籍，及商民出外贸易等事，如有携带军器途中防护者，在京取具兵部印票，在外取具该差遣衙门，及该地方官印票，注明所带件数，以备出城沿途照验，仍知会所到地方，限一月缴销，如隐匿原票不缴者，照违令律治罪。

（此条系雍正十二年定例。）

薛允升按：此仍系不准私有之意，近则不照此例行矣。

条例214.11：台湾民人停止制造鸟枪

台湾民人停止制造鸟枪，违者，照例治罪。

（此条系乾隆二年兵部议覆福建提督王郡题准定例。）

薛允升按：私造鸟枪，现行例文〔道光年间定〕系杖一百，枷号两个月，此云照例治罪，系治以杖一百之罪也。惟既将通例改重，此处自应照新例办理。

条例214.12：内地私贩硫黄五十斤

内地私贩硫黄五十斤，焰硝一百斤以上者，杖一百、徒三年。窝藏囤贩，及知情卖与私贩者，减私贩罪一等，硝磺入官。邻保知情不首，杖一百；不知情者，杖八十。挑夫船户知情不首，减本犯罪二等；知情分赃者，与犯人同罪；赃重，以枉法从重论。首报人者除免罪外，仍向本犯名下，照所获硝黄入官价值另追给赏。如合成火药卖与盐徒，发近边充军。其出产硝磺本省银匠、药铺、染房需用硝黄，每次不许过十斤，令其呈明地方官批限，买完缴销，违者，以私囤论罪。

（此条系明代问刑条例，原载"私出外境及违禁下海"门，乾隆五年改定。新例将雍正十年私贩囤积及邻保之治罪、银匠药铺之收买例，及雍正十二年挑夫船夫之治罪及首告之给赏例，并旧例硝黄合成火药卖与盐徒治罪之处，合为一条，移入此门，将原例删除。咸丰元年改定为条例214.13。）

条例214.13：内地民人窝囤兴贩硫黄

内地民人窝囤兴贩硫黄，十斤以下，杖一百；十斤以上者，杖六十、徒一年；二十斤以上者，按照五徒以次递加；五十斤以上者，杖一百、流二千里；八十斤以上者，杖一百、流二千五百里；一百斤者，杖一百、流三千里；多至百斤以上者，发近边充军。若囤积未曾兴贩，减兴贩罪一等。焰硝每二斤作硫黄一斤科断，硝黄入官。邻保知情不首，杖一百；不知情，杖八十；挑夫船户知情不首，减本犯罪二等；知情分赃，与犯同罪；赃重，以枉法从重论；首报者除免罪外，仍向本犯名下照所获硝黄入官价值，另追给赏。如合成火药卖与盐徒，不问斤数多寡，发近边充军。本省银匠、药铺、染房需用硝黄，每次不许过十斤，令其呈明地方官批限，买完将批缴销，违者，以私囤论。

（此条系咸丰元年署广西巡抚周天爵条奏私造、私售火药罪名一折，经刑部议准改定，并于窝囤上增入煎挖一项。同治九年，因此项人犯另设专条，删去本条"煎挖"二字。）

薛允升按。首条言煎挖之罪，次条言窝囤兴贩之罪。如无硝黄，则鸟枪即属无用之物，禁鸟枪自不得不禁硝黄，其势然也。惟合成火药十斤以上，即拟斩决，缘坐，未免太重，似应仍以有无济匪，分别定拟。奸民如不兴贩图利，煎挖何为。似应改为合成火药十斤以上者，发近边充军。百斤以上者，斩候。卖给贼匪者，不论斤数多寡，以通贼论。再，买完，本系卖完之讹，每次修例时俱因仍未改，遂致因讹成讹。

条例 214.14：四川云南贵州所产铅

四川、云南、贵州所产黑铅，除由官采办外，其余无论在厂、在店，一律严禁出境。如违例私运，照窝囤兴贩硫黄例治罪。兵役知情徇隐，减犯人罪一等；受财故纵，与犯人同罪；赃重者，以枉法从重论。傥有济匪情事，以通贼论，仍须人铅并获，乃坐。

（此条系咸丰五年，四川总督黄宗汉奏准定例。）

薛允升按：此因硝黄而类及之也。

条例 214.15：内地奸民在产硝黄地方私行煎挖

内地奸民，在产硝黄地方私行煎挖，无论已未兴贩，照台湾之例科断，十斤以下，杖一百，刺字；十斤以上，杖六十、徒一年，每十斤加一等；百斤以上，及合成火药在十斤以下者，发近边充军；三百斤以上，及合成火药在十斤以上者，照私铸红衣等大小炮位例处斩，妻子缘坐，财产入官。如将硝黄济匪，以通贼论。知情故纵，及隐匿不首，并与犯同罪，至死减一等。俟军务完竣，仍照旧例办理。

（此条同治元年议覆云贵总督潘铎条奏所定。同治九年，于窝囤兴贩例内删去"煎挖"二字，添纂此例。）

条例 214.16：京城制造花爆之家

京城制造花爆之家，于地方保甲门牌内，注明"业花爆"字样，止准售卖花爆，不准售卖火药。如违例售卖火药，数不足十斤者，笞五十；十斤，杖六十，每十斤加一等；至五十斤以上者，杖一百、徒三年。其应需硝黄，如不由官行、官店承买者，照私囤例治罪。

（此条道光十七年刑部奏准定例。）

薛允升按：制造花爆，各处俱有，不独京城为然，应改为通例。售卖火药下似应改为照兴贩硫黄例治罪。兴贩硫黄，例已改重，此处亦应修改。

条例 214.17：民间如有私造竹铳者

民间如有私造竹铳者，照私造鸟枪例治罪，杖一百。私藏竹铳者，照私藏军器律，杖八十，每一件加一等。因争斗而点放伤人者，照鸟枪伤人例，发云、贵、两广烟瘴稍轻地方，交该地方官严行管束。点放杀人者，照故杀人律，拟斩监候。地方官失于觉察，照失察鸟枪例议处。

（此条系乾隆二十四年定例。乾隆三十二年，并入条例214.06。）

条例214.18：凡民间如有私制藤牌者

凡民间如有私制藤牌者，照私制鸟枪例，杖一百。失察之地方文武官，亦照失察私藏鸟枪例议处。

（此条系乾隆三十九年，吏部会同兵部刑部议覆御史李漱芳条奏定例。道光四年，因私造鸟枪，现行例已重于杖一百，删"照私造鸟枪例"六字。）

薛允升按：文武官照失察鸟枪例议处，则私制罪名似亦应照私造鸟枪例加以枷号，以免参差。

事例214.01：雍正九年议准

鸟枪一项，禁例甚严，但广东省之琼州，孤悬海岛，外与交趾连界，内与黎人错处，居民多籍鸟枪以为防御之具，未便照内地一例收缴。所有民间现存之鸟枪，令报明地方官注册，并令地方官严饬保甲，于十家牌内开明数目，一户止许藏枪一杆，其余交官收存。如违禁多藏，察出，照例治罪。至斗殴抢窃案内执有鸟枪者，本罪应拟绞监候，不可再行加等者，仍照例定拟外，其徒罪以下，俱各本罪加二等发落。如有将鸟枪资助盗贼者，与本盗一例同科。该地方官有失于觉察，及讳饰等情，照例降调。

事例214.02：雍正九年又议准

粤东山海交错，民俗刁悍，其瑶俳黎峒等处，傥有殷实商民需用鸟枪者，请照琼州定例，止于长一尺五寸，家置一杆，赴官报明，凿字备用。所有从前私藏违式鸟枪，限六个月，悉令缴官。违者，照私藏应禁军器律治罪。其命盗案内有执用违式鸟枪，及未经凿字者，将失察之地方官议处。傥该管官希图隐讳，不行叙入，察出，照讳盗例议处。

事例214.03：道光二年谕

孙玉庭奏：立限收缴私造鸟枪，并申明禁例，酌宽处分一折。民间私藏鸟枪，恐致日久贻患，自应加以重惩，俾知儆畏。惟是积习相沿，一旦搜拿治罪，不免有滋扰累。至地方官顾虑处分，转恐心存讳匿。著通谕各省出示晓谕，凡民间家有抬枪、鸟枪、火器者，予限半年，准其赴官呈缴给价。如逾限不缴，除贩私及逞凶斗狠，仍按律加重治罪外，其但止私造私藏，一经查获，著于按律拟杖之外，私造者加枷号两个月，私藏者加枷号一个月，以示惩儆。地方官虽平时失察，如能遇案查拿，连械起获惩办，著即免其议处，并著该部于例内添注，其原例内"应备不应备"字样，即应节删。至近山滨海地方，必应存留鸟枪守御者，报明地方官，于枪械上凿姓名，编号立册存案。地方官能于半年限内收缴净尽，并著各该督抚核实记功注册，量予鼓励。

事例 214.04：道光十年谕

御史慕维德奏：请严禁民间私藏火器一折。民间私藏抬枪、鸟枪等项，前经降旨通谕各省出示晓谕，予限呈缴。如逾限不缴，将私造、私藏之犯，于按律拟杖外，分别枷号。兹据该御史奏，日久玩生，近时民间私藏者，在在皆有，而江南凤、颍、淮、徐一带为尤甚。即如本年七月霍丘县汉回械斗，皆系用抬枪对放轰毙，其礼拜寺房屋，亦系抬枪、鸟枪连环轰焚。又沿江一带盐枭出没，亦皆恃有火器等语。抬枪、鸟枪，查禁已久，鸟枪尚可借口守御，器小易藏。至抬枪乃阵前应用，且为器长大。若如该御史所奏，一村之地私藏，竟可对放连环，平日地方官所司何事！积习相沿，恐不独江南为然，必应严行查禁。著申谕各省督抚严饬所属，出示晓谕，凡有私藏火器者，仍予限半年，勒令缴官。倘有逾限不缴，日后发觉者，照旧例加等治罪。失察官亦加等议处。至抬枪更非民间应有，如有私造、私藏者，照私铸、私藏炮位例治罪，失察官亦照失察私铸、私藏炮位例议处。至江南凤、颍、淮、徐，毗连河南光州一带，凡有演习刀枪长杆者，亦应一体严禁。著责成该地方官晓谕查拿，该督抚等务当饬属认真查办，不许扰累闾阎。总期加意整顿，俾强悍知所儆畏。如日久视为具文，仍致有名无实，一经发觉，必将该督抚严惩不贷。

事例 214.05：道光十五年谕

潘世恩等奏：遵旨筹议查禁鸟枪一折。奉天围场，屡有奸民偷越，并敢私放鸟枪拒捕。前据盛京将军奕经等会同筹议严定章程，开单呈览，当交军机大臣议奏。兹据奏称，沿边围场，地面广阔，向设有边栅卡伦，稽查巡察，立法已为周密。近来奸匪偷越之案，层见迭出，请照该将军等所议各条，严定章程，以除积弊。此等匪徒，私携鸟枪，偷入围场，毫无忌惮，必应严密周防，令行禁止，庶围场日就肃清。著将民间私藏鸟枪例禁，严切申明，谕令界内正项旗人家，有无字号鸟枪者，报明该管官给予执照，鍪刻旗分佐领花名。其民人并杂项壮丁家有收藏鸟枪者，给限三个月，自首缴官，免其治罪。限外不缴，一经查出，均著照例加等治罪。并著各该界官，按季加具并无私藏鸟枪查缴净尽印结，呈报备核。如有失察私打鸟枪贼犯，即将边门章京，该管旗民地方官，一并参处毋贷。

事例 214.06：道光三十年谕

练兵以火器为重，弭盗以禁火器为先。私造、私藏，例禁至为周密，惟地方官平日疏于稽察，寖至编号立册，视为具文。即非滨海近山，亦多擅制，甚至不逞之徒，收藏日众，转滋事端，于绥辑地方，大有关系。著各省督抚严饬所属，认真查禁。如有私藏、私铸，即照例惩办，毋得日久生懈。

事例 214.07：光绪元年奏准

嗣后拿获私贩洋炮之案，应于私铸大小炮位处斩例上，酌减为发新疆给官兵为奴，仍照例改发极边足四千里充军，到配加枷号六月。贩卖洋枪，照私造鸟枪例，枷号两月，杖一百、流三千里。贩卖洋药、洋砂、铜帽，即照内地民人窝囤兴贩硫磺例，分别斤数多寡定拟。倘有济匪情事，均以通贼论。至近山滨海地方，存备洋枪守御者，亦应照鸟枪例，必须报明地方官，錾刻姓名，编号立案。如有私藏，照藏鸟枪例，按件计罪。仍严禁不许藉端搜拿，致滋扰累。

事例214.08：光绪十三年奏准

大小铺户，不准售卖洋枪。凡民间私藏洋枪者，许令纳官，免其治罪。

成案214.01：广东司〔嘉庆二十年〕

广东抚咨：外结徒犯内冯学周，商同罗曾全等，私制火药，欲卖获利，尚未售卖，即被拿获。将冯学周比照合成火药、卖于盐徒、发近边充军例上，减一等，满徒。

成案214.02：山东司〔嘉庆二十一年〕

东抚咨：外结徒犯内陈全贵等，私贩土硝，均在一百斤以下，未便照一百斤以上科断。将陈全贵等均照违制律杖一百罪上，量加一等，各杖六十、徒一年。

成案214.03：河南司〔嘉庆二十一年〕

河南抚咨：孙南等私造抬枪售卖图利，而抬枪尺寸长大，倍于鸟枪，点放可及百步，非寻常火器可比。孙南等应于私铸炮位斩罪上，减一等，满流。

成案214.04：陕西司〔嘉庆二十一年〕

陕抚咨：外结徒犯内赵过儿，打造凶器顺刀售卖，虽凶器并非军器可比，惟贪利济恶，究属不法。将赵过儿比照私造军器、加私有一等、罪止满流律上，量减一等，满徒。

成案214.05：江苏司〔嘉庆二十一年〕

苏抚咨：周文贵辄敢纠同赵克礼等，私贩硝斤至三千七百斤之多，未便照寻常贩硝百斤以上例拟徒。应比照贩私盐三千斤以上例，发附近充军。

成案214.06：直隶司〔道光六年〕

西城察院移送：开设官枪铺之王四，图利私造线枪，堪以打雀，与军器鸟枪不同，例并无造卖线枪作何治罪专条，自应比照酌减问拟。将王四比照私造鸟枪杖一百、枷号两个月例，杖一百，免其枷号。

成案214.07：江西司〔道光六年〕

江西抚咨：李新庚贩运私硝，不及百斤，并无作何治罪明文，但焰硝为军火之药，该犯贪利兴贩九十斤之多。应比依私贩焰硝一百斤以上杖一百徒三年例上，减一等，囤贩尚未出卖，再减一等，杖八十、徒二年。

成案214.08：河南司〔道光九年〕

河抚咨：靳成林私造抬枪，虽讯系铁匠误打，但私造已成，未便轻纵。遍查律例，并无私造抬枪作何治罪专条，自应比例加等问拟。靳成林应比照需鸟枪如有不报官私造者、杖一百枷号两个月例上，加一等，枷号六十五日，杖六十、徒一年。

成案214.09：广东司〔道光十二年〕

提督奏：杨二等向碾户祁瑞林等，私买交官余剩火药贩卖，究出杨二已经贩卖五次，数在百斤以上，例内并无私买交官余剩火药，零星贩卖，作何治罪明文，自应比例从重问拟。杨二应比依私贩硫磺五十斤、焰硝一百斤以上者、杖一百徒三年例，拟杖一百、徒三年。碾户祁瑞林等知情私卖，虽系余剩火药，惟并不交官，私自售卖，亦应比照问拟。祁瑞林、辛日拱，应革退碾户，比依知情卖于私贩者照私贩治罪例，均拟杖一百、徒三年。李泳随同杨二贩卖一次，硝黄例内不分首从，惟私贩火药六十五包，计数仅在三十斤以上，亦应比例问拟，李泳应比依附近苗疆兴贩硝黄在三十斤以上者、杖八十徒二年例，杖八十、徒二年。

成案214.10：奉天司〔道光十四年〕

步军统领衙门奏：马三等私造线枪售卖。查线枪梃长搪细，止堪灌贮铁砂，不能施放铅丸，自应于私造鸟枪例上酌减问拟，仍计杆数，加等示惩。马三私造线枪，应于私造鸟枪杖一百、枷号两个月例上，减为杖九十，枷号五十五日。该犯造有数十杆之多，仍照每一杆加一等、罪止杖一百、流三千里例，拟杖一百、流三千里。郭二私造鸟枪三杆，线枪五杆，应以线枪杆数多者从重科断，应于私造鸟枪罪上，酌减为杖九十，枷号五十五日，仍照每一杆加一等，拟杖八十、徒二年。许三私买线枪四杆，武添成私买线枪二杆，张忠私买线枪一杆，查私买例无明文，应即照私藏定拟。许三等应照私藏鸟枪杖八十、枷号一个月罪上，酌减问拟，许三、武添成仍各按件加等，且系欲图贩卖渔利，各再加一等。

律215：纵放军人歇役〔例4条，事例13条，成案2案〕

凡管军千总、把总及管队军吏，纵放军人出百里之外买卖，或私种田土，或隐占在己使唤空歇军役〔不行操备〕者，〔计所纵放，及隐占之军数〕一名，杖八十，每三名加一等，罪止杖一百，罢职。若受财卖放者，以枉法从重论。所隐〔纵放、隐占、卖放各项〕军人，并杖八十。若私使出境，因而致死，或被贼拘执者，杖一百，罢职，发边远充军；至三名者，绞〔监候〕。本营专管官吏知情容隐，不行举问，及虚作逃亡，扶同报官者，与犯人同罪。〔罪止杖一百，发边远充军。〕若管队、把总、千总纵放军人，其本营专管官吏知情故纵，或容隐不行举问，及本营专管官故纵军人，其千总、把总、管队知而不首告者，罪亦如之。〔私使出境而不首告者，同罪。〕

若钤束不严，〔原无纵放私使之情，〕致有违犯，〔或出百里，或出外境，私自歇役〕及〔原无知情容隐，止〕失觉举者，管队名下一名，把总名下五名，千总名下十名，本营专管官名下五十名，各笞四十。管队名下二名，把总名下十名，千总名下二十名，本营专管官名下一百名，各笞五十，并留任。不及数者，不坐。

若武职官私家役使军人，不曾隐占歇役〔妨废操备〕者，一名，笞四十，每五名加一等，罪止杖八十。

并每名计一日，追雇工银〔八分五厘五毫〕入官。

若有吉凶借使者，勿论。

（此仍明律，顺治三年修改并添入小注，雍正三年删改，乾隆五年改定。）

〔附录〕顺治律 235：纵放军人歇役

凡管百户及总旗、小旗、军吏，纵放军人出百里之外买卖，或私种田土，或隐占在己使唤，空歇军役〔不行操备者，计所纵放，及隐占之军数〕一名，杖八十，每三名加一等，罪止杖一百，罢职，充〔附近〕军。若受财卖放者，以枉法从重论。所隐〔纵放、隐占、卖放各项〕军人，并杖八十。若私使出境，因而致死，或被贼拘执者，杖一百，罢职，发边远充军；至三名者，绞〔监候〕。本管官吏知情容隐，不行举问，及虚作逃亡，扶同报官者，与犯人同罪。〔至死减一等。〕若小旗、总旗，百户纵放军人，其本管指挥、千户、镇抚、当该首领官吏，知情故纵，或容隐不行举问，及指挥、千户、镇抚故纵军人，其百户、总旗、小旗知而不首告者，罪亦如〔私使军人出境，官吏不行举问。〕之〔律〕。

若钤束不严，〔原无纵放私使之情，〕致有违犯，〔或出百里，或出外境，私自歇役〕及〔原无知情容隐，止〕失于觉举者，小旗名下一名，总旗名下五名，百户名下十名，千户名下五十名，各笞四十。小旗名下二名，总旗名下十名，百户名下二十名，千户名下一百名者，各笞五十，并附过还职。不及数者，不坐。

若武职官私家役使军人，不曾隐占歇役〔妨废操备〕者，一名，笞四十，每五名加一等，罪止杖八十。

并每名计一日，追雇工银〔八分五厘五毫〕入官。

若有吉凶借使者，勿论。

条例 215.01：围子手并皇城内外守卫军士

围子手，并皇城内外守卫军士，及红盔将军，下班之日，其本管官员，及守门把总、指挥等官，不许擅拨与人做工等项役使，违者参问。虽不系自尽占用，亦照私役军人事例发落。

（此条系明代问刑条例，顺治例 235.03。雍正三年奏准：今无围子手、红盔将军及指挥等官，且军士下班，皆不许私役，不独看守皇城内外军士。将围子手、把总、指挥等官三十七字，改为"凡军士下班，其本管官员"。）

条例 215.02：凡军士下班之日

凡军士下班之日，其本管官员擅拨与人做工等项役使，照私役军人本律发落。〔按，一名，笞四十，每五名加一等，罪止杖八十。〕

（此条系乾隆五年，将条例 215.01 改定。）

薛允升按：此非役使而类于役使者。

条例 215.03：凡各处镇守总兵官跟随军伴

凡各处镇守、总兵官，跟随军伴二十四名，协守、副总兵二十名，游击将军、分守参将十八名，守备官十二名，都指挥六名，指挥四名，千百户、镇抚二名，不管事者一名。但有额外多斩正军至五名，余丁至六名以上，俱问罪降一级。正军六名以上，余丁十名以上，降二级。正军十名以上，余丁二十名以上，止于降三级。其卖放军人包纳月钱者，正军五名至十名，余丁六名至二十名，俱问罪，照前分等降级。若正军至二十名以上，余丁至三十名以上，俱罢职发边卫充军。其役占卖放纪录幼军者，照余丁例。役占卖放备边壮勇者，照正军例，各拟断。〔律七名以上充军，例止降级，有犯者宜从例。〕

（此条系顺治例 235.01。雍正三年奏准：今无按官大小派军跟随之例，其隐占及卖放包纳月钱者，俱依律治罪，且无纪录幼军、备边壮勇等名。此例删除。）

条例 215.04：军职卖放并役占军人

军职卖放并役占军人，二罪俱发，其卖放已至十名以上，役占不及数者，依卖放例，罢职充军。役占至十名以上，卖放不及数者，依役占例，降三级。卖放役占俱至十名以上者，从重发落。俱不及十名者，并数通论降级。役占军人五名，又占余丁十名，及包纳月钱满数者，从重降级，仍发立功，满日照所降品级，于原卫所带俸差操。

（此条系明代旧例，顺治例 235.02。雍正三年奏准：今卖放及包纳月钱，俱依律计赃科罪，如二罪俱发，从其重者论，已详各例，且无立功及带俸差操之例。此条删除。）

事例 215.01：顺治十三年议准

凡随征军士私自逃回者，鞭一百，递发军前。二次者，正法。

事例 215.02：乾隆十九年谕

现今派往西北两路进剿兵丁，于明春陆续自京起程，每兵二名带跟役一名，恐有中途逃回者，该兵丁等既按途前进，断无逗留缉捕之暇，是应责成各该地方官，著步军统领及沿途各督抚，先期派定捕役兵弁，随营防护，留心查缉。如有携带军器及衣服银两潜逃者，获日以军法从事，即行正法，并于沿途张示晓谕，并令领兵大臣官员等，勤加查察，其有兵丁跟役私逃者，即令交派出之捕役上紧严缉，一面报部汇奏。倘不能严速缉获，定将该督抚从重治罪。

事例 215.03：乾隆三十一年谕

据明瑞等奏称：凉州镶白旗满洲佛灵佐领下闲散富亮由本省脱逃二次，闻彼处兵丁移驻伊犁，自行投回，跟随伊兄前至伊犁，若将富亮照例发黑龙江，转至发遣内地；若令充当步甲，又觉侥幸；请将富亮加枷号两月，鞭一百，交与该管官严行约束，充当苦差等语。此奏亦是。富亮著即照所奏办理。但伊犁系新设驻防之处，非内地可比，法必从严，而后众知所儆惧，可免安行逃避之事。嗣后伊犁驻防兵丁内如有逃避者，一经拿获，即行正法，不必拟以发遣。著为例。

事例 215.04：乾隆四十一年谕

从前据刑部议覆文绶审拟投首逃兵彭士仁、汪国才，照例即行斩决一案。朕以此等逃兵，如在军务未竣以前，闻拿投首，其人尚知畏法。若系大功告竣以后，明知不复用兵，始行投首，不可不申明军律，俾营伍共知儆戒。因谕令文绶查明该二犯投到日期，据实奏闻。今据覆称，查明彭士仁系上年十月十二日在铜梁县投到，汪国才于上年十一月初十日在巴县投到等语。此等兵丁在军营潜行脱逃，原系法无可逭，但查明该二犯俱系军务未竣以前自行投首，尚属心存畏法，较之撤兵以后，妄冀幸免，始行投到者，究属有间，尚可格外施恩，于万无可贷之中，宥其一死。著交刑部仍照从前例减等发落，其大功告竣以后投首者，不得援此例。

事例 215.05：乾隆四十一年又谕

从前调派各省官兵，其余丁有脱逃者，缉获之日，令该督抚将该犯问拟死罪，牢固监禁，原以军兴之际，余丁虽非正兵，乃敢任意脱逃，不可不严示惩儆。今大功既已告竣，若仍前牢固监禁，该犯等转得坐食囚粮，甚属无谓。著交刑部通查各案，将该犯等或改发伊犁等处，或发往烟瘴，分别安插，酌量定拟，汇折具奏。嗣后如有续获者，即照新定之例办理。

事例 215.06：乾隆四十二年谕

嗣后如遇军营有逃兵之事，著统兵大员每月汇奏一次，以便严迅缉究，用昭炯戒。著为令。

事例 215.07：乾隆四十六年谕

从前进剿金川，所调各省绿营官兵，多有在军营潜逃者，节经降旨饬令各省督抚严拿，奏请正法，以重军法，儆将来也。现经文绶奏到川省未获逃兵七百二十一名之多，但事隔多年，一经拿获，即予骈诛，朕心亦有不忍，兹特网开一面。嗣后此等未获逃兵，如有自行投首者，著加恩免其死罪，发遣伊犁等处。此实朕法外之仁，如尚有潜行窜匿，不肯投首者，若经地方官盘获，仍当即行正法，断不稍存末减。各该督抚等，俱仰体朕意，明切晓谕，查照道里远近，分立限期，务使穷乡僻壤，家喻户晓，副朕仁义兼尽之至意。

事例 215.08：嘉庆七年谕

向来军营带兵人员，于所辖官兵有脱逃情事，处分綦重。此次剿办教匪，将届七年，官兵跋涉险阻，昼夜奔驰，异常辛苦，此内私自潜逃者，固所不免，但亦有因受伤患病，不能随队行走，以致中途落后，因伤病身故，或遇贼戕害等情，皆不可知。并有该管之员，派兵寻觅，而寻觅之兵，又因他故，久无下落，此与实在潜逃者，其情迥异。若因粮缺虚悬无著，即以脱逃具报，辄将该管之员，照失察逃兵例，一律惩治，则罣议者多，未免漫无区别。现在大功将蒇，各路官兵，均次第凯旋。著额勒登保查明各营内无著兵丁，或实系携带物件，私自潜逃，众证确凿，或拿获之后，审讯明确，无可支饰者，自应将该逃兵照律办理。其专兼管辖之官弁等，亦属咎无可宽，均著交部查议。如该兵丁等实系落后有因，不及归伍，查无有心脱逃情节，均可毋庸深究。其该管各员应得失察处分，均著加恩宽免。其虚悬名粮，即一面先行募补，以实兵额。

事例 215.09：道光二十二年谕

奕山等奏查明前任提督关天培阵亡时，兵丁散走情形。设兵所以卫民，必期有勇知方。近日海疆防守官兵，奋勇杀贼者，固不乏人，至于临阵退避，见贼先逃，以致主帅阵亡，汛地失守，此种失律士卒，不难悉数骈诛，因念罪有首从，不忍概予诛夷，特命将军、督抚等，将首先溃散之犯，严查惩办。该将军、督抚等，身膺重寄，具有天良，自应将实在情形，迅速覆奏，候朕酌量情节。发所难宥者，立正刑章；情有可原者，量从末减；庶于严申纪律之中，仍寓钦恤慎刑之意。乃本日奕山等奏关天培在靖远炮台阵亡，兵众同时逃走，并无确切证据等语。郭标等五名，既据何居桐指出，即应亲提研讯，方可得有实据，乃直至该把总畏罪自尽，始行亲提，以至恃无质证，率即拟结，仅将郭标等五名革伍责惩，殊属轻纵。所有逃散之兵丁郭标、欧振彪、唐成恩、吴就菜、苏胜亮，均著发往新疆充当苦差，以示惩儆。

事例 215.10：咸丰五年议定

嗣后除将弁在营潜逃者，仍钦遵前奉谕旨拿获正法外，其随征兵丁，无论协剿邻封，及备防本省，有私自潜逃者，该领兵将弁即将逃兵姓名数目，立即知照该兵丁本营及原籍地方，一体严拿，拿获之日，仍照定例讯明，无可支饰者，拟斩立决。自行投首及落后有因，非有心脱逃拿获及投首者，亦按例分别已未告成定拟。至随征余丁有脱逃者，仍照例分别有无偷盗情事科断。惟勇丁脱逃，例无治罪明文，应照逃兵例一律办理。其例内应发乌鲁木齐等处为奴者，照刑部奏定章程，改发各省驻防给官兵为奴。应发乌鲁木齐等处安插者，改发极边足四千里充军，到配枷号三月。

事例 215.11：咸丰五年议准

在营私逃，查系有心脱逃者，自应销除本身旗档，其子孙不在销档之列。如落后有因，并非有心脱逃者，仍毋庸销除旗档。

事例215.12：咸丰五年又议准

兵丁既经溃散，其平时毫无纪律，已可概见，应与私自潜逃被获者，一概不准收标，于宽宥之中，仍寓严惩之意。该管将弁有知系逃兵，有心容隐，任令冒领粮饷者，除本犯照例治罪外，仍将知情容隐及失察之该管将弁，交部分别议处。

事例215.13：同治八年谕

崇实、吴棠奏：果后后军勇丁溃散，现筹遣散等语。刘岳曙所部勇丁，因派赴云南省垣会剿，辄籍欠饷为名，逃走八百余人，现已行抵咸宁州城外驻扎。此次勇丁溃散，该营官等有无激变情事，著崇实、吴棠严查惩办。勇丁不服调度，竟敢相率溃逃，此风断不可长。著即饬令刘岳曙查拿起意首犯，从严惩治。其余勇丁，即行设法遣散，毋任别滋事端。

成案215.01：兵丁扰害处分文职〔康熙三十九年〕

兵部覆云督巴锡疏：查兵丁生事扰害，并无议处文职定例，应将护理都匀府事都匀县降级，知县金之桂比照兵部议处兼辖官之例，于补官日降二级，但兵丁周国臣等禁革场市，不容贸易，打破苗民阿罗头颅，以致其俚阿写杀死兵丁，焚劫乡村，其纵兵起衅之千总张某与知情故纵之守备刘某、游击李某，俱经奉旨革职提问，则扶同隐讳之金之桂不便照此例议处，应革职。

成案215.02：徇情食粮〔康熙二十六年〕

兵部题：查苏布忒、巴忒马管佐领、骁骑校，将伊族兄马赛子山拜充护军，不即裁去马赛妻寡妇钱粮，徇情食钱粮，殊属不合，应将苏布忒、巴忒马均降三级调用，佐领、骁骑校俱降二级调用，小拨什库鞭八十。

律216：公侯私役官军

凡公侯非奉特旨，不得私自呼唤官军前去役使。违者，初犯、再犯，免罪；三犯，奏请区处。其官军听从，及不出征时，辄于公侯之家门首伺立者，官，各杖一百，罢职，发边远充军；军人，同罪。〔伯爵有犯，亦准此律奏请。〕

（此仍明律，小注系顺治三年添入。顺治律为236条，原文"不得私自呼唤各卫军官、军人前去役使。违者，初犯、再犯，免罪，附过；三犯，准免死一次。〔除铁券。〕其军官、军人听从"，雍正三年修改。）

律217：从征守御官军逃〔例20条，成案2案〕

凡官军〔已承调遣〕从军征讨，私逃还家，及逃往他所者，初犯，杖一百，仍发出征。再犯者，绞〔监候〕。知〔在逃之〕情窝藏者，〔不问初犯、再犯〕杖一百，充军。〔原籍及他所之〕里长知而不首者，杖一百。若〔征讨事毕〕军还，〔官军不同振旅〕而先归者，减〔在逃〕五等。因而在逃者，杖八十。若在京军人逃者，初犯，杖九十；各处守御城池军人逃者，初犯，杖八十；俱发充伍。再犯，〔不问京、外〕并杖一百，俱发边远充军。三犯者，绞〔监候〕。知〔在逃之〕情窝藏者，与犯人同罪，罪止杖一百，充〔附近〕军。〔不在边远、处绞之限。〕里长知而不首者，各减〔窝藏〕二等。〔从杖罪减科，罪止杖八十。其从征军与守御军〕本管头目知情故纵者，各〔随所犯次数〕与同罪，罪止杖一百，罢职，附近充军。其〔征守〕在逃官军，〔自逃日为始，〕一百日内能自出官首告者，〔不问初犯、再犯，〕免罪；若在限外自首者，减罪二等。但于随处官司首告者，皆得准理。〔准免罪及减罪二等。〕

若各营军人〔不著本伍〕转投别营当军者，同逃军论。〔或初犯、再犯，皆依上文律科断。〕

（此仍明律，其小注系顺治三年添入。顺治律为237条，雍正三年删改，乾隆五年改定，乾隆五年增修。）

薛允升按：《辑注》云："里长不过知而不首，非窝藏之比，故减二等。前从征私逃者，里长知而不首，不问初犯，再犯，止杖一百。逃军内以从征为重，此减二等，止照杖八十、九十、一百上减科，罪止杖八十，再犯、三犯亦然。若照充军绞罪上减，则反重于出征者矣。"律内小注似本于此。第一层，知情窝藏者，下注"不问初犯、再犯"一句，是逃者止问杖罪，而窝藏者反问军罪矣，似未平允。

〔附录〕顺治律237：从征守御官军逃

凡军官、军人〔已承调遣〕从军征讨，私逃还家，及逃往他所者，初犯，杖一百，仍发出征。再犯者，绞〔监候〕。知〔在逃之〕情窝藏者，〔不问初犯、再犯〕杖一百，充军。〔原籍及他所之〕里长知而不首者，杖一百。若〔征讨事毕〕军还，〔而军官、军人不同振旅〕而先归者，减〔在逃〕五等。因而在逃〔不著伍〕者，杖八十。若在京军各卫〔守御〕军人逃者，初犯，杖九十，发附近卫分充军；各处守御城池军人逃者，初犯，杖八十，仍发本卫充军；再犯，〔不问京卫、外卫〕并杖一百，俱发边远充军；三犯者，绞〔监候〕。知〔在逃之〕情窝藏者，与犯人同罪，罪止杖一百，充〔附近〕军。〔不在边远、处绞之限。〕里长知而不首者，各减〔窝藏〕二等。〔其从征军、守御军〕本管头目知情故纵者，各〔随所犯次数〕与同罪，罪止杖一百，罢职，附近充军。其〔征守〕在逃官军，〔自逃日为始，〕一百日内能自出官首告者，〔不问初犯、再犯，〕免罪；若在限外自首者，减罪二等。但于随处官司首告者，皆得准理。〔准免罪及减罪二等。〕

若各卫军人，〔不著本伍〕转投别卫充军者，同逃军论。〔或初、再、三，皆依上

文律科断。〕

其〔在京、外卫军人之〕亲管头目，不行用心钤束，〔部伍〕致有军人在逃，小旗名下逃去五名者，降充军人；总旗名下逃去二十五名者，降充小旗；百户名下逃去一十名者，减俸一石；二十名者，减俸二石；三十名者，减俸三石；四十名者，减俸四石；逃至五十名者，追夺，降充总旗。千户名下逃去一百名者，减俸一石；二百名者，减俸二石；三百名者，减俸三石；四百名者，减俸四石；逃至五百名者，降充百户。其管军多者，〔各〕验〔人〕数〔以十分为率。〕折算，减俸降级；不及数者，不坐。若〔部下军人〕有病亡、残疾、提拨〔征守〕等项事故〔不在行伍〕者，不在此限。

条例217.01：军官军人遇有征调

军官军人遇有征调，点选已定，至期起程，不问已未关给赏赐，若有避难在逃者，依律问断。其征期已过，送兵部编发宣府、独石等处沿边墩台哨瞭半年，满日放回原卫还职著役。若仍发出征及哨瞭在逃者，依从征私逃再犯者律处绞。

（此条系明代旧例，顺治例237.01。雍正三年奏准：官军征调违期治罪之处，前律开载甚明，今无送兵部发沿边哨瞭之例。此条删除。）

条例217.02：轮操官军

轮操官军，逃在京城内外潜住，初犯，打七十；再犯，打一百；送操事例发落。官旗无力纳赎者，就在原问衙门，单衣决打。若逃回原籍原卫者，以越关论。其在逃三次者，不问革前革后，各免决打纳赎，京卫调外卫，外卫调边卫，俱带俸食粮差操。

（此条系明代旧例，顺治例237.02。雍正三年奏准：今无轮操、送操等例。此条删除。）

条例217.03：随征兵丁自军前逃回（1）

随征兵丁自军前逃回，照官军从军征讨私逃再犯律，拟绞监候。其跟随之奴仆雇工，有偷窃马匹器械逃回者，照窃盗满贯律，拟绞监候。其不曾偷盗马匹器械之奴仆逃回者，拿送墩门，俟大兵凯旋之日，询问伊主情愿领回者，鞭一百，刺字，取具保结具领；不愿领回者，发黑龙江等处，给披甲之人为奴。其不曾偷盗马匹器械之雇工逃回者，如所雇系旗下家奴，枷号三月，鞭一百，刺字，交还本主。如所雇系民人，刺字，解回原籍，杖一百、徒三年，仍向各犯家属及中保人等，追出原雇价值，给还原主。

（此条雍正十年定。原奏有"其不曾偷盗马匹、器械之奴仆逃回者，拿送墩门"云云。乾隆三十二年，删并为条例217.05。）

薛允升按：初次脱逃即拟绞候，较律已加严矣。第律统言已承调遣，例则明言白军前逃回耳。八旗犯罪者，例先墩锁各城门，施维翰言，民人重罪监禁，莫不居有囚室，食有囚粮。而旗下墩门之害，未易枚数。至于罪妇亦先墩门，男女混杂，贞淫无辨，宜另行羁候，以别嫌疑，崇风化。见《先正事略》。

条例 217.04：随征兵丁自军前逃回（2）

随征兵丁自军前逃回，拟斩立决。其跟随之奴仆雇工，有偷窃马匹器械，及衣服银两潜逃者，亦拟斩立决，并令步军统领及沿途各督抚严行缉拿，获日即于本地正法。其不曾偷盗马匹器械之奴仆雇工，仍照定例治罪。

（此条乾隆十九年遵旨及二十年议覆直隶总督方观承条奏，跟役刘成中途脱逃以军法从事，并纂为例。乾隆三十二年修并入条例 217.05。）

条例 217.05：随征兵丁自军前逃回（3）

随征兵丁自军前逃回，拟斩立决。其跟随之奴仆雇工，有偷窃马匹器械，及衣服银两潜逃者，亦拟斩立决，并令步军统领及沿途各督抚严行缉拿，获日即于本地正法。其不曾偷盗马匹器械之奴仆逃回者，拿送墩门，俟大兵凯旋之日，讯问伊主情愿领回者，鞭一百，刺字，取具保结具领；不愿领回者，发黑龙江等处，给披甲之人为奴。其不曾偷盗马匹器械之雇工逃回者，如所雇系旗下家奴，枷号三月，鞭一百，刺字，交还本主。如所雇系民人，刺字，解回原籍，杖一百、徒三年，仍向各犯家属及中保人等，追出原雇价值，给还原主。

（此条乾隆三十二年，将条例 217.03 及 217.04 删并。）

条例 217.06：军营逃脱兵丁

军营逃脱兵丁，在军务未竣以前投首者，发往乌鲁木齐等处，给种地兵丁为奴。如再脱逃，拿获即行正法。若在军务告成以后投首者，不得复援此例。

（此条系乾隆四十一年，刑部核覆四川总督文绶审奏，投首逃兵彭士仁、汪国才照例拟斩立决一案，奉上谕纂为定例。乾隆五十三年修并入条例 217.08。）

条例 217.07：凡军营脱逃余丁

凡军营脱逃余丁，在军务未竣以前拿获者，问拟斩罪，牢固监候，俟大功告竣后通行确查，将附近新疆、陕甘二省之人，改发云、贵、两广极边烟瘴充军，其余各省俱发伊犁、乌鲁木齐酌量安插，面刺"脱逃余丁"字样。若在配复逃，请旨即行正法。其自行投首并笃疾者，杖一百、流三千里。

（此条系乾隆四十一年，刑部遵奉谕旨查办四川军营脱逃余丁胡喜等免死发遣案内，奏准定例。乾隆五十三年修并入条例 217.08。）

薛允升按：此又变奴仆、雇工之名为余丁，先定之例，跟随之奴雇有偷马匹等情，即行正法。仅止脱逃者，分别奴雇，拟发驻防及问拟满徒。乾隆三十八年又经刑部议定，满兵之跟役脱逃，拿获时，无论曾否携带军器，与家奴、雇工俱照逃兵一律正法，奏准在案。此次覆奉谕旨，余丁脱逃虽干法纪，究与正身兵丁弃伍潜逃者有间，自应问拟死罪，牢固监禁，以示区别。是以又有拟斩监候俟大功告成之例。

条例 217.08：随征兵丁自军营逃回被获者（1）

随征兵丁自军营逃回被获者，拟斩立决。在军务未竣以前投首者，发往乌鲁木齐等处，给种地兵丁为奴。如再脱逃，拿获即行正法。若在军务告成以后投首者，即照随征兵丁脱逃例，拟斩立决。其应照金川逃兵投首发新疆之处，临时具奏。至跟随之余丁，有偷盗马匹器械，及衣服银两潜逃者，亦拟斩立决。其有投首，按军务已未告竣，分别问拟。其不曾偷盗马匹器械之余丁，在军务未竣以前拿获者，问拟斩罪，牢固监候，俟大功告成，通行确查，将附近新疆、陕甘二省之人，改发云、贵、两广极边烟瘴充军，其余各省俱发伊犁、乌鲁木齐酌量安插。若在配复逃，请旨即行正法。如在军务告成以后拿获者，亦照此分别省分改发之例办理。其自行投首并笃疾者，杖一百、流三千里。仍向各犯家属及中保人等，追出原雇价值，给还原主。

（此条系乾隆五十三年，将条例 217.07 改并，并将乾隆四十六年谕旨纂入。嘉庆六年再改定为条例 217.09。）

条例 217.09：随征兵丁自军营逃回被获者（2）

随征兵丁自军营逃回被获者，拟斩立决。其在军务未竣以前投首者，发往乌鲁木齐等处，给种地兵丁为奴。如再配脱逃被获，用重枷枷号三月，杖责管束。若在军务告成以后投首者，照随征兵丁脱逃例，拟斩立决，仍援照金川逃兵投首发遣新疆之例，临时奏请定夺。免死减等者，如再由配所脱逃，请旨即行正法。至跟随之余丁，有偷盗马匹器械，及衣服银两潜逃者，亦拟斩立决。其有投首，亦照兵丁投首，按军务已未告竣，分别问拟。其无偷盗情事，仅止潜逃之余丁，无论军务已未竣，拿获者系附近新疆、陕甘二省之人，改发云、贵、两广极边烟瘴充军，其余各省俱发伊犁、乌鲁木齐酌量安插。若在配复逃，亦用重枷枷号三月，杖责管束。其自行投首并笃疾者，无论军务已未竣，俱杖一百、流三千里。仍向各犯家属及中保人等，追出原雇价值，给还原主。

（此条嘉庆六年，将条例 217.08 改定。嘉庆十一年再改定为条例 217.10。）

条例 217.10：随征兵丁自军营私自潜逃

随征兵丁自军营私自潜逃，众供确凿，拿获之后，审问明确，无可支饰者，拟斩立决。其在军务未竣以前投首者，发往乌鲁木齐等处，给种地兵丁为奴。如再配脱逃被获，用重枷枷号三月，杖责管束。若在军务告成以后投首者，依随征兵丁脱逃例，拟斩立决，仍援照金川逃兵投首发遣新疆之例，临时奏请定夺。免死减等者，如再由配所脱逃，请旨即行正法。至在途患病，及打仗受伤，或迷失路径，与落后有因，查非有心脱逃，若在军务未竣以前投首者，即照自首例免罪；拿获者，杖一百、徒三年。在军务告成之后投首者，亦杖一百、徒三年；拿获者，发乌鲁木齐等处为奴；在配脱逃被获，仍杖责管束。至跟随之余丁，有偷盗马匹军器，及衣服银两潜逃者，亦拟斩立决。其有投首，亦照兵丁投首，按军务已未告竣，分别问拟。其无偷盗情事，仅止有心脱逃之余丁，无论军务已未竣，拿获者系附近新疆、陕甘二省之人，改发云、贵、两广极边烟瘴充军，其余各省俱发伊犁、乌鲁木齐酌量安插。在配脱逃被获，亦照前枷责管束。其自行投首并笃疾者，无论军务已未竣，俱杖一百、流三千里。如落后有因，无论军务已未告竣，投首者免罪；拿获者，杖一百、枷号一月。仍向各犯家属及中保人等，追出原雇价值，给还原主。

（此条系嘉庆十一年遵旨，将条例217.09改定。同治九年，再改定为条例217.11。）

条例217.11：将弁在营潜逃者

将弁在营潜逃者，严拿正法。随征兵丁，无论协剿邻封，及备防本省，有私逃者，领兵将弁即将姓名数目，知照该兵丁本营及原籍，一体严拿，获日审讯明确，拟斩立决。其在军务未竣以前投首者，改发各省驻防给官兵为奴。如在配脱逃被获，用重枷枷号三个月，杖责管束。若在军务告成以后投首者，依随征脱逃例，拟斩立决，仍援引金川逃兵投首发遣新疆例，奏请定夺，蒙恩免死减发者，亦改发驻防给官兵为奴，如再脱逃，请旨即行正法。至在逃患病，及打仗受伤，或迷失路径与落后有因，并非有心脱逃，若在军务未竣以前投首，照自首律免罪；被获者，杖一百、徒三年。在军务告成以后投首，亦杖一百、徒三年；被获，改发各省驻防给官兵为奴。〔按：与留养门内一条参看。〕在配脱逃被获，仍枷责管束。其跟随余丁，有偷盗马匹军器，及衣服银两潜逃者，亦拟斩立决。如有投首，照兵丁投首，按军务已未告竣，分别问拟。其并无偷盗情事，有心脱逃之余丁，无论军务已未告竣，被获者，俱改发极边足四千里充军，到配加枷号三个月；在配脱逃被获，亦照前枷责管束。其自行投首，并笃疾者，无论军务已未告竣，俱杖一百、流三千里。如落后有因，无论军务已未告竣，投首者免罪，被获者，杖一百，枷号一个月，仍向犯属及中保人，追原雇价值给主。〔按：与窃盗门随驾官员跟役逃回一条参看。〕勇丁脱逃，亦照兵丁例，一例办理。至驻防官兵私逃，应销除本身旗档；如落后有因，并非有心脱逃，免其销档。溃散兵丁，一概不准收标。该管将弁知情容隐，任令冒饷，或该兵丁逃后改易姓名，朦混入营食饷者，除本犯罪外，知情容隐，及失察该管将弁，均交部分别议处。

（此条道光六年，调剂新疆遣犯，将例内发伊犁、乌鲁木齐等处，俱改发极边足四千里充军。道光二十四年，新疆遣犯照旧发往，仍复原例。同治九年，于例首增入"将弁在营潜逃者，严拿正法"二句；其随征兵丁原例应发乌鲁木齐者，俱改发各省驻防；于"免罪减发"下，增"亦改发驻防给官兵为奴"句；跟随余丁，原例应发云、贵、两广及乌鲁木齐者，俱改发极边足四千里充军，到配加枷号三月；并于"追出原雇价值给主"下，增"勇丁脱逃"至"交部分别议处"等一百零五字。）

薛允升按：此随征兵丁脱逃分别治罪之例，与下条参看。

条例217.12：军前逃回跟役

军前逃回跟役，除拟绞人犯外，其应拟枷责等犯，俱从驿站步行解至鄂尔坤，同犯人种地纳粮。

（此条系雍正十一年定。乾隆五年，仍照雍正十年定例办理，将此条奏明删除。）

条例217.13：广东省盗贼投抚

广东省盗贼投抚，分发入伍壮丁，初犯脱逃，如原犯之罪在军、流以上，俱面刺"逃丁"字样，金妻酌发云、贵、川、广极边地方足四千里，交地方官严行管束。若在徒、杖以下者，照流犯在配脱逃例，枷号两月，责四十板，加徒役三年。其邻族保甲知情容隐者，照犯人原犯罪减一等治罪。

（此条系雍正十二年定例。乾隆五十三年，奏准删除。）

条例217.14：各处守御兵丁

各处守御兵丁，有拐带饷米马匹脱逃者，计赃，照常人盗官物律，加一等治罪。如拐带同营饷银，计赃，照窃盗加一等。所拐带饷米等项，仍向该犯家属名下照数追赔。知情容留之人，同罪。

（此条雍正十二年议准，乾隆五年修改为定例。）

薛允升按：守御较从征为轻，故律内拟罪亦较减。此条原例初次脱逃即照再犯律发边远充军，与上条随征兵丁照律拟绞之意相符，后将随征之例改从重典，此条反改从轻，似属参差。守御兵丁亦关紧要，拐带饷米逃走较随征兵丁量减一等，自属情法之平，此处改照盗官物定拟，倘计赃无几，必有拟杖完结者矣，殊非律意。若仅止脱逃，并未拐带饷米马匹，是否照律拟杖八十，抑照在伍兵丁例加枷之处，记参。

条例217.15：旗丁不拘重运回空

旗丁不拘重运回空，如有无故潜逃，弃船中途不顾者，照守御官军在逃律治罪，仍于面上刺"逃丁"二字。

（此条系乾隆三年刑部议覆漕运总督托时奏准定例，乾隆五年纂入。）

薛允升案：此指漕运旗丁而言，似应移入"转解官物"门内。

条例217.16：凡驻防兵丁逃走

凡驻防兵丁逃走，除照例报部外，该驻防处开明逃人年貌，知照该犯本旗，及沿途有满洲兵丁处所，并附近省分，一体严拿。其窝家人等，及失察各官，均照例究治。

（此条系乾隆八年，刑部议覆宁夏将军杜赉条奏定例。）

薛允升按：上条驻防官兵私逃，系专为销档而设，各处守御兵丁脱逃，系专为拐带饷米、马匹而设，此例既云驻防兵丁，则系由驻防处脱逃，并非从军征讨可知，惟应如何治罪之处，并无明文。查乾隆二十四年绥远城将军公恒鲁奏准，各省驻防兵丁初次脱逃，鞭一百，枷号一个月，著当苦差。半年后果能安分，仍准披甲当差。二次逃走，即发黑龙江等处折磨差使。嘉庆六年及道光五年删改。为旗人初次逃走投回者，免罪。被获者，鞭一百。二次逃走者，销档为民，听其自谋生理。驻防旗人有犯，照此办理云云，见《督捕则例》。是驻防兵丁逃走，本有治罪专条，此例无关引用，似应删除。

条例 217.17：京外在伍兵丁脱逃（1）

京外在伍兵丁脱逃，俱杖一百，枷号一月示众，永远不准入伍。

（此条系乾隆二十八年遵旨定例。乾隆三十三年增定为条例 217.18。）

条例 217.18：京外在伍兵丁脱逃（2）

京外在伍兵丁脱逃，该营立即通移各标、协、营，一体查拿，定限一百日，实力严缉务获。其有自知畏悔，于限内投回者，杖一百，枷号一个月，不准入伍，免其刺字。若被缉获，及逾限投回者，除枷责不准入伍外，俱照例刺字。

（此条系乾隆三十三年，将条例 217.17 增定。）

薛允升按：此专指缘营兵丁而言，与下一条参看。"起除刺字"门，被获及逾限投回均刺"逃兵"二字，即指此也。惟投回与被缉获同一枷杖，似嫌无所区别，投回者，枷责之外，似应准其入伍。逾限投回者，免其刺字，不准入伍，庶与律意相符。窃盗自首不实不尽，尚免刺字，逃兵投回虽在限外，究与被获不同，仍行刺字，似与律意不甚符合。律有初犯、再犯、三犯之文，是以分别刺字。此并未区分初犯、再犯、三犯，且明言不准入伍，又何再犯、三犯之有耶。

条例 217.19：派往伊犁等处（1）

派往伊犁等处换防、种地之满汉各项兵丁，遇有中途，及在原派地方逃回者，一经拿获，即行正法。如有自行投回者，枷号两月，鞭一百，交与该管官严行约束，充当苦差。

（此条系乾隆三十一年遵旨定例。乾隆三十三年改定为条例 217.20。）

条例 217.20：派往伊犁等处（2）

派往伊犁等处换防种地之满汉各项兵丁，初次犯逃，自行投回者，枷号三个月，满日鞭责，交该管官严行管束。如被拿获，用重枷枷号五个月，痛加责惩，折磨差使。若逃走二次，及在原派处所曾经犯逃，移徙伊犁之后，复行逃走者，自行投回，应俱用重枷枷号五个月，痛加责惩，折磨差使；如被拿获者，即行正法。

（此条系乾隆三十三年军机大臣会同刑部议覆伊犁将军阿桂条奏定例，将条例 217.19 改定。）

薛允升按：此专指派往新疆而言，与上一条参看。派往乌鲁木齐等处换班种地满汉屯兵脱逃，从新留屯五年折磨差使。见徒流迁徙地方，与此例亦不相符。查乾隆二十八年刑部遵旨议准："派往伊犁等处换防、种地之满汉兵丁脱逃，发遣原派地方，枷号两个月，游营示众，充当苦差。如果悔过奋勉，十年别无过犯，令该将军大臣等查明具奏，准回旗籍。再犯逃者，即行正法"云云。三十一年覆奉上谕，纂定此例，三十三年又将三十一年之例删改。大约逃走已至二次，即在正法之列。嘉庆六年此例未改，而改督捕门内之例，遂致大相矛盾。《督捕则例》载："派往各省驻防满洲兵丁，有临行及中途脱逃被获者，销除旗籍，责八十板，带锁发往伊犁，充当步甲苦差。"此例所云原派处所曾经犯逃移驻伊犁与彼条何异。彼条系乾隆三十年奉旨纂定，充当步甲苦差之下，系如再不安分，复行脱逃，拿获时即令该将军奏明正法，与此例相符。嘉庆六年将彼条改为用重枷枷号三个月，鞭一百，而此条仍从其旧，遂致轻重大相悬殊。查《督捕则例》，一条系乾隆三十年因派往福州驻防德虎等临行由京脱逃，钦奉谕旨纂为定例，系在此条例文之先，然已有发往伊犁后再行脱逃，即行正法之语，与此条二次脱逃，正法亦属相符。徒流迁徙地方一条，系乾隆四十年纂定，在此条例文之后，乃止言从新留屯五年折磨差使，并无正法之文。若谓系指投回而言，而又明言初次、二次投回拿获分别办理，殊未明晰。《督捕则例》既将正法一层删改，此条未便两歧，似应将此三条修改详明，并为一条，归于此门，以免歧误。

成案 217.01：安徽司〔嘉庆二十五年〕

提督奏：逃兵高德印，赴京冒认兵部尚书松筠为亲，讯系听从伊父指使，冒认亲戚。高德印冒昧来京，指认在京大臣为伊亲戚，讯明实系听从伊父高生亭主使，并非该犯自行冒认，该犯止应照不应重律杖八十，惟身充营兵，并不告假，应依在伍兵丁逃脱缉获者，杖一百，枷号一个月，刺字。

成案 217.02：陕西司〔道光十年〕

伊犁将军咨：民勇赵定邦，在军营脱逃被获，讯无偷盗情事。该犯系招募民勇，与在伍食粮之兵丁不同，例无随征民勇脱逃作何治罪明文，惟查随征之民勇与跟随之余丁相等。赵定邦应依随征余丁脱逃无偷盗情事、改发云贵两广极边烟瘴充军例，改发云贵两广极边烟瘴充军。

律 218：优恤军属〔例1条，成案2案〕

凡阵亡病故官军回乡家属，〔应给〕行粮脚力，〔经过〕有司不即应付者，〔以家属到日为始，〕迟一日，笞二十，每三日加一等，罪止笞五十。

（此仍明律，顺治三年添入小注。顺治律为238条。）

条例 218.01：凡八旗阵亡人等妻室内

凡八旗阵亡人等妻室内，查有无子嗣，或子嗣稚幼，又无家人食粮者，伊夫原系职官，给原官一半俸禄米石。如系兵丁，给食一半钱粮米石。若阵亡之人并无妻室，其父母别无子嗣，又无钱粮可依赖为生者，亦照此例行。

（此条系乾隆三年，奉上谕纂，乾隆五年定。）

薛允升按：此专指八旗而言。

成案 218.01：冒领恤赏〔康熙二十二年〕

刑部等议镇海将军杨凤翔等疏：正白旗下张才，原系阵亡兵丁，张进忠亲侄，虽随伊叔在军前阵亡，并未入旗，岂意张进忠之子张有库拘同张魁，并拨什库郭文明等，假捏过继文书，滥作旗厮，竟领恤赏银七十两，通同欺冒，应将冒领银两之张有库比照凡管军官吏总旗小旗冒支军粮入己者计赃准窃盗论，七十两，杖八十、徒二年律，系旗人，枷号三十日，鞭八十。张魁、郭文明等供依不应重律，郭文明等系旗人，鞭八十。张魁系民，责三十板。

成案 218.02：阵亡官兵赏给并有功官给札付〔康熙四十五年〕

兵部议：据川抚会同提督将征炉有功伤亡舍目土兵人等造册请恤前来。查定例内，阵亡马兵给银七十两，步兵给五十两，头等伤给银三十两，二等伤给银二十五两，第一挺身前进之人给银五十两，第二挺身前进之人给银四十两等语。今该抚等册开阵亡土舍目杨仙举等照马兵例，各给银七十两，阵亡土兵杨益等照步兵例，各给银五十两，头等伤土舍目彭宇宁等各给银三十两，二等伤土目塔恩加等各给银二十五两，第一前进土千把总舍目李应斗等照第一挺身前进例给银五十两，第二前进土兵杨礼等第二挺身前进例各给银四十两，俱与绿旗官兵相符，此项银两，令户部拨给，该抚、提督亲身散给，取具各司印领送部查核。至有功土千把总舍目等，亦照绿旗官兵之例，应各加五等给与札付，仍管土千总事，听督抚提镇调遣，效力边疆，俟命下之日，臣部给与札付可也。

律 219：夜禁〔例 1 条，事例 1 条，成案 2 案〕

凡京城夜禁，一更三点，钟声已静〔之后，〕五更三点，钟声未动〔之前，〕犯者，笞三十；二更、三更、四更犯者，笞五十。外郡城镇，各减一等。其〔京城外郡，因〕公务急速，〔军民之家有〕疾病、生产、死丧，不在禁限。

其暮钟未静，晓钟已动，巡夜人等故将行人拘留，诬执犯夜者，抵罪。

若犯夜拒捕及打夺者，杖一百。因而殴〔巡夜〕人至折伤以上者，绞〔监候〕。死者，斩〔监候。拒捕者，指犯夜人。打夺者，旁人也。若巡夜人诬执犯夜，因而拒捕互殴至死者，以凡斗殴论。〕

（此仍明律，小注系顺治三年添入。顺治律为 239 条，原文最后一段“若犯夜拒捕及打夺者，杖一百。因而殴〔巡夜〕人至折伤以上者，绞〔监候〕。死者，斩〔监候。拒捕者，指犯夜人。打夺者，旁人也。〕”乾隆五年增修。）

条例 219.01：凡八旗兵丁

凡八旗兵丁，无故在城外夜宿者，杖八十。

（此条系康熙年间现成例，雍正三年纂定。）

薛允升按：现在并有在城外居住者矣。

事例 219.01：同治元年谕

步军统领衙门奏：酌拟下夜缉盗章程各折片。京师为辇毂重地，近时抢劫盗案，层见迭出，捕务实属废弛。兹据瑞常等酌拟下夜章程，并请严定缉捕处分。著即照议办理，所有该衙门旧有及新挑技勇兵，著准其暂停派往堆拨，责令管理四场章京管带，于皇城内外八旗地面，轮班下夜，认真巡缉，遇有明火聚众抢劫盗匪，务即拿获，不准疏脱。傥敢拒捕，准其格杀勿论。如查有居民铺户聚集多人，吸烟聚赌，及三五成群，夜游街巷者，立即拿获究办，并责成两翼翼尉督饬，与各旗固山达步军校所带下夜步甲，一体巡逻，仍查照向章，申明夜禁，以符定制。该兵丁等果能实力巡查，捕获盗犯，除官给重赏外，准其将尤为出力者，格外超拔。该管带章京等，准其于定案时，立即酌量保奏。傥有怠惰疏防等弊，即著将下夜巡缉之章京，及该地面官等，从严参办。其城外以及各城门、关厢、集镇，并著责成巡捕五营将弁，督率兵丁，按照现拟章程，酌量分起，各按所管地面，会同本汛团防，访查缉捕，不准疏懈。其一切赏罚，均著照皇城内外八旗地面，一律办理。至两翼翼尉及巡捕营将弁等，傥敢狃于积习，不知振作，于现拟章程，阳奉阴违，意存掣肘，一经查出，即著步军统领等从严参革。其各官厅办事人等，如查有把持地面，徇情受贿，容留盗匪，暗通信息，藉端讹诈等弊，刻即解交刑部治罪。若系该翼尉等自行查出者，免其参处；别经发觉者，即将该翼尉等随案解任，一并交刑部严行究办。

成案 219.01：黑夜行走〔康熙四十六年〕

刑部议：候选知县佟某带领节节高下流人等，黑夜行走，有玷官箴，应将佟某革职。张某等黑夜行走，俱依不应重杖，张某系职官收赎。李忠等责三十板，沈弘系旗人鞭八十，王兴等系跟随伊主轿夫，唱节节高等俱系雇工唱曲之人，无庸议。

成案 219.02：湖广司〔嘉庆二十四年〕

提督咨送：李明前经犯窃问拟杖刺，递籍脱逃，来京犯夜，经营兵邵奎将伊推跌倒地，该犯情急，拔刀吓令松放，邵奎向伊夺刀，致被刀尖划伤手指。将李明依犯夜拒捕杖一百律上，加一等，杖六十、徒一年。

兵律·关津

（计 7 条）

律 220：私越冒度关津〔例 17 条，事例 8 条，成案 2 案〕

凡无文引，私度关津者，杖八十。若关不由门，津不由渡，〔别从间道〕而越度者，杖九十。若越度缘边关塞者，杖一百、徒三年。因而〔潜〕出〔交通〕外境者，绞〔监候〕。守把之人，知而故纵者，同罪。〔至死减一等。〕失于盘诘者，〔官〕各减三等，罪止杖一百；军兵，又减一等，并罪坐直日者。

若有文引，冒〔他人〕名度关津者，杖八十。家人相冒者，罪坐家长。守把之人，知情与同罪，不知者不坐。

其将〔无引〕马骡私度、冒度关津者，杖六十；越度，杖七十。〔私度，谓人有引，马骡无引。冒度，谓马骡冒他人引上马骡毛色齿岁。越度，谓人由关津，马骡不由关津而度。〕

（此仍明律，顺治三年修改。顺治律为 240 条。）

条例 220.01：官吏旗校舍余军民人等

官吏旗校舍余军民人等，有因为事问发为民充军，或罢职冠带闲住，与降调出外，各来京潜住者，问拟明白，除充军并发边外为民，照逃例改发外，文官降调者，革职冠带闲住；闲住者，发原籍为民；为民者，改发边外为民。武官带俸者，革职，随舍余食粮差操；原随舍余食粮差操者，发边卫差操。其知情容留潜住之人，各治以罪。

（此条系明代旧例，顺治例 240.01。雍正三年，因军徒等犯在逃，各有正律；革职官员不许潜住他处，另有定例。此条删除。）

条例 220.02：关隘引送边外边卫逃军过关

关隘引送边外边卫逃军过关，并守把盘诘之人卖放者，俱问发边卫充军。

（此条系明代旧例，顺治例 240.02。雍正三年，因卫所军犯在逃，依军犯逃回律科罪，卖放者应计赃坐罪。此条删除。）

条例 220.03：凡湖广沿边苗民（1）

凡湖广沿边苗民，俱以塘汛为界。民人责令有司详查，苗人责令游巡官员详查。民人无故擅入苗地，照私越冒度关津律，杖一百、徒三年；苗人无故擅入民地，亦照民律充徒。该管各官失于觉察，照奸细出入境内不能查获例议处，该管上司亦照例议处。

（此条系雍正三年纂定。乾隆五年改定为条例 220.04。）

条例 220.04：凡湖广沿边苗民（2）

凡湖广沿边苗民，俱以塘汛为界。民人责令有司详查，苗人责令游巡官员详查。民人无故擅入苗地，照私越缘边关塞律，杖一百、徒三年；苗人无故擅入民地，亦照民律充徒。该管各官失于觉察，及该管上司一并交部议处。

（此条乾隆五年改定。乾隆三十二年，因禁止民、苗往来交易之例，已于乾隆二十九年停止。此条删除。）

条例 220.05：凡雇倩口内之人（1）

凡雇倩口内之人，往口外种地，及砍木、烧炭者，户、工二部照例给票出口，回日仍查收。无票之人，令各处察拿，若捏称雅图沟、波罗河屯等处砍木、烧炭名色，起票前往，而将票与人及买者，一并拿送该部治罪。

（此条系康熙年间现行例，雍正三年纂入。乾隆五年，删"雅图沟"以下九字；于"砍木、烧炭"上增"种地"二字。嘉庆六年改定为条例 220.06。）

条例 220.06：凡雇倩口内之人（2）

凡雇倩口内之人，往口外种地，及砍木、烧炭者，户、工二部照例给票出口，回日仍查收。无票之人，令各处察拿。若捏称种地，及砍木、烧炭名色，起票前往，而将票与人，及受者，并杖八十；受财者，计赃，以枉法从其重者论。

（此条嘉庆六年，将条例 220.05 改定。）

薛允升按：此专为古北口而设，其余均未议及，惟律既有明文，有犯均可照律定断，似无庸另立专条。

条例 220.07：凡民人无票私出口外者（1）

凡民人无票私出口外者，杖一百，并妻发往山海关外辽阳等处安插。

（此条系康熙年间现行例，雍正三年删改为定例。乾隆五年修并入条例 220.09。）

条例 220.08：凡缘边关口

凡缘边关口，如有来历不明，无印票可验者，不许私放出口，每季将出口人数造册，取具并无匪类出口印甘各结申报。傥守口官不验明印票，及私受贿赂混行出入，该管官查出，即行详报该管将军、督、抚、提、镇题参，交部严行治罪。若该管将军、督、抚、提、镇通同徇庇，不行查参，及稽查不严，以致匪类越境生事者，一并从重议处。

（此条系雍正五年定例。旧载"私出外境"条下，乾隆五年移附此律后并议覆奉天府府尹吴应枚条奏，将条例 220.07 发往辽阳安插改为杖一百，流二千里，修并为条例 220.09。）

条例 220.09：凡民人无票私出口外者（2）

凡民人无票私出口外者，杖一百、流三千里。〔乾隆五年修例时，仍照雍正三年原定例文，其流三千里字样，系续经改定。〕缘边关口，每季将出入人数造册，取具并无匪类出口印甘各结申报。倘守口官不验明印票，及贿纵出入，该管官查出，即行详报该管将军、督、抚、提、镇题参，交部严行治罪。若该管将军、督、抚、提、镇通同徇庇，不行查参，及稽查不严，以致匪类越境生事者，一并从重议处。

（此条系乾隆五年，将条例 220.07 及 220.08 修并。）

薛允升按：此条拟流之处，似嫌太重，虽系慎重边防之意，然已成具文矣。无文引私度缘边关塞者，满徒。交通外境者，绞。律有明文，似毋庸另立专条。《中枢政考》与此略同，而某关某口均极详明，应参看。

条例 220.10：凡土官土人

凡土官、土人，如有差遣公务，应赴外省者，呈明本管官，转报督抚给咨，并知会所往省分督抚，令事竣勒限，毋许逗遛，仍知照本省督抚。倘不请咨牌，私出外省，土官革职，土人照无引私度关津律，杖八十，递回。如潜往外省生事为匪，别经发觉，除实犯死罪外，徒罪以上，俱照军人私出外境掳掠不分首从发边远充军律，递回，照例枷责；同家口父母、兄弟、子侄，一并迁徙安插。其不行管束之该管官，及失于察报之外省地方官，均交部议处。

（此条系雍正十三年吏部议覆江苏巡抚高其倬条奏定例。）

薛允升按：此土司专例，似应移于"化外人有犯"门。分别枷责迁徙，见"徒流迁徙地方"，应参看。《名例》："凶恶未甚者，初犯，照例枷责，姑免迁徙，犯仇杀劫房等情，家口一并迁徙。"此处一犯徒罪，即连家口一并迁徙，似嫌太重。原奏内所引苗人无故擅入民地，例业已删除。

条例 220.11：缘边关口

缘边关口，有熟识路径奸徒，引领游民私自偷越，或受贿引送夹带违禁货物之人出口者，除将偷越及夹带本犯，各照律分别治罪外，其引送之人，如审系仅图微利，并无别情者，照违制律，杖一百，加枷号一个月，交该管官严行管束。如偷越之人出口别有奸谋，该犯明知引送，婪索多赃，照守把之人知情故纵律治罪。兵弁失于查拿，照例参处。

（此条系乾隆十六年刑部议覆古北口提督布兰泰条奏定例。）

薛允升按：偷越之人，照越度缘边关塞，即应拟徒，夹带违禁货物出口，情更重矣，引送之人，似亦应略为画别。既不计赃定罪，则以仅图微利及婪索多赃分别定拟之处，似嫌含混，假如上层受贿较多，下层计赃无几，转难科断。越度即应科罪，引送者能不以越度论乎。名例内明言同犯私越度关，均无首从可分，何得仅拟枷杖耶。且既经受贿，即难言不知情矣。

条例220.12：指引逃匪偷越出口之犯

指引逃匪偷越出口之犯，如实系不知逃匪情由，仅止私行引送者，仍照违制律问拟外，若明知逃匪，故行引送者，照故纵律，与犯人同罪。至再犯、三犯者，各按本罪以次递加；得财故纵者，计赃从重论。

（此条系乾隆二十九年直隶总督方观承条奏定例。）

薛允升按：似应与上条修并为一。此处有再犯、三犯语，而上条未言。知情故纵，均指在官人役而言，此二条均以知情故纵论，似嫌未协。知情藏匿罪人门，指引道路、资给衣粮、送令隐匿者，减罪人一等，应参看。

条例220.13：东三省出口之人

东三省出口之人，若将在京所买奴婢，不照例当官立契，载入口票，〔按：原奏云：于本人原领口票内，添载所买奴婢姓名年貌，钤盖印信。〕私带出境，该守关兵弁，实时拿送刑部。如讯系拐卖，即照拐卖例，分别治罪；如无拐卖情事，将不行当官立契加载口票之人，照冒度关津律治罪。

（此条系乾隆三十三年兵部会同刑部侍郎钱维城条奏定例。）

薛允升按：白契价买奴婢，例所不禁，此例因系出口而加严，所买之人恐有来历不明之弊，故必钤印报部也。不当官立契载入口票之人，即买奴婢之人也，所买奴婢似应无庸科罪。盛京、乌喇等处不详询来历混买人者，发江宁、杭州披甲，见"诱拐"门，应参看。

条例220.14：凡山东民人前赴奉天

凡山东民人前赴奉天，除各项贸易船只，并只身带有本钱货物贸易者，查明系往何处，贸易何物，确有凭据，仍准地方官给票出口，毋庸禁止外，其有藉称寻亲觅食，出口前赴奉天，并无确据者，地方官概不许给票。如不查明确实，滥行给票放行，致有私刨樵采，及邪教煽惑等事，别经发觉，将给票之地方官，照滥行出结例议处。

（此条系乾隆四十二年吏部会同刑部议覆山东布政使国泰条奏定例。）

薛允升按：与"违禁下海"门东省登莱等处一条系属一事，盖恐无业游民滋扰根本重地故也。私刨，指人参言。樵采，指围场言。近则山东人俱在东三省往来无阻矣。

条例220.15：凡滇省永昌顺宁二府以外沿边关隘

凡滇省永昌、顺宁二府以外沿边关隘，禁止私贩碧霞玺、翡翠玉、葱玉、鱼、盐、棉花等物。如拿获私贩之人，审讯明确，共伙人数在一、二十人以上，为首者，拟绞立决；为从，及数在四人以上不及十人者，俱发黑龙江等处；若止三人以下者，佥妻流徙三千里安置。如有因私贩透漏消息者，审实，无论人数多寡，请旨即行正法。关口员弁，或有失察故纵情弊，查出，分别从重治罪。

（此条系乾隆四十二年，钦差大学士公阿桂等酌定边境事宜奏准定例。嘉庆十七年，将此项发遣黑龙江等处人犯，改发极边足四千里充军。咸丰二年，将"佥妻流徙三千里安置"改为"杖一百、流三千里"，并于"透漏"下增"军情"二字。）

薛允升按：与"盘诘奸细"门滇省与外夷商贩一条系属一事，均系尔时办法，系为缅夷而设。碧霞玺、翡翠等玉及鱼盐、棉花均非违禁之物，因其潜赴夷地贩买，恐有私通透漏情弊，故严定此例。若并未透漏消息，私贩至十人以上即拟绞决，似嫌太重。且此条系专为缅夷而设，应于例内添入如有奸徒结伙潜赴夷地私贩碧霞玺等物云云。黄芪亦非犯禁之物，而在口外雇人刨挖，分别人数，拟以杖徒，见"盗田野谷麦"门，应参看。《兵部处分则例》尚有一条，"云南临安、开化二府所属土司均通外境，于要隘处所设立关口，专派员弁驻扎巡察，按疏漏人数多寡议处"。刑例未载。

条例 220.16：东三省身任京员

东三省身任京员，及在京当差者，置买家奴，于当官立契时，俱询明卖身之人，或止愿在京服役，或情愿日后随回东省，俱当官载于契纸。若止愿在京服役，伊主回家时，听其另行投主，交还身价。若情愿日后随去者，伊主回家时，报明本旗，咨行该省将军存记，止许永远役使，不许转卖图利，如违，俱按兴贩人口例治罪。仍令该将军每年将有无转卖图利之处，年终咨报刑部备查。

（此条系乾隆四十二年刑部审拟，蓝翎侍卫僧保在京白契典买家人福儿，并不当官立契，擅自携带出口，复违例转卖一案，奏请定例。）

薛允升按：准买奴婢，不准带往东三省，转卖奴婢与人，例所不禁，而独禁东三省之人，殊不可解。前例系防诱拐，故必载入口票，此例情愿随回东省，写于契纸之处，殊觉琐碎。定例之意，盖专为图利转卖者而设，若转卖与原价值相当，似可无庸科罪。兴贩子女转卖与他人为奴婢者，流三千里。为妻妾子孙者，徒三年。此转卖自己奴婢，即拟流罪，即以官员而论，殴死奴婢不过罚俸，转卖奴婢，即应拟流，情法未见平允。

条例 220.17：吉林地方卡伦外

吉林地方卡伦外，毋许流民居住，若军民人等私越卡伦者，发云、贵、两广烟瘴稍轻地方充军。该将军令守卡各官，随时严查，三个月更换交代时，出具并无流民潜住甘结，呈报将军衙门查核，仍按季选派协领等官覆查。如守卡各员，不实力奉行，严参治罪，并令该将军随时密查，每届年终核实具奏。

（此条系道光六年奉上谕纂辑为例。道光九年纂入。）

薛允升按：此专指吉林而言，各省奏准事件即纂为例。别处有类于此者，因无人条奏，例内亦不载入，此特其一也。与《户部则例》安插流民章程各条参看。

事例220.01：乾隆二十五年议准

民苗结亲，原系例禁，前经奏准，永顺一府及永绥、绥宁各苗，俱令与内地兵民结姻。其乾凤一厅，并靖州、通道等处，仍照例禁止。惟苗峒僻处深山，服饰风俗，究与民人有别，情愿婚姻者，大率游手无赖之民，利其产业，而苗性贪得财礼，籍其力作，久之情意不投，每滋讼狱。且恐奸民借口姻亲，出入苗地，勾结成衅。嗣后概行禁止，其现在已婚、已娶者，饬令娶回，不许赘居苗寨。入奉禁后，仍有违例结亲，及无故擅入苗地者，按例治罪。失察之地方官，照例参处。

事例220.02：嘉庆十五年谕

赛冲阿等奏：查办吉林、长春二厅流民一折。据称吉林厅查出新来流民一千四百五十九户，长春厅查出新来流民六千九百五十三户等语。流民出口，节经降旨查禁，各该管官总未实力奉行，以致每查办一次，辄增出新来流民数千户之多，总以该流民等业已聚族相安，骤难驱逐为词，仍予入册安插，再届查办复然。是查办流民一节，竟成具文。试思此等流民多至数千户，岂一时所能聚集？该地方官果能于入境之始，认真稽查，何难实时驱逐？且各该流民经过关隘处所，若守口员弁果能严密稽查，何能携族偷渡？各该管官种种废弛，于此可见。除此次吉林、长春两厅查出流民，姑照所请入册安置外，嗣后责成该将军等，督率厅员实力查禁，毋许再增添流民一户。如再有续至流民，讯系从何关口经过，将该守口官参处。

事例220.03：道光四年谕

冰岭一路，向为南北通衢，其阿克苏所属西南巧塔尔、达阪，及赛哩木所属之阿尔通、霍什，均为赴伊犁快捷方式。著概行封禁，以杜弊端，并著酌派本城官兵数十名，分拨设卡，严察偷渡，以稽茶叶、大黄之出入。傥封禁之后，有私贩经由，即行严拿治罪，并著伊犁将军由北路派拨员弁，设卡盘查，毋稍疏懈。

事例220.04：道光六年谕

富俊奏：流民搬移净尽一折。吉林潜居流民，前已有六百余户，陆续迁移，分散居住。兹据该将军奏，舒兰等六处流民三百余户，业已依限全行搬进卡伦以内，著该将军饬令各该处、各卡伦，随时严察，按三个月更换时，互相稽查，各出具卡伦外并无一户流民居住甘结，以备查核，仍按季派协领等官往查。如敢阳奉阴违，即行严参治罪，并著出示晓谕军民人等，以后如有私越卡伦以外者，立即拿获惩办，毋稍宽贷。该将军仍随时密加访查，每届年终，据实具奏一次。

事例220.05：道光八年谕

博起图奏：查明围场情形，并请添设卡伦，严定章程一折。吉林围场，与奉天围场地界毗连之处，及该围场要隘处所，据该将军逐细详查，尚无偷挖鹿窖，及偷牲踪迹，惟卡伦间有车辙，难辩新旧，原设封堆，亦多参差不齐，疏密不一。封堆以外，均有旗民居住，村落甚多，难免潜入偷牲砍木情弊，若不严定章程，认真整顿，积弊安能尽除？著照所请，于卡伦相距较远之二道沟、康家口子、锡伯霍落地方，准其添设卡伦三处，共设卡伦十四处，俾查缉易于周密。其按月拨派卡伦直班兵五名，不敷稽查，并准其每卡增添兵五名，官一员。每日以兵六名，分两路巡查，至适中木桩处兑换木牌，见有潜入偷窃踪迹，即严追务获，余俱留卡防守。此项官兵，仍归管围协领管理，以专责成。从前围场添设翼长二员，专司查缉，嗣因开缺，并未补派。著仍照前议，于佐领内遴委二员，专司督缉。其原设纛章京一员，亦令同翼长等按月轮流一体查访，仍责令管围协领随时稽查。如该章京、翼长等查缉疏懈，该协领不据实禀揭，即当一律严参。至原设封堆，有疏密参差之处，著严饬管围协领等官，带同旗民界官，各分段落，将封堆增高大齐全，各相距五十步，易于瞭望。其间私越封堆之田，无论旗民，悉令距封堆五十步外，方准垦种。其各卡伦间出入车辙，亦责成管围协领等官，督令旗民界官锄垫平坦。如再有车迹，即将该卡伦官兵，及管围场各官参办。该将军务督饬该员等，认真严查，毋得有名无实，日久懈弛，重干咎戾。

事例 220.06：道光八年又谕

屠之申奏：遵旨筹议查禁流民出口一折。著照该护督所议，严饬守关各员，谨遵定例查验持有执照者，始准放行，并通饬各该州县于所属地方，无论村乡僻壤，遍行出示晓谕民人，不可轻去其乡，仍剀切声明关禁甚严，毋得懵然前往，徒劳往返。傥该州县晓谕未能周悉，该民人仍或私行偷越，出关时经守关各员查出，系属何州县民人，即将该地方官惩处不贷。其有呈请出口执照者，除实系贸易探亲同行止一、二人者，照例发给外，凡携带妻子迁移家属出口，概不得妄行给照放行，毋稍疏纵。至天津、宁河各海口，出洋船只舵水人等，均有定例名数，给发票照，查验放行，并著奉天等处海口营县，凡遇船只收口，逐加查验，如有无照流民，即行严拿治罪。该护督务当遵照奏定章程，饬属认真办理，不可视为具文，日久生玩。

事例 220.07：咸丰五年谕

怡良等奏：请申明定例，严饬沿海地方，不准私船出海等语。广东潮州等府人民繁庶，素性犷悍，其失业游民，每多觅食外省，千百成群。近年以来，以充当潮勇为名，纷纷航海，由乍浦、上海等处登岸。其中良莠不齐，往往聚众滋事。本年苏州地方，即有抢夺行李之案，虽将该犯马泳风等拿获正法，而现在寄食游民尚复不少。著该督等严饬地方官查明此项广勇内，有并非官雇，不受约束，或私贩违禁货物，不安本分者，责成地方官督同会馆董事清查惩办，并著沿海督抚，各饬所属，于海船出洋时，务须遵旧例给予执照，及照外夹带，即行查拿治罪，并不准私造船只渡载人口货物，责成守口员弁挂号验照，如有无照人民私自渡海者，除将偷渡人船照例办理外，并将失察私造船只之地方官，查验不力之守口员弁，严参惩办。得贿故纵者，从重治罪。

事例220.08：同治十一年谕

嗣后各路统兵大臣，遇有差委员弁，著即申明纪律，严加约束，所给执照，务将勇丁马匹及所携带枪械数目，并应需车辆若干，以及程途期限，详细开明。经过驿站，暨关津隘口，均令呈验放行。如有不遵盘诘，及骚扰逾限情弊，准由地方官查拿，随时禀报督抚，奏明惩办。至各营中记名提镇之员，除统帅外，其余在营差遣者，如有奉差经过驿站关津，均著恪遵功令，听受地方官稽查，概不准多带勇丁，滥索车马，尤不准夹带货物，私载妇女。如敢故违，即由各该地方官禀明严参，从重究办。各路统兵大臣，务当严申军律，饬令各差官一体遵照，毋得自蹈愆尤。

成案220.01：广东司〔道光五年〕

广督咨：邓亚珍受夷人工银，在船工作，随同出洋，例内并无内地民人得受夷人银两，在夷船工作，作何治罪明文。将邓亚珍比依民人无票私出口外例，杖一百、流二千里。

成案220.02：陕西司〔道光五年〕

陕督咨：张掖县民何全等，在红石板地方偷淘金沙。查何全等七名各不相谋，私赴毗连番地，潜行偷淘金沙，该犯住址毗连番地，究与无票出口者有间，例无私赴毗连番界偷淘金沙，作何治罪明文，自应比例问拟。何全、杨幅贞、杨幅秀、李太和、郭有忠、何其玉、郝有应等七犯，均比依无票私出口外杖一百、流二千里例上，量减一等，均拟杖一百、徒三年。

律221：诈冒给路引〔事例1条，成案1案〕

凡不应给路引之人，〔谓配遣囚徒，安置家口之类〕而给引，及军诈为民，民诈为军，若冒名告给引，及以所给引转与他人者，并杖八十。若于经过官司停止去处，倒〔换另〕给路引，〔按：倒给，谓所给文引已出限外，而于经过处倒其旧引，而换给新引也。〕及官豪势要之人，嘱托军民衙门擅给批帖，影射〔人货〕出入者，各杖一百。〔若官吏人匠供送文引年深，于原任原役衙门告给新引，照身回还者，不在此限。〕当该官吏听从及知情给与者，〔指上三件，〕并同罪。若不从，及不知者，不坐。

若巡检司越分给引者，罪亦知之。〔依听从知情律。按：巡检司本以稽察为职，故不应越分给引也。〕

其〔应给衙门〕不立文案，空押路引，私填与人者，杖一百、徒三年。

受财者，〔分有禄、无禄，〕计赃，以枉法。及有所规避者，〔或贩禁货通番，或避罪犯出境，〕各从重论。

（此仍明律，其小注顺治三年添入。顺治律为241条，原文末段"若军民出百里之外不给引者，军以逃军论，民以私度关津论"，雍正三年删定。）

事例 221.01：康熙五年题准

凡官员有给军流人犯出关印文，或给执照者，降四级调用。

成案 221.01：陕西司〔道光九年〕

陕督咨：贵德厅设立官渡船只，原系通济行旅，兼可盘诘匪类，嗣因办理番案，恐野番偷渡内地，凡过河北者，无论买卖民人，均由该厅衙门给帖验明，方准过渡。其赴内地寺院熬茶磕头之番僧喇嘛，俱应由该厅详请照票，方准渡入内地，是照票图帖均于路引无异。今该番僧丹正等，欲渡河北，赴内地寺院磕头，该书黄宗桂并不回明本官，详请照票，乃敢私给图帖，殊属玩法。查照票即同路引，自应比例定拟。黄宗桂比依应给路引衙门不立文案、空押路引私填与人者、杖一百徒三年律，杖一百、徒三年。

律 222：关津留难〔成案 1 案〕

凡关津往来船只，守把之人不即盘〔诘〕验〔文引〕放行，无故阻当者，一日，笞二十，每一日加一等，罪止笞五十。〔坐直日。若取财者，照在官人役取受有事人财例，以枉法计赃科罪。〕

若官豪势要之人，乘船经过关津，不服盘验者，杖一百。

若撑驾渡船梢水，如遇风浪险恶，不许摆渡，违者，笞四十。若不顾风浪，故行开船，至中流停船，勒要船钱者，杖八十。因而杀伤人者，以故杀〔死〕伤〔未死〕论。〔或不曾勒要船钱，止是不顾风浪，因而沉溺杀、伤人者，以过失科断。〕

（此仍明律，顺治三年添入小注。顺治律为 242 条。）

成案 222.01：奉天司〔嘉庆十九年〕

盛刑咨：边门章京翔凤，因朝鲜货物到边，故意耽延，图索土物，按关津把守之人，无故阻当，罪止拟笞，应照违制律满杖，加枷号三个月。

律 223：递送逃军妻女出城

凡在京守御官军，递送逃军妻女出京城者，绞。〔杂犯。〕民犯者，杖一百。若各处守御城池及屯田官军，递送逃军妻女出城者，杖一百、徒三年。民犯者，杖八十。受财者，计赃以枉法从重论。〔分有禄人，无禄人。〕其逃军买求者，罪同。〔若逃罪重者，仍从本罪论。〕守门之人知情故纵者，与犯人同罪。失于盘诘者，〔官〕减三等，罪止杖一百；军人，又减一等。

若递送非逃军妻女出城者，〔如犯罪取发，而妻女私还原籍之类，但不系逃者皆是。〕杖八十。有所规避者，〔如刁奸诱卖，或犯罪，法应缘坐。〕从重论。〔依送令隐

避从重论。〕

（此仍明律，顺治三年添入小注。顺治律为 243 条，原文第二段小注“如犯罪取发，及军在伍，而妻女私还原籍，及故军妻女之类”，雍正三年删改为“如犯罪取发，而妻女私还原籍之类”；原文“与犯人同罪”下有小注“至死者，减一等”，乾隆五年删。）

律 224：盘诘奸细〔例 16 条，事例 7 条，成案 5 案〕

凡缘边关塞，及腹里地面，但有境内奸细走透消息于外人，及境外奸细入境内探听事情者，盘获到官，须要鞫问接引〔入内〕起谋〔出外〕之人，得实，〔不分首从〕皆斩〔监候〕。经过去处，守把之人知而故纵，及隐匿不首者，并与犯人同罪。〔至死减等。〕失于盘诘者，〔官〕杖一百；军兵，杖九十。〔罪坐直日者。〕

（此仍明律，顺治三年添入小注。顺治律为 244 条。）

条例 224.01：交结外国及私通土苗

交结外国及私通土苗，互相买卖借贷，诓骗财物，引惹边衅，或潜住苗寨，教诱为乱，〔如打劫民财，以强盗分别。〕贻患地方者，除实犯死罪〔如越边关，出外境，将人口军器出境，卖与硝黄之类〕外，俱问发边远充军。

（此条系明代问刑条例，顺治例 244.01，原无“及私通土苗”句，雍正七年定例，“私通土苗，借骗财物，问边远充军”。乾隆五年，于“交结外国”下，加“私通土苗”句；“边卫永远充军”改为“边远充军”。）

薛允升按：《集解》：“此例正相近苗境地方所当遵行，旧例原指川、广、云、贵等处而言。”“诈教诱人犯法”门载：“外来匪徒教诱犯法，统言苗瑶伶僮。”“在官求索借贷人财物”门载：“激动番蛮，亦统言苗蛮黎僮。”此处止言土苗，似应添纂，应与彼二条参看。再，内地民人与番夷往来、放债等类，尚不止此数条，今将载在例内者，汇集于左：土哨奸民勾通取利，擅入苗境讹诈，见“恐吓取财”。台湾兵丁扰害番社，见纵军虏掠。偷越生番地界，致启边衅，或教诱为乱，见“违禁下海”。军民人等与朝贡外国人私通往来，透漏事情，见“漏泄军情”大事。内地民人不许与土司等交往、借债，照偷越番境例。内地汉奸潜入粤东黎境放债盘剥，照私通土苗例，见“违禁取利”。赊买、拖延、骗勒远人，甘肃、西宁等处逼令减价，俱见“把持行市”。黔省汉民强占苗人田产，见“盗卖田宅”。福建、台湾民人不得与番人结亲，湖南未薙发苗人与民人结亲，俱见“嫁娶违律”。索取土官、外国、瑶、僮财物，擅自科敛土官财物，骚扰激动番蛮，俱见“在官求索”。散发改装，擅取生番妇女，奸商贩卖军器与土司番蛮，商人携带引茶货物在喀什噶尔等处与私越进卡之布鲁特等易换，俱见“违禁下海”。土官延幕，见“教诱人犯法”。

条例 224.02：沿边关塞

沿边关塞，及腹里地面，盘诘奸细处所，有归复乡土人口，被获到官，查审明白，即照例起送。有妄作奸细，希图冒功者，以故入人罪论。若实系奸细能首降者，亦一体给赏安插。

（此条系明代问刑条例，顺治例 244.02。乾隆五年，将"即照例起送"句，改为"即行起送归籍"。）

薛允升按：《笺释》云："归复乡土人口，或先被虏，或背叛从敌，悔过归还者。"此专为归复乡土者设，盖于盘查之中仍防诬陷之意也。

条例 224.03：凡州县城乡

凡州县城乡，十户立一牌头，十牌立一甲头，十甲立一保长。户给印牌一张，书写姓名丁数。出则注明所往，入则稽其所来。其客店亦令各立一簿，每夜宿客姓名几人，行李牲口几何，作何生理，往来何处，逐一登记明白。至于寺观，亦分给印牌，上写僧道口数、姓名，稽查出入。如有虚文应事，徒委捕官吏胥需索扰害者，该上司查参治罪。

（此条系康熙四十七年吏部会议定例，雍正三年纂入。）

薛允升按：此良法也，即古所谓保甲法也，而认真行之者绝少。"私充牙行"门内一条与此例意相符，应参看。编排保甲，设立族正，见"盗贼窝主"。设立里长甲长，见"禁革主保"。里长绅衿与齐民一体编查，绅衿免派支更看棚，俱见"赋役不均"。

条例 224.04：凡盘获行迹可疑之船

凡盘获行迹可疑之船，货物之数不符税单牌票者，限三日内查明。果系商船，即速放行。如系贼船，交与地方官治罪。如巡缉官兵以贼船作为商船释放者，照讳盗例治罪；〔按：讳盗例应删改。〕以商船作为贼船扰害者，照诬良为盗例治罪。索取财物者，拿问。该管上司查出，免其议处，失察照例议处。

（此条系康熙五十一年兵部议准定例，雍正三年纂入。乾隆五年，"交与地方官治罪"，改为"交与地方官审鞫有无行劫，按律例分别治罪"；删去"查出，免其议处"六字。）

薛允升按：与"违禁下海"门各条参看。

《兵部处分则例》："一、海洋中形迹可疑之船，已被巡洋员弁盘获，如货物人数不符税单牌票者，限三日内查明，如系贼船，交与地方官治罪。果系商船，即速放行。将放行之处仍申报该上司存案。如以贼船作为商船释放，或以商船作为贼船故意稽迟扰害者，均革职〔私罪〕。索取财物者，革职提问〔私罪〕。该上司查出题参者，免议。如巡洋员弁擅放贼船，上司失察者，同城，降二级调用〔公罪〕。不同城，百里以内者，降一级调用〔公罪〕。百里以外者，降一级留任〔公罪〕。扰害商船，上司失察者，同城，降一级调用〔公罪〕。不同城者，降一级留任〔公罪〕。"

条例224.05：沿柳条边之蒙古地方（1）

沿柳条边之蒙古地方，有内地民人种地居住者，交与札萨克等，十家内设立一长，逐户严查，不许无事闲人存留。令札萨克著落十家长取具保结。如民人内有隐匿内地逃人者，著该札萨克查拿，将逃人一并送部，其逃人照定例治罪，将隐匿逃人之民人，亦交与该部治罪。

（此条雍正三年定。乾隆五年删改为条例224.06。）

条例224.06：沿柳条边之蒙古地方（2）

沿柳条边之蒙古地方，有内地民人种地居住者，交与札萨克等，十家内设立一长，逐户严查，不许闲人存留，取具十家长保结。如民人内有隐匿内地逃人者，著该札萨克将逃人与隐匿逃人之民人，一并查拿，解部治罪。

（此条乾隆五年，将条例224.05删改。）

薛允升按：此条系恐内地民人犯罪逃入蒙古地方隐匿之意。沿柳条边，特蒙古中之一处耳，似应改为沿边蒙古地方。柳条边在吉林去乌拉八驿，其地垂杨数百里，前朝所以界中外，今有章京守之，以诘往来。十五里至开原驿，又三十里至铁岭县，又百三十里至奉天府。大漠地一望无垠，凡内外札萨克之游牧各限以界，因山河以表，其鄂博无山河，则设卡伦以守。盛京吉林则以柳条结边为界，柳条边依内外兴安岭而建，山分阴阳，则寒暖判然，即长城亦同〔见《圣武记》〕。

条例224.07：发遣人犯

发遣人犯，或有混入边地贸易割草人中，偷行渡河，逃入蒙古境内者，应令汛渡弁兵，将贸易割草人，于去时登记人数，回时仍查原数。若人数短少，显有脱逃隐匿，即行文知会蒙古。若有闲荡游手久留不归之人，即系脱逃凶犯，当即查送该处，照本犯原罪分别治罪。倘仍有弁兵不行稽查，疏纵脱逃，漫无觉察者，将汛渡弁员照失察例议处，兵照失于盘诘例治罪。蒙古既知系内地脱逃之犯，仍容留隐匿者，将蒙古照窝藏逃人例治罪。

（此条雍正三年定。乾隆五年删改为条例224.08。）

条例224.08：沿边近蒙古地方

沿边近蒙古地方，令汛渡弁兵，将贸易割草人，于去时登记人数，回时照数稽查。如有发遣人犯，混入逃匿，即行文知会蒙古，拿送该处，照本犯原罪分别治罪。倘弁兵疏纵脱逃，漫无觉察，将弁员交部议处，兵照失于盘诘例治罪。若蒙古知系内地逃犯，仍容留隐匿者，照窝藏逃人例治罪。

（此条系乾隆五年，将条例224.07删改。）

薛允升按：此专指发遣人犯逃入蒙古地方而言。

条例 224.09：广东省山多田少

广东省山多田少，无田耕种穷民，赶山搭寮、取香、砍柴、烧炭等项，令各州县每寮给牌。遇有迁徙消长，赴县添除。违者，寮长照脱漏户口律治罪。傥窝藏奸宄，勾通匪类，寮长不报官究治，或被旁人首告者，照总甲容留棍徒例治罪。各寮长将此等人查出即行报官者，免其治罪。至入山之穷民，如不赴官报明，搭寮居住、种麻、种靛者，照盗耕田亩律治罪。其山主不经官验准，私令批佃搭寮、种麻、种靛者，照违令律治罪。山主经官验准者，免其治罪。若文武各官，漫不经心约束，以至窝藏奸宄，勾通匪类，经督抚题参者，照溺职例革职。

（此条雍正三年定。乾隆五年删改为条例 224.10。）

条例 224.10：广东省穷民赶山搭寮

广东省穷民赶山搭寮，取香、砍柴、烧炭、种麻、种靛等项，令各州县每寮给牌，遇有迁徙消长，赴县添除。违者，寮长照脱漏户口例治罪。傥窝藏奸宄，勾通匪类，寮长不报官究治，或被旁人首告者，照总甲容留棍徒例治罪。〔按：下条照连坐律治罪，与此不同。〕如有不赴官报明，径自搭寮居住者，照盗耕田亩律治罪。山主不经官验准，私令批佃搭寮者，照违令律治罪。若文武各官，漫不约束，以至藏奸，该督抚即行题参，交部议处。

（此条系乾隆五年，将条例 224.09 删改。）

薛允升按：此条并下一条与田宅门内租种山地棚民一条参看。此专指广东一省而言，似应与下条修并为一。在京拟徒，如系光棍案内之犯，不许出境，傥私自出境、容留京城潜住，发觉者，总甲人役并知情容留之房主，各依不应重律杖八十，见徒流人逃。此云照总甲容留棍徒例，似即指此。"盗贼窝主"门来历不明、游荡奸伪之徒潜居京城一条，原例系容留之客店房主等一体连坐，后改为一并惩治。下条云照连坐律治罪，似指此例。

《中枢政考》："广东民人入山搭寮耕种食力，该营汛官弁每月拨出兵丁于所属山谷巡查一次，遇有未经报官搭寮住宿之人，即送有司审究。如巡查不力或纵容受贿，以致地方窝藏奸匪者，交部议处。"

条例 224.11：浙江江西福建等省棚民

浙江、江西、福建等省棚民，在山种麻、种靛、开炉、扇铁、造纸、做菇等项，责成山地主并保甲长出具保结，造册送该州县官，照保甲之例，每年按编查，并酌拨官弁防守。该州县官于农隙时，务会同该营汛逐棚查照，毋得懈弛。如有窝匪奸盗等事，山地主并保甲长不行首告，照连坐律治罪。〔按：上条照容留棍徒例治罪。〕该管官失察，交部议处。

（此条系雍正三年定例，从前纂辑律例时未经载入。乾隆五年查，雍正十三年又钦奉上谕，敕令该督抚等转饬有司实力奉行在案，因纂辑为例。）

薛允升按：安徽省亦有棚民，似应添入。应照户部例修改。

《户部则例》："三十户设立棚长一名，稽查约束一体编查，保甲每届十月，另册报核"。"各省山居棚民按户编册，责成地主并保长结报。广东省寮民，每寮给牌，互相保结，责令寮长钤束。倘窝藏奸宄，容隐不报，查出治罪。其业主招佃及寮丁垦种官山，俱赴官报明察验，准其搭寮耕种。违者，招佃之山主，照违令律治罪。垦种寮丁，照盗耕田亩律治罪。文武员弁，不经心约束，以致窝匪者，均查参究处。"

条例 224.12：滇省与外夷商贩

滇省与外夷商贩，江西、湖广人为多，尤宜严禁。永昌府有潞江一处，顺宁府有缅宁一处，俱为通达各边总汇之区，应派妥干员弁专司稽查，遇有江楚客民，驱令归回。其向来居住近边之人，地方官照内地保甲之例，编造寄籍册档，登记年貌，互相保结，严禁与附近傣夷结亲。如有进关回籍等事，俱用互结报明，官给印票，关口照验放行，回滇时照验放出，若无印票，不准放行。守关员弁，如有混放偷漏情事，查明参处。其永昌、腾越、顺宁、缅宁、南甸、龙陵一带，所有本籍民人保甲，亦一体严为稽核，毋许江楚客民混匿，违者，从严惩治。至缅匪需用之黄丝等货，概不许贩至潞江、缅宁隘口，如有私贩出关者，货物入官，本犯究处。

（此条系乾隆四十二年，钦差大学士诚谋英勇公阿桂等酌定边境事宜，奏准定例。续将"缅宁"二字俱改为"猛缅"；"其永昌、腾越、顺宁"七字，改为"其顺宁、永昌、腾越"；"缅匪"改为"猛缅"。）

薛允升按：与"私越冒度关津"门滇省永昌、顺宁二府一条，系属一事，均系尔时办法，盖为缅匪而设。

条例 224.13：凡有外国人等私越边境

凡有外国人等私越边境，无论是否贼匪，守卡官员即行擒拿，有将军、参赞驻扎者，报明将军、参赞；有督抚驻扎者，报明督抚，听候办理。如守卡官员任意贿纵，查出即行正法。其该管之将军、参赞、督抚等，不遵照妥办，亦一并从重治罪。

（此条系乾隆四十四年，黑龙江将军傅玉等参奏，俄罗斯十七人，执持兵械，赶马五十余匹，越入境内，被卡伦官兵兖布等拿获，并不报明将军，将俄罗斯马匹、皮张等物私留纵放，请将守卡官员治罪案内，奉上谕纂为例。乾隆四十八年纂入定例。）

薛允升按：此例颇严，一经受贿，即行正法，所以严边防也。

条例 224.14：洋面山岛不许民人搭盖房屋居住

洋面山岛，不许民人搭盖房屋居住，令该镇将督同弁兵，于出洋会哨时，奋勇搜捕，见有在海岛内搭盖房屋者，除有为匪实迹，各照定例拿究办理，即未为匪，所有房屋亦立即烧毁，仍于岁底将各海岛有无建房居住，及人数多寡之处，咨报军机处，兵、刑二部查明汇奏。

（此条系乾隆五十四年，大学士和珅等，会议海洋盗犯出没之所设法禁止严行稽察一折，奏准定例。）

　　薛允升按：盖恐其窝留盗匪也，与"违禁下海"门给票时查明人数，系属一事。仅止烧毁房屋，并不治罪，似嫌未协。《处分则例》云："内地民人私往海岛盖房居住，州县官知情故纵者，革职治罪。不知情者，革职"。其严如此，而盖房居住之奸民竟予勿论，何耶。乾隆五十五年九月钦奉上谕，与此不同。中有云："前因顾学潮奏称，沿海各省所属岛屿，多有内地民人建盖草寮房屋居住，日聚日多，诚恐相聚为匪，查察难周，令各该督抚查明海岛情形，如有匪徒潜搭草寮房屋居住者，立即烧毁。今据伍拉纳奏称，浙、闽两省海岛居民甚多，已成市肆，不便概行烧毁驱逐。所奏甚是，自当如此办理等因。"既经钦奉谕旨，此例自可删改。且兵部《中枢政考》及《户部则例》均已定立专条，与此例亦属互相参差。

　　《中枢政考》："一、各省海岛除例应封禁者，不许民人渔户札搭寮棚居住采捕外，其居住多年不便驱逐之海岛村墟，及渔户出洋采捕暂在海岛搭寮栖止者，责令沿海巡洋各员弁实力稽查，毋致窝藏为匪云云。一、山东省海岛居民除不准增添房屋外，其现住居民令沿海各州县并守口员弁实力巡察，以靖海疆。一、浙江省海岛居民除不准增添居屋外，其现住居民一律编甲稽查。并责成该管镇道，于出洋之时严密查察，毋使稍有容留。仍于年底查明有无增添，专折具奏。"

　　《户部则例》："一、粤东、福建、浙江等省沿海地方，除地处外洋离汛较远各海岛不准民人居住外，其附近炮台塘汛搭盖寮房久经居住民人，令文武员弁实力稽查，照内地民人之例就近编排保甲，分给门牌，开载户口年岁，设立牌头甲长澳保，如有窝藏盗匪等事，即将该犯所住寮房烧毁。并令自〔乾隆五十五年奏准〕清查后，毋许再有无籍可稽之贫民续行占住，统由该管营县按月亲赴查点，年底道府通报。凡例应封禁以及向无寮房各海岛，专责营员随时查勘。仍于年终，将有无续占，汇折具奏。如有虚应故事、捏饰容隐，严参究处。至渔户出洋采捕，暂在海岛搭寮栖止者，仍听。"

条例 224.16：盛京地方遇有匪徒越边

　　盛京地方，遇有匪徒越边偷运米石，接济山犯，未至一石，照违制律，杖一百；至一石者，杖六十、徒一年，每一石加一等；五石以上，拟杖一百、流三千里。倘有运送杂粮、吃食、货物等项，计其驮载之马，每马一匹，作米五斗，照偷运米石之数，一律办理。若仅止背负运送者，仍照违制律，杖一百。

　　（此条系道光二十九年，盛京将军宗室奕湘等奏，请严定运送口米人犯罪名一折，奉旨纂辑为例）

　　薛允升按：与"违禁下海"门偷运外洋接济奸匪一条科罪不同，应参看。此例山犯并未叙明，大约指刨参、伐木等项而言。惟止言盛京，而未及吉林、黑龙江。"盗田野谷麦"门内，三姓珲春等处，有违禁携带米石什物，易换人参及貂皮，米不及五十石者，满徒。逾前数者，烟瘴充军。又，索伦达呼里越界至松阿里乌喇地方。私带米粮卖给刨参之人者，照无引私盐律，计米数多寡，分别定拟。吉林地方有越界私带米粮情事，一体查拿。照例定拟，均指吉林黑龙江而言。科罪各不相同，未免彼此参差。

事例 224.01：康熙十四年议准

凡奸细放火凶徒，专责步兵、五城、三营、大宛二县严拿，有能拿获一名者，将拿送之官犯纪录一次；至五名者，加一级；十名者，不论俸满即升。拿获之人，照所获犯人，每名赏银二十两，除专责缉拿官员人等外，其余官员人等，有能拿获一名者，官加一级；至五名者，不论俸满即升。平人照所获人犯，每名赏银五十两。此给赏之银，户部给发。其该汛地各官，不能查拿，被别汛官员拿获者，降四级调用，该上司降二级调用。若将平人挟仇拿送者，照诬告律拟罪。

事例 224.02：乾隆三十三年谕

方世俊奏麻哈州属民人擅入苗洞散卖布照一案，办理迅速，已饬部将该抚、提督分别议叙矣。苗人生性愚蠢，非有汉奸引诱，决不敢滋生事端。此案捏造逆词，散布惑众，既讯系乐平司民人杨国臣责定县文生韦学文等起意，此辈实汉奸之尤，不可不从重治罪。至买照苗人，皆系昏昧无知，被其愚诱，止须杖责以示儆，不必按律拟罪，并于发落时晓谕苗人等，此乃朕法外之仁，特从宽典，使伊等知所感畏。

事例 224.03：乾隆五十二年谕

复兴等奏审讯由边卡入境，偷窃牲畜之乌梁海贼犯，分别拟罪，并将私行寝息之驻卡侍卫台吉等，分别枷责及交部议处等语。此案复兴等如此轻拟完结，实属错谬。设立卡座，派令侍卫驻扎，原为稽察行人，防范贼盗，地方与军营何异？今该处贼人数次往来，窃去许多牲畜，该侍卫即获重罪，乃德永并不呈报，该管大臣，竟敢私罚牲畜寝息，甚属胆大。复兴等仅将德永革职枷责完结，所奏殊为妄诞。德永即著处绞，为众示儆。同德永侵蚀息事之台吉、桑扎布、桑济、策楞，著拟绞，解部另行请旨办理。其额布肯、哈噶鼐、阿尔齐、巴布什、鄂尔古、库巴禄、寨业句、达什、查汗等，尚未侵蚀入己，但私同寝息，已属失查，著即照复兴等奏行。再复兴等奏杜尔伯特亲王车凌乌巴什给予德永回书，亦属不合，并请交部议处。车凌乌巴什系愚蠢蒙古，伊何能想到必须呈报将军大臣？此事如果系伊起意，先欲寝息，给德永书信，朕必将伊一并从重治罪。今车凌乌巴什仅给回书，尚属无罪，车凌乌巴什加恩免其议处。总管达什查知此事，即行呈报办理，尚属可嘉，岂反行议处之理？达什著宽免，仍发赏大缎二匹，以示奖励。总管巴尔克，去年前往木兰，此事与伊无干，亦毋庸交部。复兴、阿克东阿办理此事，甚属懦弱错谬，著传旨严行申饬外，仍交部严加议处。复兴等接奉本旨，于驻卡侍卫官员等，逐一严禁。嗣后各以德永为戒，即通行新疆将军大臣等，传知所有边卡地方一体严慎遵行，并晓示京城三旗侍卫知之。

事例 224.04：乾隆五十四年议奏奉旨

海洋盗犯出没之所，设法禁止，严行稽查，令该镇将等于巡缉时，见有在海岛搭盖房屋者，立即烧毁。奉旨：依议速行。其各海岛有无建房居住，及人数多寡，著各省督抚于岁终具折奏闻。

事例 224.05：嘉庆十二年谕

汉人私入番地，来往勾结，甚且透漏内地消息，指示内地路径，其酿患不可胜言。嗣后非但通事人等，不准私入番地，即内地民人，凡有通晓番语者，私自潜往，即系汉奸，亦当普行禁止，以杜勾结。

事例 224.06：咸丰三年谕

联顺奏请严禁流民整饬地方一折。据称京城街市穷民，多有外省口音，各城外有用小车推载行李，沿途乞食者，难免奸宄溷迹，并闻中营石窝村，现有盘获湖北民人之案等语。现在贼匪窜扰南省，难民流离失所，经过地方，该督抚等自应设法抚绥，早为资遣。若任其转徙无归，人数众多，即恐有奸徒溷迹其中，别生事端。畿辅重地，尤宜整肃，不可不严加查察，以诘奸匿而恤穷黎。嗣后外省流民，一入直隶省交界，即饬令地方官随时资遣，令回本籍。其现在京城内外流民，著步军统领、顺天府、五城一体稽查，妥为安插，或设法遣归，不得互相推诿，听其流徙。倘有形迹可疑之人，一经盘获，即著严行究办，毋稍疏纵。

事例 224.07：咸丰四年谕

嗣后遇有匪徒潜匿及奸细勾结重案，无论被人控告，获被邻境查拿，本地方官审有确据，即行申详严办者，准将应得处分奏请免议。其本地方官自行访拿首要逆匪，及通贼奸细，实有劳绩可称者，并准其酌量鼓励。倘事前既不能查察，事发到官，又复畏难徇隐，即立予革职，治以应得之罪，决不宽贷。

成案 224.01：逃叛还归〔康熙十七年〕

刑部议福建汀州府宁化县典史郑祖浩入闽缴凭一案，经福抚杨熙将郑祖浩审拟徒罪具题。臣部以郑祖浩私入闽省，将部给文凭投缴靖藩注册候补，又复来浙捏报巡抚田逢吉，伊凭被贼抢去，从闽为奸细来境内探听事情昭然，驳行去后，今据该抚疏称，郑祖浩缴凭不过注册候补，并未受职，及逃回浙省投呈，妄冀提拔驱使，回浙后并未再到福建，委无奸细实据，但祖浩回浙时未将入闽缴凭情由首出，郑祖浩合依凡逃叛者虽不自首能还归本所者减二等律，徒三年，至配所折责四十板。

成案 224.02：脱逃叛犯〔康熙三十一年〕

刑部议：脱逃叛犯刘隐璞，系免死叛犯旋斯道案内之犯，今经投归毋冈州出首，初审受札情由，狡不承认，迨查原招诘讯，始将领札真情自认不讳。刘隐璞虽自首不实，但能回本所自赴投首，合依谋叛未行为从者杖一百、流三千里，逃叛虽不自首能还归本所者减二等律，应减二等徒二年半，伪札丢弃免追。

成案 224.03：大盗投归安插〔康熙三十九年〕

刑部覆广督石琳疏：陈昌等系同黄天爵等行劫郭大有等货船之盗犯。查定例内开，如有潜匿山林有名大盗投归来者免罪等语。先经提督殷化行疏，投诚贼犯陈昌等，若照常安插，必复遗毒地方，或遣发边方，或迁散他省，散其毒亦全其生，至遣发长解，未免苦累，莫若接替转解等语。今该督虽称愿归农之樊上珍等，愿入户之陈昌等，已经分别安插，但查陈昌等聚至百余人，海洋劫掠，与寻常盗犯不同，不便就近安插，应令该督将陈昌等八十三人，陆续分起，金妻交与沿途地方官员递解，到日发奉天将军，分散安插，如有疏脱及沿途凌虐索诈等弊，将该管官题参议处，解役重究。未获赃物，将各盗家产变赔，器械改充军器，船只变价入官。

成案 224.04：陕西司〔道光九年〕

陕督咨：陈禄保潜住口外喀什噶尔回庄开赌，虽无骚扰情事，究属玩法。查该犯开场聚赌，经旬累月及不能供出赌具纸牌来历，均罪止满徒，惟潜住军营附近回庄地面，引诱回子同赌，抽头得钱，与私通土苗，诓骗贻害无异。陈禄保即陈三，应比照私通土苗、互相买卖、诓骗财物、引惹边衅、或潜住苗塞贻患地方者、问发边远充军例，拟发边远充军。

成案 224.05：陕西司〔道光十年〕

哈什噶尔参赞大臣奏：杨生发以所贩之引茶图利，向私越关卡之布鲁特、胡达巴尔底等，易换绸匹金线，实属违禁。查贩茶与外国夷人交易拟发烟瘴之条，系指兴贩私茶而言，该犯杨生发以引茶向越卡之布鲁特易换绸线，比照私茶与外国人交易拟发边远充军例，殊觉漫无区别，第例无专条，自应比例问拟。杨生发应比照私通土苗、互相买卖、发边远充军例，发边远充军。布鲁特、胡达巴尔底、阿布都尔哈里，携带绸匹金线偷越进卡，与杨生发货卖易换，一律同科，罪止边远充军，其私越关卡，应发烟瘴，自应从重问拟。胡达巴尔底、阿布都尔哈里，应照私越关卡拟发烟瘴奏定章程，均发云贵两广烟瘴地方充军。阿巴斯窝藏胡达巴尔底私货，并从中说合换茶，与杨生发厥罪惟均，亦应改发边远充军。以上各犯，仍于犯事地方，枷号三个月示众。

律 225：私出外境及违禁下海〔例 86 条，事例 21 条，成案 8 案〕

凡将马牛、军需、铁货〔未成军器〕、铜钱、缎匹、绸绢、丝棉私出外境货卖，及下海者，杖一百。〔受雇〕挑担驮载之人，减一等；物货船车并入官，于内以十分为率，三分付告人充赏。若将人口军器出境及下海者，绞〔监候〕。因而走泄事情者，斩〔监候〕。其拘束官司，及守把之人通同夹带，或知而故纵者，与犯人同罪，〔至死减等。〕失觉察者，〔官〕减三等，罪止杖一百；军兵，又减一等。〔罪坐直日者。若守把之人受财，以枉法论。〕

（此仍明律，其小注系顺治三年添入。顺治律为 245 条，原律"其拘该官司"五字，雍正三年馆修进呈黄册，奉朱签改为"其该拘束官司"六字。）

薛允升按：国初海氛未靖，且洋面时有盗贼出没，是以海禁綦严，嗣虽开禁，而稽察之法仍未稍宽，近则全无限制矣，定例均成具文。今昔情形大相悬殊，此门所载各条，存而勿论可也。

蓝鼎元《论南洋事宜书》："南洋诸番不能为害，宜大开禁网，听民贸易，以海外之有余补内地之不足，此岂容缓须臾哉。昔闽抚密陈，疑洋商卖船与番，或载米接济异城，恐将来为中国患。又虑洋船盗劫，请禁艘舶出洋，以省盗案。以坐井观天之见自谓经国远猷，居然入告。乃当时九卿议者，既未身历海疆，无能熟悉情形。土人下士知情形者，又不能自达朝廷。故此事始终莫言，而南洋之禁起焉，非圣主意也。夫惟知海国情形，乃可言弛张利害。海外诸番星罗棋布，朝鲜附近神京守礼法，东方之国日本最为强大，其外皆尾闾无他番，稍降则为琉球大小岛屿，断续二千里外，皆万水朝东，亦无他国。南洋番族最多，吕宋、噶罗吧为大，文莱、苏禄、马六甲、丁机宜、哑齐、案佛、马承吉里问等数十国，皆渺小不堪，罔敢稍萌异志。安南、占城势与两粤相接，此外有柬埔寨、六坤、斜仔、大泥诸国，而暹罗为西南之最极，西则红毛西洋矣。红毛乃西岛番统名，其中有英吉黎、千丝蜡、佛兰西、荷兰、大西洋、小西洋诸国，皆凶悍异常，其舟坚固，不畏飓风，炮火军械精于中土，性情阴险叵测，到处窥觇，图谋人国，统计天下海岛诸番，惟红毛、西洋、日本三者可虑耳。噶罗吧本巫来由地方，缘与红毛交易，遂被侵占为红毛市舶之所。吕宋亦巫来由分族，缘习天主一教，亦被西洋占夺，为西洋市舶之所。日本明时作乱，闽广江浙皆遭蹂躏，至今数省人民言倭寇者尚心痛首疾。若南洋数十岛番则自开辟以来未尝侵扰边境，贻中国南顾之患，不过货财贸易，通济有无。今日本不禁，红毛不禁，西洋天主教布满天下，且以广东澳门为彼盘踞聚族之区，而独于柔顺寡弱有利无害之南洋，必严禁而遏绝之，是亦不可已乎。闽广人稠地狭，田园不足于耕，望海谋生十居五六，内地贱菲无足重轻之物，载至番境，皆同珍贝，是以沿海居民造作小巧技艺以及女红针黹，皆于洋船营销，岁收诸岛银钱货物百十万入我中土，所关为不细矣。南洋未禁之先，闽广家给人足，游手无赖亦为欲富所驱，尽入番岛，鲜有在家饥寒窃劫为非之患。既禁以后，百货不通，民生日蹙，居者苦艺能之罔用，行者叹致远之无方，故有以四五千金所造之洋艘，系维朽蠹于断港荒岸之间，驾驭则大而无当，求价则沽而莫售，拆造易小，如削栋梁以为杙，裂锦绣以为缕，于心有所不甘，又冀日丽云开，或有弛禁复通之候。一船之敝，废中人数百家之产，其惨目伤心可胜道耶。沿海居民萧索岑寂、穷困不聊之状，皆因洋禁。其深知水性惯熟船务之舵工水手不能肩担背负，以博一朝之食，或走险海中，为贼驾船，图目前糊口之计。其游手无赖更靡所之，群趋台湾，或为犯乱，辛丑台寇陈福寿之流，其明效大验也。天下利国利民之事，虽小必为。妨民病国之事，虽微必去。今禁南洋有害而无利，但能使沿海居民富者贫，贫者困，驱工商为游手，驱游手为盗贼耳。闽地不生银矿，皆需番钱，日久禁密，无以为继，必将取给于楮币、皮钞，以为泉府权宜之用，此其害匪甚微也。开南洋有利而无害，外通货财，内消奸宄，百万生灵仰事俯蓄之有资，各处钞关且可多征税课，以足民者裕国，其利甚为不小。若夫卖船与番，载米接济被盗劫掠之疑，则从来无此事。何者。商家一船造起，便为致富之业，欲世世传之子孙，即他年厌倦不自出，尚岁收无穷之租赁，谁肯卖人，况番山材木比内地更坚，商人每购而用之，如鼎嘛桅一条在番不过一二百两，至内地则直千金。番人造船比中国更固，中国数寸之版，彼用全木，数寸之钉，彼用尺余，即以我船赠彼，尚非所乐，况令出重价以买耶。闽广产米无多，福建不敷尤甚，每岁民食半藉台湾，或佐之以江浙，南洋未禁之先，吕宋米时常至厦，番地出米最饶，原不待仰食中国。洋商皆有身家，谁自甘法网尝试，而洋船所载货物一石之外，收船租银四五两，一石之米所值几何，舍其利而犯法，虽至愚者不为也。历来洋船从无在洋被劫，盖以劫船之盗皆在海边出没。岛澳离岸百十里，极远之二三百里以外，则少舟行，远出无益，且苦飓风骤起，无停泊安身之处。洋船一纵不知其几千里，船身既大，可任风波，非贼船所能偕行。若贼于海滨行劫，则上下浙广商船已可取携不尽，何必洋船。即与洋船相遇，而贼船低小，临之直若高楼，非梯不能以上。一船之贼多不过二三十人，洋船人数极少百余，且不俟与贼力战，但挽舵走，据上风，可压贼船而溺之矣。方今圣主当阳，九围绥静，凡有血气，咸同一家，而独于南洋弱小效顺之诸番，禁不与通往来，内外臣工或知而不言，殊非忠君爱国、怀宁远迩、惠养黎元之道，草莽愚生所旁观而窃叹也。"此专言海禁之无益，而不知开禁之亦大有患害也，今则更难收拾矣。

条例 225.01：各边将官并管军头目

各边将官并管军头目，私役及军民人等私出境外钓豹、捕鹿、砍木、掘鼠等项，并把守之人，知情故纵，该管里老、官旗、军吏扶同隐蔽者，除实犯死罪外，其余俱调发烟瘴地面，民人里老为民，军丁充军，官旗、军吏带俸食粮差操。

（此条系顺治例 245.01。雍正三年奏准："官旗"二字，改为"兵目"；"其余俱调发"以下二十九字，改为"其余俱发烟瘴地面，民发为民，军发充军"。乾隆三十七年，以私度缘边关寨及潜出外境，俱有治罪专条，将此条奏准删除。）

条例 225.02：凡守把海防武职官员（1）

凡守把海防武职官员，有犯听受通番土俗哪哒报水分利金银货物等项，值银百两以上，名为买港，许令船货私入，串通交易，贻害地方，及引惹番贼海寇出没，戕杀居民，除实犯死罪外，其余问受财枉法罪名，俱发边卫永远充军。

（此条系明代问刑条例，顺治例 245.02。雍正三年，删"问受财枉法罪名"七字。乾隆五年改定为条例 225.03。）

条例 225.03：凡守把海防武职官员（2）

凡守把海防武职官员，有犯听受外番金银货物等项，值银百两以上，许令船货私入，串通交易，贻害地方，及引惹番贼、海寇出没，戕杀居民，除实犯死罪外，其余俱发边远充军。

（此条乾隆五年，将条例 225.02 改定。）

薛允升按：《辑注》："此真犯死罪，即本条串通交易，内有接引探听事情得实，引惹番贼海寇。内有失陷城寨，杀死民人之类。"此条亦应删除。

条例 225.04：会同馆内外四邻军民人等

会同馆内外四邻军民人等，代替外国人收买违禁货物者，问罪，枷号一月，发边卫充军。

（此条系明代旧例，旧载《户律·把持行市》条下。嘉庆十六年，移并此门为条例 225.09。）

条例 225.05：凡外国贡船到岸（1）

凡外国贡船到岸，未曾报官盘验，先行接买番货，及为外国收买违禁货物者，俱发边卫充军。

（此条系明成化十二年定，顺治例 245.03。乾隆三十二年改入此律。嘉庆十六年，并入条例 225.09。）

条例 225.06：凡官员军民人等

凡官员军民人等，私将应禁军器，卖与进贡外国图利者，比依将军器出境因而走泄事情律，处斩；为从者，发边卫充军。

（此条系顺治例 245.07。嘉庆十六年，并入条例 225.09。）

条例 225.07：凡外国差使臣人等赴京朝贡（1）

凡外国差使臣人等赴京朝贡，与军民人等交易，止许光素纻丝，绢布衣服等件，不许买黄紫、黑皂、大花、西番莲缎匹及史书，不许一应兵器，并违禁铜铁等物私易，违者，处以极刑。

（此条系明弘治十五年定。雍正三年，将"及史书"至"处以极刑"二十五字，改为"并不得收买史书，及一应违禁兵器、硝黄、牛角、铜铁等物。如有将违禁兵器等物图利卖与外国人者，比照将应禁军器出境因而走泄事情律，为首者枭首示众"。该例原载《户律·把持行市》条下，乾隆五年，在移附此律的同时改定为条例 225.08。）

条例 225.08：凡外国差使臣人等赴京朝贡（2）

凡外国差使臣人等赴京朝贡，与军民人等交易，止许光素纻丝，绢布衣服等件，不许买黄紫、黑皂、大花、西番莲缎匹，并不得收买史书，及一应违禁军器、硝黄、牛角、铜铁等物。如有将违禁货物，图利卖与进贡外国人者，为首，依私将应禁军器出境因而走泄事情律，斩监候；为从，发近边充军。

（此条乾隆五年，将条例225.07改定。嘉庆十六年，并入条例225.09。）

条例225.09：各处地方如遇外国人入贡

各处地方，如遇外国人入贡，即便察照勘合应付，不许容令买卖，连日支应，违者按律治罪。若街市铺行人等，私与外国人交通买卖者，货物入官，犯人问罪，枷号一个月发落。〔货物若不违禁，引违制。若系禁货，引外国收买违禁货物例，发遣边卫充军。〕

（此条系明代旧例，旧载"邮驿多支廪给"条下。顺治三年及乾隆五年修改。嘉庆十六年，节录"街市铺行人等"以下，并入此门，修并为条例225.10；例内"按律治罪"以上，仍隶"邮驿多支廪给"条下。）

条例225.10：凡外国贡船到岸（2）

凡外国贡船到岸，未曾报官盘验，先行接买番货，并外国人入贡经过地方，街市铺行人等，私与外国人交通买卖，如所买卖货物不系违禁者，均照违制律，杖一百，枷号一个月，货物入官。如所买卖系违禁货物，并会同馆内外四邻及军民人等，代替外国人收买违禁货物者，俱枷号一个月，发近边充军。若外国差使臣人等朝贡到京，与军民人等交易，止许光素纻丝，绢布衣服等件，不许买黄紫、黑皂、大花、西番莲缎匹，并不得收买史书，违者，将卖给之人，照代为收买违禁货物例，枷号一个月，发近边充军。如有将一应违禁军器、硝黄、牛角、铜铁等物，图利卖与进贡外国者，为首，依私将应禁军器出境因而走泄事情律，斩监候；为从，发近边充军。

（此条嘉庆十六年，将条例225.04至225.09等条修改合并。）

薛允升按：与前番货到来私买贩卖苏木、胡椒一条及下奸商贩卖军器与土司番蛮一并参看。《中枢政考》："一、外国进贡顺带货物，如愿自出夫力带来京城贸易者，听。如欲在彼处贸易者，该总督、巡抚、提督委贤能官员监看，严查违禁等物、夹带匪人。贸易完日，造册报部。如贡船到岸未曾到官盘验，先行接买及为外国收买违禁货物者，俱照律治罪。"此例于违禁之中又分出军器等项，惟律拟绞，而此拟斩，不特较律加严，与上数条科罪亦不相同。

条例225.11：凡沿海去处下海船只

凡沿海去处下海船只，除有号票文引许令出洋外，若奸豪势要及军民人等，擅造二桅以上违式大船，将带违禁货物下海，前往番国买卖，潜通海贼，同谋结聚，及为乡道劫掠良民者，正犯比照谋叛已行律，处斩，仍枭首示众，全家发边卫充军。其打造前项海船，卖与外国图利者，比照私将应禁军器下海因而走泄事情律，为首者，处斩；为从者，发边卫充军。若止将大船雇于下海之人，分取番货，及虽不曾造有大船，但纠通下海之人接买番货，与探听下海之人番货到来，私买贩卖苏木、胡椒至一千斤以上者，俱发边卫充军，番货并入官。其小民撑使单桅小船，给有执照，于海边近处捕鱼打柴，巡捕官军不许扰害。

（此条系明代旧例。乾隆五年改定为条例225.12。）

薛允升按：此例凡分三层，斩枭一层，斩候一层，充军一层，皆指擅造违式大船而言，此违禁船只也。

条例225.12：凡沿海地方奸豪势要

凡沿海地方，奸豪势要及军民人等，私造海船，将带违禁货物下海，前往番国买卖，潜通海贼，同谋结聚，及为向导，劫掠良民者，正犯，比照谋叛已行律，处斩枭示，全家发边卫充军。其打造海船卖与外国图利者，造船与卖船之人，为首者，立斩；为从者，发近边充军。若将船只雇与下海之人，分取番货，及纠通下海之人私行接买番货，与探听下海之人番货到来，私买贩卖苏木、胡椒至一千斤以上者，俱发近边充军，番货并入官。

（此条乾隆五年，将条例225.11改定。乾隆三十二年修改。嘉庆六年查新例比照反逆之案，家属概免缘坐，将"全家发边卫充军"句，改为"其父兄伯叔与弟知情分赃，杖一百、流三千里；如不知情之父兄，仍照不能禁约子弟为盗例，杖一百"。）

薛允升按：《辑注》云："此例重在潜通结聚向导劫掠四句，若无此情，则止是违禁下海充军之例。"造船必呈报州县，不呈报者，即为私造。夹带违禁硝黄、钉铁、樟板等物接济外洋者，以通贼论斩。铜铁等货卖与外国及海边贼寇者，照军器出境下海律绞候。米谷等项接济外洋奸匪者，绞决。违禁军器等物卖与进贡外国者，斩候。仅止私造海船下海，并无违禁货物，亦未通贼劫掠，作何治罪，例无明文。引贼劫掠，探报消息，照奸细律斩枭，见"盗贼窝主"。既不缘坐全家，即属宽典，而必罪及其父兄等项何也。且本犯斩决枭示，较谋叛罪名为更重，而全家概不拟罪，则又较谋叛为轻。将船雇与下海之人分取番货，原例指违式大船而言，后既有不论双桅单桅，听从民便之文，似不应遽拟充军，且与自造商船租与他人之例不符。现在苏木、胡椒均成寻常货物矣，又何论斤数也。番货恐不止此二件，似嫌挂漏，且与下未曾报官盘验，先行接买番货，拟以枷杖之例，亦属参差。先行接买番货，原例亦系拟军，后改枷杖，此处似应酌加修改。下条富民谋利，自造商船，租与他人，满杖，枷号三月与此参看。

条例225.13：私自贩卖硫磺五十斤

私自贩卖硫磺五十斤，焰硝一百斤以上者，问罪，硝磺入官。卖于外国及边海贼寇者，不拘多寡，比照私将军器出境因而走泄事情律，为首者，处斩；为从者，俱发边卫充军。若合成火药卖与监徒者，亦问发边卫充军；两邻知而不举者，治以罪。

（此条系清初原例。乾隆五年，以商渔船夹带硝磺接济外洋，及内地私贩硝磺，俱有新例，将"合成火药卖与监徒"一段并入新例，移遇"收藏应禁军器"门，此条便删除。）

条例 225.14：各边夜不收出境探听贼情

各边夜不收出境探听贼情，若与贼人私擅交易货物者，除实犯死罪外，其余问调广西烟瘴地面卫所食粮差操。

（此条系明代问刑条例，顺治例 245.06。雍正三年，将该例改为"各边兵役出境巡察，或探听贼情，若与贼人私擅交易货物者，除实犯死罪外，其余问发烟瘴地面充军"。）

薛允升按：《辑注》："此真犯死罪，如交易走漏事情及将人口军器出境之类。"

条例 225.15：贩卖硝磺之人

贩卖硝磺之人，仍照例治罪外，土司番蛮交界之处，奸商将军器贩卖与土司者，官民兵丁俱杖一百、发边远充军。如该管官知情故纵者，与军民一例治罪；如不知者，州县官、武职专汛俱降四级调用，府道武职兼辖官，俱降一级留任，该管总兵官，降一级留任，督抚、提督各罚俸一年。

（此条系雍正三年"现行例"，在"原改现行例"中删去"贩卖硝磺之人仍照例治罪外，土司番蛮交界之处"而直接改为"将军器贩卖与土司番蛮"，另外将降级罚俸的规定改为交部议处。乾隆五年改为条例 225.016。）

条例 225.16：奸商贩卖军器与土司番蛮者

奸商贩卖军器与土司番蛮者，杖一百，发边远充军。该管官知情故纵者，罪同。不知情者，道、府、州、县官，及武职专管、兼辖官，并该管督、抚、提、镇，俱交该部，照例分别议处。

（此条系康熙年间现行例，雍正三年改定。）

薛允升按：上条将违禁军器图利卖与进贡外国者斩，此处仅止拟军，未免参差。

条例 225.17：商渔船只

商渔船只，不分单桅、双桅，悉从民便，造船时，呈报州县官，查取澳甲、户族、里长、邻佑保结，方准成造。完日报官，亲验给照，开明在船人年貌籍贯，〔按：又见下出洋船只。〕并商船所带器械件数，以便汛口察验。若商渔船内夹带违禁硝黄、钉铁、樟板等物，接济外洋者，船户以通贼论斩，舵工水手知情同罪；不知情者，皆杖八十、徒二年；原保结之人，皆杖一百、徒三年。若船主在籍，而船只出洋有事，并责问船主。〔按：又见下租赁船只。〕承察取结之地方官，及汛口盘察之文武各官，俱革职；卖放者，革职，流二千里。其税关衙门，先验看地方官印照，然后给牌，有妄给者，亦照地方官例议处。若泛口盘察挂号文武各官，有勒索疏纵者，亦交与该部议处。

（此条系康熙四十二年及康熙四十六年，兵部议覆福建浙江总督金世荣题准定例。乾隆五年，于"器械件数"下，增"及船内备用铁钉等物数目"十一字。）

薛允升按：此亦指出洋下海船只，应于例首标明。不呈报州县取结，私造船只，应科何罪，未经叙明。下条，铜铁等货卖与外国及海边贼寇者，拟绞监候。与此条科罪，稍有参差。《中枢政考》条例最详。首句系出海洋贸易商船，梁头丈尺，舵水数目，均详晰载明，而不言渔船。下段又言在沿海各省贸易之船，均应参看，似应将商渔船分为二条。取具保结，《中枢政考》亦较此加详。此条与《吏部则例》大略相同，惟吏部例，出洋商船许用双橹，出洋渔船止用单橹。且有梁头不得过若干尺与舵水人等不得过若干名，查取澳甲、里长等甘结，填给执照，开明船户年貌姓名籍贯，与《处分则例》同。

条例 225.18：船只出洋

船只出洋，十船编为一甲，取具连环保结，一船为非，余船并坐。余船能将为非船户首捕到官者，免其坐罪。初出口时，必于汛口挂号，将所有船照，呈送地方官或营官验明，填注日月，盖印放行；入口时，呈验亦如之。总计经过省分，一省必挂一号。回籍时，仍于本籍印官处送照查验，违者治罪。如有不由各汛，偷越外洋者，船户舵工人等，并富民谋利自造商船租与他人，及租之者，俱各杖一百，枷号三个月。〔按：又见下租赁船只。〕失察及知情之该管各官，俱交该部议处。

（此条系康熙四十六年，兵部议覆福建浙江总督梁鼐题准定例。雍正五年纂入。）

薛允升按：《中枢政考》系专指渔船而言，较为明晰。《处分则例》有各省滨海地方，城乡市镇渔船会聚之所，地方官均仿照保甲编列字号，出入稽查一条，应参看。违者治罪，未指治以何罪，是否下文枷杖之处，记考。自造商船，似是指未经呈报取结而言，与此处专言偷越之罪不甚浃洽，似应将此层移入上条之内。

条例 225.19：凡商渔船只

凡商渔船只，分别书刻字样。其营船，刊刻某营第几号哨船。舵工水手人等，俱各给与腰牌，刊明姓名、年貌、籍贯。〔按：又见下出洋船只。〕如船无字号，人有可疑，即严加究治。至渔船出洋，不许装载米酒进口，不许装载货物，违者严加治罪。其守口之文武各官不行盘查，照奸船出入海口例处分。

（此条系康熙五十三年兵部议准定例，雍正五年纂入。乾隆五年将末句改为"照例议处"。）

薛允升按：例首应点明沿海地方。严加治罪，亦未明晰，与下三十年纂定之例参看。《中枢政考》各照省分油饰，刊刻某县某号字样，应参看。

条例 225.20：凡盗贼前往朝鲜国劫掠者（1）

凡盗贼前往朝鲜国劫掠者，该国王即行追拿杀戮，生擒解送。若飘风船只入内，有无妄行生事者，该国王即照伊律惩戒治罪。倘有匪类越境生事，而朝鲜不能擒获，以致落网，将国王将伊国防汛之员，不能擒获题参治罪，该王一并交部议处。

（此条系康熙六十一年九卿遵旨议准定例，雍正五年纂入。乾隆五年改定为条例

225.20。）

条例 225.21：凡盗贼前往朝鲜国劫掠者（2）

凡盗贼前往朝鲜国劫掠者，该国王即行追拿杀戮，生擒解送。其飘风船只入内，实系有票并未生事者，照例送回。若无票匪类妄行生事，该国王即照伊律审拟，咨部具题，请旨定结。傥伊国防汛之员，不能擒获题参治罪，该国王一并交部议处。

（此条乾隆五年，将条例 225.19 改定。）

薛允升按：与上越江私行渔采一条参看。此门所载各条，不行者十有八、九，此二条及台湾各条，则尤不忍置议。

条例 225.22：兴贩鸦片烟

兴贩鸦片烟，照收买违禁货物例，枷号一个月，发近边充军。如私开鸦片烟馆，引诱良家子弟者，照邪教惑众律，拟绞监候；为从，杖一百、流三千里；船户、地保、邻佑人等，俱杖一百、徒三年。如兵役人等籍端需索，计赃照枉法律治罪。失察之汛口地方文武各官，并不行监察之海关监督，均交部严加议处。

（此条雍正七年定。同治九年删除。）

条例 225.23：沿海奸徒开设窑口

沿海奸徒，开设窑口，沟通外夷，潜买鸦片烟土入口，囤积发卖图利，为首拟斩立决，恭请王命先行正法，仍传首海口地方悬竿示众；为从同谋，及接引护送之犯，并知情受雇之船户，均拟绞监候，房屋船只，一律入官。失察员弁，交部议处。

（此条道光十九年定。同治九年删除。）

条例 225.24：沿海员弁兵丁人等

沿海员弁兵丁人等，收受窑口财物，纵放烟土入口，无论赃数多寡，概拟绞立决。其未经得贿，但知情徇纵，或漏信致令脱逃，俱发往新疆地方；系官弁充当苦差，兵丁为奴。如讯不知情，止系失于觉察者，兵丁杖一百、徒三年，文武员弁及失察之海关监督，交部议处。

（此条道光十九年定。同治九年删除。）

条例 225.25：沿海奸徒贪利寄囤夷船鸦片烟土者

沿海奸徒，贪利寄囤夷船鸦片烟土者，照开设窑口从犯治罪。其寻常兴贩烟土案内知情首寄之犯，减首犯一等治罪。

（此条道光十九年定。同治九年删除。）

条例 225.26：粤东洋商与夷人贸易往来

粤东洋商，与夷人贸易往来，均令遵照住澳、住行一定期限，于卖货完竣后，即行起程，逾限稽留者，照违制律杖一百。如查有囤积鸦片烟情弊，照例治罪，房屋查抄入官。

（此条道光十九年定。同治九年删除。）

条例 225.27：洋船进口有无夹带鸦片烟土

洋船进口，有无夹带鸦片烟土，责成海关监督饬胥吏人等，认真检查，如有知情纵放，得贿包庇，并徇隐透漏等弊，从严惩处。

（此条道光十九年定。同治九年删除。）

条例 225.28：各省拿获贩卖鸦片烟人犯

各省拿获贩卖鸦片烟人犯，应根究何处购买，何人经手，何人包庇获送，并由何处海口上岸，及经过何处地方，分别受贿、知情与不知情，照例惩办议处。

（此条道光十九年定。同治九年删除。）

条例 225.29：夷人带有鸦片烟来内地图卖者

夷人带有鸦片烟来内地图卖者，为首拟斩立决；为从同谋者，绞立决。由该督抚审明确系正犯，并无替冒情弊，即交地方官督同该夷头目，将各犯分别正法。起获烟土，全行销毁，同船知情之犯，由该督抚酌量惩治，所带货物概行入官。

（此条道光十九年定。同治九年删除。）

条例 225.30：伊犁等处卡外贸易夷人

伊犁等处，卡外贸易夷人，如有明知例禁，合伙兴贩鸦片烟土入卡，售卖渔利者，即照例分别首从问拟斩绞立决。若仅止零星夹带，又讯系无知误犯者，应由该将军等酌量枷号示惩。至内地奸民，有向夷人接卖鸦片烟土，囤积发卖，及知情寄囤夷人烟土者，审实，均照开设窑口例分别办理。失察之该管官弁、兵役人等，照例严参惩办。

（此条道光十九年定。同治九年删除。）

条例 225.31：沿海一应采捕

沿海一应采捕，及内河通海之各色小船，地方官取具澳甲、邻佑甘结，一体印烙编号，给票查验。如有私造、私卖及偷越出口者，俱照违禁例治罪。甲邻不行呈报，一体连坐。觅船只有被贼押坐出洋者，立即报官，将船号姓名移知营汛缉究。容隐不首，日后发觉，以接济洋盗治罪。其呈报遭风船只，必查讯实据，方准销号；捏报者，即行究治。

（此条系乾隆二年，兵部议覆浙江温州总兵施世泽等条奏定例。）

薛允升按：以上各条均系船只出洋之禁，间有与后条例文重复者，似应酌加修改。"违禁"二字应删改为"各本"。与《中枢政考》略同。以接济洋盗论，似嫌太重。

条例 225.32：沿边沿海地方有将黄金贩卖出洋者

沿边、沿海地方，有将黄金贩卖出洋者，照铁货铜钱等物私出外境下海律治罪。

（此条雍正八年定。）

条例 225.33：台湾流寓之民

台湾流寓之民，凡无妻室者，应逐令过水，交原籍收管。其有妻子田产者，如犯歃血订盟、诱番杀人、捏造匿名揭帖、强盗窝家、造卖赌具，应拟斩、绞、军、流等条，除本犯依律例定拟外，此内为从罪轻之人，并教唆之讼师，均应审明，逐令过水。其越界生事之汉奸，如在生番地方谋占番田，并勾串棍徒，包揽偷渡，及贩卖鸦片烟者，亦分别治罪，逐令过水。

（此条雍正八年定。）

薛允升按：此条与上台湾流寓一条情事相等，似均应一体删除。

条例 225.34：附近苗疆五百里以内民人

附近苗疆五百里以内民人，煎挖窝囤，兴贩硝黄，事发，如在十斤以下，杖一百；其十斤以上者，杖六十、徒一年；二十斤以上者，按照五徒以次递加；五十斤以上者，杖一百、流二千里；八十斤以上者，杖一百、流二千五百里；一百斤者，杖一百、流三千里；多至百斤以上者，照合成火药卖与盐徒例，发近边充军。若囤积未曾兴贩，减私贩罪一等。焰硝每二斤作硫黄一斤科断。邻保、挑夫、船户照例分别发落。其该地银匠、药铺、染房需用硝黄，地方官照例给批定限，每次不得过五斤，违者治罪。

（此条雍正十二年定。乾隆五年改定。）

薛允升按：此条与私藏应禁军器一条参看，惟既经改为通例，似应删除。此条本较内地民人治罪为重，后内地民人均经加严，此条均已包举在内矣。

条例 225.35：洋船挂验出口之时

洋船挂验出口之时，该汛弁详细验明，押交前途各汛押送，俟放洋后方许回汛。如船户有违禁揽载偷渡者，一经拿获，即严行究拟。兵役按拿获偷渡人犯名数给赏，十名以上，各赏银二两，每过十名递加二两，至五十名以上，各赏银十两，即于该船户名下追出充用。倘不实力查拿，以致疏脱，十名以上者，兵役各责二十板，每过十名加责十板；至四十名以上，各责四十板，革役；五十名以上，枷号一个月发落。专管、兼辖官，分别议处。其洋船回时，如有照外多载，或顶充偷渡，及潜匿不回等弊，船户舵水俱照窝藏盗贼例治罪。出结之族邻行保，杖一百、徒三年。承查出结，及汛口盘查各员，交部议处，有赃，革职，杖一百、流二千里，仍计赃从重论。如出洋之人，果有病故等情，令同往之人及船户舵手具结存案。

（此条系雍正二年例，雍正六年改定。）

薛允升按：此专为疏脱人数而设，似应修并于下条人照不符之内。窝藏盗贼，自系指窝藏强盗而言，未免太严。

条例 225.36：在番居住闽人

在番居住闽人，实系康熙五十六年以前出洋者，令各船户出具保结，准其搭船回籍，交地方官给伊亲族领回，取具保结存案。如在番回籍之人，查有捏混顶冒，显非善良者，充发烟瘴地方。至定例之后，仍有托故不归，复偷渡私回者，一经拿获，即行请旨正法。

（此条系乾隆元年，刑部议覆闽浙总督郝玉麟条奏定例。）

薛允升按：自康熙五十六年至今已经百五十余年，何能有此出洋之人，且尔时船户亦不能至今尚存也。定例之意，盖恐其将匪人带入内地故也。原奏有此等愿归之人，必应查核清楚，庶无良奸混淆之弊，然就例论例，即行正法未免太重，现在并无此事，此例即可删除。

条例 225.37：奸徒偷运米谷潜出外洋

奸徒偷运米谷潜出外洋，接济奸匪者，拟绞立决。若止将米谷偷运出口图利，并无接济奸匪情弊者，米过一百石，发边卫充军；一百石以下，杖一百、徒三年；不及十石者，枷号一个月，杖一百。为从及船户知情不首告者，各减一等。谷每石作米一石科断。以上船只货物俱入官。汛口文武各官失察故纵，交部照例分别议罪。

（此条乾隆元年，户部议覆江南总兵许仕盛条奏定例。乾隆五十三年修并入条例225.39。）

条例 225.38：凡将豆麦杂粮偷运出洋

凡将豆麦杂粮偷运出洋，接济奸匪者，照偷运米谷例，拟绞立决。如止图渔利，并无接济奸匪情事，计所偷运石数，照二谷一米之例，分别科断。其为从，及知情不首之船户，亦照米石例减等问拟，船只货物入官，失察各官照例议处。

（此条乾隆十三年，刑部议覆浙江巡抚方观承条奏定例。乾隆五十三年修并入条例225.39。）

条例 225.39：奸徒将米谷豆麦杂粮偷运外洋（1）

奸徒将米谷、豆麦、杂粮偷运外洋，接济奸匪者，拟绞立决。若止图渔利，并无接济奸匪情弊者，米过一百石，发近边充军；一百石以下，杖一百、徒三年；不及十石者，枷号一个月、杖一百。为从及知情不首之船户，各减一等。谷及豆麦杂粮，每二石作米一石科断，船只货物入官。汛口文武各官，分别失察故纵，照例议处治罪。

（此条乾隆五十三年，将条例225.37及225.38修并。乾隆六十年增定为条例225.40。）

条例 225.40：奸徒将米谷豆麦杂粮偷运外洋

奸徒将米谷、豆麦、杂粮偷运外洋，接济奸匪者，拟绞立决。如止图渔利，并无接济奸匪情弊者，米过一百石，发近边充军；一百石以下，杖一百、徒三年；不及十石者，枷号一个月，杖一百；为从及知情不首之船户，各减一等。谷及豆麦杂粮，每二石作米一石科断。所有奸徒偷运米石，及船只货物，俱给拿获之员弁充赏。失察之汛口文武各官，照例议处。如有得贿故纵者，即行参革，以枉法计赃治罪。傥有不肖员弁，奉委之后，并不亲身出口，及妄拿商船额带食米讹诈者，一体严参；其有得赃者，照恐吓取财律治罪。

（此条乾隆六十年，将条例225.39增定。）

薛允升按：此米粮出洋之禁。盛京地方越边偷运米石接济山犯，见"盘诘奸细"，与此条科罪不同。《中枢政考》二条，分别船只大小、人数多寡及道里远近，以定带米数目，应参看。接济硝磺铁钉等物，拟斩。米谷等物，拟绞立决。售卖铜铁等物，绞候。科罪各有不同。铜铁不准出洋，近则有收买洋铜者矣。米粮不准出洋。近则闽粤等省且有食洋米者矣，天下事岂可一概而论耶。货物不准出洋，而洋货俱许入中国，虽为防夷起见，日久必至变更，多立条例亦无益也。总之，不用彼处奇异之物，彼亦无法可施，然能禁之于始则可，今已积重难返矣。中国之物不准卖于外夷，自古皆然，乃近数十年来，舍中国之物不用而偏用外夷之物，何也。定例之时止严于出而不严于入，后且有以多收洋税为得计者，安得不坠其术中也。

条例225.41：凡民人偷越定界

凡民人偷越定界，私入台湾番境者，杖一百。如近番处所，偷越深山，抽藤、钓鹿、伐木、采棕等项，杖一百、徒三年。其本管头目钤束不严，杖八十。乡保社长各减一等。巡查不力之值日兵役，杖一百。如有贿纵，计赃，从重论。

（此条乾隆二年定。光绪元年大臣沈葆桢奏准删除。）

薛允升按：恐其扰累生番之意。《兵部处分则例》："一、台湾南势北势一带山口，生番熟番分界，勒石界以外听生番采捕。如奸民越界垦地，搭寮，抽藤、钓鹿，及私挟货物擅出界外者，失察之专管官降一级调用〔公罪〕，该管上司罚俸一年〔公罪〕。若有贿纵情弊，该管官革职〔私罪〕，计赃论罪。如三年之内民番相安无事，将该管官纪录一次，乡保、土官、兵丁人等，该督抚酌加奖赏。"

条例225.42：往贩外夷之大洋船

往贩外夷之大洋船，准其携带炮位，每船炮不得过二门，火药不得过三十斤。其鸟枪、弓箭、腰刀等项，亦仍准携带。至制炮之时，该船户呈报地方官给照，赴官局制造。完日，官验，凿船户籍贯姓名，及制造年月字样，仍于县照内注明所带炮位轻重大小，以备关口官弁盘验，回日即行缴库，开船再领。傥遭风沉失，令船户客商具结，报明所在地方官，免其治罪。如船只无恙，妄称沉失，查究，照接济外洋例治罪。

（此条系雍正八年定例。）

薛允升按：此专为往贩外洋海船携带炮位而设，应参看军器门私铸红衣大小炮位一条。《中枢政考》与此相同，惟有"如有买外夷铜炮带回者，地方官给与时价，以充鼓铸之用"等语，此例所无。

条例 225.43：出海樵采船只

出海樵采船只，每船准带食锅一口外，每名许携斧斤一把。在船人数不得过十人，俱注明照内，出入查验。若有夹带出口，及进口缺少，即行严究治罪。

（此条系乾隆三年，户部议覆两江总督那苏图条奏定例）

薛允升按：似应修并于铜铁一条之内。《中枢政考》与此例同，惟有青海、蒙古制买铁锅掌杓等物报明数目一条，此处无。

条例 225.44：闽省不法棍徒（1）

闽省不法棍徒，如有充作客头，在沿海地方引诱偷渡之人，包揽过台，索取银两，用小船载出澳口，复上大船者，为首，发近边充军；为从，及澳甲、地保、舵工人等，知而不举者，俱杖一百、徒三年，均不准折赎。其偷渡之人，照私度关津律，杖八十，递回原籍。倘奸徒中途有谋害情事，人已被害身死者，将谋害之人，不分首从，俱照江洋行劫大盗例，拟斩立决，枭示。如被害未死，将为首者比照强盗伤人例，拟斩立决；同谋之人，照未伤人之伙盗免死减等例，发云、贵、两广极边烟瘴地方，交与该地方官严行管束；虽未同谋下手，但同船知情不首告者，杖一百、徒三年。若船户私揽无照之人偷载过台，及哨船偷载图利者，俱照此例，分别治罪。至拿获偷渡人犯，讯明从何处开船，将失察奸船，及隐匿不报之文武官弁，交部分别议处。

（此条乾隆五年定。其被害未死为从之犯，于乾隆八年，改发宁古塔等处与披甲人为奴。乾隆三十七年，改定为条例 225.45。）

条例 225.45：闽省不法棍徒（2）

闽省不法棍徒，如有充作客头，在沿海地方引诱偷渡之人，包揽过台，索取银两，用小船载出澳口，复上大船者，为首，发近边充军；为从，及澳甲、地保、舵工人等，知而不举者，俱杖一百、徒三年。遇有拿获揽载偷渡船只，将搭载大船，及雇倩小船各船户，俱照客头例，分别首从治罪，船只变价充公。出具连环互结之船户，并原保澳甲，及开张歇寓之人，知情容隐者，俱杖一百，枷号一个月，均不准折赎。其偷渡之人，照私度关津律，杖八十，递回原籍。若将哨船偷载图利者，亦照此例分别治罪。倘奸徒中途有谋害情事，人已被害身死者，将同谋之人，不分首从，俱照江洋行劫大盗例，拟斩立决，枭示。如被害未死，将为首者比照强盗伤人例，拟斩立决；同谋之人，照未伤人之伙盗免死减等例，发宁古塔等处，给披甲人为奴；虽未同谋下手，但同船知情不首告者，杖一百、徒三年。至拿获偷渡人犯，讯明从何处开船，将失察奸船，及隐匿不报之文武官弁，交部分别议处。

（此条系乾隆三十七年，将条例 225.44 改定。乾隆五十六年奏准：此项图谋之犯，改发回城为奴；嘉庆六年将例文改正。嘉庆二十二年，调剂新疆遣犯，将例内"发回城为奴"，改为"发云、贵、两广极边烟瘴地方充军"。咸丰二年，再改为"发黑龙江为奴"。）

薛允升按：此条光绪元年，大臣沈葆桢业已奏准删除，惟谋害人一层，并不在删除之列，似应酌加修改。《中枢政考》："内地民人往台湾者，该地方官给与照票，由厦门厅盘验出口，其无票偷渡者，严行禁止"云云。并《吏部处分例》均应参看。

条例225.46：奸民图利将废铁铁货潜越出边境

奸民图利，将废铁、铁货潜越出边境，及海洋货卖，一百斤以下者，杖一百、徒三年；一百斤以上，及舟车捆载者，发边卫充军。若卖与外国及海边贼寇者，照将军器出境下海律，绞监候。关隘官弁兵役徇私故纵，照律议罪。如内地货卖，弁兵役藉端索诈，计赃治罪。其汉夷船只，有将铁锅出洋货卖者，亦照此例行。至商船每日煮食之锅，照旧置用，官吏不得藉端勒索滋扰。

（此条系雍正九年刑部尚书励廷仪条奏定例，乾隆五年定。乾隆五十三年修并入条例225.48。）

条例225.47：凡商民出洋将红黄铜器铜斤私贩各洋

凡商民出洋，将红黄铜器、铜斤私贩各洋，货卖图利，为首者，照奸民图利将废铁铁货潜出海洋货卖例，一百斤以下者，杖一百、徒三年；一百斤以上，发边卫充军。为从及船户各减一等，货物、铜斤、船只入官。其关汛文武员弁，失察、故纵、卖放者，分别议处治罪。

（此条乾隆十四年，户部议覆浙江巡抚方观承条奏定例。乾隆五十三年修并入条例225.48。）

条例225.48：商民图利将废铁铁货及红黄铜器铜斤私贩海洋

商民图利，将废铁、铁货及红黄铜器、铜斤私贩海洋，货卖一百斤以下者，杖一百、徒三年；一百斤以上，及舟车捆载者，发近边充军。若将废铁铁货卖与外国及海边贼寇者，照将军器出境下海律，拟绞监候。为从及船户各减一等，货物、铜铁、船只入官。关津文武官弁失察故纵，分别议处治罪。如内地货卖，官弁兵役藉端索诈，计赃治罪。其汉夷船只，有将铁锅出洋货卖者，亦照此例行。至商船每日煮食之锅，照旧置用，官吏不得藉端勒索滋扰。

（此条乾隆五十三年，将条例225.46及225.47修并。）

条例225.49：内地奸民有摹造洋板销化白银

内地奸民，有摹造洋板，销化白银，仿铸洋钱图利者，一经当场拿获，如数在一百圆以上者，发近边充军；一百圆以下，杖一百、徒三年；不及十圆者，枷号一个月，杖一百；为从，各减一等。

（此条系道光十三年，刑部议覆御史黄爵滋条奏定例。）

薛允升按：内地若不行使洋钱，则仿铸自少。内地买卖交易用银用钱俱可，乃亦多用洋钱，何也。此诚不可解者。《户部则例·钱法》门卫藏鼓铸章程，条商上铸造银钱，与此不同，应参看。

条例 225.50：黄金白银违例出洋

黄金白银违例出洋，如白银数在一百两以上者，发近边充军；一百两以下，杖一百、徒三年；不及十两者，枷号一个月，杖一百；为从及知情首之船户，各减一等。至黄金每两作白银十两科断。失察贿纵之汛口文武各官，俱照失察贿纵米谷例惩办。

（此条雍正八年，户部议覆管理淮安关务年条奏定例。道光十三年改定。）

薛允升按：此金银出洋之禁。人口军器出洋有禁，铁钉、樟板出洋有禁，铁锅、丝斤、米石等物出洋均各有禁，而黄金白银出洋则尤关紧要。自各国通商以来，每年白银出洋总不下二三千万两，而所得彼处之物，非鸦片烟则奇技淫巧而已，中国之穷，实由于此。近则船炮机器名目更多，银之出洋者愈甚，即寻常日用之物亦无不自洋来，而中国货物益形拥滞，甚至赶车驾船等项均较前大为减色，官民俱受其困，国安得而不穷耶。商船既准出洋贩货，若不带银两，究凭何物交易，此例亦系虚设，近则更难禁止矣。金每两作银十两科断，犹之银一两作钱一千，亦古法也。《汉书》惠帝元年赐视作斥上者，将军四十金。晋灼曰："上二千石赐钱二万，此言四十金，实金也。下凡言黄金，真金也。不言黄，谓钱也。"《食货志》："黄金一斤直钱万。"师古曰："诸赐言黄金者，皆予之金，不言黄者，一斤与万钱也。"刘攽曰："予谓诸书言若干金，则一金万钱，至于赐金若干斤，则尽金也。"然古每斤直钱万，此则每两直钱万，至今日则直二、三十万矣。顾氏《日知录》于金价言之最详。

条例 225.51：商人收买铁斤

商人收买铁斤，除近苗产铁处所，令呈明该地方官外，其内地兴贩，悉从民便。若在沿海地方逃运铁斤，交卖商渔船只，为首照将军器出境下海律，绞监候；为从杖一百、流三千里。船户、挑夫，减本犯罪二等。

（此条雍正十三年定例，乾隆五年纂入。嘉庆六年改并入条例 225.51。）

条例 225.52：商民收买铁斤

商民收买铁斤，除近苗产铁处所，令呈明地方官外，其内地兴贩，悉从民便。若沿海地方商民图利，将铁斤及废铁、铁货，并红黄铜器、铜斤，私贩递运海洋，交卖商渔船只，一百斤以下者，杖一百、徒三年；一百斤以上，及舟车捆载者，发近边充军；为从，各减一等。若将前项铜铁等货，卖于外国，及海边贼寇者，照将军器出境下海律，拟绞监候；为从，杖一百、流三千里；船户挑夫各减本犯罪二等，货物、铜铁、船只入官。关汛文武官弁失察故纵，分别议处治罪。如内地货卖，官弁兵役借端索诈，计赃治罪。其汉夷船只，有将铁锅出洋货卖者，亦照此例行。至商船每日煮食之锅，照旧置用，官吏不得藉端勒索滋扰。

（此条系嘉庆六年，将条例 225.46 及 225.51 修并。）

薛允升按：此铜铁出洋之禁，《中枢政考》与此略同。上条铁钉、樟板等物接济外洋以通贼论斩，与此参差。与下山海关所属一条参看。铁斤不准出洋可也，而煮饭之锅、砍柴之斧亦设厉禁，此何为此耶。近则无庸禁矣。

条例 225.53：奉天锦复熊盖四城

奉天锦、复、熊、盖四城，俱系海疆，嗣后无论天津、山东等处商船，俱著于设有官兵处所停泊上岸，以便稽察，仍饬轮班兵役严行访查。如拿获无票船只，私渡民人者，船户民人，俱照越度缘边关塞律治罪，船只入官。若有票商船，私带票内无名之人，查出，将本人照私度关津律治罪，递回原籍；船户照违制律治罪，船只免其入官。

（此条系乾隆十一年，兵部议覆盛京将军达尔党阿条奏定例。）

薛允升按：此条言锦、复、熊、盖四城，下山海关所属冷口，迤东一带则云五城，其名目亦微有参差。此处有熊城，下条有熊岳城，并多一宁海县〔即今之金州〕，其科罪之处既与下东省登、莱等处一条不同，四城名目又与下山海关所属一条互异。下条定例在后，似应将此条删除修并于下二条之内。

条例 225.54：山海关所属冷口迤东一带

山海关所属冷口、迤东一带，与奉天锦州、复州、盖平三州县，及盖平县界内之熊岳城，并宁海县，皆接近海洋，除奸民私贩钢铁，递运海洋交卖，商渔船只分别斤数照例问拟外，其近边州县内地商民，若因打造农具，买运钢铁出口，一百斤以内者，准其买运，令该商民呈明运往境内何处，该地方官填给印照，呈递守口员弁查验放行。如查有额外携带，及无照夹带不成器皿之铁，并非递运海洋，亦非卖与商渔船只，至五十斤者，将铁入官，照不应重律，杖八十；一百斤以外者，于沿海地方商民将铁递运海洋交卖商渔船只一百斤以上军罪例上，减一等，杖一百、徒三年。守口员弁，有藉端需索者，参处治罪。

（此条系道光四年。山海关副都统哈兴阿咨准定例。）

薛允升按：与上商民收买铁斤一条参看。上条云锦、复、熊、盖四城与此名目不符。查金州厅本明代金州卫地，康熙十二年设宁海县后，复改为金州厅，则不详何年。

条例 225.55：凡商人有携带引茶货物

凡商人有携带引茶货物，在喀什噶尔等处，与私越进卡之布鲁特等易换货物，或相买卖者，除违禁军器、硝黄实犯死罪外，余俱发边远充军。如系私茶，即照兴贩私茶与外国交易例，发烟瘴充军。知情容留之歇家，说合之牙保，各与本犯同罪，货物入官。如商人携货私越卡外，及越卡进内交易之布鲁特，俱发云、贵、两广烟瘴地方充军。

（此条道光十年，刑部议覆喀什噶尔参赞大臣札隆阿等奏准定例。）

薛允升按：与私茶各条参看。

条例 225.56：凡台湾流寓之人

凡台湾流寓之人，如有过犯，罪止杖、笞以下，查有妻室田产者，照常发落，免其驱逐。至犯该徒罪以上，及奸盗诈伪，恃强生事，扰累地方者，审明之日，一概押回原籍治罪，不许再行越渡。承审各官不行递逐，容留在台者，该督抚查参，交部分别议处。

（此条系乾隆十五年，刑部议覆福建按察使顾济美条奏定例。）

薛允升按：与下逐令过水一条参看。惟渡台之例既经删除，此条似应一并删除。

条例 225.57：丝斤违例出洋

丝斤违例出洋，过一百斤，照米石出洋例，发近边充军；不及百斤者，杖一百、徒三年；不及十斤者，枷号一个月，杖一百。为从，及船户知情不首告者，各减一等，船只货物入官。其违例偷漏绸缎绵绢等物，按照丝斤分两多寡，分别治罪。失察之汛口文武各官，并照失察米石出洋例，分别议处。

（此条系乾隆二十四年，大学士会议覆准御史李兆鹏条奏，并户部议准两广总督李侍尧请定条例。）

薛允升按：此丝斤出洋之禁。近则丝斤出洋，每年总不下数十万斤，且有以销数过少为可虑者，与此例大相反矣。

条例 225.58：台湾奸民私煎硝黄

台湾奸民，私煎硝黄，无论已未兴贩，如数在十斤以下者，杖一百，刺字，逐令过水；十斤以上，杖六十、徒一年，每十斤加一等；多至百斤以上，及合成火药在十斤以下者，发近边充军；多至三百斤以上，及合成火药至十斤以上者，照私铸红衣等大小炮位例处斩，妻子缘坐，财产入官。如将硝黄与生番交易货物，及偷漏出海者，均以通贼论。总董、牌甲、邻佑、挑夫、船户知情不举者，连坐。失察各官照例议处，自行拿获者免议。

（此条道光十四年，军机大臣会同刑部议覆闽浙总督程祖洛奏准定例。）

薛允升按：既纂有通例，无论何处，均应一体办理，此条即应删除。

条例 225.59：沿海采捕出洋船只

沿海采捕出洋船只，务将本船作何生业贸易，于照内详悉添注，俟到口上岸之日，稽查官弁，令将货物核对，除与原照相符者即行放进外，若货物与照内不符，实时盘诘。如系来历不明，移交地方官审鞫，或来历有因，亦详记档簿。遇洋面报有失事地方，即开具失单，关查各口，设有被窃日期，并所失货物，与档簿相符者，立即根究严拿，仍饬兵役人等，不得藉端索诈掯留，影射滋事。如有失察故纵，及扰累无辜情弊，各照讳盗诬良例，分别治罪。

（此条乾隆二十五年，浙江按察使李治运条奏定例。）

薛允升按：此言货物与照不符也。谓照内所填生业买卖，不应有此货物者也。与

"盘诘奸细"门一条参看。彼条止云形迹可疑之船，而无"沿海及出洋"字样。彼条货物人数，不符税单牌票，与此条亦稍有不同。盖一则指出洋言，一则指内地言也。

《处分则例》："一、事主在洋被盗，具报到官，即将所失赃单行查，海关各口与税簿互相校核，各口官查出货物相符，即开具投税人姓名，飞移所在地方，将盗犯拿获者，免其入口时盘查不实处分。如各口官于未奉行查之先，能查出匪船，拿获禀报者，照拿获邻境盗犯例分别议叙。"

条例 225.60：出洋船只

出洋船只，除商船仍将在船舵水人等并填给照外，〔按：见租赁船只条，及下沿海各省条；又见上商渔船只。〕其渔船止将船主年貌、姓名、籍贯，及作何生业开填入照，并将船甲字号，大书深刻于桅篷船傍，出口时，责成守口员弁，将该船前往何处，作何生业，并在船舵水年貌、姓名、籍贯，逐一查填，照后钤盖印戳，并将所填人数照登号簿，遇有一船为匪，按簿查缉。倪州县官将照给与匪人，及汛口文武员弁查填不实，均交部分别议处。〔按，此分别商渔船只开填入照也。《处分则例》取结查验，大书深刻，系统商渔船只，及揽载客货小船而言，此例专言渔船，与彼例不同，应参看。〕

（此条系乾隆三十年，两江总督高晋条奏定例，道光八年改定。）

条例 225.61：租赁船只出洋为匪之案

租赁船只出洋为匪之案，除犯该徒罪以下，船主不知情者，仍照自造商船租与他人例，杖一百，枷号三个月外，其犯该流罪以上者，船主虽不知情，照夹带违禁货物接济外洋原保结之人治罪例，杖一百、徒三年，船只入官充赏。失察地方官，照例议处。如船主实有事故，不能亲自出洋，别令亲属押驾，许赴地方官呈明取结，将亲属开填入照，方许出洋，如未呈明，以顶冒论罪。〔按：此言船只不许混行租赁也。又见上商渔船只及船只出洋二条。〕

（此条系乾隆三十年，两江总督高晋条奏定例，道光八年改定。）

条例 225.62：海关各口

海关各口，如遇往洋船只倒换照票，务须查验人数，登填簿籍，钤盖印戳，始准放行。进口时，责成该委员吏役稽查，其有人照不符，船货互异，即送地方官审究。如失于查察，致匪船滥出滥入，审明系何处口岸，有委员者，将该委员照例议处；无委员者，将该吏役责革，加枷号一个月；并将失察之该管官交部议处。倪关口员役藉端需索，照例分别参处治罪。〔按：此专言海关各口换票查验也。〕

（此条系乾隆三十年，两江总督高晋条奏定例。道光八年改定。）

条例 225.63：内洋失事（1）

内洋失事，仍照例文武带同事主会勘外，如外洋失事，听事主于随风漂泊进口处，带同舵水，赴所在文武衙门呈报。该衙门即讯明由何处放洋，行至被劫掠处所，约有里数若干，即将事主开报赃物，报明各该管印官。该文武印官查照洋图，定为何州县营汛所辖，飞关所辖州县，会营差缉。事主即予省释，毋庸候勘。至详报督抚衙门，无论内外洋失事，以事主报到三日内出详驰递，以便据报行查海关各口，将税簿赃单互相校核，有货物相符者，即将盗船伙党姓名呈报关拿。至守口员弁，傥有规避处分，互相推卸，或指使捏报他界者，将推诿员弁交部照例议处。其稽查关口员役，如于未接文檄之先，能查出匪船拿获禀报者，分别议叙，吏役酌量给赏。如奉到文檄，能按照单簿，据实查出处飞移所在地方，将盗犯拿获者，免其处分。

（此条系乾隆三十年，两江总督高晋条奏定例。道光八年改定为条例 225.64。）

条例 225.64：内洋失事（2）

内洋失事，仍照例文武官带同事主会勘外，如外洋失事，听事主于随风漂泊进口处，带同舵水，赴所在文武衙门呈报，该衙门接据报呈，以事主所被劫势地方为准。傥事主不能指实地名，即将洋图令其指认。如在本县该管洋面被劫者，即行差缉，一面移会交界县分，一体缉拿。如所报系在邻县，或邻省洋面被劫者，该县一面缉拿，一面将报呈飞移失事地方，并详报该督抚，分别咨行，毋庸传同事主会勘，仍令该督抚严饬所属，不分畛域，实加奉行。地方文武官，傥有藉词推诿，或令事主改换报呈，或令盗犯捏供别处者，照规避例，参革究办。至详报督抚衙门，无论内外洋失事，以事主报到三日内出详驰递，以便据报行查海关各口，将税簿赃单，互相较核，有货物相符者，即将盗船伙党姓名呈报关拿。若守口员弁，有规避处分，互相推卸，或指使捏报他界者，将推诿员弁交部照例议处。其稽查关口员役，如于未接文檄之先，能查出匪船拿获禀报者，分别议叙，吏役酌量给赏。如奉到文檄，能按照单簿据实查出，飞移所在地方，将盗犯拿获者，免其处分。〔按：此专言洋面失事详报行查也。〕

（此条道光八年，将条例 225.63 改定。）

条例 225.65：拿获偷渡过台客民

拿获偷渡过台客民，如尚在陆路、客店、道路，未登舟以前，客头、船户、客民，俱照本例减一等发落。如已登舟，无分大船小船，已未出口，将客头、船户、客民，即照偷渡本例治罪。若不法客头、船户内，有积惯在于沿海村镇引诱包揽，招集男妇老幼数至三十人以上者，无论已未登舟，一经拿获，即将客头、船户年力强壮者，发遣新疆给种地兵丁为奴；年老残废者，改发极边烟瘴充军。至拿获偷渡客民，务须严究沿海陆路在何村镇客店会集，将该处兵役、澳甲、地保、客店究明。如止于失察，兵役，杖一百；澳甲、地保、客店人等，杖七十。如有贿纵情弊，计赃，从重论。兵役、澳甲人等，能于客店聚集时拿获，及首报偷渡客民者，虽在本汛，亦按照拿获偷渡客民，计名给赏。若将并非偷渡之人辄行妄拿，图功邀赏，及挟嫌吓诈情事，仍各照本例，分别从重治罪。

（此条系乾隆三十五年福建巡抚温福条奏定例。道光六年，调剂新疆遣犯，将例内引诱包揽之客头、船户，俱改发极边足四千里充军。道光二十四年，新疆遣犯，照旧发往，仍复原例。光绪元年大臣沈葆桢奏准删除。）

条例 225.66：东省登莱等处有票船只

东省登、莱等处有票船只，如有夹带无照流民私渡奉天者，将船户照无票船只夹带流民例，量减一等，杖九十、徒二年半，船只入官。若船户不能亲身出洋，别令亲属押驾，已经报官不给票者，将押驾之人，即照船户例治罪，船只入官。

（此条乾隆四十二年定。系因乾隆四十年三月内，吏部议覆山东布政使国泰条奏所定例。）

薛允升按：与"私越冒度关津"门山东民人一条系属一事，此例见上奉天锦、复、熊、盖四城条内。惟有票商船私带票内无名之人，船户照违制律治罪，与此不同。原奏有偷越之风仍未禁止，总由法轻易犯，船户故违禁令，任意招揽所致。非另行改定治罪之条，不足以示惩创云云。是既定有新例，旧例即可不用矣。而两例并存，殊嫌参差，似应将彼条修并于此条之内。

条例 225.67：沿海各省商渔船只

沿海各省商渔船只，地方官给发照票，于舵工水手人等年貌项下添注箕斗，令守口员弁查验。如人数与照内不符，及年貌、箕斗不合者，将船扣留，移交地方官查明严办。其有捏称照票遗失，或称存留在家者，即审明实无为匪情事，亦照违制律治罪，船只入官。其水手人等，或在洋患病，临时雇觅别船水手，准该船户于收口时，出具保结呈报该管官员，于新雇水手年貌之下，亦填注箕斗，仍验明同船之人，每名箕斗皆属相符，方准具保。若有病故淹毙，即令同船之人出具切实甘结。如有无故不回者，准令地邻出首。傥获破盗案内有同票之人，将出结之船户水手，及原出甘结又不禀首之地邻，一并分别治罪。如守口弁兵不实力稽查，私行卖放，一经发觉，审明该犯于何年月日，在何处口岸透漏出口，即将该弁兵治罪。不行觉察之上司，从重议处。如系自行查出者，准予免议。

（此条系乾隆五十七年刑部议覆江苏巡抚奇丰额条奏，以及乾隆五十四年大学士和珅等条奏，并纂为例。乾隆六十年纂入。）

薛允升按：与上出洋船只一条参看。上条商船将在船舵水人等并填给照，渔船止将船主年貌姓名开填入照，此于年貌之外更添入箕斗一层，更觉严密矣。其如不认真稽察何。

条例 225.68：商民等偷越生番地界者

商民等偷越生番地界者，杖一百。偷越深山伐木等项，杖一百、徒三年。致启边衅，或教诱为乱，贻害地方者，除实犯死罪外，问发边远充军。

（此条嘉庆十年，陕甘总督倭什布等奏，遵旨酌议商民偷越番境伐木分别定例。）

薛允升按：此专指青海一带而言，似应点明青海地方。

条例 225.69：凡沿海船只在朝鲜国境界渔采

凡沿海船只，在朝鲜国境界渔采，及私行越江者，被朝鲜国人捕送，为首，发边远充军；从犯，减一等。该地方官员，交部查议。

（此条系雍正三年"续增现行例"，原系康熙五十四年二月内礼部议覆定例。嘉庆六年，因为盘诘奸细例载："交结外国互相买卖，引惹边衅，贻患地方者，除实犯死罪外，俱问发边远充军"，而此条沿海船只在朝鲜境界渔采及私行越江与例载交结外国情事相同，自应一例，因此改定此例。）

薛允升按：充军之例系指引惹边衅贻患地方而言，故严其罪。若仅止越江渔采，并未致滋事端，遽拟充军，似嫌未协。且与下匪类在朝鲜妄行生事，照该国律治罪一条亦属参差。并应与下往朝鲜劫掠一条参看。《兵部处分则例》尚有内地民人私越越南开矿一条，与此相类，而刑例未载。

条例 225.70：台湾地方拿获番割

台湾地方拿获番割，除实犯死罪外，但经讯有散发改装，擅娶生番妇女情事，即照台湾无籍游民犷悍不法犯该徒罪以上例，酌量情节轻重，分别充军。其仅止擅娶生番妇女，并无散发改装情事者，杖一百、徒三年。

（此条道光十四年定。因闽浙总督程祖洛所奏台湾善后事宜称："台湾生番原不敢出山滋事，近有不法奸民，学习番语、偷越定界、散发、改装谋取番女，名为番割勾串，除实犯死罪外，但经讯有散发、改装擅取番女情事，即照台湾无籍游民犷悍不法，犯该徒罪以上例，酌量情节轻重，分别充军。其仅止擅取番女，并无散发、改装情事，比照偷越深山，抽藤、钓鹿、伐木、采棕例，杖一百、徒三年，熟番向化已久，与汉人无异，民取熟番之妇，仍听其便，并请纂入条例。"）

薛允升按：应与"谋反"门内擅娶回妇一条，及婚姻门内台湾民人不得与番人结亲条参看。光绪元年大臣沈葆桢奏准，将"婚姻"门内台湾民人不得与番民结亲之例删除，此条擅娶生番妇女治罪之处，亦应修改。

条例 225.71：官员及兵丁吸食洋药

官员及兵丁吸食洋药，俱拟绞监候。系旗人，销除本身旗档。失察之该管官，均交部议处。

（此条道光十九年，刑部议覆鸿胪寺卿黄爵滋条奏改定。同治九年改定。）

条例 225.72：洋药客商在铺开馆及别铺

洋药客商在铺开馆及别铺，并住户开设烟馆，照开场聚赌例治罪。在馆吸食之人，照违制律，杖一百。房主知情，将房屋入官；不知者，不坐。

（此条道光十九年，刑部议覆鸿胪寺卿黄爵滋条奏改定。同治九年改定。）

条例 225.73：太监在宫门及禁门以内吸食鸦片烟者

太监在宫门及禁门以内吸食鸦片烟者，拟斩监候，家属发往新疆给官员为奴。失察之总管革职。该处首领不论知情与否，俱发往黑龙江给官兵为奴。同屋太监，均发往打牲乌喇给官兵为奴。如系首领吸食，将本管总管革职发遣，其余首领及太监等，俱发吴甸铡草五年。如在外围等处，及陵寝当差太监吸食者，均拟绞监候。失察之总管，实降二级，首领革职，同屋太监发吴甸铡草三年。系首领吸食，均照禁门以内例治罪。如有告假在外，或潜住私宅，及在他处吸食者，将首领太监永远枷号。若系首领在私宅吸食者，将其家属杖一百、徒三年，房屋入官。他处有容留太监吸食鸦片烟者，加等治罪，房屋一律入官。其王公门上，大臣宅中，及已为民之太监，有吸食鸦片烟者，亦照外围等处例治罪。

（此条道光十九年，刑部议覆鸿胪寺卿黄爵滋条奏改定。同治九年改定。）

以上三条原系一条，雍正七年定，原例系兴贩及开馆引诱之罪。嘉庆十七年，增入官民太监买食之罪。道光十一年修改，十九年刑部议覆鸿胪寺卿黄爵滋条奏改定。分为三条，前二条，同治九年复修。

条例 225.74：官员及兵丁买食洋药

官员及兵丁买食洋药，家长不能禁约，照不能禁约子弟为窃例，治罪。

（此条系道光十一年陕甘总督杨遇春奏准定例，同治九年改定。）

条例 225.75：官员及兵丁吸食洋药

官员及兵丁吸食洋药，后经改悔，如存留烟灰未毁弃者，杖一百。

（此条系道光十九年，大学士等议覆鸿胪寺卿黄爵滋奏准定例，同治九年改定。）

薛允升按：道光年间同时奏准者，尚有数条，是年俱删除。贺氏长龄曾有疏论此事，谨节录于此。

查阅原奏，该寺臣黄爵滋之意，盖以耗银由于洋烟之盛行，而洋烟难禁，其来不得不重吸食洋烟之罚。其虑患甚深，其持论甚劲，而惜其未审于事理也。臣惟治国有经，安内必先攘外，未有不防其外而自扰其内也。我朝最重海防，平时宵小出没，犹须加谨巡查，况银出烟入为害甚巨。即载烟趸船不进海口，而洋面兼有员弁游巡，现经闽督奏定会哨章程，果能实力奉行，不但贩烟匪徒可期敛迹，即一切阑出禁物均有稽查，全洋大局得所控制。讵可诿为难防，转启外夷以可乘之隙也。且内地之种烟者众矣，食之者亦伙矣，不尽资于洋也。若因食烟而置之死，非特于情未协，兼恐势有难行，请得而备陈之。凡论罪必须衡情，食烟者非有凶暴害人之心，亦无狂妄悖理之事，不过如酒色过度之自戕躯命耳，而与杀人同科，毋乃过当。然使此法一行，即能慑食烟者之魄而致之生，虽严刑亦所弗恤，为其所全者大耳，而臣决其必不能也。开设烟馆，罪加缳首矣，而开馆者未减于前，夫以烟馆之昭然在人耳目者，人犹冒死为之，则夫食烟之在重门密室中者，更无论矣。且科条愈重，则勾结愈密，摘发益难，讹诈愈多，滋扰益甚，即保结亦徒成文具耳。今之奸盗斗很，为害地方者，无不控官准理，而犯者累累曾不知惩。食烟何害于人，而欲以一纸保结，责令首告，恐邻佑不能如此奉公，则食烟者覆何所畏。此种陋习，沿海最多，几于十人而九，边防重地，静镇为先，岂可更增纷扰。臣观《隋书》，文帝以盗贼烦多，凡盗一钱以上者皆弃市，或三人共盗一瓜，事发即死。于是行旅皆晏起早宿，天下懔懔，卒因众怨沸腾而止。伏读高宗纯皇帝御批云，盗一钱、一瓜皆抵死，而行旅之戒心如故，是峻法不足以遏奸，徒见其滥刑耳。圣谟洋洋，诚万世所当法守也。

此奏不为无见，盖立法期在必行，法太严则用法者且多方为之掩饰，不独此一事为然也。如治水，然不疏浚之使有所归，徒加增堤岸，力为障遏，一旦溃决，其害更有不可胜言者矣。从前常用之烟草，均有禁种明文，非独鸦片一项也。乾隆元年，王大臣等覆内阁学士方苞，十六年户部覆西安布政使张若震请禁各一折〔见约编劝课农桑门〕，均系轻描淡写，不肯认真，以致水烟旱烟无人不用，鸦片烟乘机而来，其理然也。欲禁鸦片，其必自水旱烟始乎，然而难矣。兴贩鸦片烟及开馆引诱良家子弟之例，始于雍正七年，其时尚无吸食罪名也。嘉庆道光年间，始定有军民人等及职官买食之例。又定有栽种罂粟收浆，及买土煎熬，照赌博治罪各例，已属渐次加重。道光十九年定例四条，则较旧例更严矣，乃未几而复改轻，且有无庸议者。至今日而到处皆是，江河日下，其害伊于胡底。后世人情不古，争为奢靡耗财之事颇多，鸦片一项，非特耗财，亦且戕命，入其中者，辄沉溺而不返，岂真天运使然耶。

条例 225.76：制造及贩卖鸦片烟器具者

制造及贩卖鸦片烟器具者，照造卖赌具及贩卖赌具例，分别治罪，有将烟具携出修制者，许匠工首告，予奖赏。

（此条系道光十四年例。道光十九年改为："制造及兴贩鸦片烟器具者，照造买赌具例，分别首从治罪，失察之该管各官，交部议处。"）

条例 225.77：同居子弟有买食鸦片烟者

同居子弟有买食鸦片烟者，除本犯照例承办外，将家长照不能禁约子弟为窃之例治罪

（此条系道光十四年定。）

条例 225.78：栽种罂粟等花未收浆煎熬

栽种罂粟等花，未收浆煎熬，〔必讯明实系因熬烟起见者方坐〕及收买鸦片烟土，尚未熬烟售卖者，俱杖一百、徒三年。

（此条系道光十四年定。道光十九年改为："栽种罂粟等花连畦成亩，尚未收浆制造鸦片烟土熬膏售卖，及收卖烟土烟膏尚未售卖贻害者，为首发极边烟瘴充军，为从杖一百、流三千里。"）

条例225.79：内地奸民人等有栽种罂粟花

内地奸民人等，有栽种罂粟花、葵花收浆煎熬鸦片烟，及买土煎熬售卖图利者，均照造卖赌具例，为首，发边远充军；为从，杖一百、流二千里；田地、船只、房屋照例入官。其知情租给田地、船只之业主，及知情受雇容留之船户，但在一年以外者，发边远充军；一年以内，杖一百、流二千里；半年以内，杖一百、徒三年；雇租之田地、船只、房屋一律入官。有能自行首告，将私栽私熬之犯指拿到官者免罪，田地、船只、房屋并免入官。首而无获者，但准免罪，田地、船只、房屋仍行入官。左右紧邻据实首报，照例给赏；知而不举，杖一百；受财者，计赃，准枉法从重论。地保受贿故纵，照首犯一体治罪；赃重者，计赃，以枉法从重论。其知情容隐，虽未受贿，亦照为从例问拟。仍令各督抚，责成该管道、府实力查禁，出具所属并无栽种鸦片烟切实印结，年底有司汇齐咨部，并著该督抚于每年具奏编查保甲折内，一并详细声叙，其有查禁不力者，交部分别议处。

（道光十四年入律例，该例本为道光十年十二月，"议覆原任闽浙总督孙尔准妥议严禁卖鸦片烟章程一折，奉上谕：卢荫溥等奏，议覆孙尔准严禁内地种卖鸦片烟章程一折。前据御史邵正笏奏，近年内地奸民有种卖鸦片烟之事，降旨令各督抚确查严禁。嗣后，据孙尔准查明闽浙情形，酌定议章程，交该部议奏。兹据卢荫溥等核议，具奏请通饬各督抚，一体遵照，画一办理"。）

条例225.80：内地奸民人等有栽种罂粟等花

内地奸民人等，有栽种罂粟等花，收浆制造鸦片烟土，或熬膏售卖，及兴贩鸦片烟膏烟土发卖图利者，首从各犯均拟绞监候；兵役受贿包庇，一体科罪；赃重者，计赃，以枉法从重论。其知情租给田地、房屋之业主，及知情受雇之船户，在一年以外者，发边远充军；一年以内，杖一百、流二千里；半年以内，杖一百、徒三年，田地、船只、房屋一律入官。有能自行首告，将犯指拿到官者免罪，田地、船只、房屋并免入官；首而无获者，但准免罪，田地、船只、房屋仍行入官。邻佑、地保、牌长知而不首告，各杖一百；有赃者，计赃，准枉法从重论。其查禁不力并失察之该管各官，交部议处。

（此条系道光十九年改定。）

条例225.81：开设鸦片烟馆引诱良家子弟吸食者

开设鸦片烟馆，引诱良家子弟吸食者，首犯拟绞立决；为从、其知情租给房屋之犯，拟绞监候，房屋一律入官。兵役受贿包庇，与犯一体科罪。地保、邻佑、牌长人等知情者，俱杖一百、徒三年，有赃准枉法从重论。失察之该管各官，交部议处。

（此条系道光十九年定。）

条例225.82：州县等官拿获烟土解省之日

州县等官，拿获烟土解省之日，该督抚亲自查验真伪，加贴印封，存贮司库，定期销毁。届期仍由该督抚逐细覆验，沃以桐油，并搀和食盐、白矾，眼同销毁，务令悉成灰烬，投之河海，不准委任他员，致滋弊混。

（此条系道光十九年定。）

条例 225.83：洋船进口有无夹带鸦片烟土

洋船进口，有无夹带鸦片烟土，责成海关监督饬胥吏人等，认真检查。如有知情纵放，得贿包庇，并徇隐透漏等弊，从严惩处。

（此条系道光十九年定。）

条例 225.84：官吏兵役人等拿获鸦片烟人犯

官吏兵役人等，拿获鸦片烟人犯，得财卖放者，与本犯一体治罪。赃重者，计赃，以枉法从重论。

（此条系道光十九年定。）

条例 225.85：伊犁等处夷人进卡贸易

伊犁等处夷人进卡贸易，有无夹带鸦片烟土，由该将军责成守卡、守台各官，认真查验，并于夷货入境时，派员前往检查，毋任透漏徇隐，该处夷人亦令遵照贸易定限，于完竣后，即行出卡，不准逾限羁留。

（此条道光二十年定。）

条例 225.86：吸食鸦片烟后

吸食鸦片烟后，经改悔戒绝，平民免其治罪。系现任官员，仍由该上司揭参休致。如戒食后，尚存有鸦片烟灰未经毁弃者，杖一百。

（此条系道光十九年定。）

事例 225.01：顺治十三年谕

海氛未靖，必有奸民暗通线索，资以粮物，若不立法严禁，何由廓清。今后凡有商民船只私自下海，将粮食货物等项与逆贼贸易者，不论官民，俱奏闻处斩，货物入官，本犯家产，尽给告发之人。其该管地方文武各官不行盘缉，皆革职从重治罪；地方保甲不行举首，皆处死。凡沿海地方口子，处处严防，不许片帆入口，一贼登岸。如有疏虞，专汛各官，即以军法从事，督、抚、提、镇并议罪。

事例 225.02：顺治十八年题准

福建、浙江、江南三省所禁沿海境界，凡有官员兵民违禁出界贸易，及盖房居住，耕种田地者，不论官民，俱以通贼论处斩，货物家产，俱给讦告之人。该管文武官不能查获，俱革职，从重治罪；地方保甲知情不首者，处绞。其违禁出境之人，审明系何地方出口，将守口官兵知情者，以同谋论，立斩；不知情者，从重治罪。

事例 225.03：康熙四年题准

青、登、莱沿海等处居民准令捕鱼外，若有藉端捕鱼，在沿海贸易，通贼往来者，照先定例处分。

事例 225.04：康熙六年议准

兵民违禁出海，文武各官该管汛地拿获者免罪，将别汛出口之人查缉十名以上者，纪录一次；百名以上者，加一级。督抚所属地方，有奸民违禁出海，不行查获，将总督降二级留任，巡抚降一级留任。至于督、抚、提、镇、副将、道、府所辖兵民，有将违禁出海之人拿获者，统辖各官均免议。

事例 225.05：康熙七年议定

凡官兵民人，有犯违禁出海贸易等罪者，照例拟罪外，其督抚甲长同谋故纵者处斩，知情不首者绞，不知情者，杖一百、流三千里。该管文职不知情者，州县官革职，永不叙用；道、府各官各降三级调用，巡抚降一级留任。

事例 225.06：康熙九年题准

凡官兵拿获出海贸易者，将货物家产一半给赏，一半入官。若遇赦免罪，免其入官，仍将一半给拿获之人。

事例 225.07：康熙十四年覆准

贩卖硝磺者，俱令呈明出产地方，领取府州县官印票，于经过府州县关津隘口，将印票呈明各官，填注验讫字样，用关防印记放行。若无印票，出境卖与贼寇者，照卖与外国边海贼寇律，为首者处斩，为从者俱责四十板，发边卫充军。其在内地私行贩卖者，照合成火药卖与盐徒律，发边卫充军。若府州县及关津各官不行查获，被别处盘诘者，该督抚将疏纵各官题参治罪。督抚不行查参，一并议罪。

事例 225.08：康熙十五年议准

凡奸商自逆贼接壤处所，将硫磺、焰硝、盐斤、布匹等货贩卖与贼者，不论官兵民人，俱照通贼例立斩，妻子家口入官。该管官员及兵丁衙役知情故纵者，以同谋论，俱处斩；其不知情者，文职州县官，武职兼辖官，俱降三级调用；该管总兵官，降二级留任；总督、巡抚、提督，各降一级留任。若该汛文武各官，将由本汛贩卖之人盘获者，免罪议叙，十名以上者，纪录一次；二十名以上者，纪录二次；三十名以上者，纪录三次；四十名以上者，纪录四次；五十名以上者，加一级；百名以上者，加二级。其不系本汛，于别汛盘获十名以下者，纪录一次；十名以上者，加一级；二十名以上者，加二级；三十名以上者，加三级；四十名以上者，加四级；五十名以上者，不论俸满即升；一百名以上者，越升即用。拿获贩卖之兵民，将所获货物尽行给赏。至盘获一人供出伙党者，该管官即应免议。若诬拿良民者，照律反坐。

事例 225.09：康熙二十三年议准

出海贸易之禁已开，其先定处分之例，拿获奸民议叙之条，俱行停止。凡直隶、山东、江南、浙江等省民人，情愿在海上贸易捕鱼者，许令乘载五百石以下船只，往来行走，仍于各口出入之处，豫行禀明该地方官，登记名姓，给发印票，令防守官员验票点数，准其出入。如有打造双桅五百石以上违式船只出海者，不论官兵民人，俱发边卫充军。该管文武官员及地方甲长同谋打造者，徒三年。明知打造不行举首者，官革职，兵民杖一百。

事例 225.10：康熙二十三年又议准

凡违禁将硫磺、焰硝、军器等物，私载在船，出洋贸易者，仍照律治罪。其防守该管官员知情故纵者，亦照律处分。

事例 225.11：雍正二年议准

山海等关，若有搜查不力，以致私带人参、珠子过关者，该管官照失察例，降三级调用；巡查人等，照不应重律，杖八十；明知故纵者，该管官革职，巡查人等杖一百，监候一月；受财卖放者，计赃以枉法从重论。

事例 225.12：雍正六年谕

查康熙五十六年，禁止南洋贸易案内，经九卿议定，嗣后如有出洋之人留在外国者，该督抚行文外国，将留下之人令其解回，即行正法。后经施世骠题请，蒙圣祖仁皇帝特恩，令康熙五十六年以前出洋之人，俱载回原籍，随于五十九年内，福建、浙江等省，奏报出洋回籍之人，将及二千名。嗣后则再无奏报回籍之事，是五十六年以前出洋之人，其愿回籍者，皆已陆续反棹，而彼地存留不归者，皆甘心异域，及五十六年以后违禁偷往之人矣。因今殃禁新开，禁约不可不严，以免内地民人贪利漂流之渐，其从前逗留外洋及违禁偷往之人，不准回籍。

事例 225.13：雍正六年议准

洋船出入海口必按定期限，方易稽查。嗣后每年出口船只，应令四月内造报；入口船只，于九月内造报；如入口之船，有番帐未清，不便即回者，准俟来年六、七月间回港；有遭风漂泊他省者，准取具该地方官印结赍回；有舟行被溺，无凭查据者，饬取飘回余人邻船客商等确供详核。倘故意迟延，并徇私捏报，即行分别究察。至每船应酌带米石，暹罗大船三百石，中船二百石；噶喇巴大船二百五十石，中船二百石；吕宋等处，大船二百石，中船一百石；赤仔等处大船、中船各一百石。如有偷漏，以接济外洋例论罪。再出洋之船，动经数月，油、钉、棕、麻等物，酌量许带，仍注明数目，以凭查验。

事例 225.14：雍正九年议准

天生五材，铁居其一，用以备军资而造器物，所系綦重，向例铁货不许私出外境，而废铁不在禁例。近闻射利之徒，专收废铁镕化，运至近边、近海地方货卖，此风渐不可长，请嗣后有将废铁潜出外境，及海洋货卖者，照越贩硝磺之律科断，以除奸弊。

事例 225.15：雍正九年谕

据广东布政使杨永斌奏称：铁器一项，所关綦重，不许出境，律有明条。粤东出产铁锅，凡洋船货卖，历来禁止，乃夷船出口，所卖铁锅，有自一百连至二、三百连，甚至五百连、一千连者。查铁锅一连，约重二十斤，若一船带五百连、千连，即无虑一、二万斤，计算出洋之铁，为数甚多，诚有关系。嗣后请照废铁之例一体严禁，违者，该商船户人等，即照例治罪；官役通同徇纵，亦照徇纵废铁例议处。凡遇洋船出口，仍交与海关监督一体稽察。至商船每日煮食之锅，应照旧置用，官役不得藉端勒索滋扰。如此则外洋之铁，不致日积日多，于防奸杜弊之道，似有裨益。至煮食器具，铜锅、沙锅，具属可用，非必尽需铁锅，亦无不便外夷之处，于朝廷柔远人之德意原无违碍等语。铁斤不许出洋，例有明禁，而广东夷船。每年收买铁锅甚多，则与禁铁出洋之功令不符矣！杨永斌所奏甚是。嗣后稽察禁止，及官员处分，商人船户治罪之处，悉照所请行。傥地方官弁视为具文，奉行不力，经朕访闻，或别经发觉，定行从重议处。粤东既行查禁，则他省洋船出口之处，亦当一体遵行。著该部通行晓谕，永著为例。

事例 225.16：乾隆三十四年谕

高晋等奏，审拟蒋士达等捏造海粮假票一案，已批交三法司核议速奏矣。此等匪徒，造票煽惑愚民，实属不法，一经访获，自应按例定拟，以示惩创，但江苏地面，何以多有此等犯案，屡惩不悛，皆由该地方官平时不能善为教导所致。海票之说，本属荒唐，究所从来，大约起于明末倭船混行之时，藉端煽诱，容或有之。本朝百余年来，时际升平，海疆宁谧，各处口岸肃清，惟有名可考之洋行估船，往来贸易，此外从无形迹可疑船只，敢于阑入海口，安得有散卖米票之事？不过地方一、二奸徒，意图哄骗财物，瞀不畏死，覆辙相仍，甘蹈法网，而愚民人贫智断，一闻少出钱文，即可重获利息，辄不察事之虚实，被其煽惑，曾不思出银五钱，经年即得十六两之利，相去不止三十倍，乃情理所必无，且又不问海洋何故有如许银米散给贫民，而所卖之票，又止系寻常图记，其为无稽作伪，更属显然。稍一寻思，断不致堕其诡术。在奸民罔顾法纪造票骗钱，无不实时败露，立置重典，自作之孽，毫无足惜，而百姓等代为散布，及买受票张，一经发觉，重则遣流，轻亦不能免于枷杖，未来之利，既不可得，且与其空费银钱，复遭刑责，何如安贫守分，共为谨愿良民，常享太平之福乎！所属地方官，若以此出示晓谕，令其简明易解，或于巡查保甲时，每见村农野老，随处提撕，并令各保正广为宣布，使穷乡僻壤，皆得共喻共闻，小民纵极愚蒙，自无不憬然省悟，不得为人诱惑，奸民即欲复萌故智，见无可欺愚，其风自息，此亦正本澄源之一法也。著传谕高晋，通饬各属，实力奉行，毋得仅以具文塞责。

事例 225.17：乾隆五十七年议准

民间需用硫磺，若照定例由县详府，由府详司，辗转耽延，实属于民不便。嗣后每年由布政使衙门豫印空数印票，给发每州县各十张，如有商贩请领，查明实系铺店应用，即取具确切保结，一面由县填数给发，一面申报藩司备案。傥有指称铺户应用，捏领照票，赴外兴贩者，除本犯治罪外，将率行给票之州县，一面查参治罪；如系铺户应用，州县吏役刁难需索，一经告发，亦即从重究治。

事例 225.18：乾隆五十七年又议准

嗣后商渔各船照票内，舵工水手各年貌项下，将本人箕斗验明添注，均于进口、出口时按名查验，一有不符，即行根究。傥有捏称照票遗失，或称存留在家内者，除讯系盗匪假冒从严问拟外，如审明实无为匪情事，亦治以违例之罪，并将船只入官，以为照票不随本船者儆。至于水手人等在洋患病，临时雇觅别船水手相帮者，亦属事所恒有，准令该船户于收口时，即行出具保结，呈报该管官员，于新雇水手年貌之下，亦注明箕斗，以防牵混。但须验明同船之人，每名箕斗皆属相符，方准具保。如此立定章程，则船户有箕斗为凭，盗匪即无从假冒，于防盗之法，较为严密。

事例 225.19：乾隆六十年谕

向来台湾拿获偷渡人犯，将首犯拟遣，并在海口枷号，俟续有拿获人犯枷示后，再行释枷发遣。此等偷渡为首之犯，既经问拟发遣，若俟续有获犯，始行释枷金解，设日久无获，将待何时为止？转不足以示惩儆，未为允协。嗣后台湾拿获偷渡为首之犯，著枷号海口半年，满日即行发遣。

事例 225.20：道光十年奉旨

回疆现当严禁浩罕通商之际，该部将私越该处货物入边，及违禁易茶酌定专条。著照所议，嗣后商人有携带引茶货物，在喀什噶尔等处，与私越进卡之布鲁特等易换货物，或相买卖者，除违禁军器实犯死罪外，余俱照私通土苗互相买卖例，发边远充军。如系私茶，即照私茶与外国人交易例，发烟瘴地方充军。知情容留之歇家，说合之牙保，各与本犯同罪，货物入官。如商人携货私越开斋者，照奏定章程，发云、贵、两广烟瘴地方充军。该部即纂入则例，永远遵行。

事例 225.21：光绪元年谕

沈葆桢等奏台湾后山亟须耕垦，请开旧禁一折。福建台湾全岛，自隶版图以来，因后山番社习俗异宜，曾禁内地民人渡台及私入番境，以杜滋生事端。现经沈葆桢等将后山地面，设法开辟，旷土亟须招垦，一切规制，自宜因时变通。所有从前不准内地民人渡台各例禁，著悉予开除。其贩卖铁竹两项，并著一律驰禁，以广招徕。

成案 225.01：飘风难民安插〔康熙四十六年〕

礼部议福抚李斯义疏：琉球国恭进方物，附搭飘风难民陈子发等十八名，该抚既称安插原籍，应照所请，安插原籍可也。

成案 225.02：浙江司〔嘉庆二十五年〕

提督奏送：张幅起意纵令吴幅，将其父吴彦食剩鸦片烟，挑出七八钱售卖，冀图牟利。烟虽出自吴幅之手，实由该犯怂恿售卖，且起初余烟，亦仅止七八两，核与大伙兴贩者不同。张幅应于兴贩鸦片烟枷号充军上，量减一等，满徒。吴幅照为从，杖九十、徒二年半。吴彦获日另结。

成案 225.03：安徽司〔嘉庆二十五年〕

安抚奏：已革未入流李芳蓉系试用职官，违禁买食鸦片烟，其将食尽烟膏五两，卖给他人，虽讯系缺乏盘费，并非兴贩渔利，惟即转卖，应于兴贩鸦片烟本例上，量减一等，满徒，仍枷号一个月。

成案 225.04：山西司〔嘉庆二十五年〕

晋抚咨：冯济杰因病买吃鸦片烟，迨吃服不效，将烟转卖与人，固与仅止买食者不同，亦与兴贩图利者有间。惟查律例并无买吃鸦片烟，因而转卖，作何治罪明文，将冯济杰比照兴贩鸦片例，枷号一个月发近边充军罪上，减一等满徒，闻拿投首再减一等，杖九十、徒二年半。

成案 225.05：广东司〔嘉庆二十五年〕

广东抚咨：曾广明用糖向夷人易换硝砂转卖，计重一万余斤，作硫磺五千余斤，该犯系于海面私贩夷硝，与附近苗疆兴贩无异。曾广明比照附近苗疆五百里以内民人兴贩硝磺事发、多至一百斤以上例，发近边充军。

成案 225.06：山西司〔道光元年〕

提督咨：张四自粤来京，买带鸦片烟泥，讯系自行食用，嗣因人向购觅，该犯陆续卖出十一两，连起获剩烟共计十六两，核与大伙兴贩有间，于兴贩鸦片烟枷号一个月发近边充军例上，量减一等，满徒。

成案 225.07：广东司〔道光五年〕

广抚咨：翟阿球私贩硝黄百斤以上。该县滨临大洋，与附近苗疆无异。将翟亚球比依附近苗疆民人兴贩硝黄百斤以上例，发近边充军。

成案 225.08：四川司〔道光十一年〕

川督咨：饶广俸纠伙多人，在于楚陕各省交界地方，煎挖硝斤。地主刘自韵邀同邻人沈启华等，前往追拿，饶广俸辄敢用木棒将沈启华殴伤，沈启华系刘自韵邀往，即有应捕之责。查饶广俸等煎硝之处，虽非附近苗疆，系属三省交界，其私煎硝斤已在二十斤以上，例内并无治罪明文，自应比例问拟。饶广俸比照附近苗疆民人煎挖硝黄事发、如在十斤以上杖六十徒一年、二十斤以上按照五徒以次递加例，拟杖七十徒一年半罪上，加拒捕罪二等，应杖九十、徒二年半。

律 226：私役弓兵

凡私〔事〕役〔使〕弓兵者，一人，笞四十，每三人加一等，罪止杖八十。每名计〔役过〕一日，追雇工银八分五厘五毫入官。当该官司应付〔役使〕者，同罪，罪坐所由。〔应付之官吏。〕

（此仍明律，顺治三年修改并添入小注。顺治律为 246 条。）

兵律·厩牧

（计 11 条）

律 227：牧养畜产不如法〔例 3 条，事例 1 条，成案 2 案〕

凡牧养〔官〕马、牛、驼、骡、驴、羊，并以一百头为率。若死者、损者、失者，各从实开报。死者，实时将皮张、鬃尾入官，牛筋、角、皮张亦入官。其〔管牧〕牧长、牧副，每〔马、牛、驼〕一头，各笞三十，每三头加一等，过杖一百，每十头加一等，罪止杖一百、徒三年。羊减马三等。〔四头，笞一十，每三头加一等；过杖一百，每十头加一等，罪止杖七十、徒一年半。〕驴、骡减马、牛、驼二等。〔一头，笞一十，每三头加一等；过杖一百，每十头加一等，罪止杖八十、徒二年。〕若胎生不及时日而死者，灰腌并年老而自死者，看视明白，不坐，若失去赔偿。损伤不堪用，减死者一等坐罪。其死损数目，并不准除。

（此仍明律，其小注系顺治三年添入。顺治律为 247 条，牧长、牧副原系群头、群副，无并"年老而自死者"句，雍正三年增修，进呈黄册时奉朱签，"群头、群副"俱改"牧长、牧副"；"灰腌看视明白"，改为"腌并年老而自死者，看视明白"。）

条例 227.01：凡太仆寺所属十四牧监

凡太仆寺所属十四牧监，八十九群，专一提调牧养孳生马、骡、驴、牛。其养户俱系近京民人，或五户、十户共养一匹，若人户不行用心孳牧，致有亏欠倒毙，就便著令买补，每岁将上年所生马驹，起解赴京调拨。本寺每遇年底比较，或群监官员怠惰，或人户奸顽，致有马匹瘦损亏欠数多，一律坐罪。

（此条系明代旧例，顺治例 247.01。雍正三年奏准：今官马不令近京民人牧养。删除此例。）

条例 227.02：口外骟骡马匹

口外骟骡马匹，如有倒毙，将皮张令沿途地方官员，按站解送太仆寺查验数目，咨送工部拣选留用。其朽烂破坏者，变价送户部。

（此条雍正三年定。乾隆五年，以查验皮张，应归户、工二部则例。此条删除。）

条例 227.03：解送军营马匹倒毙

解送军营马匹倒毙，其分起解送之文武各员，照军营赔补马匹之数，每百匹准其倒毙三匹。如倒毙三匹以上至二十匹者，交部照例分别议处；二十匹以上者，杖一百；三十匹以上者，杖六十、徒一年；三十五匹以上者，杖七十、徒一年半。如四十匹以上者，杖八十、徒二年；四十五匹以上者，杖九十、徒二年半；五十匹以上者，杖一百、徒三年。如有盗卖别情，从重治罪。至总理督解之员，合其督解总数，按其倒毙多寡，亦即照此分别议处治罪。

（此条乾隆三十六年奉上谕，军机大臣会同兵部刑部酌议定例。嘉庆六年，将"从重治罪"句，改为"计赃，以监守自盗论"；其"总理督解之员"于例末增"若知盗卖之情而故纵者，罪同"。）

薛允升按：解送军营马匹，事关军机，敢于盗卖，玩法已极，仅照监守自盗计赃科罪，未免太轻。《处分则例》："四、五匹罚俸六个月，六、七匹罚俸一年，八、九、十匹降一级留任，十一、二匹降一级调用，十三、四匹降二级调用，十五匹以上降三级调用，二十匹以上革职。三十匹以上革职治罪。"《中枢政考》："四、五匹，六、七匹及八、九匹与《处分例》同，十匹、十一匹者，降一级调用，十二、十三匹降二级调用，十四、十五匹降三级调用，十六匹至二十匹革职，二十匹以上者革职，分别治罪。"

事例 227.01：乾隆三十六年谕

兵部前次议处驿马倒毙各官一案。马之骈解马一千有余，倒毙八十余匹，为数虽不及十分之一，但其人本平常，是以照议革职。至周承谟管解营马三千余匹，竟倒毙至一千一百九匹之多，较之马之骈数甚悬绝，革职之外，自应治其余罪，以示惩儆。旧例所定倒毙六十匹以上，不计多寡，概予革职而止，实未平允。著军机大臣会同该部，另行按其所解马成数分析定例具奏。

成案 227.01：奉调喂马不赴〔康熙三十六年〕

吏部覆直抚沈朝聘题：高阳县知县卞三祝，该抚既以奉调喂养马驼，协同管理，迄今日久，捏报起程，竟不赴天津，以貌玩溺职题参，应将卞三祝革职。

成案 227.02：江西司〔嘉庆二十五年〕

内务府奏：虎城走失虎只一案。查园户德泰系是日看守虎城正班之人，虽铁檬糟朽，曾经禀报该管苑副等查勘，但未赶紧禀请修理，是夜又不加意防守，致有走失，并现经啮毙人命，实由该园户等疏忽所致，且虎城近在禁园，所关匪细，若仅照拴系不如法因而杀人律，准过失杀收赎，固属轻纵，比照牧养官马损失律，满徒，加等拟流，尚不足以示惩。应将德泰枷号两个月，发吉林当差，奉旨加恩免其发遣，著加枷号两个月。

律 228：孳生马匹〔例 3 条〕

凡牧长管领骒马，一百匹为一群。每年三群，孳生驹一百匹。若一年之内，止有驹八十匹者，笞五十；七十匹者，杖六十。典牧官不为用心提调者，〔致孳生不及数，〕各减三等。太仆寺官又减典牧官罪二等。

（此仍明律，其小注系顺治三年添入。顺治律为 248 条，原文首句"凡〔马户〕群头管领骒马"，雍正三年修改为"凡牧长管领骒马"；"都群所官"改为"典牧官"。）

条例 228.01：太仆寺少卿二员

太仆寺少卿二员，一巡视京营及各边骑操马匹，一巡视顺天府所属牧马匹。寺丞一十二员，一管顺天府所属寄牧马匹，其余分管京卫及保定等府孳牧寄操马匹。

（此条系明代旧例，顺治例 248.01。雍正三年奏准：今太仆寺不出巡，寺丞缺裁，畿内亦无寄养马匹。此例删除。）

条例 228.02：凡把总等官克减官马草料

凡把总等官，克减官马草料，计赃满例发边卫立功，满日就彼带俸。盗卖者，发瞭哨。卖至料豆十石以上者，充军。管领纵容盗卖，发边卫立功，满日就彼带俸。买者问罪。

（此条系明代旧例，顺治例 248.02。雍正三年奏准：今官员克减草粮者，以监守自盗论。此条删除。）

条例 228.03：凡上驷院太仆寺所管游牧马群

凡上驷院、太仆寺所管游牧马群，每三年整顿一次，不论骒马、儿马、马驹，每三匹内合算当孳生马一匹。除合算正额外，多孳生一百六十匹以上者，为头等；八十匹以上者，为二等；一匹以上者，为三等；牧长、牧副分别给赏。若合算正额内少孳生五十匹以下者，牧长罚马五匹，牧副各笞四十；一百匹以下者，牧长罚马七匹，牧副各笞五十；一百匹以上者，牧长罚马九匹，牧副各杖六十。骟马群倒毙少者赏，多者罚，相半者免议。赏罚之数，视骒马群第三等例。其各马群赏罚相半者，总管官免议；赏多者，按群给赏；罚多者，按群受罚。

（此条系康熙年间太仆寺增定之例，牧长牧副原系阿墩、大阿墩副，雍正三年进呈黄册，奉朱签改正。）

薛允升按：律言骒马，例则兼及儿马、马驹。律专言不足额之罪，例则兼及多孳生者分别给赏。律一年内三群责孳生驹一百匹，例则三年内三匹责孳生马一匹，是较律为尤宽矣。惟共计若干群内孳生一百六十匹之处，尚未明晰，是否即指三百匹而言，记考。《中枢政考》："一、太仆寺左右两翼牧厂孳生马匹，由察哈尔都统每年查验一次，将牧厂用存马匹数目造册报部备查，于三年均齐之期，由太仆寺奏派堂官一员，赴厂查验，造册送部，兵部将此三年原牧、新添、动用、现存马数，按册查核具题。其孳生多寡应行赏罚之处，俱由太仆寺核算具题，知照兵部查核注册。"应与此例参看。上驷院例文最详，此例止云倒毙少者赏，多者罚，然事隶内务府，故外间均不能悉其详细也。

律 229：验畜产不以实〔例 2 条〕

凡〔官司〕相验分拣〔相验其美恶，而分别拣选，以定高下。〕官马、牛、驼、骡、驴，不以〔美恶之〕实者，一头，笞四十，每三头加一等，罪止杖一百。验羊不以实，减三等。若因〔验畜不实〕而价有增减者，计所增〔亏官〕减〔损民〕价，坐赃论；入己者，以监守自盗论，各从重科断。〔不实罪重，从不实坐赃；自盗罪重，从自盗坐赃。〕

（此仍明律，顺治三年添入小注。顺治律为 249 条。）

条例 229.01：大同三路官旗舍人军民人等

大同三路官旗、舍人、军民人等，将不堪马匹，通同光棍引赴该管官处，及管军头目收买私马，诡令伴当人等出名，情属各守备等官，俵与军士，通同兽医作弊，多支官银者，俱问罪。官旗军人，调别处极边卫所，带俸食粮差操；民并舍余人等，俱发附近充军；引领光棍并作弊兽医，及诡名伴当人等，各枷号一月发落；干碍内外官员，奏请提问。

（此条系系明代问刑条例，顺治例 249.02。雍正三年奏准：今无大同三路收买马匹之事。此条删除。）

条例 229.02：州县起解备用马匹

州县起解备用马匹，各要经由该管官验中起解。若有马贩交通官吏医兽人等，兜揽作弊者，问罪，枷号一个月，发近边充军。

（此条系明代问刑条例，顺治例 249.01。"近边充军"下，原文尚有"再犯、累犯者，枷号一个月，发极边卫分充军"十七字，乾隆五年删定。）

薛允升按：《笺释》："种马骒驹俱搭配补种，余即变价入官。又令种马府州县每岁将应解马匹随数多寡分春秋二运验解，官吏兽医有受财，问枉法。马贩，问行请兜揽。得财，问诓骗。无赃，俱问违制。"《集解》："备用马匹乃供京操及陕西骑操之用，今不行矣，尚仍明制。"现在并无此事，似应删除。

律 230：养疗瘦病畜产不如法

凡养疗瘦病〔官〕马、牛、驼、骡、驴不如法，〔无论头数，〕笞三十；因而致死者，一头，笞四十，每三头加一等，罪止杖一百。羊，减三等。

（此仍明律，顺治三年添入小注。顺治律为 250 条。）

律 231：乘官畜脊破领穿〔例 2 条，事例 1 条〕

凡官马、牛、驼、骡、驴，乘驾不如法，而〔致〕脊破领穿，疮围绕三寸者，笞二十；五寸以上，笞五十。〔并坐乘驾之人。〕若牧养瘦者，计百头为率，十头瘦者，牧养人及牧长、牧副各笞二十，每十头加一等，罪止杖一百。羊，减三等。典牧官各随所管牧长多少通计科罪。〔亦以十分为率。〕太仆寺官，各减典牧官罪三等。

（此仍明律，其小注系顺治三年添入。顺治律为 251 条，原文"群头、群副"，雍正三年修改为"牧长、牧副"。）

条例 231.01：下班官军将原领马匹

下班官军，将原领马匹，兑与见操缺马官军领骑喂养，若有擅骑回卫者，问罪，罚马一匹，解兵部给操，其原领马匹倒失者追赔。

（此条系明代旧例，顺治例 251.01。雍正三年奏准：今无下班兵丁骑官马回卫之事。此条删除。）

条例 231.02：车驾行幸

车驾行幸，所需马匹、车辆，及校尉等所乘马匹，俱令该管职事人员亲身关领，严行约束。若校尉当差人役，赶车步军，将马匹不按时饮水喂草，私自滥行驰骤，或在沿途，或到处所，倒毙走失者，各杖一百。蹶病损伤者，减二等。

（此条系康熙十六年题准定例，雍正五年删定。）

薛允升按：枉道驰驿因而走死驿马，见多乘驿马，拟杖七十之外，仍追偿马匹还官，此处似应添此一层。《处分例》亦有此条，较为详明，应参看。

事例 231.01：康熙十六年题准

凡恭遇行幸，应用车马，及校尉所骑马匹，俱交与该执事及领去官员，严饬校尉步兵当差人役，令其按时喂养，毋得滥行骑骋。如有倒失一、二匹者，将该执事领去官员罚俸六月；五匹以下者，罚俸一年；八匹以下者，降一级留任；十一匹以下者，降二级调用；十四匹以下者，降三级调用；十七匹以下者，降四级调用；十八匹以上者，革职，校尉步兵当差人役鞭一百。其马匹蹶病损伤者，五匹以下，将该执事领去官员罚俸六月；十匹以下者，罚俸一年；十五匹以下者，降一级留任；二十匹以下者，降二级调用；二十五匹以下者，降三级调用；三十匹以下者，降四级调用；三十一匹以上者，革职，校尉步兵当差人役鞭八十。至随驾内阁中书、钦天监、太医院等官，将所骑马匹蹶病损伤一、二匹者，罚俸六月；三、四匹者，罚俸一年。倒失一、二匹者，亦罚俸一年；三、四匹者，降一级留任。以上马匹倒伤等项，如该官官员情愿赔补者，免其处分。

律 232：官马不调习

凡牧马之官，听乘官马而不调习者，一匹，笞二十，每五匹加一等，罪止杖八十。

（此仍明律，顺治律为 252 条。）

律 233：宰杀马牛〔例 10 条，事例 2 条，成案 2 案〕

凡私宰自己马、牛者，杖一百；驼、骡、驴，杖八十，筋、角、皮张入官。误杀及病死者，不坐。

若故杀他人马、牛者，杖七十，徒一年半；驼、骡、驴，杖一百。〔官畜产同。〕若计赃重于本罪者，准盗论。〔追价给主，系官者，准常人盗官物断罪，并免刺。〕若伤而不死，不堪乘用，及杀猪、羊等畜者，计〔杀伤，所〕减〔之〕价，亦准盗论，各追赔所减价钱〔完官，给主。〕价不减者，笞三十。其误杀伤者，不坐罪，但追赔减价。为从者，〔故杀伤，〕各减一等。〔官物不分首从。〕

若故杀缌麻以上亲马、牛、驼、骡、驴者，与本主私宰罪同。〔追价赔主。〕杀猪、羊等畜者，计减价坐赃论，罪止杖八十。其误杀及故伤者，俱不坐，但各追赔减价。

若官私畜产毁食官、私之物，因而杀伤者，各减故杀伤三等，追赔所减价。〔还畜主。〕畜主赔偿所毁食之物。〔还官、主。〕

若故放官、私畜产，损食官私物者，笞三十，〔计所食之〕赃重〔于本罪〕者，坐赃论；〔罪止杖一百、徒三年。〕失〔防〕者，减二等，各赔所损物。〔还官、主。〕

若官畜产〔失防〕毁食官物者，止坐其罪，不在赔偿之限。

若畜产欲触抵踢咬人，登时杀伤者，不坐罪，亦不赔偿。〔兼官私。〕

（此仍明律，顺治三年删定。顺治律为 253 条。）

条例 233.01：凡宰杀耕牛（1）

凡宰杀耕牛，并私开圈店，及知情贩卖牛只与宰杀者，俱问罪，枷号一月发落。再犯、累犯者，免其枷号，发附近边卫充军。若盗而宰杀，及货卖者，不分初犯再犯，枷号一月，照前发遣。

（此条系明代旧例，顺治例 253.01，雍正五年改定为条例 233.02。）

条例 233.02：盗牛一只

盗牛一只，枷号一月，杖八十；二只，枷号三十五日，杖九十；三只，枷号四十日，杖一百；四只，枷号四十日，杖六十、徒一年；五只，枷号四十日，杖八十、徒二年；五只以上，枷号四十日，杖一百、徒三年；再犯者，杖一百、流三千里；累犯者，发边卫充军；仍俱照窃盗律刺字。十只以上，绞监候。窝家知情分赃者同罪，不分赃者杖一百。若窝窃牛之犯至三人，牛至五只者，杖一百、徒三年。若人至五人，牛至十只者，发边卫充军。其宰杀耕牛，私开圈店，及贩卖与宰杀之人，初犯，俱枷号两个月，杖一百。若计只重于本罪者，照盗牛例治罪，免刺，罪止杖一百、流三千里。再犯，发附近充军。杀自己牛者，枷号一个月，杖八十。其残老病死者，勿论。失察私宰之地方官，照失察宰杀马匹例，分别议处；若能拿获究治，免其处分。

（此条系雍正五年遵钦定盗牛则例，将条例233.01改定。乾隆五年再改定为条例233.03。）

薛允升按：按语云："例内盗牛及盗杀盗卖之例，应移入刑律盗马牛畜产条下。"又按："宰杀耕牛，再犯即发附近充军，而例内又有累犯一层。若军所有犯，自有徒流人又犯罪本律，若追究从前积犯，恐启锻炼之弊，其累犯发边卫句应删。"

条例233.03：凡宰杀耕牛（2）

凡宰杀耕牛，私开圈店，及贩卖与宰杀之人，初犯，俱枷号两个月，杖一百。若计只重于本罪者，照盗牛例治罪。再犯，发附近充军。杀自己牛者，枷号一个月，杖八十。故杀他人牛者，杖七十、徒一年半；若计只重于本罪者，均照盗牛例治罪，免刺，罪止杖一百、流三千里。其残老病死者，勿论。

（此条乾隆五年，将条例233.02改定。乾隆二十一年修改。乾隆五十三年，修并入条例233.05。）

条例233.04：失察私宰耕牛之地方官

失察私宰耕牛之地方官，照失察宰杀马匹例，交部分别议处。若能拿获究治者，免其处分。

（此条乾隆十三年，湖广总督赛楞额条奏定例。乾隆五十三年修并入条例233.05。）

条例233.05：凡宰杀耕牛（3）

凡宰杀耕牛，私开圈店，及贩卖与宰杀之人，初犯，俱枷号两个月，杖一百。若计只重于本罪者，照盗牛例治罪，免刺，罪止杖一百、流三千里。再犯，发附近充军。杀自己牛者，枷号一个月，杖八十。其残老病死者，勿论。失察私宰之地方官，照失察宰杀马匹例，分别议处；若能拿获究治，免其处分。

（此条乾隆五十三年，将条例233.03及233.04修并。）

薛允升按：此例首句系价买他人牛只而杀者，第二句系将牛只贩卖与宰杀之人者，均非窃盗而杀也。若盗卖与宰杀之人及故买窃盗之牛宰杀，例无明文，以上条例文科断，则仍满杖，枷号两个月矣。上条例末数语，系因雷顺之案添入。即此例之枷号两月，杖一百也。此例本系别于故买赃牛而言，而故买赃牛宰杀又援照此条科罪，以致前后诸多参差，应与"盗牛"门条例参看。查盗牛十只以上满流，二十只以上拟绞，此云罪止满流，谓计只虽多不与窃盗一体拟绞也。彼此已觉歧异。至盗牛卖与宰杀之人，及知情故买窃盗之牛宰杀，此条并无治罪明文，因"贼盗"门内有盗杀及盗卖发附近充军之文，故不复叙也。后"贼盗"门内将盗卖一层删去，止留"盗杀"二字，似系指盗而又杀者言，若盗卖而未宰杀及宰杀而非窃盗，则不问充军矣。盗牛一只卖给宰杀之人，按盗牛本例止应枷号一个月，杖八十，较贩卖而非窃盗者拟罪反轻至数等，〔贩卖与宰杀之人初犯，枷号两个月，杖一百。私开圈店宰杀者亦然。〕似非例意。价买他人牛只而杀，虽一只亦拟满杖，枷号两月，故买窃牛杀宰，不应治罪反轻。"窃盗"门内例似应酌加修改。观乾隆五年修例按语，益知彼门删去"盗卖"二字之误。嘉庆年间又添入从重依宰杀例治罪，益混淆不清矣。再，查盗牛例内枷号至四十日为止，四只以上则由杖入徒，此云计只重于本罪者，照盗牛例治罪。是三只，仍枷号两个月，杖一百。四只，则枷号四十日，徒一年矣。科罪亦属参差。私宰自己牛，律系杖一百，此例虽加枷号一月，而改满杖为杖八十，殊觉无谓。原例有杀自己牛者，照盗牛例计只治罪之语〔盗牛一只，枷号一月，杖八十〕，此例即系仿照此语科罪，后将此语删去，便不分明。如宰杀二、三只以上，即难援引科断。再，价买他人牛只，贩卖与宰杀之人，统计在十只以上，即应拟流。宰杀者，亦应拟流。若节次偷窃牛只，均非一主，每次或二三只，同时并发，统计已至十只，应否照贩卖例拟流，亦系以一主为重计只科罪之处，存以俟参。

条例 233.06：凡屠户将堪用牲畜买去宰杀者

凡屠户将堪用牲畜买去宰杀者，虽经上税，仍照故杀他人驼骡律，杖一百。若将窃盗所偷堪用牲畜，不上税买去宰杀者，与窃盗一体治罪。

（此条系康熙年间现行例，雍正五年纂入。嘉庆十六年，于"一体治罪"下，增"如窃盗罪名轻于宰杀者，仍从重依宰杀本例问拟，免刺，不得以盗杀论"二十八字。）

薛允升按：价买他人牲畜与贱买偷窃牲畜宰杀，本有分别，此处依宰杀本例问拟，是将二层并而为一矣。再，上层依故杀他人驼骡律杖一百，明其非马牛也。下层从重依宰杀本例问拟，而宰杀例文有耕牛而无驼骡，又似统耕牛在内。查原定例文，堪用牲畜本无牛马在内，故照杀他人驼骡律问拟满杖。嘉庆年间，因雷顺故买赃牛宰杀一案拟军，罪名较重，改照私宰例拟以枷号两个月，杖一百，遂与原定之例互相参差。上层专言驼骡，下层兼及耕牛，以致不能明晰。

条例 233.07：宰杀堪用马一二匹者

宰杀堪用马一二匹者，枷号四十日，责四十板；三四匹者，杖六十、徒一年；五匹以上，每马四匹，递加一等，至三十匹者，杖一百、流三千里；三十匹以上者，系旗人，发黑龙江当差；系民人，发云、贵、川、广烟瘴稍轻地方，交与地方官严行管束。牙行及卖马之人知情者，照数各减宰马人罪一等，至三十匹以上者，均发附近充军。其徒罪以下再犯，及知情卖与者，俱不计匹数，均发近边充军。失察之地方官，按数分别议处。

（此条雍正九年定。乾隆十六年改定为条例 233.08。）

条例 233.08：开设汤锅

开设汤锅，宰杀堪用马一二匹者，枷号四十日，责四十板；三、四匹者，杖六十、徒一年；五匹以上，每马四匹递加一等；至三十匹者，杖一百、流三千里；三十匹以上者，发云、贵、两广烟瘴少轻地方，交与地方官严行管束。〔若旗人有犯，亦计匹论罪。一匹至四匹者，俱枷号四十日；五匹以上，每四匹递加一等，加枷号五日；至三十匹以上者，发黑龙江当差。〕牙行及卖马之人知情者，照数各减宰马人罪一等，至三十匹以上者，均发附近充军。其徒罪以下再犯，及知情卖与者，俱不计匹数，均发近边充军。失察之地方官，按数分别议处。

（此条乾隆十六年，将条例 233.07 改定。乾隆三十二年修改）

薛允升按：宰杀耕牛与宰杀马匹相等，而罪名亦有不同，杀马一、二匹较杀牛一、二只少枷号二十日，似杀马之罪轻于杀牛矣。乃杀马三匹即拟徒一年。杀牛三只仍系枷号两个月，满杖；四匹、四只均徒一年，而杀牛则多枷号四十日，杀牛十只以上即拟满流，而亦罪止满流，杀马三十匹则拟满流，三十匹以上则应充军。杀牛五只以上者，枷号四十日，满徒。杀马五匹以上者，仅拟徒一年半，轻重殊觉参差。私宰牛马律无分别，例则分列两条罪名，遂有参差之处，似应将故杀自己及亲属旁人牛马牲畜列入此门，盗杀盗卖及故买窃盗牲畜宰杀移入"贼盗"门内，庶不致彼此互异。

条例 233.09：附京州县及京汛地方

附京州县及京汛地方，有马窑子宰剥马匹者，发往黑龙江给索伦兵丁为奴。失察之官弁，照例议处。

（此条系乾隆二十二年，大学士兼管提督傅恒奏准定例。乾隆五十三年改定为条例 233.10。）

条例 233.10：附京州县及京汛地方

附京州县及京汛地方，有窝藏偷窃马匹，开设马窑子宰剥者，发往黑龙江给索伦兵丁为奴。失察之官弁，照例议处。

（此条乾隆五十三年，将条例 233.09 改定。嘉庆十七年，将"发往黑龙江"句，改为"实发云、贵、两广极边烟瘴充军"）

薛允升按：是否不计匹数，应与上条参看。专指附京地方，其余似不在内，然究以何处为界限，尚未明晰。因系窝藏盗马匹宰杀，故拟罪独严，犹故买窃盗之牛宰杀也。此开马窑子，与略人门开窑诱取妇人子女参看。

事例 233.01：国初定

凡盗宰驼马牲畜者，于犯人名下追价银、罪银，以一分入官，一分给失主，一分给出首之人，仍各赔偿牲畜。

事例 233.02：康熙三十一年谕

以后一应马匹不许宰杀货卖，著永行禁止，交与步军统领、五城严察。如有杀马卖者，拿送刑部，从重议罪。

成案 233.01：江苏司〔嘉庆二十四年〕

提督奏：杨四开设汤锅，宰杀堪用马九匹案内之王三，明知杨四宰卖马匹，代买马七匹，按五匹以上计算，尚未及四匹加等之数。将王三比照牙行及卖马之人减一等例，于宰杀堪用马四匹徒一年例上，减一等，杖一百。

成案 233.02：山东司〔道光二年〕

东抚咨：吕傻子等行窃骡马案内之韩让等，明知吕傻子所卖骡头，系属窃赃，辄敢图利故买，伙开汤锅，先后宰杀赃骡三头，若仅依屠户将窃盗锁偷牲畜不上税买去宰杀、与窃盗一体治罪律，拟杖，似觉情浮于法。应将韩让等，比照开设汤锅、宰杀堪用马三匹例，杖六十、徒一年。

律 234：畜产咬踢人〔成案 3 案〕

凡马、牛及犬有触抵踢咬人，而〔畜主〕记号拴系不如法，若有狂犬不杀者，笞四十。因而杀伤人者，以过失论。〔各准斗殴杀伤，收赎，给主。〕若故放令杀伤人者，减斗殴杀伤一等。〔亲属有犯者，依尊卑相殴杀伤律。〕其受雇医疗畜产，〔无制控之术，〕及无故〔人自〕触之而被杀伤者，不坐罪。

若故放犬令杀伤他人畜产者，各笞四十，追赔所减价钱〔给主。〕

（此仍明律，顺治三年添入小注。顺治律为 254 条。）

成案 234.01：陕西司〔道光二年〕

陕抚咨：吴保娃因赶驴驮炭，与文黄氏撞遇，路途窄狭，文黄氏雇工刘世湖喊令让避，该犯仍驱策前进，并非耳目所不周，思虑所不及。将吴保娃比照畜主故放令杀伤人者减斗杀一等律，满流。

成案 234.02：四川司〔道光四年〕

川督咨：陈二娃驱牛犁田，本有防制之责，乃因牛只不肯下水，辄用鞭扬打，以致牛只拖翻犁耙惊跑，撞伤傅三娃左太阳身死，虽非该犯意料所及，究属疏忽。惟查律例内并无牛只被打，连耙惊跑，以致杀伤人者，作何治罪明文，自应比律问拟。陈二娃应比照马牛栓紧不如法因而杀人者、以过失杀人论，收赎。

成案 234.03：河南司〔道光八年〕

河抚咨：光州陈卯畜养猴狲咬断紧绳逸出，咬伤幼女李二妮身死。查猴狲性本不训，正与马牛诸畜相等。陈卯应比照马牛及犬拴紧不如法因而杀人者，以过失杀论，过失杀人准斗杀罪收赎律，收赎，追银给领营葬。

律 235：隐匿孳生官畜产〔例 5 条〕

凡牧养系官马、骡、驴等畜，所得孳生，限十日内报官。若限外隐匿不报，计〔所隐匿之价为〕赃，准窃盗论。〔止杖一百、流三千里。〕因而盗卖，或〔将不堪孳生〕抵换者，并以监守自盗论罪。〔不分首从，并赃至四十两，杂犯斩。〕其典牧官、太仆寺官，知情不举，与犯人同罪。不知者，俱不坐。〔买主知情，以故买盗赃科，匿卖抵换之物还官。〕

（此仍明律，其小注系顺治三年添入。顺治律为 255 条，原文首句"凡〔人户等〕牧养系官马、骡、驴等畜"的小注，雍正三年修改。）

条例 235.01：凡盗卖官马者

凡盗卖官马者，追罚马二匹。知情和卖牙保邻人，各罚马一匹。宰杀及盗卖官驴者，俱照此例。首告，于犯人名下追银，〔马三两，骡二两，驴一两。〕充赏。凡巡马官，每三月一换。

（此条系明代旧原例，顺治例 255.01。雍正三年奏准：今有犯盗卖及宰杀官马者，俱应按律计赃，以常人盗官物论，无不论马数，于犯人名下罚马一匹二匹之例，首告给赏之例亦修。此条删除。）

条例 235.02：凡寄养马匹

凡寄养马匹，除年老外，其余作践成疾，不堪给军者，原领人户追罚银二两。盗卖三匹以上者，充军。知情和卖者，民，发摆站；军，发边方瞭哨。

（此条系明代旧原例，顺治例 255.02。雍正三年奏准：今无寄养马匹之事。此条删除。）

条例 235.03：凡印烙马匹

凡印烙马匹，民马照旧印左，给军则印右。如京营边关马无右印，即系盗买民间官马，追究问罪。

（此条明代旧原例，顺治例 255.03。雍正三年奏准：今官马用旗色印烙，不用此例。删除。）

条例 235.04：凡屯庄居住旗人庄头

凡屯庄居住旗人庄头，畜养马匹，各用该旗印烙。无印烙者，察出，将马入官；养马之人，杖一百。屯领催不行察出者，笞五十。首报免罪。

（此条系康熙年间现行例，雍正三年纂入。）

薛允升按：此系远年旧例，专指屯庄居住旗人而言，民人似不在内。

条例 235.05：口外群内马匹盗卖抵换

口外群内马匹，盗卖抵换，照监守自盗律科罪。若将有太仆寺满字印烙马匹，明知故买者，与犯人同罪。

（此条系康熙年间太仆寺例，雍正三年纂入。）

薛允升按：此系指经营马匹之人而言，如"贼盗"门内所称养马人户之类，似应添改明晰。与"盗马牛畜产"门内各条及《兵部处分例》偷卖牧厂马匹一条参看。"私卖战马"门内一条亦应参看。

律 236：私借官畜产〔例 2 条〕

凡监临〔官吏，〕主守〔之人，〕将系官马、牛、驼、骡、驴，私自借用，或转借与人，及借之者，〔不论久近多寡，〕各笞五十，验〔计借过〕日〔期〕追雇赁钱入官。若计雇赁钱重〔于笞五十〕者，各坐赃论，加一等。〔雇钱不得过其本价。官畜死，依毁弃官物。在场牵去，依常人盗。〕

（此仍明律，顺治三年添入小注。顺治律为 256 条。）

条例 236.01：在京坐营管操内外官

在京坐营管操内外官，并把总以下官，若将马匹私占骑用，及拨与人骑坐，至五匹者，降一级；六匹以上，降二级。其各边分守守备、把总、管队等官，将骑操并驿传走递官马，擅拨与人骑坐，及私用伺候等项，亦照前例问拟。

（此条系明代旧原例，顺治例 256.01。雍正三年奏准：今无坐营管操官员名色。删除此条。）

条例 236.02：官军将所领官马

官军将所领官马，耕田走驿，驮载物件，及雇与人骑坐，问罪，俱罚马一匹。

（此条系明代旧例，顺治例 256.02。雍正三年奏准：今无问罪后罚马之例。此条删除。）

律 237：公使人等索借马匹

凡公使人等承差经过去处，〔除应付脚力外，〕索借有司官马匹骑坐者，杖六十；驴、骡，笞五十。官吏应付者，各减一等，罪坐所由〔应付之人〕。

（此仍明律，顺治三年添入小注。顺治律为 257 条。）

兵律·邮驿

（计 16 条）

律 238：递送公文〔例 7 条，事例 4 条，成案 3 案〕

凡铺兵递送公文，昼夜须行三百里。稽留三刻，笞三十，每三刻加一等，罪止笞五十。其公文到铺，不问角数多少，〔铺司〕须要随即〔附籍遣兵〕递送，不许等待后来文书，违者，铺司，笞二十，

其铺兵递送公文，若磨擦及破坏封皮，不动原封者，一角，笞二十，每三角加一等，罪止杖六十。若损坏公文，〔不动原封者，〕一角，笞四十，每二角加一等，罪止杖八十。若沉匿公文，及拆动原封者，一角，杖六十，每一角加一等，罪止杖一百。若事干军情机密文书，〔与漏泄不同。〕不拘角数，即杖一百。有所规避而沉拆者，各从重论。〔避规罪重从规避，沉拆罪重问沉拆。〕其铺司不告举者，与犯人同罪。若已告举，而所在官司不即受理施行者，各减犯人罪二等。

其各县铺长，专一于概管铺分往来巡视，提调官吏每月一次亲临各铺刷勘。若〔有奸弊〕失于检举者，通计公文稽留，及磨擦破坏封皮，不动原封，十件以上，铺长笞四十，提调吏典笞三十，官笞二十。若损坏，及沉匿公文，若拆动原封者，〔铺长〕与铺兵同罪，提调吏典减一等，官又减一等。府州提调官吏，失于检举者，各递减一等。

（此仍明律，其小注系顺治三年添入。顺治律为 258—260 条。原律目后有注"三条"，雍正三年修并。）

条例 238.01：无印信文字

无印信文字，不许入递。

（此条系《明会典》文，顺治例 258.01。）

薛允升按：入递者作何治罪，并无明文。《示掌》云："铺兵混送无印信文字，依不应存参。"

条例 238.02 各铺司兵

各铺司兵，若有无稽之徒，不容正身应当，用强包揽，多取工钱，致将公文稽

迟、沉匿等项，问罪，旗军发边卫，民并军丁人等发附近，俱充军。其提调官，该吏铺长，各治以罪。

（顺治例260.02，乾隆五十三年移附"驿使稽程"律。）

条例238.03：各省驿站递送公文（1）

各省驿站递送公文，令管站官各立印信号簿，上站号簿，用下站官印，于每月底彼此移明查考。傥有沉匿，稽延等情，即行详报该管上司，据实题参，不得故为容隐。其沉匿平常公文一角者，马夫照律杖六十，每一角加一等，罪止杖一百，提调吏典减一等，官又减一等。若事干军情机密文书，而沉匿者，不拘角数，马夫，杖六十、徒一年；提调吏典，杖一百，革役；司驿官革职。如有所规避者，各从其罪之重者论。

（此条雍正五年定。乾隆五年，以沉匿公文论杖律文已详，将此条删定为条例238.04。）

条例238.04：各省驿站递送公文（2）

各省驿站递送公文，令管站官各立印信号簿，上站号簿用下站官印，于每月底彼此移明查考。傥有沉匿、稽延等情，即行详报该管上司，据实题参，不得故为容隐。其沉匿平常公文，马夫照铺兵律治罪，提调官吏依律递减。若事干军情机密文书，而沉匿者，不计角数，马夫，杖六十、徒一年；提调吏典，杖一百，革役；司驿官，革职。如有所规避者，从重论。

（此条乾隆五年，将条例238.03删定。）

薛允升按：此专指沉匿而言，马夫沉匿军情机密文书，应徒一年。下"驿使稽程"门，军情重事违限，无论若干日，仅拟杖九十。下条有因而失误军机者，斩一语，此处无文。律统言铺兵，例则兼及马夫，所以补律之未备也。第平常公文马夫科罪与铺兵同事干军机，则较律加一等，司驿官且加至革职，其严如此。《处分则例》："一角罚俸六个月，二角九个月，三角一年，四角降二级，五角以上降二级，俱留任。"

条例238.05：凡军台文报

凡军台文报，如有将有报匣夹板，及兵部加封事件，擅敢拆动，以致漏泄事情者，该管大臣立即查究，供证明确，无论官兵、马夫，即按军法从事。〔按：此指题奏折报而言，《吏部则例》系往来折报。〕其专管台站文武员弁，革职拿问；管辖台站大员，交部议处。至军营来往文移札禀，有关军需粮饷，调遣兵马，及升调参革官员等项，〔按：此指文移札禀而言，《处分例》同。〕发递时，俱用钉封，钤盖印信。如台站书吏人等私自拆阅者，查出究明，问拟满流；台站官弁，交部分别议处。

（此条乾隆三十九年，兵部会同吏部议覆办理四川军营粮饷事务河南布政使颜希深条奏定例。）

薛允升按：此专指军台文报而言，因关系军情，故严之也。私开官司文书印封看视者，杖六十，事干军情重事者，以漏泄论。首，问满徒。为从者，减等。见"漏泄军情大事"。《中枢政考》云："至军营台站往来报匣夹板及兵部加封事件事关军务"云云，尤为详明。军需紧要文报由军台按限加紧递送，寻常折奏仍由驿接递，不得辄限四、五、六百里，见《处分则例》，应参看。

条例 238.06：刑部咨行各省立决人犯公文

刑部咨行各省立决人犯公文，俱钉封严固，封面注明件数，并由"马上飞递"字样，派笔帖式一员，送交兵部，加封发驿驰递。

（此条乾隆四十九年，刑部议覆江西巡抚郝硕条奏定例。）

薛允升按：此等钉封公文，如有私自拆阅，应拟何罪，并无明文。

条例 238.07：马上飞递公文

马上飞递公文，如有遗失，除将马夫照例治罪外，该地方官一面详报该管上司，一面径报原发衙门，查核补给。

（此条系乾隆二十二年，直隶总督方观承咨报，雄县马夫高二格马惊跌失公文一案，经刑部奏准定例。）

薛允升按：按语无此条，未知何故。一应文书遗失，均应径报补给，不独马上飞递为然也。遗失官文书，杖七十。事干军机钱粮，杖九十，徒二年半。见《吏律》。

事例 238.01：乾隆二十三年议准

查本部一应公文，均关紧要，遇有遗失，如俟地方官报明该抚，转饬在京提塘，查明原衙门，始行补发，必致辗转迟误。嗣后凡本部给发公文，应令该提塘另立号簿，并另行包封，注明号件，沿途登记清单。如有遗失，该地方官即查明上铺发文原册，亦照遗失马上飞递之例，一面详报该管上司，一面径报本部查核补给，始免迟滞遗误。

事例 238.02：乾隆二十四年议准

嗣后如有遗失本部公文，遵照本部前行办理外，其州县附近巡抚衙门者，即具详巡抚咨部，并报明总督查考。如附近总督衙门，即详请总督核咨，并报明巡抚查考。如此州县报部之外，复有督抚核咨稽查，庶不致沿途耽搁，其遗失公文，得以速行补给。

事例 238.03：乾隆二十九年议准

向来各部院衙门封印后，遇有紧要之件，俱于正月十六日汇送拆阅，仍金开印日期，陆续豫为办稿，于开印后行文，原不致有迟误。但此等寻常文移，与其汇存提塘署内，于开印前数日汇送，莫若随时投收，于公事尤为周密。嗣后封印期内，各省递到公文，毋拘紧要事件，及寻常文册，俱令各该提塘照常随时投递，况各部院衙门封印后，原有当月司员，及各司轮直日司员，所有一切文移，俟当堂拆阅后，仍照旧佥定开印日期发司，酌量以次办理。如此则紧要之事，即已随时趱办，而寻常事件，亦可次第查案办稿，更属从容。

事例 238.04：乾隆四十九年议准

刑部咨行各省决囚公文，向例除秋审勾到及议覆奏折，并由题本改奏案件，俱钉封派笔贴式赍交兵部，封面开明马上飞递外，其余具题立决案件，亦用钉封，与各项不钉封公文，均送交兵部，由兵部转发提塘递送。其非应由驿驰递事件，不得擅动驿马，历久遵行在案。惟各省应拟立决罪囚，以及应入情实重犯，现俱改禁省监，非从前散在各州县可比。此等罪犯，皆属决不待时，既经奉旨处决，自宜速正典刑，若仍由提塘转递，未免迟缓，且恐日久渐滋沉搁漏泄之弊，自不若由驿驰送，较为严密迅速。嗣后除常行公文，仍照旧制送交兵部转发提塘递送外，其一应立决人犯咨文，俱钉封严固，封面注明件数，并"由马上飞递"字样，派笔贴式送交兵部加封发驿。计一年立决重案，不过在三百件以外，驿站尚不致过于劳疲，而要件可免稽迟泄漏之患。

成案 238.01：遗失钱粮本章〔康熙十九年〕

刑部覆晋抚土克壳疏：查遗失本章在寿阳县太安驿地方拾获，本驿官役虽欲巧辩，该驿具有收管可凭等语。查遗失本章系钱粮之案，马夫岳新邦等，驿书郭泮，均改依凡遗失官文书事于钱粮者杖九十徒二年律拟罪，赦前免议。太安驿丞傅谋应交吏部议。寿阳县知县田国弼虽该抚疏称县驿相离遥远，且驿务自有专管，该县无从而知，情有可原等语。本章至伊所管之处遗失，不行查明，不合。至沿途收受，不行查明之孟县驿丞、知县等，虽该抚疏称包外既无填注数目，包内未敢拆验，应否并议，听候部夺等语。本章在寿阳县地方遗失，俱不行查出，逐递交送，不合。田国弼等俱应交吏部议。奉旨：依议。查定例，官员将庆贺表文朝觐计册不差的当人途中耽误，以致水火盗失者，俱罚俸一年等语。应将太安驿丞比照此例罚俸一年。又寿阳县知县本章至伊所管之处，遗失不行查明，及沿途俱不行查出逐递受送，不合。应将各县驿、知县、驿丞酌量各罚俸六个月。

成案 238.02：四川司〔嘉庆二十五年〕

顺尹奏送：良乡县马夫史玉，于兵部递到公文，既经兵书申自添告知件数，乃忙未检点，致遗漏一件，未经递送，嗣查获原封，并未损动，讯明实系无心遗漏，惟系军机处紧要公文，未便仅照平常公文问拟。应比照沉匿军情机密文书、马夫杖六十徒一年上，量减一等，杖一百。

成案 238.03：陕西司〔道光元年〕

陕督奏：外委宋炳喜递送折奏要件，在途遗失，非寻常官文书可比，于临水驿站，枷号三个月。

律 239：邀取实封公文

　　凡在外大小各衙门官，但有入递进呈实封公文至御前，〔下司被上司非理陵虐，亦许据实封奏。〕而上司官令人于中途急递铺邀截取回者，不拘远近，从本铺铺司、铺兵赴所在官司告举，随即申呈上司，转达该部奏闻，追究〔邀截之情〕得实，斩〔监候。邀截进表文比此。〕其铺司、铺兵容隐不告举者，各杖一百。若已告举，而所在官司不即受理施行者，罪亦如之。

　　若邀取实封至六部、察院公文者，各减二等。〔下司畏上司劾奏而邀取者，比此。〕

　　（此仍明律，顺治三年删改并添入小注。顺治律为 261 条。）

律 240：铺舍损坏〔例 1 条〕

　　凡急递铺舍损坏，不为修理。什物不完，铺兵数少，不为补置，及令老弱之人当役者，铺长笞五十，有司提调官吏，各笞四十。

　　（此仍明律，顺治律为 262 条。）

条例 240.01：急递铺

　　急递铺，每一十五里设置一所。每铺设铺兵四名，铺司一名，于附近有丁力粮近一石之上、二石之下者点充，须要少壮正身，与免杂泛差役。每铺置备各项什物，十二时轮日晷牌子一个，红绰屑一座，并牌额铺册二本。〔上司行下一本，各府申上一本。〕遇夜常明灯烛。铺兵每名合备什物，夹板一副，铃襻一副，缨枪一副，油绢三尺，软绢包袱一条，箬帽、蓑衣各一件，红闷棍一条，回册一本。

　　（此条系明令，顺治例 262.01。）

　　薛允升按：此本于元制，并无治罪之处。《示掌》云："例内攀字，查字典本无其字，乃系襻字之讹，在字典衣部，应改正。"

律 241：私役铺兵

　　凡各衙门一应公差人员，〔于经过所在，〕不许差使铺兵挑送官物，及私己行李。违者，笞四十。每名计一日，追雇工银八分五厘五毫入官。

　　（此仍明律，顺治三年修改并添入小注。顺治律为 263 条，原文最后小注"公用"二字，雍正三年删。）

律 242：驿使稽程〔例 8 条，成案 4 案〕

凡出使驰驿违限，常事，一日，笞二十，每三日加一等，罪止杖六十；军情重事，加三等；因而失误军机者，斩〔监候〕。若各驿官故将好马藏匿，〔及〕推故不即应付，以致违限者，对问明白，〔即以前应得笞、杖、斩〕罪坐驿官。其遇水涨，路道阻碍经行者，不坐。

若驿使承受官司文书，误不依〔原行〕题写〔所在公干〕去处，错去他所而违限者，减二等。〔四日，笞一十，每三日加一等，罪止笞四十。〕事干军务者，不减。若由〔原行〕公文题写错者，罪坐题写之人，驿使不坐。

（此仍明律，顺治三年添入小注。顺治律为 264 条。）

条例 242.01：各王府公差人员

各王府公差人员，但系寻常事务，及各王礼节往来，不许驰驿。有擅应付及假以军情为由驰驿者，处死。

（此条系明代旧例，顺治例 264.01。雍正三年奏准：今无勘合火牌者，皆不得驰驿。此条删除。）

条例 242.02：直隶江南山东等处各属马驿佥到马头

直隶、江南、山东等处各属马驿佥到马头，情愿雇募土民代役者听。若有用强包揽者问罪，旗军发边卫，民并军丁人等发附近。其有光棍交通包揽之徒，将正身姓名捏写虚约，投托官豪勋戚之家，前去原籍，妄拿正身家属逼勒取财者，所在官司，应提问者提问，应奏请者将人员羁留，奏请提问，俱照前例充军。该管官司坐视纵容者，参究治罪。〔光棍妄拿逼勒，问恐吓诈欺罪律。〕

（此条系明代旧例，顺治例 264.04。雍正三年奏准：今无各属佥解马头之事。此条删除。）

条例 242.03：会同馆夫供役三年

会同馆夫供役三年，转发该管官司收当民差，另佥解补，不许过役更易姓名，捏故佥补，违者，官吏一体坐罪。若五年以上不行替役，及近馆无籍军民人等，用强揽当者，俱问发边卫充军。

（此条系明代旧例，顺治例 264.05。雍正三年奏准：今会同馆夫役召募充当，不拘年限。此条删除。）

条例 242.04：各处水马驿递运所夫役（1）

各处水马驿递运所夫役，巡检司弓兵，若有用强包揽，不容正身著役，多取工钱害人，搅扰衙门者，问罪，不分军民，俱发附近充军。其官吏通同纵容者，各治以罪。若不曾用强多取工钱者，不在此例。〔多取工钱，问求索，计赃，以不枉法论。〕

（此条系明代旧例，顺治例264.03。"问罪"下，本系"旗军调发边卫，民并军丁人等，发附近，俱充军。"雍正三年改定。）

条例242.05：各铺司兵

各铺司兵，若有无籍之徒，不容正身应当，用强包揽，多取工钱，致将公文稽迟沉匿等项，问罪，不分军民，俱发附近充军。其提调官、该吏铺长，各治以罪。

（此条系"递送公文"门内明代旧例。"问罪"下原文本系"旗军调发边卫，民并军丁人等，发附近，俱充军。"雍正三年改定。乾隆五十三年移附此律，并修并入条例242.06。）

薛允升按：此指无籍之徒用强包揽而言。《集解》："此重在稽迟沈匿，若不曾用强多取工钱，不曾将公文稽匿者，不引此例。"

条例242.06：各处水马驿递运所夫役（2）

各处水马驿递运所夫役、铺兵，及巡检司弓兵，若有用强包揽，不容正身著役，多取工钱，致将公文稽迟沉匿，及搅扰衙门者，发附近充军。其官吏铺长通同纵容者，各照违制律治罪；失于觉察者，交部议处。若不曾用强多取工钱者，不在此例。〔多取工钱，问求索，计赃，以不枉法论。〕

（此条系乾隆五十三年，将条例242.04及242.05修并。）

薛允升按：《示掌》云："若止是包揽者，问不应。如不曾多取工钱者，问违制"。明代问刑条例，首条载在《户律·赋役不均》门，原系三项平列，盖谓此等均系应役在官之人，岂容旁人用强包揽，故重其罪。下条则专指各铺司兵言之，载在"递送公文"门，与上条例义相同，而名目迥异。国初俱列入此门，而雍正三年修例，按语又不大明晰，已觉费解。乾隆五十三年修并，一条按语又谓指驿递夫役及各铺司兵用强包揽而言，似属误会例意。

条例242.07：凡赍奏不骑驿马

凡赍奏不骑驿马，违限十日以内者，免罪。十日以外，系常事，笞三十；密事，笞四十。

（此条系康熙年间现行例，雍正五年纂入。）

薛允升按：此指应骑驿马而不骑以致违限而言，《处分例》无此条。

条例242.08：凡官员因军务差遣

凡官员因军务差遣，及自军前赴京赍奏军情，傥经过地方不照依勘合、火牌、粮单，随即供应驿马、廪给，不为预备公馆，以致迟误者，按迟误事情巨细，将本城长官，及所派催办驿马粮饷官，俱题参，交部察议拟罪。若长官他出，不在本城而有迟误者，其委托怠玩，亦不得免罪，仍交部察议。

（此条系乾隆五年遵照顺治三年上谕纂为例。）

薛允升按：此即律内罪坐驿官之意

成案 242.01：躲避不换驿马〔康熙二十九年〕

吏部议直抚于成龙疏：侍卫马武奉钦差经由密云县换马，该县躲避不出，衙役涣散，悠忽马匹，又无预备，密云县知县庸懦疲玩，贻误公务，所当特参等因。查定例，官员将奉旨特差重大事务及紧要军需，官役闭门不容进城，或不换驿马者，均革职提问等语。应将密云县知县照此例革职提问。

成案 242.02：不按驿接替该管官〔康熙十一年〕

兵部疏：沙河驿不按驿接替，以致越站，应将该管同知詹某统辖驿站，宁夏道吴毓珍交吏部议。定例内，官员稽迟应付，或不按驿接替，彼此互越者，降一级调用。詹某应照例降一级调用。又官员大兵经临需用船只，该管官不力行督催，罚俸一年。吴毓珍比照此例，罚俸一年。

成案 242.03：解粮人夫应付不齐〔康熙二十二年〕

户部疏：陕西协解川饷银两一案。宁羌州知州崔希圣，人夫不齐，耽延违限二十七日。吏部议：定例内，官员凡送上用物件，驿递应付稽延者，州县官降二级调用等语。崔希圣比照此例降二级调用。

成案 242.04：驿站废弛署官议处〔康熙三十二年〕

兵部等议：兵部尚书索诺和奏：直隶昌平至怀安城八站，平常瘦马居多，内亦有缺马。查定例，州县驿丞等官，有不照缺补马，及不用心喂养怠忽，以致驿站废弛者，该管布政司道府等官指名申报，督抚题参，照例革职。若司道府不行查报，著照驿传道降二级调用。督抚不行题参，罚俸一年等语。其专管驿站州县营卫守备、把总等官，喂养马匹，是其专责，今不用心喂养怠忽，以致马匹甚瘦缺少，不合。除已经革职病故不议外，应将驿站专管官、署昌平州、知县、把总、守备，各照驿站废弛例革职；统辖、巡道、都司、参将、游击、副将，俱应照驿站废弛，道府不行查报之例，降二级调用。直抚郭世隆、宣镇许威、大同镇康调元，俱照驿站废弛，督抚不行查参之例，罚俸一年。奉旨：所议属过，著再议具奏。又议覆，应将驿站专管官，署昌平知县及各营驿守备把总，各降三级留任。统辖巡道、参将、游击，各降一级留任。直抚郭世隆、宣镇许威、大同镇康调元，各罚俸六个月。

律 243：多乘驿马〔例6条，事例1条，成案6案〕

凡出使人员，应乘驿船、驿马数外，多乘一船一马者，杖八十，每一船一马加一等。若应乘驴而乘马，及应乘中等、下等马而勒要上等马者，杖七十。因而殴伤驿官者，各加一等。〔至折齿以上，依斗殴论。〕若驿官容情应付者，各减犯人罪一等。其应乘上等马，而驿官却与中等、下等马者，罪坐驿官。本驿如无上等马者，勿论。

若〔出使人员〕枉道驰驿，及经驿不换船、马者，杖六十。因而走死驿马者，加一等，追偿马匹还官。

其事非警急，不曾枉道而走死驿马者，偿而不坐。

若军情警急，及前驿无船、马倒换者，不坐，不偿。〔亦究不倒换缘由。〕

（此仍明律，顺治三年添入小注。顺治律为265条。）

条例243.01：凡指称勋戚

凡指称勋戚、文武大臣、近侍官员、姻党族属、家人名目，虚张声势，扰害经过军卫、有司、驿递、衙门，占宿公馆，索取人夫、马匹、车辆、财物等项，及奸徒诈称势要衙门，乘坐黑楼等船只，悬挂牌面，希图免税，诓骗违法者，徒罪以上，俱于所犯地方枷号一个月，发边卫充军；杖罪以下，枷号一个月发落。〔索取财物，问求索；希图免税，问匿税；诓骗违法，问诈称见任官家人于所部内得财。〕

（此条系明代旧例，顺治三年添入小注。雍正三年，"边卫"改"近边"。）

薛允升按：明代此等例文最多，盖指所犯并非一事而言，应参看"诈称内使等官"条。

条例243.02：勘合之外（1）

勘合之外，如敢多给一夫一马，许前途州县，据实揭报都察院纠参。傥容情不揭，别经揭报，一并治罪。其差使至境，硬派民间牲口者，从重治罪。

（此条乾隆五年遵照雍正元年上谕纂为例。嘉庆六年改定为条例243.03。）

条例243.03：勘合之外（2）

勘合之外，如敢多给一夫一马，许前途州县据实揭报，都察院纠参。傥容情不揭，别经揭报，一并治罪。其差使至境，硬派民间牲口者，照违例妄索民夫例，该管官揭报，督抚提参，审明后，分别议处治罪。

（此条系嘉庆六年，将条例242.02改定。）

薛允升按：一揭报都察院，一揭报督抚，似不画一。妄索民夫例见"私役民夫抬轿"门。《处分则例》马夫之外兼及船只车辆，此处亦应添入，以律已兼船马言之矣。

条例243.04：凡驰驿官员

凡驰驿官员，纵容差官、跟役，殴骂驿官、驿夫，或并无急务，走死驿马，并额马既足，故行越站，以及索诈财物者，该地方官、驿官，一面申详上司，一面具报该部。察究得实，官员革职，差官人等拿送刑部从重治罪。若无勘合、火牌，谎称公差，支取夫马、船只，及索诈财物者，亦俱拿送刑部从重治罪。其不照依所定程途，枉道扰驿者，系官交该部议处，差役杖一百。

（此条原系二条，是康熙年间现行例，雍正三年修并。）

薛允升按：《处分则例》以本官是否知情，分别革职降调。此例止言纵容而未及不知情一层，似应添入。"从重治罪"句，亦应修改

条例 243.05：水驿一应差船

水驿一应差船，如有派拨埠头，扣克官价入己者，计赃，照侵盗钱粮例问拟。各衙门乡亲来往，并书吏人等滥捉民船，辄用旗、枪、灯笼，假借本管官官衔者，照无官而诈称有官律，杖一百、徒三年。

（此条系雍正七年兵部议准定例。）

薛允升按：此例颇严，盖恶其滥捉民船也。

条例 243.06：顺治三年五月十五日

钦奉上谕：凡满洲官，奉差往还，及在外紧急军情赍奏，沿途经过地方，有司驿站衙门，务要照依勘合、火牌、粮单，即时应付马匹，并廪给、口粮、公所，如或违玩稽迟，许差官据实奏闻，定将本地官并经管衙门员役，按其事体轻重，分别究治。虽本地方官公出，亦系平日怠玩，不能预饬，必不姑恕，著兵部传谕。

（此条为顺治例 264.02，康熙时期废除。）

事例 243.01：雍正元年谕

查驿站关系重大，经朕屡加严谕，然其间积弊，难以尽诘。有在官之累，有在民之累。如直隶、山西，差徭更为浩繁，虽驿马足数，亦供应不敷，乃内而兵部，外而驿道，于给发马匹时，官吏通同受赃，往往所给浮于勘合之数，且行李辎重，皆令驿卒乘马背负，多至八、九人不等。所到州县，以见马换马，向有旧例，不敢诘问。至督、抚、提、镇经过之处，更惟命是从。嗣后照勘合之外，有敢多给一夫一马者，许前途州县，即据实揭报都察院，以听纠参。如甲县容情不揭，而被乙县揭报者，并甲县一并治罪。其督、抚、提、镇骚扰驿递者，皆照此例，庶稍苏在官之累。至若河南、山东诸省，离京稍远，谓耳目易欺，每驿额设马匹，不过十存三、四，其草料工食，仍照旧开销，且逐年详报倒毙，侵蚀买补之价，差使一至，则照里科派，将民间耕种牲口，硬遣当差，令其自备物料，跟随守候，种种累民，尤属不法。著该地方督抚，将所有驿站，逐一彻底清查，缺额者，勒限买补。至派借民间牲口，尤当勒石永禁，违者即从重治罪。

成案 243.01：协济马夫被打身死申报官议叙〔康熙四十二年〕

吏部覆直抚李光地题：查雄县知县张墉将马夫刘士亮带马赴永清县协济，被坐台笔帖式胡申保家人大全殴打身死，并非在雄县驿递之处，与行走官员骚扰驿递之例不符。应将雄县知县张墉议叙之处，毋庸议。奉旨：张墉著议叙具奏。钦此。应将雄县知县张墉照例离任，以应升员缺即升。

成案 243.02：应付私票捐银雇马〔康熙四十二年〕

兵部议甘抚齐世武疏：署兰州事、兰州监牧同知佟世禄报称，甘肃提臣李林盛，私发纸牌，差官黄鼎往督，臣衙门赍送表笺，索马二匹。查兰州同知佟世禄，虽称提督差官赍送表笺，索取驿马，因属公务，只得捐银雇马前往等语，但该抚疏内又称，黄鼎先自甘州起行到兰泉驿换马应付，竟不报明，今从西安回甘索马，始行申报，从前应付之咎难辞等语。应将佟世禄照例革职。奉旨：李林盛著免罪，佟世禄著免革职，降二级留任，余依议。

成案 243.03：应付私发纸牌〔康熙四十四年〕

兵部议甘肃提臣李林盛私发纸牌，差官黄鼎赍送表笺，索马二匹，有违定例。据山西抚鄂海将违例应付之长安县知县等七员，甘抚齐世武将署甘州左卫守备事等二十一员题参前来。查定例，督抚提镇以下官员违禁私发牌票，支取夫马，应付州县驿递官员革职等语。应将知县等照例革职。

成案 243.04：倒用印信挖补勘合〔康熙二十三年〕

吏部议直抚格尔古德疏：杨青驿驿丞将解官勘合尾后所粘空纸因倒用印信，擅行挖补等因。查定例内，官员刮补由单者罚俸一年等语。应将驿丞照此例罚俸一年。

成案 243.05：无票拨兵〔康熙三十九年〕

兵部覆津镇潘育龙疏：万协领并无部票，私取护送兵丁。查定例，官员勘合火牌内，多填马一匹著罚俸六个月，多填二匹者罚俸一年。今津城守等六营违例拨兵二名护送姓万协领，应将无票拨兵二名之专管把总费某等比照此例，各罚俸一年报部。都司翟某等，各罚俸六个月。其无票索兵之正白旗姓万协领，行文杭州将军查明再议。

成案 243.06：陕西司〔道光七年〕

陕抚咨：彭禄儿系领兵官御前侍卫桂成跟役，于经过平凉县住宿县署，藉差挑斥，索诈不遂，复捏称遗失马鞍，在于大堂喧嚷索赔，并向张令拦轿碰撞，损坏轿窗，脚踢家人，刀扎衙役右腿平复，实属藐法，自应比例问拟。彭禄儿应请比照指称大臣近侍家人名目、虚张声势、扰害经过军卫有司驿递衙门、占宿公馆、索取人夫马匹车辆财物等项、徒罪以上、俱于所犯地方枷号一个月、发近边充军例，于犯事地方枷号一个月，发近边充军。

律 244：多支廪给〔例 1 条，成案 2 案〕

凡出使人员，多支领廪给者，计赃，以不枉法论。〔分有禄、无禄。〕当该官吏与者，减一等。强取者，以枉法论。官吏不坐。〔多支口粮，比此。〕

（此仍明律，顺治三年添入小注。顺治律为 266 条。）

条例 244.01：各处地方如遇外国人入贡

各处地方，如遇外国人入贡，经过驿递，即便查照勘合应付，不许容令买卖，连日支应，违者，按律治罪。

（此条系明代旧例，顺治例 266.01。本系"违者重治"，乾隆五年改"违者，按律治罪"。又"违者重治"下，原文尚有"若街市铺行人等，私与外国人交通买卖者，货物入官，犯人问罪，枷号一个月发落。〔货物若不系违禁，引违制；若系禁货，引为外国收买货物例，发边卫充军。〕"一节，嘉庆十六年，移并"私出外境"例内。）

薛允升按：此例重在铺行人等交通买卖，恐有违禁货物，故不许容令买卖，连日支应。违者重治，即治以容令买卖之罪也。改为按律治罪，律系减出使人一等，外国人亦可将多支之项照不枉法赃科断矣，似不如仍并作一条，移于"违禁下海"门内，无庸分别两处。《处分则例》："外国贡使抵境，派委文武大员约束照料，伴送进京，所过州县预备车船，馆驿迎送过界"云云，较此例颇觉详备。

成案 244.01：多支驿站钱粮〔康熙二十九年〕

吏部议楚抚吴典疏：湖北驿站钱粮案内，江夏等县夫马工食，从前照额支给，清销之江夏知县马云会等职名具题。查多支驿站钱粮，随即扣解，应否免议等因。查定例内，官员正项钱粮未经解送，先给官役俸银工食，或不按季给发，全给重支者，俱降一级调用，转详官罚俸一年等语。应将江夏等县知县，均照例降一级调用，转详之道府，照例罚俸一年。

成案 244.02：侵吞驿饷上司处分〔康熙四十一年〕

吏部覆川督华显疏：宁夏沙泉同心驿丞王来有详报中路同知张某侵吞工料，屡误急差，该管司道群相隐庇，今因驿丞有详报京省各衙门字样，始行具转，而管竭忠关领驿饷，尤其专司一并题参前来。查定例内，凡有里民人等告州县官私派情由，两司既经审出，免其失察处分，该府道若能于告发之后，据实揭报，亦免其处分等语。但中路同知张某侵吞工料，屡误急差，该管司道虽行详报，该督疏称平时只以道途遥远，诸事群相隐庇，今因驿丞有详报京省各衙门字样，始行具转等语，不便比照徇庇例降三级调用。其管竭忠关领驿饷，系伊专司，厅员侵吞工料，毫无觉察，应将管竭忠降五级调用。

律 245：文书应给驿而不给

凡朝廷调遣军马，及报警急军务至边将，若边将及各衙门飞报军情诣朝廷〔实封〕文书，故不遣使给驿〔而入递〕者，杖一百。因而失误军机者，斩〔监候〕。

若进贺表笺，及赈救饥荒，申报灾异，取索军需之类重事，故不遣使给驿者，杖八十。〔失误军机，仍从重论。〕若常事，不应给驿而故给驿者，笞四十。

（此仍明律，顺治三年添入小注。顺治律为 267 条。）

律 246：公事应行稽程〔例 2 条，成案 1 案〕

凡公事有应起解官物、囚徒、畜产，差人管送而辄稽留，及一切公事有期限而违者，一日，笞二十，每三日加一等，罪止笞五十。若起解军需，随征供给而管送〔兼稽留〕违限者，各加二等，罪止杖一百；以致临敌缺乏，失误军机者，斩〔监候〕。若承差人误不依题写去处，错去他所，以致违限者，减〔本罪〕二等，事干军务者不减。〔或笞，或杖，或斩，照前科罪。〕若由公文题写错〔而违限〕者，罪坐题写之人，承差人不坐。

（此仍明律，顺治三年添入小注。顺治律为 268 条。）

条例 246.01：夫役工匠人等

夫役、工匠人等，遇有紧要差使，传集公所，立待应用。如不遵官长约束，为匪不法，逞刁挟制，因而率众扬散，以致误差，审明，为首者，拟斩监候；为从，均枷号一个月，杖一百。傥系偶尔违禁，干犯赌博、斗殴等事，并未挟制官长，扬散误差者，仍按本律治罪。

（此条系乾隆二年，刑部会同吏部议覆步军统领鄂善条奏定例。）

薛允升按：为首问斩，为从仅拟枷杖，与减一等之律不符。例文最严，而照此办理者绝少，悬一极重之法，而从来并未办过一人，亦徒然耳。例内如此者甚多，不止此一条然也。

条例 246.02：各处有司起解逃军

各处有司，起解逃军并军丁，及充军人犯，量地远近，定立程限，责令管送。若长解纵容在家迁延，不即起程，违限一年之上者，解人发附近；正犯原系附近，发边卫；原系边卫，发极边卫分，各充军。

（顺治例 268.01，雍正三年移附它律。）

成案 246.01：江苏司〔道光十年〕

苏抚题：吴县粮差徐洪承催钱粮，因本官比责严禁，倡众退役，金汉等听从禀退，以致别役金玉等二十四名效尤具禀，迨该县查询，欲将徐洪锁押，该犯辄敢首先逃逸，因而金玉等纷纷鼠散，殊属玩法。既据该抚审明，该犯等心系畏惧逃逸，尚无预谋挟制开堂情事，并声明律无正条，援例酌减问拟。应如该抚所题，徐洪应比照夫役工匠人等、遇有紧要差使、不遵官长约束、逞刁挟制、率众扬散、以致误差、为首斩监候例上，量减一等，拟杖一百、流三千里，仍照例声明，恭候钦定。奉旨：徐洪著减等杖流，余依议。

律 247：占宿驿舍上房

凡公差人员，出外干办公事，占宿驿舍正厅上房者，笞五十。〔正厅上房，待品官上客。〕

（仍明律，顺治三年添入小注。顺治律为 269 条，小注"厅房"，乾隆五年增修为

"正厅上房"。）

律248：乘驿马赍私物〔例2条〕

凡出使人员，应乘驿马，除随身衣〔服器〕仗外，赍带私物者，十斤，杖六十，每十斤加一等，罪止杖一百。驿驴，减一等，〔所带〕私物入官。〔致死驿马者，依本律。〕

（此仍明律，顺治三年添入小注。顺治律为270条。）

条例248.01：奉差员役至头站时

奉差员役至头站时，该驿员即将应背之包，称准斤数，开明印单，递送前途。其每夜住宿之站，该驿员详加查估，如果照例装载，即于印单填写"某站验明，并无重包"字样，日间所过驿站，验单应付。如前站徇隐重包，经后站察出详报，该差员役照律治罪，徇隐驿员一并议处。

（此条雍正十三年定。）

薛允升按：《处分则例》："奉差员役应乘驿马，所带随身衣包，其背包不得过六十斤"。似应添入。

条例248.02：积惯渔利奸商

积惯渔利奸商，寄托年班进京回子夹带私货者，除数在五百斤以内，仍照旧律分别拟杖外，如数至六百斤，杖六十、徒一年。每百斤加一等，罪止杖一百、流三千里，货物照律入官。

（此条嘉庆二十一年，理藩院奏酌议回子伯克来京章程折，奉旨纂辑为例。）

薛允升按："旧"字应删。此苦累驿站之一事也。蒙古亦有进京年班，此事恐亦不免。

律249：私役民夫抬轿〔例2条，事例1条〕

凡各衙门官吏及出使人员，役使人民抬轿者，杖六十。有司应付者，减一等。若豪富〔庶民〕之家，〔不给雇钱，以势〕役使佃客抬轿者，罪亦如之。每名计一日，追给雇工银八分五厘五毫。

其民间出钱雇工者，不在此限。

（此仍明律，顺治三年修改并添入小注。顺治律为271条，原文最后一段"其民间妇女，若老病之人，及出钱雇工者，不在此限"，雍正三年删改；第一段小注"谓不给雇钱，而势使之也"，乾隆五年改定为"不给雇钱，以势"。）

条例 249.01：凡内府官员执事之人

凡内府官员执事之人，及各部院衙门官员人等，并无印信凭据，诈欺索取民夫等项，该地方官即行拘拿，一面申报该督抚具题，一面申报该部，审实，系官革职；系领催、执事人等，拿送刑部，从重治罪。拿首之地方官，照出首私牌例，于应升之缺即升。

（此条系康熙年间现行例，雍正三年纂入。乾隆五年，将"照出首私牌例，于应升之缺即升"，改为"交部议叙"。）

条例 249.02：凡兵部勘合钦差大臣及督抚

凡兵部勘合钦差大臣及督抚，入境学差、试差，知府下县盘查，及他员奉督抚差委盘查者，准其动用民夫，其余概不准用。傥有违例安索者，著该管官即行揭报督抚题参。若该管官违例滥应，发觉之日，照例治罪。

（此条雍正六年定。）

薛允升按：此与上条均系扰累民夫之事，故严定条例。

事例 249.01：雍正六年谕

各省所设驿站夫役，原以预备公事之用，国家岁费帑金，本欲使州县无赔累之苦，民间无差派之扰，官民并受其福也。但闻各省往来人员，有不应用驿夫而擅自动用者，该管之人，或畏其威势二不敢不应，或迫于情面而不得不应，积习相沿，骤难禁止，地方夫役，并受扰累，重负朕加惠官民之至意。嗣后惟兵部勘合，钦差大臣及督抚差委盘查者，准其动用夫役，其余概不准动用。傥有违例安索者，著该管官即行揭报督抚题参。若该管官违例滥应，发觉之日，照例治罪。著各省管理驿站之道员，不时查察，傥有徇隐，一并处分。

律 250：病故官家属还乡〔例 1 条，事例 1 条，成案 1 案〕

凡军、民、官在任以理病故，家属无力，不能还乡者，所在官司，差人管领应付〔车船夫马〕脚力，随程验〔所有家〕口，官给行粮，递送还乡。违而不送者，杖六十。

（此仍明律，顺治三年添入小注。顺治律为 272 条。）

条例 250.01：县丞以下等官

县丞以下等官，参革离任，或告病、身故，实系穷苦不能回籍者，该督抚于存公项内，酌给还乡路费，每年造册报销。

（此条乾隆元年及乾隆五年，奉上谕纂为例。）

薛允升按：此体恤微员之意。《户部则例·蠲恤》门此条较详，应参看。

事例 250.01 乾隆元年谕

向来各直省县丞、主簿、典史、巡检等微员，革职解任，或告病身故，无力回籍者，令该督抚设法料理，俾得早返故土，此国家轸恤下僚之至意也。在督抚办理此事，自应妥议捐助，俾穷员家口得沾恩泽。乃闻各省督抚，吝惜己资，而于通省各微员俸银养廉内扣除，以外资助之用。夫微员俸少禄薄，岂可再行扣减，大于情理未协。嗣后微员离任身故，实系穷苦不能回籍者，著该督抚于存公项内，酌量赏给还乡路费，每年造册报销，不得派及现任之微员。将此通行各省，一体遵照办理。

成案 250.01：投诚旗员身故无嗣妻氏扶榇回籍〔康熙四十三年〕

户部议：洪氏叩阍状称：我亡夫陈梦球自台湾归化中进士，蒙恩特授编修，不幸亡故，又无子嗣，臣妾举目无靠，尚有生身老母，乞抱夫骸回籍安葬等因。查一应投诚归并旗下者，病故后骸骨发往原籍之例，各省驻防旗下寡妇，俱每年送至京城，且陈梦球之妻洪氏有房十三间，男妇十一口，陈梦球亲侄陈还现在旗下，应将洪氏所请抱夫骸回籍依亲之处，无庸议，交与陈还看养可也。奉旨：洪氏既无子嗣，又无赡养，著扶伊夫榇回原籍。

律 251：承差转雇寄人〔例 1 条〕

凡承差起解官物、囚徒、畜产，不亲管送，而雇人寄人代领送者，杖六十。因而损失官物、畜产及失囚者，依〔本〕律，各从重论。〔损失重，问损失；轻，则仍科雇寄。〕受雇、受寄人，各减〔承差人〕一等。

其同差人自相替者、放者，各笞四十。取财者，〔承替取放者，贴解之物，〕计赃，以不枉法论。若事有损失者，亦依损失官物及失囚律追断，不在减等之限。〔若侵欺故纵，各依本律。替者有犯，管送人不知情不坐。〕

（此仍明律，顺治三年添入小注。顺治律为 273 条。）

条例 251.01：起解人犯

起解人犯，每名选差的役二名管押，兵丁二名护送。若兵役派不足数，及雇人代解，许兵、役互相禀报本管官，知会原派衙门查究补派。若兵、役知而不举，将兵、役及承派之书吏、弓兵，俱杖一百，革役。其经由前途文武各官，按批查点，有缺少及代解等弊，即详报督抚，将原派官弁参处。其缺少顶替之兵、役，照承差起解囚徒雇人代送律，杖六十，革役。如前途各官隐匿不报，别经发觉，题参议处。

（此条雍正八年定。）

薛允升按：雇人代解律，应杖六十，受雇者减一等，笞五十也。例补出派不足数一层，其知而不举之兵役及承差之书吏等，均杖一百，则不足、雇代两层，并在其内。雇人代解者是否亦拟满杖，并未分晰。下文顶替者问杖六十，则雇替者自应从重科罪矣。律系兼言解物解犯，例则专言解犯，而解犯亦有解审解配之不同，解审者，长解之外又有短解，与此不合。此例似专指解配而言，应参看"捕亡"门内条例。分别遣军流、徒，派兵四名、二名及一名护解，见《中枢政考·杂犯》门，与此参看。"缺少"二字承上派不足数而言，第缺少必有所由，此处并未叙明，亦应修改。

律 252：乘官畜产车船附私物〔例 6 条〕

凡因公差应乘官马、牛、驼、骡、驴者，〔各衙门自拨官马，不得驰驿而行者，〕除随身衣仗外，私驮物不得过十斤。违者，五斤，笞一十；每十斤加一等，罪止杖六十。〔不在乘驿马之条。〕

其乘船、车者，私载物不得过三十斤。违者，十斤，笞一十；每二十斤加一等，罪止杖七十。家人随从者，不坐。若受寄私载他人物者，寄物之人同罪，其物并入官。当该官司知而容纵者，与同罪；不知者，不坐。若应合递运家小〔如阵亡、病故官军，及军、民、官在任以理病故〕者，〔虽有私带物件，〕不在此限。

（此仍明律，顺治三年增修。顺治律为 274 条。）

条例 251.01：运军土宜

运军土宜，每船准带六十石，沿途过浅盘剥，责令旗军自备脚价，例外多带者，照数入官。监兑、粮储等官，水次先行搜检，督押、粮道，及府佐官员沿途稽查。经过仪征、淮安、天津等处，听趱运镇道官盘诘。经盘官员徇情卖法，一并参治。〔多带，问违制；徇情卖法，问听从嘱托事已施行；受财，问枉法；出钱之人，问行求。〕

（此条系明代问刑条例，顺治三年添入小注。原文"督押司道，又经过仪征，听趱运御史盘诘；淮安、天津，听理刑主事、兵备道盘诘"，均雍正三年改。原文例末，尚有"其余衙门，俱免投文盘诘"二句，亦雍正三年删。乾隆五年，增定为条例 251.02。）

条例 252.02：漕船旗丁

漕船旗丁，每船准带土宜一百石。头舵二人，每人准带三石。水手无论人数，准其共带二十石。其回空船只，舵水人等，准带梨、枣六十石。沿途过浅盘剥，责令自备脚价。例外多带者，照数入官。监兑、粮储等官，水次先行搜检，督押、粮道，及府佐官员，沿途稽查。经过仪征、淮安、天津等处，听趱运、镇、道官盘诘。经盘官员徇情卖法，一并参治。〔多带，问违制；徇情卖法，问听从嘱托事已施行；受财，问枉法；出钱之人，问行求。〕

（此条系乾隆五年，将条例 251.01 增定。）

薛允升按：《集解》："此例为漕运军丁许带土宜，第不许例外多带也"。有称运军者，有称旗丁者，有称旗军者，有称运丁者，亦有称为屯丁者，而其实则一人也。《户部则例》三石及二十石俱同，惟旗丁准带土宜一百二十四石，共带一百五十石外，又准加带三十石。回空每船准带梨、枣等四项，并土宜共一百一十四石，与此例不同，应参看。出钱之人，问行求，与受同科之例不符。

条例 252.03：漕运船只（1）

漕运船只，除运军自带土宜货物外，若附搭客商、势要人等酒、面、糯米、花草、竹木、板片、器皿货物者，将本船运军，并附载人员，参问发落，货物入官。其把总等官有犯，降一级留任。民运船不在此例。〔运军并附载人员，依违制。运军与把总等官，有赃问枉法；无赃，止问违制。〕

（此条系明代问刑条例，其小注系顺治三年采《笺释》语添入。原文"降一级回卫带俸差操"，雍正三年改"降一级留任"。乾隆五年改定为条例252.04。）

条例 252.04：漕运船只（2）

漕运船只，除运军自带土宜货物外，若附搭客商、势要人等酒、面、糯米、花草、竹木、板片、器皿货物者，将本船运军，并附载人员，依律治罪，货物入官。其押运官有犯，交部议处。〔附载人员，依违制。运军与运官有赃，问枉法；无赃，止问违制。〕

（此条系乾隆五年，将条例252.03改定。）

薛允升按：上条既改运军为旗丁，此处亦应修改一律。

条例 252.05：黄船附搭客货

黄船附搭客货，及夹带私物者，小甲客商人等，俱问发极边卫分永远充军，货物入官。若客商人等，止是空身附搭者，亦连小甲俱发附近充军。其马快船只附搭客货，及夹带私物者，小甲客商人等，俱发边卫充军，货物亦入官。若客商人等止是空身附搭者，照常发落。

（此条系清初原例。雍正三年奏准：今黄快船只，俱系应差官船，有装载私物者，依正律科断。此条删除。）

条例 252.06：沿河一带

沿河一带，升除外任及内外公差官员，若有乘坐在官船只，〔一事，〕兴贩私盐，〔二事，〕起拨人夫，〔三事，〕并带去无籍之徒，辱骂、锁绑官吏，勒要银两者，督抚、巡河、巡盐、管河、管闸等官，即便拿问。干碍应奏官员，奏请提问。其军卫、有司、驿递衙门，若有惧势应付者，参究治罪。〔三事不备，不引此例；止犯一事，依本律论。〕

（此条系明代问刑条例，其小注系顺治三年采《笺释》语添入。原文"省亲、省祭、丁忧、起复，并升除外任"；又"乘坐马快船只"；又"巡抚、巡按、巡河、巡盐"；均雍正三年删改。）

薛允升按：巡河、巡盐，现无此官，似应修改。应治何罪，并未叙明。

律 253：私借驿马〔成案 1 案〕

　　凡驿官将驿马私自借用，或转借与人，及借之者，各杖八十；驿驴，减一等。验〔计〕日追雇赁钱入官。若计雇赁钱重〔于私借之罪〕者，各坐赃论，加二等。

　　（此仍明律，顺治三年添入小注。顺治律为 275 条。）

　　薛允升按：秦时有厩置、乘传、副车、食厨，汉初承秦不改，《汉书·田横传》："旷乘传诣洛阳，至尸乡厩置是也"。后以费广稍节，故后汉但设骑置而除厩律。《唐律》所以俱称驿马也。《明律》又有驿船及铺兵、走递、马递各名色。国初承明之旧，驿站各条亦极严肃。后驿丞各缺，裁去者十居八九，已与从前情形不同。近数十年以来，铁路、轮船、电信到处皆是，数千里外顷刻即至，此则亘古以来所无之事，愈出愈奇，天下事岂可以常理论哉。

　　成案 253.01：驿马发民间喂养〔康熙四十一年〕

　　刑部覆甘抚齐世武题：宁夏沙泉、同心二驿丞王来有详报中路同知张某私委保长一款。据张某供，因奉委公出，恐稽迟驿务，原委保长协同喂养，应照喂养驿递马匹藉口应付不足，私令民间喂养帮贴之例，降三级调用，但于本案革职，无容议。